Die Pflichten der Zielgesellschaft
bei unfreundlichen Übernahmeangeboten
nach dem neuen deutschen WpÜG

Schriftenreihe zum Gesellschafts- und Kapitalmarktrecht

Herausgegeben von Lutz Michalski,
Axel Jäger und Klaus-Rudolf Wagner

Band 13

PETER LANG
Frankfurt am Main · Berlin · Bern · Bruxelles · New York · Oxford · Wien

Markus Rasner

Die Pflichten der Zielgesellschaft bei unfreundlichen Übernahmeangeboten nach dem neuen deutschen WpÜG

Unter besonderer Berücksichtigung
europäischer und US-amerikanischer
Übernahmeregelungen sowie der Konzeption
des Gemeinsamen Entwurfs
einer EU-Übernahmerichtlinie

PETER LANG
Europäischer Verlag der Wissenschaften

Bibliografische Information Der Deutschen Bibliothek
Die Deutsche Bibliothek verzeichnet diese Publikation in der Deutschen Nationalbibliografie; detaillierte bibliografische Daten sind im Internet über <http://dnb.ddb.de> abrufbar.

Zugl.: Gießen, Univ., Diss., 2003

D 26
ISSN 1619-117X
ISBN 3-631-54158-9

www.peterlang.de

Dem Andenken meines Großvaters

The reality of takeover bids is that independence is the least common outcome.

WALKER in Euromoney 3/2000, 52 (56).

Vorwort

Die vorliegende Arbeit wurde im Sommersemester 2003 von der Juristischen Fakultät der Justus-Liebig-Universität zu Gießen als Dissertation angenommen. Das Manuskript wurde im Mai 2002 abgeschlossen. Es basierte folglich auf der Konzeption des Gemeinsamen Entwurfs des seinerzeit gescheiterten Vorschlags einer EU-Übernahmerichtlinie. Gesetzgebung, Rechtsprechung und die angesichts einer Flut von Beiträgen, Monographien und Kommentaren kaum mehr zu überblickende Literatur konnten ebenso wie das rechtstatsächliche Umfeld des WpÜG bis April 2004 für die Drucklegung berücksichtigt werden. Dies gilt insbesondere für die nunmehr doch noch zur Verabschiedung gelangte EU-Übernahmerichtlinie. Deren maßgebliche Vorschriften werden in einem neu hinzugekommenen Abschnitt einer eingehenden Analyse unterzogen.

Die Motivation zu dieser Arbeit entstand während eines Studienaufenthaltes in Großbritannien unter dem Eindruck der Übernahmeauseinandersetzung um das deutsche Traditionsunternehmen Mannesmann, deren strafrechtliche Aufarbeitung derzeit noch immer die Gerichte beschäftigt. Die sich im unmittelbaren Anschluß an die Übernahme abzeichnende Gesetzgebung auf dem Gebiet der öffentlichen Übernahmeangebote bildete den Anreiz, ein diesbezügliches Dissertationsprojekt in Angriff zu nehmen. Die Anfertigung des Manuskripts erfolgte parallel zu dem Gesetzgebungsverfahren, was sich einerseits als ungemein bereichernd erwies, andererseits aber ständig aufs Neue ein hohes Maß an Flexibilität erforderte, um die mitunter brisanten Entwicklungen bei der Entstehung des Gesetzes bewältigen zu können. Wieder einmal bestätigte sich, daß heutzutage die monographische Behandlung aktueller wirtschaftsrechtlicher Themen mehr denn je nicht nur Ausdauer, sondern vor allem gute Nerven erfordert.

Ohne die Unterstützung zahlreicher Personen wäre die Anfertigung dieser Dissertation innerhalb der engen zeitlichen Vorgaben nicht möglich gewesen. Daher möchte ich mich bei allen, die auf unterschiedliche Weise zum Gelingen beigetragen haben, ganz herzlich bedanken.

Zu besonderem Dank verpflichtet fühle ich mich meinem verehrten Doktorvater, Herrn Prof. *Dr. Jens Ekkenga*, für die Förderung der Arbeit sowie die gewährten wissenschaftlichen Freiräume bei der Themenfindung und der Bearbeitung. Dank schulde ich ferner Herrn Prof. *Dr. Christoph Bennicke* für die „freundliche Übernahme“ und zügige Erstellung des Zweitgutachtens.

Der *Johanna und Fritz Buch Gedächtnis-Stiftung* danke ich für die großzügige Gewährung eines Druckkostenzuschusses.

Danken möchte ich ferner für die Aufnahme dieser Arbeit in die „Schriftenreihe zum Gesellschafts- und Kapitalmarktrecht“ den Herausgebern, insbesondere

Herrn Prof. *Dr. Lutz Michalski* für die zuvorkommende Bearbeitung meiner Anfrage.

Besonderer Dank gebührt auch dem Vizepräsidenten des Deutschen Bundestages, Herrn *Dr. Hermann Otto Solms*, und dessen Referenten, Herrn *Thomas Pflüger*, die mir nicht nur die Teilnahme an den Anhörungen des Finanzausschusses ermöglicht haben, sondern während der gesamten parlamentarischen Beratungen eine wertvolle Anlaufstelle waren.

Für die unermüdliche Geduld bei den vielen Stunden des Korrekturlesens danke ich meinem Kommilitonen Herrn Ref. jur. Dipl. Betriebswirt (FH) *Torsten Hopf* wie auch meinen langjährigen Weggefährten Frau Dipl. Finanzwirtin (FH) *Michaela De Cesare* sowie Herrn Staatsanwalt *Frank Martin Späth.*

Danken möchte ich von ganzem Herzen meiner Freundin *Catrin Dorothea Zell*, die mit mir nicht nur die Höhen, sondern auch die Tiefen bei der Anfertigung dieser Arbeit durchschritten hat. Hervorzuheben sind ihre ständige Diskussionsbereitschaft zu den in der Arbeit angeschnittenen wirtschaftlichen Fragestellungen sowie ihre geduldige Bereitschaft, meine Wochenenden am Schreibtisch zu akzeptieren.

Für die zeitlebens gewährte vorbehaltlose Unterstützung gebührt der größte Dank schließlich meinen Eltern und Großeltern. Ihnen, insbesondere dem Andenken meines kürzlich verstorbenen Großvaters *Adam Zulauf*, ist diese Arbeit gewidmet.

Bad Soden am Taunus, im Januar 2005 Markus Rasner

Inhaltsübersicht

Inhaltsverzeichnis

Abkürzungsverzeichnis

A.2d	Atlantic Reporter, Second Series
a.A.	anderer Ansicht
a.E.	am Ende
a.F.	alte Fassung
Abk.	Abkürzung
ABl.	Amtsblatt der EG
Abs.	Absatz; Absätze
AG	Aktiengesellschaft; Die Aktiengesellschaft (Z)*; Amtsgericht
AGB-Banken	Allgemeine Geschäftsbedingungen der Banken
AktG	Aktiengesetz
All E.R.	The All-England Law Reports
Alt.	Alternative/n
Am. Econ. Rev.	The American Economic Review (Z)
Anm.	Anmerkung
Art.	Artikel
Aufl.	Auflage
AWD	Außenwirtschaftsdienst des Betrieb-Beraters (Z)
Az.	Aktenzeichen
BaFin	Bundesanstalt für Finanzdienstleistungsaufsicht
Bank	Die Bank (Z)
BB	Betriebs-Berater (Z)
Bd.	Band
BDA	Bundesvereinigung der deutschen Arbeitgeberverbände e.V.
BDI	Bundesverband der deutschen Industrie e.V.
BetrVG	Betriebsverfassungsgesetz
BFuP	Betriebswirtschaftliche Forschung und Praxis (Z)
BGB	Bürgerliches Gesetzbuch
BGBl.	Bundesgesetzblatt
BGH	Bundesgerichtshof
BGHZ	Entscheidungen des BGH in Zivilsachen
BKR	Zeitschrift für Bank- und Kapitalmarktrecht (Z)
BMF	Bundesministerium der Finanzen
BörsG	Börsengesetz
BörsZulV	Börsenzulassungs-Verordnung
BR-Drs.	Bundesrats-Drucksache
BR-Plenarprotokoll	Verhandlungen des Bundesrates, stenographische Berichte

BSK	Börsensachverständigenkommission beim Bundesministerium der Finanzen
BT-Drs.	Bundestags-Drucksache
BT-Plenarprotokoll	Verhandlungen des Deutschen Bundestages, stenographische Berichte
Bus. Lawyer	The Business Lawyer (Z)
BuW	Betrieb und Wirtschaft (Z)
BVerfG	Bundesverfassungsgericht
BVerfGE	Entscheidungen des Bundesverfassungsgerichts
BZ	Börsenzeitung (Tageszeitung)
bzw.	beziehungsweise
CDU	Christlich Demokratische Union
City Code	City Code on Takeovers and Mergers
Corp.	Corporation
CSU	Christlich-Soziale Union
D.h.	das heißt
DAI	Deutsches Aktieninstitut e.V.
DAngVers	Die Angestelltenversicherung (Z)
Dass.	dasselbe
DAV	Deutscher Anwaltverein e.V.
DAX	Deutscher Aktienindex
DB	Der Betrieb (Z)
DBW	Die Betriebswirtschaft (Z)
DCG-Kodex	Deutscher Corporate Governance-Kodex
Del.	Delaware, Fallrechtssammlung des Staates
ders.	derselbe
DGB	Deutscher Gewerkschaftsbund
dies.	dieselbe
DIHT	Deutscher Industrie- und Handelstag
DiskE-ÜG	Diskussionsentwurf eines Übernahmegesetzes
Diss.	Dissertation
DJT	Deutscher Juristentag
DM	Deutsche Mark
Drs.	Drucksache
DStR	Deutsches Steuerrecht (Z)
DSW	Deutsche Schutzvereinigung für Wertpapierbesitz e.V.
DVBl	Deutsches Verwaltungsblatt (Z)
DZWiR	Deutsche Zeitschrift für Wirtschaftsrecht (Z)
E.V.	eingetragener Verein
EBOR	European Business Organization Law Review (Z)

EFTA	European Free Trade Association (Europäische Freihandelsassoziation)
EG	Europäische Gemeinschaft(en)
EGAktG	Einführungsgesetz zum Aktiengesetz
EGKS	Europäische Gemeinschaft für Kohle und Stahl
EGV	Vertrag zur Gründung der Europäischen Gemeinschaft (konsolidierte Fassung auf Grund des am 26. Februar 2001 unterzeichneten Vertrages von Nizza)
Einl.	Einleitung
endg.	endgültig
EP	Europäisches Parlament
EU	Europäische Union
EuGH	Europäischer Gerichtshof
Eurex	European Exchange (deutsch-schweizerische Terminbörse)
EUV	Vertrag über die Europäische Union
EuZW	Europäische Zeitschrift für Wirtschaftsrecht (Z)
EVP	Europäische Volkspartei
EWG	Europäische Wirtschaftsgemeinschaft
EWG-Vertrag	Vertrag zur Gründung der Europäischen Wirtschaftsgemeinschaft
EWiR	Entscheidungen zum Wirtschaftsrecht
EWR	Europäischer Wirtschaftsraum
EWS	Europäisches Wirtschafts- und Steuerrecht (Z)
F.	folgend
F.Supp	Federal Supplement
FAZ	Frankfurter Allgemeine Zeitung (Tageszeitung)
FB	Finanz Betrieb (Z)
FDP	Freie Demokratische Partei
ff.	fortfolgend
Fn.	Fußnote
FN-IDW	IDW-Fachnachrichten (Z)
FR	Frankfurter Rundschau (Tageszeitung)
FS	Festschrift
FT	Financial Times (Tageszeitung)
FTD	Financial Times Deutschland (Tageszeitung)
FWB	Frankfurter Wertpapierbörse
GDV	Gesamtverband der Deutschen Versicherungswirtschaft e.V.
GesR	Gesellschaftsrecht
GesRZ	Der Gesellschafter (Z)

GG	Grundgesetz
GmbH	Gesellschaft mit beschränkter Haftung
GmbHR	GmbH-Rundschau (Z)
GroßKomm	Großkommentar
GWB	Gesetz gegen Wettbewerbsbeschränkungen
Harv. L. Rev.	Harvard Law Review (Z)
HB	Handelsblatt (Tageszeitung)
Hdb.	Handbuch
HGB	Handelsgesetzbuch
Hrsg.	Herausgeber; herausgegeben
http://www.	Hypertext Transfer Protocol://World Wide Web**
I.d.F.	in der Fassung
i.S.d.	im Sinne des/der
i.V.m.	in Verbindung mit
IAS	International Accounting Standards
IDW	Institut der Wirtschaftsprüfer in Deutschland e.V.
IFLR	International Financial Law Review (Z)
IG BCE	Industriegewerkschaft Bergbau, Chemie, Energie
Inc	Incorporated
INF	Die Information über Steuer und Wirtschaft (Z)
IStR	Internationales Steuerrecht (Z)
J.B.F.	Journal of Banking & Finance (Z)
J.F.I.	Journal of Financial Intermediation (Z)
J. Fin. Econ.	Journal of Financial Economics (Z)
J. Pol. Econ.	The Journal of Political Economy (Z)
JbJZivW	Jahrbuch Junger Zivilrechtswissenschaftler
Jura	Juristische Ausbildung (Z)
JuS	Juristische Schulung (Z)
JZ	Juristenzeitung (Z)
Kap.	Kapitel
KK	Kölner Kommentar
KonTraG	Gesetz zur Kontrolle und Transparenz im Unternehmensbereich
Konzern	Der Konzern (Z)
krit.	kritisch
KStG	Körperschaftsteuergesetz
KWG	Gesetz über das Kreditwesen
Lfg.	Lieferung

LG	Landgericht
lit.	litera (Buchstabe)
M&A	Mergers & Acquisitions; Mergers & Acquisitions Review (Z)
m.w.N.	mit weiteren Nachweisen
MDAX	Midcap-Index
Mio.	Million
MitBestErgG	Montan-Mitbestimmungsergänzungsgesetz
MitbestG	Mitbestimmungsgesetz 1976
Mitbestimmung	Die Mitbestimmung (Z)
Montan-MitbestG	Montan-Mitbestimmungsgesetz
Mrd.	Milliarde
MüKo	Münchener Kommentar
N.F.	neue Fassung
NB	Neue Betriebswirtschaft (Z)
NASDAQ	National Association of Securities Dealers Automated Quotation System (elektronische Börse der USA)
NaStraG	Gesetz zur Namensaktie und zur Erleichterung der Stimmrechtsausübung
NJW	Neue Juristische Wochenschrift (Z)
Nr.	Nummer
NZA	Neue Zeitschrift für Arbeitsrecht (Z)
NZG	Neue Zeitschrift für Gesellschaftsrecht (Z)
o.V.	ohne Verfasser
öAktG	Österreichisches Aktiengesetz
ÖBA	(Österreichisches) Bank-Archiv (Z)
öBGBl.	Österreichisches Bundesgesetzblatt
OECD	Organisation for Economic Co-operation and Development (Organisation für wirtschaftliche Zusammenarbeit und Entwicklung)
OLG	Oberlandesgericht
OPA	Offres publiques d'achat
öÜbG	Österreichisches Übernahmegesetz
OWiG	Gesetz über Ordnungswidrigkeiten
PDS	Partei des Demokratischen Sozialismus
PK	Pressekonferenz
plc	public limited company
RdW	Österreichisches Recht der Wirtschaft (Z)

RefE	Referentenentwurf
RefE-WÜG	Referentenentwurf eines Wertpapiererwerbs- und Übernahmegesetzes
RegE	Regierungsentwurf
RegE-WpÜG	Regierungsentwurf eines Wertpapiererwerbs- und Übernahmegesetzes
RGZ	Entscheidungen des Reichsgerichts in Zivilsachen
RIW	Recht der internationalen Wirtschaft (Z)
Rn.	Randnummer
ROW	Recht in Ost und West (Z)
Rs.	Rechtssache
RVO	Rechtsverordnung
S.	Satz; Seite
S.D.N.Y.	Southern District of New York
SAG	Schweizerische Aktiengesellschaft, Zeitschrift für Handels- und Wirtschaftsrecht (Z)
Slg.	Sammlung der Entscheidungen des EuGH
SMAX	Small Cap Exchange
sog.	sogenannte/r
Sparkasse	Sparkasse, Zeitschrift des Deutschen Sparkassen- und Giroverbandes (Z)
SPD	Sozialdemokratische Partei Deutschlands
Stan. L. Rev.	Stanford Law Review (Z)
StGB	Strafgesetzbuch
Syndikus	Der Syndikus (Z)
SZ	Süddeutsche Zeitung (Tageszeitung)
TransPuG	Gesetz zur weiteren Reform des Aktien- und Bilanzrechts, zu Transparenz und Publizität (Transparenz- und Publizitätsgesetz)
U.a.	und andere; unter anderem
U.S.	U.S. Reports
U.S.C.	United States Code
UmwG	Umwandlungsgesetz
Univ.	Universität
Urt.	Urteil
US	United States
US-GAAP	US-Generally Accepted Accounting Principles
US-$	US-Dollar

VerkProspG	Verkaufsprospektgesetz
VerkProspVO	Verkaufsprospektverordnung
vgl.	vergleiche
VO	Verordnung
VwGO	Verwaltungsgerichtsordnung
VwVfG	Verwaltungsverfahrensgesetz
Wahlordnung BetrVG	Erste Verordnung zur Durchführung des BetrVG
WiB	Wirtschaftsrechtliche Beratung (Z)
WISU	Das Wirtschaftsstudium (Z)
WM	Wertpapier-Mitteilungen, Zeitschrift für Wirtschafts- und Bankrecht (Z)
WPg	Die Wirtschaftsprüfung (Z)
WpHG	Wertpapierhandelsgesetz
WpÜG	Wertpapiererwerbs- und Übernahmegesetz
WpÜG-AngVO	WpÜG-Angebotsverordnung
WuB	Wirtschafts- und Bankrecht (Entscheidungssammlung)
WuW	Wirtschaft und Wettbewerb (Z)
ZBB	Zeitschrift für Bankrecht und Bankwirtschaft (Z)
ZEW	Zentrum für europäische Wirtschaftsforschung
ZfB	Zeitschrift für Betriebswirtschaft (Z)
Zfbf	Schmalenbachs Zeitschrift für betriebswirtschaftliche Forschung (Z)
ZfgK	Zeitschrift für das gesamte Kreditwesen (Z)
ZGR	Zeitschrift für Unternehmens- und Gesellschaftsrecht (Z)
ZHR	Zeitschrift für das gesamte Handelsrecht und Wirtschaftsrecht (Z)
Ziff.	Ziffer
ZIP	Zeitschrift für Wirtschaftsrecht (Z)
zit.	zitiert
ZPO	Zivilprozeßordnung
ZRP	Zeitschrift für Rechtspolitik (Z)
ZSR	Zeitschrift für Schweizerisches Recht (Z)
ZVglRWiss	Zeitschrift für Vergleichende Rechtswissenschaft (Z)

* *Bei solchen Abkürzungen, die mit dem Zusatz (Z) versehen sind, handelt es sich um Zeitschriften.*

** *Sämtliche weiterführenden Verweise auf Internet-Seiten beruhen auf dem Stand vom 25. April 2004.*

An dieser Stelle sei dem Verfasser eine Anmerkung zu der dieser Arbeit zugrundeliegenden Rechtschreibung gestattet. In seinem Rechtschreiburteil vom 14. Juli 1998 stellte das Bundesverfassungsgericht fest: „Personen außerhalb dieses Bereichs (Anm. des Verfassers: der Schule) sind rechtlich nicht gehalten, die neuen Rechtschreibregeln zu beachten und die reformierte Schreibung zu verwenden. Sie sind vielmehr frei, wie bisher zu schreiben" (BVerfGE 98, 218 (262)). Von dieser Freiheit macht der Verfasser an dieser Stelle Gebrauch.

Einleitung

A. ANLASS DER UNTERSUCHUNG

„Deutsche Bank entwickelt Abwehrplan für Daimler“[1], „Volkswagen schmiedet Pläne gegen eine feindliche Übernahme“[2], „Feindliche Übernahmen im Kommen“[3], „Krieg im Kugellagerland“[4] - Schlagzeilen wie diese waren es, die in jüngster Zeit die Titelseiten der deutschen Wirtschaftspresse bestimmt haben[5]. Die deutliche Zunahme unfreundlicher Übernahmen zum Ende der 90er Jahre des 20. Jahrhunderts hat unter den deutschen börsennotierten Unternehmen erhebliche Unsicherheiten ausgelöst. Die im internationalen Vergleich traditionell unterbewerteten deutschen Unternehmen sehen sich zunehmend in die Rolle potentieller Übernahmekandidaten gedrängt. Dieser Entwicklung konnte sich auch der nationale Gesetzgeber nicht entziehen. War anfangs noch unklar, in welcher Form die Reaktion der Legislative erfolgen würde, zeichnete sich spätestens seit der öffentlichkeitswirksam inszenierten Übernahme des zum modernen Telekommunikationsdienstleister gewandelten deutschen Traditionsunternehmens Mannesmann AG durch die britische Vodafone Airtouch plc ab, daß eine spezialgesetzliche Regelung angestrebt und auch von allen Seiten eingefordert wurde.

B. ZIELE DER UNTERSUCHUNG

Der abrupte Meinungsumschwung der Bundesregierung, insbesondere die „in allerletzter Minute“ vorgenommenen Änderungen der Vorschriften betreffend die Pflichten der Zielgesellschaft, hat zum einen dazu geführt, daß anstelle der angestrebten Klarheit ein hohes Maß an Ungewißheit überwiegt. Verstärkt wird dieser Effekt nicht zuletzt auch angesichts der grundsätzlichen Neuheit der Regelungsmaterie insgesamt. Dieser Umstand wiegt um so schwerer vor dem Hintergrund, daß trotz der bislang vergleichsweise geringen Ausbreitung des Phänomens der unfreundlichen Übernahme in Deutschland zahlreiche Aspekte dafür sprechen, daß infolge sich verändernder Rahmenbedingungen in naher Zukunft mit einer Zunahme dieser Angebotsform zu rechnen sein wird. Es stellt sich insoweit für inländische börsennotierte Unternehmen die Frage, mit wel-

---

1 FAZ vom 2. Februar 2001, S. 18.

2 FAZ vom 17. Mai 2001, S. 23.

3 FTD vom 24. September 2001, S. 22.

4 Frankfurter Allgemeine Sonntagszeitung vom 7. Oktober 2001, S. 41.

5 Zuletzt etwa: „Jagdsaison im Unternehmensrevier“, FAZ vom 17. Februar 2004, „Gefahr einer Übernahme für Commerzbank groß“, FAZ vom 12. Mai 2003.

chen Mitteln sie einem unfreundlichen Übernahmeversuch begegnen können. Insofern kommt dem Verständnis der neuen gesetzlichen Vorschriften herausragende Bedeutung zu, als sich sämtliche Verteidigungsmaßnahmen, die der Zielgesellschaft während eines Übernahmeverfahrens zur Verfügung stehen, an diesen messen lassen müssen. Dies gilt um so mehr, als mit Inkrafttreten des spezialgesetzlichen Regelwerks anders als bislang die Vorschriften nunmehr staatlicher Aufsicht unterstellt und zudem mit Sanktionsmechanismen versehen sind. Es besteht insoweit ein nicht unerheblicher Klärungsbedarf, wie sich das Verhalten des Vorstands und des Aufsichtsrats der Zielgesellschaft im zeitlichen Zusammenhang mit einem Übernahmeangebot an den neuen Vorschriften des WpÜG auszurichten hat.

Zum anderen hat die plötzlich vorgenommene Kehrtwende der Bundesregierung maßgeblich das Scheitern des Vorschlags einer EU-Übernahmerichtlinie in Gestalt des Gemeinsamen Entwurfs herbeigeführt und dadurch die rechtspolitische Diskussion über die Reglementierung der Verhaltenspflichten der Verwaltung der Zielgesellschaft neu entfacht. Auch wenn die neuen deutschen Regelungen nunmehr Gesetz geworden sind, so sind sie keineswegs unumstößlich. Wie sich gezeigt hat, war die neue Initiative zur Verabschiedung einer EU-Übernahmerichtlinie durch die EU-Kommission von Erfolg gekrönt, wenn auch nicht im Sinne der Kommission. Nun verbleiben lediglich zwei Jahre, um den Inhalt der EU-Übernahmerichtlinie in deutsches Recht umzusetzen. Für das Jahr 2011 sieht die Richtlinie eine Revision der Vorschriften vor. Die unverminderte Fortsetzung der Diskussion über die Ausgestaltung der Verhaltenspflichten der Zielgesellschaft kann daher als gesichert angesehen werden. In Anbetracht zahlreicher offener Auslegungsfragen der insoweit maßgeblichen Vorschriften des neuen deutschen Gesetzes steht zu erwarten, daß sich hierzulande die rechtspolitische Kontroverse auf die rechtsdogmatische Ebene verlagern wird.

Angesichts dieses Befundes besteht die Zielsetzung der vorliegenden Untersuchung darin, die neuen Vorschriften betreffend die Pflichten der Zielgesellschaft einer eingehenden Untersuchung zu unterziehen und dabei eine erste Analyse der aufgeworfenen Rechtsfragen vorzunehmen, der sich eine kritische Bewertung anschließt. Zugleich soll sie einen Beitrag zu der neu entbrannten Diskussion um die Frage der Reglementierung der Verhaltenspflichten der Zielgesellschaft leisten und hierfür die Grundlagen bereitstellen. Dazu werden die einschlägigen Vorschriften des neuen WpÜG sowohl aus rechtsvergleichender Sicht als auch vor dem Hintergrund der Bestrebungen zur Verabschiedung einer EU-Übernahmerichtlinie betrachtet.

C. GANG DER UNTERSUCHUNG

In Anbetracht der vorgenommenen Zielsetzung gestaltet sich der Gang der Untersuchung, die sich insgesamt in sechs Kapitel gliedert, wie folgt: Zunächst wird im *ersten Kapitel* „Grundlegung" neben den notwendigen Abgrenzungen und begrifflichen Definitionen die Bedeutung unfreundlicher Übernahmeangebote in Deutschland betrachtet, deren ökonomischer Hintergrund aufgezeigt und schließlich die divergierenden Interessenlagen im Hinblick auf die Verhinderung eines unfreundlichen Übernahmeangebots herausgearbeitet.

Angesichts der herausragenden Bedeutung der Entwicklung auf Gemeinschaftsebene erfolgt im sich anschließenden *zweiten Kapitel* der Untersuchung eine Auseinandersetzung mit den europarechtlichen Vorgaben. Auch wenn die Bemühungen zur Verabschiedung einer EU-Übernahmerichtlinie zunächst nicht von Erfolg gekrönt waren, lassen sich die nationalen Regelungen dennoch nicht von den jahrelangen, vergeblichen Bestrebungen auf europäischer Ebene isolieren. Die Vorschläge zu einer EU-Übernahmerichtlinie bildeten den gedanklichen Ausgangspunkt und die Grundlage des nationalen Gesetzgebungsprozesses. Ihnen kommt insoweit eine entscheidende Rolle bei der Auslegung der neuen nationalen Vorschriften zu. Den für die richtlinienkonforme Auslegung maßgeblichen Vorschriften der nunmehr doch noch zur Verabschiedung gelangten EU-Übernahmerichtlinie wird sich abschließend in einem neu hinzugetretenen Abschnitt zugewandt.

Im Anschluß soll im *dritten Kapitel* auf die Rechtslage in Deutschland vor Inkrafttreten des neuen WpÜG eingegangen werden, um im Fortgang der Untersuchung durch eine Gegenüberstellung mit den neuen Vorschriften des WpÜG die jeweiligen Unterschiede und Gemeinsamkeiten aufzuzeigen. An dieser Stelle werden auf Grund des Fehlens einer spezialgesetzlichen Regelung bis dato die allgemeinen gesetzlichen Vorschriften des Aktienrechts einerseits sowie die Regelungen des freiwilligen „Übernahmekodex" andererseits näher betrachtet.

Das *vierte Kapitel* trägt schließlich dem Umstand Rechnung, daß andere Staaten über weit mehr Erfahrung auf dem Gebiet der Regulierung von Unternehmensübernahmen verfügen, was insbesondere für die USA und in Europa für Großbritannien gilt. Daher werden in einem rechtsvergleichenden Überblick die einschlägigen Vorschriften der Übernahmeregelungen der übrigen EU-Mitgliedstaaten sowie der Schweiz und der USA untersucht, die wertvolle Erkenntnisse für die Beurteilung der deutschen Vorschriften zu liefern imstande sind.

Sodann widmet sich das *fünfte Kapitel* umfassend den Vorschriften des neuen deutschen WpÜG. In einem einführenden Abschnitt erfolgt zunächst eine Darstellung der neuen gesetzlichen Vorschriften, insbesondere des Ablaufs eines Übernahmeverfahrens nach dem WpÜG. Im Anschluß hieran werden die für die

Pflichten der Zielgesellschaft maßgeblichen Vorschriften einer eingehenden Analyse unterzogen, die mit einer kritischen Bewertung der Regelungen unter Heranziehung der in den vorangegangenen Kapiteln gewonnenen Erkenntnissen schließt. Soweit Nachbesserungs- bzw. Regelungsbedarf als erforderlich erachtet wird, werden alternative Lösungsvorschläge unterbreitet.

Die Untersuchung endet schließlich mit der Zusammenfassung der wesentlichen Ergebnisse im *sechsten Kapitel.*

D. EINGRENZUNG DER THEMATIK

Mit der Frage nach den Pflichten der Zielgesellschaft bei unfreundlichen Übernahmeangeboten, insbesondere den Verhaltenspflichten des Vorstands und des Aufsichtsrats, hat die vorliegende Untersuchung die wohl in der Endphase des Gesetzgebungsverfahrens zum WpÜG umstrittenste Problematik zum Gegenstand. Eindrucksvoll verdeutlicht haben dies die in Deutschland massiv vorgetragene Kritik an den ersten beiden Gesetzentwürfen, die zu einem rasanten Anstieg kaum mehr zu überblickender juristischer Fachpublikationen zu dieser Thematik führte, wie auch das seinerzeit an dieser Frage „in allerletzter Sekunde“ gescheiterte Gesetzgebungsverfahren zur EU-Übernahmerichtlinie. Dennoch handelt es sich hierbei lediglich um einen Teilaspekt des neuen WpÜG. Sonstigen im Zusammenhang mit der gesetzlichen Neuregelung aufgetretenen Streitfragen[6] kann vorliegend nicht weiter nachgegangen werden.

Ebenfalls nicht eingegangen werden soll auf die unabhängig von den neuen Regelungen des WpÜG bestehenden aktien- und kapitalmarktrechtlichen Verhaltenspflichten der Verwaltung der Zielgesellschaft während eines Übernahmeverfahrens[7]. Namentlich handelt es sich hierbei insbesondere um die Verschwiegen-

6 Auch die erstmalige Einführung des Pflichtangebots in das deutsche Recht zieht als anfänglich strittigste Frage nach wie vor erhebliche Kritik auf sich. Zuletzt etwa *Altmeppen*, ZIP 2001, 1073 (1080 ff.). Als bislang ungeklärt gilt auch das Verhältnis des neuen WpÜG zu umwandlungsrechtlichen Sachverhalten als Folgeproblem der Neuregelung. Vgl. dazu nach Verabschiedung *Technau*, AG 2002, 260 ff.; *Seibt/Heiser*, ZHR 161 (2001), 466 ff. (Regierungsentwurf); *DAV-Handelsrechtsausschuß*, Stellungnahme zum RefE-WÜG, NZG 2001, 420 (420); *Weber-Rey/Schütz*, AG 2001, 325 ff. (Referentenentwurf). Darüber hinaus besteht zu zahlreichen Einzelfragen, wie zum Beispiel nach der Gegenleistung bei Übernahme- und Pflichtangeboten, dem Verhältnis des Pflichtangebots zum freiwilligen Übernahmeangebot, dem *acting in concert* oder dem Schutz Dritter vor hoheitlichen Verfügungen durch die BaFin teils erheblicher Diskussionsbedarf. Vgl. zu den ersten Entscheidungen hierzu die Nachweise in Fn. 1275.

7 Vgl. dazu *Hopt* in FS Lutter, S. 1361 (1394 ff.) m.w.N.; *Assmann*, ZGR 2002, 697 ff.

heitspflicht nach § 93 Abs. 1 S. 2 AktG[8], die infolge der bevorstehenden Umsetzung der „Marktmißbrauchsrichtlinie"[9] vor einschneidenden Veränderungen stehenden Tatbestände des WpHG: das Insiderhandelsverbot nach §§ 12 ff. WpHG[10] und die *Ad-hoc*-Publizitätspflicht nach § 15 WpHG[11] sowie schließlich um das Manipulationsverbot nach § 20a WpHG[12].

Schließlich sei darauf hingewiesen, daß sich die vorliegende Untersuchung nicht als Beurteilung der Gesetzeskonformität einzelner Abwehrmaßnahmen der Zielgesellschaft gegen unfreundliche Übernahmeversuche versteht. Die zumeist dem anglo-amerikanischen Rechtskreis entstammenden Instrumente sind hinlänglich bekannt und bereits zahlreichen Untersuchungen unterzogen worden[13]. Im Hinblick auf solche Verteidigungsmaßnahmen, die seitens der Zielgesellschaft bereits im Vorfeld einer Übernahme präventiv getroffen werden, ergeben sich durch die neuen Regelungen keinerlei Änderungen der rechtlichen Beurteilung. Die spezialgesetzliche Regelung des WpÜG entfaltet einzig hinsichtlich solcher Maßnahmen Wirkung, die während des Übernahmeverfahrens zur Durchführung gelangen[14]. Diesbezüglich sollen die im Rahmen dieser Untersuchung erzielten Ergebnisse eine erste Orientierung bieten, da die rechtliche Bewertung jener Maßnahmen entscheidend von dem Verständnis der maßgeblichen Vorschriften des WpÜG abhängt. Da freilich die Untersuchung der einschlägigen Regelungen nicht völlig isoliert von derartigen Abwehrmaßnahmen erfolgen kann, werden diese an verschiedenen Stellen der Untersuchung in die Betrachtung einbezogen.

---

8 Dazu *Hopt* in GroßKomm AktG, § 93 AktG, Rn. 187 ff. Siehe jetzt auch § 116 S. 2 AktG i.d.F. des TransPuG.

9 Richtlinie über Insider-Geschäfte und Marktmanipulation vom 28. Januar 2003 - 2003/6/EG, ABl. EG Nr. L 96 vom 12. April 2003, S. 16. Die Umsetzung erfolgt durch das „Anlegerschutzverbesserungsgesetz (AnSVG)", dessen Regierungsentwurf am 21. April 2004 vorgelegt wurde.

10 Dazu im Kontext öffentlicher Übernahmeangebote *Assmann/Cramer* in Assmann/Schneider, WpHG, § 14 WpHG, Rn. 79 ff.; *Wittich* in von Rosen/Seifert, Übernahme börsennotierter Unternehmen, 377 (378 ff.).

11 Zur Problematik bei öffentlichen Übernahmeangeboten *Kümpel* in Assmann/Schneider, WpHG, § 15 WpHG, Rn. 40a; *Wittich* in von Rosen/Seifert, Übernahme börsennotierter Unternehmen, 377 (383 ff.).

12 Im Rahmen des Vierten Finanzmarktförderungsgesetzes wurde die Regelung des § 88 BörsG a.F. durch den neu geschaffenen Tatbestand des Verbots der Kurs- und Marktpreismanipulation des § 20a WpHG abgelöst.

13 Nach Inkrafttreten des WpÜG etwa *Bröcker/Weisner*, Übernahmeangebote, S. 70 ff.; *Richter* in Semler/Volhard, Hdb. Unternehmensübernahmen, § 52, Rn. 54 ff.; *Thiel* in Semler/Volhard, Hdb. Unternehmensübernahmen, § 54, Rn. 59 ff. Zuvor etwa *Weisner*, Verteidigungsmaßnahmen; und bereits *Assmann/Bozenhardt* in Assmann/Basaldua/Bozenhardt/Peltzer, Übernahmeangebote, S. 1 (115 ff.); *Herrmann*, Abwehrmaßnahmen. Zu weiteren Nachweisen siehe unten Kap. 3, Fn. 713.

14 Näher dazu unten Kap. 5, S. 418.

Kapitel 1: Grundlegung

A. VORBEMERKUNG

Bevor in den nachfolgenden Kapiteln eine eingehende Auseinandersetzung mit den Pflichten der Zielgesellschaft während eines unfreundlichen öffentlichen Übernahmeangebots sowohl auf europäischer als auch auf nationaler Ebene erfolgt, sollen vorliegend, angesichts der Vielschichtigkeit der zu erörternden Thematik, zuerst einige grundlegende Fragen erarbeitet sowie die wichtigsten Begrifflichkeiten geklärt werden. Dadurch soll auch gewährleistet werden, daß im Fortgang der Untersuchung auf ein einheitliches Vokabular zurückgegriffen werden kann[15]. Zunächst erfolgt ein historischer Abriß der Bedeutung unfreundlicher Übernahmen in Deutschland unter Einbeziehung der jeweils anzutreffenden Rahmenbedingungen. Zudem wird kurz auf das rechtstatsächliche Umfeld, wie es sich zum Zeitpunkt des Inkrafttretens des neuen WpÜG darstellte, einzugehen sein (nachfolgend unter B.). Im Anschluß daran sollen die notwendigen Abgrenzungen des öffentlichen Übernahmeangebots von anderen hierzulande bestehenden Möglichkeiten zur unfreundlichen Übernahme einer börsennotierten Gesellschaft vorgenommen sowie die vielfältigen Erscheinungsformen der hier im Vordergrund stehenden Übernahmetechnik aufgezeigt werden (C.). Sodann soll anhand der Frage nach den Gründen für unfreundliche Übernahmen der ökonomische Hintergrund von Unternehmensübernahmen betrachtet werden, was insbesondere dem Auffinden einer interessengerechten Lösung der rechtlichen Probleme zu dienen bestimmt ist (D.). Hiernach gilt es schließlich zu klären, wie sich unter den an einem unfreundlichen Übernahmeangebot betei-

---

15 Die Terminologie auf dem Gebiet der Unternehmensübernahmen im allgemeinen und des Übernahmerechts im besonderen steht ganz im Zeichen des anglo-amerikanischen Einflusses. Dies resultiert im wesentlichen daraus, daß die bedeutendsten Märkte für Unternehmensübernahmen in den USA und Großbritannien beheimatet sind. Dort haben sich im Laufe der Zeit eigene Begrifflichkeiten entwickelt, die im Zuge der Internationalisierung der Kapitalmärkte Einzug in den hiesigen Sprachgebrauch gefunden haben. Vgl. *Picot* in Picot, Handbuch M&A, S. 28. Auch wenn im Laufe der Untersuchung weitestgehend von dem Gebrauch dieser Termini abgesehen wird und diese allenfalls am Rande Erwähnung finden sollen, läßt sich deren Verwendung nicht immer vermeiden. Dies hängt vor allem damit zusammen, daß einzelne Maßnahmen zur Abwehr unfreundlicher Übernahmen in jenen Staaten entwickelt und mit entsprechenden Namen versehen wurden. Zu pauschal erscheint daher die Kritik von *Altmeppen*, ZIP 2001, 1073 (1079), Fn. 40. Der Grund für die weitgehende Beibehaltung der deutschen Termini liegt nicht etwa in protektionistischen Bestrebungen begründet, sondern resultiert vielmehr aus der Erkenntnis, daß oftmals keine abschließende Klarheit darüber besteht, welcher eindeutige Sachverhalt dem jeweiligen ausländischen Begriff zuzuordnen ist. Es soll daher durch eine möglichst einheitliche und präzise Ausdrucksweise Unklarheiten infolge mehrdeutiger Begrifflichkeiten vorgebeugt werden.

ligten Akteuren die Interessenlage im Hinblick auf die Verhinderung solcher Offerten darstellt, um vor diesem Hintergrund ein besseres Verständnis für die rechtlichen Regelungsprobleme aufbringen zu können (E.).

B. BEDEUTUNG UNFREUNDLICHER ÜBERNAHMEN IN DEUTSCHLAND

Zunächst empfiehlt es sich, einleitend einen Blick auf die Bedeutung unfreundlicher Unternehmensübernahmen in Deutschland in der Vergangenheit zu werfen. Im folgenden soll daher sowohl deren bisheriges Ausmaß als auch deren Stellenwert im deutschen Wirtschaftsleben skizziert werden. Im Vordergrund der Betrachtung stehen dabei selbstredend öffentliche Übernahmeangebote. Deren Verbreitung unterliegt wesentlich dem Einfluß der Rahmenbedingungen, die sich aus der Unternehmenslandschaft und dem Entwicklungsstand des Aktienmarktes eines Landes ergeben. Es ist daher notwendig, sich in der vorliegenden Betrachtung auch jene vielzitierten, im internationalen Vergleich zu beobachtenden „deutschen Besonderheiten" zu vergegenwärtigen, auf die im Laufe dieser Untersuchung des öfteren zurückzukommen sein wird. Abschließend erfolgt ein kurzer Ausblick auf das rechtstatsächliche Umfeld, wie es sich bei Inkrafttreten des neuen Gesetzes darstellte. Erst vor diesem Hintergrund lassen sich die neuen Regelungen des WpÜG im allgemeinen und die in dieser Arbeit vorrangig zu untersuchenden Vorschriften zu den Pflichten der Zielgesellschaft im besonderen vollständig erfassen.

I. ENTWICKLUNG BIS ZU BEGINN DER 90ER JAHRE DES 20. JAHRHUNDERTS

1. Ausmaß und Bedeutung unfreundlicher Übernahmeangebote

Zum Jahreswechsel 1999/2000 wurde Deutschland infolge der Übernahme Vodafone/Mannesmann zum Schauplatz der, gemessen am Transaktionsvolumen, bislang weltweit größten Unternehmensübernahme, bei der es sich zudem um eine unfreundlich vorgetragene Übernahme handelte[16]. Trotz dieses Ereignisses spielten unfreundliche Übernahmen in Deutschland in der Vergangenheit jedoch nur eine völlig untergeordnete Rolle[17]. Lange Zeit galten solche in Deutschland

16 Dazu näher unten S. 19.

17 Freilich beziehen sich sowohl diese Aussage als auch die folgenden Ausführungen nur auf unfreundliche Übernahmen deutscher Zielgesellschaften. Ganz im Gegensatz dazu traten deutsche Unternehmen bereits des öfteren als unfreundliche Übernehmer im Ausland auf. Ohne an dieser Stelle auf die zahlreichen Übernahmen der jüngsten Vergangenheit eingehen zu wollen, sei hier lediglich beispielhaft auf die schon Ende der achtziger Jahre des 20. Jahrhunderts ausgetragene langwierige Übernahmeauseinander-

praktisch als nicht durchführbar und deutsche Unternehmen im Ausland als unverwundbar[18]. Ein Zustand, der vor allem unter Finanzmarktakteuren, Journalisten und Politikern angelsächsischer Staaten mit Schlagwörtern wie „*Fortress Germany*"[19] oder „*German disease*"[20] umschrieben wurde. Zum Ausdruck kam damit die geringschätzende Haltung, aber auch das Unverständnis gegenüber dem „*Old Boys Network*" der deutschen Industrie und der eng verflochtenen Struktur der deutschen Unternehmenslandschaft, was hierzulande gemeinhin mit Begriffen wie der „Deutschland AG" oder des „Rheinischen Kapitalismus" besetzt wurde. Dieser „Deutschland AG" lag der Gedanke zugrunde, im Nachkriegsdeutschland durch ein System von Überkreuzbeteiligungen im Finanz- und Versicherungssektor sowie zahlreichen Bankenbeteiligungen an Industrieunternehmen das Management vor dem unmittelbaren Druck des Kapitalmarktes abzuschirmen, um auf diese Weise ein ungestörtes Wachstum der Unternehmen zu gewährleisten. Die Manager derart verbündeter Unternehmen bildeten zusammen mit den Aufsichtsräten gleichsam ein Netzwerk wechselseitiger Einflußnahme und Beziehungen und konnten auf diesem Wege in allen miteinander verflochtenen Unternehmen eine dominierende Stellung aufbauen. Infolgedessen wurde Konsens in Deutschland zum anerkannten Herrschaftsprinzip.

Anfang der siebziger Jahre des 20. Jahrhunderts war das Phänomen des öffentlichen Übernahmeangebots noch ein in Deutschland nahezu unbekanntes[21]. Jedoch war ein solcher Vorgang nicht gänzlich ausgeschlossen[22]. Im Jahr 1973 zog das Übernahmeangebot der August Thyssen-Hütte AG an die Aktionäre der Rheinstahl AG großes Aufsehen sowohl im In- als auch im Ausland nach sich[23] und sorgte für erhebliche Kritik in Politik und Öffentlichkeit[24]. Angesichts der

---

setzung um das britische Elektronikunternehmen Plessey verwiesen, das Ziel einer unfreundlichen Übernahme durch die britische General Electric Company zusammen mit Siemens war. Vgl. dazu *Frank*, Rahmenbedingungen von Unternehmensübernahmen, S. 112 ff.; die Fallstudie bei *Immenga/Noll*, Feindliche Übernahmeangebote, S. 128 ff.

18 Vgl. *Craven* in Sieben/Stein, Unternehmensakquisitionen, S. 57 (59).

19 Siehe auch *Becker*, ZHR 165 (2001), 280 (280).

20 Dazu auch *Hopt* in FS Zöllner, S. 253 (268).

21 In der Zeit zuvor von Bedeutung war lediglich das Angebot der Texaco Inc an die Aktionäre der Deutschen Erdöl AG aus dem Jahr 1966. Dazu *Küting*, BB 1978, 1751 (1754). Vgl. auch *Behrens*, ZGR 1975, 433 (436), Fn. 12 m.w.N.

22 Die Zahl der freiwilligen Übernahmeangebote belief sich 1970 auf fünf, 1971 auf vier, 1972 auf sieben, 1973 auf sechs, 1974 auf elf und im ersten Halbjahr 1975 auf drei Fälle. Vgl. *Heinsius* in *Schmitthoff/Goré/Heinsius*, Übernahmeangebote, S. 35 (51 f.), der als wichtigste Gründe hierfür einerseits die geringe Zahl der Aktiengesellschaften und andererseits die mangelnde Streuung des Aktienkapitals anführt.

23 Vgl. zu den Reaktionen im deutschen juristischen Schrifttum *Dietrich*, AWD 1973, 304 (304 f.); *Möschel*, ZRP 1973, S. 162 ff.

24 Vgl. dazu die eingehende Analyse von *Heinsius* in Schmitthoff/Goré/Heinsius, Übernahmeangebote, S. 35 (55 ff.); ein weiteres, wenn auch nicht ganz so spektakuläres

Seltenheit öffentlicher Übernahmeangebote konstatierte *Heinsius* im Jahr 1975, daß gegen den Widerstand der Verwaltung der Zielgesellschaft vorgenommene Übernahmeversuche in Deutschland keine Bedeutung hätten[25].

In den achtziger Jahren kam es insgesamt zu einer deutlichen Zunahme öffentlicher Übernahmeangebote[26]. Bis zum Ende des Jahrzehnts konnten jedoch keine unfreundlichen Übernahmeofferten verzeichnet werden[27]. Aus anglo-amerikanischer Perspektive wurden bis zu dem Fall Krupp/Thyssen im Jahr 1997 als die einzigen „feindlichen“ Übernahmen überhaupt in der Nachkriegsgeschichte Deutschlands nur die Fälle der Übernahmeversuche zum einen für die Feldmühle Nobel AG durch die Gebrüder Flick im Jahr 1988 und durch die Veba AG im Jahr 1989[28], zum anderen für die Continental AG durch die Pirelli AG in den Jahren 1990 und 1991[29] und schließlich für die Hoesch AG durch die Krupp GmbH in den Jahren 1991 und 1992 eingestuft[30]. Zu dem gleichen Ergebnis ge-

---

Übernahmeangebot der siebziger Jahre des letzten Jahrhunderts durch die Veba AG an die Aktionäre der Gelsenberg AG wird an dieser Stelle ebenfalls erörtert. Siehe zudem *Beß*, AG 1976, 169 (170), aber auch *Otto*, DB 1988, Beilage 12, 3. Infolge dieser Übernahme setzte zwischenzeitlich auch in Deutschland ein verstärktes Interesse in der juristischen Diskussion über Übernahmeangebote ein. Die Thematik war Gegenstand anläßlich der deutsch-österreichischen Tagung für Rechtsvergleichung im Jahr 1975 in München. Vgl. hierzu die veröffentlichten Referate sowie den Diskussionsbericht in *Schmitthoff/Goré/Heinsius*, Übernahmeangebote.

25 *Heinsius* in *Schmitthoff/Goré/Heinsius*, Übernahmeangebote, S. 35 (52).

26 Vgl. die Übersicht freiwilliger Übernahmeangebote vom 1. Januar 1980 bis 30. September 1988 im Anhang zu *Peltzer*, ZIP 1989, 69 ff. (76 ff.). Siehe auch die Angaben bei *Otto*, DB 1988, Beilage 12, 3, Fn. 15.

27 Zieht man allerdings in die Betrachtung solche Fälle mit ein, bei denen sich die Übernahme im Wege der Veräußerung von Aktienpaketen von Großaktionären vollzog, lassen sich einzelne Fälle unfreundlicher Übernahmen verzeichnen. Vgl. die Angaben bei *Mülbert*, Gutachten E für den 61. DJT, S. 60, Fn. 140 f.; *Nolte/Leber*, DBW 1990, 573 (577); *Peltzer*, ZIP 1991, 485 (487); *ders.*, ZIP 1989, 69 (69); *Wirth*, DB 1992, 617 (617). Eine Einschätzung der deutschen Situation Ende der 80er Jahre des 20. Jahrhunderts findet sich bei *Heintzeler*, ÖBA 1989, 839 (844 ff.).

28 Vgl. dazu die Fallstudie bei *Frank*, Rahmenbedingungen von Unternehmensübernahmen, S. 108 ff.

29 Dazu eingehend die Fallstudie von *Baums*, Arbeitspapier 3/93; LG Hannover, Urt. vom 29. Mai 1992 - 23 O 64 und 77/91, ZIP 1992, 1236 ff. Siehe auch *Ebenroth/Daum*, DB 1991, 1157 (1157 f.).

30 Vgl. *Franks/Mayer*, 22 J.B.F. 1998, 1385 (1387), die an dieser Stelle diese drei Fälle einer eingehenden Analyse unterziehen. Zu den Fällen Feldmühle Nobel und Continental siehe auch *Burgard*, AG 1992, 41 (41 ff.).

langte auch *Wymeersch* in einer sich über die Jahre 1988 bis 1992 erstreckenden Studie[31].

2. Ursachen für das geringe Ausmaß

Das bis dato geringe Ausmaß unfreundlicher Unternehmensübernahmen insgesamt läßt sich auf die geringe Verbreitung des öffentlichen Übernahmeangebots als Übernahmetechnik in Deutschland zurückführen. Das weitgehende Schattendasein öffentlicher Übernahmeangebote wiederum hatte eine Vielzahl von Ursachen struktureller, aber auch rechtlicher Art, die in ihrer Gesamtheit Ausdruck des eingangs geschilderten Selbstverständnisses der „Deutschland AG" waren.

In den Augen der Praxis[32] als hinderlich empfunden wurden etwa die relativ kleine Zahl von Publikumsgesellschaften und deren enge Verzahnung mit den institutionellen Investoren, das dualistische System in der Verfassung der Aktiengesellschaft mit jeweils mehrjähriger Bestelldauer und begrenzter Möglichkeit der vorzeitigen Abberufung von Vorstand und Aufsichtsrat[33] und schließlich das System der Mitbestimmung auf Unternehmensebene. Daneben wurden auch die hohen Restrukturierungskosten in Form von Sozialkosten und Steuern angeführt.

Hinzu kamen die Struktur deutscher Aktiengesellschaften mit ihrer im internationalen Vergleich geringen Aktienstreuung und festgefügten Aktionärsstruktur[34], Höchst- und Mehrfachstimmrechte[35] sowie das hohe Maß an Konzernverflechtungen[36]. Als weiteren Grund läßt sich der eigenständige Regelungsansatz

---

31 Vgl. *Wymeersch*, AG 1995, 299 ff. (305 ff., 307); *ders.*, The regulation of takeover bids in a comparative perspective, S. 6 ff. (14), jeweils mit einem Überblick über Übernahmeaktivitäten weiterer westeuropäischer Staaten.

32 Vgl. *Beelitz*, HB vom 28. April 1993, Sonderbeilage M&A, S. B8. Auch *Becker*, ZHR 2001, 280 (280).

33 Die ohnehin komplizierte Auswechslung der Verwaltung der Zielgesellschaft läßt sich zusätzlich durch die Staffelung der Mandatszeiten in der Satzung erschweren, gemeinhin als *staggered board* bezeichnet. Dazu *Schanz*, NZG 2000, 337 (342 f.). Zur Durchsetzung der Unternehmenspolitik nach Erwerb der Mehrheit *Peltzer*, ZIP 1989, 69 (75 f.).

34 Vgl. dazu *Assmann* in GroßKomm AktG, Einl., Rn. 316 ff. (insbesondere 321).

35 Siehe dazu die Auflistung der Stimmrechtsbeschränkungen bei großen deutschen Aktiengesellschaften im Jahr 1989 bei *Littmann*, Wirtschaftswoche Nr. 21 vom 19. Mai 1989, S. 118 (119). Siehe ferner *Frank*, Rahmenbedingungen von Unternehmensübernahmen, S. 97 ff.

36 Siehe dazu eingehend *Frank*, Rahmenbedingungen von Unternehmensübernahmen, S. 56 ff., 94 ff.; auch *Basaldua* in Assmann/Basaldua/Bozenhardt/Peltzer, Übernahmeangebote, S. 157 (163 ff.); *Hopt* in FS Rittner, S. 187 (189 ff.); *ders.* in Hopt/Wymeersch, European Takeovers, S. 165 (167 ff.); *Sandberger*, DZWiR 1993, 319 (320); *Werner*, Probleme „feindlicher" Übernahmeangebote, S. 17 ff.

des deutschen Konzernrechts anführen, den *Neye* schlagwortartig als „Minderheitenschutz im Konzern statt Konzerneingangsschutz“[37] umschreibt[38]. Aber auch fehlende Regelungen zum Ausschluß von Minderheitsaktionären, ein intransparentes Bilanzierungsrecht und die strenge Fusionskontrolle hatten ihren Anteil daran; nicht zuletzt auch das Fehlen eines verläßlichen Übernahmerechts.

Ganz entscheidend dazu beigetragen, daß sich unter die wenigen Fälle öffentlicher Übernahmeangebote keine unfreundlichen gesellten, haben zudem die deutschen Großbanken. Unter diesen herrschte generell eine geringschätzende Auffassung gegenüber unfreundlichen Unternehmensübernahmen vor[39], die der damalige Vorstandsvorsitzende der Deutschen Bank *Alfred Herrhausen* stellvertretend als „Irrwege des amerikanischen Kapitalismus“ abtat[40]. Es existierten gar Beschlüsse, sich der Finanzierung unfreundlicher Übernahmen zu verweigern[41]. Vergegenwärtigt man sich die Position der Großbanken innerhalb der „Deutschland AG“, welche ihren Einfluß nicht nur als Fremdkapitalgeber („Hausbank“) und Großaktionär, sondern auch in der Rolle als Vertreter der Aktionäre in Ausübung des Depotstimmrechts sowie durch ihre Präsenz in den Aufsichtsräten geltend machten[42], vermag es kaum zu verwundern, daß zu jener Zeit Bedeutungslosigkeit das Schicksal derartiger Übernahmen war.

37 Vgl. dazu eingehend *Hommelhoff* in FS Semler, S. 455 ff.

38 *Neye*, ZIP 1995, 1464 (1464).

39 Vgl. *Hopt* in FS Rittner, 187 (190); *Wymeersch*, AG 1995, 299 (311).

40 FAZ vom 23. Dezember 1988, S. 12. Siehe auch *Peltzer*, AG 1997, 145 (148).

41 An die Öffentlichkeit gelangte ein Grundsatzbeschluß des Vorstands der Dresdner Bank, sich an der Finanzierung unfreundlicher Übernahmen nicht zu beteiligen. Vgl. *Mülbert*, Gutachten E für den 61. DJT, S. 62. Siehe auch *Werner*, Probleme „feindlicher“ Übernahmeangebote, S. 19 f.

42 Vgl. dazu *Mülbert*, Gutachten E für den 61. DJT, S. 62 ff. Zur Rolle der Banken speziell in den oben auf S. 10 angeführten drei Fällen *Franks/Mayer*, 22 J.B.F. 1998, 1385 (1398 ff.). Siehe auch die empirischen Untersuchungen von *Baums/Fraune*, AG 1995, 97 ff., die zu dem wenig überraschenden Ergebnis gelangten, daß sich die Banken, allen voran die drei Großbanken, als dominierende Gruppe unter den institutionellen Anlegern bei Hauptversammlungen deutscher Publikumsgesellschaften hervortaten. Siehe auch *Böhmer*, 9 J.F.I. 2000, 117 ff., der anhand der Untersuchung von 715 Übernahmen in den Jahren 1988 bis 1995 nachweist, daß sich der Einfluß der Banken auf die Wertsteigerung der übernehmenden Gesellschaft nur dann vorteilhaft auswirkt, wenn an der Gesellschaft ein oder mehrere Großaktionäre beteiligt sind, deren Anteilsbesitz über dem der Banken liegt.

II. Entwicklung seit Beginn der 90er Jahre des 20. Jahrhunderts

1. Wandel der Rahmenbedingungen

Seit Beginn der neunziger Jahre kam es an den Aktienmärkten der westlichen Industrienationen zu einer kontinuierlichen Aufwärtsbewegung. Die dadurch auch in Deutschland an Dynamik gewinnenden Kapitalmärkte und das sowohl infolge der Wiedervereinigung als auch in Erwartung der bevorstehenden Vollendung des europäischen Binnenmarktes stark ansteigende *Mergers & Acquisitions*-Geschäft[43] sorgten für ein gewandeltes Verständnis im Umgang mit öffentlichen Übernahmeangeboten und gaben vor allem in Bankenkreisen Anlaß zum Überdenken bisheriger Positionen. Nicht zuletzt hatten diese inzwischen das Geschäft des Investment Banking als lukratives Betätigungsfeld für sich entdeckt[44]. Im Vordergrund stand die Sorge um die Reputation des Finanzplatzes Deutschland. Im Zuge des Zusammenwachsens der globalen Märkte war es zu einer Öffnung und Deregulierung der internationalen Kapitalmärkte gekommen. Infolgedessen sah sich Deutschland einem verschärften internationalen Wettbewerb um anlagesuchendes Kapital ausgesetzt. Der deutsche Konsensweg wurde dadurch zunehmend von einer am anglo-amerikanischen *Shareholder-Value*-Denken[45] ausgerichteten Handlungsmaxime verdrängt.

a) Legislative Maßnahmen

Der Gesetzgeber reagierte auf diese Entwicklungen maßgeblich in Form des Zweiten Finanzmarktförderungsgesetzes[46], dessen Hauptbestandteil das WpHG bildete[47]. In diese Zeit fiel auch der erste nennenswerte, wenngleich nicht hoheit-

---

43 Dazu *Schwegmann/Pfaffenberger*, DBW 1991, 561 (562). Die Entstehung des modernen *Mergers & Acquisitions*-Geschäfts in Deutschland ist zurückzuführen auf die Arbeit der Treuhandanstalt, vgl. *Sautter*, BZ vom 27. Januar 2001, Sonderbeilage M&A, S. B1.

44 Mit bemerkenswerter Treffsicherheit hatte dies bereits *Otto*, DB 1988, Beilage 12, 12, prognostiziert. Den Grundstein für eine neue Dimension der M&A-Beratung deutscher Banken legte die Übernahme der englischen Merchant Bank Morgan Grenfell durch die Deutsche Bank im Jahr 1990. Dazu *Frank*, Rahmenbedingungen von Unternehmensübernahmen, S. 105 ff.

45 Dazu grundlegend *Rappaport*, Creating Shareholder Value. Aus juristischer Sicht *Mülbert*, ZGR 1997, 129 ff.; *Schilling*, BB 1997, 373 ff.

46 „Gesetz über den Wertpapierhandel und zur Änderung börsenrechtlicher und wertpapierrechtlicher Vorschriften (Zweites Finanzmarktförderungsgesetz)" vom 26. Juli 1994, BGBl. I 1994 S. 1749 vom 30. Juli 1994. Dazu *Riepe*, DStR 1994, 1236 ff.; *Weber*, NJW 1994, 2849 ff.

47 „Wertpapierhandelsgesetz - WpHG" vom 26. Juli 1994, BGBl. I 1994 S. 1749 vom 30. Juli 1994, als Art. 1 des Zweiten Finanzmarktförderungsgesetzes, nunmehr in der Fassung vom 9. September 1998, BGBl. I S. 2708 vom 17. September 1998. Zum WpHG

liche Regelungsansatz für öffentliche Übernahmeangebote[48], mit dem die Zielsetzung verfolgt wurde, ein internationalen Standards entsprechendes Gütesiegel zu schaffen. Damit sollte endgültig mit der im angelsächsischen Raum kursierenden Metapher des „*German Hinterzimmer*" aufgeräumt werden, nach der Übernahmen hierzulande angeblich von mangelnder Publizität gekennzeichnet sind und zum Schaden der Kleinaktionäre durchgeführt werden[49]. Weitere Schritte folgten, angefangen etwa mit dem Gesetz für kleine Aktiengesellschaften[50] über das Dritte Finanzmarktförderungsgesetz[51], das Stückaktiengesetz[52] sowie das Kapitalaufnahmeerleichterungsgesetz[53] hin zum KonTraG[54], das unter anderem die Abschaffung der Höchst- und Mehrfachstimmrechte[55] mit sich brachte, bis schließlich vor kurzem zum NaStraG[56], durch das die Kapitalmarktfähigkeit der Aktiengesellschaft weiter ausgebaut wurde[57].

Peltzer, ZIP 1994, 746 ff.; *Carl/Klos*, ÖBA 1995, 187 ff. Zu den im Zuge des WpHG neu geschaffenen Offenlegungspflichten unten S. 27.

48 Siehe dazu ausführlich unten Kap. 3, S. 162 ff.

49 Vgl. *Loehr* in von Rosen/Seifert, Übernahme börsennotierter Unternehmen, S. 149 (151).

50 „Gesetz für kleine Aktiengesellschaften und zur Deregulierung des Aktienrechts" vom 2. August 1994, BGBl. I 1994 S. 1961 vom 9. August 1994. Vgl. dazu statt vieler *Kindler*, NJW 1994, 3041 ff.

51 „Gesetz zur weiteren Fortentwicklung des Finanzplatzes Deutschland (Drittes Finanzmarktförderungsgesetz)" vom 24. März 1998, BGBl. I 1998 S. 529 vom 27. März 1998. Vgl. dazu *Hopt* in FS Drobnig, S. 525 ff.; *Meixner*, NJW 1998, 1896 ff.; *Pötzsch*, WM 1998, 949 ff.

52 „Gesetz über die Zulassung von Stückaktien (Stückaktiengesetz - StückAG)" vom 25. März 1998, BGBl. I 1998 S. 590 vom 31. März 1998. Dazu *Menold/Schröder* in Dörner/Menold/Pfitzer, Reform des Aktienrechts, S. 27 ff.

53 „Gesetz zur Verbesserung der Wettbewerbsfähigkeit deutscher Konzerne an Kapitalmärkten und zur Erleichterung der Aufnahme von Gesellschafterdarlehen (Kapitalaufnahmeerleichterungsgesetz - KapAEG)" vom 20. April 1998, BGBl. I 1998 S. 707 vom 23. April 1998. Hierdurch wurde u.a. Großunternehmen die Möglichkeit geschaffen, ihre Konzernbilanzen auch nach IAS oder US-GAAP zu erstellen (§ 292a HGB).

54 „Gesetz zur Kontrolle und Transparenz im Unternehmensbereich (KonTraG)" vom 27. April 1998, BGBl. I 1998 S. 786 vom 30. April 1998. Vgl. dazu *Claussen*, DB 1998, 177 ff.; *Seibert* in Dörner/Menold/Pfitzer, Reform des Aktienrechts, S. 1 ff.; *Zimmer*, NJW 1998, 3521 ff.

55 Vgl. dazu *Marsch-Barner* in Dörner/Menold/Pfitzer, Reform des Aktienrechts, S. 283 ff.; *Peltzer*, AG 1997, Sonderheft Aktienrechtsreform, 90 ff.

56 „Gesetz zur Namensaktie und zur Erleichterung der Stimmrechtsausübung (Namensaktiengesetz - NaStraG)" vom 18. Januar 2001, BGBl. I 2001 S. 123 vom 24. Januar 2001. Vgl. dazu einführend *Kindler*, NJW 2001, 1678 ff.; *Seibert*, ZIP 2001, 53.

57 Wie die jüngste Vergangenheit gezeigt hat, ist der Reformeifer des Gesetzgebers ungebrochen. Zu ergänzen sind insoweit insbesondere: „Viertes Finanzmarktförderungsgesetz" vom 21. Juni 2002, BGBl. I 2002 S. 2010 vom 26. Juni 2002, dazu *Fleischer*, NJW 2002, 2977 ff., und näher Fn. 1717; „Transparenz- und Publizitätsgesetz (TransPuG)" vom 19. Juli 2002, BGBl. I 2002 S. 2681 vom 25. Juli 2002, näher dazu

b) Entwicklung der Rechtsform der Aktiengesellschaft

In der Folge gelang es der Aktiengesellschaft nicht nur die „Baisse ihrer Rechtsform“[58] nachhaltig zu überwinden, begünstigt durch den veränderten rechtlichen Rahmen einerseits und die große Verfügbarkeit und gestiegene Mobilität von *Venture Capital* andererseits. Vielmehr kam es zu einer regelrechten „Renaissance der Aktiengesellschaft“. Nachdem die Anzahl der Aktiengesellschaften im Jahr 1983 mit 2.122 ihren absoluten Tiefstand gegenüber noch etwa 5.500 vor den beiden Weltkriegen des vergangenen Jahrhunderts erreicht hatte, setzte anschließend ein bis zum heutigen Tage anhaltender Zuwachs ein. Ende Mai 2001 lag die Anzahl der Aktiengesellschaften bei 11.833. Damit konnte sich der Bestand in nur kurzer Zeit seit Ende 1998 mehr als verdoppeln. Bis zum Jahresende 2001 konnte sich der Trend erwartungsgemäß fortsetzen, was zu einem weiteren Anstieg auf 13.598 Aktiengesellschaften geführt hat[59]. Auch zum Jahresende 2003 läßt sich konstatieren, daß der Trend nach wie vor ungebrochen ist, was zu einem weiteren Anstieg auf 15.311 Aktiengesellschaften geführt hat[60].

c) Entwicklung der Anzahl börsennotierter Unternehmen

Nicht ohne Auswirkungen blieb die Wiederbelebung der Rechtsform der Aktiengesellschaft auf die Anzahl börsennotierter Unternehmen, wenngleich sich der Aufschwung nicht mit der gleichen Dynamik vollzog. Ende Dezember 2001 waren an der Frankfurter Wertpapierbörse (FWB), dem bedeutendsten deutschen Börsenplatz[61], 914 inländische Emittenten notiert[62]. Zum Ende des Jahres 2003 ging die Anzahl auf 867 gegenüber dem Höchststand leicht herab[63]. Gegenüber 661 börsennotierten Gesellschaften in der Nachkriegszeit im Jahr 1953, 442 im

---

Fn. 1465; das infolge des von der Bundesregierung am 25. Februar 2003 vorgestellten 10-Punkte-Programms zur Stärkung der Unternehmensintegrität und des Anlegerschutzes - dazu FAZ vom 26. Februar 2003, S. 9; *Seibert*, BB 2003, 693 ff. - noch zu verabschiedende „Gesetz zur Unternehmensintegrität und Modernisierung des Aktienrechts (UMAG)“, dazu *Kuthe*, BB 2004, 449 ff.; eine umfassende Reform steht zudem demnächst in Umsetzung der „Marktmißbrauchsrichtlinie“ an (dazu bereits oben Fn. 9).

58 So *Noack*, Aktienrecht 1999/2000, S. 45.

59 Vgl. zu den Angaben AG 2002, R75 (76); AG 2001, R315 ff.

60 Vgl. DAI-Factbook, Kap. 01-1 (Stand: April 2004).

61 Etwa 85 Prozent der inländischen Aktien sind an der FWB gelistet. Vgl. AG 2002, R75 (76).

62 Die Angaben beruhen auf einer nicht veröffentlichten Auswertung der Geschäftsstelle der Übernahmekommission (Stand: 31. Dezember 2001). Nach der *Hoppenstedt* Firmen-Datenbank waren unter den deutschen Unternehmen 986 Aktiengesellschaften und 13 Kommanditgesellschaften auf Aktien börsennotiert (Stand: Quartal 1/2002). Siehe auch AG 2001, R315 (316), zum Stand Ende Juni 2001.

63 Vgl. DAI-Factbook, Kap. 02-1 (Stand: April 2004).

Jahr 1983 und 501 im Jahr 1990 langfristig dennoch ein deutlicher Zuwachs[64]. Der deutsche Kapitalmarkt verfügt damit wieder über ein ausreichend breites Spektrum börsennotierter Gesellschaften und liquider Werte als hinreichende Bedingung für die Erfolgschancen von Übernahmeangeboten[65]. Auch für die Zukunft bietet der deutsche Aktienmarkt enormes Wachstumspotential. Mit nur 58 Prozent des Bruttoinlandsprodukts lag die Marktkapitalisierung in Deutschland Ende 2000 weit hinter den USA mit 190 Prozent und Großbritannien mit 221 Prozent[66]. Nach den Höchstständen im Jahr 2000 sank die Börsenkapitalisierung in Relation zum Bruttoinlandsprodukt entsprechend dem Verlauf der Kurse, um im Jahr 2003 wieder leicht zu steigen. Zum Jahresende 2003 lag Deutschland mit 45 Prozent nach wie vor gegenüber den USA mit 131 Prozent und Großbritannien mit 137 Prozent deutlich im Hintertreffen[67].

d) Entstehen einer „Aktienkultur"

Mit dieser Entwicklung ging eine deutliche Steigerung der Aktienakzeptanz in den letzten Jahren in Deutschland einher, gemeinhin mit dem Begriff der „Aktienkultur" umschrieben und untrennbar mit der Emission der T-Aktie im Jahr 1996 verknüpft. Dies gilt gleichermaßen für die Funktion der Aktie als Anlageinstrument wie auch für ihre Rolle bei der Unternehmensfinanzierung, was zu einer Abkehr von ausschließlich kreditfinanzierten Investitionen führte.

Im Jahresdurchschnitt 2001 betrug die Zahl der direkten Aktionäre 5,7 Mio. Hinzu kommt die weiter stark ansteigende Zahl der Besitzer von Anteilen an Aktien- oder gemischten Fonds, nicht zuletzt als Folge der Diskussion um die private Altersvorsorge, die bereits 9,8 Mio. ausmachten[68]. Insgesamt besaßen somit im Durchschnitt des Jahres 2001 12,9 Mio. Einwohner Aktien oder Anteile an Aktienfonds, was einem Anteil von 20 Prozent an der Bevölkerung über 14 Jahre entspricht gegenüber noch 18,5 Prozent im Jahresdurchschnitt 2000[69].

---

64 Vgl. zu den Angaben *Assmann* in GroßKomm AktG, Einl., Rn. 295.

65 Vgl. noch zur gegenteiligen Situation *Breuer*, HB vom 23. Juni 1994, S. 33. Siehe auch die Auswertungen der Studie von *Wymeersch*, AG 1995, 299 (311 f.), sowie *Mülbert*, Gutachten E für den 61. DJT, S. 61.

66 Die Angaben gehen zurück auf unveröffentlichte Auswertungen der Initiative Finanzplatz e.V., deren Aktivitäten im Jahr 2003 auf das DAI übertragen wurden.

67 Vgl. DAI-Factbook, Kap. 05-3 (Stand: April 2004). Dazu auch AG 2003, R246 ff.

68 Die Angaben beruhen auf der DAI-Kurzstudie 1/2002. Dazu FAZ vom 23. Januar 2002, S. 24. Die Zahlen werden dokumentiert im DAI-Factbook, Kap. 08.3 (Stand: Oktober 2001), das in der Online-Version laufend aktualisiert wird und unter http://www.dai.de eingeschränkt öffentlich zugänglich ist.

69 Wenngleich bei näherer Betrachtung der Halbjahresdurchschnitte 2001 ein leichter Rückgang im zweiten Halbjahr gegenüber dem ersten zu verzeichnen war, der im wesentlichen auf die schwache Marktentwicklung zurückzuführen sein dürfte. Während im

Im Vergleich zu einem Durchschnittswert von 8,9 Prozent im Jahr 1997 konnte somit eine signifikante Steigerung der Aktienakzeptanz erzielt werden[70].

Das gesamte direkte und indirekte Aktienvermögen der Privathaushalte[71] entsprach am Ende des Jahres 2000 1.135,1 Mrd. DM[72] und damit 15,9 Prozent des gesamten Geldvermögens der Haushalte. Der Anteil der Aktien und Publikums-Aktienfonds am Geldvermögen der privaten Haushalte stieg von 6,47 bzw. 0,44 Prozent im Jahr 1991 auf 11,88 bzw. 4,06 Prozent Ende des Jahres 2000[73]. Bis zum Jahresende 2002 gingen die Werte zurück auf 5,15 bzw. 1,97 Prozent[74].

2. Auswirkungen auf Ausmaß und Bedeutung unfreundlicher Übernahmeangebote

a) Von Krupp/Thyssen bis Vodafone/Mannesmann

Vor dem Hintergrund sich dergestalt verändernder Rahmenbedingungen kam es Mitte der neunziger Jahre zu einer deutlichen Zunahme öffentlicher Angebote[75] und fand schließlich im Jahr 1997 unter großem Aufsehen der breiten Öffentlichkeit der unfreundliche Übernahmeversuch von Thyssen durch den kleineren Wettbewerber Krupp-Hoesch statt[76]. Es war dies der erste unfreundliche Über-

---

Durchschnitt des ersten Halbjahres noch 13,4 Mio. Einwohner Aktien oder Anteile an Aktienfonds besaßen, sank dieser Wert auf 12,2 Mio. im zweiten Halbjahr 2001. Vgl. dazu DAI-Kurzstudie 3/2001. Siehe auch AG 2001, R358 f.

70 Inzwischen ist es nach einem leichten Rückgang zu einer Stabilisierung der Zahlen gekommen. Die Zahl der direkten Aktionäre belief sich im Jahresschnitt 2003 auf 5 Mio. Insgesamt besaßen 17,3 Prozent der Deutschen über 14 Jahre direkt oder indirekt Aktien. Vgl. dazu DAI-Kurzstudie 1/2004. Dazu FAZ vom 9. Januar 2004, S. 19, sowie DAI-Factbook, Kap. 08.3-Zahl-D (Stand: April 2004).

71 Einschließlich der „Organisationen ohne Erwerbszweck".

72 Im einzelnen: Aktien: 846,1 Mrd. DM sowie - unter der Prämisse, daß die Publikums-Aktienfonds vollständig den privaten Haushalten zuzurechnen sind - Wert der Aktien in inländischen Publikumsfonds: 289 Mrd. DM

73 Die Angaben beruhen auf *Deutsche Bundesbank*, Ergebnisse der gesamtwirtschaftlichen Finanzierungsrechnung für Deutschland 1990 bis 2000, S. 27; DAI-Factbook, Kap. 7.1-4 (Stand: Oktober 2001), sowie eigenen Berechnungen.

74 Vgl. DAI-Factbook, Kap. 7.1-4 (Stand: April 2004). Dazu auch AG 2004, R47 f.

75 Vgl. die Dokumentation in WM 1997, 1409 ff. Oftmals wurden diese zwecks Vorbereitung der Eingliederung einer Zielgesellschaft gemäß § 320 AktG unterbreitet, vgl. *von Bülow*, M&A 1996, 383 (384).

76 Vgl. dazu aus juristischer Sicht *Schilling*, BB 1997, 1909 ff., sowie aus ökonomischer Perspektive *Utzig*, Bank 1997, 430 ff. Dazu auch *Hopt*, ZHR 161 (1997), 368 (369); *ders.* in FS Zöllner, S. 253 (253 f.); *Ring*, BuW 1997, 430 (430); *Steding*, Jura 1999, 181 (181 f.). Siehe auch *Hennes*, Wirtschaftswoche Nr. 13 vom 20. März 1997, S. 56 ff., sowie die reißerische Aufmachung der Titelseite ebenda; *ders./Student*, Nr. 14 vom

nahmeversuch in Deutschland überhaupt, der im Schulterschluß mit den deutschen Großbanken vorbereitet wurde[77]. Auch wenn dieser Versuch noch vor Abgabe des eigentlichen Übernahmeangebots abgewehrt werden konnte[78], war dieses Ereignis ein erster Meilenstein in der Geschichte unfreundlicher Übernahmen in Deutschland. Beleg eines gewandelten Verständnisses im Umgang mit dieser Form des Kontrollerwerbs war die deutlich für die Öffentlichkeit erkennbare Hinwendung der maßgeblich beteiligten Banken zum Geschäft des Investment Banking[79]. Zugleich sollte dies der letzte Übernahmeversuch gewesen sein, der auf reflexartige pauschale Ablehnung stieß und an den traditionellen Widerständen scheiterte[80].

Getragen von den revolutionären Verbesserungen in der Informations- und Kommunikationstechnologie mit ihren vielfältigen Anwendungsmöglichkeiten schritt einerseits die Internationalisierung der wirtschaftlichen Abläufe und Kapitalflüsse mit zunehmendem Tempo fort. Andererseits führte in Europa die Umsetzung der Europäischen Wirtschafts- und Währungsunion zu einer weiteren Vertiefung des europäischen Binnenmarktes. Damit verbunden war für deutsche Unternehmen das Erfordernis der Erreichung einer kritischen Größe sowie einer zügigen Präsenz in allen strategisch wichtigen Märkten Europas wie auch weltweit. Getrieben von der Sorge, in diesem globalen Wettbewerb nicht bestehen zu können, führte die fortschreitende Digitalisierung die Manager in ihrem Streben nach hoher Marktkapitalisierung und optimalem *Shareholder Value* zu

---

27. März 1997, S. 48 ff.; *ders.*, Nr. 15 vom 3. April 1997, S. 52 f.; ferner Der Spiegel Nr. 13 vom 24. März 1997, S. 92 ff.; Nr. 14 vom 31. März 1997, S. 92 f.

77 In diesem Zusammenhang wurden erstmals Listen mit potentiellen Übernahmekandidaten publiziert, vgl. *Hennes*, Wirtschaftswoche Nr. 13 vom 20. März 1997, S. 56 (60). Solche gehören heute bereits zur Tagesordnung und werden regelmäßig veröffentlicht, vgl. etwa *Schürmann*, Wirtschaftswoche Nr. 30 vom 20. Juli 2000, S. 120 ff. (insbesondere 123); Manager-Magazin Nr. 3/2001, S. 158; FAZ vom 21. September 2001, S. 22. Jüngst wurde von der BNP Paribas gar ein „Takeover-Zertifikat" entwickelt (WKN 596165), mit dem Anleger auf acht potentielle Übernahmekandidaten aus Deutschland (z.B. Commerzbank, IWKA, Krones, Rheinmetall) setzen können. Vgl. dazu *Gabel*, Optionsscheine & Zertifikate 11/2001, S. 12 ff.

78 Dennoch war der Übernahmeversuch, dessen Scheitern möglicherweise einkalkuliert war, Ausgangspunkt zunächst einer kleinen Lösung in Gestalt der Ruhrstahl AG und schließlich einer übereinstimmenden Fusion.

79 Trotz ihrer Rolle als „Hausbank" beider Konzerne und der Vertretung im Aufsichtsrat von Thyssen durch ihren Vorstand *Ulrich Cartellieri* wollte die Deutsche Bank diesen Fall nutzen, um „Investmentbanking am Hochreck" zu demonstrieren, wie es der spätere Vorstandssprecher *Rolf-E. Breuer* damals formulierte. Damit hatten sich erstmals die Investmentbanker gegenüber den Traditionalisten durchgesetzt.

80 Statt vieler: Der „Kasino-Kapitalismus der Banken ist zu einer sozialen Gefahr geworden", IG-Metall-Chef *Zwickel*, zit. nach Wirtschaftswoche Nr. 14 vom 27. März 1997, S. 48 (49).

einer weiteren Globalisierung ihrer Unternehmen auf weitgehend gleichen Produktmärkten. In diesem Zusammenhang sei statt vieler auf die beiden spektakulären grenzüberschreitenden Zusammenschlüsse unter deutscher Beteiligung von Daimler-Benz/Chrysler zu DaimlerChrysler[81] im Jahr 1998 und Hoechst/Rhône-Poulenc zu Aventis[82] im Jahr 1999[83] hingewiesen, die beide unter Heranziehung der Technik des öffentlichen Übernahmeangebots stattfanden.

Einen vorläufigen Höhepunkt dieser Entwicklung stellte das Übernahmeangebot des britischen Mobilfunkunternehmens Vodafone AirTouch plc an die Aktionäre der vom deutschen Traditionsunternehmen zum modernen Telekommunikationsdienstleister gewandelten Mannesmann AG dar[84]. Auch wenn zu guter Letzt nach anfänglichem erbittertem Widerstand durch die Unternehmensleitung der „angegriffenen" Mannesmann AG durch deren Einlenken ein einvernehmliches Ergebnis erzielt werden konnte, gilt diese Übernahme als bislang erste erfolgreich durchgeführte unfreundliche Übernahme einer deutschen börsennotierten Gesellschaft durch ein ausländisches Unternehmen. In bis dahin unbekanntem Ausmaß vereinnahmte diese Übernahmeauseinandersetzung die breite Öffentlichkeit, was nicht zuletzt auf die flächendeckenden Anzeigenkampagnen der Antagonisten zurückzuführen war[85].

In zwei bedeutenden Aspekten wies diese Übernahme wesentliche Unterschiede zu dem Fall Krupp/Thyssen auf. Zum einen setzte der Vorstand von Mannesmann nicht auf die „nationale Karte" und prangerte unfreundliche Übernahmen als unmoralische „Wildwestmanieren"[86] an, sondern baute vielmehr einzig auf

---

81 Vgl. zum Ablauf *Fleischmann*, DB 1998, 1883 ff., sowie aus juristischer Sicht *Thoma/Reuter*, M&A 1999, 314 ff.

82 Vgl. dazu *Hoffmann*, NZG 1999, 1077 ff.

83 Eine Übersicht über die größten unfreundlichen Übernahmeangebote aus dem Jahr 1999 findet sich bei *Picot* in Picot, M&A Handbuch, S. 91 (139).

84 Vgl. dazu aus juristischer Sicht *Riehmer/Schröder*, NZG 2000, 820 ff.; auch *Burgard*, WM 2000, 611 ff.; *Lutter* in FS Peltzer, S. 241 ff. Einen ausführlichen Hintergrundbericht bietet *Walker*, Euromoney 3/2000, 52 ff. Das Übernahmeangebot vom 23. Dezember 1999 findet sich wieder als Beilage in FAZ vom 24. Dezember 1999; die Stellungnahme von Mannesmann hierzu als Beilage in FAZ vom 14. Januar 2000. Vgl. zur Lage des Unternehmens ein Jahr nach Bekanntgabe der Übernahmeabsicht FAZ vom 13. November 2000, S. 24.

85 Insgesamt belief sich der von beiden Seiten betriebene Werbeaufwand auf geschätzte 750 Mio. Euro, davon allein 200 Mio. Euro für den letztlich vergeblich geführten Abwehrkampf der Mannesmann AG. Dies entsprach etwa einem Drittel des Jahresüberschusses des Mannesmann Konzerns im Jahr 1998 in Höhe von 630 Mio. Euro. Vgl. AG 2000, R130 (130); HB vom 16. Oktober 2000, S. 55.

86 In dieser Form äußerte sich noch der Vorstand von Thyssen, *Dieter Vogel*, vgl. *Hennes*, Wirtschaftswoche Nr. 13 vom 20. März 1997, S. 56 (58). Siehe auch *Steding*, Jura 1999, 181 (182).

die Entscheidung der Aktionäre. Mit dieser Vorgehensweise konnte zugleich ein erneuter Aufbau einer breiten Abwehrfront durch Politik, Gewerkschaften und Öffentlichkeit verhindert werden[87], was zu einer merklichen Versachlichung der Diskussionen beitrug. Damit bedeutete die Übernahme Vodafone/Mannesmann einen weiteren erheblichen Fortschritt in der Akzeptanz des Phänomens der unfreundlichen Übernahmeangebote[88].

Die Übernahme von Mannesmann stand im Zeichen eines bis heute unerreichten Ausmaßes weltweiter[89] Unternehmenstransaktionen. Im Rekordjahr 2000 belief sich das Transaktionsvolumen weltweit auf 3.455 Mrd. US-$[90]. Und dies, obwohl Mitte des Jahres eine deutlich spürbare Beruhigung des Marktes einsetzte, die bis zum heutigen Tage andauert, sich allerdings zusehends stabilisiert[91]. Bemerkenswert ist insoweit die Tatsache, daß im Jahr 1999 drei der weltweit fünf größten Transaktionen unfreundliche Übernahmen waren[92], währenddessen sich ein Jahr später lediglich eine unfreundliche Übernahme unter den 30 größten Transaktionen befand[93]. Damit sank weltweit der Anteil unfreundlicher

---

87 Dennoch waren in einer ersten Reaktion die üblichen Forderungen und Vorwürfe zu vernehmen. So wurde seitens des Bundeskanzlers *Gerhard Schröder* und des Bundesfinanzministers *Hans Eichel* der Ruf nach Veränderungen an dem Entwurf einer EU-Übernahmerichtlinie mit dem Ziel der Erschwerung von Unternehmensübernahmen laut. Vgl. FAZ vom 24. November 1999, S. 23. Zur Richtlinie ausführlich unten Kap. 2, S. 57 ff. Der Bundeskanzler beschwor gar die Gefahr eines neuen „Manchester-Kapitalismus" herauf, und auch der Ministerpräsident Nordrhein-Westfalens *Wolfgang Clement* (alle SPD) stimmte in die Schelte mit ein. Vgl. *Dohmen/Kerbusk*, Spiegel Nr. 6 vom 7. Februar 2000, S. 78 (78).

88 Wenngleich die Art und Weise der Berichterstattung in einigen Medien über die strafrechtliche Aufarbeitung der Übernahme zwischenzeitlich das Gegenteil bewirkt haben dürfte. Zum Stand des Verfahrens vgl. FAZ vom 10. April 2004, S. 11; 1. April 2004, S. 11; FAZ vom 25. September 2003, S. 18; FAZ vom 18. Februar 2003, S. 14.

89 Zur Entwicklung auf dem deutschen M&A Markt von 1975 bis 1999 siehe *Jansen*, M&A, S. 22 ff.

90 Eingehend dazu *Herden/Ficke*, M&A 2001, 59 ff. Siehe auch den Jahresrückblick speziell aus deutscher Sicht in FAZ vom 28. Dezember 2000, S. 20, sowie FAZ vom 10. Januar 2001, S. 24.

91 Eine Auswertung des Marktes aus deutscher Sicht im ersten Halbjahr 2001 findet sich in FAZ vom 6. Juli 2001, S. 16. Zum M&A Markt insgesamt in dieser Zeit siehe *Herden/Beermann*, M&A 2001, 396 ff. Zu jüngsten Zahlen aus dem Jahr 2003 vgl. *Herden/Mueller*, M&A 2004, 63 ff.; *Frankenberger*, M&A 2004, 46 ff.

92 Neben der Übernahme Vodafone/Mannesmann waren dies die Fälle Pfizer/Warner-Lambert, dazu etwa FAZ vom 6. November 1999, S. 19; vom 20. Januar 2000, S. 30; vom 4. Februar 2000, S. 18; und Total Fina/Elf Aquitaine, dazu FAZ vom 28. Oktober 1999, S. 32.

93 Dabei handelte es sich um die Übernahme des US-amerikanischen Nahrungsmittelherstellers Bestfoods durch die britisch-niederländische Unilever, vgl. dazu etwa FAZ vom 4. Mai 2000, S. 23; vom 3. Juni 2000, S. 24.

Übernahmen im Rekordjahr 2000 auf 4 Prozent gegenüber 21 Prozent im Jahr zuvor.

In Deutschland belief sich die Zahl öffentlicher Übernahmeangebote im Jahr 2000 auf 47 gegenüber noch 32 im Vorjahr[94]. Davon wurden 22 Angebote im Rahmen eines Akquisitionsvorgangs abgegeben, die übrigen 15 Angebote dienten dem Erwerb außenstehender Minderheiten durch einen Großaktionär[95].

b) Unfreundliche Übernahmeangebote der jüngsten Vergangenheit vor Inkrafttreten des WpÜG

In kleinerem Rahmen, aber im Verhältnis nicht minder aufsehenerregend[96], verlief im Frühherbst des Jahres 2001[97] der in der deutschen Maschinenbaubranche angesiedelte Übernahmeversuch des M-DAX Unternehmens FAG Kugelfischer Georg Schäfer AG durch die INA-Holding Schaeffler KG[98]. Nachdem das Angebot an die Aktionäre des Schweinfurter Wälzlagerunternehmens FAG Kugelfischer durch dessen Vorstand zunächst als „feindliche Übernahmeofferte" eingestuft wurde, gab dieser kurz vor Ablauf der Angebotsfrist den Widerstand auf und empfahl den Aktionären die Annahme.

Erstmalig in Deutschland wurde damit im Wege einer unfreundlichen Übernahme ein börsennotiertes Unternehmen durch ein privat geführtes deutsches Unternehmen übernommen. Damit war das Phänomen des unfreundlichen Übernahmeangebots im deutschen Mittelstand angekommen. Nach der Übernahme Vodafone/Mannesmann war dies zudem der erste Fall, der gleichsam von einer breit angelegten Verteidigungsstrategie mit ganzseitigen Zeitungsannoncen geprägt war[99], was als Gegenreaktion ein nicht weniger eindrucksvolles Werben seitens des Angreifers hervorrief. Anschaulich demonstrierte dieser Vorgang das gewandelte Verständnis der deutschen Großbanken. Ausgerechnet die als

94 Vgl. *Korsch*, BZ vom 27. Januar 2001, Sonderbeilage M&A, S. B2.

95 Zu den öffentlichen Angeboten speziell nach dem „Übernahmekodex" siehe die Übersicht im Anhang, Abbildung 4.

96 In der Presse als „Krieg im Kugellagerland" betitelt, vgl. Frankfurter Allgemeine Sonntagszeitung vom 7. Oktober 2001, S. 41.

97 Der ebenfalls im Jahr 2001 vollzogene Zusammenschluß der Dresdner Bank mit dem Allianz-Versicherungskonzern verlief gleichsam unter Einsatz der Technik des öffentlichen Übernahmeangebots. Dazu näher Fn. 169.

98 Vgl. das öffentliche Kaufangebot in FAZ vom 13. September 2001, S. 30, sowie dessen Erhöhung in FAZ vom 16. Oktober 2001, S. 34; dazu auch FAZ vom 19. September 2001, S. 23; vom 20. September 2001, S. 20, sowie vom 16. Oktober 2001, S. 20 (Chronologie der Ereignisse).

99 Vgl. zur offiziellen Stellungnahme des Vorstands der FAG Kugelfischer zu dem Übernahmeangebot FAZ vom 28. September 2001, S. 22. Nach eigenen Angaben wurden für die Abwehrkampagne mehr als 21 Mio. Euro ausgegeben, FAZ vom 7. Juni 2002, S. 23.

„Hausbank" der FAG Kugelfischer geltende Dresdner Bank, die wenige Jahre zuvor noch einen unfreundliche Übernahmen ablehnenden Beschluß gefaßt hatte, wandte sich von der Zielgesellschaft ab, ließ ihr Vorstandsmitglied *Heinrich Linz* sein Aufsichtsratmandat niederlegen und unterstützte fortan das Vorhaben des Bieters[100].

Dagegen beinahe unbemerkt von der Öffentlichkeit verlief zur gleichen Zeit die nicht weniger spektakuläre Übernahme des Düsseldorfer Wertpapierhändlers Spütz AG durch die Berliner New Media Spark-Holding GmbH, einer hundertprozentigen Tochter der britischen Beteiligungsgesellschaft New Media Spark plc[101]. Das öffentliche Übernahmeangebot[102] an die Spütz-Aktionäre erfuhr vor allem deswegen erhöhte Aufmerksamkeit unter den interessierten Beobachtern, weil das bietende Unternehmen in geradezu willkürlicher Weise jegliche Vorgaben des in Deutschland vor Inkrafttreten des WpÜG auf Übernahmeangebote Anwendung findenden Regelwerks[103] ignorierte.

Mit dem Wetzlarer Heiztechnikhersteller Buderus schien bereits der nächste sichere Übernahmekandidat ausgemacht, dem es zunächst gelang, den mit 28,5 Prozent an Buderus beteiligten Baukonzern Bilfinger + Berger zurückzuweisen, sich anschließend aber Übernahmeaktivitäten der Robert Bosch AG ausgesetzt sah, die beinahe unbemerkt 4,9 Prozent der Anteile erwerben konnte und daraufhin Interesse an dem Aktienpaket des Baukonzerns sowie der Commerzbank in Höhe von 10,5 Prozent zeigte[104]. Nachdem sich Buderus die Dienste der Investment Bank Goldman Sachs gesichert hatte, um möglichst effektive Abwehrstrategien für den Erhalt der Unabhängigkeit zu erarbeiten[105], ließ die Bosch AG nach zunächst eingeleiteten Gesprächen mit den Aktionären von Buderus überraschend verlautbaren, daß sie von ihren Übernahmeplänen Abstand nehmen wolle[106].

---

100 Vgl. FAZ vom 19. September 2001, S. 23; vom 20. September 2001, S. 20; vom 1. Oktober 2001, S. 25.

101 Vgl. dazu FAZ vom 11. September 2001, S. 24; vom 21. September 2001, S. 22; vom 18. Oktober 2001, S. 24.

102 Tatsächlich handelte es sich hierbei um eine *invitatio ad offerendum*.

103 Dazu ausführlich unten in Kap. 3, S. 162 ff.

104 Vgl. FAZ vom 21. September 2001, S. 22; vom 15. November 2001, S. 26; vom 4. Januar 2002, S. 16.

105 Auch die Tagesordnung der Hauptversammlung der MG Technologies (ehemals Metallgesellschaft), im März 2001 glich einem Abwehrplan gegen Übernahmen. Dazu *Balzer/Werres*, Manager-Magazin Nr. 4/2001, S. 12 ff.

106 Vgl. FAZ vom 16. Januar 2002, S. 20; vom 31. Januar 2002, S. 19. Wie sich später herausstellte, war das Abstandnehmen nur von kurzer Dauer: Nach einem weiteren Zukauf kam es schließlich im April 2003 zum Erwerb des Aktienpakets von Bilfinger + Berger, was ein Pflichtangebot nach dem WpÜG auslöste, das zur Erlangung von über

3. Umfeld zum Zeitpunkt des Inkrafttretens des WpÜG

Nicht zuletzt infolge der Unternehmenssteuerreform wurde allgemein erwartet, daß im Laufe des Jahres 2002 eine regelrechte „Übernahmewelle“ über Deutschland hereinbrechen werde[107]. Nach der Neuregelung durch das Steuersenkungsgesetz[108] werden Gewinne deutscher Kapitalgesellschaften aus der Veräußerung von Anteilen sowohl an inländischen als auch an ausländischen Kapitalgesellschaften seit dem 1. Januar 2002 nicht mehr besteuert, § 8b Abs. 2 KStG-StSenkG[109]. Dahinter steht die Zielsetzung des Gesetzgebers, Beteiligungsstrukturen nach betriebswirtschaftlichen Grundsätzen neu zu ordnen und zu optimieren, die bislang allein auf Grund der steuerlichen Konsequenzen beibehalten worden sind, um auf diese Weise zur Stärkung der Wettbewerbsfähigkeit der deutschen Wirtschaft beizutragen[110].

Darüber hinaus führte die Einführung des Euro-Bargeldes zum Jahreswechsel 2001/2002 endgültig zu Transparenz der Kosten und leistet damit einen entscheidenden Schritt zur Verwirklichung des europäischen Binnenmarktes.

Hinzu kam die immer noch andauernde niedrige Bewertung an den Kapitalmärkten, die einige Unternehmen insbesondere am Neuen Markt[111] als regelrechte „Schnäppchen“ erscheinen ließen[112].

---

85 Prozent der Aktien führte. Vgl. FAZ vom 8. April 2003, S. 16; FAZ vom 17. Juni 2003, S. 16.

107 Dies ergab eine Umfrage des *Zentrums für Europäische Wirtschaftsforschung* (ZEW) in Mannheim unter Finanzexperten, nach der knapp 90 Prozent von 277 befragten Finanzexperten mit einer verstärkten Übernahmetätigkeit rechneten. Vgl. *Köke*, ZEW Finanzmarktreport, Juli 2001, S. 3. Siehe auch die Umfrage von *Mercer Management Consulting*, HB vom 6. August 2001, S. 28. Siehe auch Manager-Magazin Nr. 1/2001, S. 58 ff., zu den erwarteten Auswirkungen auf die deutsche Unternehmenslandschaft.

108 „Gesetz zur Senkung der Steuersätze und zur Reform der Unternehmensbesteuerung (Steuersenkungsgesetz - StSenkG)“ vom 23. Oktober 2000, BGBl. I 2000 S. 1433 vom 26. Oktober 2000, insbesondere Art. 3 § 8b Abs. 2 KStG (S. 1452 f.). Vgl. dazu *Dieterlen/Schaden*, BB 2000, 2492 ff.; *Seibt*, DStR 2000, 2061 (2067 ff.); *IDW-Steuerfachausschuß*, FN-IDW 11/2000, Sonderbeilage, 11 ff.

109 Damit wurde die bisherige Regelung auf Veräußerungsgewinne aus Beteiligungen an inländischen Kapitalgesellschaften erweitert. Zur bisherigen Regelung des § 8b Abs. 2 KStG *Eilers* in Picot, M&A Handbuch, S. 53 (66 f.).

110 Vgl. BT-Drs. 14/3074 vom 30. März 2000 (Gesetzentwurf der Bundesregierung).

111 Infolge einer Neusegmentierung der Frankfurter Wertpapierbörse zum 1. Januar 2003 wurde der Neue Markt nach Verlassen sämtlicher Unternehmen im Juni 2003 geschlossen. Vgl. FAZ vom 4. Juni 2003, S. 25. Dazu eingehend *Schlitt*, AG 2003, 57 ff.

112 Vgl. dazu die Studie der ehemaligen GZ-Bank, BZ vom 16. Mai 2001, S. 5; FAZ vom 5. Mai 2001, S. 26. In den ersten Monaten des Bestehens der neuen Regelungen des WpÜG (Stand: 7. Mai 2002) richteten sich bereits fünf der insgesamt sieben angekün-

Auch die Verhandlungen zur Reform der Baseler Eigenkapitalübereinkunft (Basel II) warfen bereits ihre Schatten voraus, auch wenn der Zeitplan für deren Inkrafttreten bereits mehrfach überarbeitet wurde[113]. Zur Gewährleistung der Stabilität des Finanzsystems sollen Banken künftig ihre Kreditnehmer bei der Eigenkapitalunterlegung stärker nach individuellen Risiken differenzieren können[114]. Auf der Suche nach alternativen Finanzierungswegen abseits der herkömmlichen Kreditfinanzierung durch die „Hausbank" dürften sich infolgedessen mittelständische Unternehmen verstärkt dem Bereich der Unternehmensfinanzierungen durch Beteiligungen zuwenden.

Schließlich erhöhten auch die zusammen mit dem WpÜG im Zuge des „Gesetzes zur Regelung von öffentlichen Angeboten zum Erwerb von Wertpapieren und von Unternehmensübernahmen" neu eingeführten Regelungen zum Ausschluß von Minderheitsaktionären (sog. *Squeeze-Out bzw. Freeze-Out*) die Attraktivität von Unternehmensübernahmen insgesamt[115].

In einem solchen Umfeld konnten und - angesichts weitestgehend gleicher Bedingungen - können unfreundliche Übernahmen mithin nicht ausgeschlossen werden[116]. Im Gegenteil, für die Zukunft ist mit einer deutlichen Wiederbelebung des Marktes für Unternehmenstransaktionen und damit einhergehend auch einer generellen Zunahme öffentlicher Übernahmeangebote zu rechnen[117]. Infolgedessen wird sich auch die Wahrscheinlichkeit unfreundlicher Übernahmeangebote insgesamt erhöhen[118]. Das Ausmaß wird letztlich entscheidend von

digten Übernahmeangebote an Aktionäre von Unternehmen des Neuen Markts. Dies galt ebenfalls in zwei der bis dahin vier veröffentlichten Fälle der Kontrollerlangung.

113 Selbst eine Verschiebung um ein weiteres Jahr auf 2006 erscheint zuletzt nicht ausgeschlossen. Vgl. FAZ vom 11. Februar 2002, S. 14.

114 Siehe dazu etwa *Arnold/Boos*, Bank 2001, 712 ff.; *Kütter/Loch/Thelen-Pischke*, ZfgK 2001, 183 ff.; sowie eingehend *Jungmichel*, WM 2003, 1201 ff.

115 Hierauf soll und kann im Rahmen dieser Untersuchung jedoch nicht näher eingegangen werden. Siehe zu weiteren Nachweisen Kap. 5, Fn. 1295.

116 Siehe indes die noch völlig gegenteilige Prognose vor nur zehn Jahren von *Peltzer*, ZIP 1991, 485 (487).

117 Bereits unmittelbar nach Inkrafttreten des neuen Gesetzes zum Jahresbeginn erfolgte am 3. Januar 2002 die erste Ankündigung zur Abgabe eines öffentlichen Übernahmeangebots nach dem WpÜG durch die irische DePfa Holding plc an die Aktionäre der DePfa Deutsche Pfandbrief Bank AG. Zahlreiche weitere Ankündigungen folgten in den ersten Monaten des Jahres 2002.

118 Seit dem Inkrafttreten des WpÜG konnte mit dem Übernahmeangebot der Deutsche Balaton AG, Wiesbaden, an die Aktionäre der Beta Systems Software AG, Berlin, vom 20. März 2002, bereits ein unfreundlicher Übernahmeversuch verzeichnet werden. Hingegen lenkte im Fall des Übernahmeangebots an die Aktionäre des Großbäckers Kamps AG durch die Tochter des italienischen Nahrungsmittelkonzerns Barilla, Finba Bakery Europe AG, der Vorstand von Kamps - unter dem Eindruck einer Anzeigenkampagne

dem weltwirtschaftlichen Klima abhängen. Sollte es insbesondere den USA gelingen, der einsetzenden Rezession ein baldiges Ende zu setzen, wird damit eine nachhaltige Erholung der stark verunsicherten Aktienmärkte einhergehen. Infolge der günstigeren Bewertungen stünde den Unternehmen dann wieder der Einsatz von Aktien als Akquisitionswährung offen, der mit zunehmender Größe der Transaktion unerläßlich für die Finanzierung der Übernahme ist[119]. Dies dürfte zu einem zusätzlichen Schub führen, so daß die alten Rekordmarken aus dem Jahr 2000 wieder in Sichtweite gelangen könnten.

III. Fazit

Festzuhalten bleibt einerseits, daß unfreundliche Übernahmeangebote in Deutschland trotz der Vorgänge in der jüngsten Vergangenheit ganz im Gegensatz zu dem immensen Stellenwert, der diesen sowohl in der Öffentlichkeit auf Grund ihrer sozialpolitischen Dimension als auch im juristischen Schrifttum eingeräumt wird, in der Praxis bislang einen sehr viel geringeren Platz eingenommen haben. Dies dürfte in erster Linie darauf zurückzuführen sein, daß unfreundliche Übernahmen weniger durch ihre Anzahl als vielmehr durch spektakuläre Auseinandersetzungen Aufsehen erregen[120]. Andererseits kann die vorstehend geschilderte, auf Grund der sich im Laufe der letzten Jahre nachhaltig verändernden Rahmenbedingungen einsetzende Entwicklung noch nicht als abgeschlossen angesehen werden. Auch wenn im Zuge des kürzlich vollzogenen Zusammenschlusses Allianz/Dresdner Bank eine Reduzierung der wechselseitigen Beteiligungen angekündigt wurde[121], befinden sich weiterhin etwa 40 Prozent der Marktkapitalisierung deutscher börsennotierter Gesellschaften im Beteiligungsbesitz der großen deutschen Konzerne[122]. Nach wie vor lastet daher ein

---

des Bieters und der bekannt gewordenen Verkaufsabsicht der institutionellen Investoren - alsbald ein, nachdem er zunächst das Angebot als zu niedrig zurückgewiesen hatte. Dazu FAZ vom 24. April 2002, S. 13, 16, 17; vom 23. April 2002, S. 22; vom 17. April 2002, S. 18; vom 16. April 2002, S. 13, 19. Zwar vor den Augen der deutschen Öffentlichkeit, jedoch auf Grund des ausländischen Sitzes nicht nach deutschem Recht vollzog sich jüngst die ebenfalls unfreundlich gestartete Übernahme von Aventis durch Sanofi-Synthélabo. Dazu FAZ vom 27. April 2004, S. 14.

119 Vgl. insofern zur „strategischen Schlüsselrolle" hoch bewerteter Aktien *Dibelius* in Picot, M&A Handbuch, 33 (34 ff.); *Picot*, M&A 2000, 265 ff.; *Schmitz* in von Rosen/ Seifert, Übernahme börsennotierter Unternehmen, S. 313 (320 f.).

120 Ähnlich bereits *Immenga/Noll*, Feindliche Übernahmeangebote, S. 3.

121 Vgl. *Fleischmann*, DB 2001, 1528 (1529); zum Beteiligungsbesitz beider Gesellschaften siehe *Schütz*, Wirtschaftswoche Nr. 23 vom 31. Mai 2001, S. 59 (62).

122 Vgl. *Picot*, M&A 2001, 441. Allein im Portfolio der Deutschen Bank befinden sich unter anderem Anteile an DaimlerChrysler (13,55 Prozent), MG Technologies (9,33) und Philip Holzmann (19,73) (Stand: Mai 2002). Zur unlängst erfolgten Ankündigung des

enormer Restrukturierungs- und Konsolidierungsdruck auf der noch immer eng verflochtenen deutschen Wirtschaft[123]. Als Katalysator dieses Prozesses könnten sich in naher Zukunft eine Reihe der vorstehend aufgezeigten Sonderfaktoren erweisen. Die Beschäftigung mit den Vorschriften des neuen deutschen WpÜG ist vor diesem Hintergrund nicht nur aus rechtswissenschaftlicher Perspektive von großem Interesse, sondern weist zugleich eine überaus hohe Praxisrelevanz auf.

C. ÖFFENTLICHE ÜBERNAHMEANGEBOTE ALS TECHNIK ZUR KONTROLLERLANGUNG

I. BEGRIFF DER UNTERNEHMENSÜBERNAHME

Unter dem Begriff einer Unternehmensübernahme (*takeover*) versteht man den Versuch eines Bieters (*bidder*)[124], die Kontrolle über eine zu übernehmende Gesellschaft (Zielgesellschaft (*target*)) zu erlangen. Mit einer Unternehmensübernahme verbunden ist demnach stets der Wechsel der Unternehmenskontrolle als der Verfügungsgewalt über die in einem Unternehmen gebündelten Mittel und Rechte[125]. Kontrollinhaber ist, wer die Gesellschaft beeinflussen kann, das heißt die Geschäftstätigkeit und die Rechtsbeziehungen der Gesellschaft bestimmt. Bei einer Aktiengesellschaft[126] ist dies in erster Linie die Unternehmensleitung[127]. Daraus folgt, daß ein Bieter die Kontrolle über die Zielgesellschaft grundsätzlich dann ausüben kann, wenn ihm der Erwerb einer Beteiligung gelingt, die es ihm ermöglicht, entweder die Zusammensetzung der Unterneh-

---

Kreditinstituts, seinen Beteiligungsbesitz abzubauen, vgl. FAZ vom 30. April 2002, S. 17.

123 Während seitens der Großbanken, allen voran die Deutsche Bank, unlängst Bereitschaft signalisiert wurde, den Beteiligungsbesitz abzubauen, haben die großen Versicherungskonzerne hingegen verkündet, ihren Industriebesitz weiter zu erhöhen. Dazu FAZ vom 30. April, S. 17; vom 13. April 2002, S. 13.

124 Im folgenden wird der Begriff des Bieters sowohl für die übernehmende natürliche Person als auch für die übernehmende Gesellschaft - was dem Regelfall entspricht - verwendet.

125 Vgl. *Frei*, Öffentliche Übernahmeangebote, S. 9.

126 Sowohl Aktiengesellschaften als auch Kommanditgesellschaften auf Aktien sind auf Grund ihrer publikumsoffenen Struktur geradezu prädestiniert für Unternehmensübernahmen. Der Fortgang der Untersuchung orientiert sich allein an der Rechtsform der Aktiengesellschaft.

127 Vgl. *Watter*, Unternehmensübernahmen, S. 64.

mensleitung mitzubestimmen oder direkt in den Entscheidungsprozeß miteinbezogen zu werden[128].

Es schließt sich somit die Frage an, ab welcher konkreten Beteiligungshöhe der Bieter eine derart kontrollierende Stellung erlangt. Befinden sich die Anteile der Zielgesellschaft überwiegend im Streubesitz, kann unter Umständen bei geringen Hauptversammlungspräsenzen bereits deutlich weniger als eine einfache Kapitalmehrheit ausreichend sein, um auf der Hauptversammlung Einfluß auf die Zusammensetzung der Unternehmensleitung zu nehmen[129]. In anders gelagerten Fällen hingegen kann selbst eine Mehrheitsbeteiligung von 51 Prozent ungenügend sein, um für bestimmte Entscheidungen eine Drei-Viertel-Mehrheit des bei der Beschlußfassung vertretenen Grundkapitals aufbringen zu können. Demnach läßt sich Kontrolle nicht an bestimmten allgemeingültigen Prozentsätzen in der Beteiligung festmachen, sondern hängt vielmehr vom konkreten, in Frage stehenden Aspekt von Kontrolle einerseits sowie von den gerade vorzufindenden Verhältnissen der Gesellschaft andererseits ab[130].

II. MÖGLICHKEITEN UNFREUNDLICHER ÜBERNAHMEN

Im folgenden sollen die in Deutschland gebräuchlichsten Möglichkeiten zur Durchführung unfreundlicher Übernahmen von börsennotierten Gesellschaften, einschließlich ihrer wesentlichen Vor- und Nachteile, aufgezeigt werden.

1. Ankauf über die Börse

Eine Möglichkeit der unfreundlichen Übernahme eines Unternehmens besteht im sukzessiven Aufkauf von Wertpapieren über die Börse mit dem Ziel des Erlangens der Kontrolle über die Zielgesellschaft (*creeping takeover*). Mit dieser Strategie ist der Vorteil verbunden, daß sie, ohne Aufmerksamkeit zu erregen, den Erwerb einer großen Anzahl von Aktien ermöglicht. Dies liegt in der Schwäche der hierzulande bestehenden Mitteilungspflichten begründet. Zwar wird eine solche Vorgehensweise durch die sanktionsbewehrten Regelungen der §§ 21 ff. WpHG erschwert, wonach unabhängig davon, auf welchem Weg der Erwerb der Aktien erfolgt, sei es über die Börse oder in anderer Weise, sowohl der Bundesanstalt für Finanzdienstleistungsaufsicht als auch der Zielgesellschaft das Überschreiten der Schwellen von 5, 10, 25, 50 oder 75 Prozent binnen

---

128 Vgl. *Immenga* in Kreuzer, Öffentliche Übernahmeangebote, S. 11 (20); *Watter*, Unternehmensübernahmen, S. 65.

129 Vgl. *Immenga*, SAG 1975, 89 (89). Auf die Hauptversammlungspräsenzen deutscher börsennotierter Gesellschaften wird im Laufe der Untersuchung noch näher einzugehen sein. Dazu unten Kap. 5, Fn. 1906.

130 Vgl. *Watter*, Unternehmensübernahmen, S. 65.

sieben Tagen zu melden ist. Allerdings galten diese Verpflichtungen bislang nur für Gesellschaften, deren Aktien im amtlichen Handel notiert sind[131]. Nicht erfaßt wurde somit etwa der Neue Markt. Außerhalb des Anwendungsbereichs des WpHG finden die Schwellenwerte des Aktiengesetzes Anwendung. Danach muß ein Unternehmen gemäß § 20 Abs. 1 AktG erst eine Beteiligung von 25 Prozent an einer anderen inländischen Aktiengesellschaft bekannt geben. Bei Verstoß gegen diese Mitteilungspflicht wird der Anteilseigner nach § 20 Abs. 7 AktG lediglich insoweit sanktioniert, als daß seine Rechte aus Aktien für die Zeit nicht bestehen, für die das Unternehmen die Mitteilungspflicht nicht erfüllt[132]. Demnach besteht durchaus die Möglichkeit für ein Unternehmen, unerkannt Mehrheitsbeteiligungen an anderen Gesellschaften zu erwerben. Dies trifft in noch viel höherem Maße auf Privatpersonen zu, da diese nicht der Mitteilungspflicht des Aktiengesetzes unterliegen[133].

Der entscheidende Nachteil einer derartigen Paketbildung liegt in der Tatsache begründet, daß sie regelmäßig einen längeren Zeitraum in Anspruch nehmen wird und somit nicht im Sinne einer kurzfristigen Unternehmenspolitik in Frage kommt[134]. Verbunden ist damit weiterhin die Unsicherheit, ob am Ende tatsächlich das angestrebte Ziel der Kontrollerlangung verwirklicht werden kann[135]. Nicht zuletzt könnte es bei einem Scheitern des beabsichtigten Vorhabens und infolgedessen gesunkener Kurse des Zielunternehmens durch den Verkauf der zuvor eingesammelten Anteile zu empfindlichen finanziellen Einbußen kommen[136]. Weiterhin erfordert der sukzessive Aufkauf, daß ein ausreichendes Handelsvolumen in den Werten der Zielgesellschaft gewährleistet ist. Durch den langwierigen Prozeß erschwert sich zudem die Geheimhaltung. Sofern Mitteilungspflichten bestehen, lösen diese in aller Regel einen rapiden Kursanstieg der Zielgesellschaft aus, vor allem verursacht auf Grund von Spekulationstreiberei durch Arbitrageure[137]. Dadurch kommt es zu einer deutlichen Verteuerung der Übernahme[138].

---

131 Zu den jüngsten Änderungen dieser Vorschrift siehe unten Kap. 5, S. 248.

132 Dazu statt aller *Bayer* in MüKo/AktG, § 20 AktG, Rn. 41 ff. Daneben tritt die zu vernachlässigende Bußgeldandrohung nach § 405 Abs. 3 Ziff. 5, Abs. 4 AktG.

133 Vgl. *Bayer* in MüKo/AktG, § 20 AktG, Rn. 6.

134 Vgl. *Schanz*, NZG 2000, 337 (339).

135 Vgl. *Fahrholz*, Unternehmensfinanzierung, S. 106.

136 Vgl. *Hess/Fabritius* in Hopt, Vertrags- und Formularhandbuch, IV. B. 18, Anm. 1.

137 Zu deren Rolle im „*Takeover-Game*“ siehe *von Falkenhausen* in FS Stiefel, S. 163 (170).

138 Vgl. *Immenga*, SAG 1975, 89 (89); *Watter*, Unternehmensübernahmen, S. 48.

2. Paketkauf

Neben dem sukzessiven Aufkauf von Wertpapieren über die Börse besteht eine weitere Möglichkeit zur Durchführung einer unfreundlichen Übernahme im außerbörslichen Erwerb eines Aktienpakets. Aus Sicht des Interessenten vermittelt im Idealfall bereits ein einziges Paket die Kontrolle über die Zielgesellschaft. Sofern ein solches an der Zielgesellschaft nicht besteht, wird der Bieter bemüht sein, mehrere die Kontrolle bildende Aktienpakete zu einem Gesamtpaket zusammen zu schnüren und diese allesamt zeitgleich zu erwerben[139]. Dadurch begegnet der Bieter der Problematik der insbesondere beim sukzessiven Ankauf über die Börse anzutreffenden Kurstreiberei. Auf die Aktionärsstruktur zeigt dieses Vorgehen keine Auswirkungen, da an die Stelle eines Großaktionärs lediglich ein anderer tritt[140].

Bei diesem Vorgehen spricht der Bieter nicht die gesamte Anteilseignerschaft, sondern nur einen oder mehrere Großaktionäre gezielt an, zumeist unter Zuhilfenahme von Investmentbanken. Ist die häufig problematische Identifikation solcher Großaktionäre gelungen, besteht einerseits ein Vorteil dieser Strategie in der Tatsache, nur einem oder aber zumindest einer überschaubaren Anzahl von Verhandlungspartnern gegenüber zu stehen. Dies hat den Ausschluß zahlreicher Unwägbarkeiten zur Folge und vermindert somit das Risiko eines Scheiterns der Transaktion. Andererseits führt dies allerdings auch zur Abhängigkeit von der Verkaufsbereitschaft der wenigen Paketinhaber[141].

Bei einem Paketkauf wird regelmäßig ein über dem aktuellen Börsenkurs liegender Preis zu entrichten sein. Dieses „Mehr" bezeichnet man auch als „Paketzuschlag" bzw. „Block- oder Kontrollprämie"[142]. Dennoch wird der Paketkauf regelmäßig günstiger sein als der Erwerb sämtlicher Anteile im Wege des nachfolgend zu erörternden öffentlichen Übernahmeangebots.

---

139 Eingehend zum Pakethandel *Wastl*, NZG 2000, 505 ff.

140 Dies gilt freilich nur für den Wechsel eines die Kontrolle vermittelnden Aktienpakets.

141 Vgl. *Steding*, Jura 1999, 181 (183).

142 Etwas unpräzise wird der Begriff des Paketzuschlags synonym mit dem der Kontrollprämie benutzt, obgleich auch bei einem nicht die Kontrolle vermittelnden Paket ein Aufpreis zu entrichten ist. Vgl. dazu instruktiv *Otto*, AG 1994, 167 (167 ff.); *Watter*, Unternehmensübernahmen, S. 49, 67.

3. Öffentliches Übernahmeangebot

a) Begriff

Schließlich verbleibt als Möglichkeit zur unfreundlichen Übernahme eines Unternehmens die Abgabe eines öffentlichen Übernahmeangebots[143]. Der Begriff des öffentlichen Übernahmeangebots entzieht sich einer allgemeingültigen Definition. An dieser Stelle soll daher kein weiterer Versuch zur Begriffsbestimmung unternommen werden[144]. Vielmehr soll statt aller Bezug genommen werden auf die grundlegende Definition von *Assmann/Bozenhardt*, wonach es sich bei einem öffentlichen Übernahmeangebot um das „von einem in- oder ausländischen Bieter gleichzeitig an alle Aktionäre der Zielgesellschaft gerichtete öffentliche Angebot, deren Aktien in begrenztem oder unbegrenztem Umfang innerhalb eines limitierten Zeitraums, unter im übrigen gleichen Bedingungen, zu einem bestimmten Preis oder im Umfang gegen andere Aktien zu erwerben" handelt[145]. An diesem trefflichen Versuch einer Definition wird einerseits deutlich, in welch vielfältigen Ausgestaltungen öffentliche Übernahmeangebote auftreten können. Es zeigt sich aber andererseits auch, daß trotz der weiten Formulierung nicht alle Fälle berücksichtigt wurden. Offen bleibt nach dieser Begriffbestimmung etwa die Frage nach der Rechtsform des Bieters.

Die Besonderheit des öffentlichen Übernahmeangebots liegt offenkundig in der Umgehung der Unternehmensleitung der Zielgesellschaft durch die direkte Ansprache der Aktionäre[146]. Ziel ist der Erwerb von Aktien außerhalb der Börse durch den Abschluß zivilrechtlicher Verträge zwischen dem Bieter und einer Vielzahl von Aktionären[147]. Bei erfolgreichem Abschluß führen öffentliche Übernahmeangebote zu einer neuen Aktionärsstruktur der Zielgesellschaft, da mit Erlangen der Kontrolle durch den Bieter eine neue Mehrheitsposition entsteht. Neben dem Einsatz als Technik des Kontrollerwerbs haben öffentliche

---

143 Öffentliche Übernahmeangebote traten in größerer Anzahl erstmals Ende der vierziger Jahre des 20. Jahrhunderts in Großbritannien und erst ab 1960 in den USA auf. Vgl. *Schaaf*, RIW 1985, 273 (273).

144 Eine Übersicht der unterschiedlichen Begriffsdefinitionen im Schrifttum findet sich bei *Frei*, Öffentliche Übernahmeangebote, S. 11 f. Zum Begriff nach dem WpÜG siehe unten Kap. 5, S. 276.

145 *Assmann/Bozenhardt* in Assmann/Basaldua/Bozenhardt/Peltzer, Übernahmeangebote, S. 1 (8).

146 In Abgrenzung zum Abschluß von Unternehmensverträgen oder der Veräußerung maßgeblicher Beteiligungen, wo jeweils die Kontrollinhaber eines Unternehmens unmittelbar angesprochen werden und ungeachtet einer Zustimmung durch die Hauptversammlung auch zur Entscheidung über den Wechsel der Kontrolle berufen sind.

147 Vgl. *Otto*, DB 1988, Beilage 12, 4.

Übernahmeangebote zunehmend auch als Gestaltungsmittel für Zusammenschlüsse[148] oder in Vorbereitung eines *going private*[149] an Bedeutung gewonnen.

In tatsächlicher Hinsicht setzt die Durchführung öffentlicher Übernahmeangebote einen breit gestreuten Aktionärskreis voraus[150], was sich im Einzelfall bereits als Nachteil dieser Übernahmetechnik erweisen kann. Ein weiterer Nachteil öffentlicher Übernahmeangebote sind die nur schwer im voraus abschätzbaren Erfolgsaussichten sowie die zum Teil unkalkulierbaren Gesamtkosten, die erheblich über verhandelten Paketkäufen liegen. Dies hängt zum einen damit zusammen, daß die zunächst angebotene Gegenleistung deutlich über dem aktuellen Börsenkurs wird liegen müssen, um überhaupt ausreichende Erfolgschancen zu gewährleisten[151]. Zudem läßt sich der Verlauf des Verfahrens nicht planen, so daß stets mit Unwägbarkeiten dergestalt zu rechnen ist, daß die Zielgesellschaft versuchen wird, gegen das Angebot mit Abwehrmitteln vorzugehen. Läßt sich der Bieter auf eine Übernahmeauseinandersetzung ein, werden allein hierdurch bereits erhebliche finanzielle Mittel aufgebraucht. Um schließlich die Oberhand zu behalten, wird dem Bieter nichts anderes übrig bleiben, als die Gegenleistung weiter anzuheben.

Demgegenüber steht der Vorteil, daß eine weitgehende strategische Planung im Vorfeld möglich ist. Entscheidend kommt dem Bieter der durch die einseitige Festlegung des Zeitpunkts zur Bekanntgabe der Übernahme herbeigeführte Überraschungseffekt zugute und die Tatsache, daß die Konditionen weitgehend von ihm festgelegt werden können[152]. Einzelne Risiken lassen sich durch die Aufnahme von Bedingungen in das Angebot weitgehend reduzieren[153]. Zudem ist das Prozedere binnen eines absehbaren und vergleichsweise kurzen Zeitraums durchführbar, ohne gleichzeitig exorbitante Kursverteuerungen wie bei sukzessiven Aufkäufen über die Börse befürchten zu müssen[154]. Schließlich bringt die Abgabe eines öffentlichen Übernahmeangebots den Bieter in eine psychologisch vorteilhafte Position, da auf den Aktionären der Zielgesellschaft

148 Bekanntestes Beispiel war der Fall Daimler-Benz/Chrysler, vgl. *Übernahmekommission*, Drei Jahre Übernahmekodex, S. 32. Dazu die Nachweise oben in Fn. 81.

149 Der Begriff des *going private* bezeichnet solche Transaktionen, bei denen der Käufer bereits ein bedeutendes Aktienpaket des Zielunternehmens hält und beabsichtigt, die verbliebenen Aktien aufzukaufen, um den Rückzug des Unternehmens von der Börse zu vollziehen. Beispielhaft erwähnt sei in diesem Zusammenhang der Fall der Honsel AG.

150 Vgl. *Immenga*, SAG 1975, 89 (90).

151 Vgl. *Schanz*, NZG 2000, 337 (339).

152 Vgl. *Ebenroth/Daum*, DB 1991, 1105 (1107); *Otto*, DB 1988, Beilage 12, 4.

153 Vgl. *Küting*, BB 1978, 1751 (1755).

154 Vgl. *Schanz*, NZG 2000, 337 (339).

ein gewisser Zeit- und Entscheidungsdruck lastet[155]. Ähnlich ergeht es dem Vorstand der Zielgesellschaft im Hinblick auf die Frage nach der Ergreifung möglicher Maßnahmen zur Abwehr des Übernahmeangebots.

b) Erscheinungsformen öffentlicher Übernahmeangebote

Auf Grund einer Vielzahl denkbarer Faktoren, die sich zur Ausgestaltung öffentlicher Übernahmeangebote heranziehen lassen, findet man diese - wie bereits aus der vorstehend in Bezug genommenen Definition hervorgeht - in den verschiedensten Erscheinungsformen vor[156]. Nachfolgend werden die wichtigsten ihrer Art vorgestellt. Die für die Untersuchung bedeutsamste Unterscheidung ist der Auflistung vorangestellt.

aa) Abgrenzung nach der Zustimmung der Verwaltung

Die für die vorzunehmende Untersuchung in erster Linie maßgebliche Unterscheidung richtet sich nach dem Verhalten des Leitungsorgans der Zielgesellschaft. Mit der Bezeichnung *unfreundlich*[157] wird ein öffentliches Übernahme-

155 In Anlehnung an die Spieltheorie, die sich mit dem strategischen, rationalen Verhalten von Akteuren in Situationen befaßt, in denen der erzielbare Nutzen eines Beteiligten vom Handeln des anderen Beteiligten abhängt, bezeichnet man diesen Umstand als Gefangenendilemma (*prisonner's dilemma*). Hierunter wird die fehlende Möglichkeit der außenstehenden Aktionäre zur gemeinsamen Absprache verstanden. Daraus resultiert das Problem, daß jeder Aktionär für sich allein zu entscheiden hat, ob und zu welchem Zeitpunkt er verkauft. Im Fall einer frühzeitigen Veräußerung besteht die Gefahr, daß ein zu niedriger Preis erzielt wird, während ein zu langes Zögern dazu führen kann, daß sich der Aktionär als Minderheitsaktionär in einer fremdbestimmten Gesellschaft wiederfindet. Insofern trägt der Aktionär ein Preisrisiko einerseits und ein Risiko der Minderung seines Beteiligungswertes andererseits. Vgl. dazu *Assmann/Bozenhardt* in Assmann/Basaldua/Bozenhardt/Peltzer, Übernahmeangebote, S. 1 (15); *Reul* in JbJZivW 1990, S. 11 (26 f.); *Witt*, NZG 2000, 809 (811 ff.).

156 Vgl. dazu auch die Übersicht bei *Frei*, Öffentliche Übernahmeangebote, S. 16 f.

157 Häufiger anzutreffen - auch im juristischen Schrifttum - ist die Bezeichnung des *feindlichen* Übernahmeangebots. Vom Gebrauch dieses Begriffs wird im folgenden jedoch bewußt abgesehen, da diesem bereits ein wertendes Element anhaftet. Dem aus Sicht der Aktionäre wertneutralen Veräußerungs- bzw. Erwerbsvorgang wird dadurch zu Unrecht *per se* ein negativer Beigeschmack unterstellt. Feindlich sind Übernahmeangebote einzig für das nicht kooperationsbereite Management. In Deutschland dürfte der Begriff zurückzuführen sein auf die Erfahrungen mit dieser Form von Übernahmen in den USA in den achtziger Jahren des 20. Jahrhunderts und die daraus hierzulande entstandenen Ängste vor einem Übergreifen auf den heimischen Markt. Vgl. *Liebscher*, ZIP 2001, 853 (853 f.). Mitunter findet sich auch die Bezeichnung des *unkoordinierten* Übernahmeangebots. Dazu grundlegend *Ebenroth/Daum*, DB 1991, 1105 (1106), die treffend herausstellen, daß einziges Abgrenzungskriterium zwischen einer freundlichen und unfreundlichen Übernahme die fehlende Kooperation zwischen den Verwaltungen ist, und

angebot versehen, wenn es gegen den Willen des Leitungsorgans der Zielgesellschaft erfolgt[158]. Dabei läßt sich zwischen zwei denkbaren Konstellationen unterscheiden. Zum einen besteht die Möglichkeit, daß der Bieter ohne vorherige Kontaktaufnahme mit der Zielgesellschaft sein Angebot herauslegt, um auf diese Weise das Überraschungsmoment vollständig zu seinen Gunsten zu nutzen, und die Verwaltung der Zielgesellschaft - was in diesen Fällen regelmäßig der Fall sein wird - die Offerte zurückweist. Strebt der Bieter hingegen zunächst eine einvernehmliche Lösung an, wird er bereits im Vorfeld der geplanten Übernahme den Kontakt zu der Leitung der Zielgesellschaft suchen[159]. Sofern die Verhandlungen erfolglos verlaufen und der Bieter dennoch nicht von seinen Plänen Abstand nehmen will, bleibt ihm nur noch das Mittel einer unfreundlichen Übernahme[160].

---

völlig zu Recht ausführen, daß allein der Begriff der unkoordinierten Übernahme für den Fall, daß eine solche Kooperation unterblieben ist, das „unverdiente Stigma der Übernahme als schädlich für Gesellschafter und Gesellschaft" vermeidet und lediglich ausdrückt, um was es sich bei diesem Vorgang tatsächlich handelt. Auch wenn dem sowohl in der Begründung als auch im Ergebnis zuzustimmen ist, soll im Rahmen dieser Untersuchung weiter am Begriff der unfreundlichen Übernahme wie auch des unfreundlichen Übernahmeangebots festgehalten werden. Dies bereits deshalb, da der Begriff des unkoordinierten Übernahmeangebots insoweit mißverständlich wäre, als daß sich das Angebot, sei es im Rahmen einer freundlichen oder unfreundlichen Übernahme, stets an die Aktionäre richtet. Zudem erscheint der Begriff plastischer als der der unkoordinierten Übernahme. Nicht durchsetzen konnten sich zudem die Bezeichnungen der „umstrittenen" bzw. „unabgestimmten" Übernahme, vgl. *Basaldua* in Assmann/Basaldua/Bozenhardt/Peltzer, Übernahmeangebote, S. 157 (160), einerseits sowie *Mertens*, AG 1990, 252 (252), andererseits. Synonym finden sich zudem die Begriffe „*contested*", „*defended*", „*hostile*" oder „*unfriendly takeover*".

158 Vgl. *Ebenroth/Daum*, DB 1991, 1105 (1105).

159 Als *bear-hug letter* wird der Vorgang bezeichnet, wenn der Bieter bei der Kontaktaufnahme den Vorschlag unterbreitet, eine freundliche Übernahme durchzuführen, der jedoch gleichzeitig mit der Drohung verbunden wird, anderenfalls ein unfreundliches Übernahmeangebot abzugeben. Vgl. *Gilson*, 35 Stan. L. Rev. 1982, 51 (65). Aus diesem Grund dürften bereits zahlreiche Fälle als freiwillige Übernahmen vollzogen worden sein, da anderenfalls ohnehin eine unfreundliche Übernahme durchgeführt worden wäre, was die empirische Auswertung von Unternehmensübernahmen insgesamt erschwert. Vgl. *Immenga/Noll*, Feindliche Übernahmeangebote, S. 4.

160 Mitunter findet sich im Schrifttum auch eine begriffliche Differenzierung zwischen den beiden Fällen. Danach soll ein *unfriendly takeover* dann vorliegen, wenn die Übernahme nicht im Einverständnis mit der Leitung der Zielgesellschaft erfolgt. Ein *hostile takeover* dagegen soll gegeben sein, wenn die Übernahme nicht nur ohne (vorherige) Absprache mit der Unternehmensleitung, sondern sogar gegen deren Willen erfolgen soll. Vgl. *Steding*, BuW 2001, 381 (382); *ders.*, Jura 1999, 181 (182).

Zeigt sich andererseits das Leitungsorgan der Zielgesellschaft mit den Bedingungen des vom Bieter vorgeschlagenen Übernahmeangebots einverstanden und unterstützt dieses, so spricht man von einem *freundlichen* Übernahmeangebot[161].

In der Praxis häufig anzutreffen ist der Fall, daß sich ein ursprünglich unfreundliches Übernahmeangebot schließlich durch Einlenken des Leitungsorgans der Zielgesellschaft noch vor Ablauf der Angebotsfrist in ein freundliches Übernahmeangebot wandelt[162].

bb) Abgrenzung nach dem Umfang des Angebots

Eine weitere Unterscheidung richtet sich nach dem Umfang des unterbreiteten Übernahmeangebots. Steht es dem Bieter frei, sein Angebot auf einen bestimmten Anteil, eine bestimmte Anzahl der Wertpapiere oder auf eine bestimmte Aktienkategorie der Zielgesellschaft zu begrenzen, spricht man von einem *Teilangebot*. Im Gegensatz hierzu steht das *Vollangebot*, das dadurch gekennzeichnet ist, daß das Angebot sich an sämtliche Aktionäre zu richten und auf alle von der Zielgesellschaft emittierten Aktiengattungen, auch auf solche ohne Stimmrecht, zu beziehen hat.

Die Frage nach der generellen Zulässigkeit von Teilangeboten ist nicht unumstritten und ist vor dem Hintergrund der Problematik der Gleichbehandlung der Aktionäre der Zielgesellschaft einerseits sowie der Funktionsfähigkeit des Marktes für Unternehmenskontrolle andererseits zu beurteilen[163]. Probleme können bei einem Teilangebot insbesondere dann auftreten, wenn dem Bieter auf dessen Offerte Annahmeerklärungen seitens der Aktionäre der Zielgesellschaft über eine zu große Anzahl von Wertpapieren zugehen. Es stellt sich in einer solchen Konstellation stets die Frage, nach welchen Kriterien die Zuteilung vorzunehmen ist.

cc) Abgrenzung nach der Art der Gegenleistung

Als weiteres Abgrenzungskriterium dient die vom Bieter den Aktionären der Zielgesellschaft angebotene Gegenleistung. Danach spricht man von einem *Barangebot*[164], wenn als Gegenleistung ausschließlich eine Geldzahlung vorgesehen

161 Synonym verwandt finden sich häufig die Begriffe des „*agreed*", „*friendly*" oder „*solicited takeover*".

162 Bekanntestes Beispiel dürfte der Fall Vodafone/Mannesmann gewesen sein. Zuletzt aber auch INA Holding/FAG Kugelfischer und auch Sanofi/Aventis.

163 Vgl. näher dazu *Frei*, Öffentliche Übernahmeangebote, S. 21 f.

164 Auch gebräuchlich sind die Begriffe des „*cash offer*" bzw. „*cash bid*". Im folgenden soll bei der Vorstellung der gebräuchlichen anglo-amerikanischen Termini dem ameri-

ist[165]. Werden dagegen als Gegenleistung ausschließlich Wertpapiere angeboten, spricht man von einem *Umtauschangebot*[166]. Bei den zum Tausch angebotenen Wertpapieren kann es sich um bereits emittierte oder noch zu emittierende Aktien oder sonstige Wertpapiere der bietenden oder einer anderen Gesellschaft handeln[167].

Von Vorteil für die Aktionäre der Zielgesellschaft sind in der Regel Übernahmeangebote in bar. Diese bringen anders als Umtauschangebote keine Bewertungsprobleme mit sich[168]. Häufig anzutreffen sind Konstellationen, bei denen diese beiden Arten der Gegenleistung beliebig miteinander vermischt werden. So kann der Bieter die genannten Formen in Kombination miteinander zu einem „Gesamtpaket" anbieten[169]. Gleichsam besteht auch die Möglichkeit, den Angebotsempfängern die Wahl der Gegenleistung zu überlassen[170].

---

kanischen Begriff (*tender*) *offer* der Vorzug vor dem britischen (*takeover*) *bid* gewährt werden.

165 Bekannte Beispiele waren etwa der Kauf der amerikanischen Investmentbank Bankers Trust durch die Deutsche Bank oder der Erwerb von Boehringer Mannheim durch den schweizerischen Pharmakonzern Roche.

166 Auch als *share-for-share* bzw. *exchange offer* bezeichnet. Tauschgeschäfte waren etwa Daimler-Benz/Chrysler, Vodafone/Mannesmann sowie zuletzt der Erwerb von VoiceStream durch die Deutsche Telekom.

167 Vgl. *Frei*, Öffentliche Übernahmeangebote, S. 22.

168 Vgl. *Immenga*, SAG 1975, 89 (90); *Frei*, Öffentliche Übernahmeangebote, S. 22.

169 Ein sehr anschauliches Beispiel eines solchen kombinierten Modells aus der Praxis bietet das im Rahmen des Zusammenschlusses Allianz/Dresdner Bank abgegebene Übernahmeangebot der Allianz Group an die Aktionäre der Dresdner Bank AG. Dabei waren - praktischen Gepflogenheiten entsprechend - weder die übernehmende noch die übernommene Gesellschaft direkt an dem Angebot beteiligt. Vereinfacht dargestellt erhielt jeder Aktionär der Dresdner Bank AG für jeweils zehn auf den Namen lautender Stückaktien von der Allianz Bankbeteiligungs GmbH - einer Tochtergesellschaft der Allianz AG - eine Barzahlung von 200 Euro sowie gegen Abtretung des über 200 Euro hinausgehenden verbliebenen Barzahlungsanspruchs gegen die Allianz Bankbeteiligungs GmbH von der DAD Transaktionsgesellschaft mbH - die eigens mit dem Zweck der Abgabe eines öffentliches Angebots an die Aktionäre der Dresdner Bank AG gegründet wurde - eine vinkulierte auf den Namen lautende Stückaktie der Allianz AG. Vgl. dazu eingehend *Fleischmann,* DB 2001, 1528 (1529 f.), sowie das Angebot selbst in FAZ vom 31. Mai 2001, S. 49, und das Ergebnis in FAZ vom 20. Juli 2001, S. 15. Siehe auch FAZ vom 29. März 2001, S. 17, 20; vom 30. März 2001, S. 16; vom 2. April 2001, S. 17, 22; vom 3. April 2001, S. 22.

170 Vgl. *Frei*, Öffentliche Übernahmeangebote, S. 23. Die Erfahrungen in der Praxis haben gezeigt, daß aus Gründen der Attraktivität zumindest eine teilweise Barkomponente im Angebot enthalten sein sollte. Vgl. *Riehmer/Schröder*, BB 2001, Beilage 5, 5.

dd) Abgrenzung nach der Freiwilligkeit des Bieterentschlusses

Eine weitere Differenzierungsmöglichkeit bietet sich danach, ob die Abgabe des Übernahmeangebots auf dem freien Entschluß des Bieters beruht oder aber auf Grund einer (spezial-) gesetzlichen oder anderweitigen Verpflichtung erfolgt, die regelmäßig an das Erreichen einer bestimmten Kontrollschwelle geknüpft ist. Man spricht insoweit einerseits von einem *freiwilligen* Übernahmeangebot und im Gegensatz dazu von einem *Pflichtangebot* (*mandatory offer*), für welches auch die Begriffe des Zwangsangebots, des obligatorischen Übernahmeangebots oder, etwas mißverständlich, des Gesamtübernahmeangebots[171] gebräuchlich sind.

Im Hinblick auf die mit einem freiwilligen Übernahmeangebot verfolgten Ziele läßt sich wiederum zwischen *echten* freiwilligen Übernahmeangeboten und (normalen) freiwilligen Übernahmeangeboten unterscheiden. Ist mit dem Übernahmeangebot die Absicht der Erlangung der Kontrolle verbunden, spricht man von freiwilligen Übernahmeangeboten, anderenfalls von echten freiwilligen Übernahmeangeboten. Mit letzteren zielt der Bieter etwa lediglich auf den Erwerb einer unterhalb der Kontrollschwelle liegenden Beteiligung oder aber auf die Konsolidierung einer bereits bestehenden Kontrollstellung.

ee) Abgrenzung nach dem Zeitpunkt des Angebots

Weiterhin läßt sich eine Abgrenzung nach dem Zeitpunkt der Abgabe des Übernahmeangebots vornehmen. Erfolgt das Übernahmeangebot zu einem Zeitpunkt, zu dem der Bieter entweder überhaupt noch keine Beteiligung oder aber noch keine die Kontrolle vermittelnde Beteiligung an der Zielgesellschaft innehat, spricht man von einem Übernahmeangebot *vor Kontrollerlangung*. Es entspricht dies dem Begriff des (normalen, d.h. auf Kontrollerlangung gerichteten) freiwilligen öffentlichen Übernahmeangebots.

Hat der Bieter dagegen zum Zeitpunkt der Abgabe des Übernahmeangebots bereits eine Kontrollstellung in der Zielgesellschaft erlangt, so ist von einem Übernahmeangebot *nach Kontrollerlangung* die Rede. Von diesem Begriff wird insofern etwas irreführend Gebrauch gemacht, als daß es sich bei dem Übernahmeangebot nach Kontrollerlangung um ein echtes freiwilliges Angebot zum Erwerb von Wertpapieren der Zielgesellschaft mit dem Ziel der Konsolidierung der Kontrolle handelt. Da jedoch üblicherweise der Begriff des echten freiwilligen Angebots zum Erwerb von Wertpapieren für solche Angebote vorbehalten ist, mit denen der Bieter eine unterhalb der Kontrollschwelle liegende Beteiligung an der Zielgesellschaft erwirbt bzw. eine solche auf diesem Niveau

---

171 So *Kuhr*, Minderheitenschutz, S. 81, Fn. 1.

ausbaut, hat sich die freilich etwas mißverständliche Verwendung des Begriffs des Übernahmeangebots nach Kontrollerlangung für die Fälle der Konsolidierung der Kontrollstellung eingebürgert[172].

ff) Abgrenzung nach der Zielrichtung

Schließlich läßt sich danach unterscheiden, aus welcher Richtung die Abgabe des Übernahmeangebots erfolgt. In sämtlichen bislang erläuterten Konstellationen geht das Übernahmeangebot vom Bieter aus und richtet sich an die Aktionäre der Zielgesellschaft. Man spricht insoweit auch von einem *einfachen* Übernahmeangebot. In Abgrenzung hierzu liegt ein *umgekehrtes* Übernahmeangebot vor, wenn die Zielgesellschaft in Reaktion auf das einfache Übernahmeangebot ihrerseits ein an die Aktionäre der Bietergesellschaft gerichtetes Übernahmeangebot abgibt. Die ursprüngliche Zielgesellschaft geht in dieser Konstellation von der Verteidigung zum Angriff[173] über und es kommt infolgedessen zu einem Rollentausch der Gesellschaften[174]. An Stelle der Aktionäre der Zielgesellschaft erhalten somit im Erfolgsfall des Gegenangebots die Aktionäre der ursprünglichen Bietergesellschaft die Prämienzahlung[175].

4. Mischformen

In der Praxis werden die zuvor beschriebenen Vorgehensweisen idealtypischerweise auf unterschiedliche Art miteinander kombiniert, um dadurch sowohl die jeweiligen Vorteile der einzelnen Techniken nutzbar zu machen als auch die Nachteile zumindest teilweise zu umgehen. Regelmäßig wird der Bieter zunächst versuchen, über die Börse oder von einem oder mehreren Großaktionären - wobei es sich in der Regel um institutionelle Investoren handeln wird - eine Sockelbeteiligung zu erwerben. Erst im Anschluß hieran erfolgt die Abgabe eines öffentlichen Übernahmeangebots[176]. Dies erhöht zum einen naturgemäß die Erfolgschancen der Übernahme, da zur Erlangung der Kontrolle der zusätzliche Erwerb einer geringeren Anzahl von Aktien erforderlich ist. Der Aufkauf selbst eines noch so geringen Anteils über die Börse bietet zum anderen den Vorteil, daß der Bieter die Beteiligung am Zielunternehmen zu Kursen erwerben kann, die mit hoher Wahrscheinlichkeit den Preis im Rahmen eines nachfolgenden

---

172 Vgl. *Frei*, Öffentliche Übernahmeangebote, S. 25.

173 In Anlehnung an das Arcade-Videospiel als *pac-man defense* bezeichnet.

174 Vgl. *Schmitthoff* in Schmitthoff/Goré/Heinsius, Übernahmeangebote, S. 7 (12).

175 Bekanntestes Beispiel aus der Praxis dürften die gegenseitigen unfreundlichen Übernahmeangebote im Fall Total Fina/Elf Aquitaine gewesen sein. Dazu FAZ vom 28. Oktober 1999, S. 32.

176 Vgl. *Ebenroth/Daum*, DB 1991, 1105 (1107); *Liebscher*, ZIP 2001, 853 (855); *Hauschka/Roth*, AG 1988, 181 (182 f.).

öffentlichen Übernahmeangebots unterbieten. Zudem eröffnet sich dem Bieter die Möglichkeit der finanziellen Absicherung vor Verlusten für den Fall, daß das Zielunternehmen am Ende nicht durch ihn, sondern durch einen anderweitigen Bieter übernommen werden sollte. Denn mit den im Vorfeld erworbenen Aktien wird sich regelmäßig ein Gewinn realisieren lassen, der die durch den Übernahmeversuch entstandenen Kosten zumindest teilweise decken wird[177]. Schließlich bringt diese Vorgehensweise nicht zu unterschätzende psychologische Vorteile mit sich[178]. Sollte die Leitung der Zielgesellschaft ihr Einverständnis zu der beabsichtigten Übernahme verweigern, unterstreicht der Bieter gegenüber den Aktionären der Zielgesellschaft, aber auch gegenüber der Öffentlichkeit, durch den vorherigen Erwerb die Ernsthaftigkeit seiner Absichten. Dadurch können sich die Chancen eines Erfolgs wesentlich erhöhen. Letztlich sichert eine Beteiligung an der zu übernehmenden Gesellschaft vor Abgabe des Übernahmeangebots dem Bieter auch einen gewissen Einfluß auf die Zielgesellschaft dergestalt, daß ihm das Anfechtungsrecht zusteht oder bei entsprechender Höhe der Beteiligung gar die Sperrminorität zugute kommt.

5. Zusammenfassung

Festzuhalten bleibt, daß in Deutschland öffentliche Übernahmeangebote lediglich eine von mehreren zur Verfügung stehenden Techniken zur Erlangung der Kontrolle darstellen. Welche dieser Formen im Einzelfall die meisten Vorteile aus Sicht der übernehmenden Gesellschaft aufweist und daher vorzugswürdig ist, hängt entscheidend von den Rahmenbedingungen ab. So verliert die Möglichkeit des Aufkaufs von Aktien über die Börse an Attraktivität, wenn die jeweilige Rechtsordnung umfassende Offenlegungsvorschriften vorsieht. Hingegen hängen die Möglichkeit der Übernahme im Wege des Paketkaufs wie auch des öffentlichen Übernahmeangebots entscheidend vom strukturellen Umfeld der Unternehmenslandschaft ab. Befinden sich die Anteile der börsennotierten Gesellschaften größtenteils im Streubesitz, werden Kontrollwechsel überwiegend mittels öffentlicher Übernahmeangebote vollzogen, anderenfalls im Wege des Paketkaufs. Darüber hinaus sind eine Reihe weiterer Kriterien im Einzelfall maßgeblich, die den Ausschlag für die eine oder andere Vorgehensweise geben, wie etwa steuerliche Gesichtspunkte. In den meisten Fällen wird der Bieter versuchen, durch die Kombination der einzelnen Formen des Kontrollerwerbs die jeweiligen Vorteile für sich zu vereinnahmen.

---

177 Vgl. *Frank*, Rahmenbedingungen von Unternehmensübernahmen, S. 81; siehe auch *Gilson*, 35 Stan. L. Rev. 1982, 51 (52).

178 Darauf weist zutreffend *Liebscher*, ZIP 2001, 853 (855), hin.

D. ÖKONOMISCHER HINTERGRUND

I. MOTIVE UNFREUNDLICHER UNTERNEHMENSÜBERNAHMEN

Die vollständige Erfassung des Phänomens der unfreundlichen Übernahme verlangt in Grundzügen die Kenntnis der dahinter stehenden ökonomischen Beweggründe. Daher soll im folgenden ein Überblick über die unterschiedlichen Motive für Unternehmensübernahmen gegeben werden. Dabei soll sich auf die bedeutendsten mit der Übernahme eines Unternehmens verbundenen Erklärungsansätze beschränkt werden[179], ohne diese jedoch einer eingehenden Analyse zu unterziehen[180].

Die sowohl in der betriebs- und volkswirtschaftlichen als auch in der juristischen Literatur anzutreffenden Einteilungen der vielfältigen Motive unterliegen keinem einheitlichen Muster, sondern werden nach den unterschiedlichsten Kategorien vorgenommen[181]. Während zum Teil zwischen wertsteigernden und wertmindernden Gesichtspunkten unterschieden wird[182], finden sich andererseits Einteilungen nach ernsthaften und zweifelhaften bzw. wirtschaftlich-rationalen und irrationalen Motiven[183]. An dieser Stelle soll eine Einteilung nach den Gewinnzielen aus der Perspektive des Käufers bzw. Bieters vorgenommen werden, die entweder vorrangig strategischer Art[184] oder aber in erster Linie finanzieller Natur sind. Anschließend werden persönliche Motive des Managements erörtert.

Vorab sei darauf hingewiesen, daß auch wenn sich die einzelnen Beweggründe auf Unternehmensübernahmen insgesamt beziehen, diese freilich auch für unfreundliche Übernahmen gelten, allenfalls graduelle Unterschiede im Verhältnis zueinander bestehen. Dies erklärt sich daraus, daß die Entscheidung des Bieters, die Übernahme letztlich auch gegen den Willen der Leitung der Zielgesellschaft

179 Eine abschließende Aufstellung sämtlicher Motive ist nahezu unmöglich. Vgl. allein die ausführliche Auflistung strategischer Motive bei *Caytas/Mahari*, Investment Banking, S. 53.

180 Siehe zu strategischen Allianzen als Alternative hierzu anhand des Beispiels der Star Alliance aus dem Luftverkehr *Kley* in von Rosen/Seifert, Übernahme börsennotierter Unternehmen, S. 395 ff.

181 Mitunter finden sich auch bloße Aufzählungen, etwa jüngst bei *Schneider/Burgard*, DB 2001, 963 (964). Aus wettbewerbspolitischer Sicht *Immenga/Noll*, Feindliche Übernahmeangebote, S. 25 ff.

182 Vgl. grundlegend *Romano* in Hopt/Wymeersch, European Takeovers, S. 3 (4 ff., 46 f.). In Anlehnung hieran auch *Frei*, Öffentliche Übernahmeangebote, S. 28 ff., sowie jüngst *Mülbert/Birke*, WM 2001, 705 (706 f.).

183 Etwa *Frank*, Rahmenbedingungen von Unternehmensübernahmen, S. 115 ff.

184 Diese werden oftmals auch als industrielle Motive bezeichnet. Vgl. etwa *Peltzer*, ZIP 1989, 69 (71).

durchzuführen, erst im Anschluß an die eigentliche Motivbildung erfolgt. Es läßt sich daher deutlich zwischen der Ebene der Motivbildung einerseits sowie der Ebene der Entscheidung über die Durchführung einer unfreundlichen Übernahme andererseits trennen. Ob der entgegenstehende Wille der Leitung der Zielgesellschaft zu guter Letzt die endgültige Entscheidung des potentiellen Bieters zu beeinflussen vermag, hängt im wesentlichen davon ab, wie stark dessen Motive ausgeprägt sind. Bei einer lediglich schwachen Motivbildung dürfte davon auszugehen sein, daß der Bieter angesichts der drohenden langwierigen Übernahmeauseinandersetzung von seinem Vorhaben abläßt.

1. Strategische Motive

Unter strategisch motivierten Unternehmensübernahmen sind solche Transaktionen zu verstehen, die Ausdruck einer Unternehmensstrategie sind. Der Käufer verfolgt mit der Erlangung der Kontrolle im Zielunternehmen die Umsetzung einer unternehmensspezifischen Zielsetzung. Im Vordergrund steht bei strategisch motivierten Übernahmen regelmäßig das auf einen längeren Zeitraum ausgerichtete unternehmerische Gestaltungsmotiv[185].

Dabei handelt es sich oftmals um eine klassische *Make-or-Buy*-Entscheidung. Denn grundsätzlich lassen sich die erhofften Effekte auch durch internes Wachstum herbeiführen. Im Unterschied zur kostenintensiven Entwicklung neuer eigener Produkte, des langwierigen Aufbaus eigener Produktionsstätten, der Rekrutierung qualifizierten Personals und der Erschließung neuer Märkte[186], bietet die Akquisition eines passenden Unternehmens die einfachere, schnellere und oftmals auch günstigere Alternative[187].

Ein weiteres wichtiges Motiv in diesem Zusammenhang bildet die Realisierung von Synergien. In der Betriebswirtschaftslehre bezeichnen Synergien den Effekt, daß ein Ganzes mehr ergibt als die Summe seiner Teile, oft vereinfacht wiedergegeben als „1+1=3“[188]. Hier läßt sich wiederum zwischen der *economies of scale*- und der *economies of scope*-Hypothese differenzieren. Das Konzept der Nutzung von Skaleneffekten (*economies of scale*) zielt auf die Beziehung zwischen der Größenordnung der Produktion und der Wirtschaftlichkeit ab[189]. Mit dem Wachstum eines Unternehmens entstehen Möglichkeiten der Kosteneinsparung durch Abstimmung von Einkaufs-, Produktions-, Vertriebs- und Absatz-

185 Vgl. *Frank*, Rahmenbedingungen von Unternehmensübernahmen, S. 116.
186 Weitere Beispiele bei *Watter*, Unternehmensübernahmen, S. 34.
187 Zu einzelnen Entscheidungsparametern *Frank*, Rahmenbedingungen von Unternehmensübernahmen, S. 120.
188 Vgl. statt vieler *Thommen/Achleitner*, Allgemeine Betriebswirtschaftslehre, S. 77.
189 Vgl. *Jansen*, M&A, S. 64.

strukturen sowie durch die Zusammenlegung allgemeiner Organisations- und Marketingaufgaben und Forschungs- und Entwicklungsaktivitäten. Im Gegensatz dazu stellt das Konzept der Verbundvorteile (*economies of scope*) auf die Beziehung zwischen Produktvielfalt und Wirtschaftlichkeit ab. Hiermit sollen Kostenvorteile von Unternehmensgröße bei heterogenen Produktprogrammen begründet werden[190].

Ebenfalls um ein strategisches Motiv handelt es sich bei der Erlangung von Marktmacht (Monopolhypothese)[191]. Hierdurch erhofft sich der Bieter sowohl auf dem Absatzmarkt als auch im Einkauf nachhaltige Wettbewerbsvorteile zu sichern, etwa in Form von Zugeständnissen bei Preisen und Lieferkonditionen. Vor dem Hintergrund gesättigter Märkte, auf denen sich keine Umsatz- bzw. Absatzzuwächse mehr verzeichnen lassen, ist die Erzielung weiterer Marktanteile nur auf Kosten der Konkurrenz, d.h. durch Übernahme von Wettbewerbern möglich[192].

Weiterhin wird in diesem Kontext die Diversifikation in neue Produkte oder Märkte als Motiv angeführt. Dahinter steht der Gedanke, daß sich durch die Übernahme von Unternehmen, deren Tätigkeitsbereich stark von dem eigenen Geschäft abweicht, Schwankungen im Unternehmensergebnis, bedingt durch saisonale, strukturelle oder konjunkturelle Faktoren, ausgleichen lassen[193]. Als Hauptmotiv der Diversifikation wird folglich ein durch die breite Streuung zu erzielendes reduziertes Risiko genannt[194].

Allerdings bietet sich dem einzelnen Aktionär auf entwickelten Kapitalmärkten eine weitaus preiswertere und bessere, an seinen eigenen Vorzügen ausgerichtete Möglichkeit der Risikostreuung innerhalb seines Portefeuilles als durch den Besitz von Aktien an einem diversifizierten Unternehmen. Nicht zuletzt aus diesem Grund spielt das Motiv der Diversifikation heutzutage nur noch eine untergeordnete Rolle. Derart diversifizierte Unternehmen haben weitgehend ihre ökonomische Rechtfertigung eingebüßt und werden regelmäßig mit einem Abschlag auf ihre Zerschlagungswerte (*conglomerate discount*) gehandelt[195]. Vielmehr hat sich vor dem Hintergrund der im Zuge des *Shareholder Value*-Gedan-

190 Vgl. *Jansen*, M&A, S. 65. Bekanntestes Beispiel dürften die in der Automobilbranche genutzten Plattformkonzepte sein, bei denen verschiedene Modelle auf wenigen Grundmodulen basieren.

191 Vgl. *Jansen*, M&A, S. 62.

192 Zur Ausschaltung von Konkurrenzunternehmen bietet sich auch die an sich den finanziellen Motiven zuzuordnende Übernahme mit anschließender Zerschlagung an. Dazu sogleich auf S. 42.

193 Vgl. *Watter*, Unternehmensübernahmen, S. 36.

194 Vgl. *Frank*, Rahmenbedingungen von Unternehmensübernahmen, S. 126.

195 Vgl. *Baudisch*, AG 2001, 251 (252); *Nolte/Leber*, DBW 1990, 573 (575).

kens veränderten wirtschaftlichen und wirtschaftspolitischen Rahmenbedingungen[196] unter den Konzernen ein Trend zur Fokussierung ihrer Geschäftsbereiche auf die Kernkompetenzen herausgebildet, damit verbunden jeweils die Trennung von Randaktivitäten, um im Gegenzug verstärkt in die Kerngeschäftsfelder investieren zu können. Gegenüber dieser Integration von Wertschöpfungsketten hat die Bedeutung vertikaler Unternehmensübernahmen sowie der Ausbau von Unternehmenskonglomeraten, die auf einer Vielzahl von Märkten tätig sind, erheblich abgenommen.

Schließlich auch unter die Kategorie der strategisch veranlaßten Übernahmen zählen solche, die allein vor dem Hintergrund der Abwehr unfreundlicher Übernahmen vollzogen werden[197].

2. Finanzielle Motive

Anders als bei der aus strategischen Gründen veranlaßten Akquisition steht bei finanziell motivierten Übernahmen der zu erzielende Finanzgewinn im Vordergrund. In zeitlicher Hinsicht läßt sich unterscheiden zwischen langfristig angelegten Engagements im Sinne einer Portfolio-Beteiligung, bei denen der Kontrollerwerb mit der Erwartung einer zukünftigen Preissteigerung unterbewerteter Aktiva verbunden ist, einerseits[198] und auf die Erzielung kurzfristiger Gewinne angelegten Übernahmen andererseits[199].

Die Erzielung kurzfristiger spekulativer Gewinne setzt an der Unterbewertung der Zielgesellschaft an, die durch den Bieter beseitigt wird, um die sodann erzielten Gewinne zu realisieren. Dem liegt die Annahme zugrunde, daß gemessen am Börsenkurs die Summe der potentiellen Werte der Einzelteile eines Konglomerats einen Mehrwert gegenüber dem aktuellen Unternehmenswert aufweist. Dies kann etwa durch eine vollständige Zerschlagung der Zielgesellschaft durch den Bieter und der anschließenden Veräußerung der Einzelteile an einen strategischen Investor oder im Rahmen eines Börsenganges erfolgen (*asset stripping*)[200]. Diese auf Erzielung eines schnellen Gewinns durch „Ausschlachtung" des Unternehmens bedachte Form der Übernahme trat vorwiegend in den acht-

196 Vgl. *Frank*, Rahmenbedingungen von Unternehmensübernahmen, S. 118, 128 ff., der hierin bereits ein eigenes Motiv erblicken will.

197 Vgl. *Nolte/Leber*, DBW 1990, 573 (574).

198 Unter diese Kategorie fallen die Beteiligungen deutscher Bank- und Versicherungsunternehmen an großen deutschen Industriekonzernen, wenngleich daneben noch weitere Motive ausschlaggebend sind.

199 Vgl. zu dieser Einteilung *Frank*, Rahmenbedingungen von Unternehmensübernahmen, S. 116.

200 Ziel der Zerschlagung kann auch die Ausschaltung von Mitbewerbern sein. Insoweit stellt sich die Zerschlagung auch als strategisches Motiv dar.

ziger Jahren des vorigen Jahrhunderts in den USA auf[201]. Die Beseitigung der Unterbewertung setzt aber nicht zwingend die Zerschlagung des Zielunternehmens voraus. Diese kann vielmehr auch im Wege der Restrukturierung einer ungünstigen Unternehmensstruktur der Zielgesellschaft oder auch durch Auswechslung eines ineffizient arbeitenden Managements geschehen[202].

Kennzeichnende Merkmale solcher Gesellschaften sind ein hoher Liquiditätsbestand, stille Reserven, ungenutzte Verschuldensmöglichkeiten zur Finanzierung des Kaufpreises, etwa in Form nicht ausgeschöpfter Kreditlinien und besonders hohe Buchwerte im Verhältnis zur geringen Marktkapitalisierung[203].

Zu den finanziell motivierten Übernahmen gehören auch die steuerlich veranlaßten[204]. In solchen Fällen erhofft sich der Übernehmer Steuervorteile unterschiedlicher Art. Der häufigste Fall dürfte die Nutzbarmachung von Verlustvorträgen sein[205].

3. Persönliche Motive

Neben den bislang beschriebenen Erklärungsansätzen der strategischen Unternehmensplanung und finanzieller Beweggründe werden stets im persönlich-emotionalen Bereich des Managements liegende Motive ausgemacht. Hierzu zählen Motive wie persönliches Machtstreben, Einflußerweiterung (*empire building*), Statusüberlegungen bzw. Prestigegewinne, Selbstverwirklichung und

201 In diesen Fällen wurde der Bieter als *Raider* bezeichnet, was sich sinngemäß mit Räuber bzw. - in Anlehnung an den plastischen Sprachgebrauch der US-amerikanischen Literatur, die sich Leihworten aus Märchen, Mittelalter und Krieg bedient - mit Raubritter übersetzen läßt. Vgl. dazu *von Falkenhausen* in FS Stiefel, S. 163 (167); *Sünner*, AG 1987, 276 (277 f.), sowie *Peltzer* in FS Zimmerer, S. 271 ff.; *ders.*, ZfgK 1986, 291 (291), der an dieser Stelle einige Beispiele aus der US-amerikanischen Praxis aufzählt (ebenda, 294). In Deutschland sorgte in jüngster Zeit der US-amerikanische Finanzinvestor *Guy Wyser-Pratte* für Aufmerksamkeit, der sich zunächst über mehrere Monate mit Erfolg an der Rheinmetall AG engagierte, weniger Glück bei der Babcock Borsig AG und der Mobilcom AG hatte und zuletzt bei der IWKA AG eingestiegen ist. Vgl. dazu FAZ vom 30. Oktober 2003, S. 17. Zur Bedeutung von *Raiding* in Deutschland vgl. *Meitner/Sofka*, M&A 2003, 360 ff.

202 Dazu *Watter*, Unternehmensübernahmen, S. 30 f.

203 Vgl. zu weiteren Merkmalen *Lipton/Steinberger*, Takeovers and Freezeouts, 1.02 (2), zit. nach *Peltzer*, ZIP 1989, 69 (71), Fn. 13; *Schanz*, NZG 2000, 337 (338 f.); siehe auch *Watter*, Unternehmensübernahmen, S. 39, der hierin jeweils eigenständige Motive erblickt.

204 Vgl. dazu *Jansen*, M&A, S. 67; speziell zur Situation nach der Unternehmenssteuerreform *Dautel*, M&A 2001, 312 ff.

205 Vgl. auch *Watter*, Unternehmensübernahmen, S. 39 f.

Publicity im Sinne von Imagepflege[206]. Regelmäßig werden die Bezüge des Vorstands mit zunehmender Größe des Unternehmens nach oben angepaßt und auch die Sicherung seiner Position steigt dadurch weiter an[207]. Auch wenn diese Motive im Einzelfall nicht nach außen in Erscheinung treten, da sie größtenteils von den übrigen Motiven überlagert werden, kommt ihnen eine nicht zu unterschätzende Bedeutung zu. Wurde diesen bislang stets eine mindestens gleichwertige, wenn nicht sogar dominierende Rolle zugestanden[208], belegen jüngste empirische Untersuchungen in den USA, daß derartige Verhaltensweisen evidente Auswirkungen vor allem auf große Unternehmen haben[209].

In der Nähe der persönlichen Motive wird auch die *Hybris*-Hypothese angesiedelt, auch wenn die Verfolgung eigener Interessen keine zwingende Voraussetzung darstellt[210]. Hiernach sind Übernahmen auf die Selbstüberschätzung (*Hybris*) des Managements des Käufers zurückzuführen, die sich entweder auf deren eigene Fähigkeiten zur Führung des Zielunternehmens oder aber auf das in der Zielgesellschaft verborgene Potential bezieht. Infolge dieser Fehleinschätzung ist das Management der Bietergesellschaft bereit, überhöhte Kursaufschläge zum Erwerb der Kontrolle an der Zielgesellschaft aufzuwenden. Mit der *Hybris*-Hypothese läßt sich daher auch eine schlechtere Performance des Bieters nach erfolgter Übernahme erklären.

4. Fazit

Allgemeingültige Aussagen zu den vorrangigen Beweggründen werden dadurch erschwert, daß die auf diesem Feld durchgeführten empirischen Untersuchungen einzig auf den Aussagen der Beteiligten basieren. Nicht selten wird es dabei zu Divergenzen zwischen offiziell verkündeten und tatsächlich verfolgten Motiven kommen[211]. Denn es kann nicht davon ausgegangen werden, daß seitens der Unternehmensleitung andere als die vordergründig plausibelsten Motive nach außen dringen, so daß gerade die persönlichen Motive oftmals im dunkeln bleiben[212]. Abschließend bleibt jedenfalls festzuhalten, daß Unternehmensübernah-

206 Vgl. dazu *Frank*, Rahmenbedingungen von Unternehmensübernahmen, S. 131; *Watter*, Unternehmensübernahmen, S. 40 f.

207 Vgl. *Fahrholz*, Unternehmensfinanzierung, S. 109.

208 Vgl. *Frank*, Rahmenbedingungen von Unternehmensübernahmen, S. 131 f.

209 Vgl. dazu die Auswertungen empirischer Studien in den USA bei *Mülbert/Birke*, WM 2001, 705 (708).

210 Grundlegend *Roll*, 59 Journal of Business 1986, 197 ff. Dazu auch *Schmidt/Prigge*, DBW 2002, 225 (227).

211 Vgl. *Frank*, Rahmenbedingungen von Unternehmensübernahmen, S. 122.

212 Zur generellen Problematik der Übertragbarkeit der Ergebnisse US-amerikanischer empirischer Untersuchungen auf die europäische Situation siehe *Mülbert/Birke*, WM 2001, 705 (708 f.).

men häufig nicht nur auf Grund eines einzigen Motivs betrieben werden, sondern aus einer Kombination mehrerer, nebeneinander auftretender, teilweise unternehmensspezifischer Beweggründe resultieren, die sich nur schwer voneinander isolieren lassen[213].

Zudem besteht Einigkeit darüber, daß in Deutschland vorgenommene Übernahmen bislang immer strategisch motiviert waren[214]. Den vorwiegend aus finanziellen Motiven veranlaßten Übernahmen kommt hierzulande eine untergeordnete Rolle zu. Dies gilt in verstärktem Maße für die auf kurzfristige Gewinnerzielung ausgerichteten Übernahmen[215]. Fälle vollständiger Zerschlagungen der Zielgesellschaft, wie sie in den USA in den achtziger Jahren des vorigen Jahrhunderts häufig auftraten, sind jedenfalls nicht ersichtlich[216]. Vor dem Hintergrund des erläuterten Einflusses veränderter Rahmenbedingungen auf die Motivstrukturen, kann seit Mitte der neunziger Jahre ebenfalls bei den weltweit durchgeführten Unternehmensübernahmen eine deutliche Dominanz strategischer Übernahmen, gleich, ob freundlich oder unfreundlich, verzeichnet werden[217].

II. Unfreundliche Übernahmeangebote: Pro und Contra

Zur Vervollständigung der Betrachtung unfreundlicher Übernahmeangebote aus ökonomischer Perspektive sollen abschließend einige wesentliche Aspekte des Für und Wider unter Verzicht auf eine eingehende Erörterung aufgezeigt werden[218].

1. Pro

Die Befürworter unfreundlicher Übernahmeangebote begründen ihre Haltung vorwiegend mit der Bedeutung dieser Angebotsform für den sog. „Markt für

213 Ein anschauliches Beispiel bietet die Studie der unfreundlichen Übernahme der britischen Centura Oils Group plc durch die deutsche Fuchs-Gruppe bei *von Gropper*, Zfbf 46 (1994), 361 ff. (insbesondere 370 ff.).

214 Vgl. *Liebscher*, ZIP 2001, 853 (854).

215 Vgl. *Frank*, Rahmenbedingungen von Unternehmensübernahmen, S. 117.

216 Zu den Ursachen, warum sich derartige *Raider* in Deutschland nicht durchsetzen konnten, *Zimmerer*, WuW 1989, 697 ff.; *Beelitz/Bruder*, WuW 1989, 700 ff.

217 Vgl. *von Buddenbrock* in von Rosen/Seifert, Übernahme börsennotierter Unternehmen, S. 277 (278); *Herden/Aumann*, M&A 1999, 219 (221).

218 Siehe dazu auch die Gegenüberstellungen bei *Frank*, Rahmenbedingungen von Unternehmensübernahmen, S. 91 f.; *Mertens*, AG 1990, 252 (252 f.); *Salje*, JA 1990, 322 (325); *Werner*, Probleme „feindlicher" Übernahmeangebote, S. 14 f.

Unternehmenskontrolle“ (*market for corporate control*)[219]. Auf jenem Markt wird nach unterbewerteten Unternehmen Ausschau gehalten, bei denen durch die Auswechslung einer ineffizient arbeitenden Unternehmensleitung eine entsprechende Steigerung des Unternehmenswertes durch das übernehmende Managementteam erzielt werden kann[220]. Ein leistungsschwaches Management wird auf diese Weise durch die negative Börsenkursentwicklung eines als effizient angenommenen Kapitalmarkts[221] auffällig und im Wege der Übernahme durch Auswechslung abgestraft[222]. Unfreundliche Übernahmen tragen somit zur Optimierung der Zuteilung von Verfügungsmacht über Unternehmen bei und damit zu einer effizienten Ressourcenallokation[223]. Dadurch können sich optimale Unternehmensstrukturen und -größen herausbilden. Nach der Theorie vom Markt für Unternehmenskontrolle soll bereits die ständig bestehende Drohung mit einer unfreundlichen Übernahme eine disziplinierende Wirkung auf das Management ausüben[224], was zur Folge hat, daß die Unternehmensleitung allein um der Vorbeugung eines Übernahmeangebots Willen zu einem möglichst effektiven Einsatz und zur Erwirtschaftung möglichst hoher Erträge angehalten wird. In diesem Sinne sollen sich sämtliche Hindernisse auf dem Weg zu einer unfreundlichen Übernahme wohlfahrtsmindernd auswirken[225], da sich das Manage-

---

219 Grundlegend *Manne*, 73 J. Pol. Econ. 1965, 110 (112 ff.); im Anschluß *Easterbrook/Fischel*, 94 Harv. L. Rev. 1981, 1161 ff.; *Jensen/Ruback*, 11 J. Fin. Econ. 1983, 5 ff. Zum Markt für Unternehmenskontrolle aus deutscher Sicht *Adams*, AG 1989, 333 ff.; *ders.*, AG 1990, 63 ff.; *Immenga*, SAG 1975, 89 (90); *ders./Noll*, Feindliche Übernahmeangebote, S. 14 ff., 32 ff., 46 ff.; *Reul* in JbJZivW 1990, S. 11 (15 ff.). Siehe auch *Meier-Schatz*, ZHR 149 (1985), 93 ff. Als international etabliert betrachtet den Markt für Unternehmenskontrolle *Hopt*, ZHR 161 (1997), 368 (371); bereits *ders.*, ZGR 1993, 534 (543 ff.). Auch *Hirte/Schander* in von Rosen/Seifert, Übernahme börsennotierter Unternehmen, S. 341 (342), setzen dessen Existenz in Deutschland voraus; ebenso *Drygala*, ZIP 2001, 1961 (1868); *Mülbert/Birke*, WM 2001, 705 (709). Skeptisch zu einem „Markt für Unternehmensübernahmen“ dagegen *Hüffer*, AktG, § 134 AktG, Rn. 5. Äußerst kritisch hingegen *Schneider/Burgard*, DB 2001, 963 (963, 964), sowie *Schneider*, AG 2002, 125 (125).

220 Vgl. *Jansen*, M&A, S. 68 f.

221 Dazu aus deutscher Sicht *Reul*, JbJZivW 1990, 11 (16 ff.), einerseits (kritisch) sowie *Baudisch*, AG 2001, 251 (252), mit Nachweisen aus der US-amerikanischen Literatur andererseits.

222 Sog. *pruning deadwood*-Hypothese (frei übersetzt als: Abschneiden von dürrem Holz).

223 *Immenga* in Kreuzer, Öffentliche Übernahmeangebote, S. 11 (13): „Unternehmensressourcen wandern «Zum besten Wirt»“.

224 Vgl. *Easterbrook/Fischel*, 94 Harv. L. Rev. 1981, 1161 (1174).

225 Auch die im Mai 1999 als unverbindliche Grundsätze verabschiedeten *OECD Principles of Corporate Governance* betonen ausdrücklich die Bedeutung des Marktes für Unternehmenskontrolle und gehen in diesem Zusammenhang auch auf die negativen Auswirkungen von Abwehrmaßnahmen auf denselben aus. Abgedruckt in AG 1999, 340 ff., dort Teil I., I., E., 1. und 2. (342), im Anschluß an eine Einleitung von *Seibert*, AG 1999, 337 ff. Die im Januar 2004 vorgestellten *Revised Principles* (abrufbar unter

ment auf diese Weise der disziplinierenden Wirkung des Kapitalmarkts zu entziehen versucht[226]. Eine externe Kontrolle kann dann nicht mehr gewährleistet werden, so daß es statt der erwünschten Reduktion der sog. *agency costs*[227] zu dem gegenläufigen Effekt kommt. Die Erschwerung unfreundlicher Übernahmen führt somit dazu, daß einer der bedeutendsten Mechanismen zur Überwindung der Trennung von Eigentum und Kontrolle in der Publikumsgesellschaft außer Kraft gesetzt wird. Schließlich führt die latente Bedrohung mit einer Übernahme dazu, daß der Neigung des Managements eines Unternehmens mit einem hohen *Cash-Flow*-Bestand entgegengewirkt wird, sämtliche Geldströme und Geldbestände, die über dasjenige hinausgehen, was erforderlich ist, damit das Management alle wirtschaftlich vernünftigen Projekte durchführen kann, in unwirtschaftlicher Weise in externes Wachstum zu investieren, anstatt sie in Form von Dividendenzahlungen den Aktionären zuzuleiten[228]. Auf diese Weise verschafft sich die Unternehmensleitung einen erweiterten Handlungsrahmen und kann sich bei künftigen Investitionen ebenfalls der Bewertung des Kapitalmarkts entziehen, da sie auf eigene Mittel zurückgreifen kann[229].

2. Contra

Einer der maßgeblichen Einwände gegen unfreundliche Übernahmen besteht darin, daß das Management angesichts der ständigen Gefahr einer potentiellen Übernahme zu einer an kurzfristigem Handeln ausgerichteten Unternehmenspolitik veranlaßt wird[230], was zu Lasten sowohl von langfristigen Investitionen, wie etwa Forschung und Entwicklung[231], als auch der Bildung von ausreichenden Rücklagen gehen kann[232]. Zudem hat die ständige Bedrohung des Managements zur Folge, daß sich die Unternehmensleitung vornehmlich auf die Entwicklung

---

http://www.oecd.org) halten unverändert an dieser Sichtweise fest. Vgl. dort Teil I, II. E., 1. und 2.

226 Vgl. *Easterbrook/Fischel*, 94 Harv. L. Rev. 1981, 1161 (1174 ff.); für Deutschland *Adams*, AG 1990, 63 ff. Gerade in der angelsächsischen Literatur besteht weitestgehend Einigkeit darüber, daß Übernahmeangebote nicht erschwert werden sollten. Vgl. *Hopt* in FS Lutter, S. 1361 (1374) m.w.N.

227 Dazu näher sogleich unten S. 50.

228 Sog. *Free-Cash-Flow*-Hypothese. Grundlegend *Jensen*, 76 Am. Econ. Rev. 1986, 323 ff.

229 Vgl. *Jansen*, M&A, S. 68.

230 Jedoch weist *Wymeersch*, AG 1995, 299 (315 f.), darauf hin, daß diese Kurzfristigkeit bislang von keiner Seite überzeugend nachgewiesen werden konnte.

231 Der Einwand unterstellt somit, daß die Kapitalmärkte langfristig angelegte Projekte weniger zu honorieren wissen als kurzfristige Engagements mit der Folge der Unterbewertung solcher Unternehmen.

232 Vgl. *Werner*, Probleme „feindlicher" Übernahmeangebote, S. 15; *Zöllner/Noack*, AG 1991, 117 (126).

von Abwehrstrategien konzentriert, statt ihrer eigentlichen Führungsaufgabe nachzukommen.

3. Fazit

Die ökonomische Bewertung des Phänomens der unfreundlichen Übernahmeangebote bereitet vor allem deshalb besondere Schwierigkeiten, da es bei der Untersuchung der einschlägigen Fälle an Vergleichsmöglichkeiten mangelt. Denn als Alternative zu der Übernahme bleibt nur die Fortführung des Bieterunternehmens auf *stand-alone*-Basis, und über dessen weiteren Erfolg können allenfalls Spekulationen angestellt werden; prognostizierbar ist er jedenfalls nicht. Aus ökonomischer Sicht sind unfreundliche Unternehmensübernahmen *per se* weder als gut noch schlecht, erwünscht noch unerwünscht zu beurteilen. Als gesichert kann indes - wie nicht zuletzt auch die *OECD Principles of Corporate Governance* verdeutlichen - die Existenz des Marktes für Unternehmenskontrolle angesehen werden, dessen eindeutig positive Auswirkungen zuletzt zweifelsfrei *Romano* festgestellt hat[233]. Ebenso gilt als erwiesen, daß diesbezüglich rechtliche Hindernisse für Übernahmeangebote als dysfunktional und negativ zu bewerten sind[234]. Sofern unfreundliche Übernahmeangebote hierzulande mitunter eine einseitig negative Betonung erfahren, mag dies in den negativen Erfahrungen in den USA in den achtziger Jahren des vorigen Jahrhunderts begründet liegen, als finanziell motivierte Übernahmen in geradezu exzessiver Weise Überhand nahmen[235].

E. INTERESSEN AN DER VERHINDERUNG EINER UNFREUNDLICHEN ÜBERNAHME

Unerläßlich für eine sachgerechte Beurteilung der neuen gesetzlichen Regelungen des WpÜG betreffend die Pflichten der Zielgesellschaft ist die Kenntnis der divergierenden Interessen der beteiligten Akteure im Hinblick auf die Verhinderung unfreundlicher Übernahmen. Dies gilt in besonderem Maße für die Vorschriften zu den Verhaltenspflichten der Verwaltung der Zielgesellschaft während eines Übernahmeverfahrens. Während gemeinhin im Mittelpunkt der Aus-

233 Vgl. *Romano* in Hopt/Wymeersch, European Takeovers, S. 3 (45).

234 Vgl. *Hopt*, ZHR 161 (1997), 368 (371).

235 Mit Recht weisen jedoch *Seifert/Voth* in von Rosen/Seifert, Übernahme börsennotierter Unternehmen, S. 187 (188 f.), darauf hin, daß sich trotz alledem die positiven Erfahrungen mit Unternehmensübernahmen, einschließlich unfreundlicher, in den USA nicht leugnen lassen. Mit Hilfe dieses Instruments wurde Anfang der neunziger Jahre eine grundlegende Restrukturierung der US-amerikanischen Wirtschaft vollzogen, die den Ausgangspunkt einer langanhaltenden wirtschaftlichen Blütezeit in den USA im letzten Jahrzehnt des letzten Jahrhunderts bildete.

führungen zu den unterschiedlichen Interessengruppierungen im Kontext öffentlicher Übernahmeangebote die potentiellen Vertragsparteien mit dem Bieter einerseits und den angesprochenen Aktionären andererseits stehen[236], soll angesichts des Gegenstands der Untersuchung an dieser Stelle die Betrachtung auf die mit der Zielgesellschaft zusammenhängenden Interessen[237] sowie auf die Interessen des Staates beschränkt werden. Seitens des Bieters ist die Interessenlage offenkundig. Dem übernahmewilligen Bieter ist an einem schnellen und reibungslosen Ablauf der Übernahme gelegen[238], bei der er auf möglichst wenig Widerstand trifft, um dadurch eine Verteuerung des Übernahmevorhabens zu vermeiden[239].

I. Interessen auf Seiten der Zielgesellschaft

1. Vorstand und Aufsichtsrat

Nach dem erfolgreichen Abschluß einer unfreundlichen Übernahme richtet sich das Interesse des Bieters - unabhängig davon, welche Motive er im Einzelfall mit der Übernahme verbunden hat - regelmäßig[240] darauf, das amtierende Management der Zielgesellschaft abzulösen[241]. Denn erst mit der Neubesetzung des Vorstands sichert sich der nunmehrige Kontrollinhaber zugleich auch einen nachhaltigen Einfluß auf die Gesellschaft. Der Vorstand der Zielgesellschaft sieht sich demnach im Fall eines unfreundlichen Übernahmeversuchs in seinem ureigensten persönlichen Interesse bedroht, nämlich dem Erhalt seines Amtes. Da mit dessen Verlust nicht nur finanzielle Einbußen, sondern auch ein Macht-

---

236 Vgl. dazu *Assmann/Bozenhardt* in Assmann/Basaldua/Bozenhardt/Peltzer, Übernahmeangebote, S. 1 (14 ff.); *Bozenhardt*, Übernahmeangebote, S. 17 ff.

237 Vgl. allgemein zu schützenswerten Interessen im Rahmen eines Übernahmerechts bei der Zielgesellschaft *Budde/Lawall* in FS Müller, S. 27 ff.

238 Vgl. *Bozenhardt*, Übernahmeangebote, S. 19.

239 Sofern es sich auf Bieterseite um eine Gesellschaft handelt, gilt dies auch für die Gesellschafter, denen im Falle einer möglichst kostengünstigen Transaktion eine Schmälerung des Unternehmenswertes erspart bleibt.

240 Etwas anderes kann in Ausnahmefällen gelten, wenn etwa der Wert des Unternehmens maßgeblich mit der Führung des Unternehmens verknüpft ist und die Übernahme gerade wegen herausragender Führungspersönlichkeiten erfolgte oder aber bei einer Übernahme aus sonstigen Gründen erhebliche Bewertungsabschläge infolge der Absetzung der bisherigen Verwaltung zu erwarten sind.

241 Vgl. *Assmann/Bozenhardt* in Assmann/Basaldua/Bozenhardt/Peltzer, Übernahmeangebote, S. 1 (16); *Bozenhardt*, Übernahmeangebote, S. 20; *Frei*, Öffentliche Übernahmeangebote, S. 144; *Ebenroth/Daum*, DB 1991, 1105 (1105); *Hauschka/Roth*, AG 1988, 181 (186). Zu empirischen Nachweisen einer erhöhten Wechselfrequenz des Managements der übernommenen Gesellschaft siehe *Seifert/Voth* in von Rosen/Seifert, Übernahme börsennotierter Unternehmen, S. 187 (196).

und Prestigeverlust einhergehen, unterliegt der Vorstand insoweit einem „Generalverdacht“, daß er im Fall eines unfreundlichen Übernahmeversuchs seinen persönlichen Interessen Vorrang einräumen wird. Konkret hat dies die Annahme zur Folge, daß der Vorstand den Versuch unternehmen wird, Maßnahmen einzuleiten, die dazu dienen, die anstehende unfreundliche Übernahme abzuwenden, um auf diese Weise die eigene Position wahren zu können (*managerial entrenchment hypothesis*). Die an sich kraft seiner Leitungsfunktion wahrzunehmenden Interessen der Gesellschaft treten dabei in den Hintergrund, soweit sich diese nicht im Einklang mit den Eigeninteressen des Vorstands befinden[242].

Insbesondere bei Gesellschaften ohne Großaktionäre besteht eine erhöhte Gefahr, daß der Vorstand seine eigenen Interessen gegenüber denjenigen der Aktionäre ausspielt, da in einem solchen Fall kein ausreichendes Gegengewicht zur Stellung des Vorstands vorhanden ist[243]. Gedanklicher Ausgangspunkt dieser Überlegungen ist die Trennung von Eigentum und Kontrolle in Publikumsgesellschaften[244], die vor allem in der US-amerikanischen Literatur ausgiebigst unter dem Aspekt der Auftragsbeziehungen zwischen den Anteilseignern als Auftraggeber (Prinzipal) und dem Management als dem Auftragnehmer (Agent) erörtert wurde (*principal-agent*-Theorie)[245]. Da seitens der Kleinanleger regelmäßig keinerlei Überwachung des Managements vorgenommen wird, entstehen durch den Aufbau von Überwachungs- und Anreizmechanismen Effizienzverluste (*agency costs*).

Da auf Grund der Besonderheiten des deutschen Rechts der Weg der Kontrollerlangung über die Auswechslung des Vorstands nur gangbar ist, indem sich der Bieter auch den Einfluß auf den Aufsichtsrat sichert, werden im Regelfall

---

242 Abmildern ließe sich dieser Interessenskonflikt zum einen durch die Gewährung von Anteilen oder Aktienoptionen an der zu übernehmenden Gesellschaft an den Vorstand, da sich in diesem Fall sein Handeln zugleich unmittelbar auf die eigene Aktienposition auswirken würde. Zum anderen durch die Vereinbarung entsprechend hoher Abfindungszahlungen für den Fall einer unfreundlichen Übernahme. Für den Aufsichtsrat hingegen hat der BGH jüngst entschieden, daß Aktienoptionsprogramme zu dessen Gunsten bei Unterlegung mit zurückgekauften eigenen Aktien der Gesellschaft ebenso unzulässig sind wie bei der Unterlegung mit bedingtem Kapital (BGH, Urt. vom 16. Februar 2004, Az.: II ZR 316/02).

243 Andererseits kann selbst dann, wenn ein Großaktionär vorhanden ist, nicht ausgeschlossen werden, daß das Management eine Übernahme durch einen neuen Mehrheitsaktionär zu verhindern sucht. Jedoch wurde für Deutschland empirisch nachgewiesen, daß es beim Vorhandensein von Eigentümern mit einer Sperrminorität durchschnittlich zu einem höheren Volumen an Unternehmensübernahmen kommt. Vgl. dazu *Ossadnik/Dorenkamp*, BB 2000, 1615 f.

244 Dazu grundlegend *Berle/Means*, The Modern Corporation and Private Property.

245 Grundlegend *Jensen/Meckling*, 3 J. Fin. Econ. 1976, 305 ff. Dazu aus dem deutschen Schrifttum *Elschen*, Zfbf 1991, 1002 ff.; *Reul* in JbJZivW 1990, S. 11 (15).

sowohl Vorstand als auch Aufsichtsrat infolge der Übernahme ihre bisherige Position aufgeben müssen. Zwar wirken sich die vorstehend für den Vorstand aufgeführten Nachteile nicht in gleicher Weise und Unmittelbarkeit auf den Aufsichtsrat aus, dennoch weist der Aufsichtsrat gleichgerichtete Interessen wie der Vorstand auf. Denn mit dem Verlust des Aufsichtsratsmandats endet die Möglichkeit der Einflußnahme auf die Geschicke der Gesellschaft, was insbesondere bei Vertretern der Finanzdienstleister direkte Folgen auf deren Geschäftstätigkeit haben kann[246]. Daher ist in aller Regel davon auszugehen, daß der Aufsichtsrat die Pläne des Vorstands zur Abwehr der Übernahme (aktiv) unterstützen wird. Sofern es sich um einen mitbestimmten Aufsichtsrat handelt, werden die Arbeitnehmervertreter zudem versuchen, die Interessen der Belegschaft, die regelmäßig auf die Abwehr der Übernahme gerichtet sind[247], „um jeden Preis" durchzusetzen. Aus diesen Gründen läßt sich somit der dem Vorstand auferlegte Generalverdacht auch auf die Mitglieder des Aufsichtsrats erstrecken[248].

2. Aktionäre

Anders als in den durch angelsächsische Traditionen geprägten Staaten ist die Aktionärsstruktur börsennotierter Gesellschaften im deutschsprachigen Raum immer noch derart angelegt, daß sich häufig nur ein geringer Teil der Aktien im Streubesitz befindet. Statt dessen werden nach wie vor die Anteile vieler Gesellschaften von einem oder mehreren Großaktionären gehalten[249]. Vor diesem Hintergrund läßt sich nicht pauschal *ein* Interesse der Aktionäre bestimmen. Während sich unter den Großaktionären in deren Beteiligung zumeist - sofern es sich nicht um ein rein finanzielles Investment handelt - ein unternehmerisches Interesse widerspiegelt, besteht das Interesse der Kleinaktionäre regelmäßig an der Erzielung einer dem Aktieninvestment angemessenen Rendite.

Doch läßt sich auch unter den Kleinaktionären nicht stets ein homogenes Interesse ausmachen. Vielmehr reicht das Spektrum von einem kurzfristig angelegten bloßen Kursinteresse bis zu einem auf ein dauerhaftes Investment bedachten Dividendeninteresse[250]. Richtet sich das Interesse ausschließlich auf die Erzielung kurzfristiger Gewinne, bietet sich dem Kleinaktionär mit einer Übernahmeofferte eine attraktive Möglichkeit zur Veräußerung seiner Anteile. Denn regelmäßig wird das Übernahmeangebot deutlich über der aktuellen Notierung des

246 Speziell zu Interessenkonflikten der Bankenvertreter im Aufsichtsrat bei Übernahmen *Heermann*, WM 1997, 1689 ff.; *Herkenroth*, AG 2001, 33 ff. (vor allem 39 f.).

247 Siehe dazu sogleich S. 52.

248 Vgl. *Peltzer*, AG 1997, 145 (149).

249 Dazu bereits oben S. 25.

250 Vgl. *Wöhe*, Einführung in die Allgemeine Betriebswirtschaftslehre, S. 895 f.

Börsenkurses der Zielgesellschaft liegen. Durch die Teilhabe der außenstehenden Aktionäre an für bestehende Aktienpakete gezahlten Kontrollprämien werden zusätzliche Anreize zur Annahme des Angebots geschaffen. Hingegen wird der auf einen langfristigen Anlagehorizont bedachte Kleinaktionär dem Übernahmeangebot nur dann wohlgesonnen gegenüberstehen, wenn ihm eine mindestens gleich hohe Dividende in Aussicht gestellt wird.

Festhalten läßt sich somit, daß seitens der Kleinaktionäre jedenfalls ein gemeinsames Interesse besteht, in hinreichender Kenntnis über den Sachstand ungehindert und individuell über die Annahme des Übernahmeangebots eine Entscheidung treffen zu können. Daraus folgt, daß sämtliche Maßnahmen, die in diese Entscheidungsfreiheit der Aktionäre eingreifen, auf Ablehnung stoßen[251]. Dies gilt vor allem für Verteidigungsmaßnahmen, die seitens der Verwaltung eigenmächtig, d.h. ohne vorherige Befragung der Aktionäre einem unfreundlichen Übernahmeversuch entgegengebracht werden könnten. Die Interessen der außenstehenden Aktionäre treten somit während eines unfreundlichen Übernahmeversuchs in einen grundlegenden Widerstreit zu denen der Verwaltung der Zielgesellschaft.

3. Stakeholder

Neben den regelmäßig widerstreitenden Interessen der Aktionäre und der Verwaltung der Zielgesellschaft existieren weitere Interessengruppen, die zusammengefaßt allgemein als *stakeholder* bezeichnet werden. Die wohl bedeutendste Gruppierung unter diesen bilden die Arbeitnehmer. Daneben zählen aber auch Gläubiger, Lieferanten und Kunden hierzu.

a) Arbeitnehmer

Grundsätzlich sind die Arbeitnehmer nicht unmittelbar an einem Übernahmeangebot beteiligt. Etwas anderes gilt ausnahmsweise für den Fall, daß es sich um Belegschaftsaktionäre handelt. Dies führt zu der besonderen Konstellation, daß es möglicherweise zu Interessenkollisionen auf Grund ihrer Aktionärsstellung einerseits und ihrer Eigenschaft als Arbeitnehmer andererseits kommen kann. Liegt insoweit der Regelfall vor, handelt es sich also bei den Arbeitnehmern nicht um Belegschaftsaktionäre[252], hat das Übernahmeangebot lediglich mittel-

251 Vgl. zu den negativen Auswirkungen von Verteidigungsmaßnahmen auf die Wohlfahrtsposition der Anteilseigner die empirischen Studien bei *Kuhner/Schilling*, BFuP 2002, 445 (467 ff.).

252 Die Zahl der Belegschaftsaktionäre in Deutschland stieg seit 1988 um annähernd 50 Prozent auf 1,6 Mio. im ersten Halbjahr 2001. Vgl. DAI-Kurzstudie 3/2001, S. 2.

bare Auswirkungen[253]. Diese können jedoch um so schwerwiegender ausfallen. Insbesondere solche Übernahmen, die auf die Zerschlagung der Zielgesellschaft gerichtet sind, ziehen gravierende Folgen für die Arbeitnehmer nach sich. Auch wenn derartige Übernahmen, wie gezeigt, inzwischen Seltenheitswert besitzen[254], gehen dennoch mit einer jeden Übernahme regelmäßig weitreichende Rationalisierungsmaßnahmen einher[255], etwa in Form von Stillegungen von Betriebsteilen, um bestehende Synergien freizusetzen. Die Folge sind einschneidende Veränderungen der Arbeitsbedingungen, die in der Regel auch Entlassungen unvermeidbar werden lassen. Dies gilt vor allem bei Verlagerungen der Produktionsstätten ins Ausland. Dem Rechnung tragend besteht im deutschen Recht ein umfassender Schutz der Arbeitnehmer vor derartigen Folgewirkungen von Unternehmensübernahmen.

Folglich orientiert sich das vorrangige Interesse der Arbeitnehmer am Erhalt ihrer Arbeitsplätze. Der Erhalt des *status quo* und „sei es um den Preis der Erhaltung nicht wettbewerbsfähiger Strukturen“[256], führt dazu, daß die Arbeitnehmer in der Regel bestrebt sind, die Übernahme zu verhindern. Die Verwaltung der Zielgesellschaft wird sich daher bei der Ergreifung von Abwehrmaßnahmen der Unterstützung der Belegschaft versichert wissen können. In diesem Kontext bilden die Arbeitnehmer und ihre betrieblichen Vertretungen zusammen mit den Gewerkschaften[257] eine aus Sicht des Bieters nicht zu unterschätzende Größe für das Gelingen des gesamten Übernahmeverfahrens.

b) Sonstige Stakeholder

Aus Sicht der Gläubiger der Zielgesellschaft besteht die Gefahr, daß es im Anschluß an die erfolgte Übernahme zu einer grundlegenden Restrukturierung der Gesellschaft kommt. Die infolgedessen vorgenommenen Veräußerungen von Unternehmensteilen und Vermögensgegenständen schmälern insofern das Haftungssubstrat der Gläubiger. Diese Befürchtungen dürften sich in den Kreditkonditionen der Zielgesellschaft niederschlagen. Zudem kann es infolge der Übernahme zu Kündigungen von Verträgen mit Zulieferern kommen. Im Einzelfall besteht daher seitens einzelner Gläubiger und Lieferanten ein Interesse an einem Scheitern der Übernahme. Von einem überwiegenden oder gar generellen

---

Zum Jahresende 2003 lag die Zahl bei 1,3 Mio. Vgl. DAI-Factbook, Kap. 08.3-Zahl-D-b (Stand: April 2004).

253 Vgl. *Budde/Lawall* in FS Müller, S. 27 (46).

254 Dazu bereits auf S. 45.

255 Arbeitsplatzabbau stellt insoweit gerade kein besonderes Merkmal unfreundlicher Übernahmen dar.

256 *Hopt* in FS Zöllner, 253 (255); siehe auch *ders.* in FS Koppensteiner, S. 61 (69).

257 Zur Rolle der Gewerkschaften bei Unternehmensübernahmen *Rüstmann*, M&A 1996, 116 ff.

Interesse an der Abwehr einer unfreundlichen Übernahme kann indes keineswegs die Rede sein.

II. Interessen des Staates

Der Staat hat zunächst ein gesamtwirtschaftliches Interesse an einem funktionstüchtigen und effizienten Kapitalmarkt[258]. Dazu dient ein geordnetes Übernahmeverfahren, das auch und gerade im Fall von unfreundlichen Übernahmen das Vertrauen in den Kapitalmarkt gewährleisten, Marktverzerrungen durch außergewöhnliche Kursschwankungen und die Ausnutzung von Insiderinformationen verhindern sowie langatmige Übernahmeauseinandersetzungen verkürzen soll. Weiterhin besteht ein staatliches Interesse an der Aufrechterhaltung des Wettbewerbs und damit am Erhalt einer möglichst großen Anzahl von konkurrierenden Unternehmen am Markt[259]. Dies führt dazu, daß bestimmte Übernahmen, die eine marktbeherrschende Stellung zur Folge hätten, untersagt werden. Unmittelbare Auswirkungen auf die Haltung des Staates gegenüber unfreundlichen Übernahmen, namentlich inwieweit es gilt, jene zu fördern oder zu verhindern, lassen sich jedoch aus den vorstehend genannten Interessen nicht ableiten.

Wird indes ein inländisches Unternehmen Ziel einer unfreundlichen Übernahme durch einen ausländischen Bieter, kann es einerseits aus Sicht des Staates zu unerwünschten Begleiterscheinungen kommen. Es droht eine Verlegung des Hauptunternehmenssitzes ins Ausland. Damit verbunden ist der Verlust von erheblichen Steuereinnahmen. Kommt es darüber hinaus auch zur Schließung von inländischen Produktionsstätten, ist zudem das Interesse des Staates am Erhalt von Arbeitsplätzen im eigenen Land betroffen. Mit dem Abbau von Arbeitsplätzen verbunden ist die Zahlung von zusätzlichen Sozialleistungen und damit eine weitergehende finanzielle Belastung des Staates. Die Verlagerung der Zentralen ins Ausland bringt überdies weitreichende Auswirkungen mit sich. Für Führungskräfte wird das Land uninteressant, was dazu führt, daß ausländische Spitzenkräfte fernbleiben und inländische Führungskräfte mit ihren Familien den Zentralen ins Ausland folgen. Schließlich wird der Staat angehalten, die durch den Wegfall der Aktivitäten im Bereich des sozialen und kulturellen Engagements entstandenen finanziellen Lücken zu kompensieren. Es lassen sich folglich gute Gründe anführen, die aus Sicht des Staates eher für die Verhinderung unfreundlicher Unternehmensübernahmen sprechen, insbesondere solcher, die von ausländischen Bietern vorgetragen werden[260]. Hiernach wäre es nur konse-

258 Vgl. *Assmann/Bozenhardt* in Assmann/Basaldua/Bozenhardt/Peltzer, Übernahmeangebote, S. 1 (17 f.); *Bozenhardt*, Übernahmeangebote, S. 23.

259 Vgl. *Budde/Lawall* in FS Müller, S. 27 (35 ff.).

260 Siehe auch *Schneider/Burgard*, DB 2001, 963 (965).

quent, die rechtlichen Rahmenbedingungen derart zu gestalten, daß die Zahl unfreundlicher Übernahmen auf ein überschaubares Maß begrenzt wird[261].

Derart protektionistischen Bestrebungen steht andererseits der im Zuge der Globalisierung zunehmende internationale Wettbewerb um die günstigsten Standortbedingungen gegenüber. Infolgedessen hat der Staat für die Aufwertung des heimischen Finanzplatzes Sorge zu tragen, um auf diese Weise ausländische Investoren nach Deutschland zu locken. Insoweit bilden die internationalen Standards den Maßstab, an dem sich staatliches Handeln auszurichten hat. Auf unfreundliche Übernahmen bezogen stellt sich daher vor allem die Frage, inwieweit derartige Übernahmen praktisch durchführbar sind und ob dafür die notwendigen rechtlichen Rahmenbedingungen geschaffen wurden. Denn die positiven Signaleffekte, die von einer erfolgreich abgeschlossenen unfreundlichen Übernahme ausgehen können, sind nicht zu unterschätzen.

Der Staat befindet sich insoweit in dem Dilemma, daß von ihm erwartet wird, einerseits unfreundlichen Übernahmen auf Grund nationaler Interessen entgegenzuwirken und andererseits zugleich die Stellung des eigenen Landes im internationalen Wettbewerb nicht aus den Augen zu verlieren.

III. Zusammenfassung

Infolge eines derart komplexen Vorgangs wie dem eines öffentlichen Übernahmeangebots können bereits allein auf Seiten der Zielgesellschaft die unterschiedlichsten Interessen betroffen sein. Offenkundig ist das Interesse an der Verhinderung einer Übernahme beim Management der Zielgesellschaft angesichts der unmittelbaren persönlichen Auswirkungen am stärksten ausgeprägt. Insbesondere zwei Aspekte von besonderem Gewicht gilt es an dieser Stelle festzuhalten. Zum einen geraten die Interessen der Verwaltung und diejenigen der Aktionäre der Zielgesellschaft im Hinblick auf die Abwehr eines unfreundlichen Übernahmeangebots in einen grundlegenden Konflikt. Allerdings bleibt auch zu konstatieren, daß dieser nicht zwangsläufig eintreten muß, nämlich dann nicht, wenn es dem Vorstand durch das Ergreifen von Abwehrmaßnahmen gelingen sollte, günstigere Angebotskonditionen für die Aktionäre zu erzielen. Einzig in diesem Fall sehen sich sowohl die Eigeninteressen des Vorstands als auch die der Aktionäre im Gleichlauf. Der Frage, wie diese in der Regel widerstreitenden Interessen in Einklang zu bringen sind, kommt bei der gesetzlichen Reglementierung der Verhaltenspflichten der Verwaltung der Zielgesellschaft somit eine zentrale Funktion zu. Zum anderen fällt auf, daß sich bei der Frage

261 Vor allem in Frankreich, aber auch in Deutschland läßt sich in letzter Zeit ein verstärktes Interesse am Aufbau aus dem eigenen Land heraus agierender „nationaler Champions“ beobachten. Vgl. etwa FTD vom 6. April 2004, S. 8.

nach der Ergreifung von Abwehrmaßnahmen gegen eine unfreundlich herangetragene Übernahme eine in dieser Form selten anzutreffende Eintracht zwischen der Unternehmensleitung einerseits und der Arbeitnehmerschaft samt den involvierten Interessengruppen andererseits einstellt. Damit sehen sich die Anteilseigner nicht nur den gegenläufigen Interessen der Unternehmensleitung, sondern auch denen der Arbeitnehmer ausgesetzt.

Kapitel 2: Die EU-Übernahmerichtlinie

A. VORBEMERKUNG

Im Rahmen der auf Grund der Verabschiedung der EU-Übernahmerichtlinie notwendig gewordenen Überarbeitung des Manuskripts ist das vorliegende Kapitel 2 insoweit umgestaltet worden, als daß sich dessen gesamter bisheriger Inhalt, der auf dem Stand des Scheiterns des Gemeinsamen Entwurfs beruhte, nunmehr im nachstehenden Abschnitt B. wiederfindet, während Abschnitt C. zur Gänze neu eingearbeitet worden ist und die Regelungen der bereits in Kraft getretenen EU-Übernahmerichtlinie zum Gegenstand hat.

B. KONZEPTION DER GESCHEITERTEN EU-ÜBERNAHMERICHTLINIE

I. EINFÜHRUNG

Am 4. Juli 2001 ist die geplante EU-Übernahmerichtlinie im Europäischen Parlament nach einer an Dramatik kaum mehr zu überbietenden Abstimmungsrunde mit dem denkbar knappsten Resultat von den Parlamentariern abgelehnt worden. Im Ergebnis war damit, nicht mal einen Monat nach der erzielten Einigung im Vermittlungsverfahren, die 13. Richtlinie auf dem Gebiet des Gesellschaftsrechts betreffend Übernahmeangebote endgültig gescheitert. Mit diesem Beschluß erfuhren - unter Einbeziehung der vorbereitenden Handlungen - die mehr als 25jährigen Bemühungen der EU-Kommission um eine Harmonisierung auf dem Gebiet des Übernahmerechts, aus denen insgesamt die vier offiziellen Richtlinienvorschläge der Jahre 1989, 1990, 1996 und schließlich 1997 hervorgingen, ein jähes, zumindest vorläufiges Ende.

Dennoch gilt auch nach dem Scheitern der EU-Übernahmerichtlinie, daß derjenige, der sich mit deren Regelungen befaßt, kein „Sandkastenspiel“ betreibt[262]. Dies liegt vor allem darin begründet, daß das geplante Richtlinienvorhaben nicht zuletzt auch Wegbereiter der deutschen Gesetzeslösung ist. Seit Mitte der 70er Jahre begleitet die Diskussion auf europäischer Ebene die deutsche Debatte um die Regelung von Unternehmensübernahmen. Dies galt sowohl für die „Leitsätze“ als auch für den „Übernahmekodex“[263]. Schließlich war ein maßgeblicher Grund für die Verabschiedung einer nationalen gesetzlichen Regelung das erwartete Inkrafttreten der EU-Übernahmerichtlinie. Der auf EU-Ebene zuletzt

---

262 In Anlehnung an *Grunewald*, WM 1991, 1361 (1361).

263 Siehe dazu eingehend Kap. 3, S. 162 ff.

erreichte Stand der Bemühungen bildet den gedanklichen Ausgangspunkt und zugleich die inhaltliche Grundlage des WpÜG. Insbesondere die beiden ersten nationalen Gesetzentwürfe bauten ganz wesentlich auf den Vorgaben der Richtlinie in der Fassung des Gemeinsamen Standpunkts auf, in der Absicht, dessen Vorgaben bereits vorwegzunehmen. Insoweit war die europäische Diskussion der Motor - wenn auch ein mitunter stotternder - der die nationalen Kräfte fortwährend antrieb.

Gleiches gilt auch für die übrigen Mitgliedstaaten der EU. Zwar wurde das in der Schaffung eines *level playing field* für Europa liegende Ziel nicht unmittelbar erreicht, das gewährleisten sollte, daß öffentliche Übernahmen in geregelten Bahnen und unter Wahrung der Interessen der Minderheitsaktionäre ablaufen. Allerdings hatten die stets aufs neue vorangetriebenen Bemühungen der EU-Kommission dafür gesorgt, daß die meisten Mitgliedstaaten und darüber hinaus sogar einige Anrainerstaaten der EU heute über ein gesetzliches Regelwerk dieser Materie verfügen. Abgesehen von einigen nationalen Besonderheiten repräsentieren diese Regelungen größtenteils den zuletzt erreichten Stand der Diskussion[264]. Insoweit hat die EU-Kommission ihr Ziel auf Umwegen im Ansatz durchaus erreicht.

Schließlich bildet das zuletzt erzielte Vermittlungsergebnis in Gestalt des Gemeinsamen Entwurfs den kleinsten gemeinsamen Nenner, auf den sich die Mitgliedstaaten verständigen konnten. Die in jedem Stadium der Richtlinie langwierigen und schwierigen Verhandlungen haben eindrucksvoll verdeutlicht, an welchen Stellen die Kompromißbereitschaft der einzelnen Staaten an ihre Grenzen gelangt. Jedoch läßt sich mit dem Wissen um diesen Konsens für die Zukunft darauf aufbauen. Die Kommission hat daher bereits angekündigt, auf Basis des bisher Erreichten die Verhandlungen wieder aufzugreifen und einen erneuten Anlauf zur Verabschiedung einer Richtlinie zu starten. Zu diesem Zweck wurde eine Expertenkommission mit vorbereitenden Untersuchungen beauftragt, die bereits erste Ergebnisse ihrer Beratungen vorlegen konnte. Die voraussichtlichen Auswirkungen dieser neuen Initiative auf die deutschen Regelungen sollten über die vorgenannten Gründe hinaus bereits Anlaß genug sein, den bisher erreichten Stand der Übernahmerichtlinie in Gestalt des Gemeinsamen Entwurfs als Ausgangspunkt der weiteren rechtswissenschaftlichen Diskussion in die Untersuchung mit einzubeziehen.

Im vorliegenden Kapitel soll daher zunächst die Chronologie der Bemühungen um die 13. Richtlinie auf dem Gebiet des Gesellschaftsrechts, einschließlich der jüngsten rechtspolitischen Entwicklungen, zusammenfassend aufbereitet werden (nachfolgend unter II.). Dies erscheint angebracht, da nur in Kenntnis dieser

264 Siehe dazu die rechtsvergleichenden Ausführungen in Kap. 4, S. 191 ff.

Zusammenhänge die Vorschriften der Richtlinie und nicht zuletzt auch die deutschen Regelungen vollständig erfaßt werden können. Anschließend wird der wesentliche Regelungsgehalt der Übernahmerichtlinie in der zuletzt bestehenden Fassung des Gemeinsamen Entwurfs in Kürze vorgestellt (III.). Sodann erfolgt eine genauere Betrachtung der einschlägigen Vorschriften betreffend die Pflichten der Zielgesellschaft, denen bislang erstaunlich wenig Aufmerksamkeit zuteil wurde (IV.). Schließlich soll ein Ausblick auf den aktuellen Stand der erneuten Initiative der Kommission zum Erlaß der Richtlinie gegeben werden (V.). Den Abschluß dieses Abschnitts B. bilden eine kritische Würdigung der Bemühungen um die Verabschiedung der Übernahmerichtlinie (VI.) sowie die Folgerungen für den weiteren Fortgang der Untersuchung (VII.).

II. Chronologie der Vorschläge

1. Der lange Weg zu einem Gemeinsamen Standpunkt

Die ersten Bemühungen auf Ebene der Europäischen Gemeinschaften zu einer Harmonisierung des Rechts der öffentlichen Übernahmeangebote reichen zurück bis ins Jahr 1974[265]. Damals hatte der englische Rechtsgelehrte *Robert Roland Pennington*[266] im Auftrag der Kommission einen „Bericht über Übernahmeangebote und andere Angebote" verfaßt und zugleich darauf aufbauend einen Vorentwurf eines Richtlinienvorschlags unterbreitet[267]. Anlaß zu dieser Initiative bot die wachsende Bedeutung von Übernahmeangeboten in den westlichen Industriestaaten, vor allem in England und in den USA[268]. Rechtspolitisch stand hinter den Überlegungen, daß die Rechtslage in den einzelnen Mitgliedstaaten in diesem Bereich sehr unterschiedlich ausgestaltet war[269]. Dem *Pennington*-Entwurf lag eine sehr detaillierte Regelung zugrunde, die sich stark an das britische Regelwerk anlehnte.

265 Siehe dazu auch die Übersicht in Anhang, Abbildung 1.

266 Näher zur Person *Beckmann*, Übernahmeangebote, S. 27.

267 Komm.-Dok. XI/56/74-DE. Vgl. dazu *Behrens*, ZGR 1975, 433 ff.; *Beß*, AG 1976, 169 ff., 206 ff.; *König* in Schmitthoff/Goré/Heinsius, Übernahmeangebote, S. 63 ff; *Herkenroth*, Konzernierungsprozesse, S. 280 ff.; *Hopt* in Büschgen/Schneider, Binnenmarkt, S. 297 (300 f.); *Krause*, Das obligatorische Übernahmeangebot, S. 29 ff.; *Richter*, Chancen für eine Übernahmeregelung, S. 15 ff. Vorarbeiten hierzu hatte bereits eine Sachverständigengruppe „Information über Wertpapiere" geleistet, vgl. *Behrens*, ZGR 1975, 433 (434). Der Entwurf markiert zugleich den Beginn des Einströmens englischer Rechtsvorstellungen in das europäische Recht, vgl. *Hopt* in FS Rittner, S. 187 (188).

268 Vgl. *Behrens*, ZGR 1975, 433 (434).

269 Vgl. *Grunewald*, WM 1991, 1361 (1361).

Zwar hatte die Kommission eine Arbeitgruppe eingesetzt, die sich in der Folgezeit mit dieser Thematik befassen sollte[270]. Doch schon wenig später wurde offenbar, daß seitens der Mitgliedstaaten im Grunde kein Interesse an einer Regelung bestand, allen voran Deutschland und Großbritannien, die beide statt dessen einen Verhaltenskodex befürworteten[271]. Die Bemühungen der Kommission waren damit vorerst gescheitert und der Prozeß um den Erlaß einer Richtlinie geriet infolgedessen über mehrere Jahre ins Stocken[272]. Neben der fortbestehenden ablehnenden Haltung der Mitgliedstaaten war hierfür auch die vergleichsweise geringe Bedeutung von Übernahmen auf dem europäischen Markt in dieser Zeit mitursächlich[273].

Erst im Jahr 1985 erinnerte sich die Kommission wieder des Vorhabens und kündigte im „Weißbuch zur Vollendung des Binnenmarktes bis 1992" an, daß an der Absicht zum Erlaß der Übernahmerichtlinie festgehalten werde[274]. Daraufhin unterbreitete die Kommission im Jahr 1987 einen weiteren Vorentwurf[275]. Ungeachtet der Kritik an der erneuten Forcierung hielt die Kommission unbeirrt an ihrem Vorhaben fest. Unterstützung erfuhr sie in tatsächlicher Hinsicht durch die sich wochenlang hinziehende Übernahmeauseinandersetzung um die belgische *Société Générale* im Jahr 1988[276]. Unter dem Eindruck dieser Ereignisse verlangte das Europäische Parlament von der Kommission die Vereinheitlichung des Übernahmerechts[277]. Zudem führte ein verstärktes Interesse von nicht den Europäischen Gemeinschaften angehörigen Staaten, insbesondere der

270 Vgl. *Basaldua* in Assmann/Basaldua/Bozenhardt/Peltzer, Übernahmeangebote, S. 157 (158); *Ebenroth/Daum*, DB 1991, 1157 (1160); *Richter*, Chancen für eine Übernahmeregelung, S. 26.

271 Komm.-Dok. XI/162/76-DE, S. 16.

272 Hinzuweisen bleibt lediglich auf die von der Kommission erlassene Empfehlung vom 25. Juli 1977 betreffend europäische Wohlverhaltensregeln für Wertpapiertransaktionen, 77/534/EWG, ABl. EG Nr. L 212 vom 22. August 1977, S. 37. Dazu *Hopt* in Büschgen/Schneider, Binnenmarkt, S. 297 (301 f.). Diese wurden in Deutschland jedoch gänzlich ignoriert; vgl. *Hopt*, ZHR 161 (1997), 368 (380).

273 Vgl. *Schwarz*, Europäisches Gesellschaftsrecht, Rn. 784.

274 Vgl. EG-Kommission, Vollendung des Binnenmarktes, Weißbuch der Kommission der Europäischen Gemeinschaften an den Europäischen Rat, S. 34, sowie Anhang S. 36, KOM(85) 310 endg.; abgedruckt in BR-Drs. 289/85 vom 10. Juli 1985. Die Erwähnung an dieser Stelle stieß in der deutschen und europäischen Wirtschaft auf Befremden. Vgl. *Wiesner*, GmbHR 1987, R81.

275 Komm.-Dok. XV/63/87-DE. Vgl. dazu *Assmann/Bozenhardt* in Assmann/Bozenhardt/Basaldua/Peltzer, Übernahmeangebote, S. 1 (32 ff.); *Hauschka/Roth*, AG 1988, 181 (184 f.); *Krause*, Das obligatorische Übernahmeangebot, S. 32 f.; *Wiesner*, GmbHR 1987, R81. Eine synoptische Gegenüberstellung beider Vorentwürfe findet sich bei *Peltzer* in Assmann/Basaldua/Bozenhardt/Peltzer, Übernahmeangebote, S. 179 (181 ff.).

276 Dazu die Nachweise in Kap. 4, Fn. 1128.

277 Dok. PE 120.504-E vom 11. Februar 1988.

Schweiz, sich im Hinblick auf die Vollendung des Binnenmarktes im Jahr 1992 noch ein „Standbein“ in diesem zu sichern, zu einem Anstieg der Übernahmeaktivitäten[278].

Am 19. Januar 1989 kam es schließlich, gestützt auf Art. 54 Abs. 3 lit. g EWG-Vertrag, zur Vorlage eines ersten Richtlinienvorschlags[279] der Kommission, der sich weitgehend mit dem Vorentwurf aus dem Jahr 1974 deckte[280].

Bereits am 14. September 1990 sah sich die Kommission zur Vorlage eines Geänderten Vorschlags veranlaßt[281], der sich in Zielsetzung und Umfang nicht von dem Vorgängervorschlag unterschied. Ausschlaggebend waren zum einen die

278 Vgl. *Berger*, ZIP 1991, 1644 (1645); *Immenga/Noll*, Feindliche Übernahmeangebote, S. 153; *Nick*, ZfB 1991, 859 (860). Ferner *Frank*, Rahmenbedingungen von Unternehmensübernahmen, S. 131.

279 KOM(88) 823 endg. - SYN 186; ABl. EG Nr. C 64 vom 14. März 1989, S. 8; abgedruckt in ZIP 1989, 606, 675; *Lutter*, Europäisches Unternehmensrecht, 3. Aufl., S. 313 ff.; BR-Drs. 136/89 vom 3. März 1989; BT-Drs. 11/4338 vom 13. April 1989; *Assmann/Basaldua/Bozenhardt/Peltzer*, Übernahmeangebote, S. 235 ff. Vgl. dazu *Grunewald*, WM 1989, 1233 ff.; *Stoll*, BB 1989, 1489 ff.; *Baums*, ZIP 1989, 1376 ff.; *Hopt* in FS Rittner, S. 187 ff.; *ders.* in Büschgen/Schneider, Binnenmarkt, S. 297 ff.; *Lutter*, Europäisches Unternehmensrecht, 3. Aufl., S. 68 ff.; *Assmann/Bozenhardt* in Assmann/Basaldua/Bozenhardt/Peltzer, Übernahmeangebote, S. 32 ff.; *Basaldua* in Assmann/Basaldua/Bozenhardt/Peltzer, Übernahmeangebote, S. 157 ff.; *Mertens*, AG 1990, 252 ff.; *Peltzer* in Assmann/Basaldua/Bozenhardt/Peltzer, Übernahmeangebote, S. 179 ff.; *Richter*, Chancen für eine Übernahmeregelung, S. 29 ff.; *Hommelhoff/Kleindiek*, AG 1990, 106 ff.; *Eymann/Menichetti*, Die Regelung von Übernahmeangeboten und deren Umsetzung für den europäischen Binnenmarkt, S. 13 ff. Zur ökonomischen Analyse *Hahn*, ZBB 1990, 10 ff. Zu verfassungsrechtlichen Bedenken wegen des Pflichtangebots *Loritz/Wagner*, WM 1991, 709 ff.

280 Vgl. *Peltzer* in Assmann/Basaldua/Bozenhardt/Peltzer, Übernahmeangebote, S. 179 (180); *Richter*, Chancen für eine Übernahmeregelung, S. 32.

281 KOM(90) 416 endg. - SYN 186; ABl. EG Nr. C 240 vom 26. September 1990, S. 7; abgedruckt in BT-Drs. 12/1465 vom 5. November 1991, S. 4 ff.; EWS 1991, 33 ff.; *Lutter*, Europäisches Unternehmensrecht, 3. Aufl., S. 641 ff.; *ders.*, Europäisches Unternehmensrecht, 4. Aufl., S. 288 ff. Vgl. dazu *van Alstine*, EWS 1993, 8 ff.; *Depser*, RIW 1992, 351 (357 ff.); *Baums* in Rengeling, Europäisierung des Rechts, S. 91 ff.; *Beckmann*, DB 1995, 2407 ff.; *ders.*, Übernahmeangebote, S. 19 ff.; *Ebenroth/Rapp*, DZWiR 1991, 2 (5 ff.); *Grunewald*, WM 1991, 1361 ff.; *Herkenroth*, Konzernierungsprozesse, S. 285 ff.; *Hommelhoff*, FS Semler, S. 455 ff.; *Hopt* in Hopt/Wymeersch, European Takeovers, S. 165 (174 ff.); *Munscheck*, RIW 1995, 388 ff.; *Nick*, ZfB 1991, 859 ff.; *Niessen* in Kreuzer, Öffentliche Übernahmeangebote, S. 35 (41 ff.); *Richter*, Chancen für eine Übernahmeregelung, S. 32 ff.; *Röhrich*, RIW 1993, 93; *Sandberger*, DZWiR, 1993, 319 ff.; *Lutter*, Europäisches Unternehmensrecht, 4. Aufl., S. 283 ff. Aus englischer Perspektive *Bittner*, RIW 1992, 182 (187 ff.). Aus ökonomischer Sicht *Reul* in JbJZivW 1990, S. 11 ff.

Stellungnahmen des Wirtschafts- und Sozialausschusses[282] und des Europäischen Parlaments[283]. Der Wirtschafts- und Sozialausschuß erkannte zwar die grundsätzliche Notwendigkeit einer Übernahmerichtlinie an, regte aber ebenso wie das Parlament, das insgesamt 21 Änderungsvorschläge unterbreitete, eine Stärkung der Informationsrechte der Arbeitnehmer an. Zum anderen gab die Resonanz in den Mitgliedstaaten Grund zur Überarbeitung des ursprünglichen Vorschlags. An vorderster Stelle stand die heftige Kritik aus Deutschland[284], die sich am besten mit *Grunewald* zusammenfassen läßt, wonach die Umsetzung der Richtlinie „manches Neue (...), aber nicht viel Gutes" bringen würde[285]. Doch auch Großbritannien hielt zu diesem Zeitpunkt eine einheitliche europäische Regelung angesichts der unterschiedlichen Struktur der Märkte der Mitgliedstaaten für verfrüht[286] und widersetzte sich vehement den Plänen der Kommission. So kam es, daß die Kommission einerseits und das britische *Department of Trade and Industry* (DTI) andererseits mit unabhängig voneinander in Auftrag gegebenen Studien den jeweils anderen von dem eigenen Standpunkt zu überzeugen versuchten[287].

Der Geänderte Richtlinienvorschlag stieß auf unterschiedliche Resonanz. Durchgehend positiv, abgesehen von wenigen Verbesserungsvorschlägen, äußerte sich der Wirtschafts- und Sozialausschuß[288]. Weiterhin auf Ablehnung stieß der Vorschlag dagegen bei den Mitgliedstaaten. Dies verwundert kaum, da

282 Stellungnahme vom 27. September 1989, CES 1031/1989, ABl. EG Nr. C 298 vom 27. November 1989, S. 56.

283 Stellungnahme vom 17. Januar 1990, R3-92/1989, ABl. EG Nr. C 38 vom 19. Februar 1990, S. 41. Dazu auch AG 1990, R40.

284 Diese richtete sich vorrangig gegen die Einführung des Pflichtangebots. Vgl. *Grunewald*, WM 1989, 1233 ff.; *Mertens*, AG 1990, 252 ff.; *Lutter*, Europäisches Unternehmensrecht, 3. Aufl., S. 71; Gemeinsamer Ausschuß der Spitzenverbände, zit. nach *Stoll*, BB 1989, 1489 (1490); *IDW*, FN-IDW 1989, 222 f.; Beschlußempfehlung des Rechtsausschusses des Deutschen Bundestages, BT-Drs. 11/6612 vom 8. März 1990; Beschluß des Deutschen Bundestages vom 25. April 1990, BT-Plenarprotokoll 11/206, S. 16121 (B); Beschluß des Bundesrates vom 30. Juni 1989, BR-Drs. 136/89 vom 30. Juni 1989.

285 *Grunewald*, WM 1989, 1233 (1239).

286 Vgl. *Stoll*, BB 1989, 1489 (1491).

287 Vgl. die Studie von *Coopers & Lybrand* im Auftrag des britischen *DTI*, Barriers to Takeovers in the European Community. Sowie die Studie für die EG-Kommission von *Booz-Allen Acquisition Services*, Study on Obstacles to Takeover Bids in the European Community. Vgl. dazu *Hirn*, Wirtschaftswoche Nr. 1/2 vom 5. Januar 1990, S. 104 (106, 108), sowie zur Studie der Kommission *Roßkopf*, Selbstregulierung von Übernahmeangeboten in Großbritannien, S. 262 f.

288 Stellungnahme vom 28. Februar 1991, CES 277/1991, ABl. EG Nr. C 102 vom 18. April 1991, S. 49.

die vorgenommenen Änderungen bloß technischer Natur waren[289] und nicht auf die am ersten Vorschlag geäußerte Kritik seitens der Staaten eingingen. Während Deutschland[290], aber auch den Niederlanden[291], nach wie vor die Einführung des Pflichtangebots als einzigem Mittel des Minderheitenschutzes mißfielen, befürchtete Großbritannien[292], daß das bewährte britische System beeinträchtigt werden könnte[293]. Der in den Folgejahren durch die Rezession bedingte relative Rückgang von Unternehmensübernahmen ließ zugleich auch die Bereitschaft der Mitgliedstaaten deutlich sinken, sich auf eine Regelung zu verständigen[294].

Im Juni 1991 wurden die Beratungen in der Arbeitsgruppe des Rates ausgesetzt, da keine Einigung erzielt werden konnte[295]. Besonders umstritten zu jener Zeit waren zum einen die bereits genannte Verpflichtung zur Abgabe eines Pflichtangebots als einzigem Mittel des Minderheitsaktionärsschutzes, zum anderen die starke Eingrenzung der Abwehrmöglichkeiten der Zielgesellschaft und schließlich die generelle Notwendigkeit rechtlich verbindlicher Vorschriften für Übernahmeangebote[296].

Zu einer Wiederbelebung kam es anläßlich des Treffens des Europäischen Rates in Edinburgh im Dezember 1992. Ausgelöst durch die Subsidiaritäts-Debatte[297] kündigte dort die Kommission eine Liste von Projekten an, die unter dem Gesichtspunkt des Subsidiaritätsprinzips der Überarbeitung bedurften. Dazu gehörte auch der Vorschlag der Übernahmerichtlinie[298]. Im Jahr 1993 startete die

---

289 Vgl. *Reul* in JbJZivW 1990, S. 11 (12 f.).

290 Vgl. *Grunewald*, WM 1991, 1361 ff.; *Lutter*, Europäisches Unternehmensrecht, 4. Aufl., S. 283 ff.; Beschlußempfehlung des Rechtsausschusses des Deutschen Bundestages, BT-Drs. 12/1465 vom 5. November 1991; Beschluß des Deutschen Bundestages vom 5. Dezember 1991, BT-Plenarprotokoll 12/64, S. 5410 (D).

291 Vgl. *Baums*, Arbeitspapier 10/96, S. 3; *Kindler*, ZGR 1997, 449 (453).

292 Vgl. *Bittner*, RIW 1992, 182 (187); *Neye*, DB 1996, 1121 (1121); *Peltzer*, AG 1997, 145 (149); *Cooper*, EuZW 10/1991, Editorial.

293 Zur britischen Übernahmeregelung ausführlich unten Kap. 4, S. 193 ff.

294 Vgl. *Schuster/Zschocke*, Übernahmerecht, S. 20 f.

295 Vgl. KOM(95) 655 endg., Begründung, I. Allgemeines, Nr. 2.

296 Vgl. KOM(95) 655 endg., Begründung, I. Allgemeines, Nr. 2; *Monti* in von Rosen/Seifert, Übernahme börsennotierter Unternehmen, S. 15 (16 f.); *Schuster/Zschocke*, Übernahmerecht, S. 21.

297 Vgl. Art. 5 Abs. 2 EGV (ex-Art. 3b Abs. 2 EGV). Vgl. dazu in diesem Kontext eingehend *Baums* in Rengeling, Europäisierung des Rechts, S. 91 (101 ff.); *Buck* in JbJZivW 1997, S. 157 (160 ff.).

298 Europäischer Rat in Edinburgh, Tagung der Staats- und Regierungschefs der Europäischen Gemeinschaft am 11.-12. Dezember 1992, Schlußfolgerungen des Vorsitzes, Teil A, Anlage 2, 1.b). Abgedruckt in *Merten*, Die Subsidiarität Europas, Anhang 4, S. 136 (145). Vgl. *Schön*, ZGR 1995, 1 (9 f.); *Baums* in Rengeling, Europäisierung des Rechts, S. 91 (103). Vgl. auch die Entschließung des Europäischen Parlaments zur etwaigen Rücknahme bzw. Änderung bestimmter Legislativvorschläge der Kommission (Liste

Kommission eine Befragung der Mitgliedstaaten zu dem Geänderten Richtlinienvorschlag aus dem Jahr 1990 und zur generellen Notwendigkeit einer Richtlinie[299]. Im Ergebnis sprach sich die Mehrheit der Mitgliedstaaten für eine Überarbeitung des Richtlinienvorschlags aus. Dabei sollte nicht mehr an einer detaillierten Harmonisierung festgehalten werden, sondern es sollten nur noch allgemeine Grundsätze zur Regulierung von Übernahmen aufgestellt werden[300].

Anfang 1994 nahm die Kommission erneut die Verhandlungen auf, bekräftigte auf der Tagung des Europäischen Rates in Essen im Dezember 1994 ihre Absichten[301] und legte schließlich am 7. Februar 1996[302] einen zweiten[303] Richtlinienvorschlag vor[304]. Möglich wurde dies allerdings nur auf Grund weitgehender Zugeständnisse an einzelne Mitgliedstaaten[305]. Anders als die beiden vorherigen Entwürfe bot dieser Vorschlag erstmals einen bloßen Rahmen[306], der einige grundsätzliche Bestimmungen und eine begrenzte Anzahl allgemeiner Anforde-

---

von Edinburgh) vom 16. September 1993, ABl. EG Nr. C 268 vom 4. Oktober 1993, S. 166 (168), das die Aufrechterhaltung des Richtlinienvorhabens forderte.

299 Fragebogen der Kommission vom 13. Juli 1993, Komm.-Dok. XV/6019/93.

300 Vgl. KOM(95) 655 endg. - 95/0341 (COD), Begründung, I. Allgemeines, Nr. 4.

301 Siehe Memorandum der Kommission vom 7. Februar 1996 „Background to the New Proposal for a Directive on Takeovers", MEMO/96/14. Vgl. KOM(95) 655 endg., Begründung, I. Allgemeines, Nr. 4.

302 Die Rechtsgrundlage des Vorschlags findet sich in Art. 44 Abs. 1 i.V.m. Art. 44 Abs. 2 lit. g EGV (ex-Art. 54 Abs. 3 lit. g EGV). Vgl. dazu eingehend *Baums* in Rengeling, Europäisierung des Rechts, S. 91 (97 ff.); *Schwarz*, Europäisches Gesellschaftsrecht, Rn. 191 ff.; *Bröhmer* in Calliess/Ruffert, EUV/EGV, Art. 44 EGV, Rn. 12 f. Es findet das überaus komplizierte Verfahren der Mitentscheidung nach Art. 251 EGV (ex-Art. 189b EGV) statt, das erst durch den EUV in den EGV eingefügt wurde. Es handelt sich dabei um das stärkste Beteiligungsrecht des Europäischen Parlaments, da diesem ein echtes Vetorecht zusteht. Vgl. *Kluth* in Calliess/Ruffert, EUV/EGV, Art. 251 EGV, Rn. 10 ff. Siehe dazu auch die Übersicht im Anhang, Abbildung 2.

303 Vielfach wird dieser Vorschlag auch als „revidierter Vorschlag" bezeichnet, vgl. etwa *DAV-Stellungnahme*, WiB 1996, 1023; *Krause*, AG 1996, 209 ff. Tatsächlich handelte es sich dabei bereits um den dritten Vorschlag.

304 KOM(95) 655 endg. - 95/0341 (COD), ABl. EG Nr. C 162 vom 6. Juni 1996, S. 5; abgedruckt im Anschluß an eine Einführung von *Krause*, AG 1996, 209 ff. (217 ff.); EWS 1996, 240 ff.; *Schuster/Zschocke*, Übernahmerecht, S. 186 ff.; *Doralt/Nowotny/Schauer*, Takeover-Recht, S. 287 ff. Vgl. dazu *DAV-Stellungnahme*, WiB 1996, 1023; *Monti* in von Rosen/Seifert, S. 15 ff.; *Peltzer*, AG 1997, 145 ff.; *Neye*, DB 1996, 1121 ff.; *Buck* in JbJZivW 1997, S. 157 ff.; *Schuster*, EuZW 1997, 237 ff.; *Roos*, WM 1996, 2177 ff.; *Than* in FS Claussen, S. 405 (407 f.); *Baums*, Arbeitspapier 10/96. Siehe auch FAZ vom 6. Februar 1996, S. 14.

305 Vgl. *Neye*, DB 1996, 1121 (1121). Dazu auch unten unter VI., S. 114.

306 Seitens der Kommission wurde von einer „Rahmenrichtlinie" gesprochen. Auf die Tautologie weist zu Recht *Hopt*, ZHR 161 (1997), 368 (381), hin.

rungen enthielt[307]. Es sollte nunmehr Aufgabe der Mitgliedstaaten sein, diesen Rahmen durch präzisere Regelungen auszufüllen[308]. Die Zielsetzung des Vorschlags war allerdings unverändert geblieben.

Der Wirtschafts- und Sozialausschuß erließ eine grundsätzlich positive Stellungnahme im Juli 1996[309]. Kritisch betrachtet hingegen wurde zum einen die nunmehr gänzlich fehlende Einbeziehung der Arbeitnehmer der Zielgesellschaft bzw. deren Vertreter in den Entscheidungsprozeß über das Übernahmeangebot. Kritisiert wurde ferner, daß durch die Möglichkeit der Festlegung der für die Abgabe eines Pflichtangebots maßgeblichen Kontrollschwelle durch die einzelnen Staaten gerade keine Harmonisierung, sondern nationaler Protektionismus erzielt werde. Das Parlament regte in erster Lesung[310] insgesamt 22 Änderungen an, die sich im wesentlichen auf Formulierungsfragen bezogen. Kritisch gesehen wurde gleichsam die fehlende Einbeziehung der Arbeitnehmer[311]. Ausdrücklich gebilligt wurde hingegen der Charakter des Vorschlags als Rahmenregelung.

Weiterhin ablehnend blieb die Haltung Großbritanniens, das insbesondere befürchtete, daß Gerichte einen zu starken Einfluß auf das Übernahmeverfahren gewinnen könnten und es daher bei einer Regelung durch eine unverbindliche Empfehlung belassen wollte[312]. Dessen Standpunkt war Anlaß für die sich mehr als ein Jahr hinziehenden Beratungen im Europäischen Parlament, wo kontrovers über den Vorzug einer Rahmenrichtlinie gegenüber einer Empfehlung gestritten wurde[313]. Anders fiel dagegen die Resonanz in Deutschland aus. Wie auf

307 Der veränderte Charakter kam deutlich durch die fast halbierte Anzahl der Artikel von nunmehr 12 gegenüber zuvor 23 zum Ausdruck.

308 *Hopt* in FS Zöllner, S. 253 (257), bezeichnet den Vorschlag als „farbloses Minimalkonzept".

309 Stellungnahme vom 11. Juli 1996, CES 876/1996, ABl. EG Nr. C 295 vom 7. Oktober 1996, S. 1; abgedruckt in EWS 1996, 389 ff.

310 Legislative Entschließung vom 26. Juni 1997, R4-204/1997, ABl. EG Nr. C 222 vom 21. Juli 1997, S. 20. Siehe auch den Bericht des Ausschusses für Recht und Bürgerrechte vom 4. Juni 1994, A-4-204/97.

311 Vgl. bereits die Empfehlungen im Bericht des Ausschusses für Recht und Bürgerrechte für die erste Lesung vom 4. Juni 1997, A-4-204/97, S. 19, wo es heißt: „Die Sicherung der Arbeitsplätze sollte unsere erste Sorge sein".

312 Gemäß Art. 249 EGV (ex-Art. 189 EGV). Vgl. *Neye*, DB 1996, 1121 (1123). Zum britischen Standpunkt vgl. *Clarke*, EBLR 1999, 482 (482); *DTI*, A consultative Document, April 1996, zit. nach *Peltzer*, AG 1997, 145 (149). Eine Empfehlung befürwortend auch noch *Baums* in Rengeling, Europäisierung des Rechts, S. 91 (112). Zu den Gründen, die aus Sicht der EG-Kommission gegen eine Empfehlung sprachen *Niessen* in Kreuzer, Öffentliche Übernahmeangebote, S. 35 (35 f.).

313 Vgl. *Neye*, ZIP 1997, 2172 (2172); *Weber*, EuZW 1998, 464 (465).

Grund der erheblichen Zugeständnisse nicht anders zu erwarten[314], wurde der Vorschlag grundsätzlich begrüßt[315].

Die Kommission reagierte auf die Änderungsvorschläge durch Vorlage eines Geänderten Vorschlags am 11. November 1997[316], der jedoch keine grundlegenden Änderungen mit sich brachte[317]. Dieser Vorschlag bildete die inhaltliche Grundlage der bis zuletzt geführten Beratungen[318].

Auch wenn das erste Echo auf den Geänderten Vorschlag seitens der meisten Mitgliedstaaten positiv gewesen war[319], wurde zunächst kein Fortschritt im Sinne einer zügigen Verabschiedung erzielt. Dies war insbesondere auf die Blockadehaltung Großbritanniens unter dessen Ratsvorsitz im ersten Halbjahr 1998 zurückzuführen[320], das nach wie vor eine Empfehlung bevorzugte. Nachdem sich Deutschland weitgehend mit der Notwendigkeit der Einführung des

---

314 Die bedeutendste Neuregelung im Vorschlag aus dem Jahr 1996 bestand darin, daß die Abgabe eines Pflichtangebots nicht mehr als einziges Mittel zur Verwirklichung des Schutzes der Minderheitsaktionäre vorgesehen war. Vielmehr sollte dieser auch durch gleichwertige Mittel gewährleistet werden. Damit sollte Deutschland die Möglichkeit gegeben werden, sein System des konzernrechtlichen Minderheitenschutzes unverändert beizubehalten. Vgl. dazu Neye, DB 1996, 1121 (1122). Diese Regelung wurde bereits angeregt von *Hommelhoff/Kleindiek*, AG 1990, 106 (111).

315 Vgl. Beschluß des Bundesrates vom 3. Mai 1996, BR-Drs. 162/96; sowie die positiven Stellungnahmen seitens der Wirtschaftsverbände bei *Neye*, DB 1996, 1121 (1123); *DAV-Stellungnahme*, WiB 1996, 1023. Aus der Literatur etwa *Peltzer*, AG 1997, 145 ff. Eher kritisch *Buck* in JbJZivW 1997, S. 157 (167), die den Vorschlag als „Scheinharmonisierung" bezeichnet.

316 KOM(97) 565 endg. - 95/0341 (COD), ABl. EG Nr. C 378 vom 13. Dezember 1997, S. 10; abgedruckt im Anschluß an eine Einführung von *Neye*, ZIP 1997, 2172 f. (2173 ff.). Vgl. dazu *Habersack/Mayer*, ZIP 1997, 2141 ff.; *Hopt*, EuZW 16/1997, Editorial; *Weber*, EuZW 1998, 464 ff.; *Witt*, EWS 1998, 318 ff.; *Habersack*, Europäisches Gesellschaftsrecht, S. 267 ff.; *Roßkopf*, Selbstregulierung von Übernahmeangeboten in Großbritannien, S. 281 ff.; *Hopt* in FS Zöllner, S. 253 (255 ff.); *Mülbert*, IStR 1999, 83 ff.; *Schwarz*, Europäisches Gesellschaftsrecht, S. 482 ff.; *Weisner*, Verteidigungsmaßnahmen, S. 298 ff.; *Zinser*, Übernahmeangebote, 61 ff.; *ders.*, EWS 1999, 133 ff. Speziell zur Pflichtangebotsregelung dieses Entwurfs *Wirth/Weiler*, DB 1998, 117 (118); *Kallmeyer*, ZIP 1997, 2147 f.

317 Dies zeigt sich bereits an der synoptischen Gegenüberstellung zu dem zweiten Richtlinienvorschlag aus dem Jahr 1996 im Amtsblatt.

318 Nicht jedoch den Ausgangspunkt im Sinne des Mitentscheidungsverfahrens nach Art. 251 EGV, wie irrtümlicherweise oftmals angenommen wird. Vielmehr bleibt dies der Revidierte Vorschlag aus dem Jahr 1996. Verfahrenstechnisch hat die Kommission von dem ihr gemäß Art. 250 Abs. 2 EGV zustehenden Änderungsrecht Gebrauch gemacht. Zu weiteren Einzelheiten hierzu siehe *Kluth* in Calliess/Ruffert, EUV/EGV, Art. 251 EGV, Rn. 10. Dazu auch die Übersicht im Anhang, Abbildung 2.

319 Vgl. *Neye*, ZIP 1997, 2172 (2173).

320 Vgl. *Weber*, EuZW 1998, 464 (465); *Neye*, AG 2000, 289 (289).

Pflichtangebots abgefunden hatte, erstarkten diesbezüglich nunmehr Schweden und die Niederlande zu neuen Bedenkenträgern[321]. Trotz alledem gelang es schließlich unter deutscher Ratspräsidentschaft, auf der Sitzung des Binnenmarktrates vom 19. Juni 1999 nach kontroversen Verhandlungen eine bis zuletzt für unwahrscheinlich gehaltene[322] politische Einigung[323] über den Inhalt eines Gemeinsamen Standpunkts zu erzielen[324]. Dabei konnten nach Angaben des Rates 13 der insgesamt 22 Änderungsvorschläge des Parlaments aus erster Lesung umgesetzt werden[325].

Schließlich standen mit der Einigung in der sog. „Gibraltar-Frage"[326] der formalen Verabschiedung des Gemeinsamen Standpunkts keine Hindernisse mehr im Weg[327], so daß diese am 19. Juni 2000 auf der Sitzung des Agrarrates[328] vorgenommen werden konnte[329]. Auch der Gemeinsame Standpunkt hielt am Konzept einer Rahmenrichtlinie weiter fest. In einer ersten Reaktion zeigte sich die Kommission mit dem Gemeinsamen Standpunkt zufrieden und bezeichnete diesen als einen Fortschritt für die Harmonisierung der für Übernahmeangebote in

---

321 Vgl. *Hasselbach*, NZG 1999, 291 (291). Siehe auch *Skog*, Does Sweden Need a Mandatory Bid Rule.

322 Vgl. *Hasselbach*, NZG 1999, 291 (292).

323 Rat der Europäischen Union, Interinstitutionelles Dossier 95/341 (COD) vom 22. Juni 1999. Abgedruckt bei *Neye*, AG 2000, 289 (296 ff.). Dazu ausführlich *Clarke*, EBLR 1999, 482 ff.

324 Vgl. *Neye*, AG 2000, 289 (289 f.); *Brüls*, RIW 2000, 889 ff.

325 Vgl. Begründung zum Gemeinsamen Standpunkt, IV. Schlußfolgerung.

326 Hierbei handelte es sich um Meinungsverschiedenheiten zwischen Spanien und dem Vereinigten Königreich betreffend die Frage der Zuständigkeit für die Aufsicht bei Übernahmen unter Beteiligung von auf Gibraltar ansässigen Gesellschaften. Beide Staaten verständigten sich bilateral auf eine sog. „*postbox*-Lösung", wonach Kontakte eines anderen Mitgliedstaates mit Bezug zu Gibraltar über ein Verbindungsbüro im Londoner Außenministerium erfolgen, das die Vorgänge intern nach Gibraltar weiterleitet. Vgl. *Neye*, AG 2000, 289 (290); *Pötzsch/Möller*, WM 2000, Sonderbeilage Nr. 2, 5. Dazu auch FAZ vom 6. März 2000, S. 17, 21; BZ vom 20. April 2000, S. 5.

327 Vgl. FAZ vom 24. November 1999, S. 23, 26.

328 Vgl. dazu *Pötzsch/Möller*, WM 2000, Sonderbeilage 2, 5.

329 8129/1/2000, C5-0327/2000, ABl. EG Nr. C 23 vom 24. Januar 2001, S. 1; abgedruckt bei *Pötzsch/Möller*, WM 2000, Sonderbeilage Nr. 2, Anhang 1, 32 ff. Vgl. dazu *Grupp*, Syndikus, Januar/Februar 2001, 22 ff.; *Neye*, AG 2000, 289 ff.; *Krause*, NZG 2000, 905 ff.; *Weisner*, ZRP 2000, 520 (524 f.); *Wiesner*, ZIP 2000, 1792 (1795 f.); *van Hulle*, EWS 2000, 521 (524).

den Mitgliedstaaten geltenden Vorschriften[330]. Auch in Deutschland stieß die Fassung des Gemeinsamen Standpunkts auf ein überwiegend positives Echo[331].

Die Festlegung des Gemeinsamen Standpunkts bedeutete einen entscheidenden Fortschritt in den mittlerweile 25 Jahre andauernden Bemühungen zum Erlaß der Übernahmerichtlinie, wenn auch bis zur endgültigen Verabschiedung noch ein weiter Weg zu beschreiten war. Dies lag an der infolge des EUV gestärkten Position des Europäischen Parlaments im Mitentscheidungsverfahren nach Art. 251 EGV, welches für die Übernahmerichtlinie maßgeblich war[332]. Danach mußte die Richtlinie in der Fassung des Gemeinsamen Standpunkts dem Europäischen Parlament ein zweites Mal zugeleitet werden.

2. Der kurze Weg zum Scheitern

Bereits vor der formalen Festlegung des Gemeinsamen Standpunkts hatte der Berichterstatter des im Europäischen Parlament für die Richtlinie zuständigen Ausschusses für Recht und Binnenmarkt, der deutsche Abgeordnete *Klaus-Heiner Lehne* (CDU/EVP), öffentlich angekündigt, weitgehende Änderungen an der Fassung des Ratstextes in Angriff zu nehmen[333]. Dementsprechend gestaltete er den Berichtsentwurf des Ausschusses für die zweite Lesung[334]. Ausgehend von der Erkenntnis veränderter Rahmenbedingungen seit der politischen Einigung vom Juni 1999 und insbesondere unter dem Eindruck der großen Zahl von Unternehmensübernahmen[335] sah der Berichterstatter erheblichen Nachbesserungsbedarf. Kritik erfuhr zunächst die Tatsache, daß der Gemeinsame Standpunkt zahlreiche Definitionen entscheidender Punkte nicht vorsah. Dies galt zum einen

330 Vgl. Mitteilung der Kommission an das Europäische Parlament vom 26. Juli 2000, SEK(2000) 1300 endg., S. 6.

331 Hervorzuheben ist insbesondere, daß sich der Widerstand gegen das Pflichtangebot gelegt hatte und dieses als akzeptiert galt. Es bestand nicht einmal mehr die Absicht, von der Übergangsregelung des Art. 5 Abs. 3 des Gemeinsamen Standpunkts Gebrauch zu machen, wonach die Einführung der Pflichtangebotsregelung bei bereits bestehenden gleichwertigen Vorkehrungen um ein Jahr aufgeschoben werden konnte. Vgl. *Neye*, AG 2000, 289 (293).

332 Siehe bereits oben Fn. 302.

333 Vgl. Leserbrief in der FAZ vom 14. März 2000, S. 11. *Lehne* war infolge der Europawahlen vom Juni 1999 als Nachfolger der französischen Abgeordneten *Fontaine* zum Berichterstatter bestellt worden und setzte bei seinen Äußerungen auf die durch die Wahlen nicht unerheblich veränderte Zusammensetzung des Europäischen Parlaments. Siehe in der Folgezeit auch FAZ vom 31. August 2000, S. 20; vom 13. September 2000, S. 19, sowie vom 11. November 2000, S. 23.

334 Vom 17. April 2000, PE 285.995. Vgl. dazu ZIP-aktuell 2000, Nr. 213. Vgl. dazu auch *Wiesner*, ZIP 2000, 1792 (1795). Siehe auch HB vom 17. Oktober 2000, S. 11.

335 Wobei insbesondere die letztlich gescheiterte Fusion der Frankfurter mit der Londoner Börse hervorgehoben wurde.

für die zur Abgabe eines Pflichtangebots maßgebliche Kontrollschwelle und zum anderen für die Bestimmung der angemessenen Gegenleistung. Weiterhin konzentrierte sich die Kritik insbesondere auf die von *Lehne* als solche bezeichnete „Neutralitätspflicht" des Leitungsorgans der Zielgesellschaft[336]. In diesem Zusammenhang wurde vor allem der Gesichtspunkt der fehlenden „Waffengleichheit" mit US-amerikanischen Unternehmen geltend gemacht, denen sich europäische und insbesondere deutsche Gesellschaften ungeschützt ausliefern würden, während im Gegenzug ihre US-amerikanischen Wettbewerber über ein weitreichendes Arsenal an Abwehrinstrumenten verfügten. Aber auch innerhalb Europas gebe es „Waffengleichheitsprobleme", die vor allem auf die unterschiedlich stark ausgeprägten Schutzmechanismen in den einzelnen Staaten zurückzuführen seien[337]. Während von deutscher Seite Höchst- und Mehrfachstimmrechte infolge des KonTraG abgebaut worden seien, bestünden in anderen Staaten weiterhin solche Stimmrechtsbeschränkungen und andere Instrumente, wie etwa *golden shares*[338]. In diesem Punkt erfuhr *Lehne* in Deutschland nachhaltige Unterstützung seitens der deutschen Wirtschaftsverbände[339] und der CDU/CSU-Bundestagsfraktion[340], aber auch von Seiten der Praxis[341] und aus Teilen der Wissenschaft[342].

---

336 *Lehne*, Forum Seminarunterlagen vom 2. Februar 2001, S. 71 (72); *ders.* in Hirte, WpÜG-Materialien, S. 33 (39 ff.).

337 *Lehne*, Forum Seminarunterlagen vom 2. Februar 2001, S. 71 (72 f.); *ders.* in Hirte, WpÜG-Materialien, S. 33 (41 f.).

338 Hierunter sind Aktien zu verstehen, die mit besonderen Rechten ausgestattet sind und dem Inhaber - regelmäßig der Staat, der sich auf diese Weise den Einfluß auf privatisierte Unternehmen sichert - eine Art von Vetorecht bei einem bestimmte Schwellenwerte überschreitenden Anteilserwerb gewähren. Vgl. zu Beispielen die Nachweise in Kap. 5, Fn. 2650.

339 Vgl. *Spitzenverbände der deutschen Wirtschaft*, Stellungnahme zum DiskE-ÜG vom 24. Juli 2000, S. 2 f.; dazu auch die Äußerungen der Wirtschaftsverbände anläßlich der Anhörung zum Diskussionsentwurf eines Übernahmegesetzes am 25. Juli 2000, BZ vom 27. Juli 2000, S. 6. *Wiesner* nach HB vom 17. Oktober 2000, S. 11; *ders.* nach HB vom 8. Dezember 2000, S. 8; *ders.*, ZIP 2000, 1792 (1795 f.); *ders.*, BB 2001, Beilage 8, 5. Auch das DAI stand auf diesem Standpunkt, vgl. *DAI*, Jahresbericht 1999/2000, S. 9, sowie *von Rosen*, FTD vom 11. Juni 2001, S. 30; *ders.*, ZfgK 2001, 734 f.

340 Vgl. FAZ vom 17. Mai 2000, S. 17; Antrag der CDU/CSU-Fraktion, BT-Drs. 14/3776 vom 4. Juli 2000, II. 3., vgl. dazu BZ vom 12. Juli 2000, S. 5, sowie zuletzt BT-Drs. 14/7477 vom 14. November 2001, S. 50. Befürwortend auch der Antrag der PDS-Fraktion, BT-Drs. 14/3394 vom 17. Mai 2000, S. 3.

341 Vgl. *Wiese/Demisch*, DB 2001, 849 (852).

342 Vgl. *Kirchner*, WISU 2001, 1037 (1038); *ders.*, WM 2000, 1821 (1829); *ders.*, BB 2000, 105 (113); *ders.*, AG 1999, 481 (490); *Schneider/Burgard*, DB 2001, 963 ff.

Der Ausschuß billigte schließlich den Bericht mit nur wenigen Änderungen[343]. Am 13. Dezember 2000 schließlich beschloß das Europäische Parlament insgesamt fünfzehn Änderungen des Gemeinsamen Standpunkts und folgte damit weitgehend den Vorschlägen des Ausschusses[344]. Übernommen wurde insbesondere die Auflockerung der „Stillhalteverpflichtung"[345]. Zu einer Aufwertung gelangten zudem die Arbeitnehmerrechte, mit dem Ziel der Gleichstellung der Arbeitnehmer der Zielgesellschaft mit denen der Bietergesellschaft[346].

Daraufhin unterbreitete die Kommission ihre Stellungnahme zu den Abänderungen[347]. Insgesamt übernahm die Kommission drei Abänderungen ganz und eine Abänderung zum Teil, allesamt jedoch von untergeordneter Bedeutung. Die übrigen wurden von ihr zurückgewiesen. Wie nicht anders zu erwarten, billigte der Rat in zweiter Lesung die Abänderungen des Parlaments nicht, so daß es nach vorbereitenden Zusammentreffen im Rahmen des sog. Trilogs am 10. April 2001 unter schwedischer Ratspräsidentschaft[348] zur Eröffnung des formellen Vermittlungsverfahrens kam[349], dem ein schwedischer Vermittlungsvorschlag[350] zugrunde lag. Unter Einrechnung der zweiwöchigen Verlängerungsmöglichkeit mußte spätestens bis zum 6. Juni 2001 eine Einigung herbeigeführt werden.

Als es während des laufenden Vermittlungsverfahrens Anfang Mai 2001 zu einem überraschenden Meinungsumschwung seitens der Deutschen Bundesregierung kam, schien eine Einigung in weite Ferne zu rücken[351]. Der zunehmende Druck der Gewerkschaften, Wirtschaftsverbände und Großindustrie, vornehm-

---

343 Bericht vom 29. November 2000, A-368/2000, ABl. EG Nr. C vom 17. August 2001, S. 10. Vgl. dazu *Wiesner*, ZIP 2000, 1792 (1795); *van Hulle*, EWS 2000, 521 (524); ZIP-aktuell 2000, Nr. 245; HB vom 7. Dezember 2000, S. 10.

344 Legislative Entschließung vom 13. Dezember 2000, R5-559/2000, ABl. EG Nr. C 232 vom 17. August 2001, S. 168. Vgl. dazu *Hopt* in FS Koppensteiner, S. 61 (64), Fn. 11; *Neye*, ZIP 2001, 1120 (1121); *Seibert* in Henze/Hoffmann-Becking, Gesellschaftsrecht 2001, S. 361 (371); ZIP-aktuell 2000, Nr. 255.

345 Näher dazu unten S. 88.

346 Nicht beschlossen wurde hingegen die Festlegung der Übernahmeschwelle auf 30 Prozent in der Richtlinie.

347 Stellungnahme vom 12. Februar 2001, KOM(2001)77 endg. (nicht im ABl. EG veröffentlicht).

348 Vgl. dazu *Meyer*, WM 2001, 276.

349 Vgl. dazu *Land*, DB 2001, 1707 (1707); *Neye*, ZIP 2001, 1120 (1121 f.); ZIP-aktuell 2001, Nr. 71. Siehe ausführlich zum genauen Ablauf den Bericht der Delegation des Europäischen Parlaments im Vermittlungsausschuß vom 25. Juni 2001, A5-237/2001, S. 7 f. Vgl. auch *Lehne/Haak*, Konzern 2003, 163 (164 ff.).

350 Vgl. dazu FTD vom 13. März 2001, S. 1, 13.

351 Vgl. FAZ vom 3. Mai 2001, S. 17, und 11. Mai 2001, S. 13; FTD vom 2. Mai 2001, S.1, und 10. Mai 2001, S. 12; HB vom 3. Mai 2001, S. 8. Zur vorherigen Position der Bundesregierung siehe deren Antwort, BT-Drs. 14/3895 vom 13. Juli 2000, S. 13.

lich aus dem Automobil- und Chemiesektor[352], hatte dazu geführt, daß die deutsche Regierung fortan die Haltung der von *Lehne* angeführten Europaparlamentarier im Hinblick auf die Frage nach der Zulässigkeit von Abwehrmaßnahmen unterstützte[353].

Auch wenn die Bundesregierung bei der Suche nach möglichen Mitstreitern im Rat erfolglos blieb[354], deutete alles auf ein Scheitern des Vermittlungsverfahrens hin[355]. Daß es letztlich zu der überraschenden Einigung auf einen Gemeinsamen Entwurf bei 8 zu 6 Stimmen[356] in der Nacht zum 6. Juni 2001 „in allerletzter Minute" kam[357], lag vor allem daran, daß sich die personelle Besetzung der Delegation des Europäischen Parlaments kurzfristig geändert hatte[358], und diese mehrheitlich aus, zumeist britischen, Befürwortern der umstrittenen „Stillhalteverpflichtung" bestand[359]. Der Inhalt des im Vermittlungsausschuß beschlossenen Textes entsprach weitgehend dem des Gemeinsamen Standpunkts[360].

Am 4. Juli 2001 endlich stand die dritte Lesung der Übernahmerichtlinie im Europäischen Parlament an[361]. Die anschließende Abstimmung erreichte mit 273

---

352 Die FTD vom 7. Juni 2001, S. 2, bezeichnete den damaligen VW-Vorstandsvorsitzenden *Ferdinand Piëch* als „Motor hinter dem deutschen Widerstand".

353 Wie folgt kommentiert *Schauerte*, MdB (CDU), BT-Plenarprotokoll 14/192 vom 11. Oktober 2001, S. 18824 (D) (18825 (C)), das Vorgehen der Bundesregierung: „Das Bild vom Elefanten im Porzellanladen wäre geradezu eine Beschönigung der Vorgänge (...) im Zusammenhang mit der Europäischen Übernahmerichtlinie (...)."

354 Vgl. FAZ vom 11. Mai 2001, S. 13; FTD vom 10. Mai 2001, S. 12; vom 15. Mai 2001, S. 12; BZ vom 17. Mai 2001, S. 3.

355 Vgl. FTD vom 28. Mai 2001, S. 12; *Bolkestein*, ebenda, S. 30; vom 31. Mai 2001, S. 15; FAZ vom 31. Mai 2001, S. 17; vom 5. Juni 2001, S. 13.

356 3629/1/2001, C5-221/2001. Abgedruckt in ZIP 2001, 1123 ff., sowie bei *Pötzsch*, Das neue Übernahmerecht, S. 342 ff. Vgl. dazu *Freshfields Bruckhaus Deringer*, The Takeover Directive; *Lehne* in Hirte, WpÜG-Materialien, S. 33 (35 ff.); *Neye*, ZIP 2001, 1120 ff.; *Pluskat*, WM 2001, 1937 (1938); *von Rosen*, ZfgK 2001, 734 f.; *Wiesner*, BB 2001, Beilage 8, 4 f.; ZIP-aktuell 2001, Nr. 106. Vgl. auch den Bericht der Delegation des Europäischen Parlaments im Vermittlungsausschuß vom 25. Juni 2001, A5-237/2001 (nicht im ABl. EG veröffentlicht).

357 Vgl. aus der Tagespresse vom 7. Juni 2001 FAZ, S. 17, 22, 23; HB, S. 1, 2, 13; FTD, S. 1, 2, 12, 19, 31; BZ S. 1, 6.

358 Vgl. *Neye*, ZIP 2001, 1120 (1122); *Lehne* in Hirte, WpÜG-Materialien, S. 33 (35) mit Fn. 13. Dazu auch HB vom 7. Juni 2001, S. 2.

359 Zur Zusammensetzung der Delegation bei der Abstimmung siehe den Bericht der Delegation des Europäischen Parlaments im Vermittlungsausschuß vom 25. Juni 2001, A5-237/2001, S. 4.

360 Auf dessen Regelungsgehalt wird sogleich unter C. näher eingegangen.

361 Vgl. aus der Tagespresse vom 3. Juli 2001 FAZ, S. 13, 15; FTD, S. 14, sowie HB vom 4. Juli 2001, S. 3.

Ja- zu 273 Nein-Stimmen bei 22 Enthaltungen[362] das denkbar knappste Resultat[363] und bot ein an Dramatik kaum mehr zu überbietendes Szenario[364]. Gemäß der Geschäftsordnung des Europäischen Parlaments hatte dieses Ergebnis die Nichtannahme zur Folge[365] und bedeutete für die Übernahmerichtlinie das endgültige Aus[366]. Zu den gegen die Richtlinie stimmenden Abgeordneten zählten neben den fraktionsübergreifend nahezu geschlossen votierenden deutschen Parlamentariern hauptsächlich die Vertreter Italiens und Spaniens. Demgegenüber stimmten die englischen und irischen Vertreter quer durch die Fraktionen für die Richtlinie. Das Abstimmungsverhalten aus Sicht der Fraktionen ergab, daß sowohl die EVP als auch die Sozialisten mehrheitlich die Richtlinie ablehnten, während die Liberalen durchgängig zu deren Befürwortern zählten.

Es war dies erst das zweite Mal seit Einführung des Mitentscheidungsverfahrens, daß das Europäische Parlament einen Gesetzesvorschlag aus dem Vermittlungsausschuß hat scheitern lassen[367]. Maßgeblich beeinflußt wurde die Entscheidung im Parlament zum einen durch den kurz zuvor abgegebenen Schlußantrag des Generalanwalts *Dámaso Ruiz-Járabo Colomer* in den Verfahren um die Zulässigkeit der *golden shares* vor dem EuGH[368]. Da dieser sich für deren Zulässigkeit ausgesprochen hatte[369], und in der Regel der EuGH dem Votum des Generalanwalts Folge leistet, bot dies den letzten Zweiflern Anlaß genug, sich gegen die „Stillhalteverpflichtung" und damit gegen die gesamte Richtlinie

362 An der Abstimmung nahmen somit lediglich 568 der insgesamt 626 Abgeordneten teil.

363 Vgl. ABl. EG Nr. C 65 E vom 14. März 2002, S. 20, 57, 112). Vgl. ZIP-aktuell 2001, Nr. 123.

364 Da ein neues Mitglied des Parlaments noch nicht im elektronischen Abstimmregister eingetragen war, fehlte zunächst eine Nein-Stimme. Vgl. HB vom 5. Juli 2001, S. 2; FTD vom 5. Juli 2001, S. 25. Die Aufzeichnung der dritten Lesung ist auf der Homepage des Europäischen Parlaments unter http://www.europarl.eu.int abrufbar.

365 Nach Art. 83 Abs. 4 i.V.m. 128 Abs. 2 und 3 der Geschäftsordnung des Europäischen Parlaments in der 14. Aufl. von 1999 gilt der Vorschlag im Fall von Stimmengleichheit als abgelehnt.

366 Gemäß Art. 251 Abs. 5 EGV (ex-Art. 189b EGV).

367 Das erste Mal hatten die Europaparlamentarier im Jahr 1995 in letzter Lesung die Biopatent-Richtlinie abgelehnt.

368 Die Kommission war seinerzeit bestrebt, entsprechende Regelungen in Belgien (Rs. C-503/99), Frankreich (C-483/99) und Portugal (C-367/98) zu Fall zu bringen. Dazu EuGH, Schlußanträge des Generalanwalts *Dámaso Ruiz-Járabo Colomer* vom 3. Juli 2001. Allesamt abrufbar unter http://europa.eu.int/cj. Ein Urteil des EuGH hierzu wurde für die erste Jahreshälfte 2002 erwartet. Dazu AG 2001, R327; *Wackerbarth*, WM 2001, 1741 (1747); FAZ vom 28. Februar 2002, S. 18. Vgl. die Nachweise zu den Urteilen unten Fn. 611.

369 Schlußantrag in den Rs. C-367/98, C-483/99, C-503/99 vom 3. Juli 2001. Vgl. aus der Presse vom 4. Juli 2001 FAZ, S. 13; FTD, S. 1, 9.

auszusprechen[370]. Zum anderen stand das Abstimmungsverhalten der italienischen Abgeordneten unter dem Eindruck des Versuchs des französischen Staatsunternehmens Electricité de France, die Kontrolle an der italienischen Montedison zu erlangen[371].

III. Wesentlicher Regelungsgehalt

Im folgenden sollen überblicksartig die Vorschriften der Übernahmerichtlinie basierend auf dem zuletzt erreichten Stand in der Fassung des Vermittlungsergebnisses des Gemeinsamen Entwurfs vorgestellt werden[372].

1. Regelungsziele

Mit der 13. Richtlinie auf dem Gebiet des Gesellschaftsrechts über Übernahmeangebote verfolgte die EU-Kommission zwei grundlegende Ziele. Zum einen wurde damit eine Harmonisierung der Regelungen für Übernahmeangebote in den einzelnen Mitgliedstaaten angestrebt, insbesondere im Hinblick auf ein transparentes Verfahren. Entsprechend dem Charakter als bloßer Rahmen[373] sollte den Wertpapierinhabern bestimmter börsennotierter Gesellschaften in den Mitgliedstaaten ein angemessenes Schutzniveau durch die Festlegung von Mindestregeln bereitet werden. Ausweislich der Präambel war die Kommission der Auffassung, daß ein solcher Schutz nur durch ein Vorgehen auf Gemeinschaftsebene sichergestellt werden könne[374]. Es handelte sich insoweit um eine rein kapitalmarktrechtliche Regelung. Der Schutz des Aktionärs als Kapitalanleger beim Verkauf seiner Aktien im Rahmen eines Übernahmeangebots wurde gewissermaßen als das Gegenstück zum Anlegerschutz in der Erwerbsphase angesehen[375].

Das zweite Regelungsziel bestand in der Gewährleistung eines gleichwertigen Schutzes der Minderheitsaktionäre bei einem Kontrollwechsel in ihrer Gesellschaft[376]. Dieses Ziel sollte dadurch erreicht werden, daß derjenige, der die Kontrolle über die Gesellschaft erlangt hat, zur Abgabe eines Angebots an sämtliche

370 Vgl. zu der Abstimmung aus der Tagespresse vom 5. Juli 2001 FAZ, S. 13, 25; HB, S. 1, 2, 11; FTD, S. 1, 25; BZ, S. 1, 7, 8. Zur englischen Berichterstattung FT, S. 1, 13.

371 Vgl. FAZ vom 3. Juli 2001, S. 16.

372 Im vorliegenden Unterabschnitt beziehen sich Artikel ohne nähere Bezeichnung auf die Übernahmerichtlinie in der Fassung des vom Vermittlungsausschuß gebilligten Gemeinsamen Entwurfs.

373 Präambel, Erwägungsgrund 4.

374 Präambel, Erwägungsgründe 2 und 3.

375 Vgl. *Baums*, ZIP 1989, 1376 (1377); *Stoll*, BB 1989, 1489 (1489).

376 Präambel, Erwägungsgrund 5. Kritisch zur Verbindung beider Ziele in einer Richtlinie *Roos*, WM 1996, 2177 (2184).

Wertpapierinhaber zur Übernahme aller Wertpapiere verpflichtet sein sollte. Dies galt unabhängig davon, auf welche Weise die Kontrolle über die Gesellschaft erlangt wurde[377]. Insofern betraf dieses Regelungsziel die präventive Konzernbildungskontrolle.

Nicht aus der Richtlinie ging hervor, welche Haltung sie allgemein gegenüber Übernahmen einnimmt[378]. Allerdings folgte aus den in Art. 9 festgelegten Verhaltensregeln für die Verwaltung der Zielgesellschaft[379], daß jedenfalls nicht Ziel der Richtlinie die generelle Verhinderung von Übernahmen sein sollte.

2. Aufbau

Die Richtlinie legte zunächst den Anwendungsbereich (Art. 1) fest und statuierte die wichtigsten Begriffbestimmungen (Art. 2) und allgemeinen Grundsätze (Art. 3). Es folgte die Vorschrift über die Aufsichtsorgane und deren Zuständigkeit (Art. 4 i.V.m. der Revisionsklausel des Art. 13). Sodann wurde das Pflichtangebot geregelt (Art. 5). Die folgenden Vorschriften befaßten sich mit dem Verfahrensablauf (Art. 6 bis 8 und 10). Im Anschluß wurden Vorgaben für das Verhalten der Verwaltung der Zielgesellschaft aufgestellt (Art. 9). Abschließend war die Befassung eines Kontaktausschusses[380] (Art. 11), die Einräumung von Sanktionen (Art. 12) und die Änderung der Transparenzrichtlinie (Art. 14) vorgesehen. Schließlich folgten die üblichen Vorgaben zur Umsetzung der Richtlinie (Art. 15), dem Inkrafttreten (Art. 16) und dem Adressatenkreis (Art. 17).

a) Anwendungsbereich

Vom Anwendungsbereich der Richtlinie erfaßt werden sollten gemäß Art. 1 Abs. 1[381] Übernahmeangebote für Wertpapiere von Gesellschaften, die dem

---

377 Dazu näher sogleich S. 76.

378 Deutlicher dagegen Begründung, I. Allgemeines, Nr. 6., Vorschlag 1996, wonach die Kommission zwar betont, Übernahmen nicht als Selbstzweck fördern zu wollen, andererseits jedoch nicht deren positiven Einfluß auf die Neuordnung der europäischen Unternehmen verkennt.

379 Dazu sogleich unter IV., S. 79 ff.

380 Dabei sollte auf Grund des starken kapitalmarktrechtlichen Einschlags der Richtlinie auf den nach Art. 20 der Börsenzulassungsrichtlinie (vom 5. März 1979 - 79/279/EWG, ABl. EG Nr. L 66 vom 16. März 1979, S. 21) zur Betreuung der kapitalmarktrechtlichen Richtlinien installierten Kontaktausschuß zurückgegriffen werden. Nunmehr Art. 108 der „Richtlinie über die Zulassung von Wertpapieren und über Wertpapierinformationen" vom 28. Mai 2001 - 2001/34/EG, ABl. EG Nr. L 184 vom 6. Juli 2001, S. 1. Vgl. näher zu Aufgaben und Zusammensetzung *Neye*, AG 2000, 289 (295).

381 Zur Regelung des Art. 1 Abs. 2, wonach sog. „Organismen für gemeinsame Anlagen in Wertpapieren" (OGAW - vgl. Art. 1 Investmentrichtlinie vom 20. Dezember 1985 - 85/611/EWG, ABl. EG Nr. L 375 vom 31. Dezember 1985, S. 3 ff.) vom Anwendungs-

Recht eines Mitgliedstaates unterliegen, sofern diese zum Handel auf einem geregelten Markt im Sinne von Art. 1 Nr. 13 der Wertpapierdienstleistungsrichtlinie[382] in mindestens einem Mitgliedstaat zugelassen sind.

Zur Umsetzung der Richtlinie in nationales Recht war nicht zwingend der Erlaß von gesetzlichen Regelungen erforderlich, ausreichend sollten vielmehr Verhaltenskodizes und sonstige Regelungen sein[383], solange die erlassende Stelle hierfür amtlich befugt ist[384].

b) Begrifflichkeiten

Die Definitionen der wichtigsten Begrifflichkeiten waren in Art. 2 enthalten. Danach wurde ein „Übernahmeangebot" bestimmt als ein öffentliches Angebot an die Inhaber der Wertpapiere einer Gesellschaft zum Erwerb eines Teils oder

---

bereich der Richtlinie ausgenommen werden sollten, *Neye*, AG 2000, 289 (290); *Pötzsch/Möller*, WM 2000, Sonderbeilage 2, 6.

382 „Richtlinie über Wertpapierdienstleistungen" vom 10. Mai 1993 - 93/22/EWG, ABl. EG Nr. L 141 vom 11. Juni 1993, S. 27; geändert durch die Richtlinie vom 29. Juni 1995 - 95/26/EG, ABl. EG Nr. L 168 vom 18. Juli 1995, S. 7. Das aktuelle Verzeichnis der geregelten Märkte gemäß Art. 16 der Richtlinie findet sich in ABl. EG Nr. C 151 vom 29. Mai 1999, S. 19. Jüngst hat der EU-Binnenmarkts-Kommissar *Frits Bolkestein* eine umfassende Überarbeitung dieser Richtlinie angekündigt, vgl. FTD vom 6. August 2001, S. 18. Siehe dazu *Hammes*, ZBB 2001, 498 ff.; *Wiesner*, BB 2001, Beilage 8, 6. Inzwischen hat der Rat am 27. April 2004 der „Richtlinie 2004/39/EG des Europäischen Parlaments und des Rates vom 21. April 2004 über Märkte für Finanzinstrumente, zur Änderung der Richtlinien 85/611/EWG und 93/6/EWG des Rates und der Richtlinie 2000/12/EG des Europäischen Parlaments und des Rates und zur Aufhebung der Richtlinie 93/22/EWG des Rates" in der von dem Europäischen Parlament am 30. März 2004 angenommenen Fassung endgültig zugestimmt (ABl. EG Nr. L 145 vom 30. April 2004, S. 1).

383 Dieser Kompromiß diente vor allem der Wahrung der Interessen Großbritanniens und ihrer nicht gesetzlichen Regelung des *City Code on Takeovers and Mergers*. Vgl. *Neye*, AG 2000, 289 (290). Zur Aufrechterhaltung ihres bisherigen Systems wurde diese Ergänzung erstmals auf Drängen des Vereinigten Königreichs in den Vorschlag 1996 aufgenommen, vgl. *Neye*, DB 1996, 1121 (1121). Nachdem sich auch Deutschland zu einer spezialgesetzlichen Lösung entschieden hat, ist die Frage, inwieweit der hierzulande zur Anwendung gelangende Übernahmekodex zur Umsetzung geeignet gewesen wäre, durch die Realitäten eingeholt worden.

384 Teilweise wird dies als europarechtswidrig erachtet, vgl. *Roos*, WM 1996, 2178 (2179); *Buck* in JbJZivW 1997, S. 157 (172); wohl auch *Neye*, DB 1996, 1121 (1124). Anders etwa *Habersack/Mayer*, ZIP 1997, 2141 (2142). Eingehend zur Frage, inwieweit es zur Umsetzung einer Richtlinie eines einzelstaatlichen Umsetzungsaktes bedarf, dem Gesetzesqualität zukommt, unter Berücksichtigung der jüngsten Rechtsprechung des EuGH, nach der - wenngleich nicht ausdrücklich gefordert - ein Rechtsnormvorbehalt bestehen soll, *Streinz*, Europarecht, Rn. 391.

aller Wertpapiere, sofern dieses nicht von der Zielgesellschaft selbst unterbreitet wird. Ein solches Angebot kann entweder freiwillig oder aber auf Grund einer Verpflichtung erfolgen und hat den Erwerb der Kontrolle zum Ziel[385]. Die weiteren Begriffsbestimmungen umfaßten mit der „Zielgesellschaft" und dem „Bieter" die Hauptakteure sowie die „Parteien eines Angebots". Fragen der Zurechnung wurden von dem Begriff der „gemeinsam handelnden Personen" erfaßt. Schließlich wurden „Wertpapiere" als solche definiert, die mit einem Stimmrecht verbunden sind[386].

c) Allgemeine Grundsätze

In Art. 3 Abs. 1 schließlich wurden in Umsetzung des ersten Regelungsziels allgemeine Grundsätze statuiert, denen im Rahmen öffentlicher Übernahmen Rechnung getragen werden mußte. Herausragende Bedeutung kam dabei dem Grundsatz der Gleichbehandlung der Wertpapierinhaber der Zielgesellschaft als der *Magna Charta*[387] des Übernahmerechts zu. Weiterhin beinhalteten die allgemeinen Grundsätze die Vorgabe zur Sicherstellung rechtzeitiger und ausreichender Informationen der Adressaten des Angebots und das an die Verwaltung der Zielgesellschaft adressierte Gebot zum Handeln im Interesse der gesamten Gesellschaft[388]. Ferner sollten Marktverzerrungen beim Handel in betroffenen Wertpapieren und eine unangemessen lange Behinderung der Geschäftstätigkeit der Zielgesellschaft vermieden werden. Schließlich sollte der Bieter vor Ankündigung des Angebots sicherstellen, in jedem Fall die zu gewährende Gegenleistung aufbringen zu können.

Art. 3 Abs. 2 brachte nochmals deutlich zum Ausdruck, daß es sich bei der Richtlinie lediglich um eine Rahmenrichtlinie handelte, die sich auf die Festlegung von Mindestanforderungen beschränkte und es den einzelnen Mitgliedstaaten überließ, zusätzliche Bedingungen und strengere Bestimmungen aufzustellen.

d) Pflichtangebot

Dem vorrangigen Ziel des Schutzes der Minderheitsaktionäre diente Art. 5. An dieser Stelle wurde die Abgabe eines Pflichtangebots an sämtliche Aktionäre der

---

385 Bzw. hat sich an diesen anzuschließen. Vgl. zu dieser auf spanischen Wunsch eingefügten Regelung *Neye*, AG 2000, 289 (290).

386 Nach deutschem Recht fallen hierunter stimmberechtigte Aktien und solche Vorzugsaktien, bei denen das Stimmrecht nach § 140 Abs. 2 AktG wieder auflebt. Vgl. *Neye*, AG 2000, 289 (291).

387 So schon *Peltzer* in Assmann/Basaldua/Bozenhardt/Peltzer, Übernahmeangebote, S. 179 (187).

388 Dazu näher unten S. 100.

Zielgesellschaft für alle ihre Wertpapiere[389] für den Fall des unmittelbaren oder mittelbaren Überschreitens der Kontrollschwelle geregelt[390]. Die genaue Bestimmung dieser Schwelle blieb den Mitgliedstaaten überlassen. Bei der Feststellung des Erreichens der Kontrollschwelle sollten Anteile gemeinsam handelnder Personen dem Bieter zugerechnet werden. Während die Höhe der Gegenleistung nicht näher festgelegt wurde, sondern lediglich „angemessen" zu sein hatte, konnten als Gegenleistung sowohl „liquide Wertpapiere" als auch Geld angeboten werden[391]. Neu aufgenommen gegenüber dem Gemeinsamen Standpunkt wurde die Regelung, daß zwingend alternativ eine Barzahlungspflicht besteht, wenn der Bieter in der Zeit von drei Monaten vor dem Angebot bis zu dem Ende der Annahmefrist außerhalb des Verfahrens mehr als 5 Prozent der Aktien oder Stimmrechte an der Zielgesellschaft gegen Barzahlung erworben hat. Art. 5 Abs. 2 legte schließlich fest, daß ein den Anforderungen an ein Pflichtangebot nachkommendes freiwilliges Angebot für den Bieter „befreiende Wirkung" im Hinblick auf das an sich nachfolgend abzugebende Pflichtangebot hat[392].

e) Ablauf des Verfahrens

In Konkretisierung der allgemeinen Grundsätze aus Art. 3 fanden sich Vorschriften zur Durchführung des Verfahrens sowohl bei freiwilligen Übernahmeangeboten als auch bei Pflichtangeboten in den Art. 6, 7, 8 und 10. Danach sollten die Mitgliedstaaten dafür Sorge tragen, daß Vorschriften in Kraft sind, nach denen die Entscheidung zur Abgabe eines Angebots unverzüglich bekannt zu machen und wenigstens zeitgleich das Aufsichtsorgan zu unterrichten ist[393]. Der Bieter war zu verpflichten, eine detaillierte Angebotsunterlage zu erstellen, welche die in Art. 6 Abs. 3 aufgeführten Mindestangaben zu enthalten hat und rechtzeitig bekannt zu machen ist[394]. Die Annahmefrist sollte grundsätzlich nach Art. 7 Abs. 1 nicht weniger als zwei und nicht länger als zehn Wochen betragen. Davon sollten zahlreiche Ausnahmen zulässig sein, etwa für den Fall, daß die

389 Teilangebote waren folglich im Hinblick auf Pflichtangebote untersagt.

390 Aus deutscher Sicht von besonderem Interesse ist dabei die Regelung des Art. 5 Abs. 4, wonach ausdrücklich festgeschrieben wurde, daß alternative Schutzinstrumente zum Pflichtangebot zulässig bleiben. Dies erlaubt es Deutschland, aber auch Portugal, das als einziger weiterer Staat innerhalb der EU über ein kodifiziertes Konzernrecht verfügt, weiterhin die konzernrechtlichen Vorschriften beizubehalten. Vgl. *Neye*, DB 1996, 1121 (1122).

391 Die Vorgaben bezüglich der Gegenleistung betrafen ausschließlich Pflichtangebote.

392 Da auch das WpÜG diese Regelungstechnik zugrunde legt, siehe dazu näher in Kap. 5., S. 324.

393 Art. 6 Abs. 1.

394 Art. 6 Abs. 2.

Zielgesellschaft eine Hauptversammlung zur Prüfung des Angebots abhalten kann[395].

Schließlich wurden nähere Vorgaben zur Bekanntmachung in Art. 8 aufgestellt, die gewährleisten sollten, daß keine falschen oder irreführenden Angaben bekanntgemacht werden, um dadurch die Transparenz und Integrität des Marktes aufrechtzuerhalten. Lediglich kurz angedeutet wurden in Art. 10 einzelne Fragen, die wenigstens Regelungsgegenstand der nationalen Regelwerke sein sollten. Dazu zählten die Hinfälligkeit des Angebots sowie die Behandlung der nachträglichen Änderung des Angebots und konkurrierender Angebote. Überdies sollten weitere Einzelheiten zu der Mitteilung über das Ergebnis des Angebots sowie zur Unwiderruflichkeit und zulässigen Bedingungen einzelstaatlich geregelt werden.

f) Aufsicht

Gemäß Art. 4 Abs. 1 war die Einrichtung einer oder mehrerer Stellen zur Beaufsichtigung des Angebotsvorgangs vorgesehen. Dabei mußte es sich nicht unbedingt um eine Behörde handeln, auch eine private Einrichtung sollte ausreichend sein[396]. Im Brennpunkt der Auseinandersetzungen um die Richtlinie stand auch die überaus komplizierte Regelung des Art. 4 Abs. 2, welche die Zuständigkeit der Aufsichtsorgane festlegte[397]. Das gegenseitige Mißtrauen und die allgemeine Unzufriedenheit über den letztlich erzielten Kompromiß brachte Art. 13 zum Ausdruck, wonach drei Jahre nach der Umsetzung der Richtlinie die Regelung des Art. 4 Abs. 2 einer erneuten Prüfung unterzogen werden sollte[398].

Zur Durchsetzung der Vorschriften der Richtlinie sollten die Mitgliedstaaten gemäß Art. 12 effektive Sanktionen aufstellen. Die Vorgaben beschränkten sich darauf, daß diese einen wirksamen Anreiz zur Einhaltung der Regelungen dar-

---

395 Art. 7 Abs. 2 S. 2.

396 Auch dieser Kompromiß war maßgeblich von britischen Interessen veranlaßt, vgl. *Pötzsch/Möller*, WM 2000, Sonderbeilage 2, 10. Dazu auch *Schön*, ZHR 160 (1996), 221 (231 f.).

397 Vgl. dazu eingehend die Analyse bei *von Hein*, AG 2001, 213 ff.; siehe auch *Krause*, NZG 2000, 905 (907); *Pötzsch/Möller*, WM 2000, Sonderbeilage 2, 10 ff.

398 Ungeachtet dessen hätte der Kommission ohnehin jederzeit das Recht zugestanden, Änderungsvorschläge zu unterbreiten, Art. 44 Abs. 1 i.V.m. Art. 251 Abs. 2 S. 1 EGV. Mit Recht wird daher darauf hingewiesen, daß diese Klausel an sich überflüssig war. Vgl. *Neye*, AG 2000, 289 (295).

stellen sollen[399], so daß die Mitgliedstaaten bei der Umsetzung weitgehende Freiheit genossen hätten[400].

g) Umsetzungsfrist

Von besonderem Interesse unter den rechtstechnischen Vorschriften ist die erst im Vermittlungsverfahren erzielte Neuregelung der Umsetzungsfrist der Richtlinie. Diese sollte nach dem Gemeinsamen Standpunkt noch vier Jahre betragen[401], wurde dann aber zwischenzeitlich infolge der von der Kommission akzeptierten Änderung durch das Europäische Parlament auf zwei Jahre reduziert[402]. Nach dem Vermittlungsergebnis hingegen war gemäß Art. 15 Abs. 1 S. 1 wiederum eine Umsetzungsfrist von vier Jahren vorgesehen. Unter dem Eindruck der kontroversen Auseinandersetzung um die Regelung des Art. 9 sollte darüber hinaus den Mitgliedstaaten für diese Vorschrift ein fünfjähriger Aufschub gewährt werden, Art. 15 Abs. 1 S. 2[403].

IV. Pflichten der Zielgesellschaft

1. Vorbemerkung

Zentrale Vorschrift im Hinblick auf die Pflichten der Zielgesellschaft und zugleich Hauptstreitpunkt der Übernahmerichtlinie war Art. 9 des Gemeinsamen Entwurfs. An dieser Stelle wurden zum einen die Verhaltenspflichten des Leitungs- oder Verwaltungsorgans[404] der Zielgesellschaft im Zusammenhang mit öffentlichen Übernahmeangeboten geregelt. Zum anderen beinhaltete diese Vorschrift mit der Verpflichtung zur Abgabe einer Stellungnahme zu dem Übernahmeangebot zugleich die bedeutendste Informationspflicht der Zielgesell-

399 So bereits Art. 13 Richtlinie zur Koordinierung der Vorschriften betreffend Insider-Geschäfte vom 13. November 1989 (Insiderrichtlinie) - 89/592/EWG, ABl. EG Nr. L 334 vom 18. November 1989, S. 30.

400 Auch die Entscheidung über das „Ob" und „Wie" der Möglichkeit einer gerichtlichen Überprüfung wurde den Mitgliedstaaten freigestellt. Vgl. Präambel, Erwägungsgrund 12.

401 Art. 15 Abs. 1 des Gemeinsamen Standpunkts.

402 Vgl. dazu die Stellungnahme der Kommission vom 12. Februar 2001, KOM(2001) 77 endgültig, 3.1., sowie Legislative Entschließung vom 13. Dezember 2000, Abänderung 18.

403 Dies ist im Zusammenhang mit dem gleichzeitig angekündigten Vorhaben zu sehen, eine Expertenkommission einzuberufen, die weitere Schritte zum Abbau von Übernahmehemmnissen einleiten soll. Dazu unten unter V., S. 108 ff.

404 Im folgenden wird aus Gründen der Vereinfachung alternativ der Begriff der „Verwaltung" benutzt. Zur Frage, wer nach deutschem Recht Adressat der Bezeichnung „Leitungs- oder Verwaltungsorgan" ist, siehe unten S. 105.

schaft. Daneben fanden sich weitere Informationspflichten in Art. 6 Abs. 1 S. 3 und Abs. 2 S. 3 des Gemeinsamen Entwurfs in Form von Unterrichtungspflichten der Arbeitnehmer der Zielgesellschaft[405]. Hinsichtlich der Verhaltenspflichten ist zudem der in Art. 3 Abs. 1 lit. c des Gemeinsamen Entwurfs niedergelegte allgemeine Grundsatz des an die Verwaltung der Zielgesellschaft gerichteten Gebots des Handelns im Interesse der gesamten Gesellschaft ergänzend heranzuziehen.

Jene Regelungen werden im folgenden nicht zuletzt auf Grund ihrer immensen Bedeutung für die Auslegung der neuen deutschen Vorschriften einer eingehenden Untersuchung unterzogen (nachfolgend unter 3.). Dies umfaßt auch eine eingehende Betrachtung der entstehungsgeschichtlichen Entwicklung der einschlägigen Regelungen, da sich hieraus wichtige Rückschlüsse auf die Einordnung der zuletzt maßgeblichen Normen gewinnen lassen (2.).

Art. 3 Abs. 1 lit. c in der Fassung des Gemeinsamen Entwurfs:

„Das Leitungs- oder Verwaltungsorgan einer Zielgesellschaft muß im Interesse der gesamten Gesellschaft handeln und darf den Inhabern von Wertpapieren nicht die Möglichkeit vorenthalten, das Angebot selbst zu beurteilen.“

Art. 9 Abs. 1 in der Fassung des Gemeinsamen Entwurfs:

„Die Mitgliedstaaten sorgen dafür, daß Vorschriften in Kraft sind, nach denen folgendes gewährleistet ist:

a) [1] Während der nachstehenden Frist muß das Leitungs- oder das Verwaltungsorgan der Zielgesellschaft die entsprechende vorherige Genehmigung der Hauptversammlung der Aktionäre einholen, bevor es mit Ausnahme der Suche nach konkurrierenden Angeboten jedwede Handlungen vornimmt, durch die das Angebot vereitelt werden könnte; dies gilt insbesondere vor der Ausgabe von Gesellschaftsanteilen, durch die der Bieter auf Dauer an der Erlangung der Kontrolle über die Zielgesellschaft gehindert werden könnte. [2] Diese Genehmigung ist in allen Fällen erforderlich, in denen das Leitungs- oder das Verwaltungsorgan der Zielgesellschaft die in Artikel 6

405 Auf diese soll im folgenden nicht näher eingegangen werden. Solche Unterrichtungspflichten fanden sich bereits in den ersten beiden Vorschlägen aus den Jahren 1989 und 1990 jeweils in Art. 19 sowie alsdann in dem Vorschlag aus dem Jahr 1997 in Art. 6. Dagegen blieb die Regelung der Unterrichtung der Arbeitnehmer im Vorschlag 1996 den Mitgliedstaaten überlassen. Vgl. KOM(95) 655 endg., Begründung, I. Allgemeines, Nr. 10.

Absatz 1 Satz 1 genannten Informationen, die das Angebot betreffen, erhalten hat, und zwar bis zu dem Zeitpunkt, zu dem das Ergebnis des Angebots bekannt gemacht wird oder das Angebot hinfällig wird. [3] Die Mitgliedstaaten können vorsehen, daß diese Genehmigung zu einem früheren Zeitpunkt erforderlich ist, beispielsweise wenn das Leitungs- oder das Verwaltungsorgan der Zielgesellschaft feststellt, daß die Abgabe des Angebots unmittelbar bevorsteht.

b) *Was vor der oben genannten Frist gefaßte Entscheidungen betrifft, die noch nicht teilweise oder vollständig umgesetzt wurden, so bedarf es einer Genehmigung oder Bestätigung der Hauptversammlung der Aktionäre, wenn die Entscheidung außerhalb des normalen Geschäftsverlaufs gefaßt wurde und ihre Umsetzung dazu führen könnte, daß das Angebot hinfällig wird.*

c) *Für das oben erwähnte Einholen der vorherigen Genehmigung der Hauptversammlung der Aktionäre können die Mitgliedstaaten Vorschriften vorsehen, wonach eine Hauptversammlung kurzfristig einberufen werden kann unter der Voraussetzung, daß sie nicht weniger als zwei Wochen nach ihrer Notifizierung abgehalten wird.*

d) *[1] Das Leitungs- oder das Verwaltungsorgan der Zielgesellschaft erstellt und veröffentlicht zu dem Angebot eine mit Gründen versehene Stellungnahme, die auch auf die Auswirkungen der Durchführung auf sämtliche Interessen der Gesellschaft, einschließlich der Beschäftigung, und auf die strategische Planung des Bieters für die Zielgesellschaft und deren wahrscheinliche Folgewirkung auf Arbeitsplätze und Standorte, wie in der Angebotsunterlage nach Artikel 6 Absatz 3 Buchstabe h dargelegt, eingeht. [2] Das Leitungs- oder das Verwaltungsorgan der Zielgesellschaft übermittelt diese Stellungnahme gleichzeitig den Arbeitnehmervertretern der Gesellschaft oder - in Ermangelung solcher Vertreter - den Arbeitnehmern selbst. [3] Soweit eine eigene Stellungnahme der Arbeitnehmervertreter zu den Auswirkungen der Durchführung auf die Beschäftigung rechtzeitig beim Leitungs- oder Verwaltungsorgan der Zielgesellschaft eingeht, ist diese beizufügen."*

Art. 9 Abs. 2 in der Fassung des Gemeinsamen Entwurfs:

„Die Mitgliedstaaten können dem Leitungs- oder dem Verwaltungsorgan der Zielgesellschaft gestatten, das Kapital der Gesellschaft während der Annahmefrist zu erhöhen, sofern die Hauptversammlung hierzu nicht früher als

18 Monate vor Beginn der Annahmefrist ihre vorherige Zustimmung erteilt hat und das Bezugsrecht aller Wertpapierinhaber gemäß Artikel 29 Absatz 1 der Zweiten Richtlinie 77/91/EWG des Rates vom 13. Dezember 1976 zur Koordinierung der Schutzbestimmungen, die in den Mitgliedstaaten den Gesellschaften im Sinne des Artikels 58 Absatz 2 des Vertrages im Interesse der Gesellschafter sowie Dritter für die Gründung der Aktiengesellschaft sowie für die Erhaltung und Änderung ihres Kapitals vorgeschrieben sind, um diese Bestimmungen gleichwertig zu gestalten, voll gewährleistet wird."

2. Entstehungsgeschichte

a) Pennington-Entwurf

Bereits der *Pennington*-Entwurf sah vor[406], daß es der Verwaltung der Zielgesellschaft nach Erhalt der Mitteilung des Bieters, ein Übernahmeangebot abzugeben, sowohl untersagt war, neue Aktien auszugeben, als auch außerhalb des normalen Geschäftsbetriebs wesentliche Teile des Gesellschaftsvermögens zu veräußern, sowie Rechtsgeschäfte vorzunehmen, die den Ausgang des Verfahrens beeinflussen können und ihrer Art oder nach den Umständen ungewöhnlich sind. Erlaubt sollten diese Maßnahmen nur nach einer ausdrücklichen Zustimmung der Hauptversammlung sein oder sofern die Zielgesellschaft sich bereits vor Erhalt der Mitteilung dazu rechtsgeschäftlich verpflichtet hatte.

Zudem war die Verwaltung der Zielgesellschaft zu einer ausführlichen Stellungnahme verpflichtet, die auch eine Empfehlung an die Aktionäre zu enthalten hatte[407].

b) Erster Vorschlag aus dem Jahr 1989

Im ersten Richtlinienvorschlag aus dem Jahr 1989[408] wurden die Befugnisse der Verwaltung der Zielgesellschaft dahingehend beschränkt[409], daß diese nach Er-

406 Art. 22 *Pennington*-Entwurf. Vgl. dazu *Behrens*, ZGR 1975, 433 (457); *Beß*, AG 1976, 206 (207 f.).

407 Art. 13 Abs. 1 *Pennington*-Entwurf. Vgl. dazu *Beß*, AG 1976, 169 (173).

408 Auf den Vorentwurf aus dem Jahr 1987 soll hier nicht näher eingegangen werden. Siehe dort Art. 10 sowie Art. 5 zu den Pflichten der Zielgesellschaft, die weitestgehend den im Vorschlag aus dem Jahr 1989 niedergelegten Verpflichtungen entsprachen.

409 Art. 8 Vorschlag 1989. Vgl. dazu *Eymann/Menichetti*, Die Regelung von Übernahmeangeboten und deren Umsetzung für den europäischen Binnenmarkt, S. 19; *Grunewald*, WM 1989, 1233 (1237); *Hopt* in FS Rittner, S. 187 (203 ff.); *Mertens*, AG 1990, 252 (258 f.); *Peltzer* in Assmann/Basaldua/Bozenhardt/Peltzer, Übernahmeangebote, S. 179 (208 ff.); *Salje*, JA 1990, 321 (327); *Sünner* in FS Quack, S. 457 (465 ff.).

halt der Mitteilung über die Absicht des Bieters zur Abgabe eines Angebots bis zum Ablauf der Annahmefrist keine Entscheidungen über die Ausgabe von Wertpapieren, mit denen ein Stimmrecht verbunden ist oder die in Wertpapiere mit Stimmrecht umgewandelt werden können, mehr treffen darf[410]. Gleiches galt für Entscheidungen über die Durchführung von „Rechtsgeschäften, die nicht zu den laufenden, zu normalen Bedingungen getätigten" gehören, sofern nicht die zuständige Aufsichtsbehörde ihre ausdrückliche Zustimmung erteilt hat[411]. Ausweislich der Begründung sollte es sich hierbei um außergewöhnliche Geschäfte im Sinne solcher, die weder im Rahmen der laufenden Geschäfte noch zu normalen Marktbedingungen geschlossen werden, handeln, die zu einem bedeutenden Verlust des Aktivvermögens der Zielgesellschaft führen[412]. Hingegen sollten jene Entscheidungen unter ausdrücklicher Zustimmung der Hauptversammlung zulässig sein[413]. Über solche Maßnahmen, die vor dem Angebot entschieden und ergriffen wurden, enthielt der Entwurf keine Regelung[414].

Weiterhin mußte die Verwaltung der Zielgesellschaft einen schriftlichen Bericht erarbeiten und diesen offenlegen, in dem sie zu dem Angebot Stellung nimmt[415]. Für den Fall, daß die Gegenleistung aus Wertpapieren besteht, für die zum Zeitpunkt des Angebots keine Zulassung auf amtliche Notierung besteht, mußte ein Bericht eines unabhängigen Sachverständigen erstellt und veröffentlicht werden[416]. Inhaltlich hatte der Bericht die Argumente für und wider das Angebot zu beinhalten sowie die Erwähnung, ob es sich um ein freundliches Angebot handelte oder nicht. Darüber hinaus sollten Vereinbarungen über die Ausübung der mit den Wertpapieren der Zielgesellschaft verbundenen Stimmrechte offengelegt werden. Die Veröffentlichung sollte spätestens vor Ende der Annahmefrist erfolgt sein. Die gleiche Verpflichtung bestand auch bei konkurrierenden Angeboten und Änderungen des ursprünglichen Angebots.

---

410 Art. 8 lit. a Vorschlag 1989.

411 Art. 8 lit. b Vorschlag 1989. Als „ordnungspolitischen Sündenfall" bezeichnete dies *Mertens*, AG 1990, 252 (259). Krit. auch *Immenga/Noll*, Feindliche Übernahmeangebote, S. 119 f.

412 Vgl. Begründung zu Art. 8 Vorschlag 1989, abgedruckt bei BR-Drs, 136/89, S. 14.

413 Dagegen wandte sich der Wirtschafts- und Sozialausschuß in seiner Stellungnahme und forderte, daß eine Kapitalerhöhung, die einmal in das Ermessen des Vorstands gestellt wurde, stets während des Übernahmeverfahrens möglich sein müsse, auch wenn die Hauptversammlung dazu nicht erneut befragt werde. Vgl. Stellungnahme vom 27. September 1989, CES 1031/1989, ABl. EG Nr. C 298 vom 27. November 1989, S. 56 (58). Insoweit unzutreffend die Einschätzung von *Sünner* in FS Quack, S. 457 (465), der die Notwendigkeit eines weiteren Beschlusses der Hauptversammlung übersieht.

414 Kritisch dazu angesichts der dadurch entstehenden Ungleichheiten bereits *Hahn*, ZBB 1990, 10 (20).

415 Art. 14 Abs. 1 Vorschlag 1989.

416 Art. 14 Abs. 2 Vorschlag 1989.

c) Geänderter Vorschlag aus dem Jahr 1990

Dem Grundsatz nach beibehalten wurde die Regelung der Verhaltenspflichten der Verwaltung im Geänderten Vorschlag aus dem Jahre 1990[417]. Insgesamt erfuhr die Vorschrift einige Präzisierungen, insbesondere im Hinblick auf die unklare Regelung des Art. 8 lit. b Vorschlag 1989[418]. Heranzuziehen war nunmehr auch ein allgemeiner Grundsatz zur Wahrnehmung der Aufgaben der Aufsichtsbehörde[419], wonach die Verwaltung der Zielgesellschaft im Interesse aller Aktionäre handeln sollte und den Erfolg des Angebots nicht vereiteln durfte.

Das Verwaltungs- oder Leitungsorgan der betroffenen Gesellschaft durfte nach Erhalt der Mitteilung des Bieters, daß er ein Angebot abgeben will, bis zur Offenlegung des Ergebnisses des Angebots keine Wertpapiere mehr ausgeben[420] oder Rechtsgeschäfte durchführen, die zur Folge hätten, daß der Aktiv- oder Passivbestand des Vermögens der Gesellschaft in bedeutsamer Weise geändert würde oder die Gesellschaft Verpflichtungen ohne Gegenleistung eingeht[421]. Das gleiche gilt in diesem Zeitraum auch - und insofern neu - für den Erwerb eigener Aktien[422]. Ausnahmen hiervon sollten nur dann zulässig sein, wenn entweder die Hauptversammlung ihre Zustimmung erteilt, was explizit geregelt bis zum Ablauf der Annahmefrist geschehen konnte[423], oder im Fall des Art. 8 Abs. 1 lit. b Vorschlag 1990 die Aufsichtsbehörde zugestimmt hat. Letzteres sollte insbesondere dann zum Tragen kommen, wenn die Verpflichtung zur Vornahme derartiger Rechtsgeschäfte noch vor Erhalt der Mitteilung eingegangen wurde[424]. Auch eine zuvor erteilte Zustimmung der Hauptversammlung zu einer Kapitalerhö-

417 Art. 8 Vorschlag 1990. Vgl. dazu *Berger*, ZIP 1991, 1644 (1656 ff.); *Depser*, RIW 1992, 351 (360 f.); *Ebenroth/Daum*, DB 1991, 1157 (1161); *Ebenroth/Rapp*, DZWiR 1991, 2 (7); *Grunewald*, WM 1991, 1361 (1365); *Nick*, ZfB 1991, 859 (869); *Niessen* in Kreuzer, Öffentliche Übernahmeangebote, S. 35 (44, 48 ff.).

418 Eine Zusammenfassung der Kritik an der Beschränkung der Abwehrbefugnisse der Zielgesellschaft in den ersten beiden Vorschlägen findet sich bei *Depser*, RIW 1992, 351 (360 f.).

419 Art. 6a lit. c Vorschlag 1990.

420 Art. 8 Abs. 1 lit. a Vorschlag 1990.

421 Art. 8 Abs. 1 lit. b Vorschlag 1990.

422 Art. 8 Abs. 1 lit. c Vorschlag 1990.

423 Art. 8 Abs. 2 Vorschlag 1990. Der Vorschlag des Europäischen Parlaments, das Übernahmeangebot auszusetzen, wenn die Verwaltung der Zielgesellschaft eine außerordentliche Hauptversammlung einberuft, fand keine Berücksichtigung. Vgl. Stellungnahme vom 17. Januar 1990, R3-92/1989, ABl. EG Nr. C 38 vom 19. Februar 1990, S. 41 (46). Dazu auch AG 1990, R40.

424 Vgl. *Berger*, ZIP 1991, 1644 (1658).

hung durfte unverändert nur nach erneuter Zustimmung während der Annahmefrist durchgeführt werden[425].

Die Vorschrift, wonach die Verwaltung der Zielgesellschaft eine Unterlage zu dem Angebot - nunmehr als Stellungnahme bezeichnet - anzufertigen hat, wurde gestrafft[426]. Inhaltlich sollte die Stellungnahme um die Angabe ergänzt werden, ob die Mitglieder der Verwaltung, soweit sie Inhaber von Wertpapieren der Zielgesellschaft sind, von der Annahme des Angebots Gebrauch machen werden[427]. Gestrichen wurden zum einen die Pflicht zur Beiziehung eines Sachverständigen in bestimmten Fällen sowie zum anderen das Erfordernis der Stellungnahme bei Angebotsänderungen und konkurrierenden Angeboten.

d) Revidierter Vorschlag aus dem Jahr 1996

Deutlich reduziert fanden sich die Vorschriften im grundlegend revidierten Vorschlag einer Rahmenrichtlinie aus dem Jahr 1996 wieder. Die Verwaltung der Zielgesellschaft hat sich in der unverändert übernommenen Zeitspanne aller Handlungen[428] zu enthalten, „durch die das Angebot vereitelt würde“[429]. Anders als in den vorherigen Vorschlägen wurde darauf verzichtet, derartige Abwehrmaßnahmen mit Ausnahme der Ausgabe neuer Wertpapiere im einzelnen zu benennen. Die Begründung beschränkt sich auf den Hinweis, daß von dem Verbot allgemein Handlungen erfaßt seien, die im normalen Geschäftsverlauf nicht vorgenommen würden oder die nicht den üblichen Marktgepflogenheiten entsprächen[430]. Mit Zustimmung der Hauptversammlung sollten derartige Maßnahmen allerdings zulässig sein. Eine solche durfte jedoch nicht bereits vor der Abgabe eines Angebots erteilt werden[431]. Die Begründung stellte explizit klar, daß die Hauptversammlung ihre Zustimmung zu solchen Maßnahmen ausdrücklich für

425 Vgl. *Berger*, ZIP 1991, 1644 (1658); *Niessen* in Kreuzer, Öffentliche Übernahmeangebote, S. 35 (49). Anders lautenden Vorschlägen wurde eine Absage erteilt. Vgl. oben Fn. 413. Dies zu verkennen scheinen *Ebenroth/Rapp*, DZWiR 1991, 2 (7).

426 Art. 14 Vorschlag 1990.

427 Art. 14 lit. b Vorschlag 1990.

428 An dem Begriff der Entscheidungen wurde nicht mehr festgehalten, da es als problematisch angesehen wurde, festzustellen, wann genau eine Entscheidung getroffen ist. Vgl. Stellungnahme des Wirtschafts- und Sozialausschusses zum Vorschlag 1990 vom 28. Februar 1991, CES 277/1991, ABl. EG Nr. C 102 vom 18. April 1991, S. 49 (51), 2.5.

429 Art. 8 lit. a Vorschlag 1996. Vgl. dazu *Krause*, AG 1996, 209 (214 f.); *Monti* in von Rosen/Seifert, Übernahme börsennotierter Unternehmen, S. 15 (25 f.); *Roos*, WM 1996, 2177 (2185); *Schuster*, EuZW 1996, 237 (240).

430 Vgl. Begründung zu Art. 8 Vorschlag 1996, abgedruckt bei BR-Drs. 162/95, S. 8.

431 Vgl. *Monti* in von Rosen/Seifert, Übernahme börsennotierter Unternehmen, S. 15 (25). Offengelassen von *Krause*, AG 1997, 209 (215).

ein bestimmtes Angebot erteilen muß[432]. Ergänzend heranzuziehen ist der inhaltlich nur leicht modifizierte Interessenwahrungsgrundsatz, der nunmehr als allgemeiner Grundsatz festgelegt war[433].

Weiterhin ist die Verwaltung der Zielgesellschaft gehalten, zu dem Angebot eine begründete Stellungnahme zu veröffentlichen[434]. Eine bestimmte Frist ist hierfür nicht vorgesehen.

e) Geänderter Vorschlag aus dem Jahr 1997

Der Geänderte Richtlinienvorschlag des Jahres 1997 hielt im Hinblick auf die Vorgaben für das Verhalten der Leitung der Zielgesellschaft annähernd unverändert an dem Vorgängerentwurf fest[435]. Auf Anregung des Europäischen Parlaments[436] wurde jetzt auch im Wortlaut des Richtlinientextes deutlich herausgestellt, daß die Zustimmung der Hauptversammlung während der Angebotsfrist zu erfolgen hat, damit die Aktionäre in Kenntnis sämtlicher Tatsachen entscheiden können[437]. Ausweislich der Begründung findet Art. 8 lit. a auch Anwendung auf Art. 19 Abs. 1 lit. a und Abs. 2 der Kapitalrichtlinie[438], wonach die Mitglieder des Verwaltungsorgans bis zu 10 Prozent eigener Aktien der Gesellschaft ohne Genehmigung der Hauptversammlung erwerben können, sofern dies zur Abwendung eines schweren, unmittelbar bevorstehenden Schadens der Gesellschaft nötig ist. Damit soll eine Umgehung des Zustimmungserfordernisses der Hauptversammlung vermieden werden[439]. Anderenfalls wäre es nämlich denkbar, das Übernahmeangebot als solchen Schaden zu deklarieren, um dadurch die Nichteinbeziehung der Hauptversammlung zu rechtfertigen. Durch diese beiden Neuerungen wurde ausdrücklich den Bestrebungen des Wirtschafts- und Sozialausschusses eine Absage erteilt, der in seiner Stellungnahme gefordert hatte,

---

432 Vgl. Begründung zu Art. 8 Vorschlag 1996, abgedruckt bei BR-Drs. 162/95, S. 8.

433 Art. 5 Abs. 1 lit. c Vorschlag 1996. Nunmehr hieß es, daß die Verwaltung der Zielgesellschaft im Interesse der gesamten Gesellschaft handeln muß. Die Begründung betonte jedoch, daß vorrangig die Interessen der Aktionäre zu berücksichtigen seien. Vgl. Begründung zu Art. 5 Vorschlag 1996, abgedruckt bei BR-Drs. 162/95, S. 7.

434 Art. 8 lit. b Vorschlag 1996.

435 Art. 8 lit. a Vorschlag 1997. Vgl. dazu *Mülbert*, IStR 1999, 83 (87 ff.); *Weber*, EuZW 1998, 464 (468); *Weisner*, Verteidigungsmaßnahmen, S. 303 ff.; *Witt*, EWS 1998, 318 (323); *Wolf*, AG 1998, 212 (219 f.).

436 Legislative Entschließung vom 26. Juni 1997, R4-204/1997, ABl. EG Nr. C 222 vom 21. Juli 1997, S. 20 (24), Änderung 20.

437 Vgl. Begründung zu Art. 8 lit. a Vorschlag 1997, abgedruckt bei *Neye*, ZIP 1997, 2172 (2176).

438 2. Richtlinie auf dem Gebiet des Gesellschaftsrechts vom 13. Dezember 1976 - 77/91/EWG, ABl. EG Nr. L 26 vom 31. Januar 1977, S. 1.

439 Vgl. Begründung zu Art. 8 lit. a Vorschlag 1997, abgedruckt bei *Neye*, ZIP 1997, 2172 (2176).

dem „stets verantwortungsvoll und im Interesse der Aktionäre" handelnden Vorstand mehr Freiräume zu gewähren[440]. Danach sollte in dringenden Fällen auch ohne die Befragung der Hauptversammlung die Vornahme von Abwehrmaßnahmen gestattet werden.

Eine nicht unerhebliche Änderung erfuhr der das Handeln des Leitungs- und Verwaltungsorgans betreffende allgemeine Grundsatz. Danach hat die Verwaltung bei ihrem Vorgehen sämtliche Interessen der Gesellschaft, „einschließlich der Beschäftigung", zu berücksichtigen. Dazu gehört ausweislich der Begründung insbesondere die Einbeziehung der Sicherung der Arbeitsplätze[441], wie vom Europäischen Parlament gewünscht[442].

Die Verpflichtung zur Veröffentlichung einer Stellungnahme erfuhr keinerlei Veränderungen[443].

aa) Gemeinsamer Standpunkt

Unter unveränderter Beibehaltung im Grundsatz[444] fanden sich etwas detailliertere Vorgaben sodann im Gemeinsamen Standpunkt[445]. Mit Ausnahme der Suche nach konkurrierenden Angeboten[446] war der Verwaltung der Zielgesellschaft

---

440 Vgl. Stellungnahme vom 11. Juli 1996, 876/1996, ABl. EG Nr. C 295 vom 7. Oktober 1996, S. 1 (5).

441 Vgl. Begründung Art. 5 lit. c Vorschlag 1997, abgedruckt bei *Neye*, ZIP 1997, 2172 (2176).

442 Legislative Entschließung vom 26. Juni 1997, R4-204/1997, ABl. EG Nr. C 222 vom 21. Juli 1997, S. 20 (22), Änderung 11. In dem Bericht des Ausschusses für Recht und Bürgerrechte vom 4. Juni 1997, A-4-204/97, heißt es in der Begründung, Nr. 17 gar: „Die Sicherung der Arbeitsplätze sollte unsere erste Sorge sein." In diese Richtung zielte auch der Vorschlag, eine Verpflichtung des Vorstands zur Konsultation der Arbeitnehmer bei der Erstellung der Stellungnahme einzuführen, der jedoch unberücksichtigt blieb, vgl. ebenda, S. 24, Änderung 21.

443 Art. 8 lit. b Vorschlag 1997.

444 Hierüber bestand nahezu einhellige Übereinstimmung bei den Verhandlungen im Rat, vgl. *Pötzsch/Möller*, WM 2000, Sonderbeilage 2, 10.

445 Art. 9 Gemeinsamer Standpunkt. Vgl. dazu *Clarke*, EBLR 1999, 482 (490); *Hopt* in FS Koppensteiner, S. 61 (65 ff.); *ders.* in FS Lutter, S. 1361 (1363 ff.); *Dimke/Heiser*, NZG 2001, 241 (258 f.); *van Hulle*, EWS 2000, 521 (524); *Kiem*, ZIP 2000, 1509 (1510); *Kirchner*, WM 2000, 1821 (1828 f.); *Kort* in FS Lutter, S. 1421 (1424 f.); *Krause*, NZG 2000, 905 (910 ff.); *Merkt*, ZHR 165 (2001), 224 (231 ff.); *Neye*, AG 2000, 289 (294); *Pötzsch/Möller*, WM 2000, Sonderbeilage 2, 10; *Terlitza* in JbJZivW 2000, 217 (235 ff.); *Weisner*, ZRP 2000, 520 (524 f.).

446 In den Vorgängerentwürfen war die Suche nach einem konkurrierenden Angebot nicht ausdrücklich geregelt. Dennoch wurde überwiegend im Wege der Auslegung zu Recht vertreten, daß die Suche nach einem konkurrierenden Angebot zuzulassen sei. Denn das Vereitelungsverbot sei so zu verstehen, daß nicht das konkrete Angebot des ersten Bie-

der Abschluß von solchen Handlungen untersagt, durch die das Angebot vereitelt werden könnte. Als solche gesondert erwähnt wurde insbesondere die Ausgabe von Gesellschaftsanteilen[447], durch die der Bieter auf Dauer an der Erlangung der Kontrolle über die Zielgesellschaft gehindert werden könnte. Verteidigungsmaßnahmen bedürfen wie bisher der Zustimmung der Hauptversammlung während der Annahmefrist[448]. Neu ist jedoch die Zulassung von Vorratsermächtigungen für den Fall einer während der Annahmefrist durchzuführenden Kapitalerhöhung, die allerdings zu Beginn der Angebotsfrist nicht älter als achtzehn Monate sein und einen Bezugsrechtsausschluß nicht vorsehen dürfen[449]. Ein solcher Vorratsbeschluß hat sich ausschließlich und konkret auf die Übernahme zu beziehen[450].

Im allgemeinen Grundsatz zum Handeln unter Wahrung der Interessen der Zielgesellschaft wurde zum einen die ausdrückliche Einbeziehung der Interessen der Beschäftigung wieder gestrichen[451]. Zum anderen wurde ein neuer Halbsatz angefügt, der hervorheben sollte[452], daß den Wertpapierinhabern nicht die Möglichkeit vorenthalten werden darf, das Angebot selbst zu beurteilen.

Die von der Leitung der Zielgesellschaft abzugebende Stellungnahme sollte nunmehr auch auf die Auswirkungen der Durchführung des Angebots auf sämtliche Interessen der Gesellschaft, einschließlich der Beschäftigung, eingehen[453].

bb) Zweite Lesung des Europäischen Parlaments

Die zweite Lesung im Europäischen Parlament führte zu teilweise erheblichen Änderungen sämtlicher einschlägiger Vorschriften[454]. Im Hinblick auf die Rege-

---

ters, sondern das Angebot insgesamt, einschließlich eines konkurrierenden, gemeint sei. Vgl. *Hopt* in FS Zöllner, S. 253 (261), Fn. 32; auch *Mülbert*, IStR 1999, 83 (92).

447 Insoweit eine Beschränkung gegenüber den beiden Vorgängerentwürfen, in denen noch von „Wertpapieren“ die Rede war.

448 Dazu wurde eigens in Art. 7 Abs. 2 S. 2 des Gemeinsamen Standpunkts eine Neuerung aufgenommen, die dem Aufsichtsorgan gestattete, für diesen Fall eine Abweichung von der Angebotsfrist zuzulassen, was auf deutschen Wunsch hin geschah. Vgl. *Hopt* in FS Lutter, 1361 (1365).

449 Art. 9 Abs. 2 Gemeinsamer Standpunkt. Dabei handelte es sich um eine in das Ermessen der Mitgliedstaaten gestellte Option.

450 Entgegen *Merkt*, ZHR 165 (2001), 224 (231), kann hierin allerdings keine Schwächung der Stellung des Vorstands erblickt werden, das Gegenteil ist der Fall. Dazu unten S. 91 ff. Zu den einzelnen Verhandlungspositionen *Neye*, AG 2000, 289 (294).

451 Art. 3 Abs. 1 lit. c Gemeinsamer Standpunkt.

452 Vgl. Begründung zu Art. 3 Abs. 1 lit. c des Gemeinsamen Standpunkts, abgedruckt in ABl. EG Nr. C 23 vom 24. Januar 2001, S. 1 (11).

453 Art. 9 Abs. 1 lit. b Gemeinsamer Standpunkt.

lung der Verhaltenspflichten wurde zunächst beschlossen[455], die Anwendung der Vorschrift bereits auf den Zeitpunkt vorzuverlagern, ab dem das Leitungs- oder Verwaltungsorgan der Zielgesellschaft auf irgendeine Weise Kenntnis von dem Angebot erhalten hat[456]. Mit der bedeutsamsten Änderung brachte das Europäische Parlament das Modell einer modifizierten *Business Judgement Rule* nach US-amerikanischem Vorbild ins Spiel[457]. Über die bisher bestehende Regelung hinaus sollte danach das Aufsichtsorgan[458] im Einklang mit dem nationalen Gesellschaftsrecht Leitlinien für die Zulässigkeit von Abwehrmaßnahmen festlegen, die über die Suche nach konkurrierenden Angeboten hinausgehen[459]. Hält sich das Leitungs- oder Verwaltungsorgan der Zielgesellschaft an diese Leitlinien, kann der nationale Gesetzgeber für alle Maßnahmen, die nicht ohnehin nach Art. 9 des Gemeinsamen Standpunkts zulässig sind oder sich außerhalb dieser Leitlinien bewegen, alternativ vorsehen, daß entweder das Leitungs- oder Verwaltungsorgan die vorherige Zustimmung des zuständigen Aufsichtsorgans einholen muß[460] oder daß das Aufsichtsorgan die Möglichkeit erhält, auf Antrag von Wertpapierinhabern, die wenigstens ein Prozent der Stimmrechte halten, solche Abwehrmaßnahmen zu untersagen[461]. Ausdrücklich vorgesehen waren

---

454 Hierzu zählte auch die Ausdehnung der Annahmefrist von zehn Wochen auf drei Monate, die ebenfalls vor dem Hintergrund der Auflockerung des Vereitelungsverbots erfolgte. Art. 7 Abs. 1 Legislative Entschließung vom 13. Dezember 2000, Abänderung 16.

455 Vgl. dazu *Hopt* in FS Koppensteiner, S. 61 (64 f.), Fn. 11 a.E.; *Krieger* in Henze/Hoffmann-Becking, Gesellschaftsrecht 2001, S. 289 (320 f.); *Körner*, DB 2001, 367 (371); *Merkt*, ZHR 165 (2001), 224 (231, 253 ff.).

456 Art. 9 Abs. 1 lit. a Legislative Entschließung vom 13. Dezember 2000, Abänderung 20.

457 Bemerkenswert ist in diesem Zusammenhang, daß der Berichterstatter *Lehne* selbst dieses Modell lediglich als Verhandlungsposition mit geringen Chancen betrachtete, das letztlich nur darauf abzielen sollte, sich am Ende auf die favorisierte Lösung der erweiterten Vorratsbeschlüsse zu einigen. Danach sollen die Hauptversammlungen die Möglichkeit haben, im voraus die Organe der Gesellschaft zu Abwehrmaßnahmen zu ermächtigen oder die Kompetenz hierzu an andere Organe zu übertragen. Vgl. *Lehne*, Forum Seminarunterlagen vom 2. Februar 2001, S. 71 (77). So auch die Einschätzung von *Hopt* in FS Koppensteiner, S. 61 (64 f.), Fn. 11 a.E., der die Regelung als „wenig klar" und „alle Zeichen eines politischen Kompromisses" tragend bezeichnet. Auch *Merkt*, ZHR 165 (2001), 224 (254): „Spielmasse für das Vermittlungsverfahren".

458 Zur Klarstellung sei darauf hingewiesen, daß damit die nationale Aufsichtsbehörde gemeint war, keinesfalls - wie man auf den ersten Blick mißverständlich annehmen könnte - der Aufsichtsrat.

459 Art. 9 Abs. 2a lit. a Legislative Entschließung vom 13. Dezember 2000, Abänderung 17.

460 Art. 9 Abs. 2a lit. b i) Legislative Entschließung vom 13. Dezember 2000, Abänderung 17.

461 Art. 9 Abs. 2a lit. b ii) Legislative Entschließung vom 13. Dezember 2000, Abänderung 17.

danach auch Vorratsbeschlüsse[462]. Zusätzlich erhalten die Wertpapierinhaber die Möglichkeit, die Grenzen des Entscheidungsermessens der Leitungsorgane überprüfen zu lassen und gegebenenfalls Schadenersatzansprüche gegenüber den Mitgliedern des Leitungs- oder Verwaltungsorgans geltend zu machen[463]. Schließlich sollten alle diejenigen Abwehrmaßnahmen, die „vorher"[464] von der Hauptversammlung für die Dauer der Annahmefrist genehmigt worden sind, „jedenfalls zulässig" sein und nicht von dem Aufsichtsorgan untersagt werden[465].

Überdies wurde im Hinblick auf das Gebot der Interessenwahrung das Interesse der gesamten Gesellschaft dahingehend präzisiert, daß davon insbesondere das Interesse der Geschäftspolitik und seiner Fortführung, der Aktionäre und der Belegschaft umfaßt sein sollte, und zudem das Interesse auf die Sicherung von Arbeitsplätzen bedacht sein sollte[466].

Hinsichtlich der Verpflichtung zur Veröffentlichung einer Stellungnahme wurde zusätzlich beschlossen, daß, soweit die Vertretung der Arbeitnehmer eine eigene Stellungnahme angefertigt hat, diese beizufügen ist[467].

cc) Stellungnahme der Kommission

Die Kommission nahm die zeitliche Vorverlagerung der Vorgaben für das Verhalten der Verwaltung an, da dadurch eine Stärkung des als solchen bezeichneten „Neutralitätsgrundsatzes" herbeigeführt werde[468]. Allerdings wurden die übrigen vorstehend dargestellten Änderungen verworfen. Für eine Rahmenrichtlinie sei eine zu detaillierte Liste im Hinblick auf das Gebot der Interessenwahrung unangemessen[469]. Die Änderungen hinsichtlich der Verhaltensregeln entsprächen nicht dem „Geist der Bestimmung", wonach nur die Aktionäre über das Schicksal der Zielgesellschaft bestimmen können. Zudem könne die Einbe-

---

462 Art. 9 Abs. 2a lit. d Legislative Entschließung vom 13. Dezember 2000, Abänderung 17.

463 Art. 9 Abs. 2a lit. c Legislative Entschließung vom 13. Dezember 2000, Abänderung 17.

464 Nicht ganz ersichtlich wird, was genau mit der - für den Vorschlag insgesamt geltenden - unpräzisen Bezeichnung gemeint sein soll. Angesichts der damit beabsichtigten faktischen Abschaffung der „Neutralitätspflicht" dürfte wohl der Zeitraum vor Eingreifen der Verhaltenspflicht gemeint sein.

465 Art. 9 Abs. 2a lit. d Legislative Entschließung vom 13. Dezember 2000, Abänderung 17.

466 Art. 3 Abs. 1 lit. c Legislative Entschließung vom 13. Dezember 2000, Abänderung 6.

467 Art. 9 Abs. 1 lit. b Legislative Entschließung vom 13. Dezember 2000, Abänderung 20.

468 Stellungnahme vom 12. Februar 2001, KOM(2001)77 endg., 3.1.

469 Stellungnahme vom 12. Februar 2001, KOM(2001)77 endg., 3.1.4.

ziehung der Gerichte in Übernahmeverfahren zu unzumutbaren Verzögerungen führen und sollte daher vermieden werden[470].

3. Die Regelungen im einzelnen

Der Gemeinsame Entwurf stellt das Ergebnis der Beratungen des Vermittlungsausschusses dar, der einberufen wurde, nachdem der Rat in zweiter Lesung die Änderungen des Europäischen Parlaments nicht gebilligt hatte[471]. Den Verhandlungen lag der Gemeinsame Standpunkt, einschließlich der unterbreiteten Änderungsvorschläge des Parlaments, zugrunde. Die umstrittene Regelung des Art. 9 des Gemeinsamen Entwurfs[472] war wesentlicher Bestandteil eines Gesamtkompromisses[473] und hat infolgedessen eine leicht modifizierte Gestalt angenommen, worauf nun im einzelnen einzugehen ist.

a) Verhaltenspflichten nach Art. 9 Abs. 1 lit. a bis c, Abs. 2

Die Regelung der Verhaltenspflichten der Verwaltung der Zielgesellschaft wurde unter Beibehaltung des Grundsatzes insgesamt umfangreicher gestaltet, erfuhr dabei einige Präzisierungen und erlangte ein höheres Maß an Flexibilität[474].

aa) Vereitelungsverbot

Unverändert war es der Verwaltung der Zielgesellschaft untersagt, nach Erhalt der Informationen über die Bekanntgabe der Entscheidung zur Abgabe eines Angebots[475] bis zur Offenlegung des Ergebnisses[476] Handlungen vorzunehmen, „durch die das Angebot vereitelt werden könnte", Art. 9 Abs. 2 lit. a S. 1, 2[477]. Aus dem Wortlaut der Regelung ergibt sich, daß auf die objektive Eignung der Handlung zur Vereitelung des Angebots abzustellen ist („könnte"). Auf eine

---

470 Stellungnahme vom 12. Februar 2001, KOM(2001)77 endg., 3.1.5.

471 Eingehend dazu oben S. 68 ff.

472 Im folgenden beziehen sich Artikel ohne nähere Bezeichnung auf die Übernahmerichtlinie in der Fassung des vom Vermittlungsausschuß gebilligten Gemeinsamen Entwurfs.

473 Nochmals hingewiesen sei auf die besondere Umsetzungsfrist für Art. 9, die gegenüber der allgemeinen Umsetzungsfrist ein weiteres Jahr Aufschub gewähren sollte, Art. 15 Abs. 1 S. 2.

474 Vgl. dazu *Altmeppen*, ZIP 2001, 1073 (1074); *Freshfields Bruckhaus Deringer*, The Takeover Directive, S. 8 f.; *Krause*, IFLR 7/2001; 18 (19); *Neye*, ZIP 2001, 1120 (1122 f.); *Pluskat*, WM 2001, 1937 (1938).

475 Siehe Art. 6 Abs. 1 S. 1.

476 Bzw. der Hinfälligkeit des Angebots.

477 Im folgenden soll im Zusammenhang mit der EU-Übernahmerichtlinie der Begriff des „Vereitelungsverbots" beibehalten werden.

subjektive Komponente im Sinne einer Vereitelungsabsicht kommt es hingegen nicht an[478].

(1) Vorherige Zustimmung der Hauptversammlung

Wie bislang sollte die Vornahme derartiger Handlungen nur dann gestattet sein, sofern die vorherige Zustimmung[479] der Hauptversammlung eingeholt wurde. Nicht ausreichend ist hingegen die Genehmigung bereits durchgeführter Maßnahmen.

(a) Zeitpunkt der Zustimmung

(aa) Problemstellung

In diesem Kontext erfuhr die Regelung allerdings eine Abänderung dahingehend, daß nicht - wie noch gemäß dem Gemeinsamen Standpunkt - die Einholung des Hauptversammlungsbeschlusses in zeitlicher Hinsicht mit der Annahmefrist verknüpft wurde. Dort hatte es noch ausdrücklich geheißen, daß die Zustimmung der Hauptversammlung während der Annahmefrist zu erteilen ist. Im Gemeinsamen Entwurf hingegen wurde das Zustimmungserfordernis in Bezug zu dem für das Verhalten der Verwaltung maßgeblichen Zeitraum nach Art. 9 Abs. 1 lit. a S. 2 gesetzt. Dies hätte zur Folge, daß die Entscheidung der Hauptversammlung nicht ausschließlich während der Annahmefrist, also nach Abgabe des eigentlichen Übernahmeangebots als deren Beginn eingeholt werden kann, sondern bereits vor diesem Zeitpunkt.

Ob die Regelung in diesem Sinne zu verstehen ist, erscheint jedoch fraglich. Sinn und Zweck der Einholung eines Zustimmungsbeschlusses liegt darin, es den Aktionären zu ermöglichen, in Kenntnis der maßgeblichen Angebotskonditionen über das Ergreifen von Abwehrmaßnahmen zu entscheiden. In diesem Fall trifft die Mehrheit der Aktionäre eine Entscheidung darüber, wie auf das Angebot zu reagieren ist. Der Vorstand ist hierbei ausführendes Organ der Aktionäre. Selbstredend können diese erst mit Vorlage des Angebots von dessen Inhalt Kenntnis erlangen und nicht bereits durch die bloße Bekanntgabe der Übernahmeabsicht. Eine Entscheidung der Hauptversammlung vor Herausle-

478 Zutreffend *Hopt* in FS Koppensteiner, S. 61 (85); *ders.* in FS Lutter, S. 1361 (1387); *Krieger* in Henze/Hoffmann-Becking, Gesellschaftsrecht 2001, S. 289 (305); *Terlitza* in JbJZivW 2000, 217 (237), sowie *Mülbert*, IStR 1999, 83 (91).

479 Der Richtlinientext benutzt insofern etwas irreführend den untechnisch zu verstehenden Begriff der „vorherigen Genehmigung".

gung des Übernahmeangebots entbehrt daher bereits der inhaltlichen Grundlage und hätte spekulativen Charakter[480].

(bb) Zustimmung bereits nach Bekanntgabe der Übernahmeabsicht

Betrachtet man die Entstehungsgeschichte des Art. 9, wird deutlich, daß die ausdrückliche Klarstellung im Richtlinientext, wonach die Entscheidung der Hauptversammlung nicht bereits schon im voraus eingeholt werden kann, explizit den Bezug zur Annahmefrist herstellte. Diese erfolgte auf Anregung des Europäischen Parlaments erstmals im Vorschlag aus dem Jahr 1997 mit der Begründung, daß die Aktionäre in Kenntnis der Angebotsunterlage entscheiden sollten[481]. An dieser Formulierung wurde unverändert bis zum Gemeinsamen Standpunkt festgehalten. Vor diesem Hintergrund könnte Anlaß zu der Annahme bestehen, daß infolge der grundlegenden redaktionellen Überarbeitung des Kompromißtextes die Herstellung der zeitlichen Verknüpfung der Zustimmung der Hauptversammlung mit der Annahmefrist unbeabsichtigt unterblieb.

Zu einem anderen Ergebnis könnte man allerdings gelangen, wenn man die Regelung des Art. 9 Abs. 1 lit. a S. 1, 2 im Zusammenhang mit dem neu angefügten Art. 9 Abs. 1 lit. a S. 3 betrachtet. Danach wird es den Mitgliedstaaten freigestellt, über die Regelung der beiden vorangehenden Sätze hinaus, das Erfordernis der Einholung der vorherigen Zustimmung bereits auf einen früheren Zeitpunkt zu erstrecken. Beispielhaft nennt der Gemeinsame Entwurf den Zeitpunkt, zu dem die Verwaltung feststellt, daß die Abgabe eines Angebots unmittelbar bevorsteht. Hierunter dürften etwa aufkommende Gerüchte am Markt zu verstehen sein, die jedoch hinreichend fundiert sein müßten. Im Wege des Erst-Recht-Schlusses läßt sich der Gesamtschau der Regelungen des Art. 9 Abs. 1 lit. a S. 1 bis 3 somit entnehmen, daß es dem Willen der Verfasser der Richtlinie entsprechen müßte, die Einholung der Zustimmung nach Bekanntgabe des Übernahmeentschlusses zuzulassen. Denn sofern den einzelnen Staaten die Option eingeräumt werden sollte, die Einholung der Zustimmung bereits vor der Bekanntgabe des Übernahmeentschlusses ausreichen zu lassen, muß dies erst recht für den Zeitraum nach der Bekanntgabe gelten. Schließlich könnten die Entscheidungsträger in der Hauptversammlung im letzteren Fall wenigstens auf die Information zurückgreifen, wer denn zur Übernahme der Zielgesellschaft gewillt ist. Wohingegen eine solche Entscheidung bereits vor Bekanntgabe der Entscheidung zur Abgabe eines Angebots quasi „ins Nichts" hinein gefaßt werden müßte.

---

480 Anderer Ansicht offenbar *Dimke/Heiser*, NZG 2001, 241 (258), sowie *Kallmeyer*, AG 2000, 553 f.; zu letzterem die Erwiderungen von *Baudisch* und *Götz* in AG 2001, 251 ff., 154 ff.; auch *Merkt*, ZHR 165 (2001), 224 (252 f.).

481 Dazu oben S. 86.

Als Zwischenergebnis kann daher an dieser Stelle festgehalten werden, daß - vorausgesetzt man interpretiert die Regelung des Art. 9 Abs. 1 lit. a S. 3 dahingehend, daß die Einholung der Entscheidung der Hauptversammlung bereits vor dem Zeitpunkt der Bekanntgabe der Übernahmeabsicht zulässig ist - nicht von einem Redaktionsversehen im Hinblick auf die Regelung des Art. 9 Abs. 1 lit. a S. 1, 2 auszugehen ist. Vielmehr ist in jedem Fall ein solcher Beschluß über die Annahmefrist hinaus auch schon zuvor ab dem Zeitpunkt der Bekanntgabe der Übernahmeabsicht möglich.

(cc) Bedeutung des Art. 9 Abs. 1 lit. a S. 3

Diese Annahme ließe sich folglich nur dann widerlegen, wenn der Regelung des Art. 9 Abs. 1 lit. a S. 3 eine anderweitige Bedeutung zukäme. Dazu soll erneut ein Blick auf die entstehungsgeschichtliche Entwicklung geworfen werden. Der Gedanke einer zeitlichen Vorverlagerung wurde erstmals in den Änderungsvorschlägen des Europäischen Parlaments in zweiter Lesung aufgegriffen. In Anlehnung an die britische Regelung[482] sollten die Verhaltenspflichten der Verwaltung bereits dann eingreifen, wenn diese, „auf welchem Weg auch immer", Kenntnis von dem Angebot erlangt hat. Die Kommission begrüßte diese Änderung in ihrer Stellungnahme und sah darin zu Recht eine Stärkung des Gedankens der „Neutralität"[483]. Nach diesem Konzept sollte die Vorverlagerung der Verhaltenspflichten in der Weise vorgenommen werden, daß der nach dem Gemeinsamen Standpunkt maßgebliche Zeitraum weiter gefaßt werden sollte. Keine Auswirkungen sollte dieses Vorgehen hingegen auf den Zeitraum haben, in dem die Zustimmung der Hauptversammlung einzuholen ist, so daß dazu unverändert die Annahmefrist maßgeblich war.

Die nunmehr vorliegende Fassung des Art. 9 Abs. 1 lit. a läuft jedoch im Ergebnis genau auf das Gegenteil hinaus. Versteht man die Regelung des Art. 9 Abs. 1 lit. a S. 3 in dem vorstehend geschilderten Sinne, erfolgt zwar eine zeitliche Vorverlagerung der Verhaltensanforderungen an die Verwaltung. Denn indem die Einholung der vorherigen Zustimmung der Hauptversammlung bereits zu einem früheren Zeitpunkt erforderlich wird, bedeutet dies zugleich, daß in diesem früheren Zeitraum der Vorstand nicht ohne Genehmigung das Angebot vereitelnde Handlungen vornehmen darf.

Allerdings unterscheidet sich diese Regelung nicht unerheblich von dem seitens des Parlaments angeregten Konzept, da nach dessen Vorschlag derjenige Zeitraum, der für das Verhalten der Verwaltung maßgeblich ist, ausgedehnt wird, und die Hauptversammlung unverändert nur innerhalb der Annahmefrist befragt

482 Dazu unten in Kap. 4, S. 193 ff.
483 Siehe dazu die Nachweise oben Fn. 468.

werden darf. Hingegen wird vorliegend nicht nur die Verhaltenspflicht vorverlagert, sondern vielmehr - und erst infolgedessen die Verhaltenspflicht - die Möglichkeit zur Einholung eines die Verwaltung von dem Vereitelungsverbot befreienden Hauptversammlungsbeschlusses. Mit anderen Worten bedeutet dies: Während nach dem ursprünglich vorgeschlagenen Konzept des Parlaments - wie die Kommission treffend bemerkt hat[484] - die im Grundsatz bestehende Neutralität gestärkt und gleichzeitig die Stellung der Verwaltung geschwächt wird, erreicht die Regelung des Gemeinsamen Entwurfs ein gegenläufiges Ergebnis, nämlich die erhebliche Ausweitung der Handlungsfreiräume des Vorstands und im Gegenzug die Schwächung der Stellung der Aktionäre.

(dd) Fazit

Angesichts dieses grundlegend gegensätzlichen Ergebnisses kann keineswegs angenommen werden, daß es sich bei der in Art. 9 Abs. 1 lit. a S. 1, 2 fehlenden Verknüpfung von Hauptversammlungsbeschluß und Annahmefrist um ein redaktionelles Versehen handelt. Vielmehr ist die gesamte Regelung des Art. 9 Abs. 1 lit. a vor dem Hintergrund des Ringens um einen Vermittlungskompromiß zu sehen. Das Europäische Parlament war in Zweiter Lesung nur vordergründig bereit, eine Ausweitung des kritischen Zeitraums betreffend die Verhaltenspflichten zuzugestehen, da zugleich mit den übrigen Änderungsvorschlägen das Vereitelungsverbot *de facto* vollständig abgeschafft worden wäre. Die nunmehr erzielte teilweise Verwässerung des Vereitelungsverbots muß daher im Gesamtzusammenhang als eines der Zugeständnisse an das Europäische Parlament betrachtet werden, die notwendig waren, um das Vermittlungsverfahren nicht scheitern zu lassen.

Im Ergebnis läßt sich daher festhalten, daß Art. 9 Abs. 1 lit. a gegenüber dem Gemeinsamen Standpunkt eine erhebliche Veränderung erfahren hat, die eine Zustimmung der Hauptversammlung zu Abwehrmaßnahmen nunmehr wenigstens ab der Bekanntgabe der Übernahmeabsicht und optional bereits vor diesem Zeitpunkt ermöglicht. Gestützt wird diese Erkenntnis einerseits auf die Gesamtschau der Regelungen des Art. 9 Abs. 1 lit. a S. 1, 2 und Art. 9 Abs. 1 lit. a S. 3 sowie andererseits auf die Entstehung des gesamten Art. 9 Abs. 1 lit. a.

(b) Erleichterte Einberufung der Hauptversammlung

Eine weitere Neuerung erlaubt es den Mitgliedstaaten, Vorschriften zu erlassen, welche die Einberufung einer Hauptversammlung, die über Verteidigungsmaßnahmen entscheiden soll, mit einer deutlich verkürzten Frist von wenigstens

484 Dazu oben Fn. 468.

zwei Wochen gestattet[485]. Mit dieser Vorschrift soll der Kritik an der faktischen Unmöglichkeit der Durchführung einer Hauptversammlung während der Annahmefrist entgegengetreten werden. Einige Stimmen hatten behauptet, daß auf Grund der erheblichen Vorlaufzeiten für die Abhaltung der Hauptversammlung, insbesondere der langen Einberufungsfristen, eine effektive Reaktion der Zielgesellschaft nicht möglich sei[486]. Die Regelung ist aber auch im Zusammenhang mit der erheblich ausgeweiteten Regelung des Art. 9 Abs. 1 lit. a zu sehen, um bereits in diesem frühen Stadium die Abhaltung einer Hauptversammlung zu ermöglichen.

(2) Einzelne zulässige Maßnahmen

Nachfolgend soll auf die trotz des Vereitelungsverbots bzw. neben dem Vereitelungsverbot zulässigen Maßnahmen eingegangen werden. Es versteht sich von selbst, daß hierbei nicht die breite Palette denkbarer Abwehrmaßnahmen auf ihre Verträglichkeit mit dem Gemeinsamen Entwurf erörtert werden kann. Vielmehr soll ein Überblick gegeben werden, der sich eng an den Vorgaben des Art. 9 orientiert.

(a) Nicht in die Entscheidungsfreiheit eingreifende Maßnahmen

Als nicht in die Entscheidungsfreiheit der Aktionäre eingreifende Maßnahme war nach wie vor ausdrücklich gemäß Art. 9 Abs. 1 lit. a S. 1 die Suche nach konkurrierenden Angeboten von denjenigen Handlungen ausgenommen, durch die das Angebot vereitelt werden könnte[487].

Entsprechend wird im übrigen zutreffend davon ausgegangen, daß es der Verwaltung gestattet sein muß, von sich aus eine außerordentliche Hauptversammlung einzuberufen, auf der über allfällige Abwehrmaßnahmen entschieden wird[488]. Zur Begründung dessen läßt sich das Interessenwahrungsgebot nach Art. 3 Abs. 1 lit. c heranziehen[489].

---

485 Art. 9 Abs. 1 lit. c.

486 Vgl. etwa *Mülbert*, IStR 1999, 83 (92 f.). Die Neuregelung übersehen zu haben scheint *Lehne* in Hirte, WpÜG-Materialien, S. 33 (39).

487 Art. 9 Abs. 1 lit. a S. 1.

488 So *Mülbert*, IStR 1999, 83 (92); zustimmend *Hopt* in FS Lutter, 1361 (1366).

489 Siehe dazu auch Art. 8 Abs. 2 Vorschlag 1990, der eine solche Befugnis noch ausdrücklich vorsah, die jedoch die Überarbeitung im Zuge der Vorlage der Rahmenrichtlinie nicht überstanden hat.

(b) Vorratsbeschluß nach Art. 9 Abs. 2

Unverändert beibehalten wurde ebenfalls die Möglichkeit der Einholung eines Vorratsbeschlusses zur Kapitalerhöhung während der Annahmefrist bei voller Wahrung des Bezugsrechts, soweit die Zustimmung der Hauptversammlung nicht mehr als 18 Monate vor der Annahmefrist zurückliegt[490]. Auch wenn es sich hierbei um eine Auflockerung des Vereitelungsverbots handelt, dürfte im Ergebnis diese Maßnahme ein „stumpfes Schwert" bleiben[491]. Bedeutsamer ist vielmehr der Umkehrschluß zu dieser Regelung, wonach die über Art. 9 Abs. 2 hinausgehende Gestattung von Vorratsbeschlüssen, insbesondere eine Kapitalerhöhung auf Vorrat unter Ausschluß des Bezugsrechts nicht zulässig ist[492].

Die Unzulässigkeit der Ausgabe von Gesellschaftsanteilen während des kritischen Zeitraums folgt zudem bereits ausdrücklich aus Art. 9 Abs. 1 lit. a S. 1. Demzufolge ist eine Kapitalerhöhung unter Wahrung und erst recht unter Ausschluß des Bezugsrechts während des Übernahmeverfahrens unzulässig[493].

---

490 Art. 9 Abs. 2.

491 So bereits zum Gemeinsamen Standpunkt *Merkt*, ZHR 165 (2001), 224 (231); *Neye*, AG 2000, 289 (294). Anders *Krause*, NZG 2000, 905 (911), der im Einzelfall bei großvolumigen Kapitalmaßnahmen die Finanzierungsmöglichkeiten des Bieters als begrenzt erachtet.

492 Vgl. *Neye*, AG 2000, 289 (294); *Pötzsch/Möller*, WM 2000, Sonderbeilage 2, 10.

493 Dies entspricht im übrigen auch der Interpretation der inhaltsgleichen Regelung des Gemeinsamen Standpunkts durch die Verfasser der Gesetzentwürfe zum deutschen WpÜG und fand seinen Niederschlag in den ersten beiden Entwürfen; näher dazu unten in Kap. 5, S. 397 ff. Mit *Hopt* in FS Lutter, S. 1361 (1366), ist davon auszugehen, daß die Auslegung des Tatbestandsmerkmals der „dauerhaften Hinderung an der Erlangung der Kontrolle" dahingehend, daß die Ausnutzung eines genehmigten Kapitals unter Bezugsrechtsausschluß oder eine von § 53a AktG abweichende Wiederveräußerung eigener Aktien gemäß § 71 Abs. 1 Ziff. 8 S. 5 AktG an einen genehmen Dritten dann zulässig sein soll - und somit keiner vorherigen Zustimmung durch die Hauptversammlung bedürfe -, wenn sich die Erwerber der neuen bzw. eigenen Aktien grundsätzlich bereit zeigten, die Aktien auch an den Bieter zu veräußern, abzulehnen ist. So aber *Mülbert*, IStR 1999, 83 (91), jedoch in Bezug auf den Vorschlag 1997, der die Regelung des Art. 9 Abs. 2 noch nicht kannte, weshalb auch die dort angestellten weiteren Folgerungen nach der nunmehr vorliegenden Fassung nicht mehr aufrechtzuerhalten sind.

(c) Noch nicht umgesetzte Entscheidungen i.S.d. Art. 9 Abs. 1 lit. b

(aa) Regelungszweck

In dieser Form gänzlich neu war die Regelung, daß Entscheidungen[494], die vor dem kritischen Zeitraum getroffen wurden, aber noch nicht teilweise oder vollständig umgesetzt worden sind, der Genehmigung oder Bestätigung[495] der Hauptversammlung bedürfen, sofern die Entscheidung außerhalb des „normalen Geschäftsverlaufs“ gefaßt wurde und ihre Umsetzung dazu führen könnte, daß das Angebot hinfällig wird. Diese Neuerung brachte damit zum Ausdruck, was bereits in der Begründung zum Ausgangsvorschlag aus dem Jahr 1996 vorgesehen war. Dort hieß es, daß der Vorstand in dem maßgeblichen Zeitraum weiterhin zu Handlungen befugt bleibt, die auch im normalen Geschäftsverlauf vorgenommen werden oder die den üblichen Marktgepflogenheiten entsprechen[496].

Auch diese nunmehr vorgenommene explizite Klarstellung dürfte auf die Initiative des Europäischen Parlaments zurückzuführen sein. Die Vorschrift zielte darauf ab, die Zielgesellschaft während des Übernahmeverfahrens nicht unangemessen in ihrer normalen Geschäftstätigkeit zu behindern. Es sollte ihr daher ermöglicht werden, auch nach Abgabe eines Übernahmeangebots die Geschäftstätigkeit ungehindert fortzusetzen[497]. Dies stellt zum einen eine besondere Ausprägung des Gedankens des allgemeinen Grundsatzes nach Art. 3 Abs. 1 lit. f dar, wonach die Zielgesellschaft allgemein in ihrer Geschäftstätigkeit nicht über einen angemessenen Zeitraum behindert werden darf, ergab sich zum anderen auch aus Erwägungsgrund 18 der Präambel des Gemeinsamen Entwurfs.

---

494 Mit dem Abstellen auf Entscheidungen anstatt auf Handlungen sind die bereits oben angeführten Schwierigkeiten verbunden, die gerade zum Verzicht dieses Begriffs geführt hatten. Siehe oben Fn. 428.

495 Unklar ist insoweit, zu welchem Zeitpunkt eine solche Genehmigung oder Bestätigung zu erfolgen hat. Da diese jedoch nur in derart gravierenden Fällen einzuholen ist, wenn die Entscheidung außerhalb des normalen Geschäftsverlaufs gefaßt wurde und zugleich dazu geeignet sein könnte, das Angebot hinfällig werden zu lassen, wird man die Zustimmung der Hauptversammlung in Anlehnung an das Erfordernis der vorherigen Zustimmung in Art. 9 Abs. 1 lit. a S. 1 verlangen müssen, noch bevor die Verwaltung die Maßnahme fortführen will. Anderenfalls würde man die Aktionäre vor vollendete Tatsachen stellen, was nicht im Sinne des im Grundsatz bestehenden Vereitelungsverbots sein kann.

496 Dazu bereits oben S. 85.

497 Vgl. *Neye*, ZIP 2001, 1120 (1122).

(bb) Außerhalb des normalen Geschäftsverlaufs

Die Regelung der Übernahmerichtlinie sollte sich erkenntlich nicht an die Parallelvorschrift der britischen Regelung[498] anlehnen. Anders als vorliegend wird dort nicht auf die Bezeichnung der *normalen* Geschäftstätigkeit (*normal course of business*[499]) abgestellt, sondern auf den Begriff der *gewöhnlichen* Geschäftstätigkeit (*ordinary course of business*)[500]. Die unter die Bezeichnung der normalen Geschäftstätigkeit fallenden Tätigkeiten dürften erheblich weiter reichen als solche, die unter den Begriff der britischen Regelung zu subsumieren sind[501]. Die Folgen dieser begrifflichen Unterscheidung sind daher von nicht unerheblichem Ausmaß[502]. Etwa wird es der Zielgesellschaft gestattet bleiben, auch ohne eine bereits bestehende vertragliche Verpflichtung Unternehmenskäufe und -verkäufe, die sich in den Grenzen des normalen Geschäftsverlaufs bewegen, fortzuführen, ohne eine vorherige Zustimmung der Hauptversammlung dafür einholen zu müssen.

(cc) Umsetzung der Entscheidung zur Vereitelung geeignet

Aus der kumulativen Verknüpfung der für die Einholung eines Hauptversammlungsbeschlusses nach Art. 9 Abs. 1 lit. b erforderlichen Voraussetzungen folgt zudem, daß selbst wenn die Entscheidung außerhalb des normalen Geschäftsverlaufs gefaßt wurde, diese dann keiner Zustimmung bedarf, wenn sie nicht zugleich dazu führen könnte, daß das Angebot vereitelt[503] wird. Was auf den ersten Blick als eine Selbstverständlichkeit infolge des Vereitelungsverbots nach Art. 9 Abs. 1 lit. a S. 1 erscheint, dürfte als Folge erhebliche Unsicherheiten bei der Grenzziehung mit sich bringen, inwieweit derartige außerhalb der normalen Geschäftstätigkeit liegende Entscheidungen zur Vereitelung des Angebots ge-

498 Dazu eingehend unten in Kap. 4, S. 193 ff.

499 So der Wortlaut der englischen Fassung des Gemeinsamen Entwurfs.

500 City Code, Rule 21.1 (e).

501 Wohl auch *Krause*, IFLR 7/2001, 18 (19). Zur ähnlich gelagerten Problematik bei der Entstehung des WpÜG im Hinblick auf die Abgrenzung von „laufenden“ und „normalen“ Geschäften *DAV-Handelsrechtsausschuß*, Stellungnahme zum RefE-WÜG, NZG 2001, 420 (429).

502 So forderte der Wirtschafts- und Sozialausschuß in seiner Stellungnahme zu dem Vorschlag 2002 (2.5.1.1.) die Klarstellung, daß ein vor Abgabe eines Angebots gestartetes Aktienrückkaufprogramm der normalen Geschäftstätigkeit zuzurechnen sei. Vgl. dazu den Nachweis in Fn. 624.

503 Zwar heißt es in der nichtamtlichen deutschen Fassung: „(...) und ihre Umsetzung dazu führen könnte, daß das Angebot *hinfällig* wird“. Doch dürfte in dieser Wortwahl keine bewußte Abweichung von der Art. 9 Abs. 1 lit. a S. 1 zugrundeliegenden Formulierung liegen, nach der darauf abgestellt wird, ob „das Angebot *vereitelt* werden könnte“. Dies wird bestätigt durch einen Blick auf die englische Ausgangsfassung. Dort heißt es jeweils: „(…) may result in the frustration of the bid”.

eignet sein könnten oder nicht. Der Wortlaut der Vorschrift legt es nahe, auch diesbezüglich darauf abzustellen, ob die Umsetzung der Entscheidung objektiv geeignet ist, das Angebot hinfällig werden zu lassen.

(dd) Fazit

Angesichts der überragenden Bedeutung des Vereitelungsverbots als zentralem Bestandteil der Richtlinie und dem offenkundigen, in Art. 3 lit. c zum Ausdruck kommenden Bekenntnis zu der Aufrechterhaltung der Entscheidungsfreiheit der Aktionäre wird man im Zweifel die Voraussetzungen des Art. 9 Abs. 1 lit. b restriktiv auslegen und die Umsetzung einer Entscheidung der Zustimmung durch die Hauptversammlung vorbehalten müssen. Dafür spricht zudem der Umkehrschluß aus Erwägungsgrund 18 der Präambel, wonach infolge des Vereitelungsverbots entstehende Behinderungen der Geschäftstätigkeit in angemessener Form gestattet sind[504].

bb) Verhältnis des Vereitelungsverbots zu Art. 3 Abs. 1 lit. c

(1) Problemstellung

Gänzlich ungeklärt scheint bislang das Verhältnis des in Art. 9 verankerten Vereitelungsverbots zu dem allgemeinen Grundsatz nach Art. 3 Abs. 1 lit. c[505]. Dieser legt gegenüber dem Gemeinsamen Standpunkt unverändert fest, daß sich das Handeln der Verwaltung der Zielgesellschaft am Interesse der gesamten Gesellschaft zu orientieren hat und den Wertpapierinhabern nicht die Möglichkeit nehmen darf, das Angebot selbst zu beurteilen[506]. Verzichtet wurde damit an dieser Stelle auf eine stärkere Betonung der Arbeitnehmerbelange, wie sie noch vom Europäischen Parlament gefordert wurde[507].

Bedeutung erlangt dieses Verhältnis deshalb, weil die Verpflichtung der Verwaltung auf die Wahrung weiterer in der Gesellschaft zusammentreffender Interessen zu einer modifizierenden Auslegung des allein an dem Interesse der Aktionäre ausgerichteten Vereitelungsverbots führen könnte. Im Klartext ließe sich unter Umständen eine Vereitelung des Angebots mit dem Schutz der Arbeitnehmer im Interesse der Gesellschaft begründen.

504 Gegen eine derartige Eingrenzung wohl *Krause*, IFLR 7/2001, 18 (19).

505 Die im folgenden erörterten Auffassungen beziehen sich allesamt auf die inhaltsgleiche Fassung des Art. 3 Abs. 1 lit. c des Gemeinsamen Standpunkts, soweit nicht anders kenntlich gemacht.

506 Art. 3 Abs. 1 lit. c.

507 Von *Merkt*, ZHR 165 (2001), 224 (231), als „aufgeblasene Erweiterung“ betitelt; harsche Kritik auch ebenda, 241.

(2) Bisherige Lösungsansätze

Während zwar gemeinhin Unstimmigkeiten zwischen diesen beiden Regelungen ausgemacht werden[508], sucht man doch größtenteils vergebens nach Lösungsansätzen, wie diese beiden Vorschriften miteinander in Einklang zu bringen sind. Auch nach *Grunewald* stehen die Regelungen in einem „gewissen Spannungsverhältnis", was insbesondere für die Suche nach einem konkurrierenden Angebot gelte[509]. Selbst wenn die Fassung des Art. 3 Abs. 1 lit. c auf Grund der Entstehungsgeschichte das Ergebnis eines notgedrungenen Kompromisses sei[510], müsse im Ergebnis der Wortlaut der Richtlinie dahingehend verstanden werden, daß es nicht um ein striktes „Neutralitätsgebot" gehe, wohl aber darum, „im Interesse der Aktionäre Transaktionen nicht zu blockieren"[511]. Auch wenn dem im Ergebnis beizupflichten ist, wird damit über das Verhältnis der Vorschriften allerdings noch nichts gesagt.

Will man sich nicht von vornhinein dem Vorwurf ausgesetzt wissen, man könne die Interessen der gesamten Gesellschaft nicht mit denen der Gesellschafter gleichsetzen, scheidet die Annahme aus[512], daß Art. 9 *lex specialis* zu Art. 3 Abs. 1 lit. c sei[513], mit der Begründung, daß ein pluralistisch angelegtes Unternehmensinteresse rechtspolitisch verfehlt sei[514].

Einen eng am Wortlaut der Vorschriften orientierten Lösungsansatz unterbreitet *Merkt*[515]. Danach seien die beiden Regelungen auf Grund ihrer jeweils unterschiedlichen Anwendungsbereiche miteinander in Einklang zu bringen. Während Art. 3 Abs. 1 lit. c ein Gebot für den Fall aufstelle, daß die Verwaltung tatsächlich handelt, statuiere Art. 9 hingegen ein Verbot jeglicher Handlungen, die auf eine Vereitelung gerichtet sind. Es gehe mithin um unterschiedliche Pflichten in unterschiedlichen Situationen. Zugleich wird allerdings in Frage gestellt, inwieweit ein solcher Ansatz praktisch haltbar sein wird.

---

508 *Krause*, NZG 2000, 905 (910), spricht von einem „gewissen Spannungsverhältnis"; ähnlich *Weisner*, Verteidigungsmaßnahmen, S. 308: „in sich nicht schlüssig", noch in Bezug auf den Vorschlag 1997.

509 *Grunewald*, AG 2001, 288 (290).

510 Hingewiesen wird ebenda auf den Gegensatz der Regelungen in Großbritannien einerseits sowie Frankreich, den Niederlanden sowie interessanterweise den USA andererseits.

511 *Grunewald*, ebenda.

512 Zutreffend *Merkt*, ZHR 165 (2001), 224 (241).

513 So *Mülbert*, IStR 1999, 83 (86 f.). Ebenso, jedoch ohne Begründung, noch *Krause*, AG 1997, 209 (214); beide in Bezug auf den Vorschlag aus dem Jahr 1997.

514 Vgl. *Mülbert*, IStR 1999, 83 (84 ff.).

515 Vgl. *Merkt*, ZHR 165 (2001), 224 (241 f.).

Statt dessen könnte man zu der Auffassung gelangen, daß das Vereitelungsverbot nach Art. 9 von der Verpflichtung auf das Interesse der gesamten Gesellschaft modifizierend überlagert wird[516]. In diese Richtung geht auch die Argumentation von *Kirchner*, der gar „Brüche“ zwischen diesen beiden Vorschriften erblicken will[517]. Die Nichtberücksichtigung der Interessen der *Stakeholder* in Art. 9 ließe sich danach nur dann begründen, wenn beide Regelungen in einem Verhältnis der Spezialität stünden. Für die Annahme einer derartigen rechtstechnischen Lösung fehle es aber an einem sachlichen Grund, der die gänzliche Vernachlässigung der übrigen Interessen der Gesellschaft rechtfertige[518].

(3) Eigener Ansatz

Auf Grund der weitreichenden Bedeutung, die der Klärung des Verhältnisses des Vereitelungsverbots einerseits und des allgemeinen Grundsatzes nach Art. 3 Abs. 1 lit. c andererseits zukommt, erscheint der bislang von Ungewißheit gekennzeichnete Zustand unbefriedigend. Nachstehend soll daher ein Lösungsvorschlag präsentiert werden, wonach beide Regelungen in einem widerspruchsfreien Verhältnis miteinander in Einklang zu bringen sind. Zuvor bleibt jedoch zu dem von *Merkt* selbst aus praktischen Gesichtspunkten in Frage gestellten Ansatz anzumerken, daß dieser Vorschlag überdies für den Fall angreifbar ist, daß die Verwaltung die Zustimmung der Hauptversammlung eingeholt hat. Es bleibt dann die Frage offen, ob für diesen Fall der Befreiung von dem Vereitelungsverbot wieder der nach dieser Auffassung für Handlungen maßgebliche Art. 3 Abs. 1 lit. c greifen soll und es im übrigen bei Art. 9 zu belassen ist. Hinzu kommt, daß angesichts der grundlegenden redaktionellen Überarbeitung des Art. 9 diese Auffassung ohnehin überholt scheint.

Statt die Lösung auf dem weiten Feld der Diskussion um das Unternehmensinteresse zu suchen[519], soll ein Blick auf die Historie des Art. 3 Abs. 1 lit. c geworfen werden, um auf diese Weise zunächst zu klären, was sich hinter dem Begriff der Interessen der gesamten Gesellschaft im Sinne der Vorschrift verbirgt. Ihrem Ursprung nach stellte die Regelung im Vorschlag aus dem Jahr 1996 wie auch in der hier maßgeblichen Fassung auf die Interessen der gesamten Gesellschaft ab. In der Begründung hieß es dazu ausdrücklich, daß vorrangig die Interessen der

516 Angesichts des Wortlauts des Vorschlags 1997 bejahend *Mülbert*, IStR 1999, 83 (85), wenngleich dieser wie zuvor gezeigt ein anderes Ergebnis präferiert.

517 *Kirchner*, AG 1999, 481 (483).

518 *Kirchner*, AG 1999, 481 (490, 486 f.).

519 Auf dieser Ebene versucht *Horn*, ZIP 2000, 473 (481), den Konflikt auszutragen, der im Ergebnis die Interessen der *Stakeholder* nachrangig berücksichtigt wissen will.

Aktionäre zu berücksichtigen seien[520]. Die zwischenzeitlich vorgenommene Einbeziehung der Interessen der Beschäftigung im Vorschlag aus dem Jahr 1997 wurde bewußt im Gemeinsamen Standpunkt gestrichen[521], während im Gemeinsamen Entwurf auf die erneute Betonung der Arbeitnehmerinteressen, angeregt durch das Europäische Parlament, ebenso bewußt verzichtet wurde. Denn einer der Hauptstreitpunkte im Vermittlungsverfahren waren neben den Verhaltenspflichten die Rechte der Arbeitnehmer[522]. Dennoch wurde - trotz einer ganzen Reihe von zugunsten der Arbeitnehmerschaft eingefügten Änderungen in den Gemeinsamen Entwurf - die Vorschrift des Art. 3 Abs. 1 lit. c unberührt belassen. Allein dieser Umstand läßt bereits den Schluß zu, daß die Fassung des Gemeinsamen Entwurfs dem Vorschlag aus dem Jahr 1996 inhaltlich entsprechen soll[523] und damit die Interessen der Aktionäre vorrangig berücksichtigt werden sollen[524].

Untermauert wird dieses Ergebnis dadurch, daß parallel zu der Wiederherstellung des ursprünglichen Zustands im Gemeinsamen Standpunkt zugleich ein neuer Halbsatz angefügt und auch bis heute beibehalten wurde. Danach soll den Aktionären - neben der Wahrung der Interessen der Gesellschaft („und") - nicht die Möglichkeit vorenthalten werden, das Angebot selbst zu beurteilen. Dieser ausweislich der Begründung der Hervorhebung der Interessen der Aktionäre dienende Zusatz läßt schließlich auch nach dem Wortlaut der Vorschrift keinen anderen Schluß mehr zu, als daß die Verwaltung nach Art. 3 Abs. 1 lit. c zwar auf die Interessen der gesamten Gesellschaft verpflichtet sein soll, vorrangig jedoch die Interessen der Aktionäre zu berücksichtigen sind[525]. Auf Grund dieser ausdrücklichen Betonung der Interessen der Aktionäre sollte gerade vermieden

520 Siehe oben Fn. 433. Im Vorschlag 1990 war dies im übrigen noch Inhalt des Richtlinientextes.

521 Dies wird durch die Tatsache belegt, daß sich der Rat eingehend mit dem Änderungsvorschlag 11 der ersten Lesung des Europäischen Parlaments, auf den die Einführung der Interessen der Beschäftigung im Änderungsvorschlag der Kommission zurückzuführen ist, auseinandergesetzt hat und diesen schließlich im Zusammenhang mit der Stellungnahme in Art. 9 Abs. 1 lit. b des Gemeinsamen Standpunkts richtig verortet sah. Vgl. Begründung zu Art. 9 des Gemeinsamen Standpunkts, abgedruckt in ABl. EG Nr. C 23 vom 24. Januar 2001, S. 1 (14).

522 Vgl. nur Legislative Entschließung vom 13. Dezember 2000, Abänderungen 4, 5, 13 und 15.

523 Damit ist auch die von *Kirchner* (oben Fn. 517 f.) vorgetragene Kritik hinfällig, die sich ausschließlich auf die „arbeitnehmerfreundliche" Fassung des Vorschlags aus dem Jahr 1997 bezieht und daher nicht so leicht von der Hand zu weisen ist. Siehe dazu den auf rechtspolitische Erwägungen gestützten Versuch bei *Mülbert* (oben Fn. 514).

524 Dies steht in Einklang mit der Präambel, Erwägungsgrund 2, der ausdrücklich den Schutz der Interessen der Wertpapierinhaber der Zielgesellschaft hervorhebt.

525 Zu diesem Ergebnis tendierend auch *Pötzsch/Möller*, WM 2000, Sonderbeilage 2, 7, Fn. 49.

werden, daß es zu Auslegungsproblemen im Verhältnis zu Art. 9 kommen könnte.

Im Ergebnis steht das Vereitelungsverbot des Art. 9 daher nicht im Widerspruch zu dem allgemeinen Grundsatz aus Art. 3 Abs. 1 lit. c, sondern konkretisiert vielmehr das Gebot der vorrangigen Berücksichtigung der Interessen der Aktionäre und insbesondere das Verbot, diesen die Möglichkeit zur eigenständigen Beurteilung vorzuenthalten[526].

b) Stellungnahme der Verwaltung nach Art. 9 Abs. 1 lit. d

Erheblich umfangreicher noch als im Gemeinsamen Standpunkt zeigt sich die Verpflichtung der Verwaltung zur Abgabe einer Stellungnahme zu dem Übernahmeangebot, die sich nunmehr als Art. 9 Abs. 1 lit. d wiederfindet. Die Erweiterungen beruhen auf weiteren Zugeständnissen, die die Vertreter des Europäischen Parlaments in diesem Zusammenhang dem Rat abringen konnten. Insgesamt ist die Verpflichtung zur Stellungnahme Ausfluß des allgemeinen Grundsatzes, in der Übernahmesituation die Interessen der Gesellschaft zu wahren[527].

Wie bislang ist die Verwaltung der Zielgesellschaft dazu verpflichtet, eine begründete Stellungnahme anzufertigen und diese zu veröffentlichen. Inhaltlich ist dabei auch auf die Auswirkungen der Übernahme auf sämtliche Interessen der Gesellschaft, einschließlich der Beschäftigung, einzugehen[528]. Neu aufgenommen wurde, daß sich die Verwaltung auch auf die strategische Planung des Bieters für die Zielgesellschaft und deren wahrscheinliche Folgewirkung auf Arbeitsplätze und Standorte zu beziehen hat. Diese zusätzlich erforderlich gewordenen Ausführungen korrespondieren mit den zwingend vorzunehmenden Angaben des Bieters in der Angebotsunterlage[529]. Damit stellt diese Neuregelung eine spezielle Ausformung des deutlich erweiterten allgemeinen Grundsatzes nach Art. 3 Abs. 1 lit. b dar. Dort war bislang stets festgelegt, daß die Wertpapierinhaber der Zielgesellschaft über hinreichend Zeit und Informationen verfügen müssen, um in Kenntnis der Sachlage über das Angebot zu entscheiden. Der nunmehr im Vermittlungsverfahren erzielte Kompromiß schreibt darüber hinaus vor, daß die Leitung der Zielgesellschaft bei der Beratung der Wertpapierinha-

526 Im Sinne einer Konkretisierung wohl auch *Neye*, DB 1996, 1121 (1122), jedoch in Bezug auf den Vorschlag aus dem Jahr 1996. Dagegen *Merkt*, ZHR 165 (2001), 224 (241), in der Annahme, daß dadurch lediglich der Konflikt in die Regelung des Art. 9 verlagert würde. Dieser verkennt jedoch, daß bereits in Art. 3 Abs. 1 lit. c, wie zuvor nachgewiesen, überhaupt kein Konflikt existiert.

527 Art. 3 Abs. 1 lit. c.

528 Vgl. auch Präambel, Erwägungsgrund 19.

529 Art. 6 Abs. 3 lit. h.

ber zum einen auf die Auswirkungen der Übernahme auf die Beschäftigung, zum anderen auf die Beschäftigungsbedingungen sowie auf die Standorte einzugehen hat.

Überdies trifft die Verwaltung die Verpflichtung, ihre Stellungnahme zeitgleich mit der Veröffentlichung der Arbeitnehmervertretung bzw. bei Fehlen einer solchen unmittelbar den Arbeitnehmern zu übermitteln. Sofern seitens der Arbeitnehmervertretung eine eigene Stellungnahme angefertigt wird, und diese rechtzeitig bei der Verwaltung eingeht, ist diese derjenigen der Verwaltung beizufügen[530].

c) Adressat der Regelungen

Abschließend soll der Frage nachgegangen werden, wer nach deutschem Recht Adressat der hier untersuchten Regelungen der Richtlinienvorschläge ist. Im Richtlinientext ist die Rede von dem „Leitungs- oder Verwaltungsorgan der Zielgesellschaft". Unzweifelhaft sind von dieser Bezeichnung zum einen das *one-tier board*, verstanden als Verwaltungsorgan, sowie zum anderen der Vorstand, verstanden als Leitungsorgan, erfaßt[531]. Nicht eindeutig ist insoweit, ob auch der Aufsichtsrat von diesem Begriff erfaßt wird[532]. Berücksichtigt man einerseits, daß auch der Aufsichtsrat in der Lage ist, Maßnahmen zu ergreifen, die dem Vereitelungsverbot zuwiderlaufen, müßte man nach Sinn und Zweck der Regelung auch diesen als Verwaltungsorgan im Sinne des Richtlinienvorschlags betrachten. Dies hätte andererseits zur Folge, daß die Verpflichtung zur Erstellung einer Stellungnahme sich auch auf den Aufsichtsrat erstrecken würde.

Dieses Ergebnis wird teilweise bezweifelt, da dem Aufsichtsrat regelmäßig die notwendigen Informationen zur Erstellung der Stellungnahme fehlen würden[533]. Nach dieser Ansicht käme man dann allerdings zu einer unterschiedlichen Auslegung des Begriffs des Leitungs- oder Verwaltungsorgans[534]. Unabhängig von

530 Art. 9 Abs. 1 lit. d S. 2 und 3. Die Einbringung dieser Regelung geht zurück auf die Entwürfe zum WpÜG. Siehe dazu unten Kap. 5, S. 356.

531 Dies entspricht, worauf *Mülbert*, IStR 1999, 83 (84), Fn. 17, zutreffend hinweist, der Terminologie des europäischen Gesellschaftsrechts, vgl. nur Art. 2 Abs. 1 des Vorschlags zur 5. Richtlinie auf dem Gebiet des Gesellschaftsrechts (Strukturrichtlinie) (zu Nachweisen siehe Fn. 545). Allerdings ist nach der Konzeption der Übernahmerichtlinie unter dem Aufsichtsorgan nicht der Aufsichtsrat, sondern die Aufsichtsbehörde (Art. 4) zu verstehen.

532 Ohne weitere Begründung von dessen Einbeziehung ausgehend *Merkt*, ZHR 265 (2001), 224 (232); *Weisner*, ZRP 2000, 520 (525); *ders.*, Verteidigungsmaßnahmen, S. 307. Gegenteiliger Ansicht *Mülbert*, IStR 1999, 83 (84).

533 Vgl. *Hopt* in FS Zöllner, S. 253 (261), Fn. 31.

534 Diesen Widerspruch offenbar in Kauf nehmend *Terlitza* in JbJZivW 2000, 217 (243).

der Beurteilung der Frage, inwieweit der Aufsichtsrat bei der Erstellung der Stellungnahme zu dem Übernahmeangebot außen vor bleiben sollte[535], ist die Auslegung dieses feststehenden Begriffs nicht weiterführend. Es dürfte daher davon auszugehen sein, daß seitens der Verfasser des Richtlinientextes die Bezeichnung nicht in einer von der bislang bekannten abweichenden Weise verwendet werden sollte. Im Ergebnis erstrecken sich die Vorgaben der Richtlinie daher allein auf den Vorstand der Zielgesellschaft[536]. Nichtsdestotrotz steht es darüber hinaus den Mitgliedstaaten frei, strengere Bestimmungen zu formulieren[537]. Der Einbeziehung des Aufsichtsrats in das Vereitelungsverbot stünde daher nach deutschem Recht nichts im Wege.

4. Zusammenfassung

Die Untersuchung hat gezeigt, daß über alle unterbreiteten Richtlinienvorschläge hinweg Einigkeit darüber bestand, daß als wesentliche Pflichten der Zielgesellschaft zum einen die Verhaltenspflichten der Verwaltung in zeitlichem Zusammenhang mit der Übernahme und zum anderen die Verpflichtung der Verwaltung zur Abgabe einer Stellungnahme zu dem Übernahmeangebot einer Regelung unterzogen werden müssen. Auch über die Ausgestaltung herrschte im Grundsatz weitgehende Übereinstimmung. Dies galt für die Anforderungen an das Verhalten der Verwaltung, das einem Vereitelungsverbot unterzogen werden sollte, wobei im Detail durchaus Meinungsverschiedenheiten zu konstatieren waren. Um so mehr galt dies für die bedeutendste Informationspflicht der Verwaltung, die im wesentlichen alle Richtlinienvorschläge unverändert überdauerte. Einziger Streitpunkt in diesem Zusammenhang war die generell umstrittene Frage nach der Berücksichtigung der Belange der Arbeitnehmer. Was die Verhaltenspflichten angeht, wurden die Verhandlungsergebnisse sichtbar von der Haltung Großbritanniens geprägt, das stets ein weitgehend von Ausnahmen befreites Vereitelungsverbot forderte. Dem gegenüber standen liberalere kontinentale Positionen, wie etwa die der Niederländer oder der Franzosen[538]. Dennoch bestand im Grundsatz Einigkeit, daß die Verwaltung während des Übernahmeverfahrens den Anforderungen eines Vereitelungsverbots zu unterliegen hat und allein die Hauptversammlung dazu berechtigt sein sollte, durch vorherige ausdrückliche Zustimmung die Verwaltung hiervon zu befreien.

---

535 Eingehend dazu im Rahmen Untersuchung des WpÜG unten Kap. 5, S. 245.

536 Dieser Ansicht scheinen sich auch die Verfasser der beiden ersten, an der Richtlinie angelehnten Entwürfe zum WpÜG angeschlossen zu haben, da sich hiernach die Verpflichtung zur Abgabe einer Stellungnahme nur an den Vorstand richtete. Dazu ausführlich unten Kap. 5, S. 245 ff.

537 Siehe Art. 3 Abs. 2 lit. b. Dazu bereits oben S. 76.

538 Siehe dazu die rechtsvergleichenden Ausführungen in Kap. 4, S. 191 ff.

Auch wenn sich bereits im Verhältnis des Gemeinsamen Standpunkts zu dem Vorschlag aus dem Jahr 1997 zum einen mit der Zulassung eines Vorratsbeschlusses und zum anderen mit der Beschränkung des Verbots der Ausgabe neuer Wertpapiere auf Gesellschaftsanteile ein leichter Trend zur Auflockerung dieses zuvor strikter verstandenen Vereitelungsverbots abzeichnete, ist der Grundsatz im Gemeinsamen Entwurf nach der erheblichen Verwässerung nicht mehr sonderlich aussagekräftig. Diese Fassung stand zu sehr unter dem Eindruck des emotional geführten Vermittlungsverfahrens, in dem einerseits das Europäische Parlament „billigend in Kauf" nahm, daß die jahrelangen Bemühungen der Kommission durch ein Scheitern zu Nichte gemacht werden könnten und andererseits die Befürworter beinahe „um jeden Preis" gewillt waren, doch noch die Verabschiedung einer Richtlinie herbeizuführen. Zutreffend wurde bemerkt, daß die sich in den Änderungsanträgen widerspiegelnde Haltung des Parlaments „erkennbar protektionistisch motiviert"[539] gewesen sei. Zudem wurde seitens des Berichterstatters eingeräumt, daß es sich bei den Änderungsbeschlüssen des Parlaments lediglich um eine Verhandlungsposition gehandelt habe und im Ergebnis die Einführung erweiterter Vorratsbeschlüsse beabsichtigt gewesen sei[540].

Als künftige Diskussionsgrundlage scheint daher der vor der notgedrungenen Erzielung des Gemeinsamen Entwurfs erreichte *status quo* geeigneter. Dies gilt auch für die Verpflichtung zur Abgabe einer Stellungnahme, die in der zuletzt vorliegenden Fassung doch recht überfrachtet daherkommt. Ernst zu nehmen sind hingegen die immer wieder auf Initiative des Europäischen Parlaments ins Spiel gebrachten Forderungen zur Stärkung der Arbeitnehmerrechte. Auf die übrigen gegen das Vereitelungsverbot ins Feld geführten Argumente wird an anderer Stelle noch näher einzugehen sein. Zu diesem Zeitpunkt scheint eine Bewertung dieser Problematik noch verfrüht[541].

Auf folgende Aspekte soll an dieser Stelle nochmals gesondert hingewiesen werden: Zunächst die zeitlich vorverlagerte Möglichkeit zur Einholung eines Zustimmungsbeschlusses der Hauptversammlung, die bislang im Schrifttum nicht ausreichend berücksichtigt wurde. Damit wird der ursprüngliche Sinn der Zustimmung *ad absurdum* geführt, der darin bestand, daß die Hauptversammlung in Kenntnis des Angebots über mögliche Verteidigungshandlungen entscheiden sollte. In jedem Fall sollte diese Regelung auf die Fassung des Gemeinsamen Standpunkts zurückgeführt werden. Kritisch gesehen werden muß auch die Neuerung des Art. 9 Abs. 1 lit. b. Angesichts der erheblichen Unsicherheiten, die diese Regelung mit sich bringt, scheint es vorzugswürdig, in der

539 *Merkt*, ZHR 165 (2001), 224 (254).
540 Dazu oben Fn. 457.
541 Dazu unten Kap. 4, S. 237 ff., und Kap. 5, S. 245 ff.

Richtlinie - wie auch in den vorhergehenden Entwürfen erfolgt - auf eine Konkretisierung der in der Begründung zu dem Ausgangsvorschlag aus dem Jahr 1996 getroffenen Ausführungen betreffend die Vornahme von Handlungen im normalen Geschäftsverlauf zu verzichten. Was das Verhältnis des Vereitelungsverbots zu Art. 3 Abs. 1 lit. c angeht, bleibt weiterhin festzuhalten, daß bereits nach dem Wortlaut kein Widerspruch im Verhältnis dieser beiden Vorschriften auftritt. Der allgemeine Grundsatz bestimmt ausdrücklich, daß die Interessen der Aktionäre vorrangig zu berücksichtigen sind. Dieses Ergebnis wird gestützt durch die Entstehungsgeschichte des Art. 3 Abs. 1 lit. c. Das Vereitelungsverbot stellt insofern eine Konkretisierung des allgemeinen Grundsatzes dar. Im Ergebnis ist eine Auflockerung des Art. 9, gestützt auf übrige in der Gesellschaft zusammentreffende Interessen, daher abzulehnen. Schließlich erstrecken sich die vermeintlichen europarechtlichen Vorgaben nach deutschem Recht zwingend nur auf den Vorstand der Zielgesellschaft. Einer Einbeziehung des Aufsichtsrats stehen diese indes nicht entgegen.

V. Neuer Anlauf der EU-Kommission

1. Einsetzung der „Winter-Kommission"

Bereits unmittelbar im Anschluß an das Scheitern der Übernahmerichtlinie im Europäischen Parlament hatte der EU-Binnenmarktskommissar *Bolkestein* anläßlich des Ratstreffens der Wirtschafts- und Finanzminister der EU (ECOFIN) am 10. Juli 2001 verlautbaren lassen, eine erneute Initiative zur Verabschiedung des Regelwerks auf den Weg zu bringen. Zur Beschleunigung des Prozesses sollte dafür das Eilverfahren vorgeschlagen werden[542]. Den Ankündigungen folgte umgehend die Einberufung einer hochrangig besetzten siebenköpfigen Expertenkommission, die am 11. September 2001 erstmals zusammentrat[543]. Die

542 Vgl. FAZ vom 12. Juli 2001, S. 13. Hierunter dürfte wohl zu verstehen sein, daß gemäß Art. 251 Abs. 2 2. Spiegelstrich EGV der Rat bereits nach der ersten Lesung des Europäischen Parlaments den Rechtsakt erlassen wird, sofern zuvor durch das Parlament keine Änderungen vorgenommen wurden. Vgl. dazu die Übersicht im Anhang, Abbildung 2. Zudem dürfte die allgemein übliche kurze Umsetzungsfrist gewählt werden.

543 Vgl. dazu FAZ vom 11. September 2001, S. 30. Einziger Vertreter Deutschlands ist Prof. *Dr. Dr. Klaus J. Hopt*, geschäftsführender Direktor des Max-Planck-Instituts für ausländisches und internationales Privatrecht in Hamburg. Den Vorsitz führt Prof. *Jaap Winter* aus den Niederlanden, Universität Rotterdam und Rechtsberater bei Unilever. Weitere Mitglieder sind Prof. *José Maria Garrido Garcia*, Universität von Castilla-La Mancha, Spanien; *Jonathan Rickford*, DTI, Großbritannien; *Guido Rossi*, ehemaliger Präsident der italienischen Börsenaufsichtsbehörde CONSOB, Italien; Prof. *Jan Christensen*, Universität Kopenhagen, Dänemark sowie *Joëlle Simon*, Arbeitgeberverband MEDEF, Frankreich. Vgl. auch Finance 10/2001, S. 104.

Einsetzung einer solchen Expertengruppe war ursprünglich Gegenstand einer Erklärung der Kommission, die im Rahmen des Vermittlungsverfahrens als Teil des Kompromißpakets erzielt wurde und zeitgleich mit der Bekanntmachung der Richtlinie veröffentlicht werden sollte[544]. Hiernach sollte die Aufgabe des Gremiums darin bestehen, die Prioritäten bei der weiteren Harmonisierung des Gesellschaftsrechts innerhalb der EU zu überprüfen. Im Vordergrund der Untersuchung sollten drei Aspekte stehen, die sich im Laufe des bisherigen Verfahrens als besonders problematisch erwiesen hatten. Dies waren zum ersten die nähere Bestimmung der angemessenen Gegenleistung bei Pflichtangeboten, zum zweiten die Frage nach dem Ausschluß von Minderheitsaktionären und schließlich drittens die Gewährleistung der Gleichbehandlung der Aktionäre in den einzelnen Mitgliedstaaten. Dieser Problemkreis beinhaltete insbesondere die Untersuchung der von den Gegnern des Vereitelungsverbots ins Feld geführten Übernahmehemmnisse in Form von Höchst- und Mehrfachstimmrechten[545], Zustimmungsvorbehalten sowie *golden shares*[546]. Angesichts der nunmehr infolge des Scheiterns der Richtlinie veränderten Vorzeichen wurde das Aufgabenfeld der Expertengruppe über die vorstehend genannten Aspekte hinaus auf die grundlegende Beratung der Kommission bei der Vorbereitung eines neuen Richtlinienvorschlags erweitert[547]. In einer zweiten Stufe sollte die Expertenrunde zudem

544 Als Entwurf abgedruckt bei *Neye*, ZIP 2001, 1120 (1128). Vgl. dazu *ebenda*, 1123. Dies war vor allem als Entgegenkommen an die veränderte Haltung Deutschlands gedacht. Vgl. FTD vom 15. Mai 2001, S. 12.

545 Vgl. dazu bereits die vergeblichen Bemühungen um die Abschaffung im Rahmen der sog. „*Bangemann*-Initiative". Siehe Art. 33 der 5. Richtlinie auf dem Gebiet des Gesellschaftsrechts (Strukturrichtlinie), zweiter Änderungsvorschlag vom 13. Dezember 1990 (ABl. EG Nr. C 7 vom 11. Januar 1991, S. 4) zu dem grundlegend überarbeiteten Vorschlag aus dem Jahr 1983 (ABl. EG Nr. C 240 vom 9. September 1983, S. 2), der erneut durch einen dritten Änderungsvorschlag vom 20. November 1991 (ABl. EG Nr. C 321 vom 12. Dezember 1991, S. 9) überarbeitet wurde. Seit der Vorlage des ersten Vorschlags im Jahr 1972 (ABl. EG Nr. C 131 vom 13. Dezember 1972, S. 49) konnte bis heute keine Einigung erzielt werden, was maßgeblich an der Frage der Mitbestimmung der Arbeitnehmer scheiterte. Vgl. dazu *Wiesner*, AG 1991, R55 ff.; *Habersack*, Europäisches Gesellschaftsrecht, Rn. 55 ff.; *Lutter*, Europäisches Unternehmensrecht, 3. Aufl., S. 46 ff. m.w.N.; *ders.*, 4. Aufl., S 171 ff. Ein Wiederaufgreifen dieses Vorschlags wird nicht erwartet, vgl. *Wiesner*, BB 2001, Beilage 8, 12. Auch die im Auftrag der EG-Kommission erstellte Studie (oben Fn. 287) empfahl die Beseitigung marktstruktureller Hindernisse wie Höchststimmrechte. Vgl. ebenda, S. 63 f.

546 Zu den Verfahren gegen *golden shares* vor dem EuGH siehe bereits oben Fn. 368.

547 Unabhängig von der von der EU-Kommission berufenen Expertenrunde formierte sich im November 2001 zum gleichen Themenkomplex eine Praktikergruppe (*Practitioners Working Group on Takeovers*) auf Initiative der Europäischen Bankenvereinigung (*Banking Federation of the European Union* (FBE)) und der Vereinigung Europäischer Wertpapierbörsen (*Federation of European Securities Exchanges* (FESE)). Deutsches Mitglied ist Rechtsanwalt *Dr. Christian O. Zschocke*; zu den übrigen Mitgliedern vgl.

die künftigen Rahmenbedingungen für ein modernes europäisches Gesellschaftsrecht abstecken[548]. Der Abschlußbericht der nach ihrem Vorsitzenden benannten „*Winter*-Kommission“ wurde für Mitte des Jahres 2002 erwartet[549].

2. Vorlage eines Vorberichts der „Winter-Kommission“

Bereits am 10. Januar 2002 konnte die Expertenrunde der EU-Kommission einen Vorbericht[550] unterbreiten[551], der detaillierte Empfehlungen zu den drei vorstehend aufgeführten Problembereichen enthält[552]. Von besonderem Interesse für die vorliegende Untersuchung sind die in Kapitel I des Reports niedergelegten Ausführungen zu der Herstellung eines *level playing field* für Übernahmeangebote in der EU. Die Expertenkommission ist zu der Auffassung gelangt, daß sich eine künftige europäische Regelung mit dem Ziel der Erreichung gleicher Bedingungen für Übernahmeangebote an zwei Grundsätzen auszurichten habe[553]. Zum einen müsse die Entscheidung über die Annahme oder Ablehnung eines Übernahmeangebots allein in den Händen der Aktionäre verbleiben. Es sei nicht Sache der Verwaltung der Zielgesellschaft über den Erfolg des Angebots zu entscheiden; deren vorrangige Aufgabe sei vielmehr die Versorgung der Ak-

---

ders., DB 2002, 79 (85). Deren *Position Paper* vom 4. Januar 2002 findet sich unter http://www.fese.be.

548 Gegenstand der Untersuchungen waren unter anderem der mögliche Bedarf an neuen Rechtsformen, die Restrukturierung von Unternehmen, die Rechte der Anteilseigner, insbesondere im Hinblick auf die Stimmrechtsausübung im Ausland sowie auf virtuelle Hauptversammlungen, wie auch - in Reaktion auf den Enron-Zusammenbruch - Fragen der Unternehmensverfassung. Dazu auch *Wiesner*, BB 2001, Beilage 8, 5. Hierzu wurde eine Konsultation eingeleitet. Vgl. dazu FAZ vom 30. April 2002, S. 29.

549 Vgl. FAZ vom 11. September 2001, S. 30; FTD vom 5. September 2001, S. 13. Die Vorlage des „Report of the High Level Group of Company Law Experts on a modern regulatory framework for company law in europe” erfolgte schließlich am 4. November 2002.

550 „Report of the High Level Group of Company Law Experts on Issues Related to Takeover Bids”, im folgenden „Report”; im Internet abrufbar über die Homepage der Generaldirektion Binnenmarkt der Europäischen Kommission unter http://europa.eu.int/comm/internal_market. Siehe dazu ZIP-aktuell 2002, Nr. 15; *Hopt*, (2002) Australian Journal of Corporate Law, 1 (10 ff.); *ders.*, ZHR 166 (2002), 383 (387); *Krause*, NJW 2002, 705 (716); *Wiesner*, ZIP 2002, 208 ff.

551 Dazu aus der Tagespresse FAZ vom 8. Januar 2002, S. 13; vom 11. Januar 2002, S. 11; vom 15. Januar 2002, S. 21; vom 16. Januar 2002, S. 23; FTD vom 9. Januar 2002, S. 9; vom 11. Januar 2002, S. 1, 11; vom 14. Januar 2002, S. 24.

552 Siehe zur Frage der Herstellung eines *level playing field*, Kap. I, S. 18 ff.; zur Bestimmung der angemessenen Gegenleistung bei Pflichtangeboten, Kap. II, S. 45 ff.; zum Problemkreis des Ausschlusses von Minderheitsaktionären, Kap. III, S. 54 ff. des Reports.

553 Vgl. *Winter*-Kommission, Report, S. 20 ff.

tionäre mit den notwendigen Informationen. Zur Begründung führt die Expertenrunde insbesondere den Interessenkonflikt an, dem sich das Management der Zielgesellschaft angesichts eines Übernahmeangebots ausgesetzt sieht[554]. Der zweite Grundsatz betrifft die Verhältnismäßigkeit von Gesellschaftskapital (*risk bearing capital*)[555] und Kontrolle. Danach sollten nur die Inhaber von Anteilen, welche ein uneingeschränktes Recht auf Beteiligung am Unternehmensgewinn oder am Liquidationserlös gewähren, über Kontrollrechte entsprechend ihrer Kapitalbeteiligung verfügen. Hieraus folge, daß börsennotierte Gesellschaften ihr Kapital und ihre Kontrollstrukturen unabhängig von einer Übernahme vollständig offenlegen sowie diese Informationen fortwährend aktualisieren sollten[556]. Unter Heranziehung dieser beiden Grundsätze auf eine Übernahmesituation gelangt die Expertenkommission zu der Auffassung, daß es der Verwaltung der Zielgesellschaft nach Veröffentlichung eines Übernahmeangebots nur dann gestattet sein sollte, Verteidigungsmaßnahmen durchzuführen, wenn sie zuvor eine Ermächtigung durch die Hauptversammlung eingeholt habe. Hingegen sollten im Vorfeld einer Übernahmeofferte „auf Vorrat" erteilte Ermächtigungen des Managements zur Ergreifung von Abwehrmaßnahmen generell unzulässig sein, da den Aktionären der konkrete Inhalt des Angebots noch nicht bekannt sei[557]. Bei der Durchführung einer solchen Hauptversammlung zur Ermächtigung der Verwaltung der Zielgesellschaft, bei der dem Bieter kein Stimmverbot zu erteilen sei, müsse dem Grundsatz „*one share-one vote*" entsprochen werden. Demnach blieben insbesondere bestehende Höchst- und Mehrfachstimmrechte ohne Wirkung[558]. Schließlich empfiehlt die *Winter*-Kommission die Einführung einer sog. „Durchgriffsregel" (*break-through-rule*)[559], die es dem Bieter nach Durchführung eines erfolgreichen Übernahmeangebots erlaubt, die in den Gründungsdokumenten der Gesellschaft festgelegten Mechanismen und Strukturen - insbesondere Höchst- und Mehrfachstimmrechte, aber auch *golden shares*[560] -,

---

554 Dazu näher oben in Kap. 1, S. 49.

555 Es sei darauf hingewiesen, daß der Begriff weder im Sinne von Risikokapital (*risk capital*), etwa in der Form des *Venture Capital*, zu verstehen ist noch im Sinne des in der EU-Kapitalrichtlinie (Nachweise in Fn. 438) verwandten Begriffs. Vgl. *Winter*-Kommission, Report, S. 22, Fn. 2. Im folgenden wird der Begriff des „Gesellschaftskapitals" verwendet.

556 Etwa in den Geschäftsberichten. Vgl. *Winter*-Kommission, Report, S. 25 f.

557 Vgl. *Winter*-Kommission, Report, S. 27 f. Zum gleichen Ergebnis gelangte auch die *Practitioners Working Group on Takeovers* in ihren Position Paper (oben Fn. 547) unter 2.

558 Vgl. *Winter*-Kommission, Report, S. 28 f.

559 Von *Wiesner*, ZIP 2002, 208 (209), als „Durchbruchsregel" bezeichnet. Kritisch dazu *Schneider*, AG 2002, 125 (126).

560 Ausdrücklich hebt die Expertenkommission hervor, daß die Durchgriffsregel auch dann auf *golden shares* Anwendung finden sollte, falls der EuGH deren Zulässigkeit bejaht. Für diesen Fall sei es vielmehr Sache der einzelnen Mitgliedstaaten, jene Rechte - so-

welche der Ausübung der Kontrolle durch den Bieter entgegenstehen, zu überwinden[561]. Denn der Bieter müsse in die Lage versetzt werden, entsprechend seinem Anteil an dem Gesellschaftskapital die Stimmrechte in der Hauptversammlung auszuüben. Die Anwendung dieser Regelung soll dann eingreifen, wenn der Bieter eine bestimmten Anteilsschwelle am Gesellschaftskapital erworben hat, die nicht höher als mit 75 Prozent festgesetzt werden sollte[562]. Dem Bieter soll gestattet werden, sein Übernahmeangebot von dem Erreichen dieser Schwelle abhängig zu machen. Die Wirkung der Durchgriffsregel soll unmittelbar mit Erreichen der Anteilsschwelle eintreten, für die Festlegung eines Wartezeitraums bestehe kein Bedürfnis. Gleichzeitig soll dem Bieter das Recht eingeräumt werden, eine Hauptversammlung mit einer verkürzten Einberufungsfrist einzuberufen, die der Bieter dazu nutzen kann, seine Kontrollrechte etwa zur Auswechslung des Managements oder zur Satzungsänderung einzusetzen.

3. Ausblick

Gleichzeitig mit der Veröffentlichung des Reports der *Winter*-Kommission kündigte der EU-Kommissar *Bolkestein* die Vorlage eines neuen Richtlinienvorschlags nach einer eingehenden Prüfung der Empfehlungen für den Zeitraum April/Mai 2002 an[563]. Es ist ein offenes Geheimnis, daß der erwartete neue Richtlinienvorschlag im wesentlichen dem soeben gescheiterten entsprechen wird[564]. Angesichts des kurzen Zeitraums seit der Abstimmung im Europäischen Parlament vermag dies kaum verwundern. Hinzu kommt, daß eine Übernahmerichtlinie nur dann eine realistische Chance haben wird, wenn die Unterstützung Großbritanniens gesichert ist. Diese wird sich jedoch nur dann erreichen lassen,

---

weit im öffentlichen Interesse - unter dem Regime des Öffentlichen Rechts aufrechtzuerhalten. Vgl. *Winter*-Kommission, Report, S. 34.

561 Vgl. *Winter*-Kommission, Report, S. 29 ff. Aus rechtsvergleichender Perspektive stellt das Konzept dieser Regelung innerhalb der EU keine unbekannte Größe dar. Während sowohl in Frankreich als auch in den Niederlanden die Einführung einer entsprechenden Vorschrift erörtert wurde, existiert in Italien seit 1994 bereits eine Durchgriffsregel, die ausschließlich Anwendung auf privatisierte Unternehmen findet. Im einzelnen bestehen freilich Unterschiede, zum einen was die Höhe der Anteilsschwelle anbelangt, zum anderen im Hinblick auf die Frage, ob die Regelung bereits unmittelbar nach Durchführung des Angebots oder erst nach einer Wartefrist ihre Wirkung entfalten soll.

562 Den Mitgliedstaaten soll es offenstehen, diese Anteilsschwelle niedriger anzusetzen. Siehe dazu auch *Wiesner*, ZIP 2002, 208 (209), der den Vorschlag der *Winter*-Kommission, Report, S. 42, aufgreift, diese Regelung für Unternehmen aus Drittstaaten nicht anzuwenden, um dadurch den einheitlichen Rahmen auf die EU zu begrenzen.

563 Vgl. auch FAZ vom 16. April 2002, S. 24. Dort wird berichtet, daß *Bolkestein* hoffe, spätestens bis zum Treffen der Staats- und Regierungschefs im Juni 2002 in Sevilla einen Vorschlag präsentieren zu können.

564 Davon ausgehend auch *Wiesner*, BB 2001, Beilage 8, 5. Ebenso die Einschätzung von *Lehne* in Hirte, WpÜG-Materialien, S. 33 (33).

wenn im Hinblick auf die umstrittene „Stillhalteverpflichtung“ gegenüber dem Gemeinsamen Entwurf keinerlei zusätzliche Auflockerungen mehr vorgenommen werden, da aus Sicht Großbritanniens bereits die Fassung des Gemeinsamen Standpunkts zu weitgehend von dem Grundsatz abkehrte[565]. Nicht zuletzt werden diese Erwartungen durch die in dem Report der Expertenrunde unterbreiteten Empfehlungen im Hinblick auf das Verhalten des Managements der Zielgesellschaft nach Bekanntgabe eines Übernahmeangebots bestätigt. Selbst wenn es der EU-Kommission nicht gelingen sollte - worauf die jüngsten Entwicklungen hindeuten -, eine Mehrheit unter den Regierungen der Mitgliedstaaten für die „Durchgriffsregel“ zu erreichen[566], bliebe dies ohne Auswirkungen auf die Frage der Reglementierung der Verhaltenspflichten des Vorstands der Zielgesellschaft während einer Übernahme. Insoweit bliebe die Umsetzung der Empfehlungen der *Winter*-Kommission auf die Beibehaltung des Vereitelungsverbots beschränkt.

Auch wenn in zeitlicher Hinsicht seitens der Kommission keine allzu schnellen Lösungen zu erwarten sind, scheint eine vollständige Umsetzung einer EU-Übernahmerichtlinie bereits in zwei Jahren nicht nur wünschenswert, sondern auch realistisch. Dies vor allem in Anbetracht der Tatsache, daß die Anzahl grenzüberschreitender Unternehmensübernahmen weiter zunehmen und sich der Handlungsbedarf auf europäischer Ebene damit erhöhen wird. Zudem erscheint zweifelhaft, ob es erneut gelingen wird, im Europäischen Parlament eine breite Front gegen die Richtlinie zu mobilisieren. Angesichts des knappen Abstimmungsergebnisses, das von zahlreichen Sonderfaktoren - wie etwa dem Zusammentreffen des Votums des EU-Generalanwalts in den Verfahren gegen die *golden shares* mit den italienischen Übernahmekämpfen jüngster Zeit - beeinflußt war, dürfte es sich dabei um eine einmalige Ausnahme gehandelt haben. Selbst die Gegner der Übernahmerichtlinie in der zuletzt bestehenden Fassung hegen solche Zweifel[567]. Hinzu kommt, daß die Vorschläge der Expertenkommission bei dem Berichterstatter des Rechtsausschusses des Europäischen Parlaments *Lehne* auf grundsätzlich positive Resonanz gestoßen sind[568]. Vor diesem Hintergrund könnte bereits in wenigen Monaten mit einer Übernahmerichtlinie zu rechnen sein, die im Hinblick auf die Verhaltenspflichten der Zielgesellschaft während einer Übernahme im Widerspruch zu der veränderten Haltung der

565 Vgl. *Hopt* in FS Lutter, 1361 (1364).

566 Widerstand kommt insbesondere aus Deutschland und aus den skandinavischen Staaten. Dazu FTD vom 19. Februar 2002, S. 13; FAZ vom 20. Februar 2002, S. 14; vom 21. Februar 2002, S. 13.

567 Vgl. die Rede von *Schauerte*, MdB (CDU), anläßlich der ersten Beratung zum WpÜG im Deutschen Bundestag, BT-Plenarprotokoll vom 14/192 vom 11. Oktober 2001, S. 18824 (D) (18826 (A)).

568 Vgl. aus der Tagespresse vom 11. Januar 2002 FAZ, S. 11; FTD, S. 11; FAZ vom 20. Februar 2002, S. 14.

Bundesregierung und den infolgedessen überarbeiteten Regelungen des WpÜG[569] steht. Für Deutschland hätte dies zur Folge, daß eine Anpassung des WpÜG an die europarechtlichen Vorgaben zwingend vorgenommen werden muß[570].

VI. Resümee

Es sei verfehlt, die möglichen rechtlichen Gestaltungen im Zusammenhang mit öffentlichen Übernahmeangeboten allein vom materiellen Standpunkt des eigenen Rechts her zu beurteilen. Vielmehr müsse man die Dinge auch aus europäischer Perspektive sehen. Auch wenn diese Mahnung ohne weiteres der Reaktion des EU-Kommissars *Bolkestein* auf das Scheitern der Übernahmerichtlinie entstammen könnte, datiert diese Einschätzung aus dem Jahr 1975. Sie geht zurück auf *Schmitthoff*, der damals bereits erkannt hatte, daß eines Tages die Notwendigkeit grenzüberschreitender Übernahmen an Bedeutung gewinnen wird, um der europäischen Industrie die erforderliche Stärke zu sichern[571]. Zu Beginn des 21. Jahrhunderts ist diese Aussage aktueller denn je. Europa sieht sich nach außen angesichts einer globalisierten Weltwirtschaft und zusammenwachsender Kapitalmärkte einem zunehmenden Wettbewerb ausgesetzt. Daneben schreitet im Inneren der Prozeß der Europäisierung zügig voran. Nicht erst mit dem Beginn der dritten Stufe zur Wirtschafts- und Währungsunion zum 1. Januar 1999 haben Kapitalanleger die Möglichkeit, ihr Geld überall in Europa problemlos anzulegen. Auch ist es längst keine Seltenheit mehr, daß der Sitz der Zielgesellschaft und der Ort, an dem die Wertpapiere derselben überwiegend gehandelt werden, in verschiedenen Staaten liegen. Nationales Übernahmerecht allein ist daher nicht mehr in der Lage, bei solchen grenzüberschreitenden Sachverhalten ausreichend Schutz zu gewährleisten.

Vor diesem Hintergrund ist eine verläßliche und europaweit möglichst einheitliche Regelung für Unternehmensübernahmen ein unverzichtbarer Bestandteil der europäischen Rechtsordnung. Nationale Alleingänge würden für den jeweiligen Mitgliedstaat im Ergebnis mehr Schaden anrichten als im Gegenzug von einem konzertierten europäischen Vorgehen profitiert werden könnte. Vor kurzem

569 Dazu ausführlich in Kap. 5, S. 245 ff.

570 Pikanterweise bedienten sich die Gegner des Vereitelungsverbots der Richtlinie der Argumentation, daß die Umsetzung eines nationalen Gesetzes nicht vor einer endgültigen Klärung der Richtlinie vorzunehmen sei. Schriebe man nämlich nationale Regelungen fest, die im Widerspruch zu einer später in Kraft tretenden Richtlinie stünden, müsse man befürchten, daß Unternehmer, Anleger und Kapitalmärkte verunsichert würden. Vgl. insofern statt vieler die Meinungsführer *Spitzenverbände der deutschen Wirtschaft*, Stellungnahme zum DiskE-ÜG, S. 1.

571 *Schmitthoff* nach *König* in Schmitthoff/Goré/Heinsius, Übernahmeangebote, S. 63 (74).

wurde von höchster Stelle die immense Bedeutung der Verabschiedung der 13. Richtlinie auf dem Gebiet des Gesellschaftsrechts unterstrichen, indem diese in den „Aktionsplan über die Finanzdienstleistungen“[572] der Kommission aufgenommen und zur höchsten Priorität erklärt wurde. Danach ist bis zum Jahr 2005 ein integrierter europäischer Finanzmarkt zu schaffen und Europa bis zum Jahr 2010 zur wettbewerbsfähigsten Wirtschaft der Welt auszubauen. Auf dem Gipfel der Staats- und Regierungschefs in Lissabon wurde der Plan vom Europäischen Rat gebilligt[573].

Angesichts dessen wirkt es um so befremdender, wie sich der Verlauf der mehr als 25jährigen Bemühungen um die Übernahmerichtlinie retrospektiv darstellt. Bemerkenswert war allein der Umstand, wie früh eine Regelungsnotwendigkeit auf dem Gebiet der öffentlichen Übernahmeangebote seitens der Kommission erkannt wurde. Im übrigen war der Verlauf geprägt von dem ständigen Ringen nach politischen Kompromissen, mit der Folge, daß die ausgehandelten Regelungen den jeweils kleinsten gemeinsamen Nenner widerspiegelten[574]. Bereits der noch so geringste Wunsch nach Veränderung war daher Anlaß genug, einen bereits erzielten Minimalkompromiß in seinen Grundfesten zu zerstören und die Richtlinie insgesamt zunichte zu machen. Die Stellungnahme der Kommission zu den Abänderungen des Europäischen Parlaments in zweiter Lesung hat besonders nachhaltig vor Augen geführt, wie sehr der Richtlinienvorschlag während der gesamten Dauer der Verhandlungen sozusagen „auf des Messers Schneide“ stand. Daß es gerade die von der SPD-Fraktion getragene Bundesregierung war, die unter dem Druck der deutschen Wirtschaftsverbände und Gewerkschaften „einknickte“, urplötzlich aus der gemeinsamen Linie ausscherte und schließlich als Hauptverantwortlicher für das Scheitern ausgemacht wurde, erwies sich als Ironie des Schicksals. War es doch dieselbe Bundestagsfraktion, die sich in den Jahren zuvor in der Opposition stets darüber beklagt hatte, daß die Verwaltungen der deutschen Großunternehmen die Umsetzung der Richtlinie erfolgreich blockieren[575] und zugleich dieselbe Regierung, die nicht einmal zwei Jahre zuvor unter ihrer Ratspräsidentschaft die Einigung auf den Gemeinsamen Standpunkt herbeigeführt hatte.

Die ursprünglichen Kommissionsvorschläge aus den Jahren 1989 und 1990 betitelte *Monti* als „ehrgeiziges Projekt“[576] - zu ehrgeizig, wie letztlich die funda-

572 Europäische Kommission, Mitteilung „Finanzdienstleistungen: Umsetzung des Finanzmarktrahmens: Aktionsplan“, KOM (1999) 232 vom 11. Mai 1999.

573 Dazu auch *van Hulle*, EWS 2000, 521 (524).

574 So auch *Pötzsch/Möller*, WM 2000, Sonderbeilage Nr. 2, 13.

575 Vgl. jeweils die Begründung, Allgemeiner Teil, der beiden von der SPD-Fraktion eingebrachten Gesetzentwürfe, BT-Drs. 13/8614 vom 2. Juli 1997, S. 9, sowie 13/367 vom 30. Januar 1997, S. 24.

576 *Monti* in von Rosen/Seifert, Übernahme börsennotierter Unternehmen, S. 15 (16).

mentale Veränderung des Charakters der Vorschläge weg von einer detaillierten Regelung hin zu einem lediglich Mindestanforderungen vorgebenden Rahmen zeigte. Der von der Kommission selbst als „Rahmenrichtlinie" bezeichnete Vorschlag aus dem Jahr 1996 war die Reaktion auf die beiden Hauptkritikpunkte der ursprünglichen Vorschläge. Dies war zum einen die Pflicht des Erwerbers zur Abgabe eines obligatorischen Angebots bei Erreichen eines bestimmten Schwellenwertes. Hier war es insbesondere Deutschland, das sich mit seinen *ex-post* eingreifenden Instrumenten des Konzernrechts dem Minderheitenschutz ausreichend gewappnet sah. Zum anderen stieß seitens des Vereinigten Königreichs vor allem die zwingende gesetzliche Regelung des Angebotsverfahrens auf erheblichen Widerstand, da man das bewährte selbstregulierende britische System in Bedrängnis sah. Dementsprechend überließ der revidierte Vorschlag den Staaten die Wahl zwischen „Rechts- und Verwaltungsvorschriften" und „sonstigen Verfahren oder Regelungen" bei der Umsetzung und bot Deutschland die Möglichkeit an, nicht mehr das Pflichtangebot als einziges Mittel des Minderheitenschutzes vorzusehen. Bis zuletzt wurde fortan an diesem deutlich weniger ehrgeizigen Vorhaben einer „Rahmenrichtlinie" festgehalten[577]. Die Kommission hatte damit wohl die Hoffnung einer realistischen Chance zur Verwirklichung der Richtlinie verbunden[578], was sich schließlich als Trugschluß herausstellte. Im Gegenzug war die Kommission bereit, für dieses Ziel einen hohen Preis zu zahlen. Denn die „dramatisch abgemagerte Version"[579] ging offensichtlich zu Lasten einer weitreichenden Harmonisierung. Dessen war sich die Kommission bewußt, die zugestand, daß mit der Festlegung auf Grundprinzipien eine Harmonisierung der Verfahrensvorschriften nicht mehr beabsichtigt sei[580]. Die Gefahr, daß die auf einem Minimalkompromiß basierende und daher erhebliche nationale Unterschiede ermöglichende Richtlinie gerade nicht die ursprünglich bezweckte Harmonisierung bewirken würde, wurde daher sehenden Auges in Kauf genommen[581].

---

577 Dennoch hatten bereits im Jahr 1976 erste Stimmen in der Literatur eine Rahmenregelung mit größeren Spielräumen für die nationalen Gesetzgeber gefordert. Vgl. *Beß*, AG 1976, 206 (210), der dafür den Begriff der „Prinzipienrichtlinie" verwandte. Später auch *Assmann/Bozenhardt* in Assmann/Basaldua/Bozenhardt/Peltzer, Übernahmeangebote, S. 1 (38); *ders./Buck*, EWS 1990, 110 (122).

578 Ähnlich auch *Weber*, EuZW 1998, 464 (464).

579 So *Hopt*, ZHR 161 (1997), 369 (373).

580 Vgl. *Monti* in von Rosen/Seifert, Übernahme börsennotierter Unternehmen, S. 15 (26). Ähnlich bereits *Niessen* in Kreuzer, Öffentliche Übernahmeangebote, S. 35 (54).

581 Diese Gefahr erkannte bereits der Wirtschafts- und Sozialausschuß in seinen Stellungnahmen zu den Richtlinienvorschlägen aus den Jahren 1990, Stellungnahme vom 28. Februar 1991, CES 277/1991, ABl. EG Nr. C 102 vom 18. April 1991, S. 49 (51), 2.5., und 1996, Stellungnahme vom 11. Juli 1996, CES 876/1996, ABl. EG Nr. C 295 vom 7. Oktober 1996, S. 1 (1), 1.5. Ebenso *Weisgerber*, ZHR 161 (1997), 421 (433 f.).

Diesen Umstand griff zuletzt das Europäische Parlament in zweiter Lesung auf und kritisierte zu Recht die weitgehenden Spielräume, die sich den Mitgliedstaaten boten[582]. Im Mittelpunkt der Kritik standen dabei die fehlende Festlegung der Kontrollschwelle sowie der Bestimmung der Angemessenheit der Gegenleistung[583]. Gerade an diesen beiden neuralgischen Punkten der Übernahmerichtlinie wird besonders deutlich, daß deren Verabschiedung bei weitem zu keiner Vereinheitlichung geführt hätte. So wäre ohne weiteres denkbar gewesen, daß in manchen Staaten bereits bei Überschreiten von 25 Prozent eine Verpflichtung zur Abgabe eines Angebots bestanden hätte, während dies in anderen Staaten erst bei 50 Prozent der Fall gewesen wäre. Aber auch darüber hinaus bestanden weitreichende Optionen der Mitgliedstaaten bei der Umsetzung der Richtlinie. Ausdrücklich wurde dies in Art. 3 Abs. 2 des Gemeinsamen Entwurfs nochmals hervorgehoben. Zwar liegt es in der Natur des Instruments der Richtlinie als Mittel der Rechtsangleichung, daß sie anders als Verordnungen nicht zu einer Rechtsvereinheitlichung, sondern lediglich zu einer Harmonisierung des nationalen Rechts führen[584]. Allerdings wäre es beschönigend, im Zusammenhang mit dem zuletzt erreichten Stand der Übernahmerichtlinie von einer Harmonisierung zu sprechen, wenn nicht einmal die wichtigsten Eckpunkte durch eindeutige Vorgaben einer einheitlichen Regelung zugeführt werden. Festzuhalten bleibt daher, daß die Verabschiedung der Richtlinie bei weitem (noch) nicht zu einem einheitlichen Übernahmerecht in Europa geführt hätte.

Dennoch ist es letztlich zu bedauern, daß selbst das so wenig ehrgeizige Projekt scheiterte, die „schwere Geburt"[585] letztlich mißglückte. Die Verabschiedung hätte zumindest einen ersten Schritt für einen einheitlichen Rechtsrahmen auf diesem Gebiet bedeutet, auf dem man in der Zukunft hätte aufbauen können. Zudem läßt sich nicht leugnen, daß durch die Umsetzung der Übernahmerichtlinie zum einen ein gewisses Niveau des Mindestschutzes für Minderheitsaktionäre geschaffen worden wäre, insbesondere im Hinblick auf die zwingende Einführung des Pflichtangebots in den Mitgliedstaaten. Zum anderen hätte dies einen großen Fortschritt in der europäischen Integration und Neuordnung der Unternehmen bedeutet, da auf Grund der Verhaltensregeln des Art. 9 des Gemeinsamen Entwurfs zumindest ein Teil der in der EU bestehenden Übernahmehemmnisse abgebaut worden wäre. Daneben ist auch die psychologische Wir-

---

582 Vgl. die Begründung in dem Bericht des Ausschusses für Recht und Binnenmarkt vom 29. November 2000, A-5368/2000, S. 21 ff.

583 Als Antwort hierauf stellte die Kommission schlicht fest, daß die Definition des Preises allein deshalb abzulehnen sei, da bereits in den Verhandlungen zum Vorschlag aus dem Jahr 1997 keine Einigung hierüber möglich gewesen sei. Vgl. Stellungnahme vom 12. Februar 2001, KOM(2001)77 endg., S. 5.

584 Vgl. *Streinz*, Europarecht, Rn. 385; *Schwarz*, Europäisches Gesellschaftsrecht, Rn. 212 f.

585 So *Peltzer*, AG 1997, 145 (145).

kung, die vom Erlaß der Übernahmerichtlinie ausgegangen wäre, nicht zu unterschätzen. Der europäische Gesetzgeber hätte damit ein Aufbruchsignal geben können, nachdem der Anpassungsprozeß in letzter Zeit mehr und mehr ins Stokken geraten war[586].

Allerdings - und das ist den Bemühungen der Kommission zugute zu halten - ist die gesamte Diskussion nicht ohne Folgen geblieben[587]. Zahlreiche Mitgliedstaaten haben parallel zu den Entwicklungen auf europäischer Ebene eigene nationale gesetzliche oder auch nicht gesetzliche Lösungen geschaffen, größtenteils in dem Bestreben, die erwarteten Vorgaben der Übernahmerichtlinie bereits vorweg zu nehmen[588]. Zudem scheint sich mittlerweile endgültig die Überzeugung durchgesetzt zu haben, daß die Ausklammerung der Rechtsangleichung im Bereich der präventiven Abwehrmaßnahmen ein Fehler und letztlich mitursächlich für das Scheitern war[589]. Gleiches gilt auch für die rechtlichen und strukturellen Hindernisse von Unternehmensübernahmen in den nationalen Rechtsordnungen, wie etwa die Mitbestimmung und das Aufsichtsratssystem. Nachdem die Strukturrichtlinie als gescheitert betrachtet werden kann, sollen nunmehr seitens der vor kurzem einberufenen Expertenkommission wieder erste zaghafte Reformversuche auf diesem Feld unternommen werden.

586 Auch wenn freilich kurze Zeit später mit der formellen Verabschiedung der Rechtsakte zur Einführung der Europäischen Aktiengesellschaft (*Societas Europaea*) ein wichtiger Schritt vollzogen wurde („Verordnung über das Statut der Europäischen Gesellschaft (SE)“ vom 8. Oktober 2001 - (EG) Nr. 2157/2001, ABl. EG Nr. L 294 vom 10. November 2001, S. 1, sowie „Richtlinie zur Ergänzung des Statuts der Europäischen Gesellschaft hinsichtlich der Beteiligung der Arbeitnehmer“ vom 8. Oktober 2001 - 2001/86/EG, ABl. EG Nr. L 294 vom 10. November 2001, S. 22). Vgl. dazu AG 2001, R391; *Lutter*, BB 2002, 1 ff. Entgegen eines auf Initiative des Parlamentariers *Lehne* gefaßten Antrags des Rechtsausschusses des Europäischen Parlaments, Klage gegen den Beschluß der EU-Regierungen vor dem EuGH einzureichen, sah das Europäische Parlament von dem Vorhaben ab. Die Klage sollte auf die Verletzung der Mitentscheidungsrechte des Parlaments beim Zustandekommen der Verordnung gestützt werden, was dazu hätte führen können, daß das Gesetzgebungsverfahren hätte wiederholt werden müssen. Der neue Präsident des Parlaments *Pat Cox* lehnte den Antrag, obgleich in der Sache begründet, als widersprüchlich zu den wirtschaftspolitischen Zielen der Gemeinschaft ab. Vgl. FAZ vom 23. Januar 2002, S. 15; vom 2. Februar 2002, S. 13.

587 So auch *Monti* in von Rosen/Seifert, Übernahme börsennotierter Unternehmen, S. 15 (27); *Krause*, NZG 2000, 905 (905, 913).

588 Eingehend dazu die rechtsvergleichenden Ausführungen in Kap. 4, S. 191 ff.

589 Bereits der Wirtschafts- und Sozialausschuß erkannte in seiner Stellungnahme zu dem Vorschlag aus dem Jahr 1996 die Gefahr dieses aufgesplitteten Konzepts. Vgl. Stellungnahme vom 11. Juli 1996, CES 876/1996, 2.3.3. Auch aus dem Schrifttum wurde auf das Fehlen einer Rechtsangleichung in diesem Bereich immer wieder hingewiesen. Vgl. etwa *Depser*, RIW 1992, 351 (361); *Hopt* in FS Zöllner, S. 253 (261, 273 f.); *ders.* in FS Lutter, S. 1361 (1366).

Es bleibt zu hoffen, daß der erneuten Initiative der Kommission mehr Erfolg zuteil wird[590], da die Richtlinie längst überfällig ist. Auch wenn sich in jüngster Zeit die Stimmen mehren, die sich gegenüber der Idee einer weiteren Harmonisierung auf dem Gebiet des Gesellschaftsrechts skeptisch und zurückhaltend äußern[591], sollte dies keinen Einfluß auf die 13. Richtlinie haben. So verlockend der Gedanke eines stärkeren Wettbewerbs der nationalen Rechtsordnungen[592] auch sein mag, stehen dem, jedenfalls was die Übernahmerichtlinie angeht, bereits die zuvor angeführten Notwendigkeiten entgegen. Hinzu kommen die generellen Vorbehalte gegenüber einem solchen Wettbewerb auf dem europäischen Binnenmarkt. Anders als in den USA bestehen auf dem europäischen Kontinent nicht zu unterschätzende sprachliche[593] und kulturelle Barrieren. Zudem sind die nationalen Rechtsordnungen durch unterschiedliche Traditionen und Systeme geprägt.

Bei den bevorstehenden Verhandlungen sollten sich alle Beteiligten darüber bewußt sein, daß eine für alle Mitgliedstaaten in vollem Umfang zufriedenstellende Lösung eine Utopie sein wird[594] und es vielmehr gilt, im Sinne *Schmitthoffs*, das Ganze aus europäischer Perspektive zu betrachten. Jedenfalls wäre es eine Illusion zu meinen, dauerhaft die Übernahmerichtlinie verhindern zu können.

VII. Folgerungen

Für den Fortgang der weiteren Untersuchung bleibt abschließend kurz und knapp festzuhalten, daß für die nationale Gesetzgebung zum Zeitpunkt des Inkrafttretens des WpÜG keine europarechtlichen Vorgaben bestanden haben. Allerdings sollte man bei der Betrachtung stets berücksichtigen, daß in absehbarer Zeit mit der Verabschiedung der Übernahmerichtlinie zu rechnen ist[595].

590 Dazu sogleich unter C. auf S. 120 ff.

591 Auf dem 1. Europäischen Juristentag in Nürnberg vom 13. bis 15. September 2001 forderte vor allem der belgische Rechtsgelehrte *Wymeersch* einen „Wettbewerb um Qualität", vgl. FAZ vom 17. September 2001, S. 19.

592 Vgl. zu der in Europa in Anlehnung an die USA geführten Diskussion (*race to the bottom* bzw. *race to the top*) den instruktiven Überblick bei *Hopt*, ZHR 161 (1997), 368 (381 ff.), m.w.N.

593 Vgl. zu dieser Problematik jüngst *Oppermann*, NJW 2001, 2663 ff.; *Frohn*, EWS 7/2001, Die erste Seite.

594 Ähnlich auch *Neye*, AG 2000, 289 (295). Schon *Reul*, JbJZivW 1990, 11 (14), wies im Hinblick auf die Diskussion um das Pflichtangebot zu Recht darauf hin, daß die „Angleichung verschiedener Rechtssysteme unter vollständiger Erhaltung dieser Systeme (...) eine praktische Unmöglichkeit" darstellt.

595 Zur Umsetzung der nunmehr verabschiedeten EU-Übernahmerichtlinie in deutsches Recht mit Blick auf § 33 WpÜG siehe Kap. 5, S. 488.

Wie die Untersuchungen der bisherigen Entwicklungen ergeben haben, bestand durchweg seit dem *Pennington*-Entwurf aus dem Jahr 1974 bis zuletzt im Gemeinsamen Standpunkt im Grundsatz Einigkeit unter den Mitgliedstaaten über die Pflichten der Zielgesellschaft im Zusammenhang mit einem öffentlichen Übernahmeangebot. Dies bezog sich sowohl auf die Verhaltenspflichten der Verwaltung der Zielgesellschaft, die sich während des Übernahmeverfahrens dem Vereitelungsverbot zu unterwerfen hatte. Es galt aber auch hinsichtlich der Verpflichtung der Verwaltung der Zielgesellschaft zur Veröffentlichung einer Stellungnahme zu dem Übernahmeangebot. Einzig Deutschland fühlte sich hiernach nicht mehr an diesen Konsens gebunden und opponierte fortan dagegen, fand allerdings hierbei keine Nachahmer. Vor diesem Hintergrund dürfte der Prognose, daß sich der erwartete Richtlinienvorschlag an der Fassung des Gemeinsamen Entwurfs, wahrscheinlicher noch auf Grund der Haltung Großbritanniens an der des Gemeinsamen Standpunkts orientieren wird, nichts Spekulatives anhaften. Die neuen deutschen Regelungen werden sich folglich an dem bislang erreichten Stand der Bemühungen zur Verabschiedung der Übernahmerichtlinie messen lassen müssen.

C. DER WEG ZUR VERABSCHIEDUNG DER EU-ÜBERNAHME-RICHTLINIE

I. EINFÜHRUNG

Nach dem Scheitern der EU-Übernahmerichtlinie im Europäischen Parlament im Juli 2001[596] und der im Rahmen des erneuten Anlaufs der Kommission erfolgten Vorlage des Reports der *Winter*-Kommission[597] war trotz der hierauf ergangenen positiven Reaktionen keineswegs der Weg frei zur Verabschiedung der Richtlinie. Vielmehr zeigte sich erneut, daß es sich bei der Thematik um ein hochbrisantes Politikum handelt mit der Folge, daß wiederum ein zähes Ringen bis zur endgültigen politischen Einigung einsetzte. Die im Anschluß an die Fertigstellung des Manuskripts erfolgten aktuellen Entwicklungen werden nachfolgend aufgezeigt, wobei zunächst wiederum die Chronologie der Ereignisse dargestellt (II.) und hiernach auf die Regelungen der neuen EU-Übernahmerichtlinie, insbesondere auf die hier im Mittelpunkt des Interesses stehenden Verhaltenspflichten, eingegangen werden soll (III.). Das vorliegende Kapitel schließt sodann mit einem Fazit (IV.).

596 Vgl. dazu oben S. 71.
597 Vgl. dazu oben S. 110.

II. Chronologie der aktuellen Entwicklungen

1. Der neue Vorschlag vom Oktober 2002

Entgegen den ersten Reaktionen seitens der EU-Kommission auf die Vorlage des Reports der *Winter*-Kommission[598] kam es erst am 2. Oktober 2002[599] bei zwei Gegenstimmen und einer Enthaltung[600] zur Verabschiedung eines neuen Entwurfs einer EU-Übernahmerichtlinie[601]. Basis des neuen Vorschlags waren zum einen der im Vermittlungsverfahren erzielte Kompromiß in Gestalt des gescheiterten Gemeinsamen Entwurfs und zum anderen Teile der Empfehlungen des Reports der *Winter*-Kommission[602]. Der Vorschlag beinhaltete neben dem weitgehend unverändert übernommenen Vereitelungsverbot auch die sog. Durchgriffsregel. Indes wurde von der Einbeziehung von Mehrfach- und Doppelstimmrechten abgesehen[603], was seitens der Kommission mit verfassungsrechtlichen Bedenken[604] begründet wurde[605].

---

598 Vgl. dazu oben S. 112.

599 Dem Vernehmen nach war die Verzögerung darauf zurückzuführen, daß die EU-Kommission auf Intervention ihres Präsidenten *Romano Prodi* den neuen Entwurf nicht während des Wahlkampfes um den Deutschen Bundestag einbringen wollte. Vgl. FAZ vom 27. Juni 2002, S. 16; FTD vom 27. Juni 2002, S. 11.

600 Vgl. *Lehne/Haak*, Konzern 2003, 163 (166). Dem Vernehmen nach handelte es sich dabei um die Gegenstimmen der beiden deutschen Kommissare. Vgl. FAZ vom 4. Oktober 2002, S. 13.

601 KOM(2002) 534 endg.; ABl. EG Nr. C 45 E vom 25. Februar 2003, S. 1; abgedruckt in NZG 2002, 1146 ff.; ZIP 2002, 1863 ff.; BR-Drs. 800/02 vom 25. Oktober 2002; BT-Drs. 15/606 vom 5. März 2003. Vgl. dazu *Becker*, GmbHR 2003, R185; *Dauner-Lieb*, DStR 2003, 555 f.; *Dauner-Lieb/Lamandini*, Konzern 2003, 168 ff.; *dies.*, BB 2003, 265 ff.; *Drinkuth*, Syndikus, Januar/Februar 2003, 24 ff.; *Hopt*, (2002) Australian Journal of Corporate Law, 1 (14 ff.); *Kallmeyer*, DB 2002, 2695; *Krause*, BB 2002, 2341 ff.; *Lehne/Haak*, Konzern 2003, 163 ff.; *Neye*, NZG 2002, 1144 f.; *Seibt*, FAZ vom 9. Oktober 2002, S. 19; *Seibt/Heiser*, ZIP 2002, 2193 ff.; *Semler, F.-J.*, BB 46/2002, Die erste Seite; *Wiesner*, ZIP 2002, 1967; *Zinser*, EuZW 2003, 10 ff.; *ders.*, ZRP 2003, 78 ff. Mit Einzelfragen beschäftigen sich *Arnold*, BB 2003, 267 ff.; *ders.*, Konzern 2003, 173 ff.; *Becht*, ecgi Law Working Paper 14/2003; *Coates*, ecgi Law Working Paper, July 2003; *Mülbert*, ecgi Law Working Paper 13/2003; *Rühland*, NZG 2003, 1150 ff.; *Schumacher/Sanders*, Konzern 2003, 178 ff.

602 So etwa die Definition des angemessenen Preises in Art. 5 Vorschlag 2002 sowie Regelungen für den Squeeze-Out und den Sell-Out.

603 Vgl. zu den Abweichungen im einzelnen *Dauner-Lieb/Lamandini*-Studie, S. 35 f.

604 Vgl. Vorschlag 2002, Begründung zu Art. 11; FTD vom 26. November 2002, S. 15. Derartige Bedenken ausräumend *Schumacher/Sanders*, Konzern 2003, 178 ff.

605 Nicht zuletzt soll die Kommission sich hierdurch Rückendeckung seitens der skandinavischen Mitgliedstaaten und Frankreich bei der Durchsetzung der Richtlinie

Vor allem in Deutschland stieß der Vorschlag auf heftige Kritik[606], wodurch sich Deutschland allerdings zunächst erneut in die Isolation begab[607]. Bundesregierung[608], Industrie[609] und Gewerkschaften bemängelten zum einen die nur unzureichende Berücksichtigung der Vorschläge der *Winter*-Kommission in Bezug auf die Durchgriffsregel und zum anderen die Abschaffung der Vorratsbeschlüsse[610]. Es wurde angeführt, daß deutsche Unternehmen nach wie vor gegenüber Unternehmen anderer Mitgliedstaaten benachteiligt würden, weil sie auf Abwehrmaßnahmen gegen unfreundliche Übernahmeangebote verzichten müßten, wohingegen in anderen Mitgliedstaaten Mehrfachstimmrechte zur Verfügung stünden[611]. Auch in den parlamentarischen Beratungen hierzulande spiegelte sich diese Kritik wider[612].

---

erhofft haben, in denen solche Instrumente nach wie vor stark verbreitet sind. Vgl. FTD vom 25. September 2002, S. 14.

606 Bereits im Vorfeld regte sich in Deutschland erneut heftiger Widerstand seitens der Industrie und deren Interessenvertretungen sowie der Bundesregierung. Vgl. FTD vom 27. Juni 2002, S. 11; FAZ vom 30. September 2002, S. 13.

607 Grundsätzliche Einwände waren darüber hinaus nur aus Belgien und den Niederlanden zu vernehmen. Vgl. FTD vom 15. November 2002, S. 15.

608 Vgl. FAZ vom 4. Oktober 2002, S. 13; FTD vom 11. Oktober 2002, S. 18; FAZ vom 12. November 2002, S. 15.

609 Vgl. *Kley* nach FAZ vom 23. Oktober 2002, S. 23; *Spitzenverbände der deutschen Wirtschaft*, Stellungnahme zum Vorschlag 2002 vom 26. November 2002, S. 1.

610 Vgl. FAZ vom 15. November 2002, S. 14.

611 Nicht mehr im Zentrum der Kritik standen *golden shares*, die von der jüngsten Rechtsprechung des EuGH erfaßt und somit aus der Diskussion um die Richtlinie weitgehend ausgeklammert wurden. Vgl. dazu die Urteile *golden shares* I-III vom 4. Juni 2002 gegen Belgien (Rs. C-503/99), Frankreich (C-483/99) und Portugal (C-367/98), abgedruckt in EuZW 2002, 429 ff.; NZG 2002, 624 ff.; dazu aus der Tagespresse vom 5. Juni 2002 FAZ, S. 13, 15; FTD, S. 1, 12; sowie die bestätigenden Urteile *golden shares* IV und V vom 13. Mai 2003 gegen Spanien (C-463/00) und Großbritannien (C-98/01), abgedruckt in NZG 2003, 679 ff.; dazu FAZ vom 14. Mai 2003, S. 12. Die Verurteilung der Staaten basiert auf der Kernthese, daß *golden shares* grundsätzlich die Kapitalverkehrs- und Niederlassungsfreiheit des EGV verletzen. Vgl. dazu *Armbrüster*, JuS 2003, 224 ff.; *Bayer*, BB 2002, 2289 ff.; *Grundmann/Möslein*, ZGR 2003, 317 ff.; *dies.*, ZVglRWiss 2003, 289 ff.; *dies.*, BKR 2002, 758 ff.; *Ruge*, EuZW 2002, 421 ff.; *Spindler*, RIW 2003, 850 ff.

612 Vgl. dazu die Ausschußempfehlungen, BR-Drs. 800/1/02 vom 9. Dezember 2002; BR-Plenarprotokoll 784/02 vom 20. Dezember 2002, S. 601 (D); Beschlußempfehlung und Bericht des Finanzausschusses, BT-Drs. 15/606 vom 5. März 2003, S. 3; Entschließungsantrag der Fraktion der CDU/CSU, BT-Drs. 15/539 vom 11. März 2003; BT-Plenarprotokoll 15/40 vom 10. April 2003, S. 3303 (A).

2. Das Ringen um die politische Einigung

Nur kurze Zeit nach Vorlage des neuen Richtlinienvorschlags unterbreitete der Berichterstatter des federführenden Ausschusses für Recht und Binnenmarkt, *Klaus-Heiner Lehne*, sein Arbeitsdokument hierzu[613], in dem die aus Sicht des Berichterstatters wesentlichen Problembereiche des Vorschlags aufgezeigt wurden. Zentraler Kritikpunkt war auch hier die Ausklammerung der Mehrfachstimmrechte[614]. Bereits im Juni 2002 hatte das Europäische Parlament die Professoren *Barbara Dauner-Lieb* (Universität Köln) und *Marco Lamandini* (Universität Bologna) mit der Untersuchung der Frage beauftragt[615], inwieweit der neue Vorschlag zur Schaffung eines *level playing field* beizutragen imstande ist[616]. Das Ergebnis ihrer am 9. Dezember 2002 vorgelegten Studie[617] präsentierten die Verfasser am 22. Januar 2003 vor dem Ausschuß für Recht und Binnenmarkt des Europäischen Parlaments[618]. Am 28. Januar 2003 fand schließlich eine Expertenanhörung im federführenden Ausschuß unter Mitwirkung von Vertretern verschiedener Interessengruppen und Mitgliedstaaten[619] statt[620].

---

613 Vom 22. November 2002, PE 324.172. Dazu FAZ vom 10. Dezember 2002, S. 18.

614 Kritisch im übrigen *Arnold*, BB 2003, 267 (268); *ders.*, Konzern 2003, 173 ff.; *Krause*, BB 2002, 2341 (2347); *Dauner-Lieb*, DStR 2003, 555 (556): „Minidurchbruchsregel"; *Dauner-Lieb/Lamandini*, BB 2003, 265 (267); *dies.*, Konzern 2003, 168 (172); *Dauner-Lieb/Lamandini*-Studie, S. 43 ff.; *Lehne/Haak*, Konzern 2003, 163 (167); *Neye*, NZG 2002, 1144 (1145); *Wiesner*, ZIP 2002, 1967. Siehe auch die Kritik des GDV in dessen „Bericht aus Brüssel", Ausgabe Nr. 37 (Oktober 2002), S. 25.

615 Vgl. *Dauner-Lieb/Lamandini*-Studie. Diese ist im englischen Original wie auch in deutscher Sprache abrufbar über die Homepage des Europäischen Parlaments unter http://www.europarl.int.

616 Vgl. *Dauner-Lieb/Lamandini*-Studie, S. 8.

617 Vgl. dazu *Dauner-Lieb*, DStR 2003, 555 f.; *Dauner-Lieb/Lamandini*, Konzern 2003, 168 ff.; *dies.*, BB 2003, 265 (267); *Zinser*, ZRP 2003, 78 ff.

618 Vgl. FAZ vom 20. Januar 2003, S. 11. Zu den wesentlichen Ergebnissen der Studie im Hinblick auf die vorliegend maßgeblichen Regelungen vgl. unten S. 134.

619 Zu den Mitwirkenden zählten: *Philip Remnant* (Panel on Takeovers and Mergers), *Paul Arlman* (Federation of European Securities Exchanges (FESE) (Vereinigung Europäischer Wertpapierbörsen)), *José Maria Garrido Garcia* (Comisión Nacional del Mercado de Valores (CNMV) (Spanische Kommission für den Wertpapiermarkt)), *Christopher Gent* (Vodafone), Prof. *Dr. Hans-Jürgen Hellwig* (Rat der Europäischen Anwaltschaften), *Mads Ovlisen* (Novo Nordisk), *Eckart Sünner* (BASF), *Joan Bloemarts* (ETUC-CES (Europäischer Gewerkschaftsbund)), *Pierre Nothomb* (Deminor), Prof. *Jaap Winter* (*Winter*-Kommission), *Dr. Savino Pezzotta* (CISL (italienischer Gewerkschaftsbund)), Prof. *Dr. Marco Lamandini* (Verfasser der *Dauner-Lieb/Lamandini*-Studie), Prof. *Joseph A. McCahery* (Universität Tilburg). Die Beiträge einiger Mitwirkender sind ebenfalls im Internet abrufbar (vgl. oben Fn. 615).

620 Vgl. FAZ vom 29. Januar 2003, S. 12. Zur Anhörung auch *Dauner-Lieb/Lamandini*, Konzern 2003, 168 (169).

Erst eine überraschende Wendung im Ministerrat, wonach sich Italien, Spanien, Portugal und vor allem Großbritannien ebenfalls gegen den Vorschlag ausgesprochen hatten[621], führte dazu, daß die Kommission Bereitschaft zur Änderung des Vorschlags mit Blick auf die Einbeziehung weiterer in den Mitgliedstaaten bestehender Übernahmehindernisse signalisierte[622]. Nach einem regelrechten „Hauen und Stechen um die EU-Übernahmerichtlinie"[623], dem diverse Kompromißvorschläge zugrunde lagen[624], schien eine Lösung nicht zuletzt auf Grund des vehementen Widerstands der Bundesregierung in weite Ferne gerückt[625]. Weder fanden sich Mehrheiten für eine „große Lösung" in Gestalt der Erweiterung der Durchgriffsregel bei gleichzeitiger Beibehaltung des strikten Vereitelungsverbots noch war unter Aufrechterhaltung der abgeschwächten Durchbruchsregel eine Aufweichung des Vereitelungsverbots mehrheitsfähig. Es überrascht daher wenig, daß gar der Vorschlag unterbreitet wurde, gänzlich sowohl auf den das Vereitelungsverbot beinhaltenden Art. 9 als auch auf die Durchgriffsregel des Art. 11 zu verzichten[626], den sich die deutsche Regierung zu eigen machte[627]. Erst ein von der portugiesischen Regierung im Mai 2003 vorgelegter Kompromißvorschlag vermochte über die festgefahrene Verhandlungssituation hinwegzuhelfen[628]. Der Vorschlag basierte auf dem Optionsmodell, das den Unternehmen Wahlfreiheit bieten sollte, Übernahmeversuche grundsätzlich zu vereiteln oder zu erleichtern. Der somit als Minimallösung konzipierte Vorschlag fand sogleich die Zustimmung Deutschlands, Großbritanniens und Frank-

---

621 Vgl. FAZ vom 5. Februar 2003, S. 13. Die Haltung Großbritanniens soll hiernach auf eine Vereinbarung mit Deutschland zurückzuführen sein, wonach Deutschland im Gegenzug seine Unterstützung bei den Verhandlungen zum Richtlinienvorschlag über die Arbeitsbedingungen von Leiharbeitnehmern (ABl. C 203 E vom 27. August 2002, S. 1, geändert durch KOM(2002) 701 endg. vom 28. November 2002) zugesagt hat.

622 Vgl. FAZ vom 13. Februar 2003, S. 11; vom 15. Februar 2003, S. 11.

623 So betitelte die FAZ vom 17. April 2003, S. 12, ihren Beitrag.

624 Zur Diskussion standen der von der griechischen Ratspräsidentschaft eingebrachte Vorschlag und ein von *Lehne* erarbeiteter (C5-0481/2002 vom 11. März 2003). Vgl. zum Ganzen FAZ vom 11. April 2003, S. 15; vom 13. März 2003, S. 11; vom 21. Februar 2003, S. 13, und zu dem *Lehne*-Vorschlag *Becht*, ecgi Law Working Paper 14/2003, S. 3 f. Am 14. Mai 2003 erging zudem die Stellungnahme des Wirtschafts- und Sozialausschusses, CES 589/2003, ABl. EG Nr. C 208 vom 3. September 2003, S. 55.

625 Vgl. FAZ vom 9. Mai 2003, S. 12; vom 17. April 2003, S. 12; FTD vom 20. Mai 2003, S. 14.

626 So ein Vorschlag der dänischen Regierung. Dazu FTD vom 15. Mai 2003, S. 11. Auch in Deutschland waren derartige Forderungen zu vernehmen. Vgl. BT-Plenarprotokoll 15/40 vom 10. April 2003, S. 3310 (C).

627 Vgl. FTD vom 20. Mai 2003, S. 14; FAZ vom 20. Mai 2003, S. 11.

628 Vgl. FTD vom 20. Mai 2003, S. 14; FAZ vom 20. Mai 2003, S. 11.

reichs[629] wie auch die des Berichterstatters des Ausschusses für Recht und Binnenmarkt im Europäischen Parlament[630]. Angesichts des Stimmgewichts dieser Staaten kam es unter der italienischen Ratspräsidentschaft entgegen ersten Ankündigungen zu keiner Fortentwicklung des Optionsmodells mehr[631]. Auch *Bolkestein* gelang es nicht mehr, die Beteiligten[632] zu einer Abkehr von dieser Minimallösung zu bewegen[633].

Am 27. November 2003 schließlich einigte sich der Ministerrat für Wettbewerbsfähigkeit einstimmig[634] bei Stimmenthaltung der spanischen Delegation und gegen das Votum der EU-Kommission[635] auf einen Entwurf, der sich auf den von der italienischen Ratspräsidentschaft unterbreiteten Kompromißtext stützte und der das Optionsmodell beinhaltete[636]. Damit war der endgültige Durchbruch erzielt. Am 16. Dezember 2003 stimmte sodann das Europäische Parlament in erster Lesung dem Vorschlag in der geänderten Fassung[637] mit 321 Stimmen bei 219 Gegenstimmen und 9 Enthaltungen[638] zu[639]. Dabei setzte das Europäische Parlament diejenigen Änderungen um, die dem zuvor erzielten

629 Auch die Zustimmung Frankreichs soll als Gegenleistung für die Zustimmung des Bundeskanzlers *Schröder* zu einem sachfremden Kompromiß, hier in der Agrarpolitik, erzielt worden sein. Vgl. FTD vom 12. Juni 2003, S. 14.

630 Vgl. FAZ vom 21. Mai 2003, S. 12.

631 Vgl. FAZ vom 19. August 2003, S. 18.

632 Einzig aus Belgien, Finnland und Schweden waren bis zuletzt Einwände zu vernehmen, wobei vor allem Schweden selbst die Wahlfreiheit noch zu weit ging. Vgl. FAZ vom 27. November 2003, S. 14; FTD vom 10. November 2003, S. 13.

633 Selbst der Versuch, ihm das Recht einzuräumen, den gesamten Vorschlag zurückzuziehen, so es denn zu einer Absegnung der Minimallösung unter den Mitgliedstaaten kommt, wurde ihm verwehrt. Vgl. FTD vom 27. November 2003, S. 11.

634 Gemäß Art. 251 Abs. 2 S. 2 1. Gedankenstrich EGV i.V.m. Art. 250 Abs. 1 EGV. Vgl. *Gellermann* in Streinz, EUV/EGV, Art. 251 EGV, Rn. 20 und Art. 250 EGV, Rn. 15.

635 Die wegen der fehlenden Zustimmung der Kommission erforderliche Einstimmigkeit konnte erst in „letzter Minute" ausgehandelt werden. Vgl. näher dazu *Wiesner*, ZIP 2004, 343 (346).

636 Ratsdokument 15476/03. Vgl. dazu *Drinkuth*, BZ vom 29. November 2003, S. 6. Aus der Tagespresse vom 28. November 2003 vgl. BZ, S. 7; FAZ, S. 11; FTD, S. 1.

637 A5-0469/2003 endg. vom 8. Dezember 2003. Der Ausschuß für Recht und Binnenmarkt hatte zuvor am 27. November 2003 den Bericht des Berichterstatters mit 19 Stimmen bei 10 Gegenstimmen und 2 Enthaltungen angenommen (PE 327.239).

638 Gestützt wurde das Ergebnis von den Konservativen, den Liberalen und Teilen der Grünen. Hingegen stimmten die Sozialisten bis auf wenige Ausnahmen dagegen, was bis auf wenige Ausnahmen auch für die deutschen Abgeordneten der SPD galt. Zuvor hatten die Gewerkschaften noch versucht, auf Grund nicht weit genug reichender Arbeitnehmerrechte den erzielten politischen Kompromiß zu Fall zu bringen. Vgl. dazu *Wiesner*, ZIP 2004, 343 (346); Ausschußempfehlungen, BR-Drs. 800/1/02 vom 9. Dezember 2003, S. 4.

639 Vgl. FTD vom 16. Dezember 2003, S. 14; FAZ vom 17. Dezember 2003, S. 12.

Einvernehmen entsprachen[640]. Sodann billigte der Ministerrat auf der Tagung des Umweltrates am 22. Dezember 2003 in Brüssel die Abänderungen, die das Europäische Parlament angenommen hatte und erzielte damit endgültig eine politische Einigung über den Inhalt der Richtlinie[641]. Am 30. März 2004 und damit 30 Jahre nach Vorlage des *Pennington*-Entwurfs wurde die neue EU-Übernahmerichtlinie schließlich in Umsetzung der zuvor erzielten Einigung durch den Ministerrat für Justiz und Inneres förmlich verabschiedet[642]. Die Unterzeichnung des Richtlinientextes erfolgte am 21. April 2004[643], die Veröffentlichung im Amtsblatt der Europäischen Union am 30. April 2004[644]. Das Inkrafttreten der Richtlinie erfolgt zum 20. Mai 2004[645]. Damit müssen die Mitgliedstaaten spätestens bis zum 20. Mai 2006 ihrer Umsetzungsverpflichtung in nationales Recht nachkommen[646].

III. Die EU-Übernahmerichtlinie

1. Wesentlicher Regelungsgehalt

Im folgenden sollen die Vorschriften der EU-Übernahmerichtlinie vorgestellt werden, wobei ausgehend von der bereits erfolgten Vorstellung der Vorschriften des gescheiterten Gemeinsamen Entwurfs schwerpunktmäßig auf die Abweichungen eingegangen werden soll[647]. Wie auch für den Vorschlag aus dem Jahr 2002 gilt für die alsbald in Kraft tretende Richtlinie, daß sie dieselben Ziele verfolgt, wie noch der Gemeinsame Standpunkt bzw. der Gemeinsame Entwurf,

---

640 Vgl. zu dieser auf Grund des später eingefügten Art. 11A nur noch numerisch überarbeiteten Fassung *Becker*, GmbHR 2004, R77 ff.; *Krause*, BB 2004, 113 ff.; *ders.*, FAZ vom 7. Januar 2004, S. 19; *Maul*, German Law Journal 2004, S. 355 ff.; *Wagner*, Bank 2004, 108 ff.; *Wiesner*, ZIP 2004, 343 ff.

641 Vgl. FAZ vom 23. Dezember 2003, S. 12.

642 Vgl. Punkt 40 Addendum zum Entwurf eines Protokolls des Rates vom 30. März 2004 vom 4. Mai 2004.

643 „Richtlinie 2004/25/EG des Europäischen Parlaments und des Rates vom 21. April 2004 betreffend Übernahmeangebote". Bemerkenswert ist, daß seit der Vorlage des Vorschlags aus dem Jahr 2002 im Titel der Richtlinie nicht mehr auf das Gebiet des Gesellschaftsrechts Bezug genommen und bedingt dadurch auch auf die Numerierung als 13. Richtlinie verzichtet wurde.

644 ABl. EG Nr. L 142 vom 30. April 2004, S. 12.

645 Vgl. Art. 22 EU-Übernahmerichtlinie, wonach die Richtlinie am 20. Tag nach ihrer Veröffentlichung im Amtsblatt in Kraft tritt.

646 Näher zur Umsetzungsfrist unten S. 128.

647 Zu Art. 9, 11 und 12 siehe eingehend sogleich auf S. 128 ff.

den gleichen Anwendungsbereich abdeckt und die gleichen grundlegenden Prinzipien beinhaltet[648].

a) Aufbau

Die Richtlinie legt zunächst den Anwendungsbereich (Art. 1[649]) fest und statuiert die wichtigsten Begriffsbestimmungen (Art. 2) und allgemeinen Grundsätze (Art. 3). Es folgt die Vorschrift über die Aufsichtsorgane und deren Zuständigkeiten (Art. 4). Sodann wird das Pflichtangebot geregelt (Art. 5). Die folgenden Vorschriften befassen sich mit dem Verfahrensablauf (Art. 6 bis 8 und 13). Im Anschluß werden Vorgaben für das Verhalten der Verwaltung der Zielgesellschaft aufgestellt (Art. 9). Gänzlich neu sind die Vorschriften über die Offenlegung und die Durchgriffsregel (Art. 10 und 11). Gleiches gilt für die Regelung des Optionsmodells (Art. 12). Es folgt der rein deklaratorische Art. 14. Hieran schließen sich die neu hinzugetretenen Vorschriften zum Squeeze-Out und zum Sell-Out an (Art. 15 und 16). Abschließend sind die Einräumung von Sanktionen (Art. 17), das Ausschußverfahren (Art. 18), die Befassung eines Kontaktausschusses (Art. 19) und die Revision der Richtlinie fünf Jahre nach dem Inkrafttreten (Art. 20) vorgesehen. Schließlich folgen die üblichen Vorgaben zur Umsetzung der Richtlinie (Art. 21), dem Inkrafttreten (Art. 22) und dem Adressatenkreis (Art. 23).

b) Offenlegung

Auf die Empfehlungen der *Winter*-Kommission zurück geht der elf Punkte umfassende Katalog des Art. 10 lit. a bis k, der allen börsennotierten Gesellschaften weitreichende Transparenzpflichten auferlegt. Strukturen und Übernahmehemmnisse sollen dem Kapitalmarkt im Lagebericht[650] offengelegt werden[651]. Im einzelnen handelt es sich dabei um die Zusammensetzung des Kapitals; Beschränkungen hinsichtlich der Übertragung von Wertpapieren; bedeutende direkte oder indirekte Beteiligungen; besondere Kontrollrechte[652]; Stimmrechts-

648 Die Vorschriften hinsichtlich der allgemeinen Grundsätze, dem Verfahren, dem Pflichtangebot einschließlich des angemessenen Preises erfuhren nur unwesentliche Veränderungen, auf die an dieser Stelle nicht mehr näher eingegangen werden soll. Vgl. dazu den Kurzüberblick bei *Wiesner*, ZIP 2004, 343 (346 f.).

649 Im folgenden beziehen sich Artikel ohne nähere Bezeichnung auf die verabschiedete EU-Übernahmerichtlinie.

650 Vgl. § 289 HGB.

651 Wieder fallengelassen wurde eine Bestimmung, wonach die Unternehmensleitung diese Angaben begründen und alle zwei Jahre auf der Hauptversammlung zur Diskussion stellen sollte. Vgl. Art. 10 Abs. 2 und 3 Vorschlag 2002 sowie auch *Winter*-Kommission, Report, S. 25 (Empfehlung I.1).

652 Hierzu gehören auch die *golden shares*.

kontrolle bei Arbeitnehmerbeteiligungen; Stimmrechtsbeschränkungen; Vereinbarungen zwischen Aktionären zur Beschränkung der Übertragung von Wertpapieren oder Stimmrechten; Ernennung und Ersetzung sowie Befugnisse der Organmitglieder; bedeutende Vereinbarungen bei Kontrollwechsel und Abfindungsvereinbarungen[653].

c) Squeeze-Out und Sell-Out

Ebenfalls zurückgehend auf die Empfehlungen der *Winter*-Kommission[654] sind in Art. 15 und 16 Vorgaben neu hinzugekommen zum einen zum Ausschluß von Minderheitsaktionären (*Squeeze-Out*) und zum anderen zu dessen Pendant, dem Andienungsrecht der Minderheitsaktionäre der Zielgesellschaft (*Sell-Out*), die jeweils nur für solche Fälle gelten, die sich an ein an alle Wertpapierinhaber gerichtetes Angebot für sämtliche Wertpapiere anschließen. Die Möglichkeit des Squeeze-Out wird eröffnet, wenn es dem Bieter gelingt, mehr als 90 Prozent bzw., je nach Wahl des Mitgliedstaates, 95 Prozent des stimmberechtigten Kapitals oder Wertpapiere, die mindestens 90 Prozent des Kapitals entsprechen, das Gegenstand des Angebots war, zu erwerben. Schließlich steht auch den Minderheitsaktionären die Möglichkeit offen, ihre Mitgliedschaftsrechte zu den dem Squeeze-Out zugrundeliegenden Preisbestimmungen zu veräußern.

d) Umsetzungsfrist

Art. 21 verpflichtet die Mitgliedstaaten, spätestens bis zum 20. Mai 2006 die Richtlinie in nationales Recht umzusetzen. Damit beträgt die Umsetzungsfrist „wieder“ 2 Jahre nach Inkrafttreten der Richtlinie. Angesichts des komplexen Optionsmodells bedurfte es einer den Aufschub der Umsetzung des Art. 9 regelnden Vorschrift nicht mehr[655].

2. Pflichten der Zielgesellschaft

a) Vorbemerkung

Nach wie vor zentrale Vorschrift im Hinblick auf die Pflichten der Zielgesellschaft ist der nur unwesentlich überarbeitete Art. 9, der zum einen in den Absät-

653 Gegenüber dem Vorschlag 2002 liegen die Neuerungen darin, daß nur den Gesellschaften bekannte Vereinbarungen der Aktionäre zur Beschränkung der Übertragbarkeit von Wertpapieren oder der Stimmrechte offenzulegen sind und daß die Offenlegung von wesentlichen Vereinbarungen bei Kontrollwechsel unterbleiben kann, soweit dadurch der Gesellschaft erheblich geschadet würde. Äußerst kritisch zum Vorschlag 2002 *Kallmeyer*, DB 2002, 2695.

654 Vgl. *Winter*-Kommission, Report, S. 54 ff. (Empfehlungen III.1 bis III.5).

655 Vgl. zuvor noch oben S. 79, aber auch Art. 19 Vorschlag 2002.

zen 2-4 die Verhaltenspflichten des Leitungs- bzw. Verwaltungsorgans[656] der Zielgesellschaft im Zusammenhang mit öffentlichen Übernahmeangeboten regelt und zum anderen in Absatz 5 die Verpflichtung zur Abgabe einer Stellungnahme zu dem Übernahmeangebot. Neben dieser bedeutendsten Informationspflicht der Zielgesellschaft finden sich unverändert weitere Informationspflichten in Art. 6 Abs. 1 S. 3 und Abs. 2 S. 3[657]. Hinsichtlich der Verhaltenspflichten ist zudem der an altbewährter Stelle in Art. 3 Abs. 1 lit. c niedergelegte allgemeine Grundsatz des an die Verwaltung der Zielgesellschaft gerichteten Gebots des Handelns im Interesse der gesamten Gesellschaft ergänzend heranzuziehen. Gänzlich neu hinzugetreten sind zum einen die zur Herstellung des *level playing field* eingeführte Durchgriffsregel in Art. 11 sowie das zur Entschärfung des Streits um die Anwendung des Art. 9 und des Art. 11 geschaffene Optionsmodell, das sich in Art. 12 wiederfindet.

Die neuen Regelungen werden im folgenden einer eingehenden Untersuchung unterzogen, wobei es an dieser Stelle allein darum gehen soll, die Unterschiede und Besonderheiten gegenüber den ausführlich analysierten Regelungen des gescheiterten Gemeinsamen Entwurfs aufzuzeigen (nachfolgend unter c)). Dem voran geht auch hier wieder eine Betrachtung der entstehungsgeschichtlichen Entwicklung der einschlägigen Regelungen (b)). Ausführungen zur Umsetzung der neuen Regelungen in deutsches Recht finden sich am Ende der Untersuchung nach einer eingehenden Auseinandersetzung mit den neuen nationalen Vorschriften[658].

Art. 3 (Allgemeine Grundsätze) Abs. 1 lit. c

„Das Leitungs- bzw. Verwaltungsorgan einer Zielgesellschaft muß im Interesse der gesamten Gesellschaft handeln und darf den Inhabern von Wertpapieren nicht die Möglichkeit vorenthalten, das Angebot selbst zu beurteilen."

---

656 Abweichend zum Gemeinsamen Entwurf wird in der Richtlinie nunmehr durchgängig der Begriff des „Leitungs- bzw. Verwaltungsorgans" benutzt, während zuvor von dem „Leitungs- oder Verwaltungsorgan" die Rede war. Insofern dürfte es sich bei Art. 6 Abs. 2 S. 3 um ein Redaktionsversehen handeln. Zur neuen Konkretisierung des Begriffs siehe unten S. 136. Aus Vereinfachungsgründen wird auch hier wieder der Begriff der „Verwaltung" verwendet.

657 Dazu bereits oben Fn. 405.

658 Vgl. dazu unten Kap. 5, S. 488.

Art. 9 Pflichten des Leitungs- bzw. Verwaltungsorgans der Zielgesellschaft

„(1) Die Mitgliedstaaten sorgen für die Einhaltung der Bestimmungen in den Absätzen 2 bis 5.

(2) Innerhalb der in Unterabsatz 2 genannten Frist holt das Leitungs- bzw. Verwaltungsorgan der Zielgesellschaft die für diesen Zweck erteilte Ermächtigung der Hauptversammlung der Aktionäre ein, bevor es mit Ausnahme der Suche nach konkurrierenden Angeboten Maßnahmen ergreift, durch die das Angebot vereitelt werden könnte; dies gilt insbesondere für die Ausgabe von Wertpapieren, durch die der Bieter auf Dauer an der Erlangung der Kontrolle über die Zielgesellschaft gehindert werden könnte.

Diese Ermächtigung ist zumindest ab dem Zeitpunkt erforderlich, zu dem das Leitungs- bzw. Verwaltungsorgan der Zielgesellschaft die in Artikel 6 Absatz 1 Satz 1 genannten Informationen über das Angebot erhalten hat, und so lange, bis das Ergebnis des Angebots bekannt gemacht oder das Angebot hinfällig wird. Die Mitgliedstaaten können verlangen, daß diese Ermächtigung zu einem früheren Zeitpunkt erforderlich ist, beispielsweise wenn das Leitungs- bzw. Verwaltungsorgan der Zielgesellschaf feststellt, daß die Abgabe des Angebots unmittelbar bevorsteht.

(3) Vor dem in Absatz 2 Unterabsatz 2 genannten Zeitpunkt gefaßte Entscheidungen, die weder teilweise noch vollständig umgesetzt worden sind, bedürfen der Zustimmung oder Bestätigung der Hauptversammlung der Aktionäre, wenn diese Entscheidungen außerhalb des normalen Geschäftsverlaufs gefaßt wurden und ihre Umsetzung dazu führen könnte, daß das Angebot vereitelt wird.

(4) Damit die vorherige Ermächtigung, Zustimmung oder Bestätigung der Wertpapierinhaber im Sinne der Absätze 2 und 3 eingeholt werden kann, können die Mitgliedstaaten Vorschriften vorsehen, wonach eine Hauptversammlung der Aktionäre kurzfristig einberufen werden kann vorausgesetzt, daß sie frühestens zwei Wochen nach ihrer Einberufung abgehalten wird.

(5) Das Leitungs- bzw. Verwaltungsorgan der Zielgesellschaft erstellt und veröffentlicht zu dem Angebot eine mit Gründen versehene Stellungnahme, die unter anderem auf die Auswirkungen des Angebots auf die Interessen der Gesellschaft, insbesondere der Beschäftigung, und auf die strategische Planung des Bieters für die Zielgesellschaft sowie die vor-

aussichtlichen Auswirkungen auf Arbeitsplätze und Standorte, wie in der Angebotsunterlage nach Artikel 6 Absatz 3 Buchstabe i) dargelegt, eingeht. Das Leitungs- bzw. Verwaltungsorgan der Zielgesellschaft übermittelt diese Stellungnahme gleichzeitig den Arbeitnehmervertretern der Gesellschaft oder - in Ermangelung solcher Vertreter - den Arbeitnehmern selbst. Soweit eine eigene Stellungnahme der Arbeitnehmervertreter zu den Auswirkungen auf die Beschäftigung rechtzeitig beim Leitungs- bzw. Verwaltungsorgan der Zielgesellschaft eingeht, ist diese beizufügen.

(6) Für die Zwecke von Absatz 2 bezeichnet der Begriff Leitungs- bzw. Verwaltungsorgan sowohl den Vorstand der Gesellschaft als auch deren Aufsichtsrat, sofern die Organisation der Gesellschaft eine dualistische Leitungsstruktur aufweist."

Art. 11 Durchgriff

„(1) Unbeschadet anderer gemeinschaftsrechtlicher Rechte und Pflichten für die in Artikel 1 Absatz 1 genannten Gesellschaften stellen die Mitgliedstaaten sicher, daß nach Bekanntmachung eines Angebots die Bestimmungen der Absätze 2 bis 7 beachtet werden.

(2) Beschränkungen in Bezug auf die Übertragung von Wertpapieren, die in der Satzung der Zielgesellschaft vorgesehen sind, gelten dem Bieter gegenüber während der in Artikel 7 Absatz 1 festgelegten Frist für die Annahme des Angebots nicht.

Beschränkungen in Bezug auf die Übertragung von Wertpapieren, die in nach Annahme dieser Richtlinie geschlossenen vertraglichen Vereinbarungen zwischen der Zielgesellschaft und den Wertpapierinhabern dieser Gesellschaft oder in solchen vertraglichen Vereinbarungen zwischen Wertpapierinhabern der Zielgesellschaft vorgesehen sind, gelten dem Bieter gegenüber während der in Artikel 7 Absatz 1 festgelegten Frist für die Annahme des Angebots nicht.

(3) Stimmrechtsbeschränkungen, die in der Satzung der Zielgesellschaft vorgesehen sind, entfalten in der Hauptversammlung der Aktionäre, die gemäß Artikel 9 über etwaige Abwehrmaßnahmen beschließt, keine Wirkung.

Stimmrechtsbeschränkungen, die in nach der Annahme dieser Richtlinie geschlossenen vertraglichen Vereinbarungen zwischen der Zielgesell-

schaft und den Wertpapierinhabern dieser Gesellschaft oder in solchen vertraglichen Vereinbarungen zwischen Wertpapierinhabern der Zielgesellschaft vorgesehen sind, entfalten in der Hauptversammlung der Aktionäre, die gemäß Artikel 9 über etwaige Abwehrmaßnahmen beschließt, keine Wirkung.

Wertpapiere mit Mehrfachstimmrecht berechtigen zu lediglich einer Stimme in der Hauptversammlung der Aktionäre, die gemäß Artikel 9 über etwaige Abwehrmaßnahmen beschließt.

(4) Wenn der Bieter nach einem Angebot über 75 % oder mehr des stimmberechtigten Kapitals verfügt, gelten in der ersten Hauptversammlung der Aktionäre nach Angebotsschluß, die vom Bieter einberufen wird, um die Satzung zu ändern oder Mitglieder des Leitungs- bzw. Verwaltungsorgans zu ernennen oder abzuberufen, die Beschränkungen in Bezug auf die Übertragung von Wertpapieren und die Stimmrechtsbeschränkungen gemäß den Absätzen 2 und 3 sowie die Sonderrechte der Gesellschafter zur Ernennung oder Abberufung der Mitglieder des Leitungs- bzw. Verwaltungsorgans, die in der Satzung der Zielgesellschaft vorgesehen sind, nicht, und Wertpapiere mit Mehrfachstimmrecht berechtigen zu lediglich einer Stimme.

Zu diesem Zweck muß der Bieter das Recht haben, eine Hauptversammlung der Aktionäre kurzfristig einzuberufen vorausgesetzt, daß sie frühestens zwei Wochen nach ihrer Einberufung abgehalten wird.

(5) Werden Rechte auf der Grundlage der Absätze 2, 3 oder 4 und/oder des Artikels 12 entzogen, so werden die Inhaber dieser Rechte, denen ein Verlust entsteht, hierfür angemessen entschädigt. Die Mitgliedstaaten legen fest, nach welchen Kriterien die Entschädigung bestimmt wird und in welcher Form sie zu zahlen ist.

(6) Die Absätze 3 und 4 gelten nicht für Wertpapiere, bei denen die Stimmrechtsbeschränkungen durch besondere finanzielle Vorteile ausgeglichen werden.

(7) Dieser Artikel gilt nicht für den Fall, daß ein Mitgliedstaat Wertpapiere der Zielgesellschaft hält, die ihm mit dem Vertrag zu vereinbarende Sonderrechte einräumen; er gilt außerdem nicht für mit dem Vertrag zu vereinbarende Sonderrechte, die nach nationalem Recht gewährt werden, und nicht für Genossenschaften.“

Art. 12 Freiwillige Regelungen

„(1) Die Mitgliedstaaten können sich das Recht vorbehalten, Gesellschaften im Sinne von Artikel 1 Absatz 1, die ihren Sitz in ihrem Staatsgebiet haben, nicht vorzuschreiben, Artikel 9 Absätze 2 und 3 und/oder Artikel 11 anzuwenden.

(2) Machen die Mitgliedstaaten von der in Absatz 1 genannten Möglichkeit Gebrauch, so räumen sie jedoch Gesellschaften mit Sitz in ihrem Staatsgebiet die widerrufliche Wahlmöglichkeit ein, Artikel 9 Absätze 2 und 3 und/oder Artikel 11 unbeschadet von Artikel 11 Absatz 7 anzuwenden.

Die Entscheidung der Gesellschaft wird von der Hauptversammlung der Aktionäre nach Maßgabe des Rechts des Mitgliedstaats, in dem die Gesellschaft ihren Sitz hat, und im Einklang mit den Vorschriften über die Änderung der Satzung getroffen. Die Entscheidung wird der Aufsichtsstelle des Mitgliedstaats, in dem die Gesellschaft ihren Sitz hat, sowie den Aufsichtsstellen derjenigen Mitgliedstaaten, in denen ihre Wertpapiere zum Handel auf einem geregelten Markt zugelassen sind, oder in denen eine solche Zulassung beantragt wurde, mitgeteilt.

(3) Die Mitgliedstaaten können unter den nach nationalem Recht festgelegten Bedingungen Gesellschaften, die Artikel 9 Absätze 2 und 3 und/oder Artikel 11 anwenden, von der Anwendung dieser Artikel befreien, wenn die betreffende Gesellschaft Ziel eine Übernahmeangebots seitens einer Gesellschaft wird, die ihrerseits dieselben Artikel nicht anwendet, oder einer Gesellschaft, die direkt oder indirekt von letzterer im Sinne des Artikels 1 der Richtlinie 83/349/EWG kontrolliert wird.

(4) Die Mitgliedstaaten stellen sicher, daß die Bestimmungen, die auf die verschiedenen Gesellschaften Anwendung finden, unverzüglich bekannt gemacht werden.

(5) Maßnahmen, die in Anwendung des Absatzes 3 durchgeführt werden sollen, bedürfen der Ermächtigung durch die Hauptversammlung der Aktionäre der Zielgesellschaft, die frühestens 18 Monate vor der Bekanntmachung des Angebots gemäß Artikel 6 Absatz 1 ergehen darf."

b) Entstehungsgeschichte

aa) Vorschlag aus dem Jahr 2002

Der Vorschlag 2002 brachte hinsichtlich der Verhaltenspflichten der Verwaltung der Zielgesellschaft[659] eine bedeutsame Änderung mit sich, indem die noch als Art. 9 Abs. 2 im Gemeinsamen Entwurf enthaltene Regelung über Vorratsbeschlüsse ersatzlos gestrichen wurde. Außerdem enthielt der Vorschlag 2002 erstmals eine Durchgriffsregelung (Art. 11), die sich gegenüber den Vorschlägen der *Winter*-Kommission allerdings als „Mini-Durchgriffsregel" entpuppte[660].

bb) Dauner-Lieb/Lamandini-Studie

Mit Blick auf die Verhaltenspflichten der Verwaltung der Zielgesellschaft findet sich in der *Dauner-Lieb/Lamandini*-Studie nur ein einziger Vorschlag. Nach Auffassung der Gutachter sollte in Anlehnung an eine im belgischen Gesellschaftsrecht bestehende Regelung[661] in Art. 9 Vorschlag 2002 ein weiterer Absatz zwischen den Absätzen 4 und 5 aufgenommen werden. Darin sollte geregelt werden, daß die Hauptversammlung „zu jeder Zeit und nicht nur während der Angebotsvorlage formal jeden Vorgang genehmigen muß, mit dem die Gesellschaft einem Dritten ein Recht in Abhängigkeit von der Abgabe eines öffentlichen Angebots zur Übernahme seiner Aktien bzw. in Abhängigkeit vom Kontrollwechsel im Unternehmen gewährt."[662] Begründet wurde der Vorschlag damit, daß eine derartige Regelung einem opportunistischen Verhalten der Verwaltung der Zielgesellschaft entgegenwirken würde[663].

cc) EU-Übernahmerichtlinie

Die wichtigste Veränderung, die die EU-Übernahmerichtlinie gegenüber dem Vorschlag aus dem Jahr 2002 in Bezug auf die für das Verhalten der Verwaltung der Zielgesellschaft maßgeblichen Vorschriften[664] aufweist, ist die Einführung des im jetzigen Art. 12 verankerten Optionsmodells[665]. Dieses geht zurück auf

---

659 Vgl. dazu *Dauner-Lieb*, DStR 2003, 555 f.; *Dauner-Lieb/Lamandini*, Konzern 2003, 168 (172); *Hopt*, (2002) Australian Journal of Corporate Law, 1 (16); *Hertig/McCahery*, ecgi Law Working Paper 12/2003, 20 ff.

660 Dazu eingehend sogleich auf S. 137. Zur Kritik vgl. bereits Fn. 614.

661 Artikel 556 Code belge des Sociétés.

662 *Dauner-Lieb/Lamandini*-Studie, S. 67, Empfehlung 1.

663 Vgl. *Dauner-Lieb/Lamandini*-Studie, S. 62 (5.7).

664 Vgl. dazu *Krause*, BB 2004, 113 (114 ff.); *Maul*, German Law Journal 2004, 355 (356 ff.); *Wiesner*, ZIP 2004, 343 (347 f.).

665 Vgl. dazu eingehend sogleich auf S. 138.

den Vorschlag[666] eines portugiesischen Ratsteilnehmers in Brüssel, der die sich abzeichnende erneute Verhärtung der sich gegenüberstehenden Fronten verhindern sollte[667] und als Art. 11A Eingang in den Kompromißvorschlag fand.

Von dieser geradezu dramatischen Wendung unbemerkt, ergaben sich in der endgültigen Fassung der Richtlinie noch einige kleinere Änderungen gegenüber dem Vorschlag aus dem Jahr 2002. Mit Blick auf Art. 9 ist dies insbesondere die auf Anregung des Europäischen Parlaments vorgenommene Klarstellung in Absatz 6[668]. Im übrigen finden sich kleinere sprachliche Änderungen. So heißt es in Absatz 2 neuerdings, daß die Verwaltung die Ermächtigung der Hauptversammlung *einholt* („[...] holt das Leitungs- bzw. Verwaltungsorgan die für diesen Zweck erteilte Ermächtigung der Hauptversammlung der Aktionäre ein, [...]"), während zuvor noch davon die Rede war, daß „[...] das Leitungs- bzw. Verwaltungsorgan der Zielgesellschaft die Genehmigung[669] der Hauptversammlung *einholen* [*muß*], [...]"[670].

Was die Verpflichtung zur Abgabe einer Stellungnahme angeht, so findet sich lediglich eine kleine Änderung. Nunmehr heißt es in Absatz 5, daß in der Stellungnahme auch einzugehen ist „auf die Auswirkungen des Angebots auf die Interessen der Gesellschaft, *insbesondere* der Beschäftigung". Hingegen lautete die Passage im Vorschlag aus dem Jahr 2002 noch, daß auf „sämtliche Interessen der Gesellschaft, *einschließlich* der Beschäftigung" einzugehen sei[671].

---

666 Vgl. dazu *Hertig/McCahery*, ecgi Law Working Paper 12/2003, 32 f.; *Wiesner*, ZIP 2004, 343 (346).

667 Dem Vernehmen nach war der Vorschlag zu Beginn nicht mehr als eine reine Notlösung.

668 Dazu sogleich auf S. 136.

669 Insofern zutreffend wurde zudem durchweg von der Verwendung des technisch in diesem Zusammenhang nicht korrekten Begriffs der „Genehmigung" abgesehen. In Absatz 2 heißt es jetzt stattdessen „Ermächtigung" und in Absatz 3 „Zustimmung". Folgerichtig berücksichtigt auch Absatz 4 diese Änderungen zu Beginn.

670 Weniger drastisch allerdings fällt die Abänderung in der englischen Fassung ins Auge, wo es jetzt heißt: „[...] the board of the offeree company shall obtain the prior authorisation of the general meeting of shareholders given for this purpose [...]", während zuvor statt des Wortes „shall" das Wort „must" verwendet wurde.

671 Hingewiesen sei in diesem Zusammenhang auf den Widerspruch zwischen der Regelung des Art. 9 Abs. 5 S. 3 einerseits und der Aussage in Erwägungsgrund 23, S. 2. Während im Richtlinientext allein die Rede von einer Stellungnahme der Arbeitnehmervertreter ist, heißt es in den Erwägungsgründen, daß auch die Arbeitnehmer die Möglichkeit erhalten sollen, sich zu dem Angebot zu äußern. Vor dem Hintergrund der ausdrücklich geregelten Übermittlungspflicht des Angebots an die Arbeitnehmer im Fall des Nichtbestehens einer Vertretung wird man jedoch den Text dahingehend auszulegen haben, daß in diesem Fall eine etwaige Stellungnahme der Arbeitnehmer beizufügen ist.

Abgesehen von einer sprachlichen Überarbeitung sind hinsichtlich der Durchgriffsregel in Art. 11 ebenfalls nur wenige Änderungen zu verzeichnen. Die wohl bedeutendste ist die von allen Seiten geforderte Einbeziehung der Mehrfachstimmrechte. Diese finden jetzt in Absatz 3 Unterabsatz 3 sowie in Absatz 4 a.E. wie auch in der Entschädigungsregelung des neu hinzugetretenen Absatzes 5 Berücksichtigung. Ebenfalls neu hinzugetreten ist die Regelung des Absatzes 7, der ausdrücklich *golden shares* von der Durchgriffsregel ausnimmt. Neu ist nunmehr auch, daß nur solche vertraglichen Vereinbarungen von der Regelung erfaßt werden, die „nach Annahme der Richtlinie", d.h. nach dem 30. März 2004, gefaßt wurden. Außerdem stellt die Regelung des Absatzes 4 nunmehr einheitlich auf 75 Prozent des stimmberechtigten Kapitals ab, wohingegen im Vorschlag 2002 noch auf eine Anzahl von Wertpapieren abstellt wurde, die dem Bieter „nach Maßgabe des einzelstaatlichen Rechts eines Satzungsänderung gestatten würde".

Gänzlich unverändert[672] zeigt sich - auch gegenüber der Fassung des Gemeinsamen Entwurfs - der allgemeine Grundsatz des Art. 3 Abs. 1 lit. c.

c) Die Regelungen im einzelnen

aa) Verhaltenspflichten der Verwaltung der Zielgesellschaft

Soweit nachfolgend nicht anders dargelegt, kann vor dem Hintergrund der zuvor aufgezeigten und aus inhaltlicher Sicht zu vernachlässigenden Änderungen hinsichtlich der in Art. 9 statuierten Verhaltenspflichten der Verwaltung der Zielgesellschaft vollständig auf die eingehende Analyse der Regelungen des Art. 9 Abs. 1 lit. a bis d des Gemeinsamen Entwurfs verwiesen werden[673].

Mit Blick auf die Frage, wer Adressat der Verhaltensanforderungen an die Verwaltung der Zielgesellschaft ist, sorgt die Neuerung des Art. 9 Abs. 6 zumindest für etwas Klarheit[674]. Denn dort heißt es nun, daß „für die Zwecke von Absatz 2" sowohl der Vorstand als auch der Aufsichtsrat in einem dualistischen System von dem Begriff des „Leitungs- bzw. Verwaltungsorgans" erfaßt werden[675]. Im Umkehrschluß läßt sich der Regelung des Absatzes 6 zugleich entnehmen, daß dies für die Zwecke von Absatz 5 gerade nicht gelten soll. Dies hätte zur Folge, daß sich die Verpflichtung zur Abgabe einer Stellungnahme allein an den Vorstand der Zielgesellschaft richtet[676]. Ob dies vor dem Hintergrund der insgesamt

672 Abgesehen von einer kleinen sprachlichen Anpassung. Vgl. bereits oben Fn. 656.
673 Vgl. dazu oben S. 91 ff.
674 Vgl. dazu noch nach dem Gemeinsamen Entwurf oben S. 105.
675 Zu einem gegenteiligen Ergebnis im Wege der Auslegung gelangend noch auf S. 105.
676 Zu dieser Auffassung bereits gelangend auf S. 105.

vorgenommenen Aufwertung der Arbeitnehmerrechte und insbesondere in Kenntnis der abweichenden deutschen Regelung[677] tatsächlich beabsichtigt war, bleibt offen. Angesichts des insofern eindeutigen Wortlauts erscheint eine andere Auslegung - jedenfalls im Rahmen des Art. 9 - indes verfehlt.

Schließlich kann auch zu der Frage nach dem Verhältnis der Vorschriften des Art. 3 Abs. 1 lit. c zu dem in Art. 9 verankerten Vereitelungsverbot auf die Ausführungen zum Gemeinsamen Entwurf verwiesen werden[678]. Keinen Anlaß zu einer abweichenden Bewertung bietet die in Art. 9 Abs. 5 vorgenommene Änderung, wonach die Auswirkungen des Angebots auf die Interessen der Gesellschaft, „insbesondere der Beschäftigung", in der Stellungnahme Berücksichtigung finden sollen. Selbst wenn man hierin mehr als eine rein sprachliche Abänderung erblicken will, so bestätigt der Umstand, daß man es bei der Änderung an dieser einen Stelle belassen hat und nicht auch in Art. 3 Abs. 1 lit. c eine entsprechende Anpassung vorgenommen hat, die bereits oben näher begründete Auffassung, daß die Fassung des Art. 3 Abs. 1 lit. c derjenigen des Vorschlags aus dem Jahr 1996 entsprechen soll.

bb) Durchgriffsregel

Die in Art. 11 festgeschriebene Durchgriffsregel[679] sieht in Absatz 2 vor, daß satzungsmäßige und vertragliche Veräußerungsbeschränkungen gegenüber dem Bieter während der Annahmefrist keine Wirkung entfalten. Auch im Fall einer Abstimmung in der Hauptversammlung der Zielgesellschaft über Abwehrmaßnahmen gelten gemäß Absatz 3 satzungsmäßige oder vertragliche Stimmrechtsbeschränkungen dem Bieter gegenüber nicht. Auch Mehrfachstimmrechte[680] sollen auf einer solchen Hauptversammlung keine Wirkung entfalten. Schließlich sind auch nach der Durchführung eines Übernahmeangebots gemäß Absatz 4 die genannten Beschränkungen auf der ersten folgenden Hauptversammlung nicht anwendbar, sofern der Bieter auf Grund des Angebots eine Stimmrechtsmehrheit von mindestens 75 Prozent erreicht hat. Gleiches gilt auch für besondere Rechte der Gesellschafter zur Ernennung und Abberufung der Mitglieder der Verwaltungsorgane, die in der Satzung vorgesehen sind. Werden jedoch für die Einschränkung der Stimmrechtsausübung besondere finanzielle Vorteile gewährt, so finden gemäß Absatz 6 die Absätze 3 und 4 keine Anwendung. Die in Deutschland nach wie vor weitverbreiteten Vorzugsaktien sind demnach von der

677 Dazu eingehend unten S. 344 ff.

678 Vgl. dazu oben S. 100 ff.

679 Hierzu ausführlich *Mülbert*, ecgi Law Working Paper, August 2003; *Coates*, ecgi Law Working Paper 11/2003. Zur ökonomischen Analyse vgl. *Berglöf/Burkart*, Economic Policy 36, 171 (198 ff.); *Rühland*, NZG 2003, 1150 ff.

680 Vgl. dazu die Legaldefinition in Art. 2 Abs. 1 lit. g.

Durchgriffsregel ausgenommen. Ebenfalls nicht erfaßt werden *golden shares*[681] und die Doppelstimmrechte in Frankreich. Für den Verlust etwaiger Rechtspositionen sieht Absatz 5 vor, daß die Inhaber dieser Rechte hierfür angemessen entschädigt werden[682], wobei die Einzelheiten von den Mitgliedstaaten festzulegen sind.

cc) Optionsmodell

(1) Die ersten beiden Stufen

Das „Herzstück" des Regelungskomplexes betreffend die Verhaltenspflichten der Verwaltung der Zielgesellschaft bildet das in Art. 12 festgelegte und mit der wenig aussagekräftigen Überschrift „Freiwillige Regelungen" versehene Optionsmodell. Dessen Absatz 1 gewährt den Mitgliedstaaten das Recht, die in dem jeweiligen Staat ansässigen Unternehmen von der Anwendung der in Art. 9 Abs. 2 und 3[683] statuierten Verhaltenspflichten einerseits und/oder von der Beachtung der Durchgriffsregel gemäß Art. 11 andererseits zu befreien. Dieses auch als *Opting-Out* bezeichnete Recht bildet die erste Stufe des insgesamt dreistufig angelegten Optionsmodells[684].

Auf der zweiten Stufe ist gemäß Absatz 2 vorgesehen, daß für den Fall, daß die Mitgliedstaaten von ihrem Recht nach Absatz 1 Gebrauch machen, den Unternehmen die reversible Möglichkeit einzuräumen ist, sich dennoch auf freiwilliger Basis zur Beachtung der Verhaltenspflichten einerseits und/oder der Durchgriffsregel andererseits zu verpflichten (*Opting-In*). Die Entscheidung zur Unterwerfung unter die maßgeblichen Vorschriften wird gemäß Art. 12 Abs. 2 Unterabsatz 2 durch die Hauptversammlung mit satzungsändernder Mehrheit getroffen[685] und ist der nationalen Aufsichtsstelle mitzuteilen[686]. Das Recht zum Opting-Out bzw. -In wendet sich folglich nicht an denselben, sondern vielmehr - mit den Mitgliedstaaten auf der ersten und den einzelnen Unternehmen auf der

---

681 Siehe Art. 11 Abs. 7. Auch die Stimmrechtsbegrenzung im sog. VW-Gesetz (näher dazu Fn. 2657) unterliegt nicht der Durchgriffsregel. Vgl. dazu *Krause*, BB 2004, 113 (115).

682 Hierzu ausführlich *Arnold*, BB 2003, 267 ff.; *ders.*, Konzern 2003, 173 ff., und die Replik von *Hering/Olbrich*, BB 2003, 1519 f.

683 Die Verpflichtung der Verwaltung der Zielgesellschaft zur Abgabe einer Stellungnahme wird folglich nicht von dem Optionsmodell erfaßt.

684 Vielfach ist auch nur von einem zweistufig angelegten Modell die Rede. Vgl. etwa *Krause*, BB 2004, 113 (113 f.); *Maul*, German Law Journal 2004, 355 (358).

685 Vgl. für Deutschland §§ 179, 133 AktG. Kritisch zur Zuweisung der Zuständigkeit an die Hauptversammlung *Drinkuth*, BZ vom 29. November 2003, S. 6.

686 Zudem sind auch die Aufsichtsstellen derjenigen Staaten zu unterrichten, in denen die Wertpapiere des Unternehmens zum Handel auf einem geregelten Markt zugelassen sind bzw. die Zulassung beantragt ist, Art. 12 Abs. 2 Unterabsatz 2 Satz 2 a.E.

zweiten Stufe - an unterschiedliche Adressaten. Mit Blick auf die widerrufliche Wahlmöglichkeit findet sich im Richtlinientext keine Aussage dazu, wie oft das jeweilige Unternehmen von seinem Recht zum Opting-In und dessen Widerruf Gebrauch machen darf[687]. Es ist daher davon auszugehen, daß die Entscheidung für oder wider die Beachtung der maßgeblichen Vorschriften unbegrenzt oft getroffen werden kann. Vor dem Hintergrund der Regelung des Art. 12 Abs. 3[688] könnte dieser Möglichkeit einer „Ein- und Auswahl" eine nicht zu unterschätzende praktische Bedeutung zukommen, die abhängig davon, ob sich die Gesellschaft in der Rolle der Bieter- oder Zielgesellschaft befindet, ausgeübt werden kann.

(2) Die dritte Stufe: Reziprozitätsklausel

Gemäß Absatz 3 besteht auf einer dritten Stufe die Möglichkeit für die Mitgliedstaaten, diejenigen Unternehmen, die den maßgeblichen Vorschriften unterliegen, wiederum von der Beachtung der Verhaltenspflichten einerseits und/oder der Durchgriffsregel andererseits zu befreien, und zwar für den Fall, daß das jeweilige Unternehmen im Wege eines Übernahmeangebots von einem Bieter[689] in die Rolle der Zielgesellschaft gedrängt wird, der sich seinerseits nicht an diese Vorschriften gebunden hat.

Insbesondere in diesem Zusammenhang sieht Art. 12 Abs. 4 vor, daß die Mitgliedstaaten dafür Sorge zu tragen haben, daß die Bestimmungen, die für die verschiedenen Unternehmen Anwendung finden, unverzüglich bekannt gemacht werden. Nur auf diese Weise wird es überhaupt möglich sein zu erkennen, ob im Falle einer Übernahme das jeweilige Unternehmen der Beachtung der Vorschriften unterliegt oder nicht. Für die Aktionäre dürfte es sich hierbei nicht erst in der konkreten Übernahmesituation um eine ganz entscheidende Frage handeln[690].

---

687 Überliefert ist allein, daß heftig umstritten war, ob die Entscheidung selbst reversibel sein sollte. Vgl. *Wiesner*, ZIP 2004, 343 (348).

688 Dazu sogleich unter (2).

689 Gleiches gilt für eine Gesellschaft, die direkt oder indirekt vom Bieter im Sinne des Artikels 1 der Siebten Richtlinie 83/349/EWG des Rates vom 13. Juni 1983 über den konsolidierten Abschluß - ABl. EG Nr. L 193 vom 18. Juli 1983, S. 1, berichtigt durch ABl. EG Nr. L 211 vom 3. August 1983, S. 31 - kontrolliert wird. In diesem Fall dürfte freilich nicht auf die Tochtergesellschaft als Bieter, sondern auf deren kontrollierende Gesellschaft abzustellen sein.

690 Vgl. zu diesem Aspekt auch unten S. 142.

Maßnahmen, die unter Bezugnahme auf diese Reziprozitätsklausel[691] durchgeführt werden sollen, bedürfen nach Absatz 5 der Ermächtigung der Hauptversammlung, die frühestens 18 Monate vor der Bekanntmachung der Entscheidung zur Abgabe eines Angebots[692] ergehen darf[693]. Streng betrachtet ist somit die dritte Stufe des Optionsmodells ihrerseits zweistufig angelegt. Denn nur dann, wenn sich die Mitgliedstaaten für eine derartige Öffnung entscheiden (Stufe eins), eröffnet sich den Unternehmen überhaupt erst die Möglichkeit, sich in der konkreten Übernahmesituation Maßnahmen nach Absatz 5 zu bedienen. Ob sie von dieser Möglichkeit, sich ein solches „Arsenal" anzulegen, Gebrauch machen, liegt jedoch in den Händen der jeweiligen Unternehmen (Stufe zwei).

(3) Offene Fragen zur Reziprozität

(a) Anwendungsbereich der Stufe eins

Bislang offen erscheint die Frage nach dem Anwendungsbereich der Stufe eins. Zum einen ließe sich annehmen, den Mitgliedstaaten steht das Befreiungsrecht nach der Reziprozitätsklausel nur dann zu, wenn das von der Übernahme betroffene Unternehmen entgegen einem Opting-Out des Staates freiwillig für das Opting-In votiert hat. Es ließe sich aber zum anderen auch vertreten, daß auch in den Fällen, in denen sich ein Mitgliedstaat gegen das Opting-Out entschieden hat und die Unternehmen infolgedessen auf Grund einer gesetzlichen Verpflichtung den maßgeblichen Vorschriften unterliegen, dem Staat die Möglichkeit der Öffnung nach der Reziprozitätsklausel verbleibt[694]. Für letztere Alternative könnte das mit der Einführung der Regelung verbundene Ziel sprechen. Dieses liegt darin, gleiche Ausgangsbedingungen während einer Übernameauseinandersetzung zwischen Unternehmen zu schaffen, die unterschiedlichen Verhaltensanforderungen auf Grund des Optionsmodells unterliegen. Es kann dann aber letztlich keinen Unterschied machen, ob diese Unterschiede daraus resultieren, daß die Zielgesellschaft von Gesetzes wegen oder auf Grund freiwilliger Unterwerfung an die maßgeblichen Vorschriften gebunden ist. Dem läßt sich allerdings der Wortlaut wie auch die Systematik des gesamten Optionsmodells entgegenhalten. In Absatz 3 ist die Rede davon, daß diejenigen Unternehmen, die die maßgeblichen Vorschriften „anwenden", „von der Anwendung" befreit

691 Vgl. grundlegend zur Frage der Reziprozität als Bestandteil der EU-Übernahmerichtlinie *Becht*, ecgi Law Working Paper 14/2003.

692 Vgl. Art. 6 Abs. 1.

693 Zu Recht wird der Regelung daher eine ähnliche Bedeutungslosigkeit wie den nach dem WpÜG zulässigen Vorratsbeschlüssen (dazu eingehend unten S. 454 ff.) prophezeit. Vgl. *Krause*, BB 2004, 113 (116).

694 Hierzu offenbar tendierend *Maul*, German Law Journal 2004, 355 (359 f.). Unklar etwa *Krause*, BB 2004, 113 (116).

werden können. Dem Wort „anwenden“ wohnt nicht nur eine aktive Komponente inne, sondern es drückt vielmehr auch aus, daß es zu der Anwendung eine Alternative geben muß, nämlich das Absehen von der Anwendung. Bereits hierin ließe sich eine bewußte Differenzierung zu den Fällen erblicken, in denen den Unternehmen auf Grund der gesetzlichen Verpflichtung gar keine Wahl der Anwendung oder Nichtanwendung verbleibt. Bestätigt wird diese Sichtweise aber auch durch einen Blick auf die gesamte Sprachregelung des Art. 12. In dessen Absatz 2 heißt es nämlich zum Opting-In entsprechend, daß den Unternehmen die Möglichkeit eingeräumt wird, die Vorschriften „anzuwenden“. Die Öffnung nach der Reziprozitätsklausel setzt folglich voraus, legt man den Gleichlauf der Begriffswahl zugrunde, daß eine „Anwendung“ nach Absatz 2 erfolgt ist, von der sodann befreit werden kann. Schließlich lassen sich noch die in den Erwägungsgründen getroffenen Aussagen für diese Auffassung heranziehen, wo es heißt, daß die Mitgliedstaaten den Unternehmen, die die maßgeblichen Vorschriften „entsprechend den freiwilligen Regelungen anwenden“, nicht vorschreiben müssen, diese in der in Absatz 3 beschriebenen Situation anzuwenden[695]. Indem der europäische Gesetzgeber ausdrücklich auf die Freiwilligkeit der Regelungen abstellt, läßt sich dem zugleich im Gegenschluß entnehmen, daß die Reziprozitätsklausel gerade nicht für die Fälle Anwendung finden soll, in denen die Unternehmen auf Grund gesetzlicher Verpflichtung den Vorschriften unterliegen.

Auch wenn man sich die Entstehung der Vorschrift vergegenwärtigt, erscheint diese Annahme folgerichtig. In der gesamten Diskussion um die Verhaltenspflichten wurde von einigen Staaten, allen voran zuletzt Deutschland, immer wieder die Befürchtung geäußert, daß in Übernahmeauseinandersetzungen auf Grund des Vereitelungsverbots Ungleichgewichte entstehen könnten[696]. Unterstellt man, daß diese Staaten nunmehr von ihrem Recht zum Opting-Out Gebrauch machen werden, so erscheint es nur konsequent, wenn auch nicht zwingend volkswirtschaftlich richtig, ihnen auch die Möglichkeit zu geben, ihre „schützende Hand“ über solche Unternehmen zu legen, die sich über das Opting-In den freien Kräften des Marktes ausgesetzt haben. Hingegen dürfte ein nur geringes Bedürfnis auf Seiten der Staaten bestehen, die von vornherein dem Markt für Unternehmenskontrolle ein größeres Vertrauen entgegenbringen und infolgedessen auf ein Opting-Out verzichten werden, sich anschließend im Fall einer Übernahme von dieser Grundüberzeugung zu verabschieden, um dann in Einzelfällen die Befreiungsmöglichkeit der Reziprozitätsklausel in Anspruch zu nehmen.

695 Vgl. Erwägungsgrund 21, S. 3.
696 Vgl. dazu etwa oben S. 70.

(b) Anwendung auf Bieter aus Drittstaaten

Ebenfalls noch nicht abschließend geklärt ist die Frage, inwieweit sich die Reziprozitätsklausel auch auf Bieter aus Drittstaaten, die nicht der EU angehören heranziehen läßt[697]. Dies ist deshalb problematisch, weil dadurch Abkommensrecht der EU verletzt werden könnte[698]. Allein in Erwägungsgrund 21, S. 3, findet sich dazu die Anmerkung, daß grundsätzlich im Kontext dieser Regelung Abkommensrecht Vorrang genießen soll. Dies dürfte wohl den Schluß zulassen, daß die Reziprozitätsklausel in derartigen Konstellation keine Anwendung findet.

d) Zusammenfassung

Zusammenfassend läßt sich festhalten, daß sowohl die ersatzlose Streichung der Vorratsbeschlüsse und die marginalen Änderungen im Hinblick auf Art. 9 im Vergleich zu dem Gemeinsamen Entwurf als auch das Festhalten an der erstmals im Vorschlag aus dem Jahr 2002 eingebrachten Durchgriffsregel unter gleichzeitiger Ausweitung ihres Anwendungsbereichs überschattet werden von dem letztlich als Kompromißformel umgesetzten Optionsmodell des Art. 12. Sofern die Verhaltenspflichten nach Art. 9 künftig eine Rolle spielen sollten, so ist gegenüber dem Regelungskonzept des Gemeinsamen Entwurfs nunmehr noch darauf hinzuweisen, daß sich aus dem Umkehrschluß zu der Klarstellung des Art. 9 Abs. 6 ergibt, daß sich die Verpflichtung zur Abgabe einer Stellungnahme allein an den Vorstand richtet. Was das Verhältnis des Art. 9 zu Art. 3 Abs. 1 lit. c betrifft, ergeben sich im Ergebnis trotz einer kleinen sprachlichen Änderung keinerlei abweichende Beurteilungen gegenüber dem Gemeinsamen Entwurf. Mit Blick auf das Optionsmodell bleibt zu konstatieren, daß die Entscheidung über das Opting-In und über dessen Widerruf beliebig oft von den Unternehmen gefällt werden können. Was die Reziprozitätsklausel angeht, so ist ein Einschreiten des jeweiligen Mitgliedstaates nach Art. 12 Abs. 3 allein dann möglich, wenn die Verpflichtung zur Befolgung des Vereitelungsverbots und/oder der Durchgriffsregel auf einer freiwilligen Entscheidung des Unternehmens zum Opting-In beruht.

IV. Fazit

Das Fazit der jüngsten Entwicklungen fällt zwiespältig aus. Während einerseits zu beklagen ist, daß es infolge des Optionsmodells auf absehbare Zeit kein ein-

697 Offen *Krause*, BB 2004, 113 (116); *Maul*, German Law Journal 2004, 355 (359).

698 Etwa das GATS (General Agreement on Trade in Services)-Übereinkommen (Part 2, Art. II Ziff. 1 - Meistbegünstigungsprinzip).

heitliches europäisches Übernahmerecht geben wird, so ist andererseits die Zementierung des bislang Erreichten in Bezug auf den Schutz der Minderheitsaktionäre und die Verfahrensvorschriften zu begrüßen. Es fällt jedoch schwer, der Minimallösung im Zusammenspiel der Verhaltenspflichten der Verwaltung der Zielgesellschaft und der Durchgriffsregel etwas Positives abzugewinnen. Allein daß die Vorschriften nicht zur Gänze herausgenommen wurden[699] und die Rufe nach einer Implementierung der „Aufsichtsratslösung" analog der Regelung des WpÜG[700] ungehört blieben[701], vermag zum einen Anlaß zur Hoffnung geben, daß sich in Zukunft doch noch eine dem freien Spiel der Kräfte des *market for corporate control* angemessene Lösung wird finden lassen. Die dem Ministerrat von der Kommission abgerungene Revisionsklausel wird jedenfalls dafür Sorge tragen, daß die Diskussion keineswegs beendet ist und auch über den Umsetzungszeitraum hinaus erhalten bleibt[702]. Zum anderen bleibt zu hoffen, daß sich in denjenigen Mitgliedstaaten, die von ihrem Recht zum Opting-Out Gebrauch machen werden, eine Marktusance dahingehend entwickelt, daß es zu einer Abstrafung in Form von Kursabschlägen durch die Kapitalmärkte solcher Unternehmen kommt, die sich sodann nicht für das Opting-In entscheiden. Dies würde zu einer Zweiteilung in „kapitalmarktorientierte" und „konservative" Gesellschaften führen[703], die sich an der „Benchmark" der maßgeblichen Vorschriften messen lassen müssen[704]. Da eine solche Entwicklung jedoch keinesfalls als gesichert gelten kann und maßgeblich von den Entscheidungen der „Blue Chips" abhängt[705], wird man sich jedoch wohl eher damit abfinden müssen, daß sich zahlreiche Unternehmen in Zukunft „verschanzen" werden.

---

699 So noch die - nicht unbegründete - Befürchtung von *Dauner-Lieb/Lamandini*, Konzern 2003, 168 (172); *Krause*, BB 2002, 2341 (2347). Dazu auch oben Fn. 626.

700 Dazu ausführlich unten Kap. 5, S. 439.

701 Vgl. nur die Forderungen in Ausschußempfehlungen, BR-Drs. 800/1/02 vom 9. Dezember 2003, S. 4.

702 Wenig optimistisch zeigt sich *Wiesner*, ZIP 2004, 343 (349), der nicht einmal im Zeitpunkt der ersten Evaluierung nach Art. 20, also im Jahr 2011, die Bereitschaft sieht, das Optionsmodell fallen zu lassen.

703 Mitunter findet sich bereits die weniger positiv gefaßte Klassifizierung in Unternehmen der A- und B-Klasse. So etwa *Becker*, GmbHR 2004, R77 (R78); auch *Wiesner*, ZIP 2004, 343 (346).

704 Insofern erscheint die vielzitierte Bemerkung *Bolkesteins*, die jetzige Lösung habe keinen Mehrwert für den europäischen Kapitalmarkt, etwas überzogen. Vgl. etwa FTD vom 14. Oktober 2003, S. 14.

705 Zu den Erfahrungen hierzulande mit dem Übernahmekodex einerseits und den Vorratsbeschlüssen nach dem WpÜG andererseits siehe S. 181 ff. und S. 515.

Kapitel 3: Rechtslage vor Inkrafttreten des WpÜG

A. EINFÜHRUNG

Die Rechtslage betreffend öffentliche Übernahmeangebote in Deutschland war bis zum Inkrafttreten des WpÜG dadurch gekennzeichnet, daß - anders als in den meisten übrigen Mitgliedstaaten der EU[706] - kein umfassendes gesetzliches Regelwerk auf diesem Gebiet existierte. Zwar werden im deutschen Aktienrecht eingehend der Schutz der Minderheitsaktionäre sowie die Rechte und Pflichten der Beteiligten im Konzern geregelt. Nicht Regelungsgegenstand hingegen sind öffentliche Übernahmeangebote und der Aufbau von Konzernen durch diese[707]. Ebensowenig finden sich dort Regelungen zu den Konsequenzen eines Wechsels von Mehrheitsgesellschaftern. Einzig der Übernahmekodex der Börsensachverständigenkommission beim Bundesministerium der Finanzen[708/709] enthielt eine umfassende Regelung von Unternehmensübernahmen im Wege des öffentlichen Übernahmeangebots. Es handelte sich dabei allerdings um bloße Empfehlungen und nicht um unmittelbar verbindliche Rechtsnormen. Daneben existieren vereinzelt gesetzliche und nichtgesetzliche Vorschriften, denen (auch) im Kontext von Übernahmeangeboten Bedeutung zukommt[710].

---

706 Dazu ausführlich im nachfolgenden Kap. 4, S. 191 ff.

707 Mangels tatsächlicher Relevanz des Phänomens öffentlicher Übernahmeangebote gab es zum Zeitpunkt der Schaffung des Aktiengesetzes keinen Grund zur Einführung solcher Vorschriften. Vgl. *Hopt* in FS Rittner, S. 187 (188); *ders.* in Büschgen/Schneider, Binnenmarkt, S. 297 (299). Siehe auch *Nick*, ZfB 1991, 859 (862 f.).

708 Im folgenden auch kurz als „Übernahmekodex" oder „Kodex" bezeichnet.

709 Im folgenden als „BSK" abgekürzt.

710 Etwa die aktienrechtlichen Mitteilungsvorschriften der §§ 20 f. AktG, allerdings nur noch mit eingeschränktem Anwendungsbereich, siehe § 20 Abs. 8 AktG. Vgl. dazu *Witt*, WM 1998, 1153 ff. Auch die Offenlegungspflichten nach §§ 285 Ziff. 11 bzw. 313 Abs. 2 Ziff. 4 HGB. Hierzu und zu weiteren Offenlegungspflichten noch vor Inkrafttreten des WpHG *Burgard*, AG 1992, 41 ff.; dazu die Replik von *Joussen*, BB 1992, 1075 ff. Schließlich die Mitteilungs- und Veröffentlichungspflichten nach §§ 15, 21 ff. WpHG, vgl. dazu *Wittich* in von Rosen/Seifert, Übernahme börsennotierter Unternehmen, S. 377 (383 ff.). Ferner findet sich im Börsenrecht mit § 38 BörsG eine Vorschrift, nach der bei öffentlicher, auf Gerüchten basierender Diskussion über ein noch nicht bekannt gemachtes Übernahmeangebot die Möglichkeit zur Kursaussetzung besteht. Vgl. dazu *Hamann* in Schäfer, WpHG/BörsG/VerkProspG, § 43 BörsG, Rn. 4 ff. Auch sind für den Fall von Umtauschangeboten §§ 30 Abs. 3 Ziff. 2, 32 Abs. 2 BörsG i.V.m. § 45 Ziff. 1 lit. b BörsZulV zu beachten. Als nichtgesetzliche Regelung findet sich in Nr. 16 der Sonderbedingungen für Wertpapiergeschäfte der (Privat-) Banken (zuvor Nr. 39 AGB-Banken) eine Vorschrift, wonach die Depotbanken dazu verpflichtet sind, ihre Depotkunden über ein Übernahmeangebot zu unterrichten, wenn es in den

Entsprechendes galt im Hinblick auf die Verhaltenspflichten der Verwaltung der Zielgesellschaft im Zusammenhang mit einer Übernahme. Während der Übernahmekodex Regelungen hierfür vorsah, suchte man in den gesetzlichen Bestimmungen vergebens nach einer ausdrücklichen Regelung. Es war daher auf die „allgemeinen" aktienrechtlichen Grundsätze abzustellen.

Im folgenden soll daher zunächst die Kontroverse um die bereits aus den allgemeinen gesetzlichen Bestimmungen herzuleitenden Verpflichtungen der Zielgesellschaft während einer Übernahme dargestellt werden (nachfolgend unter B.). Anschließend werden die Regelungen des Übernahmekodex näher betrachtet (C.). Zum Abschluß soll auf das Spannungsfeld zwischen dem Übernahmekodex und den aktienrechtlichen Regelungen eingegangen werden (D.).

B. AKTIENRECHTLICHE PFLICHTEN DER VERWALTUNG

Im Vordergrund der nachfolgenden Betrachtung steht die Frage, welche Pflichten die Verwaltung der Zielgesellschaft im Zusammenhang mit einer Übernahmeauseinandersetzung bereits nach den „allgemeinen" aktienrechtlichen Vorschriften vor Inkrafttreten des WpÜG getroffen haben[711]. Dabei soll sich auf die im Rahmen der europäischen Rechtsangleichung maßgeblichen Pflichten zum Verhalten einerseits (I.) sowie zur Abgabe einer Stellungnahme andererseits (II.) beschränkt werden[712].

I. VERHALTENSPFLICHTEN DES VORSTANDS

In einer ersten Reaktion auf die in den achtziger Jahren des vorigen Jahrhunderts in den USA auftretende Übernahmewelle standen im Mittelpunkt der Betrachtungen des hiesigen juristischen Schrifttums die konkreten Möglichkeiten des Vorstands, sich durch die Ergreifung von Verteidigungsmaßnahmen gegen unfreundliche Übernahmeversuche zur Wehr zu setzen[713]. Die Verhaltenspflichten

---

Wertpapier-Mitteilungen veröffentlicht wird, abgedruckt bei *Baumbach/Hopt*, HGB, 30. Aufl., 2. Teil, Nr. 8; WM 1995, 362 ff. Vgl. dazu *Kümpel*, WM 1995, 137 (143).

711 Zu den gesetzlichen Pflichten des Bieters vor Inkrafttreten des WpÜG *Thiel* in Semler/Volhard, Hdb. Unternehmensübernahmen, § 31, Rn. 3 ff.

712 Zu den übrigen Vorstandspflichten *Thiel* in Semler/Volhard, Hdb. Unternehmensübernahmen, § 31, Rn. 93 ff.

713 Siehe dazu aus dem umfangreichen Schrifttum *Assmann/Bozenhardt* in Assmann/Basaldua/Bozenhardt/Peltzer, Übernahmeangebote, S. 1 (115 ff.); *Bogenschütz*, ZfgK 1990, 1024 f.; *Ebenroth/Rapp*, DZWiR 1991, 2 ff.; *Harrer/Grabowski*, DStR 1992, 1326 ff.; *Hauschka/Roth*, AG 1988, 181 (187 ff.); *Herrmann*, Abwehrmaßnahmen, S. 23 ff.; *Hopt*, WM-Festgabe für Heinsius; *Klein*, NJW 1997, 2085 ff.; *Marquardt*, WiB 1994, 537 ff.; *Michalski*, AG 1997, 152 ff.; *Otto*, DB 1988, Beilage 12; *Peltzer*,

von Vorstand und Aufsichtsrat der Zielgesellschaft als solche hingegen blieben lange Zeit „im dunkeln“[714]. Erst nachdem sich die Gemüter, bedingt durch den Rückgang der Anzahl unfreundlicher Übernahmeangebote, wieder beruhigt hatten, setzte eine vermehrte Hinwendung zu der Frage nach den Verhaltenspflichten der Verwaltung ein. Die vertretenen Lösungsansätze deckten die gesamte Bandbreite ab: von einem strikten „Neutralitätsgebot“[715] bis zur weitgehenden Handlungsfreiheit der Verwaltung[716]. Die Problematik zählte daher schon seit langem zu den umstrittensten Fragen des Gesellschaftsrechts. Da sowohl unter den Befürwortern als auch unter den Gegnern eines aktienrechtlichen „Neutralitätsgebots“ die Lösungsansätze der jeweiligen Vertreter zum Teil deutlich von-

---

ZfgK 1988, 577 ff.; *ders.*, ZfgK 1986, 291 ff.; *Schander*, BB 1997, 1801 ff.; *Schwegmann/Pfaffenberger*, DBW 1991, 561 ff.; *Sünner* in FS Quack, S. 457 ff.; *Weimar/Breuer*, BB 1991, 2309 (2312 ff.), sowie jüngst *Hopt* in FS Lutter, S. 1361 (1386 ff.); *Schanz*, NZG 2000, 337 (340 ff.); *Vater*, M&A 2002, 9 ff.; *Weisner*, Verteidigungsmaßnahmen, S. 154 ff. Zu Haftungsrisiken der Verwaltung bei Abwehrmaßnahmen *Thümmel*, DB 2000, 461 ff. m.w.N. in Fn. 4.

714 So *Otto*, DB 1988, Beilage 12, 5, Fn. 44.

715 Vgl. *Adams*, AG 1990, 243 (245 f.); *Altmeppen*, ZIP 2001, 1073 (1077); *Assmann* in Hopt/Wymeersch, European Takeovers, S. 268 (292); *ders./Bozenhardt* in Assmann/ Basaldua/Bozenhardt/Peltzer, Übernahmeangebote, S. 1 (54, 101, 113); *van Aubel*, Vorstandspflichten, S. 158 ff.; *Bogenschütz*, ZfgK 1990, 1024 (1024); *Budde/Lawall* in FS Müller, S. 27 (56); *Busch*, Notwendigkeit der spezialgesetzlichen Regelung, S. 107 f.; *Dimke/Heiser*, NZG 2001, 241 (249); *Ebenroth/Daum*, DB 1991, 1157 (1158); *Fahrholz*, Unternehmensfinanzierung, S. 125 f.; *Grunewald*, WM 1989, 1233 (1237); *Habersack* in Emmerich/Sonnenschein/Habersack, Konzernrecht, S. 16; *Hahn*, ZBB 1990, 10 (19); *Heider*, Syndikus, Mai/Juni 2000, 21 (23); *Hirte/Schander* in von Rosen/Seifert, Übernahme börsennotierter Unternehmen, S. 341 (348); *Hopt* in GroßKomm AktG, § 93 AktG, Rn. 122 ff.; *ders.*, ZGR 1993, 534 (540 f., 546 f.); *ders.* in FS Lutter, S. 1361 (1375); *Immenga*, SAG 1975, 89 (101); *ders.* in Kreuzer, Öffentliche Übernahmeangebote, S. 11 (28 ff., 30); *Kessler*, AG 1995, 120 (130); *Krause*, AG 1996, 209 (214); *ders.*, AG 2000, 217 (218 f.); *Lammers*, Verhaltenspflichten, S. 130 f.; *Merkt*, ZHR 165 (2001), 224 (234); *Mertens* in KK AktG, § 76 AktG, Rn. 24 ff.; *ders.*, AG 1990, 252 (258 f.); *Michalski*, AG 1997, 152 (159); *Mülbert*, IStR 1999, 83 (88); *Pötzsch/Möller*, WM 2000, Sonderbeilage 2, 25; *Roos*, WM 1996, 2177 (2185); *Rümker* in Lüthje, Bankbetrieb, S. 253 (260), sowie *ders.* in FS Heinsius, S. 683 (688 ff.); *Schander/Posten*, ZIP 1997, 1534 (1536); *Schanz*, NZG 2000, 337 (347); *Thiel* in Semler/Volhard, Hdb. Unternehmensübernahmen, § 31, Rn. 89 ff.; *Weisser*, Feindliche Übernahmeangebote, S. 202 f.; *Wiesner* in MünHdb/GesR/AG, § 19, Rn. 21; *Wolf*, AG 1998, 212 (219), sowie LG Düsseldorf, Beschluß vom 14. Dezember 1999 (10 O 495/99), abgedruckt in AG 2000, 233. Dazu EWiR 2000, 413 (*Kiem*); WuB II. A. § 119 AktG 1.00 m. Anm. *Buck*. Siehe auch bereits *Mestmäcker*, BB 1961, 945 (946).

716 Zu den Gegnern des „Neutralitätsgebots“ zählten *Bungert*, ZHR 159 (1995), 261 (267); *ders.*, NJW 1998, 488 (492); *Martens* in FS Beusch, S. 529 (542 ff.); *ders.* in FS Fischer, S. 437 (452 f.); *Müller* in FS Semler, S. 195 (212); *Werner*, Probleme „feindlicher“ Übernahmeangebote, S. 16 f.

einander abwichen, insbesondere was die Grenzen eines solchen Gebots anbelangt, sollen die wichtigsten im folgenden vorgestellt werden.

1. Befürworter des „Neutralitätsgebots"

a) Vorstand als Fremdinteressenwahrer

Gedanklicher Ausgangspunkt der Überlegungen von *Hopt*[717] ist die Funktion des Vorstands als Wahrer fremder Interessen[718]. Es bestünde international Einverständnis darüber, daß die Mitglieder des Vorstands gegenüber der Gesellschaft in einem Auftragsverhältnis stehen (*fiduciary relationship*)[719]. Zwar besitze der Vorstand ein weitreichendes Leitungsermessen auf Grund dieses treuhänderisch ausgestalteten Verhältnisses, dennoch könne hieraus keineswegs gefolgert werden, daß es dem Vorstand gestattet sei, auf die Zusammensetzung des Aktionärskreises Einfluß zu nehmen[720].

Auf die Situation einer unfreundlichen Übernahme übertragen folge daraus, daß der Vorstand nicht berechtigt sei, Abwehrmaßnahmen gegen das Angebot zu ergreifen, er insoweit dem Grundsatz nach einem „Neutralitätsgebot" unterliege[721]. Gleiches müsse im übrigen auch für den Aufsichtsrat gelten, der ebenfalls auf Grund seiner Funktion als Fremdinteressenwahrer vom Verbot, auf die Zusammensetzung des Aktionärskreises einzuwirken, erfaßt sei[722]. Sofern es sich bei dem potentiellen Bieter bereits um einen Aktionär der Gesellschaft handelt, folge ein solches „Neutralitätsgebot" schon aus dem aktienrechtlichen Gleichbehandlungsgrundsatz nach § 53a AktG[723].

Eine andere Bewertung lasse sich auch nicht vor dem Hintergrund rechtfertigen, daß die Position des Vorstands infolge einer erfolgreich durchgeführten Übernahme regelmäßig in Frage gestellt werde. Vielmehr müsse der Vorstand gerade

---

717 Vgl. *Hopt* in GroßKomm AktG, § 93 AktG, Rn. 122 ff.; *ders.*, ZGR 1993, 534 (540 f., 546 f.); *ders.* in FS Lutter, S. 1361 (1376).

718 Ebenso *Rümker* in Lüthje, Bankbetrieb, S. 253 (260), sowie *ders.* in FS Heinsius, S. 683 (688 ff.). Dem folgend im übrigen auch RefE-WÜG, Begründung, Besonderer Teil, S. 142, sowie DiskE-ÜG, Begründung, Besonderer Teil, S. 136.

719 *Hopt*, ZGR 1993, 534 (540 f.).

720 *Hopt* in GroßKomm AktG, § 93 AktG, Rn. 122; *ders.*, ZGR 1993, 534 (545 ff.).

721 *Hopt* in GroßKomm AktG, § 93 AktG, Rn. 122; *ders.*, ZGR 1993, 534 (548 ff.); *ders.*, ZHR 161 (1997), 368 (391, 411); *ders.* in FS Lutter, S. 1361 (1376); *Rümker* in Lüthje, Bankbetrieb, S. 253 (260): „Verpflichtung zur Zurückhaltung und Neutralität".

722 Vgl. *Hopt*, ZGR 1993, 534 (565).

723 *Hopt* in GroßKomm AktG, § 93 AktG, Rn. 122; *ders.*, ZGR 1993, 534 (545 f.); *ders.* in FS Lutter, S. 1361 (1376). So auch *Schärf*, GesRZ 1993, 156 (158). Dagegen *Maier-Reimer*, ZHR 165 (2001), 258 (260).

in seiner Eigenschaft als Wahrer fremder Interessen seine Eigeninteressen hinten anstellen[724]. Schon gar nicht dürfe er Mittel der Gesellschaft zum Erhalt der eigenen Stellung einsetzen[725]. Um der wichtigen Funktion des Marktes für Unternehmenskontrolle hinreichend Rechnung zu tragen, sei es daher erforderlich, angesichts der hohen Wahrscheinlichkeit des Handelns im Eigeninteresse, dem Vorstand ein abstraktes „Neutralitätsgebot" aufzuerlegen, indem ihm die Zuständigkeit für Verteidigungsmaßnahmen gegen Übernahmeangebote gänzlich entzogen wird[726]. Es sei allein Sache der Aktionäre, über die Ergreifung von Abwehrmaßnahmen zu entscheiden[727].

In zeitlicher Hinsicht gelte ein derart verstandenes „Neutralitätsgebot" nicht im Vorfeld eines Übernahmeangebots[728]. Überdies wird der Vorstand nach dieser Auffassung nicht daran gehindert, nach einem konkurrierenden Übernahmeangebot Ausschau zu halten[729]. Vielmehr liege es gerade im Interesse der Aktionäre, eine die Konditionen des ersten Angebots übersteigende Offerte unterbreitet zu bekommen. Da den Aktionären hierdurch nicht die Möglichkeit genommen werde, letzten Endes selbst über die Annahme oder Ablehnung *eines* Übernahmeangebots zu entscheiden, sei hierin keine Ausnahme zu dem „Neutralitätsgebot" zu erblicken.

Allerdings sollen nach *Hopt* in bestimmten Konstellationen im Einzelfall Ausnahmen von dem grundsätzlich anzunehmenden „Neutralitätsgebot" bestehen. Zwar könne dies nicht bereits dann angenommen werden, wenn nach der Übernahme die Auflösung der Gesellschaft durch den neuen Mehrheitsaktionär drohe[730]. Von dem Grundsatz des „Neutralitätsgebots" müsse aber insbesondere

---

724 *Hopt* in GroßKomm AktG, § 93 AktG, Rn. 123; *ders.*, ZGR 1993, 534 (541); *ders.* in FS Lutter, S. 1361 (1377); *Rümker* in Lüthje, Bankbetrieb, S. 253 (260); *ders.* in FS Heinsius, S. 683 (688).

725 *Rümker* in Lüthje, Bankbetrieb, S. 253 (260); *ders.* in FS Heinsius, S. 683 (692).

726 *Hopt*, ZGR 1993, 534 (547 f.).

727 Auf die Frage, inwieweit eine solche Befragung der Aktionäre nach Abgabe des Angebots angesichts der einmonatigen Einberufungsfrist nach § 123 Abs. 1 AktG praktisch durchführbar war, kann hier nicht näher eingegangen werden. Siehe einerseits *Hopt*, ZGR 1993, 534 (549), sowie andererseits (zweifelnd) *Martens* in FS Beusch, S. 529 (553).

728 *Hopt* in GroßKomm AktG, § 93 AktG, Rn. 122, Fn. 423, Rn. 126; *ders.*, ZGR 1993, 534 (557 ff.). Sehr präzise umschrieben wird der Zeitpunkt damit freilich nicht, da es zum einen heißt, daß das Gebot nach Abgabe des Angebots zum Tragen komme, während zum anderen ausgeführt wird, daß das Gebot nicht gelte, wenn ein Angebot noch nicht erwartet zu werden braucht.

729 Vgl. *Hopt* in GroßKomm AktG, § 93 AktG, Rn. 126; *ders.*, ZGR 1993, 534 (557).

730 Zwar hatte der BGH in einer älteren Entscheidung angesichts einer drohenden „Vernichtung" durch den potentiellen Erwerber den Ausschluß des Bezugsrechts und die Zuteilung der neuen Aktien durch die Verwaltung der Zielgesellschaft an genehme

dann abgewichen werden, wenn mit Gesetzesverstößen oder „einer dauerhaft rechtswidrigen Tätigkeit des Unternehmens“ im Anschluß an die Übernahme zu rechnen sei[731]. Jedoch könne nicht jeder drohende Verstoß gegen ein Gesetz ausreichen. Vielmehr sollen derartige Ausnahmen erst dann vorliegen, wenn infolge der Übernahme Gesetzesverstöße ernsthaft drohen, diese nicht unerheblich sind und mit der Übernahme selbst zusammenhängen. Beispielhaft genannt werden die gesetzeswidrige Ausbeutung der Zielgesellschaft durch den Bieter.

b) Kompetenz der Aktionäre für Abwehrmaßnahmen

Einen anderen Lösungsansatz wählen *Assmann/Bozenhardt*[732] sowie *Mertens*[733], die davon ausgehen, daß der Leitungsfunktion des Vorstands, unabhängig von der konkreten Ausgestaltung, jedenfalls *a priori* alle diejenigen Investitions-, Desinvestitions- und Strukturentscheidungen übergeordnet sind, „die das Gesetz in die Kompetenz der Aktionäre als der «Eigentümer» des Unternehmens stellt“[734]. Daraus folge, daß der Vorstand keinerlei Maßnahmen ergreifen dürfe, die der Durchführung des Angebots entgegenstünden und Einfluß auf die Zusammensetzung des Aktionärskreises haben könnten[735]. Dies gelte selbst dann, wenn hinter der Ergreifung solcher Maßnahmen die Absicht des Vorstands stünde, die angebotene Gegenleistung für die Aktionäre zu erhöhen[736]. Derartige Eingriffe in die Entscheidungsfreiheit der Aktionäre seien als außerhalb der

---

Dritte gebilligt (BGH vom 6. Oktober 1960, II ZR 150/58, BGHZ 33, 175 (186) (*Minimax*); krit. dazu *Mestmäcker*, BB 1961, 945 ff.). Die Verwaltung sei in diesem Fall berechtigt und überdies verpflichtet gewesen, das Vorgehen des Erwerbers zu vereiteln, auch wenn infolgedessen „die Machtstellung der Verwaltung und der hinter ihr stehenden Mehrheit befestigt wurde“ (ebenda). Dennoch dürfte das bereits damals nicht unumstrittene Urteil in dieser Form überholt sein. Zutreffend *Hopt*, ZGR 1993, 534 (550); *Rümker* in Lüthje, S. 253 (264). Inzwischen hat der BGH nämlich ausdrücklich bestätigt, daß der aktienrechtliche Liquidationsbeschluß seine Rechtfertigung in sich trage und daher auch nicht gerichtlich angreifbar sei (BGH vom 1. Februar 1988, II ZR 75/87, BGHZ 103, 184 (189 ff.) (*Linotype*)).

731 *Hopt* in GroßKomm AktG, § 93 AktG, Rn. 125; *ders.*, ZGR 1993, 534 (554); *ders.* in FS Lutter, S. 1361 (1392 f.).

732 Vgl. *Assmann/Bozenhardt* in Assmann/Basaldua/Bozenhardt/Peltzer, Übernahmeangebote, S. 1 (54, 101 ff., 113 ff.). Ebenso *Kessler*, AG 1995, 120 (130), und bereits *Immenga*, SAG 1975, 89 (101).

733 Vgl. *Mertens* in KK AktG, § 76 AktG, Rn. 24 ff.; *ders.*, AG 1990, 252 (258 f.). Ebenso *Fahrholz*, Unternehmensfinanzierung, S. 125 f.

734 *Mertens* in KK AktG, § 76 AktG, Rn. 24.

735 *Assmann/Bozenhardt* in Assmann/Basaldua/Bozenhardt/Peltzer, Übernahmeangebote, S. 1 (102); *Mertens* in KK AktG, § 76 AktG, Rn. 26. Ebenso *Ebenroth/Daum*, DB 1991, 1157 (1158).

736 *Assmann/Bozenhardt* in Assmann/Basaldua/Bozenhardt/Peltzer, Übernahmeangebote, S. 1 (54).

Kompetenz des Vorstands (*ultra vires*) liegend unzulässig[737]. Insoweit unterliege der Vorstand im Hinblick auf Übernahmeauseinandersetzungen einem „Neutralitäts- bzw. Zurückhaltungsgebot“[738]. Dies verbiete dem Vorstand insbesondere den Einsatz von Gesellschaftsmitteln zur Verfolgung von Eigeninteressen, namentlich der Wahrung seiner Stellung[739].

Die Suche des Vorstands der Zielgesellschaft nach Konkurrenzangeboten erachten *Assmann/Bozenhardt* jedoch als zulässig, da hierin keine unsachgemäße Beeinflussung der Aktionäre als Entscheidungsträger gesehen wird[740].

Getrennte Wege gehen die Vertreter dieser Auffassung hingegen bei der Frage nach den Grenzen der gebotenen Zurückhaltung. Während *Mertens* dem Vorstand die Pflicht auferlegen will, mit erlaubten Mitteln die Übernahme zu unterbinden, „wenn konkreter und berechtigter Anlaß für die Befürchtung besteht, ein Beteiligungserwerber werde das Unternehmen durch Maßnahmen schädigen, die nicht in den Bereich der den Aktionären zustehenden (Um)Strukturierungs- und Desinvestitionsentscheidungen fallen“[741], lehnen *Assmann/Bozenhardt* derartige Auflockerungstendenzen strikt ab[742]. Um eine im vorstehend genannten Sinne

737 *Assmann/Bozenhardt* in Assmann/Basaldua/Bozenhardt/Peltzer, Übernahmeangebote, S. 1 (54).

738 *Mertens* in KK AktG, § 76 AktG, Rn. 26; *ders.* AG 1990, 252 (258). Als mißverständlich und zu weitgehend wird der Begriff des Neutralitätsgebots bei *Assmann/Bozenhardt* in Assmann/Basaldua/Bozenhardt/Peltzer, Übernahmeangebote, S. 1 (108), Fn. 561, bewußt vermieden.

739 *Mertens* in KK AktG, § 76 AktG, Rn. 26, § 93 AktG, Rn. 61; *Ebenroth/Daum*, DB 1991, 1157 (1158).

740 Vgl. *Assmann/Bozenhardt* in Assmann/Basaldua/Bozenhardt/Peltzer, Übernahmeangebote, S. 1 (54, 106 f.).

741 *Mertens* in KK AktG, § 76 AktG, Rn. 26; zustimmend *Drygala*, ZIP 2001, 1861 (1867); *Fahrholz*, Unternehmensfinanzierung, S. 126; *Schärf*, GesRZ 1993, 156 (163). Zurückhaltender *Maier-Reimer*, ZHR 165 (2001), 258 (271): „nur in eindeutigen und krassen Fällen“. Unklar insoweit *Kort* in FS Lutter, S. 1421 (1436 f.), der einerseits den Vorstand für „selbstverständlich verpflichtet“ hält, die Übernahme abzuwehren, andererseits stets nach Abgabe des Angebots die Beteiligung der Hauptversammlung fordert.

742 Vgl. *Assmann/Bozenhardt* in Assmann/Basaldua/Bozenhardt/Peltzer, Übernahmeangebote, S. 1 (114); zustimmend *Adams*, AG 1990, 243 (246); *Dimke/Heiser*, NZG 2001, 241 (247 f.); *Heider*, Syndikus, Mai/Juni 2000, 21 (24); *Kessler*, AG 1995, 120 (130); *Krause*, AG 1996, 209 (214); *Weisser*, Feindliche Übernahmeangebote, S. 203 ff. Ebenfalls zustimmend im Hinblick auf gesellschaftsschädigende Maßnahmen *Ebenroth/Daum*, DB 1991, 1157 (1160), die allerdings in solchen Fällen, in denen bei grenzüberschreitenden Übernahmen auf Grund restriktiver ausländischer Gesetzesvorkehrungen keine Möglichkeit für die deutsche Zielgesellschaft bestünde, ein Gegenangebot zu unternehmen, dem Vorstand angesichts der fehlenden „Waffengleichheit“ eine erweiterte Kompetenz zur selbständigen Ergreifung von Verteidigungsmaßnahmen zubilligen wollen.

bestehende Befürchtung zu rechtfertigen, soll es nach *Mertens* bereits genügen, daß der Bieter seiner Person nach geeignet ist, die Marktstellung des Unternehmens zu gefährden[743]. Exemplarisch angeführt werden der Erwerb einer Beteiligung durch eine „Mafia-Organisation" oder einen „politisch exponierten" ausländischen Staat[744]. Würden auf diese Weise die Marktchancen des zu übernehmenden Unternehmens wesentlich beeinträchtigt, was auch bereits im Fall einer Minderheitsbeteiligung ausreichen soll, sei von dem Grundsatz der „Neutralität" abzusehen.

Diese Auffassung sieht sich dem grundlegenden Einwand von *Assmann/Bozenhardt* ausgesetzt, daß der Vorstand auf Grund des beschriebenen Interessenkonflikts, dem sich dieser im Fall eines Übernahmeangebots ausgesetzt sieht[745], der am denkbar schlechtesten Geeignete sei, in derartigen, auf Extremsituationen begrenzten Fällen einer Schädigungsabsicht die Interessen der Gesellschaft wahrzunehmen[746]. Zumal solchen „Ausplünderungen" bereits nach geltendem Recht ausreichend Sorge getragen werde[747]. Daraus folge, daß dem Vorstand nach der Abgabe eines Übernahmeangebots sämtliche Verteidigungsmaßnahmen ausnahmslos untersagt seien, sofern diese nicht ausdrücklich von der Hauptversammlung gebilligt worden seien[748].

c) Shareholder-Value-Konzept

Nach Auffassung von *Mülbert* besteht die Unternehmenszielbestimmung im deutschen Aktienrecht im Gesellschaftsinteresse „als den überindividuell aggregierten Anteilseignerinteressen"[749]. Dies bedeute für die normtypische Aktiengesellschaft die langfristige Gewinnmaximierung im Sinne der Aktionäre[750]. Der Berücksichtigung von anderweitigen Interessen neben denen der Aktionäre im Rahmen eines Unternehmensinteresses sei eine klare Absage zu erteilen, da sich

743 Zustimmend noch *Rümker* in Lüthje, Bankbetrieb, S. 253 (263), der jedoch insgesamt einen strengen Maßstab angelegt wissen will im Sinne einer unmittelbar bevorstehenden konkreten Schädigung; siehe aber auch *Rümker* in FS Heinsius, S. 683 (690 ff.), wo sich dieser der von *Assmann/Bozenhardt* vertretenen Auffassung anschließt.

744 Siehe dazu *Schärf*, GesRZ 1993, 156 (163). Zweifel gegen letztere Variante erhebt *Hopt* in GroßKomm AktG, § 93 AktG, Rn. 125, Fn. 434.

745 Dazu oben Kap. 1, S. 49.

746 *Assmann/Bozenhardt* in Assmann/Basaldua/Bozenhardt/Peltzer, Übernahmeangebote, S. 1 (114).

747 *Assmann/Bozenhardt* in Assmann/Basaldua/Bozenhardt/Peltzer, Übernahmeangebote, S. 1 (113), Fn. 595.

748 *Assmann/Bozenhardt* in Assmann/Basaldua/Bozenhardt/Peltzer, Übernahmeangebote, S. 1 (114). So auch *Assmann*, AG 1995, 563 (569).

749 *Mülbert*, IStR 1999, 83 (84).

750 *Mülbert*, IStR 1999, 83 (84); *ders.*, ZGR 1997, 129 (141).

ein solches Konzept nicht als geltendes Recht, sondern allenfalls „als rechtspolitisches Desiderat“[751] erweise. Zur Begründung beruft sich *Mülbert* auf die Entstehungsgeschichte des § 76 AktG, die gerade nicht für eine Fortgeltung der in § 70 AktG 1937 niedergelegten Zielbestimmung spreche[752], wonach sich die Leitungstätigkeit des Vorstands daran auszurichten habe, „wie das Wohl des Betriebs und seiner Gefolgschaft und der gemeine Nutzen von Volk und Reich es fordern“[753]. Daraus folge, daß der Vorstand allein an einfaches Gesetzesrecht sowie die Verfassung gebunden sei. Hieraus - insbesondere aus dem MitbestG - ließe sich jedoch nicht die Berücksichtigung weitergehender Interessen als denen der Gewinnmaximierung der Aktionäre folgern[754].

Bezogen auf die Situation eines Übernahmeangebots bedeute dies, daß sich der Vorstand im Sinne eines „Neutralitätsgebots“ behindernder Maßnahmen zu enthalten habe. Dogmatisch lasse sich eine solche Verpflichtung einzig als Organpflicht des Vorstands im Sinne des § 76 AktG verstehen[755]. Allerdings dürfe der Vorstand die laufenden Geschäfte der Gesellschaft fortsetzen. Im Rahmen dessen soll es dem Vorstand etwa gestattet bleiben, von einem genehmigten Kapital mit der Ermächtigung zum Bezugsrechtsausschluß innerhalb der von der Hauptversammlung festgelegten Zweckvorgabe Gebrauch zu machen, ohne erneut die Hauptversammlung befragen zu müssen[756]. Weiterhin sei der Vorstand berechtigt, unter dem Druck eines Übernahmeangebots wertsteigernde Maßnahmen zur Umstrukturierung der Zielgesellschaft zu ergreifen. Die Zulässigkeit derartiger Maßnahmen ergebe sich aus dem Verhaltensspielraum, der durch die allein im Interesse der Aktionäre liegende Verpflichtung zur Abgabe einer Stellungnahme vorgezeichnet werde[757]. Auch die aktive Suche nach einem konkurrierenden Bieter ließe sich auf diese Weise begründen. Von dem derart verstandenen „Neutralitätsgebot“ sei auch der Aufsichtsrat der Zielgesellschaft erfaßt[758].

751 *Mülbert*, IStR 1999, 83 (84).

752 *Mülbert*, ZGR 1997, 129 (148 ff.). Ähnlich *Hirte/Schander* in von Rosen/Seifert, Übernahme börsennotierter Unternehmen, S. 341 (348); *Schander/Posten*, ZIP 1997, 1534 (1536).

753 Dazu auch Begründung RegE-AktG 1965 und Ausschußbericht bei *Kropff*, Aktiengesetz, S. 97 f.

754 *Mülbert*, ZGR 1997, 129 (156).

755 *Mülbert*, IStR 1999, 83 (88).

756 Vgl. *Mülbert*, IStR 1999, 83 (89).

757 *Mülbert*, IStR 1999, 83 (88 f.).

758 *Mülbert*, IStR 1999, 83 (89), Begründung jedoch offenlassend.

d) Treueverhältnis des Vorstands gegenüber den Aktionären

Schließlich wurde das „Neutralitätsgebot" auch auf die Annahme einer Treuepflicht des Vorstands gegenüber den Aktionären gestützt[759]. Zwar liege die Zuständigkeit zur Ergreifung von Abwehrmaßnahmen auch im Rahmen von Übernahmeangeboten beim Vorstand, aber Ausfluß der Treuepflicht sei die Berücksichtigung der Interessen der Aktionäre. Als Geltungsgrund für diese Ausformung der Treuepflicht wird die Korrelation zwischen Rechtsmacht und Verantwortung fruchtbar gemacht[760]. Auf die Aktiengesellschaft übertragen bedeute dies, daß den Vorstand nicht nur eine Treuepflicht gegenüber der Gesellschaft treffe, sondern auch gegenüber den Aktionären. Schließlich könne der Vorstand weitgehend frei auch über das investierte Vermögen der Aktionäre verfügen[761]. Drohe demnach der Gesellschaft weder durch die Abwehr der Übernahme noch durch deren Durchführung ein Schaden, seien vorrangig die Interessen der Aktionäre zu berücksichtigen[762]. Sind hingegen sowohl die Interessen der Gesellschaft als auch diejenigen der Aktionäre betroffen, was hiernach nur in seltensten Fällen anzunehmen sei, habe der Vorstand solche Abwehrmaßnahmen zu wählen, die die Interessen der Aktionäre unbehelligt ließen, soweit eine solche Auswahl möglich sei[763]. Anderenfalls sei in einem Abwägungsprozeß zu ermitteln, welche Maßnahme im Einzelfall eingesetzt werden soll. Als Ergebnis der Abwägung könne unter Umständen auch die nachrangige Berücksichtigung der Aktionärsinteressen stehen.

2. Gegner des „Neutralitätsgebots"

a) Verantwortung des Vorstands für die Aktionärsstruktur

Nach *Martens*[764] besteht kein Anlaß, die gesetzlich verordnete umfassende Leitungsmacht des Vorstands durch eine „ungeschriebene, in Begründung und Umfang außerordentlich nebulöse Neutralitätspflicht einzuschränken"[765]. Im Gegen-

759 Vgl. *van Aubel*, Vorstandspflichten, S. 156. Entgegen der ganz herrschenden Meinung, vgl. etwa RGZ 158, 248 (256), Urt. vom 21. September 1938 - II 183/37; *Müller* in FS Semler, S. 195 (209); *Zöllner* in KK AktG, 1. Aufl., Einl., Rn. 156, sowie *van Aubel*, Vorstandspflichten, S. 128 ff. m.w.N.

760 *Van Aubel*, Vorstandspflichten, S. 137 ff.

761 *Van Aubel*, Vorstandspflichten, S. 139 f.

762 *Van Aubel*, Vorstandspflichten, S. 158.

763 *Van Aubel*, Vorstandspflichten, S. 159.

764 Vgl. *Martens* in FS Beusch, S. 529 (542 ff., vor allem 549 ff.). Ebenso *Müller* in FS Semler, S. 195 (209 ff.); *Weisner*, Verteidigungsmöglichkeiten, S. 141 ff., der zudem anregt, das Eingreifen des Vorstands einer Verhältnismäßigkeitsprüfung zu unterziehen. Zustimmend auch *Bungert*, ZHR 159 (1995), 261 (267); *ders.*, NJW 1998, 488 (492).

765 *Martens* in FS Beusch, S. 529 (556).

teil, es sei vielmehr Aufgabe und Pflicht des Vorstands, sich nicht nur in Absprache mit dem Aufsichtsrat fortlaufend um eine für die Gesellschaft optimale Aktionärsstruktur zu bemühen, sondern auch eine solche zu erhalten[766]. Daraus folge für den Fall einer unfreundlichen Unternehmensübernahme, daß es auch in deren Zuständigkeitsbereich falle, konkrete Maßnahmen zu entwickeln, um ein aktuelles Übernahmeangebot im Sinne des Erhalts der bestehenden Aktionärsstrukturen abzuwehren[767]. Gestützt wird diese Auffassung vornehmlich auf die Bedeutung der konkreten Aktionärsstruktur für die Gesellschaft, die viel zu wichtig sei, als daß man sie den Kräften des Marktes überlassen dürfe[768]. Man könne die Aktionäre nicht ausschließlich auf ihre Rolle als Kapitalaufbringer reduzieren, sondern müsse darüber hinaus auch berücksichtigen, daß von diesen ganz unterschiedliche Interessen in die Gesellschaft eingebracht würden[769]. Hinzu komme, daß sich das deutsche Aktienrecht mit zulässigen Abwehrmaßnahmen recht „knauserig" zeige[770]. Die Grenzen der zulässigen Einflußnahme seien dort zu ziehen, wo die Verwaltung der Zielgesellschaft ausschließlich oder auch nur vorrangig eigene Interessen verfolge[771].

b) Verpflichtung des Vorstands auf das Wohl der Gesellschaft

Einen eher ergebnisorientierten Ansatz verfolgt *Werner*[772], der aus einer Gegenüberstellung der Pros und Cons von Übernahmeangeboten den Schluß zieht, daß auch die Zielgesellschaft schützenswert sei. Daher müsse ihr gestattet werden, sich gegen Übernahmen zur Wehr zu setzen, und zwar auch nach Bekanntgabe der Übernahmeabsicht. Gestützt wird diese Auffassung auf die Verpflichtung des Vorstands nicht nur auf das Wohl der Aktionäre, sondern auch auf das der gesamten Gesellschaft. Hieraus könne ein Erfordernis zur Abwehr von Übernahmen erwachsen, um einem „schädlichen Anteilseignerwechsel"[773] vorzubeugen[774]. Ergänzend zur Begründung herangezogen wird die nach den aktien-

---

766 *Martens* in FS Beusch, S. 529 (543).

767 *Martens* in FS Beusch, S. 529 (551); *Müller* in FS Semler, S. 195 (213 f.); *Weisner*, Verteidigungsmöglichkeiten, S. 150.

768 *Martens* in FS Beusch, S. 529 (543, 556); *ders.* schon in FS Fischer, S. 438 (453); *Weisner*, Verteidigungsmöglichkeiten, S. 144.

769 *Martens* in FS Beusch, S. 529 (544 f.).

770 *Martens* in FS Beusch, S. 529 (550).

771 Vgl. *Martens* in FS Beusch, S. 529 (542 f., 545); *Müller* in FS Semler, S. 195 (211).

772 Vgl. *Werner*, Probleme „feindlicher" Übernahmeangebote, S. 16 f. Siehe dazu die pointierte Replik von *Adams*, AG 1990, 243 ff.

773 *Werner*, Probleme „feindlicher" Übernahmeangebote, S. 16.

774 Zustimmend *Krieger* in Henze/Hoffmann-Becking, Gesellschaftsrecht 2001, S. 289 (303 f.).

rechtlichen Bestimmungen grundsätzlich in der Kompetenz des Vorstands liegende Erteilung der Zustimmung zur Übertragung vinkulierter Namensaktien[775].

c) Verpflichtung des Vorstands auf die Interessen der Stakeholder

Einen ähnlichen Ansatz wie zuvor *Werner* verfolgt *Kirchner*[776], der jedoch die Interessen der *Stakeholder* stärker betont wissen will. Ausgangspunkt seiner Überlegungen bildet die Verpflichtung des Vorstands auf das Unternehmensinteresse. Dies sei nicht gleichzusetzen mit dem Interesse der Anteilseigner, sondern vielmehr so zu verstehen, daß der Vorstand „unter der Nebenbedingung der bestmöglichen Wahrung der Stakeholderinteressen" die Gesellschaft im Interesse der Aktionäre zu leiten habe[777]. Demzufolge existiere ein komplexeres *principal-agent*-Verhältnis als gemeinhin angenommen[778], das auf der Stufe des Prinzipals neben den Aktionären weitere Geschäftsherren in Gestalt der *Stakeholder* vorsehe[779]. Hieraus folge, daß Maßnahmen des Vorstands, die sich auf die Aktionärsstruktur der Gesellschaft auswirken, durchaus im Unternehmensinteresse liegen könnten[780]. Die überwiegend vertretene Auffassung des Verbots der Einwirkung auf die Zusammensetzung des Aktionärskreises müsse daher dahingehend relativiert werden, daß die Änderung der Aktionärsstruktur als Folge der Leitungstätigkeit des Vorstands dann gerechtfertigt sei, wenn sie aus einer im Unternehmensinteresse liegenden getroffenen Maßnahme resultiere[781]. Für den konkreten Fall einer unfreundlichen Übernahme folge daraus, daß der Vorstand solche Maßnahmen ergreifen dürfe, die „geeignet sind, das Unternehmensinteresse zu fördern"[782]. Ausdrücklich seien hierzu auch nach Bekanntgabe der Übernahmeabsicht ergriffene unternehmenswertsteigernde Maßnahmen zu zählen, die den Erfolg des Angebots des Bieters vereiteln. Deren Zulassung sei im Interesse der Anteilseigner und insbesondere dem überwiegend vertretenen Konzept überlegen, allein die Suche nach einem konkurrierenden Bieter zuzulassen[783]. Nach dieser Auffassung könne zudem eine „positive Diskriminierung" öffentlicher Übernahmeangebote vermieden werden. Denn anders als im Fall einvernehmlicher Unternehmenszusammenschlüsse würden die Interessen der *Stakeholder* bei unfreundlichen Übernahmeangeboten seitens der Befürworter

---

775 § 68 Abs. 2 S. 2 AktG.

776 Vgl. *Kirchner*, WM 2000, 1821 (1824 ff.); zustimmend *Wiese/Demisch*, DB 2001, 849 (851). Ebenso *Schneider/Burgard*, DB 2001, 963 (967). Ähnlich *Körner*, DB 2001, 367 (369); *Witte*, BB 2000. 2161 (2163). Zurückhaltender *Thümmel*, DB 2000, 461 (463).

777 *Kirchner*, WM 2000, 1821 (1824 f.).

778 Dazu bereits oben Kap. 1, S. 50.

779 Zustimmend *Wiese/Demisch*, DB 2000, 849 (852).

780 So auch *Schneider/Burgard*, DB 2001, 963 (967).

781 *Kirchner*, WM 2000, 1821 (1825). Dazu auch *ders.*, AG 1999, 481 (484).

782 *Kirchner*, WM 2000, 1821 (1825).

783 *Kirchner*, WM 2000, 1821 (1825 f.).

eines aktienrechtlichen „Neutralitätsgebots“ keine Berücksichtigung finden, was nicht hinnehmbar sei[784].

II. Abgabe einer Stellungnahme zum Übernahmeangebot

Weitaus weniger umstritten stellt sich die Situation im Hinblick auf die Frage dar, ob den Vorstand bereits nach den aktienrechtlichen Bestimmungen eine Verpflichtung zur Abgabe einer Stellungnahme zu dem Übernahmeangebot trifft. Im Ergebnis wird dies einhellig bejaht, allerdings wird eine solche Verpflichtung dogmatisch unterschiedlich verankert. Problematisiert wird zudem teilweise das Verhältnis dieser Verpflichtung zu dem vorstehend erörterten aktienrechtlichen „Neutralitätsgebot“.

Nach *Hopt* - stellvertretend für die ganz überwiegende Auffassung - folgt die Verpflichtung zur Abgabe einer begründeten Stellungnahme wie schon das „Neutralitätsgebot“ ebenfalls aus der Stellung des Vorstands als Wahrer fremder Interessen[785]. Um in umfassender Kenntnis aller wesentlichen Entscheidungsgrundlagen über das Angebot zu urteilen, sei es für die Aktionäre unabdingbar, auch auf die Äußerungen des Vorstands der Zielgesellschaft zurückgreifen zu können[786]. Der Vorstand habe daher das Recht und die Pflicht, „zu einem Übernahmeangebot aus der Sicht des Unternehmens“[787] Stellung zu nehmen.

Auch wenn diese Verpflichtung auf den ersten Blick auf eine „scheinbare Ausnahme“[788] zu dem nach überwiegender Auffassung vertretenen „Neutralitätsgebot“ hinauslaufe, stehe sie diesem gerade nicht entgegen. Denn der Stellung-

---

784 *Kirchner*, AG 1999, 481 (484). Krit. dazu *Dimke/Heiser*, NZG 2001, 241 (248), Fn. 101.

785 Vgl. *Hopt* in FS Rittner, S. 187 (203); *ders.*, ZGR 1993, 534 (556); *ders.*, ZHR 161 (1997), 368 (411); *ders.* in GroßKomm AktG, § 93 AktG, Rn. 129; *ders.* in FS Lutter, 1361 (1380). Zuvor bereits *Assmann/Bozenhardt* in Assmann/Basaldua/Bozenhardt/ Peltzer, Übernahmeangebote, S. 1 (103 f.); *Ebenroth/Daum*, DB 1991, 1157 (1158 f.). Ebenso *Dimke/Heiser*, NZG 2001, 241 (249); *Kort* in FS Lutter, S. 1421 (1439); *Krause*, AG 2000, 217 (220); *Lammers*, Verhaltenspflichten, S. 124; *Mertens* in KK AktG, § 76 AktG, Rn. 26; *Schander/Lucas*, M&A 1997, 553 (554); *Weisner*, Verteidigungsmöglichkeiten, S. 155; *Witte*, BB 2000, 2161 (2163). Begründung offenlassend *Busch*, Notwendigkeit der spezialgesetzlichen Regelung, S. 108; *Grunewald*, WM 1989, 1233 (1237); *Maier-Reimer*, ZHR 165 (2001), 258 (262); *Martens* in FS Beusch, S. 529 (549). *Rümker* in FS Heinsius, S. 683 (686), sowie *ders.* in Lüthje, Bankbetrieb, S. 253 (258): „Ausfluß der Sorgfaltspflicht des Vorstandes“.

786 Zum Inhalt der Stellungnahme hiernach im einzelnen *Assmann/Bozenhardt* in Assmann/ Basaldua/Bozenhardt/Peltzer, Übernahmeangebote, S. 104 f.; *Hopt* in GroßKomm AktG, § 93 AktG, Rn. 128.

787 *Mertens* in KK AktG, § 76 AktG, Rn. 26.

788 *Hopt*, ZGR 1993, 534 (558).

nahme komme die Funktion der „bloßen interessenwahrenden Information“[789] zu, der für den einzelnen Aktionär bei dessen Entscheidungsfindung große Bedeutung zukommen kann. Sie sei daher strikt zu trennen von einem aktiven Vorgehen gegen das Übernahmeangebot selbst.

Zu dem gleichen Ergebnis gelangen *Mülbert*[790] sowie *van Aubel*[791], die jedoch die Verpflichtung zur Abgabe einer Stellungnahme - entgegen der vorstehend dargestellten Auffassung - nicht auf §§ 76, 93 AktG stützen. Vielmehr ziehen sie als Begründung für die Stellungnahme, die allein im objektiven Interesse der Aktionäre zu erfolgen habe, die Treuepflicht der Vorstandsmitglieder gegenüber den einzelnen Aktionären heran.

Zu einem abweichenden, weil deutlich restriktiverem Ergebnis gelangt hingegen - soweit ersichtlich - lediglich *Schärf*[792], der Äußerungen des Vorstands grundsätzlich als Verletzung der „Neutralitätspflicht“ ansieht. Diese seien nur dann gerechtfertigt, wenn „sachliche unternehmerische Gesichtspunkte“ vorlägen, was nur in solchen Konstellationen der Fall sein soll, die bereits im Rahmen des aktienrechtlichen „Neutralitätsgebots“ geeignet seien, Ausnahmen zu rechtfertigen[793].

III. Zusammenfassung

Schien es lange Zeit der nahezu einhelligen Auffassung zu entsprechen, daß bereits nach den Vorschriften des Aktiengesetzes - wenn auch mit zum Teil unterschiedlichen Erklärungsansätzen - dem Vorstand der Zielgesellschaft während eines Übernahmeverfahrens ein „Zurückhaltungs- bzw. Neutralitätsgebot“ aufzuerlegen sei, konnten die zunächst als „eine kleine Mindermeinung“[794] angetretenen Gegner des aktienrechtlichen „Neutralitätsgebots“ im Zuge der Entstehung des neuen deutschen WpÜG ihre Anhängerschaft um einige gewichtige Stimmen erweitern[795]. Deren Erstarken muß insbesondere vor dem Hin-

789 *Hopt* in GroßKomm AktG, § 93 AktG, Rn. 129; *ders.* in FS Lutter, S. 1361 (1380).

790 Vgl. *Mülbert*, IStR 1999, 83 (88).

791 Vgl. *van Aubel*, Vorstandspflichten, S. 172 ff. (vor allem 174).

792 *Schärf*, GesRZ 1993, 156 (160).

793 *Schärf*, ebenda, lehnt sich hierbei eng an die von *Mertens*, oben Fn. 741, angeführten Beispiele an.

794 So *Hopt* in FS Lutter, S. 1361 (1375).

795 Vgl. *Kirchner*, WM 2000, 1821 (1824 ff.); *Körner*, DB 2001, 367 (369); *Krieger* in Henze/Hoffmann-Becking, Gesellschaftsrecht 2001, S. 289 (303 ff.), hingegen noch *ders.* in MünHdb/GesR/AG, § 69, Rn. 15, sowie *ders.*, ZHR 163 (1999), 343 (357 f.); *Schneider/Burgard*, DB 2001, 963 (967); *Thümmel*, DB 2000, 461 (463); *Weisner*, Verteidigungsmöglichkeiten, S. 150 ff.; *Wiese/Demisch*, DB 2001, 849 (851); *Witte*, BB 2000, 2161 (2163).

tergrund gesehen werden, daß sich erheblicher Widerstand seitens einzelner Interessenverbände formierte, als sich endgültig die Verabschiedung der EU-Übernahmerichtlinie abzeichnete, deren wesentlicher Bestandteil das der Verwaltung auferlegte Vereitelungsverbot werden sollte[796]. Im Zentrum der dadurch forcierten Diskussion standen folglich auch die Verhaltenspflichten des Vorstands nach seinerzeit geltendem deutschem Recht. Angesichts der weitreichenden Konsequenzen, die sich aus der Pflichtenlage des Vorstands der Zielgesellschaft im Zusammenhang mit Übernahmeangeboten ergeben, vermag es kaum zu verwundern, daß die Kontroverse bis zuletzt mit unverminderter Schärfe geführt wurde.

Im wesentlichen lassen sich die vertretenen Erklärungsansätze auf drei Grundmuster zurückführen. So stehen sich zuvorderst die beiden Extrempositionen gegenüber, wonach einerseits gefolgert wird, die konsequente Umsetzung des aktienrechtlichen „Neutralitätsgebots" ließe keinerlei Aufweichungen zu, dieses müsse folglich ausnahmslos verstanden werden[797]. Andererseits gelangen die Gegner des „Neutralitätsgebots" zu dem Ergebnis, daß Vorstand und Aufsichtsrat der Zielgesellschaft weitreichende Handlungsfreiräume genießen, die es ihnen nicht nur gestatten, aktiv gegen unerwünschte Offerten vorzugehen, sondern sie vielmehr dazu verpflichtet seien[798]. Insoweit „vermittelnd" wirken diejenigen Vertreter des „Neutralitätsgebots", die in besonders gelagerten Ausnahmefällen Abweichungen zulassen wollen[799].

Bei genauerem Hinsehen offenbart sich, daß die Standpunkte der Befürworter und Gegner des aktienrechtlichen „Neutralitätsgebots" dichter beieinander liegen als sich ob der gegensätzlichen Auffassungen auf den ersten Blick vermuten läßt. So wurde von keiner Seite die Verpflichtung des Vorstands der Zielgesellschaft zur Abgabe einer Stellungnahme zu dem Übernahmeangebot in Frage gestellt. Weiterhin bestand auch unter den Befürwortern des „Neutralitätsgebots" durchweg Einigkeit darüber, daß die besonderen Verhaltensanforderungen erst während des Übernahmeverfahrens - wenngleich der Zeitpunkt nicht präzise umschrieben wurde - und nicht bereits im Vorfeld eingreifen sollten. Dieses Verständnis kam auch in der verwandten Terminologie zum Ausdruck, was gerade in der jüngsten Diskussion oftmals (gerne) übersehen wurde. Ausdrücklich nahm beispielsweise *Hopt* ein „Neutralitätsgebot" *im Grundsatz* an[800], wonach

796 Dazu oben S. 68 ff.

797 Grundlegend *Assmann/Bozenhardt* in Assmann/Basaldua/Bozenhardt/Peltzer, Übernahmeangebote, S. 1 (114). Dazu oben S. 152.

798 Grundlegend *Martens* in FS Beusch, S. 529 (542 ff., vor allem 549 ff.); *Werner*, Probleme „feindlicher" Übernahmeangebote, S. 16 f. Dazu oben S. 154 ff.

799 Grundlegend *Hopt*, ZGR 1993, 534 (540 f., 546 f.); *Mertens* in KK AktG, § 76 AktG, Rn. 26. Dazu oben S. 149 sowie 151.

800 Siehe oben S. 148. Dies zu verkennen scheint etwa *Kort* in FS Lutter, S. 1421 (1432 f.).

dem Vorstand etwa auch die Suche nach einem konkurrierenden Bieter gestattet bleiben sollte. Selbst die Vertreter eines „strikten“, da ausnahmslos verstandenen „Neutralitätsgebots“ sahen hierin keine unzulässige Maßnahme[801].

Insbesondere die Positionen derer, die unter den Verfechtern des „Neutralitätsgebots“ Abweichungen von dem Grundsatz der „Neutralität“ bejahten, näherten sich durch die Zulassung von Ausnahmefällen dem Standpunkt der Gegner des „Neutralitätsgebots“ an. Denn im Ergebnis bedeutete die Zulassung solcher im vornherein nicht genau konkretisierbarer Ausnahmen das Eingeständnis, daß in bestimmten Situationen die Abwehr einer unfreundlichen Übernahmeofferte durch den Vorstand wünschenswert sei, um auf diese Weise den übrigen in der Zielgesellschaft zusammentreffenden Interessen stärker Rechnung zu tragen. Insoweit läßt sich eine bemerkenswert weitgehende Übereinstimmung in dieser Frage mit denjenigen Vertretern, die generell einem „Neutralitätsgebot“ ablehnend gegenüberstanden, ausmachen.

Hingegen erwies sich der Standpunkt derer, die sich von solchen Aufweichungstendenzen distanzierten, als gänzlich unvereinbar mit der in der Herleitung weitreichender Handlungsfreiräume bestehenden Gegenposition. Dies erklärt sich vor allem daraus, daß von dieser Seite besonderes Gewicht auf die Bewältigung des Interessenkonflikts gelegt wurde, dem sich der Vorstand in einer Übernahmesituation ausgesetzt sieht[802]. Wollte man diesen Konflikt in jedem Fall nicht zu Lasten der Aktionäre auflösen, bestand die Konsequenz allein in der Verneinung jeglicher Ausnahmen. Demgegenüber sehen sich die dem „Neutralitätsgebot“ grundsätzlich ablehnend eingestellten Vertreter - was in abgemilderter Form auch für die Befürworter von Ausnahmefällen zutrifft - stets mit der Problematik konfrontiert, daß bei Einräumung weitreichender Handlungsfreiheiten der Vorstand diese zur Verfolgung eigener Interessen unter dem „Deckmantel“ der Berufung auf die Interessen Dritter einsetzen könnte. Daß der Nachweis im Einzelfall nur schwerlich zu führen ist, ob der Vorstand tatsächlich im Interesse der Gesellschaft handelt oder ob er nicht doch vielmehr (auch) persönliche Interessen verfolgt, wird unumwunden auch seitens der Gegner des „Neutralitätsgebots“ eingeräumt[803].

Über die Problematik der Auflösung dieses Interessenkonflikts hinausgehend erklärt sich die grundlegende Gegensätzlichkeit der Standpunkte aus der ökonomischen Bewertung unfreundlicher Unternehmensübernahmen. Ausgetragen wurde diese Auseinandersetzung angesichts der bislang fehlenden ausdrückli-

801 Vgl. *Assmann/Bozenhardt* in Assmann/Basaldua/Bozenhardt/Peltzer, Übernahmeangebote, S. 1 (54, 106 f.).

802 Dazu näher oben Kap. 1, S. 49.

803 Vgl. *Martens* in FS Beusch, S. 529 (543).

chen Regelung des Phänomens der öffentlichen Übernahmeangebote und der damit in Zusammenhang stehenden Pflichten im deutschen Aktienrecht auf dem „weiten Feld" des Begriffs des „Unternehmensinteresses". Die inhaltliche Ausgestaltung des aktienrechtlichen „Neutralitätsgebots" hing insoweit von einem wenig konkreten Begriff ab[804]. So bot sich bei der Herleitung der Verhaltenspflichten des Vorstands ein weitreichender Spielraum, der, wie gezeigt, von der reinen „*Shareholder-Value*-Veranstaltung" bis zu der Auffassung, ein Unternehmen komme „einer sozialen Veranstaltung ersten Ranges"[805] gleich, reichte. Somit konzentrierte sich die Auseinandersetzung letztlich auf die Frage, ob und in welchem Ausmaß neben den Interessen der Aktionäre weitere in der Zielgesellschaft zusammentreffende Interessen im Rahmen einer Übernahmeauseinandersetzung von dem Vorstand bei der Wahrnehmung seiner Leitungsaufgabe (vorrangig) zu berücksichtigen sind. In Ermangelung einer ausdrücklichen Regelung ließ sich die Beantwortung nach der Frage der aktienrechtlichen Pflichten des Vorstands der Zielgesellschaft während einer Übernahme daher auf eine Grundproblematik des Aktienrechts zurückführen[806].

War die Auseinandersetzung lange Zeit ausschließlich unter verbandsrechtlichen Gesichtspunkten geführt worden[807], zeichneten sich in jüngster Zeit daneben vermehrt kapitalmarktrechtliche Begründungsansätze ab[808]. Hiernach sei der Aktionär nicht in seinen mitgliedschaftlichen Rechten schützenswert, sondern vielmehr in seiner Rolle als am Kapitalmarkt agierender Anleger[809]. Als solcher dürfe ihm der Vorstand der Zielgesellschaft nicht die im Zuge einer Übernahmeofferte gebotene Chance zur Veräußerung seiner Anteile zu attraktiven Konditionen vereiteln[810].

Abschließend bleibt festzuhalten, daß ungeachtet der während des Gesetzgebungsverfahrens zum WpÜG erneut forcierten Debatte nach wie vor die deutlich überwiegende Auffassung vom Bestehen eines aktienrechtlichen „Neutralitätsgebots" für den Vorstand der Zielgesellschaft während einer Übernahme aus-

---

804 Kritisch daher *Mülbert*, IStR 1999, 83 (86): „das einer gerichtlichen Nachprüfung praktisch entzogene Unternehmensinteresse".

805 In Anlehnung an *Rittner* in FS Geßler, S. 139 (158).

806 Zum Unternehmensinteresse *Hüffer*, AktG, § 76 AktG, Rn. 12 ff.; *Henze*, BB 2000, 209 (212).

807 Kritisch dazu *Ekkenga* in FS Kümpel, S. 95 (98).

808 Grundlegend dazu *Hopt*, ZGR 1993, 534 ff. (546). Zuletzt *Dimke/Heiser*, NZG 2001, 241 (253 ff.); *Grunewald*, AG 2001, 288 ff. (289); *Merkt*, ZHR 165 (2001), 224 (247 ff.).

809 *Merkt*, ZHR 165 (2001), 224 (249 f.).

810 *Grunewald*, AG 2001, 288 (289).

ging[811]. Unter diesem Begriff war jedoch - von der Frage nach zulässigen Ausnahmen abgesehen - gerade keine Verpflichtung zur Untätigkeit im Sinne einer strikten Stillhalteverpflichtung zu verstehen.

C. ÜBERNAHMEKODEX

I. VORBEMERKUNG

Im vorliegenden Abschnitt C. soll näher auf die Regelungen des Übernahmekodex eingegangen werden. Im Vordergrund der Betrachtung stehen die Vorschriften betreffend die Pflichten der Zielgesellschaft im Zusammenhang mit öffentlichen Übernahmeangeboten. Dem besseren Verständnis dienend erfolgt zunächst ein kurzer Überblick über den entstehungsgeschichtlichen und rechtspolitischen Hintergrund des Kodex sowie dessen inhaltliche Konzeption (nachfolgend Unterabschnitt II.). Im Anschluß werden die maßgeblichen Regelungen näher untersucht, denen seit Bestehen des Kodex im Schrifttum erstaunlich wenig Aufmerksamkeit zuteil wurde[812] (III.). Da sich mit dem Inkrafttreten des WpÜG zum 1. Januar 2002 zugleich die Anwendung des Übernahmekodex dem Ende zugeneigt hat[813], bietet es sich an dieser Stelle an, eine abschließende Bilanz des Regelwerks zu ziehen (IV.).

II. ÜBERBLICK

1. Entstehung und rechtspolitischer Hintergrund

Im Juli 1995 wurde von der BSK der Übernahmekodex erlassen[814]. Bei der BSK handelt es sich um ein vom Bundesministerium der Finanzen berufenes Gre-

---

811 So ließen selbst die Verfasser des Diskussionsentwurfs zum WpÜG erkennen, daß das „Neutralitätsgebot" geltendem Recht entspreche. Vgl. DiskE-ÜG, Begründung, Besonderer Teil, S. 136.

812 *Letzel*, NZG 2001, 260 (260), merkt zutreffend an, daß dies mit Ausnahme der Regelungen über das Pflichtangebot insgesamt für die einzelnen Vorschriften des Übernahmekodex gelte.

813 Vgl. zum weiteren Schicksal des Übernahmekodex unten Kap. 5, S. 301 ff.

814 „Übernahmekodex der Börsensachverständigenkommission beim Bundesministerium der Finanzen" vom 14. Juli 1995. Abgedruckt im Anschluß an die Vorstellungen von *Neye*, ZIP 1995, 1464 ff. (1467 ff.), und *Assmann*, AG 1995, 563 ff. (572 ff.); vorangestellt an eine Einführung durch *von Bülow*, M&A 1996, 383 ff. (379 ff.), sowie in WM 1995, 2011 ff.; *Schuster/Zschocke*, Übernahmerecht, S. 74 ff. Einführend auch *Schuster*, Bank 1995, 609 ff.; *Breuer*, HB vom 28. September 1995, S. 39. Vgl. aus der Tagespresse vom 17. Juli 1995 FAZ, S. 9, 11; HB, S. 21.

mium unabhängiger Sachverständiger[815]. Aufgabe der BSK ist die Beratung der Bundesregierung in Kapitalmarkt- und Börsenfragen mit dem Ziel der Verbesserung der Rahmenbedingungen für den Finanzplatz Deutschland[816]. In dieser Funktion kommt ihr die Rolle eines Vordenkers zu, der wissenschaftliche Kompetenz und praktisches „Know-how" in sich vereint. Die BSK setzt sich zusammen aus leitenden Persönlichkeiten der Börsen, der Deutschen Bundesbank, der Kredit- und Versicherungswirtschaft, der Industrie, der privaten und institutionellen Investoren sowie der Wissenschaft[817].

Der Übernahmekodex fand seit dem 1. Oktober 1995 Anwendung und wurde mit Wirkung zum 1. Januar 1998 geändert[818]. Anlaß zu der Überarbeitung gab die an der ursprünglichen Fassung, insbesondere seitens der Anlegerkreise geäußerte Kritik[819]. Dementsprechend wurden die neuen Regeln in der subjektiven

---

815 Die im Jahr 1968 vom Bundesministerium für Wirtschaft ins Leben gerufene BSK ist seit der Überführung der für sie zuständigen Abteilung „Geld und Kredit" in das Bundesministerium der Finanzen im Jahr 1972 bei diesem angesiedelt. Mit der Börsenreform im Jahr 1975 trat sie an die Stelle des bis dahin im Börsengesetz verankerten Börsenausschusses. Vgl. dazu *Schuster/Zschocke*, Übernahmerecht, S. 16 f.; *Schwark*, Börsengesetz, Einleitung, Rn. 12, sowie insgesamt zu den Anfangsjahren *Bremer*, Die Börsensachverständigenkommission.

816 Vgl. *Übernahmekommission*, Drei Jahre Übernahmekodex, S. 14.

817 Vgl. *Übernahmekommission*, Drei Jahre Übernahmekodex, S. 14. Das Bundesministerium der Finanzen beruft auf Vorschlag der Börsen die Mitglieder der Kommission für die Dauer von fünf Jahren mit der Möglichkeit der Wiederbestellung und bestimmt einen Vorsitzenden. Vor Inkrafttreten des WpÜG setzte sich die BSK aus 15 Mitgliedern zusammen. Vorsitzender ist seit kurzem *Max Dietrich Kley*, der die Nachfolge von *Dr. Karl-Hermann Baumann* angetreten hat. Vgl. BZ vom 17. Mai 2001, S. 6. Weitere Mitglieder sind *Dr. Paul Achleitner*, *Dr. Rolf-E. Breuer*, *Leonhard Fischer*, *Uwe E. Flach*, Prof. *Dr. Wolfgang Gerke*, *Martin Hagena*, *Reinhild Keitel*, *Ulrich Hocker*, *Hans Leukers*, *Helmut Loehr*, zugleich Vorsitzender der Übernahmekommission, *Gerhard B. Roggemann*, *Dr. Werner G. Seifert*, *Dr. Jürgen Stark*, *Christian Strenger*.

818 Durch Bekanntmachung der BSK vom 28. November 1997. Siehe dazu die Übergangsregelung für die zum 01.01.1998 in Kraft getretenen Änderungen des Übernahmekodex der Börsensachverständigenkommission vom 14.07.1998; *Übernahmekommission*, Anmerkungen zu den Änderungen des Übernahmekodex ab 1. Januar 1998; *Fahrholz*, Unternehmensfinanzierung, S. 138; *Hopt* in FS Zöllner, S. 253 (263 f.); *Kallmeyer*, ZIP 1997, 2147 (2148); *Schuster/Zschocke*, Übernahmerecht (Nachtrag), S. 2; *Wirth/Weiler*, DB 1998, 117 ff. Dazu FAZ vom 2. Dezember 1997, S. 30.

819 Vgl. im einzelnen *Übernahmekommission*, Drei Jahre Übernahmekodex, S. 13. Vgl. zur Kritik aus Sicht des Anlegerschutzes etwa *Dries*, BZ vom 25. August 1995, S. 1; *Strenger*, BZ vom 3./4. Oktober 1995, S. 6; *Friese*, Capital 11/1995, S. 113 ff.; *Klemm*, BZ vom 3. Mai 1996, S. 13. Im übrigen *Kallmeyer*, AG 1996, 169 (171), der bereits ein halbes Jahr nach Ingeltungsetzung eine Revision für begrüßenswert hielt; *ders.*, ZHR 161 (1997), 435 ff.; *Weisgerber*, ZHR 161 (1997), 421 ff.; *Thoma*, ZIP 1996, 1725 ff.

Wahrnehmung der Unternehmen als Verschärfung empfunden[820]. In der revidierten Fassung bestand der Übernahmekodex bis zuletzt fort[821]. Infolge des Inkrafttretens des WpÜG zum 1. Januar 2002 fand der Übernahmekodex allerdings nur noch sehr eingeschränkt in bestimmten Fällen Anwendung[822]. Die Bekanntgabe des Übernahmekodex stellte den zweiten Versuch dar, öffentliche Übernahmeangebote im Wege freiwilliger Selbstregulierung zu ordnen[823]. Bereits im Jahr 1979[824] hatte ebenfalls die BSK „Leitsätze für öffentliche freiwillige Kauf- und Umtauschangebote bzw. Aufforderungen zur Abgabe derartiger Angebote in amtlich notierten oder im geregelten Freiverkehr gehandelten Aktien bzw. Erwerbsrechten“[825] veröffentlicht[826]. Trotz des vergleichsweise langen Bestehens dieser Wohlverhaltensregeln als erstem Regelungsansatz auf diesem Gebiet in Deutschland überhaupt hatten diese zu keiner Zeit wirkliche praktische Bedeutung erlangt[827]. Mit Ingeltungsetzung des Übernahmekodex war die Ablösung der Vorgängerregelung erfolgt[828].

---

820 Vgl. *BSK*, Standpunkte, S. 9; *Pietzke* in FS Fikentscher, S. 601 (620).

821 Abgedruckt in NZG 2000, 390 ff.; AG 1998, 133 ff.; *Schuster/Zschocke*, Übernahmerecht (Nachtrag), S. 4 ff.; *Baumbach/Hopt*, HGB, 30. Aufl., 2. Teil, Nr. 18; *BSK*, Standpunkte, S. 35 ff. Ferner wurde der Kodex zusammen mit weiteren Informationen im Internet publiziert unter http://www.kodex.de.

822 Vgl. dazu sowie zur Frage einer Übergangsregelung Kap. 5, S. 301.

823 Siehe dazu auch die Übersicht im Anhang, Abbildung 3.

824 In der Zeit zuvor hatten sich in der Praxis gewisse Mindesterfordernisse herausgebildet, die vor allem im Hinblick auf den Inhalt des Angebots notwendigerweise beachtet wurden, vgl. *Heinsius* in Schmitthoff/Goré/Heinsius, Übernahmeangebote im Aktienrecht, S. 35 (53). Dazu auch *Küting*, BB 1978, 1751 ff.

825 Abgedruckt in BMF-Nachrichten 6/79 vom 31. Januar 1979, S. 2 ff.; *Baumbach/Hopt*, HGB, 29. Aufl., 2. Teil, Nr. 18; Bank 1979, 85 f. Vgl. dazu *Assmann/Bozenhardt* in Assmann/Basaldua/Bozenhardt/Peltzer, Übernahmeangebote, S. 1 (40 f.); *Hauschka/Roth*, AG 1988, 181 (184); *Otto*, DB 1988, Beilage 12, 5; *Nick*, ZfB 1991, 859 (863 ff.); *Schuster* in Zschocke/Schuster, Bad Homburger Handbuch, S. 1 ff. Im folgenden kurz als „Leitsätze“ bezeichnet.

826 Auch die Leitsätze hatten nicht die Qualität von Rechtsnormen, vgl. *Baumbach/Hopt*, HGB, 29. Aufl., 2. Teil, Nr. 18, Rn. 1. Inhaltlich entsprachen die Leitsätze in weiten Teilen den Vorschriften des US-amerikanischen Williams Act, vgl. *Kurth*, Aktionärsschutz und öffentliche Kaufangebote, S. 185; *Busch*, Notwendigkeit der spezialgesetzlichen Regelung, S. 158.

827 Vgl. *Neye*, ZIP 1995, 1464 (1464); *Sandberger*, DZWiR 1993, 319 (320); *Weisgerber*, ZHR 161 (1997), 421 (422); *Schander*, NZG 1998, 799 (799); *Schuster/Zschocke*, Übernahmerecht, S. 18; *Mayer* in Doralt/Nowotny/Schauer, Takeover-Recht, S. 27 (29); *Hopt*, ZHR 161 (1997), 368 (393). Ein Muster für ein öffentliches Übernahmeangebot aus jener Zeit findet sich bei *Hopt*, Vertrags- und Formularhandbuch, IV. B. 18, S. 605, mit Anm. *Hess/Fabritius*.

828 Die Kontinuität zwischen den Leitsätzen und dem Übernahmekodex belegt der Vorsitzende der Übernahmekommission, der selbst vom Übernahmekodex als den neuen Leitsätzen spricht. Vgl. *Loehr*, WM 1997, 1374 (1374).

Wie seinerzeit die Leitsätze[829] war auch die Veröffentlichung des Übernahmekodex einerseits Ausfluß der Diskussion auf europäischer Ebene um die Übernahmerichtlinie[830]. Nicht zuletzt dürfte die Veröffentlichung des Kodex vor dem Hintergrund erfolgt sein, der Entwicklung auf europäischer Ebene entgegenzuwirken. Denn mit einer funktionierenden nationalen Regelung hätte man ein gewichtiges Argument gegen die Notwendigkeit einer Richtlinie vorzubringen gehabt[831]. Andererseits stand bei der Entstehung des Übernahmekodex auch der Gedanke im Vordergrund, den Finanzplatz Deutschland[832] den veränderten Rahmenbedingungen anzupassen und nachhaltig zu verbessern[833], um im forcierten internationalen Wettbewerb um anlagesuchendes Kapital künftig bestehen zu können. Diesen Weg hatte der Gesetzgeber bereits mit dem Zweiten Finanzmarktförderungsgesetz[834] beschritten. Zur Verwirklichung dieses Ziels bildete der Übernahmekodex einen weiteren „Baustein“[835]. Denn ein Regelwerk für die Durchführung von öffentlichen Übernahmen bei börsennotierten Unternehmen

829 Vgl. *Baums* in Rengeling, Europäisierung des Rechts, S. 91 (93). *Kurth*, Aktionärsschutz und öffentliche Kaufangebote, S. 185, führt in diesem Zusammenhang aus, die Leitsätze seien deshalb erlassen worden, um bei den Verhandlungen auf europäischer Ebene auf eine eigene schriftlich fixierte Praxis verweisen zu können. Daneben stellten die Leitsätze letztlich auch eine Reaktion auf die Übernahme Thyssen/Rheinstahl aus dem Jahr 1973 dar. In diesem Sinne wohl auch *Sandberger*, DZWiR 1993, 319 (319 f.). Es lassen sich insoweit Parallelen zu der jüngsten Entwicklung seit der Übernahme von Mannesmann erkennen. Damals wie heute bedurfte es erst eines die Öffentlichkeit wachrüttelnden Vorfalls, um eine Reaktion des Gesetzgebers bzw. damals der BSK hervorzurufen. Daß die Umsetzung seinerzeit erheblich langsamer erfolgte, lag sowohl an der weitaus geringeren Bedeutung von Übernahmen als auch daran, daß infolgedessen sich die Diskussion um die Notwendigkeit einer Regelung, gleich welcher Form, noch in den Anfängen befand.

830 Vgl. *Übernahmekommission*, Anmerkungen, S. 1.

831 Vgl. *Mayer* in Doralt/Nowotny/Schauer, Takeover-Recht, S. 30. So wohl auch *Weber*, EuZW 1998, 464 (465).

832 Der Begriff „Finanzplatz Deutschland“ hatte sich auch in der englischsprachigen Literatur bereits als *terminus technicus* etabliert, vgl. *Story/Walter*, Political economy of financial integration in Europe. The battle of system, European Policy Research Unit Series, Manchester 1997, S. 172-185: “Finanzplatz Deutschland: the impossibility of being cosmopolitan”, zit. nach *Kirchner/Ehricke*, AG 1998, 105 (105).

833 Vgl. *Assmann*, AG 1995, 563 (563); *Thoma*, ZIP 1996 1725 (1725); *Schuster*, Bank 1995, 609 (609).

834 Dazu die Nachweise in Kap. 1, Fn. 46.

835 Vgl. *Baumann*, WM 1996, 901 (901); *Breuer* in HB vom 28. September 1995, S. 39.

wurde als notwendiger Bestandteil eines effizienten Kapitalmarktes erachtet[836]. Diesen Anforderungen konnten die Leitsätze nicht mehr genügen[837].

Aus diesen Gründen und insbesondere auf Drängen der Bankenkreise, aus denen weitere Impulse für die Notwendigkeit einer Regelung hervorgingen[838], formierte sich Mitte des Jahres 1994 eine Arbeitsgruppe der BSK, die sich fortan der Problematik annahm[839]. Bei ihren Beratungen orientierte sich die Arbeitsgruppe vorrangig an den Regelungen des britischen City Code sowie an dem Geänderten Richtlinienvorschlag aus dem Jahr 1990[840]. Wohlwissend um die in Europa unbestrittene Dominanz der Übernahmeregelungen im Vereinigten Königreich, war es dennoch nicht Ziel der Arbeitsgruppe, diese Regelungsmechanismen bloß zu kopieren. Vielmehr war es erklärte Absicht, daß man sich an den Besonderheiten des deutschen Rechts zu orientieren und eine diesen Anforderungen gerecht werdende Anpassung vorzunehmen habe[841]. Gleichzeitig sollte auch die Erfüllung der Vorgaben des bereits angekündigten revidierten Richtlinienvorschlags[842] erreicht werden[843]. Zwar wurde während der Beratungen kurzzeitig über eine Gesetzeslösung nachgedacht[844], doch entschied man sich schließlich für den Weg der freiwilligen Selbstregulierung[845]. Anfang Juli 1995

836 Vgl. *Loehr* in von Rosen/Seifert, Übernahme börsennotierter Unternehmen, S. 149 (149).

837 Die Gründe für das Scheitern der Leitsätze lagen zum einen an formalen Aspekten und inhaltlichen Regelungsdefiziten und zum anderen an den äußeren Umständen, die zunächst keine Bewährungsprobe zuließen und später die Leitsätze unzeitgemäß erscheinen ließen. Vgl. dazu ausführlich *Weisgerber*, ZHR 161 (1997), 421 (422); *Schuster/Zschocke*, Übernahmerecht, S. 19.

838 Vgl. *Breuer* in HB vom 23. Juni 1994, S. 35.

839 Die Arbeitsgruppe setzte sich aus Vertretern der Großunternehmen, der Kreditwirtschaft und der Frankfurter Wertpapierbörse zusammen. Daneben nahmen ein Vertreter der DSW sowie solche der Bundesregierung daran teil. Vgl. *Neye*, ZIP 1995, 1464 (1465); *Groß*, DB 1996, 1909 (1909).

840 Vgl. zu den britischen Übernahmeregelungen unten Kap. 4, S. 193.

841 Vgl. *Neye*, ZIP 1995, 1464 (1465).

842 Vorschlag vom 7. Februar 1996.

843 Vgl. *Diekmann*, WM 1997, 897 (897); *Stephan*, WISU 1998, 1416 (1416). Inwieweit vom Übernahmekodex als einem tauglichen Instrument zur Umsetzung des Richtlinienvorschlags in nationales Recht gesprochen werden kann, erörtern zum Vorschlag aus dem Jahr 1996 *Buck* in JbJZivW 1997, S. 157 (174 ff.); *Schuster*, EuZW 1997, 237 ff.; *Krause*, AG 1996, 209 ff.; *Neye*, DB 1996, 1121 (1124 f.), sowie zum Vorschlag aus dem Jahr 1997 *Habersack/Mayer*, ZIP 1997, 2141 (2144 ff.).

844 Vgl. *Baumbach/Hopt*, HGB, 30. Aufl., 2. Teil, Nr. 18, Rn. 3; *Hopt* in Hommelhoff/Hopt/Lutter, Konzernrecht und Kapitalmarktrecht, S. 31 (64).

845 Parallel zu den Beratungen hatte im Januar 1995 die SPD-Bundestagsfraktion einen Gesetzesvorschlag, BT-Drs. 13/367 vom 30. Januar 1995, unterbreitet, der jedoch scheiterte. Dazu näher unten Kap. 5, S. 251.

schloß die Arbeitsgruppe ihre Arbeiten ab und legte den Text des Übernahmekodex der BSK vor, die ihn daraufhin veröffentlichte[846].

2. Konzeption

Der Übernahmekodex hatte den Charakter einer Empfehlung von Verhaltensnormen bei öffentlichen Übernahmeangeboten[847] und stellte eine freiwillige Selbstregulierung der betroffenen Wirtschaftskreise dar[848]. Vom Kodex angesprochen wurden sowohl das Verhalten des Bieters und der Zielgesellschaft als auch der Wertpapierdienstleistungsunternehmen[849] als typischerweise an einem Übernahmeangebot Beteiligte. Unter der Prämisse von Gleichbehandlung und Transparenz zielte der Übernahmekodex darauf ab, den Wertpapierinhabern der Zielgesellschaft die Bedingungen herzustellen, die diese zur Bildung eines freien Entschlusses über die Annahme eines Angebots benötigen. Dazu stellte das Regelwerk Vorschriften auf, die den Verfahrensablauf bei einem öffentlichen Übernahmeangebot weitgehend festlegen[850].

a) Aufbau

Hinsichtlich des Aufbaus lehnte sich der Übernahmekodex an dessen britisches Vorbild an[851]. Der Übernahmekodex untergliederte sich in 24 Artikel. Im An-

---

846 Diese Vorgehensweise war Gegenstand heftiger Kritik. Bemängelt wurde vor allem die fehlende Einbeziehung der betroffenen Kreise, und daß keine Diskussion in der Öffentlichkeit stattfand. Vgl. *Kallmeyer*, AG 1996, 169 (169); *ders.*, ZIP 1997, 2147 (2147); *Klemm*, BZ vom 3. Mai 1996, S. 13; *Pietzke* in FS Fikentscher, S. 601 (609); *ders.* nach *Notz*, Diskussionsbericht in Henze/Hoffmann-Becking, Gesellschaftsrecht 2001, S. 389 (391); *Weisgerber*, ZHR 161 (1997), 421 (429).

847 Vgl. Übernahmekodex, Einleitung, S. 1.

848 Teilweise wird im Zusammenhang mit dem Kodex auch von einem „*soft-law*“-Regelwerk, vgl. *Thoma*, ZIP 1996, 1725 (1729, 1732), oder etwas unpräzise von einem „*Gentlemen's Agreement*“, vgl. *Schuster*, Bank 1995, 609 (613), gesprochen. Näher zum *Gentlemen's Agreement* vgl. *Bork* in Staudinger, BGB, Vor §§ 145 ff. BGB, Rn. 3.

849 Nach § 2 Abs. 4 WpHG. Vgl. zu deren Rolle nach dem Kodex eingehend *Groß*, DB 1996, 1909 ff.

850 Vgl. dazu aus Sicht der Praxis *Fahrholz*, Unternehmensfinanzierung, S. 110 ff., sowie *Riehmer/Schröder*, DB 2001, Beilage 5. Auf weitere Einzelheiten zum Verfahren soll an dieser Stelle nicht näher eingegangen werden. Soweit sich auffällige Abweichungen von den Regelungen des Kodex ergeben, werden diese im Rahmen der Behandlung des Übernahmeverfahrens nach dem WpÜG aufgezeigt (unten Kap. 5, S. 303 ff.). Gleiches gilt für die Pflichten des Bieters, vgl. dazu auch *Hirte/Schander* in von Rosen/Seifert, Übernahme börsennotierter Unternehmen, S. 341 (350 ff.); *Thiel* in Semler/Volhard, Hdb. Unternehmensübernahmen, § 31, Rn. 32 ff.

851 Vgl. *Diekmann*, WM 1997, 897 (897); *Schuster/Zschocke*, Übernahmerecht, S. 23. Zur britischen Regelung siehe Kap. 4, S. 193 ff.

schluß an die Festlegung der Ziele in der Einleitung wurden zunächst die wichtigsten Begriffsbestimmungen vorgenommen[852]. Sodann folgten die einzelnen Artikel, in Abschnitte unterteilt. Zunächst wurden die wichtigsten Grundsätze in den Art. 1 bis 6 Übernahmekodex[853] bestimmt[854]. Danach folgte in den Art. 7 bis 11 die Festlegung der inhaltlichen Anforderungen an das Übernahmeangebot. Die beiden folgenden Abschnitte regelten die Pflichten der an einem Übernahmeangebot beteiligten Hauptakteure, beginnend mit den Pflichten des Bieters in den Art. 12 bis 17. An dieser Stelle fanden sich in den Art. 16 und 17 erstmalig in Deutschland Regelungen zum Pflichtangebot[855]. Anschließend wurden die Pflichten der Zielgesellschaft in den Art. 18 und 19 bestimmt[856]. Daraufhin folgten in den Art. 20 bis 23 Bestimmungen zur Übernahmekommission sowie zu ihrer Geschäftsstelle. Art. 24 schließlich regelte das „Inkrafttreten" [857] des Übernahmekodex.

b) Anwendungsbereich

Vom Anwendungsbereich des Übernahmekodex wurden alle öffentlichen Angebote erfaßt[858]. Dies waren im Sprachgebrauch des Übernahmekodex zum einen sog. echte freiwillige Angebote, die nicht unmittelbar den Kontrollerwerb zum Ziel haben. Zum zweiten wurden sog. freiwillige Übernahmeangebote erfaßt,

852 Es waren dies: Öffentliche Angebote, Bieter, Zielgesellschaft, Wertpapiere, Übernahmekommission und Geschäftsstelle.

853 Im weiteren Verlauf dieses Kapitels sind Artikel ohne nähere Bezeichnung solche des Kodex.

854 Diese betrafen Gleichbehandlung, Informationen, Vermeidung außergewöhnlicher Kursbewegungen, Gespräche mit der Zielgesellschaft, Unterrichtung über das Angebot und Veröffentlichung sowie die Hinzuziehung eines Wertpapierdienstleistungsunternehmens.

855 Es wurde der Vorwurf erhoben, die BSK sei der Bundesregierung mit der überraschenden Einführung des Pflichtangebots in den Rücken gefallen. Denn die Regierung hatte bislang bei den Verhandlungen zur Übernahmerichtlinie stets die Position vertreten, daß ein Pflichtangebot inakzeptabel und der ein solches enthaltende Entwurf mithin abzulehnen sei. Vgl. *Pietzke* in FS Fikentscher, S. 601 (602); *Raschke*, Diskussionsbericht, ZHR 161 (1997), 455 (456). Vgl. dazu Kap. 2, Fn. 284. Maßgebend für das Fehlen einer solchen Regelung in den Leitsätzen sollen kartellrechtliche Bedenken gewesen sein, vgl. BMF-Finanznachrichten 6/79 vom 31. Januar 1979, S. 6. Allerdings wurde infolge der Diskussion um die Einführung des Pflichtangebots in dem Richtlinienvorschlag aus dem Jahr 1989 angeregt, ein solches auch in die Leitsätze zu integrieren, was jedoch nicht geschah, vgl. *von Rosen*, FAZ vom 9. Juni 1989, S. 18.

856 Hierauf wird im nächsten Unterabschnitt, S. 172 ff., näher einzugehen sein.

857 In dieser Formulierung liegt freilich auf Grund der fehlenden Gesetzeskraft des Kodex ein Widerspruch. Vgl. *Neye*, ZIP 1464 (1466); *Groß*, DB 1996, 1909 (1909); *Hopt*, ZHR 161 (1997), 368 (393).

858 Vgl. Übernahmekodex, Begriffsbestimmungen, Öffentliche Angebote.

mit denen der Bieter den Erwerb der Kontrolle beabsichtigt. Hinzu kam das Pflichtangebot, zu dessen Abgabe der Bieter im Fall des Erlangens der Kontrolle über die Zielgesellschaft verpflichtet war, unabhängig von der Art des Kontrollwechsels[859]. Schließlich kannte der Übernahmekodex noch eine weitere, nicht ausdrücklich erwähnte Art des Angebots, das sog. freiwillige Pflichtangebot[860]. Dieses leitete sich aus dem logischen Zusammenspiel von freiwilligem Übernahmeangebot und Pflichtangebot ab. Es lag vor, wenn ein freiwilliges Übernahmeangebot unter Beachtung der Bestimmungen des Pflichtangebots abgegeben wurde. Der Sinn und Zweck des freiwilligen Pflichtangebots bestand darin, daß derjenige, der die Kontrollmehrheit auf Grund eines solchen Angebots erlangt hat, nicht verpflichtet sein soll, im Anschluß nunmehr ein weiteres, als Pflichtangebot ausgestaltetes Übernahmeangebot abzugeben. Damit dennoch die Schutzfunktion des Pflichtangebots gewahrt blieb, hatte das freiwillige Pflichtangebot den Anforderungen des Pflichtangebots zu genügen.

c) Freiwillige Anerkennung

Auf Grund des fehlenden rechtlich normativen Charakters des Übernahmekodex[861] setzte dessen Anwendung die freiwillige Anerkennung der Unternehmen voraus[862]. Der Kodex sah dafür zwei verschiedene Wege vor. Zum einen bestand die Möglichkeit einer allgemeinen Anerkennungserklärung[863], unabhängig von dem konkreten Fall eines Angebots[864]. Diese Form der Anerkennung war nicht geeignet, schuldrechtliche Pflichten des Anerkennenden zu begründen, da sie

859 Vgl. zur Anzahl der nach dem Kodex unterbreiteten Angebote im Anhang, Abbildung 4.

860 Vgl. *Übernahmekommission*, Drei Jahre Übernahmekodex, S. 13, 27. Zu den dahinter stehenden wirtschaftlichen Motiven *Letzel*, NZG 2001, 260 (265).

861 Zutreffend weisen *Kirchner/Ehricke*, AG 1998, 105 (108), darauf hin, daß „ohne Zweifel" nicht anzunehmen sei, daß der Kodex als Handelsbrauch im Sinne des § 346 HGB oder Gewohnheitsrecht aufgefaßt werden könne. Ebenso *Fahrholz*, Unternehmensfinanzierung, S. 111.

862 Vgl. Art. 21 Abs. 1 S. 1. Damit sollte gegenüber den Leitsätzen ein höheres Maß an Verbindlichkeit unter Beibehaltung von Flexibilität und Praxisnähe erzielt werden. Vgl. *Loehr* in von Rosen/Seifert, Übernahme börsennotierter Unternehmen, S. 149 (150).

863 Ein solches Anerkennungsverfahren wurde bereits bei den ebenfalls auf die BSK zurückzuführenden Insiderhandels-Regeln und Händler- und Beraterregeln praktiziert. Abgedruckt bei *Baumbach/Hopt*, HGB, 29. Aufl., 2. Teil, Nr. 16 und Nr. 17. Vgl. *ebenda*, Nr. 16, Rn. 4, sowie Nr. 17, Rn. 1.

864 Der Umsetzungsakt vollzog sich durch Einreichung einer vom vertretungsberechtigten Organ der Gesellschaft unterzeichneten Erklärung bei der Geschäftsstelle der Übernahmekommission. Nach deren Verständnis erfolgte diese jedoch gegenüber der BSK als Urheberin des Kodex. Vgl. *Thoma*, ZIP 1997, 1725 (1729); *Schuster/Zschocke*, Übernahmerecht, S. 33.

nicht als Vertrag eingeordnet werden konnte[865]. Die Anerkennung konnte folglich auch jederzeit frei widerrufen werden[866]. Zum anderen bestand die Möglichkeit der Anerkennung anhand eines konkreten Angebots[867]. In diesem Fall wurde der Kodex als Bestandteil des Wertpapierkaufvertrages vertragliche Regelung zwischen den Parteien, und die Anerkennung erlangte Rechtsverbindlichkeit. Damit verlor der Kodex seinen Charakter als bloße Empfehlung[868]. Darüber hinaus praktizierte die Übernahmekommission noch eine weitere modifizierte Form der Anerkennungserklärung, die sich ausschließlich an Wertpapierdienstleistungsunternehmen richtete[869]. Dabei verpflichteten sich diese über die Einhaltung des Kodex hinaus zusätzlich dazu, ihrerseits nur solche Übernahmeangebote beratend oder in sonstiger Form zu begleiten, bei denen die jeweilige Partei den Kodex anerkannte[870].

---

865 Vgl. *Groß*, DB 1996, 1909 (1910); *Hopt*, ZHR 161 (1997), 368 (401); *Schuster/Zschocke*, Übernahmerecht, S. 33; *Kirchner/Ehricke*, AG 1998, 105 (107); *Diekmann*, WM 1997, 897 (903); *Mayer/Zschocke*, ÖBA 1996, 711 (712); *Raschke*, Diskussionsbericht, ZHR 161 (1997), 455 (456); anders *Thoma*, ZIP 1995, 1725 (1725); *Assmann*, AG 1995, 563 (564), die die Anerkennung als privatrechtlichen Vertrag qualifiziert wissen wollen. Diese verkennen jedoch, daß ein geeigneter rechts- und geschäftsfähiger Vertragspartner fehlte, da dies weder die Übernahmekommission oder deren Geschäftsstelle noch die BSK selbst waren. Vgl. zu den Überlegungen, einen rechtsfähigen Träger für die Übernahmekommission zu schaffen, *Baumann*, nach BZ vom 6. Juli 1996, S. 3.

866 Bekanntestes Beispiel war der im Dezember 1997 erfolgte Widerruf der Metallgesellschaft AG (heute MG Technologies AG) nach deren Ausscheiden aus dem DAX bei dem Versuch, die AGIV AG zu übernehmen. Vgl. *Schanz*, Börseneinführung, § 16, Rn. 57; vgl. zur Kritik der Übernahmekommission an diesem Vorgehen FAZ vom 25. Februar 1997, S. 26 ; *Hopt*, ZHR 161 (1997), 368 (396); AG 1997, R134 (136).

867 Zum Mindestinhalt des Angebots gehörte die Verpflichtung des Bieters zur Einhaltung der Bestimmungen des Kodex, vgl. Art. 7 Ziff. 18.

868 Vgl. *Diekmann*, WM 1997, 897 (903); *Groß*, DB 1996, 1909 (1914); *Schander*, NZG 1998, 799 (801); *Schuster/Zschocke*, Übernahmerecht, S. 27, 34; *Weisgerber*, ZHR 161 (1997), 421 (426); *Loehr* in von Rosen/Seifert, Übernahme börsennotierter Unternehmen, S. 149 (157).

869 Vgl. dazu *Groß*, DB 1996, 1909 (1911 f.). Muster sowohl der Allgemeinen Anerkennungserklärung von Unternehmen als auch der Anerkennungserklärung von Wertpapierdienstleistungsunternehmen finden sich bei *Schuster/Zschocke*, Übernahmerecht, S. 164 (166).

870 Vgl. *Schuster/Zschocke*, Übernahmerecht, S. 33; *Mayer/Zschocke*, ÖBA 1996, 711 (714). Da deren Mitwirkung bei einer Übernahme faktisch unerläßlich ist, kam diesen bei der Ingeltungsetzung des Kodex eine Schlüsselstellung zu. Vgl. *Groß*, DB 1996, 1909 (1912); *Assmann*, AG 1995, 563 (565). Die Bedeutung der Rolle der Banken im Zusammenhang mit der Einhaltung von freiwilligen Übernahmeregeln erkannte bereits *Heinsius* in Schmitthoff/Goré/Heinsius, Übernahmeangebote im Aktienrecht, S. 60.

d) Übernahmekommission

In der Errichtung der Übernahmekommission als unabhängigem und weisungsfreiem Kontrollorgan[871] bestand eine weitere Neuerung des Kodex[872]. Deren aus Sicht der Praxis bedeutsamste Befugnis lag darin, unter gewissen Voraussetzungen von einzelnen Vorschriften des Kodex, einschließlich derer zum Pflichtangebot, zu befreien[873]. Als Exekutivorgan für das Tagesgeschäft wurde eine Geschäftsstelle errichtet. Diese veröffentlichte regelmäßig Listen, aus denen hervorging, welche Unternehmen und Personen sich den Regelungen des Übernahmekodex unterworfen haben[874]. Wichtigste Aufgabe der Geschäftsstelle war die Überprüfung der Übernahmeangebote auf Übereinstimmung mit dem Kodex, insbesondere die Kontrolle der Preisfindung[875].

Bei der Überwachung der Einhaltung der Bestimmungen wurden der Geschäftsstelle weder Strafvorschriften noch zivilrechtliche Sanktionsmöglichkeiten zur Erzwingung ihrer Beschlüsse zur Seite gestellt. Deren Handlungsmöglichkeiten erschöpften sich in der öffentlichen Rüge[876] für den Fall der Zuwiderhandlung[877]. Diese konnte jedoch auch dann ausgesprochen werden, wenn entweder nur der

---

871 Vgl. *Übernahmekommission*, Anmerkungen, S. 25.

872 Die personelle Zusammensetzung war ähnlich angelegt wie die der BSK. Sie umfaßte zuletzt 14 Mitglieder: *Helmut Loehr* (Vorsitzender), *Dr. Rolf-E. Breuer*, *Jella Benner-Heinacher*, *Dr. Dieter Breipohl*, *Gerhard Eberstadt*, *Dr. Manfred Gentz*, Prof. *Dr. Dr. h.c. Hans Havermann*, Prof. *Dr. Dr. Klaus J. Hopt*, *Dr. Norbert Juchem*, *Dieter Kaufmann*, *Dr. Axel Kollar*, *Dr. Kurt Lauk*, *Manfred Mathes*, *Dr. Werner G. Seifert*.

873 Vgl. Art. 23. Im übrigen war sie zuständig für die Interpretation des Kodex und sprach, sofern sie eine Aktualisierung und Weiterschreibung für erforderlich erachtete, eine solche Empfehlung gegenüber der BSK aus. Zudem überwachte sie ihre Geschäftsstelle und bestellte dessen Leiter. Bei Streitigkeiten zwischen der Geschäftsstelle und Parteien öffentlicher Übernahmeangebote kam ihr eine Schiedsfunktion zu. Vgl. *Übernahmekommission*, Anmerkungen, S. 5.

874 Vgl. Art. 21 Abs. 1 S. 2. Diese wurden ebenfalls auf der Website der Übernahmekommission publiziert. Als „Positivliste" bezeichnet diese *Thoma*, ZIP 1996, 1725 (1725).

875 Vgl. Art. 22 S. 1. Vgl. im übrigen *Übernahmekommission*, Anmerkungen, S. 6.

876 Nach Art. 21 Abs. 2 S. 1 sind hierunter die Veröffentlichung ihrer Bemerkungen, Empfehlungen und Entscheidungen zu dem jeweiligen Fall zu verstehen. Vgl. etwa zuletzt die Stellungnahmen zu dem Übernahmeangebot der New Media Spark-Holding GmbH an die Aktionäre der Spütz AG (dazu näher Kap. 1, S. 22), FAZ vom 19. September 2001, S. 20; auch AG 2001, R374.

877 *Thoma*, ZIP 1996, 1725 (1726, 1732), spricht hiervon als „Publizitätswaffe" und *Krause*, AG 1996, 209 (215), von einem „Pranger". *Schuster*, Bank 1995, 609 (614), sieht einen hohen moralischen Druck ausgeübt. *Kallmeyer*, ZHR 161 (1997), 435 (451), betrachtet auf Grund der zu befürchtenden weiteren Repressalien durch die Öffentlichkeit und die beteiligten Kreise die öffentliche Rüge im Hinblick auf das Pflichtangebot als rechtswidrig. Im Gegensatz dazu betrachten *Schanz*, Börseneinführung, § 16, Rn. 81, sowie *Benner-Heinacher*, DB 1997, 2521 (2523), diese als praktisch wirkungslos.

Bieter bzw. nur die Zielgesellschaft den Kodex anerkannt oder beide die Anerkennung verweigert hatten[878]. Auch Regelungen zum Rechtsschutz waren im Übernahmekodex nicht vorgesehen.

III. Pflichten der Zielgesellschaft

Anders als noch die Leitsätze[879] sah der Übernahmekodex ausdrücklich in einem eigenen Abschnitt solche Vorschriften vor, die die Pflichten der Zielgesellschaft im Zusammenhang mit öffentlichen Übernahmeangeboten regelten[880]. Dies waren zum einen in Art. 18 die Verpflichtung der Zielgesellschaft zur Abgabe einer Stellungnahme und zum anderen in Art. 19 die Verhaltenspflichten des Verwaltungs- oder Leitungsorgans der Zielgesellschaft[881]. Entsprechend der mit der Veröffentlichung des Übernahmekodex verfolgten Zielsetzung beruhte auch die Einführung dieser Vorschriften auf der Absicht der BSK, eine Regelung zu schaffen, die den europarechtlichen Vorgaben wird standhalten können.

Im Gegensatz zum Bieter, der sich spätestens mit Abgabe eines Angebots nach dem Übernahmekodex zur Einhaltung der Vorschriften verpflichtete, unterlag die Zielgesellschaft nur dann den Regelungen des Übernahmekodex, insbesondere den Pflichten aus diesem Abschnitt, wenn sie den Kodex ausdrücklich anerkannte. Die Anerkennung durch den Bieter oder die Einbeziehung des Kodex in das Angebot durch diesen allein entfalteten für die Zielgesellschaft keinerlei Bindungswirkung. Für Gesellschaften, die sich der Gefahr einer potentiellen

---

878 Vgl. *Übernahmekommission*, Anmerkungen, S. 27. Zur Frage der Klagemöglichkeiten für trotz Nichtanerkennung gerügte Unternehmen vgl. *Kallmeyer*, ZHR 161 (1997), 435 (450 f.) m.w.N.

879 Die Zielgesellschaft fand in den Leitsätzen nur rudimentär Erwähnung. Insbesondere fehlten konkrete Anweisungen an die Zielgesellschaft hinsichtlich des Verhaltens ihrer Verwaltung während des Übernahmeverfahrens. Vgl. *Baumbach/Hopt*, HGB, 29. Aufl., 2. Teil, Nr. 18, Rn. 2; *Schander*, NZG 1998, 799 (800); *Weisgerber*, ZHR 161 (1997), 421 (422).

880 Zu den außerhalb dieses Abschnitts geregelten (Informations-)Pflichten der Zielgesellschaft gehören die Verpflichtung zur informationellen Gleichbehandlung der betroffenen Wertpapierinhaber, Art. 2 Abs. 1, sowie die Verpflichtung zur Gleichbehandlung weiterer Bieter, die ein ernsthaftes Interesse an der Übernahme glaubhaft machen, im Hinblick auf die Zurverfügungstellung von Informationen, Art. 2 Abs. 2; ferner die Verpflichtung aus Art. 3, auf die sogleich näher eingegangen wird. Hinzuweisen bleibt überdies auf Art. 4, wonach der Veröffentlichung eines Angebots Gespräche zwischen dem Bieter und der Zielgesellschaft vorangehen „sollen", wobei diese Vorschrift nicht als echte Pflicht aufzufassen war, vgl. *Übernahmekommission*, Anmerkungen, S. 9; *Assmann*, AG 1995, 563 (568). Schließlich erwähnt sei noch Art. 22, der auch die Zielgesellschaft zur Überlassung notwendiger Informationen an die Geschäftsstelle der Übernahmekommission verpflichtet.

881 Im Rahmen der Revision des Übernahmekodex erfuhren diese keine Änderungen.

Übernahme ausgesetzt sahen, war die Anerkennung insoweit nicht unproblematisch. Lag eine Anerkennung vor, fanden die Vorschriften der Art. 18 und 19 bei allen Übernahmeangeboten nach dem Übernahmekodex Anwendung[882].

1. Stellungnahme zum Angebot

Art. 18 regelte eine verfahrensbezogene Pflicht der Zielgesellschaft, die diesbezüglich im Zusammenhang mit Art. 22 S. 1 zu sehen war, wonach die Geschäftsstelle der Übernahmekommission im gleichen Zeitraum das Angebot auf Übereinstimmung mit den Bestimmungen des Übernahmekodex zu überprüfen hatte. Die Regelung entsprach seinerzeit Art. 8 lit. b der EU-Übernahmerichtlinie[883].

Nach Art. 18 hatte die Zielgesellschaft unverzüglich nach der Veröffentlichung des Angebots eine Stellungnahme zu dem Angebot zu publizieren[884]. In ihrem eigenen Interesse hatte die Zielgesellschaft die Stellungnahme so schnell wie möglich zu veröffentlichen[885]. Spätestens mußte die Veröffentlichung jedoch zwei Wochen nach der Angebotspublikation erfolgt sein. Mit der Festlegung dieser Obergrenze sollte möglichen Schwierigkeiten bei der Einhaltung des Gebots der unverzüglichen Veröffentlichung begegnet werden. Solche können insbesondere im Zusammenhang mit Bewertungsfragen auftreten, wenn als Gegenleistung Wertpapiere angeboten werden[886]. Zudem sollte auch kleineren Gesellschaften eine fristgerechte Abgabe nicht unnötig erschwert werden[887].

---

882 Vgl. *Übernahmekommission*, Anmerkungen, S. 23. Im Hinblick auf echte freiwillige Angebote wird dies als unverhältnismäßig erachtet. Vgl. *Kallmeyer*, ZHR 161 (1997), 435 (447).

883 In der Fassung des Vorschlags vom 7. Februar 1996. Dazu oben Kap. 2, S. 85.

884 B. Ziff. 2 Leitsätze sah lediglich vor, daß der Bieter die Zielgesellschaft „mit der Bitte um Stellungnahme“ von dem Beschluß, ein Angebot zu unterbreiten, in Kenntnis zu setzen hat und eine etwaige Stellungnahme mit dem Angebot veröffentlicht werden sollte, C. Ziff. 8 Leitsätze. Vgl. dazu *Schuster/Zschocke*, Übernahmerecht, S. 19; *Hauschka/Roth*, AG 1988, 181 (184).

885 Dies konnte auch schon vor Veröffentlichung des Angebots erfolgen, denn Art. 7 Ziff. 10 sah die Möglichkeit der Einbindung der Stellungnahme der Zielgesellschaft in das Angebot vor.

886 Entgegen *Kort* in FS Lutter, S. 1421 (1425), ist eine aus Art. 18 resultierende Pflicht, gegebenenfalls Nachforschungen zu unternehmen, sofern Anhaltspunkte bestehen, daß die vom Bieter erhaltenen Informationen unvollständig sind, abzulehnen. Es kann nicht Aufgabe der Zielgesellschaft sein, sich zur Kontrollinstanz über die Arbeit der Geschäftsstelle der Übernahmekommission zu erheben, die nach Art. 22 S. 1 bereits die Überprüfung der Unterlagen des Bieters vorgenommen hat.

887 Vgl. *Übernahmekommission*, Anmerkungen, S. 23.

Die Stellungnahme war mit einer Begründung zu versehen[888]. Im Hinblick auf die beabsichtigte Erreichung der europäischen Vorgaben war jedenfalls eine sorgfältige Abwägung des Für und Wider des Angebots vorzunehmen[889]. Dabei sollten Werturteile nur dann mit dem Übernahmekodex zu vereinbaren sein, wenn diese auf fundierten Tatsachen beruhten und im Interesse der Aktionäre standen[890]. War dies der Fall, waren etwa auch Empfehlungen an die Wertpapierinhaber zulässig[891]. Gleiches sollte für Meinungsäußerungen des Vorstands gelten[892]. Auch sollte der Vorstand seine Schlußfolgerung hinsichtlich der Angemessenheit des zu gewährenden Kaufpreises bekanntgeben[893].

Dem Wortlaut nach bestand die Verpflichtung zur Veröffentlichung einer Stellungnahme nur im Hinblick auf das Angebot. Nicht ausdrücklich geregelt war dagegen, wie im Fall einer nachträglichen Änderung[894] zu verfahren ist. Dies entspricht den Vorgaben der Vorschläge zu einer EU-Übernahmerichtlinie, die diesen Fall zwar zunächst geregelt hatten, jedoch dann wieder davon abließen[895]. Es bestand insoweit eine ausfüllungsbedürftige Regelungslücke. Ausweislich seiner Einleitung war der Übernahmekodex jedoch nicht nur nach seinem Wortlaut zu beachten. Vielmehr war im Rahmen der Auslegung auch der mit der jeweiligen Vorschrift verfolgte Zweck mit einzubeziehen. Unter Heranziehung des Gebots umfassender Transparenz war danach anzunehmen, daß sich auch im Fall einer Änderung des Angebots eine solche Verpflichtung aus Art. 18 ergab.

---

888 Im Laufe der Zeit sind die Stellungnahmen zunehmend differenzierter geworden, vgl. bereits *Loehr*, WM 1997, 1374 (1375). Einen vorläufigen Höhepunkt dieser Entwicklung stellt sicherlich die großformatige und mehrere Seiten umfassende Stellungnahme im Fall Vodafone/Mannesmann dar, vgl. Beilage zur FAZ vom 14. Januar 2000.

889 Vgl. Begründung zu Art. 8 des Vorschlags vom 7. Februar 1996, in BR-Drs. 162/96, S. 8.

890 Vgl. *Übernahmekommission*, Anmerkungen, S. 23.

891 Anders *Kallmeyer*, ZHR 161 (1997), 435 (446), der Empfehlungen wegen der im Übernahmekodex zum Ausdruck kommenden Neutralitätspflicht als unzulässig erachtet. Dieser verkennt jedoch, daß die Verpflichtung des Art. 18 weder eine Ausnahme noch ein Widerspruch gegenüber dem sogleich zu erörternden Art. 19 darstellte. Vielmehr handelte es sich hierbei um eine neben der Verpflichtung aus Art. 19 stehende eigenständige Pflicht zur interessenwahrenden bloßen Information.

892 Vgl. *Diekmann*, WM 1997, 897 (903).

893 Vgl. *Kallmeyer*, ZHR 161 (1997), 435 (446), mit weiteren Angaben.

894 Nach dem Kodex war die nachträgliche Verbesserung des Angebots während der Annahmefrist zulässig, vgl. Art. 14 S. 1.

895 Vgl. dazu oben Kap. 2, S. 82 ff.

2. Maßnahmen der Zielgesellschaft

a) Überblick

Die Vorschrift des Art. 19 lehnte sich an dem Vereitelungsverbot des Art. 8 lit. a des Richtlinienvorschlags aus dem Jahr 1996 an, nach dem Handlungen, die das Angebot vereiteln könnten, zu unterbleiben haben, sofern nicht die Hauptversammlung der Zielgesellschaft ihre Zustimmung erteilt hat. Art. 19 war im Zusammenhang mit Art. 3 zu sehen, nach dem auch die Zielgesellschaft während der Angebotsfrist verpflichtet war, alles zu unterlassen, was außergewöhnliche Kursbewegungen bei Wertpapieren der Zielgesellschaft oder bei solchen, die hierfür im Tausch angeboten werden, auslösen könnte.

Nach Art. 19 Abs. 1 wurden sowohl das Verwaltungs- oder Leitungsorgan der Zielgesellschaft als auch die entsprechenden Organe der mit der Zielgesellschaft verbundenen Unternehmen dazu verpflichtet, während der Angebotsphase keine Maßnahmen zu ergreifen, „die dem Interesse der Wertpapierinhaber, von dem Angebot Gebrauch zu machen, zuwiderlaufen". Die Vorschrift ging von einer „Neutralitätspflicht" der Verwaltung der Zielgesellschaft gegenüber deren Wertpapierinhabern aus[896]. Die Interessen der Wertpapierinhaber, von einer Annahme des Angebots Gebrauch zu machen, hatten insoweit Vorrang[897].

b) Zeitlicher Anwendungsbereich und Adressat der Vorschrift

Die Verpflichtung nach Art. 19 erstreckte sich auf den Zeitraum nach Bekanntgabe des Übernahmeangebots[898] bis zur Offenlegung des Ergebnisses[899]. Die Of-

---

896 Anders *Kallmeyer*, ZHR 161 (1997), 435 (448 ff.) - im Anschluß hieran auch *Thiel* in Semler/Volhard, Hdb. Unternehmensübernahmen, § 31, Rn. 114 ff. -, der eine „planwidrige Lücke" zu erkennen glaubt, da die betreffenden Regelungen „redaktionell verunglückt" seien. Man müsse daher in Anlehnung an den Richtlinienvorschlag aus dem Jahr 1996 davon ausgehen, daß Art. 19 nur solche Maßnahmen erfasse, die den vom Bieter verfolgten Zweck vereiteln. Insoweit verkennt *Kallmeyer* jedoch, daß die Schutzrichtung der Übernahmerichtlinie nicht auf die Interessen des Bieters, sondern auf die der Aktionäre gerichtet ist. Im übrigen ist bereits der gedankliche Ausgangspunkt der Annahme einer Regelungslücke unzutreffend. Denn entgegen *Kallmeyer* kann nicht angenommen werden, daß sich die Möglichkeit, von dem Angebot Gebrauch zu machen, vorrangig auf das Verhältnis der Aktionäre der Zielgesellschaft zu dem Bieter bezieht, sondern vielmehr innerhalb der Zielgesellschaft auf die Beziehung der Aktionäre zu „ihrer" Verwaltung. Von einer lediglich indirekten Beeinträchtigung des Interesses an der Angebotsannahme kann insoweit keine Rede sein.

897 Vgl. *Übernahmekommission*, Anmerkungen, S. 24.

898 Darunter ist nicht der Zeitpunkt der Veröffentlichung des Angebots zu verstehen, sondern jener der Bekanntgabe der Übernahmeabsicht, vgl. *Übernahmekommission*, Anmerkungen, S. 24; *dies.*, Handout zur PK vom 13. Juni 2000, S. 5.

fenlegung des Ergebnisses war nicht ausdrücklich im Übernahmekodex geregelt. Art. 7 Ziff. 15 sah jedoch vor, daß der Bieter die Angabe des Zeitpunkts, zu dem das Ergebnis des Angebots veröffentlicht wurde, in das Angebot aufzunehmen hatte. In den Anmerkungen[900] heißt es dazu, daß die Veröffentlichung des Ergebnisses in der Regel spätestens fünf Arbeitstage nach Ende der Angebotsfrist zu erfolgen habe[901]. Maßnahmen, die vor Bekanntgabe des Angebots ergriffen werden, blieben von der Vorschrift unberührt. Es stand der Zielgesellschaft daher frei, sich im Rahmen des aktienrechtlich Zulässigen gegen unerwünschte Offerten präventiv zu schützen[902].

Indem die Vorschrift Verwaltungs- oder Leitungsorgane einbezog, wurden sowohl der Vorstand als auch der Aufsichtsrat der Zielgesellschaft hiervon erfaßt. Anders als im Zusammenhang mit der Übernahmerichtlinie konnte der hier im nationalen Kontext gewählte Begriff des Verwaltungs- oder Leitungsorgans nicht dahingehend verstanden werden, daß allein der Vorstand Adressat dieses Gebots sein sollte[903].

c) Unzulässige und zulässige Maßnahmen

Zu den Maßnahmen, die dem Interesse der Wertpapierinhaber, von der Annahme Gebrauch zu machen, zuwiderlaufen, konnten nach Art. 19 Abs. 2 Beschlüsse zum einen über die Ausgabe neuer Wertpapiere und zum anderen über die Änderung des Aktiv- oder Passivbestands der Zielgesellschaft in erheblichem Umfang zählen; ferner solche über den Abschluß von Verträgen, die außerhalb des gewöhnlichen Geschäftsbereichs liegen[904]. Es handelte sich hierbei um eine nicht abschließende Aufzählung. Hintergrund der Regelung war, daß es in der Zielgesellschaft weder zu einer Kapitalverwässerung kommen darf noch zu einer erheblichen Vermögensänderung. Außerdem gilt es, außergewöhnliche

---

899 Allein die Angebotsfrist konnte nach Art. 11 S. 2 bis zu 60 Tage betragen. Kritisch daher *Diekmann*, WM 1997, 897 (903); *Kallmeyer*, AG 1996, 169 (170, 171); *ders.*, ZHR 161 (1997), 435 (447).

900 *Übernahmekommission*, Anmerkungen zum Übernahmekodex der Börsensachverständigenkommission. Auch abgedruckt bei *Schuster/Zschocke*, Übernahmerecht, S. 102 ff. Vgl. dazu *von Bülow*, M&A 1996, 429 ff. Vorliegend als „Anmerkungen" abgekürzt.

901 Vgl. *Übernahmekommission*, Anmerkungen, S. 12.

902 Vgl. zu diesen Möglichkeiten die Nachweise unten Kap. 5, Fn. 2099.

903 Offenbar nur von der Einbeziehung des Vorstands ausgehend *Kallmeyer*, ZHR 161 (1997), 435 (447 ff.); *Thiel* in Semler/Volhard, Hdb. Unternehmensübernahmen, § 31, Rn. 113 ff.; *Thoma*, ZIP 1996, 1725 (1730 f.). *Loehr* in von Rosen/Seifert, Übernahme börsennotierter Unternehmen, S. 149 (155), spricht von der „Unternehmensleitung".

904 Kritisch dazu *Kallmeyer*, AG 1996, 169 (171), der die Regelung auf nachteilige Änderungen des Vermögens sowie den Abschluß belastender Verträge begrenzt sehen will.

Vertragsabschlüsse zu verhindern. Der Maßnahmenkatalog wurde bewußt offen formuliert, um neuen Maßnahmen der Zielgesellschaft mit der nötigen Flexibilität begegnen zu können[905]. Inwieweit weitere Maßnahmen unter das Verbot zu subsumieren waren, war daran zu messen, ob diese außerhalb des gewöhnlichen Geschäftsbetriebs liegen und den Wert der Zielgesellschaft in erheblicher Weise verändern[906]. Folgerichtig wurde danach die Suche nach einem konkurrierenden Angebot als zulässig[907] und die Durchführung einer Kapitalerhöhung im Wege eines genehmigten Kapitals unter Ausschluß des Bezugsrechts der Altaktionäre als unzulässig erachtet[908].

Zulässige Maßnahmen waren nach Art. 19 Abs. 3 laufende Kapitalmaßnahmen und die Erfüllung von Verträgen, die vor der Bekanntgabe eines öffentlichen Angebots von der Zielgesellschaft geschlossen wurden. Schließlich waren auch solche Maßnahmen gestattet, die auf Grund einer ausdrücklichen Genehmigung der Hauptversammlung ergriffen werden[909]. Diese Fälle beruhen darauf, daß entweder der Rechtssicherheit für den Geschäftsverkehr der Vorzug zu gewähren ist oder aber die Maßnahme auf einen Entschluß der Aktionäre zurückgeht.

Im Einzelfall konnte es zu nicht unerheblichen Schwierigkeiten bei der Abgrenzung zulässiger von untersagten Maßnahmen kommen[910]. In ihren Anmerkungen geht die Übernahmekommission nicht von einer - grundsätzlich bestehenden - Befreiungsmöglichkeit zu Art. 19 in Abstimmung mit der Geschäftsstelle der Übernahmekommission aus[911]. Sie dürfte daher, wenn überhaupt, nur in äußersten Ausnahmefällen vorgelegen haben[912].

---

905 Vgl. *Schuster*, Bank 1995, 609 (611).

906 Vgl. *Übernahmekommission*, Anmerkungen, S. 24.

907 Vgl. *von Bülow*, M&A 1996, 383 (385); *Krause*, NZG 2000, 905 (911).

908 Vgl. *Krause*, AG 1996, 209 (215); *Schanz*, Börseneinführung, § 16, Rn. 71.

909 Entgegen *Maier-Reimer*, ZHR 165 (2001), 258 (277), kann nicht angenommen werden, daß das von diesem entwickelte Modell der Adressatenversammlung auf den Übernahmekodex im Wege der Auslegung des Art. 19 übertragen werden kann und man dadurch zu einem Stimmverbot des Bieters gelangt. Dem steht bereits der eindeutige Wortlaut entgegen, der ausdrücklich vom Begriff der Hauptversammlung ausgeht. Zudem ergeben sich auch aus der Entstehung der Vorschrift keinerlei Anhaltspunkte für ein derartiges Verständnis, da sowohl dem Richtlinienvorschlag als auch dem City Code eine solche Regelung fremd ist.

910 Vgl. etwa das Beispiel bei *Weisgerber*, ZHR 161 (1997), 421 (428).

911 Vgl. *Übernahmekommission*, Anmerkungen, S. 28.

912 *Weisner*, ZRP 2000, 520 (522), schlägt zumindest kurzfristige Befreiungen für den Fall vor, daß die Verwaltung notwendige außergewöhnliche Geschäfte zu tätigen beabsichtigt. Vgl. zur Kollision mit aktienrechtlichen Vorschriften sogleich unter D., S. 186.

aa) Unzulässigkeit von Vorratsbeschlüssen

Im Hinblick auf die vorstehend im Rahmen der zulässigen Maßnahmen genannte Entscheidung der Hauptversammlung der Zielgesellschaft über die ausdrückliche Genehmigung von Abwehrmaßnahmen wurde vereinzelt vertreten, daß der Übernahmekodex auch eine im voraus erteilte Ermächtigung an den Vorstand zur Ergreifung bestimmter Maßnahmen zur Abwehr eines Übernahmeangebots zulasse[913]. Eine solche Vorabermächtigung sollte danach auch dann noch mit der Vorschrift des Art. 19 vereinbar sein, wenn sich die Ermächtigung nicht auf ein konkretes Übernahmeangebot bezieht. Ausreichend sei bereits eine generell erteilte Ermächtigung im voraus. Zur Begründung wird der Wortlaut der Vorschrift herangezogen. Die Formulierung „im Falle eines öffentlichen Angebots“ sei danach so zu verstehen, daß die Genehmigung der Hauptversammlung nicht für das konkrete Angebot erfolgen müsse[914]. Trotz der Verwendung des Begriffs der „Genehmigung“ könne eine solche im Sinne des § 184 Abs. 1 BGB nicht gemeint sein, so daß von einer Einwilligung gemäß § 183 S. 1 BGB auszugehen sei. Die Zustimmung der Hauptversammlung müsse dann auch im voraus erteilt werden können[915].

Zudem hätten die Aktionäre im Fall einer solchen Vorabermächtigung Gelegenheit, in freier Entscheidung über das Angebot zu befinden, was als ausreichend angesehen wird[916]. Einschränkend solle sich lediglich der Bestimmtheitsgrundsatz auswirken. Denn eine Generalermächtigung sei nicht mit dem Erfordernis einer „ausdrücklichen Genehmigung“ vereinbar. Demnach müßten die einzelnen Maßnahmen in einer Vorabermächtigung hinreichend bestimmt werden[917]. Wenngleich seitens der Praxis eingeräumt wird, daß allgemein die Möglichkeit der Genehmigung durch die Hauptversammlung nur eingeschränkt tauglich sei, da ein solcher Beschluß zwangsläufig Spekulationen über die Zukunft des Unternehmens herbeiführen würde[918].

---

913 Vgl. *Weisner*, ZRP 2000, 520 (522, 523, 525); *ders.*, Verteidigungsmaßnahmen, S. 288, 291; zurückhaltender noch *Weisgerber*, ZHR 161 (1997), 421 (431). Wohl auch *Krause*, NZG 2000, 905 (911); *ders.*, AG 2000, 217 (219), Fn. 34; deutlicher *ders.*, IFLR 7/2001, 18 (20), jedoch ohne Begründung und mit dem Hinweis versehen, daß kein Fall bekannt sei, in dem von dieser (vermeintlich) bestehenden Möglichkeit Gebrauch gemacht wurde.

914 *Weisner*, ZRP 2000, 520 (522); *ders.*, Verteidigungsmaßnahmen, S. 289.

915 *Krause*, NZG 2000, 905 (911).

916 Vgl. *Weisner*, ZRP 2000, 520 (522); *ders.*, Verteidigungsmaßnahmen, S. 289.

917 *Weisner*, ZRP 2000, 520 (522); *ders.*, Verteidigungsmaßnahmen, S. 289. So bereits *Assmann*, AG 1995, 563 (569).

918 *Weisgerber*, ZHR 161 (1997), 421, (429).

Diesen aus praktischer Sicht geäußerten Bedenken ist beizupflichten. Zutreffend ist auch, daß eine nachträgliche Zustimmung nicht ausreichend sein konnte und daher der Begriff „Genehmigung“ im untechnischen Sinne zu gebrauchen ist. Zu verstehen war hierunter vielmehr die vorherige ausdrückliche Zustimmung. Daraus allerdings abzuleiten, daß Vorabermächtigungen mit den Vorschriften des Übernahmekodex vereinbar seien, ist unzutreffend. Dies ergibt sich bereits aus dem eindeutigen Wortlaut der Regelung. Denn dort heißt es, daß solche Maßnahmen nicht unzulässig sein sollen, die auf „einer ausdrücklichen Genehmigung der H[aupt]V[ersammlung] für diese Maßnahmen im Falle eines öffentlichen Angebots“ beruhen. Aus der Formulierung „im Falle eines öffentlichen Angebots“ kann nun nicht gefolgert werden, daß es sich nicht um ein konkretes Angebot handeln müsse. Im Gegenteil, wollte man die Erteilung einer generellen Ermächtigung im voraus zulassen, hätte dies zur Folge, daß in diesem Fall überhaut kein Angebot vorläge; somit die vorausgesetzte Genehmigung „im Falle eines öffentlichen Angebots“ nicht gegeben wäre. Denn von einem Angebot kann ganz allgemein erst dann gesprochen werden, wenn die wesentlichen Vertragsbestimmungen, die sog. *essentialia negotii*, vorliegen[919]. Im Fall eines Übernahmeangebots sind dies jedenfalls Art und Höhe der Gegenleistung, einschließlich der genauen Bezeichnung derjenigen Wertpapiere, die Gegenstand des Angebots sind, und vor allem derjenige, von dem das Angebot ausgeht. Solange diese Angaben nicht vorliegen, kann nicht von einem öffentlichen Übernahmeangebot die Rede sein, eine Abstimmung der Hauptversammlung über ein solches folglich nicht gefaßt werden.

Zudem steht die Entstehung der Vorschrift dieser Auffassung entgegen. Wie bereits mehrfach ausgeführt, war es erklärte Absicht der „Väter“ des Übernahmekodex, die Vorgaben der erwarteten EU-Übernahmerichtlinie umzusetzen. Dies galt gleichsam für die Vorschriften der Verhaltenspflichten der Verwaltung der Zielgesellschaft. Zur damaligen Zeit war das in Art. 8 lit. a der Richtlinie verankerte Vereitelungsverbot in der europäischen Diskussion weitgehend unumstritten. So geht auch die Begründung der Übernahmerichtlinie explizit davon aus, daß die Hauptversammlung ihre Zustimmung zu den zu ergreifenden Maßnahmen ausdrücklich für ein bestimmtes Angebot zu erteilen hat[920]. Im voraus erteilte Beschlüsse finden an dieser Stelle keinerlei Erwähnung. Dies würde auch der Zielsetzung der Vorschrift widersprechen, wonach die Aktionäre in Kenntnis der Angebotskonditionen darüber befinden sollen, ob die Verwaltung der Zielgesellschaft Abwehrmaßnahmen gegen das Übernahmeangebot ergreifen darf. Hätte die BSK mit der Verabschiedung des Übernahmekodex die Absicht verbunden gehabt, sich bewußt gegen die vermeintlichen Richtlinienvorgaben zu

919 Vgl. statt aller *Kramer* in MüKo/BGB, § 145 BGB, Rn. 4.

920 Vgl. Begründung zu Art. 8 Vorschlag 1996, abgedruckt bei BR-Drs. 162/95, S. 8. Siehe auch oben Kap. 2, S. 85.

stellen, hätte sich die Gelegenheit geboten, diese Problematik mit einem Hinweis in den Anmerkungen zu versehen.

Schließlich bleibt anzuführen, daß auch nach der Veröffentlichung der Anmerkungen in der Folgezeit weder das Verhalten noch öffentliche Verlautbarungen seitens der BSK bzw. der Übernahmekommission und ihrer Geschäftsstelle Anlaß gegeben haben, Rückschlüsse auf die Zulässigkeit im voraus generell erteilter Ermächtigungen zu ziehen. Im Gegenteil, zum einen erfolgten weder derartige klarstellende Korrekturen des Art. 19 infolge der Revision des Kodex noch ließen die Vorschläge der BSK für eine künftige gesetzliche Regelung aus dem Jahr 1999 in diese Richtung zielende Rückschlüsse zu. Vielmehr sprach sich die BSK in diesem Zusammenhang ausdrücklich gegen solche Vorratsbeschlüsse aus[921]. Zum anderen erging insbesondere zu dem Zeitpunkt, als die Frage nach der „Neutralitätspflicht" im Rahmen der Übernahme Vodafone/Mannesmann besondere Aktualität erlangte[922] und verstärkt Kritik erfuhr[923], hierzu kein Beschluß der Übernahmekommission, obwohl infolge der Erfahrungen aus dieser Übernahmeauseinandersetzung eine ganze Reihe von Beschlüssen gefaßt wurden[924].

Es bleibt somit festzuhalten, daß die Auffassung, wonach Vorabermächtigungen nach dem Übernahmekodex zulässig seien, im Widerspruch zu dem Wortlaut des Art. 18 stand. Auch die Entstehungsgeschichte der Vorschrift vermag diese Ansicht nicht zu stützen. Folglich mußte die Entscheidung der Hauptversammlung über die Ergreifung von Verteidigungsmaßnahmen Bezug nehmen auf ein konkretes Übernahmeangebot.

bb) Keine Ausnahmefälle

Nicht gefolgt werden kann zudem der Auffassung, wonach die bereits nach den aktienrechtlichen Vorschriften überaus umstrittenen Ausnahmefälle vom „Neutralitätsgebot"[925] nach der Regelung des Art. 19 zulässig sein sollten[926]. Während sich mit guten Gründen vertreten läßt, das aktienrechtliche „Neutralitätsgebot"

921 Vgl. dazu eingehend unten Kap. 5, S. 255 ff.

922 Siehe dazu LG Düsseldorf, Beschluß vom 14. Dezember 1999 - 10 O 495/99 Q, AG 2000, 233 ff.; OLG Düsseldorf, Beschluß vom 31. August 2000 - 6 W 33/00, BB 2000, 1956 f.

923 Vgl. etwa *Thümmel*, DB 2000, 461 (462).

924 Vgl. *Übernahmekommission*, Handout zur PK vom 13. Juni 2000, S. 4 ff. Vgl. auch *Übernahmekommission*, Bemerkungen der Geschäftsstelle der Übernahmekommission an die Aktionäre der *Mannesmann* AG zum Übernahmeangebot der Vodafone AirTouch plc vom 23. Dezember 1999.

925 Siehe dazu oben insbesondere S. 151.

926 Soweit ersichtlich nur *Thoma*, ZIP 1996, 1725 (1731).

nicht ausnahmslos gelten zu lassen, finden sich für eine derartige Auflockerung der „Neutralitätspflicht“ nach dem Übernahmekodex keinerlei Anhaltspunkte. Anders als nach der aktiengesetzlichen Rechtslage, nach der sich weder das „Neutralitätsgebot“ noch etwaige Ausnahmen auf eine ausdrückliche Regelung stützen lassen, stand dieser Auffassung bereits der eindeutige Wortlaut des Art. 19 entgegen. Auch im Wege der teleologischen Auslegung ließ sich ein solches Ergebnis nicht begründen. Die „Neutralitätspflicht“ des Übernahmekodex resultierte unmißverständlich, was sich wiederum am Wortlaut des Art. 19 festmachen ließ, aus dem Bedürfnis, die Aktionäre der Zielgesellschaft nicht in ihrer Entscheidungsfreiheit zu beschneiden. Dies entspricht der Vorstellung des zum Vorbild herangezogenen City Code einerseits sowie dem hinter dem Vereitelungsverbot der Übernahmerichtlinie stehenden Gedanken andererseits. Etwaige andere Interessengruppen, wie die der Arbeitnehmer, wurden vom Übernahmekodex nicht angesprochen und konnten bereits aus diesem Grund nicht für eine Rechtfertigung möglicher Ausnahmefälle herangezogen werden. Die Zulassung von Ausnahmen von der in Art. 19 festgelegten „Neutralitätspflicht“ ließ sich somit aus den Regelungen des Übernahmekodex nicht herleiten[927].

IV. Abschliessende Würdigung

Mit der Veröffentlichung des Übernahmekodex hatte die BSK nicht zuletzt auch die Hoffnung verbunden, daß, allein um einem drohenden gesetzlichen Regelwerk zu entgehen, eine hohe Anerkennungsquote zu erzielen sei[928]. Sie verkannte jedoch, daß in Deutschland eine erheblich kritischere Einstellung gegenüber Selbstregulierungsmechanismen besteht als in anderen europäischen Staaten[929], insbesondere Großbritannien[930]. Daher war trotz des gegenüber den Leitsätzen neu eingeführten Anerkennungsverfahrens allein mit dem guten Willen und der Einsicht der Beteiligten eine breite Akzeptanz nicht zu erzielen[931]. In diesem Zusammenhang erwiesen sich fehlende Sanktionsmechanismen und Justitiabilität als echte inhaltliche Regelungsdefizite.

927 Zum Verhältnis des Kodex zu den aktienrechtlichen Vorschriften sogleich unter D., S. 186.

928 Selbst spätere Appelle seitens der Bundesregierung, den Kodex anzuerkennen, verbunden mit der Androhung einer gesetzlichen Regelung, brachten keine Verbesserung, vgl. FAZ vom 31. Oktober 1997, S. 15.

929 Bereits anderthalb Jahre vor Bekanntmachung des Übernahmekodex prognostizierte *Otto*, AG 1994, 167 (173), Fn. 48, einem auf freiwilliger Selbstkontrolle basierendem Regelwerk das Scheitern.

930 Vgl. *Hopt*, ZHR 161 (1997), 368 (397).

931 Bereits nach einer ersten Zwischenbilanz des Kodex nach achtzehn Monaten wurden auf Grund der geringen Akzeptanz seitens der Unternehmen Rufe nach einer gesetzlich bindenden Regelung laut. Vgl. *Loehr*, WM 1997, 1374 (1374).

Jüngste Zahlen der Übernahmekommission bestätigen[932], daß zwar eine stetige Verbesserung der Anerkennungsquoten erzielt werden konnte, was in erster Linie auf die unterstützenden Maßnahmen der Deutsche Börse AG zurückzuführen war[933]. Dennoch ist es nicht gelungen, den Kodex zur Kapitalmarktusance zu erheben. Danach konnte die Anerkennungsquote unter allen börsennotierten inländischen Unternehmen[934] zuletzt auf 88 Prozent gesteigert werden gegenüber 74 Prozent im April 2001[935], 64 Prozent im Juni 2000, 57 Prozent im September 1999 und 40 Prozent im Oktober 1997[936]. Im DAX-100 wurden gegenüber 79 Anerkennungen im Juni 2000 insgesamt 89 verzeichnet, im M-DAX 87 Prozent gegenüber 73 Prozent. In dem bedeutendsten deutschen Index, dem DAX-30,

932 Die Angaben beruhen auf einer nicht veröffentlichten Auswertung der Geschäftsstelle der Übernahmekommission (Stand: 31. Dezember 2001).

933 Von Beginn an setzte die Zulassung zum Neuen Markt die Anerkennung des Kodex voraus, vgl. Abschnitt 2, Ziff. 7.3.10 Regelwerk Neuer Markt (Stand: 18. Oktober 2001). Vgl. dazu AG 1997, R487 (488); *Kersting*, AG 1997, 222 (226); *Francioni*, Bank 1997, 68 (70); *Potthoff/Stuhlfauth*, WM 1997, Sonderbeilage 3, 11. Gleiches galt später für den SMAX. Vgl. Ziff. 2. Abs. 8 SMAX-Teilnahmebedingungen (01. Juli 2000). Vgl. *Bihr*, FB 1999, 45 (45); allgemein *Baumeister/Werkmeister*, DBW 2001, 121 ff. Zum 1. Januar 1998 wurde auch für die Aufnahme in den DAX und den M-DAX die Anerkennung verpflichtend, was jedoch nicht für die bereits dort vertretenen Unternehmen galt, vgl. Leitfaden zu den Aktienindizes der Deutschen Börse, Ziff. 3.2.1, S. 25 (28. Dezember 2000). Dazu *Loehr* in von Rosen/Seifert, Übernahme börsennotierter Unternehmen, S. 149 (160). Eine Auflistung der in den Indizes etablierten, die Anerkennung verweigernden Unternehmen findet sich bei *Hammerschmidt/Reimer*, Wirtschaftswoche Nr. 19 vom 6. Mai 1999, S. 156 (158). Kritisch dazu *Wirth/Weiler*, DB 1998, 117 (118), die einen Marktindex zur Durchsetzung von Verhaltensnormen als Zweckentfremdung betrachten. Abratend auch *Arbeitskreis Aktienindizes*, nach dem Indizes Marktrealitäten und keine politischen Entscheidungen widerspiegeln sollten, vgl. AG 1997, R420. Gerade institutionelle Investoren sind oft dazu gezwungen, Indizes nachzuvollziehen. Für Unternehmen ist es daher von großer finanzieller Bedeutung, dort präsent zu sein. Vgl. dazu *von Rosen*, Studien des DAI, Heft 14; dazu FAZ vom 30. Mai 2001, S. 33. Zudem beinhalteten sämtliche Publikationen der Deutsche Börse AG eine Kennzeichnung der anerkennenden Unternehmen. Vgl. ZfgK 1997, 822. Gleiches wurde zwischen der Übernahmekommission und der BZ für deren Kursteil vereinbart. Vgl. *Übernahmekommission*, Anmerkungen, S. 27. Die Kennzeichnung erfolgte durch Hinzufügung eines „ü" bei den Anerkennenden.

934 Bereits frühzeitig war es gelungen, alle namhaften Wertpapierdienstleistungsunternehmen zur Anerkennung zu bewegen. Vgl. AG 1997, R134 (134, 136).

935 Es sei darauf hingewiesen, daß die Zahl der börsennotierten inländischen Unternehmen (ohne Freiverkehr) von 1016 im April 2001 auf 914 zum 31. Dezember 2001 zurückgegangen war.

936 Die Vergleichsangaben beruhen für April 2001 auf einer nicht veröffentlichten Auswertung der Geschäftsstelle der Übernahmekommission (Stand: 12. April 2001), auf die auch im RegE-WpÜG, Begründung, Allgemeiner Teil, S. 63, Bezug genommen wird; für die übrigen Vergleichsmonate, vgl. *Übernahmekommission*, Handout zur PK vom 13. Juni 2000, S. 2 (13. Juni 2000).

wurde der Kodex unverändert zuletzt von 28 Unternehmen anerkannt, was einer Quote von 93 Prozent entspricht[937]. Folge der unbefriedigenden Akzeptanz war vor allem, daß einige wenige auf Kosten der Anerkennenden die Freiwilligkeit des Kodex ausnutzten[938], was sich insbesondere im Hinblick auf die Regelungen zum Pflichtangebot offenbarte[939].

Von Seiten der Übernahmekommission und der BSK wurde zuletzt stets betont, daß der Erfolg des Übernahmekodex nicht anhand der Anerkennungsquoten gemessen werden könne. Entscheidend seien vielmehr die Zahlen der Durchsetzung in der Praxis[940]. Der Kodex habe sich daher in der praktischen Anwendung bewährt, allein die unbefriedigende Anerkennung gebe Anlaß zur Ablösung durch ein Gesetz[941]. Zwar verdient die zuletzt vergleichsweise hohe Zahl der Durchsetzung Anerkennung[942]. Dennoch drängt sich der Verdacht auf, der Kodex soll im nachhinein „schön geredet" werden. Allein das zuletzt unterbreitete unfreundliche Übernahmeangebot an die Aktionäre der Spütz AG, das von der

---

937 Weitere Erhebungen zu Anerkennung und Durchsetzung finden sich etwa bei DiskE-ÜG, Begründung, Allgemeiner Teil, S. 62 (Stand: 11. April 2000); *Loehr* in von Rosen/Seifert, Übernahme börsennotierter Unternehmen, S. 149 (158 ff.) (17. Juni 1999); *BSK*, Standpunkte, S. 8 (23. November 1998); *Übernahmekommission*, Drei Jahre Übernahmekodex, S. 25 ff. (30. September 1998); *Schander*, NZG 1998, 799 (800) (30. Dezember 1997); *Weisgerber*, ZHR 161 (1997), 421 (424, 432 f.) (Februar 1997); *Loehr*, WM 1997, 1364 (1364 f.) (März 1997); *Mayer* in Doralt/Nowotny/Schauer, Takeover-Recht, S. 27 (44 ff.) (September 1996). An dieser Stelle findet sich auch der Text des ersten unter dem Kodex abgegebenen öffentlichen Übernahmeangebots und der Mitteilung über das Ergebnis desselben; *Schuster/Zschocke*, Übernahmerecht, S. 40 ff., 178 (8. Oktober 1996). Siehe auch die Dokumentation in WM 1997, 1409 ff. (Juli 1997). Weitere Einzelheiten zu den Verfahren sind in einer vom Bad Homburger Kreis (www.bad-homburger-kreis.de) in Zusammenarbeit mit der Geschäftsstelle der Übernahmekommission herausgegebenen mehrbändigen Sammlung zusammengestellt.

938 Sog. *Free-Rider*-Problematik. Vgl. dazu *Hopt*, ZHR 161 (1997), 368 (398).

939 Vgl. *Loehr* in von Rosen/Seifert, Übernahme börsennotierter Unternehmen, S. 149 (160), wonach der Kommission bereits im Juni 1999 25 Fälle bekannt waren, in denen ein Pflichtangebot unterblieb.

940 In diesem Sinne äußerte sich bereits *Loehr*, WM 1997, 1364 (1364).

941 Vgl. *Übernahmekommission*, Drei Jahre Übernahmekodex, S. 6; *BSK*, Standpunkte, S. 8 f.

942 Insbesondere vollzogen sich die beiden bedeutendsten Übernahmeangebote in der Zeit vor Inkrafttreten des WpÜG unter Anerkennung des Übernahmekodex. Dies galt sowohl für das Daimler-Benz-Umtauschangebot im Rahmen des Zusammenschlusses zu DaimlerChrysler, vgl. *Thoma/Reuter*, M&A 1999, 314 (316), als auch für die Übernahme Vodafone/Mannesmann, bei der sich auch die übernehmende Gesellschaft zur Anerkennung verpflichtete, vgl. *Übernahmekommission*, Handout zur PK vom 13. Juni 2000, S. 4. Wenngleich zu Recht zu bedenken gegeben wurde, daß damit im letzteren Fall nicht zugleich die strikte Einhaltung des Regelwerks verbunden war. Vgl. *Burgard*, WM 2000, 611 (611 f.).

Geschäftsstelle der Übernahmekommission nahezu in allen Bereichen kritisiert wurde[943], hat indes eindrucksvoll verdeutlicht, wie dringend notwendig verläßliche gesetzliche Regelungen waren. Fakt ist, daß bis zuletzt keine befriedigende Anerkennung erzielt werden konnte. Hinzu tritt, daß die Regelungen gegenüber ausländischen Bietern praktisch wirkungslos blieben, was im Zeitalter nicht mehr wegzudenkender grenzüberschreitender Übernahmen nicht hinnehmbar ist. Darüber hinaus stehen den offiziellen Verlautbarungen der Fall der Metallgesellschaft AG und viele weitere entgegen, in denen der Kodex, etwa zur Vermeidung der Abgabe eines Pflichtangebots, nur teilweise anerkannt wurde[944], obgleich eine solche beschränkte Anerkennung überhaupt nicht vorgesehen war[945]. Zudem gab es zahlreiche Fälle, in denen trotz Überschreitens des Schwellenwertes kein Pflichtangebot abgegeben wurde[946].

Die Ursachen der fehlenden flächendeckenden Anerkennung sind vielfältig. Neben zahlreichen „Geburtsfehlern“[947] des Übernahmekodex waren es in erster Linie die Regelungen zum Pflichtangebot[948], die die Unternehmen von einer Anerkennung abhielten. Aber auch das bestehende Ungleichgewicht im Verhältnis inländischer zu ausländischen Unternehmen trug hierzu bei[949]. Insgesamt

943 Dazu oben in Kap. 1, S. 101.

944 Vgl. *Übernahmekommission*, Drei Jahre Übernahmekodex, S. 37.

945 Pointiert beurteilte der Unternehmensberater *Roland Berger* die Situation, der anführte, daß „übertragen auf die Fußball-Bundesliga hieße dies, daß nur 10 von 18 Vereinen die Regeln anerkennen - und alle anderen Hand spielen dürfen“. Zit. nach *Reiermann/ Reuter/Schäfer*, Spiegel 2000 Nr. 10 vom 6. März 2000, S. 104 (104).

946 Vgl. *BSK*, Standpunkte, S. 9. Siehe auch *Hammerschmidt/Reimer*, Wirtschaftswoche Nr. 19 vom 6. Mai 1999, S. 156 (161). Siehe bereits oben Fn. 939.

947 Gemeint sind hiermit die Art und Weise des Zustandekommens; der Umstand, daß die Verpflichtung zur Abgabe des Pflichtangebots nicht an den Zeitpunkt der Anerkennung, sondern an den Tag der erstmaligen Anwendbarkeit des Kodex anknüpfte; im Anfangsstadium herrschende Unsicherheiten hinsichtlich der rechtlichen Qualifizierung der Anerkennung selbst und den damit verbundenen offenen Konsequenzen; weitere Zweifelsfragen, etwa ob im Fall des mittelbaren Erwerbs auch gegenüber den Aktionären des von der übernommenen Zielgesellschaft kontrollierten Unternehmens ein Pflichtangebot abzugeben ist sowie fortbestehende Unsicherheiten etwa im Fall des Paketwechsels. Vgl. dazu *Assmann*, AG 1995, 563 (565); *Weisgerber*, ZHR 161 (1997), 421 (429); *Wirth/Weiler*, DB 1998, 117 (118).

948 Zur Kritik am Pflichtangebot etwa *Assmann*, AG, 1995, 563 (567, 570 f.); *Kallmeyer*, ZIP 1997, 2147 (2147 f.); *ders.*, ZHR 161 (1997), 435 (436 ff.); *Weisgerber*, ZHR 161 (1997), 421 (426 ff.); *Wirth/Weiler*, DB 1998, 117 (118 ff.), sowie jüngst im Zusammenhang mit dem WpÜG *Altmeppen*, ZIP 2001, 1073 (1080 ff.). Zu dem Meinungsstand um das Pflichtangebot vor Erlaß des Kodex vgl. die Nachweise bei *Krause*, WM 1996, 893 (894) in Fn. 110 bis 112.

949 Gerade die Verpflichtung inländischer Wertpapierdienstleistungsunternehmen, ihrerseits ausschließlich anerkennende Unternehmen bei einer Übernahme zu begleiten,

bedeutete die Akzeptanz der Regelungen und die damit verbundene freiwillige Einschränkung des eigenen unternehmerischen Handlungsspielraums aus Sicht der Unternehmen keine erkennbaren Vorteile. Von Beginn an stießen die Regelungen daher nur auf zögerliche Anerkennung. Gerade einige renommierte DAX-Unternehmen hielten lange Zeit eine solche für entbehrlich[950]. Es vermag daher kaum zu überraschen, daß Unternehmen der zweiten und dritten Reihe entsprechend handelten. Schließlich wurden vereinzelt auch die Regelungen zu den Verhaltenspflichten der Verwaltung der Zielgesellschaft für die fehlende Akzeptanz verantwortlich gemacht[951]. Jedoch trat nicht nur der Umfang der Stellungnahmen hierzu, sondern auch deren Schärfe ebenso deutlich wie seiner Zeit in der Diskussion um die EU-Übernahmerichtlinie hinter der am Pflichtangebot geäußerten Kritik zurück. Bedenkt man, welches Aufsehen jüngst die Auseinandersetzung um die „Neutralitätspflicht" im Kontext der Übernahmerichtlinie und des WpÜG nach sich gezogen hat, löst dies Verwunderung aus. Es drängt sich einmal mehr die Vermutung auf, daß die Bestimmungen des Übernahmekodex in letzter Konsequenz vor allem seitens der Wirtschaft nicht ernst genommen wurden.

Bei aller Kritik, die dem Kodex insgesamt entgegengebracht wurde, darf man allerdings nicht verkennen, daß diese aus völlig gegensätzlichen Richtungen vorgetragen wurde[952]. Anschauliches Beispiel hierfür sind die Regelungen zum Pflichtangebot. Auf der einen Seite wurden aus den Reihen der Vertreter der Wirtschaftsverbände und der Industrie stets die mit der Vorschrift einhergehenden Belastungen vorgetragen[953]. Auf der anderen Seite waren Vertreter der Anlegerinteressen fortwährend darum bemüht, die Regelungen als nicht weitreichend genug darzustellen[954]. Es würde dem Übernahmekodex daher nicht gerecht, ihn als bloßen „Papiertiger"[955] abzutun. Die Regelungen waren mehr als eine bloße

stellte für im Ausland ansässige Bieter kein Hindernis dar, da diese ohne weiteres auf ausländische Berater zurückgreifen konnten.

950 Bis zuletzt Bayerische Motorenwerke AG, Volkswagen AG und bis zu ihrem Ausscheiden aus dem DAX Bayerische Hypotheken- und Wechselbank AG, Hoechst AG, VIAG. Daran konnte auch der Befund der *Übernahmekommission*, Drei Jahre Übernahmekodex, S. 12, nichts ändern, wonach „Unternehmen, die den Übernahmekodex anerkennen, dokumentieren, daß sie professionelle, verläßliche und faire Teilnehmer am Kapitalmarkt sind". Noch deutlicher *Übernahmekommission*, Handout zur PK vom 13. Juni 2000, S. 3: „Von den DAX-30 Unternehmen fehlen BMW und VW, die leider hier ihrer Vorbildfunktion und gesamtwirtschaftlichen Verantwortung nicht nachkommen."

951 Vgl. *Weisgerber*, ZHR 161 (1997), 421 (428); *Kallmeyer*, ZHR 161 (1997), 435 (435, 447 ff.). Siehe auch die ablehnende Haltung der Hoechst AG in BZ vom 1./2. Mai 1996, S. 5.

952 So bereits *Hopt* in FS Zöllner, S. 253 (265).

953 Vgl. etwa *Kallmeyer*, ZIP 1997, 2147 f.; *ders.*, ZHR 161 (1997), 435 (436 ff.).

954 Vgl. etwa *Benner-Heinacher*, DB 1997, 2521 ff.

955 So *Walter*, FB 4/2001, Editorial.

Fortschreibung der Leitsätze im Sinne einer Vervollständigung und Anpassung an die damaligen aktuellen Gegebenheiten[956]. Positiv hervorzuheben sind die mit einer nicht gesetzlichen Regelung einhergehenden Vorteile. Vor allem der „kurze Draht" zur Geschäftsstelle hat sich in der Praxis großer Beliebtheit erfreut. Überdies kennzeichnete den Kodex ein „regulatorischer Minimalismus"[957], durch den er sich erfreulich von der Vielzahl jener oft beklagten Überregulierungen abheben konnte, zu denen teils auch die ersten beiden EU-Richtlinienvorschläge zählten. Ein weiterer Verdienst des Übernahmekodex war die Etablierung des Pflichtangebots, was nicht nur aus Anlegersicht zu begrüßen ist[958]. Seine mehr als sechsjährige Praxis hat gezeigt, daß dem Pflichtangebot weit weniger Bedeutung zukommt, als dies dessen Kritiker wahrhaben wollen[959].

Schließlich bleibt festzuhalten, daß der Kodex zum einen überwiegend dem in Europa üblichen und in den Regelungen der EU-Übernahmerichtlinienentwürfe zum Ausdruck kommenden Standard zur Regelung von Unternehmensübernahmen im Wege des öffentlichen Übernahmeangebots entsprach. Dies galt insbesondere im Hinblick auf die Regelung der Verhaltenspflichten der Verwaltung der Zielgesellschaft. Nicht zuletzt dadurch leistete er seinen Beitrag, den Finanzplatz Deutschland international aufzuwerten. Zum anderen konnte bei der Gestaltung der neuen gesetzlichen Regelung auf die in der langjährigen Praxis gewonnenen Erkenntnisse zurückgegriffen und aufgebaut werden. Insgesamt hat sich der Kodex trotz der unbefriedigenden Anerkennungsquote als Übergangsregelung von den an den Rand der Bedeutungslosigkeit gedrängten Leitsätzen hin zu der künftigen gesetzlichen Regelung des WpÜG etabliert - nicht mehr und nicht weniger. Nicht mehr, weil ein auf Selbstregulierung basierendes System mit dessen Akzeptanz steht und fällt, aber auch nicht weniger, weil ihm zugleich zahlreiche positive Aspekte abzugewinnen waren. Im Ergebnis war der Übernahmekodex jedenfalls nicht geeignet, eine gesetzliche Lösung weiter aufzuschieben.

D. VERHÄLTNIS ÜBERNAHMEKODEX - AKTIENGESETZ

Nachdem die einschlägigen Regelungen des Übernahmekodex vorstehend isoliert betrachtet wurden, soll zum Abschluß dieses Kapitels noch ein Blick auf

---

956 So schon *Assmann*, AG 1995, 563 (564).

957 So *Assmann*, AG 1995, 563 (567).

958 Dies vor dem Hintergrund, daß es vor allem deutsche Stimmen waren, die stets gegen die Einführung des Pflichtangebots in die Übernahmerichtlinie votiert hatten. Die Diskussion hierüber ist nahezu vollständig verstummt. Vgl. *Monti* in von Rosen/Seifert, Übernahme börsennotierter Unternehmen, S. 15 (27); *Neye*, AG 2000, 289 (293).

959 Vgl. *Loehr* in von Rosen/Seifert, Übernahme börsennotierter Unternehmen, S. 149 (158).

das Verhältnis dieser Regelungen zu den aktienrechtlichen Vorschriften geworfen werden[960]. Von besonderem Interesse ist dabei, welche Folgen sich aus dieser Beziehung für die Verhaltenspflichten der Verwaltung ergaben.

Ebenso wie jede selbstregulative Verhaltensbindung sah sich der Übernahmekodex mit der Problematik der Zweigleisigkeit aus gesetzlichen Verhaltenspflichten einerseits und solchen, die sich aus der Anerkennung des Kodex ergaben, andererseits, konfrontiert[961]. In derartigen Fällen geht zwingendes Recht, hier also die eingangs erörterte Rechtslage nach dem Aktiengesetz, der freiwilligen Selbstverpflichtung, hier dem Übernahmekodex, stets vor. An diesem Rangverhältnis wurden auch seitens der Urheberin des Übernahmekodex keinerlei Zweifel gehegt[962]. Daraus folgt, daß sich derartige Selbstverpflichtungen innerhalb des gesetzlich vorgegebenen Rahmens bewegen müssen[963].

Folgt man der im Schrifttum überwiegend vertretenen Auffassung, wonach bereits nach den „allgemeinen" aktienrechtlichen Bestimmungen die Verwaltung der Zielgesellschaft zur „Neutralität" verpflichtet ist, so ergibt sich aus einer Gegenüberstellung der Pflichtenlage nach dem Aktiengesetz einerseits und der des Übernahmekodex andererseits, daß das aktienrechtliche „Neutralitätsgebot" Eingang in die Regelungen des Kodex gefunden hatte und dort in Art. 19 niedergelegt wurde. Konfliktpotential bietet allein die Frage, inwieweit Ausnahmen von dem aktienrechtlichen Grundsatz zulässig sein sollen. Da sich, wie gezeigt, nach dem Übernahmekodex derartige Ausnahmefälle nicht begründen ließen, wird man - sofern man sich der Argumentation der Befürworter eines weniger „strikt" verstandenen „Neutralitätsgebots" anschließen will - den aktienrechtlichen Vorschriften insoweit den Vorrang einräumen müssen. Hingegen stellte die Regelung des Übernahmekodex bei Annahme eines ausnahmslos zu verstehenden aktienrechtlichen „Neutralitätsgebots" die Ausformulierung dieses ungeschriebenen aktienrechtlichen Grundsatzes dar[964].

Gleiches galt zudem für die Verpflichtung des Vorstands zur Veröffentlichung einer Stellungnahme zu dem Übernahmeangebot, wobei insoweit die aktien-

960 Näher zum Verhältnis des Übernahmekodex zum neuen WpÜG unten Kap. 5, S. 301.

961 Zum Spannungsfeld Selbstregulierung versus gesetzliche Normierung im Kontext des Übernahmekodex *Schuster/Zschocke*, Übernahmerecht, S. 26 f.

962 Vgl. *Übernahmekommission*, Drei Jahre Übernahmekodex, S. 12, wonach sich der Übernahmekodex subsidiär zum Gesellschaftsrecht verhalte.

963 Vgl. *Kirchner*, WM 2000, 1821 (1826).

964 Teilweise wird gar gefolgert, daß Art. 19 keine eigenständige Bedeutung für die Aktionäre der Zielgesellschaft erlange, da sich seine Regelungen weitgehend aus § 76 AktG ergäben, vgl. *Kersting*, AG 1997, 222 (226).

rechtlichen Geheimhaltungs- und Verschwiegenheitspflichten gemäß §§ 93 Abs. 1 S. 2, 404 Abs. 1 Ziff. 1 AktG die Grenze des Zulässigen bildeten[965].

Im Ergebnis war daher bei Befolgung der Regelungen des Übernahmekodex ein Verstoß der Verwaltung der Zielgesellschaft gegen zwingendes Aktienrecht zu verneinen[966].

E. ZUSAMMENFASSUNG

Vor Inkrafttreten des WpÜG existierte im deutschen Recht keine umfassende gesetzliche Regelung von öffentlichen Übernahmeangeboten. Abzustellen war demzufolge auf die „allgemeinen" aktienrechtlichen Bestimmungen. Nach einhelliger Auffassung bestand hiernach eine Verpflichtung des Vorstands der Zielgesellschaft zur Abgabe einer Stellungnahme zu dem Übernahmeangebot, die dogmatisch überwiegend mit der Funktion des Vorstands als Wahrer fremder Interessen begründet wurde.

Umstritten war hingegen die Frage nach den Verhaltenspflichten des Vorstands der Zielgesellschaft während eines Übernahmeverfahrens. Nach der im Schrifttum vorherrschenden Auffassung sollte der Vorstand der Zielgesellschaft einem „Neutralitätsgebot" unterworfen sein, wonach es ihm nicht gestattet war, eigenmächtig Maßnahmen zur Abwehr eines Übernahmeangebots zu ergreifen. Verankert wurde dieser ungeschriebene Grundsatz eines aktienrechtlichen „Neutralitätsgebots" teils ebenfalls in der Funktion des Vorstands als Wahrer fremder Interessen, teils wurde er als negative Kompetenz des Vorstands begriffen, dessen Leitungsfunktion es jedenfalls nicht umfassen sollte, über solche Entscheidungen zu befinden, die von vornherein dessen Geschäftsführungskompetenz entzogen sind und allein den Aktionären zustehen. Sofern die Übernahmeauseinandersetzung unter den derzeitigen Aktionären ausgetragen werde, sollte die Verpflichtung zur „Neutralität" bereits aus § 53a AktG folgen. Mitunter wurde auch vertreten, das aktienrechtliche „Neutralitätsgebot" erstrecke sich zudem auf den - in der gesamten Diskussion eher in den Hintergrund getretenen - Auf-

965 Zutreffend *Thoma*, ZIP 1996, 1725 (1730). Vorgeschlagen wurde auch, die Grenze der Informationspflicht analog § 293a Abs. 2 AktG zu ziehen, so daß in der Stellungnahme solche Tatsachen nicht aufgeführt werden sollten, die der Zielgesellschaft oder einem ihr verbundenem Unternehmen einen nicht unerheblichen Nachteil zufügen können. Vgl. *Kallmeyer*, ZHR 161 (1997), 435 (446).

966 Entgegen *Thoma*, ZIP 1996, 1725 (1729), wird man gleiches auch für die Anerkennung des Kodex selbst anzunehmen haben, da es dazu dem Kodex an der rechtlichen Verbindlichkeit mangelte. Wie hier *Hopt*, ZHR 161 (1997), 368 (378); *Schander*, NZG 1998, 799 (802).

sichtsrat, was ebenfalls auf dessen Funktion als Fremdinteressenwahrer zurückzuführen sei.

Unter den Vertretern des aktienrechtlichen „Neutralitätsgebots“ bestand Einigkeit darüber, daß die Suche nach einem konkurrierenden Bieter zulässig bleiben sollte. Hierin wurde keine Ausnahme des Grundsatzes gesehen, sondern vielmehr eine zusätzliche Alternative zu dem Übernahmeangebot des ersten Bieters, durch die nicht in die Entscheidungsfreiheit der Aktionäre eingegriffen werde. Kontrovers diskutiert hingegen wurde die Zulassung von Ausnahmen von dem Grundsatz der „Neutralität“. Während teilweise geltend gemacht wurde, man müsse für solche Fälle, in denen infolge der Übernahme mit Gesetzesverstößen zu rechnen sei oder aber eine in der Person des Bieters begründete Eignung berechtigten Anlaß zu einer nachfolgenden Schädigung des Unternehmens gebe, Ausnahmen zulassen, stand die Gegenauffassung dem ablehnend gegenüber. Danach werde bereits nach geltendem Recht in ausreichendem Maße derartigen Fällen Rechnung getragen. Im übrigen sei der Vorstand der am wenigsten Geeignete, die Entscheidung darüber zu treffen, wann ein solcher Ausnahmefall vorliegen soll.

Seitens der insbesondere im Laufe des Entstehungsprozesses des neuen WpÜG zunehmenden Kritiker des aktienrechtlichen „Neutralitätsgebots“ wurde geltend gemacht, daß es gerade der Pflicht des Vorstands entspreche, sich fortlaufend um die Aktionärsstruktur der Gesellschaft zu sorgen. Aus diesem Grund gehöre es auch zur Aufgabe des Vorstands, in Absprache mit dem Aufsichtsrat Maßnahmen gegen unfreundliche Übernahmen zu ergreifen. Weiterhin wurde den Befürwortern entgegengehalten, daß die einseitige Berücksichtigung der Interessen der Aktionäre zu einer nicht hinnehmbaren Vernachlässigung der Interessen der *Stakeholder*, insbesondere der Arbeitnehmer führe. Dies widerspreche der Verpflichtung des Vorstands auf das Unternehmensinteresse und führe zu einer „positiven Diskriminierung“ unfreundlicher Übernahmeangebote gegenüber einvernehmlich erzielten Unternehmenszusammenschlüssen.

Seit Oktober 1995 gelangte der auf freiwilliger Selbstregulierung beruhende Übernahmekodex zur Anwendung, der die praktisch bedeutungslosen Leitsätze aus dem Jahr 1979 ablöste. Hierbei handelte es sich um rechtlich unverbindliche Empfehlungen der BSK, die der Anerkennung durch die Marktteilnehmer bedurften. Der materielle Regelungsgehalt des Übernahmekodex orientierte sich sowohl an den britischen Übernahmeregelungen als auch an den Vorschlägen zur EU-Übernahmerichtlinie, deren Vorgaben der Kodex vorwegzunehmen beabsichtigte. Infolge dieser Ausrichtung entsprach der Übernahmekodex bereits weitgehend den europäischen Standards in Sachen Übernahmeregelung. Allerdings blieb dem Regelwerk bis zuletzt die flächendeckende Anerkennung versagt.

Mit dem Übernahmekodex wurden erstmals in Deutschland ausdrücklich besondere Verhaltenspflichten der Verwaltung der Zielgesellschaft im Zusammenhang mit Übernahmeangeboten festgeschrieben. Dazu zählte zum einen die Verpflichtung der Zielgesellschaft zur Abgabe einer Stellungnahme zum Übernahmeangebot, die über den Wortlaut des Art. 18 Übernahmekodex hinaus auch zu nachfolgenden Änderungen des Angebots zu erfolgen hatte. Zum anderen wurde ausführlich das Verhalten der Verwaltung nach Bekanntgabe eines Übernahmeangebots im Sinne einer „Neutralitätspflicht" geregelt. Hiernach war es der Verwaltung untersagt, während des Übernahmeverfahrens Maßnahmen zu ergreifen, die dem Interesse der Aktionäre zuwiderlaufen, von der Annahme des Angebots Gebrauch zu machen. Zulässig sein sollten laufende Kapitalmaßnahmen sowie die Erfüllung bereits vor Bekanntgabe des Angebots begründeter Verpflichtungen. Gleiches galt für die Suche nach einem konkurrierenden Bieter sowie für solche Maßnahmen, die auf einer ausdrücklichen Genehmigung der Hauptversammlung beruhen.

Mit diesen Vorgaben unvereinbar waren sog. Vorratsbeschlüsse, wonach die Hauptversammlung bereits im voraus ohne Vorliegen eines konkreten Übernahmeangebots den Vorstand zur Ergreifung von Verteidigungsmaßnahmen für den Fall eines künftig erfolgenden Angebots ermächtigen kann. Der Grundsatz der „Neutralitätspflicht" nach dem Übernahmekodex galt ausnahmslos. Demzufolge ließen sich aus den Regelungen des Übernahmekodex keine Abweichungen von diesem Grundsatz ableiten, die auf die Interessen anderweitiger Gruppierungen der Zielgesellschaft gestützt werden.

Somit kann festgehalten werden, daß die Regelungen des Übernahmekodex zu den Verhaltenspflichten der Verwaltung der Zielgesellschaft wie auch die Verpflichtung zur Abgabe einer Stellungnahme in Einklang mit den erwarteten europarechtlichen Vorgaben standen[967]. Was das Verhältnis zu der nach den aktienrechtlichen Bestimmungen bestehenden Rechtslage angeht, gelangt man - dem nach überwiegender Auffassung vertretenen aktienrechtlichen „Neutralitätsgebot" folgend - zu dem Ergebnis, daß die maßgeblichen Vorschriften des Kodex eine Ausformulierung dieses Grundsatzes darstellten. Allenfalls im Hinblick auf die kontrovers diskutierten Ausnahmefälle des aktienrechtlichen „Neutralitätsgebots" konnte es - abhängig davon, inwieweit man Abweichungen hiervon für zulässig erachtet - zu einer Kollision mit den Regelungen des Übernahmekodex kommen, die durch den Vorrang der gesetzlichen Vorschriften aufzulösen war.

---

967 Anders freilich *Weisner*, ZRP 2000, 520 (523), der auf Grund der Annahme der Zulässigkeit von Vorratsbeschlüssen folgerichtig davon ausgeht, daß die Regelungen der Vorschläge einer Übernahmerichtlinie die Verwaltung stärker beschneiden als die des Übernahmekodex.

Kapitel 4: Rechtsvergleichender Überblick

A. VORBEMERKUNG

Nachdem nunmehr ausgehend von der Konzeption der gescheiterten EU-Übernahmerichtlinie die Rechtslage in Deutschland vor Inkrafttreten des neuen WpÜG betrachtet wurde, schließt sich in diesem Kapitel ein rechtsvergleichender Überblick an, bevor abschließend eine eingehende Untersuchung der neuen gesetzlichen Vorschriften in Deutschland erfolgt. Das vorliegende Kapitel beschäftigt sich mit den rechtlichen Rahmenbedingungen öffentlicher Übernahmeangebote in den Rechtsordnungen der Mitgliedstaaten der EU[968], der Schweiz und den USA. Anders als Deutschland verfügt die überwiegende Anzahl der EU-Mitgliedstaaten bereits seit einiger Zeit über gesetzliche Regelungen auf dem Gebiet der öffentlichen Übernahmeangebote[969]. Zurückzuführen ist dies zum einen auf das Übergreifen der Übernahmewelle nach Kontinentaleuropa Ende der achtziger Jahre des vorigen Jahrhunderts. Maßgeblich dazu beigetragen haben zum anderen aber auch die langjährigen Bemühungen um die Verabschiedung einer EU-Übernahmerichtlinie. Unter den infolge des Scheiterns der Übernahmerichtlinie veränderten Vorzeichen ist den einzelnen Übernahmeregelungen ein ungleich größeres Gewicht beizumessen. Es steht zu erwarten, daß es ähnlich wie in der Steuergesetzgebung auch auf dem weiten Feld des Übernahmerechts bis zur endgültigen Verabschiedung[970] und Umsetzung der Über-

---

968 Der zum 1. Mai 2004 bevorstehende Beitritt der neuen EU-Mitgliedstaaten konnte vorliegend nicht mehr berücksichtigt werden.

969 Übersichten allgemein zu der Regelung von öffentlichen Übernahmeangeboten in Europa finden sich bei *European Counsel*, M&A Handbook; *Zinser*, RIW 1999, 844 ff.; *ders.*, Übernahmeangebote, S. 35 ff.; *Zschocke* in von Rosen/Seifert, Übernahme börsennotierter Unternehmen, S. 77 ff., sowie, wenn auch teilweise bereits überholt, bei *Assmann/Bozenhardt* in Assmann/Basaldua/Bozenhardt/Peltzer, Übernahmeangebote, S. 1 (19 ff.); *Basaldua* in Assmann/Basaldua/Bozenhardt/Peltzer, Übernahmeangebote, S. 157 (160 ff.); *Berger*, ZIP 1991, 164 (1648 ff.); *Hopt/Wymeersch*, European Takeovers, S. xxxiii ff.; *Morgan Grenfell*, Handbuch für den internationalen Unternehmenskauf, S. 27 ff.; *Wymeersch*, The regulation of takeover bids in a comparative perspective, S. 40 ff. Speziell zu den europäischen Pflichtangebotsregelungen *Zinser*, NZG 2000, 573 ff. Der wohl älteste Überblick im deutschen Schrifttum findet sich bei *Behrens*, ZGR 1975, 433 (434 ff.). Einen Anwendungstest verschiedener Rechtsordnungen im Falle eines unfreundlichen Übernahmeangebots bietet *Kirchner*, BB 2000, 105 ff. Zu den Verhaltenspflichten auch *Hopt* in FS Lutter, S. 1361 (1368 ff.). Eine aktuelle Sammlung sämtlicher Regelungswerke der EU-Mitgliedstaaten findet sich in dem jüngst erschienenen Werk von *Baums/Thoma*, Takeover Laws in Europe.

970 Angesichts der vielfältigen Freiräume, die die nunmehr verabschiedete EU-Übernahmerichtlinie den Mitgliedstaaten bei der Umsetzung gewährt, dürfte diese Erwartung auch über den Zeitraum der Umsetzung hinaus fortbestehen.

nahmerichtlinie zu einem Wettbewerb unter den einzelnen Mitgliedstaaten kommen wird[971]. Vor diesem Hintergrund ist um so mehr die Betrachtung der einschlägigen Vorschriften sämtlicher EU-Staaten angezeigt[972].

Freilich kann es an dieser Stelle nicht darum gehen, umfassende Rechtsvergleichung zu betreiben. Ziel soll es vielmehr sein, dazu beizutragen, die neuen deutschen Regelungen aus einer grenzüberschreitenden Gesamtschau heraus besser einordnen zu können. Dazu soll zunächst jeweils ein kurzer Überblick über die Rechtsgrundlagen der Übernahmeregelungen in den einzelnen Staaten gegeben werden, um im Anschluß die Vorschriften betreffend die Pflichten der Zielgesellschaft im Zusammenhang mit einem öffentlichen Übernahmeangebot genauer in Augenschein zu nehmen. Dabei soll die Untersuchung auf die Verhaltenspflichten der Verwaltung der Zielgesellschaft und etwaige Informationspflichten während des Übernahmeverfahrens begrenzt bleiben. Hingegen ist nicht beabsichtigt, auf die vielfältigen Schutzinstrumente zur Abwehr unfreundlicher Übernahmen einzugehen, welche die jeweiligen Rechtsordnungen darüber hinaus vorsehen. Richtig ist zwar, daß derartige Übernahmehemmnisse bei der Gesamtbeurteilung des Marktes für Unternehmensübernahmen miteinbezogen werden sollten, was insbesondere für präventiv zu ergreifende Maßnahmen gilt. Dennoch würde deren Berücksichtigung an dieser Stelle den eigentlichen Gegenstand der Untersuchung überschreiten und den Rahmen der Arbeit sprengen[973].

Im Vordergrund der vorliegenden Erörterung stehen zunächst die Regelungen Großbritanniens (nachfolgend unter B.), der USA (C.), Österreichs (D.) und der Schweiz (E.). Sowohl Großbritannien als auch die USA verfügen über die in der Vergangenheit bedeutsamsten Märkte für Unternehmensübernahmen. Den USA kommt nicht nur auf Grund ihres weltweit bedeutendsten Kapitalmarktes besondere Beachtung zu, sondern auch vor dem Hintergrund, daß sich die EU zum Ziel gesetzt hat, mit einem integrierten europäischen Finanzmarkt ein dem US-amerikanischen ebenbürtiges Pendant zu schaffen[974]. Die britische Regelung ver-

---

971 Angaben über die Übernahmeaktivitäten in den einzelnen Staaten Westeuropas finden sich bei *Wymeersch*, AG 1995, 299 (305 ff.).

972 Die Ermangelung rechtsvergleichender Studien auf diesem Gebiet beklagend *Schneider*, EWS 9/2001, Die erste Seite.

973 Auf diese kann allenfalls am Rande bzw. durch weiterführende Hinweise eingegangen werden. Siehe dazu insgesamt, wenn auch zum Teil überholt, *Maeijer/Geens*, Defensive measures against hostile takeovers in the Common market. Zur Frage der Zulässigkeit von Mehrstimmrechtsaktien und sonstigen Stimmrechtsbeschränkungen der Überblick bei *Peltzer*, AG 1997, Sonderheft Aktienrechtsreform, 90 (94). Speziell zu den USA *Schneider* in FS Rittner, S. 613 ff. Siehe auch die Zusammenstellung bei *Schneider/Burgard*, DB 2001, 963 (965 f.).

974 Dazu oben Kap. 2, S. 115.

dient vor allem deshalb besondere Aufmerksamkeit, da Großbritannien als das „Mutterland" für *takeovers* angesehen werden kann und der dort praktizierte Regelungsansatz in Europa und auch darüber hinaus den gedanklichen Ausgangspunkt beinahe eines jeden Versuchs der Regulierung öffentlicher Übernahmeangebote bildet. Dies galt insbesondere sowohl für die Überlegungen zur EU-Übernahmerichtlinie als auch für die nichtgesetzliche Vorgängerregelung des WpÜG in Deutschland.

Auch die Regelungen in unseren Nachbarstaaten Österreich und Schweiz verdienen eine ausführlichere Betrachtung, nicht zuletzt auch auf Grund der generellen Verwandtschaft der Rechtsordnungen. Die österreichische Regelung bildete bis zum Inkrafttreten des WpÜG die jüngste unter den Mitgliedstaaten der EU und wird zugleich als Vorwegnahme der nunmehr gescheiterten Richtlinie angesehen. Das ebenfalls noch recht junge schweizerische Regelwerk gilt hingegen als besonders innovativ.

Im Anschluß hieran werden die Regelungen der übrigen Mitgliedstaaten der EU behandelt (F.). Das Kapitel endet mit einer rechtsvergleichenden Schlußbetrachtung (G.). An dieser Stelle gilt es vorrangig zu klären, welche Rückschlüsse aus den Regelungen der untersuchten Staaten auf ein deutsches Regelwerk, insbesondere für die im Mittelpunkt der Untersuchung stehenden Pflichten der Zielgesellschaft, gezogen werden können. Zudem soll dem Einwand nachgegangen werden, welcher der angestrebten europäischen Lösung im Rahmen einer EU-Übernahmerichtlinie seitens der Gegner des dort vorgesehenen Vereitelungsverbots unter dem Stichwort der „Herstellung eines transatlantischen *level playing field*" entgegengebracht wurde.

B. GROSSBRITANNIEN

I. ÜBERBLICK

1. Rechtsgrundlage

Unter den Mitgliedstaaten der EU haben öffentliche Übernahmeangebote (*takeover bids*) die längste Tradition und größte Bedeutung in Großbritannien. Dies liegt vor allem daran, daß dort auf Grund des hohen Anteils sich im Streubesitz befindlicher Aktien eine andere Form des Kontrollerwerbs nur schwer möglich ist[975]. Allein seit dem Jahr 1968 - als das britische Regelwerk erstmals veröffentlicht wurde - bis zum Jahr 1999 wurden insgesamt über 6000 Angebote

975 Vgl. *Prentice* in Hommelhoff/Hopt/Lutter, Konzernrecht für Europa, S. 99 (115); siehe auch *Schmitthoff* in Schmitthoff/Goré/Heinsius, Übernahmeangebote, S. 7 (7 f.).

abgegeben[976], von denen ein nicht unerheblicher Anteil nicht von der Zielgesellschaft zur Annahme empfohlen wurde. So verwundert es nicht, daß das erste als unfreundlich angesehene Übernahmeangebot überhaupt in England abgegeben wurde[977].

Kernstück der britischen Übernahmeregelung ist der *City*[978] *Code on Takeovers and Mergers*[979], ein auf freiwilliger Selbstkontrolle beruhender Verhaltenskodex. Dieser wird vom *Panel on Takeovers and Mergers*[980], einer privaten Selbstverwaltungseinrichtung, aufgestellt und überwacht[981]. Das Panel ist nicht nur für die Anwendung, sondern auch für die Weiterentwicklung des City Code zuständig[982]. Der City Code ist deshalb bis zu einem gewissen Grad der Spiegel von Aktionen der Bieter und Reaktionen des Panel. Der City Code wurde erstmals im Jahr 1968 vom Gouverneur der *Bank of England* und dem Vorsitzenden der

---

976 Vgl. *Defriez* in von Rosen/Seifert, Übernahme börsennotierter Unternehmen, S. 29 (30). Aktuellen Angaben im Internet (vgl. Fn. 980) zufolge sind es derzeit bereits über 7000 Angebote.

977 Dies war der Fall Reynolds/British Aluminium in den sechziger Jahren des 20. Jahrhunderts, während als erstes unfreundliches Übernahmeangebot in den USA der Fall International Nickel/ESB Inc aus dem Jahr 1973 angesehen wird. Vgl. dazu *Case/Emmerson* in M&A Handbook, S. 173 (174). Eine Übersicht über die bis zum Jahr 1990 in Großbritannien erfolgten Übernahmeangebote findet sich bei *Lee*, EWS 1990, 241 (246).

978 Die *City of London* (kurz City) bildet mit den dort angesiedelten Institutionen das finanzielle Zentrum Großbritanniens. Keineswegs verbirgt sich hinter dieser Bezeichnung eine geographische Eingrenzung des Anwendungsbereichs.

979 Im folgenden *City Code*. Vgl. dazu *Bärmann* in FS Bartholomeyczik, S. 1 (3 ff.); *Pennington* in FS Duden, S. 379 ff.; *Lee*, EWS 1990, 241 ff.; *ders.*, in Hopt/Wymeersch, European Takeovers, S. 133 (135 ff.); *Prentice* in Kreuzer, Öffentliche Übernahmeangebote, S. 133 ff.; *Defriez* in von Rosen/Seifert, Übernahme börsennotierter Unternehmen, S. 29 ff.

980 Im folgenden *Panel*. Das gesamte Regelwerk kann im Internet auf dessen Homepage unter http://www.thetakeoverpanel.org.uk abgerufen werden.

981 Das Panel setzt sich aus hochrangigen Vertretern der englischen Finanzwirtschaft zusammen. Vgl. dazu im einzelnen City Code, Introduction 2 (a); siehe auch *Defriez* in von Rosen/Seifert, Übernahme börsennotierter Unternehmen, S. 29 (35). Es beseht aus drei Organen: dem *Full Panel*, dem *Appeal Committee* und dem *Panel Executive*. Letzteres wird im allgemeinen Sprachgebrauch gewöhnlich mit „*Panel*“ bezeichnet. Vgl. dazu *Lee*, EWS 1990, 241 (242).

982 Der City Code wird ergänzt durch die *Rules Governing Substantial Acquisitions of Shares (SARs)*, deren Einhaltung ebenfalls vom Panel überwacht wird.

Londoner Börse herausgegeben[983] und gilt derzeit in der siebten Auflage, die am 1. Mai 2002 veröffentlicht wurde[984].

Auch wenn der City Code formell keine Gesetzeskraft besitzt, ist seine Befolgung faktisch weitgehendst abgesichert. Bei Zuwiderhandlungen muß mit Sanktionen gerechnet werden, wobei die Hauptwaffe des Panel die öffentliche Kritik (*public censure*) darstellt. Zudem ist das Regelwerk im Laufe der Jahre in eine Vielzahl gesetzlicher Vorschriften eingebettet worden[985]. Daher erfährt der City Code nach wie vor eine unverändert hohe, 100 Prozent angenäherte Akzeptanz[986].

2. Aufbau und Anwendungsbereich des City Code

Das britische Regelwerk umfaßt insgesamt siebzehn Abschnitte (*Sections*) A bis Q und vier Anhänge. Die beiden Hauptbestandteile sind die zehn allgemeinen Prinzipien (*General Principles*)[987] und 38 diese konkretisierende Regeln (*Rules*)[988], denen eine allgemeine Bemerkungen treffende Einleitung (*Introduction*)[989] vorangestellt ist. Ein weiterer Abschnitt schließlich beinhaltet die wichtigsten Definitionen[990]. Zudem bestehen kommentierende Anmerkungen (*Notes*) zu den Rules, mit denen das Panel seine Haltung zu den Regeln zum Ausdruck bringt.

Die General Principles legen die allgemeinen Zielvorstellungen fest. Sie gelten als allgemein formulierte Standards eines „guten Geschäftsgebarens". Die Rules dienen der Konkretisierung und stellen detaillierte Verfahrensregelungen auf. Ihnen kommt in Europa die höchste Normendichte zur Regulierung öffentlicher Übernahmeangebote zu. Dennoch sind die Rules nicht als abschließend anzusehen und ein Umkehrschluß aus ihnen ist unzulässig[991]. Vielmehr ist bei der Auslegung des Regelwerks nicht nur dessen Wortlaut, sondern auch dessen We-

---

983 Mit Wirkung vom 28. März 1968. Vgl. eingehend zur Entwicklung des City Code *Zinser*, Übernahmeangebote, S. 79 ff.; *Roßkopf*, Selbstregulierung, S. 86 ff.; *Richter*, Chancen für eine Übernahmereglung, S. 37 ff.

984 Zur sechsten Auflage vom 12. Juli 2000 *Zinser*, RIW 2001, 481 ff. Die fünfte Auflage vom 16. Dezember 1996 ist abgedruckt bei *Schuster/Zschocke*, Übernahmerecht, S. 294 ff.

985 Vgl. dazu *Habersack/Mayer*, ZIP 1997, 2141 (2144 f.); *Bittner*, RIW 1992, 182 (184).

986 Vgl. *Defriez* in von Rosen/Seifert, Übernahme börsennotierter Unternehmen, S. 29 (30); *Lee*, EWS 1990, 241 (242).

987 City Code, Section B.

988 City Code, Sections D bis Q.

989 City Code, Section A.

990 City Code, Section C. An dieser Stelle findet sich allerdings keine Definition eines *takeover bid*.

991 Vgl. *Pennington* in FS Duden, 379 (382 f.).

sen heranzuziehen[992], wodurch Umgehungsversuche nur schwer möglich werden.

Zusammengefaßt lassen sich die Ziele der General Principles wie folgt beschreiben[993]: Das Verfahren nach dem City Code soll eine faire und gleiche Behandlung aller Anteilseigner bei einem öffentlichen Übernahmeangebot gewährleisten[994] und diesen rechtzeitig die fachmännisch überprüften und erforderlichen Informationen zukommen lassen, die für die Entscheidung über die Annahme eines Angebots erforderlich sind. Weiterhin soll ein fairer Markt für die Aktien der betroffenen Unternehmen erhalten werden. Überdies soll verhindert werden, daß die Verwaltung der Zielgesellschaft Handlungen ergreift, die ein Angebot gegen den Wunsch der Aktionäre vereiteln könnten[995]. Schließlich soll ein ausreichender Schutz vor dem Entstehen einer Minderheitsbeteiligung bei jeder Art der Kontrollerlangung sichergestellt werden.

Der Anwendungsbereich der britischen Regelung erstreckt sich auf alle *public limited companies* mit Sitz in Großbritannien, unabhängig davon, ob sie börsennotiert sind oder nicht[996]. Auf *private limited companies* ist der City Code nur ausnahmsweise anwendbar[997].

II. Pflichten der Zielgesellschaft

1. Abgabe einer Stellungnahme

Die Verwaltung[998] der Zielgesellschaft ist gemäß Rule 25 zunächst verpflichtet, zu dem Übernahmeangebot eine Stellungnahme abzugeben[999]. Zudem hat sie unabhängige Beratung zu dem Angebot einzuholen und deren Ergebnis bekanntzugeben[1000]. Die Stellungnahme hat spätestens binnen 14 Tagen zu erfol-

992 City Code, Introduction 3 (a).
993 Vgl. *Defriez* in von Rosen/Seifert, Übernahme börsennotierter Unternehmen, S. 29 (30 f.).
994 City Code, Introduction par 1 (a).
995 Vgl. dazu sogleich unter II.
996 City Code, Introduction 4 (a).
997 Und zwar dann, wenn sie innerhalb der letzten zehn Jahre an der Börse notiert waren oder sonstige Aktivitäten unternommen haben, ihre Anteile öffentlich handeln zu lassen, vgl. City Code, Introduction 4 (a).
998 Im folgenden bezieht sich der Begriff der Verwaltung der Zielgesellschaft auf den *offeree company board*.
999 Es handelt sich hierbei um eine Ausprägung des General Principle 4 des City Code, wonach den Aktionären ausreichende Informationen zur Verfügung stehen müssen, um wohlinformiert über das Angebot entscheiden zu können.
1000 City Code, Rules 25.1 und 3.1.

gen[1001] und höchsten Sorgfaltsanforderungen zu entsprechen[1002]. Inhaltlich hat die Stellungnahme eine Empfehlung an die Aktionäre für oder gegen das Angebot zu enthalten. Weiterhin haben die einzelnen Mitglieder der Verwaltung offenzulegen, ob sie selbst von der Annahme des Angebots Gebrauch machen werden, soweit sie Anteile an der Zielgesellschaft besitzen[1003]. Derartige Beteiligungen sind zudem ebenso wie solche an der Bietergesellschaft zu veröffentlichen[1004]. Überdies sind der Stellungnahme die Dienstverträge der Mitglieder der Verwaltung beizufügen, wenn diese zum Zeitpunkt der Abgabe des Angebots eine zwölf Monate überschreitende Laufzeit haben[1005]. Fakultativ können darüber hinaus Gewinnprognosen abgegeben werden sowie eine Bewertung der Vermögensgegenstände der Zielgesellschaft[1006]. Zudem besteht die Verpflichtung zur öffentlichen Auslegung zahlreicher wichtiger Verträge und der geprüften Jahresabschlüsse[1007]. Beruht die Stellungnahme auf einer Mehrheitsentscheidung sind zudem die abweichenden Voten bekanntzumachen[1008].

2. Verbot der „frustrating actions"

Bereits General Principle 7 beschreibt die Verhaltenspflichten der Verwaltung der Zielgesellschaft im Zusammenhang mit einem Übernahmeangebot. Dadurch wird zum Ausdruck gebracht, welch hoher Stellenwert der City Code den Regelungen hierzu beimißt[1009]. Danach ist es der Verwaltung der Zielgesellschaft untersagt, nachdem ihr ein ehrlich gemeintes Angebot mitgeteilt wurde, Maßnahmen ohne Zustimmung der Hauptversammlung zu ergreifen, die dazu führen könnten, daß das Angebot scheitert oder den Aktionären die Möglichkeit genommen wird, selbst über sein Für und Wider zu entscheiden (*frustrating actions*). Gleiches gilt auch bereits dann, wenn die Verwaltung Grund zu der Annahme hatte, daß ein solches Angebot unmittelbar bevorsteht[1010]. In zeitlicher

1001 City Code, Rule 30.2.
1002 City Code, General Principle 5.
1003 City Code, Rule 25.3 (a) (vi).
1004 City Code, Rule 25.3 (a) (ii).
1005 City Code, Rule 25.4.
1006 Siehe auch City Code, Rule 28. Solche Angaben unterliegen der unabhängigen Bewertung Dritter, City Code, Rule 28.3.
1007 City Code, Rule 26.
1008 City Code, Note 2 zu Rule 25.1.
1009 Vgl. bereits *Pennington* in FS Duden, S. 379 (392).
1010 City Code, General Principle 7: „At no time after a bona fide offer has been communicated to the board or the offeree company, or after the board of the offeree company has reason to believe that a bona fide offer might be imminent, may any action be taken by the board of the offeree company in relation to the affairs of the company, without the approval of the shareholders in general meeting, which could

Hinsicht greift das Verbot der *frustrating actions* also unter Umständen bereits vor Bekanntmachung des öffentlichen Übernahmeangebots.

Rule 21.1 konkretisiert diesen allgemeinen Grundsatz dahingehend, daß der Zielgesellschaft ohne vorherige Zustimmung der Hauptversammlung die Ausgabe von genehmigtem Kapital und die Ausgabe oder die Gewährung von Bezugsrechten auf neue Aktien untersagt sind. Dies gilt auch für die Schaffung solcher Anteile, die ein Umtauschrecht oder Bezugsrecht für Aktien gewähren. Weiterhin untersagt wird der Kauf oder Verkauf von Gesellschaftsvermögen in erheblichem Umfang[1011] oder die Verpflichtung hierzu sowie der Abschluß von Verträgen, die über den gewöhnlichen Geschäftsbetrieb (*ordinary course of business*) hinausgehen. Ebenfalls der Zustimmung bedarf nach Rule 37.3 (a) der Erwerb eigener Aktien. Hauptversammlungsermächtigungen, die im voraus erteilt werden, sind dagegen nicht zulässig[1012]. Statthaft bleibt jedoch die Suche nach einem konkurrierenden Bieter[1013]. Auch Präventivmaßnahmen werden von Rule 21 nicht erfaßt und bleiben daher zulässig[1014]. Dennoch sind solche in der Praxis selten zu finden, da ein breiter Konsens - insbesondere unter institutionellen Anlegern - besteht, diese als nicht akzeptabel anzusehen[1015]. Trotz des vergleichsweise strengen Ansatzes der Regulierung des Verhaltens der Verwaltung der Zielgesellschaft hat sich in der Vergangenheit gezeigt, daß unfreundliche Übernahmen in erheblich geringerem Maße erfolgreich abgeschlossen wurden als freundliche[1016].

---

effectively result in any bona fide offer being frustrated or in the shareholders being denied an opportunity to decide on its merits."

1011 „*Assets of material amount*", was grundsätzlich ab 10 Prozent angenommen wird, City Code, Note 2 zu Rule 21.1. Dazu auch *Hopt* in FS Lutter, S. 1361 (1368).

1012 Vgl. *Stern* in Doralt/Nowotny/Schauer, Takeover-Recht, S. 51 (84).

1013 Vgl. *Prentice* in Hommelhoff/Hopt/Lutter, Konzernrecht für Europa, S. 99 (118); *Zinser*, RIW 2001, 481 (486).

1014 Vgl. *Zinser*, RIW 2001, 481 (486); *Schaaf*, RIW 1985, 273 (276).

1015 Vgl. *Prentice* in Hommelhoff/Hopt/Lutter, Konzernrecht für Europa, S. 99 (117).

1016 So sollen etwa nahezu die Hälfte aller unfreundlichen Übernahmen fehlschlagen. Vgl. *Prentice* in Hommelhoff/Hopt/Lutter, Konzernrecht für Europa, S. 99 (118).

C. USA

I. Überblick

1. Einführung

Öffentliche Übernahmeangebote haben in den USA eine lange Tradition und gehen zurück bis in die sechziger Jahre des 20. Jahrhunderts[1017]. Mit regelmäßig wiederkehrenden Wellen von Unternehmensübernahmen, die jeweils mit zeitlicher Verzögerung nach Europa gelangten, war der US-amerikanische Markt der bislang aktivste und facettenreichste und wird dies nicht zuletzt auf Grund der überragenden Stellung des US-amerikanischen Kapitalmarktes aller Voraussicht nach auch bleiben. Neben dem englischen Übernahmerecht übt das US-amerikanische weltweit den größten Einfluß auf andere Rechtsordnungen aus. Dies gilt vor allem im Hinblick auf die kaum mehr zu überblickenden Praktiken, die zur Abwehr unfreundlicher Übernahmen entwickelt wurden, deren Übertragbarkeit in andere Rechtsordnungen jedoch nicht immer ohne weiteres möglich ist.

2. Rechtsgrundlagen

In den USA zerfällt die Regelung von öffentlichen Übernahmeangeboten einerseits in bundesgesetzliche Bestimmungen und andererseits in einzelstaatliche Regelungen[1018]. Grund hierfür ist, daß die Regelungsbefugnis für kapitalmarktrechtliche Fragen (*securities regulation*) in die Gesetzgebungskompetenz des Bundes fällt, während der Bereich des Gesellschaftsrechts (*corporate law*) den Einzelstaaten zugewiesen ist[1019]. Auf Bundesebene[1020] sind öffentliche Kaufangebote (*tender offers*)[1021] in dem im Jahr 1968 in Ergänzung zum *Securities Exchange Act, 1934* (SEA), in Kraft gesetzten *Williams Act*[1022] in den Sections

1017 Vgl. zur Entwicklung des US-amerikanischen Marktes *Hausmaninger* in Doralt/Nowotny/Schauer, Takeover-Recht, S. 177 (177 ff.).

1018 Vgl. *von Falkenhausen* in FS Stiefel, S. 162 (170 f.); *Ebenroth/Rapp*, DZWiR 1991, 2 (8).

1019 Gegenüberstellungen des US-amerikanischen Übernahmerechts zu dem Vorschlag aus dem Jahr 1990 für eine EU-Übernahmerichtlinie finden sich bei *van Alstine*, EWS 1993, 8 ff.; *Depser*, RIW 1992, 351 ff.

1020 Vgl. allgemein zum Bundesrecht *Dietrich*, AWD 1973, 304 ff.

1021 In den USA erfolgt ein Übernahmeangebot in einem Tender-Verfahren. Hierbei werden alle Aktionäre der Zielgesellschaft durch ein öffentliches *tender offer* aufgefordert, sofern sie von der Annahme des Angebots Gebrauch machen wollen, ihre Aktien bei einer im Angebot angegebenen öffentlichen Stelle zu hinterlegen (*to tender*).

1022 Benannt nach dem damaligen Senator *Harrison Williams*, New Jersey, der den Gesetzentwurf erstmalig einbrachte. Ausführlich zur Entstehungsgeschichte des Williams

13(d)-(e) und 14(d)-(f) SEA geregelt[1023]. Zur Durchsetzung und Überwachung der Vorschriften des Williams Act ist die *Securities and Exchange Commission* (SEC) befugt. Die von dieser Behörde erlassenen Ausführungsbestimmungen, die *SEC Rules*, sind ergänzend heranzuziehen[1024]. Die Zulässigkeit von Abwehrmaßnahmen hingegen bestimmt sich nach gesellschaftsrechtlichen Grundsätzen, folglich nach dem Recht der Einzelstaaten[1025].

a) Williams Act

Der Williams Act zielt vordringlich darauf ab[1026], den Aktionären eine unverfälschte und freie Entscheidung über ein Angebot zu ermöglichen und Chancengleichheit zwischen dem Bieter und dem Management der Zielgesellschaft herzustellen. Im wesentlichen umfaßt er drei Schwerpunkte. Zum ersten werden umfassende Publizitätspflichten des Bieters festgelegt, wenn dieser ein Angebot auf mehr als fünf Prozent an der Zielgesellschaft abgibt[1027]. Zum zweiten legt der Williams Act die einzelnen Verfahrensschritte eines *tender offer* fest[1028]. Dieser Abschnitt bildet das Kernstück der bundesstaatlichen Übernahmeregelungen. Schließlich werden drittens alle Formen aktiver und passiver Irreführung und

---

Act, *Breiding*, Übernahmeangebote im amerikanischen Börsen und Gesellschaftsrecht, S. 100 ff.

1023 Aus europäischer Sicht von besonderem Interesse sei noch hingewiesen auf § 721 *Defense Production Act* 1950 in der Fassung des *Omnibus Trade and Competitivness Act* von 1988 (Gesetz über den Handel und Wettbewerbsfähigkeit), wonach dem Präsidenten der USA die Möglichkeit eröffnet wird, die Übernahme eines amerikanischen Unternehmens durch einen ausländischen Bieter zu verzögern oder zu untersagen oder jederzeit die Rückabwicklung zu verlangen, wenn dadurch nationale Sicherheitsinteressen gefährdet würden. Die Kompetenz dieser unter der Bezeichnung *Exon-Florio Amendment* bekannten Bestimmungen hat der Präsident an das *Committee on Foreign Investment in the U.S.* (CFIUS) (Ausschuß über ausländische Investitionen in den USA) übertragen, das dem *Department of the Treasury* (US-Finanzministerium) unterstellt ist und Durchführungsbestimmungen erlassen hat. Entgegen seinem ursprünglichen Sinn finden diese Bestimmungen nicht nur auf die Rüstungsindustrie, sondern auf Übernahmen beliebiger Unternehmen Anwendung. Vgl. dazu eingehend *Hutter/Lawrence* in von Rosen/Seifert, Übernahme börsennotierter Unternehmen. S. 5 (141 ff.)

1024 Auf deren Homepage unter http://www.sec.gov finden sich die Texte des SEA und der SEC-Rules.

1025 Vgl. dazu auch den aktuellen Überblick bei *Neff/Katz/Elofson* in M&A Handbook, S. 183 ff.

1026 Vgl. dazu jüngst auch *Helmis*, RIW 2001, 825 (826 ff.).

1027 Section 13(d) SEA. 15 U.S.C. § 78m (d).

1028 Section 14(d) SEA. 15 U.S.C. § 78n (d). Eine ausführliche Darstellung des Ablaufs eines freundlichen Übernahmeangebots mit nachfolgender Fusion nach US-amerikanischem Recht aus praktischer Sicht findet sich bei *Hutter/Lawrence* in von Rosen/Seifert, Übernahme börsennotierter Unternehmen, S. 95 ff.

Täuschung der Aktionäre der Zielgesellschaft im Wege einer Generalklausel untersagt[1029]. Eine Definition des *tender offer* findet sich auch im Williams Act nicht. Jedoch hat die SEC auf Grundlage einer Empfehlung einen sog. *Eight-Factor Test* entwickelt, der auch von den Gerichten angewandt wird[1030]. Diese Kriterien sind im Sinne eines beweglichen Systems zu verstehen, müssen daher überwiegend und nicht kumulativ erfüllt sein[1031]. Damit ein Angebot als öffentliches Angebot einzustufen ist, müssen im Einzelfall also keineswegs alle acht Kriterien vorliegen. Die Anforderungen können wie folgt skizziert werden: Zunächst ist zu fragen, ob der Bieter mit seinem Angebot auf eine Vielzahl von Aktionären zugeht und es sich um ein planmäßiges Vorgehen handelt mit dem Ziel, ein größeres Aktienpaket zu erwerben. Weiterhin ist darauf abzustellen, ob der für den Verkauf sonst erzielbare Marktpreis, insbesondere der Börsenkurs, überschritten wird und es sich um ein einseitig formuliertes, verbindliches Angebot handelt oder die Bedingungen von Fall zu Fall ausgehandelt werden. Ferner sprechen für die Einordnung als *tender offer*, wenn das Angebot mit für Übernahmeangebote typischen Bedingungen verbunden ist, wie etwa einer Rücktrittsmöglichkeit, wenn die Annahmeerklärungen einen Mindestprozentsatz am Grundkapital nicht erreichen oder eine zeitliche Befristung für das Angebot vorliegt. Schließlich soll ein öffentliches Angebot vorliegen, wenn in wirtschaftlicher Betrachtungsweise ein Verkaufsdruck für die Aktionäre besteht und es öffentliche Ankündigungen im Zusammenhang mit dem Vorgehen des Bieters gibt.

b) Anti-takeover-statutes

Anders als dem Bundesgesetzgeber bei Erlaß des Williams Act ging es den Einzelstaaten nicht um die Herstellung von Transparenz und Gleichbehandlung. Vielmehr verfolgten die einzelstaatlichen Gesetze einzig das Ziel, Übernahmen zu erschweren bzw. gänzlich unmöglich zu machen. Dahinter standen die Befürchtungen um die negativen Auswirkungen von Übernahmen auf die Wirtschaft der Einzelstaaten[1032]. Daher waren es insbesondere die bedeutenden Indu-

1029 Section 14(e) SEA. 15 U.S.C. § 78n (e). Vgl. im einzelnen zu diesen Regelungsschwerpunkten *Dietrich*, Die Tender Offer im Bundesrecht der Vereinigten Staaten, S. 95 ff.; *Hausmaninger* in Doralt/Nowotny/Schauer, Takeover-Recht, S. 177 (180 ff.).

1030 Vgl. die Leitentscheidung *Wellman v. Dickinson*, 475 F.Supp. 783, 823-824 (S.D.N.Y. 1979). Siehe dazu im deutschen Schrifttum *Merkt*, US-Gesellschaftsrecht, Rn. 1105, sowie *Fleischer*, ZIP 2001, 1653 (1657 f.) m.w.N.

1031 Sofern sechs der Kriterien zu bejahen sind, nehmen US-amerikanische Gerichte das Vorliegen eines *tender offer* an. Vgl. *Hausmaninger* in Doralt/Nowotny/Schauer, Takeover-Recht, S. 177 (184).

1032 Verbunden war damit auch die Sorge um den Wettbewerb der Einzelstaaten untereinander im Hinblick auf die Inkorporation. Denn nach US-amerikanischem Gesellschaftsrecht ist für die Verfassung einer Kapitalgesellschaft das Recht des Staates

striestaaten, wie etwa Pennsylvania[1033], Illinois, Ohio und Michigan, die als erste solche *anti-takeover-statutes* erließen[1034].

II. Pflichten der Zielgesellschaft

Entsprechend des zuvor dargestellten Auseinanderfallens der Rechtsgrundlagen sind auch die Pflichten der Zielgesellschaft uneinheitlich niedergelegt. Die Verpflichtung zur Abgabe einer Stellungnahme folgt aus den Sonderregelungen zum Verfahren eines *tender offer* im Williams Act, während die Verhaltenspflichten als Frage des Gesellschaftsrechts den Einzelstaaten überlassen bleiben.

1. Abgabe einer Stellungnahme

Das Zielunternehmen ist gemäß Section 14(d)(4) SEA i.V.m. SEC Rule 14e-2 verpflichtet, binnen zehn Werktagen nach Einleitung eines *tender offer* seinen Aktionären *Schedule* 14D-9 vorzulegen. Hierin hat das Management[1035] seine begründete Stellungnahme zu dem Angebot darzulegen. Es kann sowohl die Annahme oder Ablehnung des Angebots empfehlen als auch eine neutrale Position gegenüber dem Angebot einnehmen. Schließlich kann es auch mitteilen, daß es sich außerstande sieht, eine bestimmte Haltung einzunehmen, was jedoch zu begründen ist. Die Stellungnahme ist dem Bieter, der SEC und den Börsen, an denen die Aktien der Zielgesellschaft notieren, zu übersenden. Die Veröf-

---

maßgeblich, in dem die Gesellschaft gegründet wurde. Vgl. die Auswertung der Begleitumstände bei *Paefgen*, AG 1991, 41 (43 ff.).

1033 Vgl. dazu *Paefgen*, AG 1991, 41 ff.

1034 Vgl. *Ebenroth/Rapp*, DZWiR 1991, 2 (9); *von Falkenhausen* in FS Stiefel, S. 163 (179). Es werden drei Wellen der anti-takeover-statutes unterschieden. Die erste Welle wurde durch den *U.S. Supreme Court* gestoppt. Zum einen aus kompetenzrechtlichen Gründen: da bereits mit dem Williams Act eine bundesstaatliche Regelung vorlag, wurde darin ein Verstoß gegen den *supremacy clause* der US-amerikanischen Verfassung gesehen, der das innerstaatliche Kompetenzgefüge festlegt. Zum anderen, weil die Gesetze den Wirtschaftsverkehr unter den Einzelstaaten in unzulässiger Weise beschränkten und damit gegen den *interstate commerce clause* der Verfassung verstießen. Vgl. dazu die Leitentscheidung *Edgar v. MITE Corp.*, 457 U.S. 624 (1982). Die sich anschließenden Gesetze versuchten daher, mit gesellschaftsrechtlichen Eingriffen Kontrollwechsel zu verhindern, vgl. dazu die Leitentscheidung *CTS Corp. v. Dynamics Corp.*, 481 U.S. 69 (1987). Vgl. ausführlich zu der Antitakeover-Gesetzgebung der Einzelstaaten, *Weisner*, Verteidigungsmaßnahmen, S. 47 ff.; *Hausmaninger* in Doralt/ Nowotny/Schauer, Takeover-Recht, S. 177 (192 ff.).

1035 Im US-amerikanischen Gesellschaftsrecht besteht keine Trennung zwischen Vorstand und Aufsichtsrat. Zu den Mitgliedern des *board of directors* gehören die Mitglieder der Geschäftsleitung (Management) sowie in beratender und beaufsichtigender Funktion die *outside directors*. Dazu *Merkt*, US-Gesellschaftsrecht, Rn. 482 ff.

fentlichung kann bei einer freundlichen Übernahme bereits zusammen mit dem Kaufangebot erfolgen.

2. Verhaltenspflichten

Entsprechend der zuvor dargestellten Intention der einzelstaatlichen Regelungen ist die Frage nach der Regelung der Verhaltspflichten der Leitung der Zielgesellschaft gleichzusetzen mit der Frage nach der Zulässigkeit von Abwehrmaßnahmen. Konsequenterweise wurden dem Management keinerlei gesetzliche Beschränkungen auferlegt, so daß ihm ein verhältnismäßig großer Spielraum überlassen bleibt. In der Praxis hat sich eine beinahe nicht mehr zu überschauende Anzahl von Abwehrmaßnahmen herausgebildet, die seitens der Zielgesellschaft dem *tender offer* entgegengesetzt werden können. Diese, zumeist der Sprache der Videokriegsspiele entnommenen Begriffe, tragen phantasievolle Namen wie etwa *pac-man defense*[1036], *scorched earth*[1037],. *green mailing*[1038] oder *white knight*[1039]. Letztlich folgt die Zulässigkeit von Abwehrmaßnahmen aus einer Vielzahl von Gerichtsentscheidungen[1040]. Ein Blick auf die Herkunft der zahlreichen Urteile verdeutlicht, daß zumeist Gerichte des Bundesstaates Delaware mit

---

1036 Hierunter ist die Abgabe eines Gegenangebots der Zielgesellschaft an die Aktionäre der Bietergesellschaft zu verstehen.

1037 Bei dieser Strategie führt die Zielgesellschaft eine eigene vollständige oder teilweise Liquidation durch, wodurch zumindest die Gewinnrealisierung den eigenen Anteilseignern und nicht dem Bieter zukommt.

1038 Auch als *targeted stock repurchase* oder *good bye kiss* bezeichnet, vgl. *Peltzer*, ZfgK 1986, 291 (294). Dieses Verfahren beschreibt einen Vorgang, bei dem ein Bieter Anteile am Zielunternehmen erwirbt, ohne die Absicht zu besitzen, diese zu übernehmen. Vielmehr setzt er das Management der Zielgesellschaft unter Druck, daß dieses die Zielgesellschaft veranlaßt, die Anteile vom Bieter zurückzukaufen. Die Bezeichnung setzt sich aus Elementen des Wortes *to blackmail* (erpressen) und *greenback* (umgangssprachlich für US-Dollar-Noten) zusammen. Vgl. *von Falkenhausen* in FS Stiefel, S. 163 (168); *Steding*, BuW 2001, 381 (382).

1039 Unter einem „weißen Ritter" versteht man eine befreundete dritte Partei, die die Übernahme der Zielgesellschaft durch den ersten Bieter durch die Abgabe eines konkurrierenden freundlichen Übernahmeangebots an die Aktionäre der Zielgesellschaft verhindert. Vgl. zu weiteren Abwehrmaßnahmen *Buxbaum* in Kreuzer, Öffentliche Übernahmeangebote, S. 55 ff.; *von Falkenhausen* in FS Stiefel, S. 163 (181 ff.); *Hausmaninger* in Doralt/Nowotny/Schauer, Takeover-Recht, S. 177 (194 ff.); *Sünner*, AG 1987, 276 (279 ff.); *Trockels*, ZVglRWiss 1990, 56 ff.; *Weisner*, Verteidigungsmaßnahmen, S. 19 ff.

1040 Vgl. aus dem deutschen Schrifttum hierzu etwa *Bungert*, AG 1994, 297 ff.; *Frank/ Moreland*, RIW 1989, 761 ff; *Schaaf*, RIW 1985, 273 (279 f.), sowie *Harbarth*, ZVglRWiss 2001, 275 (283 ff.). Einen Vergleich zu den Regelungen des WpÜG unternehmen *Schaefer/Eichner*, NZG 2003, 150 ff.

dieser Frage beschäftigt waren[1041]. Auch wenn Bundesrecht hierbei keine Rolle spielt, so kann doch in der Gesamtheit der einzelstaatlichen Regelungen von einer einheitlichen Rechtslage diesbezüglich gesprochen werden[1042]. Im übrigen sei an dieser Stelle darauf hingewiesen, daß das in den USA praktizierte Modell keineswegs unumstritten ist. Im Gegenteil, bei der Frage nach der Zulassung von Abwehrmaßnahmen im Fall einer Übernahme handelt es sich wohl um eine der meist umstrittenen Fragen im US-amerikanischen Gesellschaftsrecht[1043].

a) Business judgement rule

Dem Grundsatz nach wird die Rechtmäßigkeit von Managemententscheidungen im US-amerikanischen Gesellschaftsrecht nach der *business judgement rule* beurteilt. Danach besteht, vereinfacht gesagt, grundsätzlich die nur schwer widerlegbare Vermutung, daß der *board of directors* seine Entscheidungen im besten Sinne der Gesellschaft trifft[1044]. Die Entscheidungen sind dann gerechtfertigt, wenn sie in gutem Glauben (*good faith*) unter Beachtung der dem Board obliegenden Treue- und Sorgfaltspflichten getroffen werden (*duties of loyalty and care*), wobei dem Management ein weitreichender wirtschaftlicher Ermessenspielraum zukommt. Speziell im Rahmen von öffentlichen Übernahmeangeboten wurde dieser Grundsatz durch zwei Leitentscheidungen der Gerichte von Delaware konkretisiert[1045].

b) Modified business judgement rule

In der ersten Entscheidung, *Unocal Corp. v. Mesa Petroleum Co.*[1046], wurde die soeben beschriebene Grundregel zur *modified business judgement rule* fortentwickelt[1047]. Unter Berücksichtigung des Umstands, daß in einem Übernahmever-

---

1041 Dies folgt daraus, daß Delaware ein bevorzugter Sitz für Unternehmen in den USA ist. Vgl. dazu *Hatzis-Schoch*, RIW 1992, 539 ff. Vgl. zum Übernahmerecht in Delaware *Ebenroth/Eyles*, RIW 1988, 413 ff.

1042 Vgl. *van Alstine*, EWS 1993, 8 (12), Fn. 52.

1043 Im wesentlichen lassen sich drei unterschiedliche Strömungen ausmachen, die sich in ihren Extremen diametral gegenüberstehen. Vgl. dazu exemplarisch *Easterbrook/Fischel*, 94 Harv. L. Rev. 1981, 1161 ff., grundlegend zur *rule of managerial passivity* einerseits; ablehnend *Lipton*, 35 Bus. Lawyer 1979, 101 ff., andererseits; vermittelnd *Gilson*, 35 Stan. L. Rev. 1982, 51 ff. Weitere Nachweise aus der US-amerikanischen Literatur bei *Krause*, WM 1996, 845 (850), Fn. 84 bis 90; *Meier-Schatz*, ZHR 149 (1985), 76 (85), Fn. 42.

1044 Vgl. *Smith v. van Gorkem*, 488 A.2d 858, 872 (Del. 1985).

1045 Allgemein dazu *Merkt*, US-Gesellschaftsrecht, Rn. 682 ff. Zur Weiterentwicklung der *business judgement rule* eingehend *Herkenroth*, Konzernierungsprozesse, S. 172 ff.

1046 493 A.2d 946 (Del. 1985). Vgl. dazu *Frank/Moreland*, RIW 1989, 761 (763 ff.).

1047 Auch als *qualified* oder *enhanced business judgement rule* geläufig.

fahren die Eigeninteressen des Managements der Zielgesellschaft zu stark in den Vordergrund rücken könnten, kam das Gericht zu dem Schluß, daß der Schutz vor einer gerichtlichen Inhaltskontrolle - entsprechend der *business judgement rule* - nur dann zu bejahen sei, wenn sich das Angebot schädlich auf das Wohlergehen der Gesellschaft auswirke, die Maßnahme sowohl in gutem Glauben als auch nach Anstellung entsprechender Nachforschungen und Beratungen über das Angebot des Bieters ergriffen worden sei (*reasonable investigation*) und die Maßnahme angemessen im Verhältnis zu der durch die Übernahme drohenden Gefahr sei (*rule of proportionality*)[1048]. In diesem Zusammenhang sei darauf hingewiesen, daß es insbesondere Teilangebote waren, so auch im *Unocal*-Fall[1049], die in diesem Sinne als unzulässig betrachtet wurden, da sie einen unzulässigen Druck auf die Aktionäre der Zielgesellschaft ausüben[1050]. Analysen der Leitentscheidungen des Delaware Supreme Court haben ergeben, daß nach der *Unocal*-Doktrin dem Management der Zielgesellschaft insgesamt ein sehr weiter Ermessensspielraum verbleibt[1051].

c) Revlon-Doktrin

Die zweite Leitentscheidung, *Revlon, Inc v. MacAndrews & Forbes Holdings, Inc*[1052], betrifft eine veränderte Ausgangssituation. Ging der Board in dem *Unocal*-Fall von der Wahrung der Eigenständigkeit des Zielunternehmens aus, so regelt die *Revlon*-Doktrin den Fall, daß das Management der Zielgesellschaft unter dem Druck der Übernahme von dem Ziel der Aufrechterhaltung der Unabhängigkeit abrückt und einen konkurrierenden Bieter herbeiruft. Damit signalisiert das Management seine Bereitschaft zum Verkauf des Unternehmens. Genau in diesem Moment reduziert sich die Aufgabe des Managements auf die Durchführung einer Auktion des Unternehmens, um für die Aktionäre den höchstmöglichen Preis zu erzielen[1053]. Der Vorstand nimmt dabei die Rolle eines neutralen Organisators wahr. In einem solchen Fall ist folglich der Spielraum des Managements im Gegensatz zum *Unocal*-Fall auf Null begrenzt. Es kommt daher der Frage nach der Grenzziehung, ab wann die *Unocal*- der restriktiveren

---

1048 493 A.2d 946, 954 f. (Del. 1985).

1049 Vgl. 493 A.2d 946, 956 (Del. 1985).

1050 Insbesondere in den zahlreichen „amerikanischen" Varianten. Vgl. dazu *van Alstine*, EWS 1993, 8 (14).

1051 Vgl. *Depser*, RIW 1992, 351 (356).

1052 506 A.2d 173 (Del. 1986). Vgl. dazu *Ebenroth/Eyles*, RIW 1988, 413 (426); *Frank/Moreland*, RIW 1989, 761 (766).

1053 Daher auch als *level playing field rule* bezeichnet. Ausführlich dazu *Weisner*, Abwehrmaßnahmen, S. 91 ff.

Revlon-Doktrin zu weichen hat und damit ausschließlich auf das Interesse der Anteilseigner abzustellen bleibt, entscheidende Bedeutung zu[1054].

D. ÖSTERREICH

I. ÜBERBLICK

1. Rechtsgrundlage

Genau drei Jahre vor dem Inkrafttreten des deutschen WpÜG trat zum 1. Januar 1999 das Übernahmegesetz[1055] in Österreich in Kraft[1056]. Ähnlich wie in Deutschland stellt das öÜbG die erste nationale gesetzliche Regelung auf diesem Gebiet dar[1057]. Jedoch hat Österreich anders als Deutschland insoweit Neuland betreten, als es auf keinerlei eigene Erfahrungen mit nichtgesetzlichen Regelungen zurückgreifen konnte[1058]. Auch in Österreich war die gesetzliche Regelung

---

1054 Dazu etwa *Paramount Communications, Inc v. QVC Network, Inc*, 637 A.2d 34 (Del. 1994). Dazu näher *Bungert*, AG 1994, 297 ff., zur Abgrenzungsproblematik ebenda, (306).

1055 Art. I des Bundesgesetzes betreffend Übernahmeangebote (Übernahmegesetz - ÜbG) sowie über Änderungen des Börsegesetzes und des Einführungsgesetzes zu den Verwaltungsverfahren 1991, öBGBl. I Nr. 127/1998 vom 14. August 1998, in der Fassung öBGBl I Nr. 189/1999 vom 19. August 1999. Zuletzt geändert mit Wirkung zum 1. August 2001 durch das 1. Euro-Umstellungsgesetz, öBGBl. I Nr. 98/2001 vom 7. August 2001; dort Art. 84, S. 1494 ff. Im folgenden als öÜbG abgekürzt. Der vollständige Wortlaut des öÜbG samt Materialien und Verordnungen ist im Internet auf der Homepage der österreichischen Übernahmekommission unter http://www.takeover.at erhältlich.

1056 Einen ersten Überblick bieten etwa *Bydlinski/Winner*, ÖBA 1998, 913 ff.; *Kalss*, NZG 1999, 421 ff.; *Stockenhuber*, RIW 1999, 752; *Zwissler*, AG 1999, 411 ff. Einen Vergleich zum deutschen Übernahmekodex findet sich bei *Roth/Zinser*, EWS 2000, 233 ff. Vgl. auch *Czernich/Guggenberger*, RIW 2000, 265 (268); *Doralt/Kalss* in Hommelhoff/Hopt/Lutter, Konzernrecht für Europa, S. 177 (183 ff., 207 ff.) m.w.N.; *Herbst/Smith* in M&A Handbook, S. 63 ff.

1057 Vgl. zu den Vorüberlegungen *Doralt* in FS Kropff, S. 53 ff.; *ders.* in Doralt/Nowotny/Schauer, Takeover-Recht, S. 1 ff.; *Hausmaninger/Herbst*, ÖBA 1997, 911 ff. Der von *Doralt* ausgearbeitete Ministerialentwurf ist abgedruckt bei *Doralt/Nowotny/Schauer*, Takeover-Recht, S. 207 ff. Zu den Pflichten der Verwaltung der Zielgesellschaft nach dem Entwurf *Schärf*, ecolex 1997, 770 ff.

1058 Eine erste Bewährungsprobe des öÜbG stellte die grenzüberschreitende Transaktion der Bayerischen HypoVereinsbank AG und der Bank Austria AG dar. Vgl. dazu die Stellungnahme gemäß § 29 Abs. 1 öÜbG der österreichischen Übernahmekommission vom 12. September 2000 mit Anmerkung *Karollus/Geist* in NZG 2001, 282 ff.; *Karollus/Geist*, NZG 2000, 1145 ff.; eine Analyse dieses Falls nach deutschem Recht

maßgeblich durch eine öffentlichkeitswirksame Übernahme motiviert. Als zum Jahreswechsel 1996/97 die Bank Austria die Aktienmehrheit an der Creditanstalt erworben hatte, setzte sich die Meinung durch, daß eine gesetzliche Regelung zur Übernahme börsennotierter Aktiengesellschaften unumgänglich geworden sei[1059]. Dieser Eindruck verstärkte sich infolge der Übernahmeauseinandersetzung um die Krems Chemie AG. Dies war nicht nur der erste Fall eines unfreundlichen Übernahmeversuchs, sondern zugleich der erste Kontrollwechsel im Wege eines öffentlichen Übernahmeangebots überhaupt in Österreich[1060].

Die Entstehung des österreichischen Regelwerks orientierte sich vor allem an den Regelungen des britischen City Code und an den Arbeiten zur EU-Übernahmerichtlinie[1061], daneben aber auch an den Regelungen Deutschlands und der Schweiz[1062]. Mit dem Gesetz verbunden sind zwei Grundanliegen: zum einen die Bereitstellung eines geordneten Verfahrens für öffentliche Angebote und zum anderen die Regelung des Konzerneingangsschutzes[1063]. Das öÜbG stellt dazu Grundsätze und Regelungen für freiwillige und obligatorische Übernahmeangebote auf.

---

findet sich bei *Weber-Rey/Schütz*, AG 2001, 325 ff.; siehe auch FAZ vom 2. September 2000, S. 20.

1059 Noch unter dem Eindruck dieser Ereignisse beschloß der Nationalrat am 14. Januar 1997 die Ausarbeitung eines Gesetzes. Eingehend zur Entstehungsgeschichte *Bydlinski/Winner*, ÖBA 1998, 913 (913 f.).

1060 Ursache des geringen Vorkommens von öffentlichen Übernahmeangeboten im allgemeinen und unfreundlichen Übernahmen im besonderen ist vor allem die sehr geringe Zahl börsennotierter Unternehmen, deren Anteile sich zudem überwiegend in der Hand eines Mehrheitsaktionärs befinden. Zum 31. August 2001 waren lediglich 108 inländische Aktien im Amtlichen Handel und Geregelten Freiverkehr an der Wiener Börse notiert. Vgl. Monatsstatistik der Wiener Börse, April 2002, erhältlich unter http://www. wbag.at. Ferner bestehen im österreichischen Recht zahlreiche Möglichkeiten zur Abwehr unfreundlicher Übernahmeversuche. Dazu gehören unter anderem Höchststimmrechte, die nach § 114 Abs. 1 öAktG auch in börsennotierten Gesellschaften zulässig sind und die auch bei einigen bedeutenden Unternehmen anzutreffen sind. Mehrstimmrechte hingegen sind gemäß § 12 Abs. 2 öAktG unzulässig. Vgl. dazu *Nowotny*, RdW 2001, 130 ff. Vgl. zu weiteren Abwehrmaßnahmen *Herbst/Smith* in M&A Handbook, 63 (71 f.).

1061 In der Fassung des Richtlinienvorschlags vom 13. Dezember 1997.

1062 Vgl. *Stockenhuber*, RIW 1999, 752 (753).

1063 Zu diesem Zweck wurde in § 22 Abs. 1 öÜbG die Verpflichtung zur Abgabe eines obligatorischen Angebots im Fall des Erlangens einer kontrollierenden Beteiligung eingeführt, was bei 30 Prozent der Stimmrechte widerleglich vermutet wird, § 2 Abs. 1 der 1. Übernahmeverordnung. In diesem Zusammenhang sind vielfältige Gestaltungsmöglichkeiten durch Satzungsbestimmungen vorgesehen bzw. auf Grund zeitlicher Befristung vorgesehen gewesen, bis hin zum totalen Ausschluß der Anwendbarkeit der Regelungen zum Pflichtangebot (*opting-out*). Vgl. dazu eingehend *Kalss*, NZG 1999, 421 (425 f.).

2. Aufbau, Leitlinien und Anwendungsbereich

Das öÜbG gliedert sich in vier Abschnitte. Zunächst werden allgemeine Begriffsbestimmungen, der Geltungsbereich und allgemeine Grundsätze festgelegt[1064]. Im zweiten Teil folgen Regelungen über freiwillige öffentliche Übernahmeangebote, während der dritte Teil die Folgen des Erwerbs kontrollierender Beteiligungen behandelt[1065]. Schließlich regelt der abschließende vierte Teil Fragen der Rechtsdurchsetzung[1066]. An dieser Stelle finden sich zum einen Regelungen über zivil- und verwaltungsstrafrechtliche Sanktionen und zum anderen solche über die Einrichtung einer Übernahmekommission. Diese soll als unabhängige und weisungsfreie Kollegialbehörde mit richterlichem Einschlag über die Einhaltung der Vorschriften des öÜbG wachen[1067].

Nach § 3 öÜbG orientiert sich das Regelwerk an den fünf Leitlinien des Gebots der Gleichbehandlung, des Prinzips der frühzeitigen, ordnungsgemäßen und von externen Sachverständigen auf Seiten des Bieters und der Zielgesellschaft kontrollierten Information, der Verpflichtung der Organmitglieder der Zielgesellschaft, im Interesse der gesamten Gesellschaft zu handeln[1068], der Vermeidung von Marktverzerrungen sowie des Gebots der raschen Durchführung.

Von seinem Anwendungsbereich erfaßt werden öffentliche Angebote[1069] auf Aktiengesellschaften mit Sitz in Österreich, deren Beteiligungspapiere an einer österreichischen Börse im amtlichen Handel oder im geregelten Freiverkehr notiert sind[1070], § 2 öÜbG. Im Hinblick auf das freiwillige öffentliche Übernahmeangebot ist nicht unbedingt der Erwerb der Kontrolle erforderlich. Das Gesetz erfaßt auch solche Angebote, die etwa auf eine geringere Beteiligung unterhalb

1064 §§ 1 bis 3 öÜbG.

1065 §§ 4 bis 21 bzw. 22 bis 27 öÜbG.

1066 §§ 28 bis 36 öÜbG.

1067 Ihr obliegt auch der Erlaß von Rechtsverordnungen auf Grund des öÜbG. Dabei handelt es sich um die 1. Verordnung der Übernahmekommission vom 9. März 1999 zum Übernahmegesetz (1. Übernahmeverordnung - 1. ÜbV), abgedruckt in ÖBA 1999, 468 ff.; dazu *Winner*, RdW 1999, 509 ff., sowie die 2. Verordnung der Übernahmekommission vom 21. Februar 2000 zum Übernahmegesetz (2. Übernahmeverordnung - 2. ÜbV); dazu *Schopper*, RdW 2000, 130 ff.

1068 Dazu sogleich unter II.

1069 Unter einem Übernahmeangebot ist ein öffentliches Angebot an die Inhaber von Beteiligungspapieren einer Aktiengesellschaft zum Erwerb eines Teils oder aller Beteiligungspapiere gegen Barzahlung oder im Austausch gegen andere Wertpapiere zu verstehen, § 1 Ziff. 1 öÜbG.

1070 Vgl. §§ 66 bzw. 68 Börsegesetz.

der Kontrollschwelle gerichtet sind. Diese können mittels eines Teilangebots durchgeführt werden[1071].

II. PFLICHTEN DER ZIELGESELLSCHAFT

Das öÜbG regelt in §§ 3 Ziff. 3, 12 bis 14 öÜbG eingehend die Pflichten der Zielgesellschaft:

1. Anfertigung einer Äußerung

Nach § 14 öÜbG trifft den Vorstand der Zielgesellschaft die Verpflichtung, unverzüglich nach Veröffentlichung der Angebotsunterlage eine Äußerung zu dem Angebot zu verfassen. Spätestens innerhalb von zehn Börsetagen ist diese der Übernahmekommission anzuzeigen und an den Betriebsrat zu übermitteln. Die Äußerung hat eine Beurteilung darüber zu enthalten, ob die angebotene Gegenleistung und der sonstige Inhalt des Angebots dem Interesse der Anteilseigner, der Arbeitnehmer, der Gläubiger und dem öffentlichen Interesse angemessen Rechnung tragen. Wenn möglich, sollte eine Empfehlung an die Aktionäre zur Annahme oder Ablehnung des Angebots abgegeben werden. Dabei kann der Vorstand auch seine ablehnende Haltung zum Ausdruck bringen[1072]. Sieht sich der Vorstand nicht zur Abgabe einer solchen abschließenden Empfehlung imstande, hat er zumindest die Argumente für und wider das Übernahmeangebot darzustellen[1073].

Anders als den Vorstand trifft den Aufsichtsrat der Zielgesellschaft keine Verpflichtung zur Abgabe einer Stellungnahme zu dem Angebot[1074]. Allerdings bleibt es ihm unbenommen, eine solche zu verfassen. In diesem Fall wird die Veröffentlichung zusammen mit der des Vorstands vorgenommen.

Wie auch für den Bieter[1075] statuiert § 13 öÜbG einen Beratungszwang für die Zielgesellschaft. Diese hat zu ihrer Beratung während des gesamten Verfahrens und zur Prüfung und schriftlichen Beurteilung der Stellungnahme(n) ihrer Verwaltung zum Übernahmeangebot des Bieters einen unabhängigen Sachverständigen[1076] zu bestellen. Hierin sieht der Österreichische Gesetzgeber ein wichtiges Korrektiv für eine möglicherweise unbewußt subjektiv gefärbte Stellungnahme

1071 Vgl. §§ 2, 7 Ziff. 5, 20 öÜbG.
1072 Vgl. *Bydlinski/Winner*, ÖBA 1998, 913 (917).
1073 Vgl. *Doralt/Kalss* in Hommelhoff/Hopt/Lutter, Konzernrecht für Europa, S. 177 (208).
1074 Vgl. § 14 Abs. 3 öÜbG.
1075 § 9 Abs. 1 öÜbG.
1076 Als solche geeignet sind nach § 9 Abs. 2 öÜbG beeidete Wirtschaftsprüfer und Wirtschaftsprüfungsgesellschaften sowie bestimmte Kreditinstitute.

des Vorstands[1077]. Auch die Beurteilung des Sachverständigen zu der Stellungnahme des Vorstands und, soweit eine solche vorliegt, der des Aufsichtsrats der Zielgesellschaft sind zusammen mit der Stellungnahme des Vorstands unverzüglich nach der Anzeige bei der Übernahmekommission zu veröffentlichen.

2. Verhaltenspflichten

Für die Unternehmensleitung der Zielgesellschaft sieht das öÜbG ein Neutralitätsgebot[1078] vor, das in § 12 öÜbG festgelegt ist[1079]. Adressat dieser Verhaltenspflicht sind sowohl der Vorstand als auch der Aufsichtsrat. Die Vorschrift ist im Zusammenhang mit dem allgemeinen Grundsatz aus § 3 Ziff. 3 öÜbG zu sehen. Dort wird bestimmt, daß Vorstand und Aufsichtsrat der Zielgesellschaft im Interesse aller Aktionäre und sonstiger Inhaber von Beteiligungspapieren sowie im Interesse der Arbeitnehmer, der Gläubiger und auch im öffentlichen Interesse handeln müssen[1080]. Abwehrmaßnahmen der Verwaltung der Zielgesellschaft, die auf dem Interesse an der Erhaltung des Unternehmens in seiner bisherigen Struktur beruhen, sind vom Gesetzgeber bewußt ausgeklammert worden[1081].

Nach § 12 öÜbG dürfen Vorstand oder Aufsichtsrat der Zielgesellschaft keine Maßnahmen setzen, „die geeignet sind, den Aktionären die Gelegenheit zur freien und informierten Entscheidung über das Angebot zu nehmen". Insbesondere darf die Verwaltung der Zielgesellschaft von sich aus keine Abwehrmaßnahmen ergreifen. Denn mit Kenntnis der Zielgesellschaft von der Absicht des Bieters zur Abgabe eines Angebots bis zur Veröffentlichung des Ergebnisses[1082] haben Vorstand und Aufsichtsrat „Maßnahmen zu unterlassen, durch die das Angebot vereitelt werden könnte." Unbeschadet hiervon können solche Maßnahmen gesetzt werden, wenn die Verwaltung der Zielgesellschaft bereits hierzu verpflichtet ist oder wenn sie auf einem Beschluß der Hauptversammlung beru-

1077 Vgl. 1276 der Beilagen zu den Stenographischen Protokollen des Nationalrates XX. GP vom 16. September 1998, Erläuterungen zu § 14 Abs. 2 öÜbG. *Hausmaninger/Herbst*, ÖBA 1997, 911 (916), bezeichnen die Sachverständigenprüfung pointiert als „Rute im Fenster" für die Einhaltung des Neutralitätsgebots.

1078 Von einem „flexiblen Neutralitätsgebot" sprechen *Doralt/Kalss* in Hommelhoff/Hopt/Lutter, Konzernrecht für Europa, S. 177 (208), ohne diesen Begriff jedoch näher zu erläutern.

1079 Dazu *Hlawati/Birkner/Graf*, ecolex 2000, 84 (84 f.); *Stingl*, GesRZ 1999, 113 (118 ff.).

1080 Die Bindung des Vorstands an die Interessen der Aktionäre, der Arbeitnehmer und die öffentlichen Interessen ist auch in § 70 Abs. 1 öAktG festgelegt. Vgl. *Bydlinski/Winner*, ÖBA 1998, 913 (916).

1081 Vgl. 1276 der Beilagen zu den Stenographischen Protokollen des Nationalrates XX. GP vom 16. September 1998, Erläuterungen zu § 3 Ziff. 3 öÜbG.

1082 Bzw. bei Zustandekommen der Übernahme bis zur Durchführung des Angebots.

hen, der nach Bekanntwerden der Absicht des Bieters, ein Angebot zu erstellen, gefaßt worden ist. Folglich sind solche Abwehrmaßnahmen unzulässig, die auf einem im voraus erteilten Beschluß der Hauptversammlung beruhen, der generell zur Abwehr eines Übernahmeangebots ermächtigen soll[1083]. Dies gilt insbesondere für die Ausnutzung eines genehmigten Kapitals[1084]. Als zulässig erachtet wird hingegen die Suche nach einem konkurrierenden Angebot[1085]. Von dem Neutralitätsgebot ausgenommen bleiben schließlich auch solche Maßnahmen, die bereits vor dem maßgeblichen Zeitraum getroffen wurden[1086].

E. SCHWEIZ

I. ÜBERBLICK

Im deutschsprachigen Raum kommt der Schweiz im Hinblick auf Unternehmensübernahmen eine Vorreiterrolle zu, was nicht zuletzt durch die fehlende Zugehörigkeit zur EU begründet sein dürfte. Gerade in den neunziger Jahren des 20. Jahrhunderts waren es schweizerische Unternehmen der Finanz- und Pharmabranche, die durch aufsehenerregende Transaktionen Aufmerksamkeit erzeugten[1087]. Ingesamt gesehen gehört der Schweizerische Kapitalmarkt zu den besser positionierten Märkten in Europa, nicht zuletzt auch wegen der in der EUREX aufgegangenen Schweizerischen Terminbörse (SOFFEX[1088]).

Die Entwicklung der rechtlichen Rahmenbedingungen für öffentliche Übernahmeangebote in der Schweiz ähnelt der in Deutschland. Bis zuletzt existierte auch dort kein einheitliches gesetzliches Regelwerk. Statt dessen bildete der seit 1989 Anwendung findende Schweizerische Übernahme-Kodex[1089] den regulatorischen

1083 Vgl. *Bydlinski/Winner*, ÖBA 1998, 913 (918).

1084 Vgl. 1276 der Beilagen zu den Stenographischen Protokollen des Nationalrates XX. GP vom 16. September 1998, Erläuterungen zu § 12.

1085 Vgl. *Kalss*, NZG 1999, 421 (427).

1086 Vgl. *Doralt/Kalss* in Hommelhoff/Hopt/Lutter, Konzernrecht für Europa, S. 177 (208). Zu solchen präventiven Verteidigungsmaßnahmen nach österreichischem Recht *Hlawati/Birkner/Graf*, ecolex 2000, 84 (85 ff.); *Stingl*, GesRZ 1999, 113 (114 ff.).

1087 Vgl. zu dem Ausmaß der Unternehmensübernahmen in der Schweiz in jüngster Zeit *Schuster/Rudolf* in von Rosen/Seifert, Übernahme börsennotierter Unternehmen, S. 41 (42 f.)

1088 Abgekürzt für: *Swiss Options and Financial Futures Exchange*.

1089 Schweizerischer Übernahme-Kodex vom 1. September 1989, zuletzt geändert im November 1994, herausgegeben von der Vereinigung Schweizer Börsen. Abgedruckt bei *Frei*, Öffentliche Übernahmeangebote, S. 285 ff. Vgl. dazu eingehend *Braschler*, Abwehrmaßnahmen, S. 178 ff.; *Schwenzer* in Kreuzer, Öffentliche Übernahmeangebote, S. 163 (164 ff.). Zur Praxis des Übernahme-Kodex *Frei*, Öffentliche Übernahmeangebote, S. 49 ff.

Rahmen auf diesem Gebiet. Es handelte sich dabei um im Sinne der Selbstregulierung erlassene Verhaltensvorschriften ohne rechtsverbindlichen Charakter[1090]. Hintergrund des Erlasses war die Ende der achtziger Jahre des 20. Jahrhunderts in der Schweiz aufgetretene Übernahmewelle[1091], die erste unfreundliche Übernahmeangebote mit sich brachte[1092]. Die parallel geführten intensiven Diskussionen gelangten schließlich zu dem Ergebnis, daß eine gesetzliche Regelung notwendig sei[1093].

Am 24. März 1995 wurde von der Schweizer Bundesversammlung das „Bundesgesetz über die Börsen und den Effektenhandel (BEHG)“ [1094] beschlossen[1095]. Dabei handelt es sich um ein Rahmengesetz, das die Bereiche Börsen, Effektenhändler, Offenlegung von Beteiligungen und schließlich auch öffentliche Kaufangebote regelt[1096]. Zum 1. Januar 1998 trat als letzte Stufe der fünfte Abschnitt des BEHG über öffentliche Kaufangebote in Kraft. Dem Charakter eines Rahmengesetzes entsprechend finden sich an dieser Stelle nur sehr grobmaschige Regelungen zu freiwilligen und obligatorischen Angeboten. Weitergehende Vorschriften sind in den dazugehörigen Ausführungsverordnungen enthalten. Die wichtigsten materiellen Regelungen finden sich in der Verordnung der Übernahmekommission über öffentliche Kaufangebote[1097]. Die Regelungen

1090 Vgl. *Braschler*, Abwehrmaßnahmen, S. 179; *Schuster/Rudolf* in von Rosen/Seifert, Übernahme börsennotierter Unternehmen, S. 41 (58).

1091 Vgl. dazu und zum Ausmaß der Akquisitionstätigkeit in der Schweiz insgesamt *Braschler*, Abwehrmaßnahmen, S. 151 ff.

1092 Vgl. *Tuczka* in Doralt/Nowotny/Schauer, Takeover-Recht, S. 125 (125); *Schuster/Rudolf* in von Rosen/Seifert, Übernahme börsennotierter Unternehmen, S. 41 (57).

1093 Vgl. zu den Vorüberlegungen *Pulver* in FS Forstmoser, S. 239 ff.

1094 BBl. 1995 II S. 419. Gültig in der Fassung vom 28. September 1999. Abgedruckt bei *Schuster/Zschocke*, Übernahmerecht, S. 230 ff., mit Einführung von *Hirsch*. Gelungene Einführungen finden sich etwa bei *Meier-Schatz*, ZBB 1997, 325 (339 ff.); *Tuczka* in Doralt/Nowotny/Schauer, Takeover-Recht, S. 125 ff. Siehe auch *Schuster/Rudolf* in von Rosen/Seifert, Übernahme börsennotierter Unternehmen, S. 41 (59 ff.). Der Wortlaut des Gesetzes sowie der Verordnungen sind im Internet auf der Web-Site der schweizerischen Übernahmekommission unter http://www.takeover.ch abrufbar.

1095 Vgl. zur Entstehungsgeschichte *Frei*, Öffentliche Übernahmeangebote, S. 157 ff.; *Nobel*, WM 1996, 100 (100); *Schuster/Rudolf* in von Rosen/Seifert, Übernahme börsennotierter Unternehmen, S. 41 (56 ff.). Siehe auch den Vergleich der rechtlichen Möglichkeiten nach dem Schweizerischen Übernahme-Kodex und dem BEHG in AG 1997, R168 f. Kurz darauf erlebte die Schweiz den ersten nennenswerten unfreundlichen Übernahmeversuch nach den Vorschriften des Übernahme-Kodex, den Fall International Paper/Holvis. Dazu *Heiss*, RIW 1995, 888 ff.

1096 Einen einführenden Überblick über die jeweiligen Bereiche bieten *Meier-Schatz*, ZBB 1997, 325 ff.; *Nobel*, WM 1996, 100 ff.; *ders.* in Hommelhoff/Hopt/Lutter, Konzernrecht für Europa, S. 227 (231 ff.).

1097 Übernahmeverordnung-UEK, UEV-UEK vom 21. Juli 1997 (Stand: 23. Juni 1998). Bei den übrigen handelt es sich um die Verordnung über die Börsen und den Effektenorientierten sich vorrangig an dem Vorschlag zur EU-Übernahmerichtlinie aus dem Jahr 1990, verbunden mit der Hoffnung auf eine Annäherung beider Märkte[1098].

Die Vorschriften des fünften Abschnitts des BEHG finden Anwendung auf öffentliche Kaufangebote[1099] für Beteiligungen an schweizerischen Gesellschaften, deren Beteiligungspapiere mindestens teilweise an einer Börse in der Schweiz kotieren[1100]. Unerheblich ist, ob mit dem Kauf eine Kontrolle angestrebt oder eine solche bloß konsolidiert werden soll. Eine völlige Neuerung stellte die Einführung des Pflichtangebots dar[1101]. Die Einhaltung der Vorschriften des fünften Abschnitts des BEHG wird in erster Linie von der eigens dafür eingerichteten Übernahmekommission überwacht. Nur in bestimmten Fällen wird die EBK tätig, welche die Aufsicht über das gesamte BEHG wahrnimmt und von der die Bestellung der Übernahmekommission ausgeht.

---

handel (Börsenverordnung, BEHV) vom 2. Dezember 1996 (28. Dezember 1999), die Verordnung der Eidgenössischen Bankenkommission über die Börsen und den Effektenhandel (Börsenverordnung-EBK, BEHV-EBK) vom 25. Juni 1997 (16. September 1997) und das Reglement der Übernahmekommission (Reglement-UEK, R-UEK) vom 21. Juli 1997 (23. März 1999). Als weitere Rechtsquellen sind die Rundschreiben der EBK sowie die Mitteilungen der UEK heranzuziehen.

1098 Vgl. *Tuczka* in Doralt/Nowotny/Schauer, Takeover-Recht, S. 125 (128).

1099 Nach der Begriffsbestimmung des Art. 2 lit. e BEHG sind dies: „Angebote zum Kauf oder zum Tausch von Aktien, Partizipations- oder Genußscheinen oder von anderen Beteiligungspapieren, die sich öffentlich an Inhaber von Aktien oder anderer Beteiligungspapiere von den schweizerischen Gesellschaften richten, deren Beteiligungspapiere mindestens an einer Börse in der Schweiz kotiert sind." Unter Kotierung ist nach Art. 2 lit. c BEHG die „Zulassung zum Handel an der Haupt- oder Nebenbörse" zu verstehen.

1100 Art. 22 Abs. 1 BEHG.

1101 Die zur Abgabe verpflichtende beherrschende Stellung wird grundsätzlich bei Erreichen von 33 ⅓ Prozent der Stimmrechte einer schweizerischen kotierten Gesellschaft angenommen, Art. 32 Abs. 1 S. 1 BEHG. Von besonderem Interesse sind dabei die „Schweizer Ausprägungen", so *Hirsch* in Schuster/Zschocke, S. 230 (230). Danach ist zum einen ein Paketzuschlag von 25 Prozent möglich, ohne daß die übrigen Aktionäre daran partizipieren, Art. 32 Abs. 4 BEHG. Zum anderen besteht für Gesellschaften die Möglichkeit, in den Statuten die Anwendung der Bestimmungen zum Pflichtangebot gänzlich auszuschließen (*opting-out*), Art. 22 Abs. 2 BEHG, oder aber die Kontrollschwelle von 33 ⅓ auf bis zu 49 Prozent heraufzusetzen (*opting-up*), Art. 32 Abs. 1 S. 2 BEHG.

II. Pflichten der Zielgesellschaft

Anders als noch der Schweizerische Übernahme-Kodex[1102] regeln die Absätze 1 und 2 des Art. 29 BEHG in Verbindung mit den Art. 29 ff. UEV-UEK eingehend die Verhaltenspflichten der Zielgesellschaft. So sieht Art. 29 Abs. 1 BEHG vor, daß der Verwaltungsrat der Zielgesellschaft den Inhabern von Beteiligungspapieren einen Bericht vorzulegen und zu veröffentlichen hat, in dem er zu dem Angebot Stellung nimmt. Art. 29 Abs. 2 BEHG behandelt die Zulässigkeit von Abwehrmaßnahmen der Zielgesellschaft.

1. Berichtspflicht

Ausführliche Vorschriften zur Berichtspflicht des Verwaltungsrates finden sich in den Art. 29 bis 33 UEV-UEK. Dort ist auch bestimmt, daß zusätzlich zu jeder Änderung des ursprünglichen Angebots durch den Bieter ein Bericht des Verwaltungsrates zu erfolgen hat[1103]. Der begründete Bericht hat alle Informationen zu enthalten, die notwendig sind, damit die Empfänger des Angebots ihre Entscheidung in Kenntnis der Sachlage treffen können[1104]. Im Bericht kann eine Empfehlung zur Annahme bzw. Ablehnung enthalten sein. Es steht dem Verwaltungsrat jedoch frei, sich auf die Darlegung der Vor- und Nachteile des Angebots zu beschränken[1105]. Weiterhin hat der Bericht die Absichten der Aktionäre, die mehr als fünf Prozent der Stimmrechte besitzen, darzulegen, soweit diese dem Verwaltungsrat bekannt sind. Ferner ist offenzulegen, welche Abwehrmaßnahmen die Zielgesellschaft zu ergreifen beabsichtigt und welche Beschlüsse der Generalversammlung im Rahmen des Art. 29 Abs. 2 BEHG bereits gefaßt wurden[1106]. Zusätzlich müssen mögliche Interessenkonflikte der Mitglieder des Verwaltungsrates oder der obersten Geschäftsleitung veröffentlicht werden und zugleich diejenigen Maßnahmen, welche getroffen wurden, um zu unterbinden, daß sich diese Konflikte nachteilig auf die Aktionäre der Zielgesellschaft auswirken[1107]. Der Bericht ist spätestens am 15. Börsentag nach Veröf-

1102 Nach Ziff. 6.1 des Schweizerischen Übernahme-Kodex waren die zuständigen Organe der Zielgesellschaft bei der Wahl von Gegenmaßnahmen im Rahmen des Gesetzes und der Statuten frei. Nach Ziff. 6.2 hatte der Bieter jedoch das Recht, bei mindestens 10 Prozent angedientem Kapital die Einberufung einer Generalversammlung zu verlangen, damit sich diese zu den Abwehrmaßnahmen äußern kann. Vgl. dazu *Braschler*, Abwehrmaßnahmen, S. 192 f.

1103 Art. 33 UEV-UEK.

1104 Art. 29 Abs. 1 UEV-UEK.

1105 Art. 29 Abs. 3 UEV-UEK.

1106 Art. 30 Abs.1 und 2 UEV-UEK.

1107 Art. 31 UEV-UEK.

fentlichung des Angebots bekanntzumachen, sofern er nicht bereits im Angebotsprospekt veröffentlicht wurde[1108].

2. Verhaltenspflichten

Hinsichtlich ihrer Defensivmöglichkeiten ist die Verwaltung der Zielgesellschaft bei einem Angebot insoweit beschränkt, als daß die Kompetenz hierzu ausschließlich bei der Generalversammlung liegt. Nach der Veröffentlichung des Angebots und bis zur Veröffentlichung des Ergebnisses untersagt Art. 29 Abs. 2 BEHG dem Verwaltungsrat der Zielgesellschaft, Entscheidungen über bedeutende Veränderungen des Aktiv- oder Passivbestandes der Gesellschaft ohne Zustimmung der Generalversammlung zu treffen. Demnach dürfen weder die „Kronjuwelen" der Gesellschaft veräußert werden noch ist es gestattet, die Gesellschaft durch Verschuldung zu überlasten[1109]. Die Aufhebung dieser Beschränkung im Fall eines Beschlusses der Hauptversammlung gilt unabhängig davon, wann dieser gefaßt wurde. Zulässig ist danach zum einen die Einberufung einer Generalversammlung nach Veröffentlichung des Angebots, um in dessen Kenntnis über Abwehrmaßnahmen zu beschließen. Zum anderen sind aber auch Beschlüsse der Generalversammlung statthaft, die vor der Veröffentlichung eines Angebots gefaßt wurden. Solche Ermächtigungsbeschlüsse müssen jedoch hinreichend bestimmt sein, damit der Verwaltungsrat diese ohne großen Ermessensspielraum durchführen kann[1110].

Weitere Einzelheiten ergeben sich aus den Art. 34 bis 36 UEV-UEK. Danach sind der Übernahmekommission während der Angebotsphase alle Abwehrmaßnahmen, welche die Zielgesellschaft einzusetzen gedenkt, im voraus anzuzeigen[1111]. Diese überprüft sodann deren Gesetzmäßigkeit. Als grundsätzlich gesetzwidrige Maßnahmen außerhalb eines Beschlusses der Generalversammlung nennt Art. 35 Abs. 2 lit. a bis d UEV-UEK den Verkauf oder Erwerb von Betriebsteilen mit einem Wert von mehr als 10 Prozent der Bilanzsumme. Dies gilt auch für den Verkauf oder die Belastung von Betriebsteilen oder immateriellen Werten, die zum Hauptgegenstand der Offerte zählen und vom Anbieter als solche bezeichnet werden, sowie für den Abschluß von Verträgen, die den Mitgliedern des Verwaltungsrates unüblich hohe Entschädigungen für den Fall

1108 Art. 32 UEV-UEK. Verstöße gegen die Verpflichtung zur Erstattung und Veröffentlichung eines Berichts werden mit bis zu 200.000 Schweizer Franken geahndet, Art. 42 BEHG.

1109 Vgl. *Schuster/Rudolf* in von Rosen/Seifert, Übernahme börsennotierter Unternehmen, S. 41 (65).

1110 Vgl. *Tuczka* in Doralt/Nowotny/Schauer, Takeover-Recht, S. 125 (140).

1111 Art. 34 UEV-UEK.

des Ausscheidens aus der Gesellschaft gewähren[1112]. Gesetzwidrig sind ferner auch die Ausgabe von Aktien auf Grund eines genehmigten Kapitals ohne Bezugsrecht der Aktionäre, sofern der Beschluß der Generalversammlung, der das genehmigte Kapital schafft, nicht ausdrücklich die Ausgabe von Aktien im Fall eines Angebots vorsieht. Gleiches gilt schließlich für die Ausgabe von Wandel- und Optionsanleihen auf Grund eines bedingten Kapitals ohne Vorwegzeichnungsrecht der Aktionäre. Es handelt sich bei diesem Maßnahmenkatalog um eine beispielhafte Aufzählung[1113]. Solche Abwehrmaßnahmen, die an dieser Stelle nicht aufgeführt sind, bleiben damit grundsätzlich statthaft. Diese müssen sich jedoch innerhalb der Vorgaben des Art. 29 Abs. 2 und 3 BEHG sowie des Schweizerischen Aktienrechts bewegen[1114]. Statthaft sind danach etwa die Suche nach einem konkurrierenden Angebot[1115] sowie die Abgabe eines Gegenangebots[1116]. In besonderen Ausnahmefällen ist zudem eine Genehmigung dieser Maßnahmen durch die Übernahmekommission möglich[1117].

F. DIE ÜBRIGEN MITGLIEDSTAATEN DER EUROPÄISCHEN UNION

Nach der Betrachtung der aus deutscher Perspektive interessantesten Rechtsordnungen soll im folgenden ein Überblick über die Regelungen in den weiteren Mitgliedstaaten der EU gegeben werden. Entsprechend der wirtschaftlichen Bedeutung der einzelnen Mitgliedstaaten, aber auch auf Grund der längeren Tradition des Übernahmerechts, wird der Schwerpunkt hierbei auf die Regelungen der Staaten Belgien, Frankreich, Italien und Spanien gelegt. Im Anschluß erfolgt ein kursorischer Überblick über die Übernahmeregelungen der übrigen Mitgliedstaaten. Dabei handelt es sich um die Staaten Dänemark, Finnland, Irland, Griechenland, Niederlande, Portugal und Schweden[1118].

Im Hinblick auf die in naher Zukunft anstehende Osterweiterung der EU sei darauf hingewiesen, daß unlängst Regelungen zu öffentlichen Übernahmeangebo-

1112 Üblicherweise als *golden parachutes* bezeichnet.

1113 Vgl. *Tuczka* in Doralt/Nowotny/Schauer, Takeover-Recht, 125 (141).

1114 Art. 36 UEV-UEK.

1115 Nach Art. 30 Abs. 1 BEHG sollen die Aktionäre der Zielgesellschaft bei einem konkurrierenden Angebot frei zwischen den Angeboten wählen können.

1116 Vgl. *Kirchner*, BB 2000, 105 (111). Vgl. zu weiteren Maßnahmen *Schuster/Rudolf* in von Rosen/Seifert, Übernahme börsennotierter Unternehmen, S. 41 (65). Auch Höchststimmrechte sind in der Schweiz nach wie vor zulässig, Art. 692 Abs. 2 S. 2 Schweizerisches Obligationenrecht.

1117 Art. 4 UEV-UEK.

1118 Soweit ersichtlich, existieren in Luxemburg keinerlei Regelungen öffentlicher Übernahmeangebote. Vgl. *BSK*, Standpunkte, S. 8; jüngst auch *Baums/Thoma*, Takeover Laws in Europe, L, S. 2.

ten auch in die Rechtsordnungen zahlreicher Staaten des ehemaligen Rates für gegenseitige Wirtschaftshilfe (RGW) in Mittel- und Osteuropa Einzug gehalten haben, die sich weitgehend an den Vorschriften der gescheiterten EU-Richtlinie orientieren[1119].

Auch außerhalb Europas und der USA stellt die Regelung von Unternehmensübernahmen im Wege des öffentlichen Übernahmeangebots keine unbekannte Größe dar. Dabei unverkennbar ist der immense Einfluß der britischen Regelungen, der nicht nur auf der unbestrittenen Dominanz des City Code, sondern sicherlich auch auf historischen Ursachen beruht[1120].

1119 Vgl. dazu *Kalss*, ZGR 2000, 819 (864 ff.). Speziell zum tschechischen Übernahmerecht *Bučková* in Semler/Volhard, Hdb. Unternehmensübernahmen, § 50, Rn. 44 ff.; *Dědič/Bučková*, RIW 1999, 193 ff.; *Wedekind* in M&A Handbook, S. 83 ff.; zum ungarischen vgl. *Radmilovic/Lengyel/Vörös* in M&A Handbook, S. 119 ff.; *Presser-Müller* in Semler/Volhard, Hdb. Unternehmensübernahmen, § 44, Rn. 86 ff., sowie FAZ vom 14. Februar 2001, S. 34; zum slowenischen *Rudolf*, ROW 1998, 99 ff. Weitere Kurzübersichten finden sich bei Semler/Volhard, Hdb. Unternehmensübernahmen: zu Bulgarien, § 45, Rn. 79 ff. (bearbeitet von *Ivanov*); Kroatien, § 46, Rn. 44 ff. (*Troper*); Slowakei, § 48, Rn. 87 ff. (*Stessl*); Slowenien, § 49, Rn. 49 ff. (*Knaus*) sowie Rumänien, § 47, Rn. 42 ff. (*Şaramet-Comşa*).

1120 Vgl. etwa zur Situation in JAPAN *Baum*, AG 1996, 399 ff. (413 f. zu den Pflichten der Zielgesellschaft); *ders.* in Hopt/Rudolph/Baum, Börsenreform, S. 1358 ff. Auch in CHINA werden öffentliche Übernahmeangebote in Kap. 4, Art. 78 ff. des zum 1. Juli 1999 in Kraft getretenen *Securities Law of the People's Republic China* geregelt. Weitere Informationen finden sich auf der Homepage der Aufsichtsbehörde, der *China Securities Regulatory Commission* (CSRC), unter http://www.csrc.gov.cn. In Anlehnung an das britische Vorbild verfügen zahlreiche Staaten über ein ähnliches System, bestehend aus einem Takeover Code, der von einem Panel beaufsichtigt wird. Dazu gehören zum einen AUSTRALIEN, vgl. dazu bei *The Corporations and Securities Panel* (CSP) unter http://www.takeovers.gov.au, und NEUSEELAND, vgl. die Web-Site des *Takeovers Panel* unter http://www.takeovers.govt.nz. Zum anderen auch HONGKONG mit dem *Code on Takeovers and Mergers*, der von der *Securities and Futures Commission* (SFC) herausgegeben wurde, vgl. dazu deren Internetpräsenz unter http://www.hksfc.org.hk. Auch INDIEN lehnt sich mit den *SEBI (Substantial Acquisition of Shares and Takeovers) Regulations* eng an das britische Vorbild an, vgl. dazu die Homepage des *Securities and Exchange Board of India* (SEBI) unter http//www.sebi.gov.in. Aber auch in Südamerika finden sich Regelungen zu öffentlichen Übernahmeangeboten. So etwa in BRASILIEN in Abschnitt 7, §§ 257 ff. des *Lei 6404 Lei das sociedades por ações* (Aktiengesetz), vgl. die Internet-Site der *Comissão de Valores Mobilários* (CVM), der Aufsichtsbehörde, unter http://www.cvm.gov.br. Weitere Nachweise, wenn auch teilweise bereits überholt, finden sich bei *Assmann/Bozenhardt* in Assmann/Basaldua/Bozenhardt/Peltzer, Übernahmeangebote, S. 1 (31); *Morgan Grenfell*, Handbuch für den internationalen Unternehmenskauf, S. 397 ff. Zu Hinweisen betreffend Fernost-Staaten siehe *Semler/Volhard*, Hdb. Unternehmensübernahmen, §§ 38 bis 42.

Inzwischen wird auch seitens der OECD in Erwägung gezogen, einen Verhaltenskodex auf diesem Gebiet auszuarbeiten[1121]. Die im Mai 1999 als unverbindliche Grundsätze[1122] verabschiedeten *OECD Principles of Corporate Governance* gehen lediglich am Rande unter dem Aspekt der Aktionärsrechte auf die Abwehr von Übernahmen ein[1123].

I. Belgien

1. Überblick

Belgische Regelungen öffentlicher Übernahmeangebote[1124] finden sich zum einen im Gesetz vom 2. März 1989 über die Publizität wesentlicher Beteiligungen an börsennotierten Gesellschaften und zur Regelung öffentlicher Übernahmeangebote (*Loi relative á la publicité des participations importantes dans les sociétés cotées en bourse et réglementant les offres publiques d'acquisition*)[1125]. Zum anderen sind solche enthalten in dem königlichen Erlaß vom 8. November 1989 über öffentliche Übernahmeangebote und Kontrolländerungen an Gesellschaften (*Arrêté Royal relatif aux offres publiques d'aquisition et aux modifications du contrôle des sociétés*)[1126]. Während das Gesetz einige grundlegende Vorschriften enthält[1127], erfolgt in dem königlichen Erlaß eine detaillierte Regelung öffentlicher Übernahmeangebote[1128]. Die Aufsicht hierüber obliegt der *Commission Bancaire et Financière* (CBF)[1129].

1121 Vgl. Antwort der Bundesregierung, BT-Drs. 14/3895 vom 13. Juli 2000, S. 8.

1122 Vgl. *Seibert*, AG 1999, 337 (338).

1123 Vgl. dazu bereits oben Fn. 225.

1124 Vgl. allgemein zum belgischen Übernahmerecht *Reidlinger* in Doralt/Nowotny/Schauer, Takeover-Recht, S. 11 ff.; *Dejonghe/Germanès* in M&A Handbook, S. 73 ff.; *Brüls*, RIW 2000, 889 ff.; *Geens* in ZGR 1992, 142 (149 ff.); *Horsmans* in Kreuzer, Öffentliche Übernahmeangebote, S. 99 (107 ff.); zur Pflichtangebotsregelung *Wymeersch* in Hommelhoff/Hopt/Lutter, Konzernrecht für Europa, S. 1 (25 ff.).

1125 Moniteur Belge vom 24. Mai 1989. Der Vollständigkeit halber sei auch das Gesetz vom 18. Juli 1991 zur Änderung der Gesetze über die Handelsgesellschaften, Moniteur Belge vom 26. Juli 1991, erwähnt, in dem zusätzliche Bestimmungen enthalten sind. Vgl. dazu *Geens*, ZGR 1992, 143 (151 ff.).

1126 Moniteur Belge vom 11. November 1989.

1127 Art. 15 ff. des Gesetzes.

1128 Anlaß zu der Regelung war der unfreundliche Übernahmeversuch der Société Générale de Belgique (SGB) durch das französische Unternehmen Cerus S.A. unter der Leitung des italienischen Industriellen *de Benedetti*. Vgl. dazu *Hirte*, ZIP 1989, 1233 ff.; *Horsmans* in Kreuzer, Öffentliche Übernahmeangebote, S. 99 (101 ff.); *Assmann/Bozenhardt* in Assmann/Basaldua/Bozenhardt/Peltzer, Übernahmeangebote, S. 1 (3); *Reidlinger* in Doral/Nowotny/Schauer, Takeover-Recht, S. 11 (11 ff.), sowie die Fallstudie bei *Immenga/Noll*, Feindliche Übernahmeangebote, S. 122 ff.; *Hotze*,

2. Pflichten der Zielgesellschaft

Die Unternehmensleitung der Zielgesellschaft hat binnen fünf Tagen ab Erhalt der Mitteilung von dem Angebot eine Stellungnahme zu dem Übernahmeangebot zu verfassen und dem Bieter sowie der CBF zu übermitteln[1130]. Zudem hat sie die Stellungnahme zu veröffentlichen[1131]. Hierbei hat sie sich von den Interessen der Anteilseigener, Arbeitnehmer und Gläubiger leiten zu lassen[1132].

Vom Zeitpunkt des Empfangs der Mitteilung über das Übernahmeangebot bis zum Ablauf der Annahmefrist hat der belgische Gesetzgeber der Verwaltung der Zielgesellschaft eine Pflicht zur Neutralität auferlegt[1133]. Ausschließlich infolge eines während der Angebotslaufzeit eingeholten Hauptversammlungsbeschlusses zulässig ist zum einen die Durchführung von Kapitalerhöhungen[1134]. Gleiches gilt zum anderen für die Schaffung von Wertpapieren mit Stimmrecht oder von Optionen auf solche Rechte, abgesehen von dem Fall, daß die entsprechenden Papiere bevorzugt den bisherigen Aktionären im Verhältnis ihrer Anteile ausgegeben werden. Schließlich sind auch wesentliche Veränderungen von Aktiv- oder Passivbeständen oder Verpflichtungen ohne Gegenleistung gestattet[1135]. Allerdings bleibt die Verwaltung der Zielgesellschaft weiterhin zuständig für Verpflichtungen, die vor Erhalt der Mitteilung begründet wurden, sowie für Kapitalerhöhungen um bis zu 10 Prozent des bisherigen Grundkapitals, zu denen die Hauptversammlung bis zu drei Jahre im voraus ermächtigen kann, sofern der Ausgabepreis voll eingezahlt ist und nicht unterhalb der Gegenleistung für das Übernahmeangebot liegt[1136]. Beabsichtigt die Zielgesellschaft Maßnahmen zur

---

Wirtschaftswoche vom 4. März 1988, S. 21 ff. Siehe auch das Urteil des *Cour d'Appel de Bruxelles* vom 1. März 1998 - I 92/88, abgedruckt in ZIP 1989, 1290 ff. Zu den zuvor in Belgien bestehenden Regelungen vgl. *Dejonghe/Germanès* in M&A Handbook, S. 73 (73).

1129 Auf deren Homepage unter http://www.cbf.be finden sich die jeweiligen Regelungen.

1130 Art. 14 des Erlasses.

1131 Art. 15 Abs. 3 des Erlasses.

1132 Art. 15 Abs. 2 des Erlasses.

1133 Art. 8 Abs. 1 des Erlasses. Damit setzte sich der Gesetzgeber bewußt über das Urteil des Cour d'Appel de Bruxelles im Fall SGB hinweg, wonach sämtliche Verteidigungsmaßnahmen zulässig sein sollten, sofern sie nur unter Beachtung der Interessen der Gesellschaft erfolgen, vgl. ZIP 1989, 1290 (1294).

1134 Entweder durch Bareinlage unter Beschränkung oder Ausschluß des Bezugsrechts oder durch Sacheinlagen.

1135 In den genannten Fällen verlängert sich die Annahmefrist bis zum fünfzehnten Werktag nach der Abhaltung der Hauptversammlung, Art. 26 Abs. 2 des Erlasses.

1136 Art. 8 Abs. 2 des Erlasses.

Abwehr gegen das Übernahmeangebot zu ergreifen, sind diese unverzüglich der CBF zu melden und zugleich zu veröffentlichen[1137].

II. Frankreich

1. Überblick

In Frankreich sind öffentliche Übernahmeangebote (*offres publiques d'achat et d'échange (OPA/OPE))* Regelungsgegenstand unterschiedlicher Rechtsquellen[1138], die allesamt Gesetzeskraft besitzen[1139]. Die wichtigsten Vorschriften finden sich zum einen im fünften Abschnitt der von der Aufsichtsbehörde für die Finanzmärkte (*Conseil des Marchés Financiers* (CMF)) erlassenen Generalverordnung für öffentliche Übernahmeangebote (*Règlement général du Conseil des Marchés Financiers*)[1140]. An dieser Stelle werden insbesondere Regelungen zum Ablauf des öffentlichen Angebotsverfahrens getroffen. Zum anderen sind weitere Vorschriften, insbesondere zu den Verhaltenspflichten der Beteiligten während des Verfahrens, in der Verordnung betreffend öffentliche Übernahmen und den Erwerb eines Kontrollpakets (*Règlement relatif aux offres publiques et aux acquisitions de blocs de contrôle*) enthalten[1141], erlassen durch die Börsenkommission (*Commission des Opérations de Bourse* (COB))[1142]. Die CMF, eine berufsständische Einrichtung der an der Börse beteiligten Gruppen mit Selbstverwaltungskompetenzen, und die COB, eine unabhängige staatliche Einrichtung zur Überwachung des Kapitalmarktes, sind gemeinsam für die Überwa-

1137 Art. 8 Abs. 3 des Erlasses.

1138 Die Regelung öffentlicher Übernahmen reicht in Frankreich zurück bis in das Jahr 1966 und war maßgeblich veranlaßt durch die aufsehenerregende Übernahme einer von französischen Aktionären dominierten US-amerikanischen Ölgesellschaft. Vgl. eingehend zur Entwicklung *Nitsch* in Doralt/Nowotny/Schauer, Takeover-Recht, S. 87 ff.; *Schmidt*, AG 1994, 12 (12 ff.). Siehe auch *Caussain*, ZVglRWiss 1992, 383 (394 ff.); *Baumann*, Bank 1990, S. 41 ff.; *Kerber*, WM 1988, Sonderbeilage 3; *Groos*, AWD 1973, 592 ff.

1139 Vgl. zur aktuellen Situation *Helms* in Hommelhoff/Hopt/Lutter, Konzernrecht für Europa, S. 69 (90 ff.); *Klein/Stucki*, RIW 2001, 488 ff.; bereits teilweise überholt: *Hurstel/Süß*, EuZW 1998, 203 ff.; *Nitsch* in Doralt/Nowotny/Schauer, Takeover-Recht, S. 87 ff.; *Vassogne/Riguet* in M&A Handbook, S. 99 ff.

1140 Vom 5. November 1998, dort Art. 5-1-1 bis 5-7-3. Im folgenden CMF-Verordnung.

1141 Verordnung COB Nr. 89-03 vom 30. September 1989. Im folgenden COB-Verordnung, bestätigt durch *Arrêté* vom 28. September 1989. Erst durch die Autorisierung der Regelungen der beiden Institutionen als Verordnungen erlangen diese Gesetzeskraft.

1142 Auf den Web-Sites der beiden Institutionen unter http://www.cmf-france.org sowie www.cob.fr sind die jeweiligen Texte der Regelungen erhältlich.

chung von Übernahmeangeboten zuständig[1143]. Daneben befinden sich weitere Bestimmungen in dem französischen Handelsgesetzbuch (*Code de Commerce*)[1144], in das vor kurzem das Gesetz über Handelsgesellschaften[1145] integriert wurde[1146].

2. Pflichten der Zielgesellschaft

Die Unternehmensleitung der Zielgesellschaft ist zunächst verpflichtet, spätestens fünf Tage nach Erhalt einer vom Bieter anzufertigenden Informationsnote, eine ebensolche zu verfassen[1147]. Darin muß auch eine Stellungnahme zu dem Übernahmeangebot enthalten sein.

Das Verhalten der Zielgesellschaft - aber auch das des Bieters - hat sich während der Angebotsperiode nach dem Grundsatz des Art. 3 der COB-Verordnung zu richten. Danach sind in diesem Zeitraum Handlungen, Entscheidungen und Erklärungen der Zielgesellschaft untersagt, die zu einer Beeinträchtigung des Gesellschaftsinteresses (*intérêt social*) oder zu einer Ungleichbehandlung, insbesondere im Hinblick auf die Versorgung mit Informationen, bei den Aktionären führen. Weiterhin hat die Leitung der Zielgesellschaft der COB die Vornahme von Handlungen anzuzeigen, die über die gewöhnliche Geschäftsführung hinausgehen. Solche sind dann anzunehmen, wenn wesentliche Veränderungen in der Vermögenslage der Gesellschaft hervorgerufen werden[1148]. Zudem ist es der Gesellschaft untersagt, während der Angebotsperiode eigene Aktien zu erwerben.

Dennoch sind die Unternehmensleitungen auch nach Abgabe des Angebots mit weitreichenden Möglichkeiten zur Abwehr unfreundlicher Übernahmen ausge-

---

1143 Während die CMF über die substantiellen Bedingungen der Angebote entscheidet, besteht die Tätigkeit der COB in der Überwachung der Transparenz des Börsenhandels im Zusammenhang mit Übernahmeangeboten. Vgl. dazu *Nitsch* in Doralt/Nowotny/Schauer, Takeover-Recht, S. 87 (91 ff.); *Pense/Puttfarken* in Hopt/Rudolph/Baum, Börsenreform, S. 24 ff., 34 ff.; *Zschocke* in von Rosen/Seifert, Übernahme börsennotierter Unternehmen, S. 77 (79 f.).

1144 *Journal Officiel Numéro 219 du 21 Septembre 2000 page 14777.*

1145 Gesetz Nr. 66-537 vom 24. Juli 1966 (*Loi sur les sociétés commerciales*).

1146 Jüngst erfuhr das französische Übernahmerecht infolge des Wirtschaftsregulierungsgesetzes (*Loi n° 2001-420 du 15 mai 2001 relative aux nouvelles régulations économiques, Journal Officiel Numéro 113 du 16 Mai 2001 page 7776*) mittelbar einige Veränderungen, die vorrangig durch Änderungen des Arbeitsgesetzes (*Code du travail*) auf eine Stärkung der Position der Arbeitnehmer sowie der Rechte der COB abzielen. Vgl. dazu auch FAZ vom 13. Juni 2001, S. 31.

1147 Art. 11 COB-Verordnung.

1148 Vgl. *Klein/Stucki*, RIW 2001, 488 (492).

stattet[1149]. Dazu zählt zunächst die Suche nach einem konkurrierenden Bieter (*chevalier blanc*)[1150]. Weiterhin kann sich die Leitung der Zielgesellschaft von der Hauptversammlung zur Durchführung einer Kapitalerhöhung ermächtigen lassen. Dies kann während der Angebotslaufzeit geschehen und unterliegt insoweit keinen gesetzlichen Beschränkungen. Darüber hinaus sieht das französische Handelsgesetzbuch auch vor, daß die Hauptversammlung die Leitung der Zielgesellschaft bereits im voraus zu einer Kapitalerhöhung als Abwehrinstrument für den Fall einer Übernahme ermächtigen kann[1151]. Die Ermächtigung hat sich ausdrücklich darauf zu beziehen und kann für ein Jahr im voraus erteilt werden. Allerdings wird die Effektivität dieser Maßnahme dadurch gemindert, daß die Kapitalerhöhung nicht einer bestimmten Aktionärsgruppe vorbehalten sein darf[1152].

III. Italien

1. Überblick

Italien nimmt im europäischen Markt für Unternehmensübernahmen eine besondere Rolle ein. Schließlich war es ein aus Italien gelenkter Übernahmeversuch, der auf europäischer Ebene die Kommission in Sachen Übernahmerichtlinie zum Handeln zwang[1153]. Aber auch das Scheitern der Übernahmerichtlinie in Gestalt des Gemeinsamen Entwurfs stand im Zeichen italienischer Übernahmeauseinandersetzungen. Nach wie vor gehört der italienische Markt zu den aktivsten in Europa[1154].

Mit Wirkung zum 1. Juli 1998 wurde in Italien das Übernahmerecht in den Art. 102 bis 112 des neuen italienischen Kapitalmarktgesetzes (*Testo unico delle disposizioni in materia di intermediazione finanziaria*)[1155] zusammengefaßt[1156].

1149 Zu den präventiv zu ergreifenden Möglichkeiten zählen auch Doppel- und Höchststimmrechte in der Satzung der Gesellschaft, Art. L 225-123 und Art. L 225-125 Code de Commerce. Zu weiteren Präventivmaßnahmen im französischen Recht vgl. jüngst *Klein/Stucki*, RIW 2001, 488 (491 f.).

1150 Vgl. *Klein/Stucki*, RIW 2001, 488 (492 f.); *Vasogne/Riguet* in M&A Handbook, S. 99 (106).

1151 Art. L 225-129 Abs. 4 Code de Commerce.

1152 So auch *Klein/Stucki*, RIW 2001, 488 (492).

1153 Vgl. dazu oben Fn. 1128.

1154 Man denke nur an die Übernahmen in jüngster Zeit von Montedison und Telecom Italia. Vgl. dazu FAZ vom 30. Juli 2001, S. 17. Vgl. allgemein zu M&A Transaktionen in Italien *Diemer/Hasselbach*, M&A 2001, 18 ff.

1155 Vom 24. Februar 1998, Nr. 58/1998 (*Decreto legislativo 24 febbraio 1998, n. 58, ai sensi degli articoli 8 e 21 della legge 6 febbraio 1996, n. 52*). Im folgenden als T.U. abgekürzt.

Ergänzend heranzuziehen sind zudem die Art. 35 bis 50 der als *Regolamento Emittenti* bezeichneten, von der italienischen Börsenaufsichtsbehörde (*Commissione Nazionale per le Società e la Borsa* (CONSOB)) erlassenen Ausführungsverordnung[1157]. Das italienische Schrifttum erhebt den Anspruch, daß die neuen Regelungen den vermeintlichen Vorgaben der im Juli 2001 gescheiterten EU-Übernahmerichtlinie gerecht geworden wären[1158].

2. Pflichten der Zielgesellschaft

Die Pflichten der Zielgesellschaft ergeben sich zum einen aus Art. 103 Abs. 3 T.U., wonach diese eine begründete Stellungnahme zum Übernahmeangebot (*Offerta pubblica di acquisto o di scambio*) abzugeben hat. Der Vorstand hat hierin eine Bewertung des Angebots vorzunehmen und eine Empfehlung auszusprechen. Weitere Einzelheiten ergeben sich aus der R.E. Danach hat die Zielgesellschaft in der Stellungnahme unter anderem darzulegen, ob sie beabsichtigt, eine Hauptversammlung einzuberufen, die über Abwehrmaßnahmen beschließen soll[1159].

Zum anderen erlegt Art. 104 Abs. 1 S. 1 T.U. der Zielgesellschaft die Verpflichtung auf, solche Maßnahmen zu unterlassen, „die geeignet sind, die Erreichung der mit dem Angebot verfolgten Ziele zu verhindern“. Diese Verhaltenspflicht beginnt mit der Bekanntgabe des Übernahmeangebots. Präventivmaßnahmen unterfallen daher nicht dem Verbot, müssen sich jedoch an diesem Verbotsmaßstab des T.U. messen lassen, sofern sie während der Annahmefrist zur Durchführung gelangen sollen. Zulässig sind solche Maßnahmen, die auf Grund

---

1156 Vgl. dazu die Einführungen von *Diemer/Hasselbach*, NZG 2000, 824 ff.; *Kindler* in Hommelhoff/Hopt/Lutter, Konzernrecht für Europa, S. 123 (142 ff.), mit zahlreichen Nachweisen zum italienischen Schrifttum in Fn. 90; *Schmid*, AG 1999, 402 ff. Ein Vergleich der neuen deutschen Regelungen des WpÜG (Stand: RefE-WÜG) mit denen des italienischen Gesetzes findet sich bei *Hommelhoff/Witt*, RIW 2001, 561 ff.

1157 Deliberazione CONSOB, n. 11971 vom 14. Mai 1999 (*Regolamento di attuazione del decreto legislativo 24 febbraio 1998, n. 58, concernente la disciplina degli emittenti*). Zuletzt geändert durch Deliberazione CONSOB n. 13130 vom 22 Mai 2001. Im folgenden R.E. Der vollständige Wortlaut dieser Verordnung wie auch des italienischen Kapitalmarktgesetzes sowie die weiteren hier aufgeführten Quellen sind erhältlich auf der Homepage der CONSOB unter http://www.consob.it.

1158 Vgl. *Kindler* in Hommelhoff/Hopt/Lutter, Konzernrecht für Europa, S. 123 (144). Die bereits zuvor seit 1992 bestehende gesetzliche Regelung zu öffentlichen Übernahmeangeboten wurde aufgehoben. Davor wiederum bestand ein im Wege der Selbstregulierung erlassener Verhaltenskodex des Mailänder Börsenmaklerausschusses aus dem Jahr 1971, vgl. *Bärmann* in FS Bartholomeyczik, S. 1 (19). Vgl. eingehend zur Entwicklung *Kindler* in Hommelhoff/Hopt/Lutter in Konzernrecht für Europa, S. 123 (139, 143).

1159 Art. 39 Abs. 1 lit. b R.E.

eines nach Bekanntgabe des Angebots ergangenen Beschlusses einer ordentlichen oder außerordentlichen Hauptversammlung ergriffen werden[1160]. Für die Beschlußfassung ist eine Mehrheit von 30 Prozent der stimmberechtigten Aktien erforderlich[1161]. Unberührt hiervon bleibt jedoch eine mögliche Haftung der Unternehmensleitung auf Grund der Abwehrmaßnahmen[1162]. Im Gegensatz zu solchen während der Angebotsfrist gefaßten Abwehrbeschlüssen sind Beschlüsse im voraus, die generell zur Abwehr eines potentiellen Übernahmeangebots erteilt werden, nicht gestattet[1163]. Ausdrücklich hat die CONSOB erklärt, daß die Suche nach einem konkurrierenden Angebot zu den zulässigen Maßnahmen gehört[1164].

IV. Spanien

1. Überblick

Die wichtigsten Regelungen betreffend öffentliche Übernahmeangebote (*ofertas públicas de adquisición de valores*) in Spanien[1165] befinden sich in der königlichen Verordnung (*Real Decreto*) 1197/1991 vom 26. Juli 1991[1166]. Die Verordnung beruht auf der Ermächtigung in Art. 60 des spanischen Wertpapiermarkt-

1160 Eine auf Grund Art. 104 Abs. 2 T.U. vom italienischen Justizministerium erlassene Richtlinie sieht für die Einberufung einer solchen Hauptversammlung in Art. 2 einige Erleichterungen vor, Richtlinie n. 437 vom 5. November 1998 (*Regolamento del Ministro di Grazia e Giustizia del 5 novembre 1998: Regolamento recante norme per la disciplina dei termini e delle modalità di convocazione delle assemblee delle società quotate*).

1161 Art. 104 Abs. 1 S. 2 T.U. Diese Schwelle wurde als zu niedrig kritisiert, da in Italien die faktische Kontrollschwelle deutlich über dieser Zahl liegt. Vgl. *Kindler* in Hommelhoff/Hopt/Lutter, Konzernrecht für Europa, S. 123 (147). Im italienischen Schrifttum ist strittig, ob diese Regelung als abschließende Sondervorschrift derjenigen Regelung vorgeht, wonach Beschlüsse auf außerordentlichen Hauptversammlungen stets mit einer Zweidrittelmehrheit zu fassen sind. Vgl. dazu *Diemer/Hasselbach*, NZG 2000, 824 (828) m.w.N. in Fn. 27.

1162 Art. 104 Abs. 1 S. 3 T.U.

1163 Vgl. *Schmid*, AG 1999, 402 (407).

1164 Erklärung n. DAL/99 039 392 vom 18. Mai 1999 (*Comunicazione CONSOB 18 maggio 1999, Nozione di atti o operazioni che possono contrastare il conseguimento degli obiettivi dell'offerta*). Diese Erklärung erging im Zusammenhang mit der Übernahme Olivetti/Telecom Italia. Vgl. dazu *Schmid*, AG 1999, 402 (403).

1165 Vgl. dazu *Ortega* in M&A Handbook, S. 153 ff.; *Rojo*, AG 1994, 16 ff.; *Ruiz Peris* in Hommelhoff/Hopt/Lutter, Konzernrecht für Europa, S. 243 (265 f., 271 ff.); *Winner* in Doralt/Nowotny/Schauer, Takeover-Recht, S. 149 ff.

1166 *Real Decreto 1197/1991, de 26 de julio, sobre régimen de las ofertas públicas de adquisición de valores.* Boletin Oficial del Estado (BOE) Nr. 184 vom 2. August 1991. Im folgenden R.D.

gesetzes (*Ley 24/1988 del Mercado de Valores*)[1167]. An dieser Stelle werden lediglich allgemeine Grundsätze geregelt; die weitere Ausgestaltung hingegen wird der Verordnung überlassen[1168]. Dazu zählt auch die Frage nach den „Grenzen der Handlungsbefugnisse des Vorstands einer Gesellschaft, die Ziel eines Übernahmeangebots ist“ [1169]. Die Aufsicht über die Einhaltung dieser Reglungen obliegt der Kommission für den Wertpapiermarkt (*Comisión Nacional del Mercado de Valores* (CNMV))[1170].

2. Pflichten der Zielgesellschaft

Zunächst trifft die Unternehmensleitung der Zielgesellschaft die Verpflichtung, binnen zehn Tagen nach Benachrichtigung der Zielgesellschaft eine Stellungnahme zu dem Angebot zu veröffentlichen[1171].

Die Verhaltenspflichten der Verwaltung der Zielgesellschaft werden in Art. 14 R.D. statuiert. Adressat dieser Regelung sind sämtliche Mitglieder des Verwaltungsrates[1172], nicht jedoch die im spanischen Recht häufig anzutreffenden sog. Generalbevollmächtigten[1173]. Dagegen erstreckt sich die Einschränkung der Handlungsmöglichkeiten auch auf Mitglieder der Verwaltung von konzernverbundenen Gesellschaften[1174]. Die Regelung greift ab dem Zeitpunkt der Antragstellung des Bieters bei der CNMV auf Genehmigung des Angebots - und der damit verbundenen Aussetzung des Handels der betroffenen Aktien - bis zur Veröffentlichung des Ergebnisses. Unberührt hiervon bleiben die Befugnisse der

1167 Gesetz 24/1988 vom 28. Juli 1988, BOE Nr. 181 vom 29. Juli 1988, zuletzt geändert durch Gesetz 37/1998 vom 16. November 1998 (*Ley 37/1998, de 16 de noviembre, de reforma de la Ley 24/1988, de 28 de julio, del Mercado de Valores*). Im folgenden L.M.V.

1168 Bereits seit 1980 gab es verschiedene Verordnungen zu Übernahmeangeboten. Vgl. zur Entstehungsgeschichte des spanischen Übernahmerechts *Rojo*, AG 1994, 16 (16).

1169 Art. 60 Abs. 2 L.M.V. Vgl. allgemein zum Verhältnis des L.M.V zu den einzelnen Verordnungen *Winner* in Doralt/Nowotny/Schauer, Takeover-Recht, S. 149 (150).

1170 Auf deren Homepage unter http://www.cnmv.es sind die jeweiligen Regelungen abrufbar.

1171 Art. 20 R.D.

1172 Auch das spanische Recht organisiert die Verwaltung einer Gesellschaft eingliedrig. Allerdings besteht die Möglichkeit zur Bildung eines Verwaltungsrats, der einerseits Mitglieder mit Geschäftsführungsaufgaben und andererseits mit Kontrollaufgaben vorsehen kann. Vgl. dazu *Fischer/Fischer*, RIW 1991, 18 (22).

1173 Dies wird gemeinhin als Regelungsmangel angesehen. Vgl. *Rojo*, AG 1994, 16 (21); *Winner* in Doralt/Nowotny/Schauer, Takeover-Recht, S. 149 (167).

1174 Art. 14 Abs. 2 R.D.

Hauptversammlung in diesem Zeitraum[1175]. Gemäß Art. 14 Abs. 1 S. 1 R.D. haben die Adressaten der Verhaltenspflicht den Interessen der Aktionäre der Zielgesellschaft Vorrang einzuräumen. Bei einer börsennotierten Gesellschaft ist dabei das Interesse des Anlegers maßgeblich, nicht das des Großaktionärs[1176]. Die Leitung der Zielgesellschaft hat alle Maßnahmen in dieser Zeit zu unterlassen, die nicht Teil der normalen Aktivität der Gesellschaft sind oder die Störung der Abwicklung des Übernahmeangebots zum hauptsächlichen Ziel haben[1177]. Hiernach unzulässige Maßnahmen werden zur Konkretisierung beispielhaft aufgezählt[1178]. Dies sind zunächst die Ausgabe von Aktien oder anderen Wertpapieren, die ein Recht zum Bezug oder Erwerb von Aktien gewähren[1179]. Ausgenommen hiervon werden jedoch solche Maßnahmen, die auf zuvor getroffenen Beschlüssen der Hauptversammlung beruhen, die hinreichend bestimmt sein müssen[1180]. Weiterhin untersagt sind direkt oder indirekt vorgenommene Handlungen, die sich auf die betroffenen Wertpapiere beziehen mit dem Ziel, das Angebot zu stören[1181]. Schließlich ist dem Verwaltungsrat die Veräußerung, Belastung oder Verpachtung von Immobilien oder anderer gesellschaftlicher Aktiva nicht gestattet, soweit diese geeignet sind, das Angebot zu stören[1182]. Vor dem Hintergrund des Vorrangs der Interessen der Aktionäre wird man auch die Suche nach

1175 Wenn auch nicht ausdrücklich geregelt, so soll sich das Recht des Vorstands zur Einberufung einer Hauptversammlung in der Angebotsperiode im Wege der Auslegung ergeben. Vgl. *Rojo*, AG 1994, 16 (21).

1176 Vgl. *Rojo*, AG 1994, 16 (21).

1177 Art. 14 Abs. 1 S. 1 RD. Zu den Rechtsfolgen bei Verstößen gegen diese Pflicht vgl. *Rojo*, AG 1994, 16 (22 f.).

1178 Auch in Spanien bestehen ungeachtet der strengen Regelungen des Übernahmerechts bei zahlreichen ehemaligen Staatsbetrieben weiterhin staatliche Einflußmöglichkeiten in Gestalt von *golden shares*; vgl. FAZ vom 7. Juni 2001, S. 22. Jüngstes Beispiel war die Unterbindung der Übernahme der niederländischen Telefongesellschaft KPN durch die spanische Telefónica seitens der spanischen Regierung, die damit verhindern wollte, daß die niederländische Regierung als Großaktionär der KPN im Wege des Aktientauschs zum größten Aktionär des spanischen Unternehmens aufsteigt.

1179 Art. 14 Abs. 1 S. 2 lit. a R.D.

1180 Im Hinblick auf diese Ausnahme erlangt eine Besonderheit des spanischen Rechts Bedeutung, wonach es der Hauptversammlung gestattet ist, dem Vorstand die Befugnis zu erteilen, darüber zu entscheiden, wann ein bereits gefaßter Beschluß über die Erhöhung des Grundkapitals unter Beachtung der vereinbarten Höhe durchgeführt wird. Dieses Institut, das im Verhältnis zu der Erhöhung des Grundkapitals einerseits und der Ausschöpfung eines genehmigten Kapitals andererseits eine Art Zwischenstellung einnimmt, gewährt dem Vorstand ein Jahr zur Ausübung der ihm übertragenen Befugnis. Dazu näher *Rojo*, AG 1994, 16 (22).

1181 Art. 14 Abs. 1 S. 2 lit. b R.D.

1182 Art. 14 Abs. 1 S. 2 lit. c R.D.

einem konkurrierenden Bieter als zulässig ansehen müssen, auch wenn dadurch das Angebot des ursprünglichen Bieters vereitelt wird[1183].

V. SONSTIGE MITGLIEDSTAATEN

In ***DÄNEMARK*** wird das Übernahmeverfahren in einer Verordnung[1184] des Dänischen Wertpapierrates (*Fondsrådets*) geregelt, die auf Grund des dänischen Wertpapierhandelsgesetzes (*lov om værdipapirhandel m.v.*)[1185] erlassen wurde[1186]. Letzteres enthält in den §§ 31 bis 32a lediglich rudimentäre Vorgaben für die Verordnung. In der Verordnung findet sich die Verpflichtung der Leitung der Zielgesellschaft zur Veröffentlichung eines Berichts zu dem Übernahmeangebot[1187]. Weitergehende Verpflichtungen sind dort jedoch nicht enthalten.

Die Kernvorschriften der Regulierung von Übernahmeangeboten in ***FINNLAND*** finden sich im Kapitel 6 des Wertpapiermarktgesetzes[1188]. Ergänzt werden diese Vorschriften durch die von der Finanzaufsichtsbehörde (*Rahoitustarkastus (RATA)*) herausgegebenen Regelungen[1189]. Diese Regelungen enthalten weder eine Verpflichtung zur Veröffentlichung einer Stellungnahme noch werden dort gesondert die Verhaltenspflichten der Verwaltung der Zielgesellschaft normiert[1190].

GRIECHENLAND verfügte zunächst lediglich über vom Verwaltungsrat der Athener Börse im Jahr 1992 erlassene freiwillige Vorschriften, die sich bei ihrer Entstehung an dem Vorschlag für eine EU-Übernahmerichtlinie aus dem Jahr 1990

1183 Vgl. *Winner* in Doralt/Nowotny/Schauer, Takeover-Recht, S. 149 (169). Zu weiteren Abwehrmaßnahmen vgl. *Ortega* in M&A Handbook, S. 153 (160).

1184 Verordnung über die Verpflichtung zur Unterbreitung eines Angebots, über freiwillige Angebote und über die Verpflichtung der Aktionäre zur Veröffentlichung von Informationen Nr. 827 vom 10. November 1999 (*Bekendtgørelse om tilbudspligt, om frivillige overtagelsestilbud samt om aktionærers oplysningsforpligtigelser. Fondsrådets bekendtgørelse nr. 827 af 10. november 1999*).

1185 Gesetz Nr. 591 vom 13. Juli 1999, zuletzt geändert durch Gesetz Nr. 168 vom 14. März 2001 (*Bekendtgørelse nr. 168 af 14. marts 2001 af lov om værdipapirhandel m.v.*); inzwischen konsolidiert auf Grund des Gesetzes Nr. 587 vom 9. Juli 2002.

1186 Die Regelungen sind im Internet auf der Web-Site der Kopenhagener Börse (*Københavns Fondsbørs*) unter http://xcse.dk aufzufinden.

1187 § 7 der Verordnung.

1188 Gesetz Nr. 495/1989 vom 26. Mai 1989, Kapitel 6 zuletzt geändert durch Gesetz 537/2002.

1189 Auf deren Homepage sind unter http://www.rata.bof.fi die Regelungen abrufbar. Vgl. zur Situation in Finnland *Kivelä/Åkermarck* in M&A Handbook, 91 ff.

1190 Vgl. *Kivelä/Åkermarck* in M&A Handbook, 91 (92, 95).

orientierten[1191]. Seit 2000 findet ein modernisierter „Takeover-Code" Anwendung, der sich gleichsam eng an den seinerzeit veröffentlichten Vorschlägen zu einer EU-Übernahmerichtlinie orientiert. Das Regelwerk wurde von der Griechischen Kapitalmarktkommission am 19. Juli 2000 erlassen[1192], bei der es sich um eine der Aufsicht des Wirtschaftsministeriums unterstellte, unabhängige und mit Gesetzgebungsbefugnissen ausgestattete Einrichtung handelt. Entsprechend der Anlehnung an die erwarteten Vorgaben auf EU-Ebene finden sich dort sowohl ein restriktives Verbot von „frustrating actions" in Art. 8 wie auch eine Verpflichtung zur Abgabe einer Stellungnahme in Art. 16 Abs. 1.

In ***IRLAND*** beruht die Reglementierung von Übernahmeangeboten auf dem *Irish Takeover Panel Act, 1997*[1193], und den auf Grund dieses Gesetzes vom *Irish Takeover Panel* erlassenen *Rules*[1194]. Zwar sind die irischen Regelungen inhaltlich sehr eng an das englische Regelwerk angelehnt. Dennoch handelt es sich zum einen bei dem irischen Panel nicht um eine privatrechtliche Organisation und zum anderen besitzen die *Rules* Gesetzeskraft. Die „Neutralitätspflicht" ist Regelungsgegenstand von Rule 21.

Ähnlich wie in Deutschland waren in den ***NIEDERLANDEN*** öffentliche Übernahmeangebote bisher nicht in gesetzlicher Form geregelt, sondern in auf freiwilliger Basis beruhenden Fusionsverhaltensregeln (*Fusiegedragsregels*) des Sozial-Ökonomischen Rats (*Sociaal-Economische Raad* (SER))[1195] aus dem Jahr 1975[1196]. Nach deren Art. 9 war der Vorstand der Zielgesellschaft verpflichtet, nach Bekanntgabe des Übernahmeangebots und wenigstens acht Tage vor Ende der Annahmefrist eine Hauptversammlung abzuhalten, auf der eine Aus-

---

1191 Leitsätze der Athener Börse betreffend Übernahmeangebote, Nr. 6746 vom 27. November 1992. Abgedruckt bei *Papathanassiou*, Die grenzüberschreitende Übernahme einer Aktiengesellschaft im deutschen und griechischen Recht, S. 281 ff. Dazu ebenda S. 48 f., 62 f., 178 ff. Die Regelungen zielten auf ein faires und transparentes Angebotsverfahren ab; Pflichten der Zielgesellschaft hingegen waren dort nicht festgelegt.

1192 Regelung 1/195/19.7.2000 (Griechischer Regierungsanzeiger 1030B/22.8.2000). Das Regelwerk findet sich auf der Website der Kapitalmarktkommission unter http://www.hcmc.gr.

1193 Gesetz Nr. 5-1997 vom 12. März 1997. Zuletzt geändert mit Wirkung zum 26. März 2001. Im Internet auf der Web-Site des irischen *Department of Enterprise, Trade & Employment* unter http://www.entemp.ie abrufbar.

1194 Vgl. zum ganzen *Cox* in M&A Handbook, 129 ff. Zur Umsetzung der EU-Übernahmerichtlinie in irisches Recht *Clarke*, EBLR 1999, 482 (483).

1195 Im Internet unter http://www.ser.nl zu finden.

1196 Ausführlich zu diesen Regelungen *Bärmann* in FS Bartholomeyczik, S. 1 (13 ff.); *Westermann* in FS Möhring, S. 319 ff. Siehe auch *Timmermann* in Hommelhoff/Hopt/Lutter, Konzernrecht für Europa, S. 169 (173 ff.).

sprache über das Angebot stattfinden sollte[1197]. Zudem traf den Vorstand die Verpflichtung, wenigstens vier Tage vor dieser Hauptversammlung den Aktionären einen Bericht vorzulegen, der unter anderem eine begründete Stellungnahme zu dem Übernahmeangebot enthalten sollte[1198]. Mit Wirkung zum 5. September 2001[1199] wurden die in den Fusionsverhaltensregeln in Kapitel 1 enthaltenen Regelungen[1200] „eins zu eins" in das Effektenverkehrsaufsichtsgesetz aus dem Jahr 1995 (*Wet toezicht effektenverkeer*) übernommen[1201]. Die Aufsicht hierüber obliegt nunmehr der Stiftung Aufsicht Effektenverkehr (*Stichting Toezicht Effectenverkeer* (STE))[1202].

Seit dem 1. März 2000 besteht in ***Portugal*** ein neues Wertpapiergesetz (*Código dos Valores Mobiliários*)[1203], das im Titel III Regelungen für öffentliche Übernahmen enthält[1204], die eng an die Vorschläge einer EU-Übernahmerichtlinie und den City Code angelehnt sind[1205]. Die Überwachung obliegt der Kommission für den Wertpapiermarkt (*Comissão do Mercado de Valores Mobiliários* (CMVM))[1206]. Die Pflichten der Zielgesellschaft sind in den Art. 181 und 182 des Gesetzes geregelt. Danach hat die Leitung der Zielgesell-

---

1197 Art. 9 Abs. 1. Diese Verpflichtung galt jedoch nur bei sog. festen Angeboten, das heißt solchen, bei denen wenigstens ein festgesetzter Preis wie auch ein festgesetztes Umtauschverhältnis vorliegen, nicht hingegen bei Teil- oder Tenderangeboten. Zur Abgrenzung der einzelnen Angebotsformen siehe *Timmermann* in Hommelhoff/Hopt/Lutter, Konzernrecht für Europa, S. 169 (174 f.); *Zschocke* in von Rosen/Seifert, Übernahme börsennotierter Unternehmen, S. 77 (84).

1198 Art. 9 Abs. 2. Bei Teilangeboten bzw. Tenderangeboten bestand lediglich die Verpflichtung, wenigstens vier Tage vor Ablauf der Annahmefrist eine Stellungnahme zu unterbreiten, Art. 9A. Überdies waren unabhängig von der Angebotsart für die am Angebot Beteiligten umfassende Publikationspflichten vorgesehen, Art. 3.

1199 Vgl. zu den Neuerungen *Grablowitz*, RIW 2003, 272 ff.

1200 Die Kernvorschriften des fünf Kapital umfassenden Regelwerks waren in den Kap. I und II geregelt. Während sich Kap. II mit dem Schutz der Arbeitnehmer (*regels ter bescherming van de belangen van werknemers*) befaßte (jetzt *Fusiegedragsregels 2000*), wurden in Kap. I Regelungen zum Schutz der Aktionäre der Zielgesellschaft bei der Vorbereitung und Durchführung eines öffentlichen Übernahmeangebots getroffen (*regels ter bescherming van aandeelhoudersbelangen*).

1201 Daneben läßt das Gesellschaftsrecht der Niederlande zahlreiche Abwehrmaßnahmen zu. Vgl. *Timmermann* in Hommelhoff/Hopt/Lutter, Konzernrecht für Europa, S. 169 (173).

1202 Siehe dazu *Remien* in Hopt/Rudolph/Baum, Börsenreform, S. 1148 ff.; zum WTE ebenda, S. 1107 ff. Auf deren Web-Site finden sich die neuen Regelungen unter http://www.ste.nl.

1203 Gesetz Nr. 486/99 vom 13. November 1999.

1204 Vgl. dazu *Lopes/Ramalho* in M&A Handbook, S. 143. Zur alten Rechtslage noch *Zinser*, Übernahmeangebote, S. 52.

1205 Vgl. *Lopes/Ramalho* in M&A Handbook, S. 143 (143).

1206 Auf deren Homepage unter http://www.cmvm.pt findet sich der Gesetzestext.

schaft binnen acht Tagen nach Erhalt des Angebots eine Stellungnahme an den Bieter und die CMVM zu übermitteln und zu veröffentlichen. Zudem ist sie ab dem Zeitpunkt der Kenntnis von dem Übernahmeangebot bis zum Ende der Angebotslaufzeit verpflichtet, alle Handlungen zu unterlassen, die den Vermögensbestand der Gesellschaft ernstlich schädigen und die bekanntgegebenen Ziele des Bieters beeinflussen könnten. Ausgenommen davon sind solche der gewöhnlichen Geschäftsführung, die Erfüllung bereits zuvor begründeter Verpflichtungen sowie Handlungen, die von einer während der Angebotslaufzeit zu diesem Zweck abgehaltenen Hauptversammlung beschlossen wurden.

In ***Schweden*** müssen öffentliche Übernahmeangebote den 1971 aufgestellten Empfehlungen (seit kurzem: Regeln) des Börsenkomitees der schwedischen Industrie und des schwedischen Handels (*Näringslivets Börskommitté* (NBK)) betreffend öffentliche Angebote zum Erwerb von Aktien (*Rekommendation (Regler) rörande offentliga erbjudanden om aktieförvärv*) entsprechen[1207]. Dabei handelt es sich um nichtgesetzliche Regelungen, die jedoch vertraglich bindend sind für die an der Stockholmer Börse notierten Gesellschaften[1208]. Die Vorschriften entsprechen überwiegend den Regelungen des zum Vorbild genommenen City Code. Dies gilt auch für die Pflichten der Zielgesellschaft[1209].

G. RECHTSVERGLEICHENDE SCHLUSSBETRACHTUNG

I. Einleitende Überlegungen

Der Blick auf die jeweiligen Rechtsordnungen der einzelnen Mitgliedstaaten offenbart, daß die Bemühungen der Kommission um eine Harmonisierung auf dem Gebiet des Übernahmerechts nicht gänzlich vergebens waren. Zum Zeitpunkt des vorläufigen Scheiterns der EU-Übernahmerichtlinie im Juli 2001 ver-

---

1207 Derzeit in der seit 1. September 2003 geltenden Fassung. Vgl. dazu *Hasselberg/ Högström* in M&A Handbook, S. 163 ff.; *Morgan Grenfell*, Handbuch für den internationalen Unternehmenskauf, S. 322 f.; *Skog* in Hommelhoff/Hopt/Lutter, Konzernrecht für Europa, S. 211 (222 ff.); *ders.*, Does Sweden Need a Mandatory Bid Rule; *ders.* in FS Lutter, 1551 (1559 f.), sowie jüngst *Foerster/Dejmek*, ZVglRWiss 2002, 309 (320 ff.), und *Kasche* RIW 2002, 87 ff.

1208 Die Regeln der NBK samt Erläuterungen sind auf deren Homepage erhältlich unter http://www.naringslivetsborskommitte.se.

1209 Siehe II.14 (Pflicht des Verwaltungsrats der Zielgesellschaft zur Abgabe einer begründeten Stellungnahme) und II.16 („Neutralitätspflicht“) der Regeln. Vgl. dazu näher *Hasselberg/Högström* in M&A Handbook, S. 163 (169 f.); *Skog* in Hommelhoff/ Hopt/Lutter, Konzernrecht für Europa, S. 211 (223).

fügten lediglich drei der insgesamt fünfzehn Mitgliedstaaten[1210] nicht über eine gesetzliche Regelung, das etablierte System der Selbstregulierung in Großbritannien einmal außer Betracht gelassen. Da sich auch Griechenland und die Niederlande zwischenzeitlich aus diesem Kreis verabschiedet und zu einer gesetzlichen Lösung durchgerungen haben, verbleibt lediglich noch Schweden, das nach wie vor auf nicht gesetzliche Lösungen baut. Insoweit war es höchste Zeit, daß Deutschland diese Entwicklung nunmehr nachvollzogen hat[1211].

Inwieweit die jeweiligen Regelwerke den Vorgaben der gescheiterten Richtlinie entsprochen hätten, kann hier nicht weiter vertieft werden. Festzuhalten bleibt indes, daß der Einfluß der Harmonisierungsbestrebungen der EU-Kommission unübersehbar ist. Sämtliche nationalen Regelungen, die nach Vorlage des ersten Richtlinienvorschlags aus dem Jahr 1989 erlassen wurden, gleich ob gesetzlich oder auf freiwilliger Selbstregulierung basierend, orientierten sich eng an den jeweils jüngsten Vorschlagsfassungen der EU-Übernahmerichtlinie. Auf diese Weise bildete sich im Laufe der Zeit allmählich eine weitgehende Annäherung der wesentlichen Regelungselemente der einzelnen Übernahmeregelungen heraus. Dies gilt zum einen für die dem Übernahmeverfahren übergeordneten Leitlinien (Sicherstellung der freien Entscheidungsmöglichkeit sowie Gleichbehandlung der Aktionäre der Zielgesellschaft, Transparenz des gesamten Übernahmeverfahrens, Schutz der verbleibenden Minderheitsaktionäre), aber zum anderen auch für einzelne elementare Vorschriften. Exemplarisch veranschaulichen läßt sich dies an der Pflichtangebotsregelung. So hat sich nicht nur deren Einführung mittlerweile als nahezu unbestrittener Bestandteil der meisten Übernahmeregelungen etabliert. Vielmehr hat sich mit der Zeit die Kontrollschwelle als deren wesentlicher Bestandteil in den einzelnen Rechtsordnungen bei einer Höhe von 30 bzw. 33 ⅓ Prozent als europaweiter Standard herausgebildet[1212].

Auch wenn im Detail in einigen Regelungskomplexen noch Unterschiede bestehen, was nicht zuletzt durch die zum Scheitern der Übernahmerichtlinie führenden Meinungsverschiedenheiten belegt wurde, kann insgesamt dennoch bereits jetzt von einem europäischen Standard gesprochen werden. Einen solchen verkörpern die Regelungen Großbritanniens, Frankreichs und Italiens, neben Deutschland die wichtigsten Industrienationen innerhalb der EU. Aber auch die Rechtsordnungen Belgiens, Irlands, Österreichs, Portugals, Schwedens und Spaniens verfügen über Übernahmeregelungen, die diesem Anspruch gerecht werden.

1210 Wie bereits erwähnt, verfügt Luxemburg als einziger Mitgliedstaat über keinerlei Regelung.

1211 Allein aus diesem Grund war die Frage nach der generellen Notwendigkeit einer gesetzlichen Regelung in Deutschland längst von den Realitäten überholt worden.

1212 So etwa in Großbritannien, Irland, Österreich, Italien und Frankreich.

Auffallend zeigt sich, daß zahlreiche Staaten - wie auch Deutschland - zunächst auf ein selbstregulierendes System vertrauten und sich dieses als Vorstufe zu gesetzgeberischen Entschlüssen zunutze machten[1213]. Auf diese Weise ließ sich ein Eindruck darüber gewinnen, was als mögliche gesetzgeberische Konzeption funktionieren könnte und was nicht. Bemerkenswert ist zudem, daß beinahe sämtliche Regelwerke - ebenfalls wie in Deutschland - Ausdruck eines gesetzgeberischen Reflexes auf öffentlichkeitswirksame Übernahmeauseinandersetzungen waren[1214].

II. PFLICHTEN DER ZIELGESELLSCHAFT

1. Vergleich der einzelnen Mitgliedstaaten

Der Blick auf die Übernahmeregelungen der einzelnen Mitgliedstaaten der EU hat zudem gezeigt, daß die konkrete Ausgestaltung der Pflichten der Zielgesellschaft ebenso wie die überwiegende Anzahl der jeweiligen Regelwerke ganz im Zeichen des britischen City Code steht. Je nach dem Zeitpunkt des Erlasses ihrer Übernahmeregelungen haben sich die einzelnen Staaten entweder unmittelbar an der britischen Musterregelung orientiert oder aber über die Ausrichtung an den vermeintlichen Vorgaben der sich ihrerseits wiederum eng an dem City Code anlehnenden EU-Übernahmerichtlinie den Einfluß der britischen Regelung zumindest mittelbar herbeigeführt. Die langjährigen Erfahrungen Großbritanniens mit dem City Code, die zu einer bislang einzigartigen Regelungstiefe geführt haben, rechtfertigen die enge Anlehnung an dessen Vorschriften.

Für die Regelungen betreffend die Pflichten der Zielgesellschaft hat dies zur Folge, daß die beiden zentralen Verpflichtungen der Verwaltung der Zielgesellschaft nach dem City Code, namentlich die Pflicht zur Abgabe einer Stellungnahme einerseits sowie das Verbot der *frustrating actions* in zeitlichem Zusammenhang mit dem Übernahmeverfahren andererseits[1215], Eingang in beinahe sämtliche, zumindest aber die bedeutendsten Übernahmeregelungen in den Mitgliedstaaten gefunden haben[1216].

Insbesondere im Hinblick auf die der Verwaltung der Zielgesellschaft auferlegte Informationspflicht scheint ein breiter Konsens über deren Bedeutung zu beste-

1213 Hinweisend auf die Vorzüge dieser Vorgehensweise in dem Zusammenhang bereits *Westermann* in FS Möhring, S. 319 (338).

1214 Auf den Verfahrensablauf: Übernahmeauseinandersetzung - öffentliches Interesse - Gesetzgebungsprozeß weisen zutreffend hin *Schuster/Rudolf* in von Rosen/Seifert, Übernahme börsennotierter Unternehmen, S. 41 (43).

1215 Dazu oben S. 196.

1216 Siehe die zuvor unter I. genannten.

hen, was sich nicht zuletzt dadurch widerspiegelt, daß auch jene Staaten, die nach wie vor nur über rudimentäre Regelungen verfügen, eine solche Verpflichtung als essentiell erachten[1217]. Bei einem Vergleich der maßgeblichen Vorschriften lassen sich nur wenige, im Detail verborgene Abweichungen ausmachen. Diese beziehen sich zum einen auf die Frage, wer in den Adressatenkreis dieser Verpflichtung einbezogen wird, was vor allem bei Staaten, die wie Deutschland auch über ein *two-tier*-System verfügen, von Interesse ist[1218]. Zum anderen weichen die einzelnen, zwingend in der Stellungnahme anzusprechenden Punkte voneinander ab. Diesbezüglich verfügt die zum Vorbild genommene britische Regelung noch immer über den umfangreichsten Katalog. Schließlich wird die Frage uneinheitlich beantwortet, ob die Stellungnahme der Verwaltung der Zielgesellschaft ihrerseits der Kontrolle durch einen unabhängigen Dritten unterzogen werden soll[1219].

Nicht in gleichem Maße einheitlich präsentiert sich das Bild in den einzelnen Staaten hinsichtlich des dem City Code entnommenen Verbots der *frustrating actions* während des Übernahmeverfahrens. Dieses der Verwaltung der Zielgesellschaft auferlegte Verbot tritt in der britischen Regelung in seiner striktesten Form auf. Dies gilt bereits für die Vorverlagerung der Verhaltensanforderungen auf den Zeitpunkt, zu dem die Verwaltung Grund zur Annahme hat, daß ein Angebot unmittelbar bevorsteht. Wenngleich gezeigt wurde, daß damit keineswegs zugleich ein striktes Stillhaltegebot einhergeht, wie es in der hierzulande geführten Diskussion oftmals (miß-)verstanden wird[1220]. Vielmehr bleiben etwa solche Maßnahmen zulässig, denen zuvor die Hauptversammlung in Kenntnis des konkreten Angebots zugestimmt hat. Gleiches gilt daneben für die Suche nach einem konkurrierenden Angebot wie auch - gern übersehen - für die weitere zentrale Verpflichtung der Verwaltung der Zielgesellschaft, die in der Abgabe einer Stellungnahme zu dem Übernahmeangebot besteht.

Wenngleich das Verbot der *frustrating actions* der britischen Regelung in den oben genannten Mitgliedstaaten[1221] im Grundsatz Einzug in die jeweiligen Übernahmeregelungen gehalten hat, und dessen Implementierung folglich nicht in Frage gestellt wird, finden sich teilweise einige mehr oder weniger erhebliche Auflockerungen wieder. Hinzuweisen bleibt vor allem auf die französische Regelung, wonach der Hauptversammlung unter bestimmten Voraussetzungen die Möglichkeit eingeräumt wird, bereits im voraus den Vorstand zur Durchführung

1217 So etwa Dänemark.

1218 So stellt die österreichische Regelung es in das freie Belieben des Aufsichtsrats, eine Äußerung zu dem Übernahmeangebot zu verfassen. Dazu oben S. 209.

1219 Dies sehen etwa die britische wie auch die österreichische Regelung vor.

1220 Vgl. etwa *Kirchner*, BB 2000, 105 (113). Dazu unten Kap. 5., S. 529.

1221 Siehe die oben unter I. genannten.

einer als Abwehrmaßnahme einzusetzenden Kapitalerhöhung zu ermächtigen[1222]. Mit der zuletzt vorliegenden Fassung des Gemeinsamen Entwurfs einer EU-Übernahmerichtlinie indes wäre ein solcher Beschluß vereinbar gewesen. In abgeschwächter Form findet sich eine ähnliche Regelung im belgischen Übernahmerecht, die allerdings die Befugnis zur Kapitalerhöhung auf 10 Prozent des Grundkapitals beschränkt[1223]. Auch die im spanischen Recht anzutreffende Möglichkeit, dem Vorstand ein Jahr im voraus die Entscheidung allein über den Zeitpunkt zur Durchführung eines bereits gefaßten Kapitalerhöhungsbeschlusses zu übertragen[1224], ist eher als Eigenart des spanischen Rechts denn als Abkehr von dem Grundgedanken des Verbots der *frustrating actions* zu bewerten. Schließlich sei noch eine Regelung des italienischen Übernahmerechts erwähnt, wonach bereits eine Mehrheit von 30 Prozent ausreichen soll, um auf einer nach Bekanntgabe des Angebots abgehaltenen Hauptversammlung den Vorstand zur Durchführung bestimmter Abwehrmaßnahmen zu ermächtigen[1225]. Auch wenn diese Hürde leicht zu nehmen sein dürfte, trägt die Vorschrift dennoch dem Grundgedanken Rechnung, daß den Aktionären in Kenntnis der Angebotskonditionen die Letztentscheidung über die Ergreifung von Abwehrmaßnahmen zukommen soll.

Angesichts der Vielzahl unterschiedlicher Rechtsordnungen innerhalb der Mitgliedstaaten der EU und der Tragweite der Ausgestaltung des Regelungskomplexes der Verhaltenspflichten der Zielgesellschaft erscheint es geradezu zwangsläufig, daß im Detail unterschiedliche Ausprägungen anzutreffen sind. Die Konformität selbst der zuvor beschriebenen auffälligsten Abweichungen mit dem zuletzt erreichten Stand der Übernahmerichtlinie in Gestalt des Gemeinsamen Entwurfs verdeutlicht indes, daß diese nationalen Besonderheiten „unter dem Strich" zu vernachlässigen sind. Nicht zu vergessen bleibt, daß die Angleichungen in freiwilliger Form und aus der Erkenntnis der unbestrittenen Dominanz der Regelungen des City Code heraus erfolgt sind. Bemerkenswert ist in diesem Zusammenhang, daß dem britischen Modell des Verbots der *frustrating actions* in Europa kein positives konkurrierendes Regelungsmodell gegenübersteht. Mit Ausnahme der Niederlande kann das gänzliche Absehen von einer Regelung dieser Frage in den übrigen Staaten nicht als alternatives Modell begriffen werden. Der Grund dafür, daß die Regelung in einigen Staaten bislang unterblieben ist, besteht vielmehr darin, daß - ähnlich wie in Deutschland während der Geltungsdauer der Leitsätze - auf Grund des geringen Vorkommens unfreundlicher Übernahmeangebote keine Veranlassung bestand, die Verhal-

1222 Dazu oben S. 221.
1223 Dazu oben S. 219.
1224 Dazu oben Fn. 1180.
1225 Dazu oben S. 224.

tenspflichten einer eigenständigen Regelung zuzuführen[1226]. Dieser Befund läßt sich auf die Niederlande nicht mehr übertragen, die nunmehr, trotz der Überführung der Vorschriften aus der freiwilligen Selbstregulierung in das Effektenverkehrsaufsichtsgesetz, bewußt von einer Anlehnung an die britischen Regelungen abgesehen haben.

Im Ergebnis bleibt somit festzuhalten, daß sich auch im Hinblick auf die Pflichten der Zielgesellschaft insgesamt ein weitgehend einheitliches Bild ergibt. Mitunter ist auch in diesem Kontext bereits von *einer* europäischen Regelung die Rede[1227]. Zwar trifft dies, wie gezeigt, nicht auf sämtliche Mitgliedstaaten der EU zu, gilt aber zumindest im Hinblick auf die eingangs genannten und damit bedeutendsten Übernahmeregelungen. Wenngleich sich auch unter diesen auf Grund geringer Abweichungen ein leichtes Gefälle im Vergleich zur im Grundsatz unbestrittenen britischen Regelung erkennen läßt. Dies gilt weniger für die Verpflichtung der Verwaltung der Zielgesellschaft zur Abgabe einer Stellungnahme zu dem Übernahmeangebot als vielmehr für die Ausgestaltung der Verhaltenspflichten.

2. Sonderrolle der Schweiz

Eine Sonderrolle auf dem europäischen Kontinent nimmt die Schweiz ein. Einerseits war diese nicht dem faktischen Zwang unterworfen, zu erwartende europäischen Vorgaben weitgehend antizipieren zu müssen. Andererseits konnte sich die Schweiz nicht zu weit von den europaweit akzeptierten Mindeststandards entfernen, ohne zugleich negative Auswirkungen auf den eigenen Kapitalmarkt befürchten zu müssen. Diese Überlegungen spiegeln sich in den untersuchten Vorschriften wider, die in der UEV-UEK eine bemerkenswerte, dem City Code nahekommende Regelungstiefe erfahren haben.

Auch wenn sich die schweizerischen Regelungen dem Grundsatz nach an dem Verbot der *frustrating actions* orientieren, findet man dort doch weitreichende Abweichungen vor. Zwar liegt die Kompetenz zur Entscheidung über Verteidigungsmaßnahmen grundsätzlich bei der Generalversammlung, doch gestattet die schweizerische Übernahmeregelung, bereits im voraus, d.h. vor Veröffentlichung eines konkreten Übernahmeangebots, den Verwaltungsrat zur Vornahme bestimmter Handlungen zu ermächtigen[1228]. Mit dieser Regelung geht das schweizerische Recht nochmals deutlich über die bereits dem französischen Modell zugrundeliegenden Vorratsbeschlüsse hinaus. Mit dem bislang erreichten - für die Schweiz unverbindlichen - Stand der EU-Übernahmerichtlinie in

1226 So etwa in Finnland.

1227 Vgl. *Hopt* in FS Lutter, S. 1361 (1374); *ders.*, ZHR 166 (2002), 383 (388).

1228 Art. 29 Abs. 2 BEHG. Dazu oben S. 215.

Gestalt des Gemeinsamen Entwurfs wäre die Regelung indes unvereinbar[1229]. Aufschlußreiche Erkenntnisse im Umgang mit der generellen Zulassung von Vorratsbeschlüssen liegen allerdings noch nicht vor, da die recht jungen Vorschriften bislang keiner ausreichend großen Zahl von praktischen Anwendungstests unterzogen wurden. Über die Gestattung der Vorratsbeschlüsse hinaus verbleibt dem Verwaltungsrat ein gewisser Spielraum bei der Ergreifung von Verteidigungsmaßnahmen. Denn alle nicht von Art. 35 UEV-UEK erfaßten Maßnahmen sind nicht von vornherein unzulässig, sondern bedürfen im Einzelfall der Überprüfung auf ihre Konformität mit Art. 29 BEHG und dem Schweizerischen Aktienrecht.

3. Vergleich Europa - USA

a) Vergleich Großbritannien - USA

In fundamentalem Gegensatz zu den Regelungen Großbritanniens steht das US-amerikanische Übernahmerecht, obwohl beide Staaten über eine weitgehend vergleichbare Ausgangslage verfügen: ein insgesamt offener Kapitalmarkt, langjährige Traditionen der Offenlegungs- und Prüfungspflichten sowie ein hoher Anteil des sich im Streubesitz befindlichen Aktienkapitals[1230]. Ungeachtet dieser Gemeinsamkeiten gehen beide Staaten bei der Regelung öffentlicher Übernahmeangebote von völlig unterschiedlichen Ansätzen aus. Während die britische Regelung vorrangig auf den Schutz der außenstehenden Aktionäre vor einer möglichen Ausbeutung durch die Mehrheit abstellt, beruht der US-amerikanische Ansatz auf dem Ziel, mittels den Regelungen des Übernahmerechts zu verhindern, daß Anleger ihre Anteile unter Wert verkaufen[1231].

Diese Unterschiede treten am deutlichsten hervor bei der Frage nach den Einwirkungsmöglichkeiten des Managements der Zielgesellschaft auf den Erfolg des Übernahmeangebots (Zulassung von Abwehrmaßnahmen) sowie nach den Konsequenzen eines Angebots für die künftige Struktur der Zielgesellschaft (Zulassung von Teilangeboten, Pflichtangebotsregelung). Hingegen lassen sich Gemeinsamkeiten vor allem in Verfahrensfragen erkennen, etwa in der Gewährleistung eines angemessenen Entscheidungszeitraums sowie hinreichenden Informationen sowohl durch den Bieter als auch durch die Verwaltung der Zielgesellschaft.

1229 Einzig in einem bestimmten Fall sollte nach der Übernahmerichtlinie ein Vorratsbeschluß zulässig sein. Siehe dazu oben Kap. 2, S. 97.

1230 Vgl. schon *Schmitthoff* in Schmitthoff/Goré/Heinsius, Übernahmeangebote, S. 7 (8).

1231 Vgl. *Assmann/Bozenhardt* in Assmann/Basaldua/Bozenhardt/Peltzer, Übernahmeangebote, S. 1 (38 f.).

b) Herstellung eines transatlantischen level playing field

Infolge der zu Recht erfolgten engen Anlehnung der Vorschläge einer Übernahmerichtlinie an die Vorschriften des City Code wäre - für den Fall der Verabschiedung der Richtlinie in Gestalt des Gemeinsamen Entwurfs - der zwischen Großbritannien und den USA bestehende Gegensatz für sämtliche Mitgliedstaaten der EU verbindlich festgeschrieben worden, wenngleich ein solcher Gegensatz auf Grund der Ausrichtung der europäischen Regelungen an dem britischen City Code in den meisten Staaten Europas ohnehin bereits heute anzutreffen ist.

Auf die Zementierung dieser Gegensätze haben die Gegner des in der Übernahmerichtlinie vorgesehenen Vereitelungsverbots im wesentlichen ihren Widerstand gegen die Richtlinie gestützt[1232]. Es wurde geltend gemacht, daß ein Ungleichgewicht im transatlantischen Verhältnis zwischen Europa und den USA zu Lasten Europas entstünde. Da dem Übernahmerecht der USA eine dem Vereitelungsverbot der Richtlinie gleichkommende Regelung fremd sei, könnten sich US-amerikanische Unternehmen mit „High-Tech-Abwehrwaffen“ gegen ihre europäischen Wettbewerber zur Wehr setzen. Umgekehrt hingegen bleibe den europäischen Unternehmen bloß der Einsatz von „Holzknüppel“ gegen unfreundliche Übernahmeversuche der US-amerikanischen Konkurrenz[1233]. Aus diesem Grund sei die Herstellung eines transatlantischen *level playing field* notwendig, das durch die Stärkung der europäischen Unternehmen erreicht werden müsse, die in Anlehnung an das US-amerikanische Recht durch eine Erweiterung der Handlungsfreiräume des Vorstands der Zielgesellschaft während eines Übernahmeverfahrens herbeizuführen sei.

aa) Kritik

Da dieser Einwand eine der tragenden Säulen in der Argumentation der Gegner des Vereitelungsverbots der Übernahmerichtlinie bedeutete[1234], was letztlich zu deren vorläufigem Scheitern - und später dann zur Einigung auf das Optionsmodell führte[1235] -, soll diese Argumentation im folgenden Gegenstand einiger kriti-

1232 Dazu die Nachweise oben Kap. 2, S. 69.

1233 So die plastische Beschreibung durch *von Rosen*, ZfgK 2001, 734 (735); siehe auch *ders.*, Bank 2001, 850 (853 f.). *Kirchner*, WISU 2001, 1037 (1038); *ders.* in FAZ vom 11. Juli 2001, S. 15, *ders.* in HB vom 29. November 2000, S. 2, spricht gar von einem „Kampf mit Spießen ungleicher Länge“.

1234 Ein weiterer maßgeblicher Einwand bestand in der Forderung, es müsse ein europäisches *level playing field* geschaffen werden, was allein durch die Verabschiedung der Übernahmerichtlinie nicht gewährleistet werde. Eine nähere Auseinandersetzung mit dieser Argumentation findet sich unten in Kap. 5, S. 536 ff.

1235 Die gesamte Diskussion um das Vereitelungsverbot der EU-Übernahmerichtlinie, insbesondere die Forderung nach einer engen Ausrichtung am US-amerikanischen

scher Anmerkungen sein. Dies geschieht in dem Bewußtsein, daß die isolierte Betrachtung der jeweiligen Regelungen des Verhaltens der Verwaltung der Zielgesellschaft diesseits und jenseits des Atlantiks verkennt, daß der Erfolg von Unternehmensübernahmen sich nicht allein an diesem Faktor festmachen läßt[1236]. In die Betrachtung mit einzubeziehen sind vielmehr auch die rechtlichen und institutionellen Unterschiede, die im Ergebnis Europa deutlich übernahmefester erscheinen lassen als die USA[1237].

(1) Tatsächlicher Befund

Bereits ein Blick auf die tatsächlichen Gegebenheiten unterstreicht, daß sich die in den USA fehlende Verpflichtung des Vorstands auf eine dem Vereitelungsverbot vergleichbare Regelung nicht reduzierend auf die Anzahl unfreundlicher Übernahmen auswirkt. Das Gegenteil ist der Fall: Der US-amerikanische Markt für Unternehmensübernahmen war in der Vergangenheit stets einer der weltweit aktivsten[1238].

Weiterhin sind - entgegen aller Behauptungen - die Chancen eines derart zur Abwehr eines unerwünschten Übernahmeversuchs befugten Vorstands, die Unabhängigkeit des Unternehmens zu erhalten, vergleichsweise gering. Dies belegt ein Blick auf die Auswertungen der *takeover*-Welle in den achtziger Jahren in den USA, wonach letztlich weniger als 20 Prozent der Zielgesellschaften die erfolgreiche Abwehr eines Übernahmeversuchs gelang[1239].

Der Vergleich zu den USA zeigt somit, daß die mit einer Erweiterung der Handlungsfreiräume des Vorstands während eines Übernahmeversuchs seitens der Kritiker des Vereitelungsverbots verbundenen Hoffnungen, namentlich die Stärkung der Unabhängigkeit der potentiellen Zielgesellschaften sowie eine generelle Senkung der Zahl der unfreundlichen Übernahmeversuche, nicht zwangsläufig eintreten müssen.

Modell dürfte im US-amerikanischen Schrifttum mit Verwunderung zur Kenntnis genommen worden sein, da dort die Zulassung von Abwehrmaßnahmen alles andere als unumstritten ist. Vgl. dazu oben Fn. 1043. Dies wird auch seitens der *Winter*-Kommission, Report, S. 42, hervorgehoben.

1236 So auch *Mülbert/Birke*, WM 2001, 705 (716).

1237 Dieser Aspekt kann jedoch an dieser Stelle nicht weiter vertieft werden. Vgl. dazu *Wymeersch*, AG 1995, 299 ff.

1238 Vgl. die Übersicht der angekündigten Transaktionen der Jahre 1995 bis 2000 bei *Herden/Ficke*, M&A 2001, 59 (59).

1239 Vgl. *Schwegmann/Pfaffenberger*, DBW 1991, 561 (576). Ähnliches galt für den Zeitraum der Jahre 1976 bis 1982, vgl. *Trockels*, ZVglRWiss 1989, 56 (57), Fn. 9.

Die so gezeichnete Übermacht der US-amerikanischen Unternehmen wird schließlich auch nicht durch einen Blick auf die in jüngster Vergangenheit durchgeführten und angekündigten Transaktionen gestützt. Erwähnt sei vor allem die vor kurzem vollzogene Übernahme der US-amerikanischen Gesellschaft VoiceStream Wireless Corp. durch die Deutsche Telekom AG mit einem Volumen von 53.9 Mrd. US-$[1240]. Aber auch die massive Expansion des RWE-Konzerns in Nordamerika, der nach der Übernahme von American Water Works durch die Führungsgesellschaft der RWE-Wassersparte, der britischen Thames Water[1241], weiterhin nach geeigneten Übernahmekandidaten Ausschau hält[1242], will nicht recht in das von den Kritikern gezeichnete Bild der „Festung Amerika" passen[1243].

Bei genauerem Hinsehen offenbaren die Analysen der Unternehmenstransaktionen des Jahres 2000, dem bisherigen „Rekordjahr" im Bereich der M&A-Transaktionen, daß es vielmehr europäische Unternehmen waren, die insgesamt als aktivste Käufer in Erscheinung getreten sind. Geradezu absurd wirkt das Argument eines bestehenden Ungleichgewichts zwischen Europa und den USA, wenn man sich die Ziele der Transaktionen europäischer Unternehmen genauer anschaut. Denn vorrangig betätigten sich die europäischen Käufer auf dem nordamerikanischen Markt, also in den USA und Kanada[1244], wobei allein in den USA 129 Fälle gezählt wurden[1245].

(2) Unterschiede in der Entwicklung des Übernahmerechts

Weiterhin geht der pauschale Hinweis auf die Zulässigkeit umfassender Abwehrmöglichkeiten US-amerikanischer Unternehmen fehl, wenn man sich nicht zugleich den historischen Hintergrund der Entwicklung des Übernahmerechts der USA vergegenwärtigt[1246]. Die Zulassung derart weitreichender Handlungsfreiräume des Managements der Zielgesellschaft auch in Übernahme-

1240 Auch *Hommelhoff/Witt*, RIW 2001, 561 (566), weisen in diesem Zusammenhang darauf hin, daß die vorgetragene Argumentation der Gegner des Vereitelungsverbots „eher unglaubwürdig erscheint".

1241 Vgl. dazu FAZ vom 19. Januar 2002, S. 18.

1242 Vgl. FAZ vom 23. Oktober 2001, S. 25.

1243 Insbesondere in allerjüngster Vergangenheit haben deutsche Unternehmen verlautbaren lassen, daß diese gezielt die Schwäche der US-amerikanischen Wirtschaft nutzen wollen, um weitere Unternehmen zuzukaufen. Dies ergab eine Umfrage im Auftrag der Unternehmensberatung Droege & Comp. in Zusammenarbeit mit der Deutsch-Amerikanischen Handelskammer in New York. Vgl. FAZ vom 21. November 2001, S. 23.

1244 Vgl. die Auswertung bei *Herden/Ficke*, M&A 2001, 59 (60).

1245 Vgl. FAZ vom 10. Januar 2001, S. 24. Dazu auch *Winter*-Kommission, Report, Annex 5.

1246 Darauf zu Recht hinweisend *Drygala*, ZIP 2001, 1861 (1869).

situationen stellte vor allem eine Reaktion auf die stark verbreiteten Teilangebote dar, die in ihren verschiedenen Varianten massiv auf die Interessen der Aktionäre der Zielgesellschaft einwirkten[1247]. Da in den USA keine Verfahrensregelungen, nach denen solche Teilangebote unzulässig sind, und insbesondere auch keine Verpflichtung zur Abgabe eines Pflichtangebots bestehen[1248], erwuchs das Bedürfnis, diesen als schädlich eingestuften Angebotsformen entgegenzutreten. Die Zulassung von Abwehrmaßnahmen in den USA verfolgte daher in erster Linie den Zweck, die berechtigten Interessen der Aktionäre[1249] an der Herstellung gleicher Bedingungen, namentlich der Erzielung des bestmöglichen Preises, zu wahren[1250].

Anders stellt sich hingegen die Situation in Europa dar. Basierend auf dem grundlegend divergierenden Ansatz der britischen Regelung verfügen die Übernahmeregelungen der wirtschaftlich bedeutendsten Mitgliedstaaten der EU bereits heute über eine Pflichtangebotsregelung. Bis zuletzt wurde dieses Konzept in der Übernahmerichtlinie verfolgt - und schließlich auch umgesetzt. Hinzu kommt, daß der Grundsatz der Gleichbehandlung das gesamte Übernahmeverfahren überragt. Infolgedessen sind vergleichbare Teilangebotsformen wie die aus den USA geläufigen als Verstoß gegen diesen Grundsatz unzulässig, sofern nicht Teilangebote von vornherein gänzlich untersagt werden[1251].

Überdies ist nicht zu verkennen, daß die einzelstaatliche *anti-takeover*-Gesetzgebung unter dem Eindruck der auf Zerschlagung gerichteten Unternehmensübernahmen stand. Sie hatte daher einem völlig andersartigen Phänomen gerecht zu werden als dies heute im Rahmen der europäischen Rechtsangleichung der Fall ist, da derartige Übernahmen heutzutage nur noch eine verschwindend geringe Bedeutung erlangen[1252]. Insoweit war die Gesetzgebung der US-amerikanischen Einzelstaaten auf diesem Gebiet vorrangig von Eigeninteressen im na-

1247 Vgl. etwa *Lipton*, 35 Bus. Lawyer 1979, 101 (121).

1248 Ebenso besteht trotz der *best price rule* nach Section 14 (d) (7) SEA nicht einmal die Verpflichtung, allen Aktionären denselben Preis zu zahlen, da legale Abweichungen hiervon zulässig sind. Vgl. dazu *Merkt*, US-Gesellschaftsrecht, Rn. 1093, 1095. Dies gilt auch für spezielle Angebotsformen wie etwa *front-end loaded offers*, die zu einer Ungleichbehandlung der Aktionäre führen. Dazu unten Kap. 5, Fn. 1493.

1249 Zutreffend wird darauf hingewiesen, daß oftmals allzu gerne in diesem Zusammenhang übersehen wird, daß anders als in Deutschland die Ermessensentscheidung des Vorstands eines US-amerikanischen Unternehmens vorrangig dem *Shareholder Value* verpflichtet ist. Vgl. *Drygala*, ZIP 2001, 1861 (1869); *Winter*-Kommission, Report, S. 40. Ferner dürfen in der Übernahmesituation insbesondere nach der *Revlon*-Doktrin andere Interessengruppen als die Aktionäre nur äußerst beschränkt berücksichtigt werden. Vgl. *Bungert*, AG 1994, 297 (305).

1250 Vgl. *Trockels*, ZVglRWiss 1990, 56 (95).

1251 So etwa in Frankreich, Art. 5-1 CMF-Verordnung.

1252 Dazu bereits oben Kap. 1, S. 45.

tionalen Inkorporierungswettbewerb bestimmt[1253]. Es ging somit letztlich in erster Linie um protektionistische Bestrebungen[1254]. Auch aus diesem Grund ist der Verweis auf die Zulässigkeit von Abwehrmaßnahmen in den USA nicht haltbar.

(3) Interesse an der Vermeidung von Rechtsstreitigkeiten

Ein weiterer Grund spricht schließlich aus europäischer Sicht gegen eine Ausweitung der Handlungsfreiräume des Vorstands nach US-amerikanischem Vorbild. Als Korrektiv zur fehlenden Verankerung eines Vereitelungsverbots in der Übernahmerichtlinie müßte für diesen Fall das Handeln des Vorstands einer gerichtlichen *ex-post* Kontrolle unterzogen werden[1255]. Infolgedessen würden langwierige Rechtsstreitigkeiten im Zusammenhang mit Übernahmeauseinandersetzungen geradezu heraufbeschworen. Dies wird durch den Vergleich mit der Übernahmepraxis in den USA belegt. Die gesamte Entwicklung des US-amerikanischen Übernahmerechts bezüglich der Frage nach den Verhaltenspflichten des Managements der Zielgesellschaft während eines Übernahmeverfahrens, namentlich der Zulässigkeit von Abwehrmaßnahmen, beruht auf einzelstaatlichen Gerichtsentscheidungen. Nicht zuletzt dadurch haben sich im Laufe der Zeit gerichtliche Auseinandersetzungen als fester Bestandteil von Übernahmen etabliert[1256]. Regelmäßig werden sowohl der Bieter als auch die Zielgesellschaft sowie deren Berater mit Klagen überzogen und der Versuch unternommen, einstweilige Verfügungen zu erwirken[1257], die zu teils erheblichen zeitlichen Verzögerungen führen können[1258].

Neben der Tatsache, daß die Kapitalmärkte an mit Klagen verbundenen Unsicherheiten kein Interesse zeigen und regelmäßig mit erheblichen Bewertungsab-

---

1253 Vgl. *Merkt*, ZHR 165 (2001), 224 (239).

1254 Maßgeblich - noch immer - beeinflußt durch das Wirken der einschlägigen Lobby. Vgl. *Langevoort* in Hopt/Wymeersch, European Takeovers, S. 255 (266). Siehe auch *Hopt* in FS Lutter, S. 1361 (1371); *Winter*-Kommission, Report, S. 42.

1255 Siehe dazu auch den Änderungsvorschlag des Europäischen Parlaments in 2. Lesung, oben S. 88.

1256 Im Kampf um die Führung einer Gesellschaft wird dieses Instrument geschickt auch als PR-Maßnahme lanciert, um etwa Politik und Gewerkschaften auf die eigene Seite zu ziehen. Vgl. *Frank/Moreland*, RIW 1989, 761 (762).

1257 Ähnliche Tendenzen ließen sich bereits auch während der Übernahmeauseinandersetzung um Mannesmann verzeichnen. So hatte Mannesmann versucht, vor dem *High Court of Justice* in London gegen eine der Vodafone beratenden Investmentbanken eine *injunction* (vergleichbar einer einstweiligen Verfügung) zu erwirken. Siehe *Mannesmann v. Goldmann Sachs International and others* [1999] All E.R. (D), S. 1292 ff. Dazu auch FAZ vom 17. November 1999, S. 21.

1258 Vgl. *Trockels*, ZVglRWiss 1990, 56 (88 ff.).

schlägen der betroffenen Unternehmen reagieren[1259], besteht in Europa keine derart ausgeprägte „Klagekultur". Dies gilt insbesondere für die deutsche Situation. Hierzulande bestehen bislang nur unzureichende Klagemöglichkeiten im Fall pflichtwidrigen Handelns der Unternehmensorgane, insbesondere waren Klagen zur Geltendmachung von Schadensersatzansprüchen nach § 93 Abs. 2 AktG in der Vergangenheit nahezu unbekannt[1260].

Für den Verzicht auf eine europaweite Festschreibung des Vereitelungsverbots hätte man den hohen Preis des Verlusts an Rechtssicherheit und Schnelligkeit zu zahlen[1261]. Es bliebe den Gerichten überlassen, die Grenzziehung zwischen der noch zulässigen Wahrung der Interessen der gesamten Gesellschaft einerseits und der nicht mehr zulässigen (parallelen) Verfolgung eigener Interessen des Vorstands vorzunehmen[1262]. Infolge der dadurch herbeigeführten wochenlangen Rechtsstreitigkeiten würde genau das eintreten, was die Kritiker mit der Verhinderung des „Neutralitätsgebots" zu vermeiden suchten: die Behinderung der Zielgesellschaft bei der Ausübung ihrer Geschäftstätigkeit.

Gegenüber dieser weder zeitlich noch finanziell kalkulierbaren Situation ist die von vornherein auf einen überschaubaren Zeitraum begrenzte Auferlegung eines „Neutralitätsgebots" für die Verwaltung der Zielgesellschaft vorzugswürdig[1263]. Hierdurch würde sich in Europa die Chance bieten, einen signifikanten Vorsprung im Vergleich mit dem von langwierigen gerichtlichen und außergerichtlichen Streitigkeiten um Abwehrmaßnahmen bestimmten US-amerikanischen Kapitalmarkt zu erzielen.

1259 Beispiele aus der jüngsten Vergangenheit sind etwa die Verfahren gegen den US-amerikanischen Softwarehersteller Microsoft sowie gegen das deutsche Unternehmen SGL Carbon.

1260 Vgl. *Ulmer*, ZHR 163 (1999), 290 (295). Vgl. zu der vieldiskutierten Frage der Überwindung dieses Zustands *Ulmer*, ebenda, 290 ff., 341 ff.; *Krieger*, ZHR 163 (1999), 343 (344 ff.); *Baums*, Gutachten F für den 63. DJT, S. 239 ff., 256 ff.; *Bayer*, NJW 2000, 2609 ff. Siehe dazu auch die Vorschläge der *Regierungskommission „Corporate Governance"*, Abschlußbericht, D2.43, Rn. 72 ff.

1261 Vgl. *Langevoort* in Hopt/Wymeersch, European Takeovers, S. 255 (266): „The question - the largest philosophical gap between American and European Regulation - is whether flexibility is worth that price."

1262 Vgl. *Hopt* in FS Lutter, S. 1361 (1369, 1371); *ders.* in FS Koppensteiner, S. 61 (68, 85).

1263 Nicht zuletzt aus diesem Grund beharrte Großbritannien während der gesamten Verhandlungen zur Übernahmerichtlinie stets darauf, Gerichtsverfahren während eines Übernahmeverfahrens zu unterbinden. Vgl. etwa *Neye*, DB 1996, 1121 (1123).

bb) Fazit

Festgehalten werden kann an dieser Stelle somit, daß die seitens der Kritiker des Vereitelungsverbots unter dem Stichwort der Herstellung eines transatlantischen *level playing field* vorgetragene Argumentation mit dem Ziel der Stärkung der Handlungsfreiräume der Vorstände europäischer Unternehmen nicht zu überzeugen vermag. Zweifel bestehen bereits in tatsächlicher Hinsicht. Zum einen scheint weder gesichert, daß durch die Ermöglichung von Abwehrmaßnahmen die Zahl der unerwünschten Unternehmensübernahmen abnehmen und damit die erstrebte Unabhängigkeit der Unternehmen zunehmen wird. Zum anderen steht das behauptete Ungleichgewicht in Widerspruch zu den Übernahmeaktivitäten europäischer Unternehmen in den USA.

Zudem erscheint eine ähnliche Ausweitung der Handlungsfreiräume des Vorstands in der Übernahmerichtlinie in Anlehnung an das US-amerikanische Modell nicht geeignet für eine europäische Lösung[1264]. Dagegen sprechen insbesondere die in der Historie bedingten unterschiedlichen Ansätze des Übernahmerechts sowie unterschiedlich ausgeprägte „Klagekulturen". Diesbezüglich erscheint aus europäischer Sicht eine Zunahme gerichtlicher Auseinandersetzungen im Rahmen eines Übernahmeverfahrens alles andere als wünschenswert.

Die Beschränkung spontaner Abwehrmaßnahmen ist daher nicht nur hinzunehmen, sondern sollte als Standortvorteil Europas begriffen werden. Sofern man überhaupt einen Systemwettbewerb der europäischen Übernahmeregelungen mit dem Übernahmerecht der USA annehmen will[1265], dürfte das europäische Modell dem US-amerikanischen daher langfristig überlegen sein. In diesem Sinne wurde bereits an anderer Stelle darauf hingewiesen, daß entgegen den Befürchtungen der Gegner des Vereitelungsverbots sich die EU-weite Implementierung des „Neutralitätsgebots" als entscheidender Wettbewerbsvorteil Europas im *beauty contest* um anlagesuchendes Kapital erweisen könnte[1266]. Die dadurch hervorgerufene Effizienzsteigerung der europäischen Kapitalmärkte wäre möglicherweise für sich betrachtet schon geeignet, die befürchtete Wehrlosigkeit mehr als zu kompensieren. Verstärken würde sich dieser Effekt durch die effizientere Gestaltung der externen Kontrolle der Unternehmensleitungen, die infolge der Festschreibung des Vereitelungsverbots gewährleistet wäre[1267].

1264 Im Ergebnis wohl auch *Merkt*, ZHR 165 (2001), 224 (244), der im Hinblick auf eine deutsche Regelung das US-amerikanische Modell als unpassend einstuft. Zu diesem Schluß gelangte unlängst auch die *Winter*-Kommission, Report, S. 40 ff.

1265 So *Kirchner*, BB 2000, 105 (113), der Europa gegenüber den USA unterlegen sieht.

1266 Vgl. *Dimke/Heiser*, NZG 2001, 241 (258).

1267 Zutreffend *Mülbert/Birke*, WM 2001, 705 (716).

III. Zusammenfassung und Folgerungen

Zusammenfassend kann festgehalten werden, daß trotz des Scheiterns der EU-Übernahmerichtlinie im Juli 2001 im deutlich überwiegenden Teil der EU-Mitgliedstaaten - darunter die wirtschaftlich bedeutendsten - Übernahmeregelungen bestehen, die allesamt einem ungeschriebenen europäischen Standard gerecht werden, der sich weitestgehend an den Regelungen Großbritanniens orientiert. Dementsprechend findet man in jenen Staaten Vorschriften betreffend die Pflichten der Zielgesellschaft vor, die eng an das britische Vorbild angelehnt sind. Auch wenn im Hinblick auf die Verhaltenspflichten geringe Abweichungen zu konstatieren sind, läßt sich bereits heute in Abgrenzung zum US-amerikanischen Übernahmerecht ganz unverkennbar von einer *lex europaea* sprechen. Dieses Ergebnis unterstreicht den bereits durch die Untersuchung der Entwicklungen auf EU-Ebene gewonnenen Befund, daß die Verabschiedung einer EU-Übernahmerichtlinie nur unter Einbeziehung des Vereitelungsverbots gelingen wird[1268]. Für jeden nationalen Gesetzgebungsprozeß innerhalb eines Mitgliedstaates der EU auf dem Gebiet des Übernahmerechts kann hieraus nur folgen, daß eine Abkehr von diesem europäischen Grundkonsens gegenüber den übrigen Mitgliedstaaten nur schwer vermittelbar sein wird und auf Dauer nicht tragfähig erscheint. Jedenfalls stünde ein solcher Sonderweg unter erhöhtem Rechtfertigungsdruck[1269].

1268 Wie sich jedoch zwischenzeitlich gezeigt hat, bewirkt das Hinzutreten des Optionsmodells in der Fassung der nunmehr verabschiedeten EU-Übernahmerichtlinie, daß die Einbeziehung des Vereitelungsverbots dessen tatsächliche Einhaltung nicht mehr zu gewährleisten vermag.

1269 Da durch das Hinzutreten des Optionsmodells, wie gezeigt, der Weg zu einheitlichen Regelungen hinsichtlich der Verhaltenspflichten der Verwaltung der Zielgesellschaft versperrt wird, bleibt ein gewisser Rechtfertigungsdruck bei der Umsetzung der Richtlinienvorgaben freilich bestehen, wenngleich dieser auf Grund der europarechtlichen Legitimation in abgemilderter Form daherkommt.

Kapitel 5: Rechtslage nach dem neuen WpÜG

Schon bald nach dem „Inkrafttreten“ der ersten umfassenden Regelung von Unternehmensübernahmen in Deutschland offenbarte das auf freiwilliger Selbstregulierung beruhende System des Übernahmekodex schonungslos die damit verbundenen Schwächen. Doch auch wenn das Akzeptanzdefizit bereits frühzeitig auszumachen war, sollte es dennoch mehr als sechs Jahre dauern bis schließlich zum 1. Januar 2002 das WpÜG in Kraft treten und damit diese Lücke im deutschen Kapitalmarktrecht geschlossen werden konnte. Damit verfügt der hiesige Finanzmarkt nun erstmals über ein gesetzliches Regelwerk, das sich des Phänomens der Unternehmensübernahmen annimmt. Bedauerlicherweise geht damit keine vollständige EU-weite Harmonisierung einher[1270]. Dieser Befund gilt auch nach Verabschiedung der EU-Übernahmerichtlinie fort. Zwar wird es auf Grund der Umsetzung der Richtlinienvorgaben zu keinem Wettbewerb unter den Regelungswerken als solchen mehr kommen, wie er ohne eine Einigung auf die Richtlinie zu erwarten gewesen wäre. Doch bietet das Optionsmodell den Mitgliedstaaten reichlich Spielraum, der insbesondere mit Blick auf die Verhaltenspflichten der Verwaltung der Zielgesellschaft in einem Wettbewerb der miteinander konkurrierenden nationalen Regelungsansätze münden wird. Das WpÜG hat sich insoweit in dieses System nebeneinander stehender Regelungsansätze in Europa einzureihen[1271]. Ob das Gesetz hierbei wird bestehen können, bleibt abzuwarten[1272].

Das vorliegende Kapitel untergliedert sich in zwei Abschnitte. Den Schwerpunkt bildet die Untersuchung der Pflichten der Zielgesellschaft nach dem WpÜG (nachfolgend unter B.)[1273]. Die eingehende Auseinandersetzung mit den insoweit maßgeblichen Vorschriften verlangt allerdings zunächst ein umfassendes Verständnis der Regelungen des neuen Gesetzes, insbesondere des genauen Ablaufs eines Übernahmeverfahrens nach dem WpÜG[1274]. Gleiches gilt auch für die den Vorschriften zugrundeliegende Zielsetzung. Dem Rechnung tragend erfolgt zunächst eine grundlegende Auseinandersetzung mit den neuen Vorschriften des WpÜG (A.). Einen ersten Beitrag dazu leistet der folgende Unterabschnitt, der

---

1270 Eingehend zur Entwicklung auf EU-Ebene oben Kap. 2.

1271 Siehe zum jetzigen Stand die rechtsvergleichende Untersuchung vorstehend in Kap. 4.

1272 Eine erste Antwort auf diese Frage soll am Ende dieses Kapitels gegeben werden. Dazu unten S. 532.

1273 Siehe S. 342 ff.

1274 Unter Geltung des WpÜG wurden in den Jahren 2002 und 2003 nach Auskunft der BaFin insgesamt 29 Übernahmeangebote gestattet. Vgl. auch BaFin-Jahresbericht 2002, Teil A, S. 175. Veröffentlichte Angebotsunterlagen sind abrufbar unter http://www.bafin.de. Aktuelle Berichte zu laufenden Übernahmeverfahren finden sich, kommentiert von *Zschocke*, im M&A Report der Zeitschrift Finance sowie bei *Blättchen/Götz*, FB 2002, 660 ff., FB 2003, 184 ff., FB 2003, 573 ff.

die notwendigen Grundlagen für den Fortgang der Untersuchung liefert (A. I.). Es wird zunächst nach einer Skizzierung des Inhalts des Artikelgesetzes (A. I. 1.) der entstehungsgeschichtliche Hintergrund des WpÜG unter besonderer Berücksichtigung der jeweiligen Vorschriften betreffend die Pflichten der Zielgesellschaft aufgearbeitet (A. I. 2.). Im Anschluß erfolgt eine Darstellung der Ziele des neuen Gesetzes (A. I. 3.). Sodann werden der Aufbau des WpÜG sowie dessen Regelungstechnik erläutert (A. I. 4.). Danach wird auf den Anwendungsbereich und die wichtigsten dem Gesetz zugrundeliegenden Begrifflichkeiten einzugehen sein (A. I. 5.). Nach einer Erörterung der für das WpÜG maßgeblichen allgemeinen Grundsätze (A. I. 6.) werden schließlich die Stützen des Gesetzes, namentlich die Vorschriften zu der Aufsicht, den Sanktionen und den Rechtsmitteln[1275], behandelt (A. I. 7.). Abschließend soll auf das Verhältnis des WpÜG zum Übernahmekodex eingegangen werden (A. I. 8.). Im Anschluß an diesen Unterabschnitt erfolgt eine ausführliche Auseinandersetzung mit dem Verfahrensablauf eines freiwilligen Übernahmeangebots, wie es sich nach den Vorschriften des WpÜG darstellt (A. II.). Dem schließen sich einige kritische Anmerkungen zu den bis dahin erörterten Vorschriften (A. III.) sowie Folgerungen für den Gang der weiteren Untersuchung an (A. IV.).

1275 Seit Inkrafttreten des WpÜG wurden bereits zahlreiche Entscheidungen hierzu veröffentlicht: OLG Frankfurt am Main, WpÜG-Owi 3/02 vom 22. April 2003, NJW 2003, 2111 ff.; WpÜG 1/03 vom 27. Mai 2003 (*ProSieben Sat 1 I*), ZIP 2003, 1297 ff.; WpÜG 2/03 vom 27. Mai 2003 (*Wella I*), ZIP 2003, 1251 ff.; WpÜG 4/03 vom 4. Juli 2003 (*Wella II*), ZIP 2003, 1392 ff., dazu auch BVerfG, Beschluß vom 2. April 2004 (Az.: 1 BvR 1620/03); WpÜG 5 und 8/03 vom 25. August 2003 (*Pixelpark*), Konzern 2003, 836 ff.; WpÜG 3/03 vom 9. Oktober 2003 (*Pro Sieben Sat 1 II*), BKR 2003, 908 ff.; WpÜG 2/02 vom 9. Oktober 2003 (*Berliner Effektengesellschaft*), ZIP 2003, 2254 ff.; sowie LG München I, Urt. vom 3. Januar 2003, 5HK O 22225/02, BKR 2003, 810 ff. (*GAP*); Beschluß vom 14. August 2003, 5HK O 13413/03, ZIP 2004, 167 ff. (*HVB Real Estate*); Urt. vom 11. März 2004, 5HK O 16972/03, noch nicht veröffentlicht.

A. EINFÜHRUNG IN DAS GESETZ

I. GRUNDLAGEN

1. Das WpÜG als zentraler Bestandteil des „Gesetzes zur Regelung von öffentlichen Angeboten zum Erwerb von Wertpapieren und von Unternehmensübernahmen"

a) Aufbau des Artikelgesetzes

Das WpÜG bildet das „Herzstück" des als Artikelgesetz ausgestalteten „Gesetzes zur Regelung von öffentlichen Angeboten zum Erwerb von Wertpapieren und von Unternehmensübernahmen"[1276] und findet sich als dessen Art. 1 wieder. Daneben enthält das „Gesetz zur Regelung von öffentlichen Angeboten zum Erwerb von Wertpapieren und von Unternehmensübernahmen" zum Großteil Anpassungsänderungen von Vorschriften in anderen Regelwerken. Im einzelnen sind dies Änderungen des Wertpapierhandelsgesetzes (WpHG) in Art. 2, des Gesetzes über Kapitalanlagegesellschaften (KAGG) in Art. 3, des Auslandsinvestment-Gesetzes (AuslInvestmG) in Art. 4, des Gesetzes über das Kreditwesen (KWG) in Art. 5, des Verkaufsprospektgesetzes (VerkProspG) in Art. 6 sowie der Verkaufsprospekt-Verordnung (VerkProspVO) in Art. 10, des Aktiengesetzes (AktG) in Art. 7, des Gerichtskostengesetzes (GKG) in Art. 8 und der Bundesgebührenordnung für Rechtsanwälte (BRAGO)[1277] in Art. 9. Die beiden letzten Artikel beinhalten schließlich rechtstechnische Regelungen: zum einen die Rückkehr zum einheitlichen Verordnungsrang in Art. 11 und zum anderen das Inkrafttreten des Gesetzes in Art. 12[1278].

1276 BGBl. I 2001 S. 3822 vom 22. Dezember 2001. Abgedruckt als Sonderbeilage zu NZG 3/2002, 5 ff.

1277 Die BRAGO wird zum 1. Juli 2004 durch das Rechtsanwaltsvergütungsgesetz (RVG) abgelöst (Art. 3 des „Gesetzes zur Modernisierung des Kostenrechts (Kostenrechtsmodernisierungsgesetz – KostRMoG) i.d.F. des Gesetzesbeschlusses des Deutschen Bundestages (BR-Drs. 116/04 vom 20. Februar 2004).

1278 Ergänzend heranzuziehen sind zudem mehrere Rechtsverordnungen. Unter diesen kommt der „WpÜG-Angebotsverordnung" die größte Bedeutung zu. Im folgenden kurz als WpÜG-AngVO bezeichnet. Näher zu sämtlichen Verordnungen unten S. 273.

b) Überblick über die wichtigsten Anpassungsänderungen

Die in Art. 2 enthaltenen Änderungen[1279] des WpHG behandeln im wesentlichen zwei Aspekte[1280]. Zunächst werden die wertpapierhandelsrechtlichen Mitteilungs- und Veröffentlichungsvorschriften bei Veränderungen des Stimmrechtsanteils an börsennotierten Gesellschaften[1281] ausgedehnt auf inländische Gesellschaften, deren Aktien zum Handel an einem geregelten Markt im Sinne von Art. 1 Nr. 13 der Wertpapierdienstleistungsrichtlinie[1282] im Europäischen Wirtschaftsraum zugelassen sind[1283]. Diese galten bislang den Vorgaben der EU-Transparenzrichtlinie[1284] folgend nur für Gesellschaften, deren Aktien zum amtlichen Handel an einer Börse im Europäischen Wirtschaftsraum zugelassen sind. Art. 14 des Gemeinsamen Standpunkts der EU-Übernahmerichtlinie sah jedoch eine Erweiterung des Anwendungsbereichs der Transparenzrichtlinie auf den Kreis derjenigen Gesellschaften vor, die vom Anwendungsbereich der EU-Übernahmerichtlinie erfaßt werden sollten[1285]. Damit sollten die Anwendungsbereiche beider Richtlinien angeglichen werden. Dies hätte die zwingende Umsetzung in nationales Recht zur Folge gehabt. Daß nunmehr trotz der im Juli 2001 gescheiterten EU-Übernahmerichtlinie an der Harmonisierung der Anwendungsbereiche der §§ 21 ff. WpHG und des WpÜG festgehalten wurde, ist begrüßenswert[1286]. Gerade im Hinblick auf Unternehmensübernahmen dient die Unterrichtung der Anleger über Veränderungen wesentlicher Stimmrechtsbeteiligungen dazu, wichtige Hinweise im Vorfeld sich anbahnender Übernahmen zu liefern[1287].

1279 Im folgenden werden nur die bedeutsamsten Änderungen weiterer Regelwerke betrachtet. Bezüglich der Änderungen aus Art. 3 sei verwiesen auf *Pötzsch/Möller*, WM 2000, Sonderbeilage 2, 14. Im Hinblick auf Art. 4, Art. 5, Art. 8 sowie Art. 9 sei verwiesen auf die dazugehörige Gesetzesbegründung.

1280 Vgl. dazu eingehend *Witt*, AG 2001, 233 ff.

1281 §§ 21 ff. WpHG.

1282 Dazu bereits die Nachweise oben in Kap. 2, Fn. 382.

1283 Art. 1 Nr. 13 der Wertpapierdienstleistungsrichtlinie definiert - vereinfacht - den Begriff des geregelten Marktes als einen Markt für Finanzinstrumente, der regelmäßig funktioniert und der von der zuständigen Behörde erlassene oder genehmigte Handels-, Zugangs- und Zulassungsbedingungen vorsieht sowie die Melde- und Transparenzvorschriften der Richtlinie erfüllt.

1284 „Richtlinie über die bei Erwerb und Veräußerung einer bedeutenden Beteiligung an einer börsennotierten Gesellschaft zu veröffentlichenden Informationen" vom 12. Dezember 1988 - 88/627/EWG, ABl. EG Nr. L 348 vom 17. Dezember 1988, S. 62.

1285 Vgl. dazu oben Kap. 2.

1286 Zu den erfaßten Marktsegmenten der deutschen Wertpapierbörsen siehe unten S. 284.

1287 Auf Grund dieser Änderung hat der Gesetzgeber zudem vorgesehen, zum Stichtag 1. April 2002 eine umfassende Bestandsaufnahme der Stimmrechtsanteile i.S.d. §§ 21 ff. WpHG durchzuführen. Siehe § 41 Abs. 2 WpHG n.F.

Weiterhin werden die bestehenden Zurechnungstatbestände des § 22 WpHG modifiziert und den in § 30 WpÜG enthaltenen Zurechnungstatbeständen angepaßt[1288]. Durch den Gleichlauf dieser Regelungen sollen Irritationen am Kapitalmarkt vermieden werden, die bei unterschiedlichen Methoden auftreten würden[1289].

Art. 6 sieht Änderungen des Verkaufsprospektgesetzes dahingehend vor, daß § 4 Abs. 1 VerkProspG um eine neue Ziff. 9 ergänzt wird. Damit wird dem Umstand Rechnung getragen, daß bei einer Übernahme im Fall des Anbietens von Wertpapieren als Gegenleistung die zur Information der Anleger erforderlichen Angaben über diese Wertpapiere bereits nach § 11 Abs. 2 und Abs. 4 WpÜG in Verbindung mit § 2 Ziff. 2 WpÜG-AngVO in der Angebotsunterlage enthalten sein müssen. Der Erstellung eines gesonderten Prospekts nach dem Verkaufsprospektgesetz mit identischen Angaben bedarf es in diesem Fall nicht[1290].

Die in Art. 10 enthaltene Änderung des § 4 Abs. 2 VerkProspVO sieht vor, daß im Fall des öffentlichen Anbietens von Aktien jener Gesellschaften, die nicht vom Anwendungsbereich des WpÜG erfaßt werden[1291], namentlich für solche, deren Aktien in den inländischen Freiverkehr eingeführt oder an einer ausländischen Börse zugelassen sind, die kein geregelter Markt im Sinne von Art. 1 Nr. 13 der Wertpapierdienstleistungsrichtlinie ist, ein Hinweis darauf im Verkaufsprospekt enthalten sein muß, daß die Schutzvorschriften des WpÜG keine Anwendung finden[1292].

Hinzuweisen bleibt schließlich noch auf die in Art. 7 enthaltenen Änderungen des Aktiengesetzes[1293]. Bei diesen handelt es sich nicht um Folgeänderungen. Vielmehr ist damit eine weitere grundlegende Neuerung verbunden, nämlich - gleichsam als Ausgleich zu dem im WpÜG verankerten Pflichtangebot[1294] - die Einführung des Instituts des Ausschlusses von Minderheitsaktionären, sog. (*Minority*) *Squeeze-Out* bzw. *Freeze-Out*, in einen neuen Vierten Teil (§§ 327 a bis 327 f) des Dritten Buchs des Aktiengesetzes[1295].

1288 Vgl. dazu im einzelnen auch *Pötzsch/Möller*, WM 2000, Sonderbeilage 2, 17 ff.

1289 Vgl. RegE-WpÜG, Begründung, Besonderer Teil, S. 177.

1290 Vgl. RegE-WpÜG, Begründung, Besonderer Teil, S. 181.

1291 Dazu näher unten S. 284.

1292 Dabei ist insbesondere auf die fehlende Verpflichtung zur Abgabe eines Pflichtangebots hinzuweisen. Vgl. RegE-WpÜG, Begründung, Besonderer Teil, S. 189.

1293 Abweichend von Art. 1 (WpÜG) wird dieser Teil des Gesetzes vom Bundesministerium der Justiz verantwortet. Dazu auch Fn. 1344.

1294 Dazu unten S. 278.

1295 Vgl. dazu *Bolte*, DB 2001, 2587; *Grunewald*, ZIP 2002, 18 ff.; *Krieger*, BB 2002, 53 ff.; *Sieger/Hasselbach*, ZGR 2002, 120 ff.; *Vetter*, AG 2002, 176 ff.; *Zinser*, M&A 2002, 17 ff. (nach Verabschiedung); *Habersack*, ZIP 2001, 1230 ff.; *Heidel/Lochner*,

2. Entstehungsgeschichte des WpÜG

a) Vorbemerkung

Wie bereits gezeigt, blieben die jahrelangen Bemühungen der EU-Kommission um die Verabschiedung einer EU-Übernahmerichtlinie auch für Deutschland nicht ohne Auswirkungen. So standen sowohl der Erlaß der „Leitsätze" als auch - deutlicher noch - der des Übernahmekodex in unmittelbarem Zusammenhang mit dem Versuch der Harmonisierung des Übernahmerechts[1296]. Mitte der 90er Jahre des vorigen Jahrhunderts setzten hierzulande, parallel zu den Beratungen zum Übernahmekodex, zudem verstärkt Diskussionen über die Schaffung eines nationalen Übernahmegesetzes ein, aus denen zwei Gesetzesinitiativen im Deutschen Bundestag resultierten. Somit wurden bereits lange Zeit vor Beginn des Gesetzgebungsverfahrens zum WpÜG umfangreiche Vorarbeiten zu einer nationalen Gesetzeslösung geleistet, die der Gesetzgeber bei der Gestaltung des neuen Regelwerks in seine Überlegungen einbinden konnte[1297]. Aus diesem Grund würde man zu kurz greifen, wollte man nur das eigentliche Gesetzgebungsverfahren an dieser Stelle in die Untersuchung einbeziehen. Dem Rechnung tragend sollen auch jene Vorarbeiten im folgenden berücksichtigt werden. Im Interesse des Gegenstands der Untersuchung werden dabei in erster Linie die Vorschläge zu den Verhaltenspflichten des Vorstands und des Aufsichtsrats aufgegriffen.

DB 2001, 2031 ff. (zum Regierungsentwurf); *Ehricke/Roth*, DStR 2001, 1120 ff.; *Kiem* in Henze/Hoffmann-Becking, Gesellschaftsrecht 2001, S. 329 ff.; *Rühland*, NZG 2001, 448 ff.; *Vetter*, DB 2001, 743 ff. (zum Referentenentwurf); *Baums, P.*, WM 2001, 1843 ff.; *Halm*, NZG 2000, 1162 ff.; *Pötzsch/Möller*, WM 2000, Sonderbeilage Nr. 2, 29 f.; *Land/Hasselbach*, DB 2000, 1747 (1753 f.); *Riehmer*, FAZ vom 5. August 2000, S. 22; *Rühland*, WM 2000, 1884 ff.; *Vetter*, ZIP 2000, 1817 ff. (zum Diskussionsentwurf). Zu ersten Fällen des Gebrauchmachens FAZ vom 22. Februar 2002, S. 27. Siehe auch *DAV-Handelsrechtsausschuß*, NZG 1999, 850 ff.; *Kallmeyer*, AG 2000, 59 ff.; *Kossmann*, NZG 1999, 1190 ff.; *Land/Hasselbach*, DB 2000, 557 (561 ff.); *Peters*, BB 1999, 801 ff.; *Schiessl*, AG 1999, 442 (451 f.); *Than* in FS Claussen, 405 ff. Einen Überblick über in jüngster Zeit bestehende Großbeteiligungen von über 95 Prozent findet sich bei *Jahn*, FAZ vom 19. April 2001, S. 32; AG 2001, R274. Einen rechtsvergleichenden Überblick enthält *Forum Europaeum Konzernrecht*, ZGR 1998, 672 (732 ff.); ausführlich *Sieger/Hasselbach*, NZG 2001, 926 ff. Zu den Vorschlägen der SLIM IV-Gruppe der EU („*simpler legislation for the internal market - extension to a fourth phase*") zur Vereinfachung des Europäischen Gesellschaftsrechts, *Drygala*, AG 2001, 291 (293, 297 f.). Eine ökonomische und rechtstatsächliche Analyse findet sich bei *Wenger/Kaserer/Hecker*, ZBB 2001, 317 ff. (Stand: RegE-WpÜG).

1296 Dazu bereits oben Kap. 3, S. 162 ff.

1297 Siehe dazu auch die Übersicht im Anhang, Abbildung 3.

b) Frühere Gesetzgebungsinitiativen

aa) Entwurf eines Transparenz- und Wettbewerbsgesetzes der SPD-Fraktion aus dem Jahr 1995

Eine erste tatsächlich realisierte Gesetzgebungsinitiative datiert aus dem Jahr 1995[1298]. Ende Januar 1995 unterbreitete die damals noch oppositionelle SPD-Fraktion im Deutschen Bundestag einen Gesetzentwurf eines „Transparenz- und Wettbewerbsgesetzes“ [1299]. Bestandteil dieses als Artikelgesetz konzipierten Gesamtpakets, das sich gegen Defizite in der Kontrolle der Unternehmensverwaltungen, mangelnde Transparenz und Interessenkonflikte auf dem deutschen Kapitalmarkt insgesamt wendete, waren auch die in Art. 3 untergebrachten Regelungen zu Übernahmeangeboten[1300]. Diese sollten als fünfter Abschnitt in das WpHG Eingang finden (§§ 31 bis 44 WpHG). Die Regelungen basierten auf dem Geänderten Vorschlag der EU-Übernahmerichtlinie aus dem Jahr 1990, was deren Ausführlichkeit erklärt. Der gesamte Gesetzentwurf scheiterte am 5. März 1998 im Deutschen Bundestag in zweiter Beratung an den Stimmen der CDU/CSU-FDP-Regierungskoalition[1301].

bb) Entwurf eines Übernahmegesetzes der SPD-Fraktion aus dem Jahr 1997

(1) Überblick

Knapp zweieinhalb Jahre später war es erneut die SPD-Fraktion, die eine weitere Gesetzesinitiative startete. Anfang Juli 1997 unterbreitete diese einen Ent-

---

1298 Zur gleichen Zeit wurde in einer Arbeitsgruppe der BSK bereits intensiv über eine (gesetzliche) Regelung beraten. Vgl. dazu oben Kap. 3, S. 162 ff.

1299 „Entwurf eines Gesetzes zur Verbesserung von Transparenz und Beschränkung von Machtkonzentration in der deutschen Wirtschaft“, BT-Drs. 13/367 vom 30. Januar 1995. Auszüge abgedruckt in ZIP 1995, 332 ff. Vgl. dazu *Baums*, AG 1997, Sonderheft Aktienrechtsreform, 26 (33 f.); *Hopt* in FS Zöllner, S. 253 (267).

1300 Das Gesamtpaket stellte eine Wiedereinbringung des bereits in der 12. Legislaturperiode vorgelegten Entwurfs eines „Gesetzes zur Änderung des Wirtschaftsrechts für mehr Transparenz und Wettbewerb“ unter neuem Titel und in erweiterter Fassung dar, vgl. BT-Drs. 12/7350 vom 21. April 1994.

1301 Vgl. BT-Plenarprotokoll 13/222 vom 5. März 1998, S. 20367 (D). Die 1. Beratung fand bereits am 19. Mai 1995 statt. Vgl. BT-Plenarprotokoll 13/39, S. 3077 (C) ff. Da die Vorschriften dieses Entwurfs im wesentlichen mit denen eines weiteren noch in derselben Legislaturperiode eingebrachten Entwurfs eines Übernahmegesetzes übereinstimmen, wird auf die nachfolgenden Ausführungen zu diesem unter bb) verwiesen. Soweit dort Abweichungen auftreten sollten, werden diese gesondert kenntlich gemacht.

wurf eines Übernahmegesetzes[1302]. Dies war nicht zuletzt auch eine Reaktion auf den unfreundlichen Übernahmeversuch Krupp/Thyssen zu Beginn des Jahres 1997 und die bereits damals negativen Erfahrungen mit dem Übernahmekodex[1303]. Der Entwurf baute maßgeblich auf dem gescheiterten Vorgängerentwurf aus dem Jahr 1995 auf[1304]. Zwar erwähnt[1305], jedoch inhaltlich nicht berücksichtigt wurde der zwischenzeitlich als Rahmenrichtlinie überarbeitete Vorschlag der EU-Kommission aus dem Jahr 1996. Die grundlegenden Vorarbeiten zu diesem Entwurf gehen zurück auf *Baums*[1306]. Der Entwurf war sowohl Gegenstand parlamentarischer Beratungen im Deutschen Bundestag am 2. Oktober 1997[1307] als auch zusammen mit dem Dritten Finanzmarktförderungsgesetz[1308] Gegenstand einer öffentlichen Anhörung vor dem Finanzausschuß am 12. November 1997[1309]. Mit den Stimmen der damaligen Regierungskoalitionsfraktionen der CDU/CSU und der FDP wurde der Gesetzentwurf schließlich am 13. Februar 1998 in zweiter Beratung im Deutschen Bundestag gegen die Stimmen der gesamten Opposition abgelehnt[1310].

Der Entwurf sah vor, das Übernahmegesetz als fünften Abschnitt in das WpHG einzufügen. Die §§ 31 bis 46 WpHG sollten zum einen auf die Sicherstellung eines geregelten Übernahmeverfahrens und zum anderen auf die gesetzliche

---

1302 „Entwurf eines Gesetzes zur Regelung von Unternehmensübernahmen", BT-Drs. 13/8164 vom 2. Juli 1997. Vgl. dazu *Hopt* in FS Zöllner, S. 253 (267 ff.); *Hirte/Schander* in von Rosen/Seifert, Übernahme börsennotierter Unternehmen, S. 341 (362 ff.); *Pluskat*, DStR 2001, 897 (898); *Schander*, NZG 1998, 799 (803 ff.); *ders.*, M&A 1998, 365 (368 ff.); *Schiessl*, AG 1999, 442 (449 ff.); *Übernahmekommission*, Drei Jahre Übernahmekodex, S. 16 ff.; *Zinser*, Übernahmeangebote, S. 168 ff.

1303 Vgl. Entwurf, Vorblatt, A. Problem. Mit Recht weist *Hopt* in FS Zöllner, 253 (268), darauf hin, daß die Reaktion auf diesen Übernahmeversuch gerade nicht in einer Erschwerung von Übernahmen liegen könne.

1304 *Pluskat*, DStR 2001, 897 (898), bezeichnet diesen dennoch als „ersten nennenswerten Kodifizierungsversuch".

1305 Vgl. BT-Drs. 13/8164, Begründung des Entwurfs, Allgemeiner Teil, S. 9.

1306 Vgl. *Baums*, ZIP 1997, 1310 ff. In einigen entscheidenden Fragen wich der Entwurf jedoch von diesem Vorschlag ab, wie etwa im Hinblick auf die Kontrollschwelle, die *Baums* bei 30 Prozent an Stelle von 25 Prozent ansiedelte. Hinsichtlich der Abweichungen betreffend die Verhaltenspflichten der Verwaltung der Zielgesellschaft vgl. sogleich unter (2). Im übrigen vgl. *Übernahmekommission*, Drei Jahre Übernahmekodex, S. 16 ff.; *Zinser*, Übernahmeangebote, S. 168.

1307 Vgl. BT-Plenarprotokoll 13/195 vom 2. Oktober 1997, S. 17609 (C) ff. Vgl. dazu FAZ vom 4. Oktober 1997, S. 23.

1308 Vom 24. März 1998, BGBl. I 1998 S. 529 vom 27. März 1998. Dazu die Nachweise in Kap. 1, Fn. 51.

1309 Ein Wortprotokoll der Anhörung liegt als Finanzausschuß-Drs. Nr. 510 vor. Dazu auch Beschlußempfehlung und Bericht des Finanzausschusses, BT-Drs. 13/9874 vom 11. Februar 1998, S. 126; *Hopt* in FS Zöllner, S. 253 ff.

1310 Vgl. BT-Plenarprotokoll 13/220 vom 13. Februar 1998, S. 20125 (B).

Einführung eines Pflichtangebots bei Überschreiten von 25 Prozent der Stimmrechtsanteile der Zielgesellschaft abzielen[1311]. Mit den ausführlichen Regelungen sollten die Aktionäre und Arbeitnehmer der Zielgesellschaft gleichermaßen geschützt werden.

(2) Verhaltenspflichten des Vorstands der Zielgesellschaft

Die Pflichten des Vorstands regelten die §§ 38 und 39 des Entwurfs[1312]. Gleichsam wie im Vorgängerentwurf war erneut der Aufsichtsrat nicht Gegenstand der Regelungen. Nach § 38 des Entwurfs sollte der Vorstand der Zielgesellschaft zur Erstellung einer begründeten Unterlage zu dem Angebot bzw. dessen Änderungen und rechtzeitigen Bekanntgabe vor Ablauf der Annahmefrist verpflichtet werden. Als Mindestinhalt waren zum einen Angaben darüber zu treffen, ob sich der Bieter mit dem Vorstand der Zielgesellschaft über das Angebot oder die Ziele des Bieters verständigt hat. Aus dieser Information sollte den Wertpapierinhabern erkenntlich werden, ob es sich um einen Fall eines freundlichen Angebots handelt. Zum anderen sollte, soweit bekannt, ein Hinweis erfolgen auf Vereinbarungen über die Ausübung der mit den Aktien der Gesellschaft verbundenen Stimmrechte. Ferner sollte die Unterlage Angaben über die Absicht der Vorstandsmitglieder, von dem Angebot Gebrauch zu machen, enthalten, soweit diese Wertpapierinhaber der Zielgesellschaft sind.

Ausgehend von einem Bekenntnis zu dem nach geltendem Recht bestehenden „Neutralitätsgebot“ [1313] legte § 39 des Entwurfs fest, daß der Vorstand den Erfolg des Angebots nicht behindern darf. Der Vorstand sollte vielmehr ausdrücklich verpflichtet werden, im Interesse aller Aktionäre zu handeln. Ihm sollte es jedoch freistehen[1314], noch vor Ablauf der Annahmefrist eine außerordentliche Hauptversammlung einzuberufen, um dort das Übernahmeangebot zu erörtern.

Sodann wurden in § 39 Abs. 2 S. 1 Ziff. 1 bis 3 des Entwurfs bestimmte Handlungen festgelegt, die der Vorstand nach Erhalt der Angebotsunterlage und bis zur Offenlegung des Endergebnisses nicht vornehmen darf. Dies waren zum einen Entscheidungen über die Ausgabe von Wertpapieren und zum anderen die

1311 Eingehend zu den übrigen Regelungen *Schander*, NZG 1998, 799 (803 ff.); *ders.* M&A 1998, 365 (368 ff.). Sehr kritisch *Hopt* in FS Zöllner, 253 (268 ff.), der die Annahme des Entwurfs als „nicht empfehlenswert“ beurteilt und diesen als „Schnellschuß“ betitelt. Ablehnend auch der Vorsitzende der Übernahmekommission, *Löhr*, vgl. AG 1997, R487 (488).

1312 Zudem sah § 34 Abs. 2 Ziff. 3 des Entwurfs vor, daß der Vorstand die vollständigen Angebotsunterlagen auch an jedes Mitglied des Betriebsrats sowie des Wirtschaftsausschusses der Zielgesellschaft zu versenden hat.

1313 Vgl. BT-Drs. 13/8164, Begründung zu § 39 des Entwurfs, S. 13.

1314 Unabhängig von der Verpflichtung nach § 40 des Entwurfs. Dazu sogleich.

Vornahme von Rechtsgeschäften, die den Aktiv- oder Passivbestand der Zielgesellschaft in bedeutender Weise ändern würden. Gleiches sollte für Rechtsgeschäfte gelten, die mit sich brächten, daß die Gesellschaft Verpflichtungen ohne marktgerechte Gegenleistungen eingeht[1315]. Schließlich sollte der namens der Zielgesellschaft durchgeführte Erwerb eigener Wertpapiere untersagt werden[1316].

Nicht untersagt werden sollten nach § 39 Abs. 2 S. 2 des Entwurfs[1317] unabhängig von dem Übernahmeangebot sachlich gebotene Maßnahmen des laufenden Geschäftsbetriebs. Dies galt auch für Maßnahmen zur Erfüllung vertraglicher oder sonstiger Verpflichtungen, die vor der Bekanntgabe des Übernahmeangebots begründet wurden. Schließlich sollten die zuvor untersagten Maßnahmen im Fall der ausdrücklichen Zustimmung durch die Hauptversammlung nach Bekanntgabe des Übernahmeangebots zulässig sein. Überdies wurde auch die Suche nach einem konkurrierenden Angebot zugelassen[1318].

Die eigentliche Besonderheit enthielt § 40 des Entwurfs. Danach war zwingend eine Entscheidung der Hauptversammlung während der Annahmefrist in dem Fall herbeizuführen, daß der Bieter bereits die Kontrollschwelle überschritten hatte oder dies beabsichtigte. Gegenstand der Entscheidung sollte ein Beschluß über die Billigung bzw. Mißbilligung des Kontrollerwerbs sein. Die Stimmrechtsausübung sollte dem Bieter dabei in Anlehnung an den Rechtsgedanken des § 243 Abs. 2 AktG verwehrt bleiben, wonach Hauptversammlungsbeschlüsse anfechtbar sind, wenn sich ein Aktionär so Sondervorteile einräumen läßt. Für den Fall der Mißbilligung sollte es dem Bieter künftig nicht mehr gestattet sein, Stimmrechte aus mehr als 25 Prozent der bestehenden Stimmrechte selbst auszuüben bzw. ausüben zu lassen. Außerdem sollte das vom Bieter abgegebene Übernahmeangebot unwirksam werden. Zur Begründung dieser Regelung wurde zum einen der konzernrechtliche Eingangsschutz aufgeführt und zum anderen die Überwindung des sog. *prisonner's dilemma*[1319]. Unter Umständen hätte dies zu dem absurden Ergebnis führen können, daß der Bieter nach dem Erwerb eines die Kontrolle vermittelnden Pakets im Fall der Mißbilligung lediglich 25 Prozent hieraus ausüben dürfte, was faktisch einem Höchststimm-

---

1315 Eine solche Regelung war im *Baums*-Entwurf nicht vorgesehen.

1316 Überdies waren nach dem *Baums*-Entwurf ebenfalls untersagt, Maßnahmen in mit der Zielgesellschaft verbundenen Unternehmen, die dem Interesse der Wertpapierinhaber, von dem Angebot Gebrauch zu machen, zuwiderlaufen, § 39 Abs. 2 S. 2 *Baums*-Entwurf.

1317 Diese Regelung stellte im Hinblick auf die an dieser Stelle untersuchten Vorschriften die einzige Neuerung des Entwurfs aus dem Jahr 1997 gegenüber dem aus dem Jahr 1995 dar.

1318 Für solche Angebote erklärte § 41 des Entwurfs die Vorschriften des Übernahmeangebote regelnden Abschnitts für entsprechend anwendbar.

1319 Vgl. BT-Drs. 13/8164, Begründung zu § 40 des Entwurfs, S. 13.

recht gleichkäme. Der vermutlich unter Zahlung eines nicht unerheblichen Paketzuschlags erfolgte Erwerb hätte sich somit als schwerwiegende Fehlinvestition erwiesen[1320].

c) Standpunkte der BSK aus dem Jahr 1999

aa) Überblick

Vor dem Hintergrund der bereits erörterten Probleme mit dem Übernahmekodex[1321] und einer stetig steigenden Zahl von Unternehmensübernahmen Ende der neunziger Jahre des letzten Jahrhunderts hat auch die Urheberin des Übernahmekodex, die BSK, im Februar 1999 dem Gesetzgeber aufgegeben, die allgemeine Verbindlichkeit von Übernahmeregeln durch ein Gesetz herzustellen. Sie stellte sich damit auf den Standpunkt der Bundesregierung, die nach dem Regierungswechsel im Herbst 1998 bereits mehrfach signalisiert hatte, Unternehmensübernahmen gesetzlich regeln zu wollen[1322]. Im Rahmen einer Pressekonferenz am 2. Februar 1999 in Frankfurt am Main traten sowohl der damalige Vorsitzende der BSK, *Dr. Karl-Hermann Baumann*, sowie der zu dieser Zeit Vorsitzende der Übernahmekommission, *Helmut Loehr*, an die Öffentlichkeit und erläuterten das Bedürfnis nach einer gesetzlichen Regelung[1323]. Aus diesem Anlaß unterbreiteten sie ein von der BSK ausgearbeitetes Positionspapier, das zu zentralen Einzelfragen Vorschläge für eine gesetzliche Lösung enthielt[1324]. Zwar befaßte sich die BSK hierin überwiegend mit den Regelungen zum Pflichtange-

---

1320 Da diese Regelung im Gesetzgebungsverfahren zum WpÜG vom Bundesrat in dessen Stellungnahme zum Regierungsentwurf vom 27. September 2001 (BR-Drs. 574/01 (Beschluß)), abgedruckt als Anlage 2 zu BT-Drs. 14/7034 vom 5. Oktober 2001, S. 84 ff.) aufgegriffen wurde, erfolgt eine Auseinandersetzung hiermit unten S. 506.

1321 Dazu ausführlich oben Kap. 3, S. 181.

1322 Vgl. FAZ vom 3. November 1998, S. 19. Die Bundesregierung beabsichtigte ursprünglich, ein Übernahmegesetz als Baustein des Vierten Finanzmarktförderungsgesetzes einzuführen. Vgl. *Bury*, WM 1999, 1362 (1363); FAZ vom 6. März 2000, S. 20.

1323 Vgl. dazu AG 1999, R128 f. sowie aus der Tagespresse vom 3. Februar 1999 FAZ, S. 25; HB, S. 1, 2, 27.

1324 „Standpunkte der Börsensachverständigenkommission zur künftigen Regelung von Unternehmensübernahmen". Im folgenden auch kurz als „Standpunkte" bezeichnet. Vgl. dazu ausführlich *Baums* in von Rosen/Seifert, Übernahme börsennotierter Unternehmen, S. 165 ff.; *Becker/Memminger*, M&A 1999, 432 (435 ff.); *Zinser*, Übernahmeangebote, S. 231 ff.; auch *Schiessl*, AG 1999, 442 (449 ff.). Siehe zudem *Übernahmekommission*, Drei Jahre Übernahmekodex, S. 8; *Baumann*, WM 1999, 1968.

bot. Doch gehörten auch die Verpflichtungen der Zielgesellschaft im Zusammenhang mit einer Unternehmensübernahme dazu[1325].

bb) Standpunkt betreffend die Verpflichtungen der Zielgesellschaft

Im Rahmen ihrer Erörterungen gelangte die BSK zu dem in Standpunkt 10[1326] zusammengefaßten Ergebnis, daß die „Stillhalteverpflichtung"[1327] des Vorstands spätestens mit Veröffentlichung des Angebots eintreten sollte. Weiterhin sollte sich der Vorstand Abwehrmaßnahmen der Zielgesellschaft durch während der Angebotsfrist einzuholenden Hauptversammlungsbeschluß genehmigen lassen. Dafür sollte dem Vorstand ein ausreichender zeitlicher Spielraum eingeräumt werden[1328].

Die BSK erkennt in ihren Ausführungen uneingeschränkt eine grundsätzlich bestehende Stillhalteverpflichtung des Vorstands der Zielgesellschaft im Zusammenhang mit einem Übernahmeangebot an. Der in der Literatur teilweise vertretenen Ansicht, in Ausnahmefällen davon Abweichungen zuzulassen[1329], steht die BSK skeptisch gegenüber. Daher schlägt sie vor, Durchbrechungen der Stillhalteverpflichtung restriktiv zu handhaben. Die Ausnahmefälle sollten eng umgrenzt und abschließend gesetzlich geregelt werden. Dabei sollte dem Vorstand für das Vorliegen der Voraussetzungen eines Ausnahmefalls die volle Darlegungs- und Beweislast auferlegt werden. Unbeschadet der Stillhalteverpflichtung sollte der Vorstand jedoch zu sachlich gebotenen Maßnahmen des laufenden Geschäftsbetriebs befugt sein. Gleiches sollte für solche Maßnahmen gelten, die zur Erfüllung vertraglicher oder sonstiger Pflichten vorgenommen werden, die bereits vor dem Erhalt der Mitteilung über das Angebot begründet wurden[1330].

1325 Vgl. *BSK*, Standpunkte, S. 22 ff. Die übrigen Einzelfragen betrafen Arbeitnehmerschutzbestimmungen und Fragen der Aufsicht, der Sanktionen und des Rechtswegs sowie schließlich den zwangsweisen Ausschluß von Minderheitsaktionären.

1326 Vgl. *BSK*, Standpunkte, S. 7, 22.

1327 Der etwas unglücklich gewählte Terminus wird seitens der BSK und der Übernahmekommission dahingehend verstanden, daß das Management der Zielgesellschaft nach Bekanntgabe eines Übernahmeversuchs verpflichtet ist, keine Schritte mehr zu unternehmen, die eine Übernahme verhindern könnten. Vgl. *Übernahmekommission*, Drei Jahre Übernahmekodex, S. 41.

1328 Vgl. *BSK*, Standpunkte, S. 7.

1329 Vgl. *BSK*, Standpunkte, S. 24. An dieser Stelle wird ausdrücklich Bezug genommen auf die Auffassung von *Hopt*. Vgl. dazu die Nachweise oben Kap. 3, Fn. 731.

1330 Gerade insoweit ist die Wortwahl des Begriffs der „Stillhalteverpflichtung" irreführend.

Hinsichtlich des maßgeblichen Zeitpunkts des Beginns der Stillhalteverpflichtung gelangt die BSK unter Berücksichtigung der damaligen „Vorgaben“ der EU-Übernahmerichtlinie[1331] und der Regelung anderer Staaten[1332] zu dem vorstehend dargestellten, in Standpunkt 10 zusammengefaßten Ergebnis. Jedenfalls spätestens mit der Abgabe des Angebots sollte die Verpflichtung eingreifen. Jedoch erkennt sie insoweit an, daß auch ein zuvor liegender Zeitpunkt vorgesehen werden kann, wenn begründete Verdachtsmomente für eine Übernahme sprechen. Dabei sind jedoch strenge Kriterien anzulegen, da die Stillhalteverpflichtung mit erheblichen wirtschaftlichen Folgen für die Zielgesellschaft verbunden ist. Daher sollten allein bloße Gerüchte über ein Angebot nicht ausreichend sein.

Ausgehend von der bestehenden Stillhalteverpflichtung stellt die BSK fest, daß Abwehrmaßnahmen ausschließlich zulässig sind, sofern sie auf einer Ermächtigung durch die Hauptversammlung beruhen[1333]. Eine solche Ermächtigung hat während der Angebotsfrist zu erfolgen. Ausdrücklich abgelehnt werden hingegen sog. Vorratsbeschlüsse, die den Vorstand im voraus zur Ergreifung von Abwehrmaßnahmen ermächtigen sollen. Damit verbunden wären zu weitreichende Vollmachten des Vorstands gegen den Willen der Aktionäre. Um eine Ermächtigung während der Angebotsfrist im Hinblick auf die einmonatige Einberufungsfrist nach § 123 Abs. 1 AktG sicherzustellen, sollten die Modalitäten der Einberufung einer solchen außerordentlichen Hauptversammlung abschließend festgeschrieben werden. Vorgeschlagen wird daher, innerhalb von zehn Tagen nach Abgabe des Angebots die Hauptversammlung einzuberufen und nach Durchführung derselben noch mindestens weitere sieben Tage bis zum Ablauf der Annahmefrist zuzuwarten. Dabei verkennt die BSK nicht die im Zusammenhang mit der Anfechtung eines Hauptversammlungsbeschlusses oder einer verzögerten Eintragung im Handelsregister entstehenden Probleme. Sie gesteht aber insoweit ein, daß diese mittels der Steuerung der Angebotsfrist nicht zu lösen sind.

Schließlich geht die BSK auch davon aus, daß der Vorstand der Zielgesellschaft zur Veröffentlichung einer Stellungnahme verpflichtet werden sollte. Auch hierfür sollten bezogen auf die Abgabe des Angebots klare Fristen gelten.

1331 Den Standpunkten der BSK lag die EU-Übernahmerichtlinie in der Fassung des Richtlinienvorschlags vom 10. November 1997 zugrunde.

1332 So sieht etwa der City Code, General Principle 7, vor, daß die Bindungswirkung ab den Zeitpunkt eintritt, ab dem die Verwaltung Anlaß zur Annahme eines bevorstehenden Übernahmeangebots hat. Vgl. oben Kap. 4, S. 197.

1333 *BSK*, Standpunkte, S. 22: „Die Befugnis der Einflußnahme auf den Kreis der Aktionäre kommt grundsätzlich nur der Hauptversammlung als Organ der Eigentümer zu.“

d) Empfehlungen der Expertenkommission „Unternehmensübernahmen" aus dem Jahr 2000

aa) Überblick

Angesichts der jüngsten Erfahrungen aus der Übernahmeauseinandersetzung zwischen Vodafone und Mannesmann beschloß die Bundesregierung im Frühjahr 2000 die Einberufung einer Expertenkommission „Unternehmensübernahmen"[1334]. Deren Aufgabe bestand in erster Linie darin, die Notwendigkeit einer gesetzlichen Regelung in Deutschland zu untersuchen und bejahendenfalls Vorschläge für ein künftiges gesetzliches Regelwerk zu unterbreiten[1335]. Die Expertenkommission setzte sich zusammen aus hochrangigen Vertretern der Wirtschaft, der Wissenschaft, der Gewerkschaften und der Politik[1336]. Erstmals trat die Expertenkommission am 9. März 2000 im Bundeskanzleramt zusammen. Bereits nach zweieinhalb Monaten konnten die Arbeiten abgeschlossen werden. In der abschließenden Sitzung am 17. Mai 2000 präsentierte die Exper-

---

1334 Im folgenden auch kurz als „Expertenkommission" bezeichnet.

1335 RegE-WpÜG, Begründung, Allgemeiner Teil, S. 64. Vgl. auch die Vorschläge zu einer künftigen Regelung von *Strenger*, WM 2000, 952 f., sowie *Putzhammer/Köstler*, Mitbestimmung 5/2000, 22 f. Siehe auch: Eckpunkte für ein Übernahmegesetz aus Sicht von Bündnis 90/Die Grünen vom 11. Februar 2000.

1336 Der Expertenkommission gehörten seitens der Wirtschaft der frühere Vorstandsvorsitzende der Mannesmann AG, *Dr. Klaus Esser*, der Vorstandsvorsitzende der Veba AG, *Ulrich Hartmann*, sowie der leitende Finanzvorstand der Allianz AG, *Dr. Paul Achleitner*, an. Ferner der Aufsichtsratsvorsitzende der Bayrischen Hypotheken- und Vereinsbank, *Kurt F. Viermetz*, der Vorstandsvorsitzende der Deutsche Telekom AG, *Dr. Ron Sommer*, der frühere Aufsichtsratsvorsitzende der Deutsche Bahn AG, *Dr.* E. h. *Heinz Dürr*, sowie das Mitglied des Vorstands der Siemens AG, *Dr. Karl-Herrmann Baumann*, zu dieser Zeit zugleich Vorsitzender der BSK. Die Deutsche Börse AG wurde vertreten durch ihren Vorstandsvorsitzenden, *Dr. Werner G. Seifert*. Für die Interessen der Anleger nahm der Hauptgeschäftsführer der DSW, *Ulrich Hocker*, an den Gesprächen teil. Die Arbeitnehmerseite wurde repräsentiert durch das Mitglied des DGB-Bundesvorstands, *Heinz Putzhammer*, sowie den Vorsitzenden der IG BCE, *Hubertus Schmoldt*. Als Berater fungierten der Unternehmensberater *Roland Berger* und der Rechtswissenschaftler Prof. *Dr. Theodor Baums*, Universität Osnabrück. Seitens der Bundesregierung nahmen neben dem Bundeskanzler *Gerhard Schröder*, der Bundesfinanzminister *Hans Eichel*, die Bundesjustizministerin Prof. *Dr. Herta Däubler-Gmelin* (alle SPD) sowie der Bundeswirtschaftsminister *Dr. Werner Müller* (parteilos) an den Gesprächen teil. Außerdem kamen aus dem Kanzleramt Staatsminister *Hans Martin Bury* und als Repräsentant der Länder der Ministerpräsident Nordrhein-Westfalens, *Wolfgang Clement*, hinzu (beide SPD). Position und Unternehmen/Organisation beziehen sich auf den Zeitpunkt des Zusammentretens. Vgl. dazu Pressemitteilung des Bundespresseamtes Nr. 97/2000 vom 10. März 2000; FAZ vom 6. März 2000, S. 20; vom 8. März 2000, S. 17.

tenkommission zehn „Eckpunkte eines künftigen Übernahmegesetzes“[1337], auf die sie sich im Laufe der Sitzungen verständigt hatte. Diese wurden der Bundesregierung und dem Deutschen Bundestag als Basis für einen künftigen Gesetzentwurf empfohlen.

Im Ergebnis lag den Empfehlungen der Expertenkommission nicht nur die Erkenntnis zugrunde, daß in Deutschland eine gesetzliche Regelung für Unternehmensübernahmen unumgänglich ist. Vielmehr sollte eine solche bereits zum 1. Januar 2001 auf Grundlage der zu erwartenden EU-Übernahmerichtlinie in Kraft treten[1338]. Die weiteren Empfehlungen befaßten sich mit Kernfragen einer künftigen gesetzlichen Regelung[1339]. Sie hatten die Pflichtangebotsregelung, die Bestimmung von Art und Höhe der Gegenleistung, die Unterrichtung der Aktionäre und Arbeitnehmer der Zielgesellschaft sowie das Verhalten von Vorstand und Aufsichtsrat der Zielgesellschaft zum Gegenstand. Ferner behandelten diese Regelungen zu Fristen, zur Aufsicht und zu Sanktionen sowie zum sog. *Squeeze-Out*.

Bereits unmittelbar nach Abschluß der Arbeiten der Expertenkommission bekräftigte die Bundesregierung ihre Absicht, noch für das Jahr 2000 einen Entwurf für ein Übernahmegesetz vorzulegen[1340]. In diesen sollten die Eckpunkte für ein künftiges Übernahmegesetz einfließen.

bb) Empfehlungen zum Verhalten des Vorstands und Aufsichtsrats der Zielgesellschaft

Von besonderem Interesse für die vorliegende Untersuchung sind die Vorschläge der Expertenkommission zum Verhalten des Vorstands und des Aufsichtsrats der Zielgesellschaft während eines Übernahmeangebots[1341]. Ausgangspunkt des Vorschlags war, daß Vorstand und Aufsichtsrat der Zielgesellschaft grundsätzlich während des Übernahmeversuchs Handlungen unterlassen sollten,

---

1337 Empfehlungen der Expertenkommission „Unternehmensübernahmen“ vom 17. Mai 2000, abgedruckt bei *Pötzsch/Möller*, WM 2000, Sonderbeilage, Anhang 2, 37 f.; DIW-Wochenbericht 35/00; Pressemitteilung des Bundespresseamtes Nr. 237/2000 vom 18. Mai 2000, Anlage. Siehe auch FAZ vom 19. Mai 2000, S. 13; HB vom 17. Mai 2000, S. 4.

1338 Vgl. Eckpunkte eines künftigen Übernahmegesetzes, Nr. 1.

1339 Vgl. dazu eingehend *Thoma*, Syndikus, Juli/August 2000, 38 ff.

1340 Dies geht aus ihrer Antwort, BT-Drs. 14/3895 vom 13. Juli 2000, S. 2, auf eine Große Anfrage der FDP-Fraktion, BT-Drs. 14/2826 vom 23. Februar 2000, im Bundestag hervor.

1341 Vgl. Eckpunkte eines künftigen Übernahmegesetzes, Nr. 9.

die geeignet sind, den Erfolg des Übernahmeangebots zu verhindern[1342]. Jedoch weiterhin möglich sein sollten Maßnahmen des laufenden Geschäftsbetriebs, die im Interesse des gesamten Unternehmens liegen. Angeraten wurde, solche Maßnahmen in der Gesetzesbegründung beispielhaft aufzuführen. Die Empfehlung enthielt weiterhin die Feststellung, daß das Zielunternehmen dennoch nicht wehrlos gegenüber dem Übernahmeangebot ist. Vielmehr sollten als zulässige Maßnahmen vorgesehen werden zum einen die Suche nach einem anderen attraktiven Angebot und zum anderen Abwehrmaßnahmen auf Grund eines Beschlusses der Hauptversammlung während des Übernahmeverfahrens sowie Kapitalerhöhungen unter Wahrung des Bezugsrechts der Aktionäre, wenn der entsprechende Hauptversammlungsbeschluß nicht länger als achtzehn Monate zurückliegt.

Weiterhin sollte der Vorstand der Zielgesellschaft verpflichtet werden, eine Stellungnahme abzugeben, in der die Interessen der Gesellschaft als Ganzes zu berücksichtigen sind. Auch die Position der Arbeitnehmervertreter sollte darin aufgenommen werden.

Schließlich beinhaltete die Empfehlung noch, daß dem Bieter Leistungen an den Vorstand und Aufsichtsrat der Zielgesellschaft im Zusammenhang mit der Übernahme gesetzlich untersagt werden sollten.

e) Gesetzgebungsverfahren

aa) Diskussionsentwurf-ÜG

Ihren Ankündigungen ließ die Bundesregierung umgehend Taten folgen[1343]. Bereits am 29. Juni 2000 konnte das federführende Bundesministerium der Finanzen[1344] unter Berücksichtigung der Eckpunkte der Expertenkommission[1345] einen

1342 Dies entsprach auch der Ansicht der Fraktion Bündnis 90/Die Grünen in ihrem Eckpunktepapier, vgl. Eckpunkte für ein Übernahmegesetz aus Sicht von Bündnis 90/Die Grünen vom 11. Februar 2000.

1343 Bei der nun folgenden Aufarbeitung des Gesetzgebungsverfahrens wird lediglich auf die wesentlichsten Änderungen eingegangen. Im Hinblick auf Vorschriften, die das Verhalten der Verwaltung der Zielgesellschaft regeln, erfolgt eine ausführliche Analyse im nachfolgenden Abschnitt unter B., S. 342 ff. Änderungen der übrigen Vorschriften werden weitgehend im Rahmen der Behandlung des Übernahmeverfahrens berücksichtigt.

1344 Dessen Zuständigkeit erklärt sich insbesondere vor dem Hintergrund, daß ursprünglich die Einführung des Übernahmegesetzes als Bestandteil des Vierten Finanzmarktförderungsgesetzes vorgesehen war (siehe oben Fn. 1322), das in den Zuständigkeitsbereich des Bundesministeriums der Finanzen fällt. Nach den Börsengesetznovellen aus den Jahren 1986 und 1989 sowie den ersten drei Finanzmarktförderungsgesetzen der Jahre

Diskussionsentwurf eines „Gesetzes zur Regelung von Unternehmensübernahmen“ vorlegen[1346], dessen Inkrafttreten zum 1. Januar 2001 beabsichtigt war. Der Gesetzentwurf war als Artikelgesetz konzipiert. In Art. 1 des Entwurfs war das „Herzstück“ der Regelungen, das „Übernahmegesetz (ÜG)“[1347], enthalten. Es umfaßte insgesamt 7 Abschnitte mit 66 Vorschriften. Art. 7 enthielt eine „Verordnung über die Befreiung von der Verpflichtung zur Abgabe eines Übernahmeangebotes (Befreiungs-Verordnung)“ und in Art. 9 befand sich eine „Verordnung zur Übertragung der Befugnis zum Erlaß von Rechtsverordnungen nach dem Übernahmegesetz auf das Bundesaufsichtsamt für den Wertpapierhandel“. Der Diskussionsentwurf beruhte maßgeblich auf den Vorgaben der erwarteten EU-Übernahmerichtlinie in der Fassung des Gemeinsamen Standpunkts und zielte insbesondere auf deren Umsetzung in nationales Recht ab[1348]. Am 25. Juli 2000 kam es im Bundesfinanzministerium zu einer Anhörung der betroffenen Kreise, die zahlreiche Anregungen und Änderungswünsche hervorbrachte[1349].

bb) Referentenentwurf-WÜG

Unter Berücksichtigung einer Vielzahl der im Anhörungsverfahren geäußerten Anregungen[1350] wurde am 12. März 2001 vom Bundesministerium der Finanzen der Referentenentwurf für ein „Gesetz zur Regelung von öffentlichen Angebo-

---

1990, 1994 sowie 1998 ist dies nunmehr das sechste Gesetzgebungsvorhaben im Geschäftsbereich des Bundesfinanzministeriums seit Mitte der achtziger Jahre mit dem Ziel der Erhöhung der Attraktivität des Finanzplatzes Deutschland im internationalen Wettbewerb. Näher zur Zielsetzung des WpÜG unten S. 271.

1345 Vgl. *Pötzsch/Möller*, WM 2000, Sonderbeilage 2, 14.

1346 Abgedruckt in NZG 2000, 844 ff. Eingehend dazu *Berger*, Bank 2000, 558 ff.; *Hopt* in Hommelhoff/Hopt/Lutter, Konzernrecht für Europa, S. 31 (65 f.); *ders.* in FS Koppensteiner, S. 61 ff.; *Hucke/Ammann*, FB 2001, 1 ff.; *Krause*, NZG 2000, 905 ff.; *ders.*, FAZ vom 12. Juli 2000, S. 27; *ders.*, IFLR 9/2000, 36 ff.; *Kremer*, M&A 2000, 461 ff.; *Land/Hasselbach*, DB 2000, 1747 ff.; *Lenz*, INF 2000, 655 ff.; *Müller*, GmbHR 2000, R373 f.; *Pötzsch/Möller*, WM 2000, Sonderbeilage 2; *Riehmer/Schröder*, NZG 2000, 820 ff.; *Steding*, BuW 2001, 381 (385). Zu Spezialfragen *Halm*, NZG 2000, 1162 ff.; *Houben*, WM 2000, 1873 ff.; *Kiem*, ZIP 2000, 1509 ff.; *Körner*, DB 2001, 367 ff.; *Letzel*, NZG 2001, 260 ff.; *Rühland*, WM 2000, 1884 ff.; *Vetter*, ZIP 2000, 1817 ff.; *Weisner*, ZRP 2000, 520 ff.; *Witt*, NZG 2000, 809 ff.; *Witte*, BB 2000, 2161 ff. Aus der Tagespresse vom 30. Juni 2000 HB, S. 6; BZ, S. 1, 7.

1347 Im folgenden auch kurz als DiskE-ÜG bezeichnet.

1348 Vgl. *Berger*, Bank 2000, 558 (559). Vgl. auch DiskE-ÜG, Begründung, Allgemeiner Teil, S. 67.

1349 Vgl. *Hopt* in Hommelhoff/Hopt/Lutter, Konzernrecht für Europa, S. 31 (65). Siehe dazu den auf der Stellungnahme hierzu beruhenden Beitrag von *Hopt* in FS Koppensteiner, S. 61 ff.; siehe auch BZ vom 27. Juli 2000, S. 6.

1350 Mehr als 700 Eingaben wurden zum Diskussionsentwurf gezählt. 150 folgten zum Regierungsentwurf. Vgl. *Krause*, ZGR 2002, 500 (508).

ten zum Erwerb von Wertpapieren und von Unternehmensübernahmen" vorgelegt[1351].

Unverändert festgehalten wurde an der Konzeption als Artikelgesetz. Entsprechend befand sich nach wie vor in Art. 1 des Entwurfs mit dem „Wertpapiererwerbs- und Übernahmegesetz (WÜG)"[1352] der zentrale Regelungskomplex. Auch unter neuem Namen umfaßte der Referentenentwurf 66 Vorschriften, nunmehr allerdings auf 8 Abschnitte verteilt. Im Anhang zum Besonderen Teil der Begründung des Referentenentwurfs waren zwei Entwürfe der Rechtsverordnungen auf Grund von Vorschriften des WÜG enthalten[1353]. Es war dies zum einen die bereits in Art. 9 des Diskussionsentwurfs vorgesehene Verordnung zur Übertragung der Befugnis zum Erlaß von Rechtsverordnungen auf das Bundesaufsichtsamt für den Wertpapierhandel. Bei der anderen Verordnung handelte es sich um die „Verordnung über öffentliche Angebote zum Erwerb von Wertpapieren und über Unternehmensübernahmen". Letztere ging inhaltlich erheblich über die im Diskussionsentwurf enthaltene Befreiungs-Verordnung hinaus und erfaßte nunmehr auch detaillierte Regelungen zum Inhalt eines Angebots und zur Bestimmung der Gegenleistung. Insgesamt wies der Referentenentwurf zwar zahlreiche Änderungen gegenüber seinem Vorgängerentwurf auf[1354]. Dies galt vor allem für die Verlängerung einiger wichtiger Fristen des Übernahmeverfahrens. Auch bekam das Gesetz durch die Verlagerung einiger Detailvorschriften in die Rechtsverordnung einen neuen Charakter. Dennoch wurde im Hinblick auf die Regelung von Unternehmensübernahmen an der Grundkonzeption festgehalten.

Darüber hinaus erfuhr das Gesetz allerdings eine der bedeutsamsten Veränderungen im Laufe des gesamten Entstehungsprozesses. Mit der Vorlage des Refe-

1351 Einen Überblick bieten *Baumeister/Werkmeister*, Sparkasse 3/2001, 133 ff.; *Liebscher*, ZIP 2001, 853 ff.; *Pluskat*, DStR 2001, 897 ff.; *Riehmer/Schröder*, BB 2001, Beilage 5; *Thaeter/Barth*, NZG 2001, 545 ff.; *Walter*, FB 4/2001, Editorial; *Zinser*, NZG 2001, 391 ff.; im Vergleich zum italienischen Übernahmerecht *Hommelhoff/Witt*, RIW 2001, 561 ff. Zu Spezialfragen *Altmeppen*, BB 25/2001, Die erste Seite; *ders.*, ZIP 2001, 1073 ff.; *Budde/Lawall* in FS Müller, S. 27 ff.; *Grunewald*, AG 2001, 288 ff.; *von Hein*, AG 2001, 213 (231 f.); *Hommelhoff*, BB 20/2001, Die erste Seite; *Kiem* in Henze/Hoffmann-Becking, Gesellschaftsrecht 2001, S. 329 ff.; *Krieger* in Henze/Hoffmann-Becking, Gesellschaftsrecht 2001, S. 289 ff.; *Rühland*, NZG 2001, 448 ff.; *Schneider/Burgard*, DB 2001, 963 ff.; *Vetter*, DB 2001, 743 ff.; *Weber-Rey/Schütz*, AG 2001, 325 ff. Siehe auch *Riehmer*, FAZ vom 17. März 2001, S. 23. Vgl. dazu aus der Tagespresse vom 13. März 2001 FAZ, S. 17, 19; FTD, S. 11, 33; HB, S. 1, 4; BZ, 1, 6. Vgl. auch Pressemitteilung des BMF vom 12. März 2001.

1352 Im folgenden auch kurz als RefE-WÜG bezeichnet.

1353 RefE-WÜG, Begründung, Besonderer Teil, Anhang 1, S. 190 ff.; Anhang 2, S. 215 f.

1354 Eine Übersicht über die wesentlichen Änderungen findet sich bei *BMF*, Schreiben vom 12. März 2001, das zusammen mit dem Referentenentwurf veröffentlicht wurde.

rentenentwurfs wurde eine erhebliche Ausweitung des Anwendungsbereichs im Vergleich zum Diskussionsentwurf vorgenommen. Dies geschah in zweifacher Hinsicht: zum einen im Hinblick auf die Definition des Angebotsbegriffs und zum anderen bezüglich der Definition des Begriffs der Wertpapiere. In Übereinstimmung mit dem damaligen Stand der zu erwartenden Richtlinienvorgaben erfaßte der Anwendungsbereich des Diskussionsentwurfs Übernahmen und öffentliche Übernahmeangebote[1355]. Wie sich aus der neuen Gesetzesbezeichnung bereits ableiten ließ, ging der Referentenentwurf wesentlich über die vermeintlichen europarechtlichen Vorgaben hinaus. Erfaßt wurden fortan ferner sämtliche öffentlichen Angebote, die auf den Erwerb von Wertpapieren gerichtet sind, unabhängig davon, ob diese auf die Erlangung der Kontrollstellung in einem Unternehmen zielen[1356]. Hinsichtlich des Wertpapierbegriffs wurde der Anwendungsbereich mit Vorlage des Referentenentwurfs auch auf solche Angebote erstreckt, die nicht Aktien, sondern Wertpapiere, die zum Erwerb von Aktien berechtigen, zum Gegenstand haben[1357]. Die Ausweitung des Anwendungsbereichs war von verschiedenen Seiten gefordert worden[1358] und entsprach auch der Praxis des Übernahmekodex[1359]. Sie stieß folgerichtig auf weitgehende Zustimmung[1360], und es wurde unverändert daran festgehalten.

Die entsprechende Anhörung der betroffenen Kreise zum Referentenentwurf erfolgte am 2. April 2001 im Bundesfinanzministerium[1361].

cc) Regierungsentwurf-WpÜG

Ein weiterer Schritt auf dem Weg zum WpÜG vollzog sich am 11. Juli 2001 mit der Vorlage des Regierungsentwurfs eines „Gesetzes zur Regelung von öffentlichen Angeboten zum Erwerb von Wertpapieren und von Unternehmensübernahmen“[1362]. Taggleich hatte das Bundeskabinett den Entwurf gebilligt[1363]. Unter

1355 Vgl. DiskE-ÜG, Begründung, Allgemeiner Teil, S. 67.

1356 Vgl. RefE-WÜG, Begründung, Allgemeiner Teil, S. 66.

1357 Vgl. noch zur Regelung des Diskussionsentwurfs DiskE-ÜG, Begründung, Besonderer Teil, S. 83.

1358 Vgl. RegE-WpÜG, Begründung, Allgemeiner Teil, S. 66. Etwa seitens *BSK*, Stellungnahme zum DiskE-ÜG vom 19. Juli 2000, S. 2; *DAV-Handelsrechtsausschuß*, Stellungnahme zum RefE-WÜG, NZG 2001, 420 (420); *Hopt* in FS Koppensteiner, S. 61 (73).

1359 Vgl. RegE-WpÜG, Begründung, Allgemeiner Teil, S. 62.

1360 Vgl. etwa *Thaeter/Barth*, NZG 2001, 545 (546).

1361 Vgl. dazu FAZ vom 4. April 2001, S. 17; vom 7. April 2001, S. 23.

1362 Im Volltext abrufbar unter http://www.bundesfinanzministerium.de. Abgedruckt in ZIP 2001, 1262 ff.; BT-Drs. 14/7034 vom 5. Oktober 2001; BR-Drs. 574/01 vom 17. August 2001. Vgl. dazu *Land*, DB 2001, 1707 ff.; *Möller/Pötzsch*, ZIP 2001, 1256 ff.; *Mülbert*, ZIP 2001, 1221 ff.; *Oechsler*, NZG 2001, 817 ff.; *Zinser*, ZRP 2001,

neuer und bis heute beibehaltener Bezeichnung fand sich an unverändertem Ort in Art. 1 des Entwurfs das „Wertpapiererwerbs- und Übernahmegesetz (WpÜG)“[1364] wieder. Unter Einarbeitung von nahezu einhundert Änderungen[1365] umfaßte der RegE-WpÜG in nunmehr 9 Abschnitten 68 Vorschriften. Trotz dieser Vielzahl von Änderungen stellte der Regierungsentwurf lediglich eine Fortentwicklung des mit dem Referentenentwurf eingeschlagenen Grundkonzepts dar. Weder hinsichtlich des Anwendungsbereichs noch in Bezug auf den Aufbau oder die Regelungstechnik fand sich grundlegend Neues. Ebenfalls der Konzeption nach unverändert übernommen wurden die beiden Entwürfe der Rechtsverordnungen[1366].

Die bei weitem bedeutsamste Änderung inhaltlicher Natur war eng mit dem inzwischen endgültigen Scheitern der EU-Übernahmerichtlinie verknüpft. Damit war nicht nur ein hervorgehobenes Ziel der bisherigen Entwürfe, nämlich die möglichst weitgehende Berücksichtigung der Vorgaben des europäischen Gesetzgebers, entfallen[1367]. Vielmehr ging damit auch eine grundlegende Modifizierung der die Verhaltenspflichten des Vorstands und des Aufsichtsrats regelnden Vorschrift einher. Die insoweit maßgebliche Bestimmung des § 33 RegE-WpÜG erhielt zum einen neue Ausnahmetatbestände und wurde zum anderen um sog. Vorratsbeschlüsse erweitert[1368]. Die Einführung von Vorratsbeschlüssen hatte die Bundesregierung bereits Anfang Mai 2001 noch während des

363 ff. Zu Spezialfragen *Drygala*, ZIP 2001, 1861 ff.; *Fleischer*, ZIP 2001, 1653 ff.; *ders./Körber*, BB 2001, 2589 ff.; *Habersack*, ZIP 2001, 1230 ff.; *Pluskat*, WM 2001, 1937 (1938 ff.); *Schüppen*, WPg 2001, 958 ff.; *Seibt/Heiser*, ZHR 165 (2001), 466 ff.; *Thaeter*, NZG 2001, 789 ff.; *Wackerbarth*, WM 2001, 1741 ff.; *Zietsch/Holzborn*, WM 2001, 1753 ff.

1363 Vgl. dazu die Pressemitteilung des BMF vom 11. Juli 2001 sowie aus der Tagespresse vom 12. Juli 2001 FAZ, S. 13; FTD, S. 10, 17; HB, S. 4; BZ, S. 1, 6.

1364 Im folgenden auch kurz als RegE-WpÜG bezeichnet. An der Bezeichnung WÜG wurde nicht mehr festgehalten. Dies lag dem Vernehmen nach daran, daß Assoziationen mit dem Wasserhaushaltsgesetz (WHG) vermieden werden sollten. Zudem sollte mit der neuen Bezeichnung die rechtsthematische Nähe zum WpHG zum Ausdruck gebracht werden.

1365 So die maßgeblichen (Mit-)Verfasser des Gesetzes *Möller/Pötzsch*, ZIP 2001, 1256 (1257), die an diesem Ort einen Überblick über die wesentlichen Änderungen geben. Vgl. auch *Land*, DB 2001, 1707 (1708 ff.).

1366 Vgl. RegE-WpÜG, Begründung, Besonderer Teil, Anhang 1, S. 190 ff.; Anhang 2, S. 214 f.

1367 Vgl. noch RefE-WÜG, Begründung, Allgemeiner Teil, S. 66; DiskE-ÜG, Begründung, Allgemeiner Teil, S. 67.

1368 Siehe § 33 Abs. 1 S. 2 Alt. 1, Abs. 2 WpÜG. Die entstehungsgeschichtliche und inhaltliche Auseinandersetzung mit dieser Regelung erfolgt nicht an dieser Stelle, sondern im Rahmen der Analyse der maßgeblichen Vorschriften unten unter B. V., S. 396 ff.

laufenden Vermittlungsverfahrens zur Richtlinie angekündigt[1369]. In diesem Zusammenhang hatte sie bekräftigt, auch für den Fall des Zustandekommens der EU-Übernahmerichtlinie nicht davon Abstand zu nehmen, sondern die geänderte Vorschrift für die Dauer der Umsetzungsfrist Gesetz werden zu lassen[1370]. An diesem Vorhaben hielt die deutsche Regierung selbst nach der überraschenden Einigung im Vermittlungsausschuß noch fest[1371].

Hintergrund dieser Neuregelung war vor allem die massive Kritik, die seitens der Wirtschaftsverbände[1372], der Gewerkschaften[1373], aber auch aus Teilen der Praxis[1374] und der Wissenschaft[1375] dieser Vorschrift und bereits dem ihr zugrundeliegenden Art. 9 der gescheiterten EU-Übernahmerichtlinie entgegengebracht wurde[1376]. Eine entscheidende Rolle wurde dabei auch den deutschen Großkonzernen zugeschrieben, allen voran der Volkswagen AG, die bis zuletzt die Anerkennung des Übernahmekodex verweigerte und sich zunehmend der Gefahr einer unfreundlichen Übernahme ausgesetzt sah[1377]. Die Bundesregierung rechtfertigte offiziell ihren Sinneswandel mit der bereits von dem

---

1369 Vgl. FTD vom 2. Mai 2001, S. 1; HB vom 3. Mai 2001, S. 8; FAZ vom 3. Mai 2001, S. 17.

1370 Vgl. FTD vom 22. Mai 2001, S. 11.

1371 Vgl. aus der Tagespresse vom 8. Juni 2001 FAZ, S. 13; HB, S. 1, 13; FTD, S. 13; BZ, S. 6. Es wurden Bedenken laut, ob diese Vorgehensweise noch europarechtskonform ist. Dabei geht es allgemein um die Frage nach der Wirkung von Richtlinien vor Ablauf der Umsetzungsfrist und speziell darum, inwieweit ein EU-Mitgliedstaat während der Umsetzungsfrist Vorschriften erlassen darf, die, wie es der EuGH formuliert hat, „geeignet sind, die Erreichung des in dieser Richtlinie vorgeschriebenen Zieles bei Ablauf der Umsetzungsfrist ernstlich in Frage zu stellen". Vgl. EuGH, Urt. vom 18. Dezember 1997 - Rs. C-129/96 (Leitsatz), Slg. 1997, I-7411, abgedruckt in EuZW 1998, 167, NVwZ 98, 385. Vgl. dazu *Weiß*, DVBl 1998, 568 ff.; *Ruffert* in Callies/ Ruffert, EUV/EGV, Art. 249 EGV, Rn. 44. Konkret zur aufgeworfenen Frage *Ehricke*, ZIP 2001, 1311 ff.; auch FAZ vom 13. Juni 2001, S. 17. Mit Scheitern der Richtlinie stellte sich diese Frage nicht mehr.

1372 Vgl. FAZ vom 4. April 2001, S. 17; vom 31. Mai 2001, S. 17. *Rogowski* nach FAZ vom 7. Juni 2001, S. 17.

1373 Vgl. *Putzhammer* nach FAZ vom 7. Juni 2001, S. 17.

1374 Vgl. *Krause* in BZ vom 10. April 2001, S. 6; *Witte*, BB 2000, 2161 (2164 f.).

1375 Vgl. *Kirchner* nach FAZ vom 8. Mai 2001, S. 19; *Schneider* nach FAZ vom 15. Mai 2001, S. 17; *ders.* nach BZ vom 15. Mai 2001, S. 3.

1376 Harsche Kritik an dem Vorgehen dieser „unheiligen Allianz" üben *Hommelhoff/Witt*, RIW 2001, 561 (566): „Ein solches Regelungsprogramm impliziert den Vorwurf provinzieller Ängstlichkeit und Enge ebenso wie unheilvoller Bunkermentalität. Zum Nachteil ihrer Aktionäre werde es den Vorständen und Aufsichtsräten großer Gesellschaften in Deutschland erlaubt, ihre Sessel zu zementieren." Nicht minder deutlich *Wackerbarth*, WM 2001, 1741 (1753).

1377 Vgl. FAZ vom 17. Mai 2001, S. 23. Siehe dazu auch *Endell*, NZG 2000, 1160 ff.

Berichterstatter des Europäischen Parlaments, *Lehne*, bekannten Argumentation, daß zugunsten deutscher Unternehmen Waffengleichheit herzustellen sei[1378].

Zunächst keine Berücksichtigung fanden nach dem Wegfall der Vorgaben der Richtlinie erhobene Forderungen nach weiteren Übernahmehürden. Auf dem „Wunschzettel" der Gewerkschaften, aber auch von Teilen der SPD-Fraktion, standen weitgehende Beteiligungsrechte der Arbeitnehmer in Form eines stärkeren Mitspracherechts im Übernahmeverfahren[1379]. Freilich wurden solche von Seiten der Wirtschaft als einstigem Verbündeten in der „unheiligen Allianz" gegen das Vereitelungsverbot der Richtlinie vehement zurückgewiesen[1380].

dd) Parlamentarische Beratungen

Im Anschluß an die parlamentarische Sommerpause erfolgten am 11. Oktober 2001 die erste Beratung im Deutschen Bundestag[1381] und am 18. Oktober 2001 die öffentliche Anhörung der betroffenen Kreise im federführenden Finanzausschuß des Bundestages[1382]. Nachdem die Bundesregierung in ihrer Gegenäußerung zu der Stellungnahme des Bundesrates bereits angedeutet hatte, die im Brennpunkt der Diskussion stehende Vorschrift zu den Verhaltenspflichten nochmals zu überprüfen[1383], kam die Intervention seitens der Regierungskoalitionsfraktionen in der ersten auf die Beratung im Bundestag folgenden beratenden Sitzung des Finanzausschusses vom 8. November 2001[1384] für Eingeweihte wenig überraschend. In „letzter Minute" wurde, maßgeblich auf

1378 Vgl. etwa HB vom 3. Mai 2001, S. 8.

1379 Vgl. HB vom 5. Juli 2001, S. 2; vom 9. Juli 2001, S. 1. Dazu auch *Wackerbarth*, WM 2001, 1741 (1741 f.).

1380 Vgl. HB vom 10. Juli 2001, S. 1, 4.

1381 Vgl. BT-Plenarprotokoll 14/192 vom 11. Oktober 2001, S. 18814 (C). Dazu FAZ vom 13. Oktober 2001, S. 14. Zuvor hatte bereits der Bundesrat in seiner Sitzung vom 27. September 2001 zu dem RegE-WpÜG Stellung genommen (BR-Drs. 574/01 (Beschluß)), abgedruckt als Anlage 2 zu BT-Drs. 14/7034 vom 5. Oktober 2001, S. 84 ff.; vgl. BR-Plenarprotokoll 767/01 vom 27. September 2001, S. 478 (C). Siehe dazu auch die Gegenäußerung der Bundesregierung, BT-Drs. 14/7090 vom 10. Oktober 2001. Zu beidem *Zschocke*, Finance 12/2001, S. 100.

1382 Ein Wortprotokoll der Anhörung liegt als Finanzausschuß-Drs. Nr. 111 vor. Vgl. dazu FAZ vom 19. Oktober 2001, S. 18; FAZ vom 24. Oktober 2001, S. 31. Mitberatend waren der Ausschuß für Arbeit und Sozialordnung, der Innenausschuß, der Rechtsausschuß sowie der Ausschuß für Wirtschaft und Technologie mit dem Gesetz befaßt. Zu den Voten der mitberatenden Ausschüsse siehe BT-Drs. 14/7477 vom 14. November 2001, S. 49.

1383 Vgl. Gegenäußerung der Bundesregierung, BT-Drs. 14/7090 vom 10. Oktober 2001, S. 1.

1384 Zuvor fand bereits eine Beratung am 27. September 2001 im Finanzausschuß statt.

Veranlassung des Volkswagen-Konzerns[1385], eine revidierte Vorlage der umstrittenen Vorschrift unterbreitet, die gegenüber dem Regierungsentwurf eine erneute Auflockerung darstellt[1386]. Nunmehr sollten bereits solche Handlungen des Vorstands, denen der Aufsichtsrat zustimmt, von der im Grundsatz fortbestehenden besonderen Verhaltensanforderung an den Vorstand ausgenommen sein[1387]. Ferner wurden die Voraussetzungen für die erst mit Vorlage des Regierungsentwurfs eingeführten Vorratsbeschlüsse abgemildert.

Am 14. November 2001 schließlich konnten die Arbeiten des Finanzausschusses in zweiter Sitzung mit einer Reihe weiterer Änderungen abgeschlossen werden[1388]. Die rasche Vorgehensweise erklärt sich insbesondere vor dem Hintergrund der zum 1. Januar 2002 in Kraft tretenden Änderungen infolge der Unternehmenssteuerreform[1389]. Das „Gesetz zur Regelung von öffentlichen Angeboten zum Erwerb von Wertpapieren und von Unternehmensübernahmen" in der auf den Beratungen des Finanzausschusses basierenden Fassung[1390] wurde am 15. November 2001 vom Deutschen Bundestag mit den Stimmen der Koalitionsfraktionen der SPD und Bündnis 90/Die Grünen sowie der CDU/CSU-Fraktion gegen die Stimmen der FDP-Fraktion[1391] bei Enthaltung der PDS-Fraktion beschlossen[1392]. Am 30. November 2001 beschloß der Bundesrat, zu dem Gesetz

1385 Zur Stellungnahme der Volkswagen AG zum RegE-WpÜG anläßlich der Anhörung im Finanzausschuß vgl. FAZ vom 24. Oktober 2001, S. 31.

1386 Vgl. dazu aus der Tagespresse vom 9. November 2001, FAZ, S. 15; FTD, S. 11; BZ, S. 1. FAZ vom 10. November 2001, S. 11; BZ vom 10. November 2001, S. 1, 6. FTD vom 12. November 2001, S. 31.

1387 Siehe § 33 Abs. 1 S. 2 Alt. 3 WpÜG. Inzwischen hat sich für die Regelung in Anspielung auf deren Ursprung die Bezeichnung „VW-Klausel" eingebürgert. Vgl. *Ekkenga/Hofschroer*, DStR 2002, 724 (734), Fn. 101.

1388 Vgl. Beschlußempfehlung und Bericht des Finanzausschusses, BT-Drs. 14/7477 vom 14. November 2001, Synopse, S. 6 ff. Dazu FTD vom 15. November 2001, S. 15; BZ vom 13. November 2001, S. 7. Einen Kurzüberblick über die wichtigsten Änderungen gegenüber dem Regierungsentwurf bietet *Zschocke*, Finance 1/2002, 96 f.

1389 Vgl. *Möller/Pötzsch*, ZIP 2001, 1256 (1262).

1390 BT-Drs. 14/7034 vom 5. Oktober 2001 in der Fassung BT-Drs. 14/7477 vom 14. November 2001, abgedruckt in Auszügen in ZIP 2001, 2102 ff.

1391 Die FDP-Fraktion hatte einen eigenen Entschließungsantrag zu dem Gesetzentwurf eingebracht, BT-Drs. 14/7501 vom 14. November 2001, der bei Zustimmung der FDP-Fraktion mit den Stimmen aller übrigen Fraktionen abgelehnt wurde. Ebenfalls abgelehnt wurden die Anträge der CDU/CSU Fraktion, BT-Drs. 14/3776 vom 4. Juli 2000, sowie der PDS-Fraktion, BT-Drs. 14/3394 vom 17. Mai 2000.

1392 Vgl. BT-Plenarprotokoll 14/201 vom 15. November 2001, S 19788 (C). Dazu auch FAZ vom 17. November 2001, S. 13. Die Gesetzgebungskompetenz zum Erlaß des WpÜG folgt aus Art. 74 Abs. 1 Nr. 11 GG (Recht der Wirtschaft) in Verbindung mit Art. 72 Abs. 2 GG. In Bezug auf die aus Art. 8 und 9 resultierenden Anpassungsänderungen aus Art. 74 Abs. 1 Nr. 1 GG (gerichtliches Verfahren, Rechtsanwaltschaft).

einen Antrag gemäß Art. 77 Abs. 2 GG nicht zu stellen[1393]. Das Gesetz wurde am 20. Dezember 2001 ausgefertigt und im Bundesgesetzblatt vom 22. Dezember 2001 verkündet[1394]. Es trat gemäß dessen Art. 12 S. 1 zum 1. Januar 2002 in Kraft[1395].

f) Resümee

Maßgeblich unter dem Eindruck der Erfahrungen der Übernahme Vodafone/Mannesmann, aber auch angesichts der allseits erwarteten Verabschiedung der EU-Übernahmerichtlinie hatte sich die Bundesregierung zunächst das ehrgeizige Ziel gesetzt, bereits zum 1. Januar 2001 ein nationales Übernahmegesetz in Kraft treten zu lassen. Unterstützung erfuhr die Regierung dabei durch die vom Bundeskanzler eilig einberufene Expertenkommission „Unternehmensübernahmen". Trotz der zeitlichen Verzögerung um genau ein Jahr und damit knapp anderthalb Jahre nach Vorlage des ersten Gesetzentwurfs ist dem Gesetzgeber dennoch ein beachtliches Tempo bei der Umsetzung des Gesetzesvorhabens zu bescheinigen. Dies gilt um so mehr vor dem Hintergrund, daß die intensiven Beratungen und Diskussionen zu dem Gesetz nicht nur in den betroffenen Kreisen und im parlamentarischen Verfahren, sondern auch in der breiten Öffentlichkeit emotionsgeladen und mit Vehemenz geführt wurden[1396]. Welche Kräfte schließlich durch die Diskussionen freigesetzt worden sind, die auch die Bundesregierung in ihrer Haltung bezüglich der Regelung der Verhaltenspflichten der Ver-

1393 BR-Drs. 895/01 (Beschluß) vom 30. November 2001 zu BR-Drs. 895/01 vom 16. November 2001. Dazu BR-Plenarprotokoll 770/01 vom 30. September 2001, S. 636 (A), 691 (C). Siehe auch FAZ vom 1. Dezember 2001, S. 14, sowie *Drinkuth*, ebenda, S. 23. Eine Zustimmung war nicht erforderlich, vgl. RefE-WÜG, Begründung, Allgemeiner Teil, S. 77.

1394 BGBl. I 2001 S. 3822 vom 22. Dezember 2001. Einführend *Assmann*, AG 2002, 114 ff.; *BAWe*, NZG 2002, 165 f.; *Cahn/Senger*, FB 2002, 277 ff.; *Drinkuth*, Syndikus, Januar/Februar 2002, S. 19 ff.; *Ekkenga/Hofschroer*, DStR 2002, 724 ff., 768 ff.; *Geibel/Süßmann*, BKR 2002, 54 ff.; *Hopt*, ZHR 166 (2002), 383 ff.; *Krause*, NJW 2002, 705 ff.; *Leibner*, NWB 2002, Fach 18, S. 3873 ff.; *Picot*, BFuP 2002, 433 ff.; *Thoma*, NZG 2002, 105 ff.; *Tröger*, DZWiR 2002, 353 ff., 397 ff.; *Wagner*, Bank 2002, 66 ff.; *Zinser*, WM 2002, 15 ff.; *Zschocke*, DB 2002, 79 ff.; *Beckmann/Kersting/Mielke*, Das neue Übernahmerecht; *Fleischer/Kalss*, WpÜG.

1395 Gemäß Art. 12 S. 2 des „Gesetzes zur Regelung von öffentlichen Angeboten zum Erwerb von Wertpapieren und von Unternehmensübernahmen" sind solche Vorschriften des WpÜG, die zum Erlaß von Rechtsverordnungen ermächtigen, am Tag nach der Verkündung in Kraft getreten.

1396 Letztlich als treffend erwies sich insoweit die Befürchtung von *Pötzsch/Möller*, daß das Thema Unternehmensübernahmen Emotionen hervorzurufen imstande sei, die sich in eingehenden und langwierigen Beratungen niederschlagen könnten. Vgl. *dies.*, WM 2000, Sonderbeilage 2, 31.

waltung der Zielgesellschaft umschwenken ließen, war dennoch im Frühjahr 2000 nicht einmal zu erahnen.

Zu verdanken ist der schließlich trotz aller Widrigkeiten zügig verlaufene Gesetzgebungsprozeß zum einen dem infolge der Übernahme der Mannesmann AG entstandenen breiten Konsens über das „Ob" einer Regelung. Fortan wurde von keiner Seite mehr die generelle Notwendigkeit einer gesetzlichen Regelung von Unternehmensübernahmen in Frage gestellt. Dies war zuvor keineswegs uneingeschränkt der Fall[1397]. Vielmehr wurden ganz unterschiedliche Modelle diskutiert, die von einer Fortgeltung des Übernahmekodex[1398], selbst im Fall der Verabschiedung der Übernahmerichtlinie, bis hin zu einer Einbettung der Regelungen des Kodex in eine gesetzliche Rahmenregelung reichten[1399]. Die Diskussion um die generelle Notwendigkeit einer gesetzlichen Regelung wurde insoweit von den Realitäten überholt.

Zum anderen läßt sich die zügige Vorgehensweise darauf zurückführen, daß die gesetzgeberische Tätigkeit auch von den umfangreichen Vorarbeiten profitiert hat, die sowohl auf europäischer Ebene zur Übernahmerichtlinie als auch in den einzelnen Mitgliedstaaten und nicht zuletzt auch in Deutschland geleistet wurden. Dazu zählten hierzulande vor allem die in der Praxis des Übernahmekodex gewonnenen wertvollen Erfahrungen, die sich in den Standpunkten der BSK widerspiegelten.

Schließlich bedeutete auch die Reform der Unternehmensbesteuerung eine enorme Beschleunigung auf dem Weg zum WpÜG. Mit dem Inkrafttreten der Steuerbefreiung für die Gewinne aus der Veräußerung von Beteiligungen an Kapitalgesellschaften zum 1. Januar 2002[1400] hatte sich die Bundesregierung ein zeitliches Limit im Hinblick auf das Inkrafttreten des WpÜG gesetzt, das keinesfalls überschritten werden konnte. Denn den prognostizierten Auswirkungen der Unternehmenssteuerreform zufolge, steht zu erwarten, daß zahlreiche Unternehmen von der Steuerbefreiung Gebrauch machen werden, was bereits durch einige Ankündigungen unterstrichen wurde. Ohne einen verbindlichen Rechtsrahmen würde dies zu einem Fiasko für den Minderheitsaktionärsschutz füh-

1397 Vgl. *Baumann*, WM 1996, 901 (902); *Loehr*, WM 1997, 1374 (1375).

1398 So vor allem die deutschen Wirtschaftsverbände, vgl. *Neye*, DB 1996, 1121 (1124).

1399 Auf diese Weise sollte die Flexibilität und Schnelligkeit einer freiwilligen Selbstregulierung mit der hohen Verbindlichkeit eines Gesetztes vereint werden. Vgl. *Hopt*, ZHR 161 (1997), 368 (404); *ders.* in FS Zöllner, S. 253 (266 f.). Ähnlich wohl *Krause*, AG 1996, 209 (217): „Flankenschutz auf gesetzlicher Grundlage" sowie *Schander*, NZG 1998, 799 (806): „gesetzliche Grundsatzregelung". Für die Umsetzung im Wege eines eigenen Gesetzes hingegen bereits *Habersack/Mayer*, ZIP 1997, 2141 (2146); *Weisgerber*, ZHR 161 (1997), 421 (434).

1400 Dazu bereits oben Kap. 1, S. 23.

ren[1401], das es aus Sicht der Bundesregierung nicht zuletzt auf Grund des Wahljahres 2002 tunlichst zu vermeiden galt. Denn ohne die gesetzliche Regelung wäre es nicht nur ohne weiteres möglich gewesen, sich an eine Gesellschaft „anzuschleichen“ und *de facto* die Kontrolle zu erlangen, ohne gleichzeitig zur Abgabe eines Pflichtangebots verpflichtet zu sein[1402]. Vielmehr wäre dieses Vorgehen auf Grund der Steuerbefreiung durch die erhöhte Veräußerungsbereitschaft der Paketinhaber noch staatlich gefördert worden.

Vor diesem Hintergrund war auch das maßgeblich von der deutschen Regierung herbeigeführte vorläufige Scheitern der EU-Übernahmerichtlinie nicht mehr in der Lage, eine weitere Verzögerung oder gar Aussetzung des Gesetzgebungsverfahrens zum WpÜG zu bewirken[1403]. Hatte die Übernahmerichtlinie in der Fassung des Gemeinsamen Standpunkts noch die maßgebliche Grundlage der beiden ersten deutschen Gesetzentwürfe gebildet, die die europäischen Vorgaben soweit als möglich zu berücksichtigen versuchten, löste sich vielmehr der angesichts dieser Verzahnung lange Zeit im Schatten der EU-Übernahmerichtlinie stehende nationale Gesetzgebungsprozeß mit deren endgültigem Scheitern aus diesem. Auch wenn ganz im Gegensatz zu dieser Vorgehensweise in der Vergangenheit noch zahlreiche Stimmen auf dem Standpunkt beharrten, mit einer nationalen Regelung auf die endgültige Verabschiedung der Richtlinie zu warten[1404], wäre ein weiteres Aufschieben dieses Projekts nicht mehr vertretbar gewesen. Dies hat bereits der rechtsvergleichende Überblick verdeutlicht[1405]. Zudem stellen im Zuge der weltweiten Liberalisierung der Kapitalmärkte auch in Deutschland Unternehmensübernahmen keine zu vernachlässigende Erscheinung mehr dar. Auch wenn sich das Ausmaß bisher noch in Grenzen hält, ist mit einer Zunahme der Übernahmeaktivitäten zu rechnen[1406]. Wenn der deutsche Finanzplatz den Rang erhalten soll, der ihm auf Grund der Rolle Deutschlands als größter Volkswirtschaft innerhalb der EU gebührt, ist eine verläßliche, an internationalen Standards orientierte Regelung von Unternehmensübernahmen unabdingbar.

1401 Vgl. auch *Seibert* in Henze/Hoffmann-Becking, Gesellschaftsrecht 2001, S. 361 (371).

1402 Zum Pflichtangebot unten S. 278.

1403 Vgl. die insofern unmißverständliche Pressemitteilung des Bundespresseamtes Nr. 290/01 vom 4. Juli 2001.

1404 Vgl. CDU/CSU-Fraktion, BT-Drs. 14/3776 vom 4. Juli 2000, II. 6; siehe auch FAZ vom 17. Mai 2000, S. 17; vom 3. August 2000, S. 15; *Spitzenverbände der deutschen Wirtschaft*, Stellungnahme zum DiskE-ÜG vom 24. Juli 2000, S. 1; *Kirchner*, WM 2000, 1821 (1829); *Witte*, BB 2000, 2161 (2162). Gegenteiliger Ansicht etwa *BSK*, Stellungnahme zum DiskE-ÜG vom 19. Juli 2000, S. 1; *Körner*, DB 2001, 367 (371); *Land/Hasselbach*, DB 2000, 1747 (1747); *Loehr* in von Rosen/Seifert, Übernahme börsennotierter Unternehmen, S. 149 (162).

1405 Dazu ausführlich oben Kap. 4, S. 191 ff.

1406 Dazu bereits oben Kap. 1, S. 25.

3. Zielsetzung des WpÜG

Das WpÜG hat sich zum Ziel gesetzt, in Deutschland Rahmenbedingungen bei Unternehmensübernahmen und anderen öffentlichen Angeboten zum Erwerb von Wertpapieren zu schaffen, die den Anforderungen der Globalisierung und der Finanzmärkte angemessen Rechnung tragen. Dadurch soll der Wirtschaftsstandort und Finanzplatz Deutschland auch im internationalen Wettbewerb weiter gestärkt werden[1407]. Als Folge dessen werden vier Ziele hervorgehoben, denen das WpÜG zuvorderst genügen soll[1408]. Zum einen soll das WpÜG Leitlinien für ein faires und geordnetes Angebotsverfahren schaffen. Dabei sollen Unternehmensübernahmen weder gefördert noch verhindert werden[1409]. Zum anderen sollen durch das WpÜG Information und Transparenz für die von einer Übernahme betroffenen Wertpapierinhaber und Arbeitnehmer verbessert werden[1410]. Weiterhin wird angestrebt, die rechtliche Stellung von Minderheitsaktionären bei Unternehmensübernahmen zu stärken. Schließlich sollen sich die Vorgaben des WpÜG an international üblichen Standards orientieren.

1407 Vgl. RegE-WpÜG, Begründung, Allgemeiner Teil, S. 65. Das WpÜG steht insoweit in engem Zusammenhang mit einer Reihe weiterer Gesetzesvorhaben der Bundesregierung, die noch in der 14. Legislaturperiode verwirklicht werden sollen. Dazu zählen das Vierte Finanzmarktförderungsgesetz (dazu Nachweise unten Fn. 1717), ferner die geplante Stärkung der gesamten Finanzmarktaufsicht durch die Zusammenlegung der Bundesaufsichtsämter für das Kreditwesen, für das Versicherungswesen und für den Wertpapierhandel (dazu Nachweise unten Fn. 1510) sowie schließlich die Bundesbankstrukturreform („Siebentes Gesetz zur Änderung des Gesetzes über die Deutsche Bundesbank" vom 23. März 2002, BGBl. I 2002 S. 1159 vom 28. März 2002, Inkrafttreten zum 30. April 2002). Zweifel hingegen, ob das WpÜG hierzu einen Beitrag leisten kann, hegen *Baumeister/Werkmeister*, Sparkasse 3/2001, 128 (133), da bestenfalls nachgeholt werde, was bereits in anderen europäischen Staaten Standard sei.

1408 Vgl. RegE-WpÜG, Begründung, Allgemeiner Teil, S. 66. Mit dem Scheitern der EU-Übernahmerichtlinie im Juli 2001 war das ursprünglich verfolgte fünfte Ziel, nämlich die Berücksichtigung der Vorgaben des europäischen Gesetzgebers, entfallen.

1409 Vgl. RegE-WpÜG, Begründung, Allgemeiner Teil, S. 65. Dies wird auch seitens der Koalitionsfraktionen nochmals ausdrücklich betont, vgl. BT-Drs. 14/7477 vom 14. November 2001, S. 50 und 51. Das WpÜG unterscheidet daher auch nicht zwischen freundlichen und unfreundlichen Übernahmen.

1410 In den Worten von *Bury* (SPD), Staatsminister beim Bundeskanzler, in Pressemitteilung Nr. 237/2000 des Bundespresseamtes vom 18. Mai 2000: „Mit dem Übernahmegesetz setzen wir Leitplanken, die sicherstellen, daß Beschäftigte und Kleinanleger beim rasanten Strukturwandel nicht unter die Räder kommen."

4. Ausgestaltung des WpÜG und der Rechtsverordnungen

a) WpÜG

aa) Aufbau

Das in Art. 1 enthaltene WpÜG[1411] untergliedert sich in neun Abschnitte, die 68 Vorschriften[1412] umfassen, und zeigt sich damit erheblich umfangreicher als noch die nicht gesetzliche Vorgängerregelung des Übernahmekodex[1413]. Abschnitt 1 (§§ 1 bis 3 WpÜG) enthält den vor die Klammer gezogenen „Allgemeinen Teil" des WpÜG. Hier werden der Anwendungsbereich des WpÜG festgelegt, die wichtigsten Begriffe definiert und allgemeine Grundsätze, die sowohl bei Angeboten zum Erwerb von Wertpapieren als auch bei Übernahme- und Pflichtangeboten gelten, geregelt. Die zentralen materiellen Regelungen befinden sich in den Abschnitten 3 bis 5. Zusammen mit Abschnitt 1 bilden diese vier Abschnitte den Kern des WpÜG. Zunächst werden in Abschnitt 3 (§§ 10 bis 28 WpÜG) Regelungen für Angebote zum Erwerb von Wertpapieren getroffen. Abschnitt 4 (§§ 29 bis 34 WpÜG) beinhaltet (Sonder-) Regelungen für Übernahmeangebote und Abschnitt 5 (§§ 35 bis 39 WpÜG) schließlich solche für Pflichtangebote.

Weiterhin regelt Abschnitt 2 (§§ 4 bis 9 WpÜG) die Zuständigkeit der Bundesanstalt für Finanzdienstleistungsaufsicht für die Aufsicht. Verfahrensrechtliche Fragen finden sich in Abschnitt 6 (§§ 40 bis 47 WpÜG). Abschnitt 7 (§§ 48 bis 58 WpÜG) beinhaltet Regelungen zu Rechtsmitteln und in Abschnitt 8 (§§ 59 bis 65 WpÜG) sind Sanktionsvorschriften enthalten. Schließlich wird in Abschnitt 9 (§§ 66 und 68 WpÜG) die gerichtliche Zuständigkeit sowie eine Übergangsregelung statuiert[1414].

1411 Geändert durch Art. 71 der Achten Zuständigkeitsanpassungsverordnung vom 25. November 2003 (BGBl. I S. 2304 vom 27. November 2003), Art. 15 des OLG-Vertretungsänderungsgesetzes vom 23. Juli 2002 (BGBl. I S. 2850 vom 31. Juli 2002), Art. 1 der Ersten Verordnung zur Anpassung von Bezeichnungen nach dem Finanzdienstleistungsaufsichtsgesetz vom 29. April 2002 (BGBl. I 2002 S. 1495 vom 30. April 2002) sowie durch Art. 3 Abs. 3 Ziff. 3 der Verordnung zur Ersetzung von Zinssätzen vom 5. April 2002 (BGBl. I 2002 S. 1250 vom 11. April 2002).

1412 Erst infolge der Änderungen des Finanzausschusses wurde mit § 68 WpÜG eine Übergangsregelung in das Gesetz eingefügt. Gleichzeitig wurde § 42 RegE-WpÜG ersatzlos gestrichen; dazu unten Fn. 1566.

1413 Zum Aufbau auch im Anhang, Abbildung 5.

1414 Abschnitt 9 wurde erstmals in den Regierungsentwurf eingefügt.

bb) Regelungstechnik

Die Regelungstechnik hinsichtlich der zentralen Abschnitte 3 bis 5 entspricht einem „Baukastensystem"[1415]. Zunächst werden in Abschnitt 3 bestimmte allgemeine Grundregeln festgelegt, die sowohl bei öffentlichen Angeboten zum Erwerb von Wertpapieren als auch bei Übernahme- und Pflichtangeboten Anwendung finden. Diese stellen Mindestanforderungen dar, die es bei sämtlichen Angeboten nach dem WpÜG zu beachten gilt. An dieser Stelle werden etwa der Inhalt eines Angebots sowie das einzuhaltende Verfahren, Haftungsfragen und die nachträgliche Änderung eines Angebots festgelegt. Abschnitt 4 dagegen enthält besondere Vorgaben ausschließlich für Übernahmeangebote. Diese beinhalten Zurechnungsvorschriften, die Bestimmung der zu gewährenden Gegenleistung, die Verpflichtung zum Vollangebot und schließlich die Verhaltenspflichten der Verwaltung der Zielgesellschaft während des Übernahmeverfahrens. Im Wege der Verweisungstechnik wird die Anwendung der Vorschriften des Abschnitts 3 für Übernahmeangebote sichergestellt[1416]. Schließlich unterliegen Pflichtangebote den Regelungen des Abschnitts 5. Dort wird im einzelnen festgelegt, unter welchen Voraussetzungen und nach welchem Verfahren ein solches abzugeben ist; ferner, in welchen Fällen Stimmrechte unberücksichtigt bleiben, und wann eine Befreiung erteilt werden kann. Für Pflichtangebote gelten - abgesehen von einigen Ausnahmen - auf Grund einer Verweisung die Vorschriften des Abschnitts 4 und damit wiederum auch die allgemeinen Vorschriften des Abschnitts 3[1417].

b) WpÜG-Rechtsverordnungen

Flankierend wurden zudem vom Bundesministerium der Finanzen mehrere Rechtsverordnungen auf Grund von Vorschriften des WpÜG erlassen, die ergänzend heranzuziehen sind[1418]. Die größte Bedeutung unter diesen erlangt die WpÜG-AngVO. Hinzu kommen die WpÜG-Beiratsverordnung, die WpÜG-Widerspruchsausschuß-Verordnung sowie die WpÜG-Gebührenverordnung.

aa) WpÜG-Angebotsverordnung

Der noch im Regierungsentwurf unter der Bezeichnung „Verordnung über öffentliche Angebote zum Erwerb von Wertpapieren und über Unternehmensübernahmen" enthaltene Entwurf einer Rechtsverordnung wurde am 27. Dezember

1415 Siehe dazu auch die Darstellung im Anhang, Abbildung 5.
1416 Siehe § 34 WpÜG.
1417 Siehe § 39 WpÜG.
1418 Mit dieser Vorgehensweise knüpft der Gesetzgeber an die Verordnungsermächtigungen anderer kapitalmarktrechtlicher Regelungen an, etwa § 32 BörsG.

2001 unter geändertem Titel[1419] vom Bundesministerium der Finanzen erlassen[1420]. Die zum 1. Januar 2002 in Kraft getretene WpÜG-AngVO untergliedert sich in insgesamt fünf Abschnitte. Die wichtigsten Regelungen finden sich in den Abschnitten 2 bis 4. Dort werden im zweiten Abschnitt (§ 2 WpÜG-AngVO) auf Grund der Verordnungsermächtigung des § 11 Abs. 4 Ziff. 2 WpÜG nähere Bestimmungen zum Inhalt der Angebotsunterlage getroffen[1421]. Der dritte Abschnitt (§§ 3 bis 7 WpÜG-AngVO) regelt auf Grundlage der Ermächtigung des § 31 Abs. 7 S. 1 WpÜG Einzelheiten zur Bestimmung der Gegenleistung bei Übernahmeangeboten und Pflichtangeboten. Schließlich werden im vierten Abschnitt (§§ 8 bis 12 WpÜG-AngVO)[1422], beruhend auf der Ermächtigung des § 37 Abs. 2 S. 1 WpÜG, Vorschriften zur Befreiung von der Verpflichtung zur Veröffentlichung der Erlangung der Kontrolle und zur Abgabe eines Angebots geregelt[1423]. Daneben werden im ersten Abschnitt (§ 1 WpÜG-AngVO) der Anwendungsbereich und im fünften Abschnitt (§ 13 WpÜG-AngVO), der zugleich die Schlußvorschrift enthält, das Inkrafttreten festgelegt.

Gegenstand der WpÜG-AngVO ist somit die nähere Ausgestaltung einzelner Teilbereiche öffentlicher Angebote. Insbesondere im Hinblick auf die Untergrenzen bei der Bestimmung der Gegenleistung bei freiwilligen Übernahmeangeboten und Pflichtangeboten sowie auf die einzelnen Fallgruppen im Zusammenhang mit der Befreiung von einem Pflichtangebot handelt es sich dabei um Vorschriften von herausragender Bedeutung. Anlaß für die Auslagerung von Detailvorschriften in die Rechtsverordnung bilden die Vielzahl denkbarer auftretender Einzelfälle. Damit soll im Sinne umfassender Rechtssicherheit ge-

---

1419 Der vollständige Titel lautet: „Verordnung über den Inhalt der Angebotsunterlage, die Gegenleistung bei Übernahmeangeboten und Pflichtangeboten und die Befreiung von der Verpflichtung zur Veröffentlichung und zur Abgabe eines Angebots (WpÜG-Angebotsverordnung)“. Im folgenden weiterhin WpÜG-AngVO. Abgedruckt als Sonderbeilage zu NZG 3/2002, 21 ff.

1420 BGBl. I 2001 S. 4263 vom 31. Dezember 2001, geändert durch Art. 3 Abs. 3 der Ersten Verordnung zur Anpassung von Bezeichnungen nach dem Finanzdienstleistungsaufsichtsgesetz vom 29. April 2002 (BGBl. I 2002 S. 1495 vom 30. April 2002).

1421 Da sich diese Vorgaben auf ergänzende Angaben der Angebotsunterlage beschränken, hat der Verordnungsgeber insoweit von der Ermächtigung des § 11 Abs. 4 Ziff. 1 WpÜG bislang keinen Gebrauch gemacht.

1422 § 13 WpÜG-AngVO i.d.F. des RegE-WpÜG, wonach die Entscheidung des Bundesaufsichtsamtes für den Wertpapierhandel über den Befreiungsantrag unverzüglich nach der Ermittlung sämtlicher für die Entscheidung relevanten Umstände zu erfolgen hat, wurde gestrichen.

1423 Sog. *whitewash*-Regelung.

währleistet werden, daß bei Bedarf zügig und flexibel auf die in der Praxis gewonnenen Erfahrungen mit öffentlichen Angeboten reagiert werden kann[1424].

bb) Subdelegations-Verordnung

Mittels der „Verordnung zur Übertragung der Befugnis zum Erlaß von Rechtsverordnungen nach dem Wertpapiererwerbs- und Übernahmegesetz auf die Bundesanstalt für Finanzdienstleistungsaufsicht"[1425] soll, wie bereits aus der Bezeichnung folgt, der Bundesanstalt für Finanzdienstleistungsaufsicht[1426] im Wege der Subdelegation die Befugnis eingeräumt werden, verschiedene Rechtsverordnungen nach dem WpÜG zu erlassen[1427]. Die Subdelegation soll gewährleisten, daß bei dem Gebrauchmachen von Rechtsverordnungsermächtigungen auf Grund des WpÜG der Sachverstand der im Beirat vertretenen Fachkreise einbezogen wird[1428]. Denn das WpÜG sieht als wichtigste Aufgabe des Beirats die Beratung der BaFin beim Erlaß von Rechtsverordnungen vor[1429].

Bei den Rechtsverordnungsermächtigungen handelt es sich im einzelnen um den bei der BaFin zu bildenden Beirat nach § 5 Abs. 2 S. 2 WpÜG[1430], den Widerspruchsausschuß gemäß § 6 Abs. 4 S. 2 WpÜG[1431], die für die Angebotsunter-

---

1424 Vgl. etwa RegE-WpÜG, Begründung, Besonderer Teil, S. 135.

1425 Im folgenden auch kurz als Subdelegations-VO bezeichnet.

1426 Im folgenden auch kurz als BaFin bezeichnet.

1427 Zum 15. Januar 2003 ist die „Verordnung zur Übertragung von Befugnissen zum Erlaß von Rechtsverordnungen auf die Bundesanstalt für Finanzdienstleistungsaufsicht vom 13. Dezember 2002" (BGBl. I 2003 S. 3 vom 14. Januar 2003) in Kraft getreten, wonach die BaFin ermächtigt wird, Rechtsverordnungen nach dem WpÜG und weiterer kapitalmarktrechtlicher Gesetze zu erlassen.

1428 Vgl. RegE-WpÜG, Begründung, Besonderer Teil, Anhang 2, S. 215.

1429 Vgl. dazu näher unten S. 293.

1430 Siehe dazu „Verordnung über die Zusammensetzung, die Bestellung der Mitglieder und das Verfahren des Beirats bei der Bundesanstalt für Finanzdienstleistungsaufsicht (WpÜG-Beiratsverordnung)" vom 27. Dezember 2001. BGBl. I 2001 S. 4259 vom 31. Dezember 2001, geändert durch Art. 267 der Achten Zuständigkeitsanpassungsverordnung vom 25. November 2003 (BGBl. I 2003 S. 2304 vom 27. November 2003) sowie durch Art. 3 Abs. 1 der Ersten Verordnung zur Anpassung von Bezeichnungen nach dem Finanzdienstleistungsaufsichtsgesetz vom 29. April 2002 (BGBl. I 2002 S. 1495 vom 30. April 2002).

1431 Siehe dazu „Verordnung über die Zusammensetzung und das Verfahren des Widerspruchsausschusses bei der Bundesanstalt für Finanzdienstleistungsaufsicht (WpÜG-Widerspruchsausschuß-Verordnung)" vom 27. Dezember 2001. BGBl. I 2001 S. 4261 vom 31. Dezember 2001, geändert durch Art. 1 der Verordnung zur Änderung der WpÜG-Widerspruchsausschuß-Verordnung vom 26. Juni 2003 (BGBl. I 2003 S. 1006 vom 30. Juni 2003) sowie durch Art. 3 Abs. 2 der Ersten Verordnung zur Anpassung von Bezeichnungen nach dem Finanzdienstleistungsaufsichtsgesetz vom 29. April 2002 (BGBl. I 2002 S. 1495 vom 30. April 2002).

lage erforderlichen Angaben nach § 11 Abs. 5 WpÜG, die Regelungen betreffend die Gegenleistung von Übernahmeangeboten und Pflichtangeboten nach § 31 Abs. 7 S. 2 WpÜG, die Befreiung von der Verpflichtung zur Veröffentlichung der Erlangung der Kontrolle und zur Abgabe eines Angebots gemäß § 37 Abs. 2 S. 2 WpÜG sowie schließlich die Kostenregelung für Amtshandlungen der Behörde nach § 47 S. 3 WpÜG[1432].

5. Anwendungsbereich und Begrifflichkeiten

a) Anwendungsbereich

Den Anwendungsbereich des WpÜG statuiert § 1 WpÜG. Danach ist das WpÜG anzuwenden auf Angebote zum Erwerb von Wertpapieren, die von einer Zielgesellschaft ausgegeben wurden und zum Handel an einem organisierten Markt zugelassen sind. Durch die nachstehend zu erörternden Begriffsbestimmungen des § 2 WpÜG erfährt der Anwendungsbereich seine Konkretisierung.

b) Begrifflichkeiten

aa) Begriffsbestimmungen des § 2 WpÜG

Das WpÜG sieht in § 2 WpÜG die wichtigsten Begriffsbestimmungen vor. Dies sind die Begriffe „Angebote“, „Wertpapiere“, „Zielgesellschaften“, „Bieter“, „gemeinsam handelnde Personen“, „Tochterunternehmen“, „Organisierter Markt“ sowie „Europäischer Wirtschaftsraum“.

(1) Angebote

§ 2 Abs. 1 WpÜG definiert „Angebote“ als freiwillige oder auf Grund einer Verpflichtung nach dem WpÜG erfolgende öffentliche Kauf- oder Tauschangebote zum Erwerb von Wertpapieren einer Zielgesellschaft.

Dem Angebotsbegriff unterfallen sowohl Kauf- als auch Umtauschangebote zum Erwerb von Wertpapieren der Zielgesellschaft[1433]. Die bloße öffentliche Aufforderung des Bieters an die Wertpapierinhaber der Zielgesellschaft zur Ab-

---

1432 Siehe dazu „Verordnung über Gebühren nach dem Wertpapiererwerbs- und Übernahmegesetz (WpÜG-Gebührenverordnung)“ vom 27. Dezember 2001. BGBl. I 2001 S. 4267 vom 31. Dezember 2001, geändert durch Art. 3 Abs. 4 der Ersten Verordnung zur Anpassung von Bezeichnungen nach dem Finanzdienstleistungsaufsichtsgesetz vom 29. April 2002 (BGBl. I 2002 S. 1495 vom 30. April 2002).

1433 Vgl. RegE-WpÜG, Begründung, Besonderer Teil, S. 79. Siehe auch § 31 Abs. 2 WpÜG.

gabe von Angeboten, sog. *invitatio ad offerendum*, wird hingegen nicht von dem Angebotsbegriff erfaßt[1434].

(a) Freiwillige Angebote

Ein freiwilliges Angebot liegt vor, wenn die Abgabe des Angebots auf einem freien Entschluß des Bieters beruht. Dem Anwendungsbereich des WpÜG unterliegen zwei unterschiedliche Arten von freiwilligen Angeboten. Zum einen kann ein freiwilliges Angebot mit der Absicht der Erlangung der Kontrolle[1435] über die Zielgesellschaft verbunden sein. Das WpÜG definiert solche Angebote als Übernahmeangebote[1436]. Zum anderen erfaßt das WpÜG auch solche freiwilligen Angebote, die nicht auf die Erlangung der Kontrolle über die Zielgesellschaft gerichtet sind[1437]. Diese werden als Angebote zum Erwerb von Wertpapieren oder kurz als Erwerbsangebote bezeichnet. Solche freiwilligen Erwerbsangebote sind wiederum in zwei verschiedenen Sachverhaltskonstellationen denkbar. Einerseits kann das Angebot auf den Erwerb einer Beteiligung unterhalb der Kontrollschwelle gerichtet sein. Hierbei kann es sich um den erstmaligen Erwerb einer Beteiligung an der Zielgesellschaft handeln, sog. Einstiegsangebote, oder aber um die Aufstockung einer geringfügigen Beteiligung auf einen unterhalb der Kontrollschwelle liegenden Wert, sog. einfache Konso-

---

1434 Dies stellt ausdrücklich § 17 WpÜG klar. Anders dagegen noch der Übernahmekodex. Vgl. dort Begriffsbestimmungen, Öffentliche Angebote und Art. 7 Ziff. 7 Übernahmekodex.

1435 Der Kontrollbegriff wird - was freilich nicht gerade zur Übersichtlichkeit beiträgt - in § 29 Abs. 2 WpÜG definiert. Dazu unten S. 287.

1436 Siehe § 29 Abs. 1 WpÜG. Dazu unten S. 287. Im folgenden in Abgrenzung zum sogleich zu erörternden Pflichtangebot teilweise auch als „freiwilliges Übernahmeangebot" bezeichnet.

1437 Auf die Frage, inwieweit der Rückerwerb eigener Aktien vom Anwendungsbereich des WpÜG erfaßt wird, kann an dieser Stelle nicht näher eingegangen werden. In den bislang erfolgten Stellungnahmen zum WpÜG - allesamt zum Regierungsentwurf - wurde die unmittelbare Anwendbarkeit einhellig bejaht, vgl. *DAV-Handelsrechtsausschuß*, Stellungnahme zum RegE-WpÜG, ZIP 2001, 1736 (1736); *Fleischer/Körber*, BB 2001, 2589 ff.; *Oechsler*, NZG 2001, 817 (818 f.). Auch die BaFin hat sich dieser Auffassung angeschlossen. Hintergrund waren geplante Aktienrückkäufe der Siemens AG. Dazu FAZ vom 3. Mai 2002, S. 17; vom 4. Mai 2002, S. 14; *Süßmann*, FAZ vom 15. Mai 2002, S. 27; FTD vom 6. Mai 2002, S. 14. Das Unternehmen hatte von Prof. *Dr. Baums* ein Gutachten eingeholt, in dem der unmittelbaren Anwendbarkeit widersprochen und statt dessen die analoge Anwendbarkeit einzelner Vorschriften vorgeschlagen wird. Siehe dazu *Baums/Stöcker*, Arbeitspapier Nr. 90. Jüngst ablehnend *Noack* in Schwark, KMRK, § 1, 2 WpÜG, Rn. 4; *Angerer* in Geibel/Süßmann, WpÜG, § 1 WpÜG, Rn. 102; *Versteegen* in KK WpÜG, § 1 WpÜG, Rn. 22; *Koch*, NZG 2003, 61 ff. Befürwortend *Lenz/Linke*, AG 2002, 420 ff.; *Steinmeyer/Häger*, WpÜG, § 1 WpÜG, Rn. 6, § 2 WpÜG, Rn. 11. Zum ganzen *Baum*, ZHR 167 (2003), 580 ff.

lidierungsangebote. Andererseits kann ein freiwilliges Erwerbsangebot auch aus einer bereits bestehenden Kontrollstellung erfolgen und deren Konsolidierung beabsichtigen, sog. qualifizierte Konsolidierungsangebote[1438]. Von praktischer Bedeutung sind letztere insbesondere zur Sicherung der absoluten oder gesellschaftsrechtlich relevanten qualifizierten Mehrheit sowie zur Vorbereitung des neu eingeführten aktienrechtlichen Instituts des *Squeeze-Out*.

(b) Pflichtangebote

Schließlich fallen auch solche Angebote unter den Angebotsbegriff, die auf einer Verpflichtung auf Grund des WpÜG beruhen. Gemeint ist hiermit das Pflichtangebot nach § 35 WpÜG[1439]. Danach hat derjenige, der unmittelbar oder mittelbar die Kontrolle über eine Zielgesellschaft erlangt, dies unverzüglich bekanntzumachen und ein als Vollangebot ausgestaltetes Angebot zu unterbreiten. Hierbei ist unerheblich, auf welche Weise sich der Kontrollerwerb vollzogen hat[1440]. Die Verpflichtung zur Unterbreitung eines Pflichtangebots tritt auch dann ein, wenn die Zielgesellschaft bereits zuvor unter Kontrolle im Sinne des § 29 Abs. 2 WpÜG eines Dritten stand. Infolge dessen löst auch die Kontrollerlangung mittels des Erwerbs eines kontrollierenden Aktienpakets ein Pflichtangebot aus. Eine solche Verpflichtung besteht allerdings nicht, wenn die Kontrolle im Wege eines freiwilligen Übernahmeangebots nach dem WpÜG erlangt wurde[1441]

1438 Die Unterteilung in einfache und qualifizierte Konsolidierungsangebote erscheint insbesondere im Hinblick auf die unterschiedlichen dahinter stehenden Motive des Bieters geboten und beugt zudem Mißverständnissen im weiteren Verlauf der Untersuchung vor. Der *DAV-Handelsrechtsausschuß*, Stellungnahme zum RegE-WpÜG, ZIP 2001, 1736 (1736), sowie *Liebscher*, ZIP 2001, 853 (857), hingegen verwenden einheitlich den Begriff der „Aufstockungsangebote".

1439 Vgl. dazu nach Verabschiedung *Harbarth*, ZIP 2002, 321 ff.; *Letzel*, BKR 2002, 293 ff.; ferner *Pluskat*, WM 2001, 1937 (1940 ff.) (Regierungsentwurf); *Altmeppen*, ZIP 2001, 1073 (1081 ff.) (Referentenentwurf); *Houben*, WM 2000, 1873 ff.; *Letzel*, NZG 2001, 260 ff. (Diskussionsentwurf); *Pietzke* in FS Fikentscher, S. 601 ff. Für ein Pflichtangebot bei Erreichen weiterer wichtiger Schwellen *Hopt* in FS Koppensteiner, S. 61 (73). Zur verfassungsrechtlichen Problematik bereits *Loritz/Wagner*, WM 1991, 709 ff; *Thoma*, ZIP 1996, 1725 (1731 ff.) einerseits (verfassungswidrig) und *Krause*, Das obligatorische Übernahmeangebot, S. 162 ff.; *Hopt*, ZHR 161 (1997), 368 (409) andererseits. Zu den Regelungen betreffend Pflichtangebote in anderen europäischen Staaten *Forum Europaeum Konzernrecht*, ZGR 1998, 672 (725 ff.); *Zinser*, NZG 2000, 573 ff.; zu den Pflichtangebotsregelungen der beiden Fassungen des Übernahmekodex *Wirth/Weiler*, DB 1998, 117 ff. Zur ökonomischen Analyse *Rau-Bredow*, DBW 1999, 763 ff.; *Reul* in JbJZivW 1990, S. 11 ff.

1440 Zum ersten „Testfall" der Pflichtangebotsregelung erwies sich der Fall Mobilcom. Dazu FAZ vom 30. März 2002, S. 23; *Herrmann*, FAZ vom 13. April 2002, S. 23; FAZ vom 12. Juli 2002, S. 16; FAZ vom 3. August 2002, S. 10.

1441 Dazu unten S. 324.

oder durch die BaFin gemäß § 37 Abs. 1, 2 i.V.m. §§ 8 ff. WpÜG-AngVO[1442] eine Befreiung erteilt wurde[1443]. Folgt die Verpflichtung zur Abgabe eines Angebots aus anderen Gesetzen[1444] als dem WpÜG, liegt kein Angebot im Sinne des WpÜG vor. Dies hat zur Folge, daß die Vorschriften des WpÜG nicht zur Anwendung gelangen[1445].

1442 Speziell zum Fall des § 9 S. 1 Ziff. 3 WpÜG-AngVO *Holzborn/Friedhoff*, BKR 2001, 114 ff.

1443 Im Gegensatz zum Übernahmekodex, Art. 16, ist jedoch keine Befreiungsmöglichkeit vorgesehen, wenn der Bieter den Abschluß eines Unternehmensvertrages oder andere Konzernierungsmaßnahmen anstrebt. Zur Frage des passiven Kontrollerwerbs eines Großaktionärs infolge Rückerwerbs eigener Aktien *Fleischer/Körber*, BB 2001, 2589 (2593 ff.). Das WpÜG sieht zudem in abschließend bestimmten Fällen auf Antrag eine Nichtberücksichtigung von Stimmrechten bei der Berechnung des Stimmrechtsanteils vor. Trotz Überschreitens der Kontrollschwelle ist in diesen Fällen kein Pflichtangebot abzugeben, § 36 WpÜG. Ebenfalls von der Angebotspflicht ausgenommen sind sog. „Altfälle". Gemeint sind damit bei Inkrafttreten des Gesetzes bereits bestehende kontrollierende Beteiligungen, da in diesen Fällen keine Kontrolle unter Geltung des WpÜG *erlangt* wurde. Vgl. RegE-WpÜG, Begründung, Besonderer Teil, S. 147. Kritisch dazu *Zietsch/Holzborn*, WM 1753 ff., die die Befürchtung äußern, daß dadurch Möglichkeiten zur Umgehung des Pflichtangebots geschaffen und damit erhebliche Beeinträchtigungen im Schutz der Minderheitsaktionäre entstehen werden. Dazu aus Sicht der Praxis *Geibel*, Finance 9/2001, S. 24 f. Hierzu sei angemerkt, daß zwar in tatsächlicher Hinsicht eine Lücke auftritt, dennoch nicht von einer Gesetzeslücke die Rede sein kann, da dem Übernahmekodex keine Gesetzeskraft zukam und das WpÜG insoweit die erste gesetzliche Regelung darstellt. Siehe auch *Altmeppen*, ZIP 2001, 1073 (1081 f.), der, würden Altfälle erfaßt, dies als verfassungswidrig einstuft. In Reaktion auf die geäußerte Kritik wurden in § 68 WpÜG infolge der Beratungen im Finanzausschuß Übergangsregelungen aufgenommen. Nach dessen Abs. 3 S. 1 ist auch dann ein Pflichtangebot nach dem WpÜG abzugeben, wenn die Kontrolle nach dem 1. Januar 2002 auf Grund eines Angebots - nicht bei Erlangung auf sonstige Weise - erlangt wird, das vor diesem Zeitpunkt veröffentlicht und, wie Abs. 2 ausdrücklich klarstellt, auf das - dessen Anerkennung vorausgesetzt - allein der Übernahmekodex Anwendung findet. Etwas anderes gilt nur, sofern das Übernahmeangebot bereits den Anforderungen der §§ 31, 32 WpÜG genügt hat. In diesem Fall erteilt die BaFin gemäß § 68 Abs. 2 S. 2 WpÜG auf schriftlichen Antrag eine Befreiung. Weitergehenden Forderungen, bereits bei einem Zuerwerb von mindestens zwei Prozent binnen eines Jahres zu einer bereits vor Inkrafttreten des WpÜG bestehenden Kontrollbeteiligung im Sinne des WpÜG die Angebotspflicht auszulösen, wurde eine Absage erteilt, vgl. BT-Drs. 14/7477 vom 14. November 2001, S. 51. Dazu auch *Archner*, ZfgK 2001, 999 (1000).

1444 Zu denken wäre etwa an §§ 29, 207 UmwG bzw. §§ 305, 320 b AktG.

1445 Vgl. RegE-WpÜG, Begründung, Besonderer Teil, S. 79 f. Allgemein zur Frage der Anwendbarkeit des WpÜG auf umwandlungsrechtliche Tatbestände, vgl. *Seibt/Heiser*, ZHR 161 (2001), 466 ff. (Regierungsentwurf); *Weber-Rey/Schütz*, AG 2001, 325 ff. (Referentenentwurf).

(c) Öffentliche Angebote

Schwierigkeiten bereitet die genauere Bestimmung des Merkmals „öffentlich". Als Folge der Vielgestaltigkeit denkbarer Konstellationen hat der Gesetzgeber auf eine eigene Definition in Anlehnung an die Praxis in anderen Rechtsordnungen bewußt verzichtet[1446]. Insbesondere soll dadurch der Gefahr von Umgehungsmöglichkeiten vorgebeugt werden[1447]. Für die Qualifizierung eines Angebots als öffentlich sind eine Vielzahl von Kriterien heranzuziehen. Insbesondere der Adressatenkreis und die Form des Angebots geben Aufschluß hierüber. Danach gilt es zu berücksichtigen, ob sich das Angebot an eine Vielzahl von Wertpapierinhabern oder aber an einen begrenzten Personenkreis richtet, sowie, ob es sich um ein einseitig formuliertes oder ein individuell ausgestaltetes Angebot handelt. Jeweils im ersten Fall wird man von einem öffentlichen Angebot ausgehen können. Daneben kann auch einzelnen Vertragsbestimmungen Bedeutung zukommen. Für ein öffentliches Angebot sollen insbesondere Klauseln sprechen, die dem Bieter die Möglichkeit eines Rücktrittsrechts im Fall des Nichterreichens einer bestimmten Annahmequote einräumen[1448].

(2) Wertpapiere

Nach § 2 Abs. 2 WpÜG sind „Wertpapiere" zum einen Aktien sowie mit diesen vergleichbare Wertpapiere und Zertifikate, die Aktien vertreten, und zum anderen Wertpapiere, die den Erwerb von Aktien sowie mit diesen vergleichbaren Wertpapieren oder Zertifikaten zum Gegenstand haben. Dies gilt auch, wenn für diese keine Urkunden ausgestellt sind.

Vom Begriff der Aktie werden sowohl Stamm- als auch Vorzugsaktien erfaßt[1449]. Unter mit Aktien vergleichbaren Wertpapieren sind solche zu verstehen, die ein Mitgliedschaftsrecht verkörpern, wie etwa Interimscheine[1450]. Zu

---

1446 Vgl. RegE-WpÜG, Begründung, Besonderer Teil, S. 79. Kritisch dazu *Thaeter/Barth*, NZG 2001, 545 (547). Einen Versuch, Licht in dieses Dunkel zu bringen, unternimmt *Fleischer*, ZIP 2001, 1653 ff., der zu der Erkenntnis gelangt, daß dem Merkmal „mit begrifflichen Erwägungen allein nicht beizukommen ist" (ebenda, 1659), daher ein funktionales Begriffsverständnis empfiehlt, das an den Grundsätzen des Art. 3 Abs. 1 und 2 WpÜG orientiert ist (ebenda, 1660). Siehe auch unten S. 328.

1447 Vgl. RegE-WpÜG, Begründung, Besonderer Teil, S. 79.

1448 Vgl. RegE-WpÜG, Begründung, Besonderer Teil, S. 79.

1449 Vgl. RegE-WpÜG, Begründung, Besonderer Teil, S. 80. Die Einbeziehung stimmrechtsloser Vorzugsaktien wird damit begründet, daß deren Inhaber gleichermaßen von Unternehmensübernahmen betroffen sind wie Inhaber von Stammaktien, vgl. RegE-WpÜG, Begründung, Besonderer Teil, S. 141. Siehe aber auch die unterschiedliche Behandlung von Stamm- und Vorzugsaktien im Rahmen des § 31 Abs. 2 S. 2 WpÜG. Dazu unten S. 313.

1450 Vgl. RegE-WpÜG, Begründung, Besonderer Teil, S. 80.

Zertifikaten, die Aktien vertreten, zählen etwa solche, die die Handelbarkeit von Namensaktien ermöglichen sollen[1451]. Hierzu gehören in erster Linie die sog. *American Depositary Receipts* (ADR)[1452].

Weiterhin unterfallen dem Wertpapierbegriff auch Wandelschuldverschreibungen sowie Optionsanleihen, aber auch Optionsscheine, soweit diese zum Bezug von Aktien berechtigen. Grund hierfür ist zum einen, daß diese Wertpapiere das Recht beinhalten, eine mitgliedschaftliche Rechtsstellung zu erlangen[1453], und zum anderen, daß diese auch nach der Praxis des Übernahmekodex dem Wertpapierbegriff unterfielen[1454].

(3) Zielgesellschaften

Nach § 2 Abs. 3 WpÜG sind unter „Zielgesellschaften“ Aktiengesellschaften oder Kommanditgesellschaften auf Aktien mit Sitz im Inland zu verstehen[1455].

Nicht unter den Anwendungsbereich fallen daher Zielgesellschaften mit ausländischem Sitz. Dies hat zur Folge, daß Angebote inländischer Bieter auf auslandsansässige Gesellschaften nicht erfaßt werden, selbst wenn deren Wertpapiere (exklusiv) an inländischen Börsen gehandelt werden, und auch dann nicht, wenn eine nicht unerhebliche Anzahl der Aktionäre der Zielgesellschaft hierzu-

---

1451 Vgl. RegE-WpÜG, Begründung, Besonderer Teil, S. 80.

1452 Vgl. dazu *Böckenhoff/Ross*, WM 1993, 1781 ff., 1825 ff.; *Lendner*, WPg 1997, 596 ff.; *Wieneke*, AG 2001, 504 ff.

1453 Vgl. RegE-WpÜG, Begründung, Besonderer Teil, S. 80.

1454 Vgl. Übernahmekodex, Begriffsbestimmungen, Wertpapiere.

1455 Kritisch im Hinblick auf die Ausgestaltung nach der „Sitztheorie“ *Thaeter/Barth*, NZG 2001, 545 (546). Anders als in den meisten übrigen EU-Mitgliedstaaten hält Deutschland nach wie vor an der Sitztheorie fest, wonach auf den tatsächlichen Verwaltungssitz einer Gesellschaft abzustellen ist. Demgegenüber steht die Gründungstheorie, die auf den Staat der Gründung Bezug nimmt. Vgl. dazu *Forsthoff*, DB 2000, 1109 ff.; *Walden*, EWS 2001, 256 ff., sowie den Vorlagebeschluß des BGH vom 30. März 2000 (VII ZR 370/98) an den EuGH zur Frage der Zulässigkeit einer identitätswahrenden Sitzverlagerung, DB 2000, 1114. Dazu EuGH, Schlußanträge des Generalanwalts *Dámaso Ruiz-Járabo Colomer* vom 4. Dezember 2001 - Rs. C-208/00 (*Überseering*), ZIP 2002, 75 ff., mit Anm. *Eidenmüller*, und Urteil vom 5. November 2002, EWS 2002, 573 ff., mit Anm. *Hirte*. Dazu etwa *Kallmeyer*, DB 2002, 2521 f.; *Leible/ Hoffmann*, RIW 2002, 925 ff. Zur Revisionsentscheidung durch den BGH, Urteil vom 13. März 2003, NZG 2003, 431 ff.; vgl. dazu *Wertenbruch*, NZG 2003, 618 ff. Siehe nunmehr auch EuGH, Urteil vom 30. September 2003 - Rs. C-167/01 (*Inspire Art*), EWS 2003, 513 ff., mit Anm. *Hirte*. Dazu statt vieler *Spindler/Berner*, RIW 2003, 949 ff.; *Ziemons*, ZIP 2003, 1913 ff. Siehe bereits zuvor AG Heidelberg vom 3. März 2000 (HRB 831-SH), DB 2000, 1274, und dazu EuGH, Beschluß vom 10. Juli 2001 - Rs. C-86/00, DB 2001, 1824 f.

lande ansässig ist[1456]. Die Einbeziehung der Kommanditgesellschaften auf Aktien rechtfertigt sich vor dem Hintergrund, daß wie bei der Aktiengesellschaft auch deren Grundkapital in Aktien zerlegt ist, und die Mitgliedschaftsrechte an einem organisierten Markt handelbar sind. Zudem entspricht auch dies der Tradition des Übernahmekodex, der ebenfalls beide Gesellschaftsformen erfaßt sah[1457].

(4) Bieter

§ 2 Abs. 4 WpÜG definiert „Bieter" als natürliche oder juristische Personen oder Personengesellschaften[1458], die allein oder gemeinsam mit anderen Personen ein Angebot abgeben, ein solches beabsichtigen oder zur Abgabe verpflichtet sind.

Unerheblich sind sowohl Rechtsform als auch Sitz des Bieters[1459]. Erfaßt werden sollen neben juristischen Personen des Privatrechts auch solche des öffentlichen Rechts[1460]. Sofern mehrere Personen gemeinsam in Form einer Bietergemeinschaft auftreten, soll grundsätzlich jeder Beteiligte der Bietergemeinschaft die den Bieter nach dem WpÜG treffenden Verpflichtungen zu erfüllen haben[1461].

(5) Gemeinsam handelnde Personen

„Gemeinsam handelnde Personen" im Sinne des WpÜG sind nach § 2 Abs. 5 S. 1 WpÜG natürliche oder juristische Personen, die ihr Verhalten im Hinblick auf ihren Erwerb von Wertpapieren der Zielgesellschaft oder ihre Ausübung von Stimmrechten aus Aktien der Zielgesellschaft mit dem Bieter abstimmen, was auf Grund einer Vereinbarung oder in sonstiger Weise geschehen kann.

Zulässige Abstimmungen sollen bloße Vereinbarungen mit Dritten hinsichtlich der Beratung bei dem Angebot sein. Gleiches gelte im Fall einer beabsichtigten

---

1456 Kritisch zu der Regelung *von Hein*, AG 2001, 213 (231 f.): „auf Dauer kein tragfähiges Modell für Europa", der anhand eines Beispiels anschaulich verdeutlicht, zu welch absurden Ergebnissen diese Regelung führen kann. Siehe auch *Mülbert*, ZIP 2001, 1221 (1227 ff.).

1457 Vgl. Übernahmekodex, Begriffsbestimmungen, Zielgesellschaft.

1458 Die Einbeziehung von Personengesellschaften erfolgte erstmals im Regierungsentwurf. Anlaß war vor allem Kritik seitens des *DAV-Handelsrechtsausschusses*, vgl. *ders.*, Stellungnahme zum RefE-WÜG, NZG 2001, 420 (420).

1459 Dies entspricht dem Übernahmekodex, vgl. *Übernahmekommission*, Anmerkungen, S. 3.

1460 Vgl. RegE-WpÜG, Begründung, Besonderer Teil, S. 80.

1461 Vgl. RegE-WpÜG, Begründung, Besonderer Teil, S. 81.

Übernahme für Vorverträge betreffend den Weiterverkauf bestimmter Betriebsteile der Zielgesellschaft nach erfolgreich abgeschlossener Übernahme[1462].

Ein in sonstiger Weise abgestimmtes Verhalten soll insbesondere dann vorliegen, wenn es zu einem gleich gerichteten Abstimmungsverhalten in der Hauptversammlung kommt, ohne daß es dazu eines Stimmbindungsvertrags zwischen dem Bieter und der gemeinsam handelnden Person bedarf. Auch einer ausdrücklichen Absprache soll es nicht bedürfen[1463].

(6) Tochterunternehmen

Unter „Tochterunternehmen" sind nach § 2 Abs. 6 WpÜG solche Unternehmen zu verstehen, die als Tochterunternehmen im Sinne des § 290 HGB gelten oder auf die ein beherrschender Einfluß ausgeübt werden kann; unerheblich dabei sind Rechtsform oder Sitz[1464].

Die Definition entspricht der des § 1 Abs. 7 S. 1 KWG. Tochterunternehmen im Sinne des § 290 HGB sind zum einen gemäß § 290 Abs. 1 HGB solche Unternehmen, die unter einheitlicher Leitung stehen und an denen eine Beteiligung im Sinne des § 271 Abs. 1 HGB besteht. Zum anderen sind dies nach § 290 Abs. 2 HGB solche, bei denen bestimmte Kontrollrechtsstellungen vorliegen[1465]. Hinsichtlich der zweiten Alternative des § 2 Abs. 6 WpÜG genügt bereits die Möglichkeit der tatsächlichen Ausübung eines beherrschenden Einflusses. Die zu § 17 Abs. 1 AktG entwickelten Grundsätze sollen hier entsprechend heranzuziehen sein[1466].

1462 Vgl. RegE-WpÜG, Begründung, Besonderer Teil, S. 81.

1463 Vgl. RegE-WpÜG, Begründung, Besonderer Teil, S. 81.

1464 Diese Definition entspricht § 22 Abs. 3 WpHG n.F.

1465 Vgl. statt aller *Busse von Colbe* in MüKo/HGB, § 290 HGB, Rn. 1 ff. Die Vorschrift sollte ursprünglich infolge des TransPuG neu gefaßt werden. Von dem noch im RefE-TransPuG vorgesehenen Vorhaben, das Kriterium der „einheitlichen Leitung" zu streichen, wurde im RegE-TransPuG jedoch wieder abgelassen. Das „Gesetz zur weiteren Reform des Aktien- und Bilanzrechts, zu Transparenz und Publizität (Transparenz- und Publizitätsgesetz (TransPuG)" ist am 26. Juli 2002 in Kraft getreten (BGBl. I 2002 S. 2681 vom 25. Juli 2002). Vgl. dazu *Knigge*, WM 2002, 1729 ff.; *Schüppen*, ZIP 2002, 1269 ff. Der Regierungsentwurf wurde am 6. Februar 2002 vom Bundeskabinett gebilligt, BR-Drs. 109/02 vom 8. Februar 2002. Abgedruckt in NZG 2002, 213 ff. Dazu *Hucke/Amann*, DStR 2002, 689 ff.; *Ihrig/Wagner*, BB 2002, 789 ff. Der Referentenentwurf wurde am 26. November 2001 unterbreitet und ist abgedruckt in ZIP 2001, 2192 ff.; NZG 2002, 78 ff. Siehe dazu auch die Stellungnahme des *DAV-Handelsrechtsausschusses*, NZG 2002, 115 ff.

1466 Vgl. RegE-WpÜG, Begründung, Besonderer Teil, S. 82.

Nach § 2 Abs. 5 S. 2 WpÜG gelten Tochterunternehmen des Bieters stets als mit diesem gemeinsam handelnde Personen, was zur Folge hat, daß deren Verhalten dem Bieter stets zuzurechnen ist. Begründet wird dies mit der Einflußmöglichkeit des Bieters auf seine Tochterunternehmen[1467].

(7) Organisierter Markt

§ 2 Abs. 7 WpÜG legt den Begriff des „organisierten Marktes" dahingehend fest, daß hierunter der amtliche Handel oder geregelte Markt an einer Börse im Inland und der geregelte Markt im Sinne des Art. 1 Nr. 13 der Wertpapierdienstleistungsrichtlinie[1468] in einem anderen Staat des Europäischen Wirtschaftsraums zu verstehen sind[1469].

Danach unterfallen dem Begriff des organisierten Marktes in Deutschland der amtliche Handel[1470], der geregelte Markt[1471] sowie nach überwiegender Ansicht[1472] und ausweislich der Gesetzesbegründung[1473] auch der Neue Markt[1474]

1467 Vgl. RegE-WpÜG, Begründung, Besonderer Teil, S. 81.

1468 Vgl. dazu bereits oben Fn. 1283. Zu den aktuell erfaßten Märkten siehe Kap. 2, Fn. 382.

1469 Bei der Begriffsdefinition des „organisierten Marktes" kommt der kapitalmarktrechtliche Schwerpunkt des WpÜG zum Ausdruck. Offensichtlich bestand ebenso wie in Österreich kein unmittelbarer Bedarf zur Einbeziehung nichtbörsennotierter Kapitalgesellschaften. Vgl. dazu öÜbG-Entwurf, Begründung, Besonderer Teil, zu § 2 öÜbG, bei *Doralt/Nowotny/Schauer*, Takeover-Recht, S. 243. Siehe dazu auch unten S. 327.

1470 §§ 30 ff. BörsG.

1471 §§ 49 ff. BörsG.

1472 Zutreffend wird in den jüngsten Stellungnahmen zum WpÜG - jedoch ohne nähere Begründung - von der Einbeziehung des Neuen Marktes ausgegangen, vgl. *Assmann*, AG 2002, 114 (115); *Land/Hasselbach*, DB 2000, 1747 (1748); *Krause*, NJW 2002, 705 (706); *Kremer*, M&A 2000, 461 (461); *Schüppen*, WPg 2001, 958 (960); *Witt*, AG 2001, 233 (234). Anders hingegen wohl *Mülbert*, ZIP 2001, 1221 (1227), der - zwar insoweit zu Recht - darauf abstellt, daß der Neue Markt im Marktsegment Freiverkehr eingerichtet ist. Allerdings verkennt dieser, daß unabhängig von der Einordnung der „eigentümlichen rechtlichen Natur" des Neuen Marktes, so *Ledermann* in Schäfer, WpHG/BörsG/VerkProspG, Vor § 71 BörsG, Rn. 4a, entweder als eigenständigem Marktsegment im Rahmen des Freiverkehrs oder als Teil des geregelten Marktes, siehe ebenda m.w.N., nahezu einhellig davon ausgegangen wird, daß der Neue Markt organisierter Markt im Sinne des § 2 Abs. 5 WpHG und damit geregelter Markt im Sinne des Art. 1 Nr. 13 Wertpapierdienstleistungsrichtlinie ist. Vgl. *Groß*, Kapitalmarktrecht, § 71 BörsG, Rn. 4; *Kersting*, AG 1997, 222 (223); *Schäfer* in Schäfer, WpHG/BörsG/VerkProspG, § 2 WpHG, Rn. 54; *Potthoff/Stuhlfauth*, WM 1997, Sonderbeilage 3, 6 f. Gerade zur Erreichung dieses Ziels wurde zunächst die Zulassung zum geregelten Markt im Sinne der §§ 71 ff. BörsG a.F. zur Voraussetzung für die Zulassung zum Neuen Markt erhoben (vgl. Abschnitt 2, Ziff. 2.3 Abs. 1, 4 Regelwerk Neuer Markt (Stand: 18. Oktober 2001)). Streng genommen unterfällt das Handelssegment indes

und andere Themenmärkte[1475], bei denen die Zulassung der Wertpapiere im geregelten Markt erfolgt, der Handel jedoch im Freiverkehr im Sinne des § 57 BörsG stattfindet. Nicht erfaßt werden demnach Wertpapiere, die in den inländischen Freiverkehr einbezogen[1476] oder außerhalb eines geregelten Marktes im Europäischen Wirtschaftsraum oder in einem Drittstaat[1477] zugelassen sind[1478]. Unerheblich ist, ob die Aktien der Zielgesellschaft auch oder ausschließlich in Deutschland zugelassen sind oder ob eine Zulassung lediglich in einem anderen Staat des Europäischen Wirtschaftsraums erfolgt[1479].

---

nicht dem Wortlaut des § 2 Abs. 7 WpÜG, da der Neue Markt weder geregelter Markt an einer Börse im Inland noch geregelter Markt im Sinne des Art. 1 Nr. 13 Wertpapierdienstleistungsrichtlinie in einem anderen Staat des EWR ist. Selbst wenn man nach Ablauf von drei Monaten in entsprechender Anwendung des § 37 Abs. 4 S. 1 BörsG das Erlöschen der anfänglich erteilten Zulassung zum geregelten Markt annimmt, so *Angerer* in Geibel/Süßmann, WpÜG, § 1 WpÜG, Rn. 56 ff.; *Geibel/ Süßmann*, BKR 2002, 52 (53), jeweils in Anlehnung an *Ledermann* in Schäfer, WpHG/BörsG/VerkProspG, Vor § 71 BörsG, Rn. 4a; a.A. *Primary Markets Arbitration Panel*, Schiedsspruch vom 10. September 2001, BKR 2001, 153 (159); *Ekkenga/ Hofschroer*, DStR 2002, 724 (726), - mit der Folge, daß die in § 1 WpÜG vom Gesetzgeber gewählte Anknüpfung allein an die Zulassung zum Handel an einem organisierten Markt jene Gesellschaften hiernach nicht mehr erfaßt - würde es jedoch dem Sinn und Zweck der Regelung widersprechen, für ausländische Märkte die Erfüllung der Anforderungen des geregelten Markts im Sinne der Wertpapierdienstleistungsrichtlinie genügen zu lassen, hingegen für inländische nicht.

1473 Vgl. RegE-WpÜG, Begründung, Besonderer Teil, S. 82.

1474 Das Handelssegment Neuer Markt der Deutsche Börse AG war nicht im Börsengesetz kodifiziert. Vgl. dazu etwa *Kersting*, AG 1997, 222 ff.; *Potthoff/Stuhlfauth*, WM 1997, Sonderbeilage 3; jüngst *Claussen*, BB 2002, 105 ff.; *Hanft/Kretschmer*, AG 2001, 84 ff.; *Wolf*, WM 2001, 1785 ff., sowie OLG Frankfurt/M., Urt. vom 23. April 2002 - 5 U 278/01, DB 2002, 936 ff.

1475 Damit finden die Vorschriften beispielsweise auch auf die Unternehmen des „Start up Markets“ der Hamburger Wertpapierbörse Anwendung. Es handelt sich hierbei um einen Markt für kleine und mittlere, junge, kapitalsuchende Unternehmen. Rechtsgrundlage bildet § 66a der Börsenordnung der Hanseatischen Wertpapierbörse Hamburg i.d.F. vom 15. Januar 2001.

1476 § 57 BörsG. Kritisch dazu unten S. 326.

1477 Folglich findet das WpÜG beispielsweise keine Anwendung auf inländische Zielgesellschaften mit ausschließlicher Börsennotierung an der US-amerikanischen NASDAQ.

1478 Anders noch der Übernahmekodex. Vgl. Übernahmekodex, Begriffsbestimmungen, Zielgesellschaft.

1479 Demnach gelangt das WpÜG auch dann zur Anwendung, wenn es sich um eine inländische Zielgesellschaft mit ausschließlicher Börsennotierung etwa an der NASDAQ Europe handelt.

(8) Europäischer Wirtschaftsraum

Schließlich stellt § 2 Abs. 8 WpÜG[1480] klar, daß der „Europäische Wirtschaftsraum (EWR)“ die Mitgliedstaaten der Europäischen Gemeinschaften sowie die anderen Staaten des Abkommens über den Europäischen Wirtschaftsraum[1481] erfaßt.

Bei den verbliebenen Vertragsstaaten des Abkommens über den Europäischen Wirtschaftsraum handelt es sich um die Staaten Island, Liechtenstein und Norwegen[1482]. Diese werden im Rahmen des WpÜG den Mitgliedstaaten der Europäischen Gemeinschaft gleichgestellt.

bb) Begriffsbestimmungen außerhalb des § 2 WpÜG

(1) Konkurrierende Angebote

Nach der Legaldefinition des § 22 Abs. 1 WpÜG sind „konkurrierende Angebote“ solche, die während der Annahmefrist eines Angebots von einem Dritten abgegeben werden. Der Begriff des „Dritten“ wird im WpÜG dagegen nicht festgelegt. Demnach kann einerseits die Abgabe eines konkurrierenden Angebots von der Verwaltung der Zielgesellschaft gewollt sein, um auf diese Weise dem unfreundlichen Übernahmeangebot des ersten Bieters zu entgehen. Eine solche Konstellation beschreibt den eigentlichen Anwendungsfall des *white knight*, welcher der von einem unfreundlichen Angebot bedrohten Gesellschaft (*maiden*) zur Seite steht[1483]. Andererseits ist aber nicht ausgeschlossen, daß es

---

1480 § 2 Abs. 8 WpÜG wurde im Rahmen des Regierungsentwurfs neu eingefügt.

1481 „Abkommen über den Europäischen Wirtschaftsraum“ vom 2. Mai 1992, BGBl. II 1993 S. 267 vom 16. April 1993. Die Schaffung des EWR beruhte auf dem Zusammenschluß der Staaten der Europäischen Gemeinschaften mit den Staaten der Europäischen Freihandelsassoziation (Efta) zu einer großen Wirtschaftsgemeinschaft. Mit Inkrafttreten des Abkommens zum 1. Januar 1994 wurde der Anwendungsbereich der zu diesem Zeitpunkt in Kraft stehenden kapitalmarktrechtlichen Regelungen der EG vom Territorium der EU auf jenes des EWR ausgedehnt (Art. 36 Abs. 2 i.V.m. Anhang IX, III. EWR-Abkommen). Nach Art. 98 EWR-Abkommen kann der EWR-Ausschuß weitere Rechtsakte in den Anwendungsbereich des Abkommens aufnehmen. Im Fall des Zustandekommens einer EU-Übernahmerichtlinie ist davon auszugehen, daß diese Teil des vom EWR übernommenen Gemeinschaftsbestandes (*acquis communitaire*) wird. Vgl. zum EWR-Abkommen *Scholz*, DAngVers 1994, 63 ff.

1482 Von den ursprünglichen Vertragsstaaten sind Österreich, Finnland und Schweden seit 1995 Mitgliedstaaten der Europäischen Gemeinschaften. Die Schweiz lehnte den Beitritt in einem Referendum ab. Vgl. dazu *Jaag*, ZSR 2000, 223 (225 ff.).

1483 Auch als „weißer“ bzw. „edler Ritter“ bezeichnet. Denkbar ist auch, daß ein befreundeter Dritter sämtliche Aktien aus einer Kapitalerhöhung unter Bezugsrechtsausschluß übernimmt und der Zielgesellschaft auf diese Weise ihre Unabhängigsich bei dem konkurrierenden Angebot ebenfalls um ein unfreundliches handelt[1484].

Ein konkurrierendes Angebot liegt auch dann vor, wenn keine höhere Gegenleistung als die des ersten Bieters angeboten wird[1485]. Eine Regelung, die ein solches Angebot nur erlaubt, wenn der Preis des ursprünglichen Angebots um einen gewissen Prozentsatz überboten wird, kennt das WpÜG nicht[1486]. Dennoch dürfte es in der Praxis selten vorkommen, daß ein weiterer Bieter sein Angebot ohne einen kräftigen Aufschlag abgibt, da anderenfalls seine Erfolgsaussichten von vornherein nur äußerst gering erscheinen.

(2) Übernahmeangebote

Der zentrale Begriff des „Übernahmeangebots" wird zu Beginn des 4. Abschnitts in § 29 Abs. 1 WpÜG legaldefiniert. Danach sind Übernahmeangebote solche Angebote, die auf den Erwerb der Kontrolle gerichtet sind.

(3) Kontrolle

Der Begriff der „Kontrolle" wird sodann in § 29 Abs. 2 WpÜG als das Halten von mindestens 30 Prozent der Stimmrechte der Zielgesellschaft bestimmt[1487]. Eine Zurechnung von Stimmrechten Dritter erfolgt gemäß § 30 WpÜG.

---

keit für die Zukunft ermöglicht, ohne selbst eine Übernahme anzustreben. In diesem Fall bezeichnet man den Dritten als *white squire*.

1484 Etwa wenn ein Wettbewerber des ersten Bieters dessen Erwerb der Zielgesellschaft nicht zulassen will, sei es, weil gleichfalls ein eigenständiges Interesse an einer Übernahme besteht, sei es, weil die Übernahme aus strategischen Gesichtspunkten verhindert werden soll.

1485 Dies zu verkennen scheint *Oechsler*, NZG 2001, 817 (822).

1486 Vgl. etwa die französische Regelung in Art. 5-2-6 CMF-Verordnung, wonach ein konkurrierendes OPA das ursprüngliche Angebot um wenigstens zwei Prozent übertreffen muß. Dadurch ließe sich der Prozeß des gegenseitigen Überbietens von vornherein auf eine klare Grundlage stellen und merklich abkürzen; vgl. schon *Immenga*, SAG 1975, 89 (99).

1487 Die Höhe der Kontrollschwelle begründet der Gesetzgeber zum einen mit vergleichbaren Regelungen in anderen europäischen Staaten und zum anderen mit den Hauptversammlungspräsenzen inländischer börsennotierter Unternehmen. Vgl. RegE-WpÜG, Begründung, Besonderer Teil, S. 129. Zu den Pflichtangebotsregelungen anderer europäischer Staaten bereits oben Fn. 1439. Zu den Hauptversammlungspräsenzen der DAX-Werte der vergangenen Jahre vgl. *Benner-Heinacher*, DB 1997, 2521 (2521 f.). Zu aktuellen Angaben siehe unten Fn. 1906. Für die Einführung eines weiteren Kontrolltatbestands *Archner*, ZfgK 2001, 999 (1000), anknüpfend an die einfache Mehrheit des stimmberechtigten Kapitals der durchschnittlichen Hauptversammlungspräsenz der letzten drei Jahre bei einer absoluten Untergrenze von 25 Prozent.

6. Allgemeine Grundsätze

In § 3 WpÜG werden allgemeine Grundsätze niedergelegt, die bei sämtlichen Angeboten zum Erwerb von Wertpapieren nach dem WpÜG zu beachten sind[1488]. Es sind dies der allgemeine Gleichbehandlungsgrundsatz, das Transparenzgebot, das Interessenwahrungsgebot, das Gebot der raschen Verfahrensdurchführung und schließlich das Verbot der Schaffung von Marktverzerrungen. Als grundlegende Wertentscheidungen sollen diese ausweislich der Begründung bei der Auslegung einzelner Vorschriften des WpÜG herangezogen werden[1489].

a) Allgemeiner Gleichbehandlungsgrundsatz

§ 3 Abs. 1 WpÜG besagt, daß alle Inhaber von Wertpapieren der Zielgesellschaft, die derselben Gattung angehören, gleich zu behandeln sind[1490].

Anders als nach § 53a AktG geht es hierbei nicht nur um die Gleichbehandlung im Verhältnis der Zielgesellschaft zu ihren Aktionären, sondern vielmehr darüber hinaus um eine gleiche Behandlung der Aktionäre der Zielgesellschaft durch den Bieter[1491]. Unerheblich ist dabei, ob der Bieter seinerseits bereits Aktionär der Zielgesellschaft ist. Für die Zielgesellschaft folgt hieraus, daß zwischen einzelnen Gruppierungen von Inhabern der Wertpapiere der Zielgesellschaft nicht unterschieden werden darf. Insbesondere schließt dies eine Bevorzugung besonders einflußreicher Anteilseigner aus. Dem Bieter wird dadurch vor allem die Abgabe von Angeboten untersagt, die zu einer diskriminierenden Bevormundung der Aktionäre der Zielgesellschaft führen können. Als Verstoß gegen den allgemeinen Gleichbehandlungsgrundsatz werden laut der Gesetzesbegründung etwa Angebote angesehen, welche die Höhe der vom Bieter angebotenen Gegenleistung nach dem Zeitpunkt der Annahmeerklärung staffeln[1492].

1488 Die Regelung geht zurück auf die vermeintlichen Vorgaben der EU-Übernahmerichtlinie, dort zuletzt Art. 3 Gemeinsamer Entwurf, und steht im Einklang mit ausländischen Rechtsordnungen, vgl. City Code, General Principles; § 3 öÜbG. Die Hervorhebung vor die Klammer gezogener allgemeiner Grundsätze entspricht angelsächsischer Tradition, vgl. *Assmann*, AG 1995, 563 (567).

1489 Vgl. RegE-WpÜG, Begründung, Besonderer Teil, S. 83.

1490 Dies entspricht Art. 1 Übernahmekodex. Kritisch zur Beschränkung auf Wertpapiere „derselben Gattung" und der daraus folgenden unterschiedlichen Behandlung von Stamm- und Vorzugsaktien nach dem WpÜG *Archner*, ZfgK 2001, 999 (1000); *Zschocke*, Finance 2/2002, 20.

1491 Vgl. dazu bereits *Grunewald*, WM 1989, 1233 (1235); *Lutter*, Europäisches Unternehmensrecht, 3. Aufl., S. 70. Eine derartige Verpflichtung des Bieters ließ sich aus § 53a AktG bislang nicht ableiten, vgl. *Hüffer*, AktG, § 53a AktG, Rn. 4. Daher die Aufforderung an den Gesetzgeber, diese Lücke für die Dauer eines Übernahmeverfahrens zu schließen, von *Hauschka/Roth*, AG 1988, 181 (196).

1492 Vgl. RegE-WpÜG, Begründung, Besonderer Teil, S. 83.

Auf diese Weise versucht der Bieter, ein sog. „Windhundrennen" unter den Adressaten des Angebots herbeizuführen. Unter der Prämisse, daß alle Wertpapierinhaber der Zielgesellschaft innerhalb der Angebotsfrist die Möglichkeit haben sollen, zu gleichen Bedingungen anzunehmen, sind ebenfalls die aus dem angelsächsischen Rechtskreis entstammenden *front-end loaded offers* bzw. *two-tier offers*[1493] unzulässig[1494].

Die hervorgehobene Stellung des Gleichbehandlungsgrundsatzes an oberster Stelle der allgemeinen Grundsätze verdeutlicht die überragende Bedeutung dieses Grundsatzes bei der Abgabe von öffentlichen Übernahmeangeboten. Gesetzliche Ausprägungen des allgemeinen Gleichbehandlungsgrundsatzes lassen sich an zahlreichen Stellen im WpÜG auffinden. Solche sind etwa die Regelungen zur Bestimmung der Gegenleistung in § 31 WpÜG in Verbindung mit §§ 3 ff. WpÜG-AngVO sowie die Regelung in § 32 WpÜG, nach der freiwillige Übernahmeangebote und über den Verweis in § 39 WpÜG auch Pflichtangebote grundsätzlich als Vollangebote abzugeben sind. Auch die Verpflichtung zur proratarischen Zuteilung bei Teilangeboten gemäß § 19 WpÜG und das Rücktrittsrecht nach § 21 Abs. 4 WpÜG bei nachträglicher Änderung der Angebotskonditionen stellen wichtige Ausprägungen dieses Grundsatzes dar. Die bedeutendste Ausnahme von dem Gleichbehandlungsgrundsatz hingegen besteht in der Möglichkeit des Ausschlusses ausländischer Aktionäre von einem Angebot gemäß § 24 WpÜG[1495].

1493 Es handelt sich hierbei um ein zweistufiges Angebot. Auf der ersten Stufe wird für eine zur Erlangung der Kontrolle ausreichende Beteiligung eine attraktive Barabfindung mit kurzer Annahmefrist geboten. Gleichzeitig kündigt der Bieter an, auf einer zweiten Stufe nach Ablauf der Annahmefrist eine geringere Gegenleistung für die übrigen Aktien zu leisten, vereinfacht: bis 51 Prozent zahlt der Bieter X, ab 51 Prozent zahlt er X abzüglich Y. Mit dieser Vorgehensweise sollen die Aktionäre zur Annahme des Angebots auf der ersten Stufe gedrängt werden. Dazu *Peltzer*, ZfgK 1986, 291 (292).

1494 Anders als bei einem *front-end loaded offer*, wird man den umgekehrten Fall eines *back-end loaded offer* an § 21 Abs. 1, 4 WpÜG messen müssen. Bei dieser Angebotsform wird zu Beginn der Annahmefrist zunächst eine gering bemessene Prämie auf den Wert der Wertpapiere der Zielgesellschaft gewährt, um sodann, nachdem zu dieser Gegenleistung Wertpapiere erworben wurden, die Gegenleistung zu erhöhen. Damit sollen weitere Wertpapierinhaber zur Annahme motiviert werden. In der Erhöhung der Gegenleistung liegt, anders als in der Absenkung, eine nach dem Gesetz zulässige Änderung des Angebots. Folge ist allerdings ein Rücktrittsrecht für diejenigen Aktionäre, die das Angebot bereits angenommen haben.

1495 Dazu unten Fn. 1640.

b) Transparenzgebot

Nach § 3 Abs. 2 WpÜG müssen alle Wertpapierinhaber der Zielgesellschaft über genügend Zeit und ausreichend Informationen verfügen, um in Kenntnis der Sachlage über das Angebot entscheiden zu können.

Ein wichtiges Ziel des Gesetzes besteht in der Herstellung von Transparenz für die Verfahrensbeteiligten, insbesondere für die Wertpapierinhaber der Zielgesellschaft als den Adressaten des Angebots. Das Transparenzgebot stellt sicher, daß diese Gelegenheit haben, die häufig umfangreichen Angebotsunterlagen zu prüfen, um auf dieser Grundlage eine sachlich fundierte Desinvestitionsentscheidung treffen zu können.

Die wichtigsten Ausprägungen dieses Grundsatzes sind einerseits die Verpflichtung des Bieters zur Anfertigung und Veröffentlichung einer detaillierten Angebotsunterlage und andererseits die Verpflichtung des Vorstands und des Aufsichtsrats der Zielgesellschaft zur Abgabe einer begründeten Stellungnahme zu dem Angebot[1496].

c) Interessenwahrungsgebot

Gemäß § 3 Abs. 3 WpÜG müssen Vorstand und Aufsichtsrat der Zielgesellschaft im Interesse derselben handeln. Mit dieser Vorschrift stellt der Gesetzgeber klar, daß auch während eines Angebotsverfahrens die allgemeinen gesellschaftsrechtlichen Pflichten von Vorstand und Aufsichtsrat nicht durch das WpÜG suspendiert werden. Ihr Handeln hat sich auch weiterhin am Interesse des Unternehmens auszurichten. Ausdrücklich hebt der Gesetzgeber hervor, daß dabei sowohl die Interessen der Aktionäre als auch die Interessen der Arbeitnehmer sowie der Gesellschaft insgesamt zu berücksichtigen sind[1497].

d) Gebot der raschen Verfahrensdurchführung

§ 3 Abs. 4 S. 1 WpÜG bestimmt, daß der Bieter und die Zielgesellschaft das Verfahren rasch durchzuführen haben. Nach § 3 Abs. 4 S. 2 WpÜG darf die Zielgesellschaft nicht über einen angemessenen Zeitraum hinaus in ihrer Geschäftstätigkeit behindert werden.

Ziel dieser Regelung ist es, den infolge eines Angebotsverfahrens entstehenden Schwebezustand und die damit einhergehende Unsicherheit auf einen möglichst kurzen Zeitraum zu beschränken. Dies erfolge nicht nur im Interesse der Zielge-

---

1496 §§ 11 Abs. 1 S. 1 und 27 WpÜG. Weiterhin §§ 10 Abs. 1 S. 1; 23 WpÜG.
1497 Vgl. RegE-WpÜG, Begründung, Besonderer Teil, S. 83. Näher dazu unten S. 444.

sellschaft sowie deren Wertpapierinhabern, sondern auch im Interesse des Bieters und des Kapitalmarkts insgesamt[1498]. Der Gesetzgeber erkennt an, daß Angebotsverfahren oftmals eine erhebliche Belastung für die Tätigkeit der Zielgesellschaft darstellen. Im Fall eines Übernahmeverfahrens bestünde zusätzlich die Gefahr, daß die Übernahme in sachwidriger Weise als Mittel der Wettbewerbsbehinderung eingesetzt wird[1499]. Denn die Verwaltung der Zielgesellschaft unterliegt während der Übernahmephase bestimmten Verhaltenspflichten[1500].

Dieser Grundsatz findet seine Ausprägung insbesondere in den Fristenregelungen des WpÜG[1501], aber auch in den vielfach anzutreffenden Anordnungen zur unverzüglichen Vornahme bestimmter Handlungen[1502]. Insbesondere bei der Bemessung der Annahmefrist offenbart sich, daß das Gebot zur raschen Verfahrensdurchführung in Widerspruch zu den Interessen der Wertpapierinhaber der Zielgesellschaft treten kann. Denn diesen ist neben einer im Interesse ihrer Gesellschaft liegenden zügigen Abwicklung vor allem an ausreichend Zeit gelegen, um eine wohlsondierte Entscheidung über eine mögliche Annahme des Angebots treffen zu können. Es besteht insoweit ein Konflikt zu dem Transparenzgebot.

e) Verbot der Schaffung von Marktverzerrungen

Schließlich dürfen gemäß § 3 Abs. 5 WpÜG beim Handel mit Wertpapieren der Zielgesellschaft, der Bietergesellschaft oder anderer durch das Angebot betroffener Gesellschaften keine Marktverzerrungen geschaffen werden.

Mit dieser Regelung soll der Verleitung der Wertpapierinhaber zu sachlich ungerechtfertigten Entscheidungen entgegengewirkt werden[1503]. Hinsichtlich des Insiderhandels stellen §§ 14, 38 WpHG und hinsichtlich der Kursmanipulation § 88 BörsG a.F.[1504] spezialgesetzliche Konkretisierungen dieser Vorschrift dar.

1498 Vgl. RegE-WpÜG, Begründung, Besonderer Teil, S. 84.

1499 Vgl. RegE-WpÜG, Begründung, Besonderer Teil, S. 84.

1500 Dazu eingehend unten S. 396 ff.

1501 Etwa §§ 14 Abs. 1 S. 1 und Abs. 2 S. 1; 16 Abs. 1 S. 1; 41 Abs. 2 S. 1 WpÜG.

1502 Etwa §§ 10 Abs. 5 S. 1; 14 Abs. 4 S. 1; 27 Abs. 3 S. 1, 3; 35 Abs. 1 S. 1 WpÜG.

1503 Vgl. RegE-WpÜG, Begründung, Besonderer Teil, S. 84. Die Unbestimmtheit dieses Begriffs kritisiert *Oechsler*, NZG 2001, 817 (822). Anders als nach dem WpÜG sieht die österreichische Regelung eine Legaldefinition des Begriffs in § 5 Abs. 2 öÜbG vor, wonach darunter erhebliche Kursbewegungen oder Gerüchte und Spekulationen betreffend ein bevorstehendes Angebot zu verstehen sind.

1504 Zur Ablösung dieser Vorschrift siehe oben Einl., Fn. 12.

7. Aufsicht, Sanktionen und Rechtsschutz

Indem das WpÜG ausführliche Regelungen zur Aufsicht über die Einhaltung der Vorschriften des Gesetzes, zur Sanktionierung von Fehlverhalten und zum Rechtsschutzverfahren vorsieht, unterscheidet es sich maßgeblich von seiner nichtgesetzlichen Vorgängerregelung. Vor allem das Fehlen solcher Vorschriften im Übernahmekodex gab Anlaß zu einer gesetzlichen Lösung[1505]. An dieser Stelle soll daher auch ein Überblick über die Vorschriften betreffend die Aufsicht, die Sanktionen und die Rechtsmittel nach dem WpÜG erfolgen[1506].

a) Aufsicht

In Abschnitt 2 des WpÜG sind die grundlegenden Regelungen in Bezug auf die Aufsicht über die Vorschriften des Gesetzes enthalten. Danach wird die Aufsicht durch die BaFin ausgeübt. Zur Unterstützung wird ihr dabei als ehrenamtliches Gremium ein Beirat zur Seite gestellt. Außerdem wird bei der BaFin ein Widerspruchsausschuß gebildet. Das deutsche Regelungsmodell zeichnet sich somit als Kombinationslösung aus, das die Vorteile der Aufsicht entweder ausschließlich durch staatliche Behörden[1507] oder aber nur durch private Institutionen[1508] miteinander zu vereinen versucht[1509].

aa) BaFin

Die BaFin ist gemäß § 4 Abs. 1 S. 1 WpÜG mit der Überwachung und Durchsetzung der bei öffentlichen Erwerbsangeboten und Unternehmensübernahmen geltenden Regelungen des WpÜG betraut[1510]. Dadurch soll sichergestellt wer-

1505 Dazu oben Kap. 3, S. 181.

1506 Einführend zu Rechtsmittel und Sanktionen auch *Möller*, AG 2002, 170 ff.

1507 So etwa in Österreich, wo die dortige Übernahmekommission als staatliche Aufsichtsbehörde fungiert. Vgl. dazu oben in Kap. 4, S. 206.

1508 So etwa in Großbritannien, wo das Panel als private Einrichtung die Aufsicht über den City Code ausübt. Vgl. dazu oben in Kap. 4, S. 193.

1509 Vgl. zu den dahinterstehenden gesetzgeberischen Überlegungen *Berger*, Bank 2000, 558 (559 f.).

1510 Zum 1. Mai 2002 wurde das Bundesaufsichtsamt für den Wertpapierhandel (BAWe) infolge des „Gesetzes über die integrierte Finanzdienstleistungsaufsicht" vom 22. April 2002, BGBl. I 2002 S. 1310 vom 25. April 2002, dort Art. 1: „Gesetz über die Bundesanstalt für Finanzdienstleistungsaufsicht - Finanzdienstleistungsaufsichtsgesetz (FinDAG)", durch Zusammenlegung mit den Bundesaufsichtsämtern für das Kreditwesen und das Versicherungswesen in eine bundesunmittelbare, rechtsfähige Anstalt des öffentlichen Rechts, dort Sektor Wertpapieraufsicht/Asset-Management, mit Sitz in Bonn und Frankfurt am Main überführt. Dazu FAZ vom 23. März 2002, S. 13; ZIP-aktuell 2002, Nr. 79. Informationen zum BaFin sind im Internet unter http://www.bafin.de abrufbar. Das BAWe wurde mit Wirkung zum 1. August 1994 als selbden, daß die Beaufsichtigung einer Kontrollinstanz obliegt, deren Unabhängigkeit außer Frage steht und die zugleich hoheitliche Befugnisse ausüben kann[1511]. Die BaFin ist zentraler Ansprechpartner für die Zusammenarbeit mit anderen Aufsichtsbehörden im Inland und den zuständigen Stellen im Ausland[1512]. Die BaFin kann Anordnungen treffen, die geeignet und erforderlich sind, Mißstände zu verhindern oder zu beseitigen, durch die geordnete Angebotsverfahren beeinträchtigt oder erhebliche Nachteile für den Wertpapiermarkt insgesamt hervorgerufen werden[1513]. Um zu gewährleisten, daß den Anordnungen Folge geleistet wird, werden der BaFin gemäß § 40 WpÜG Auskunftsrechte und das Recht, sich Unterlagen vorlegen zu lassen, sowie Sanktionsmechanismen an die Hand gegeben[1514]. Die ihm nach diesem Gesetz zugewiesenen Aufgaben nimmt die BaFin nur im öffentlichen Interesse wahr[1515].

bb) Beirat

§ 5 WpÜG sieht die Einrichtung eines Beirats vor, der bei der BaFin angesiedelt ist[1516]. Der Beirat besteht aus insgesamt fünfzehn Mitgliedern[1517], die eine besondere fachliche Eignung aufweisen müssen[1518]. Die Mitglieder[1519] werden durch

---

ständige Bundesoberbehörde im Geschäftsbereich des Bundesministeriums der Finanzen mit Sitz in Frankfurt am Main eingerichtet. Vgl. eingehend zur Anfangszeit des BAWe *Kalss*, ÖBA 1995, 756 ff. Die Einrichtung beruhte auf dem infolge des Zweiten Finanzmarktförderungsgesetzes neu geschaffenen Aufsichtssystem, dessen Art. 1 mit dem WpHG in §§ 3 ff. WpHG die Grundlage hierfür schuf.

1511 Vgl. RegE-WpÜG, Begründung, Allgemeiner Teil, S. 72.

1512 Vgl. §§ 7 und 8 WpÜG.

1513 § 4 Abs. 1 S. 2, 3 WpÜG. Besondere Ermittlungs- und Eingriffsbefugnisse finden sich in §§ 40, 46 und 47 WpÜG.

1514 Vgl. dazu sogleich unter b), S. 296.

1515 § 4 Abs. 2 WpÜG. Kritisch dazu *Liebscher*, ZIP 2001, 853 (858).

1516 Inländische Vorbilder sind zum einen die Übernahmekommission nach Art. 20 Übernahmekodex und zum anderen auch der Börsenrat nach § 9 BörsG sowie der Wertpapierrat nach § 5 WpHG. Als ausländisches Vorbild dient das britische Panel.

1517 § 5 Abs. 1 S. 2 WpÜG. Im einzelnen handelt es sich um vier Vertreter der Emittenten (Ziff. 1), jeweils zwei Vertreter der institutionellen und der privaten Anleger (Ziff. 2), drei Vertreter der Wertpapierdienstleistungsunternehmen im Sinne des § 2 Abs. 4 WpHG (Ziff. 3), zwei Vertreter der Arbeitnehmer (Ziff. 4) sowie zwei Vertreter der Wissenschaft (Ziff. 5). Im DiskE-ÜG hieß der Beirat noch Übernahmerat und sollte sich aus 21 Mitgliedern zusammensetzen. Diese Größe wurde als nicht arbeitsfähig kritisiert. Vgl. dazu etwa *BSK*, Stellungnahme zum DiskE-ÜG vom 19. Juli 2000, S. 4.

1518 § 5 Abs. 1 S. 4 WpÜG. Danach sind insbesondere Kenntnisse auf dem Gebiet des Arbeits- und Gesellschaftsrechts und des Bilanzwesens sowie über die Funktionsweise der Kapitalmärkte von Bedeutung.

1519 Der Beirat trat am 26. Juni 2002 mit folgenden Mitgliedern zu seiner ersten Sitzung zusammen: *Dr. Hermann Küllmer*, *Dr. Karl Ludwig Kley*, *Dr. Werner Brandt*, *Dr. Henrik-Michael Ringleb*, *Dr. Paul Achleitner*, *Udo Behrenwalt*, *Jella Benner-*

das BMF nach Anhörung der betroffenen Kreise für die Dauer von fünf Jahren zu ihrer ehrenamtlichen Tätigkeit bestellt[1520]. Weitere Einzelheiten können in einer noch zu erlassenden Rechtsverordnung geregelt werden[1521].

Die Aufgabe des Beirats besteht in der Mitwirkung an der Aufsicht durch die BaFin[1522]. Ihm kommt dabei eine beratende Funktion zu. Die BaFin soll jedoch nicht an die Meinung des Beirats sowie einzelner Mitglieder gebunden sein[1523]. Mit der Einbeziehung des Beirats soll zum einen sichergestellt werden, daß der BaFin bei der Wahrnehmung ihrer ihm im Rahmen von öffentlichen Angeboten zugeschriebenen Rolle der besondere Sachverstand der Wirtschaft und der übrigen betroffenen Kreise zur Seite steht. Zum anderen verspricht sich der Gesetzgeber davon eine erhöhte Akzeptanz der auf Grundlage des WpÜG gefällten Entscheidungen der BaFin[1524]. Die Beratung soll sich insbesondere auf den Erlaß von Rechtsverordnungen für die Aufsichtstätigkeit der BaFin erstrecken[1525]. Ferner unterbreitet der Beirat Vorschläge für die Besetzung der ehrenamtlichen Beisitzerposten des Widerspruchsausschusses und deren Vertreter[1526]. Darüber hinaus ist vorgesehen, daß der Beirat im Rahmen der Untersagung bestimmter Werbemaßnahmen zu hören ist[1527].

cc) Widerspruchsausschuß

Ebenfalls bei der BaFin angesiedelt wird gemäß § 6 WpÜG ein Widerspruchsausschuß als besonderes Entscheidungsgremium[1528]. Der Widerspruchsausschuß besteht aus insgesamt sechs Personen[1529]. Den Vorsitz führt der Präsident der BaFin oder ein von ihm bestellter Beamter, der die Befähigung zum Richteramt besitzen muß[1530]. Dem Präsidenten obliegt zugleich die

---

Heinacher, Klaus Schneider, Andreas Körnlein, Karsten Klupsch, Dr. Stephan Schuster, Heinz Putzhammer, Marie Seyboth, Prof. *Dr. Uwe Schneider,* Prof. *Dr. Dr. Klaus J. Hopt.* Vgl. Pressemitteilung der BaFin vom 26. Juni 2002.

1520 § 5 Abs. 1 S. 3 WpÜG. Eine Anhörung erfolgt freilich nicht bei den Vertretern der Wissenschaft, vgl. RegE-WpÜG, Begründung, Besonderer Teil, S. 86.

1521 § 5 Abs. 2 WpÜG.

1522 § 5 Abs. 3 S. 1 WpÜG.

1523 Vgl. RegE-WpÜG, Begründung, Besonderer Teil, S. 87.

1524 Vgl. RegE-WpÜG, Begründung, Besonderer Teil, S. 85.

1525 § 5 Abs. 3 S. 2 WpÜG.

1526 § 5 Abs. 3 S. 3 WpÜG.

1527 § 28 Abs. 2 WpÜG. Vgl. dazu näher unten S. 385.

1528 Es handelt sich hierbei um eine kollegiale Einrichtung im Sinne der §§ 88 ff. VwVfG.

1529 Siehe aber auch § 68 Abs. 1 WpÜG.

1530 § 6 Abs. 2 S. 1 Ziff. 1 WpÜG. Daneben gehören dem Ausschuß zwei Beamte auf Lebenszeit als Beisitzer sowie drei ehrenamtliche Beisitzer an.

Bestimmung sämtlicher Mitglieder[1531]. Die Mitgliedschaft der ehrenamtlichen Beisitzer, deren Einbeziehung auf den gleichen Gründen wie die Einrichtung des Beirats beruht, beträgt fünf Jahre[1532]. Diese können Mitglieder des Beirats sein, müssen es aber nicht. Die Mitglieder des Widerspruchsausschusses sind gegenüber dem Beirat nicht weisungsgebunden, sondern nur dem Gesetz unterstellt[1533]. Näheres kann gleichsam in einer noch zu erlassenden Rechtsverordnung vorgesehen werden[1534]. Aufgabe des Widerspruchsausschusses ist die Entscheidung über Widersprüche gegen bestimmte Anordnungen der BaFin[1535]. Da das Gremium nicht in einer festen Besetzung zusammentritt, ist es möglich, parallel über mehrere Verfahren zu befinden[1536].

Insgesamt ist der Ausgestaltung des Ausschusses ein Übergewicht zugunsten der BaFin immanent. Dies liegt zum einen darin begründet, daß im Hinblick auf die Bestellung der ehrenamtlichen Beisitzer die Letztentscheidung bei dem Präsidenten der BaFin liegt. Zum anderen obliegt bei Stimmengleichheit die Entscheidung dem Vorsitzenden[1537].

1531 §§ 6 Abs. 2 S. 1 Ziff. 2, Abs. 3 WpÜG. Die Namen der Mitglieder des dem Referat WA 16 zugeordneten Ausschusses werden seitens der BaFin nicht veröffentlicht.

1532 § 6 Abs. 3 WpÜG.

1533 Vgl. RegE-WpÜG, Begründung, Besonderer Teil, S. 89.

1534 § 6 Abs. 4 WpÜG.

1535 § 6 Abs. 1 S. 2 WpÜG, in Anwendung von § 73 Abs. 2 VwGO. Dabei handelt es sich um grundlegende Sachentscheidungen zur Regelung des Angebotsverfahrens, wie etwa um Verfügungen im Rahmen der Untersagung eines Angebots nach § 15 Abs. 1 und 2 WpÜG oder bestimmter Werbemaßnahmen gemäß § 28 Abs. 1 WpÜG, die Untersagung der Nichtberücksichtigung von Stimmrechten nach § 36 WpÜG oder der Befreiung von der Verpflichtung zur Veröffentlichung der Erlangung der Kontrolle und zur Abgabe eines Pflichtangebots gemäß § 37 WpÜG. Ergehen die Anordnungen auf Grund anderer, in § 6 Abs. 1 S. 2 WpÜG nicht genannter Rechtsgrundlagen, findet zwar gemäß § 41 WpÜG auch ein Widerspruchsverfahren statt, eine Einbeziehung des Widerspruchsausschusses ist in diesen Fällen jedoch entbehrlich. Es handelt sich dabei um Anordnungen, die lediglich der Vorbereitung oder Vollziehung anderer Entscheidungen dienen. Damit soll die Beschleunigung des Verfahrens sowie die Entlastung der ehrenamtlichen Beisitzer sichergestellt werden. Vgl. RegE-WpÜG, Begründung, Besonderer Teil, S. 88. Auch in diesen Verfahren ist die Einbeziehung des Sachverstands der betroffenen Kreise über die Hinzuziehung durch Sachverständige nach § 26 Abs. 1 Ziff. 2 VwVfG gewährleistet.

1536 Vgl. RegE-WpÜG, Begründung, Besonderer Teil, S. 89. Dies hat zur Folge, daß seitens des Beirats eine ausreichende Anzahl von ehrenamtlichen Beisitzern zu nominieren ist.

1537 § 6 Abs. 2 S. 2 WpÜG.

b) Sanktionen

Zur Durchsetzung der Überwachungstätigkeit der BaFin und damit zur Sicherstellung der Einhaltung der gesetzlichen Vorschriften regelt das WpÜG verschiedene Sanktionsmechanismen. Diese finden sich in Abschnitt 8 des WpÜG sowie in den §§ 38 und 26 WpÜG wieder. Ergänzt wird das Repertoire durch das Veröffentlichungsrecht der BaFin nach § 44 WpÜG.

aa) Rechtsverlust

Eine erste Möglichkeit der Sanktionierung sieht § 59 WpÜG vor[1538]. Danach hat ein Verstoß gegen die Verpflichtung zur Veröffentlichung der Erlangung der Kontrolle oder Abgabe eines Pflichtangebots nach § 35 Abs. 1 bzw. Abs. 2 WpÜG einen Rechtsverlust zur Folge. Rechte und Ansprüche aus Aktien des Bieters und ihm zurechenbarer Aktien an der Zielgesellschaft bestehen nicht für die Dauer des Verstoßes[1539]. Der Bieter hat jedoch die Möglichkeit, das Ausübungsverbot im Hinblick auf Ansprüche auf Dividendenzahlung[1540] und den Liquidationserlös[1541] zu vermeiden. Dies hat in der Weise zu geschehen, daß der Bieter darlegt und beweist, daß die Verstöße nicht vorsätzlich erfolgten und den Pflichten durch Nachholung entsprochen wurde[1542].

bb) Bußgeld

Weiterhin gehören zu den Sanktionsmechanismen die Ordnungswidrigkeitstatbestände des § 60 Abs. 1 und 2 WpÜG[1543], die nach § 60 Abs. 3 WpÜG mit bis zu 1 Mio. Euro[1544] geahndet werden können[1545]. Von dieser maximalen Andro-

1538 Die Vorschrift ist § 28 WpHG nachgebildet.

1539 In Anlehnung an die zu § 28 WpHG entwickelten Grundsätze dürfte auch der Rechtsverlust nach § 59 WpÜG endgültig sein, so daß ein Wiederaufleben der Rechte durch eine Nachholung der Mitteilung ausscheidet. Als maßgeblichen Zeitpunkt für den Verlust der Rechte dürfte entsprechend auf den Beschluß der Hauptversammlung über die jeweilige Maßnahme abzustellen sein. Vgl. dazu *Schneider* in Assmann/Schneider, WpHG, § 28 WpHG, Rn. 25 ff.

1540 § 58 Abs. 4 AktG.

1541 § 271 AktG.

1542 § 59 S. 2 WpÜG.

1543 Im Gegensatz zu § 60 Abs. 1 WpÜG, wonach ein Verstoß vorsätzlich oder leichtfertig begangen werden muß, reicht nach § 60 Abs. 2 WpÜG bereits jede Form der Fahrlässigkeit aus.

1544 Im Vergleich hierzu fällt die Geldstrafe von bis zu 36.000 Euro nach § 35 Abs. 2 öÜbG geradezu bescheiden aus.

1545 Bis zur Vorlage des Regierungsentwurfs war noch ein maximales Bußgeld von 1,5 Mio. Euro vorgesehen. Vgl. zur alten Regelung *Pötzsch/Möller*, WM 2000, Sonderbeilage 2, 28. Kritisch dazu insgesamt unten S. 329. Im Jahr 2002 leitete die BaFin 19

hung erfaßt werden Verstöße gegen Kernvorschriften des WpÜG, die den vorrangigen Zielen der Sicherstellung eines ordnungsgemäßen Angebotsverfahrens und dem Schutz der Minderheitsaktionäre dienen. Bei Verstößen gegen diesen Vorschriften zur Seite gestellten Tatbeständen können Geldbußen bis zu 500.000 Euro verhängt werden. In den übrigen Fällen beläuft sich die Höhe des Bußgeldes auf bis zu 200.000 Euro[1546].

cc) Verzinsung der Gegenleistung

Schließlich sieht § 38 WpÜG die Verzinsung der vom Bieter zu erbringenden Gegenleistung in bestimmten Fällen vor[1547]. Die Verzinsungspflicht greift ein, wenn der Bieter trotz Erlangens der Kontrolle seiner Verpflichtung zur Veröffentlichung der Kontrollerlangung nach § 35 Abs. 1 S. 1 WpÜG (Ziff. 1) oder zur Abgabe eines Pflichtangebots nach § 35 Abs. 2 S. 1 WpÜG (Ziff. 2) nicht nachkommt. Gleiches gilt, wenn dem Bieter ein Pflichtangebot durch die BaFin nach § 15 Abs. 1 Ziff. 1 bis 3 WpÜG untersagt wurde (Ziff. 3). Die Verzinsung hat in Höhe von jährlich fünf Prozent über dem jeweiligen Basiszinssatz[1548] zu erfolgen und richtet sich in zeitlicher Hinsicht nach der Dauer des Verstoßes.

dd) Sperrfrist

Von nicht zu unterschätzender Bedeutung für die Praxis ist zudem nach § 26 WpÜG die grundsätzliche Anordnung einer Sperrfrist (*cool-off*-Periode) von einem Jahr für den Fall, daß das frühere Angebot entweder durch die BaFin untersagt worden ist[1549] oder auf Grund mangelnder Akzeptanz seitens der Angebotsempfänger erfolglos war[1550]. Dieser Regelung liegt der Gedanke zugrunde,

---

Bußgeldverfahren wegen Verstößen gegen das WpÜG ein; vgl. BaFin-Jahresbericht 2002, S. 177.

1546 Bußgelder auf Grund dieser Vorschrift werden in dem vom OWiG geregelten Bußgeldverfahren verhängt. Das WpÜG ordnet in den §§ 62 ff. WpÜG lediglich die Zuständigkeit und den Instanzenzug abweichend vom OWiG an. Dazu näher unten S. 299. Nach § 17 Abs. 1 OWiG beträgt das Mindestmaß eines verhängten Bußgeldes 5 Euro.

1547 *Land/Hasselbach*, DB 2000, 1747 (1754), bezeichnen dies als „durchaus unangenehme Pflicht"; ähnlich *Pötzsch/Möller*, WM 2000, Sonderbeilage 2, 28, nach denen es sich um eine „durchaus erhebliche finanzielle Sanktion" handelt.

1548 Siehe § 247 BGB. Der jeweils aktuelle Basiszinssatz ist abrufbar über http://www.bundesbank.de und beträgt seit dem 1. Januar 2004 1,14 Prozent.

1549 Nach § 15 WpÜG. Dazu unten S. 319.

1550 Ein Verstoß hiergegen kann seinerseits nach § 60 Abs. 1 Ziff. 7, Abs. 3 WpÜG ein Bußgeld bis zu 1 Mio. Euro nach sich ziehen. Nach dieser Regelung wäre etwa ein erneutes Angebot des schwedischen Börsenbetreibers OM Gruppen für die London Stock Exchange, nachdem ein erstes unfreundliches gescheitert war, nicht zulässig gewesen. Vgl. dazu FAZ vom 29. Mai 2001, S. 33; FTD vom 29. Mai 2001, S. 21.

daß Angebotsverfahren oftmals eine erhebliche Belastung für die Zielgesellschaft darstellen, und dadurch die eigentliche Geschäftstätigkeit in den Hintergrund gerät. Daher soll es der Zielgesellschaft nicht zuzumuten sein, in unmittelbarer zeitlicher Abfolge erneut Ziel eines Angebotsverfahrens zu werden[1551].

Die Sperrfrist kommt nur dann nicht zum Tragen, wenn der Bieter innerhalb dieses Zeitraums auf andere Weise die Kontrolle über die Gesellschaft, die Ziel seines vorherigen Angebots war, erlangt hat[1552]. In einem solchen Fall unterliegt der Bieter weiterhin den Verpflichtungen der Regelung des Pflichtangebots. Denn die Schutzbedürftigkeit der Minderheitsaktionäre der Zielgesellschaft steht insoweit der Sperrfrist entgegen[1553]. Außerdem kann die BaFin einen Dispens von der Sperrfrist erteilen, sofern die Zielgesellschaft dem zustimmt[1554]. Sinn und Zweck dieser Regelung ist es, unbillige Härten für die Zielgesellschaft zu vermeiden[1555]. Der Zielgesellschaft soll etwa nicht die Möglichkeit genommen werden, im Fall eines unfreundlichen Übernahmeangebots durch einen dritten Bieter den der Sperrfrist unterliegenden Bieter als „weißen Ritter" zur Abgabe eines konkurrierenden Angebots für sich zu gewinnen.

ee) Veröffentlichungsrecht der BaFin

Der Vollständigkeit halber sei auch auf das Veröffentlichungsrecht der BaFin nach § 44 WpÜG hingewiesen. Danach steht es im Ermessen der Aufsichtsbehörde, bestimmte Verfügungen auf Kosten des Adressaten im Bundesanzeiger zu veröffentlichen. Zwar liegt in der Möglichkeit zur Veröffentlichung keine unmittelbare Sanktion, dennoch kann dadurch zumindest eine indirekte Sanktionierung herbeigeführt werden, etwa durch negative Imageeffekte für den Adressaten[1556]. Dies trifft vor allem auf die Veröffentlichung der Verfügungen im Zusammenhang mit der allgemeinen Mißstandsaufsicht nach § 4 Abs. 1 S. 3 WpÜG, der Untersagung eines Angebots nach § 15 Abs. 1 und 2 WpÜG sowie Werbemaßnahmen nach § 28 Abs. 1 WpÜG zu. Wie die Erfahrungen mit dem

---

1551 Vgl. RegE-WpÜG, Begründung, Besonderer Teil, S. 126. Ob diese Erwägungen auch für den Fall von Erwerbsangeboten zutreffen, wird zu Recht bezweifelt. Vgl. *DAV-Handelsrechtsausschuß*, Stellungnahme zum RefE-WÜG, NZG 2001, 420 (426).

1552 § 26 Abs. 1 S. 3 WpÜG.

1553 Vgl. RegE-WpÜG, Begründung, Besonderer Teil, S. 126.

1554 § 26 Abs. 2 WpÜG. Um der Gefahr vorzubeugen, daß die Zustimmung der Zielgesellschaft von dem Bieter „erkauft" wird, steht die Entscheidung im Ermessen der BaFin. Vgl. RegE-WpÜG, Begründung, Besonderer Teil, S. 126.

1555 Vgl. RegE-WpÜG, Begründung, Besonderer Teil, S. 126.

1556 Vgl. *Baumeister/Werkmeister*, Sparkasse 3/2001, 128 (130).

Übernahmekodex gezeigt haben, darf solchen Veröffentlichungen allerdings kein allzu großes Gewicht beigemessen werden[1557].

c) Rechtsschutz

Im Hinblick auf die verfassungsrechtlichen Vorgaben des Gebots des effektiven Rechtsschutzes nach Art. 19 Abs. 4 GG[1558] sieht das WpÜG ein umfassendes System des Rechtsschutzes vor, welches im wesentlichen den Regelungen des Gesetzes gegen Wettbewerbsbeschränkungen (GWB)[1559] nachgebildet ist. Das Rechtsschutzsystem des WpÜG ist dadurch gekennzeichnet, daß sowohl Entscheidungen über verwaltungsrechtliche Maßnahmen als auch solche über ordnungswidrigkeitenrechtliche bei ein und demselben Gericht konzentriert werden[1560].

aa) Verwaltungs- und Bußgeldverfahren

Im Hinblick auf Verwaltungssachen liegt dem WpÜG ein zweistufiger Aufbau zugrunde[1561]. Gegen Verfügungen der BaFin und die Unterlassung einer beantragten Verfügung ist gemäß § 48 Abs. 1 S. 1, Abs. 3 S. 1 WpÜG die Beschwerde statthaftes Rechtsmittel. Dem vorauszugehen hat grundsätzlich ein Widerspruchsverfahren vor der BaFin gemäß § 41 Abs. 1 WpÜG[1562]. Die Entscheidung über die Beschwerde liegt ausschließlich beim OLG Frankfurt am Main als dem für den Sitz der BaFin zuständigen Oberlandesgericht[1563]. Die Beschwerde ist innerhalb eines Monats schriftlich einzureichen und zu begründen. Die Frist beginnt mit der Bekanntgabe oder der Zustellung der Verfügung der BaFin[1564]. Die Beschwerde kann auf neue Tatsachen und Beweismittel gestützt

---

1557 Siehe oben Kap. 3, S. 171 f.

1558 Vgl. dazu eingehend *Krebs* in von Münch/Kunig, GG, Art. 19 GG, Rn. 62 ff.

1559 §§ 63 ff. GWB. Ausschlaggebend dafür waren zum einen die Sachnähe zu Fusionskontrollverfahren und zum anderen die langjährige praktische Bewährung dieser Vorschriften, vgl. RegE-WpÜG, Begründung, Allgemeiner Teil, S. 68.

1560 Zum Rechtsschutz im Übernahmerecht *Seibt* in Henze/Hoffmann-Becking, Gesellschaftsrecht 2003, S. 337 ff.; *Dolde*, ebenda, S. 377 ff.; speziell gegen „mangelhafte" Übernahmeangebote *Aha*, AG 2002, 160 ff.

1561 Zum Verwaltungsrechtsschutz, insbesondere unter dem Aspekt des Drittschutzes, ausführlich *Schnorbus*, ZHR 166 (2002), 72 ff, sowie jüngst BVerfG, Beschluß vom 2. April 2004 (Az.: 1 BvR 1620/03).

1562 Gemäß § 41 Abs. 1 S. 3 WpÜG gelten, soweit im WpÜG nichts anderes geregelt ist, die §§ 68 ff. VwGO. Siehe dazu auch oben Fn. 1535. Die Verwendung des Begriffs der „Verfügung" erklärt sich aus der Anlehnung an die vor Erlaß der VwGO in Kraft getretenen Vorschriften des GWB. Im Jahr 2002 gingen insgesamt 15 Widersprüche ein; vgl. BaFin-Jahresbericht 2002, S. 176.

1563 § 48 Abs. 4 WpÜG.

1564 § 51 WpÜG.

werden, so daß das Oberlandesgericht Tatsacheninstanz ist[1565]. Gegen die Beschwerdeentscheidung sind keine weiteren Rechtsmittel gegeben[1566]. Zur Sicherstellung eines beschleunigten Verfahrens sieht das WpÜG kurze Fristen[1567], Präklusionsvorschriften[1568] und den weitgehenden Ausschluß der aufschiebenden Wirkung von Widerspruch und Beschwerde[1569] vor. Außerdem besteht vor dem Beschwerdegericht Anwaltszwang[1570].

In Bußgeldsachen nach dem WpÜG entscheidet abweichend vom OWiG[1571] erstinstanzlich ebenfalls das OLG Frankfurt, § 62 WpÜG[1572]. Über die Rechtsbeschwerde befindet nach § 63 WpÜG der Bundesgerichtshof[1573].

§ 67 WpÜG sieht schließlich vor, daß derartige Entscheidungen in Wertpapiererwerbs- und Übernahmesachen[1574] beim OLG Frankfurt durch einen oder mehrere zu bildende Wertpapiererwerbs- und Übernahmesenate getroffen werden[1575].

bb) Bürgerliche Rechtsstreitigkeiten

Schließlich regelt § 66 Abs. 1 WpÜG die gerichtliche Zuständigkeit für aus dem WpÜG resultierende bürgerliche Rechtsstreitigkeiten. Solche werden ausschließlich den Landgerichten zugewiesen[1576]. Durch die Anordnung eines besonderen Gerichtsstands am Sitz der Zielgesellschaft soll eine Entscheidung des Gerichts ermöglicht werden, in dessen Nähe sich regelmäßig wichtige Be-

1565 § 48 Abs. 1 WpÜG. Den Sachverhalt hat das Beschwerdegericht von Amts wegen zu ermitteln, § 55 Abs. 1 WpÜG.

1566 Die zur Vorbeugung von Mißbrauchsgefahr noch in § 42 RegE-WpÜG vorgesehene Vorschrift, wonach den anderen Verfahrensbeteiligten bei rechtsmißbräuchlich erhobenem Widerspruch bzw. eingelegter Beschwerde ein Schadensersatzanspruch gegen den Widerspruchs- bzw. Beschwerdeführer gewährt werden sollte, wurde bei den Beratungen im Finanzausschuß gestrichen.

1567 § 41 Abs. 2 S. 1 WpÜG sieht grundsätzlich eine 2-Wochen-Frist vor.

1568 § 41 Abs. 3 S. 2 WpÜG.

1569 §§ 42, 49, 50 WpÜG.

1570 § 53 WpÜG.

1571 §§ 67 ff.; 79 ff. OWiG.

1572 Die §§ 62 ff. WpÜG sind den §§ 83 ff. GWB nachgebildet.

1573 Diese Vorschrift wurde erstmals in den Regierungsentwurf eingefügt.

1574 §§ 48 Abs. 1; 62 Abs. 1; 64; 65 WpÜG.

1575 Sämtliche Entscheidungen des bei dem 20. Zivilsenat angesiedelten Wertpapiererwerbs- und Übernahmesenats können über die Homepage der Hessischen Familienrichter unter http://www.hefam.de abgerufen werden. Mitglieder des Senats sind derzeit (Stand: April 2004) *Karl-Friedrich Piorreck* (Vorsitzender) sowie *Elisabeth Dittrich* und *Martina Paul*.

1576 Dies umfaßt auch sämtliche Ansprüche aus §§ 12 Abs. 6 und 13 Abs. 2 und 3 i.V.m. 12 Abs. 6 WpÜG.

weismittel befinden[1577]. Die Rechtsstreitigkeiten gelten als Handelssachen im Sinne der §§ 93 bis 114 GVG[1578]. Die Länder erhalten schließlich die Möglichkeit, die Zuständigkeit auch länderübergreifend sowohl auf Ebene der Landgerichte als auch in Berufungs- und Beschwerdeverfahren auf Ebene der Oberlandesgerichte bei einem Gericht zu konzentrieren[1579].

8. Verhältnis WpÜG - Übernahmekodex

Mit dem Inkrafttreten des WpÜG zum 1. Januar 2002 ist zugleich das weitere Schicksal des Übernahmekodex besiegelt worden[1580]. Bereits während des Gesetzgebungsverfahrens ließ die Übernahmekommission durchblicken, daß eine parallele Fortgeltung des freiwilligen Regelwerks zu den neuen gesetzlichen Vorschriften nicht beabsichtigt sei[1581]. Dementsprechend erklärte die BSK im Anschluß an das parlamentarische Verfahren mit Beschluß vom 19. Dezember 2001 den Übernahmekodex ab dem 1. Januar 2002 für nur noch eingeschränkt anwendbar[1582]. Mit Inkrafttreten des neuen Gesetzes sollten hiernach nur noch diejenigen Angebote zum Erwerb von Wertpapieren unter die Bestimmungen des Übernahmekodex fallen, die vor Inkrafttreten des WpÜG veröffentlicht wurden. Anlaß für die eingeschränkte Fortgeltung des Kodex seien die unzureichenden Übergangsregelungen des neuen WpÜG[1583]. Zugleich erfolgte die Ankündigung, daß beabsichtigt sei, alsbald nach dem Inkrafttreten des Gesetzes das freiwillige Regelwerk endgültig „außer Kraft“ zu setzen. Ihren Ankündigungen folgend beschloß die BSK in ihrer Sitzung vom 4. März 2002 die „Außerkraftsetzung“ des Übernahmekodex mit sofortiger Wirkung[1584]. Allerdings wurde die Absicht bekräftigt, daß die Bestimmungen des Kodex weiterhin für solche Angebote anwendbar bleiben sollten, die vor Inkrafttreten des WpÜG veröffentlicht wurden. Die BSK begründete die „Außerkraftsetzung“ insbesondere mit der dadurch entstehenden Klarheit für die Kapitalmarktteilnehmer über die künftig anzuwendenden Bestimmungen. Die eingeschränkte Weitergeltung des Übernahmekodex ist zu begrüßen und erklärt sich vor dem Hintergrund der Gewährleistung eines möglichst lückenlosen Minderheitenschutzes. Dadurch

---

1577 Vgl. RegE-WpÜG, Begründung, Besonderer Teil, S. 174.

1578 § 66 Abs. 2 WpÜG.

1579 § 66 Abs. 3 WpÜG.

1580 Dazu auch *Thoma*, NZG 2002, 105 (106). Zum Kodex bereits eingehend oben in Kap. 3, S. 162 ff.

1581 So der Leiter der Geschäftsstelle der Übernahmekommission, *Holzborn*, wie auch der Vorsitzende der Übernahmekommission, *Loehr*. Vgl. *Zietsch/Holzborn*, WM 2001, 1753 (1754); *Loehr* nach FAZ vom 14. Juni 2000, S. 19.

1582 Vgl. Pressemitteilung der BSK vom 4. März 2002. Vgl. dazu FAZ vom 20. Dezember 2001, S. 29; ZIP-aktuell 2002, Nr. 5.

1583 Dazu oben Fn. 1443.

1584 Vgl. FAZ vom 5. März 2002, S. 29. Dazu auch ZIP-aktuell 2002, Nr. 61.

sollten Umgehungen der nach dem Übernahmekodex bestehenden Angebotspflicht, etwa im Wege der Ankündigung, einen Beschluß über die Verschmelzung der Zielgesellschaft binnen achtzehn Monaten herbeizuführen, verhindert werden[1585].

Wie die bisherigen Ausführungen zu den neuen gesetzlichen Vorschriften verdeutlicht haben, deckt sich der Anwendungsbereich des WpÜG im wesentlichen mit dem des Übernahmekodex. Allerdings besteht im Vergleich der beiden Anwendungsbereiche ein nicht unerheblicher Unterschied. Denn anders als nach den gesetzlichen Bestimmungen, wonach gemäß §§ 1, 2 Abs. 7 WpÜG nur solche inländische Gesellschaften erfaßt werden, deren Wertpapiere - auf Deutschland bezogen - im amtlichen Handel oder geregelten Markt zugelassen sind, ging der Übernahmekodex mit der Erstreckung auch auf solche Gesellschaften, deren Aktien in den Freiverkehr einbezogen sind, darüber hinaus[1586].

Die „Außerkraftsetzung“ des freiwilligen Regelwerks hinterläßt insoweit eine bedauernswerte Regelungslücke[1587]. Indessen vermag dieser Umstand nicht die unbeschränkte Fortgeltung des Übernahmekodex zu rechtfertigen. Die parallele Anwendung freiwilliger Verhaltensnormen neben gesetzlichen Vorschriften birgt für sich genommen bereits erhebliche Schwierigkeiten[1588]. Im konkreten Fall brächte die Koexistenz der freiwilligen Bestimmungen des Übernahmekodex und der gesetzlichen Vorschriften des WpÜG zahlreiche Regelungsprobleme mit sich, die durch die Unterschiede auch inhaltlicher Natur noch verstärkt würden. Zu denken wäre hierbei etwa an die unterschiedlich definierten Kontrollschwellen. Aber auch im Hinblick auf die Aufsichtstätigkeit durch zwei voneinander verschiedene Überwachungsorgane käme es zu erheblichen Abstimmungsproblemen[1589]. Letztlich wiegt daher die Vermeidung der durch derartige Kollisionen hervorgerufenen Unsicherheiten schwerer als das Bedürfnis, auch Gesellschaften, deren Aktien in den Freiverkehr einbezogen sind, einer Regelung zu unterwerfen. Anders wäre die Frage für den Fall zu beurteilen gewesen, daß der Anwendungsbereich des WpÜG auch im Hinblick auf einfache Erwerbsangebote, die nicht auf die Kontrollerlangung zielen, hinter dem des Übernahmekodex zurückgeblieben wäre, was jedoch mit Vorlage des

---

1585 Nach Art. 16 Übernahmekodex war für diesen Fall kein Pflichtangebot abzugeben. Die letzten Angebote nach dem Übernahmekodex wurden zum 5. Februar 2002 abgeschlossen. Abhängig davon, wie viele Bieter von der Möglichkeit der Nichtabgabe eines Pflichtangebots Gebrauch gemacht haben, könnte die eingeschränkte Anwendbarkeit daher noch über einen beträchtlichen Zeitraum fortbestehen.

1586 Begriffsbestimmungen, Zielgesellschaft Übernahmekodex.

1587 Dazu auch unten S. 326.

1588 Dazu bereits oben in Kap. 3, S. 186, im Hinblick auf das Verhältnis AktG - Übernahmekodex.

1589 Dazu *Zietsch/Holzborn*, WM 2001, 1753 (1755).

Referentenentwurfs behoben wurde. Gegen die Aufrechterhaltung des Kodex einzig zu dem Zweck der Erfassung des Freiverkehrs spricht zudem, daß die Regelungen des Übernahmekodex für Gesellschaften, deren Aktien darin einbezogen sind, ohnehin nur von untergeordneter Bedeutung waren, wie ein Blick auf die Anerkennungszahlen zeigt. Hinzu kommt, daß sich der Gesetzgeber bewußt gegen die Einbeziehung jener Gesellschaften ausgesprochen hat. Es ist folglich auch Sache des Gesetzgebers, diese Lücke bei der nächstmöglichen Revision des WpÜG zu schließen. Insoweit bleibt daher die Hoffnung, daß auch für die Übernahme solcher nicht vom Anwendungsbereich des WpÜG erfaßten Zielgesellschaften die Anlehnung an die neuen gesetzlichen Vorschriften zur verbreiteten Übung wird.

II. Ablauf des Übernahmeverfahrens

Der Ablauf eines Übernahmeverfahrens ist von entscheidender Bedeutung für die Herstellung der notwendigen Transparenz und die Aufrechterhaltung der Funktionsfähigkeit der Kapitalmärkte[1590]. Das WpÜG sieht dafür umfangreiche Regelungen vor[1591]. Entsprechend der Gesetzeskonzeption finden sich die grundlegenden Vorschriften im sämtliche Angebote betreffenden dritten Abschnitt, Sonderregelungen hingegen in Abschnitt 4. Auch wenn durch die sehr umfassende Normierung das Übernahmeverfahren weitgehend vorgegeben ist, gibt es doch keinen Standardablauf, dem ein jedes Übernahmeverfahren unterliegt.

Im Mittelpunkt eines Übernahmeverfahrens steht das Angebot als solches. Dem Rechnung tragend werden die entsprechenden Verfahrensschritte und die damit einhergehenden Pflichten zunächst vor Abgabe des Angebots aufgezeigt (nachfolgend unter 1.). Sodann ist auf die Veröffentlichung des Übernahmeangebots einzugehen (2.). Anschließend werden die jeweiligen Pflichten nach Abgabe des Angebots betrachtet (3.). Ausgeblendet werden hierbei die Pflichten des Vorstands und des Aufsichtsrats der Zielgesellschaft während des gesamten Verfahrens. Hierauf wird im nächsten Abschnitt ausführlich einzugehen sein[1592].

1. Verfahren vor Abgabe des Übernahmeangebots

Erst mit der Veröffentlichung der vom Bieter zu erstellenden Angebotsunterlage erfolgt die eigentliche Abgabe des Übernahmeangebots. Doch auch bereits vor

1590 Eingehend zu Planung, Durchführung und Abwicklung eines Übernahmeangebots aus Sicht der Praxis *Riehmer/Schröder*, BB 2001, Beilage 5.

1591 Auf die sich aus dem WpÜG ergebenden Besonderheiten für freiwillige Erwerbsangebote kann allenfalls am Rande eingegangen werden.

1592 Unten unter B., S. 342 ff.

diesem Zeitpunkt treffen die an einer Übernahme beteiligten Akteure verschiedene Pflichten, denen im folgenden nachgegangen werden soll.

a) Pflichten im Vorfeld

aa) Hinzuziehung von Beratern

Das Vorhaben einer Unternehmensübernahme bedarf nicht nur während der Umsetzungsphase, sondern bereits im Vorfeld der Transaktion einer äußerst sorgfältigen Planung seitens des Bieters. Dies gilt um so mehr für den Fall einer unfreundlichen Übernahme. Zu seiner Unterstützung wirken daher regelmäßig externe Berater an den Vorbereitungen mit[1593]. Dabei handelt es sich insbesondere um Investmentbanker[1594], Rechtsanwälte, Steuerfachleute und Wirtschaftsprüfer[1595]. Auch die Beiziehung professioneller Kommunikationsberater gewinnt immer mehr an Bedeutung[1596]. Eine Verpflichtung zur Herbeiziehung solcher Beratungsleistungen sieht das WpÜG allerdings nicht vor[1597]. Eine noch in § 14 DiskE-ÜG vorgesehene Regelung wurde bereits mit Vorlage des Referentenentwurfs ersatzlos gestrichen[1598]. Danach sollten sowohl der Bieter als auch die Zielgesellschaft bei der Vorbereitung und Durchführung der Übernahme einen geeigneten Berater hinzuziehen, um dadurch einen möglichst reibungslosen und raschen Verlauf des Übernahmeverfahrens zu gewährleisten[1599]. Festzuhalten bleibt somit, daß zwar keine Verpflichtung zur Hinzuziehung von Beratungsleistungen besteht, dennoch der Bieter regelmäßig solche in Anspruch nehmen wird.

1593 Vgl. speziell zu den Akteuren bei der Übernahmeberatung *Hutter/Lawrence* in von Rosen/Seifert, Übernahme börsennotierter Unternehmen, S. 95 (97 ff.)

1594 Vgl. dazu *Peters* in von Rosen/Seifert, Übernahme börsennotierter Unternehmen, S. 269 ff.; *von Falkenhausen* in FS Stiefel, S. 163 (169 f.). Zur Rolle der Banken allgemein siehe auch *Peltzer*, ZIP 1991, 485 ff. Eine aktuelle Übersicht über die Marktanteile einzelner Investment Banken bei der M&A-Beratung im Jahr 2001 in Deutschland, Europa und weltweit findet sich in FAZ vom 29. Dezember 2001, S. 23.

1595 Zur Bedeutung des WpÜG für die Praxis der Wirtschaftsprüfer *Schüppen*, WPg 2001, 958 (959 f.).

1596 Zu deren Aufgaben *Mackey/Geiser*, M&A 2000, 262 ff.

1597 Anders Art. 6 Übernahmekodex. Eine echte Pflicht war mit dieser Vorschrift jedoch nicht verbunden. Vgl. *Riehmer/Schröder*, BB 2001, Beilage 5, 4; *Assmann*, AG 1995, 563 (568). Auch aus rechtsvergleichender Sicht ist eine solche Vorschrift nicht unüblich, vgl. City Code, Rule 3; §§ 9, 13 öÜbG; Art. 25 BEHG.

1598 Für deren Wiedereinführung plädiert *Oechsler*, NZG 2001, 817 (820).

1599 Vgl. DiskE-ÜG, Begründung, Besonderer Teil, S. 108.

bb) Verhandlungen mit der Zielgesellschaft

Das WpÜG statuiert weiterhin auch keine Verpflichtung des Bieters, bereits vor Veröffentlichung eines Übernahmeangebots mit der Zielgesellschaft zu Verhandlungen zusammenzutreffen[1600]. Fakultativ vorgesehen war die Kontaktaufnahme mit der Zielgesellschaft noch im Diskussionsentwurf[1601]. Auch diese Vorschrift fiel der Überarbeitung zum Referentenentwurf zum Opfer[1602]. Daher bleibt es dem Bieter überlassen, den Kontakt zur Zielgesellschaft herzustellen[1603]. Hiervon wird er wohl jedoch nur im Rahmen einer von vornherein beabsichtigten freundlichen Übernahme Gebrauch machen. Denn auf diese Weise läßt sich ein möglichst freundliches Klima herbeiführen, das sich in einer positiven Stellungnahme der Verwaltung der Zielgesellschaft zu dem Angebot niederschlägt[1604]. Zudem wird der Bieter an einer Bewertung des Vermögens und der Verbindlichkeiten der Zielgesellschaft im Wege einer *Due Diligence* großes Interesse haben[1605]. Im gegenteiligen Fall einer von Anfang an geplanten unfreundlichen Unternehmensübernahme wird der Bieter allerdings von einer Unterrichtung Abstand nehmen, um sich nicht des Überraschungseffekts seines Vorgehens zu berauben. Allenfalls ein Gebot der Fairneß könnte den Bieter dazu veranlassen, sehr kurzfristig den Vorstand der Zielgesellschaft über seine Absichten in Kenntnis zu setzen, jedoch verbunden mit der Gefahr, daß der Bieter mit seinem Angriffskonzept unterlaufen wird. Naturgemäß scheidet in diesem Fall die Durchführung einer *Due Diligence* aus, was auf Seiten des Bieters zu erheblichen Unsicherheiten führt.

b) Veröffentlichung der Entscheidung zur Abgabe eines Übernahmeangebots

Sobald der Bieter seine Entscheidung zur Abgabe eines Übernahmeangebots getroffen hat, ist er nach § 10 Abs. 1 S. 1 WpÜG verpflichtet, die Entscheidung

---

1600 Anders Art. 4 Übernahmekodex, wonach der Veröffentlichung des Angebots Gespräche mit der Zielgesellschaft vorangehen sollten. Auch diese Vorschrift war nicht als echte Pflicht zu verstehen. Vgl. *Übernahmekommission*, Anmerkungen, S. 9; *Assmann*, AG 1995, 563 (568).

1601 § 10 Abs. 2 S. 1 DiskE-ÜG. Das dadurch auftretende Problem der Geheimhaltung sollte in § 10 Abs. 1 und Abs. 2 S. 2 DiskE-ÜG spezialgesetzlich geregelt werden.

1602 Kritisch zum Wegfall *Oechsler*, NZG 2001, 817 (819 f.).

1603 Auch der Gesetzgeber geht in der Gesetzesbegründung zu § 27 WpÜG von dieser Möglichkeit aus. Vgl. RegE-WpÜG, Begründung, Besonderer Teil, S. 128.

1604 Dazu eingehend unten S. 344 ff.

1605 Vgl. allgemein zur *Due Diligence* bei M&A Transaktionen *Harrer/Erbacher* in von Rosen/Seifert, Übernahme börsennotierter Unternehmen, S. 253 ff.; *Pack* in Picot, M&A Handbuch, S. 221 ff; speziell zur *Legal Due Diligence* siehe *Jaletzke* in FS Döser, S. 199 ff.

unverzüglich zu veröffentlichen[1606]. Erst in einem zweiten Schritt erfolgt die Veröffentlichung der Angebotsunterlage. Das Übernahmeverfahren nach dem WpÜG ist somit als zweistufiger Prozeß angelegt. Die Vorschrift soll dafür Sorge tragen, daß die Öffentlichkeit frühzeitig über marktrelevante Daten informiert wird, um das Ausnutzen von Spezialwissen zu verhindern. § 10 WpÜG ist weitgehend § 15 WpHG nachgebildet und geht diesem in seinem Anwendungsbereich als abschließende Sonderregelung vor[1607].

Liegt der Entscheidung zur Abgabe eines Angebots ein mehrstufiger Entscheidungsprozeß[1608] zugrunde, sollen die zu der verwandten Vorschrift entwickelten Grundsätze entsprechend herangezogen werden. Dies hat zur Folge, daß auch die gleichen Unsicherheiten zu dieser Frage bestehen wie im Rahmen des § 15 WpHG[1609]. Nach der Gesetzesbegründung soll in Anlehnung an die herrschende Auffassung nach § 15 WpHG[1610] bei Aktiengesellschaften der insoweit maßgebliche Zeitpunkt die Zustimmung des Aufsichtsrats bilden, sofern eine

---

1606 Eine fehlende Befreiungsmöglichkeit kritisiert *Liebscher*, ZIP 2001, 853 (859, 861). Nach nahezu einstimmiger Ansicht sollte dies bereits bisher für den Bieter im Fall einer unfreundlichen Übernahme nach § 15 WpHG gelten. Zutreffend *Land*, DB 2001, 1077 (1079). Siehe dazu *BAWe/Deutsche Börse AG*, Leitfaden Ad-hoc Publizität, S. 35; *DAV-Handelsrechtsausschuß*, AG 1997, 559 (567); *Nowak* DB 1999, 601 (602), sowie *Leis/Nowak*, Ad-hoc Publizität, S. 47; *Übernahmekommission*, Anmerkungen, S. 10; *Wittich* in von Rosen/Seifert, Übernahme börsennotierter Unternehmen, S. 377 (383 ff.). Anders dagegen unter Berufung auf empirische Nachweise fehlender Kursbeeinflussung bei der Bietergesellschaft *Schander/Lucas*, DB 1997, 2109 (2111 f.).

1607 § 10 Abs. 6 WpÜG. Der Vorrang gilt jedoch nur in dem Umfang, in dem die Veröffentlichung tatsächlich vorgenommen wurde. Zwingende Bestandteile der Veröffentlichung nach § 10 WpÜG sind nur Angaben darüber, daß ein Angebot beabsichtigt ist, und welche Wertpapiere betroffen sein werden, nicht dagegen weitere Einzelheiten zum Angebot. Beschränkt sich die Veröffentlichung nach § 10 WpÜG auf die notwendigen Angaben, besteht darüber hinaus weiterhin Raum für § 15 WpHG. Vgl. allgemein zur Ad-hoc Publizität bei M&A-Transaktionen *Nowak*, DB 1999, 601 ff.; speziell zu Übernahmen *Wittich* in von Rosen/Seifert, Übernahme börsennotierter Unternehmen, S. 377 ff.; *Schander/Lucas*, DB 1997, 2109 ff.

1608 Ein mehrstufiger Entscheidungsprozeß liegt vor, wenn mehreren Organen der Gesellschaft Entscheidungskompetenzen zukommen, infolge dessen sich der Entscheidungsprozeß über einen längeren Zeitraum erstrecken kann. Daraus resultieren Zielkonflikte zwischen den gesellschaftsrechtlichen Organkompetenzen einerseits und dem Gebot der unverzüglichen Veröffentlichung einer kapitalmarktrechtlichen Anordnung andererseits.

1609 Statt aller *Leis/Nowak*, Ad-hoc-Publizität, S. 25 ff.

1610 Vgl. etwa *BAWe/Deutsche Börse*, Leitfaden Ad-hoc Publizität, S. 32; *Geibel* in Schäfer, WpHG/BörsG/VerkProspG, § 15 WpHG, Rn. 75 m.w.N.; *Kümpel* in Assmann/Schneider, WpHG, § 15 WpHG, Rn. 48 (50). Dagegen *Ekkenga*, ZGR 1999, 165 (182 ff., 201); *Kiem/Kotthoff*, DB 1995, 1999 (2003).

solche erforderlich ist[1611]. Nach *Land/Hasselbach* hingegen soll regelmäßig mit dem entsprechenden Beschluß des Vorstands eine Entscheidung vorliegen, sofern von einer Zustimmung des Aufsichtsrats unter gewöhnlichen Umständen ausgegangen werden kann[1612]. Da der Gesetzgeber im Zuge der Konzeption des WpÜG die Gelegenheit nicht genutzt hat, die Frage einer endgültigen Klärung zuzuführen, wird eine abschließende Beurteilung wohl durch die Gerichte erfolgen müssen.

Sofern für die Entscheidung zur Abgabe eines Übernahmeangebots die Einholung eines Gesellschafterbeschlusses erforderlich sein sollte[1613] und noch aussteht, bestimmt § 10 Abs. 1 S. 2 WpÜG, daß ein solcher grundsätzlich nicht abzuwarten ist[1614]. Vielmehr besteht in einer derartigen Konstellation die Möglichkeit, das Angebot unter die Bedingung der Zustimmung der Gesellschafterversammlung zu stellen[1615]. Macht der Bieter hiervon Gebrauch, hat er nach § 25 WpÜG den ausstehenden Beschluß der Gesellschafterversammlung unverzüglich, spätestens jedoch bis zum fünften Werktag vor Ablauf der Annahmefrist herbeizuführen[1616]. In diesem Zusammenhang hat die BaFin im Rahmen der Mißstandsaufsicht dafür Sorge zu tragen, daß sich der Bieter durch die bedingte

---

1611 Vgl. RegE-WpÜG, Begründung, Besonderer Teil, S. 94. Zustimmend *Geibel/Süßmann*, BKR 2002, 52 (56).

1612 *Land/Hasselbach*, DB 2000, 1747 (1749).

1613 Zur Frage der Heranziehung der Kriterien der *Holzmüller*-Entscheidung des BGH (Urt. vom 25. Februar 1982, II ZR 174/80, BGHZ 83, 122) beim Erwerb einer Beteiligung an einer anderen Gesellschaft durch eine Aktiengesellschaft eingehend *Ebenroth/Daum*, DB 1991, 1105 (1107 ff.). Einen Überblick über den derzeitigen Streitstand bieten einerseits (pro) *Habersack* in Emmerich/Habersack, Aktien- und GmbH Konzernrecht, Vor § 311 AktG, Rn. 16, 20, sowie andererseits *Krieger* in MünHdb/GesR/AG, § 69, Rn. 7 m.w.N. in Fn. 24.

1614 Abweichend hiervon kann die BaFin nach § 10 Abs. 1 S. 3 WpÜG insbesondere Personengesellschaften und Gesellschaften mit beschränkter Haftung auf Antrag gestatten, eine Veröffentlichung erst nach dem Beschluß der Gesellschafterversammlung vorzunehmen. Dies setzt voraus, daß die gebotene Vertraulichkeit sichergestellt ist, und dadurch Marktverzerrungen nicht zu befürchten sind, was bei einem überschaubaren Gesellschafterkreis und einer Einladung zur Gesellschafterversammlung durch nicht-öffentliche Bekanntmachung der Fall sein soll. Vgl. RegE-WpÜG, Begründung, Besonderer Teil, S. 94.

1615 Eine solche ist nach § 18 WpÜG zulässig. Dazu unten S. 315.

1616 Abzustellen ist dabei auf die Beschlußfassung, nicht hingegen auf die Bestandskraft des Beschlusses, vgl. RegE-WpÜG, Begründung, Besonderer Teil, S. 125. Dagegen sah § 28 DiskE-ÜG die Herbeiführung zwei Monate nach Ablauf der Annahmefrist noch als ausreichend an. Mit dem *DAV-Handelsrechtsausschuß*, Stellungnahme zum RegE-WpÜG, ZIP 2001, 1736 (1738), ist zutreffend davon auszugehen, daß nach der Systematik und dem Wortlaut der Vorschrift Rechtsfolge der Versäumnis dieser Frist allein die nachträgliche Unzulässigkeit des Angebots sein kann.

Angebotsabgabe kein unzulässiges Rücktrittsrecht[1617] einräumt. Ein solcher Umgehungstatbestand soll etwa dann vorliegen, wenn die Bietergesellschaft im Mehrheitsbesitz steht, und deren Verwaltung einvernehmlich mit dem Mehrheitsgesellschafter handelt[1618].

Bereits vor der Veröffentlichung hat der Bieter die betroffenen Geschäftsführungen der Börsen[1619] sowie die BaFin von seiner Entscheidung in Kenntnis zu setzen, § 10 Abs. 2 S. 1 WpÜG. Die Veröffentlichung selbst ist alternativ in mindestens einem überregionalen Börsenpflichtblatt[1620] oder aber über bestimmte elektronisch betriebene Informationsverbreitungssysteme[1621] in deutscher Sprache vorzunehmen, § 10 Abs. 3 S. 1 WpÜG[1622]. Im Anschluß hat der Bieter unverzüglich dem Vorstand der Zielgesellschaft die Entscheidung zur Abgabe eines Übernahmeangebots schriftlich mitzuteilen, § 10 Abs. 5 S. 1 WpÜG.

c) Finanzierung des Übernahmeangebots

Ebenfalls vor Veröffentlichung der Angebotsunterlage ist der Bieter nach § 13 Abs. 1 S. 1 WpÜG verpflichtet, notwendige Maßnahmen zu ergreifen, die sicherstellen, daß ihm die zur vollständigen Erfüllung des Angebots erforderlichen Mittel zur Verfügung stehen[1623]. Das WpÜG stellt nunmehr ausdrücklich klar, daß darunter nicht zu verstehen ist, daß die Mittel bereits zum Zeitpunkt der Angebotsabgabe vorzuliegen haben. Vielmehr ist ausreichend, daß dem Bieter bei Fälligkeit der Gegenleistung die notwendigen Mittel zur Verfügung stehen[1624].

1617 Diese sind nach § 18 Abs. 2 WpÜG unzulässig. Dazu unten S. 315.

1618 Vgl. RegE-WpÜG, Begründung, Besonderer Teil, S. 116. Eine solche Klarstellung des Gesetzgebers erfolgte erst im Regierungsentwurf. Zur zuvor geäußerten Kritik vgl. *Land/Hasselbach*, DB 1747 (1751); *Liebscher*, ZIP 2001, 853 (862). Kritisch trotz der Klarstellung *Ekkenga/Hofschroer*, DStR 2002, 724 (729).

1619 Dadurch wird sichergestellt, daß eine Kursaussetzung vor der Veröffentlichung verfügt werden kann, sofern diese erforderlich ist. Vgl. § 10 Abs. 2 S. 2 WpÜG.

1620 Gemäß § 31 Abs. 4 BörsG hat die Zulassungsstelle folgende Presseorgane mit zweijähriger Wirkung vom 1. Januar 2005 an zu überregionalen Börsenpflichtblättern bestimmt: BZ, FAZ, FR, FTD, HB, SZ und Die Welt. Vgl. Bekanntmachung der Zulassungsstelle vom 15. Dezember 2004.

1621 Vgl. zum Ablauf dieses Verfahrens, das bereits nach § 15 Abs. 3 S. 1 WpHG vorgeschrieben ist, *Leis/Nowak*, Ad-hoc-Publizität, S. 11 ff., 17.

1622 Erst hiernach ist auch die Veröffentlichung auf anderem Wege gestattet, § 10 Abs. 3 S. 3 WpÜG.

1623 Dies entspricht City Code, Rule 2.5 (c), und § 4 Ziff. 1 öÜbG; stellt hingegen gegenüber dem Übernahmekodex eine Neuerung dar. Zur Finanzierung eines Übernahmeangebots siehe auch *Fahrholz*, Unternehmensfinanzierung, S. 124 ff.

1624 Diese Klarstellung erfolgte erstmals im Regierungsentwurf; vgl. aber bereits RefE-WÜG, Begründung, Besonderer Teil, S. 107.

Dies gilt unabhängig von der Art der Gegenleistung. Allerdings hat sich der Bieter gemäß § 13 Abs. 1 S. 2 WpÜG im Fall eines Barangebots von einem unabhängigen Wertpapierdienstleistungsunternehmen[1625] eine schriftliche Bestätigung darüber erteilen zu lassen, daß die zuvor genannten notwendigen Maßnahmen getroffen wurden[1626]. Die Unabhängigkeit des testierenden Wertpapierdienstleistungsunternehmens soll auch dann gewahrt sein, wenn dieses die Beratung des Bieters bei der Vorbereitung und Durchführung des Angebotsverfahrens übernommen hat[1627]. § 13 Abs. 2 WpÜG gewährt den Wertpapierinhabern der Zielgesellschaft, die von der Annahme Gebrauch gemacht haben, bei Nichterfüllung durch den Bieter einen Schadensersatzanspruch gegen das bestätigende Wertpapierdienstleistungsunternehmen. Der geschädigte Anspruchsteller ist so zu stellen, als hätte der Bieter ordnungsgemäß erfüllt[1628]. Jedoch besteht keine Garantiehaftung des bestätigenden Unternehmens. Dies ergibt sich aus § 13 Abs. 3 WpÜG, der § 12 Abs. 2 bis 6 WpÜG für entsprechend anwendbar erklärt und somit die Möglichkeit des Nachweises der nicht grob fahrlässigen Unkenntnis der Unrichtigkeit oder Unvollständigkeit der Angaben eröffnet[1629].

In Anbetracht der mit der Finanzierung einer Unternehmensübernahme verbundenen und oft nicht absehbaren Risiken ist damit zu rechnen, daß sich das bestätigende Wertpapierdienstleistungsunternehmen die Übernahme eines solchen Haftungsrisikos gegen Zahlung einer erheblichen Gebühr für die Abgabe einer Finanzierungsbestätigung vergüten lassen wird. Dadurch dürften die Kosten für eine Übernahme weiter in die Höhe getrieben werden.

d) Angebotsunterlage

Kernstück der Transparenzregelungen ist die Verpflichtung des Bieters, eine Angebotsunterlage anzufertigen und zu veröffentlichen. Der Rechtsnatur nach handelt es sich hierbei um ein verbindliches, unwiderrufliches Erwerbsangebot zum Abschluß eines Kauf- oder Tauschvertrags[1630]. Die Angebotsunterlage richtet sich in erster Linie an die von der Übernahme Betroffenen, die umfassend informiert werden sollen. Weiterhin dient diese der BaFin als Grundlage der

1625 Im Sinne von § 2 Abs. 4 WpHG.

1626 Kritisch dazu *Land*, DB 2001, 1707 (1710). Noch in § 15 Abs. 1 DiskE-ÜG war vorgesehen, eine solche Bestätigung unabhängig von der Art der angebotenen Gegenleistung einholen zu müssen.

1627 Vgl. RegE-WpÜG, Begründung, Besonderer Teil, S. 106. Insoweit dürfte es sich typischerweise um die beratende Investment Bank handeln.

1628 Vgl. RegE-WpÜG, Begründung, Besonderer Teil, S. 107. Die Haftung geht folglich auf das positive Interesse.

1629 Diese Möglichkeit wurde erstmals mit Vorlage des Regierungsentwurfs geschaffen. Kritisch noch zum RefE-WÜG *Thaeter/Barth*, NZG 2001, 545 (548).

1630 § 145 BGB; §§ 17; 18 Abs. 2; 31 Abs. 2 WpÜG. Dazu im einzelnen nachfolgend.

Überprüfung, und schließlich wendet sich die Angebotsunterlage auch an die Öffentlichkeit. Die Generalklausel des § 11 Abs. 1 S. 2 WpÜG bestimmt, daß die Angebotsunterlage alle Angaben enthalten muß, die notwendig sind, um in Kenntnis der Sachlage über das Angebot entscheiden zu können. Sie ist in einer verständlichen Form und ausnahmslos[1631] in deutscher Sprache[1632] abzufassen, § 11 Abs. 1 S. 4 WpÜG[1633]. Für die Richtigkeit und Vollständigkeit der Angaben haften diejenigen nach § 12 Abs. 1 WpÜG gesamtschuldnerisch auf Schadensersatz[1634], welche die Verantwortung für die Angebotsunterlage übernommen haben und diejenigen, von denen der Erlaß des Angebots ausgeht[1635].

Die in der Angebotsunterlage im einzelnen zu treffenden Angaben folgen aus § 11 Abs. 2 S. 2, 3 WpÜG sowie aus § 2 WpÜG-AngVO[1636]. Es ist zwischen dem Inhalt der Angebotsunterlage und ergänzenden Angaben zu unterscheiden[1637]. Während sich der Inhalt der Angebotsunterlage aus § 11 Abs. 2 S. 2 Ziff. 1 bis 6 WpÜG ergibt, folgen die ergänzenden Angaben zum einen aus § 11 Abs. 2 S. 3 Ziff. 1 bis 4 WpÜG und zum anderen aus § 2 Ziff. 1 bis 12 WpÜG-AngVO[1638].

aa) Inhalt der Angebotsunterlage

(1) Angaben über den Bieter und die Zielgesellschaft

Zunächst hat die Angebotsunterlage die zur Identifizierung der unmittelbar Beteiligten erforderlichen Angaben zu enthalten. § 11 Abs. 2 S. 2 Ziff. 1 und 2 WpÜG bestimmen daher, daß Name oder Firma sowie Anschrift oder Sitz des Bieters anzugeben sind. Sofern es sich um eine Gesellschaft handelt, ist auch die

1631 Vgl. hingegen § 2 Abs. 1 S. 4 VerkProspVO; § 13 Abs. 1 S. 3 BörsZulVO.

1632 Die strikte Einhaltung der deutschen Sprache, auch in § 10 Abs. 3 S. 1 WpÜG, ist vor allem auf die Übernahme Vodafone/Mannesmann zurückzuführen, bei der es zu zahlreichen Publikationen des Bieters in englischer Sprache kam. Vgl. *Übernahmekommission*, Handout zur PK vom 13. Juni 2000, S. 7. Siehe auch LG München I, Urt. vom 3. Mai 2001 - 5 HK O 23950/00 in BB 2001, 1648 ff.

1633 Die Vorschrift ist identisch zu § 2 Abs. 1 S. 3 VerkProspVO sowie § 13 Abs. 1 S. 2 BörsZulVO.

1634 Für die Haftung des Bieters unmaßgeblich ist insoweit, ob die Angebotsunterlage von der BaFin gebilligt wurde. Zur Vorlagepflicht unten S. 318.

1635 Dies entspricht der Unterscheidung nach § 44 Abs. 1 S. 1 Ziff. 1 und 2 BörsG. Ausführlich dazu *Assmann*, AG 2002, 153 ff.

1636 Einen ersten Überblick zum Inhalt der Angebotsunterlage aus Sicht der Praxis bietet *Hamann*, ZIP 2001, 2249 ff.

1637 Kritisch zu dieser Unterscheidung *Land/Hasselbach*, DB 2000, 1747 (1750).

1638 Letzteres wird als willkürlich und unübersichtlich bemängelt, vgl. *Liebscher*, ZIP 2001, 853 (863); auch *DAV-Handelsrechtsausschuß*, Stellungnahme zum RefE-WÜG, NZG 2001, 420 (423).

Rechtsform zu benennen. Die Zielgesellschaft ist unter Angabe von Firma, Sitz und Rechtsform zu bezeichnen.

(2) Angaben über die zu erwerbenden Wertpapiere

§ 11 Abs. 2 S. 2 Ziff. 3 WpÜG verpflichtet den Bieter, diejenigen Wertpapiere anzugeben, die Gegenstand des Angebots sind. Gemäß § 32 WpÜG sind Übernahmeangebote stets als Vollangebote zu unterbreiten[1639]. Daher hat sich das Übernahmeangebot zum einen an sämtliche Aktionäre zu richten[1640]. Darüber hinaus bezieht sich das Verbot von Teilangeboten nicht nur auf eine Übernahmequote innerhalb einer Aktiengattung, sondern auch auf den generellen Ausschluß einzelner Aktiengattungen. Gegenstand des Angebots sind somit zum anderen sämtliche von der Zielgesellschaft emittierten Aktiengattungen, also sowohl Vorzugs- wie auch Stammaktien.

(3) Angaben über die zu gewährende Gegenleistung

Entscheidend für den Erfolg des Übernahmeangebots sind Art und Höhe der für die Wertpapiere der Zielgesellschaft gebotenen Gegenleistung. Nach § 11 Abs. 2 S. 2 Ziff. 4 WpÜG sind daher Angaben hierüber zentraler Bestandteil der Angebotsunterlage. Die Bestimmung der Gegenleistung richtet sich nach § 31 WpÜG

1639 Etwas anderes gilt nach § 19 WpÜG für freiwillige Erwerbsangebote, die auch als Teilangebote ausgestaltet werden können. Nach Art. 10 Übernahmekodex waren auch Teilübernahmeangebote zugelassen. Auch europarechtlich wäre diese Einschränkung im Hinblick auf freiwillige Übernahmeangebote nicht geboten gewesen, vgl. Art. 5 Abs. 1 S. 2; 6 Abs. 3 lit. e Gemeinsamer Entwurf sowie Präambel, Erwägungsgrund 7 und auch 4 des Gemeinsamen Entwurfs. Die Regelung des WpÜG entspricht Art. 5-1 CMF-Verordnung, steht aber im Gegensatz zu City Code, Rule 36, sowie § 7 Ziff. 5 i.V.m. § 20 öÜbG, die in unterschiedlicher Form Teilangebote zulassen. Generell sind Teilangebote faktisch in ihrem Anwendungsbereich dadurch eingeschränkt, daß der Bieter nach Überschreiten der Kontrollschwelle zur Abgabe eines Pflichtangebots gehalten ist.

1640 Etwas anderes gilt nur für den Fall des § 24 WpÜG. Danach können Aktionäre mit Sitz oder Wohnsitz in Staaten außerhalb des EWR auf Antrag vom Angebot ausgenommen werden, sog. *disclaimer*. Dies soll dann möglich sein, wenn dem Bieter die zusätzliche Einhaltung von Vorschriften jener Staaten unzumutbar ist. In der Praxis betrifft dies insbesondere Australien, Japan, Kanada und vor allem die USA, insbesondere wenn sich das Angebot auch auf ADRs erstreckt. Vgl. *Möller/Pötzsch*, ZIP 2001, 1256 (1259); *Schuster/Zschocke*, Übernahmerecht, S. 39 f.; bereits auch *Küting*, BB 1978, 1751 (1753). Eingehend dazu *Holzborn*, BKR 2002, 67 ff. Siehe auch das Angebot im Rahmen der Übernahme Allianz/Dresdner Bank in FAZ vom 31. Mai 2001, S. 49. Vgl. allgemein zu kollisionsrechtlichen Problemen des Kapitalmarktrechts *Schneider*, AG 2001, 269 ff.; speziell zu Übernahmeangeboten *Dürig*, RIW 1999, 746 ff.; *Ebenroth/Wilken*, JZ 1991, 1061 (1066 f.); *von Hein*, AG 2001, 213 (219 ff.).

in Verbindung mit §§ 3 ff. WpÜG-AngVO[1641]. Während § 31 WpÜG grundsätzliche Vorgaben aufstellt, enthalten §§ 3 ff. WpÜG-AngVO genauere Angaben zur Berechnung der Höhe der Gegenleistung[1642].

(a) Höhe der Gegenleistung

Dem Grundsatz nach hat der Bieter den Aktionären eine angemessene Gegenleistung anzubieten, § 31 Abs. 1 S. 1 WpÜG[1643]. Die Bestimmung der Angemessenheit hat sich nach § 31 Abs. 1 S. 2 WpÜG an zwei Eckwerten zu orientieren. Zum ersten richtet sie sich nach dem durchschnittlichen Börsenkurs der Aktien der Zielgesellschaft. Zum zweiten sind Erwerbe von Aktien der Zielgesellschaft durch den Bieter, mit ihm gemeinsam handelnde Personen oder deren Tochterunternehmen im Vorfeld der Übernahme maßgeblich.

Der Wert der Gegenleistung ist für Stamm- und Vorzugsaktien getrennt zu ermitteln, § 3 S. 3 WpÜG-AngVO[1644]. Er muß einerseits dem Wert der höchsten vom Bieter gewährten Gegenleistung innerhalb der letzten drei Monate vor der Veröffentlichung der Angebotsunterlage entsprechen, § 4 S. 1 WpÜG-AngVO[1645]. Dies hat eine vollumfängliche Teilhabe der Aktionäre der Zielge-

1641 Demgegenüber sah der Übernahmekodex Vorgaben zur Gegenleistung nur für das Pflichtangebot vor, Art. 17 Übernahmekodex. Vgl. zur Begründung *Übernahmekommission*, Anmerkungen, S. 22. Der Gesetzgeber hingegen rechtfertigt die Einbeziehung des freiwilligen Übernahmeangebots mit dem Verhältnis der Regeln über das Pflichtangebot zu denen des Übernahmeangebots, vgl. RegE-WpÜG, Begründung, Allgemeiner Teil, S. 69 f. Dazu näher unten S. 324. Kritisch dazu *Mülbert*, ZIP 2001, 1221 (1223 ff.); *Land/Hasselbach*, DB 2000, 1747 (1751), im Hinblick auf die generelle Unzulässigkeit von Teilangeboten; *Krause*, IFLR 9/2000, 36 (39).

1642 Eine solche Vorgehensweise wurde gewählt, um in Zukunft die in der Praxis gewonnenen Erkenntnisse flexibel und zeitnah umsetzen zu können. Vgl. RegE-WpÜG, Begründung, Besonderer Teil, S. 134 f. Hingegen äußert *Schüppen*, WPg 2001, 958 (976), Zweifel an der Verfassungskonformität der Auslagerung jener wesentlichen Vorschriften.

1643 § 31 Abs. 1 S. 1 WpÜG. Die Preisregel des WpÜG bezieht sich nicht auf freiwillige Erwerbsangebote, was bereits aus ihrer systematischen Stellung in Abschnitt 4 folgt.

1644 Hierzu jüngst BVerfG, Beschluß vom 2. April 2004 (Az.: 1 BvR 1620/03).

1645 Werden den Wertpapierinhabern als Gegenleistung Aktien angeboten, finden die in § 4 WpÜG-AngVO enthaltenen Grundsätze zur Berücksichtigung von Vorerwerben keine Anwendung. Dies wird damit begründet, daß ansonsten die Gefahr bestünde, daß der Bieter durch den Erwerb eigener Aktien zu überhöhten Preisen die Bewertung der Aktien künstlich erhöhen könnte. Dies hätte zur Folge, daß sich der objektive Wert der Gegenleistung dadurch verringern könnte. Vgl. RegE-WpÜG, Begründung, Besonderer Teil, S. 208.

sellschaft an sog. Paketzuschlägen[1646] zur Folge[1647]. Als weitere Untergrenze wird der gewichtete durchschnittliche inländische Börsenkurs[1648] der Aktien der Zielgesellschaft während der letzten drei Monate[1649] vor der Veröffentlichung der Entscheidung zur Abgabe eines Übernahmeangebots bestimmt, sofern die Aktien länger als drei Monate zum Handel an einem organisierten Markt im Inland zugelassen sind, § 5 Abs. 1 WpÜG-AngVO[1650].

(b) Art der Gegenleistung

Hinsichtlich der Art der Gegenleistung hat der Bieter grundsätzlich die Wahl. Er kann den Aktionären entweder eine Gegenleistung in Euro oder aber liquide

1646 Hierunter ist der Zuschlag zu verstehen, den ein Käufer eines Aktienpakets zusätzlich zum Produkt von Aktienanzahl multipliziert mit dem Börsenkurs zahlt. Vgl. dazu bereits oben Kap. 1, S. 29.

1647 Demgegenüber sah der Referentenentwurf noch vor, daß der Bieter bei außerbörslichen Erwerben im Vorfeld den anderen Aktionären lediglich mindestens 85 Prozent des höchsten von ihm gezahlten Preises anzubieten hatte. Damit sollte in gewissem Maße die besondere ökonomische Leistung anerkannt werden, die sich in den Zuschlägen für den Erwerb großer Aktienpakete widerspiegelt und die von Kleinaktionären nicht erbracht wird. Vgl. RefE-WÜG, Begründung, Besonderer Teil, Anhang 1, S. 206. Kritik hieran kam insbesondere aus Anlegerverbänden, vgl. FAZ vom 15. Mai 2001, S. 33; BZ vom 15. Mai 2001, S. 13. Andererseits wurde selbst der 15prozentige Abschlag als zu gering bemessen kritisiert, vgl. *Kremer*, M&A 2000, 461 (462). Vgl. zur alten Regelung *Liebscher*, ZIP 2001, 853 (864 f.). Kritisch zur vollen Partizipation der Kleinaktionäre *DAV-Handelsrechtsausschuß*, Stellungnahme zum RegE-WpÜG, ZIP 2001, 1736 (1738), sowie bereits *Schiessl*, AG 1999, 442 (451). Die jetzige Regelung entspricht City Code, Rule 9.5; dem Referentenentwurf ähnlich ist § 26 Abs. 1 öÜbG, wonach ein 15prozentiger Abschlag zulässig ist. Keine Einigung zu dieser Frage erzielte bereits die *BSK*, Standpunkte, S. 17 ff. Auch der Übernahmekodex bot kein einheitliches Bild. Während nach der ersten Fassung noch ein 25prozentiger Abschlag zulässig war, wurde in der verschärften Fassung dem Angebot der höchste während der letzten drei Monate bezahlte Kurs zugrunde gelegt, Art. 17 Abs. 1 Übernahmekodex. Zur bisherigen Rechtslage *Otto*, AG 1994, 167 (167) m.w.N.

1648 Vgl. die Definition in § 5 Abs. 3 WpÜG-AngVO. Kritisch dazu *Archner*, ZfgK 2001, 999 (1002), der eine Höchstpreisregel als vorzugswürdig erachtet.

1649 Im Diskussionsentwurf waren jeweils noch sechs Monate vorgesehen. Mit der Verkürzung wurde dem Aktualitätsgebot Rechnung getragen. Dies entspricht auch Art. 17 Übernahmekodex, der jedoch auf den höchsten Börsenpreis abstellte.

1650 Sind die Wertpapiere der Zielgesellschaft zum Zeitpunkt der Veröffentlichung der Entscheidung zur Abgabe eines Angebots weniger als drei Monate zum Handel zugelassen, ist der Referenzzeitraum entsprechend zu verkürzen, § 5 Abs. 2 WpÜG-AngVO. Bei ausschließlicher Zulassung der Aktien der Zielgesellschaft in einem anderen EWR-Staat enthält § 6 WpÜG-AngVO eine entsprechende Regelung.

Aktien[1651], nicht notwendig solche des Bieters[1652], die spätestens zum Zeitpunkt der Übereignung an die Adressaten des Angebots zum Handel an einer Börse im EWR zugelassen sein sollen[1653], anbieten, § 31 Abs. 2 S. 1 WpÜG[1654]. Stimmberechtigte Aktien müssen gegen ebensolche eingetauscht werden, § 31 Abs. 2 S. 2 WpÜG. Daneben steht es dem Bieter frei, weitere Gegenleistungen anzubieten, sofern den Adressaten des Übernahmeangebots weiterhin die Wahl zwischen Geld oder liquiden Aktien bleibt[1655].

Abweichend von diesem Grundsatz wird der Bieter ausschließlich zu einer Gegenleistung in Euro verpflichtet, wenn er in zeitlichem Zusammenhang mit der Übernahme innerhalb der letzten drei Monate vor Veröffentlichung der Entscheidung zur Abgabe eines Angebots insgesamt fünf Prozent der Aktien oder Stimmrechte an der Zielgesellschaft gegen Geldzahlung erlangt hat, § 31 Abs. 3 Ziff. 1 WpÜG[1656]. Mit dieser Regelung soll ein Anschleichen[1657] an die Zielgesellschaft vermieden werden[1658]. Der Bieter wird ebenfalls zur Abgabe eines reinen Barangebots verpflichtet, wenn er in der Zeit nach Veröffentlichung

1651 Der Begriff der „liquiden Aktien" wird nicht im WpÜG definiert. Siehe dazu unten S. 335.

1652 Die Wahlmöglichkeit im Hinblick auf die Art der Gegenleistung entspricht der bisherigen Praxis zu Art. 17 Übernahmekodex. Vgl. *Übernahmekommission*, Handout zur PK vom 13. Juni 2000, S. 4 f.; *Picot*, M&A 2000, 265 (270). Anderer Ansicht *Holzapfel/ Pöllath*, Unternehmenskauf, Rn. 253, die aus dem „Gesamtzusammenhang" zwingend ein Barangebot folgern.

1653 Vgl. RegE-WpÜG, Begründung, Besonderer Teil, S. 136.

1654 Die Regelung ermöglicht auch außerhalb des EWR ansässigen Unternehmen, deren Aktien als Gegenleistung anzubieten, soweit diese Aktien zum Handel an einem geregelten Markt im EWR zugelassen sind. Umgekehrt schließt die Beschränkung auf Börsen im EWR aus, daß Aktien angeboten werden, die nur in anderen Staaten börsennotiert sind.

1655 Zu den Gründen, die aus Sicht der Bundesregierung gegen eine generelle Pflicht zu einem Barangebot sprachen, *Berger*, Bank 2000, 558 (561); Antwort der Bundesregierung auf die Große Anfrage der FDP-Fraktion im Bundestag (Nachweise oben Fn. 1340). Dazu auch unten S. 334.

1656 Ausgenommen sind Aktienerwerbe, die auf Grund der Ausübung eines gesetzlichen Bezugsrechts im Rahmen einer Erhöhung des Grundkapitals der Zielgesellschaft erfolgen, § 31 Abs. 6 S. 2 WpÜG.

1657 Auch als *creeping-in* bezeichnet.

1658 Vgl. RegE-WpÜG, Begründung, Besonderer Teil, S. 136. Kritisch dazu unter Hinweis auf die Regelungen der §§ 21 ff. WpHG *Spitzenverbände der deutschen Wirtschaft*, Stellungnahme zum RefE-WÜG vom 30. März 2001, S. 7. Wenngleich nach dem Wortlaut der Regelung Zuerwerbe, die nicht gegen Zahlung einer Geldleistung erfolgen, sondern etwa im Tausch gegen Vermögensgegenstände, nicht erfaßt werden, dürfte einer solchen Umgehungsmöglichkeit sowohl der Sinn und Zweck der Vorschrift als auch der Gleichbehandlungsgrundsatz des § 3 Abs. 1 WpÜG entgegenstehen.

der Entscheidung bis zum Ablauf der Annahmefrist außerhalb des Übernahmeverfahrens mindestens ein Prozent der Aktien oder Stimmrechte gegen Geld erwirbt[1659], § 31 Abs. 3 Ziff. 2 WpÜG[1660].

(4) Angaben über Bedingungen

Das Angebot hat nach § 11 Abs. 2 S. 2 Ziff. 5 WpÜG auch etwaige Bedingungen zu enthalten, von deren Eintritt der Bieter das Übernahmeangebot abhängig gemacht hat[1661]. Von dem Abwarten auf den Beschluß der Gesellschafterversammlung gemäß § 25 WpÜG abgesehen sind allerdings solche Bedingungen nach § 18 Abs. 1 WpÜG unzulässig, deren Eintritt der Bieter[1662] ausschließlich selbst herbeiführen kann, sog. Potestativbedingungen[1663]. Gleiches gilt nach § 18

1659 Dem sachenrechtlichen Erwerb von Wertpapieren sind nach § 31 Abs. 6 S. 1 WpÜG Vereinbarungen gleichgestellt, auf Grund derer die Leistung von Wertpapieren verlangt werden kann, wie etwa Optionsverträge und Verträge mit hinausgeschobener Fälligkeit. Das WpÜG verwendet den Begriff des Erwerbs grundsätzlich im Sinne des Erlangens des Eigentums. Die Gleichstellung von schuldrechtlichen Grundgeschäften mit dem Eigentumserwerb wird an den jeweiligen Stellen ausdrücklich angeordnet, regelmäßig durch Verweis auf die zuvor genannte Vorschrift.

1660 Die Bagatellschwelle wurde erst infolge der Beratungen im Finanzausschuß in das Gesetz eingefügt. Kritisch zuvor etwa *Krieger* in Henze/Hoffmann-Becking, Gesellschaftsrecht 2001, S. 289 (297).

1661 Ausführlich zu den unterschiedlichen Arten der Bedingungen *Busch,* AG 2002, 145 ff.

1662 Bzw. mit diesem gemeinsam handelnde Personen oder deren Tochterunternehmen oder im Zusammenhang mit dem Angebot für diese Personen oder Unternehmen tätige Berater.

1663 Dies entspricht Art. 9 Übernahmekodex und City Code, Rule 13; ähnlich auch § 8 öÜbG. Denkbare weitere zulässige Bedingungen wären etwa das Abwarten auf noch ausstehende kartellrechtliche Entscheidungen oder das Erreichen einer bestimmten Beteiligungsschwelle, vgl. §§ 16 Abs. 2 S. 2; 21 Abs. 1 S. 1 Ziff. 3 WpÜG. Ferner der im wesentlichen unveränderte Fortbestand der Vermögenslage der Zielgesellschaft. Vgl. auch RegE-WpÜG, Begründung, Besonderer Teil, S. 114 f. Nach *Land/Hasselbach*, DB 2000, 1747 (1751), soll auch die Nichtabgabe von konkurrierenden Angeboten zulässige Bedingung sein. Als für die Praxis bedeutsames unzulässiges Beispiel führen diese Finanzierungsbestätigungen an, wonach der Bieter das Angebot unter den Vorbehalt stellt, die Übernahme nur unter Aufbringung der notwendigen finanziellen Mittel durchzuführen. Ebenso *Liebscher*, ZIP 2001, 853 (862); *Busch*, AG 2002, 145 (147); zweifelnd *Ekkenga/Hofschroer*, DStR 2002, 724 (729). Zur Frage der Zulässigkeit der Bedingung, daß die Zielgesellschaft nicht von Abwehrmaßnahmen Gebrauch macht, vgl. *Riehmer/Schröder*, BB 2001, Beilage 5, 6.

Abs. 2 WpÜG für Angebote, die unter Widerrufs- oder Rücktrittsvorbehalt[1664] abgegeben werden[1665].

(5) Angaben über die Annahmefrist

Weiterhin hat die Angebotsunterlage nach § 11 Abs. 2 S. 2 Ziff. 6 WpÜG den Beginn und das Ende der Annahmefrist[1666] zu benennen. Diese beginnt mit der Veröffentlichung der Angebotsunterlage, § 16 Abs. 1 S. 2 WpÜG. Grundsätzlich darf die Annahmefrist nicht weniger als vier Wochen und nicht mehr als zehn Wochen[1667] betragen, § 16 Abs. 1 S. 1 WpÜG[1668]. Abweichend von diesem Grundsatz existieren drei Ausnahmen[1669]. Für den Fall der Änderung des Angebots innerhalb der letzten zwei Wochen vor Ablauf der Annahmefrist verlängert sich diese um weitere zwei Wochen[1670]. Eine Verlängerung ist ebenfalls vorgesehen, wenn ein konkurrierendes Übernahmeangebot eines Dritten hinzutritt. Läuft in einer solchen Konstellation die Annahmefrist für das Angebot des Bieters vor Ablauf der Annahmefrist für das konkurrierende Angebot ab, verlängert sich der Ablauf der Annahmefrist für das Angebot des Bieters bis zu dem Tag, an dem auch die Annahmefrist des konkurrierenden Angebots endet[1671]. Schließlich be-

---

1664 Anders Art. 7 Ziff. 12 Übernahmekodex, aus dem mittelbar die Zulässigkeit eines Rücktrittsvorbehalts folgte.

1665 Zulässig dagegen ist die Einräumung von Rücktrittsrechten an die Wertpapierinhaber der Zielgesellschaft. Vgl. dazu *Riehmer/Schröder*, BB 2001, Beilage 5, 6.

1666 In der Praxis findet sich häufig auch die Bezeichnung „Angebotsfrist“. Vgl. etwa *Riehmer/Schröder*, BB 2001, Beilage 5, 3. Dies dürfte auf den Sprachgebrauch des Übernahmekodex zurückzuführen sein, vgl. etwa Art. 7 Ziff. 11 Übernahmekodex.

1667 In § 19 Abs. 1 DiskE-ÜG war noch eine maximale Annahmefrist von sechs Wochen vorgesehen. Diese wurde als zu kurz bemängelt, vgl. *Hucke/Amann*, FB 2001, 1 (6).

1668 Der Übernahmekodex sah eine Annahmefrist zwischen 28 und 60 Kalendertagen vor, Art. 11 S. 2 Übernahmekodex. Nach dem City Code ist das Angebot mindestens 21 Tage und höchstens 60 Tage offen zu halten, City Code, Rules 31.1, 31.6; nach § 19 Abs. 1 S. 1 öÜbG mindestens 20 und höchstens 50 Börsetage.

1669 Anders als noch nach dem Übernahmekodex ist die Verlängerung einer zunächst zu kurz bemessenen Annahmefrist durch den Bieter nicht mehr zulässig. Dies folgt auch aus § 21 Abs. 1 WpÜG, der abschließend die zulässigen Änderungen des Angebots aufzählt. Vgl. zum Übernahmekodex *BSK*, Standpunkte, S. 23. Siehe auch Art. 14 S. 2 Übernahmekodex.

1670 § 21 Abs. 5 S. 1 WpÜG. Dies gilt nach S. 2 aus Gründen der Rechtssicherheit insbesondere auch für den Fall, daß das geänderte Angebot gegen Rechtsvorschriften verstößt.

1671 § 22 Abs. 2 S. 1 WpÜG. Dies gilt nach S. 2 auch, wenn das konkurrierende Angebot geändert oder untersagt wurde oder gegen Rechtsvorschriften verstößt. Zu Recht wird diese Regelung als zu eng kritisiert, vgl. *DAV-Handelsrechtsausschuß*, Stellungnahme zum RefE-WÜG, NZG 2001, 420 (425); *Oechsler*, NZG 2001, 817 (825). Dazu auch unten S. 333.

trägt die Annahmefrist stets zehn Wochen[1672], wenn nach Veröffentlichung der Angebotsunterlage eine Hauptversammlung der Zielgesellschaft einberufen wird[1673].

bb) Ergänzende Angaben

Wie bereits erwähnt, werden die ergänzenden Angaben sowohl im WpÜG selbst als auch in der WpÜG-AngVO geregelt[1674].

(1) Nach WpÜG

Nach § 11 Abs. 2 S. 3 WpÜG handelt es sich dabei um Angaben zur Finanzierung des Angebots und zu den Auswirkungen der finanziellen Belastungen der Übernahme auf die Vermögens-, Finanz- und Ertragslage (VFE-Lage) des Bieters (Ziff. 1), zu den Absichten des Bieters hinsichtlich der künftigen Geschäftstätigkeit der Zielgesellschaft, insbesondere Informationen über eine mögliche Sitzverlegung oder die Verlagerung von wesentlichen Betriebsteilen sowie über Auswirkungen auf die Beschäftigungssituation und die Arbeitnehmervertretung bei der Zielgesellschaft (Ziff. 2)[1675], sowie zu jeglichen Vorteilsgewährungen des Bieters an die einzelnen Mitglieder der Verwaltung der Zielgesellschaft im Vorfeld (Ziff. 3). Zudem ist für den Fall eines Barangebots die Finanzierungsbestätigung des Wertpapierdienstleistungsunternehmens, zu dessen Einholung der Bieter verpflichtet ist[1676], in die Angebotsunterlage aufzunehmen (Ziff. 4).

(2) Nach WpÜG-Angebotsverordnung

Gemäß § 2 WpÜG-AngVO hat der Bieter zudem Angaben über die mit ihm gemeinsam handelnden Personen (Ziff. 1) zu treffen. Besteht die Gegenleistung aus Wertpapieren, sind Angaben nach § 7 VerkProspG zu diesen Wertpapieren aufzunehmen[1677], es sei denn, für die angebotenen Wertpapiere wurde vor weni-

---

1672 Unbeschadet einer möglichen Verlängerung nach §§ 21 Abs. 5 und 22 Abs. 2 WpÜG. Dagegen sah § 19 Abs. 2 S. 1 DiskE-ÜG noch eine nur zweimonatige Annahmefrist vor, sofern die Einberufung der Hauptversammlung binnen zwei Wochen nach Veröffentlichung der Angebotsunterlage erfolgt ist.

1673 Dazu näher unten S. 468 ff.

1674 Überdies hat die Angebotsunterlage nach § 11 Abs. 3 WpÜG auch Angaben über die Personen zu enthalten, die für den Inhalt der Angebotsunterlage die Verantwortung übernehmen. Damit soll offengelegt werden, wem gegenüber mögliche Ansprüche geltend zu machen sind.

1675 Kritisch dazu *Liebscher*, ZIP 2001, 853 (868).

1676 § 13 Abs. 1 S. 2 WpÜG. Vgl. bereits oben S. 308.

1677 Vgl. dazu *Hamann* in Schäfer, WpHG/BörsG/VerkProspG, § 7 VerkProspG.

ger als zwölf Monaten ein Verkaufsprospekt, Börsenzulassungsprospekt oder Unternehmensbericht im Inland in deutscher Sprache veröffentlicht (Ziff. 2). In diesem Fall genügen Angaben darüber, daß ein solcher veröffentlicht wurde, wo dieser erhältlich ist und welche Änderungen seitdem eingetreten sind. Auch hat der Bieter darauf hinzuweisen, welche Bewertungsmethode er bei der Wertermittlung der Gegenleistung zugrunde gelegt hat (Ziff. 3)[1678]. Ferner hat er die genauen Abwicklungsmodalitäten darzulegen (Ziff. 4), etwa welche Maßnahmen die Angebotsempfänger zur Annahme ergreifen müssen und welche Kosten damit für sie verbunden sind, und die aktuellen Eigentumsverhältnisse an der Zielgesellschaft umfassend offenzulegen (Ziff. 5). Aufzunehmen sind weiter Angaben über die Art und den Umfang von Gegenleistungen für Wertpapierkäufe, die der Bieter innerhalb des Zeitraums von drei Monaten vor der Veröffentlichung der Entscheidung zur Abgabe eines Angebots bis zur Veröffentlichung der Angebotsunterlage getätigt hat (Ziff. 7). Diesen Angaben kommt, wie gezeigt, für die Bestimmung der Gegenleistung entscheidende Bedeutung zu[1679]. Ferner sind Angaben über den Stand etwaiger kartellrechtlicher oder anderer behördlicher Verfahren zu machen (Ziff. 8). Der Bieter hat zudem auf die Möglichkeiten der Verlängerungen der Annahmefrist sowie auf die weitere Annahmefrist[1680] hinzuweisen (Ziff. 9). Schließlich sind Angaben darüber, wo die Angebotsunterlage veröffentlicht wird (Ziff. 10), Hinweise auf Rücktrittsrechte (Ziff. 11) und über das anzuwendende Recht (Ziff. 12) zu treffen[1681].

2. Veröffentlichung der Angebotsunterlage

Im Anschluß an die Veröffentlichung der Entscheidung zur Abgabe eines Übernahmeangebots verbleiben dem Bieter gemäß § 14 Abs. 1 S. 1 WpÜG vier Wochen[1682] zur Übermittlung der Angebotsunterlage an die BaFin[1683]. Allein im Fall

1678 Ähnlich § 12 Abs. 2 S. 2 UmwG. Vgl. allgemein zur Unternehmensbewertung *Bilstein* in von Rosen/Seifert, Übernahme börsennotierter Unternehmen, S. 223 ff.; *Richter* in Picot, Handbuch M&A, S. 255 ff.; *Schanz*, Börseneinführung, § 7, S. 203 ff.

1679 Dazu oben S. 312.

1680 Vgl. dazu unten S. 323.

1681 Bei freiwilligen Erwerbsangeboten, die als Teilangebot abgegeben werden, treten noch Angaben über den Anteil, der Gegenstand des Angebots ist, sowie über die Zuteilungsregelung nach § 19 WpÜG hinzu (Ziff. 6).

1682 Der DiskE-ÜG sah abweichend von dem Vorschlag der Expertenkommission noch eine Frist von lediglich zwei Wochen vor, § 17 Abs. 1 DiskE-ÜG. Kritik an der alten Regelung kam von *Riehmer/Schröder*, NZG 2000, 820 (820 f.); *BSK*, Stellungnahme zum DiskE-ÜG vom 19. Juli 2000, S. 6; *Kremer*, M&A 2000, 461 (462); *Liebscher*, ZIP 2001, 853 (861). In der Praxis des Übernahmekodex waren 28 Kalendertage vorgesehen. Vgl. *Übernahmekommission*, Handout zur PK vom 13. Juni 2000, S. 5. Diese Konkretisierung stand unter dem Eindruck der Erfahrungen der Übernahme Vodafone/Mannesmann, bei der zwischen der Ankündigung vom 19. November und der

eines grenzüberschreitenden Angebots sowie bei erforderlichen Kapitalmaßnahmen ist auf Antrag eine Verlängerung durch die BaFin um höchstens weitere vier Wochen möglich, § 14 Abs. 1 S. 2 WpÜG[1684]. Die Veröffentlichung der Angebotsunterlage und damit die eigentliche Abgabe des Übernahmeangebots hat zu erfolgen entweder unverzüglich nach der Gestattung durch die BaFin oder sobald seit dem Eingang der Angebotsunterlage bei der BaFin zehn Werktage[1685] verstrichen sind[1686], ohne daß eine Untersagung erfolgt ist, § 14 Abs. 2 S. 1 WpÜG[1687].

Die BaFin nimmt nur eine eingeschränkte Überprüfung in formeller Hinsicht und im Hinblick auf offensichtliche Verstöße[1688] gegen das WpÜG vor. Eine Untersagung durch die BaFin hat gemäß § 15 Abs. 1 WpÜG zu erfolgen, wenn die Angebotsunterlage nicht die vorgeschriebenen Angaben enthält (Ziff. 1) oder die enthaltenen Angaben offensichtlich einen Verstoß gegen das WpÜG oder auf Grund des Gesetzes erlassener Rechtsverordnungen darstellen (Ziff. 2). Gleiches gilt, wenn der Bieter binnen der Frist nach § 14 Abs. 1 S. 1 WpÜG keine Angebotsunterlage übermittelt (Ziff. 3) oder die gebotene Veröffentlichung der Angebotsunterlage unterläßt (Ziff. 4). Schließlich kann die BaFin das Angebot untersagen, wenn die Veröffentlichung der Angebotsunterlage nicht ordnungsgemäß erfolgt, § 15 Abs. 2 WpÜG. § 15 Abs. 3 S. 2 WpÜG bestimmt, daß auf Grund der Anordnung eines gesetzlichen Verbots der Veröffentlichung in § 15 Abs. 3 S. 1 WpÜG alle infolge eines dennoch abgegebenen Übernahmeangebots abgeschlossenen Rechtsgeschäfte nichtig sind[1689].

Veröffentlichung des Angebots vom 23. Dezember 1999 insgesamt 34 Kalendertage Tage lagen.

1683 Kritisch zu dieser Regelung unten S. 332.

1684 Diese Ausnahmeregelung wurde erst infolge der Änderungen des Finanzausschusses eingefügt. Sie geht zurück auf einen Vorschlag von *DAV-Handelsrechtsausschuß*, Stellungnahme zum RegE-WpÜG, ZIP 2001, 1736 (1737).

1685 Auch der Samstag gilt im deutschen Recht grundsätzlich als Werktag, vgl. etwa § 3 Abs. 2 Bundesurlaubsgesetz, § 1 Abs. 1 S. 2 Arbeitszeitgesetz, so daß die 10 Tage nicht mit zwei Wochen gleichgesetzt werden können. So aber *Thaeter/Barth*, NZG 2001, 545 (547).

1686 Die Fristberechnung erfolgt nach § 58 Nr. 2 WpÜG i.V.m. § 222 Abs. 1 ZPO, § 187 Abs. 1 BGB. Fristbeginn ist daher der auf den Tag des Eingangs der Unterlagen folgende Werktag.

1687 Die Regelung ist § 8a Abs. 1 VerkProspG nachgebildet. Die BaFin kann in bestimmten Fällen einmalig die Frist um fünf Werktage verlängern, § 14 Abs. 2 S. 3 WpÜG.

1688 Beispielsweise eine zu lang bemessene Annahmefrist oder ein Verstoß gegen § 17 WpÜG.

1689 Ursprünglich wurde lediglich in der Begründung ausgeführt, daß ein Verstoß gegen dieses Verbot nach § 134 BGB die Nichtigkeit zur Folge habe. Vgl. RegE-WpÜG, Begründung, Besonderer Teil, S. 111. Daraufhin regte der Bundesrat in dessen Stellungnahme zum RegE-WpÜG, vgl. BT-Drs. 14/7034 vom 5. Oktober 2001, S. 84, eine

Die Veröffentlichung hat zum einen durch Bekanntgabe im Internet zu erfolgen, § 14 Abs. 3 S. 1 Ziff. 1 WpÜG[1690]. Zum anderen ist sie in einem überregionalen Börsenpflichtblatt vorzunehmen oder alternativ durch Bereithalten zur kostenlosen Ausgabe an einer geeigneten Stelle im Inland („Schalterpublizität"), sofern eine Hinweisbekanntmachung in einem überregionalen Börsenpflichtblatt erfolgt, § 14 Abs. 3 S. 1 Ziff. 2 WpÜG. Unverzüglich im Anschluß an die Veröffentlichung der Angebotsunterlage hat der Bieter diese dem Vorstand der Zielgesellschaft zuzuleiten, § 14 Abs. 4 S. 1 WpÜG.

3. Verfahren nach Abgabe des Übernahmeangebots

Erst mit Abgabe des Übernahmeangebots beginnt das Übernahmeverfahren im engeren Sinne. Denn ab diesem Zeitpunkt setzt der Lauf der Annahmefrist ein. Auch in diesem Zeitraum treffen den Bieter zahlreiche Verpflichtungen. Doch ist mit dem Ablauf der Annahmefrist das Übernahmeverfahren nach dem WpÜG noch nicht beendet. Auch darüber hinaus legt das Gesetz dem Bieter weitere Pflichten auf.

a) Änderungen des Übernahmeangebots

Unter bestimmten Voraussetzungen ermöglicht § 21 Abs. 1 S. 1 WpÜG in vier abschließenden Fällen die nachträgliche Änderung eines Übernahmeangebots. Danach kann der Bieter bis zu einem Werktag vor Ablauf der Annahmefrist[1691] entweder die angebotene Gegenleistung erhöhen (Ziff. 1) oder wahlweise eine andere Gegenleistung zusätzlich anbieten (Ziff. 2). Weiterhin steht ihm die Herabsetzung der Akzeptanzschwelle offen, von deren Erreichen er das Angebot abhängig gemacht hat (Ziff. 3), sowie der Verzicht auf Bedingungen (Ziff. 4). Sofern die Angebotsänderungen nicht innerhalb der letzten zwei Wochen vorgenommen werden, sind auch mehrmalige Änderungen zulässig[1692]. Die Veröffentlichung der Änderung hat in gleicher Weise wie die der Angebotsunterlage zu erfolgen, § 21 Abs. 2 S. 1 WpÜG. Dabei hat der Bieter die Adressaten des Angebots auf das gesetzliche Rücktrittsrecht nach § 21 Abs. 4 WpÜG hinzuweisen. Dies ermöglicht denjenigen Aktionären, die bereits vor der Veröf-

---

Klarstellung im Gesetzeswortlaut an. Siehe auch die Gegenäußerung der Bundesregierung, BT-Drs. 14/7090 vom 10. Oktober 2001, S. 1.

1690 Die diesbezügliche Internet-Adresse ist bereits mit Veröffentlichung der Entscheidung zur Abgabe eines Angebots bekanntzumachen, § 10 Abs. 3 S. 2 WpÜG.

1691 Für die Fristwahrung ist auf die Veröffentlichung der Änderung abzustellen, § 21 Abs. 1 S. 2 WpÜG.

1692 *Argumentum e contrario* § 21 Abs. 6 WpÜG.

fentlichung der Änderungen das ursprüngliche Angebot angenommen haben, von dem Vertrag zurückzutreten[1693].

b) Nachbesserungspflichten des Bieters

In Ausprägung des allgemeinen Gleichbehandlungsgrundsatzes nach § 3 Abs. 1 WpÜG sieht das WpÜG bei bestimmten Erwerbsvorgängen nach Veröffentlichung der Angebotsunterlage Nachbesserungspflichten des Bieters an der Höhe der Gegenleistung vor[1694]. Dies gilt zunächst nach § 31 Abs. 4 WpÜG für Erwerbsvorgänge zwischen der Veröffentlichung der Angebotsunterlage und der Veröffentlichung des Endergebnisses, sog. Parallelerwerbe[1695]. Des weiteren wird gemäß § 31 Abs. 5 S. 1 WpÜG auch die Zeitspanne innerhalb eines Jahres nach Veröffentlichung des Endergebnisses von Nachbesserungspflichten erfaßt[1696], sog. Nacherwerbe[1697].

Hat in diesen Zeiträumen der Bieter Aktien der Zielgesellschaft gegen eine wertmäßig höhere Gegenleistung als der im Angebot bezeichneten erworben, erhöht sich im ersten Fall der vom Bieter allen Wertpapierinhabern zu gewährende Wert der Gegenleistung automatisch um den Unterschiedsbetrag. Im zweiten Fall erhalten die Aktionäre einen eigenständigen Zahlungsanspruch in Höhe des Unterschiedsbetrags gegen den Bieter[1698]. Allerdings werden von der Verpflichtung nach § 31 Abs. 5 S. 1 WpÜG zum einen solche Erwerbe ausgeklammert, die über die Börse erfolgen[1699]. Zum anderen werden hiervon

1693 Ein solches Recht sah auch Art. 14 S. 4 Übernahmekodex vor. § 22 Abs. 3 WpÜG gewährt ein gesetzliches Rücktrittsrecht im Fall eines konkurrierenden Angebots.

1694 Ausgenommen sind Aktienerwerbe, die auf Grund der Ausübung eines gesetzlichen Bezugsrechts im Rahmen einer Erhöhung des Grundkapitals der Zielgesellschaft erfolgen, § 31 Abs. 6 S. 2 WpÜG.

1695 Mitunter wird in diesem Kontext auch von einer „Pflicht zur Meistbegünstigung" gesprochen, vgl. *Riehmer/Schröder*, BB 2001, Beilage 5, 12.

1696 Seitens der DSW wurden gar zwei Jahre gefordert, vgl. *Hopt* in FS Koppensteiner, S. 61 (81).

1697 Ähnliche Regelungen enthielten Art. 13; 15 Übernahmekodex, wenngleich Privatkäufe beim Nacherwerb nicht erfaßt waren.

1698 Das Fehlen einer Bagatellschwelle als unverhältnismäßig bemängeln in diesem Fall zu Recht *Liebscher*, ZIP 2001, 853 (865); *Krieger* in Henze/Hoffmann-Becking, Gesellschaftsrecht 2001, S. 289 (301); *Schüppen*, WPg 2001, 958 (969 f.). Ebenso *Spitzenverbände der deutschen Wirtschaft*, Stellungnahme zum DiskE-ÜG vom 24. Juli 2000, S. 12; *DAV-Handelsrechtsausschuß*, Stellungnahme zum RefE-WÜG, NZG 2001, 420 (428); aufrechterhalten *ders.*, Stellungnahme zum RegE-WpÜG, ZIP 2001, 1736 (1739). Zwar wurde eine solche vom zuständigen Referenten im BMF angekündigt, blieb aber letztlich aus, vgl. FAZ vom 2. Mai 2001, S. 31.

1699 Hierbei handelt es sich um eine vom Finanzausschuß angeregte Änderung, der damit aus der Praxis geäußerter Kritik Rechnung trägt. Siehe etwa *Krieger* in Henze/

Erwerbsvorgänge auf Grund eines gesetzlichen Abfindungsanspruchs bei nach Erwerb der Kontrolle erfolgenden Umstrukturierungsmaßnahmen oder konzernrechtlichen Maßnahmen nicht erfaßt, § 31 Abs. 5 S. 2 WpÜG[1700]. Keine Verpflichtung zur Nachbesserung besteht überdies bei Aktienerwerben im Rahmen einer Eingliederung oder eines *Squeeze-Out*[1701].

Die Sicherstellung der nachträglichen Gleichbehandlung aller Wertpapierinhaber der Zielgesellschaft durch den Bieter mit Hilfe der Nachbesserungspflichten kommt zugleich dem Bieter selbst zugute. Denn aus der Sicht der einzelnen Aktionäre ist vor diesem Hintergrund ein Ausschlagen des Übernahmeangebots zu Beginn des Angebotsverfahrens in der Hoffnung auf nachfolgende höhere Offerten nicht mehr sinnvoll[1702]. Dadurch lassen sich für den Bieter bereits im Anfangsstadium hohe Annahmequoten unter den außenstehenden Aktionären erzielen.

c) Veröffentlichungspflichten des Bieters

In Konkretisierung des Transparenzgebots nach § 3 Abs. 2 WpÜG treffen den Bieter nach Veröffentlichung der Angebotsunterlage gemäß § 23 Abs. 1 S. 1 WpÜG umfassende Pflichten zur Offenlegung über die aktuelle Anzahl seiner und der ihm zuzurechnenden Wertpapiere der Zielgesellschaft, ihres Anteils an der Gesamtzahl der Wertpapiere der Zielgesellschaft sowie ihre Stimmrechtsan-

---

Hoffmann-Becking, Gesellschaftsrecht 2001, S. 289 (301); *Riehmer*, FAZ vom 17. März 2001, S. 23. Zur Begründung wurde ebenda zu Recht angeführt, daß zum Zeitpunkt des Verkaufs jeder Aktionär damit rechnen müsse, daß der Kurs über die Börse weiter steigen und dadurch den ursprünglichen Angebotspreis übertreffen könne. Die jetzige Regelung gewährleistet, daß solche Erwerbe, die über dem jeweils aktuellen Börsenkurs außerhalb der Börse abgewickelt werden, sich nicht nachteilig für diejenigen Aktionäre auswirken, die von der Annahme Gebrauch gemacht hatten, und ist daher zu begrüßen.

1700 Dies entspricht der Praxis des Art. 15 Übernahmekodex. Vgl. dazu auch OLG München, Urt. vom 10. Januar 2001 - 7 U 3569/00 (*Computer 2000 AG*), abgedruckt in DB 2001, 1297 f.; ZIP 2001, 2278; dazu auch EWiR Art. 15 Ükx 1/01, 1017 (*Sinewe*). Mit Beschluß vom 13. November 2001, XI ZR 122/01, hat der BGH die Revision gegen das klageabweisende Urteil des OLG München mangels Erfolgsaussichten nicht angenommen. Vgl. BB 2001, 2603.

1701 Dies wurde durch die Verwendung der Formulierung „im Zusammenhang mit" an Stelle der noch im Regierungsentwurf vorgesehenen „auf Grund" infolge der Beratungen des Finanzausschusses klargestellt, vgl. BT-Drs. 14/7477 vom 14. November 2001, S. 53.

1702 Vgl. *Baumeister/Werkmeister*, Sparkasse 3/2001, 128 (129), die davon ausgehen, daß dem ablehnenden Aktionär durch das weitere Halten der Anteile gar Nachteile in Form von Opportunitätskosten entstehen.

teile[1703]. Er hat diese Angaben sowohl der BaFin mitzuteilen als auch auf dem gleichen Wege wie die Angebotsunterlage zu veröffentlichen. Gleiches gilt für die sich aus den ihm zugegangenen Annahmeerklärungen ergebende Anzahl der Wertpapiere, einschließlich der Höhe der Wertpapier- und Stimmrechtsanteile. Diese Informationspflicht hat zunächst wöchentlich und in der letzten Woche vor Ablauf der Annahmefrist täglich zu erfolgen (Ziff. 1)[1704]. Weiterhin hat der Bieter jene Informationen unverzüglich nach dem Ende der Annahmefrist (Ziff. 2) sowie der weiteren Annahmefrist[1705] (Ziff. 3) mitzuteilen und zu veröffentlichen. Schließlich hat der Bieter nach § 23 Abs. 2 S. 1 WpÜG - korrespondierend zu den Vorschriften über die Nachbesserung - die Höhe der in dem maßgeblichen Zeitraum erworbenen Aktien- und Stimmrechtsanteile sowie die gewährte Gegenleistung der BaFin mitzuteilen und zu veröffentlichen.

d) Weitere Annahmefrist

Durch die Regelung des § 16 Abs. 2 WpÜG wird im Fall eines erfolgreich durchgeführten Übernahmeangebots[1706] - insoweit bildet die Vorschrift von der Systematik her einen Fremdkörper im dritten Abschnitt des Gesetzes - denjenigen Aktionären, die sich nicht bis zum Ablauf der Annahmefrist zur Annahme entschließen konnten, eine weitere Möglichkeit eingeräumt, das Angebot doch noch anzunehmen[1707]. Diese besteht für den Zeitraum von zwei Wochen ab der

---

1703 Die ausdrückliche Anordnung in § 23 Abs. 1 S. 1 WpÜG, daß die Mitteilungs- und Veröffentlichungsverpflichtung sämtliche Wertpapiere der Zielgesellschaft umfaßt, erlangt nur bei einfachen Erwerbsangeboten eigenständige Bedeutung. Denn Gegenstand eines Übernahmeangebots sind nach § 32 WpÜG stets sämtliche Wertpapiere der Zielgesellschaft.

1704 Vgl. eingehend zu solchen „Wasserstandsmeldungen" *Witt*, NZG 2000, 809 ff, der dies als einzige Möglichkeit zur Befreiung der Aktionäre aus dem *prisonner's dilemma* ansieht (813). Kritisch dagegen zu dieser Regelung *Riehmer/Schröder*, BB 2001, Beilage 5, 15 f.; *DAV-Handelsrechtsausschuß*, Stellungnahme zum RegE-WpÜG, NZG 2001, 1003 (1005).

1705 Vgl. dazu sogleich unter d).

1706 § 16 Abs. 2 WpÜG findet keine Anwendung auf Pflichtangebote, § 39 WpÜG. Angesichts des eingeschränkten Anwendungsbereichs sollte die Vorschrift in Abschnitt 4 untergebracht werden.

1707 Zwar war eine vergleichbare Regelung im Übernahmekodex nicht vorgesehen, doch wurde dies bereits praktiziert, vgl. *Übernahmekommission*, Bemerkungen der Geschäftsstelle der Übernahmekommission an die Aktionäre der Mannesmann AG zum Übernahmeangebot der Vodafone AirTouch plc vom 23. Dezember 1999, S. 3. Kritisch zu dieser Regelung *Riehmer/Schröder*, NZG 2000, 820 (822). Siehe auch City Code, Rule 31.4 (14 Tage); § 19 Abs. 3 öÜbG (10 Börsetage).

Veröffentlichung des Endergebnisses und wird mit diesem bekannt gegeben[1708]. Mit dieser „Zaunkönigregelung“[1709] (*sitting on the fence*) soll Wertpapierinhabern, die dem Angebot kritisch gegenüberstanden, insbesondere den Belegschaftsaktionären der Zielgesellschaft, eine weitere Gelegenheit gegeben werden, in Kenntnis des Ausgangs der Übernahme[1710] von der Annahme des Angebots Gebrauch zu machen. Damit soll die Vorschrift zugleich einen Beitrag zur Abmilderung des *prisonner's dilemma* leisten[1711]. Jedoch trifft die Regelung keine Unterscheidung nach der Art der Aktionäre. Es können daher auch institutionelle Investoren davon Gebrauch machen. Die Regelung muß insbesondere vor dem Hintergrund gesehen werden, daß der Bieter nach erfolgreicher Durchführung eines Übernahmeangebots nicht im Anschluß hieran zur Abgabe eines Pflichtangebots verpflichtet wird[1712]. Unverzüglich nach Ablauf der weiteren Annahmefrist trifft den Bieter die gleiche Informationspflicht wie nach Ende der regulären Annahmefrist[1713].

e) Keine Verpflichtung zur Abgabe eines Pflichtangebots

Ist dem Bieter die erfolgreiche Beendigung seines Vorhabens geglückt, so hat er nach Ablauf der Annahmefrist die Kontrollstellung in der Zielgesellschaft erlangt. Wie bereits ausgeführt, knüpft das WpÜG grundsätzlich an das Überschreiten der Kontrollschwelle die Verpflichtung zur Abgabe eines Pflichtangebots. Ging dem allerdings ein freiwilliges Übernahmeangebot nach den Vorschriften des WpÜG voraus, entfällt nach § 35 Abs. 3 WpÜG die Verpflichtung sowohl zur Veröffentlichung der Erlangung der Kontrolle als auch zur Abgabe eines Pflichtangebots. Das freiwillige Übernahmeangebot nach dem WpÜG entfaltet insoweit „befreiende Wirkung“ im Verhältnis zum nachfolgenden Pflichtangebot. Dies wird seitens des Gesetzgebers damit begründet, daß die Abgabe

---

1708 Vgl. RegE-WpÜG, Begründung, Besonderer Teil, S. 123. Die Angebotsunterlage selbst hat bereits nach § 2 Nr. 9 WpÜG-AngVO einen Hinweis auf die weitere Annahmefrist zu enthalten.

1709 So *Pötzsch/Möller*, WM 2000, Sonderbeilage 2, 17. Von *Mülbert/Birke*, WM 2001, 705 (718), Fn. 97, als „Zaungastregel“ bezeichnet.

1710 Folglich findet die Regelung keine Anwendung, wenn der Bieter sein Angebot von dem Erreichen einer bestimmten Akzeptanzschwelle abhängig gemacht hat und zum Ende der Annahmefrist dieser Mindestanteil nicht erreicht wurde, § 16 Abs. 2 S. 2 WpÜG. Den Gedanken dieser Ausnahmeregelung wird man auf sämtliche Fälle entsprechend heranziehen können, in denen bis zum Ende der Annahmefrist kein Kontrollwechsel stattgefunden hat bzw. sicher bevorsteht. Ähnlich *Geibel/Süßmann*, BKR 2002, 52 (61), die eine teleologische Reduktion des § 16 Abs. 2 S. 1 WpÜG annehmen. Im Anschluß hieran auch *Ekkenga/Hofschroer*, DStR 2002, 768 (769 f.).

1711 RegE-WpÜG, Begründung, Besonderer Teil, S. 112.

1712 Dazu sogleich unter e).

1713 § 16 Abs. 1 S. 1 Ziff. 3 WpÜG. Dazu vorstehend unter c).

eines Pflichtangebots sich in diesem Fall als unnötiger Kosten- und Zeitaufwand darstellen würde. Aus diesem Grund wird mit der Konzeption des WpÜG bereits sichergestellt, daß das freiwillige Übernahmeangebot den gleichen Anforderungen unterliegt wie das Pflichtangebot[1714], es somit bereits dessen „Stempel“ trägt.

III. Kritische Anmerkungen

Auch wenn das Ziel dieser Untersuchung nicht darin besteht, eine umfassende Auseinandersetzung mit den neuen Regelungen des WpÜG insgesamt zu bieten, sollen an dieser Stelle dennoch die soeben erörterten Vorschriften, insbesondere zum Verfahrensablauf, Gegenstand einiger kritischer Anmerkungen sein.

1. Zum Aufbau und Anwendungsbereich

a) Aufbau und Regelungstechnik

In zweierlei Hinsicht zu begrüßen sind der Aufbau und die Regelungstechnik des neuen Gesetzes. Zum einen trägt das regelungstechnische Vorgehen des vor die Klammer gezogenen „Allgemeinen Teils“ erheblich zur besseren Lesbarkeit des Gesetzes bei. Gleiches gilt für die baukastenartige Ausgestaltung der Abschnitte 3 bis 5. Zum anderen stellt die Verlagerung wesentlicher Vorschriften in die WpÜG-Angebotsverordnung sicher, daß zügig auf die in der Praxis gewonnenen Erkenntnisse reagiert werden kann. Damit werden die allgemein mit einer gesetzlichen Regelung verbundenen Nachteile gegenüber der freiwilligen Selbstregulierung weitgehendst abgemildert[1715]. Die beiden Rechtsverordnungen bilden insoweit einen Garanten für ein hohes Maß an Flexibilität.

b) Erstreckung auf sämtliche Erwerbsangebote

Zu begrüßen ist ferner die bereits mit dem Referentenentwurf vorgenommene Ausweitung des Anwendungsbereichs auf sämtliche öffentlichen Angebote, §§ 1, 2 Abs. 1 WpÜG. Auch bei solchen Angeboten, die nicht auf den Kontrollerwerb gerichtet sind und „nur“ den Erwerb einer Beteiligung unterhalb der Kontrollschwelle oder die Konsolidierung einer bereits bestehenden Beteiligung anstreben, besteht die Notwendigkeit einer gesetzlichen Regelung. Dadurch wird gewährleistet, daß es auch für diese Angebote zu einer Erhöhung von Kontrolle

---

1714 Vgl. RegE-WpÜG, Begründung, Besonderer Teil, S. 148, sowie Allgemeiner Teil, S. 69 f. Dem entspricht das Verhältnis des sog. freiwilligen Pflichtangebots zum Pflichtangebot nach dem Übernahmekodex.

1715 Vgl. dazu statt aller *Hopt*, ZHR 161 (1997), 368 (399).

und Transparenz kommt. Weiterhin verhindert dies, daß gegenüber der bisherigen Regelung des Übernahmekodex diesbezüglich Lücken im Schutz der außenstehenden Aktionäre auftreten. Denn Gegenstand des Kodex waren gleichfalls sämtliche Angebote zum Erwerb von Wertpapieren.

c) Fehlende Erstreckung auf Gesellschaften, deren Aktien in den Freiverkehr einbezogen sind

Anders als noch nach dem Übernahmekodex bleiben nach dem WpÜG Gesellschaften, deren Aktien in den Freiverkehr einbezogen sind, aus dem Anwendungsbereich des Gesetzes ausgeklammert, §§ 1, 2 Abs. 7 WpÜG. Dies ist zu bedauern[1716]. Es bleibt allerdings zu hoffen, daß infolge der jetzt durch das Vierte Finanzmarktförderungsgesetz[1717] in Gang kommenden Börsenreform[1718] der deutsche Freiverkehr zu einem geregelten Markt i.S.d. Art. 1 Nr. 13 der Wertpapierdienstleistungsrichtlinie wird[1719]. Vermieden würden dadurch Lükken, die auch anderenorts vielfach beklagt werden[1720].

1716 Zur Frage, ob dieser Umstand das Fortbestehen des Übernahmekodex rechtfertigen kann, siehe bereits oben S. 301.

1717 Dazu hat das BMF am 3. September 2001 einen Diskussionsentwurf vorgelegt, „Entwurf eines Gesetzes zur weiteren Fortentwicklung des Finanzplatzes Deutschland (Viertes Finanzmarktförderungsgesetz)", in Auszügen abgedruckt in ZBB 2001, 398 ff. Vgl. dazu FAZ vom 5. September 2001, S. 17, 18, 33, 35. Am 14. November 2001 wurde der Regierungsentwurf (BT-Drs. 14/8017 vom 18. Januar 2002) (RegE-4. FMFG) vom Kabinett verabschiedet, vgl. FAZ vom 15. November 2001, S. 17; ZIP-aktuell 2001, Nr. 240. Der Gesetzentwurf ist abgedruckt in ZBB 2001, 507 ff. Dazu eingehend *Möller*, WM 2001, 2405 ff.; siehe auch *Hammen*, AG 2001, 549 ff. Das Inkrafttreten des am 22. März 2002 vom Bundestag verabschiedeten Gesetzes verzögerte sich infolge der Einberufung des Vermittlungsausschusses durch den Bundesrat. Am 1. Juli 2002 schließlich trat das Gesetz vorbehaltlich des Art. 23, S. 3 bis 5 in Kraft (Gesetz vom 21. Juni 2002, BGBl. I 2002 S. 2010 vom 26. Juni 2002). Dazu *Fleischer*, NJW 2002, 2977 ff.

1718 Grundlegend dazu *Hopt/Rudolph/Baum*, Börsenreform.

1719 Siehe dazu bereits die Empfehlung Nr. 14 bei *Hopt/Rudolph/Baum*, Börsenreform, S. 10, sowie *Hopt/Baum*, ebenda, S. 433 ff. Der Regierungsentwurf sah lediglich eine erleichterte Einbeziehung von Wertpapieren in den geregelten Markt vor, § 55 Abs. 1 BörsG i.d.F. des RegE-4. FMFG. Vgl. RegE-4. FMFG, Begründung, Besonderer Teil, S. 234; dazu *Möller*, WM 2001, 2405 (2407). Wie sich gezeigt hat, ist diese Regelung im wesentlichen von § 56 BörsG übernommen worden.

1720 Vgl. im Rahmen der §§ 21 ff. WpHG etwa *Wastl*, NZG 2000, 505 (511); *Witt*, AG 2001, 233 (239).

d) Fehlende Einbeziehung nichtbörsennotierter Gesellschaften

Vor dem Hintergrund, daß ein vorrangiges Ziel des neuen Gesetzes im Schutz der Minderheitsaktionäre besteht, ist ferner der Umstand kritisch zu betrachten, daß das WpÜG nichtbörsennotierte Unternehmen nicht in seinen Anwendungsbereich einbezieht, § 1 WpÜG. Denn es stellt sich die Frage, ob nicht die Aktionäre nichtbörsennotierter Gesellschaften weitaus schutzbedürftiger sind als diejenigen, die ihre Papiere jederzeit an einem funktionierenden Markt veräußern können. Auch das Zentrum für Europäische Wirtschaftsforschung (ZEW) in Mannheim gelangte in einer Studie zu dem Ergebnis, daß die Wahrscheinlichkeit einer Übernahme bei nichtbörsennotierten Unternehmen ähnlich hoch sei wie bei denjenigen, die an der Börse notiert werden, und fordert daher auf Grund der immensen Anzahl nichtbörsennotierter Unternehmen in Deutschland eine Ausweitung des Gesetzes[1721].

Kein einheitliches Bild ergibt sich aus der rechtsvergleichenden Perspektive. Der Blick auf den City Code zeigt, daß auch nichtbörsennotierte *public limited companies* in dessen Anwendungsbereich fallen[1722]. Diesem Beispiel folgte grundsätzlich auch der erste Richtlinienvorschlag aus dem Jahr 1989, ließ dann aber auf Initiative des Europäischen Parlaments[1723] in der Folge davon ab[1724]. Demgegenüber begründet der österreichische Gesetzgeber die Nichtberücksichtigung damit, daß bei nichtbörsennotierten Gesellschaften den Gesellschaftern selbst die Möglichkeit offensteht, durch Satzungsgestaltungen Vorsorge zu treffen, wie etwa durch Vinkulierung[1725], und daß kein praktischer Bedarf für eine solche Ausweitung gesehen werde[1726].

1721 Vgl. *Köke*, ZEW-news, Juli/August 2001, S. 4. Dazu M&A 6/2001, M&A aktuell, S. V.

1722 Vgl. oben Kap. 4, S. 195.

1723 Vgl. Stellungnahme vom 17. Januar 1990, R3-92/1989, ABl. EG Nr. C 38 vom 19. Februar 1990, S. 41 (43). Nach Ansicht des Parlaments wäre die ursprüngliche Regelung für nichtbörsennotierte Gesellschaften zu starr gewesen. Dazu auch AG 1990, R40.

1724 Art. 1 Vorschlag 1989. Siehe aber auch die Differenzierung nach Art. 5 Vorschlag 1989. Im Vorschlag aus dem Jahr 1990 war den Mitgliedstaaten eine Ausweitung freigestellt, Art. 1 Abs. 2. Dazu *Niessen* in Kreuzer, Öffentliche Übernahmeangebote, S. 35 (41). Darüber hinaus sah der Vorentwurf aus dem Jahr 1987 sogar die Einbeziehung der GmbH vor. Ablehnend dazu *Wiesner*, GmbHR 1987, R81; *Grunewald*, WM 1991, 1361 (1366). Befürwortend hingegen *Immenga* in Kreuzer, Öffentliche Übernahmeangebote, S. 11 (20).

1725 Dagegen *Mülbert*, ZIP 2001, 1221 (1227).

1726 Auch *Habersack* sieht unter Verweis auf den spezifisch kapitalmarktrechtlichen Regelungsansatz des WpÜG den begrenzten Anwendungsbereich des Gesetzes als gerechtfertigt an. Vgl. *ders.* in Emmerich/Habersack, Aktien- und GmbH-Konzernrecht, Vor

Insgesamt sprechen sowohl aus rechtsvergleichender als auch aus rechtspolitischer Sicht ebenso gute Gründe für die Einbeziehung nichtbörsennotierter Gesellschaften in den Anwendungsbereich des WpÜG wie dagegen. Es bleibt letztlich abzuwarten, ob und inwieweit durch die Ausklammerung der nichtbörsennotierten Unternehmen die Interessen der Minderheitsaktionäre jener Gesellschaften beeinträchtigt werden. Jedenfalls wird das WpÜG in dieser Form einen weiteren Beitrag zur Verselbständigung des Rechts der börsennotierten Aktiengesellschaften leisten[1727].

e) Fehlende Definition des öffentlichen Angebots

Im Hinblick auf die Bestimmung des Begriffs des öffentlichen Angebots i.S.d. § 2 Abs. 1 WpÜG bleibt kritisch anzumerken, daß die gesetzgeberische Begründung an diesem Punkt etwas knapp ausfällt. Zustimmung verdient zwar, daß sich der Begriff einer präzisen Definition entzieht. Der Klarstellung dienlich gewesen wäre jedoch eine ausführlichere Umschreibung vor allem im Hinblick auf die beiden Aspekte des Adressatenkreises und der Art und Weise der Kontaktaufnahme, um auf diese Weise den Anwendungsbereich in der Praxis möglichst exakt bestimmen zu können[1728], insbesondere angesichts der noch immer geringen Verbreitung dieses Phänomens in Deutschland.

Zur Vermeidung etwaiger Unsicherheiten hätte es sich angeboten, in der Gesetzesbegründung auf den in den USA entwickelten *Eight-Factor Test*[1729] hinzuweisen[1730]. Auch der Österreichische Gesetzgeber nimmt in den erläuternden Bemerkungen zum öÜbG auf diese acht Kriterien Bezug[1731]. Warum dies seitens

---

§ 311 AktG, Rn. 10. Anderer Ansicht *Mülbert*, ZIP 2001, 1221 (1227); bereits *ders.*, IStR 1999, 83 (86).

1727 Vgl. dazu eingehend *Seibt* in VGR, Gesellschaftsrecht in der Diskussion 2000, S. 37 ff. Auch die *Regierungskommission „Corporate Governance"* hat sich dafür ausgesprochen, daß ein *Code of Best Practice* nur für börsennotierte Unternehmen gelten soll. Vgl. *dies.*, Abschlußbericht, D1.12, Rn. 13 ff.

1728 Auch in den Anmerkungen zum Übernahmekodex findet sich eine nähere Beschreibung des Begriffs des öffentlichen Angebots, vgl. *Übernahmekommission*, Anmerkungen, S. 3.

1729 Vgl. dazu bereits oben Kap. 4, S. 200.

1730 Statt dessen hat der Bundesrat, Stellungnahme zum RegE-WpÜG, BT-Drs. 14/7034 vom 4. Oktober 2001, S. 84, die Aufnahme entsprechender Regelbeispiele in die Vorschrift des § 2 Abs. 1 WpÜG angeregt. Diese sollten dann aber nicht zuletzt auf Grund ihres erheblichen Umfangs in der WpÜG-AngVO verankert werden, so daß auf neue Entwicklungen flexibel reagiert werden kann. In ihrer Gegenäußerung, BT-Drs. 14/7090 vom 10. Oktober 2001, S. 1, wies die Regierung dieses Ansinnen unter erneuter Berufung auf die Vermeidung von Umgehungsmöglichkeiten zurück.

1731 Vgl. 1276 der Beilagen zu den Stenographischen Protokollen des Nationalrates XX.GP vom 16. September 1998, Erläuterungen zu § 1 Ziff. 1 öÜbG.

des Deutschen Gesetzgebers nicht erfolgt ist, bleibt rätselhaft. Auch die weiteren Ausführungen zum öÜbG an dieser Stelle ließen sich ohne weiteres auf die deutsche Situation übertragen. Ebenso wie in Österreich existieren nach wie vor zahlreiche deutsche börsennotierte Gesellschaften mit einem geringen Streubesitzanteil. Aus diesem Grund könnte ein öffentliches Angebot auch schon dann vorliegen, wenn ein Bieter gezielt auf ihm bekannte institutionelle Anleger zugeht, ohne flächendeckende Anzeigen in den Zeitungen zu schalten. Unter Umständen wird daher auch bereits eine Mehrzahl abgestimmter privat verhandelter Verträge ein öffentliches Übernahmeangebot darstellen. Als maßgebliche Abgrenzungskriterien dürften insoweit die allgemeinen Grundsätze des § 3 WpÜG, insbesondere der Gleichbehandlungsgrundsatz heranzuziehen sein, so daß im Zweifel immer dann, wenn der Bieter gegen diese verstößt, ein öffentliches Übernahmeangebot anzunehmen sein wird[1732].

2. Zu Aufsicht, Sanktionen und Rechtsschutz

Es ist den Erfahrungen mit dem Übernahmekodex zu verdanken, daß der Gesetzgeber aus dem Fehlen eines durchsetzungsfähigen Kontrollmechanismus eine wichtige Lehre ziehen konnte. Mit der Zuweisung der aufsichtsrechtlichen Kompetenzen an die BaFin unterliegt das Übernahmeverfahren nunmehr der staatlichen Kontrolle. Letztlich wird die Effektivität der Arbeit der Aufsichtsbehörde entscheidend von den ihr zur Seite gestellten Sanktionsmaßnahmen abhängen. Einen Schritt in die richtige Richtung stellt insoweit die Anordnung der einjährigen Sperrfrist dar. Als gleichsam wirkungsvolles Instrument erscheint der Rechtsverlust des Bieters. Inwieweit sich die bislang recht unklar gefaßte Sanktion der Verzinsungspflicht in der Praxis bewähren wird, bleibt abzuwarten. Auf die Probleme, insbesondere im Hinblick auf die Durchsetzung bei ausländischen Bietern, wurde bereits an anderer Stelle hingewiesen[1733].

Zweifel hingegen bestehen, ob der Bußgeldrahmen geeignet ist, im Sinne einer wirksamen Sanktionierung zur Einhaltung der Vorschriften beizutragen[1734]. Auch nach der Herabsetzung der maximalen Bußgeldandrohung bei Verstößen gegen die Kernvorschriften des Gesetzes von 1,5 auf 1 Mio. Euro und trotz der bereits an der ursprünglich vorgesehenen Höhe geäußerten Kritik[1735] betont der Gesetzgeber, daß der Rahmen über das nach § 17 OWiG Übliche hinausginge und die wirtschaftlichen Interessen angemessen berücksichtigt seien[1736].

1732 So auch *Fleischer*, ZIP 2001, 1653 (1656).

1733 Vgl. *DAV-Handelsrechtsausschuß*, Stellungnahme zum RefE-WÜG, NZG 2001, 420 (429 f.).

1734 Kritisch auch *Krause*, NJW 2002, 705 (714).

1735 Vgl. etwa *Land/Hasselbach*, DB 2000, 1747 (1754).

1736 Vgl. RegE-WpÜG, Begründung, Besonderer Teil, S. 172.

Bei der Bemessung der Höhe der Bußgelder sollte Berücksichtigung finden, daß die Besonderheit bei der Anordnung eines Bußgeldes darin besteht, daß zwar das Verhalten des „Übeltäters“ sanktioniert, dieser aber gerade nicht zur Rückgängigmachung seines Verhaltens verpflichtet wird oder einer Ausübungssperre unterliegt. Vielmehr kann etwa der Bieter ungehindert weiterhin seinen beherrschenden Einfluß in der Zielgesellschaft ausüben. Da - um bei diesem Beispiel zu bleiben - die Anordnung eines Bußgeldes lediglich imstande ist, die Übernahme insgesamt zu verteuern, hängt die Effektivität dieses Sanktionsinstruments wesentlich von dessen Höhe ab.

Die Begrenzung der maximalen Bußgeldandrohung auf 1 Mio. Euro erweist sich angesichts dieser Überlegungen als viel zu niedrig. Nicht einmal bei kleineren Unternehmensübernahmen ist diese Höhe geeignet, einen wirksamen Anreiz zur Einhaltung der Vorschriften zu bieten. Für mittlere bis große Übernahmen gilt dies um so mehr. Im Fall der Übernahme Vodafone/Mannesmann würde ein solches Bußgeld weniger als ein Hundertstel Prozent des Kaufpreises in Höhe von 190 Mrd. Euro ausmachen. Zugegebenermaßen sind Transaktionen dieser Größenordnung nicht an der Tagesordnung. Dennoch unterschreiten bedeutende Übernahmen in den seltensten Fällen die Milliardengrenze. Die Annahme, daß ein Unternehmen, das ernsthaft an einer Übernahme interessiert ist, vor einem Betrag von 1 Mio. Euro zurückschrecken wird, wirkt geradezu grotesk. Zwar besteht der Sanktionscharakter des Bußgeldes darüber hinaus auch in der öffentlichen Wahrnehmung der Anordnung im Sinne eines öffentlichen „Prangers“. Dennoch wäre es fatal, sich nach den schlechten Erfahrungen des Übernahmekodex erneut auf solche Effekte zu verlassen[1737]. Wünschenswert wäre daher eine deutlich höhere Maximalandrohung[1738].

3. Zum Ablauf des Übernahmeverfahrens

Zunächst ist zu begrüßen, daß dem zweistufig aufgebauten Übernahmeverfahren keine weiteren Verpflichtungen vorangestellt wurden, wie ursprünglich noch im DiskE-ÜG vorgesehen. Dadurch wird eine keinesfalls wünschenswerte Überregulierung vermieden. Insbesondere die Verpflichtung zur Beiziehung von Beratern zur Begleitung des Übernahmeverfahrens wäre angesichts des bereits bestehenden faktischen Zwangs unnötige Förmelei[1739]. Auch was die ursprünglich

1737 Anders hingegen *Zinser*, WM 2002, 15 (22), der darin indirekten Einfluß auf die Einhaltung der Vorschriften ausgeübt sieht.

1738 Ähnlich auch die BSK, die ein Bußgeld bis zu mehrere Mio. DM für sachgerecht hält, vgl. *dies.*, Standpunkte, S. 30. Für eine Grenze von 5 Mio. Euro spricht sich *Zinser*, NZG 2001, 391 (397), aus.

1739 Diese Ansicht wird offensichtlich nicht geteilt von *Oechsler*, NZG 2001, 817 (820), der die Gefahr unprofessionell vorbereiteter Angebote heraufbeschwört. Allerdings

explizit geregelte Geheimhaltung im Vorfeld anbelangt, wurde an anderer Stelle zu Recht darauf hingewiesen, daß eine ausreichende Absicherung bereits durch die Insiderbestimmungen der §§ 12 ff. WpHG gewährleistet werde[1740].

a) Angebotsunterlage

Bedenken unterliegt die Regelung, wonach der Bieter in der Angebotsunterlage weitgehende Informationen über die künftige Geschäftstätigkeit anzugeben hat, § 11 Abs. 2 S. 3 Ziff. 2 WpÜG. So sehr das dahinter stehende Ziel der Vorschrift zu begrüßen ist, nämlich die umfassende Information der Aktionäre, aber auch der Arbeitnehmer, über die Folgen des Angebots für die Zielgesellschaft, scheint die jetzige Fassung doch zu weit zu greifen[1741]. Zum Zeitpunkt der Erstellung der Angebotsunterlage befindet sich das Übernahmeverfahren noch in einem sehr frühen Stadium. Daß der Bieter zu dieser Zeit bereits die Auswirkungen der Übernahme absehen kann, wird stark bezweifelt. Dies gilt um so mehr für ausländische Bieter, die mit den Gegebenheiten weniger vertraut sind, und vor allem bei unfreundlichen Übernahmen, die eine vorherige Abstimmung mit der Zielgesellschaft und Prüfung der Unternehmensdaten nicht ermöglichen. Die Auskunft basiert daher nahezu vollständig auf Spekulationen und enthält damit einen nur geringen Informationsgehalt für die Angebotsempfänger. Zumal das Gesetz weder in § 11 WpÜG noch an anderer Stelle den Bieter verpflichtet, im Anschluß an die Veröffentlichung der Angebotsunterlage eingetretene Änderungen in gleicher Weise bekanntzumachen[1742]. Da für § 11 Abs. 2 S. 3 Ziff. 2 WpÜG gleichsam gilt, daß die Angaben gemäß § 11 Abs. 1 S. 3 WpÜG richtig sein müssen, wird der Bieter dadurch schlimmstenfalls zu einer übersteigert zurückhaltenden Darstellung angehalten, um spätere Haftungsfragen zu vermeiden[1743]. Zudem bleibt darauf hinzuweisen, daß aus ökonomischer Sicht eine solche Regelung nicht minder umstritten ist. Denn es besteht insofern die Gefahr, daß das Management der Zielgesellschaft sich die auf diese Weise veröffentlichten Pläne des Bieters zu eigen macht, was im Ergebnis zu einer Minderung

---

setzt eine solche Annahme voraus, daß man dem sich derart verhaltenden Bieter Selbstschädigungsabsicht unterstellt. Zudem durchläuft jedes Angebot ein Mindestmaß an Kontrolle, da es vor Veröffentlichung der BaFin vorzulegen ist.

1740 Statt vieler *DAV-Handelsrechtsausschuß*, Stellungnahme zum RefE-WÜG, NZG 2001, 420 (422). Anderer Ansicht *Oechsler*, NZG 2001, 817 (820).

1741 Zu den mit dieser Vorschrift in der Praxis verbundenen Unsicherheiten *Hamann*, ZIP 2001, 2249 (2252).

1742 Nach *Hamann*, ZIP 2001, 2249 (2257), soll dies aus dem Umkehrschluß zu § 23 WpÜG folgen, da dieser die Veröffentlichungspflichten des Bieters nach Abgabe des Angebots abschließend regeln würde. Dem kann jedoch unter Verweis auf § 21 Abs. 2 WpÜG nicht gefolgt werden.

1743 Ähnlich die Einschätzung von *Hamann*, ZIP 2001, 2249 (2252).

der Anreize zur Entwicklung von Übernahmestrategien durch übernahmewillige Bieter führen könnte[1744].

b) Frist für die Übermittlung der Angebotsunterlage an die BaFin

So sehr bereits die vorgenommene Ausweitung der Fristen im Referentenentwurf im allgemeinen zu begrüßen war und die zuletzt im Finanzausschuß vorgenommene Änderung gutzuheißen ist[1745], erscheint die Frist gemäß § 14 Abs. 1 WpÜG zur Übermittlung der Angebotsunterlage an die BaFin mit vier Wochen und einer Verlängerungsmöglichkeit um maximal weitere vier Wochen in zwei abschließend geregelten Fällen immer noch als zu starr bemessen[1746].

Um angemessen die in der Praxis auftretenden Schwierigkeiten bei der Erstellung von Angebotsunterlagen, insbesondere bei grenzüberschreitenden Übernahmen, berücksichtigen zu können, sollte die Regelung flexibler gestaltet werden. Allein im Fall Vodafone/Mannesmann waren weit mehr als einhundert Berater rund um die Uhr mit der Vorbereitung des Angebots befaßt[1747], und dennoch dauerte es annähernd fünf Wochen von der Ankündigung bis zur Veröffentlichung des Angebots[1748]. Wäre dieser Fall nach der jetzigen Regelung zwar befriedigend zu lösen, scheint die achtwöchige Maximalfrist dennoch zu starr. Wie das Beispiel der Übernahme der Dresdner Bank durch den Allianz-Konzern gezeigt hat, können durch die Begrenzung auf lediglich zwei Ausnahmegestaltungen Unzulänglichkeiten auftreten. Bei dieser Übernahme lagen zwischen der Ankündigung und der Abgabe des Angebots knapp zwei Monate, ohne daß eine Verlängerungsmöglichkeit herbeigeführt hätte werden können, obwohl das Abwarten im Interesse der Aktionäre war[1749].

Gerade bei mit dem Vorstand der Zielgesellschaft abgestimmten Übernahmen besteht eine Notwendigkeit flexibler Handhabung. Erfährt in solchen Fällen die Öffentlichkeit von im Vorfeld stattfindenden Gesprächen, besteht - unabhängig von der Beurteilung der Frage, ob der Bieter nach § 15 WpHG verpflichtet ist,

1744 Vgl. dazu *Herkenroth*, Konzernierungsprozesse, S. 365 m.w.N.

1745 Kritisch noch zum Referentenentwurf *Liebscher*, ZIP 2001, 853 (861), der eine behördliche Möglichkeit der Fristverlängerung anregte.

1746 Kritisch auch *Krause*, NJW 2002, 705 (707).

1747 Vgl. *Riehmer/Schröder*, NZG 2000, 820 (820).

1748 Vgl. dazu bereits oben Fn. 1682.

1749 Die Ankündigung erfolgte zum 1. April 2001, die Abgabe des Angebots zum 31. Mai 2001; Hintergrund der zeitlichen Verzögerung war maßgeblich das Abwarten auf die Geschäftszahlen für das Jahr 2000, so daß die Aktionäre vom Beginn der Annahmefrist an auf deren Grundlage entscheiden konnten. Vgl. dazu FAZ vom 4. Mai 2001, S. 20.

hierzu Stellung zu nehmen[1750] - bereits ein faktischer Zwang für den Bieter zur Veröffentlichung seiner Übernahmeabsicht. Anderenfalls bestünde die Gefahr, daß der Börsenkurs der zu übernehmenden Gesellschaft durch Spekulation weiter in die Höhe getrieben wird. Von da an verbleiben dem Bieter gerade einmal vier Wochen zur Übermittlung der Angebotsunterlage, es sei denn, eine der beiden Verlängerungsmöglichkeiten ist gegeben. Waren die Gespräche zum Zeitpunkt ihres Bekanntwerdens noch nicht weit fortgeschritten, bleibt dem Bieter ein weitaus kürzerer Zeitraum zur Erstellung der Angebotsunterlage als im Fall einer unfreundlichen Übernahme, bei der die Gefahr des Bekanntwerdens erheblich geringer ist und die Unterlage daher sorgfältig vorbereitet werden kann. Da bei einer freundlichen Übernahme die Angebotsunterlage das Ergebnis langwieriger Verhandlungen der beteiligten Unternehmen darstellt, entsteht hierdurch ein erhebliches Ungleichgewicht, was seitens des Gesetzgebers nicht gewollt sein kann.

Insgesamt sollte vor dem Hintergrund, daß die Angebotsunterlage sowohl einen kompletten Verkaufsprospekt, wenn - was regelmäßig der Fall sein dürfte - eigene Aktien als Gegenleistung angeboten werden, zu beinhalten hat als auch eine Finanzierungsbestätigung, und es sich daher um ein voluminöses Dokument handeln wird, die Regelung nochmals überdacht werden. Zu berücksichtigen gilt es zudem, daß das grundsätzlich zu begrüßende Erfordernis zur Erstellung der Angebotsunterlage in deutscher Sprache[1751] eine zusätzliche zeitliche Hürde aufstellt. Wünschenswert wäre daher zumindest die Möglichkeit zur Erteilung eines Dispens durch die BaFin in weiteren begründeten Ausnahmefällen.

c) Verlängerte Annahmefrist bei konkurrierendem Angebot

Bereits angedeutet wurde die Problematik, daß die Regelung des § 22 Abs. 2 S. 1 WpÜG impliziert, daß die Annahmefrist des konkurrierenden Angebots stets eine über die Annahmefrist des Angebots des ersten Bieters hinausgehende Laufzeit haben wird[1752]. Da dies nicht zwangsläufig der Fall sein muß, erscheint diese Regelung zu eng, was zutreffend kritisiert wurde[1753]. Die Regelung birgt indes noch eine weitere Gefahr. Die automatische Verlängerung der Annahmefrist des ursprünglich abgegebenen Angebots bei Hinzutreten eines konkurrie-

---

1750 Eine solche Verpflichtung wird überwiegend verneint. Dazu statt vieler *Geibel* in Schäfer, WpHG/BörsG/VerkProspG, § 15 WpHG, Rn. 34.

1751 Auch wenn heutzutage die internationale Dominanz des Englischen bei Unternehmenszusammenschlüssen unbestritten ist, vgl. etwa *Horn*, ZIP 2000, 473 (483), räumt das WpÜG zu Recht dem Informations- und Schutzbedürfnis der Adressaten des Angebots nach umfassender Transparenz Vorrang ein.

1752 Siehe oben S. 316.

1753 Vgl. die Nachweise oben Fn. 1671.

renden Angebots bis zu dem Zeitpunkt des Ablaufs der Annahmefrist für das Angebot des konkurrierenden Bieters gilt entsprechend, wenn während der Annahmefrist für das konkurrierende Angebot ein weiteres konkurrierendes Angebot abgegeben wird. Diese Kette ließe sich durch die Heranziehung weiterer konkurrierender Angebote zumindest theoretisch beliebig fortsetzen und hätte zur Folge, daß die Annahmefrist ins Unendliche verlängert werden könnte. Zur Beseitigung dieses Automatismus könnte die Regelung auf eine Höchstzahl hinzutretender konkurrierender Übernahmeangebote beschränkt werden.

d) Art der Gegenleistung

Weiterhin ist zu begrüßen, daß entgegen ersten spontanen Unmutsäußerungen als Reaktion auf die Übernahme von Mannesmann Tauschangebote zugelassen werden, § 31 Abs. 2 WpÜG[1754]. Mit einer zwingenden Verpflichtung zum Barangebot hätte man angesichts der Verpflichtung zum Erwerb sämtlicher Anteile bei Erreichen der Kontrollschwelle weitere unnötige Hürden gegen Übernahmen aufgebaut. Denn dies hätte dazu geführt, daß große Unternehmensübernahmen nicht mehr zu finanzieren gewesen wären.

Zudem ist für eine solche Verpflichtung kein Schutzbedürfnis erkennbar, denn die ein Umtauschangebot annehmenden Aktionäre haben jederzeit die Möglichkeit, die Aktien durch Veräußerung über die Börse zu Geld zu machen. Indem als Gegenleistung bei Umtauschangeboten „liquide Aktien" angeboten werden müssen, wird sichergesellt - auch wenn sich eine genaue Klärung dieses Begriffs noch abzeichnen muß[1755] - daß die jederzeitige Möglichkeit zur „Versilberung" besteht. Das Barangebot kann insofern nur *ultima ratio* sein für solche Fälle, in denen die Gleichbehandlung der Aktionäre der Zielgesellschaft anderenfalls gefährdet wäre.

Zuzustimmen ist weiterhin der von der Bundesregierung geäußerten Befürchtung, daß eine Barzahlungspflicht auf Grund der fehlenden liquiden Mittel zu einer erhöhten Anzahl von durch Kreditaufnahme fremdfinanzierten Übernahmen führen könnte, was die Gefahr der anschließenden Zerschlagung der Zielgesellschaft zumindest erhöhen würde[1756]. Denn der Bieter wäre dann in verstärktem Maße gezwungen, zur Bezahlung des Kaufpreises das erworbene Unternehmen „auszuschlachten" und teilweise zu „versilbern".

1754 Noch vor Einberufung der Expertenkommission war die Frage „ausdrücklich offen". Vgl. FAZ vom 8. März 2000, S. 17.

1755 Dazu sogleich unter e).

1756 Vgl. Antwort der Bundesregierung, BT-Drs. 14/3895 vom 13. Juli 2000, S. 12. So auch *Hopt* in FS Koppensteiner, S. (61) 67.

e) Begriff der „liquiden Aktien"

Mit erheblichen Unsicherheiten behaftet ist der Begriff der „liquiden Aktien", um die es sich nach § 31 Abs. 2 WpÜG handeln muß, wenn der Bieter als Gegenleistung Aktien anbieten will[1757]. Was genau hierunter zu verstehen ist, läßt sich weder dem Gesetz noch der dazugehörigen Begründung entnehmen. Der Begriff geht zurück auf Art. 5 Abs. 1 S. 3 des Gemeinsamen Entwurfs, erfährt jedoch auch an dieser Stelle keinerlei Konkretisierung.

Einzig § 5 Abs. 4 WpÜG-AngVO läßt sich in diesem Zusammenhang eine Regelung entnehmen, die zur Präzisierung des Begriffs beitragen könnte. Es handelt sich dabei um eine Regelung im Rahmen der Bestimmung der Höhe der angebotenen Gegenleistung. Danach soll abweichend von dem Grundsatz nach § 5 Abs. 1 WpÜG-AngVO die Höhe der Gegenleistung auf Basis einer Unternehmensbewertung festgelegt werden, wenn für die Aktien der Zielgesellschaft an weniger als einem Drittel der Börsentage während der letzten drei Monate vor der Veröffentlichung nach § 10 Abs. 1 Satz 1 oder § 35 Abs. 1 Satz 1 WpÜG Kurse festgestellt wurden und mehrere nacheinander festgestellte Kurse um mehr als fünf Prozent voneinander abweichen. Anders gewendet hat danach eine Unternehmensbewertung zu erfolgen, wenn in der Vergangenheit keine hinreichende Liquidität in dem vorstehend beschriebenen Sinne bestanden hat.

Aus diesem Grund wird vorgeschlagen, die dort genannten Voraussetzungen bei der näheren Bestimmung des Begriffs der „liquiden Aktien" heranzuziehen[1758]. Dem steht jedoch entgegen, daß es sich hierbei gerade nicht um eine Legaldefinition des WpÜG handelt, sondern lediglich um eine Regelung in einer auf Grund von Vorschriften des WpÜG erlassenen Verordnung[1759]. Zwar können vom Verordnungsgeber erlassene Vorschriften als rangniedrigere Normen zur Konkretisierung gesetzlicher Vorschriften herangezogen werden, da dem Verordnungsgeber grundsätzlich die Befugnis zusteht, unbestimmte Gesetzesbegriffe zu konkretisieren[1760]. Jedoch fehlt es vorliegend bereits an einer gesetzlichen Ermächtigung zum Tätigwerden des Verordnungsgebers. Denn der inso-

---

1757 Vgl. *Krause*, IFLR 9/2000, 36 (38); *ders.* NZG 2000, 905 (909): „im Dunkeln"; *Krieger* in Henze/Hoffmann-Becking, Gesellschaftsrecht 2001, S. 289 (296): „viel zu unscharf"; *Zschocke*, DB 2002, 79 (81): „unklar", der ohne nähere Begründung „die Schwelle nicht zu hoch ansetzen" will.

1758 Vgl. *Riehmer/Schröder*, BB 2001, Beilage 5, 5; im Anschluß hieran *Thun* in Geibel/Süßmann, WpÜG § 31 WpÜG, Rn. 11; *Thoma*, NZG 2002, 105 (108); auch *Kremer/Oesterhaus* in KK WpÜG, § 31 WpÜG, Rn. 26.

1759 Ähnlich wohl auch *Krieger* in Henze/Hoffmann-Becking, Gesellschaftsrecht 2001, S. 289 (296).

1760 Vgl. *Ossenbühl* in Isensee/Kirchhof, Hdb. des Staatsrechts, § 64, S. 404; *Jesch*, JZ 1963, 241 (244 f.).

weit maßgebliche § 31 Abs. 7 WpÜG nimmt gerade nicht Bezug auf § 31 Abs. 2 WpÜG, der die Art der Gegenleistung unter Verwendung des Begriffs der „liquiden Aktien" festlegt.

Dennoch kreisen bislang unterbreitete Lösungsvorschläge um diese Regelung. Ausgehend von § 5 Abs. 4 WpÜG-AngVO müsse man zu dem Schluß kommen, daß es nicht möglich sei, Aktien als Gegenleistung anzubieten, die erst auf Grund des Übernahmeangebots liquide würden, da die Vorschrift insofern voraussetze, daß zuvor ein Handel in der betreffenden Aktie stattgefunden habe[1761]. Dieses dem Wortlaut des § 5 Abs. 4 WpÜG-AngVO nach zutreffende Ergebnis wird freilich als zu eng kritisiert[1762]. Denn dies hätte zur Folge, daß neu zu schaffende Aktien aus einer Kapitalerhöhung, die erst noch zum Börsenhandel zugelassen werden müssen, nicht unter den Begriff der „liquiden Aktien" zu subsumieren sind. Daher unterbreitet *Krieger* den Vorschlag, daß es ausreichend sein müsse, wenn sichergestellt wird, daß die Aktien binnen eines angemessenen Zeitraums nach Durchführung des Übernahmeangebots an der Börse zugelassen sind, und sodann ein liquider Markt bestünde[1763]. Gestützt wird dieser Vorschlag auf den Schutzzweck des Gesetzes. Er weist Ähnlichkeiten zu dem Gedanken des § 9 Abs. 2 Ziff. 1 BörsZulV auf, wonach eine ausreichende Streuung der zuzulassenden Aktien über die Einführung an der Börse erreicht werden soll. Immanent ist diesen beiden Ansätzen, daß sie im Gegensatz zu der vergangenheitsbezogenen Betrachtung nach § 5 Abs. 4 WpÜG-AngVO auf eine Zukunftsprognose abstellen[1764].

In die gleiche Richtung geht auch der Ansatz von *Krause*, nach dem es sich bei „liquiden Aktien" um solche handelt, „die nach aller Voraussicht dauerhaft, d.h. für eine längere Zeitdauer nach Ablauf der Angebotsfrist, an einer Börse gehandelt werden"[1765]. Dies sei jedenfalls bei solchen Titeln anzunehmen, die auf einem der vom WpÜG erfaßten deutschen Märkte zugelassen sind. In zeitlicher Hinsicht müsse es ausreichen, wenn die Zulassung bei Auslieferung erfolge[1766]. Auch nach dieser Auffassung soll es daher zulässig sein, eigens für ein Übernahmeangebot geschaffene Aktien als Gegenleistung zu offerieren.

1761 *Krieger* in Henze/Hoffmann-Becking, Gesellschaftsrecht 2001, S. 289 (296).

1762 Vgl. *Krieger*, ebenda.

1763 *Krieger* in Henze/Hoffmann-Becking, Gesellschaftsrecht 2001, S. 289 (296); zustimmend *DAV-Handelsrechtsausschuß*, Stellungnahme zum RegE-WpÜG, ZIP 2001, 1736 (1738). Ebenso *Krause*, NJW 2002, 705 (710); auch *Kremer/Oesterhaus* in KK WpÜG, § 31 WpÜG, Rn. 27.

1764 So auch *DAV-Handelsrechtsausschuß*, Stellungnahme zum RegE-WpÜG, ZIP 2001, 1736 (1738), in Bezug auf den Vorschlag *Kriegers*.

1765 *Krause*, NZG 2000, 905 (909); *ders.*, NJW 2002, 705 (709).

1766 Dem hat sich insoweit klarstellend der Gesetzgeber mit Vorlage des Regierungsentwurfs angeschlossen, vgl. RegE-WpÜG, Begründung, Besonderer Teil, S. 136.

Nach dem Regelungszweck des § 31 Abs. 2 S. 1 WpÜG soll der Aktionär vor einer Übervorteilung durch den Bieter geschützt werden. Durch die Annahme einer in nicht liquiden Aktien bestehenden Gegenleistung würde der Aktionär in eine Anlage gedrängt, von der er sich nur schwerlich bzw. nur unter Inkaufnahme von Nachteilen wieder trennen könnte. Daher sollen die außenstehenden Aktionäre nicht mit solchen Titeln abgefunden werden, die keinen vollen Gegenwert darstellen[1767]. Dies gilt insbesondere vor dem Hintergrund, daß es dem Bieter auch freisteht, nicht notwendigerweise eigene Aktien als Gegenleistung anbieten zu müssen. Hieraus kann nicht der Schluß gezogen werden, daß stets in der Vergangenheit in den betreffenden Werten ein liquider Handel stattgefunden haben muß. Ebensowenig dürfte danach von vornherein das Anbieten solcher Aktien, die erst infolge der Durchführung des Übernahmeangebots ausreichende Liquidität erlangen, ausgeschlossen sein.

Erinnert sei in diesem Zusammenhang an den Zusammenschluß von Daimler-Benz und Chrysler. Im Rahmen des Umtauschangebots an die Aktionäre der Daimler-Benz wurden diesen als Gegenleistung Aktien der DaimlerChrysler AG angeboten[1768]. Bei der DaimlerChrysler AG handelte es sich zu diesem Zeitpunkt um ein eigens zum Zweck der Zusammenführung beider Gesellschaften gegründetes Transaktionsvehikel (*NewCo*)[1769]. Weder in der Zeit vor Abgabe des Übernahmeangebots noch zu Beginn der Annahmefrist waren die Aktien der *NewCo* zum Handel an einer Börse zugelassen. Vielmehr erhielten diese erst unmittelbar vor Ausgabe an die Angebotsempfänger ihre Börsenzulassung[1770]. Dennoch läßt sich nur schwerlich daran zweifeln, daß bei einem Tausch von 98,2 Prozent der Daimler-Benz-Aktien[1771] in Aktien der DaimlerChrysler AG diese keine hinreichende Liquidität gewährleisten können[1772].

Anhand dieses Beispiels wird deutlich, daß sich allgemeingültige Aussagen nur schwer treffen lassen. Angesichts der erfolgten Klarstellung in der Gesetzesbegründung hinsichtlich des Zeitpunkts der Zulassung wird man jedenfalls davon ausgehen können, daß eine vergangenheitsbezogene Betrachtung entsprechend dem Gedanken des § 5 Abs. 4 WpÜG-AngVO abzulehnen ist. Auch dürften danach im Grundsatz keine Bedenken bestehen, eigens für das Übernahmeangebot geschaffene Aktien als Gegenleistung anzubieten.

1767 Vgl. *Neye*, AG 2000, 289 (293).

1768 Näher dazu *Thoma/Reuter*, M&A 1999, 314 (316).

1769 Kurz zuvor als Oppenheim AG gegründet. Dazu näher *Fleischmann*, DB 1998, 1883 (1883).

1770 Zum zeitlichen Ablauf des Zusammenschlusses *Thoma/Reuter*, M&A 1999, 314 (320).

1771 Die Zahl schließt die ADRs mit ein.

1772 So auch *Thoma*, NZG 2002, 105 (108).

Zur Sicherstellung ausreichender Flexibilität könnte es sich anbieten, in derartigen Konstellationen die Entscheidung darüber, ob es sich um „liquide Aktien" handelt, der BaFin zu übertragen, die einzelfallabhängig überprüfen könnte, ob ein Umtauschangebot statthaft bzw. statt dessen ein Barangebot abzugeben ist. Für den vorstehend erörterten Beispielsfall ließe sich eine Vermutungsregel dergestalt aufstellen, daß bei einer Mindestannahmequote, die etwa bei 75 Prozent liegen könnte, gewährleistet ist, daß „liquide Aktien" vorliegen.

f) Paketzuschlag bei Vorerwerben

Im Sinne der konsequenten Umsetzung des Grundsatzes der Gleichbehandlung nach § 3 Abs. 1 WpÜG wurde in § 4 WpÜG-AngVO zu Recht der zunächst vorgesehene 15prozentige Preisabschlag gestrichen. Bereits dessen Rechtfertigung als „besondere ökonomische Leistung" vermochte nicht zu überzeugen. Mit der jetzigen Regelung wird sichergestellt, daß den außenstehenden Aktionären der Zielgesellschaft der gleiche Preis zukommt wie den Verkäufern eines Aktienpakets. Dadurch wird eine erhebliche Ungleichbehandlung vermieden. Insofern liegt das WpÜG nunmehr auf einer Linie mit der Regelung des City Code.

IV. Folgerungen

Eines der vorrangigen Ziele eines jeden Übernahmerechts sollte im Schutz der außenstehenden Aktionäre der Zielgesellschaft bestehen[1773]. Die Verwirklichung dieses Ziels ist insofern problematisch, als die Schutzbedürftigkeit der außenstehenden Aktionäre bei einem Übernahmeverfahren in zwei gegensätzliche Richtungen gerichtet ist. Zum einen bedarf es der Abwehr unzulässiger Eingriffe in die Interessen der Aktionäre durch die Verwaltung der Zielgesellschaft[1774]. Zum anderen ist gleichzeitig für einen ausreichenden Schutz gegenüber dem Verhalten des Bieters Sorge zu tragen. Im Hinblick auf das Bieterverhalten steht im Vordergrund der Schutz der außenstehenden Aktionäre vor dem Versuch der Übervorteilung und Druckausübung. Stünde die Ausgestaltung der Modalitäten eines öffentlichen Übernahmeangebots im freien Belieben des Bieters, würden sich zahlreiche Möglichkeiten anbieten, das Verfahren zu Lasten der Aktionäre abzuwickeln und diese mittels sanftem Druck zu einem bestimmten Verhalten zu bewegen. Beispielhaft hingewiesen sei in diesem Zusammenhang allein auf die Erfahrungen in den USA, die gezeigt haben, wie der Bieter vor allem durch

---

1773 Vgl. grundlegend *Frei*, Öffentliche Übernahmeangebote, S. 121.

1774 Zur Interessenlage bereits oben in Kap. 1, S. 49.

facettenreich gestaltete Teilangebote die Aktionäre zu einer schnellen Annahme zu drängen sucht[1775].

Die bislang erörterten Vorschriften des WpÜG bestätigen, daß das neue deutsche gesetzliche Regelwerk für sich in Anspruch nehmen kann, diesen Anforderungen jedenfalls im Hinblick auf das Bieterverhalten zu genügen. Zu Recht erteilt das WpÜG den aus der US-amerikanischen Praxis bekannten, auf Übervorteilung der außenstehenden Aktionäre abzielenden Angebotsformen eine klare Absage. In Deutschland werden Übernahmeverfahren künftig von der Trias Gleichheit, Transparenz und Schnelligkeit beherrscht, was in Gestalt von allgemeinen Grundsätzen Eingang in das Gesetz gefunden hat[1776].

Der Ausgestaltung des Übernahmeangebots durch den Bieter werden enge Grenzen gesetzt. Dies liegt vor allem an dem in § 32 WpÜG statuierten Verbot von Teilübernahmeangeboten, das sich entgegen den obsoleten Vorgaben der EU-Übernahmerichtlinie nicht nur auf Pflichtangebote, sondern auch auf freiwillige Übernahmeangebote erstreckt. Zudem ist das Übernahmeverfahren selbst weitgehendst vorgegeben und verläuft in geordneten Bahnen. Es verbleiben dem Bieter kaum Möglichkeiten, das Übernahmeangebot zu variieren, um dadurch zusätzliche Anreize zur Annahme zu schaffen. So stehen nachträgliche Änderungen nicht im freien Belieben des Bieters, sondern sind abschließend geregelt und auf nur wenige Ausnahmen beschränkt[1777]. Auch die Laufzeit des Angebots unterliegt gewissen Mindestanforderungen[1778] und bietet insoweit wenig Gestaltungsspielraum. Als Überraschungsmoment verbleibt dem Bieter somit allenfalls noch der Zeitpunkt der Bekanntgabe seiner Übernahmeabsicht.

Den Informationsbedürfnissen der Anteilseigner wird zum einen durch die zahlreichen Vorgaben zu den Mindestangaben der Angebotsunterlage Rechnung getragen[1779]. Vor allem die Angaben über die Absichten des Bieters im Hinblick auf die künftige Geschäftstätigkeit[1780] bieten die Chance, bereits frühzeitig die Vorhaben des Bieters erkennen zu lassen. Insbesondere wird es einem Bieter hiernach unmöglich sein, die wenig verbreiteten, aber um so mehr gefürchteten Zerschlagungsübernahmen unerkannt durchzuführen, da bereits die Absicht, Teile der Zielgesellschaft veräußern zu wollen, offengelegt werden muß. Zum anderen sorgen die umfassenden Veröffentlichungsverpflichtungen des Bieters im Laufe des Übernahmeverfahrens für eine ausreichende Information der

1775 Vgl. dazu oben Kap. 4, S. 204 mit Fn. 1050.
1776 § 3 WpÜG. Dazu oben S. 288.
1777 § 21 WpÜG. Dazu oben S. 320.
1778 § 16 WpÜG. Dazu oben S. 316.
1779 § 11 Abs. 2 WpÜG. Dazu oben S. 309.
1780 § 11 Abs. 2 S. 3 Ziff. 2 WpÜG.

Beteiligten[1781]. Auf diese Weise wird sichergestellt, daß die Entscheidung jedes einzelnen Aktionärs nicht in Unkenntnis des Verhaltens der übrigen Anteilseigner erfolgt[1782]. Im Zusammenspiel mit dem gesetzlich gewährleisteten Rücktrittsrecht im Fall nachträglicher Änderungen des Angebots[1783] sowie der Verpflichtung zur Abgabe eines obligatorischen Angebots[1784] wird freiwilligen Übernahmeangeboten von vornherein jegliche druckausübende Wirkung auf die Aktionäre genommen. Die Gefahr, daß die Aktionäre in die Situation des *prisonner's dilemma* gedrängt werden, wird durch diese Mechanismen annähernd ausgeräumt.

Auch in zeitlicher Hinsicht unterliegt das Verhalten des Bieters strengen Anforderungen. Die den Bieter treffenden Pflichten greifen nicht nur während des eigentlichen Übernahmeverfahrens, sondern darüber hinaus bereits in dem Zeitraum zuvor und überdies bis zu einem Jahr nach Ablauf der Annahmefrist[1785]. Auf diese Weise können auch außerhalb des eigentlichen Verfahrens getätigte Erwerbe bei der Preisfindung berücksichtigt und damit eine Ungleichbehandlung verhindert werden.

Ferner stellt im Hinblick auf die Reglementierung des Bieterverhaltens die hier nur am Rande behandelte Einführung des Pflichtangebots einen nicht unerheblichen Eingriff in dessen Handlungsfreiheit dar. Die Tragweite der erstmals in Deutschland gesetzlich verankerten Angebotspflicht bei Kontrollerwerb über die Zielgesellschaft läßt sich an der langwierigen Kontroverse um diese Thematik ablesen[1786]. Die Verpflichtung zur Abgabe eines Übernahmeangebots dürfte nicht nur dazu führen, daß sich potentielle Bieter künftig äußerst sorgfältig Gedanken über die Finanzierung des obligatorischen Vollerwerbs machen werden. Vielmehr dürfte sich diese Verpflichtung auch dahingehend auswirken, daß voreilig abgegebene Übernahmeangebote und unseriöse - weil wirtschaftlich nicht erfüllbare - Scheinangebote keine Verbreitung finden. Denn bereits der Erwerb einer Beteiligung von knapp über 30 Prozent wird künftig zusätzlich den Zwang zum Erwerb der übrigen 70 Prozent auslösen. Potenziert werden die Auswirkungen dieser Neuregelung durch die hinzutretende Verpflichtung zur Unterbreitung eines obligatorischen Angebots im Fall des mittelbaren Kontroller-

1781 § 23 WpÜG. Dazu oben S. 322.

1782 Insoweit geht die deutsche Vorschrift sogar über die strengen Regelungen des City Code hinaus, dem solche „Wasserstandsmeldungen" fremd sind. Vgl. City Code, Rule 17.1 (a), wonach während des Verfahrens lediglich im Fall von Änderungen des Angebots die Anzahl der abgegebenen Annahmeerklärungen veröffentlicht werden muß.

1783 § 21 Abs. 4 WpÜG.

1784 § 35 WpÜG.

1785 §§ 31 Abs. 3 Ziff. 1, Abs. 5 sowie korrespondierend 23 Abs. 2 WpÜG.

1786 Dazu die Nachweise oben Fn. 1439.

werbs[1787]. Auch wenn die Einführung des Pflichtangebots in erster Linie dem Minderheitenschutz zugute kommt, führt die erhebliche Verteuerung selbst eines beabsichtigten Erwerbs einer „lediglich“ 30prozentigen Beteiligung dazu, daß damit zugleich ein faktischer Übernahmeschutz für potentielle Übernahmekandidaten geschaffen wird[1788].

Unter finanziellen Gesichtspunkten ebenfalls nicht zu vernachlässigen sind zudem die umfangreichen Nachbesserungs- und sonstigen Gleichbehandlungspflichten in Bezug auf die Höhe der Gegenleistung[1789]. Im Vergleich zu der bisherigen Praxis wird sich bei einem nach dem WpÜG durchgeführten Übernahmeverfahren die Kalkulationsgrundlage des Bieters durch die neuen Vorschriften grundlegend verändern[1790].

Schließlich wird durch eine Reihe zusätzlicher Vorkehrungen gewährleistet, daß die seitens der Kritiker des in der Übernahmerichtlinie vorgesehenen Vereitelungsverbots als Rechtfertigung für eine Auflockerung desselben angeführten Übernahmeangebote von vornherein zum Scheitern verurteilt sind, mit denen vermeintlich unlautere bzw. unseriöse Absichten verbunden sind, namentlich die Ausplünderung der Zielgesellschaft. Dazu zählen zunächst die einzuholende Finanzierungsbestätigung[1791] sowie die eingeschränkte materielle Prüfung durch die BaFin. Aber auch durch die Androhung der vorgesehenen Sanktionen, insbesondere der Sperrfrist, wird sichergestellt, daß derartige, als sachwidrig eingestufte Angebote nicht zur Veröffentlichung gelangen[1792]. Diesem Ziel dient schließlich auch die insgesamt vorherrschende Transparenz des Verfahrens[1793].

Festzuhalten bleibt somit an dieser Stelle, daß die neuen Regelungen des WpÜG den Bieter bei der Wahl seiner Mittel durch die vorgenannten Mechanismen stark beschränken[1794]. Auch wenn der Hinweis überflüssig erscheinen mag, sei noch einmal betont, daß dies gleichermaßen für inländische wie auch für ausländische Bieter gilt. Die Auferlegung jener zahlreichen Pflichten während des Übernahmeverfahrens und insbesondere die Einführung des obligatorischen

---

1787 § 35 Abs. 1 S. 1 WpÜG. Siehe auch § 9 S. 2 Ziff. 3 WpÜG-AngVO.

1788 So auch die Einschätzung von *Kort* in FS Lutter, S. 1421 (1423).

1789 § 31 Abs. 3 bis 5 WpÜG. Dazu oben S. 312 sowie S. 321.

1790 Zur finanziell noch einkalkulierten Ungleichbehandlung nach den allgemeinen Vorschriften *Otto*, AG 1994, 167 (168).

1791 § 13 Abs. 1 S. 2 WpÜG. Dazu oben S. 308. Auf die Bedeutung der Finanzierung für die Seriosität eines Angebots wies bereits *Immenga* in Kreuzer, Öffentliche Übernahmeangebote, S. 11 (25), hin. Ähnlich auch Begründung zu Art. 3 Abs. 1 lit. e Gemeinsamer Standpunkt, ABl. EG Nr. C 23 vom 24. Januar 2001, S. 21.

1792 Zu den Sanktionen insgesamt oben S. 296.

1793 So schon *Immenga*, SAG 1975, 89 (93).

1794 Kritisch sieht *Schüppen*, WPg 2001, 958 (976), den Bieter gar „in ein enges Korsett formaler Vorgaben gezwängt“.

Übernahmeangebots werden im Ergebnis unfreundliche Übernahmen eher erschweren als erleichtern[1795]. Dennoch ist dieser Nebeneffekt hinzunehmen, da angesichts der eingangs dargestellten Schutzbedürftigkeit der außenstehenden Aktionäre der Zielgesellschaft auch gegenüber dem Bieter die strenge Reglementierung seines Verhaltens sachgerecht ist. Nach alledem scheidet es jedenfalls von vornherein aus, die Zulassung von Abwehrmaßnahmen der Zielgesellschaft mit der Notwendigkeit regulierender Eingriffe zur Sicherstellung eines Mindeststandards für den Schutz der Aktionäre[1796] zu rechtfertigen[1797].

Vor diesem Hintergrund gilt es nun im Fortgang der Untersuchung zu klären, inwieweit der gegenüber der Regelung zum Verhalten der Verwaltung der Zielgesellschaft in der Übernahmerichtlinie und in der Fassung der beiden ersten nationalen Gesetzentwürfe erhobene Einwand gerechtfertigt ist, es bestünde ein nicht unerhebliches Ungleichgewicht zwischen dem Bieter und der Zielgesellschaft zu Lasten letzterer[1798].

B. PFLICHTEN DER ZIELGESELLSCHAFT

I. VORBEMERKUNG

Nachfolgend werden die einschlägigen Vorschriften des WpÜG betreffend die Pflichten des Vorstands und des Aufsichtsrats der Zielgesellschaft behandelt.

1795 Darauf wies bereits zutreffend *Doralt* in Doralt/Nowotny/Schauer, Takeover-Recht, S. 1 (8), hin.

1796 Vgl. *Watter*, Unternehmensübernahmen, S. 339, der die Zulassung von Abwehrmaßnahmen dann für begrüßenswert erachtet, wenn damit die Gleichbehandlung der Aktionäre sowie eine Mindestannahmefrist gesichert werden wie auch Teilübernahmeangeboten entgegengewirkt wird. Auch nach *Mertens* in KK AktG, § 76 AktG, Rn. 26, soll der Vorstand der Zielgesellschaft „Sorge für ein korrektes Übernahmeverfahren" tragen.

1797 Ähnlich bereits *Wolf*, AG 1998, 212 (220), der gerade in der Verpflichtung des Bieters zur Abgabe eines obligatorischen Übernahmeangebots an alle Aktionäre der Zielgesellschaft das notwendige Korrelat der Beschränkung von Abwehrmaßnahmen erblickt. Die Angebotspflicht sei die „konsequente Kehrseite eines umfassenden vermögensbezogenen Schutzes der Minderheitsaktionäre".

1798 So schon *Kirchner*, BB 2000, 105 (107, 113), noch in Bezug auf die Vorschläge einer Übernahmerichtlinie. Dieser wollte eine „strikte Neutralitätspflicht" nur zulassen, wenn das Bieterverhalten einer strikten Kontrolle unterliegt, gleichsam als Gegenlager einer weitgehenden Regulierung des öffentlichen Übernahmeangebots insgesamt; *ders.* in FAZ vom 11. Juli 2001, S. 15. Auch *Kremer*, M&A 2000, 461 (462), nach dem von einer Waffengleichheit keine Rede sein könne. Siehe dazu auch *Wackerbarth*, WM 2001, 1741 (1742).

Dabei ist zunächst zu trennen zwischen reinen Informationspflichten einerseits und Verhaltenspflichten andererseits.

Im Hinblick auf die Informationspflichten trifft den Vorstand der Zielgesellschaft zum einen die Verpflichtung, deren Arbeitnehmer mit den notwendigen Informationen zu versorgen[1799]. Unverzüglich nach Erhalt der Mitteilung über die Entscheidung zur Abgabe eines Angebots durch den Bieter[1800] hat der Vorstand den zuständigen Betriebsrat bzw. bei Nichtbestehen eines Betriebsrats unmittelbar die Arbeitnehmer[1801] über den Erhalt jener Mitteilung zu unterrichten[1802]. Zum anderen wird der Vorstand verpflichtet, die Angebotsunterlage nach Erhalt durch den Bieter[1803] ebenfalls an den Betriebsrat bzw. die Arbeitnehmer zu übermitteln[1804]. Auf diese Regelungen soll im folgenden jedoch nicht weiter eingegangen werden[1805]. Von weitaus größerem Interesse in diesem Zusammenhang sind hingegen diejenigen Informationspflichten, die dem Vorstand und

---

1799 Die Verbesserung von Information und Transparenz für die betroffenen Arbeitnehmer während eines Angebotsverfahrens stellt eines der übergeordneten Ziele des Gesetzes dar. Dazu oben S. 271. Hingegen verzichtet das WpÜG bewußt auf eine gesonderte Regelung zur Unterrichtung des Aufsichtsrats der Zielgesellschaft durch deren Vorstand, da § 90 AktG insoweit als ausreichend angesehen wird. Vgl. RegE-WpÜG, Begründung, Besonderer Teil, S. 97, 110. Zur Sicherstellung der zügigen Information des Aufsichtsrats ist in § 90 Abs. 4 S. 2 AktG i.d.F. des TransPuG - auf Empfehlung der *Regierungskommission „Corporate Governance“* (vgl. *dies.*, Abschlußbericht, D2.8, Rn. 27 ff.) - nun vorgesehen, daß die Berichterstattung durch den Vorstand „möglichst rechtzeitig“ zu erfolgen hat. Zum TransPuG siehe die Nachweise oben in Fn. 1465.

1800 Dazu näher oben S. 308.

1801 Auch § 613a Abs. 5 BGB n.F. (geändert durch Art. 4 des Gesetzes zur Änderung des Seemannsgesetzes und anderer Gesetze vom 23. März 2002, BGBl. I 2002 S. 1163 vom 28. März 2002) sieht im Rahmen eines Betriebsübergangs neuerdings eine Verpflichtung zur unmittelbaren Unterrichtung der Arbeitnehmer vor. Zur Neuregelung statt vieler *Bauer/von Steinau-Steinrück*, ZIP 2002, 457 ff.

1802 § 10 Abs. 5 S. 2 WpÜG. Zur Bestimmung des zuständigen Betriebsrats siehe unten S. 359.

1803 Dazu näher oben S. 320.

1804 § 14 Abs. 4 S. 2 WpÜG. Entsprechendes gilt bei einer Änderung des Angebots, § 21 Abs. 2 S. 2 WpÜG. Verstöße sowohl gegen diese Übermittlungspflicht als auch gegen die Unterrichtungspflicht können nach §§ 60 Abs. 1 Ziff. 2 lit. b), Abs. 3 WpÜG mit einer Geldbuße bis zu 200.000 Euro geahndet werden.

1805 Dazu eingehend *Grobys*, NZA 2002, 1 (2 ff.), sowie *Seibt*, DB 2002, 529 (531 ff.). Siehe auch den Vorschlag der *Union der Leitenden Angestellten* (ULA), dem Zusammenschluß von Führungskräften in Deutschland, wonach sich Unternehmen künftig einem freiwilligen Verhaltenskodex unterwerfen sollen, der eingehend die Informations- und Beteiligungsrechte der Mitarbeiter bei Übernahmen regelt; vgl. FAZ vom 26. November 2001, S. 13, 17.

dem Aufsichtsrat der Zielgesellschaft gemäß § 27 WpÜG[1806] auferlegt werden. An dieser Stelle statuiert das WpÜG die Verpflichtung zur Abgabe einer Stellungnahme zu einem Angebot (nachfolgend unter II.).

Maßgebliche Bestimmung hinsichtlich der Verhaltenspflichten ist die im Gesetzgebungsverfahren kontrovers diskutierte Regelung des § 33 Abs. 1 und 2 WpÜG. Dort werden die „Handlungen des Vorstands der Zielgesellschaft" während des Übernahmeverfahrens geregelt (V.). Darüber hinaus enthält das WpÜG zwei weitere Regelungen, die mittelbar die Verhaltenspflichten der Verwaltung der Zielgesellschaft ansprechen[1807]. Dies sind zum einen das ebenfalls in § 33 WpÜG in dessen Abs. 3 enthaltene Verbot nicht gerechtfertigter Vorteilsgewährungen (IV.) sowie zum anderen die Vorschrift des § 28 WpÜG, wonach in bestimmten Fällen die Möglichkeit zur Untersagung von Werbemaßnahmen durch die BaFin vorgesehen ist (III.)[1808].

Im vorliegenden Abschnitt wird in den jeweiligen Unterabschnitten zu den einzelnen Regelungen zunächst in einem historischen Teil deren Entstehungsgeschichte aufgearbeitet. Im unmittelbaren Anschluß erfolgt eine ausführliche Erläuterung der Regelungen[1809]. Abschließend werden die Vorschriften einer kritischen Bewertung unterzogen. Der Gesetzestext ist den Ausführungen jeweils vorangestellt.

II. Stellungnahme des Vorstands und des Aufsichtsrats

§ 27 Abs. 1 WpÜG:

„[1] Der Vorstand und der Aufsichtsrat der Zielgesellschaft haben eine begründete Stellungnahme zu dem Angebot sowie zu jeder seiner Änderungen abzugeben. [2] Die Stellungnahme muss insbesondere eingehen auf

1. die Art und Höhe der angebotenen Gegenleistung,

1806 Der Systematik des WpÜG entsprechend finden die Vorschriften des dritten Abschnitts über die Verweisungsnorm des § 34 WpÜG für Übernahmeangebote Anwendung. Auf die gesonderte Zitierung dieser Vorschrift soll im folgenden verzichtet werden.

1807 Auf sonstige, sich aus Vorschriften außerhalb des WpÜG ergebende Verhaltenspflichten der Verwaltung der Zielgesellschaft im Kontext einer Übernahme soll im Rahmen dieser Untersuchung nicht näher eingegangen werden. Siehe dazu bereits die Nachweise oben Einl., S. 4.

1808 Siehe zu den Pflichten der Zielgesellschaft auch im Anhang, Abbildung 6.

1809 Mit Ausnahme der zentralen Vorschrift des § 33 Abs. 1, 2 WpÜG sollen allerdings Haftungsfragen im Rahmen der vorliegenden Untersuchung ausgeklammert bleiben.

2. die voraussichtlichen Folgen eines erfolgreichen Angebots für die Zielgesellschaft, die Arbeitnehmer und ihre Vertretungen, die Beschäftigungsbedingungen und die Standorte der Zielgesellschaft,

3. die vom Bieter mit dem Angebot verfolgten Ziele,

4. die Absicht der Mitglieder des Vorstands und des Aufsichtsrats, soweit sie Inhaber von Wertpapieren der Zielgesellschaft sind, das Angebot anzunehmen."

§ 27 Abs. 2 WpÜG:

„Übermitteln der zuständige Betriebsrat, oder sofern ein solcher nicht besteht, unmittelbar die Arbeitnehmer der Zielgesellschaft dem Vorstand eine Stellungnahme zu dem Angebot, hat der Vorstand unbeschadet seiner Verpflichtung nach Absatz 3 Satz 1 diese seiner Stellungnahme beizufügen."

§ 27 Abs. 3 WpÜG:

„[1] Der Vorstand und der Aufsichtsrat der Zielgesellschaft haben die Stellungnahme unverzüglich nach Übermittlung der Angebotsunterlage und deren Änderungen durch den Bieter gemäß § 14 Abs. 3 Satz 1[1810] *zu veröffentlichen. [2] Sie haben die Stellungnahme gleichzeitig dem zuständigen Betriebsrat oder, sofern ein solcher nicht besteht, unmittelbar den Arbeitnehmern zu übermitteln. [3] Der Vorstand und der Aufsichtsrat der Zielgesellschaft haben der Bundesanstalt unverzüglich einen Beleg über die Veröffentlichung gemäß § 14 Abs. 3 Satz 1 Nr. 2 zu übersenden."*

1. Entstehungsgeschichte

a) § 27 Abs. 1 WpÜG

Im Diskussionsentwurf war die Verpflichtung zur Abgabe einer Stellungnahme noch in § 30 DiskE-ÜG festgelegt und lediglich an den Vorstand der Zielgesellschaft adressiert[1811]. Dort hieß es in § 30 Abs. 1 DiskE-ÜG:

1810 § 14 Abs. 3 WpÜG regelt die Veröffentlichung der Angebotsunterlage. Vgl. dazu oben S. 318.

1811 Vgl. dazu *Hopt* in FS Koppensteiner, S. 61 (83 f.); *Land/Hasselbach*, DB 2000, 1747 (1749); *Lenz*, INF 2000, 655 (656); *Pötzsch/Möller*, WM 2000, Sonderbeilage 2, 24 f.; *Witte*, BB 2000, 2161 (2163 f.).

„[1] Der Vorstand der Zielgesellschaft hat eine begründete Stellungnahme zu dem Übernahmeangebot sowie zu jeder seiner Änderungen abzugeben. [2] Die Stellungnahme muß insbesondere eingehen auf

1. *die Auswirkungen der Übernahme auf die Interessen der Zielgesellschaft einschließlich der Beschäftigten,*

2. *die vom Bieter mit der Übernahme verfolgten Ziele,*

3. *die Absicht der Mitglieder des Vorstands, soweit sie Inhaber von Aktien der Zielgesellschaft sind, das Übernahmeangebot anzunehmen."*

Im Vergleich zu § 30 Abs. 1 DiskE-ÜG wurde die Regelung zum Großteil unverändert in § 27 Abs. 1 RefE-WÜG übernommen. Es erfolgte zum einen eine Anpassung an den erweiterten Anwendungsbereich des Referentenentwurfs. Auch in den Fällen, in denen ein Angebot zum Erwerb von Wertpapieren nicht auf die Erlangung der Kontrolle gerichtet ist, soll der Vorstand der Zielgesellschaft zur Abgabe einer Stellungnahme gesetzlich verpflichtet werden. Dementsprechend wurde die Vorschrift überarbeitet und knüpfte fortan an den Begriff des Angebots an. Ferner wurde der dadurch notwendig gewordene systematische Wechsel der Vorschrift in den dritten, sämtliche Angebote regelnden Abschnitt des Gesetzes vollzogen. Da auch der Wertpapierbegriff infolge des Referentenentwurfs erheblich ausgeweitet wurde, mußte § 27 Abs. 1 Ziff. 3 RefE-WÜG zudem dahingehend modifiziert werden, daß die Vorstandsmitglieder ihre Annahmeabsicht offenlegen müssen, sofern sie Wertpapierinhaber der Zielgesellschaft sind.

Zum anderen hieß es in § 27 Abs. 1 S. 2 Ziff. 1 RefE-WÜG nicht mehr „einschließlich der Beschäftigten", sondern nunmehr „einschließlich der Arbeitnehmer und ihrer Vertretung". Damit wurde eine Konkretisierung gegenüber dem Diskussionsentwurf vorgenommen, dessen Formulierung noch stärker an Art. 9 Abs. 1 lit. b des Gemeinsamen Standpunkts der EU-Übernahmerichtlinie angelehnt war.

§ 27 Abs. 1 RefE-WÜG hatte demnach folgende Gestalt:

„[1] Der Vorstand der Zielgesellschaft hat eine begründete Stellungnahme zu dem Angebot sowie zu jeder seiner Änderungen abzugeben. [2] Die Stellungnahme muß insbesondere eingehen auf

1. *die Auswirkungen des Angebots auf die Interessen der Zielgesellschaft einschließlich der Arbeitnehmer und ihrer Vertretung,*

2. *die vom Bieter mit dem Angebot verfolgten Ziele,*

3. die Absicht der Mitglieder des Vorstands, soweit sie Inhaber von Wertpapieren der Zielgesellschaft sind, das Angebot anzunehmen. "

Mit Ausnahme des § 27 Abs. 1 S. 2 Ziff. 1 RefE-WÜG wurde die Fassung des Referentenentwurfs unverändert in den Regierungsentwurf übernommen[1812]. § 27 Abs. 1 S. 2 Ziff. 1 RegE-WpÜG hingegen wurde durchweg neu formuliert. Sollte die Stellungnahme bis dahin auf die „Auswirkungen des Angebots" auf die Interessen der Zielgesellschaft, einschließlich der Arbeitnehmer und ihrer Vertretung, eingehen, wurde fortan verlangt, daß auf die „voraussichtlichen Folgen eines erfolgreichen Angebots" für die Zielgesellschaft, die Arbeitnehmer und ihre Vertretungen, die Beschäftigungsbedingungen sowie die Standorte der Zielgesellschaft einzugehen ist.

§ 27 Abs. 1 RegE-WpÜG lautete folglich:

„[1] *Der Vorstand der Zielgesellschaft hat eine begründete Stellungnahme zu dem Angebot sowie zu jeder seiner Änderungen abzugeben.* [2] *Die Stellungnahme muß insbesondere eingehen auf*

1. *die voraussichtlichen Folgen eines erfolgreichen Angebots für die Zielgesellschaft, die Arbeitnehmer und ihre Vertretungen, die Beschäftigungsbedingungen und die Standorte der Zielgesellschaft,*

2. *die vom Bieter mit dem Angebot verfolgten Ziele,*

3. *die Absicht der Mitglieder des Vorstands, soweit sie Inhaber von Wertpapieren der Zielgesellschaft sind, das Angebot anzunehmen.* "

Erst in der Endphase des Gesetzgebungsverfahrens wurde der Adressatenkreis dieser Verpflichtung während der Beratungen des Finanzausschusses auch auf den Aufsichtsrat der Zielgesellschaft erstreckt[1813]. Über die Anpassung der Vorschrift an diese Erweiterung hinaus wurde zudem in § 27 Abs. 1 S. 2 WpÜG eine neue Ziff. 1 eingefügt, wonach in der Stellungnahme auch auf die Art und Höhe der Gegenleistung einzugehen ist. Infolgedessen hat § 27 Abs. 1 S. 2 WpÜG eine neue Numerierung erfahren und enthält nunmehr insgesamt vier inhaltliche Mindestvorgaben.

1812 Dazu *Zinser*, ZRP 2001, 363 (366).

1813 Auch wenn dem Gesetzgeber der Gedanke nicht fremd war, hatte er bis dahin von der Einführung einer solchen Verpflichtung bewußt abgesehen, vgl. etwa *DAV-Handelsrechtsausschuß*, Stellungnahme zum RefE-WÜG, NZG 2001, 420 (427).

b) § 27 Abs. 2 WpÜG

Seit Vorlage des ersten Gesetzentwurfs war vorgesehen, die Position der Arbeitnehmer zu dem Angebot in das Verfahren zur Abgabe einer Stellungnahme einzubeziehen. Dazu sah § 30 Abs. 2 DiskE-ÜG vor:

„Der Vorstand der Zielgesellschaft hat in seine Stellungnahme die Position der Vertreter der Arbeitnehmer, oder, sofern eine Vertretung der Arbeitnehmer nicht besteht, unmittelbar der Arbeitnehmer, aufzunehmen."

Bereits im Referentenentwurf wurde von dieser Formulierung Abstand genommen. Die Fassung des § 27 Abs. 2 RefE-WÜG hatte weitestgehend die Gestalt des jetzigen § 27 Abs. 2 WpÜG angenommen. Der Grund für die Überarbeitung lag darin, daß der Vorstand nicht in jedem Fall zur Beifügung der Stellungnahme der Arbeitnehmer zu seiner eigenen verpflichtet werden sollte, sondern eben nur dann, wenn ihm eine solche auch zeitnah übermittelt wird. Dies wurde mit der ausdrücklichen Bezugnahme auf die Verpflichtung nach Absatz 3 Satz 1 nochmals hervorgehoben. Damit wurde der Konflikt zwischen dem dort festgelegten Gebot der unverzüglichen Veröffentlichung der Stellungnahme und dem gesetzgeberischen Wunsch nach einer Einbeziehung der Position der Arbeitnehmer entschärft.

§ 27 Abs. 2 RefE-WÜG hatte somit folgende Gestalt:

„Übermitteln der zuständige Betriebsrat, oder sofern eine Vertretung der Arbeitnehmer nicht besteht, unmittelbar die Arbeitnehmer der Zielgesellschaft dem Vorstand eine Stellungnahme zu dem Angebot, hat der Vorstand unbeschadet seiner Verpflichtung nach Absatz 3 Satz 1 diese seiner Stellungnahme beizufügen."

Im Regierungsentwurf erfolgte lediglich noch eine redaktionelle Überarbeitung. Die Formulierung in § 27 Abs. 2 RefE-WÜG „sofern eine Vertretung der Arbeitnehmer" wurde zu „sofern ein solcher" korrigiert. In der Fassung des § 27 Abs. 2 RegE-WpÜG erlangte die Regelung schließlich Gesetzeskraft.

c) § 27 Abs. 3 WpÜG

Die Modalitäten der Veröffentlichung haben jeweils in einem eigenen Absatz eine eigenständige Regelung erfahren. So hieß es in § 30 Abs. 3 DiskE-ÜG:

„Der Vorstand der Zielgesellschaft hat die Stellungnahme unverzüglich nach Veröffentlichung der Angebotsunterlage und deren Änderungen entsprechend

§ 17 Abs. 3[1814] *zu veröffentlichen und dem Bundesaufsichtsamt einen Beleg zu übersenden."*

Mit Vorlage des Referentenentwurfs wurde § 30 Abs. 3 DiskE-ÜG neugefaßt. Dem Umstand Rechnung tragend, daß aus dieser Regelung zwei unterschiedliche Pflichten des Vorstands der Zielgesellschaft resultieren, wurden beide, der Übersichtlichkeit halber, voneinander getrennt und einer eigenständigen Regelung zugeführt. § 27 Abs. 3 S. 1 RefE-WÜG behandelte fortan die Veröffentlichungspflicht und § 27 Abs. 3 S. 2 RefE-WÜG die Pflicht zur Übersendung des Belegs an das Bundesaufsichtsamt.

Ferner stellte die neu gewählte Formulierung in § 27 Abs. 3 S. 1 RefE-WÜG sicher, daß der Vorstand der Zielgesellschaft nur dann eine Stellungnahme zu veröffentlichen hat, wenn ihm die Angebotsunterlage durch den Bieter tatsächlich übermittelt wurde. Denn das Gebot der unverzüglichen Veröffentlichung der Stellungnahme stellte im Referentenentwurf nicht mehr auf die Veröffentlichung der Angebotsunterlage ab, sondern auf deren Übermittlung durch den Bieter an den Vorstand der Zielgesellschaft.

Für § 27 Abs. 3 RefE-WÜG ergab sich danach folgendes:

„[1] Der Vorstand der Zielgesellschaft hat die Stellungnahme unverzüglich nach Übermittlung der Angebotsunterlage und deren Änderungen durch den Bieter gemäß § 14 Abs. 3 Satz 1 zu veröffentlichen. [2] Der Vorstand der Zielgesellschaft hat dem Bundesaufsichtsamt unverzüglich einen Beleg über die Veröffentlichung gemäß § 14 Abs. 3 Satz 1 Nr. 2 zu übersenden."

Inhaltlich unverändert übernommen wurde diese Vorschrift von dem Regierungsentwurf. Allerdings führte die Einfügung eines neuen § 27 Abs. 3 S. 2 RegE-WpÜG dazu, daß sich der ursprüngliche § 27 Abs. 3 S. 2 RefE-WÜG nunmehr als § 27 Abs. 3 S. 3 RegE-WpÜG wiederfand. Der Vorstand sollte nunmehr auch zur Übermittlung der Stellungnahme an die Arbeitnehmer verpflichtet werden. Hintergrund der Neuregelung in § 27 Abs. 3 S. 2 RegE-WpÜG war eine weitere Stärkung der Informationsrechte der Arbeitnehmer. Eine inhaltsgleiche Regelung fand sich bereits in Art. 9 Abs. 1 lit. d S. 2 des Gemeinsamen Entwurfs der EU-Übernahmerichtlinie[1815].

Demnach nahm § 27 Abs. 3 RegE-WpÜG folgende Gestalt an:

1814 § 17 Abs. 3 DiskE-ÜG entspricht dem jetzigen § 14 Abs. 3 WpÜG, der die Veröffentlichung der Angebotsunterlage regelt. Die Veröffentlichung der Änderungen eines Angebots wird in § 21 Abs. 2 WpÜG geregelt, der auf § 14 Abs. 3 WpÜG Bezug nimmt. Vgl. dazu oben S. 318.

1815 Vgl. dazu oben Kap. 2, S. 104.

„[1] Der Vorstand der Zielgesellschaft hat die Stellungnahme unverzüglich nach Übermittlung der Angebotsunterlage und deren Änderungen durch den Bieter gemäß § 14 Abs. 3 Satz 1 zu veröffentlichen. [2] Er hat die Stellungnahme gleichzeitig dem zuständigen Betriebsrat oder, sofern ein solcher nicht besteht, unmittelbar den Arbeitnehmern zu übermitteln. [3] Der Vorstand der Zielgesellschaft hat dem Bundesaufsichtsamt unverzüglich einen Beleg über die Veröffentlichung gemäß § 14 Abs. 3 Satz 1 Nr. 2 zu übersenden.“

Nach einer Anpassung an die vom Finanzausschuß angeregte Einbeziehung des Aufsichtsrats erlangte die Regelung inhaltlich unverändert Gesetzeskraft.

2. Erläuterungen

Dem Grunde nach geht § 27 WpÜG sowohl auf die Empfehlungen der Expertenkommission[1816] als auch auf die vermeintlichen europarechtlichen Vorgaben[1817] zurück, die jeweils *nur* dem Vorstand eine Verpflichtung zur Abgabe einer Stellungnahme zu dem Angebot auferlegt wissen wollten. Zugleich bestand bereits nach den allgemeinen gesellschaftsrechtlichen Grundsätzen die einhellige Auffassung, daß der Vorstand der Zielgesellschaft einer solchen Verpflichtung unterliegt[1818]. Auch der Übernahmekodex sah eine derartige Verpflichtung in ähnlicher Form vor[1819]. Wie die Untersuchungen ausländischer Übernahmeregelungen gezeigt haben, ist eine solche Vorschrift Ausdruck eines europaweiten Standards[1820].

Die Vorschrift stellt neben der Angebotsunterlage selbst eine der wichtigsten Ausprägungen des allgemeinen Grundsatzes aus § 3 Abs. 2 WpÜG dar, wonach alle Wertpapierinhaber der Zielgesellschaft über ausreichende Informationen verfügen müssen, um in Kenntnis der Sachlage über das Angebot entscheiden zu können[1821]. Zugleich ist die Verpflichtung zur Abgabe einer Stellungnahme Ausfluß des Interessenwahrungsgebots nach § 3 Abs. 3 WpÜG[1822].

1816 Eckpunkte eines künftigen Übernahmegesetzes, Ziff. 9, 3. Absatz. Vgl. dazu oben S. 259.

1817 Art. 9 Abs. 1 lit. d i.V.m. Erwägungsgrund 19 der Präambel des Gemeinsamen Entwurfs. Vgl. dazu oben Kap. 2, S. 104.

1818 Vgl. dazu oben Kap. 3, S. 157.

1819 Art. 18 Übernahmekodex. Vgl. dazu oben Kap. 3, S. 173.

1820 Vgl. oben Kap. 4, S. 232.

1821 Dieser Gesichtspunkt wird in der für die Stellungnahme zu einem Übernahmeangebot maßgeblichen Ziff. 3.7 Abs. 1 DCG-Kodex ausdrücklich hervorgehoben. Zu Nachweisen zum DCG-Kodex siehe unten Fn. 2589.

1822 Zu den allgemeinen Grundsätzen eingehend oben S. 288 ff.

a) § 27 Abs. 1 WpÜG

§ 27 Abs. 1 S. 1 WpÜG verpflichtet den Vorstand und - über die bisherige Rechtslage hinaus[1823] - auch den Aufsichtsrat zur Abgabe einer Stellungnahme zu dem Angebot sowie zu jeder seiner Änderungen und zur Begründung derselben.

aa) Sachlicher Anwendungsbereich

(1) Allgemeines

Aus dem Wortlaut der Vorschrift wie auch aus ihrer systematischen Stellung im dritten Abschnitt des Gesetzes folgt, daß diese Verpflichtung auf sämtliche Angebote im Sinne des § 2 Abs. 1 WpÜG Anwendung findet[1824]. Ausdrücklich erfaßt werden auch die jeweiligen Änderungen eines Angebots durch den Bieter nach § 21 WpÜG[1825]. Neben der Abgabe einer Stellungnahme sollen öffentliche Äußerungen von Vorstands- und Aufsichtsratsmitgliedern jederzeit möglich und im Rahmen der allgemeinen gesellschaftsrechtlichen Grundsätze zulässig sein[1826].

(2) Stellungnahme bei Rückerwerb eigener Aktien

Die Verpflichtung zur Abgabe einer Stellungnahme entfällt bei öffentlichen Angeboten einer Gesellschaft zum Rückerwerb eigener Aktien nach § 71 Abs. 1 Ziff. 8 AktG, die nach bislang überwiegender Auffassung als einfache Erwerbsangebote in den Anwendungsbereich des WpÜG fallen[1827] und somit grundsätzlich den Vorschriften des Abschnitts 3 unterliegen. Dennoch findet § 27 WpÜG keine Anwendung auf derartige Angebote. Dies wird teilweise damit erklärt, daß die Rahmenbedingungen bereits Gegenstand des zugrundeliegenden Beschlusses der Hauptversammlung waren[1828]. Vor allem läßt sich die Nichtanwendbarkeit

---

1823 Vgl. *Hopt* in FS Lutter, S. 1361 (1382). Kritisch zur Einbeziehung des Aufsichtsrats unten S. 367.

1824 Vgl. dazu auch die Entstehungsgeschichte der Regelung. Siehe dazu auch unten S. 370.

1825 Gegenüber dem insoweit nicht ganz eindeutigen Übernahmekodex ein begrüßenswerter Fortschritt. Dazu oben Kap. 3, S. 173. Dem insoweit eindeutigen Wortlaut steht die Annahme entgegen, die Befassung des Aufsichtsrats mit einer Angebotsänderung sei aus praktischen Bedürfnissen auf wenige Fälle zu reduzieren. So aber *Schwennicke* in Geibel/Süßmann, WpÜG, § 27 WpÜG, § 27, Rn. 5.

1826 Vgl. RegE-WpÜG, Begründung, Besonderer Teil, S. 127.

1827 Dazu die Nachweise oben in Fn. 1437.

1828 Vgl. *Oechsler*, NZG 2001, 817 (819).

jedoch mit dem hinter der Vorschrift stehenden Sinn und Zweck begründen[1829]. Den Aktionären soll mit der Stellungnahme eine zusätzliche Entscheidungsgrundlage zu der Angebotsunterlage des Bieters zur Seite gestellt werden. Dieses Ziel läßt sich nur dann erreichen, wenn eine unabhängige Information durch die zur Abgabe der Stellungnahme Verpflichteten gewährleistet wird. Entgegen dem vom Gesetzgeber vorgesehenen Regelfall der Verschiedenheit von Bieter und Zielgesellschaft geht im Fall des Rückerwerbs eigener Aktien bereits das Angebot vom Vorstand der Zielgesellschaft aus. Diesen nunmehr zusätzlich zu einer Stellungnahme zu diesem Angebot anzuhalten, würde den Aktionären keinen Zugewinn an Informationen bieten können, da auf Grund der Personenidentität eine unabhängige Information nicht erwartet werden kann. Für dieses Ergebnis spricht auch, daß der Gesetzgeber ersichtlich davon ausgeht, daß ein Angebot Auswirkungen auf die Beschäftigungsbedingungen nach sich zieht[1830]. Bei einem Angebot zum Rückerwerb eigener Aktien indes scheiden solche Überlegungen von vornherein aus, da grundlegende Änderungen der Unternehmenspolitik - anders als bei einem Angebot von dritter Seite - nicht beabsichtigt sind. Die Bestimmung ist daher im Wege der teleologischen Reduktion auf Angebote zum Rückerwerb eigener Aktien nicht anzuwenden.

bb) Inhalt der Stellungnahme

§ 27 Abs. 1 S. 2 WpÜG stellt besondere Vorgaben auf, die in der Stellungnahme in jedem Fall angesprochen werden müssen. Dies sind zunächst die Art und Höhe der vom Bieter angebotenen Gegenleistung (Ziff. 1)[1831]. Ferner hat die

---

1829 So bereits zur österreichischen Regelung die österreichische Übernahmekommission, Stellungnahme GZ 1999/2/4-7 (2. Senat); abrufbar auf deren Homepage (oben Kap. 4, Fn. 1055). Ebenso *Fleischer/Körber*, BB 2001, 2589 (2593).

1830 Siehe § 27 Abs. 1 Ziff. 2 WpÜG.

1831 Deren Einfügung geht zurück auf die Kritik des *DAV-Handelsrechtsausschusses*, vgl. *ders.*, Stellungnahme zum RefE-WÜG, NZG 2001, 420 (426); aufrechterhalten *ders.*, Stellungnahme zum RegE-WpÜG, ZIP 2001, 1736 (1738), der diesen Aspekt von vorrangigem Interesse für die Aktionäre erachtet. Da insbesondere seitens des *DAV-Handelsrechtsausschusses* gegenüber dem WpÜG der Vorwurf der Überregulierung erhoben wurde, vgl. *ders.*, Stellungnahme zum RefE-WÜG, NZG 2001, 420 (420); aufrechterhalten *ders.*, Stellungnahme zum RegE-WpÜG, ZIP 2001, 1736 (1736), stößt diese Kritik auf Verwunderung. Zum einen war die Verwaltung auf Grund der ihr vom Gesetzgeber zugewiesenen Gestaltungsfreiheit der Stellungnahme auch nach der Regelung des Regierungsentwurfs nicht gehindert, auf diese Aspekte einzugehen und zugleich als meinungsbildendes Mittel im Fall einer unfreundlichen Übernahme einzusetzen. Zum anderen entspricht es sowohl der gängigen Praxis - so geschehen zuletzt im Fall der Übernahme INA Holding/FAG Kugelfischer - als auch der bisherigen Rechtslage, vgl. *Hopt* in GroßKomm AktG, § 93 AktG, Rn. 128; *ders.* in FS Lutter, S. 1361 (1381), diese Faktoren zu beurteilen. Angesichts dessen wird diese Neuerung als überflüssig betrachtet. Vgl. zu der Regelung *Harbarth*, ZIP 2004, 3 ff.

Stellungnahme Angaben zu den voraussichtlichen Folgen eines erfolgreichen Angebots für die Zielgesellschaft, ihre Arbeitnehmer, die Beschäftigungsbedingungen und die Standorte der Zielgesellschaft zu enthalten (Ziff. 2)[1832]. Die in § 27 Abs. 1 S. 2 Ziff. 2 WpÜG durch den Regierungsentwurf eingefügten Änderungen stellen eine teilweise Angleichung an die vom Bieter in der Angebotsunterlage zu unterbreitenden Angaben dar, die seine mit der Übernahme verfolgte Strategie im Hinblick auf die Zielgesellschaft betreffen[1833]. Damit soll sichergestellt werden, daß seitens der Verwaltung der Zielgesellschaft hierzu umfassend Stellung bezogen wird. Weiterhin ist in der Stellungnahme auf die vom Bieter mit dem Angebot verfolgten Ziele einzugehen (Ziff. 3). Schließlich trifft die Mitglieder der Verwaltung eine Pflicht zur Veröffentlichung ihrer Verkaufsabsicht, soweit sie Inhaber von Wertpapieren an der Zielgesellschaft sind (Ziff. 4)[1834]. Eine im Laufe der Annahmefrist eintretende Änderung dieser Absicht wird vom WpÜG jedoch nicht erfaßt und unterliegt somit keiner Bekanntmachungspflicht, es sei denn, die Verwaltung hat sich erneut zu einer Angebotsänderung zu äußern[1835].

Darüber hinausgehend werden der Verwaltung keine weiteren zwingenden Vorgaben zur Ausgestaltung des Inhalts der Stellungnahme vorgeschrieben. Allerdings handelt es sich bei den in § 27 Abs. 1 S. 2 Ziff. 1- 4 WpÜG aufgeführten Punkten nicht um eine abschließende Aufzählung, sondern vielmehr um den Mindestinhalt der Stellungnahme („muss insbesondere"). Daraus folgt, daß sich im übrigen die inhaltliche Ausgestaltung an den allgemeinen Vorgaben des § 27 Abs. 1 S. 1 WpÜG zu orientieren hat. Dieser Regelung wiederum läßt sich jedoch nur entnehmen, daß eine Stellungnahme zu dem Angebot zu erfolgen hat und diese mit einer Begründung zu versehen ist.

1832 Gegenüber der Ausgangsregelung in § 30 Abs. 1 DiskE-ÜG erfuhr die Regelung damit eine deutliche Abmilderung, indem die Stellungnahme nunmehr lediglich auf die *voraussichtlichen* Folgen des Angebots einzugehen hat statt wie ursprünglich vorgesehen auf dessen Auswirkungen.

1833 Nach § 11 Abs. 2 S. 3 Ziff. 2 WpÜG. Dies folgt mittelbar aus RegE-WpÜG, Begründung, Besonderer Teil, S. 127.

1834 Diese Regelung entspricht City Code, Rule 25.3 (a) (vi) und war bereits Gegenstand des § 38 des Entwurfs eines Übernahmegesetzes der SPD-Fraktion aus dem Jahr 1997, was wiederum auf die Regelung in Art. 14 lit. b des Richtlinienvorschlags aus dem Jahr 1990 zurückzuführen war; geht hingegen über die bisherige Rechtslage hinaus, vgl. *Hopt* in GroßKomm AktG, § 93 AktG, Rn. 128; *ders.*, ZGR 1993, 534 (557); *ders.* in FS Lutter, S. 1361 (1381 f.). Befürwortend bereits *Immenga*, SAG 1975, 89 (94).

1835 Kritisch dazu unten S. 375. Entgegen *Schwennicke* in Geibel/Süßmann, WpÜG, § 27 WpÜG, Rn. 20, kann es für diesen Fall jedoch nicht darauf ankommen, ob die Änderung der Verkaufsabsicht auf der Angebotsänderung beruht. Es entspricht gerade dem Schutzzweck der Norm, daß die Aktionäre zum Zeitpunkt der Änderung über das beabsichtigte Verhalten der Verwaltung informiert werden, unabhängig von den jeweils zugrundeliegenden Motiven.

Die Bezugnahme auf das Angebot als Ganzes läßt allerdings den Schluß zu, daß eine Stellungnahme, die lediglich die in § 27 Abs. 1 S. 2 WpÜG festgelegten Angaben enthält, den qualitativen Anforderungen des Gesetzes an den Inhalt einer Stellungnahme nicht genügt. Auch vor dem Hintergrund des Interessenwahrungsgebots nach § 3 Abs. 3 WpÜG, das den Maßstab für die Meinungsbildung der Verwaltung liefert, ist es angezeigt, daß sich die Verwaltung ein umfassendes Bild von der Angebotsunterlage verschafft und ihre Beurteilung vollumfänglich den auf Seiten der Zielgesellschaft von der Übernahme Betroffenen zugänglich macht[1836].

Gestützt wird diese Erkenntnis schließlich auf die Tatsache, daß es sich bei der Verpflichtung zur Abgabe einer Stellungnahme um eine der wichtigsten Ausprägungen des allgemeinen Grundsatzes nach § 3 Abs. 2 WpÜG handelt. Angesichts dessen würde es Sinn und Zweck der Vorschrift widersprechen, wenn sich die in der Stellungnahme getroffenen Ausführungen auf die nach § 27 Abs. 1 S. 2 Ziff. 1- 4 WpÜG erforderlichen Angaben beschränken würden. Daher ist die Vorschrift dahingehend auszulegen, daß wenigstens eine Auseinandersetzung mit sämtlichen vom Bieter in der Angebotsunterlage zwingend zu treffenden Angaben[1837] vorzunehmen ist.

Schließlich sind der Vorstand und der Aufsichtsrat von Gesetzes wegen nicht verpflichtet, in ihrer Stellungnahme eine eindeutige Position zu beziehen. Ausweislich der Begründung zum Regierungsentwurf soll es dem Vorstand jedoch zum einen möglich sein, darin sowohl seine Zustimmung als auch seine Ablehnung zum Ausdruck zu bringen. Zum anderen stehe es ihm frei, auch konkrete Handlungsanweisungen an die Aktionäre der Zielgesellschaft aufzunehmen[1838]. Hiernach ist es somit nicht unzulässig, den Aktionären konkret von der Annahme des Angebots abzuraten.

cc) Eine begründete Stellungnahme

Keiner ausdrücklichen Regelung ist die Frage unterworfen, ob es sich bei der Stellungnahme des Vorstands und des Aufsichtsrats um eine gemeinsame Stellungnahme handeln muß. Der Gesetzeswortlaut spricht lediglich davon, daß diese „eine begründete Stellungnahme“ abzugeben haben. Jedoch wird man die Regelung dahingehend verstehen müssen, daß grundsätzlich sowohl der Vor-

1836 Nicht zuletzt dürfte es gerade im Fall eines unfreundlichen Übernahmeversuchs bereits im Interesse der Verwaltung der Zielgesellschaft liegen, die Stellungnahme zu einer kritischen Auseinandersetzung mit sämtlichen Angaben des Bieters zu nutzen.

1837 Dazu oben S. 310

1838 Vgl. RegE-WpÜG, Begründung, Besonderer Teil, S. 127. Nichts anderes kann nach der Ausdehnung der Verpflichtung auf den Aufsichtsrat für diesen gelten.

stand als auch der Aufsichtsrat jeweils eine eigene Stellungnahme anzufertigen haben.

Dies folgt zum einen aus § 27 Abs. 2 WpÜG, der im Hinblick auf die Beifügung der Stellungnahme der Arbeitnehmer ausdrücklich auf die Stellungnahme des Vorstands („seiner") Bezug nimmt. Diese Regelung wurde infolge der sich durch die Einbeziehung des Aufsichtsrats ergebenden Anpassungen keiner Änderung unterworfen. Es ist daher anzunehmen, daß auch der Gesetzgeber davon ausgeht, daß es sich bei der Stellungnahme des Aufsichtsrats grundsätzlich um eine eigenständige Unterlage handelt.

Für diese Auffassung sprechen auch die Ausführungen in der Begründung zu den vom Finanzausschuß vorgenommenen Änderungen. Danach können der Vorstand und der Aufsichtsrat ihrer Verpflichtung nachkommen, indem sie eine gemeinsame Stellungnahme zu dem Übernahmeangebot verfassen. Ihnen soll es aber auch freistehen, zwei getrennte Stellungnahmen anzufertigen[1839].

Dem gesetzlich vorgesehenen Regelfall entspricht somit die Anfertigung zweier getrennter Stellungnahmen. Es steht jedoch zu erwarten, daß sich dies in der Praxis umkehren wird. Denn bei einer übereinstimmenden Bewertung der Angebotsunterlage durch die beiden Organe dürfte regelmäßig von der Möglichkeit der Abgabe einer gemeinsamen Stellungnahme Gebrauch gemacht werden[1840].

Nicht geregelt ist zudem, wie im Fall abweichender Meinungen einzelner Mitglieder des Vorstands oder des Aufsichtsrats zu verfahren ist. Entgegen der britischen Regelung ist die Veröffentlichung derartiger „Sondervoten" nicht vorgeschrieben[1841]. Einer Veröffentlichung stehen indes Sinn und Zweck der Vorschrift nicht entgegen[1842]. Dadurch erhöht sich im Gegenteil der Informationsgehalt der Stellungnahme insgesamt für die Aktionäre, da die kritische Auseinandersetzung mit der Mehrheitsmeinung den Blick für deren Schwächen schärft. Insoweit könnte der Bekanntgabe der abweichenden Auffassung einzelner Verwaltungsmitglieder die Funktion eines Korrektivs für die nach derzeitiger Gesetzeslage fehlende Beurteilung der Stellungnahme durch einen unabhängigen Sachverständigen zukommen[1843]. Eine Verpflichtung indes zur Veröffentlichung abweichender Meinungen läßt sich dem Gesetz nicht entnehmen.

1839 Vgl. BT-Drs. 14/7477 vom 14. November 2001, Einzelbegründung, S. 53.

1840 Was nicht zwangsläufig dazu führen dürfte, daß sich dadurch das Gewicht der Stellungnahme erhöht. Kritisch dazu unten S. 367.

1841 City Code, Note 2 zu Rule 25.1. Siehe dazu oben Kap. 4, S. 196.

1842 Offengelassen bei *Seibt*, DB 2002, 529 (534).

1843 Zur fehlenden Hinzuziehung eines Sachverständigen unten S. 372.

b) § 27 Abs. 2 WpÜG

Übermitteln der zuständige Betriebsrat bzw. bei Nichtbestehen des Betriebsrats die Arbeitnehmer der Zielgesellschaft dem Vorstand *eine* eigene Stellungnahme zu dem Angebot[1844], hat der Vorstand unbeschadet des ihm obliegenden Gebots zur unverzüglichen Veröffentlichung nach § 27 Abs. 3 S. 1 WpÜG die ihm übermittelte Unterlage seiner eigenen Stellungnahme beizufügen. Sinn und Zweck der Regelung des § 27 Abs. 2 WpÜG besteht darin, die Wertpapierinhaber der Zielgesellschaft nicht nur einseitig über die Haltung des Vorstands zu informieren. Vielmehr soll ihnen auch die Meinung der Arbeitnehmer zu dem Angebot publik gemacht werden[1845].

aa) Unbeschadet seiner Verpflichtung nach Abs. 3 S. 1

Es besteht jedoch insoweit ein Vorrang der Vorgaben des § 27 Abs. 3 S. 1 WpÜG, wonach die Veröffentlichung der Stellungnahme des Vorstands der Zielgesellschaft unverzüglich nach Übermittlung der Angebotsunterlage zu erfolgen hat. Demnach ist der Vorstand weder verpflichtet, auf die Erstellung der Stellungnahme durch die Arbeitnehmer hinzuwirken noch auf deren Fertigstellung unverhältnismäßig lange zu warten. Es wird jedoch angezeigt sein, bereits bei der (Weiter-)Übermittlung der Angebotsunterlage an die Arbeitnehmer, wozu der Vorstand verpflichtet ist[1846], abzuklären, ob und wann eine solche Stellungnahme der Arbeitnehmer erfolgen wird[1847].

bb) Seiner Stellungnahme beizufügen

Die Stellungnahme der Arbeitnehmer ist derjenigen des Vorstands beizufügen. Dies bedeutet, daß die Stellungnahme als eigenständiger Teil im Anschluß an die des Vorstands bzw. einer mit dem Aufsichtsrat gemeinsam verfaßten Stel-

---

1844 Auch für den Fall, daß ein Betriebsrat nicht besteht, wird man angesichts des insoweit eindeutigen Wortlauts der Vorschrift nicht annehmen können, daß die Arbeitnehmer nicht daran gebunden sein sollen, lediglich eine einzige Stellungnahme zu übermitteln. Es obliegt insoweit der Arbeitnehmerschaft, gegebenenfalls divergierende Meinungen zu koordinieren. Die Veröffentlichung einer Vielzahl von unterschiedlichen Stellungnahmen der Arbeitnehmer würde zudem insoweit das in der Information der Aktionäre bestehende Ziel verfehlen, als diesen deren Bewältigung unzumutbar ist. A.A. wohl *Grobys* in Geibel/Süßmann, WpÜG, § 27 WpÜG, Rn. 29.

1845 Vgl. RegE-WpÜG, Begründung, Besonderer Teil, S. 128.

1846 § 14 Abs. 4 S. 2 WpÜG.

1847 So auch RegE-WpÜG, Begründung, Besonderer Teil, S. 128.

lungnahme zu veröffentlichen ist[1848]. Keineswegs kann hierunter verstanden werden, daß der Vorstand mit den Arbeitnehmern eine gemeinsame Stellungnahme zu erarbeiten hat. Dem steht auch die Entstehung der Vorschrift entgegen, die mit Vorlage des Referentenentwurfs von einer möglicherweise in diese Richtung zu interpretierenden Formulierung abließ[1849].

Einer ersten zu dieser Regelung veröffentlichten Analyse zufolge soll die Pflicht des Vorstands zur Beifügung der Stellungnahme der Arbeitnehmer in Anwendung des Rechtsgedankens des § 126 Abs. 2 AktG entfallen, wenn deren Stellungnahme in Bezug auf das Angebot bedeutungslos ist oder dem Vorstand die Veröffentlichung unzumutbar[1850].

Dem kann jedoch nicht gefolgt werden[1851]. Zunächst erscheint bereits fraglich, inwieweit sich der Rechtsgedanke des § 126 Abs. 2 AktG auf die vorliegende Regelung übertragen läßt. Während nach der aktienrechtlichen Mitteilungspflicht die Aktionäre frühzeitig über opponierende Anträge anderer Aktionäre informiert werden sollen[1852], bezweckt die Vorschrift des § 27 Abs. 2 WpÜG, daß die Aktionäre der Zielgesellschaft auch über die Ansicht der Arbeitnehmerschaft zu dem Übernahmeangebot in Kenntnis gesetzt werden. Die Stellungnahme der Arbeitnehmer tritt insoweit nicht in bewußte Opposition zu der Auffassung der Verwaltung[1853]. Zudem verläuft der Informationsfluß auf unterschiedlichen Ebenen. Sind es nach § 126 Abs. 2 AktG Anträge der Aktionäre, die an die übrigen Aktionäre weiterzureichen sind, findet der Austausch von Informationen nach dem WpÜG im Verhältnis der Arbeitnehmer zu den Aktionären statt.

Auch die hinter der Vorschrift des § 126 Abs. 2 AktG stehende Ratio läßt sich nicht auf die vorliegende Regelung übertragen[1854]. Dies gilt insbesondere für das Argument der Kostenreduktion. Aber auch die Übertragung der Argumentation, es dürfe Zielen des Gesetzes zuwiderlaufenden Bestrebungen kein Vorschub

---

1848 Nach dem insoweit eindeutigen Wortlaut („seiner Stellungnahme") besteht keine Verpflichtung, die Stellungnahme der Arbeitnehmer auch derjenigen des Aufsichtsrats beizufügen.

1849 Dazu oben S. 348.

1850 Vgl. *Grobys*, NZA 2002, 1 (6); *ders.* in Geibel/Süßmann, WpÜG, § 27 WpÜG, Rn. 33. Dem folgend *Seibt*, DB 2002, 529 (534); *Röh* in Haarmann/Riehmer/Schüppen, WpÜG, § 27 WpÜG, Rn. 42; *Thaeter/Brandi*, Übernahmen, S. 197.

1851 Ablehnend jüngst auch *Hirte* in KK WpÜG, § 27 WpÜG, Rn. 62; *Ekkenga* in Ehricke/Ekkenga/Oechsler, WpÜG, § 27 WpÜG, Rn. 34.

1852 Vgl. *Hüffer*, AktG, § 126 AktG, Rn. 1.

1853 Den Arbeitnehmern ist zum Zeitpunkt der Erstellung ihrer Stellungnahme die Auffassung der Verwaltung noch gar nicht bekannt, siehe § 27 Abs. 3 S. 2 WpÜG. Dazu unten S. 364.

1854 Vgl. dazu *Werner* in GroßKomm AktG, § 126 AktG, Rn. 35.

geleistet werden, vermag nicht zu überzeugen. Nach der Regelung des WpÜG handelt es sich lediglich um eine einzige Stellungnahme, die durch den Vorstand zu veröffentlichen ist, während im Fall der in Rede stehenden aktienrechtlichen Mitteilungspflicht unter Umständen eine Vielzahl von Gegenanträgen zu bewältigen sind. Der ohnehin schon nach § 126 Abs. 2 AktG praktisch unbedeutsame Fall, wonach die Weitergabe entfällt, wenn sich der Vorstand durch die Mitteilung strafbar machen würde[1855], dürfte hier angesichts nur einer einzigen und zudem durch qualifizierte Arbeitnehmervertreter angefertigten Stellungnahme „gleich Null" sein[1856].

Zudem bestünde bei einer Einschränkung der Beifügungspflicht die Gefahr, daß der insoweit eigenverantwortlich über die Beifügung entscheidende Vorstand eine ihm unliebsame Stellungnahme der Arbeitnehmer unter ungerechtfertiger Berufung auf das ihm nach dieser Auffassung zugebilligte Recht zur Verweigerung der Beifügung von der Veröffentlichung ausschließt. So sehr die Regelung rechtspolitisch in Frage zu stellen ist[1857], läßt sich dieses Ergebnis nicht mit dem Willen des Gesetzgebers zur Einbindung der Meinung der Arbeitnehmer in das Angebotsverfahren vereinbaren. Aus der Entstehung der Vorschrift ergeben sich für eine solche Annahme keinerlei Anhaltspunkte. Insbesondere sieht das Gesetz keine Sanktionen bei ungerechtfertigter Verletzung der Beifügungspflicht vor. Gleiches gilt für Rechtsmittel des Betriebsrats[1858].

Schließlich führt die Annahme eines Rechts zur Verweigerung der Beifügung zu erheblichen Rechtsunsicherheiten bei der Ermittlung der Frage, wann eine Stellungnahme „bedeutungslos" bzw. „unzumutbar" sein soll. Aus den genannten Gründen ist die Übertragung des Rechtsgedankens des § 126 Abs. 2 AktG auf die vorliegende Regelung abzulehnen. Ein dem vergleichbares Verweigerungsrecht des Vorstands besteht somit nicht.

cc) Verspätete Übermittlung der Stellungnahme der Arbeitnehmer

Nicht geregelt ist der Fall, wie zu verfahren ist, wenn die Stellungnahme der Arbeitnehmer dem Vorstand verspätet, das heißt, nachdem der Vorstand der Verpflichtung zur unverzüglichen Veröffentlichung seiner Stellungnahme bereits

1855 Etwa bei Offenlegung eines Staatsgeheimnisses oder durch Aufforderung zu einer strafbaren Handlung. Vgl. dazu *Werner* in GroßKomm AktG, § 126 AktG, Rn. 40.

1856 Gleichwohl wird man allein in solchen Fällen, in denen sich der Vorstand evident der Gefahr aussetzen würde, sich durch die Veröffentlichung strafbar zu machen, von einer Beifügungspflicht absehen müssen.

1857 Dazu unten S. 378.

1858 Während im Fall des § 126 Abs. 2 AktG die Anfechtbarkeit des Beschlusses, auf den sich der Gegenantrag bezieht, gegeben ist, soweit Ursächlichkeit besteht. Vgl. *Werner* in GroßKomm AktG, § 126 AktG, Rn. 95.

nachgekommen ist, übermittelt wird. Auch aus der Gesetzesbegründung geht nicht eindeutig hervor, was in dieser für die Praxis nicht unbedeutsamen und vermutlich nicht selten anzutreffenden Konstellation zu geschehen hat.

Mit dem *DAV-Handelsrechtsausschuß* ist zutreffend davon auszugehen, daß eine nachträgliche Veröffentlichungspflicht der verspätet eingegangenen Stellungnahme der Arbeitnehmer durch den Vorstand nach der jetzigen Fassung nicht gegeben ist[1859]. Die Herleitung einer solchen Verpflichtung ist mit dem Wortlaut der Vorschrift nicht vereinbar, da ausdrücklich dem Gebot der unverzüglichen Veröffentlichung Vorrang eingeräumt wird[1860]. Auch die Entstehung der Vorschrift hat gezeigt, daß sich der Gesetzgeber bewußt für diesen Vorrang ausgesprochen hat. Übermitteln die Arbeitnehmer folglich keine Stellungnahme oder diese verspätet, genügt der Vorstand mit der unverzüglichen Veröffentlichung seiner bzw. einer mit dem Aufsichtsrat gemeinsam verfaßten Stellungnahme seinen Verpflichtungen[1861]. Die Verspätung fällt somit allein in den Verantwortungsbereich der Arbeitnehmer.

dd) Zuständiger Betriebsrat

Welcher Betriebsrat im Einzelfall zuständig im Sinne dieser Vorschrift ist, richtet sich nach den Vorschriften des BetrVG und hängt von der Struktur der Zielgesellschaft ab. Handelt es sich bei der Zielgesellschaft um das herrschende Unternehmen eines Konzerns im Sinne des § 18 AktG, so soll ausweislich der Gesetzesbegründung, sofern ein solcher errichtet wurde, der Konzernbetriebsrat gemäß § 58 Abs. 1 BetrVG zuständig sein[1862]. Anderenfalls ist der Gesamtbe-

---

1859 Vgl. *DAV-Handelsrechtsausschuß*, Stellungnahme zum RefE-WÜG, NZG 2001, 420 (427). Dem folgend *Röh* in Haarmann/Riehmer/Schüppen, WpÜG, § 27 WpÜG, Rn. 43; *Noack* in Schwark, KMRK, § 27 WpÜG, Rn. 28.

1860 A.A. *Grobys*, NZA 2002, 1 (6); *ders.* in Geibel/Süßmann, WpÜG, § 27 WpÜG, Rn. 38 f., nach dem allein das Ende der Annahmefrist als zeitliche Grenze heranzuziehen sei. Dieser verkennt jedoch, daß die in § 27 Abs. 2 WpÜG gewählte Formulierung „unbeschadet“ nicht allgemein auf die Veröffentlichungspflicht des Vorstands nach Abs. 3 Bezug nimmt, sondern vielmehr auf das an den Vorstand adressierte Gebot der unverzüglichen Veröffentlichung. *Grobys* folgend *Hirt* in KK WpÜG, § 27 WpÜG, Rn. 65. Zum gleichen Ergebnis gelangend *Thiel* in Semler/Volhard, Hdb. Unternehmensübernahmen, § 54, Rn. 34.

1861 Entgegen *Steinmeyer/Häger*, WpÜG, § 27 WpÜG, Rn. 12, läßt sich dem Gesetz keine Verpflichtung zu einem Hinweis an die Arbeitnehmer auf die Pflicht zur unverzüglichen Veröffentlichung entnehmen, deren Nichtbeachtung zu einer nachträglichen Beifügungspflicht führen soll.

1862 So auch *Assmann*, AG 2002, 114 (118), Fn. 26; *Grobys*, NZA 2002, S. 1 (3); *ders.* in Geibel/Süßmann, WpÜG, § 10 WpÜG, Rn. 70 ff. Dies entspricht der Gesetzesbegründung zu § 5 Abs. 3 UmwG, vgl. RegE-UmwBerG (Gesetz zur Bereinigung des Umwandlungsrechts), BR-Drs. 75/94 vom 4. Februar 1994, S. 83. Im Schrifttum findet

triebsrat gemäß § 50 Abs. 1 BetrVG zuständig, falls ein solcher besteht. In den verbleibenden Fällen ist der Betriebsrat zuständig[1863].

c) § 27 Abs. 3 WpÜG

§ 27 Abs. 3 WpÜG enthält drei, das Verfahren der Veröffentlichung betreffende und sich an die Verwaltung der Zielgesellschaft richtende Vorgaben. Es handelt sich dabei um die Veröffentlichungspflicht selbst nach § 27 Abs. 3 S. 1 WpÜG und um die Übermittlungs- bzw. Übersendungspflichten nach § 27 Abs. 3 S. 2, 3 WpÜG.

aa) Veröffentlichungspflicht

(1) Unverzüglich nach Übermittlung der Angebotsunterlage

§ 27 Abs. 3 S. 1 WpÜG bestimmt, daß die Stellungnahme unverzüglich nach der Übermittlung der Angebotsunterlage und deren Änderungen durch den Bieter zu veröffentlichen ist. Indem die Regelung auf den Zeitpunkt der Übermittlung abstellt, kann der Verwaltung der Zielgesellschaft eine mögliche zeitliche Verzögerung durch den Bieter nicht angelastet werden[1864]. In Anlehnung an § 121 Abs. 1 S. 1 BGB wird man „unverzüglich" im Sinne von „ohne schuldhaftes Zögern" verstehen müssen[1865]. Dies ist nicht gleichbedeutend mit „sofort"[1866] und hängt entscheidend von den Umständen des Einzelfalls ab[1867].

---

sich allerdings eine verbreitete Auffassung, wonach auch für den Fall, daß ein Konzernbetriebsrat vorhanden ist, dieser unzuständig sei, da die Angelegenheiten auch auf Ebene der einzelnen Betriebsräte oder der Gesamtbetriebsräte geregelt werden könnten. Vgl. *Willemsen* in Kallmeyer, UmwG, § 5 UmwG, Rn. 75; *Lutter* in Lutter, UmwG, § 5 UmwG, Rn. 85, jeweils m.w.N. Dieser Auffassung folgend in Bezug auf das WpÜG *Seibt*, DB 2002, 529 (532).

1863 Dies wird in der Gesetzesbegründung zu § 10 Abs. 5 WpÜG, der in Satz 2 die Unterrichtung des Betriebsrats bzw. der Arbeitnehmer durch den Vorstand der Zielgesellschaft über die Entscheidung des Bieters zur Abgabe eines Angebots regelt, klargestellt. Vgl. RegE-WpÜG, Begründung, Besonderer Teil, S. 97. Die an dieser Stelle erstmals erfolgte Klarstellung ging vor allem zurück auf *DAV-Handelsrechtsausschuß*, Stellungnahme zum RefE-WÜG, NZG 2001, 420 (426). Zu Abgrenzungsfragen *Grobys*, NZA 2002, 1 (2 f.).

1864 Anders noch nach dem Diskussionsentwurf. Dazu oben S. 348.

1865 So auch zutreffend bereits *Hopt* in GroßKomm AktG, § 93 AktG, Rn. 127, zur Rechtslage vor Inkrafttreten des WpÜG, ohne dies jedoch weiter zu präzisieren.

1866 Für eine sofortige Abgabe der Stellungnahme nach Veröffentlichung der Angebotsunterlage hingegen *Hopt* in FS Lutter, S. 1361 (1382).

1867 Vgl. statt aller *Kramer* in MüKo/BGB, § 121 BGB, Rn. 7.

Unter Heranziehung des allgemeinen Grundsatzes aus § 3 Abs. 4 WpÜG zur raschen Durchführung des Übernahmeverfahrens ist einerseits ein zu langes Abwarten jedenfalls inakzeptabel. Insbesondere gilt es zu berücksichtigen, daß die Veröffentlichung selbst eines gewissen Vorlaufs bedarf. Andererseits wird man nicht verkennen dürfen, daß insbesondere im Fall eines Übernahmeangebots der Angebotsunterlage sehr komplexe Sachverhalte zugrunde liegen[1868]. Dementsprechend wird man dem Vorstand und dem Aufsichtsrat zur sorgfältigen Beurteilung ausreichend Zeit einräumen müssen[1869]. Dies gilt um so mehr für den Aufsichtsrat, der nicht in gleicher Weise wie der Vorstand zügig zu reagieren in der Lage sein wird[1870]. Gerade angesichts der Tatsache, daß eine Vielzahl der Wertpapierinhaber ihr Annahmeverhalten an der Stellungnahme der Verwaltung ausrichten werden, muß eine sorgfältige Beurteilung gewährleistet werden.

An anderer Stelle hat der Gesetzgeber hinsichtlich der Veröffentlichungspflicht der Kontrollerlangung nach § 35 Abs. 1 WpÜG mit sieben Kalendertagen eine Obergrenze für die Bestimmung der Unverzüglichkeit vorgegeben. Allerdings handelt es sich hierbei um eine Pflicht des Bieters, so daß diese Vorschrift zur Konkretisierung der Unverzüglichkeit in dem hier in Rede stehenden Zusammenhang nicht besonders aussagekräftig ist. Zudem darf nicht verkannt werden, daß der für die Veröffentlichung der Kontrollerlangung erforderliche Aufwand deutlich unter dem einer Stellungnahme liegt.

1868 Davon geht auch der Gesetzgeber im Zusammenhang mit der Vorschrift des § 14 Abs. 2 WpÜG aus. Vgl. RegE-WpÜG, Begründung, Besonderer Teil, S. 108.

1869 In Anlehnung an die zu § 121 Abs. 1 BGB entwickelten Grundsätze liegt in der Einschaltung externer Berater kein schuldhaftes Zögern. Vgl. *Kramer* in MüKo/BGB, § 121 BGB, Rn. 7; Palandt/*Heinrichs*, BGB, § 121 BGB, Rn. 3.

1870 Die Einberufung des Aufsichtsrats wird im AktG nicht umfassend geregelt. Lediglich für den Fall, daß die Einberufung durch den Vorsitzenden des Aufsichtsrats auf Verlangen gemäß § 110 Abs. 1 S. 1 AktG erfolgt, sieht § 110 Abs. 1 S. 2 AktG vor, daß die Aufsichtsratssitzung binnen zwei Wochen nach der Einberufung stattfinden muß. Ob diese Regelung allgemein als Höchstfrist angesehen werden muß, ist streitig. Dazu *Hüffer*, AktG, § 110 AktG, Rn. 3 m.w.N. Ungeachtet dessen wird meist in der Satzung oder der Geschäftsordnung des Aufsichtsrats eine Frist von vierzehn Tagen festgelegt und der Vorsitzende des Aufsichtsrats ermächtigt, in dringenden Fällen, eine abgekürzte Frist festzulegen. Vgl. *Hoffmann-Becking* in MünHdb/GesR/AG, § 31, Rn. 33. Infolge der Neufassung des § 110 Abs. 3 AktG durch das TransPuG - dort heißt es nun „abhalten" statt bislang „zusammentreten" - ist nicht in allen Fällen zwingend die körperliche Anwesenheit aller Aufsichtsratsmitglieder erforderlich. Vielmehr soll ausweislich der RegE-TransPuG-Begründung zu Nr. 8 Buchstabe b (§ 110 Abs. 3 AktG) in begründeten Ausnahmefällen auch eine Sitzung in Form einer Telefon- oder Videokonferenz erlaubt und ausreichend sein, was bislang schon für freiwillige Zusatzsitzungen in der Satzung oder Geschäftsordnung des Aufsichtsrats vorgesehen werden konnte.

In Art. 18 Übernahmekodex war geregelt, daß die Stellungnahme unverzüglich, spätestens jedoch zwei Wochen nach Veröffentlichung des Angebots zu erfolgen hat[1871]. Rechnet man die Zeit der Übermittlung der Angebotsunterlage an den Vorstand der Zielgesellschaft heraus, da § 27 Abs. 3 WpÜG nicht auf die Veröffentlichung, sondern auf die Übermittlung der Angebotsunterlage abstellt, liefert die nichtgesetzliche Regelung des Kodex zumindest einen ersten Anhaltspunkt, der etwa bei zehn Werktagen angesiedelt sein dürfte.

Jedoch läßt sich die Frist des Übernahmekodex nicht ohne weiteres auf die vorliegende Regelung übertragen, da nach dem Kodex der Aufsichtsrat nicht zur Abgabe einer Stellungnahme verpflichtet war[1872]. Insoweit muß der Entscheidung des Gesetzgebers Rechnung getragen werden, den Aufsichtsrat in den Adressatenkreis der Regelung aufzunehmen. Angesichts der üblicherweise anzutreffenden Einberufungsfristen und der Wertung des § 110 Abs. 1 S. 2 AktG wird man daher in die Überlegungen zur Bestimmung des Tatbestandsmerkmals „unverzüglich" eine zweiwöchige Einberufungsfrist einbeziehen müssen.

Nicht verkannt wird allerdings, daß vor dem Hintergrund der Erstreckung des Anwendungsbereichs des § 27 WpÜG auf sämtliche Angebote zum Erwerb von Wertpapieren die Festlegung einer allgemeingültigen Obergrenze nur schwer möglich ist. Aus diesem Grund wird letzten Endes auf den konkreten Einzelfall abzustellen sein[1873]. Jedoch sollte gerade im Fall eines Übernahmeangebots dem Gebot der raschen Durchführung des Verfahrens nach § 3 Abs. 4 S. 1 WpÜG Vorrang einzuräumen sein. Daher sollte selbst bei einem Übernahmeangebot keinesfalls die Zeitspanne von drei Wochen überschritten werden[1874], die in angemessener Weise den vorstehend dargelegten Überlegungen Rechnung trägt.

1871 Auch § 14 Abs. 1 S. 1 öÜbG stellt auf den Zeitpunkt der Veröffentlichung der Angebotsunterlage ab und verlangt hiernach das unverzügliche Verfassen einer Äußerung, die sodann gemäß Abs. 3 binnen zehn Börsetagen ab der Veröffentlichung der Angebotsunterlage der Übernahmekommission anzuzeigen sowie im Anschluß hieran unverzüglich zu veröffentlichen ist. Dazu auch oben Kap. 4, S. 209.

1872 Dennoch für eine Heranziehung der Frist des Kodex plädierend *Hirte* in KK WpÜG, § 27 WpÜG, Rn. 67; *Röh* in Haarmann/Riehmer/Schüppen, WpÜG, § 27 WpÜG, Rn. 44; *Noack* in Schwark, KMRK, § 27 WpÜG, Rn. 27; *Apfelbacher et al.*, Takeover Law, § 27 WpÜG, Rn. 9, jedenfalls für unfreundliche Übernahmeangebote.

1873 Im Fall Vodafone/Mannesmann etwa hätte die Stellungnahme von Mannesmann nach den Vorgaben des Übernahmekodex bis zum 7. Januar 2000 abgegeben werden müssen. Die Konditionen des am 23. Dezember 1999 herausgelegten Angebots waren die schon seit dem 19. November 1999 bekannten. Doch die Zeit seit Mitte November schien Mannesmann für die Erstellung nicht auszureichen, weshalb man bei der Übernahmekommission eine Fristverlängerung auf den 14. Januar 2000 beantragt hatte, die am 3. Januar 2000 auch gewährt wurde.

1874 *Krause*, NJW 2002, 705 (711), Fn. 68, will - ohne nähere Begründung - auch für Übernahmeangebote in Anlehnung an die Regelobergrenze des § 121 BGB eine Frist von

(2) Form der Veröffentlichung

Die Veröffentlichung der Stellungnahme hat in gleicher Weise zu erfolgen wie die Veröffentlichung der Angebotsunterlage, also zum einen durch Bekanntgabe im Internet und zum anderen im Regelfall durch Abdruck in einem überregionalen Börsenpflichtblatt[1875].

Nicht ausgeschlossen ist die gleichzeitige Veröffentlichung der Stellungnahme des Vorstands und des Aufsichtsrats der Zielgesellschaft zusammen mit der Angebotsunterlage des Bieters. Denkbar wäre dies etwa für den Fall einer freundlichen Übernahme der Zielgesellschaft, bei der bereits im Vorfeld der Veröffentlichung der Angebotsunterlage durch den Bieter Verhandlungen zwischen dem Bieter und der Zielgesellschaft stattgefunden haben[1876]. Dies ergibt sich aus dem Sinn und Zweck des Gebots der unverzüglichen Veröffentlichung der Stellungnahme[1877]. Der Vorstand und der Aufsichtsrat der Zielgesellschaft sollen sich ein umfassendes Bild von den Angebotskonditionen verschaffen und ihre Einschätzung auf schnellstem Wege den Wertpapierinhabern zur Verfügung stellen. Konnte sich der Vorstand der Zielgesellschaft bereits im Rahmen von Verhandlungen eine eigene Meinung zu dem Angebot bilden, entspräche es bloßem Formalismus, auf die offizielle Übermittlung der Angebotsunterlage zu warten und den Wertpapierinhabern die in der Stellungnahme enthaltenen Informationen unnötig lange vorzuenthalten[1878]. Eine solche Vorgehensweise macht insbe-

---

zwei Wochen genügen lassen. Ebenfalls von „mindestens 2 Wochen" ausgehend *Seibt*, DB 2002, 529 (534).

1875 § 14 Abs. 3 S. 1 WpÜG. Vgl. dazu bereits oben S. 318.

1876 Darauf weist die Begründung in Bezug auf die Stellungnahme des Vorstands nach dem Regierungsentwurf ausdrücklich hin, vgl. RegE-WpÜG, Begründung, Besonderer Teil, S. 128. Für die Stellungnahme des Aufsichtsrats kann nichts anderes gelten.

1877 Wünschenswert wäre insofern eine ausdrückliche Klarstellung wie noch nach dem Übernahmekodex. Dazu oben Kap. 3, Fn. 885.

1878 Für diesen Fall sieht das WpÜG keine explizite Regelung vor, wie im Hinblick auf die Veröffentlichung der Stellungnahme der Arbeitnehmer zu verfahren ist. Entgegen *Grobys*, NZA 2002, 1 (6); *ders.* in Geibel/Süßmann, WpÜG, § 27 WpÜG, Rn. 38, widerspricht jedenfalls eine Zusammenarbeit des Vorstands der Zielgesellschaft mit den Arbeitnehmervertretern bereits vor Veröffentlichung der Angebotsunterlage nicht dem Grundgedanken der §§ 10 Abs. 5 S. 2; 14 Abs. 4 S. 2 WpÜG, da diese Vorschriften lediglich den spätesten Zeitpunkt der Unterrichtung der Arbeitnehmer bestimmen, einer früheren Benachrichtigung somit gerade nicht im Wege stehen. Sollte eine solche Kooperation nicht erfolgen, wird man den Arbeitnehmern dennoch das Recht einräumen müssen, ihre Position auf dem gesetzlich vorgesehen Wege - in diesem Fall als einzige Stellungnahme - zu veröffentlichen, da ansonsten die Regelung des § 27 Abs. 2 WpÜG leerlaufen würde. Allerdings dürfte diese Konstellation eher die Ausnahme bleiben, da selbst bei einer Einbeziehung der Arbeitnehmer erst nach Bekanntgabe der Übernahmeabsicht ausreichend Zeit verbleibt, deren Stellungnahme gemeinsam mit derjenigen

sondere dann Sinn, wenn die Verwaltung der Zielgesellschaft den Wertpapierinhabern die Annahme des Angebots empfehlen will[1879].

bb) Informationspflichten gegenüber dem Betriebsrat und der BaFin

Im Sinne umfassender Information der Arbeitnehmer wird in § 27 Abs. 3 S. 2 WpÜG sichergestellt, daß diesen frühzeitig, nämlich gleichzeitig mit der Veröffentlichung, die Stellungnahme des Vorstands zugeht. Hinsichtlich der Zuständigkeit des Betriebsrats gilt das oben zu § 27 Abs. 2 WpÜG Gesagte[1880]. Damit reiht sich die Regelung in die eingangs genannten Unterrichtungspflichten der Arbeitnehmer ein[1881].

Außerdem ist der BaFin gemäß § 27 Abs. 3 S. 3 WpÜG zur Bestätigung der Veröffentlichung der Stellungnahme ein Beleg zu übermitteln. Dem Erfordernis der unverzüglichen Übersendung des Belegs ist nach einer Entscheidung des OLG Frankfurt am Main in der Regel genüge getan, wenn der Beleg innerhalb von drei Werktagen seit der Veröffentlichung bei der BaFin eingeht[1882].

---

der Verwaltung der Zielgesellschaft der Angebotsunterlage des Bieters zur Veröffentlichung beizufügen.

1879 Die Erfahrungen in den ersten Monaten des Bestehens der neuen Regelungen des WpÜG (Stand: 7. Mai 2002) haben gezeigt, daß in fünf von bislang sechs veröffentlichten Stellungnahmen zu Übernahmeangeboten von der Möglichkeit einer gemeinsamen Stellungnahme Gebrauch gemacht wurde. Einzig die Verwaltung der Condat AG unterbreitete zwei getrennte Stellungnahmen. In vier der fünf gemeinsam verfaßten Stellungnahmen wurde den Aktionären die Annahme des Angebots empfohlen. Allein die Verwaltung der Beta Systems Software AG legte den Aktionären die Ablehnung nahe.

1880 Sofern ein solcher nicht besteht, ist davon auszugehen, daß in Ermangelung einer ausdrücklichen Regelung in Anlehnung an die - unlängst aktualisierten - für die Wahlen zum Betriebsrat geltenden Grundsätze (§§ 2 Abs. 4 S. 1, 3, 4; 3 Abs. 4; 10 Abs. 2; 18 S. 1 Wahlordnung BetrVG vom 11. Dezember 2001 (BGBl. I 2001 S. 3494 vom 14. Dezember 2001)) eine ordnungsgemäße Unterrichtung der Arbeitnehmerschaft vorliegt, wenn sämtliche betroffenen Arbeitnehmer von der Stellungnahme in zumutbarer Weise Kenntnis erlangen können. Die Bekanntmachung ausschließlich in elektronischer Form wird daher nur dann zulässig sein, wenn alle Arbeitnehmer von der Information Kenntnis erlangen können. Ebenso *Grobys*, NZA 2002, 1 (4), zur Informationspflicht im Rahmen des § 10 Abs. 5 S. 2 WpÜG.

1881 Dazu oben S. 343.

1882 OLG Frankfurt am Main vom 22. April 2003 (Az.: WpÜG-Owi 3/02), abgedruckt in NZG 2003, 638 f.

cc) Sanktionen

Verstoßen der Vorstand oder der Aufsichtsrat der Zielgesellschaft vorsätzlich oder leichtfertig gegen die Verpflichtung aus § 27 Abs. 3 S. 1 WpÜG, begehen sie eine bußgeldbewehrte Ordnungswidrigkeit[1883], die eine Geldbuße bis zu 500.000 Euro nach sich ziehen kann[1884]. Geringer werden hingegen Verstöße gegen die Übermittlungspflicht aus § 27 Abs. 3 S. 2 WpÜG sowie die Pflicht zur Übersendung des Belegs nach § 27 Abs. 3 S. 3 WpÜG sanktioniert. In diesen Fällen kann die Ordnungswidrigkeit mit einer Geldbuße bis zu 200.000 Euro geahndet werden[1885]. Eine Verletzung der Beifügungspflicht nach § 27 Abs. 2 WpÜG unterfällt hingegen nicht dem Bußgeldkatalog des § 60 Abs. 1, 2 WpÜG[1886].

3. Bewertung

a) § 27 Abs. 1 WpÜG

aa) Allgemeines

Der Stellungnahme des Vorstands und des Aufsichtsrats der Zielgesellschaft kommt vor allem im Rahmen eines Übernahmeverfahrens große Bedeutung zu[1887]. Insbesondere der Vorstand sollte das Unternehmen am besten kennen und ist am ehesten dazu in der Lage, die Konsequenzen aus den im Angebot dargelegten Absichten des Bieters verläßlich abzuschätzen.

Speziell im Fall eines unfreundlichen Übernahmeversuchs werden die Angebotskonditionen durch die Erläuterung der Angebotsunterlage aus kritischer Distanz zu der Position des Bieters und unter Aufzeigung der Stärken und Schwächen aus der Sicht des Vorstands der Zielgesellschaft in ein anderes Licht gerückt. Gerade in dieser Konstellation wird es oberstes Anliegen der Verwaltung

---

1883 Siehe § 60 Abs. 1 Ziff. 1 lit. b) i.V.m. Abs. 3 WpÜG.

1884 Die Haftung der Zielgesellschaft für die Stellungnahme wird im WpÜG nicht explizit geregelt. Nach *Hopt* in FS Lutter, S. 1361 (1399), sei daher auf die Grundsätze der allgemeinen zivilrechtlichen Prospekthaftung zurückzugreifen. Insoweit entstünde ein Ungleichgewicht gegenüber der Haftung des Bieters nach § 12 WpÜG, der sich an die börsenrechtliche Prospekthaftung anlehnt.

1885 Siehe § 60 Abs. 1 Ziff. 2 lit. c) i.V.m. Abs. 3 WpÜG bzw. § 60 Abs. 1 Ziff. 5 i.V.m. Abs. 3 WpÜG.

1886 Allerdings steht es der BaFin offen, im Rahmen der allgemeinen Mißstandsaufsicht nach § 4 Abs. 1 S. 3 WpÜG in solchen Fällen einzuschreiten. Dazu bereits oben S. 292. *Ekkenga* in Ehricke/Ekkenga/Oechsler, WpÜG, § 27 WpÜG, Rn. 37, sieht in der Verletzung dennoch eine Ordnungswidrigkeit nach § 60 Abs. 1 Ziff. 1 lit. b).

1887 Zur Erstreckung der Norm auf Angebote zum Erwerb von Wertpapieren siehe S. 370.

der Zielgesellschaft sein, die Stellungnahme als meinungsbildendes Mittel einzusetzen, um auf diese Weise die eigenen Stärken zu betonen und die Schilderungen des Bieters zu entkräften. Insoweit bietet die Veröffentlichung der Stellungnahme dem Vorstand und dem Aufsichtsrat ein effektives Mittel zur Abwehr einer unerwünschten Übernahmeofferte[1888], das auf die Beeinflussung der Entscheidung der Aktionäre gerichtet ist, ohne dabei jedoch in deren Entscheidungsfreiheit einzugreifen. Auf diese Weise wird mittels der Stellungnahme der subjektiven Einseitigkeit des Informationsflusses insgesamt entgegengewirkt. Vor dem Hintergrund, daß die Angebotsunterlagen regelmäßig und insbesondere bei unfreundlichen Übernahmen über das erforderliche Maß hinaus einen mehr oder weniger umfangreichen Marketingteil enthalten, in dem ausführlich und in „rosigen Lettern" die künftige Strategie des Bieters erläutert wird[1889], scheint dies dringend geboten.

Überdies kann der Stellungnahme auch eine weitergehende Bedeutung zukommen, wenn diese Informationen enthält, die bislang nur dem Vorstand der Zielgesellschaft bekannt waren[1890]. Insoweit bildet die Stellungnahme eine nicht zu unterschätzende Hilfestellung für die Wertpapierinhaber der Zielgesellschaft bei ihrer endgültigen Entscheidungsfindung über die Annahme oder Ablehnung des Angebots. Wenngleich nicht verkannt werden darf - auch wenn mit der Veröffentlichungspflicht der Angebotsunterlage sichergestellt wird, daß alle Wertpapierinhaber zumindest die Möglichkeit der Kenntnisnahme erhalten -, daß dennoch realistischerweise ein Großteil der Aktionäre, insbesondere der Privatanleger, mit der vollständigen Durchdringung der Angebotsunterlage überfordert ist.

Nur in geringem Maße tauglich dürfte die Stellungnahme freilich bei einem mit dem Vorstand der Zielgesellschaft abgestimmten Übernahmevorhaben sein. In solchen Konstellationen wird die kritische Distanz des Vorstands der Zielgesellschaft in aller Regel nicht zu gewährleisten sein[1891]. Dies kann etwa damit zusammenhängen, daß Mitgliedern der Verwaltung der Verbleib im Unternehmen zugesichert wurde. Dem werden auch die in diesem Zusammenhang seitens des Gesetzgebers getroffenen Vorkehrungen[1892] nicht entgegenwirken können. Die aus Sicht der Aktionäre der Zielgesellschaft für eine angemessene Beurtei-

1888 Aus diesem Grund findet sich im angelsächsischen Rechtskreis für die Stellungnahme der Begriff *defense document.*

1889 Vgl. *Riehmer/Schröder*, BB 2001, Beilage 5, 7.

1890 *Assmann/Bozenhardt* in Assmann/Basaldua/Bozenhardt/Peltzer, Übernahmeangebote, S. 1 (54), Fn. 295, sprechen insofern von Primärdaten in Abgrenzung zu den lediglich die Angebotsunterlage ergänzenden Sekundärdaten.

1891 Zutreffend *Immenga*, SAG 1975, 89 (94); *ders.* in Kreuzer, Öffentliche Übernahmeangebote, S. 11 (26).

1892 Siehe §§ 11 Abs. 2 S. 3 Ziff. 3; 33 Abs. 3 WpÜG. Dazu oben S. 317 sowie ausführlich unten S. 387 ff.

lung der Angebotsunterlage unterstützende Funktion der Stellungnahme dürfte daher in der jetzigen Fassung des Gesetzes nur eingeschränkt gewährleistet sein.

Dennoch ist im Ergebnis die spezialgesetzliche Festschreibung der Verpflichtung des Vorstands zur Abgabe einer Stellungnahme in Bezug auf Unternehmensübernahmen ausdrücklich zu begrüßen. Aufgabe des Gesetzgebers ist es nunmehr, dafür Sorge zu tragen, daß die Bedeutung der Stellungnahme nicht auf unfreundliche Übernahmen beschränkt bleibt und ihr im übrigen nicht das Schicksal der Bedeutungslosigkeit droht[1893].

bb) Verpflichtung des Aufsichtsrats

(1) Generelle Kritik an der Einbeziehung

Kritisch zu beurteilen ist hingegen die in der Endphase des Gesetzgebungsprozesses vom Finanzausschuß vorgenommene und schließlich Gesetz gewordene Ausdehnung der Verpflichtung des § 27 WpÜG auf den Aufsichtsrat. Zunächst erscheint bereits zweifelhaft, inwieweit die Einbeziehung des Aufsichtsrats tatsächlich zu einer Verbreiterung der Informationsbasis für die Adressaten der Stellungnahme beitragen kann[1894]. Mit dieser Intention wurde nämlich die Änderung der Vorschrift vom Finanzausschuß unter anderem begründet[1895].

Der Vorstand verfügt zum einen nicht nur über umfassendere Kenntnis über das von ihm geführte Unternehmen, sondern regelmäßig auch über einen nicht unerheblichen Informationsvorsprung gegenüber dem Aufsichtsrat. Zum anderen dürfte ungeachtet dessen nicht anzunehmen sein, daß die Neuerung weitergehende Informationen gegenüber der noch im Regierungsentwurf vorgesehenen Regelung mit sich bringt. Im Gegenteil, bislang konnten die Wertpapierinhaber davon ausgehen, zwei Stellungnahmen präsentiert zu bekommen, in der sich einerseits die Beurteilung des Vorstands und andererseits die der Arbeitnehmerschaft unverfälscht widerspiegelt. Hinzu tritt nunmehr - vor dem Hintergrund der Unternehmensmitbestimmung - eine weitere Stellungnahme, die diese beiden Positionen miteinander vereinen soll. Neben der Tatsache, daß dieser Stel-

---

1893 Siehe dazu den nachstehend unter dd), S. 374, unterbreiteten Lösungsvorschlag.

1894 So auch *Hopt* in FS Zöllner, S. 253 (261), Fn. 31.

1895 Vgl. BT-Drs. 14/7477 vom 14. November 2001, Einzelbegründung, S. 53 f. Der in der Kommentarliteratur vielzitierte und praktisch bedeutsame Fall eines *Management Buy Out*, bei dem der Vorstand selbst ein Angebot abgibt und damit nicht zu einer unabhängigen Stellungnahme in der Lage ist, fand dort keine Erwähnung. Dieser Sachverhalt hätte sich jedoch mittels eines Ausnahmetatbestandes expressis verbis regeln lassen können; anderenfalls hätte man das gleiche Ergebnis, nämlich die Einbeziehung des Aufsichtsrats für diesen Fall, im Wege einer teleologischen Reduktion herleiten können.

lungnahme in regelmäßig auftretenden Streitfragen lediglich Kompromißcharakter und damit geringe Aussagekraft zukommen wird, läßt sich für die Aktionäre nicht mehr nachvollziehen, auf wessen Einschätzung die jeweilige Beurteilung einzelner Streitfragen beruht. Selbst im Fall nicht mitbestimmter Aufsichtsräte dürfte in der Regel davon auszugehen sein, daß sich die Stellungnahme des Aufsichtsrats im Zweifel dem Standpunkt des Vorstands anschließen wird, so daß auch in diesen Fällen nicht mit einer Erhöhung des Informationsniveaus zu rechnen sein wird.

Schließlich birgt die vom Gesetzgeber ausweislich der Begründung zugelassene Zusammenlegung der Stellungnahmen des Vorstands und des Aufsichtsrats in mitbestimmten Unternehmen die Gefahr, daß auf diesem Umweg - entgegen der ursprünglich verfolgten Intention - die Position der Arbeitnehmer doch noch Eingang in die Stellungnahme des Vorstands findet. Denn vor allem aus Gründen der Imagepflege dürfte von der Möglichkeit der gemeinsamen Stellungnahme rege Gebrauch gemacht werden, um auf diesem Wege Einheitlichkeit nach außen zu demonstrieren. Im Ergebnis versetzt die jetzige Regelung die Aktionäre durch die infolge der Vermischung beider Standpunkte verzerrte Stellungnahme in eine schlechter informierte Position als noch nach der Konzeption der Gesetzentwürfe, die zu Recht noch auf eine Vermengung der Positionen der Arbeitnehmer und des Vorstands verzichtet hatten.

Ebenfalls nachteilig aus Sicht der Aktionäre wirkt sich der Umstand aus, daß die Einbindung des Aufsichtsrats wie gezeigt zu einer aus Sicht der Adressaten der Offerte nur schwer hinnehmbaren Verzögerung bei der Veröffentlichung der Stellungnahme führen wird[1896], da bei der Ausfüllung des Begriffs der Unverzüglichkeit der gesetzgeberischen Entscheidung Rechnung getragen und insoweit Rücksicht auf die Schwerfälligkeit beim Zusammenkommen des Aufsichtsrats genommen werden muß. Das Gebot der raschen Durchführung des Verfahrens gemäß § 3 Abs. 4 WpÜG dürfte diesbezüglich an seine Grenzen stoßen.

Schließlich soll nicht unerwähnt bleiben, daß bereits nach der Regelung des Regierungsentwurfs die Einbeziehung der Position des Aufsichtsrats zu dem Angebot problemlos möglich war. Auch wenn Adressat der Verpflichtung ausschließlich der Vorstand der Zielgesellschaft war, sollte ausweislich einer in die Begründung zum Regierungsentwurf eingefügten Klarstellung dies bei einer übereinstimmenden Bewertung des Angebots durch Vorstand und Aufsichtsrat keineswegs der Abgabe einer gemeinsamen Stellungnahme entgegenstehen[1897].

1896 Kritisch ebenfalls *Ekkenga* nach *o.V.*, Meinungsspiegel Unternehmensübernahmen, BFuP 2002, 489 (502).

1897 Vgl. RegE-WpÜG, Begründung, Besonderer Teil, S. 127.

Den Anforderungen der Praxis wäre damit ausreichend Rechnung getragen, da der Vorstand nicht zuletzt aus den zuvor geschilderten Gründen regelmäßig um die Zustimmung des Aufsichtsrats werben und bereits aus diesem Grund die Stellungnahme mit diesem erörtern wird[1898].

Die Einbeziehung des Aufsichtsrats in den Adressatenkreis der Verpflichtung zur Abgabe einer Stellungnahme ist daher insgesamt als ungeeignet zur Verbreiterung der Informationsbasis für die Beteiligten eines Angebotsverfahrens anzusehen. Die Regelung muß vor allem vor dem Hintergrund weitergehender Forderungen der Gewerkschaften verstanden werden[1899], denen die Beifügung einer eigenen Stellungnahme der Arbeitnehmer zu derjenigen des Vorstands nicht ausreichte[1900]. Im Kontext des deutschen Systems der Unternehmensmitbestimmung stellt die Vorschrift insoweit ein politisches Zugeständnis der Bundesregierung an die Gewerkschaften dar. Aus den genannten Gründen erscheint die Einbindung des Aufsichtsrats überflüssig und zudem rechtspolitisch verfehlt. Die Änderung sollte daher wieder rückgängig gemacht werden. Vorzugswürdig ist die noch im Regierungsentwurf vorgesehene Regelung.

Sollte der Gesetzgeber dennoch nicht auf die Einbindung des Aufsichtsrats gänzlich verzichten wollen, böte sich alternativ eine Anlehnung an die österreichische Lösung an, die sich dieser Thematik weitaus flexibler nähert. Im öÜbG ist vorgesehen, dem Aufsichtsrat die Möglichkeit zu einer eigenen Stellungnahme zu gewähren, ihm diese indes nicht zwingend vorzuschreiben[1901].

(2) Kritik an der fehlenden Unterrichtung durch den Bieter

Abgesehen von der grundsätzlichen Kritik an der Einbeziehung des Aufsichtsrats in den Anwendungsbereich der Vorschrift bleibt an der jetzigen Fassung der Vorschrift zu bemängeln, daß es der Gesetzgeber versäumt hat, die unmittelbare Benachrichtigung des Aufsichtsrats über den Inhalt der Angebotsunterlage durch den Bieter sicherzustellen. Zwar wurde in der Begründung des Regierungsentwurfs insofern klargestellt, daß es einer gesonderten Festschreibung einer Informationspflicht gegenüber dem Aufsichtsrat nicht bedürfe, da § 90 AktG insoweit als ausreichend angesehen werde[1902]. Jedoch bezogen sich diese Ausführungen auf die Übermittlung von Informationen ausgehend von dem

1898 So auch *Hopt* in FS Lutter, S. 1361 (1382).

1899 Dazu oben S. 266.

1900 Entsprechend wurde die Änderung auch auf die Betonung der Gesamtverantwortung von Vorstand und Aufsichtsrat für die Zielgesellschaft gestützt, vgl. BT-Drs. 14/7477 vom 14. November 2001, Einzelbegründung, 53 f.

1901 § 14 Abs. 2, 3 öÜbG. Dazu bereits oben Kap. 4, S. 209.

1902 Vgl. RegE-WpÜG, Begründung, Besonderer Teil, S. 97, 110.

Vorstand der Zielgesellschaft und beruhten noch auf der Annahme, daß lediglich der Vorstand zur Abgabe einer Stellungnahme verpflichtet wird.

Vor dem Hintergrund der Aufwertung der Position des Aufsichtsrats, die dieser durch die Abänderungen im Finanzausschuß erfahren hat, sollte eine möglichst frühzeitige Information über die zu beurteilende Angebotsunterlage gewährleistet werden. Es wäre insofern nur konsequent, die neudefinierte Rolle des Aufsichtsrats durch eine eigenständige Verpflichtung zu dessen Information zu ergänzen. Insbesondere um einer weiteren zeitlichen Verzögerung bei der Erstellung der Stellungnahme durch den Aufsichtsrat vorzubeugen, würde es sich daher in Anlehnung an die österreichische Regelung[1903] anbieten, die Übermittlungspflicht des Bieters in § 14 Abs. 4 S. 1 WpÜG auf den Aufsichtsrat, namentlich den Vorsitzenden des Aufsichtsrats sowie dessen Stellvertreter zu erstrecken.

Die Vorschrift sollte daher wie folgt neu gefaßt werden:

§ 14 Abs. 4 S. 1 WpÜG **neu**:

„Der Bieter hat die Angebotsunterlage dem Vorstand der Zielgesellschaft ***sowie dem Vorsitzenden des Aufsichtsrats der Zielgesellschaft und dessen Stellvertreter*** *unverzüglich nach der Veröffentlichung nach Absatz 3 Satz 1 zu übermitteln."*

cc) Ausdehnung auf Erwerbsangebote

Wie gezeigt, trifft nach der Regelung des WpÜG die Verwaltung auch dann eine Pflicht zur Abgabe einer Stellungnahme, wenn ein Einstiegs- oder Konsolidierungsangebot vorliegt. Der *DAV-Handelsrechtsausschuß* vertritt die Auffassung, daß hierfür keine Veranlassung bestünde, ohne dies jedoch näher zu begründen[1904]. Zuzugeben ist, daß mit der Pflicht zur Stellungnahme ein nicht unerheblicher Aufwand verbunden ist. Dies allein kann es jedoch nicht gebieten, sich der Auffassung des *DAV-Handelsrechtsausschusses* anzuschließen.

Für die Erstreckung der Verpflichtung auf sämtliche Angebote nach dem Gesetz sprechen vor allem zwei Gründe. Zum ersten kommt der Stellungnahme der Verwaltung, wie oben ausgeführt, auch die Funktion einer Interpretationshilfe der Angebotsunterlage zu. Deshalb wird gerade in solchen, gegenüber Über-

---

1903 Siehe § 11 Abs. 2 öÜbG.

1904 Vgl. *DAV-Handelsrechtsausschuß*, Stellungnahme zum RefE-WÜG, NZG 2001, 420 (426); aufrechterhalten *ders.*, Stellungnahme zum RegE-WpÜG, ZIP 2001, 1736 (1738). Sich der Kritik anschließend *Röh* in Haarmann/Riehmer/Schüppen, WpÜG, § 27 WpÜG, Rn. 14; *Noack* in Schwark, KMRK, § 27 WpÜG, Rn. 2.

nahmeverfahren weniger spektakulären Fällen die Stellungnahme der einzige über die Angebotsunterlage hinausgehende Anhaltspunkt der Aktionäre bei ihrer Entscheidung sein. Jedenfalls wird eine vergleichbare Omnipräsenz in den Medien ausscheiden. Insofern besteht ein Bedürfnis, die Wertpapierinhaber nicht völlig sich selbst zu überlassen[1905].

Zum zweiten darf die Tragweite der einfachen Erwerbsangebote nicht unterschätzt werden. Die erfolgreiche Durchführung eines Einstiegsangebots ermöglicht dem Bieter immerhin, eine Beteiligung bis knapp unterhalb der Grenze von 30 Prozent zu erwerben. Dies wird in einzelnen Fällen auf Grund der niedrigen Hauptversammlungspräsenzen bereits auch zur Ausübung der Kontrolle in der Zielgesellschaft ausreichen[1906]. Jedenfalls vermittelt eine derartige Beteiligung dem Bieter einen gehörigen Einfluß auf die künftige Geschäftstätigkeit der Zielgesellschaft. Durch die veränderten Regelungen zur Verhaltenspflicht der Verwaltung in § 33 Abs. 1, 2 WpÜG[1907] und der damit verbundenen Erleichterung der Abwehr von Unternehmensübernahmen tritt hinzu, daß der Bieter künftig versuchen könnte, eine Sperrminorität in der Gesellschaft zu erlangen, die er zu übernehmen beabsichtigt. Wartet er dann den Zeitpunkt ab, zu dem die seitens der Zielgesellschaft gefaßten Vorratsbeschlüsse zur Ergreifung von Abwehrmaßnahmen ablaufen, was spätestens nach 18 Monaten der Fall sein wird, so kann er mit seinem Stimmrechtsanteil einen erneuten Vorratsbeschluß unterbinden. Im Anschluß besteht sodann die Möglichkeit, die durch diese Vorgehensweise zumindest von derartigen Hemmnissen befreite Zielgesellschaft zu übernehmen. Es kommt daher auch vor dem Hintergrund solcher Umgehungskonstruktionen den freiwilligen Erwerbsangeboten eine erhebliche Bedeutung zu, die eine umfassende Transparenz rechtfertigen.

Zwar könnte man der Ausdehnung der Verpflichtung auf sämtliche Angebote entgegenhalten, daß diese Regelung zu starr sei und sich daher eine flexiblere Lösung anbieten würde. In Betracht ziehen könnte man daher eine differenzierende Lösung, wonach geringfügige Beteiligungen etwa bis zur Grenze von 5 Prozent eine solche Verpflichtung nicht auslösen. Auch an anderer Stelle sieht das Gesetz ähnliche Bagatellschwellen vor, um unbilligen Härten vorzubeu-

1905 Insoweit wird dadurch auch dem *prisonner's dilemma* entgegengewirkt.

1906 Auswertungen der Hauptversammlungspräsenzen der DAX-Unternehmen in den Jahren 1998 bis 2003 ergeben, daß die Werte im Durchschnitt weiter rückläufig sind. Während im Jahr 1998 durchschnittlich noch 60,95 Prozent zu verzeichnen waren, belief sich der Vergleichswert in der Hauptversammlungssaison 2001 nur noch auf 53,03 Prozent und im Jahr 2003 gar auf 49,14 Prozent. Die Angaben beruhen auf einer Langfriststudie des DSW, abrufbar unter http://www.dsw-info.de. Bereits bei einem Wert von 14,74 Prozent hätte man danach im Jahr 2003 die 30-Prozent-Schwelle und damit die Kontrolle i.S.d. § 29 Abs. 2 WpÜG erreicht.

1907 Siehe dazu ausführlich unten S. 396 ff.

gen[1908]. Allerdings vermag auch eine derartige alternative Gestaltung nicht zu überzeugen. Dies würde zunächst der nach der jetzigen Gesetzesfassung bestehenden, insofern klaren Rechtslage sowie der damit einhergehenden Sicherheit widersprechen und eine unnötige Verkomplizierung mit sich bringen. Zudem könnte der Erwerb gerade dieser geringfügigen Beteiligung für die Strategie des Bieters entscheidend sein, etwa im Hinblick auf die Überschreitung der Schwellen zur Sperrminorität oder zum *Squeeze-Out*[1909]. Die Freistellung von der Verpflichtung zur Stellungnahme würde daher auch in solchen Konstellationen aus Sicht des Minderheitenschutzes zu einem nicht hinnehmbaren Informationsdefizit führen. Aus diesem Grund ist die Einführung einer Bagatellgrenze nicht geboten.

Insgesamt ist es daher sachgerecht, daß der Gesetzgeber ausnahmslos sämtliche Angebote im Sinne des WpÜG in den Anwendungsbereich der Vorschrift einbezogen hat. Von einer Überregulierung kann folglich keine Rede sein.

dd) Fehlende Hinzuziehung eines Sachverständigen

Aus Sicht der Aktionäre von enormer Bedeutung ist die Frage nach der Glaubwürdigkeit des Inhalts der von der Verwaltung unterbreiteten Stellungnahme. Die Aktionäre müssen bei ihrer Entscheidungsfindung den dabei zugrunde gelegten Angaben der Verwaltung vertrauen können. Auf Grund des eingangs dieser Arbeit dargestellten Interessenkonflikts, in dem sich vor allem der Vorstand in einer Übernahmesituation befindet[1910], bestehen durchaus Bedenken, inwiefern gerade der Vorstand seinen Informationsvorsprung gegenüber den Anteilseignern mißbräuchlich in die Stellungnahme einfließen läßt. Insbesondere im Fall einer freundlichen Übernahme besteht die Gefahr, daß die Verwaltung der Zielgesellschaft zum bloßen „Sprachrohr" des Bieters verkommt. Infolgedessen dürften sich deren Stellungnahmen wohlwollend der Position des Bieters annähern. Dadurch würde der Sinn und Zweck der Vorschrift gänzlich entwertet. Denn im Ergebnis erhöht sich der Informationsstand der Aktionäre durch die Veröffentlichung der Stellungnahme nicht. Was bleibt, wäre ein insoweit zweckentfremdetes Marketinginstrument der beteiligten Unternehmen zur Demonstration der einvernehmlich beschlossenen Übernahme.

Aber auch die Konstellation der unfreundlichen Übernahme birgt Risiken im Hinblick auf das Vertrauen auf den Inhalt der Stellungnahme. Wenngleich diese

1908 § 31 Abs. 3 Ziff. 1 WpÜG: fünf Prozent; § 31 Abs. 3 Ziff. 2 WpÜG: ein Prozent.

1909 Auch im Hinblick auf die Einführung des *Squeeze-Out* wird eine Verpflichtung zur Stellungnahme des Vorstands der betroffenen Aktiengesellschaft zu dem Abfindungsangebot des Großaktionärs gefordert. Vgl. *Vetter*, ZIP 2000, 1817 (1823).

1910 Dazu oben Kap. 1, S. 49.

dadurch begrenzt werden, daß den Adressaten des Angebots anders als bei einer einvernehmlichen Übernahme die Gegenposition des Bieters in Gestalt der Angebotsunterlage vorliegt. In diesem Fall unterliegen die Mitglieder der Verwaltung der Zielgesellschaft bei der Anfertigung ihrer Stellungnahme der Versuchung, die kritische Distanz zu der Angebotsunterlage zu sehr zu strapazieren. Besonders anschaulich läßt sich dies an der nunmehr zwingend vorzunehmenden Beurteilung der Höhe der Gegenleistung festmachen. Wie oben bereits angedeutet[1911], gehört die Kritik an dem vom Bieter angebotenen Preis zum Standardrepertoire einer jeden Stellungnahme im Fall eines unfreundlichen Übernahmeversuchs. In den seltensten Fällen zieht der Vorstand der Zielgesellschaft realistische Zahlen als Vergleichswerte heran. Er wird vielmehr geneigt sein, den Angebotspreis als weit unter dem „wahren Wert" der Zielgesellschaft darzustellen[1912]. Ob dies in der Hoffnung geschieht, die Aktionäre damit zum Abwarten zu bewegen oder schlicht aus einer Fehleinschätzung der eigenen Leistungsfähigkeit, die Gründe können hier dahinstehen. Jedenfalls wird kein Management freiwillig eingestehen, daß es zugelassen hat, daß das Unternehmen mit zu vielen Mitarbeitern zu wenig Ertrag erwirtschaftet hat.

Um sowohl einer unkritischen Reflexion der Angebotskonditionen in der Stellungnahme im Fall einer abgestimmten Übernahme als auch einer überspitzten Form der Darstellung bei unfreundlichen Übernahmen entgegenzuwirken, sollte eine Nachbesserung der Vorschrift des § 27 WpÜG seitens des Gesetzgebers vorgenommen werden. Ziel muß es sein, die von dem allgemeinen Grundsatz nach § 3 Abs. 2 WpÜG geforderte umfassende Information der Wertpapierinhaber auch in den zuvor genannten Fällen uneingeschränkt zu gewährleisten. Dazu wird vorgeschlagen, die Angaben in den Stellungnahmen des Vorstands und des Aufsichtsrats der Zielgesellschaft der Überprüfung durch einen unabhängigen Dritten zu unterziehen.

1911 Vgl. oben Fn. 1831.

1912 Exemplarisch kann wiederum die Übernahme INA Holding/FAG Kugelfischer angeführt werden. Nachdem die mit 11 Euro um 51 Prozent über dem Schlußkurs im Parketthandel an der FWB am Börsenhandelstag vor der Ankündigung des Übernahmeangebots liegende Offerte zunächst als unzureichend zurückgewiesen wurde, sah sich der Vorstand der Zielgesellschaft in einer ersten Äußerung zu dem „Fabelwert" von 40 Euro als angemessenem Wert veranlaßt. Eine Woche nach Veröffentlichung des Angebots wurde der faire Wert des Unternehmens immerhin noch mit 20 Euro angesetzt. Zwischenzeitlich wurde die Bewertung auf 16 Euro zurückgenommen und schlußendlich signalisierte der Vorstand Bereitschaft, bei einer Erhöhung des Angebots auf 12 bis 12,50 Euro die Übernahme zu unterstützen. Vgl. dazu die Nachweise oben Kap 1, Fn. 98. Mit etwa 8 Euro überstieg somit bereits allein die Schwankungsbreite der als „fair" angeführten Bewertungen - den illusorischen Wert von 40 Euro außer acht lassend - die Schlußnotierung von 7,25 Euro vor dem Übernahmeverfahren.

Auch aus rechtsvergleichender Perspektive ist eine solche Überprüfung durch einen Dritten einzelnen Übernahmeregelungen nicht fremd. Nicht nur nach dem City Code ist der Stellungnahme der Verwaltung eine Bewertung unabhängiger Berater beizufügen. Auch ein Blick auf die österreichische Regelung zeigt, daß diesbezüglich Regelungsbedarf gesehen wurde[1913]. Danach hat ein von der Zielgesellschaft unabhängiger Sachverständiger unter anderem eine schriftliche Beurteilung der Stellungnahme des Vorstands der Zielgesellschaft anzufertigen[1914]. Durch die Veröffentlichung dieser Beurteilung zusammen mit der Stellungnahme wird gewährleistet, daß die Aktionäre davon Kenntnis erlangen.

Angesichts der Bedeutung der Stellungnahme als wesentliche Entscheidungshilfe neben der Angebotsunterlage sollte daher die Beurteilung der Stellungnahme durch einen unabhängigen Sachverständigen ebenfalls Eingang in die deutsche Regelung finden[1915]. Hiermit wäre, anders als noch nach der im Diskussionsentwurf angedachten Vorschrift des § 14 DiskE-ÜG[1916], weder ein nicht wünschenswerter Beratungszwang noch eine Überregulierung verbunden, sondern vielmehr ein aus Sicht der Adressaten des Angebots unverzichtbares Korrektiv einer möglicherweise zu subjektiv verfaßten Stellungnahme[1917]. Es wird daher nachstehender Änderungsvorschlag[1918] unterbreitet:

1913 § 14 Abs. 2, 3 i.V.m. § 13 öÜbG; City Code, Rule 3.1, 25.1. Auch der Richtlinienvorschlag aus dem Jahr 1989 sah in Art. 14 Abs. 2 für einen bestimmten Fall die Beifügung der Äußerung eines Sachverständigen zu der Stellungnahme vor. Dazu oben Kap. 2, S. 82.

1914 Für den Fall, daß der Aufsichtsrat von der Möglichkeit zur Erstellung einer Stellungnahme Gebrauch macht, unterliegt auch diese der Beurteilung des Sachverständigen.

1915 In den bislang in den ersten Monaten des Bestehens der neuen Regelungen des WpÜG veröffentlichten Stellungnahmen zu Übernahmeangeboten (Stand: 7. Mai 2002) findet sich lediglich bei der Condat AG der Hinweis, daß im Auftrag der Gesellschaft eine *fairness opinion* durch eine Wirtschaftsprüfungsgesellschaft erstellt wurde, nach der die Gegenleistung als angemessen beurteilt wird. Zu fairness opinions im Übernahmerecht vgl. *Schiessl*, ZGR 2003, 815 ff.

1916 In § 14 DiskE-ÜG war die zwingende Hinzuziehung von Beratern bei der Vorbereitung und Durchführung einer Übernahme auch auf Seiten der Zielgesellschaft vorgesehen. Siehe oben S. 304. Zwar hieß es dazu in der Entwurfsbegründung, daß ein sachverständiger Berater seitens der Zielgesellschaft als Korrektiv möglicher widerstreitender Interessen zwischen dem Vorstand und den Aktionären wirken könne; vgl. DiskE-ÜG, Begründung, Besonderer Teil, S. 108. In welcher Form und unter welchen Voraussetzungen dies zu geschehen habe, wurde jedoch nicht ausgeführt.

1917 Zudem wäre damit der Vorteil verbunden, daß Klarheit geschaffen würde über die derzeit umstrittene Frage, ob in Einzelfällen die Einholung sachverständigen Rates „geboten" ist. Zum Stand der Diskussion vgl. *Schiessl*, ZGR 2003, 815 (827 f.); *Harbarth*, ZIP 2004, 3 (9); ablehnend *Hirte* in KK WpÜG, § 27 WpÜG, Rn. 33.

1918 Da aus hiesiger Sicht der Aufsichtsrat aus dem Anwendungsbereich der Vorschrift herausgenommen werden sollte, bezieht sich der Änderungsvorschlag allein auf die

Vor § 27 WpÜG sollte die folgende Regelung eingefügt werden:

§ **26a** WpÜG:

„*[1] Die Zielgesellschaft hat zur Prüfung der Stellungnahme des Vorstands der Zielgesellschaft gemäß § 27 einen hierfür geeigneten*[1919] *von der Zielgesellschaft unabhängigen*[1920] *Sachverständigen zu bestellen. [2] Die Bestellung des Sachverständigen bedarf der Zustimmung des Aufsichtsrats*[1921]. “

Schließlich sollte in § 27 ein weiterer Absatz eingefügt sowie der jetzige Abs. 3 neu gefaßt werden:

§ 27 **Abs. 1a** WpÜG:

„*Der Sachverständige hat seine Beurteilung der Stellungnahme des Vorstands schriftlich zu erstatten.*“

§ 27 Abs. 3 WpÜG **neu**:

„*[1] Der Vorstand der Zielgesellschaft hat die Stellungnahme* ***und die Beurteilung des Sachverständigen*** *unverzüglich nach Übermittlung der Angebotsunterlage und deren Änderungen durch den Bieter gemäß § 14 Abs. 3 Satz 1 zu veröffentlichen. [2] Er hat die Stellungnahme* ***und die Beurteilung des Sachverständigen*** *gleichzeitig dem zuständigen Betriebsrat oder, sofern ein solcher nicht besteht, unmittelbar den Arbeitnehmern zu übermitteln. [3] Der Vorstand der Zielgesellschaft hat der Bundesanstalt unverzüglich einen Beleg über die Veröffentlichung gemäß § 14 Abs. 3 Satz 1 Nr. 2 zu übersenden.*“

ee) Erfordernis der Veröffentlichung der Änderung der Verkaufsabsicht

Kritisch zu hinterfragen bleibt schließlich die Verbindlichkeit der Stellungnahme in einzelnen Punkten. Insbesondere im Hinblick auf die Pflicht, die Verkaufsabsicht der Mitglieder der Verwaltung zu veröffentlichen, erscheint frag-

---

Stellungnahme des Vorstands. Selbstverständlich müßte die Änderung auch auf die Stellungnahme des Aufsichtsrats erstreckt werden, sollte an dieser festgehalten werden.

1919 Die Eignung zum Sachverständigen könnte in Anlehnung an § 9 Abs. 2 öÜbG geregelt werden. Dazu oben Kap. 4, Fn. 1076.

1920 Diesbezüglich könnte auf die zu § 13 Abs. 1 S. 2 WpÜG entwickelten Kriterien zurückgegriffen werden. Dazu oben S. 309.

1921 Durch die Zustimmung des Aufsichtsrats soll zumindest im Ansatz die Unabhängigkeit des Sachverständigen gegenüber dem Vorstand gewahrt werden.

lich, wie sinnvoll eine solche Regelung ist. Angesichts des frühen Stadiums, in dem die Stellungnahme abzugeben ist, und der Tatsache, daß eine spätere Änderung der Verkaufsabsicht nicht der Meldepflicht unterliegt[1922], geht von dieser Vorschrift nur ein geringer Informationsgehalt für die Aktionäre aus. In dieser Form könnte man daher auch auf die Vorschrift verzichten.

Allerdings ist der dahinter stehende Gedanke zu begrüßen[1923]. Zum einen erhöht sich die Glaubwürdigkeit der gesamten Stellungnahme, wenn das persönliche Verhalten der Mitglieder der Verwaltung im Hinblick auf die Annahme oder Ablehnung der Offerte mit deren Einschätzung korrespondiert. Außerdem sehen sich die Wertpapierinhaber nur dann in der Lage, die Motivation der Verwaltung zu deren Handeln richtig einschätzen zu können, wenn sie über derartige Informationen verfügen[1924]. Die Vorschrift ergänzt insofern die Verpflichtung zur Offenlegung von Geldleistungen oder anderen geldwerten Vorteilen an die Verwaltung der Zielgesellschaft durch den Bieter[1925]. Besondere Bedeutung erlangt die Regelung, wenn es sich bei der Zielgesellschaft noch um recht junge Unternehmen handelt, deren Gründer sich auch nach dem Börsengang im Vorstand engagieren und sich nur in geringem Umfang von ihrem bisherigen Anteilsbesitz getrennt haben. Vor allem die vormals am Neuen Markt notierten Wachstumswerte gehören zu dieser Kategorie.

Überdies können der Verwaltung durch die Übernahme der Zielgesellschaft auch anderweitige Vorteile entstehen, die nicht auf einer Zuwendung durch den Bieter beruhen. Da solche Vorteile nicht nur aus dem Halten eigener Anteile an der Zielgesellschaft resultieren können, sondern etwa auch aus Abfindungsvereinbarungen oder Optionsprogrammen, sollte seitens des Gesetzgebers in Erwägung gezogen werden, den Regelungsbereich um zusätzliche zwingende Offenlegungspflichten zu erweitern[1926]. Als gelungenes Beispiel umfassender

1922 Wie hier (oben, S. 353) für eine Mitteilung der Änderung der Annahmeabsicht im Fall der Stellungnahme zu einer Änderung des Angebots *Hirte* in KK WpÜG, § 27 WpÜG, Rn. 47, der sich damit jedoch selbst insofern in Widerspruch setzt, als daß er es als zulässig ansieht, die Stellungnahme zu einer Angebotsänderung inhaltlich allein auf die geänderten Daten zu beschränken (vgl. *Hirte* in KK WpÜG, § 27 WpÜG, Rn. 25).

1923 Anders dagegen *Witte*, BB 2000, 2162 (2164), der darin freilich zu Unrecht einen Grundrechtseingriff sieht, was an dieser Stelle jedoch nicht weiter vertieft werden kann.

1924 Auch die *Regierungskommission „Corporate Governance"* empfiehlt im Rahmen der Offenlegung von möglichen Interessenkonflikten ganz allgemein, Angaben zum Aktienbesitz von Organmitgliedern an der Gesellschaft zu veröffentlichen. Vgl. *dies.*, Abschlußbericht, D2.41, Rn. 69; D5.17, Rn. 261 ff.

1925 § 11 Abs. 2 S. 3 Ziff. 3 WpÜG.

1926 Nach *Hopt* in GroßKomm AktG, § 93 AktG, Rn. 128, sollten nach bislang geltendem Recht bereits „im Zusammenhang mit der Übernahme" getroffene Vereinbarungen offenzulegen sein. Im hier verstandenen Sinne geht diese, zumal recht unbestimmte

Transparenz könnte die Regelung des City Code herangezogen werden, die umfassend zur Preisgabe über die persönliche Situation des Vorstands verpflichtet[1927].

Dringender Handlungsbedarf im Hinblick auf die jetzige Regelung ist jedenfalls zur Durchsetzung des hinter § 27 Abs. 1 S. 2 Ziff. 4 WpÜG stehenden Gedankens angezeigt. Es wird daher angeregt, die Offenlegung des jeweiligen Anteilsbesitzes der Mitglieder des Vorstands[1928] an der Zielgesellschaft ebenfalls zwingend vorzuschreiben[1929]. Um die bislang noch fehlende gewünschte Signalwirkung zu erzielen, müßte zudem die Veröffentlichung einer Änderung der Verkaufsabsicht gleichfalls zur Verpflichtung erhoben werden[1930].

§ 27 WpÜG sollte demnach wie folgt erweitert werden:

§ 27 Abs. 1 **S. 3** WpÜG:

„*In der Stellungnahme sind, soweit Angaben gemäß Satz 2 Ziffer 4 erforderlich sind, die Anzahl sämtlicher den einzelnen Mitgliedern des Vorstands der Zielgesellschaft zustehender Wertpapiere der Zielgesellschaft einschließlich der Höhe der jeweiligen Anteile offenzulegen.*"

§ 27 **Abs. 4** WpÜG:

„*[1] Der Vorstand hat, soweit Angaben gemäß Absatz 1 Satz 2 Ziffer 4 erforderlich sind, eine Änderung der in der Stellungnahme zu dem Angebot oder seiner Änderungen erklärten Absicht, das Angebot anzunehmen, unverzüglich gemäß § 14 Abs. 3 Satz 1 zu veröffentlichen*[1931]. *[2] Absatz 3 Satz 3 gilt entsprechend*[1932]."

Formulierung nicht weit genug. So wären danach etwa die Dienstverträge der Vorstandmitglieder nicht erfaßt. Insoweit im Hinblick auf unfreundliche Übernahmen die Untauglichkeit einer solchen Regelung zugestehend *ders.* in FS Lutter, S. 1361 (1381).

1927 City Code, Rule 25, insbesondere 25.4. Hierauf verwies schon *Peltzer* in Assmann/Basaldua/Bozenhardt/Peltzer, Übernahmeangebote, S. 179 (213), im Zusammenhang mit der Übernahmerichtlinie.

1928 Selbstverständlich müßte die Ergänzung auch für die Stellungnahme des Aufsichtsrats vorgenommen werden, sollte an dieser festgehalten werden.

1929 Ähnlich auch die Regelung des City Code, Rule 25.3 (a) (ii). Um überdies der Verschleierung über die Depots von Ehepartnern, Kindern und eingetragenen Lebenspartnern entgegenzuwirken, ließe sich auch über deren Einbeziehung in Anlehnung an die Neuregelung des § 15a Abs. 1 S. 2 WpHG infolge des Vierten Finanzmarktförderungsgesetzes nachdenken. Vgl. RegE-4. FMFG, Begründung, Besonderer Teil, S. 252.

1930 Alternativ könnte man von der Pflicht zur Veröffentlichung der Verkaufsabsicht bei sehr geringfügigen Beteiligungen absehen.

1931 Ein Verstoß gegen diese Regelung sollte entsprechend § 27 Abs. 3 S. 1 WpÜG nach § 60 Abs. 1 Ziff. 1 lit. b) i.V.m. Abs. 3 WpÜG sanktioniert werden.

b) § 27 Abs. 2 WpÜG

aa) Kritik an der Schaffung neuer Mitwirkungsrechte der Arbeitnehmer

Mehrfach wird seitens des Gesetzgebers in der Begründung betont, daß durch das WpÜG nicht in bestehende Rechte der Arbeitnehmer eingegriffen wird. Vielmehr zielten einzelne Regelungen darauf ab, daß die bestehenden Rechte auch wahrgenommen werden können[1933]. Hierbei handelt es sich in erster Linie - entsprechend der Zielsetzung des Gesetzes[1934] - um Informationsrechte der Arbeitnehmer[1935]. Die Versorgung der Arbeitnehmer der Zielgesellschaft als deren wichtigste Gruppe der *stakeholder* mit den notwendigen Informationen ist zu begrüßen. Die informationelle Gleichstellung mit den Wertpapierinhabern ist geboten und vermeidet, daß die Belegschaft in dieser Hinsicht vom Entgegenkommen des Vorstands der Zielgesellschaft abhängig ist. Denn die frühzeitige Einbeziehung der Arbeitnehmer in das Übernahmeverfahren bildet einen nicht zu unterschätzenden Erfolgsfaktor für das Gelingen einer Unternehmensübernahme[1936].

Allerdings beschränkt sich das WpÜG nicht auf die vorstehend genannten Informationsrechte der Arbeitnehmer. Mit der Regelung des § 27 Abs. 2 WpÜG wird den Arbeitnehmern vielmehr ein Mitwirkungsrecht in sämtlichen Angebotsverfahren zum Erwerb von Wertpapieren eingeräumt. Hiergegen bestehen erhebliche Bedenken, da es nicht Sache des WpÜG sein kann, neue Arbeitnehmerrechte zu statuieren[1937]. Wie bereits eingangs der Untersuchung erörtert, ergeben sich für die Arbeitnehmer keine unmittelbaren Veränderungen aus der

---

1932 Die Unterrichtung des Betriebsrats bzw. der Arbeitnehmer wird in diesem Fall nicht für erforderlich erachtet, da diese Information einzig für die Aktionäre der Zielgesellschaft von Interesse ist.

1933 Vgl. etwa RegE-WpÜG, Begründung, Besonderer Teil, S. 97.

1934 Dazu oben S. 271.

1935 Hierzu zählen die eingangs dieses Abschnitts genannten Unterrichtungs- und Übermittlungspflichten gegenüber den Arbeitnehmern, aber auch die Angaben des Bieters in der Angebotsunterlage zu dessen Absichten im Hinblick auf die künftige Geschäftstätigkeit der Zielgesellschaft, was insbesondere auch Arbeitnehmerbelange betrifft. Vgl. dazu oben S. 343.

1936 Vgl. *Berger*, Die Bank 2000, 558 (562 f.); *Budde/Lawall* in FS Müller, S. 27 (54); *Rüstmann*, M&A 1996, 157 ff.

1937 Überaus kritisch bereits *Hopt* in FS Zöllner, S. 368 (371 f., 375, 412); *ders.*, ZHR 161 (1997), 368 (412), der Normen zugunsten der Arbeitnehmer generell als unbegründet einstuft, selbst Informationsrechte nicht unbedingt in einem Übernahmegesetz geregelt wissen will. Siehe auch *Wackerbarth*, WM 2001, 1741 (1744 f.). Ebenfalls jegliche Form von Arbeitnehmerschutzrechten ablehnend bereits *BSK*, Standpunkte, S. 25.

Übernahme[1938]. Für den Fall, daß es im Anschluß an die Übernahme zu Rationalisierungsmaßnahmen kommen sollte, greifen die bereits bestehenden Instrumentarien. Denn der Schutz der Arbeitnehmer wird hierzulande anderweitig in verschiedenen Gesetzen umfassend geregelt, etwa dem BetrVG und MitbestG[1939]. Es widerspricht der Zielrichtung des WpÜG als Teil des Kapitalmarktrechts, das dem Schutz der Funktionsfähigkeit der Kapitalmärkte und infolgedessen dem Anlegerschutz verschrieben ist[1940], wenn daneben neue Arbeitnehmerschutzrechte Eingang in das Gesetz finden, die insoweit regelungsfremden Inhalt darstellen.

Hinzu kommt, daß selbst im Fall einer Unternehmensübernahme die Rechte der Arbeitnehmer durch deren Vertreter im Aufsichtsrat hinreichend gewahrt sind, die gegenüber den bereits alles andere als leicht austauschbaren Vertretern der Anteilseigner unter nochmals erschwerten Voraussetzungen aus ihrem Amt abberufen werden können[1941].

Schließlich gilt es zu berücksichtigen, daß durch die erst gegen Ende des Gesetzgebungsverfahrens vorgenommene Erstreckung der Verpflichtung zur Abgabe einer Stellungnahme auf den Aufsichtsrat die Belange der Arbeitnehmer diesbezüglich eine zusätzliche Aufwertung erfahren haben.

Vor diesem Hintergrund ist die Einräumung weitergehender Rechte über die bloße Informationsverschaffung hinaus kritisch zu beurteilen. Die vom Gesetzgeber getroffenen Vorkehrungen zielen insoweit über das notwendige Maß hinaus und führen im Ergebnis zu einer sachlich nicht gerechtfertigten Überbetonung der Arbeitnehmerrechte.

1938 Dazu oben Kap. 1, S. 52.

1939 Hinzuweisen ist zum einen in der *Pre-Bid*-Phase auf die Einbeziehung des Wirtschaftsausschusses im Planungsstadium gemäß § 106 Abs. 1 S. 2, Abs. 2 BetrVG, zum anderen in der *Post-Bid*-Phase auf die Rechte im Zusammenhang mit als Betriebsänderungen zu deklarierenden organisatorischen oder personellen Veränderungen gemäß § 111 ff. BetrVG. Dazu auch *Grobys*, GmbHR 2000, R389 f.; Zur Frage des Arbeitnehmerschutzes bei Nichteinhaltung der Zusagen des Bieters, insbesondere zu den neuen Möglichkeiten des reformierten BetrVG nach §§ 80 Abs. 1 Ziff. 8; 92a BetrVG siehe auch BT-Drs. 14/7477 vom 14. November 2001, S. 51 f.

1940 Vgl. statt vieler *Schwark* in FS Stimpel, S. 1087 (1092).

1941 In Betracht kommen zum einen §§ 103 Abs. 4 AktG i.V.m. Abs. 3 S. 1, 2, 4 AktG sowie zum anderen die Sonderregelungen der Mitbestimmung. Es sind dies § 23 MitbestG, § 11 Montan-MitbestG, § 10m MitBestErgG sowie § 76 Abs. 5 BetrVG 1952. Dazu *Mertens* in KK AktG, § 103 AktG, Rn. 49 m.w.N.

bb) Eigenständigkeit der Stellungnahme der Arbeitnehmer

Positiv hervorzuheben an der jetzigen Regelung ist indes, daß die Unabhängigkeit der Position der Arbeitnehmer gegenüber derjenigen des Vorstands gewahrt wird, indem deren Stellungnahme als eigenständiger Teil der Stellungnahme des Vorstands der Zielgesellschaft beigefügt wird. Zu Recht wurde von der zu starren Regelung des DiskE-ÜG abgesehen, wonach dem Vorstand in jedem Fall vor Veröffentlichung seiner Stellungnahme die Position der Arbeitnehmerseite bekannt sein sollte. Die jetzige Regelung betont die Eigenverantwortlichkeit der Arbeitnehmer im Hinblick auf die Erstellung der Stellungnahme. Sie trägt dadurch der Eigenständigkeit der Interessen der Arbeitnehmer gegenüber denen des Vorstands angemessen Rechnung.

Allein auf diese Weise läßt sich die Informationsbasis der am Übernahmeverfahren Beteiligten durch die zusätzliche Stellungnahme der Arbeitnehmer insgesamt erhöhen, sofern man dies überhaupt annehmen will. Anstelle einer gemeinsamen, auf Kompromissen basierenden Stellungnahme, aus der im einzelnen nicht mehr hervorgeht, auf wessen Einfluß die ein oder andere Beurteilung zurückgeht, liegen den Aktionären nunmehr zwei voneinander unabhängige und unverfälschte Meinungsäußerungen vor[1942].

Aus diesem Grund ist zugleich sowohl eine Verpflichtung zur Konsultation der Arbeitnehmer als auch eine Einflußnahme der Arbeitnehmer auf den Inhalt der Stellungnahme des Vorstands abzulehnen. Derartige Forderungen wurden seitens der Gewerkschaften erhoben[1943]. Mit der Weiterleitung der Angebotsunterlage an die Arbeitnehmer[1944] erfüllt der Vorstand die ihm obliegenden Pflichten. Ob diese dann eine Stellungnahme verfassen, fällt allein in deren Verantwortungsbereich und kann nicht Sache des Vorstands sein.

cc) Verbleibende Unsicherheit bei verspätetem Eingang der Arbeitnehmerposition

Der bereits erörterte Konflikt zwischen dem Gebot der unverzüglichen Veröffentlichung der Stellungnahme und der Mitwirkung der Arbeitnehmer wurde zwar gegenüber der Ausgangsfassung im DiskE-ÜG erheblich abgemildert.

1942 Vgl. hierzu auch die Kritik an der Verpflichtung des Aufsichtsrats zur Abgabe einer Stellungnahme oben, S. 367.

1943 Vgl. *Putzhammer/Köstler*, Mitbestimmung 2000, 22 (23); *DGB*, Stellungnahme zum DiskE-ÜG vom 11. Oktober 2000, zu § 30 DiskE-ÜG. Vereinzelt wurde gar gefordert, daß Bestandteil eines Übernahmegesetzes ein Vetorecht des Betriebsrats und der Gewerkschaften gegenüber der Übernahme sein müsse. Vgl. Antrag der PDS-Fraktion, BT-Drs. 14/3394 vom 17. Mai 2000, S. 3.

1944 § 14 Abs. 4 S. 2 WpÜG.

Nicht geregelt wurde jedoch der Fall des nachträglichen Eingangs der Stellungnahme der Arbeitnehmer bei der Verwaltung. In dieser nicht selten zu erwartenden Konstellation verbleibt für die Verwaltung der Zielgesellschaft ein gewisses Maß an Rechtsunsicherheit.

c) § 27 Abs. 3 WpÜG

aa) Zeitliche Anknüpfung an die Übermittlung der Angebotsunterlage

Begrüßenswert ist, daß die Regelung des DiskE-ÜG aufgegeben wurde, nach der dem Vorstand die Veröffentlichung der Stellungnahme unverzüglich nach der Veröffentlichung der Angebotsunterlage auferlegt war[1945]. Die nunmehr vorgenommene Anknüpfung an die Übermittlung der Angebotsunterlage durch den Bieter stellt sicher, daß der Vorstand auf direktem Wege von dem Angebot Kenntnis erlangt. Geschieht dies nicht, wie nach § 14 Abs. 4 S. 1 WpÜG vorgesehen, unverzüglich nach Veröffentlichung des Angebots, ist es nur folgerichtig, die durch den Bieter herbeigeführte zeitliche Verzögerung bei der Übermittlung nicht der Verwaltung der Zielgesellschaft bei der Bemessung des Zeitraums für die ihrerseits unverzüglich vorzunehmende Veröffentlichung der Stellungnahme anzulasten.

bb) Keine aufschiebende Wirkung einer verspäteten Stellungnahme

Gutzuheißen ist zudem, daß von einer Regelung abgesehen wurde, nach der eine nicht rechtzeitig vorgenommene Veröffentlichung bzw. ein gänzliches Untätigbleiben der Verwaltung aufschiebende Wirkung im Hinblick auf das Angebot entfaltet[1946]. Damit wird der Verwaltung die Möglichkeit genommen, durch die Anwendung einer Verzögerungstaktik die Erfolgsaussichten des Angebots zu schmälern.

1945 Auf die infolge der Einbeziehung des Aufsichtsrats in den Anwendungsbereich der Vorschrift entstandene Problematik der Bestimmung der Unverzüglichkeit der Veröffentlichung wurde bereits oben hingewiesen, so daß an dieser Stelle nicht weiter darauf einzugehen ist. Dazu oben S. 361.

1946 Daß eine solche Wirkung nicht beabsichtigt ist, wurde noch im Richtlinienvorschlag aus dem Jahr 1990 ausdrücklich hervorgehoben, Art. 14 Abs. 3 S. 2.

III. Untersagung von Werbung

§ 28 Abs. 1 WpÜG:

„Um Mißständen bei der Werbung im Zusammenhang mit Angeboten zum Erwerb von Wertpapieren zu begegnen, kann die Bundesanstalt bestimmte Arten der Werbung untersagen."

§ 28 Abs. 2 WpÜG:

„Vor allgemeinen Maßnahmen nach Absatz 1 ist der Beirat zu hören."

1. Entstehungsgeschichte

In der jetzigen Fassung hat § 28 WpÜG seit der Vorlage des Referentenentwurfs unverändert Bestand. Zunächst war die Möglichkeit der Untersagung von Werbemaßnahmen in § 32 DiskE-ÜG geregelt[1947]. Dort war noch folgendes vorgesehen:

§ 32 Abs. 1 DiskE-ÜG:

„Um Mißständen bei der Werbung im Zusammenhang mit Übernahmeangeboten zu begegnen, kann das Bundesaufsichtsamt bestimmte Arten der Werbung untersagen."

§ 32 Abs. 2 DiskE-ÜG:

„Vor allgemeinen Maßnahmen nach Absatz 1 ist der Übernahmerat zu hören."

Mit Vorlage des Referentenentwurfs wurden zwei Folgeänderungen erforderlich. Zum einen galt es, die Vorschrift dem erweiterten Anwendungsbereich des Referentenentwurfs anzupassen. In § 28 Abs. 1 RefE-WÜG war daher nicht mehr von „Werbung im Zusammenhang mit Übernahmeangeboten" die Rede, sondern es wurde auf den „Zusammenhang mit Angeboten zum Erwerb von Wertpapieren" abgestellt. Entsprechend fand sich die Vorschrift fortan in dem sämtliche Angebote regelnden dritten Abschnitt des WpÜG wieder. Überdies war zum anderen § 28 Abs. 2 RefE-WÜG zu berichtigen, da an die Stelle des noch im Diskussionsentwurf vorgesehenen Übernahmerats der Beirat getreten ist.

1947 Vgl. dazu *Hopt* in FS Koppensteiner, S. 61 (87); *Körner*, DB 2001, 367 (370).

2. Erläuterungen

Die Vorschrift des § 28 WpÜG stellt eine Konkretisierung der Mißstandsaufsicht nach § 4 WpÜG dar und ist § 23 KWG sowie § 36b WpHG nachgebildet. Auf die zu diesen Vorschriften entwickelten Grundsätze dürfte daher entsprechend zurückzugreifen sein. Sie findet weder im Übernahmekodex noch in dem zuletzt erreichten Stand der EU-Übernahmerichtlinie in Gestalt des Gemeinsamen Entwurfs eine Entsprechung. Auch die Empfehlungen der Expertenkommission beinhalteten eine solche Vorschrift nicht.

Die Regelung soll Mißständen begegnen, die im Rahmen von im Zusammenhang mit Angeboten stehenden Werbemaßnahmen auftreten. Die Vorschrift stellt es in das Ermessen der BaFin, bestimmte Arten der Werbung zu untersagen. Dies gilt sowohl für Werbemaßnahmen seitens des Bieters, aber eben auch für solche seitens der Zielgesellschaft. Die Befugnis zur Untersagung bezieht sich entsprechend der systematischen Stellung der Regelung auf sämtliche Angebote im Sinne des § 2 Abs. 1 WpÜG[1948]. Aus dieser Vorschrift geht zugleich hervor, daß das WpÜG im übrigen der aus Sicht der Praxis[1949] bedeutsamen Durchführung von Werbekampagnen nicht entgegensteht[1950]. Gestützt wird diese Erkenntnis auf die Zusammenschau mit der Vorschrift des § 27 WpÜG. Danach ist es den Mitgliedern der Verwaltung der Zielgesellschaft über die Verpflichtung zur Abgabe einer Stellungnahme hinausgehend gestattet, nicht im Zusammenhang mit der Stellungnahme getroffene öffentliche Äußerungen jederzeit im Rahmen der allgemeinen gesellschaftsrechtlichen Grundsätze vorzunehmen[1951].

1948 §§ 34, 39 WpÜG. Kritisch dazu unten S. 387.

1949 Vgl. *Becker*, ZHR 2001, 280 (284).

1950 Anders *Kort* in FS Lutter, S. 1421 (1440), der dafür - allerdings noch den DiskE-ÜG im Blick - nach Abgabe des Übernahmeangebots stets die Zustimmung der Hauptversammlung verlangt. Dem steht bereits das gegenseitige Verhältnis der §§ 33 und 28 WpÜG entgegen. Dazu unten S. 422. Nach der Konzeption des Referentenentwurfs wären Werbemaßnahmen überdies nach § 33 Abs. 3 Ziff. 4 RefE-WÜG zulässig gewesen. Auch das LG Düsseldorf, AG 2000, 233 (234), hatte die werbende Darstellung des eigenen Unternehmenskonzepts und der Unternehmensstrategie während eines Übernahmeverfahrens als Gegenstand der eigenverantwortlichen Geschäftsführung des Vorstands und damit als der Einwirkung der Aktionäre entzogen eingeordnet. In der nunmehr Gesetz gewordenen Fassung sind Werbemaßnahmen zudem unzweifelhaft von § 33 Abs. 1 S. 2 Alt. 1 WpÜG erfaßt und damit ohne Befragung der Hauptversammlung zulässig. Im Ergebnis wie hier *Ekkenga/Hofschroer*, DStR 2002, 724 (731); *Krieger* in Henze/Hoffmann-Becking, Gesellschaftsrecht 2001, S. 289 (318); *Schwennicke* in Geibel/Süßmann, WpÜG, § 28 WpÜG, Rn. 7; *Zschocke*, DB 2002, 79 (84). Nicht einmal der Hauptversammlung das Recht zubilligend, den Vorstand zur Durchführung einer kostenträchtigen Werbekampagne zu ermächtigen hingegen *Altmeppen*, ZIP 2001, 1073 (1078).

1951 Vgl. RegE-WpÜG, Begründung, Besonderer Teil, S. 127.

a) Werbung

Werbung dient vor allem der Beeinflussung des Verhaltens des Umworbenen[1952]. Umworbene sind im Rahmen eines Angebotsverfahrens nach dem WpÜG die Wertpapierinhaber der Zielgesellschaft als Adressaten des Angebots. Es soll sichergestellt werden, daß diese nicht auf sachfremde Art und Weise in ihrer Annahmeentscheidung beeinflußt werden. Typische Werbemittel sind etwa Annoncen in den Printmedien, Spots in Fernsehen und Rundfunk sowie Werbehinweise im Internet oder in öffentlichen Veranstaltungen[1953]. Nicht um Werbung handelt es sich bei der Übermittlung bloßer Informationen. Handelt der Werbende im Sinne des WpÜG auf Grund einer Informationspflicht, ist § 28 WpÜG daher nicht heranzuziehen. Für die Fälle fehlerhafter oder unvollständiger Information sieht das WpÜG andere Sanktionsmechanismen vor[1954].

b) Mißstand

Probleme bereitet die Ausfüllung des unbestimmten Rechtsbegriffs des Mißstands. Maßgeblich für die nähere Bestimmung sind in erster Linie die in § 4 Abs. 1 S. 2 WpÜG festgelegten Zwecke. Danach ist ein Mißstand zu befürchten, wenn bestimmte Werbemaßnahmen die ordnungsmäßige Durchführung des Verfahrens beeinträchtigen oder erhebliche Nachteile für den Wertpapiermarkt bewirken können. Auch hiernach lassen sich keine exakten Angaben darüber treffen, wann genau ein Mißstand vorliegt, so daß es letzten Endes auf den jeweiligen Einzelfall ankommen wird. Es dürfte jedenfalls unzulässig sein, wenn die werbenden Maßnahmen auf falschen Tatsachen beruhen[1955]. Hingegen wird in Anlehnung an die Kommentierung zu der verwandten Vorschrift des § 23 KWG allein die extravagante Aufmachung der Werbung oder eine überspitzt gezeichnete Darstellung grundsätzlich noch keinen Mißstand begründen können[1956]. Auch der bloße Einsatz erheblicher finanzieller Mittel dürfte ein Eingreifen nach § 28 WpÜG nicht rechtfertigen[1957]. Gleichfalls wird ein Verstoß gegen den unlauteren Wettbewerb nicht ausreichen, um zugleich in jedem Fall einen Mißstand herbeizuführen[1958]. Hinzukommen muß vielmehr, daß die unlauteren Wett-

1952 Vgl. *Fischer* in Boos/Fischer/Schulte-Mattler, KWG, § 23 KWG, Rn. 5.

1953 Vgl. zu weiteren Maßnahmen *Fischer* in Boos/Fischer/Schulte-Mattler, KWG, § 23 KWG, Rn. 5. Durch die Auswahl der entsprechenden Medien läßt sich gezielt der Kreis der Interessierten auf die breite Öffentlichkeit erweitern.

1954 Siehe dazu für den Fall des § 27 WpÜG oben S. 365.

1955 So auch *Kort* in FS Lutter, S. 1421 (1440).

1956 Vgl. dazu *Szagunn/Haug/Ergenzinger*, KWG, § 23 KWG, Rn. 2.

1957 Siehe dazu auch nachstehend unter f).

1958 Dies entspricht der überwiegenden Auffassung zu § 23 KWG. Siehe dazu *Fischer* in Boos/Fischer/Schulte-Mattler, KWG, § 23 KWG, Rn. 7; *Szagunn/Haug/Ergenzinger*, KWG, § 23 KWG, Rn. 3. Anderer Ansicht hingegen Reischauer/Kleinhans, KWG,

bewerbsmaßnahmen Nachteile im vorstehend genannten Sinn befürchten lassen. Es kann schließlich nicht Aufgabe der BaFin sein, jedem Fall unlauterer Werbung nachzugehen, ohne daß es gleichzeitig zu einer Störung des Übernahmeverfahrens kommt. Nicht erforderlich ist, daß bereits Mißstände eingetreten sind. Auch vorbeugende Maßnahmen zur Verhinderung potentieller Entwicklungen sollen zulässig sein[1959].

c) Bestimmte Arten der Werbung

Die BaFin kann bestimmte Arten der Werbung untersagen. Dabei kann es Maßnahmen ergreifen, die sich auf den Inhalt und den Umfang der Werbung beziehen. Die Untersagung kann aber auch die zur Übermittlung benutzten Medien zum Gegenstand haben. Dabei können nicht nur einzelne Werbemaßnahmen untersagt werden, sondern auch generell bestimmte Werbemaßnahmen oder Werbemethoden[1960].

d) Sanktionen

Ein vorsätzlicher oder fahrlässiger Verstoß gegen Werbeanordnungen der BaFin stellt nach § 60 Abs. 2 Ziff. 1 WpÜG eine Ordnungswidrigkeit dar, die gemäß § 60 Abs. 3 WpÜG mit einer Geldbuße bis zu 200.000 Euro geahndet werden kann. Eine nicht befolgte Anordnung kann mit Zwangsmitteln gemäß § 46 WpÜG durchgesetzt werden[1961].

e) Anhörung des Beirats

Um zu gewährleisten, daß bei der Entscheidung der BaFin auch der Sachverstand der Wirtschaft und der betroffenen Kreise einbezogen wird, ist gemäß § 28 Abs. 2 WpÜG vor allgemeinen Maßnahmen nach § 28 Abs. 1 WpÜG der Beirat bei der BaFin zu hören[1962].

---

§ 23 KWG, Anm. 25: „im Regelfall". Ebenfalls anderer Ansicht *Koller* in Assmann/Schneider, WpHG, § 36b WpHG, Rn. 2; im Anschluß hieran offenbar auch *Schwennicke* in Geibel/Süßmann, WpÜG, § 28 WpÜG, Rn. 13; *Hirte* in KK WpÜG, § 28 WpÜG, Rn. 22; *Röh* in Haarmann/Riehmer/Schüppen, WpÜG, § 28 WpÜG, Rn. 10; *Steinmeyer/Häger*, WpÜG, § 28 WpÜG, Rn. 3. Zurückhaltender *Noack* in Schwark, KMRK, § 27 WpÜG, Rn. 7.

1959 Vgl. RegE-WpÜG, Begründung, Besonderer Teil, S. 128.

1960 Vgl. RegE-WpÜG, Begründung, Besonderer Teil, S. 128. Dies entspricht der Begründung zum Regierungsentwurf des WpHG, BT-Drs. 13/7142 vom 6. März 1997, S. 114.

1961 Zu den Einzelheiten vgl. entsprechend *Fischer* in Boos/Fischer/Schulte-Mattler, KWG, § 23 KWG, Rn. 13 f.

1962 Zum Beirat siehe oben S. 293.

f) Aktienrechtliche Grenzen

In finanzieller Hinsicht bildet die aktienrechtliche Sorgfaltspflicht die Grenze des Zulässigen. Wann genau eine Werbekampagne in unvertretbarem Maße die Gesellschaft belastet, muß für den jeweiligen Einzelfall festgestellt werden[1963]. Insoweit dürfte dem Vorstand ein eher weiter Beurteilungsspielraum zugebilligt werden, inwieweit er die Aufrechterhaltung der Unabhängigkeit der Zielgesellschaft als vorteilhaft erachtet. Unzulässig sind freilich Werbemaßnahmen einzig mit dem Ziel, die eigene Position zu wahren.

3. Bewertung

a) Allgemeines

Es ist ein offenes Geheimnis, daß Auslöser dieser Regelung die umfangreichen Anzeigenkampagnen waren, die während der Mannesmann-Übernahme geschaltet wurden[1964]. In großformatigen Anzeigen fanden sich unter anderem Warnungen vor „feindlichen Müttern" und „einem Aktiendepot, welches zur Baustelle wird"[1965]. Allein die Tatsache, daß in diesem Zusammenhang die Werbemaßnahmen zum Teil groteske Züge annahmen, kann jedoch noch nicht die Einführung einer solchen Vorschrift rechtfertigen[1966]. Letztlich stellt die Vorschrift jedoch einen Kompromiß dar zwischen der Nichteinführung einer solchen Regelung einerseits und dem Verbot jedweder Werbemaßnahmen im Rahmen eines Angebotsverfahrens andererseits. Für die letzte Alternative hat sich aus rechtsvergleichender Sicht die englische Übernahmeregelung entschieden[1967]. § 28 WpÜG hingegen, nach dem lediglich ein Verbot bestimmter Arten der Werbung statuiert wird, unterstreicht, daß es der Zielgesellschaft darüber

---

1963 Insoweit den Fall Mannesmann als „evident rechtswidrig" einstufend *Altmeppen*, ZIP 1073 (1076). Dem ist jedoch die im Verhältnis zu der gesamten Transaktion geradezu verschwindend geringe Höhe der Werbeausgaben entgegenzuhalten. Zu dem im Fall Vodafone/Mannesmann betriebenen Werbeaufwand siehe oben Kap. 1, Fn. 85.

1964 Auch in der Übernahmeauseinandersetzung INA Holding/FAG Kugelfischer wirkte sich der seitens der Zielgesellschaft betriebene Werbeaufwand negativ auf das Ergebnis der Gesellschaft aus. Vgl. FAZ vom 11. April 2002, S. 18.

1965 Vgl. dazu *Übernahmekommission*, Bemerkungen der Geschäftsstelle der Übernahmekommission an die Aktionäre der Mannesmann AG zum Übernahmeangebot der Vodafone AirTouch plc vom 23. Dezember 1999, S. 1.

1966 Unter dem Eindruck dieser Übernahme forderte *Burgard*, WM 2000, 611 (612), Regelungen, die „eine übermäßige oder irreführende Werbung zuverlässig unterbinden".

1967 City Code, Rule 19.4 sowie Note 3(a) mit den Ausnahmen. Zurückzuführen war dieses Verbot auf eine in ähnlicher Weise in der Öffentlichkeit ausgetragene Übernahmeauseinandersetzung, vgl. *Hauschka/Roth*, AG 1988, 181 (186).

hinaus freistehen soll, für ihren Standpunkt zu werben. Dieser Mittelweg ist im Hinblick auf Übernahmeangebote letztlich zu begrüßen, da es in jedem Fall sachfremden Werbemaßnahmen Einhalt zu gebieten gilt. Ein striktes Werbeverbot hingegen wäre unverhältnismäßig und auch nicht sachgerecht. Denn letztlich dient die Zulassung von Werbemaßnahmen auch der Verbreiterung der Informationsbasis der Aktionäre. In Kauf zu nehmen ist die mit der Unbestimmtheit des Begriffs der Mißstände verbundene Unsicherheit, was genau hierunter zu verstehen ist. Abhilfe diesbezüglich leisten die bisherigen Erfahrungen mit den verwandten Vorschriften, vor allem mit § 23 KWG.

b) Ausdehnung auf Erwerbsangebote

Anders als noch im Rahmen von § 27 WpÜG ist der Kritik des *DAV-Handelsrechtsausschusses* zuzustimmen, daß § 28 WpÜG nicht auch auf sämtliche Angebote erstreckt werden sollte[1968]. Es handelt sich hierbei in der Tat um eine Überregulierung. Die Erfahrungen aus der Praxis haben gezeigt, daß ausnahmslos in Übernahmeverfahren intensive Werbeoffensiven gestartet werden. Dies gilt unabhängig von dem Charakter der Übernahme als freundlich oder unfreundlich[1969]. Bereits aus Kostengründen werden die Bieter in den übrigen Fällen hohe Investitionen in die Werbung scheuen. Im übrigen ist die Verfolgung unlauterer Werbemethoden durch die Wettbewerber und von Wettbewerbschutzverbänden gesichert. Schutzzwecke des § 4 Abs. 1 S. 2 WpÜG werden davon nicht betroffen. Die Vorschrift sollte daher als Sonderregelung für Übernahmeangebote im vierten Abschnitt untergebracht werden.

IV. Verbot nicht gerechtfertigter Vorteilsgewährungen

§ 33 Abs. 3 WpÜG:

„Dem Bieter und mit ihm gemeinsam handelnden Personen ist es verboten, Vorstands- oder Aufsichtsratsmitgliedern der Zielgesellschaft im Zusammenhang mit dem Angebot ungerechtfertigte Geldleistungen oder andere ungerechtfertigte geldwerte Vorteile zu gewähren oder in Aussicht zu stellen.“

1968 Vgl. *DAV-Handelsrechtsausschuß*, Stellungnahme zum RefE-WÜG, NZG 2001, 420 (427). Zur Parallelproblematik bei § 27 WpÜG siehe oben S. 370.

1969 Vgl. in jüngster Zeit die Anzeigenkampagnen im Fall der freundlichen Übernahme Allianz/Dresdner Bank sowie im Fall der unfreundlichen Übernahme INA Holding/FAG Kugelfischer.

1. Entstehungsgeschichte

Ursprünglich sah der Diskussionsentwurf in § 29 DiskE-ÜG noch eine eigenständige Regelung dieser Frage vor[1970]. Dort hieß es:

„Dem Bieter und mit ihm gemeinsam handelnden Personen ist es verboten, Vorstands- und Aufsichtsratsmitgliedern der Zielgesellschaft im Zusammenhang mit der Übernahme Geldleistungen oder andere geldwerte Vorteile zu gewähren oder in Aussicht zu stellen."

Im Zuge der Überarbeitung des Diskussionsentwurfs kam es jedoch zur Verschmelzung dieser Vorschrift mit § 31 DiskE-ÜG zum neuen § 33 RefE-WÜG. Im Kern unverändert fand sich der ehemalige § 29 DiskE-ÜG nun als § 33 Abs. 4 RefE-WÜG wieder. Es kam lediglich zu zwei Änderungen. Zum einen wurde den im Rahmen der Erweiterung des Anwendungsbereichs neuen Begrifflichkeiten des Referentenentwurfs Rechnung getragen. War bisher noch die Rede von „im Zusammenhang mit der Übernahme" gewährten Leistungen, so wurde neuerdings auf den „Zusammenhang mit dem Angebot" abgestellt. Zum anderen wurde der Anwendungsbereich der Vorschrift selbst eingeschränkt. Dem Bieter sollte nicht mehr die Gewährung oder das Inaussichtstellen jeglicher Geldleistungen untersagt werden. Vielmehr wurde das Verbot auf nicht-gerechtfertigte Geldleistungen beschränkt. Gleiches galt für die geldwerten Vorteile. Hintergrund dieser Änderung war, daß das Verbot jedweder Leistungen als zu weitreichend betrachtet wurde. Vor allem erfuhr Kritik, daß die Zusicherung an die Verwaltung, in ihren alten Positionen verbleiben zu können, hiervon erfaßt wurde[1971].

§ 33 Abs. 4 RefE-WÜG legte folglich fest:

„Dem Bieter und mit ihm gemeinsam handelnden Personen ist es verboten, Vorstands- und Aufsichtsratsmitgliedern der Zielgesellschaft im Zusammenhang mit dem Angebot ungerechtfertigte Geldleistungen oder andere ungerechtfertigte geldwerte Vorteile zu gewähren oder in Aussicht zu stellen."

Dem Grundsatz nach unverändert wurde die Regelung des Referentenentwurfs in den Regierungsentwurf übernommen. Lediglich die bislang bestehende kumulative Verknüpfung der Mitglieder des Vorstands und des Aufsichtsrats wurde alternativ ausgestaltet. Infolge der grundlegenden Neugestaltung des § 33

1970 Vgl. dazu *Hopt* in FS Koppensteiner, S. 61 (83); *Pötzsch/Möller*, WM 2000, Sonderbeilage 2, 27.

1971 Vgl. *Spitzenorganisation der deutschen Wirtschaft*, Stellungnahme zum DiskE-ÜG vom 24. Juli 2000, S. 12; *BSK*, Stellungnahme zum DiskE-ÜG vom 19. Juli 2000, S. 7; *Hopt* in FS Koppensteiner, S. 61 (83).

RegE-WpÜG fand sich die Regelung nunmehr als § 33 Abs. 3 RegE-WpÜG wieder. In dieser Fassung erlangte das Verbot nicht gerechtfertigter Vorteilsgewährungen schließlich als § 33 Abs. 3 WpÜG Gesetzeskraft.

2. Erläuterungen

Das WpÜG verbietet in § 33 Abs. 3 WpÜG dem Bieter und mit diesem gemeinsam handelnden Personen die Gewährung oder das Inaussichtstellen ungerechtfertigter Geldleistungen oder geldwerter Vorteile an die Vorstands- oder Aufsichtsratsmitglieder der Zielgesellschaft. Diese Regelung geht zurück auf die Empfehlungen der Expertenkommission „Unternehmensübernahmen“[1972]. Bereits in deren „Eckpunkten“ fand sich der Vorschlag, Leistungen des Bieters an den Vorstand und Aufsichtsrat der Zielgesellschaft im Zusammenhang mit dem Übernahmeangebot gesetzlich zu untersagen. Demgegenüber stellt die nunmehr Gesetz gewordene Vorschrift eine dem Grundgedanken nach unveränderte, jedoch im Laufe des Gesetzgebungsverfahrens erheblich ausdifferenziertere Regelung dar. In dem Gemeinsamen Entwurf einer EU-Übernahmerichtlinie war eine solche Regelung nicht vorgesehen. Auch schon aus den allgemeinen Vorschriften folgt, daß sich der Vorstand und der Aufsichtsrat der Zielgesellschaft vom Bieter nicht „bestechen“ lassen dürfen[1973].

a) Normzweck

Mit dem Verbot der nicht-gerechtfertigten Vorteilsgewährung verfolgt der Gesetzgeber den Zweck, Zweifel an der unabhängigen Entscheidungsfindung der Verwaltung der Zielgesellschaft auszuschließen[1974]. Diese könnten insbesondere dann auftreten, wenn seitens des Bieters Versuche unternommen werden, während des Übernahmeverfahrens die Verwaltung der Zielgesellschaft durch das Versprechen von Vorteilen zu einem bestimmten Verhalten zu veranlassen[1975]. Daß es dazu kommt, kann auf Grund der enormen wirtschaftlichen Tragweite von Unternehmensübernahmen nicht von vornherein ausgeschlossen werden. Solche Fälle können möglicherweise einen Interessenkonflikt bei den auf diese Weise Begünstigten hervorrufen. Angesichts der Verpflichtung des Vorstands und des Aufsichtsrats der Zielgesellschaft zur Veröffentlichung einer Stellung-

---

1972 Eckpunkte eines künftigen Übernahmegesetzes, Ziff. 9, 4. Absatz. Vgl. dazu oben S. 259.

1973 §§ 76, 93, 116 AktG; dazu *Hopt* in GroßKomm AktG, § 93 AktG, Rn. 181. Siehe auch *Horn*, ZIP 2000, 473 (482).

1974 Vgl. RegE-WpÜG, Begründung, Besonderer Teil, S. 145.

1975 Beispielsweise zur Aufgabe des Widerstands gegen das Übernahmeangebot.

nahme zu dem Übernahmeangebot gemäß § 27 WpÜG[1976] hätte dies nicht unerhebliche Auswirkungen für die Wertpapierinhaber der Zielgesellschaft.

b) Anwendung nur auf Übernahmeangebote

Auch wenn in § 33 Abs. 3 WpÜG von „dem Angebot“ die Rede ist, findet die Vorschrift ausschließlich auf solche Angebote zum Erwerb von Wertpapieren Anwendung, die auf den Kontrollerwerb gerichtet sind[1977]. Dies folgt aus dem systematischen Standort der Vorschrift, der stets unverändert im Abschnitt über Übernahmeangebote verblieben ist und nicht etwa, ähnlich § 28 WpÜG, in den Abschnitt der allgemeinen Vorschriften transferiert wurde.

c) Adressat der Vorschrift

Erfaßt werden von dem Verbot ausschließlich der Bieter, § 2 Abs. 4 WpÜG, und mit diesem gemeinsam handelnde Personen im Sinne des § 2 Abs. 5 WpÜG. Hingegen regelt § 33 Abs. 3 WpÜG nicht Zahlungen der Zielgesellschaft an ihre Verwaltungsmitglieder (*golden parachutes*)[1978]. Ebenfalls nicht Regelungsgegenstand der Vorschrift ist ein an die Mitglieder der Verwaltung der Zielgesellschaft adressiertes Verbot, keine ungerechtfertigten Vorteile anzunehmen[1979].

1976 Dazu ausführlich oben S. 344 ff.

1977 Dazu auch unten S. 395.

1978 Unter „goldenen Fallschirmen“ werden überhöhte Abfindungsvereinbarungen mit den Mitgliedern der Verwaltung der Zielgesellschaft für den Fall eines freiwilligen oder unfreiwilligen Ausscheidens aus ihrem Amt verstanden; bei Mitgliedern des mittleren Managements auch als *tin parachutes* bzw. bei dem Senior Management als *silver wheelchair* bezeichnet. Das Ziel solcher Vereinbarungen besteht darin, den potentiellen Übernehmer durch die entstehenden Kosten abzuschrecken. Abgesehen davon, daß im Verhältnis zu den gesamten Transaktionsaufwendungen des Bieters derartige Vereinbarungen nur eine untergeordnete Rolle spielen und daher die Übernahme letztlich nicht verhindern können, müssen sich solche Verträge nach deutschem Recht an §§ 113, 87 AktG messen lassen. Danach steht der Vereinbarung überhöhter Abfindungszahlungen das Gebot wirtschaftlicher Angemessenheit entgegen, § 87 Abs. 1 AktG bzw. § 113 Abs. 1 S. 3 AktG. Zudem würden *golden parachutes* die Entschlußfreiheit des Aufsichtsrats bei der Bestellung und Abberufung der Vorstandsmitglieder in unzulässigerweise beeinflussen, § 84 Abs. 1, Abs. 3 AktG. Vgl. dazu eingehend *Assmann/Bozenhardt* in Assmann/Basaldua/Bozenhardt/Peltzer, Übernahmeangebote, S. 1 (142 f.); *Peltzer*, ZfgK 1986, 291 (295); *Weisner*, Verteidigungsmaßnahmen, S. 233 f.

1979 Sofern damit jedoch als „Gegenleistung“ das Versprechen einer sorgfaltswidrigen Handlung verbunden ist, folgt ein solches Verbot bereits aus §§ 116, 93 Abs. 1 S. 1 AktG.

d) Gegenstand des Verbots

Das Verbot umfaßt ungerechtfertigte Geldleistungen sowie andere ungerechtfertigte geldwerte Vorteile. Solche besonderen geldwerten Vorteile sind etwa Abfindungszahlungen und Zusagen an Verwaltungsmitglieder der Zielgesellschaft im Hinblick auf bestimmte Positionen in dem Unternehmen. Ob eine Leistung im Einzelfall unter den Begriff des geldwerten Vorteils zu fassen ist, wird man danach beurteilen müssen, ob sich die wirtschaftliche Lage des Begünstigten infolge der Gewährung bzw. des Inaussichtstellens objektiv verbessert hat.

Fraglich ist, ob auch solche Vorteile von dem Verbot des § 33 Abs. 3 WpÜG erfaßt werden, die sich nicht unmittelbar an die Mitglieder der Verwaltung der Zielgesellschaft richten. Mit anderen Worten: Lösen Leistungen an Ehepartner, Kinder oder sonstige nahe Angehörige, die zu einer „nur" mittelbaren Begünstigung des Mitglieds der Verwaltung führen, gleichsam die Heranziehung der Verbotsnorm aus?

Einer solchen Annahme steht einerseits der eindeutige Wortlaut der Vorschrift entgegen, der allein auf die Mitglieder des Vorstands und des Aufsichtsrats der Zielgesellschaft abstellt. Andererseits könnte es der Normzweck gebieten, auch ungerechtfertigte mittelbare Vorteilsgewährungen im vorstehend verstandenen Sinne dem Verbot des § 33 Abs. 3 WpÜG zu unterwerfen. Schließlich kann es im Ergebnis kaum einen Unterschied machen, ob eine Geldzahlung durch den Bieter unmittelbar dem Verwaltungsmitglied zufließt oder anderenfalls diesem auf dem Umweg etwa über den Ehepartner zugute kommt.

Dennoch wird man nach der jetzigen Gesetzesfassung nicht annehmen können, daß derartige mittelbare Vorteile von § 33 Abs. 3 WpÜG erfaßt werden. Hätte der Gesetzgeber eine solche Ausdehnung gewollt, hätte er ähnlich der seinerzeit geplanten Neuregelung des § 15a Abs. 1 S. 2 WpHG im Rahmen des Vierten Finanzmarktförderungsgesetzes[1980] eine ausdrückliche Regelung dieser Frage vornehmen können[1981]. Indem er nunmehr dennoch die Vorschrift in der jetzigen Fassung belassen hat, belegt dies, daß eine weitergehende Wirkung des Verbots ungerechtfertigter Vorteilsgewährungen nicht beabsichtigt sein sollte.

e) Gewähren oder Inaussichtstellen

Zur Vermeidung von Umgehungen ist das Verbot nicht-gerechtfertigter Vorteilsgewährungen nicht auf eine bereits erfolgte Gewährung beschränkt. Viel-

1980 Dazu bereits oben Fn. 1717.

1981 Zumal sowohl das WpÜG als auch das 4. FMFG dem Zuständigkeitsbereich des Bundesministeriums der Finanzen unterfallen. Dazu bereits oben Fn. 1344.

mehr unterfallen dem Verbot auch Vereinbarungen über künftig zu gewährende ungerechtfertigte Vorteile („in Aussicht zu stellen").

f) Ungerechtfertigte Vorteile

Das Verbot des § 33 Abs. 3 WpÜG erstreckt sich ausschließlich auf ungerechtfertigte Vorteilsgewährungen. Folglich wird dem Bieter nicht von vornherein jegliche Leistung an die Mitglieder der Verwaltung der Zielgesellschaft untersagt. Ungerechtfertigte Zusagen sollen vorliegen, wenn die Organe der Zielgesellschaft damit zu einem nicht am Interesse der Zielgesellschaft und deren Anteilseigner orientierten Verhalten bewegt werden sollen[1982]. Ist die Gewährung dagegen aus Sicht der Zielgesellschaft und ihrer Anteilseigner „aus sachlich nachvollziehbaren Erwägungen" erfolgt, sollen die Zusagen gerechtfertigt sein[1983]. Beispielhaft kann es nach dem Willen des Gesetzgebers gerechtfertigt sein, dem Vorstand der Zielgesellschaft eine Weiterbeschäftigung in Aussicht zu stellen[1984]. Dies müsse vor allem in solchen Fällen gelten, in denen das Management der Zielgesellschaft einen bestimmten, für das Unternehmen unverzichtbaren Qualitätsfaktor darstellt und die Übernahme unter Umständen allein aus diesem Grund erfolgt. Darüber hinaus finden sich keinerlei weitere Anhaltspunkte, was unter gerechtfertigten Zusagen zu verstehen ist[1985]. Nach dem zuvor Gesagten dürften jedenfalls solche Vorteile, die aus sachfremden Erwägungen zugesagt werden, ungerechtfertigt sein.

Schließlich führt die im Sinne größtmöglicher Transparenz gemäß § 11 Abs. 2 S. 3 Ziff. 3 WpÜG in der Angebotsunterlage als ergänzende Angaben vorzunehmende Offenlegung über Geldleistungen oder andere geldwerte Vorteile, die einem Mitglied des Vorstands oder des Aufsichtsrats der Zielgesellschaft gewährt oder in Aussicht gestellt werden[1986], nicht dazu, daß bereits allein durch die Offenlegung die Zusage als gerechtfertigt angesehen werden kann[1987].

g) Im Zusammenhang mit dem Angebot

In zeitlicher Hinsicht erfaßt die Regelung alle „im Zusammenhang mit dem Angebot" gewährten Vorteile. Was unter dieser relativ weit gefaßten Formulierung

1982 Vgl. RegE-WpÜG, Begründung, Besonderer Teil, S. 145.

1983 Vgl. RegE-WpÜG, Begründung, Besonderer Teil, S. 145.

1984 Vgl. RegE-WpÜG, Begründung, Besonderer Teil, S. 145.

1985 Kritisch dazu unten S. 395.

1986 Erst infolge der Beratungen des Finanzausschusses wurde der Wortlaut der Vorschrift an die Formulierung in § 33 Abs. 3 WpÜG vollständig angeglichen, vgl. BT-Drs. 14/7477 vom 14. November 2001, Einzelbegründung, S. 52.

1987 Vgl. RegE-WpÜG, Begründung, Besonderer Teil, S. 100.

zu verstehen ist, bleibt unklar[1988]. In der Gesetzesbegründung wird lediglich ausgeführt, daß nicht auszuschließen ist, daß der Bieter Einfluß auf die Verwaltung der Zielgesellschaft „während des Übernahmeverfahrens" nehmen könnte. Auch hieraus läßt sich nicht entnehmen, ob die Regelung nur bis zum Ende der Annahmefrist zur Anwendung gelangen soll oder auch darüber hinaus. Ebenfalls offen bleibt, ob der Zeitraum vor Veröffentlichung der Entscheidung zur Abgabe eines Angebots erfaßt sein soll.

Stellt man auf den Sinn und Zweck der Vorschrift ab, dürfte eine Beschränkung in zeitlicher Hinsicht auf die Angebotslaufzeit inakzeptabel sein. Bereits im Vorfeld der Veröffentlichung der Angebotsunterlage muß ausreichend sichergestellt werden, daß der Bieter keine unzulässige Einflußnahme auf die Verwaltung der Zielgesellschaft ausübt. Aus diesem Grund wäre selbst das Abstellen auf die Bekanntgabe der Übernahmeabsicht noch unzureichend. Insbesondere im Fall einer freundlichen Übernahme finden zuvor bereits umfangreiche Gespräche statt.

Gegen eine derartige Einengung des zeitlichen Anwendungsbereichs spricht zudem, daß der Gesetzgeber bewußt diese weite Formulierung gewählt hat. Hätte er den Zeitraum der Laufzeit des Übernahmeverfahrens als ausreichend erachtet, hätte er wie an anderer Stelle auch von dem Begriff der „Annahmefrist" Gebrauch machen können[1989]. Daß er sich jedoch selbst gegen die in § 33 Abs. 2 verwendete Formulierung entschieden hat, die auf den für die Verhaltenspflichten des Vorstands maßgeblichen Zeitraum in Abs. 1 der Vorschrift verweist, belegt, daß ihm auch diese Zeitspanne zu eng erschien.

Aus diesen Gründen ist eine extensive Auslegung der Regelung geboten. Allerdings wird sich eine allgemeingültige Fixierung des zeitlichen Anwendungsbereichs nicht vornehmen lassen. Zweckmäßig erscheint daher ein Abstellen auf die Besonderheiten des jeweiligen Einzelfalls. Als Anhaltspunkte dienen insoweit die von den Vorschriften des WpÜG insgesamt erfaßten Zeiträume[1990]. Diese können jedoch nicht als starre Obergrenze begriffen werden.

h) Rechtsfolgen

Bei § 33 Abs. 3 WpÜG handelt es sich um ein gesetzliches Verbot im Sinne des § 134 BGB[1991]. Dies hat zur Folge, daß eine Vorteilszusage nichtig ist und be-

---

1988 Eine zeitliche Begrenzung anregend bereits *Hopt* in FS Koppensteiner, S. 61 (83).

1989 Etwa §§ 23 Abs. 1 Ziff. 1, 2; 31 Abs. 3 Ziff. 2 WpÜG.

1990 Dreimonatsfrist des § 31 Abs. 3 Ziff. 1 WpÜG im vorhinein sowie Jahresfrist des § 31 Abs. 5 WpÜG im nachhinein.

1991 Vgl. RegE-WpÜG, Begründung, Besonderer Teil, S. 145.

reits gewährte Leistungen rückforderbar sind[1992]. Im Innenverhältnis macht sich die Verwaltung des Bieters durch die Auszahlung bzw. die unterlassene Rückforderung der Leistung einer Pflichtverletzung schuldig[1993].

3. Bewertung

a) Allgemeines

Die Vorschrift des § 33 Abs. 3 WpÜG könnte man auch getrost als „Esser-Paragraphen" bezeichnen[1994]. Sie stellt die Reaktion des Gesetzgebers auf die Abfindung des ehemaligen Vorstandsvorsitzenden von Mannesmann in Höhe von 60 Mio. DM dar[1995], wenngleich in diesem Fall die Zuwendungen nicht durch den Bieter erfolgten. Hieraus erklärt sich zugleich die Einzigartigkeit dieser Regelung im internationalen Vergleich. In der Praxis kommt der Vorschrift vor allem bei *Private Equity* - Transaktionen[1996] große Bedeutung zu. Regelmäßig erhalten Mitglieder der Verwaltung der Zielgesellschaft hierbei Geldleistungen und geldwerte Vorteile[1997]. Zu begrüßen ist, daß nur ungerechtfertigte Vorteile dem Verbot unterliegen. Zwar ist grundsätzlich ein jeder Vorteil geeignet, einen möglichen Interessenkonflikt herbeizuführen. Dennoch wäre ein striktes Verbot insbesondere vor dem Hintergrund, daß auch bloße Zusagen im Hinblick auf den Verbleib im Unternehmen unzulässig gewesen wären, unverhältnismäßig.

1992 §§ 812 Abs. 1 S. 1 Alt. 1 BGB, siehe jedoch auch § 817 S. 2 BGB.

1993 Sanktionen für einen Verstoß gegen § 33 Abs. 3 WpÜG sieht das Gesetz nicht vor. Kritisch dazu unten S. 395.

1994 Ähnlich *Schüppen*, WPg 2001, 958 (971): „lex Esser". Moderater *Zschocke*, DB 2002, 79 (82): „politische Reminiszenz an die Vodafone/Mannesmann-Übernahme".

1995 So auch *Hopt* in FS Koppensteiner, S. 61 (83). Siehe näher dazu, AG 2000, R130 (130 f.). Zu den staatsanwaltlichen Ermittlungen im nachhinein Der Spiegel 2001, Nr. 5 vom 29. Januar 2001, S. 100 f.; FAZ vom 13. März 2001, S. 32; FAZ vom 20. August 2001, S. 13; FTD vom 21. August 2001, S. 3. Zur Entlastung *Essers* wurde seitens des neuen Vorstands ein Gutachten des Frankfurter Rechtsgelehrten Prof. *Dr. Theodor Baums* eingeholt. Dazu FAZ vom 2. November 2001, S. 22. Zu der sich anschließenden Staatshaftungsklage *Essers* FAZ vom 2. Mai 2003, S. 13; FAZ vom 4. September 2002, S. 14. Zum aktuellen Stand des Verfahrens bereits die Nachweise in Kap. 1, Fn. 88.

1996 Eingehend dazu *Weber-Rey* in Semler/Volhard, Hdb. Unternehmensübernahmen, § 14, S. 591 ff.

1997 Hingegen sieht *Zschocke*, DB 2002, 79 (82), den Anwendungsbereich der Vorschrift „gegen Null tendieren".

b) Ausdehnung auf Erwerbsangebote

Zu Recht hat der Gesetzgeber anders als etwa bei § 28 WpÜG von einer Ausdehnung des Anwendungsbereichs der Vorschrift auf sämtliche Erwerbsangebote nach dem WpÜG abgesehen. In diesen Fällen besteht nicht in gleichem Maße der bei Übernahmeangeboten auftretende Interessenkonflikt. Im Fall eines Einstiegs- bzw. einfachen Konsolidierungsangebots beabsichtigt der Bieter von vornherein nicht die Erlangung der Kontrolle über die Zielgesellschaft, so daß eine unmittelbare Gefährdung der Verwaltung in ihrer Position ausscheidet. Gleiches gilt bei einem qualifizierten Konsolidierungsangebot, da der Bieter in diesem Fall die Kontrolle bereits innehat, weshalb Vorteilsgewährungen nicht mehr zweckdienlich wären.

c) Kriterien gerechtfertigter Zusagen

Zu kritisieren bleibt die Unbestimmtheit der in der Gesetzesbegründung vorgenommenen Ausführungen im Hinblick auf gerechtfertigte Zusagen[1998]. Wann insbesondere aus Sicht der Zielgesellschaft und ihrer Anteilseigner sachlich nachvollziehbare Erwägungen vorliegen sollen, bleibt über das genannte Beispiel hinaus völlig ungeklärt. Erschwert wird eine Präzisierung dadurch, daß sich die Interessen der Anteilseigner nicht in jedem Fall mit den übrigen in der Zielgesellschaft zusammentreffenden - und ausweislich der Gesetzesbegründung zu § 3 Abs. 3 WpÜG bei der Auslegung des Gesetzes heranzuziehenden - Interessen vollständig in Einklang bringen lassen[1999]. Die derart weit gewählte Formulierung dürfte zu erheblichen Unsicherheiten in der Praxis im Umgang mit der Vorschrift führen. Eine Klarstellung diesbezüglich erscheint daher dringend erforderlich.

d) Fehlende Sanktionierung

Auf Unverständnis stößt schließlich die Tatsache, daß die Ahndung eines Verstoßes gegen die Vorschrift des § 33 Abs. 3 WpÜG als Ordnungswidrigkeit seitens des Gesetzgebers unterblieben ist. Angesichts der zutreffend vom Gesetzgeber hervorgehobenen erheblichen wirtschaftlichen Bedeutung von Unternehmensübernahmen[2000] und den hieraus resultierenden Gefahren in Bezug auf die Manipulation des Verhaltens der Mitglieder der Verwaltung der Zielgesellschaft sollte § 33 Abs. 3 WpÜG in den Katalog des § 60 Abs. 1 WpÜG aufgenommen

1998 Vgl. auch *Schüppen*, WPg 2001, 958 (971 f.). Bereits *Hopt* in FS Lutter, S. 1361 (1379), betrachtete die Regelung des § 29 DiskE-ÜG als kaum abgrenzbar und überflüssig.

1999 Dazu näher im Zusammenhang mit § 33 Abs. 1, 2 WpÜG unten S. 444.

2000 Vgl. RegE-WpÜG, Begründung, Besonderer Teil, S. 144.

werden. In solchen Fällen erscheint die Verhängung des maximalen Bußgeldes in Höhe von 1 Mio. Euro gerechtfertigt.

V. Handlungen des Vorstands

§ 33 Abs. 1 WpÜG:

„[1] Nach Veröffentlichung der Entscheidung zur Abgabe eines Angebots bis zur Veröffentlichung des Ergebnisses nach § 23 Abs. 1 Satz 1 Nr. 2[2001] *darf der Vorstand der Zielgesellschaft keine Handlungen vornehmen, durch die der Erfolg des Angebots verhindert werden könnte. [2] Dies gilt nicht für Handlungen, die auch ein ordentlicher und gewissenhafter Geschäftsleiter einer Gesellschaft, die nicht von einem Übernahmeangebot betroffen ist, vorgenommen hätte, für die Suche nach einem konkurrierenden Angebot sowie für Handlungen, denen der Aufsichtsrat der Zielgesellschaft zugestimmt hat.“*

§ 33 Abs. 2 WpÜG:

„[1] Ermächtigt die Hauptversammlung den Vorstand vor dem in Absatz 1 Satz 1 genannten Zeitraum zur Vornahme von Handlungen, die in die Zuständigkeit der Hauptversammlung fallen, um den Erfolg von Übernahmeangeboten zu verhindern, sind diese Handlungen in der Ermächtigung der Art nach zu bestimmen. [2] Die Ermächtigung kann für höchstens 18 Monate erteilt werden. [3] Der Beschluss der Hauptversammlung bedarf einer Mehrheit, die mindestens drei Viertel des bei der Beschlussfassung vertretenen Grundkapitals umfasst; die Satzung kann eine größere Kapitalmehrheit und weitere Erfordernisse bestimmen. [4] Handlungen des Vorstands auf Grund einer Ermächtigung nach Satz 1 bedürfen der Zustimmung des Aufsichtsrats.“

1. Entstehungsgeschichte

Die Aufarbeitung der Entstehungsgeschichte der Vorschrift des § 33 Abs. 1 und 2 WpÜG, welche die Handlungen des Vorstands während des Übernahmeverfahrens regelt, ist für die nachfolgende Analyse von herausragender Bedeutung. Aus dem Verlauf des Gesetzgebungsprozesses lassen sich wichtige Rückschlüsse für die Auslegung dieser für die Praxis so bedeutsamen Vorschrift

---

2001 § 23 Abs. 1 Satz 1 Ziff. 2 WpÜG verpflichtet den Bieter zur Veröffentlichung des Endergebnisses nach Ablauf der Annahmefrist. Vgl. dazu oben S. 322.

- sämtliche *Ad-hoc*-Abwehrmaßnahmen[2002] müssen sich an dieser Vorschrift messen lassen - gewinnen. An der Entstehung dieser Kernvorschrift eines jeden Übernahmerechts läßt sich zugleich ablesen, wie kontrovers die Beratungen hierüber geführt wurden. Bis zuletzt stellte die Frage nach der Ausgestaltung des § 33 Abs. 1, 2 WpÜG die „Gretchenfrage" des gesamten Gesetzes dar. Aus diesen Gründen soll der Entstehung der Regelung in den nachfolgenden Ausführungen besondere Aufmerksamkeit gewidmet werden.

a) Die Konzeption des Diskussions- und Referentenentwurfs

aa) Überblick

In dem ersten vom Bundesministerium der Finanzen unterbreiteten Gesetzentwurf wurden die Verhaltenspflichten der Verwaltung der Zielgesellschaft in § 31 DiskE-ÜG geregelt.

Dort hieß es in Abs. 1:

„Nach Veröffentlichung der Entscheidung zur Abgabe eines Übernahmeangebots bis zur Veröffentlichung des Ergebnisses nach § 25 Abs. 1 Nr. 3[2003] *haben der Vorstand und der Aufsichtsrat der Zielgesellschaft alle Handlungen zu unterlassen, die geeignet sind, den Erfolg des Übernahmeangebots zu verhindern."*

§ 31 Abs. 2 DiskE-ÜG regelte einerseits:

„Ein Verstoß gegen die Pflicht nach Absatz 1 liegt vorbehaltlich Absatz 3 insbesondere bei folgenden Maßnahmen vor:

1. *die Ausgabe von Aktien,*

2. *der Erwerb eigener Aktien durch die Zielgesellschaft,*

3. *der Abschluß von Rechtsgeschäften, die zur Folge hätten, daß der Aktiv- oder Passivbestand der Zielgesellschaft in bedeutender Weise geändert würde."*

Andererseits legte § 31 Abs. 3 DiskE-ÜG folgendes fest:

2002 Zum Begriff siehe unten Fn. 2096.

2003 § 25 Abs. 1 Ziff. 3 DiskE-ÜG entspricht inhaltlich unverändert dem jetzigen § 23 Abs. 1 Ziff. 3 WpÜG. Dort ist die Veröffentlichungspflicht des Bieters unverzüglich nach Ablauf der weiteren Annahmefrist im Sinne des § 16 Abs. 2 WpÜG geregelt. Vgl. oben S. 323.

„Als Verstoß gegen die Pflicht nach Absatz 1 gelten nicht

1. die Suche nach einem konkurrierenden Übernahmeangebot,

2. Handlungen auf Grund eines Beschlusses der Hauptversammlung der Zielgesellschaft, der nach Veröffentlichung der Angebotsunterlage getroffen wurde,

3. die Ausgabe von Aktien unter Wahrung des Bezugsrechts der Aktionäre, sofern der zugrunde liegende Beschluß der Hauptversammlung der Zielgesellschaft nicht früher als 18 Monate vor Veröffentlichung der Angebotsunterlage erfolgt ist,

4. die sorgfältige Führung der laufenden Geschäfte im Interesse der Gesellschaft,

5. der Erwerb von Aktien der Zielgesellschaft mit der Absicht, diese im Handelsbestand zu halten, sofern die Voraussetzungen des § 35 Abs. 2[2004] *vorliegen;*

6. die Erfüllung von vertraglichen oder sonstigen Rechtspflichten, die vor der Veröffentlichung der Entscheidung zur Abgabe eines Übernahmeangebots begründet worden sind."

Im Referentenentwurf fand sich die Regelung als § 33 RefE-WÜG wieder. Dort wurde zunächst in Abs. 1 ein der Vorgängerregelung anhaftender „Denkfehler" beseitigt. Hatte der Diskussionsentwurf bei den Vorgaben zur Verhaltenspflicht in zeitlicher Hinsicht noch auf die dem jetzigen § 23 Abs. 1 Ziff. 3 WpÜG entsprechende Vorschrift und damit auf den Ablauf der weiteren Annahmefrist als Endpunkt Bezug genommen, galt dies fortan für die dem jetzigen § 23 Abs. 1 Ziff. 2 WpÜG entsprechende Vorschrift. Danach wird dem Bieter die Verpflichtung zur Veröffentlichung über die aktuelle Anzahl seiner und der ihm zuzurechnenden Wertpapiere der Zielgesellschaft, ihres Anteils an der Gesamtzahl der Wertpapiere der Zielgesellschaft sowie ihre Stimmrechtsanteile unverzüglich nach Ablauf der Annahmefrist auferlegt. Es wurde damit eine zeitliche Vorverlagerung um zwei Wochen vorgenommen. Der Grund hierfür liegt darin, daß

2004 § 35 Abs. 2 DiskE-ÜG entspricht inhaltlich im Kern dem jetzigen § 20 Abs. 2 WpÜG. Dabei handelte es sich ursprünglich um eine Sonderregelung für Wertpapierdienstleistungsunternehmen, denen auch dann die Fortführung des Wertpapierhandels als ihrem Kerngeschäft ermöglicht werden soll, wenn diese selbst als Bieter auftreten. Infolge der Beratungen im Finanzausschuß wurde die Ausnahmeregelung schließlich auch auf andere Unternehmen erweitert. Vgl. dazu BT-Drs. 14/7477 vom 14. November 2001, Einzelbegründung, S. 52.

die weitere Annahmefrist im Sinne des § 16 Abs. 2 WpÜG erst dann zum Tragen kommt, wenn der Bieter mit seinem Übernahmeangebot erfolgreich war. Sinn und Zweck dieser „Zaunkönigregelung" ist es gerade, im Erfolgsfall insbesondere Belegschaftsaktionären eine weitere Annahmemöglichkeit zu gewähren[2005]. Da der Bieter zu diesem Zeitpunkt aber bereits die Kontrollstellung erlangt hat bzw. ein Kontrollwechsel sicher bevorsteht, macht es keinen Sinn, die Regelung des § 33 Abs. 1 RefE-WÜG auch auf die weitere Annahmefrist zu erstrecken.

Während § 31 Abs. 2 DiskE-ÜG unverändert übernommen wurde, erfuhr § 31 Abs. 3 DiskE-ÜG kleinere Änderungen. Zum einen wurde den im Rahmen der Erweiterung des Anwendungsbereichs des Referentenentwurfs neuen Begrifflichkeiten Rechnung getragen. Der Begriff des Übernahmeangebots wurde daher überwiegend durch den des Angebots ersetzt[2006]. Zum anderen wurde § 31 Abs. 3 Ziff. 4 DiskE-ÜG umgestaltet, ohne daß damit jedoch inhaltliche Änderungen verbunden waren. In § 33 Abs. 3 Ziff. 4 RefE-WÜG hieß es fortan, daß „Maßnahmen, die der sorgfältigen Führung der laufenden Geschäfte im Interesse der Gesellschaft dienen", nicht als Verstoß gegen die aus § 31 Abs. 1 RefE-WÜG resultierende Pflicht gelten.

Somit hatte § 33 RefE-WÜG folgende Gestalt:

§ 33 Abs. 1 RefE-WÜG:

„Nach Veröffentlichung der Entscheidung zur Abgabe eines Übernahmeangebots bis zur Veröffentlichung des Ergebnisses nach § 23 Nr. 2[2007] *haben der Vorstand und der Aufsichtsrat der Zielgesellschaft alle Handlungen zu unterlassen, die geeignet sind, den Erfolg des Angebots zu verhindern."*

§ 33 Abs. 2 RefE-WÜG:

„Ein Verstoß gegen die Pflicht nach Absatz 1 liegt vorbehaltlich Absatz 3 insbesondere bei folgenden Maßnahmen vor:

1. die Ausgabe von Aktien,

2. der Erwerb eigener Aktien durch die Zielgesellschaft,

2005 Vgl. dazu bereits oben S. 323.

2006 Obgleich die Vorschrift auf Grund ihrer systematischen Stellung im vierten Abschnitt des WpÜG ohnehin nur auf Übernahmeangebote Anwendung findet. Dazu näher unten S. 417.

2007 Richtigerweise hätte es heißen müssen § 23 Abs. 1 Satz 1 Nr. 2.

3. *der Abschluß von Rechtsgeschäften, die zur Folge hätten, daß der Aktiv- oder Passivbestand der Zielgesellschaft in bedeutender Weise geändert würde.“*

§ 33 Abs. 3 RefE-WÜG:

„Als Verstoß gegen die Pflicht nach Absatz 1 gelten nicht

1. *die Suche nach einem konkurrierenden Angebot,*

2. *Handlungen auf Grund eines Beschlusses der Hauptversammlung der Zielgesellschaft, der nach Veröffentlichung der Angebotsunterlage getroffen wurde,*

3. *die Ausgabe von Aktien unter Wahrung des Bezugsrechts der Aktionäre, sofern der zugrunde liegende Beschluß der Hauptversammlung der Zielgesellschaft nicht früher als 18 Monate vor Veröffentlichung der Angebotsunterlage erfolgt ist,*

4. *Maßnahmen, die der sorgfältigen Führung der laufenden Geschäfte im Interesse der Gesellschaft dienen,*

5. *der Erwerb von Aktien der Zielgesellschaft mit der Absicht, diese im Handelsbestand zu halten, sofern die Voraussetzungen des § 20 Abs. 2 Nr. 1 und 3 vorliegen;*

6. *die Erfüllung von vertraglichen oder sonstigen Rechtspflichten, die vor der Veröffentlichung der Entscheidung zur Abgabe eines Angebots begründet worden sind.“*

bb) Erläuterungen

Angesichts der Tatsache, daß die der Regelung des § 31 DiskE-ÜG bzw. des § 33 Abs. 1 bis 3 RefE-WÜG zugrundeliegende Konzeption mit Vorlage des Regierungsentwurfs eine grundlegende Überarbeitung erfuhr, soll bereits an dieser Stelle näher auf deren einzelne Bestandteile eingegangen werden[2008].

2008 Siehe zu § 33 RefE-WÜG *Altmeppen*, ZIP 2001, 1073 (1074 ff.); *Grunewald*, AG 2001, 288 (289); *Hommelhoff/Witt*, RIW 2001, 561 (566 f.); *Krause*, BZ vom 10. April 2001, S. 6; *Krieger* in Henze/Hoffmann-Becking, Gesellschaftsrecht 2001, S. 289 (307 ff.); *Pluskat*, DStR 2001, 897 (900); *Thaeter/Barth*, NZG 2001, 545 (548 f.); *Winter/Harbarth*, ZIP 2002, 1 (2 f.). Zu § 31 DiskE-ÜG *Berger*, Bank 2000, 558 (561); *Hopt* in FS Koppensteiner, S. 61 (84 ff.); *ders.* in FS Lutter, S. 1361 (1386 ff.);

Die Konzeption der beiden ersten Gesetzentwürfe betreffend die Regelung der Verhaltenspflichten der Verwaltung der Zielgesellschaft beruhte zum einen auf dem Vorschlag der Expertenkommission und stand zum anderen - der Zielsetzung des gesamten Gesetzentwurfs entsprechend - im Einklang mit den vermeintlichen Vorgaben des Art. 9 Abs. 1 lit. a, Abs. 2 der EU-Übernahmerichtlinie in der Fassung des Gemeinsamen Standpunkts. Sie entsprach zudem der von Art. 19 Übernahmekodex verfolgten Linie der Neutralitätspflicht. Soweit man der überwiegend vertretenen Auffassung folgt, wonach bereits vor Inkrafttreten des neuen Gesetzes ein dem Vorstand der Zielgesellschaft auferlegtes - teilweise auch auf den Aufsichtsrat bezogenes - aktienrechtliches „Neutralitätsgebot" bestand, hätte die Regelung eine spezialgesetzliche Ausformung der zuvor bestehenden Rechtslage bedeutet[2009].

Zunächst wurden in § 33 Abs. 1 RefE-WÜG bestimmte Vorgaben für Vorstand und Aufsichtsrat der Zielgesellschaft im Hinblick auf deren Verhalten während eines Übernahmeverfahrens aufgestellt. Sodann führte § 33 Abs. 2 und 3 RefE-WÜG einzelne Verhaltensweisen auf und legte deren Zulässigkeit gegenüber den aus § 33 Abs. 1 RefE-WÜG resultierenden Vorgaben fest.

(1) Erfolgsverhinderungsverbot gemäß § 33 Abs. 1 RefE-WÜG

§ 33 Abs. 1 RefE-WÜG sah vor, daß in dem Zeitraum von der Veröffentlichung der Entscheidung zur Abgabe eines Angebots bis zur Veröffentlichung des Endergebnisses nach Ablauf der Annahmefrist[2010] sowohl der Vorstand als auch der Aufsichtsrat der Zielgesellschaft Handlungen zu unterlassen haben, die zur Verhinderung des Erfolgs eines Übernahmeangebots geeignet sind. Hinter dieser Regelung stand der Gedanke, daß die Entscheidungsfreiheit der Wertpapierinhaber der Zielgesellschaft eingeschränkt werden würde, wenn Vorstand oder Aufsichtsrat auf Grund eigenständiger Entscheidungen den Erfolg eines Übernahmeangebots durch das Ergreifen von Abwehrmaßnahmen vereiteln könn-

---

Kiem, ZIP 2000, 1509 (1510 f.); *Kirchner*, WM 2000, 1821 (1829 f.); *Körner*, DB 2001, 367 (369 f.); *Kort* in FS Lutter, S. 1421 (1425); *Krause*, NZG 2000, 905 (910 ff.); *Kremer*, M&A 2000, 461 (462 f.); *Land/Hasselbach*, DB 2000, 1747 (1752 f.); *Lenz*, INF 2000, 655 (657 f.); *Merkt*, ZHR 165 (2001), 224 (232); *Pötzsch/Möller*; WM 2000, Sonderbeilage 2, 25 ff.; *Riehmer/Schröder*, NZG 2000, 820 (823); *Weisner*, ZRP 2000, 520 (523 f.); *Witte*, BB 2000, 2161 (2164 f.).

2009 Ausdrücklich verwiesen hierauf auch die Verfasser der beiden Gesetzentwürfe. Vgl. RefE-WÜG, Begründung, Besonderer Teil, S. 142; DiskE-ÜG, Begründung, Besonderer Teil, S. 136. Da die Entwurfsbegründung zu § 33 RefE-WÜG identisch ist mit der des § 31 DiskE-ÜG, wird im folgenden ausschließlich auf die jüngere der beiden Bezug genommen. Zur Rechtslage vor Inkrafttreten des WpÜG ausführlich oben Kap. 3.

2010 Vgl. die insoweit inhaltsgleichen §§ 10 Abs. 1 S. 1; 23 Abs. 1 Satz 1 Ziff. 2 WpÜG.

ten[2011]. Bei der Frage nach der Geeignetheit der Maßnahmen sollte auf die objektive Geeignetheit abzustellen sein[2012]. Nicht erheblich war danach, ob mit der konkreten Handlung eine Verhinderungsabsicht verbunden ist.

(2) Unzulässige Maßnahmen gemäß § 33 Abs. 2 RefE-WÜG

In § 33 Abs. 2 RefE-WÜG wurden sodann beispielhaft drei Verhaltensweisen aufgeführt, bei deren Vorliegen im Rahmen einer typisierenden Betrachtungsweise ein Verstoß gegen die in § 33 Abs. 1 RefE-WÜG statuierte Pflicht unwiderleglich vermutet wurde[2013]. Es handelte sich dabei um die wohl bedeutsamsten der „klassischen" Verteidigungsmaßnahmen, die der Verwaltung der Zielgesellschaft während einer Übernahme zur Verfügung stehen[2014]. Diese standen jedoch unter dem Vorbehalt der Zulässigkeit nach § 33 Abs. 3 RefE-WÜG. Dies bedeutete, daß jene grundsätzlich unzulässigen Maßnahmen dann zulässig sein sollten, wenn sie infolge einer als zulässig aufgeführten Verhaltensweise nach § 33 Abs. 3 RefE-WÜG ergriffen werden. Als bedeutsamster Anwendungsfall dieses Vorbehalts hätten sich aller Wahrscheinlichkeit nach solche Maßnahmen nach § 33 Abs. 2 RefE-WÜG erwiesen, die auf Grund eines Beschlusses der Hauptversammlung der Zielgesellschaft gemäß § 33 Abs. 3 Ziff. 2 RefE-WÜG erfolgt wären.

Nach § 33 Abs. 2 Ziff. 1 RefE-WÜG wurde zunächst die Ausgabe von Aktien[2015] als unzulässig angesehen. Aus Sicht der Verfasser der Gesetzentwürfe war die Ausgabe von Aktien aus zwei Gründen geeignet, den Erfolg eines Übernahmeangebots zu verhindern[2016]. Sofern das Übernahmeangebot unter der Bedingung einer bestimmten Akzeptanzschwelle abgegeben werde, habe die Ausgabe von Aktien vor dem Hintergrund des Verbots von Teilübernahmeangeboten zur

2011 Vgl. RefE-WÜG, Begründung, Besonderer Teil, S. 142.

2012 Vgl. RefE-WÜG, Begründung, Besonderer Teil, S. 142. Zum Teil wurde zu Unrecht vertreten, die Regelung gehe über die notwendigen Vorgaben des Gemeinsamen Standpunkts hinaus, nach der auf ein subjektives Element abzustellen sei. Vgl. etwa *Kallmeyer*, DB 26/2001, Gastkommentar; *Krause*, BZ vom 10. April 2001, S. 6; *Liebscher*, ZIP 2001, 853 (867); *Witte*, BB 2000, 2161 (2164). Dazu bereits oben Kap. 2, S. 91.

2013 Für eine korrigierende Auslegung plädierend, wonach die dort aufgezählten Maßnahmen nur dann *per se* unzulässig sein sollen, wenn ein Zusammenhang mit einem Übernahmeangebot besteht, *Altmeppen*, ZIP 2001, 1073 (1077).

2014 Die Streichung der Regelung des § 33 Abs. 2 RefE-WÜG fordernd *Krieger* in Henze/Hoffmann-Becking, Gesellschaftsrecht 2001, S. 289 (309). Kritisch auch *Maier-Reimer*, ZHR 165 (2001), 258 (271). Nachweise zu dem umfangreichen „Arsenal" an Verteidigungsmaßnahmen finden sich oben in Kap. 3, Fn. 713.

2015 In der Praxis regelmäßig durch Ausnutzung eines genehmigten Kapitals gemäß §§ 202 ff. AktG mit oder ohne Bezugsrecht der Aktionäre.

2016 Vgl. RefE-WÜG, Begründung, Besonderer Teil, S. 143.

Folge, daß der Bieter zur Erreichung der gewünschten Beteiligungshöhe eine größere Anzahl von Aktien erwerben müsse. Dadurch komme es zu einer Verteuerung des Angebots. Für den Fall, daß die Ausgabe unter Ausschluß des Bezugsrechts erfolge und die Aktien der Zielgesellschaft bei der Gesellschaft nahestehenden Investoren (*white squire*) plaziert würden, die von der Annahme des Angebots keinen Gebrauch machen, komme es zu einer anteiligen Reduktion des sich im Streubesitz befindlichen Kapitals. Auf diese Weise trübten sich die Chancen des Bieters, den gewünschten Anteilsbesitz zu erlangen.

Die Vorschrift stellt ausdrücklich nur auf die Ausgabe von Aktien ab. Insoweit ist die Regelung enger als die entsprechende Vorschrift des Übernahmekodex, wonach insgesamt die Ausgabe neuer Wertpapiere erfaßt wurde[2017]. Es kann dennoch nicht angenommen werden, daß die Ausgabe sonstiger Wertpapiere, insbesondere die Ausgabe von Wandel- und Optionsanleihen an befreundete Unternehmen im Anwendungsbereich der Regelung gestattet sein soll. § 33 Abs. 2 RefE-WÜG beinhaltet gerade keine abschließende Aufzählung, so daß darüber hinaus auch weitere unzulässige Maßnahmen denkbar sind, die dem Sinn und Zweck der Vorschrift des § 33 Abs. 1 RefE-WÜG entgegenstehen. Da auch die Ausgabe von Wandel- und Optionsanleihen objektiv zur Verhinderung des Erfolgs eines Übernahmeangebots geeignet ist, folgt daraus ebenfalls deren generelle Unzulässigkeit[2018].

Ferner sollte gemäß § 33 Abs. 2 Ziff. 2 RefE-WÜG der Erwerb eigener Aktien gleichfalls unzulässig sein[2019]. Die Begründung zum Referentenentwurf lieferte hierfür ebenfalls zwei Gründe[2020]. Zum einen resultiere aus dem Erwerb eigener Aktien eine Verteuerung der Übernahme. Durch den Aktienerwerb der Zielgesellschaft werde eine verstärkte Nachfrage am Markt ausgelöst, die zu einem erhöhten Börsenpreis der Aktien der Zielgesellschaft führe. Dies wiederum zwinge den Bieter regelmäßig, sein Angebot entsprechend zu erhöhen, um die Attraktivität des Übernahmeangebots aufrechtzuerhalten. Zum anderen verringere sich die Anzahl der sich im Streubesitz befindlichen Aktien, auf die der

---

2017 Art. 19 Abs. 2 Übernahmekodex. Vgl. dazu oben Kap. 3, S. 176.

2018 Ähnlich *Krieger* in Henze/Hoffmann-Becking, Gesellschaftsrecht 2001, S. 289 (309 f.), der jedoch einzelfallabhängig deren Unzulässigkeit beurteilt wissen will.

2019 Speziell zum Einsatz des Rückerwerbs eigener Aktien als Instrument zur Abwehr unfreundlicher Übernahmen, der im Grunde erst im Zuge der Einführung des § 71 Abs. 1 Ziff. 8 AktG durch das KonTraG Bedeutung erlangt hat, *Böhm* in von Rosen/Seifert, Übernahme börsennotierter Unternehmen, S. 327 ff.; *Helmis*, M&A 2001, 7 ff.; *Schander*, M&A 1998, 314 ff.; *ders.*, ZIP 1998, 2087 ff. Siehe zuvor *Bandte*, Jura 1987, 465 ff., sowie für Österreich *Jud/Terlitza/Zollner*, ecolex 2000, 91 ff.

2020 Vgl. RefE-WÜG, Begründung, Besonderer Teil, S. 143.

Bieter ohne die Durchführung des Erwerbs eigener Aktien Zugriff gehabt hätte[2021].

§ 33 Abs. 2 Ziff. 3 RefE-WÜG schließlich untersagte den Abschluß von Rechtsgeschäften, die zur Folge hätten, daß der Aktiv- oder Passivbestand der Zielgesellschaft „in bedeutender Weise“ geändert würde. Begründet wurde dies mit dem einhergehenden Verlust an Attraktivität der Zielgesellschaft für den Bieter[2022]. Im Ergebnis hätte man hiernach wohl darauf abstellen müssen, ob die eingetretene Änderung für den Bieter derart schwerwiegend ausfallen würde, daß dieser nach der Verkehrsanschauung von der weiteren Durchführung seines Vorhabens Abstand nehmen wird[2023].

In der Entwurfsbegründung führte der Gesetzgeber weitere Verhaltensweisen auf, die unzulässig sein sollten[2024]. Dies waren der Verkauf wesentlicher, für den Bieter besonders bedeutsamer Bestandteile des Gesellschaftsvermögens (*crown jewels*) durch die Zielgesellschaft[2025], die Schaffung kartellrechtlicher Probleme

2021 Inwieweit der Rückerwerb eigener Aktien tatsächlich ein effektives Mittel gegen unfreundliche Übernahmen bietet, ist zweifelhaft. Zum einen wird die Möglichkeit des Erwerbs eigener Aktien gemäß § 71 Abs. 1 Ziff. 8 S. 1 AktG auf eine Höhe von 10 Prozent des Grundkapitals beschränkt. Zum anderen kann die Gesellschaft nach § 71 b AktG aus eigenen Aktien keine Rechte ausüben. Dadurch verringert sich die Anzahl der Aktien, die der Bieter für einen erfolgreichen Kontrollerwerb erwerben muß. Hält er bereits Anteile, erhöht sich durch diesen Effekt sogar sein Stimmgewicht. Eine wirksame Abwehrstrategie dürfte deshalb weniger der Erwerb eigener Aktien als solcher, sondern vielmehr die Wiederveräußerung der Anteile durch Plazierung etwa bei einem *white squire* sein, sofern der Ermächtigungsbeschluß der Hauptversammlung dies vorsieht, § 71 Abs. 1 Ziff. 8 S. 5 AktG. Dazu auch *Krause*, NZG 2000, 905 (912).

2022 Vgl. RefE-WÜG, Begründung, Besonderer Teil, S. 143. Kritisch zur Effektivität dieser Maßnahme *Pluskat*, DStR 2001, 897 (900).

2023 *Land/Hasselbach*, DB 2000, 1747 (1753), empfehlen eine Anlehnung an die britische Regelung, wonach Veränderungen im Umfang von mehr als zehn Prozent als wesentlich angesehen werden, vgl. City Code, Note 2 zu Rule 21.1. Wohl auch *Hopt* in FS Lutter, S. 1361 (1387), Fn. 109. Dem ist entgegenzuhalten, daß eine starre Wesentlichkeitsgrenze nur bedingt sachgerecht erscheint, da zu Recht - wie sich mittelbar der Gesetzesbegründung entnehmen läßt - auch diejenigen Fälle erfaßt werden sollen, in denen eine für den Bieter besonders bedeutsame Veränderung erfolgen soll, auch wenn diese unterhalb einer solchen Grenze liegt.

2024 Vgl. RefE-WÜG, Begründung, Besonderer Teil, S. 143 f.

2025 Unabhängig von der Bedeutung der veräußerten Unternehmsteile kann eine solche Maßnahme im Einzelfall bereits nach den „allgemeinen“ aktienrechtlichen Bestimmungen der Zustimmung der Hauptversammlung nach den Grundsätzen der *Holzmüller*-Entscheidung bedürfen. Die Frage wird im Schrifttum insgesamt kontrovers beurteilt. Vgl. dazu *Mülbert*, IStR 1999, 83 (89), Fn. 61 m.w.N. Siehe zur Festlegung der für die Bestimmung des Merkmals eines „schwerwiegenden Eingriffs“ maßgeblichen

(*antitrust defense*), etwa durch den Erwerb eines Unternehmens, zu dem der Bieter in direktem Wettbewerb steht[2026], und unter bestimmten Umständen die Abgabe eines Gegenangebots auf die Wertpapiere des Bieters durch die Zielgesellschaft (*pac-man defense*)[2027].

(3) Zulässige Maßnahmen gemäß § 33 Abs. 3 RefE-WÜG

§ 33 Abs. 3 RefE-WÜG stellte schließlich einen Katalog zulässiger Verhaltensweisen im Hinblick auf das in § 33 Abs. 1 RefE-WÜG festgelegte Verbot auf.

Danach sollte zunächst die Suche nach einem konkurrierendem Angebot zulässig sein (Ziff. 1), was mit den hierdurch verbundenen, im Interesse aller Aktionäre stehenden attraktiveren Angebotskonditionen begründet wurde[2028].

Auch zulässig sein sollten alle Handlungen, die auf Grund eines Beschlusses der Hauptversammlung der Zielgesellschaft nach Veröffentlichung der Angebotsunterlage[2029] getroffen wurden (Ziff. 2)[2030]. Einer solchen Abstimmung stünde nichts entgegen, da der Beschluß in Kenntnis der Angebotskonditionen gefaßt werde[2031].

Weiterhin sollte die Ausgabe von Aktien unter Wahrung des Bezugsrechts der Aktionäre zulässig sein, sofern der zugrundeliegende Beschluß der Hauptversammlung der Zielgesellschaft nicht früher als 18 Monate vor Veröffentlichung der Angebotsunterlage erfolgt ist (Ziff. 3). Diese Regelung ging zurück auf die

---

Schwellenwerte *Semler* in MünHdb/GesR/AG, § 34, Rn. 39 ff. (41). Dazu auch *Krieger* in MünHdb/GesR/AG, § 69, Rn. 6 ff.

2026 Zur Frage, inwieweit hierfür die Entscheidung der Hauptversammlung nach den Kriterien der *Holzmüller*-Entscheidung erforderlich ist, siehe die Nachweise oben Fn. 1613.

2027 Diese Vorgehensweise müßte nicht zwingend die Kontrollerlangung zum Ziel haben. Vielmehr reicht nach deutschem Recht bereits aus, wenn es der Zielgesellschaft gelingen sollte, schneller eine Beteiligung in Höhe von 25 Prozent am Bieter zu erwerben als umgekehrt dem Bieter. Denn infolgedessen bestünde zum späteren Zeitpunkt des Überschreitens der 25-Prozent-Schwelle durch den Bieter eine wechselseitige Beteiligung i.S.d. § 19 Abs. 1 AktG, mit der Folge, daß der Bieter gemäß § 328 AktG nur für maximal 25 Prozent des Grundkapitals Rechte aus den von ihm erworbenen Aktien an der Zielgesellschaft ausüben könnte.

2028 Vgl. RefE-WÜG, Begründung, Besonderer Teil, S. 145.

2029 Siehe dazu den inhaltsgleichen § 14 Abs. 3 WpÜG. Dazu oben S. 318.

2030 Zum Hauptversammlungsbeschluß zwecks Legitimation von Verteidigungsmaßnahmen nach der Konzeption des Diskussionsentwurfs eingehend *Kiem*, ZIP 2000, 1509 ff.

2031 Vgl. RefE-WÜG, Begründung, Besonderer Teil, S. 144. Zu den diesbezüglich vorgesehenen Erleichterungen zur Einberufung der Hauptversammlung gemäß § 16 Abs. 4 RefE-WÜG siehe die Ausführungen zur inhaltsgleichen Vorschrift des WpÜG unten S. 469.

Vorgaben des Gemeinsamen Standpunkts und setzte diese „eins zu eins“ um[2032]. Sie stellte insoweit eine Ausnahme von der grundsätzlichen Unzulässigkeit von Vorratsbeschlüssen dar[2033]. Aus dem Umkehrschluß zu dieser Regelung folgt, daß „auf Vorrat“ erteilte Beschlüsse unter Ausschluß des Bezugsrechts unzulässig sind. Die Regelung läßt ferner den Schluß zu, daß solche Maßnahmen, zu denen die Hauptversammlung bereits ihre Ermächtigung erteilt hat, wie etwa im Falle eines genehmigten Kapitals, nach Bekanntgabe der Übernahmeabsicht vom Vorstand nicht ohne erneute Befragung der Hauptversammlung zur Abwehr eines Übernahmeangebots eingesetzt werden dürfen, sofern sie nicht den Anforderungen der Ziff. 3 genügen.

Teilweise wurde vertreten, der Ausgabe von Aktien sollen „dem Sinn nach“ die Ausgabe von Aktienoptionen und Wandel- oder Optionsschuldverschreibungen gleichstehen[2034]. Dies ist ebenso abzulehnen wie die Annahme einer Analogie[2035]. Für eine Analogie fehlt es bereits an einer Regelungslücke, da von der Mitgliedstaatenoption des Art. 9 Abs. 2 des Gemeinsamen Entwurfs bewußt in dieser Form Gebrauch gemacht wurde[2036]. Auch Sinn und Zweck der Regelung stehen einer solchen Annahme gerade entgegen. Denn der Katalog des § 33 Abs. 3 RefE-WÜG sieht eine Auflistung von wenigen Ausnahmefällen vor, bei deren Vorliegen vom Grundsatz des Verbots nach § 33 Abs. 1 RefE-WÜG, Handlungen zu ergreifen, die zur Verhinderung des Erfolgs des Angebots geeignet sind, abgewichen werden darf. Dieser Regelung würde es daher widersprechen, wenn man darüber hinaus weitere Fälle zulassen wollte, denen gleichsam ein solcher Ausnahmecharakter zukommen soll.

Ferner war vorgesehen, daß Maßnahmen, die der sorgfältigen Führung der „laufenden Geschäfte“ im Interesse der Gesellschaft dienen, zulässig sind (Ziff. 4). Dahinter steht die Überlegung, daß der Vorstand auch während eines Übernahmeverfahrens zur Wahrnehmung der in der Gesellschaft zusammentreffenden Interessen verpflichtet bleibt[2037].

Eine Spezialregelung für Wertpapierdienstleistungsunternehmen sollte zudem gewährleisten, daß diese für den Fall der Beteiligung als Zielgesellschaft in ei-

---

2032 Vgl. dazu oben Kap. 2, S. 87.

2033 Angesichts der zwingenden Wahrung des Bezugsrechts wurde der Regelung eine geringe praktische Bedeutung prophezeit. Vgl. *Land/Hasselbach*, DB 2000, 1747 (1752).

2034 *Hopt* in FS Koppensteiner, S. 61 (87); im Ergebnis ebenso *Krieger* in Henze/Hoffmann-Becking, Gesellschaftsrecht 2001, S. 289 (317).

2035 So *Krause*, NZG 2000, 905 (911).

2036 Vgl. RefE-WÜG, Begründung, Besonderer Teil, S. 144.

2037 Vgl. RefE-WÜG, Begründung, Besonderer Teil, S. 145. Kritisch dazu *Krieger* in Henze/Hoffmann-Becking, Gesellschaftsrecht 2001, S. 289 (308 f.).

nem Übernahmeverfahren unter bestimmten Voraussetzungen[2038] den Handel in eigenen Aktien fortführen können (Ziff. 5).

Schließlich sollte die Erfüllung vertraglicher oder anderweitiger Rechtspflichten zulässig sein, die vor der Veröffentlichung der Entscheidung zur Abgabe eines Übernahmeangebots begründet wurden (Ziff. 6), da bestehende Rechtspflichten nicht von der Verpflichtung des § 33 Abs. 1 RefE-WÜG suspendiert werden sollen.

b) Die Konzeption des Regierungsentwurfs

Mit Vorlage des Regierungsentwurfs am 11. Juli 2001 wurde § 33 WpÜG vollständig neu gefaßt[2039]. Dies führte zum Wegfall der Katalogtatbestände des § 33 Abs. 2 und 3 RefE-WÜG, die eine Aufzählung der im Lichte des Erfolgsverhinderungsverbots zulässigen bzw. unzulässigen Maßnahmen enthielten. Eine erste wesentliche Neuerung bestand darin, daß nunmehr gemäß § 33 Abs. 1 S. 2 RegE-WpÜG solche Handlungen gestattet waren, die auch ein ordentlicher und gewissenhafter Geschäftsleiter vorgenommen hätte, dessen Gesellschaft nicht von einem Übernahmeangebot betroffen ist. Ferner wurden unter den besonderen Voraussetzungen des § 33 Abs. 2 RegE-WpÜG generell Vorratsbeschlüsse zwecks Ermächtigung der Verwaltung zur Ergreifung von Verteidigungsmaßnahmen zugelassen[2040]. Auch der Charakter der Vorschrift änderte sich gegenüber den beiden bisherigen Fassungen grundlegend[2041]. Hatte die Regelung bislang eine Verhaltenspflicht begründet, war § 33 Abs. 1, 2 RegE-WpÜG nunmehr als Kompetenznorm ausgestaltet[2042].

Die fundamentalen Änderungen im Regierungsentwurf standen ganz im Zeichen des von der Bundesregierung Anfang Mai 2001 plötzlich vorgenommenen Meinungsumschwungs zu der Frage der Reglementierung der Verhaltenspflichten der Verwaltung der Zielgesellschaft im Rahmen des Vermittlungsverfahrens zur

---

2038 Siehe § 20 Abs. 2 WpÜG.

2039 Vgl. dazu *Drygala*, ZIP 2001, 1861 ff.; *Krause*, FAZ vom 14. Juli 2001, S. 21; *Möller/Pötzsch*, ZIP 2001, 1256 (1259 f.); *Pluskat*, WM 2001, 1937 (1940); *Schüppen*, WPg 2001, 958 (970 ff.); *Thaeter*, NZG 2001, 789 ff.; *Zinser*, ZRP 2001, 363 (367).

2040 Terminologisch sollte die veränderte Konzeption durch den von den maßgeblichen Verfassern des Entwurfs gewählten Begriff des „übernahmerechtlichen Behinderungsverbots" zum Ausdruck gelangen, während bislang überwiegend von einer „Neutralitätspflicht" die Rede war. Vgl. *Möller/Pötzsch*, ZIP 2001, 1256 (1259 f.). Dazu auch unten Fn. 2596.

2041 Vgl. *Möller/Pötzsch*, ZIP 2001, 1256 (1259). Anders *Pluskat*, WM 2001, 1937 (1940): „allein eine redaktionelle Verschiebung".

2042 Näher dazu unten S. 421.

EU-Übernahmerichtlinie[2043]. Infolge des dadurch herbeigeführten Scheiterns der EU-Übernahmerichtlinie Anfang Juli 2001 stellte sich für den deutschen Gesetzgeber auch nicht mehr die Frage nach der europarechtlichen Zulässigkeit der geplanten nationalen Änderungen[2044]. Die Neufassung zielte vor allem darauf ab, die in den beiden Vorgängerentwürfen aus Sicht der Bundesregierung zu eng abgesteckten Verhaltenspflichten der Verwaltung der Zielgesellschaft deutlich aufzulockern. Damit sollte deutschen Unternehmen die Möglichkeit gegeben werden, sich in Übernahmeauseinandersetzungen wirksam verteidigen zu können.

In der Fassung des Regierungsentwurfs hatte die Vorschrift folgende Gestalt[2045]:

§ 33 Abs. 1 RegE-WpÜG:

„[1] Nach Veröffentlichung der Entscheidung zur Abgabe eines Angebots bis zur Veröffentlichung des Ergebnisses nach § 23 Abs. 1 Satz 1 Nr. 2 bedürfen Handlungen des Vorstands und des Aufsichtsrats der Zielgesellschaft, durch die der Erfolg des Angebots verhindert werden könnte, der Ermächtigung der Hauptversammlung. [2] Dies gilt nicht für Handlungen, die auch ein ordentlicher und gewissenhafter Geschäftsleiter einer Gesellschaft, die nicht von einem Übernahmeangebot betroffen ist, vorgenommen hätte, sowie für die Suche nach einem konkurrierenden Angebot."

§ 33 Abs. 2 RegE-WpÜG:

„[1] Ermächtigt die Hauptversammlung den Vorstand vor dem in Absatz 1 Satz 1 genannten Zeitraum zur Vornahme von Handlungen, um den Erfolg von Übernahmeangeboten zu verhindern, sind diese Handlungen in der Ermächtigung im einzelnen zu bestimmen. [2] Die Ermächtigung kann für höchstens 18 Monate erteilt werden. [3] Der Beschluß der Hauptversammlung bedarf einer Mehrheit, die mindestens drei Viertel des bei der Beschlußfassung vertretenen Grundkapitals umfaßt; die Satzung kann eine größere Kapitalmehrheit und weitere Erfordernisse bestimmen. [4] Handlungen des Vorstands auf Grund einer Ermächtigung nach Satz 1 bedürfen der Zustimmung des Aufsichtsrats."

2043 Vgl. dazu oben Kap. 2, S. 68 ff.

2044 Siehe dazu oben Fn. 1371.

2045 Da die Regelung des § 33 Abs. 1, 2 WpÜG maßgeblich auf der Fassung des Regierungsentwurfs aufbaut, erfolgt eine nähere Auseinandersetzung mit der Konzeption des Regierungsentwurfs im Rahmen der nachfolgenden Analyse des § 33 Abs. 1, 2 WpÜG.

c) Änderungen während des parlamentarischen Verfahrens

Nachdem der Druck auf die Bundesregierung zur weiteren Auflockerung der Vorschrift seit der Vorlage des Regierungsentwurfs weiter zugenommen hatte, unterbreiteten die Regierungskoalitionsfraktionen in der ersten auf die öffentliche Anhörung im Deutschen Bundestag nachfolgenden Beratung des Finanzausschusses vom 8. November 2001 einen Änderungsvorschlag, der in dieser Form schließlich Gesetz geworden ist. Über die beiden bislang nach § 33 Abs. 1 S. 2 RegE-WpÜG zulässigen Handlungen hinaus sollten fortan auch solche Handlungen keinen Verstoß gegen den in § 33 Abs. 1 S. 1 WpÜG statuierten Grundsatz des Erfolgsverhinderungsverbots darstellen, denen der Aufsichtsrat der Zielgesellschaft zugestimmt hat. Erstmals im Verlauf des Gesetzgebungsverfahrens erfuhr der Aufsichtsrat keine ausdrückliche Erwähnung mehr im Kontext des § 33 Abs. 1 S. 1 WpÜG. Das noch in § 33 Abs. 1 S. 1 RegE-WpÜG ausdrücklich geregelte Erfordernis der Ermächtigung durch die Hauptversammlung wurde infolge der Überarbeitung wieder gestrichen[2046]. Weiterhin erfuhr § 33 Abs. 2 S. 1 WpÜG zwei Änderungen. Zum einen wurde hervorgehoben, daß eine Vorratsermächtigung nur zu solchen Handlungen erfolgen kann, die in die Zuständigkeit der Hauptversammlung fallen. Zum anderen soll im Rahmen eines Vorratsbeschlusses die Umschreibung der Abwehrmaßnahmen „der Art nach" ausreichen, so daß diese Formulierung an die Stelle der bisherigen („im einzelnen") getreten ist. Zwar lagen in Bezug auf die Vorschrift des § 33 RegE-WpÜG weitere Änderungsanträge der CDU/CSU-Fraktion vor, jedoch fanden diese nicht die erforderliche Mehrheit im Finanzausschuß[2047].

2. Erläuterungen

a) Einleitender Überblick über die Konzeption der Regelung

Auch wenn sich im Laufe des Gesetzgebungsprozesses die der Regelung des § 33 Abs. 1 und 2 WpÜG zugrundeliegende Konzeption fundamental gewandelt

---

2046 Das redaktionelle Versehen der in diesem Kontext zunächst unterbliebenen Anpassung des Bußgeldtatbestands des § 60 Abs. 1 Ziff. 8 WpÜG an die vorgenommene Änderung wurde nachträglich im Zuge der Verkündung im BGBl. behoben. Dies zu übersehen scheinen *Thoma*, NZG 2002, 105 (105), Fn. 7, der Korrekturbedarf durch den Gesetzgeber sieht; *Winter/Harbarth*, ZIP 2002, 1 (11, 16).

2047 Abgelehnt wurde zum einen, die Geltungsdauer des Vorratsbeschlusses nach § 33 Abs. 2 S. 2 RegE-WpÜG von 18 auf 36 Monate auszuweiten und zum anderen die Möglichkeit, in der Satzung abweichend von dem bisherigen Drei-Viertel-Erfordernis gemäß § 33 Abs. 2 S. 3 RegE-WpÜG eine andere Mehrheit für den Vorratsbeschluß der Hauptversammlung zu bestimmen, vgl. BT-Drs. 14/7477 vom 14. November 2001, S. 50 f. In die gleiche Richtung zielend bereits der Bundesrat in seiner Stellungnahme zum RegE-WpÜG, BT-Drs. 14/7034 vom 4. Oktober 2001, S. 85.

hat, hält § 33 Abs. 1 S. 1 WpÜG nach wie vor unverändert an dem Grundsatz fest, daß der Vorstand der Zielgesellschaft während eines Übernahmeverfahrens keine Handlungen vornehmen darf, durch die der Erfolg des Angebots verhindert werden könnte[2048] (sog. „Erfolgsverhinderungsverbot")[2049]. Durchbrechungen dieses Grundsatzes finden sich sogleich in § 33 Abs. 1 S. 2 WpÜG[2050]. So sind zunächst ungeachtet der aus § 33 Abs. 1 S. 1 WpÜG resultierenden Verpflichtung weiterhin solche Handlungen gestattet, die auch ein ordentlicher und gewissenhafter Geschäftsleiter einer Gesellschaft vorgenommen hätte, die nicht von einem Übernahmeangebot betroffen ist, § 33 Abs. 1 S. 2 Alt. 1 WpÜG. Ferner wird die Suche nach einem konkurrierenden Angebot jederzeit zugelassen, § 33 Abs. 1 S. 2 Alt. 2 WpÜG. Schließlich sind infolge der „in letzter Minute" aufgenommenen Änderung auch solche Handlungen zulässig, denen der Aufsichtsrat der Zielgesellschaft zugestimmt hat, § 33 Abs. 1 S. 2 Alt. 3 WpÜG. Handlungen, durch die über die vorstehend genannten Fälle des § 33 Abs. 1 S. 2 WpÜG hinaus der Erfolg von Übernahmeangeboten verhindert werden könnte, dürfen vom Vorstand der Zielgesellschaft nur dann vorgenommen werden, wenn diese zuvor von den Aktionären der Zielgesellschaft gebilligt wurden[2051]. Der entsprechende Ermächtigungsbeschluß der Hauptversammlung kann sowohl während der Laufzeit eines Übernahmeangebots - unter den erleichterten Voraussetzungen des § 16 Abs. 3, 4 WpÜG - als auch im Vorfeld eingeholt werden. Soll der Vorstand bereits „auf Vorrat" zur Vornahme solcher Handlungen ermächtigt werden, unterliegen die Beschlüsse der Hauptversammlung den besonderen Anforderungen des § 33 Abs. 2 WpÜG. An dieser Stelle hat der Gesetzgeber zunächst festgelegt, daß solche in die Zuständigkeit der Hauptversammlung fallende Handlungen in der Ermächtigung „der Art nach" zu bestimmen sind, § 33 Abs. 2 S. 1 WpÜG. Zudem kann die Ermächtigung für höchstens 18 Monate erteilt werden, § 33 Abs. 2 S. 2 WpÜG. Ferner müssen sich drei Viertel des bei der Beschlußfassung vertretenen Grundkapitals für einen solchen Vorratsbeschluß ausgesprochen haben, sofern die Satzung nicht eine größere Mehrheit und weitere Erfordernisse vorsieht, § 33 Abs. 2 S. 3 WpÜG. Schließlich bedarf der Vorstand bei der Vornahme von Handlungen auf Grund eines derartigen „auf Vorrat" erteilten Hauptversammlungsbeschlusses der Zustimmung des Aufsichtsrats, § 33 Abs. 2 S. 4 WpÜG.

2048 Dazu nachfolgend unter b), S. 411 ff.

2049 Im Fortgang der Untersuchung soll an dem Begriff des „Erfolgsverhinderungsverbots" festgehalten werden, der lediglich den Regelungsgehalt des § 33 Abs. 1 S. 1 WpÜG, namentlich das Verbot der Vornahme erfolgsverhindernder Handlungen, wertneutral wiedergibt.

2050 Dazu nachfolgend unter c) aa), S. 423 ff.

2051 Dazu nachfolgend unter c) bb), S. 454 ff.

b) Das übernahmerechtliche Erfolgsverhinderungsverbot

aa) Normzweck

Die Vorschrift des § 33 Abs. 1, 2 WpÜG muß vor dem Hintergrund der in § 3 WpÜG niedergelegten allgemeinen Grundsätze gesehen werden, die während eines Übernahmeverfahrens in einen Widerstreit treten. So stehen sich insbesondere das in § 3 Abs. 2 WpÜG hervorgehobene Interesse der Aktionäre, in Kenntnis der Sachlage über das Übernahmeangebot entscheiden zu können, einerseits und die Vorgabe des § 3 Abs. 4 S. 2 WpÜG, daß die Zielgesellschaft nicht über einen angemessenen Zeitraum hinaus in ihrer Geschäftstätigkeit behindert werden soll, andererseits gegenüber. Überdies gebietet § 3 Abs. 3 WpÜG ausdrücklich, daß Vorstand und Aufsichtsrat der Zielgesellschaft im Interesse der Zielgesellschaft handeln müssen[2052].

In der Gesetzesbegründung heißt es, das in § 33 Abs. 1 S. 1 WpÜG statuierte Erfolgsverhinderungsverbot ziele darauf ab, es den Aktionären als den Adressaten eines Übernahmeangebots zu ermöglichen, in Kenntnis der Sachlage selbst über ein Übernahmeangebot zu entscheiden[2053]. Dahinter steht der Gedanke, daß die Entscheidungsfreiheit der Aktionäre eingeschränkt würde, wenn der Vorstand der Zielgesellschaft ohne Vorliegen eines Ermächtigungsbeschlusses durch die eigenständige Vornahme von Handlungen den Erfolg eines Übernahmeangebots verhindern könnte[2054]. Es geht folglich um Handlungen, die geeignet sind, eine eigene Entscheidung des Aktionärs über das Angebot faktisch oder rechtlich unmöglich zu machen[2055]. Offenkundig erfaßt werden hiervon die Fälle, in denen der Bieter - was in der Praxis dem Regelfall entspricht - sein Angebot unter eine Bedingung stellt. Zu denken wäre hierbei vor allem daran, daß der Bieter eine Mindestakzeptanzschwelle setzt[2056] oder das Angebot an die Bedingung geknüpft wird, daß es die Zielgesellschaft unterläßt, Abwehrmaßnahmen zu ergreifen. Aber auch im Hinblick auf den praktisch weniger bedeutsamen Fall solcher Angebote, die der Bieter nicht unter einer auflösenden Bedingung erteilt, kann keine Rede davon sein, daß die Folgen von Abwehrmaßnahmen die Aktionäre nicht mehr treffen könnten[2057]. So vermag zwar beispielsweise die Veräuße-

2052 Näher zu den jeweiligen allgemeinen Grundsätzen bereits oben S. 288 ff.

2053 Vgl. RegE-WpÜG, Begründung, Besonderer Teil, S. 141.

2054 Vgl. RegE-WpÜG, Begründung, Besonderer Teil, S. 141.

2055 So auch *Drygala*, ZIP 2001, 1861 (1863).

2056 Dies war bei vier von fünf in den ersten Monaten des Bestehens der neuen Regelungen des WpÜG (Stand: 7. Mai 2002) veröffentlichten Übernahmeangeboten der Fall.

2057 So aber *Ekkenga/Hofschroer*, DStR 2002, 724 (731 f.). Mit Blick auf den Übernahmekodex bereits *Kallmeyer*, ZHR 161 (1997), 435 (448 ff.) - im Anschluß hieran auch *Thiel* in Semler/Volhard, Hdb. Unternehmensübernahmen, § 31, Rn. 114 ff. Dazu oben Kap. 3, Fn. 896.

rung wesentlicher Vermögensgegenstände die Aktionäre nicht daran zu hindern, das Angebot anzunehmen. Doch selbst wenn man hierin noch keinen Eingriff in die Entscheidungs*freiheit* sehen will, bergen derartige Maßnahmen für die Aktionäre die Gefahr, daß durch die - seitens des Vorstands der Zielgesellschaft gewünschten - Folgen der Bieter sein Interesse an der Übernahme verliert. Selbst wenn es dem Bieter rechtlich nicht möglich sein sollte, sich von dem abgegebenen Angebot zurückzuziehen[2058], wird er kaum erfolgreich sein, d.h. mit der Übernahme durchdringen, wenn er aufhört, weiterhin seinen Siegeswillen zu kommunizieren[2059]. Dies dürfte, insbesondere vor dem Hintergrund, daß institutionelle Investoren regelmäßig erst gegen Ende der Annahmefrist ihre Entscheidung treffen[2060], dazu führen, daß es nicht zum Kontrollwechsel kommt, da die nach § 29 Abs. 2 WpÜG erforderliche 30-Prozent-Schwelle nicht überschritten wird. Dies wiederum hätte zur Folge, daß die weitere Annahmefrist nach der eigens zur Eindämmung des *prisonner's dilemma* eingeführten Sonderregelung des § 16 Abs. 2 WpÜG nicht in Gang gesetzt würde[2061]. Die ohnehin bereits durch das zur Schau gestellte Desinteresse des Bieters verunsicherten und bis dato zögerlichen Kleinaktionäre hätten folglich keine Möglichkeit mehr, von der Annahme des Angebots Gebrauch zu machen. Dieses Beispiel zeigt, daß die Folgen von Abwehrmaßnahmen die Aktionäre nicht nur in ihrer Entscheidungsfreiheit beeinträchtigen, sondern ihnen die Entscheidung zur Gänze unmöglich machen können, unabhängig davon, ob das Angebot dem Bieter eine rechtliche Möglichkeit zum Rückzug einräumt oder nicht.

Die Gesetzesbegründung knüpft ungeachtet der mit Vorlage des Regierungsentwurfs einhergehenden vollständigen Überarbeitung der Vorschrift an den Grundgedanken der Konzeption des Referentenentwurfs an[2062]. Auch diesbezüglich gingen die Verfasser des Entwurfs davon aus, daß die Verwaltung ohne eine entsprechende Ermächtigung der Hauptversammlung nicht durch eigenständige Entscheidungen den Erfolg eines Übernahmeangebots vereiteln dürfe[2063]. Vor

2058 Zu den Auswirkungen der Ergreifung von Abwehrmaßnahmen auf das Angebot des Bieters *Geibel/Süßmann*, BKR 2002, 52 (66 f.); *Geibel* in Geibel/Süßmann, WpÜG, § 18 WpÜG, Rn. 48, einerseits sowie *Ekkenga/Hofschroer*, DStR 2002, 768 (769), andererseits.

2059 Darauf zu Recht hinweisend *Krause*, NZG 2000, 905 (912).

2060 Vgl. *Liebscher*, ZIP 2001, 853 (865).

2061 Dazu oben S. 323.

2062 Vgl. RefE-WÜG, Begründung, Besonderer Teil, S. 142. Dazu bereits oben S. 401.

2063 Hingegen geht der Gesetzgeber in RegE-WpÜG, Begründung, Besonderer Teil, S. 141, anders als noch in RefE-WÜG, Begründung, Besonderer Teil, S. 142, nicht mehr davon aus, daß das Verbot erfolgsverhindernder Maßnahmen bereits der vor Inkrafttreten des WpÜG geltenden Rechtslage entspricht, sondern verweist - insofern relativierend - lediglich auf eine im Schrifttum verbreitete Auffassung, wonach ein solches Verbot nach geltendem Recht bestünde.

dem Hintergrund der im Zuge der parlamentarischen Beratungen erneut vorgenommenen Änderungen der Vorschrift des § 33 Abs. 1, 2 WpÜG, insbesondere zugunsten des weiteren Ausnahmetatbestands nach § 33 Abs. 1 S. 2 Alt. 3 WpÜG, erscheint indes äußerst fraglich, inwiefern die anfänglich verfolgte und in den offiziellen Verlautbarungen beibehaltene Zielsetzung noch aufrechterhalten werden kann[2064].

bb) Grundsätzliche Zuständigkeit der Hauptversammlung

Nach § 33 Abs. 1, 2 WpÜG liegt die Zuständigkeit für die Entscheidung über die Ergreifung von Handlungen, durch die der Erfolg des Angebots verhindert werden könnte, während des dort genannten kritischen Zeitraums[2065] dem Grundsatz nach bei der Hauptversammlung der Zielgesellschaft und ist dem Vorstand gemäß § 33 Abs. 1 S. 1 WpÜG entzogen. Allerdings geht dies - anders als noch nach der Konzeption des Regierungsentwurfs - auf Grund der zuletzt vorgenommenen Änderungen nicht mehr unmittelbar aus § 33 Abs. 1 S. 1 WpÜG hervor[2066]. In der Fassung des Regierungsentwurfs fand nämlich ein Ermächtigungsvorbehalt der Hauptversammlung nach Veröffentlichung der Entscheidung zur Abgabe eines Angebots noch ausdrückliche Erwähnung in § 33 Abs. 1 S. 1 RegE-WpÜG.

Jedoch folgt die grundsätzliche Zuständigkeit der Hauptversammlung aus systematischen wie auch aus entstehungsgeschichtlichen Erwägungen. Zunächst kommt die Entscheidung des Gesetzgebers zugunsten der Zuständigkeit der Hauptversammlung in der im Kern gegenüber dem Regierungsentwurf unverändert beibehaltenen Regelung zu den Vorratsbeschlüssen in § 33 Abs. 2 WpÜG zum Ausdruck. Da derartige Vorratsermächtigungen die Besonderheit aufweisen, daß zum Zeitpunkt der Beschlußfassung die Aktionäre weder über Kenntnisse von der Person des Bieters noch von dem Inhalt des Angebots verfügen, hat es der Gesetzgeber als notwendig erachtet, für diesen Fall neben den allgemeinen aktienrechtlichen Erfordernissen besondere Kriterien aufzustellen, denen solche Ermächtigungen gerecht werden müssen[2067]. Daher bedurfte es einer gesonderten Regelung jener von den aktienrechtlichen Bestimmungen abweichenden Voraussetzungen. Daraus kann jedoch nicht der Schluß gezogen werden, daß der Gesetzgeber ausschließlich eine Beteiligung der Hauptversammlung im Vorfeld einer Übernahme nach § 33 Abs. 2 WpÜG beabsichtigt hat.

2064 Mit dieser Frage soll sich im Rahmen der anschließenden Bewertung der Regelung auseinandergesetzt werden. Dazu unten S. 491 ff.

2065 Zum zeitlichen Anwendungsbereich sogleich auf S. 418.

2066 Wohl daher ablehnend *Ekkenga* in Ehricke/Ekkenga/Oechsler, WpÜG, § 33 WpÜG, Rn. 6.

2067 Dazu im einzelnen unten S. 455 ff.

Vielmehr läßt die Gesamtschau dieser Regelung mit § 33 Abs. 1 WpÜG keinen anderen Schluß zu, als daß in dem in § 33 Abs. 1 S. 1 WpÜG genannten Zeitraum die Zuständigkeit für die Entscheidung über die Vornahme erfolgsverhindernder Handlungen allein bei der Hauptversammlung der Zielgesellschaft liegt.

Untermauert wird diese Annahme durch die unveränderte Beibehaltung der Regelung des § 16 Abs. 3, 4 WpÜG[2068]. Daraus folgt, daß der Gesetzgeber trotz der Änderung in § 33 Abs. 1 S. 1 WpÜG nach wie vor von der Möglichkeit der Einholung von Ermächtigungsbeschlüssen auch während des Übernahmeverfahrens ausgeht[2069]. Die über den Verweis des § 34 WpÜG für Übernahmeangebote anwendbare Sonderregelung würde weitgehend leerlaufen, wenn es der Hauptversammlung untersagt sein sollte, den Vorstand während des Übernahmeverfahrens zur Ergreifung von Abwehrmaßnahmen zu ermächtigen[2070]. Geht man allerdings davon aus, daß die Vorschrift unverändert für Übernahmeangebote heranzuziehen ist, stützt dies zugleich die Annahme der grundsätzlichen Zuständigkeit der Hauptversammlung. Denn die Vorschrift wurde ursprünglich eigens zum Zweck der Aufrechterhaltung der Reaktionsfähigkeit der Zielgesellschaft im Fall von unfreundlichen Übernahmen geschaffen[2071] und sollte gerade dafür Sorge tragen, daß die dem Vorstand entzogene Zuständigkeit auch tatsächlich bei der Hauptversammlung „ankommt"[2072]. Eine andere Sichtweise würde demnach auch der Entstehung der Vorschrift widersprechen, da durchweg an Ermächtigungsbeschlüssen der Hauptversammlung während des Übernahmeverfahrens festgehalten wurde. Daß nunmehr von dieser Möglichkeit abgesehen werden soll, war zu keiner Zeit Gegenstand der rechtspolitischen Diskussion und geht auch nicht aus den Ausführungen des Finanzausschusses hervor.

Für die Zuständigkeit der Hauptversammlung spricht schließlich auch, daß der zuletzt eingefügte Ausnahmefall, wonach auch solche Handlungen des Vorstands gestattet sind, denen der Aufsichtsrat zugestimmt hat, zu den bereits vorhandenen Ausnahmetatbeständen des § 33 Abs. 1 S. 2 WpÜG hinzugefügt

2068 A.A. *Ekkenga/Hofschroer*, DStR 2002, 768 (768), die hierin die bloße Möglichkeit des Vorstands erblicken wollen, dessen Handeln durch einen Beschluß der Hauptversammlung legitimieren zu lassen. Dabei berufen sich diese allerdings auf eine Passage in der Gesetzesbegründung zu § 16 Abs. 3 WpÜG (vgl. RegE-WpÜG, Begründung, Besonderer Teil, S. 112), die seit dem Referentenentwurf trotz der grundlegenden Änderungen in § 33 WpÜG unverändert Bestand hat und insoweit wenig aussagekräftig erscheint im Hinblick auf die Frage nach der Zuständigkeit der Hauptversammlung innerhalb des § 33 Abs. 1, 2 WpÜG.

2069 So auch *Krause*, NJW 2002, 705 (713), Fn. 90.

2070 Einmal abgesehen davon, daß die genannte Regelung seit Vorlage des Referentenentwurfs auch auf einfache Erwerbsangebote Anwendung findet.

2071 Siehe § 19 Abs. 2, 4 DiskE-ÜG.

2072 Zur dieser Vorschrift entgegengebrachten Kritik siehe unten S. 501.

wurde. Hätte der Gesetzgeber nämlich die Ausschaltung der Hauptversammlung während des in § 33 Abs. 1 S. 1 WpÜG festgelegten kritischen Zeitraums beabsichtigt, hätte er statt dessen § 33 Abs. 1 S. 1 RegE-WpÜG dahingehend abändern können, daß anstelle einer Ermächtigung der Hauptversammlung die Zustimmung des Aufsichtsrats einzuholen ist[2073]. Indem der Gesetzgeber von dieser Variante keinen Gebrauch gemacht hat, hat er zum Ausdruck gebracht, daß gegenüber der Konzeption des Regierungsentwurfs gerade keine qualitative Änderung im Hinblick auf die bereits hiernach bestehende grundsätzliche Zuständigkeit der Hauptversammlung erfolgen sollte.

Im Verhältnis zur grundsätzlichen Zuständigkeit der Hauptversammlung stellt § 33 Abs. 1 S. 1 WpÜG das an den Vorstand gerichtete Verbot auf, sich nicht über die derart festgelegte Zuständigkeit der Hauptversammlung durch die eigenmächtige Vornahme erfolgsverhindernder Handlungen hinwegzusetzen. Lediglich die in § 33 Abs. 1 S. 2 WpÜG normierten Tatbestände weisen dem Vorstand abweichend von der grundsätzlichen Zuständigkeit der Hauptversammlung die Zuständigkeit zur Vornahme solcher Handlungen zu.

cc) Anwendungsbereich

(1) Adressat der Vorschrift

Adressat des Verbots der Vornahme erfolgsverhindernder Maßnahmen ist ausschließlich der Vorstand der Zielgesellschaft. Die Regelung richtet sich hingegen nicht an die Vorstände konzernmäßig verbundener Gesellschaften, wie dies noch im Übernahmekodex vorgesehen war[2074].

Anders als noch in sämtlichen Gesetzentwürfen - gestützt auf die Empfehlungen der Expertenkommission[2075] - richtet sich das Erfolgsverhinderungsverbot des

2073 Dies zu verkennen scheint *Schwennicke* in Geibel/Süßmann, WpÜG, § 33 WpÜG, Rn. 43, 57, nach dem die Pflicht des Vorstands zur Einholung eines Ermächtigungsbeschlusses bei der Vornahme erfolgsverhindernder Maßnahmen folglich entfallen sei. Die Vorschrift hätte etwa dergestalt lauten können: „*Nach Veröffentlichung der Entscheidung zur Abgabe eines Angebots bis zur Veröffentlichung des Ergebnisses nach § 23 Abs. 1 Satz 1 Nr. 2 bedürfen Handlungen des Vorstands der Zielgesellschaft, durch die der Erfolg des Angebots verhindert werden könnte, der Zustimmung des Aufsichtsrats.*"

2074 So auch die spanische Regelung in Art. 14 R.D. Siehe dazu oben Kap. 4, S. 225. Anderer Auffassung *Hirte*, ZGR 2002, 623 (630); *ders.* in KK WpÜG, § 33 WpÜG, Rn. 53; wie hier *Ekkenga* in Ehricke/Ekkenga/Oechsler, WpÜG, § 33 WpÜG, Rn. 25.

2075 Dazu oben S. 259. Nach hier vertretener Auffassung galt die Neutralitätspflicht nach dem Übernahmekodex auch für den Aufsichtsrat. Siehe dazu oben Kap. 3, S. 175.

§ 33 Abs. 1 S. 1 WpÜG nicht mehr zugleich auch an den Aufsichtsrat der Zielgesellschaft[2076]. Wie die Entstehung gezeigt hat, wurde der Aufsichtsrat erst während des parlamentarischen Verfahrens auf Initiative der Koalitionsfraktionen aus dem Anwendungsbereich der Vorschrift herausgenommen. Diese Änderung war notwendig geworden, da die Rolle des Aufsichtsrats während eines Übernahmeverfahrens mit der Einführung des zusätzlichen Ausnahmetatbestands des § 33 Abs. 1 S. 2 Alt. 3 WpÜG neu definiert wurde[2077]. Wäre der Aufsichtsrat trotz der Herausnahme aus dem Anwendungsbereich der Vorschrift auch weiterhin an das Erfolgsverhinderungsverbot gebunden, würde die Neuregelung weitgehend leerlaufen und die zuletzt vorgenommene Änderung an der Fassung des § 33 RegE-WpÜG keinen Sinn ergeben[2078]. Denn die Bindung an das Erfolgsverhinderungsverbot würde es dem Aufsichtsrat verbieten, dem Vorstand die Vornahme von erfolgsverhindernden Maßnahmen zu gestatten.

Die Gegenansicht setzt sich zudem nicht nur über den ausdrücklichen Wortlaut hinweg, sondern auch über die gesetzgeberische Intention. Nach dieser Auffassung würde ein Verstoß des Aufsichtsrats gegen das ihm obliegende Erfolgsverhinderungsverbot keine Sanktionen (mehr) nach sich ziehen. Denn ausdrücklich nimmt die insoweit maßgebliche Vorschrift des § 60 Abs. 1 Ziff. 8 WpÜG ausschließlich Bezug auf § 33 Abs. 1 S. 1 WpÜG. Angesichts des eindeutigen Wortlauts läßt sich die Bindung des Aufsichtsrats an das übernahmerechtliche Erfolgsverhinderungsverbot aus dieser Regelung indes nicht entnehmen. Dem läßt sich auch nicht entgegenhalten, daß es sich bei der ausschließlichen Bezugnahme des § 33 Abs. 1 S. 1 WpÜG um eine Regelungslücke handelt, da der Gesetzgeber bei einer nachträglich, d.h. zu einem Zeitpunkt als die Herausnahme des Aufsichtsrats bereits erfolgt war, vorgenommenen Richtigstellung der Vorschrift im Zuge der Verkündung des Gesetzes im BGBl.[2079] die Vorschrift im übrigen unverändert bestehen ließ.

Mitunter wurde der Aufsichtsrat auch als vom aktienrechtlichen „Neutralitätsgebot" erfaßt eingestuft. Dazu auch unten S. 448.

2076 Ebenso *Krause*, BB 2002, 1053 (1059). Anderer Auffassung *Winter/Harbarth*, ZIP 2002, 1 (11); *Hirte* in KK WpÜG, § 33 WpÜG, Rn. 48 ff., *ders.*, ZGR 2002, 623 (629), der das Handeln des Aufsichtsrats als Verwaltungsorgan vom Erfolgsverhinderungsverbot erfaßt sieht; *Ekkenga* in Ehricke/Ekkenga/Oechsler, WpÜG, § 33 WpÜG, Rn. 24; offenbar auch *Schwennicke* in Geibel/Süßmann, WpÜG, § 33 WpÜG, Rn. 58; im Ergebnis auch *Röh* in Haarmann/Riehmer/Schüppen, WpÜG, § 33 WpÜG, Rn. 128. Kritisch zur fehlenden Einbeziehung des Aufsichtsrats unten S. 491.

2077 Dazu eingehend unten S. 439 ff.

2078 Entsprechend gingen auch die Befürworter der „Aufsichtsratslösung" davon aus, daß infolge der Einfügung des § 33 Abs. 1 S. 2 Alt. 3 WpÜG der Aufsichtsrat von dem Erfolgsverhinderungsverbot auszunehmen sei. Vgl. *Witte*, BB 2000, 2161 (2165).

2079 Dazu bereits oben Fn. 2046.

Daß die Annahme, der Aufsichtsrat unterfalle weiterhin dem Erfolgsverhinderungsverbot, der Intention des Gesetzgebers zuwiderläuft, kommt ebenfalls im Rahmen einer weiteren im nachhinein erfolgten Korrektur zum Ausdruck. In der offiziell verkündeten Gesetzesfassung erfolgte die Streichung des Aufsichtsrats als Bestandteil der Überschrift von § 33 WpÜG in der Inhaltsübersicht des Gesetzes, nachdem diese infolge der Änderungen im Wortlaut der Vorschrift notwendig gewordene Korrektur zunächst versehentlich unterblieben war[2080]. Mit diesem Schritt wurde die Inhaltsübersicht an die bereits im Rahmen des parlamentarischen Verfahrens abgeänderte Überschrift des § 33 WpÜG angepaßt[2081], aus der ebenfalls die gesetzgeberische Absicht hervorgeht, den Aufsichtsrat nicht mehr in den Anwendungsbereich der Regelung einzubeziehen.

Im übrigen stellt die Nichteinbeziehung des Aufsichtsrats in den Anwendungsbereich der für die Verhaltenspflichten der Unternehmensleitung während einer Übernahme maßgeblichen Vorschrift keine Ungewöhnlichkeit dar. Auch bereits nach dem Modell der beiden Gesetzentwürfe der SPD-Fraktion aus den Jahren 1995 und 1997 wie auch nach dem von der BSK erarbeiteten Konzept für eine künftige Übernahmeregelung aus dem Jahr 1999 war nicht vorgesehen, daß der Aufsichtsrat Adressat einer „Neutralitätspflicht" sein sollte[2082]. Nach der hier vertretenen Auffassung wäre die Nichteinbeziehung des Aufsichtsrats in den Adressatenkreis der Vorschrift jedoch mit der seinerzeitigen Konzeption der Übernahmerichtlinie zu vereinbaren[2083].

(2) Sachlicher Anwendungsbereich

Der systematischen Stellung des § 33 WpÜG entsprechend findet die Regelung nur bei Vorliegen eines Übernahmeangebots Anwendung[2084]. Hieraus folgt, daß bei sämtlichen übrigen Angeboten nach dem Gesetz, namentlich den Einstiegs- bzw. Konsolidierungsangeboten[2085] der Vorstand der Zielgesellschaft keinen aus dem übernahmerechtlichen Erfolgsverhinderungsverbot resultierenden Beschränkungen unterworfen ist. Folgt man jedoch der überwiegend vertretenen Auffassung, wonach bereits nach den „allgemeinen" Bestimmungen ein aktien-

---

2080 Vgl. BT-Drs. 14/7477 vom 14. November 2001, S. 7

2081 Die Überschrift zu § 33 WpÜG lautet: „Handlungen des Vorstands der Zielgesellschaft", während es in § 33 RegE-WpÜG hieß: „Handlungen des Vorstands und des Aufsichtsrats der Zielgesellschaft". Insofern vermag es nicht zu überzeugen, die fehlende Erwähnung des Aufsichtsrats auf ein „schlichtes Versehen" des Gesetzgebers zurückzuführen. So aber *Ekkenga* in Ehricke/Ekkenga/Oechsler, WpÜG, § 33 WpÜG, Rn. 24; *ders.* in FS Kümpel, S. 95 (99).

2082 Dazu eingehend oben S. 251 ff.

2083 Dazu oben Kap. 2, S. 105.

2084 Für Pflichtangebote gilt die Vorschrift über den Verweis in § 39 WpÜG.

2085 Zur Abgrenzung der einzelnen Angebotsformen siehe oben S. 276.

rechtliches „Neutralitätsgebot“ besteht, hat sich das Verhalten des Vorstands der Zielgesellschaft in diesen Fällen hieran auszurichten[2086].

(3) Zeitlicher Anwendungsbereich

In zeitlicher Hinsicht setzt das an den Vorstand der Zielgesellschaft gerichtete Verbot, keine Handlungen vorzunehmen, durch die der Erfolg des Angebots verhindert werden könnte, mit dem Zeitpunkt der Veröffentlichung der Entscheidung zur Abgabe eines Übernahmeangebots gemäß § 10 Abs. 1, 3 WpÜG ein[2087]. Dies gilt unabhängig davon, ob es sich bei dem Übernahmeangebot um ein freundliches oder unfreundliches handelt[2088]. Die besonderen Verhaltensanforderungen des § 33 Abs. 1 S. 1 WpÜG enden im Regelfall unverzüglich nach Ablauf der Annahmefrist mit der Veröffentlichung des Ergebnisses über den Ausgang des Übernahmeverfahrens gemäß § 23 Abs. 1 Ziff. 2 WpÜG[2089]. Etwas anderes gilt hingegen, wenn die BaFin das Angebot nach § 15 Abs. 1, 2 WpÜG untersagt[2090]. Für diesen Fall endet das Erfolgsverhinderungsverbot mit der Veröffentlichung der Untersagung[2091].

Verzichtet wurde auf die zeitliche Vorverlagerung des Erfolgsverhinderungsverbots auf einen vor der Bekanntgabe der Übernahmeabsicht liegenden Zeitpunkt, etwa für den Fall, daß der Vorstand der Zielgesellschaft hinreichende Anhaltspunkte zur Annahme hat, daß ein Übernahmeangebot unmittelbar bevorsteht[2092]. Angesichts des insoweit eindeutigen Wortlauts wären Deutungen des Gesetzes in diese Richtung verfehlt[2093]. Auch aus der Entstehung der Vorschrift lassen sich keinerlei Anhaltspunkte für eine derartige Auslegung gewinnen.

2086 Kritisch dazu unten S. 492.

2087 Dazu oben S. 305.

2088 Obwohl dies auf den ersten Blick völlig einleuchtend erscheinen mag, da das WpÜG generell nicht zwischen diesen beiden Erscheinungsformen eines Übernahmeangebots unterscheidet, verdient dies dennoch gesonderter Erwähnung. Denn im Schrifttum wurde der Vorschlag unterbreitet, die besonderen Verhaltenspflichten der Verwaltung auf unfreundliche Übernahmeangebote zu beschränken. Vgl. *Basaldua* in Assmann/Basaldua/Bozenhardt/Peltzer, Übernahmeangebote, S. 157 (176). Zu Recht wurde dem jedoch entgegengehalten, daß dadurch die Verwaltung der Zielgesellschaft in Versuchung geraten könnte, die Übernahme als freundlich zu deklarieren, um auf diese Weise einen größeren Spielraum zur Ergreifung von Gegenmaßnahmen zu erhalten. Vgl. *Grunewald*, WM 1991, 1361 (1365). Ablehnend auch *Hopt* in FS Rittner, S. 187 (204), Fn. 71.

2089 Dazu oben S. 322.

2090 Dazu oben S. 305.

2091 Siehe § 44 WpÜG.

2092 Dazu auch unten S. 493.

2093 Zaghafte Erwägungen in diese Richtung stellen an *Winter/Harbarth*, ZIP 2002, 1 (4).

Obwohl eine solche Regelung Bestandteil des britischen Übernahmerechts ist[2094] und auch seitens des Europäischen Parlaments in zweiter Lesung seinerzeit in die Debatte um die Übernahmerichtlinie eingeführt wurde[2095], sah der Gesetzgeber zu einer solchen zeitlichen Ausdehnung des Erfolgsverhinderungsverbots keinerlei Veranlassung.

Aus der Eingrenzung des zeitlichen Anwendungsbereichs folgt, daß solche Maßnahmen, die seitens der Zielgesellschaft bereits im Vorfeld eines Übernahmeversuchs, d.h. ohne daß bereits die Absicht zur Übernahme kundgetan wurde, zur Prophylaxe ergriffen werden[2096], rechtlich nicht nach dem neuen WpÜG zu beurteilen sind[2097]. Der Zielgesellschaft steht es folglich hiernach frei, vor Veröffentlichung der Entscheidung zur Abgabe eines Übernahmeangebots und damit vor dem Zeitpunkt des Eingreifens des Erfolgsverhinderungsverbots des § 33 Abs. 1 S. 1 WpÜG vorbeugende Abwehrmaßnahmen, die entweder der Verhinderung oder aber der Erschwerung einer Übernahme dienen sollen, zu treffen[2098]. Die rechtliche Beurteilung der Zulässigkeit der Implementierung derartiger Präventivmaßnahmen richtet sich ausschließlich nach den aktienrechtlichen Bestimmungen[2099].

2094 Siehe Kap. 4, S. 197.

2095 Siehe Kap. 2, S. 88.

2096 In Abgrenzung zu solchen Maßnahmen, die erst aus dem konkreten Anlaß der Unterbreitung eines Angebots im Laufe eines Übernahmeverfahrens ergriffen werden (sog. *Ad-hoc*-Abwehrmaßnahmen), werden im Vorfeld implementierte Instrumente als präventive Verteidigungsmaßnahmen bezeichnet. Das maßgebliche Abgrenzungskriterium für die Zuordnung bildet demnach der Zeitpunkt der Bekanntgabe des Bieters von seiner Übernahmeabsicht nach § 10 Abs. 1, 3 WpÜG. Dennoch läßt sich die Einordnung einzelner Maßnahmen in die ein oder andere Kategorie nicht immer eindeutig vornehmen, so daß eine Systematisierung insgesamt oftmals schwer fällt. Abhängig vom Zeitpunkt ihres Einsatzes kann daher ein und dieselbe Abwehrmaßnahme entweder als präventive oder aber als *Ad-hoc*-Maßnahme aufgefaßt werden.

2097 Insofern ergeben sich für präventive Verteidigungsmaßnahmen gegenüber dem Übernahmekodex keinerlei Änderungen. Dazu oben Kap. 3, S. 175.

2098 Siehe auch RegE-WpÜG, Begründung, Besonderer Teil, S. 142. Anschauliches Beispiel für die Wirksamkeit präventiver Maßnahmen war der Fall Krupp/Thyssen. Nach dem vorzeitigen Bekanntwerden der Übernahmeabsicht leitete der Vorstand von Thyssen bereits erfolgreiche Verteidigungsmaßnahmen ein, ohne daß es zur Abgabe des Übernahmeangebots kam.

2099 Zu den wichtigsten präventiven Abwehrmaßnahmen zählen (vinkulierte) Namensaktien, Veränderungen der Stimmrechtsmacht, Hürden beim Austausch der Verwaltung und wechselseitige Beteiligungen. Unter Umständen kann deren Implementierung bereits im Stadium der Gründung einer Gesellschaft erfolgen. Vor dem Hintergrund der gesetzlichen Neuregelung kommt in diesem Zusammenhang fortan dem Börsengang von Tochtergesellschaften eine gesteigerte Bedeutung zu, um dadurch über die bislang zu erzielenden Effekte der Steigerung der Marktkapitalisierung und der Aufdeckung

dd) Objektive Eignung zur Erfolgsverhinderung

Bei der Beurteilung, ob einzelne Handlungen einer Ermächtigung durch die Hauptversammlung bedürfen, ist ausweislich dem Willen des Gesetzgebers - wie bereits im Referentenentwurf - auf die objektive Eignung zur Verhinderung des Erfolgs eines Übernahmeangebots abzustellen[2100]. Auf eine mit der konkreten Handlung verbundene Verhinderungsabsicht kommt es hingegen nicht an[2101]. Darüber hinaus soll es ohne Belang sein, ob im Fall der Umsetzung der beschlossenen Maßnahme die Übernahme tatsächlich verhindert wird. Vielmehr sei ausreichend, daß die Handlung im Zeitpunkt der Vornahme objektiv geeignet erscheint, den Erfolg zu verhindern[2102]. Ausschlaggebend ist folglich einzig die potentielle Eignung zur Verhinderung des Erfolgs der Übernahme ungeachtet der hinter der Ergreifung einer Maßnahme stehenden Motivation[2103].

Beispielhaft führt der Gesetzgeber Maßnahmen auf, durch die der Erfolg eines Übernahmeangebots verhindert werden könnte[2104]. Dies soll sowohl bei der Aus-

---

stiller Reserven hinaus den Bieter zur Abgabe eines Pflichtangebots auf Grund mittelbaren Kontrollerwerbs auch für die Tochtergesellschaft zu zwingen; siehe § 35 Abs. 1 S. 1 WpÜG, aber auch § 9 S. 2 Ziff. 3 WpÜG-AngVO. Siehe zu der Vielzahl der Maßnahmen aus dem umfangreichen Schrifttum jüngst *Krause*, AG 2002, 133 ff., sowie vor Inkrafttreten des WpÜG *Assmann/Bozenhardt* in Assmann/Basaldua/Bozenhardt/Peltzer, Übernahmeangebote, S. 1 (117 ff.); *Ebenroth/Rapp*, DZWiR 1991, 2 ff.; *Fahrholz*, Unternehmensfinanzierung, S. 130 ff.; *Harrer/Grabowski*, DStR 1992, 1326 ff.; *Hauschka/Roth*, AG 1988, 181 (187 ff.); *Herrmann*, Abwehrmaßnahmen, S. 23 ff.; *Hopt*, WM-Festgabe für Heinsius, 22 (24 ff.); *Klein*, NJW 1997, 2085 ff.; *Marquardt*, WiB 1994, 537 ff.; *Michalski*, AG 1997, 152 (154 ff.); *Noack* in FS Bezzenberger, S. 291 (293 ff.); *Otto*, DB 1988, Beilage 12; *Peltzer*, ZfgK 1988, 577 ff.; *ders.*, ZfgK 1986, 291 (294 ff.); *Schander*, BB 1997, 1801 ff.; *Schwegmann/Pfaffenberger*, DBW 1991, 561 ff.; *Weimar/Breuer*, BB 1991, 2309 (2312 ff.); *Wirth*, DB 1992, 617 ff.; jüngst *Schanz*, NZG 2000, 337 (340 ff.); *Weisner*, Verteidigungsmaßnahmen, S. 154 ff. Siehe bereits *Haberlandt*, BB 1975, 353 f.

2100 Vgl. RegE-WpÜG, Begründung, Besonderer Teil, S. 141. In den ersten beiden Gesetzentwürfen wurde noch ausdrücklich im Wortlaut der Vorschrift hierauf abgestellt. Vgl. dazu oben S. 397 ff.

2101 Vorschlägen, das Erfolgsverhinderungsverbot auf solche Maßnahmen zu beschränken, die final auf die Verhinderung einer Unternehmensübernahme gerichtet sind, hat der Gesetzgeber somit eine Absage erteilt. Vgl. etwa *DAV-Handelsrechtsausschuß*, Stellungnahme zum RefE-WÜG, NZG 2001, 420 (429).

2102 Vgl. RegE-WpÜG, Begründung, Besonderer Teil, S. 141.

2103 Der dadurch entstehende weite Anwendungsbereich der Regelung relativiert sich jedoch vor dem Hintergrund der zulässigen Ausnahmefälle. Entsprechend verstummte mit Vorlage des Regierungsentwurfs auch die Kritik an dem objektiv formulierten Erfolgsverhinderungsverbot. Vgl. *DAV-Handelsrechtsausschuß*, Stellungnahme zum RegE-WpÜG, NZG 2001, 1003 (1006).

2104 Vgl. RegE-WpÜG, Begründung, Besonderer Teil, S. 142.

gabe von Aktien als auch beim Erwerb eigener Aktien[2105] wie auch beim Verkauf wesentlicher, für den Bieter besonders bedeutsamer Bestandteile des Gesellschaftsvermögens durch die Zielgesellschaft sowie durch die Schaffung kartellrechtlicher Probleme der Fall sein[2106].

ee) Organpflicht versus Kompetenznorm

Anknüpfend an die vorstehend getroffenen Ausführungen zur grundsätzlichen Zuständigkeit der Hauptversammlung bei der Vornahme erfolgsverhindernder Maßnahmen läßt sich die Frage nach der Einordnung der Regelung des § 33 Abs. 1, 2 WpÜG als Organpflicht oder Kompetenznorm[2107] zugunsten einer Kompetenznorm beantworten[2108]. Die Konzeption der Regelung beruht darauf, daß dem Grundsatz nach der Vorstand zur Vornahme einer den Erfolg des Angebots verhindernden Handlung stets einer Ermächtigung der Hauptversammlung bedarf. Durchbrochen wird diese Zuständigkeitsverteilung allein durch die in § 33 Abs. 1 S. 2 WpÜG aufgeführten Ausnahmetatbestände[2109]. Deutlicher noch als in der jetzigen Fassung des § 33 WpÜG kam der Charakter einer Kompetenznorm im Regierungsentwurf zum Ausdruck. Bereits die gegenüber den ersten beiden Gesetzentwürfen veränderte Überschrift[2110] ließ erkennen, daß § 33 RegE-WpÜG als Beschränkung der Kompetenz des Vorstands ausgestaltet war. Während die Vorgängerentwürfe noch der Verwaltung der Zielgesellschaft einige konkret benannte Abwehrmaßnahmen gestatteten und andere untersagten,

---

2105 In diesem Zusammenhang sei auf die durch das Vierte Finanzmarktförderungsgesetz eingeführte Neuregelung des § 406 AktG hingewiesen, wonach ein Verstoß gegen die Pflicht nach § 71 Abs. 3 S. 3 AktG nunmehr als Ordnungswidrigkeit erfaßt wird. Vgl. *Möller*, WM 2001, 2405 (2414).

2106 Zu deren Wirkungsweise im einzelnen siehe bereits oben S. 402 ff. Weitere Nachweise zu den hinlänglich untersuchten Verteidigungsmaßnahmen, die geeignet sein könnten, den Erfolg des Angebots zu verhindern, finden sich oben Kap. 3, Fn. 713.

2107 Zu den aus der Einordnung resultierenden Rechtsfolgen siehe unten S. 485.

2108 Ebenso *Winter/Harbarth*, ZIP 2002, 1 (17); *Röh* in Haarmann/Riehmer/Schüppen, WpÜG, § 33 WpÜG, Rn. 49. Hingegen für die Annahme einer Organpflicht *Schwennicke* in Geibel/Süßmann, WpÜG, § 33 WpÜG, Rn. 18; *Bürgers/Holzborn*, ZIP 2003, 2273 (2274). Aus dem Bestehen einer Kompetenznorm folgt allerdings die Organpflicht des Vorstands, diese Kompetenz zu beachten. Vgl. *Hopt* in FS Lutter, S. 1361 (1386), Fn. 108.

2109 Angesichts der hohen praktischen Bedeutsamkeit der Ausnahmefälle sehen *Winter/ Harbarth*, ZIP 2002, 1 (17), den Ermächtigungsbeschlüssen eine „Auffangfunktion" zukommen.

2110 Überschrift des § 33 RegE-WpÜG: „Handlungen des Vorstands und Aufsichtsrats der Zielgesellschaft". Hingegen hieß es noch zu § 33 RefE-WÜG bzw. § 31 DiskE-ÜG: „Verhalten von Vorstand und Aufsichtsrat der Zielgesellschaft, Abwehrmaßnahmen".

folglich eine Verhaltenspflicht begründeten[2111], bestimmte § 33 RegE-WpÜG bereits im einzelnen, unter welchen formellen und materiellen Voraussetzungen dem Vorstand die Durchführung von erfolgsverhindernden Maßnahmen gestattet sein sollte[2112]. Auch nach der Herausnahme des Ermächtigungsvorbehalts der Hauptversammlung aus der Regelung des § 33 Abs. 1 S. 1 RegE-WpÜG gegen Ende des Gesetzgebungsverfahrens besteht, wie gezeigt, kein Anlaß zu der Annahme, daß sich an der grundsätzlichen Zuständigkeitsverteilung etwas ändern sollte[2113].

ff) Verhältnis zu §§ 27, 28 WpÜG

Was das Verhältnis des übernahmerechtlichen Erfolgsverhinderungsverbots zu den bereits untersuchten Vorschriften der §§ 27, 28 WpÜG anbelangt, so kann nicht angenommen werden, daß die Verpflichtung zur Abgabe einer Stellungnahme oder die grundsätzliche Zulässigkeit von Werbemaßnahmen in einen Wertungswiderspruch zu § 33 Abs. 1 S. 1 WpÜG treten[2114]. Auch wenn das erklärte Ziel der Betreibung eines umfangreichen Werbeaufwands in der Beeinflussung der Aktionäre als Entscheidungsträger über die Annahme oder Ablehnung eines Übernahmeangebots besteht, wird dadurch nicht die Entscheidungsfreiheit der Adressaten des Angebots beeinträchtigt. Die endgültige Entscheidung verbleibt auch in diesem Fall allein in den Händen der Aktionäre und kann von diesen ungehindert ausgeübt werden. Das gleiche gilt auch im Hinblick auf die Verpflichtung zur Veröffentlichung einer Stellungnahme zu dem Übernahmeangebot[2115]. Die in der Stellungnahme enthaltenen Informationen sind zwar ebenfalls geeignet und auch dazu bestimmt, auf das Entscheidungsverhalten der

---

2111 Vgl. *Hopt* in FS Lutter, S. 1361 (1386); *Merkt*, ZHR 165 (2001), 224 (245); *Pötzsch/Möller*, WM 2000, Sonderbeilage 2, 25; siehe auch RefE-WÜG, Begründung, Besonderer Teil, S. 142. Anders offenbar *Kiem*, ZIP 2000, 1509 (1513); *Krieger* in Henze/Hoffmann-Becking, Gesellschaftsrecht 2001, 289 (320), jeweils gestützt auf § 31 Abs. 3 Ziff. 2 DiskE-ÜG bzw. § 33 Abs. 3 Ziff. 2 RefE-WÜG, die jedoch verkennen, daß dieser auf einer Stufe mit den übrigen zulässigen Maßnahmen stehenden Regelung lediglich Ausnahmecharakter zukommt.

2112 Zutreffend für die Einordnung als Kompetenznorm daher *Drygala*, ZIP 2001, 1861 (1870); *Möller/Pötzsch*, ZIP 2001, 1256 (1259); *Schüppen*, WPg 2001, 958 (970).

2113 Siehe dazu oben unter bb), S. 413.

2114 Einen solchen annehmend noch im Hinblick auf den im Vergleich zu § 31 DiskE-ÜG weiten Spielraum bei der Zulassung von Werbemaßnahmen nach § 32 DiskE-ÜG *Kremer*, M&A 2000, 461 (463). Nach *Schwennicke* in Geibel/Süßmann, WpÜG, § 33 WpÜG, Rn. 5, gehen die genannten Vorschriften § 33 WpÜG als Spezialregelungen vor.

2115 Wie hier *Hopt* in FS Lutter, S. 1361 (1380); *Krause*, AG 2000, 217 (220); anders *Kort* in FS Lutter, S. 1421 (1435), der hierin - jedoch gleichfalls noch den Diskussionsentwurf im Blick - eine Durchbrechung des Erfolgsverhinderungsverbots sah.

Aktionäre einzuwirken. Dennoch liegt auch in diesem Fall die Letztentscheidung allein bei den Aktionären. Hinzu kommt, daß es der Verwaltung der Zielgesellschaft gerade nicht freisteht, im eigenen Ermessen darüber zu befinden, ob sie von der Möglichkeit der Abgabe einer Stellungnahme Gebrauch machen will. Die Vorschrift des § 27 WpÜG bildet insoweit eine Verpflichtung zur bloßen interessenwahrenden Information[2116].

c) Ausnahmen vom übernahmerechtlichen Erfolgsverhinderungsverbot

Wie bereits in dem einleitenden Überblick dargestellt, sieht die Regelung des § 33 Abs. 1, 2 WpÜG zahlreiche Ausnahmen von dem im Grundsatz geltenden übernahmerechtlichen Erfolgsverhinderungsverbot vor. Entsprechend dem gesetzlichen Regelungsmodell sollen zunächst die drei Ausnahmetatbestände des § 33 Abs. 1 S. 2 WpÜG untersucht werden. Im Anschluß hieran soll näher auf die dem Vorstand der Zielgesellschaft offenstehenden Möglichkeiten eingegangen werden, sich durch eine Ermächtigung der Hauptversammlung von dem in § 33 Abs. 1 S. 1 WpÜG statuierten Verbot befreien zu lassen. Folglich läßt sich zwischen Ausnahmen ohne Beteiligung der Hauptversammlung nach § 33 Abs. 1 S. 2 WpÜG, den „echten" Ausnahmefällen, einerseits und solchen mit Beteiligung der Hauptversammlung andererseits unterscheiden.

aa) „Echte" Ausnahmetatbestände des § 33 Abs. 1 S. 2 WpÜG

§ 33 Abs. 1 S. 2 WpÜG enthält drei Ausnahmetatbestände von dem an den Vorstand der Zielgesellschaft adressierten Verbot, während des Übernahmeverfahrens keine Handlungen vorzunehmen, durch die der Erfolg des Angebots verhindert werden könnte. Danach gilt das Erfolgsverhinderungsverbot zum ersten gemäß § 33 Abs. 1 S. 2 Alt. 1 WpÜG nicht für Handlungen, die auch ein ordentlicher und gewissenhafter Geschäftsleiter einer Gesellschaft, die nicht von einem Übernahmeangebot betroffen ist, vorgenommen hätte. Zum zweiten ist auch die Suche nach einem konkurrierenden Angebot gemäß § 33 Abs. 1 S. 2 Alt. 2 WpÜG von dem grundsätzlichen Verbot der Vornahme erfolgsverhindernder Handlungen ausgenommen. Schließlich bestimmt § 33 Abs. 1 S. 2 Alt. 3 WpÜG, daß ebenfalls solche Handlungen, denen der Aufsichtsrat der Zielgesellschaft zugestimmt hat, zulässig sind. Während sich die Ausnahmen des § 33 Abs. 1 S. 2 Alt. 1 und 2 WpÜG bereits im Regierungsentwurf wiederfanden,

2116 Dazu bereits oben Kap. 3, S. 157.

hielt die letzte der drei Alternativen erst „in allerletzter Minute“ Einzug in das neue Gesetz[2117].

(1) Handlungen eines ordentlichen und gewissenhaften Geschäftsleiters einer nicht von einem Übernahmeangebot betroffenen Gesellschaft

Zunächst gilt das dem Vorstand der Zielgesellschaft auferlegte Erfolgsverhinderungsverbot nicht für Handlungen, die auch ein ordentlicher und gewissenhafter Geschäftsleiter einer Gesellschaft, die nicht von einem Übernahmeangebot betroffen ist, vorgenommen hätte, § 33 Abs. 1 S. 2 Alt. 1 WpÜG.

(a) Regelungszweck und rechtspolitischer Hintergrund

Ausweislich der Gesetzesbegründung zielt die Regelung des § 33 Abs. 1 S. 2 Alt. 1 WpÜG darauf ab, die Konfliktlage aufzulösen, in der sich der Vorstand der Zielgesellschaft während eines Übernahmeverfahrens befindet. Während er einerseits auch für die Dauer des gesamten Übernahmeverfahrens zur Wahrnehmung der in der Zielgesellschaft zusammentreffenden Interessen verpflichtet bleibe[2118], habe er andererseits der Pflicht nach § 33 Abs. 1 S. 1 WpÜG zu genügen und demzufolge Handlungen, durch die der Erfolg des Angebots verhindert werden könnte, zu unterlassen[2119]. Die Auflösung dieses Konflikts zugunsten der Zulassung von Handlungen, die auch ein ordentlicher und gewissenhafter Geschäftsleiter einer nicht von einem Übernahmeangebot betroffenen Gesellschaft vorgenommen hätte, soll sicherstellen, daß die Zielgesellschaft während eines Übernahmeangebots nicht unangemessen in ihrer Geschäftstätigkeit behindert wird[2120].

Die Regelung muß im Zusammenhang mit der Gestattung von Vorratsbeschlüssen nach § 33 Abs. 2 WpÜG gesehen werden. Die Einfügung dieser beiden Regelungen in den Regierungsentwurf beruhte auf der grundlegend veränderten Konzeption der für die Verhaltenspflichten der Verwaltung der Zielgesellschaft maßgeblichen Vorschrift. Während mit der Neuerung der Vorratsbeschlüsse die Zielsetzung verbunden war, deutschen Unternehmen effektive Verteidigungsmittel an die Hand zu geben[2121], sollte es § 33 Abs. 1 S. 2 Alt. 1 WpÜG der Zielgesellschaft vor allem ermöglichen, trotz eines bereits veröffentlichten

2117 Die einzelnen Ausnahmetatbestände befreien den Vorstand „lediglich“ von dem in § 33 Abs. 1 S. 1 WpÜG statuierten Erfolgsverhinderungsverbot, nicht hingegen von sonstigen aktienrechtlichen Erfordernissen. Dazu näher unten S. 479 ff.

2118 Dies folgt bereits ausdrücklich aus § 3 Abs. 3 WpÜG.

2119 Vgl. RegE-WpÜG, Begründung, Besonderer Teil, S. 143.

2120 Vgl. RegE-WpÜG, Begründung, Besonderer Teil, S. 143.

2121 Dazu näher unten S. 454 ff.

Übernahmeangebots das Tagesgeschäft fortzuführen[2122]. Der Gesetzgeber reagierte damit auf die Kritik, die in diesem Zusammenhang noch der Konzeption des Referentenentwurfs entgegengebracht worden war[2123]. So wurde diesbezüglich geltend gemacht, das Zusammenspiel von § 33 Abs. 1 und § 33 Abs. 3 Ziff. 4 RefE-WÜG lähme die Zielgesellschaft bei großen und wichtigen Vorhaben in unvertretbarer Weise, da dadurch die ordnungsgemäße Geschäftsführung behindert werde[2124]. Insbesondere sei es dem Vorstand der Zielgesellschaft nicht möglich, Geschäftsführungsmaßnahmen durchzuführen, die auch unabhängig von einem Übernahmeangebot sinnvoll seien, wenn diese dazu geeignet sind, den Erfolg des Angebots zu verhindern[2125]. Aus diesen Gründen wurde der schließlich vom Gesetzgeber aufgegriffene Vorschlag unterbreitet, daß sämtliche Geschäftsführungsmaßnahmen zulässig sein sollten, die ein sorgfältiger und gewissenhafter Vorstand auch ohne das Übernahmeangebot ergriffen hätte[2126].

(b) Regelungsgegenstand

Der Regelungsgegenstand des § 33 Abs. 1 S. 2 Alt. 1 WpÜG erschöpft sich indessen nicht bereits in der vor allem intendierten Zulassung von Handlungen, die zur Weiterführung des Tagesgeschäfts der Zielgesellschaft dienen. Vielmehr gestattet § 33 Abs. 1 S. 2 Alt. 1 WpÜG darüber hinausgehend die Vornahme von außergewöhnlichen Handlungen, auch wenn dadurch der Erfolg des Angebots des Bieters endgültig verhindert werden könnte.

Dies folgt aus der Gegenüberstellung der ursprünglich verfolgten Konzeption des Referentenentwurfs mit der jetzigen Gesetzesfassung. § 33 Abs. 3 Ziff. 4 RefE-WÜG sah nämlich noch vor, daß nur solche „Maßnahmen, die der sorgfältigen Führung der laufenden Geschäfte im Interesse der Gesellschaft dienen", keinen Verstoß gegen das Erfolgsverhinderungsverbot darstellen sollten. Dahinter stand der Gedanke, daß die Befugnis der Verwaltung der Zielgesellschaft zur Vornahme außergewöhnlicher Handlungen beschränkt werden sollte, ohne die Gesellschaft zugleich in ihrer normalen Geschäftstätigkeit unangemessen zu

---

2122 Dies wird auch seitens der Gesetzesbegründung ausdrücklich betont. Vgl. RegE-WpÜG, Begründung, Besonderer Teil, S. 143.

2123 Vgl. *DAV-Handelsrechtsausschuß*, Stellungnahme zum RefE-WÜG, NZG 2001, 420 (429); *Krieger* in Henze/Hoffmann-Becking, Gesellschaftsrecht 2001, S. 289 (308 f.); *Spitzenverbände der deutschen Wirtschaft*, Stellungnahme zum DiskE-ÜG vom 24. Juli 2000, S. 18 f.

2124 *Krieger* in Henze/Hoffmann-Becking, Gesellschaftsrecht 2001, S. 289 (308 f.).

2125 *Krieger* in Henze/Hoffmann-Becking, Gesellschaftsrecht 2001, S. 289 (307).

2126 *Krieger* in Henze/Hoffmann-Becking, Gesellschaftsrecht 2001, S. 289 (309). Ähnlich auch *DAV-Handelsrechtsausschuß*, Stellungnahme zum RefE-WÜG, NZG 2001, 420 (429): „(...) Geschäfte (...), die die Gesellschaft in gleicher Weise und zum gleichen Zeitpunkt auch ohne das Übernahmeangebot vorgenommen hätte".

behindern[2127]. Folglich waren nach § 33 Abs. 3 Ziff. 4 RefE-WÜG außergewöhnliche Geschäfte unzulässig, soweit diese dazu geeignet waren, den Erfolg des Angebots zu verhindern[2128]. Dies galt unabhängig davon, ob die Vornahme einer außergewöhnlichen Handlung in unmittelbarem Zusammenhang mit dem Übernahmeangebot stand. Vor dem Hintergrund der grundlegenden Überarbeitung der gesamten Vorschrift kann der Wegfall des § 33 Abs. 3 Ziff. 4 RefE-WÜG - auch in der Gesamtschau mit der ebenfalls ersatzlos gestrichenen Regelung des § 33 Abs. 2 Ziff. 3 RefE-WÜG - nur dahingehend verstanden werden, daß der Gesetzgeber fortan nicht mehr daran festhalten wollte, die Vornahme außergewöhnlicher Geschäfte während eines Übernahmeverfahrens weitgehendst zu unterbinden[2129].

Bestätigt wird diese Sichtweise durch die Ausführungen in der Gesetzesbegründung, wo es heißt, daß auch bereits eingeschlagene Unternehmensstrategien weiter verfolgt werden können[2130]. In Abgrenzung zu den an dieser Stelle ebenfalls aufgeführten zulässigen Maßnahmen, die in Fortführung des Tagesgeschäfts erfolgen, erlangt die Möglichkeit zur Weiterverfolgung einer bereits eingeschlagenen Unternehmensstrategie nur dann eine eigenständige Bedeutung, wenn man hierunter stellvertretend jene Handlungen faßt, die außergewöhnlichen Charakter besitzen[2131].

Für ein solches Verständnis der Regelung läßt sich schließlich der entstehungsgeschichtliche Hintergrund anführen, da dieser Ausnahmefall gerade eine Reaktion auch auf die Kritik an der Untersagung außergewöhnlicher Maßnahmen in der Fassung des Referentenentwurfs darstellte[2132]. Insgesamt geht § 33 Abs. 1 S. 2 Alt. 1 WpÜG infolge der Zulassung von außergewöhnlichen Geschäften

---

2127 Vgl. RefE-WÜG, Begründung, Besonderer Teil, S. 145. Dies lag auf einer Linie mit den Vorgaben des Gemeinsamen Standpunkts wie auch des Gemeinsamen Entwurfs, vgl. jeweils Präambel, Erwägungsgrund 18.

2128 So auch die Einschätzung von *DAV-Handelsrechtsausschuß*, Stellungnahme zum RefE-WÜG, NZG 2001, 420 (429); *Krieger* in Henze/Hoffmann-Becking, Gesellschaftsrecht 2001, S. 289 (308).

2129 Für die Zulassung außergewöhnlicher Handlungen bereits in Bezug auf den Übernahmekodex *Kallmeyer*, ZHR 161 (1997), 435 (448).

2130 Vgl. RegE-WpÜG, Begründung, Besonderer Teil, S. 143.

2131 Mit Recht hebt der *DAV-Handelsrechtsausschuß*, Stellungnahme zum Entwurf eines DCG-Kodex, zu III.7., diesbezüglich hervor, daß Ziff. 3.7 Abs. 2 S. 1 DCG-Kodex den Inhalt des § 33 Abs. 1, 2 WpÜG insoweit unzutreffend wiedergibt. Dort heißt es nämlich, daß dem Vorstand die Vornahme von Handlungen außerhalb des gewöhnlichen Geschäftsverkehrs, durch die der Erfolg des Angebots verhindert werden könnte, nur dann gestattet sei, wenn er dazu von der Hauptversammlung ermächtigt sei oder der Aufsichtsrat dem zugestimmt habe.

2132 Dazu bereits die Nachweise oben in Fn. 2123.

somit erheblich über die ursprünglich vorgesehene Konzeption der beiden ersten Gesetzentwürfe hinaus[2133].

(c) Kriterien für die Rechtfertigung der Vornahme einer Handlung nach § 33 Abs. 1 S. 2 Alt. 1 WpÜG

Nachdem zuvor festgestellt wurde, daß mit der Regelung des § 33 Abs. 1 S. 2 Alt. 1 WpÜG - der gesetzgeberischen Intention entsprechend - über das Tagesgeschäft hinaus auch die Zulassung außergewöhnlicher Handlungen verbunden ist, stellt sich die Frage, nach welchen Kriterien sich die Zulässigkeit von nach diesem Ausnahmetatbestand gestatteten Handlungen bemißt.

(aa) Ermittlung des Vergleichsmaßstabs

(α) Die nicht von einem Übernahmeangebot betroffene Gesellschaft

Bei der Beurteilung der Frage, ob in zulässiger Weise von dem Grundsatz des Erfolgsverhinderungsverbots abgewichen wird, stellt § 33 Abs. 1 S. 2 Alt. 1 WpÜG auf Handlungen ab, die auch ein ordentlicher und gewissenhafter Geschäftsleiter einer Gesellschaft, die nicht von einem Übernahmeangebot betroffen ist, vorgenommen hätte. Vergleichsmaßstab für die Vornahme von nach § 33 Abs. 1 S. 2 Alt. 1 WpÜG gestatteten Handlungen des Vorstands der Zielgesellschaft bildet folglich die nicht von einem Übernahmeangebot betroffene Gesellschaft.

Aus dieser Bezugnahme ergibt sich weiter, daß nicht auf das Verhalten des Vorstands der Zielgesellschaft abgestellt werden kann, wie es sich dargestellt hätte, wenn es nicht zur Abgabe eines Übernahmeangebots an die Aktionäre der Zielgesellschaft gekommen wäre. Demzufolge wird es nicht ausreichen, wenn sich der Vorstand der Zielgesellschaft im Rahmen des § 33 Abs. 1 S. 2 Alt. 1 WpÜG darauf beruft, die Vornahme einer konkreten Handlung sei nicht durch das Übernahmeangebot veranlaßt gewesen.

(β) Tatsächliches Handeln versus Befugnis zur Vornahme

Es stellt sich somit angesichts der Bezugnahme auf das Verhalten eines Geschäftsleiters einer nicht von einem Übernahmeangebot betroffenen Gesellschaft die Frage, welcher Maßstab an dieses Verhalten anzulegen ist. Zum einen könnte man annehmen, die Regelung des § 33 Abs. 1 S. 2 Alt. 1 WpÜG sei da-

---

2133 Wie hier *Drygala*, ZIP 2001, 1861 (1866, 1871); *Schwennicke* in Geibel/Süßmann, WpÜG, § 33 WpÜG, Rn. 45. Dies zu verkennen scheint *Pluskat*, WM 2001, 1937 (1940).

hingehend zu verstehen, daß es darauf ankomme, ob ein ordentlicher und gewissenhafter Geschäftsleiter einer Gesellschaft, die nicht von einem Übernahmeangebot betroffen ist, die konkrete Handlung begangen hätte[2134]. Auch wenn der Wortlaut des § 33 Abs. 1 S. 2 Alt. 1 WpÜG einer solchen Annahme nicht entgegensteht, erscheint indes fraglich, inwieweit seitens des Gesetzgebers das Abstellen auf einen solch hypothetischen Geschehensablauf beabsichtigt ist. Denn regelmäßig wird sich der Nachweis, ob ein Geschäftsleiter einer nicht von einem Übernahmeangebot betroffenen Gesellschaft sich tatsächlich ebenso verhalten hätte nur schwerlich führen lassen, wenn man nicht bereits mit guten Gründen annehmen wollte, daß ein Nachweis gänzlich unmöglich sein wird. Auf Grund des Abstellens auf einen solch hypothetischen Verlauf wäre somit die praktische Anwendung der Regelung mit erheblichen Schwierigkeiten verbunden[2135].

Zum anderen könnte man im Rahmen des § 33 Abs. 1 S. 2 Alt. 1 WpÜG darauf abstellen, ob auch ein ordentlicher und gewissenhafter Geschäftsleiter einer Gesellschaft, die nicht von einem Übernahmeangebot betroffen ist, die Handlung vorgenommen haben könnte, ohne damit gegen seine Sorgfaltspflichten zu verstoßen. Für die Anwendbarkeit der Regelung müßte es somit genügen, daß die Vornahme der Handlung auch aus der Sicht eines ordentlichen und gewissenhaften Geschäftsleiters einer zwar nicht von einem Übernahmeangebot, aber ansonsten gleichstehenden Gesellschaft sich innerhalb des unternehmerischen Ermessensspielraums halten würde.

Für die letztere Sichtweise spricht insbesondere der in der Gesetzesbegründung anzutreffende Verweis auf die im Aktiengesetz entwickelten Grundsätze zu den dort enthaltenen Vorschriften, die ebenfalls an das Verhalten eines ordentlichen und gewissenhaften Geschäftsleiters anknüpfen[2136], und auf die nach dem Willen des Gesetzgebers bei der Auslegung zurückgegriffen werden soll[2137]. Für die vorliegend zu erörternde Frage von Interesse ist dabei vor allem die parallele Vorschrift des § 317 Abs. 2 AktG[2138]. Es entspricht der ganz herrschenden

---

2134 So wohl *Thaeter*, NZG 2002, 789 (789), in Bezug auf die inhaltsgleiche Regelung des Regierungsentwurfs. Wohl auch *Ekkenga/Hofschroer*, DStR 202, 724 (732); *Adolff et al.*, Takeovers, S. 204.

2135 Zutreffend *Winter/Harbarth*, ZIP 2002, 1 (6). Diese Konsequenz offenbar in Kauf nehmend *Ekkenga/Hofschroer*, DStR 2002, 724 (731).

2136 Vgl. §§ 53 S. 3; 92 Abs. 3 S. 2; 93 Abs. 1 S. 1, Abs. 2 S. 2; 309 Abs. 1, Abs. 2 S. 2; 317 Abs. 2 AktG.

2137 Vgl. RegE-WpÜG, Begründung, Besonderer Teil, S. 143.

2138 Die Parallelen zu dieser aktiengesetzlichen Regelung heben ausdrücklich die maßgeblichen (Mit-)Verfasser des Gesetzes *Möller/Pötzsch*, ZIP 2001, 1256 (1260), hervor.

Auffassung im Rahmen der Auslegung dieser Vorschrift[2139], daß darauf abzustellen ist, wie sich ein pflichtgemäß handelnder Vorstand einer unabhängigen, aber im übrigen unter gleichen tatsächlichen und rechtlichen Bedingungen wie die abhängige Gesellschaft agierenden, fiktiven Gesellschaft in den Grenzen der Sorgfaltsanforderungen des § 93 Abs. 1 AktG verhalten hätte[2140]. Angesichts der in der Wahl des Wortlauts der Regelung des § 33 Abs. 1 S. 2 Alt. 1 WpÜG zum Ausdruck kommenden engen Anlehnung des Gesetzgebers an die Vorschrift des § 317 Abs. 2 AktG muß daher auch im Rahmen der Auslegung des § 33 Abs. 1 S. 2 Alt. 1 WpÜG davon ausgegangen werden, daß auf die Befugnis zur Vornahme der Handlung abzustellen ist.

Angesichts der hohen praktischen Bedeutsamkeit, die der Gesetzgeber diesem Ausnahmetatbestand in der amtlichen Begründung beimißt, indem er dort in Konkretisierung einer bereits in den allgemeinen Grundsätzen anzutreffenden Leitlinie des neuen Gesetzes[2141] ausdrücklich betont, daß es gelte, eine unangemessene Behinderung der Zielgesellschaft in ihrer Geschäftstätigkeit zu unterbinden, kann nicht angenommen werden, daß es der gesetzgeberischen Intention entspricht, die Regelung durch das Aufstellen praktisch nicht handhabbarer Kriterien leerlaufen zu lassen. Da jedoch derartige Schwierigkeiten, die infolge des Abstellens auf den hypothetischen Geschehensablauf, ob er die Handlung tatsächlich vorgenommen hätte, entstehen würden, durch das Abstellen auf die bloße Befugnis zur Vornahme vermieden würden, stützt dies das zuvor durch den Vergleich mit § 317 Abs. 2 AktG gewonnene Ergebnis.

Festzuhalten bleibt somit, daß es für die Beurteilung der Zulässigkeit der Vornahme einer Handlung im Rahmen des § 33 Abs. 1 S. 2 Alt. 1 WpÜG darauf ankommt, ob auch ein ordentlicher und gewissenhafter Geschäftsleiter einer

---

2139 Nach § 317 Abs. 2 AktG hat das herrschende Unternehmen, um das Vorliegen eines Nachteils verneinen zu können, nachzuweisen, daß auch ein ordentlicher und gewissenhafter Geschäftsleiter einer unabhängigen Gesellschaft das Rechtsgeschäft vorgenommen oder die Maßnahme getroffen oder unterlassen hätte, zu der das herrschende Unternehmen die abhängige Gesellschaft veranlaßt hat. Nach ganz überwiegender Auffassung entfällt in diesem Fall nicht erst die Ersatzpflicht, sondern es fehlt bereits an einem Nachteil. Vgl. statt aller *Krieger* in MünHdb/GesR/AG, § 69, Rn. 68 m.w.N. in Fn. 229.

2140 Vgl. *Habersack* in Emmerich/Habersack, Aktien- und GmbH-Konzernrecht, § 311 AktG, Rn. 41; *Emmerich/Sonnenschein/Habersack*, Konzernrecht, S. 405; *Koppensteiner* in KK AktG, § 311 AktG, Rn. 22, § 317, AktG, Rn. 14; *Krieger* in MünHdb/GesR/AG, § 69, Rn. 68; *Kropff* in MüKo/AktG, § 311 AktG, Rn. 150 f.; BGHZ 141, 79 (88 f.), Urt. vom 1. März 1999, II ZR 312/97, abgedruckt in WM 1999, 850 ff. Anderer Ansicht *Geßler*, NB 2/1972, 13 (18), nach dem es - ähnlich *Thaeter* vorstehend in Fn. 2134 - darauf anzukommen habe, ob der Geschäftsleiter die Maßnahme tatsächlich ebenso vorgenommen hätte.

2141 § 3 Abs. 4 S. 2 WpÜG.

nicht von einem Übernahmeangebot betroffenen Gesellschaft die Handlung zulässigerweise hätte vornehmen dürfen[2142].

(bb) Weiter unternehmerischer Handlungsspielraum des Vorstands

(α) Heranziehung der ARAG-Grundsätze

Aus den bislang im Rahmen der Untersuchung des § 33 Abs. 1 S. 2 Alt. 1 WpÜG gewonnenen Erkenntnissen ergibt sich, daß als Maßstab für die Beurteilung der Zulässigkeit der Handlungen des Vorstands der Zielgesellschaft letztlich die Sorgfaltsanforderungen des § 93 Abs. 1 AktG heranzuziehen sind. Insoweit gilt es, die pflichtgemäßen von den pflichtwidrigen unternehmerischen Entscheidungen abzugrenzen. Hierbei ist zu berücksichtigen, daß nach der Rechtsprechung „dem Vorstand bei der Leitung der Geschäfte des Gesellschaftsunternehmens ein weiter Handlungsspielraum zugebilligt werden muß, ohne den eine unternehmerische Tätigkeit schlechterdings nicht denkbar ist" („*ARAG*-Grundsätze")[2143]. Die Anerkennung eines derart weiten Handlungsspielraums umfasse auch die Bereitschaft, bewußt geschäftliche Risiken einzugehen und grundsätzlich auch die Gefahr von Fehlbeurteilungen und Fehleinschätzungen und stünde einer gerichtlichen *ex-post* Kontrolle entgegen[2144]. Dem liegt die Erkenntnis zugrunde, daß die Freiheit zu Wagnis und Risiko stets das Recht auf Irrtum einschließt[2145]. An seine Grenzen gelange ein derart weit verstandener Handlungsfreiraum, wenn der Notwendigkeit sorgfältiger Ermittlungen der Entscheidungsgrundlagen nicht angemessen Rechnung getragen werde. Dies gelte auch, wenn das Verhalten des Vorstands sich aus sonstigen Gründen als pflichtwidrig herausstelle und schließlich, wenn dem Erfordernis eines ausschließlich am Unternehmenswohl orientierten, uneigennützigen unternehmerischen Handelns nicht nachgekommen werde[2146]. Die Handlungen des Vorstands sollen insofern nur darauf überprüfbar sein, ob diese Grenzen deutlich überschritten oder unverantwortliche unternehmerische Risiken eingegangen wurden.

In einer ersten Stellungnahme zu der Regelung des § 33 Abs. 1 S. 2 Alt. 1 WpÜG wurde die Frage aufgeworfen, inwieweit der Heranziehung der *ARAG*-

---

2142 So auch *Winter/Harbarth*, ZIP 2002, 1 (6); *Hirte* in KK WpÜG, § 33 WpÜG, Rn. 67; *ders.*, ZGR 2002, 623 (635); *Ekkenga* in Ehricke/Ekkenga/Oechsler, WpÜG, § 33 WpÜG, Rn. 47 mit Fn. 128.

2143 BGHZ 135, 244 (253), Urt. vom 21. April 1997, II ZR 175/95 (*ARAG/Garmenbeck*). Dazu *Henze*, NJW 1998, 3309 (3310 f.); *Ulmer*, ZHR 163 (1999), 290 (294 ff.); *Horn*, ZIP 1997, 1129 ff.; *Thümmel*, DB 1997, 1117 ff.

2144 BGHZ 135, 244 (253).

2145 Vgl. *Henze*, BB 2000, 209 (211).

2146 BGHZ 135, 244 (253 f.).

Grundsätze möglicherweise eine jener in der Entscheidung des BGH angeführten Grenzen des derart weit verstandenen unternehmerischen Handlungsspielraums entgegenstehen könnte[2147]. Namentlich soll es sich hierbei um die Grenze der ausschließlichen Orientierung am Wohl des Unternehmens handeln, was zugleich bedeutet, daß ein dem Unternehmenswohl widerstreitendes Eigeninteresse des Vorstands nicht gegeben sein darf[2148]. Wie bereits eingangs dieser Untersuchung ausgeführt, befindet sich die Verwaltung der Zielgesellschaft und insbesondere deren Vorstand während eines Übernahmeverfahrens regelmäßig in einem Konflikt widerstreitender Eigeninteressen einerseits und der Verpflichtung auf das Interesse des Unternehmens andererseits[2149]. Unter Bezugnahme der beiden in der Gesetzesbegründung aufgeführten Fälle der Fortführung des Tagesgeschäfts sowie der Weiterverfolgung bereits eingeschlagener Unternehmensstrategien gelangen *Winter/Harbarth* zu dem Ergebnis, daß in diesen Fällen ein solcher Interessenkonflikt zu vernachlässigen sei[2150]. Denn insbesondere im Fall der Weiterverfolgung einer bereits eingeschlagenen Strategie sei deren Ausgangspunkt schon zu einem Zeitpunkt angelegt, zu dem das Übernahmeangebot gerade noch nicht im Raum stand, so daß sich der Vorstand auch noch nicht einem Interessenkonflikt ausgesetzt sah. Auch wenn nach dieser Auffassung die Gefahr erkannt wird, daß gleichsam die Inanspruchnahme einer bereits eingeschlagenen Strategie zu einem Zeitpunkt, zu dem der Interessenkonflikt akut besteht, diverse Handlungsmöglichkeiten eröffnet, sei dies unter der Prämisse, daß die Strategie bereits vor Eintritt des Interessenkonflikts definiert wird und an deren Dokumentation sowie Konkretisierung strenge Anforderungen zu stellen sind, durchaus hinzunehmen[2151]. Aus diesem Grund stünde der Heranziehung der Grundsätze der *ARAG*-Entscheidung der in einer Übernahmesituation bestehende Interessenkonflikt des Vorstands gerade nicht entgegen.

Auch wenn dem im Ergebnis zuzustimmen ist, kann der Begründung in dieser Form nicht gefolgt werden. So dürfte es zum einen zweifelhaft sein, inwiefern nicht bereits Maßnahmen in Fortführung des Tagesgeschäfts auch ihren Beitrag dazu leisten können, den Erfolg des Übernahmeangebots zu verhindern. Auch in diesen Situationen kann sich der Vorstand dem Interessenkonflikt nicht entziehen, was zur Folge haben könnte, daß die in diesem Zusammenhang getroffenen Entscheidungen sich letztlich zum Nachteil des Unternehmenswohls auswirken könnten. Nicht zu überzeugen vermag zum anderen vor allem der Standpunkt, daß das Bestehen eines Interessenkonflikts bei der Wahl der Mittel zur Weiter-

2147 Vgl. *Winter/Harbarth*, ZIP 2002, 1 (6 f.). Diese Bedenken hält *Ekkenga* in Ehricke/Ekkenga/Oechsler, WpÜG, § 33 WpÜG, Rn. 49, für nicht durchgreifend.

2148 Vgl. *Ulmer*, ZHR 163 (1999), 290 (298).

2149 Dazu oben Kap. 1, S. 49.

2150 Vgl. *Winter/Harbarth*, ZIP 2002, 1 (7). Anders *Fleischer/Kalss*, WpÜG, S.126.

2151 Vgl. *Winter/Harbarth*, ZIP 2002, 1 (7). Dazu unten Fn. 2170.

verfolgung der Unternehmensstrategie hinnehmbar sei. Selbst wenn man - unabhängig von der Frage, ob die vorgeschlagene Heranziehung strenger Voraussetzungen an Handlungen in Weiterverfolgung einer Unternehmensstrategie vom Wortlaut der Regelung gedeckt ist[2152] - derart strenge Anforderungen zulassen will, läßt sich dadurch keineswegs die Problematik des bestehenden Interessenkonflikts zufriedenstellend bewältigen. Vielmehr bieten sich auch im Rahmen fest umrissener strategischer Ziele eine Reihe von Gestaltungsmöglichkeiten, die den Vorstand der Zielgesellschaft in die Lage versetzen, unter dem „Deckmantel" der insoweit zulässigen Verfolgung der Strategie Maßnahmen zu treffen, die allein im Eigeninteresse des Vorstands liegen.

Letztlich kann es jedoch für die hier zu entscheidende Frage dahinstehen, inwiefern der Vorstand sowohl bei der Fortführung des Tagesgeschäfts als auch bei der Weiterverfolgung einer bereits eingeschlagenen Strategie einem Interessenkonflikt unterliegt. Denn der Gesetzgeber hat mit der Wahl des Wortlautes des § 33 Abs. 1 S. 2 Alt. 1 WpÜG dafür Sorge getragen, daß gerade nicht auf die besondere Situation des Übernahmeverfahrens abzustellen ist, sondern vielmehr das Übernahmeangebot bei der Beurteilung der Zulässigkeit einer Handlung vollständig ausgeblendet bleiben soll[2153]. Auf Grund dessen kommt der Interessenkonflikt, in dem sich der Vorstand in einer Übernahmesituation befindet, von vornherein nicht zum Tragen. Für die Frage der Anwendbarkeit der *ARAG*-Grundsätze hat dies zur Folge, daß die Berufung auf die besondere Interessenlage des Vorstands während eines Übernahmeverfahrens ohne Auswirkungen bleibt und deren Heranziehung nicht entgegensteht.

Auch im Rahmen der Auslegung der Parallelvorschrift des § 317 Abs. 2 AktG wird die Anwendung der Grundsätze der *ARAG*-Entscheidung und damit einer unmodifizierten *business judgement rule* vertreten[2154]. Angesichts des Verweises in der Gesetzesbegründung auf die zu verwandten Vorschriften des Aktiengesetzes entwickelten Grundsätze stützt dies die zuvor gewonnene Erkenntnis, auch für § 33 Abs. 1 S. 1 Alt. 1 WpÜG nichts Gegenteiliges anzunehmen.

Im Ergebnis bedeutet dies, daß die Rechte und Pflichten des Vorstands der Zielgesellschaft nach § 33 Abs. 1 S. 2 Alt. 1 WpÜG so zu bestimmen sind, als wenn das Übernahmeangebot nicht in der Welt wäre. Für die Beurteilung der Handlungen des Vorstands gilt daher in der Übernahmesituation nichts anderes als bei der Beurteilung von Leitungsentscheidungen eines nicht von einer Übernahme

2152 Dazu näher sogleich unten S. 433.

2153 So auch *Bürgers/Holzborn*, ZIP 2003, 2273 (2275), jedoch enger in den Folgerungen.

2154 Vgl. *Drüke*, DB 2000, 713 (714); *Emmerich/Sonnenschein/Habersack*, Konzernrecht, S. 405, Fn. 23; *Habersack* in Emmerich/Habersack, Aktien- und GmbH-Konzernrecht, § 311 AktG, Rn. 40, Fn. 108; *Kropff* in MüKo/AktG, § 311 AktG, Rn. 152 f. mit Fn. 278.

betroffenen Geschäftsleiters. Kurzum bedeutet dies die Anwendung der unmodifizierten *business judgement rule*[2155], wie sie in der *ARAG*-Entscheidung zum Ausdruck kommt[2156].

(β) Keine Heranziehung des aktienrechtlichen „Neutralitätsgebots"

Aus den gleichen Gründen, die einer Ablehnung der Anwendung der Grundsätze der *ARAG*-Entscheidung entgegenstehen, ist auch die Heranziehung des aktienrechtlichen „Neutralitätsgebots" abzulehnen. Zwar könnte man auf Grund des Verweises auf die Sorgfaltsanforderungen eines ordentlichen und gewissenhaften Geschäftsleiters im Sinne des § 93 Abs. 1 AktG in Erwägung ziehen, ob nicht das aktienrechtliche „Neutralitätsgebot" zur Anwendung gelangen könnte[2157]. Doch sollte eine solche Annahme seitens des Gesetzgebers gerade ausgeschlossen werden. Aus diesem Grund stellt die Regelung des § 33 Abs. 1 S. 2 Alt. 1 WpÜG auf einen Geschäftsleiter einer nicht von einem Übernahmeangebot betroffenen Gesellschaft ab. Mit diesem „Ausblendungsmodell" hat der Gesetzgeber zum Ausdruck gebracht, daß nicht der in der Übernahmesituation existierende Interessenkonflikt in die Beurteilung einfließen soll, ob der Geschäftsleiter der fiktiven Gesellschaft zur Vornahme der konkreten Handlung befugt gewesen wäre. Es fehlt daher bereits an der für eine mögliche Heranziehung des aktienrechtlichen „Neutralitätsgebots" vorausgesetzten Übernahmesituation. Folglich steht das aktienrechtliche „Neutralitätsgebot" der Anwendung der vorstehend herausgearbeiteten unmodifizierten *business judgement rule* nicht entgegen.

(γ) Keine Beschränkung auf die Fälle der Fortführung des Tagesgeschäfts und der Weiterverfolgung einer bereits eingeschlagenen Unternehmensstrategie

Im Schrifttum ist die Auffassung vertreten worden, der Anwendungsbereich der Regelung des § 33 Abs. 1 S. 2 Alt. 1 WpÜG sei auf die in der Gesetzesbegründung genannten Fälle der Fortführung des Tagesgeschäfts sowie der Weiterverfolgung bereits eingeschlagener Unternehmensstrategien begrenzt[2158]. Diese

---

2155 Das noch zu verabschiedende UMAG (vgl. bereits Fn. 57) sieht nunmehr die Aufnahme der *business judgement rule* in das geschriebene Aktienrecht in § 93 Abs. 1 S. 2 AktG vor. Vgl. dazu näher *Fleischer*, ZIP 2004, 685 ff.

2156 Im Ergebnis auch *Drygala*, ZIP 2001, 1861 (1867).

2157 Dazu *Drygala*, ZIP 1861 (1866 f.), im Ergebnis ebenfalls ablehnend. Zur Frage, inwieweit dem aktienrechtlichen „Neutralitätsgebot" nach dem Inkrafttreten des WpÜG überhaupt noch eine eigenständige Bedeutung zukommt siehe unten S. 448.

2158 *Winter/Harbarth*, ZIP 2002, 1 (5 ff.). Soweit diese ausführen, der weitreichende Handlungsfreiraum des Vorstands der Zielgesellschaft nach § 33 Abs. 1 S. 2 Alt. 1 WpÜG

Auffassung vermag nicht zu überzeugen. Weder der Wortlaut der Regelung noch die in der dazugehörigen Begründung anzutreffenden Ausführungen lassen den Schluß auf eine derartige Beschränkung des § 33 Abs. 1 S. 2 Alt. 1 WpÜG zu.

Wie die vorstehenden Untersuchungen gezeigt haben, ist dieser Ausnahmetatbestand dahingehend zu verstehen, daß der Vorstand der Zielgesellschaft so gestellt wird, als sei die Abgabe eines Übernahmeangebots nicht erfolgt. Diesem Verständnis liefe die Annahme zuwider, daß die Regelung auf jene beiden Fälle zu beschränken sei. Auch aus den Ausführungen in der Gesetzesbegründung läßt sich nichts anderes folgern. Die Hervorhebung an dieser Stelle, daß dem Management der Zielgesellschaft durch die Regelung ermöglicht werde, das Tagesgeschäft weiterzuführen, soll lediglich exemplarisch eine Verhaltensweise aufführen, die im Rahmen der Vorschrift gestattet wird („insbesondere")[2159]. Wenn darüber hinaus auch auf die Möglichkeit der Weiterverfolgung einer bereits eingeschlagenen Unternehmensstrategie abgestellt wird („zudem können auch (...)"), kann hierin keinesfalls eine zwingende Voraussetzung für die Vornahme außergewöhnlicher Handlungen erblickt werden. Der Gesetzgeber wollte gerade keine abschließende Aufzählung aller denkbaren zulässigen Handlungen im Rahmen des § 33 Abs. 1 S. 2 Alt. 1 WpÜG vornehmen. Darauf deutet auch die Anmerkung seitens der maßgeblichen Verfasser der Gesetzentwürfe hin, daß sämtliche zuvor nach § 33 Abs. 3 RefE-WÜG zulässigen Maßnahmen nunmehr nach § 33 Abs. 1 S. 2 Alt. 1 WpÜG zulässig seien[2160]. Vielmehr erklärt sich die gesonderte Hervorhebung der beiden Aspekte vor dem Hintergrund der an der Fassung des Referentenentwurfs geäußerten Kritik, die sich im wesentlichen auf diese beiden Punkte konzentrierte[2161]. Insbesondere dem Hinweis auf die Gestattung von Handlungen in Weiterverfolgung einer bereits eingeschlagenen Unternehmensstrategie kommt insoweit eine klarstellende Funktion zu. Der Gesetzgeber bringt damit explizit zum Ausdruck, daß noch nach § 33 Abs. 3 Ziff. 4 und 6 RefE-WÜG unzulässige Handlungen nunmehr gestattet sind. Vor diesem Hintergrund ist die Schlußfolgerung, außergewöhnliche Handlungen seien nur insoweit zulässig, als diese in Übereinstimmung mit einer bereits eingeschlagenen Strategie lägen, zu eng und überbewertet die Ausführungen in der Gesetzesbegründung, denen lediglich klarstellender Charakter zukommt.

---

sei nur durch die Annahme strenger Anforderungen an diese beiden Fälle zu rechtfertigen, um dadurch der Problematik des Interessenkonflikts begegnen zu können, verkennen diese, daß es infolge der „Ausblendungslösung" von vornherein nicht zu einem solchen Interessenkonflikt kommt. Für eine derartige Beschränkung wohl auch *Krause*, NJW 2002, 705 (712).

2159 Vgl. RegE-WpÜG, Begründung, Besonderer Teil, S. 143.

2160 *Möller/Pötzsch*, ZIP 2001, 1256 (1260).

2161 Dazu die Nachweise oben in Fn. 2123.

Die Annahme derart restriktiver Erwägungen läßt sich - so sehr diese auch rechtspolitisch wünschenswert sein mögen[2162] - selbst unter Verweis auf den Grundsatz des Erfolgsverhinderungsverbots nicht rechtfertigen[2163]. Das Anliegen des Gesetzgebers bestand gerade darin, diesen Grundsatz mit möglichst weitreichenden Ausnahmetatbeständen zu durchbrechen, um dadurch deutschen Unternehmen die aus Sicht der Bundesregierung notwendigen Freiräume zu verschaffen. Selbst wenn es der Intention des Gesetzgebers entsprochen haben sollte - wofür indes keinerlei Anhaltspunkte ersichtlich sind -, den Anwendungsbereich des § 33 Abs. 1 S. 2 Alt. 1 WpÜG im Ergebnis restriktiver zu fassen[2164], dürfte dies angesichts des weitreichenden Wortlauts, in dem diese Absicht letztlich nicht zum Vorschein gelangt, unbeachtlich bleiben[2165].

Allerdings deutet auch die Entstehung der Vorschrift eher darauf hin, daß die Einräumung derart weiter Handlungsfreiräume bereits im Rahmen der Regelung des § 33 Abs. 1 S. 2 Alt. 1 WpÜG der gesetzgeberischen Intention entspricht. Weder findet sich bei *Krieger*[2166], auf den der Formulierungsvorschlag zu dieser Regelung zurückgeht, eine Begrenzung auf außergewöhnliche Handlungen, die in Weiterverfolgung einer eingeschlagenen Strategie erfolgen, noch ist der Gesetzgeber dem Vorschlag des *DAV-Handelsrechtsausschusses* gefolgt, außergewöhnliche Maßnahmen zu erlauben, „sofern sie im Rahmen der eingeschlagenen Strategie liegen“[2167].

Für diese Sichtweise spricht zudem, daß in der Gesetzesbegründung des Finanzausschusses ausdrücklich darauf verwiesen wird, daß es im Rahmen der Ausnahmetatbestände des § 33 Abs. 1 S. 2 WpÜG dem Vorstand gestattet sein soll, Maßnahmen durchzuführen, die auf Ermächtigungen nach anderen Rechtsvorschriften als denen des WpÜG beruhen[2168]. Weder finden sich an dieser Stelle Anhaltspunkte dafür, daß dies im Rahmen der Regelung des § 33 Abs. 1 S. 2 Alt. 1 WpÜG nicht gelten soll, noch läßt sich den Ausführungen entnehmen, daß

2162 Zur Kritik an der Regelung siehe unten S. 494.

2163 Anders offenbar *Schwennicke* in Geibel/Süßmann, WpÜG, § 33 WpÜG, Rn. 43.

2164 Offenbar zu dieser Annahme tendierend *Ekkenga/Hofschroer*, DStR 2002, 724 (732).

2165 So auch die Einschätzung von *Schüppen*, WPg 2001, 958 (971). Wohl auch *Drygala*, ZIP 2001, 1861 (1866). Beide noch in Bezug auf den Regierungsentwurf.

2166 *Krieger* in Henze/Hoffmann-Becking, Gesellschaftsrecht 2001, S. 289 (307 ff.).

2167 *DAV-Handelsrechtsausschuß*, Stellungnahme zum RefE-WÜG, NZG 2001, 420 (429). Vielmehr begrüßt der *DAV-Handelsrechtsausschuß* die Neuregelung, da der Vorstand nun so handeln könne, „wie er unbewußt durch die Tatsache des Übernahmeangebots pflichtgemäß handeln würde“; vgl. *ders.*, Stellungnahme zum RegE-WpÜG, ZIP 2001, 1736 (1739).

2168 Vgl. BT-Drs. 14/7477 vom 14. November 2001, Einzelbegründung, S. 53.

dies für diesen Ausnahmetatbestand restriktiver zu handhaben sei als nach § 33 Abs. 1 S. 2 Alt. 3 WpÜG[2169].

Aus diesen Gründen wird man jegliche Beschränkung des Vorstandshandelns als nicht mit dem Wortlaut des § 33 Abs. 1 S. 2 Alt. 1 WpÜG vereinbar einstufen müssen. Hieraus folgt weiterhin, daß auch die Aufstellung besonderer Anforderungen an den in der Gesetzesbegründung exemplarisch angeführten Fall der Weiterverfolgung einer bereits eingeschlagenen Unternehmensstrategie abzulehnen ist[2170]. Vielmehr wird man auch einen Wechsel einer bereits eingeschlagenen Strategie während eines Übernahmeverfahrens in den durch die *ARAG*-Entscheidung vorgegebenen Grenzen[2171] als zulässig ansehen müssen.

(cc) Ergebnis

Im Hinblick auf die Ermittlung der Kriterien für die Rechtfertigung der Vornahme einer Handlung nach § 33 Abs. 1 S. 2 Alt. 1 WpÜG bleibt festzuhalten, daß der Vorstand im Ergebnis all jene Handlungen ergreifen darf, die ihm auch bei Nichtvorliegen eines Übernahmeangebots gestattet sind. Es gilt insoweit die unmodifizierte *business judgement rule*[2172]. Als Vergleichsmaßstab ist darauf abzustellen, ob auch ein ordentlicher und gewissenhafter Geschäftsleiter einer nicht von einem Übernahmeangebot betroffenen Gesellschaft die Handlung zulässigerweise hätte vornehmen dürfen. Der Heranziehung der *ARAG*-Grundsätze stehen auf Grund des der Regelung immanenten Ausblendungsmodells weder der regelmäßig in einer Übernahmesituation bestehende Interessenkonflikt in der Person des Vorstands der Zielgesellschaft noch das aktienrechtliche „Neutralitätsgebot" entgegen. Eine Beschränkung der Regelung einzig auf die in der Gesetzesbegründung angeführten Fälle der Fortführung des Tagesgeschäfts und der

2169 Dazu unten S. 441.

2170 Ebenso *Adolff et al.*, Takeovers, S. 204. Im einzelnen fordern *Winter/Harbarth*, ZIP 2002, 1 (7), eine „hinreichend verfestigte und in den Geschäftsberichten oder sonstigen veröffentlichten Dokumenten publizierte Unternehmensstrategie", wohingegen „einfache Erklärungen auf Pressekonferenzen, in Interviews oder gegenüber Analysten" ebensowenig wie Strategien, die inhaltlich jeder Fokussierung entbehren, nicht ausreichen sollen. Ähnliche Überlegungen finden sich bereits bei *Maier-Reimer*, ZHR 165 (2001), 258 (269), der eine Maßnahme des Vorstands dann nicht als durch die Übernahme motiviert sieht, wenn sich dies seitens des Vorstands aus „früheren strategischen Planungsunterlagen" belegen läßt. Nicht nur dürften derart unbestimmte Anforderungen zu erheblicher Rechtsunsicherheit beitragen, sondern es stellt sich auch die Frage, wie etwa mit einer hinreichend definierten Strategie, nicht übernommen zu werden, umzugehen ist.

2171 Zu den übrigen „allgemeinen" Grenzen siehe unten S. 479 ff.

2172 Für eine solche Lösung bereits *Thümmel*, DB 2000, 461 (463).

Weiterverfolgung einer bereits eingeschlagenen Unternehmensstrategie ist insbesondere angesichts des weit gefaßten Wortlauts der Regelung abzulehnen.

(2) Suche nach einem konkurrierenden Angebot

(a) Regelungszweck

Weiterhin ist nach § 33 Abs. 1 S. 2 Alt. 2 WpÜG die Suche nach einem konkurrierenden Angebot ausdrücklich zugelassen[2173]. Auch wenn das Herbeirufen eines weiteren Bieters objektiv zur Verhinderung des Erfolgs des Übernahmeangebots des Erstbieters geeignet ist[2174], begründet der Gesetzgeber diese Maßnahme gegenüber dem Referentenentwurf unverändert[2175] mit dem im Interesse aller Aktionäre liegenden Hinzuholen möglichst attraktiver Angebotskonditionen[2176]. Dem liegt die Annahme zugrunde, daß den verkaufswilligen Aktionären durch den auf diese Weise herbeigeführten Bieterwettstreit regelmäßig eine höhere Gegenleistung zugute kommt. Im Ergebnis vermag die Suche nach einem „weißen Ritter" jedoch nicht die Übernahme der Zielgesellschaft zu verhindern. Der einzige Unterschied zur Übernahme durch den aus Sicht der Verwaltung der Zielgesellschaft „ungewollten" Erstbieter besteht darin, daß die Zielgesellschaft nach der Kontrollerlangung durch den konkurrierenden Bieter einen der Verwaltung der Zielgesellschaft genehmen Großaktionär erhält[2177].

(b) Verhältnis zum übernahmerechtlichen Erfolgsverhinderungsverbot

Zwar handelt es sich bei der Suche nach einem konkurrierenden Angebot um eine der „klassischen" Verteidigungsmaßnahmen der Zielgesellschaft, doch wäre es unzutreffend, würde man das Hinzuholen eines weiteren Bieters als Ausnahme zum übernahmerechtlichen Erfolgsverhinderungsverbot verstehen. Vielmehr steht diese Maßnahme entgegen ihrer systematischen Einreihung in

2173 Zur Legaldefinition des konkurrierenden Angebots nach § 22 Abs. 1 WpÜG bereits oben S. 286.

2174 Es ließe sich auch unter Berufung auf den Wortlaut des § 33 Abs. 1 S. 1 WpÜG argumentieren, daß sich das Erfolgsverhinderungsverbot nicht konkret auf das Angebot des Erstbieters bezieht, sondern vielmehr auf das Übernahmevorhaben als solches. Danach wäre die Suche nach einem konkurrierenden Angebot bereits im Rahmen des § 33 Abs. 1 S. 1 WpÜG zulässig.

2175 Diese bereits in den Empfehlungen der Expertenkommission vorgesehene Verteidigungsmaßnahme hat das gesamte Gesetzgebungsverfahren unbeschadet überstanden.

2176 Vgl. RegE-WpÜG, Begründung, Besonderer Teil, S. 143.

2177 Zur Frage der Weitergabe von Informationen - etwa im Rahmen einer *due diligence* - an den konkurrierenden Bieter *Heider*, Syndikus, Mai/Juni 2000, 21 (21 ff.); *Hopt* in FS Lutter, S. 1361 (1384 ff.); *Winter/Harbarth*, ZIP 2002, 1 (5), sowie jüngst ausführlich *Fleischer*, ZIP 2002, 651 ff.

die „echten“ Ausnahmetatbestände des § 33 Abs. 1 S. 2 WpÜG im Einklang mit dem Grundsatz des § 33 Abs. 1 S. 1 WpÜG. Denn im Unterschied zu den beiden übrigen an dieser Stelle statuierten Ausnahmefällen wird durch die Suche nach einem konkurrierenden Bieter gerade nicht in die Entscheidungsfreiheit der Aktionäre eingegriffen. Im Gegenteil, durch das Hinzuholen eines oder mehrerer weiterer Übernahmeangebote eröffnet sich den Aktionären eine Wahlmöglichkeit zugunsten mehrerer Entscheidungsalternativen[2178]. Dadurch erweitert sich gerade der Handlungsspielraum der Aktionäre der Zielgesellschaft, während er im Fall des § 33 Abs. 1 S. 2 Alt. 1, 3 WpÜG erheblich beeinträchtigt wird[2179].

Indes wird man trotz der überwiegend als positiv bewerteten Folgen für die Aktionäre der Zielgesellschaft[2180] nach der jetzigen Rechtslage keine Verpflichtung des Vorstands zur Ergreifung dieser Verteidigungsmaßnahme annehmen können[2181]. Vielmehr reiht sich die Suche nach einem konkurrierenden Angebot in das System der zulässigen Ausnahmefälle des § 33 Abs. 1, 2 WpÜG ein[2182].

(c) Nicht von § 33 Abs. 1 S. 2 Alt. 2 WpÜG gedeckte Maßnahmen

Nicht von der Gestattung der Suche nach einem konkurrierenden Angebot umfaßt sind hingegen solche Maßnahmen, die über die bloße Anbahnung hinausgehen. Dazu zählen zum einen Maßnahmen finanzieller Art[2183], die auf eine Unterstützung des potentiellen Bieters abzielen[2184]. Dem steht bereits die Vorschrift des § 71a Abs. 1 S. 1 AktG entgegen. Zum anderen sind hiernach auch solche Maßnahmen unzulässig, die dem konkurrierenden Bieter außerhalb des Übernahmeverfahrens eine Beteiligung an der Zielgesellschaft gewähren sollen. Zu denken wäre etwa an die Ausgabe neuer Aktien an den Bieter unter Ausnutzung

---

2178 Folgerichtig wurde die Suche nach einem konkurrierenden Bieter auch bereits vor Inkrafttreten des WpÜG selbst seitens der Vertreter des aktienrechtlichen „Neutralitätsgebots“ in seiner striktesten Form zugelassen. Vgl. dazu oben Kap. 3, S. 151. Ebenfalls zulässig war diese Maßnahme nach dem Übernahmekodex sowie auch nach der EU-Übernahmerichtlinie in Gestalt des Gemeinsamen Standpunkts.

2179 Damit auch diejenigen Aktionäre, die bereits von der Annahme des ersten Angebots Gebrauch gemacht haben, die Möglichkeit zur Annahme des konkurrierenden Angebots erhalten, sieht § 22 Abs. 3 WpÜG ein gesetzliches Rücktrittsrecht vor.

2180 Einzig aus ökonomischen Gesichtspunkten ist die Suche nach einem konkurrierenden Angebot nach wie vor umstritten. Dazu unten S. 496.

2181 So bereits zur Rechtslage vor Inkrafttreten des WpÜG *Hopt* in FS Lutter, S. 1361 (1383). Dies indes fordernd *Busch*, Notwendigkeit spezialgesetzlicher Regelung, S. 109.

2182 Zum Verhältnis der einzelnen Ausnahmefälle untereinander siehe unten S. 484.

2183 So auch *DAV-Handelsrechtsausschuß*, Stellungnahme zum RegE-WpÜG, ZIP 2001, 1736 (1739).

2184 Zu denken wäre etwa an die Gewährung eines Vorschusses oder eines Darlehens.

eines genehmigten Kapitals und unter Ausschluß des Bezugsrechts der Altaktionäre[2185].

(3) Handlungen mit Zustimmung des Aufsichtsrats

Als letzter der drei „echten" Ausnahmetatbestände sieht § 33 Abs. 1 S. 2 Alt. 3 WpÜG vor, daß auch solche Handlungen des Vorstands der Zielgesellschaft ungeachtet des Erfolgsverhinderungsverbots nach § 33 Abs. 1 S. 1 WpÜG stets zulässig sind, denen der Aufsichtsrat der Zielgesellschaft zugestimmt hat.

(a) Rechtspolitischer Hintergrund

Die in „allerletzter Minute" vorgenommene Einfügung der Regelung des § 33 Abs. 1 S. 2 Alt. 3 WpÜG muß vor dem Hintergrund gesehen werden, daß sich die mit der Einführung der Vorratsbeschlüsse verbundenen Hoffnungen auf eine Stärkung der deutschen Unternehmen bereits im Vorfeld des Inkrafttretens des Gesetzes nicht zu bestätigen schienen[2186]. Dementsprechend wurden seit Vorlage des Regierungsentwurfs Forderungen nach weiterreichenden Handlungsfreiräumen des Vorstands der Zielgesellschaft vor allem seitens der deutschen Industrie und der Gewerkschaften laut. Wiederholt wurde unter Verweis auf die Rechtsordnungen der übrigen EU-Mitgliedstaaten geltend gemacht, daß sich deutsche Zielgesellschaften Unternehmensübernahmen wehrlos ausgesetzt sähen. Aus diesem Grund wurde der bereits seit längerem in der rechtspolitischen Diskussion kursierende Vorschlag unterbreitet, die Durchführung von Verteidigungsmaßnahmen nach Abgabe eines Übernahmeangebots von der Zustimmung des Aufsichtsrats abhängig zu machen, ohne zugleich die Hauptversammlung befragen zu müssen. Dadurch würden schnelle Entscheidungen gefördert und eine zusätzliche Verlängerung der Angebotsperiode[2187] vermieden[2188].

2185 Die Zulässigkeit solcher Maßnahmen ließe sich jedoch über § 33 Abs. 1 S. 2 Alt. 1, 3 WpÜG oder im Rahmen eines Vorratsbeschlusses nach § 33 Abs. 2 WpÜG herstellen.

2186 So betonen die Koalitionsfraktionen, daß die Wirkung von Vorratsbeschlüssen, wie die öffentliche Anhörung im Finanzausschuß gezeigt habe, nicht überschätzt werden dürfe. Vgl. BT-Drs. 14/7477 vom 14. November 2001, S. 51. Siehe auch *DAV-Handelsrechtsausschuß*, Stellungnahme zum RegE-WpÜG, ZIP 2001, 1736 (1739). Dazu auch unten S. 515.

2187 Nach § 16 Abs. 3 S. 1 WpÜG. Dazu oben S. 316.

2188 Vgl. *DGB*, Stellungnahme zum RegE-WpÜG vom 3. September 2001, S. 2 f.; *Spitzenverbände der deutschen Wirtschaft*, Stellungnahme zum RegE-WpÜG vom 27. September 2001, S. 3. So auch der in der Stellungnahme der Volkswagen AG zur öffentlichen Anhörung des Finanzausschusses unterbreitete Vorschlag. Vgl. FAZ vom 24. Oktober 2001, S. 31. Befürwortend bereits *Weisner*, ZRP 2000, 520 (524, 525); *Witte*, BB 2000, 2161 (2165).

Diesem Ansinnen folgten schließlich die Koalitionsfraktionen und brachten diesen Vorschlag bekanntermaßen in das parlamentarische Verfahren ein[2189]. Die dahinter stehende Intention, das nach Auffassung der Bundesregierung im internationalen Vergleich bestehende Ungleichgewicht zu Lasten deutscher Unternehmen weiter abzumildern, kommt auch in der Gesetzesbegründung des Finanzausschusses zum Ausdruck, wenn es dort heißt, daß die „Ausschußfassung" des Gesetzes „die Konsequenz daraus [ziehe], daß eine EU-weite Regelung von Unternehmensübernahmen mit einheitlichen Bedingungen für die Unternehmen in allen Mitgliedstaaten noch nicht vorliege"[2190]. Insbesondere werde berücksichtigt, „daß den Zielgesellschaften in den anderen Mitgliedstaaten der EU in der Regel wirksame Möglichkeiten zur Abwehr unerwünschter Unternehmensübernahmen zur Verfügung stünden"[2191].

Zugleich muß die Regelung des § 33 Abs. 1 S. 2 Alt. 3 WpÜG vor dem Hintergrund der Forderungen von Seiten der Gewerkschaften gesehen werden, die Interessen der Arbeitnehmer in einem Übernahmeverfahren stärker zu berücksichtigen[2192]. Insoweit stellt die Einbindung des Aufsichtsrats in den Prozeß zur Ergreifung von Abwehrmaßnahmen ein weiteres Zugeständnis an die Gewerkschaften dar. Belegt wird dies durch die in der Ausschußempfehlung anzutreffenden Ausführungen der Koalitionsfraktionen, wonach die Vorschrift des § 33 Abs. 1 S. 2 Alt. 3 WpÜG insbesondere der Wahrung der Interessen der Beschäftigten diene[2193].

(b) Kompetenzzuweisung durch den Aufsichtsrat

Folgt man der hier vertretenen Auffassung, daß es sich bei der Vorschrift des § 33 Abs. 1, 2 WpÜG um eine Kompetenznorm handelt[2194], nach der die grundsätzliche Zuständigkeit zur Vornahme erfolgsverhindernder Maßnahmen der Geschäftsführungskompetenz des Vorstands entzogen ist und in die Hände der Hauptversammlung der Zielgesellschaft gelegt wird, stellt die Zustimmung des Aufsichtsrats nach § 33 Abs. 1 S. 2 Alt. 3 WpÜG eine notwendige Voraussetzung zur Wiedererlangung dieser Kompetenz durch den Vorstand dar. Wie auch

2189 Dazu bereits oben S. 266.

2190 Vgl. BT-Drs. 14/7477 vom 14. November 2001, S. 50.

2191 Vgl. ebenda.

2192 Dazu bereits oben S. 266.

2193 So heißt es in BT-Drs. 14/7477 vom 14. November 2001, S. 50: „Die Interessen der Beschäftigten würden gewahrt, insbesondere durch die umfassenden Informationspflichten des Bieters und die Regelung, dem Vorstand der Zielgesellschaft innerhalb seiner Geschäftsführungskompetenz Abwehrmaßnahmen bereits dann zu ermöglichen, wenn ihnen der Aufsichtsrat zugestimmt habe, *weil die Anliegen der Arbeitnehmer in den Aufsichtsrat eingebracht werden könnten.*" (Hervorhebung durch den Verfasser).

2194 Näher dazu oben S. 421.

im Fall der beiden übrigen Ausnahmetatbestände des § 33 Abs. 1 S. 2 WpÜG beruht die Konzeption des § 33 Abs. 1 S. 2 Alt. 3 WpÜG darauf, daß die dem Vorstand grundsätzlich entzogene Kompetenz diesem ausnahmsweise wieder zufällt. Entgegen den beiden ersten Alternativen des § 33 Abs. 1 S. 2 WpÜG bedarf es dazu allerdings der zwingenden Mitwirkung des Aufsichtsrats, ohne dessen Zustimmung es gerade nicht zu einer Verlagerung der Kompetenz für den konkreten Fall käme[2195]. Die Zustimmung des Aufsichtsrats erlangt insofern eine besondere - dem Aktienrecht unbekannte - Bedeutung, da ihr die Funktion innewohnt, den Vorstand zur Vornahme erfolgsverhindernder Handlungen für zuständig zu erklären. Mit anderen Worten verfügt der Aufsichtsrat nach dem Willen des Gesetzgebers im Fall des § 33 Abs. 1 S. 2 Alt. 3 WpÜG über die Kompetenz, dem Vorstand die Kompetenz zur Ergreifung von Abwehrmaßnahmen einzuräumen. Neben dieser „Kompetenzzuweisungsfunktion" kommt der Zustimmung des Aufsichtsrats - wie auch nach § 33 Abs. 2 S. 4 WpÜG[2196] - gleichzeitig eine Kontrollfunktion zu[2197].

(c) Von § 33 Abs. 1 S. 2 Alt. 3 WpÜG erfaßte Handlungen

Aus der Gesetzesbegründung des Finanzausschusses geht hervor, daß sich der Vorstand bei der Vornahme von nach § 33 Abs. 1 S. 2 Alt. 3 WpÜG gestatteten Handlungen „innerhalb seiner Geschäftsführungskompetenz" zu bewegen habe[2198]. Weiterhin heißt es dort, daß „Maßnahmen, die nach allgemeinen gesellschaftsrechtlichen Grundsätzen in die Zuständigkeit der Hauptversammlung fallen", in deren Zuständigkeit verbleiben sollen[2199] und vom Vorstand nur auf Grund einer Ermächtigung durch die Hauptversammlung vorgenommen werden

---

2195 Ebenso *Röh* in Haarmann/Riehmer/Schüppen, WpÜG, § 33 WpÜG, Rn. 121.

2196 Dazu unten S. 460.

2197 Offenbar a.A. *Schneider*, AG 2002, 125 (129), nach dem der aus § 111 Abs. 4 S. 2 AktG bekannte Zustimmungsvorbehalt durch die Regelung lediglich zwingend festgeschrieben werde.

2198 Vgl. BT-Drs. 14/7477 vom 14. November 2001, S. 50, sowie Einzelbegründung, S. 53. Vor dem Hintergrund der vorstehend erörterten Funktionsweise der Regelung und der der Vorschrift des § 33 Abs. 1, 2 WpÜG insgesamt zugrundeliegenden Konzeption erscheinen diese Ausführungen indessen mißverständlich. Denn wie bereits erörtert wird dem Vorstand der Zielgesellschaft die Kompetenz zur Vornahme erfolgsverhindernder Handlungen entzogen und grundsätzlich der Hauptversammlung zugewiesen. Für den Fall des § 33 Abs. 1 S. 2 Alt. 3 WpÜG erlangt der Vorstand die Zuständigkeit erst mit der Zustimmung des Aufsichtsrats wieder. Streng genommen wird insoweit nach den Ausführungen des Finanzausschusses eine Zuständigkeit des Vorstands vorausgesetzt, die diesem erst zuteil werden soll. Auflösen läßt sich dieser Widerspruch dann, wenn man die Beschränkung auf die Geschäftsführungskompetenz des Vorstands aus der Gesamtschau mit dem zweiten Absatz der Begründung zu § 33 Abs. 1 und 2 WpÜG auf die allgemeinen gesellschaftsrechtlichen Grundsätze bezieht.

2199 Für Vorratsbeschlüsse wird dies in § 33 Abs. 2 S. 1 WpÜG ausdrücklich klargestellt.

dürften. Diesen Ausführungen folgend könnte man zu der Annahme gelangen, die Regelung des § 33 Abs. 1 S. 2 Alt. 3 WpÜG ermögliche dem Vorstand allein die Vornahme solcher Handlungen, die in seinem eigenen Kompetenzbereich liegen, nicht hingegen solcher, die sich im originären Kompetenzbereich der Hauptversammlung befinden.

Allerdings weist der Finanzausschuß klarstellend weiter darauf hin, daß die Möglichkeit zur Einholung eines Vorratsbeschlusses nach § 33 Abs. 2 WpÜG das Recht des Vorstands zur Durchführung von Maßnahmen im Rahmen des § 33 Abs. 1 S. 2 WpÜG insgesamt nicht einschränke. Daher seien insbesondere solche Maßnahmen, die auf Ermächtigungen „nach anderen Rechtsvorschriften" beruhen, während einer Übernahme nach wie vor durchführbar, sofern den Voraussetzungen des § 33 Abs. 1 S. 2 WpÜG nachgekommen werde[2200].

Da seitens des Finanzausschusses § 33 Abs. 1 S. 2 WpÜG insgesamt in Bezug genommen wurde, erlangen diese Ausführungen auch im Rahmen der Auslegung des § 33 Abs. 1 S. 2 Alt. 3 WpÜG besondere Bedeutung. Daraus ergibt sich nämlich, daß der Vorstand der Zielgesellschaft auch zur Vornahme solcher Maßnahmen berechtigt ist, die in den originären Kompetenzbereich der Hauptversammlung fallen. Einzige Voraussetzung bildet somit die Zustimmung durch den Aufsichtsrat[2201].

(d) Zeitpunkt der Zustimmung

Die Zustimmung des Aufsichtsrats zu der konkreten Handlung hat vor Ergreifung der Maßnahme durch den Vorstand zu erfolgen. Dies soll sich bereits unmittelbar aus dem Gesetzeswortlaut ergeben[2202]. Jedenfalls folgt die Annahme eines vorherigen Zustimmungserfordernisses aus der zuvor erörterten Funktionsweise der Vorschrift. Denn dem Ausnahmetatbestand des § 33 Abs. 1 S. 2 Alt. 3 WpÜG liegt der Gedanke zugrunde, daß dem Vorstand die ihm durch das Erfolgsverhinderungsverbot des § 33 Abs. 1 S. 1 WpÜG entzogene Kompetenz zur Vornahme erfolgsverhindernder Handlungen wieder zugewiesen wird. Da sich diese Zuweisung mit Zustimmung des Aufsichtsrats vollzieht, wäre es unzureichend, würde die Zustimmung erst im nachhinein erfolgen. Beruft sich der Vorstand bei der Ergreifung einer Abwehrmaßnahme folglich auf diese Regelung, ohne daß ihm die vorherige Zustimmung durch den Aufsichtsrat erteilt

---

2200 Vgl. BT-Drs. 14/7477 vom 14. November 2001, Einzelbegründung, S. 53.

2201 Näher zur Inanspruchnahme von Ermächtigungen außerhalb des § 33 Abs. 2 WpÜG unten S. 466.

2202 So *Winter/Harbarth*, ZIP 2002, 1 (8). Zwar heißt es in § 33 Abs. 1 S. 2 Alt. 3 a.E. „zugestimmt hat", doch folgt unter Zugrundelegung des „technischen" Begriffs der Zustimmung i.S.d. §§ 182 ff. BGB hieraus nicht, ob es sich um eine vorherige oder nachträgliche Zustimmung zu handeln hat.

wurde, liegt ein unzulässiger Eingriff in die Kompetenz der Hauptversammlung vor. Denn auf Grund des Fehlens der vorherigen Zustimmung lag die Kompetenz zur Vornahme erfolgsverhindernder Handlungen dem Grundsatz entsprechend unverändert bei der Hauptversammlung der Zielgesellschaft. Auch die Erteilung einer Generalzustimmung durch den Aufsichtsrat liefe diesem Verständnis der Regelung zuwider und ist daher unzulässig[2203]. Untermauert wird die Annahme eines vorherigen Zustimmungserfordernisses schließlich auch durch die Gesetzesbegründung des Finanzausschusses. Dort wird ausdrücklich betont, daß die Zustimmung des Aufsichtsrats zuvor zu erfolgen habe[2204].

(e) Handlungsmaßstab

(aa) Handlungsmaßstab des Vorstands

(α) Keine Heranziehung der ARAG-Grundsätze

Anders als im Fall des § 33 Abs. 1 S. 2 Alt. 1 WpÜG bestimmt sich der Handlungsmaßstab des Vorstands der Zielgesellschaft bei der Vornahme von Handlungen, denen der Aufsichtsrat zuvor zugestimmt hat, nicht nach den Grundsätzen der *ARAG*-Entscheidung[2205]. Dies liegt darin begründet, daß dem Ausnahmetatbestand des § 33 Abs. 1 S. 2 Alt. 3 WpÜG nicht gleichfalls das „Ausblendungsmodell" zugrunde liegt, an dem sich der Handlungsmaßstab des Vorstands im Fall des § 33 Abs. 1 S. 2 Alt. 1 WpÜG auszurichten hat. Folglich ist im Rahmen des § 33 Abs. 1 S. 2 Alt. 3 WpÜG stets auf die konkrete Übernahmesituation abzustellen. Aus diesem Grund findet auch der regelmäßig vorliegende Interessenkonflikt Berücksichtigung, in dem sich der Vorstand der Zielgesellschaft während eines Übernahmeverfahrens befindet[2206]. Wie bereits ausgeführt, sieht der BGH die Grenzen des weit verstandenen unternehmerischen Handlungsspielraums des Vorstands als überschritten an, wenn ein dem Unternehmenswohl widerstreitendes Eigeninteresse des Vorstands vorliegt. Denn in diesem Fall sei ein ausschließlich am Wohl des Unternehmens orientiertes, uneigennütziges Handeln nicht mehr gewährleistet, das jedoch notwendige Voraussetzung für einen weitreichenden Handlungsfreiraum sei[2207].

Da in der Regel die Gefahr besteht, daß auf Grund eines solch schwerwiegenden Interessenkonflikts eigensüchtige Motive für die Entscheidungen des Vorstands der Zielgesellschaft ausschlaggebend sind, jedenfalls in den Entscheidungspro-

---

2203 Im Ergebnis auch *Winter/Harbarth*, ZIP 2002, 1 (8).
2204 Vgl. BT-Drs. 14/7477 vom 14. November 2001, Einzelbegründung, S. 53.
2205 Dazu die Nachweise oben in Fn. 2143.
2206 Siehe dazu Kap. 1, S. 49.
2207 Vgl. *Ulmer*, ZHR 163 (1999), 290 (298). Siehe auch bereits oben S. 431.

zeß miteinfließen, kann der Auffassung, wonach die Heranziehung der *ARAG*-Grundsätze auch für diesen Fall ausnahmsweise zuzulassen sei, nicht gefolgt werden[2208]. Danach soll jeweils für den konkreten Einzelfall festgestellt werden, ob der Anwendung der Grundsätze der *ARAG*-Entscheidung das Vorliegen eines Interessenkonflikts entgegensteht. Nicht zu überzeugen vermag zum einen bereits die nach dieser Auffassung vorgenommene Reduzierung der persönlichen Interessen des Vorstands auf Interessen rein finanzieller Natur[2209]. Über rein finanziell motiviertes Handeln hinaus bestehen weitere vielfältige Interessen des Vorstands am Erhalt seiner Position, die sich analog dem Motivbündel der persönlichen Gründe für die Übernahme eines Unternehmens bestimmen[2210]. Daher spricht nicht bloß der Gedanke der Rechtssicherheit für die Annahme einer generellen Nichtheranziehung der *ARAG*-Grundsätze[2211]. Weitaus schwerwiegender dürfte sich zum anderen der Umstand auswirken, daß es dem Vorstand regelmäßig ohne größere Schwierigkeiten gelingen wird, den ihm nach der Gegenansicht aufzuerlegenden Nachweis uneigennützigen Handelns zu erbringen. Behauptet der Vorstand nämlich, er habe eine Abwehrmaßnahme ergriffen, um die in der Zielgesellschaft zusammentreffenden Interessen zu wahren, wird man ihm angesichts der Vielzahl der unterschiedlichen zu berücksichtigenden Interessengruppierungen schwerlich das Gegenteil nachweisen können[2212]. Mit anderen Worten wird sich regelmäßig ein Eigeninteresse des Vorstands mit einem der insoweit maßgeblichen Interessen begründen lassen. Aus diesen Gründen erscheint es daher angezeigt, den Vorstand der Zielgesellschaft von vornherein aus diesem Interessenkonflikt zu entheben und daher die Heranziehung der *ARAG*-Grundsätze generell zu verneinen.

(β) Abwägungsprozeß unter Heranziehung des § 3 Abs. 3 WpÜG

(αα) Die Interessen der Zielgesellschaft nach § 3 Abs. 3 WpÜG

Nachdem soeben festgestellt wurde, daß im Rahmen des § 33 Abs. 1 S. 2 Alt. 3 WpÜG der Anwendung der *ARAG*-Grundsätze der Interessenkonflikt des Vor-

2208 So *Winter/Harbarth*, ZIP 2002, 1 (9 f.). Wie hier *Ekkenga* in Ehricke/Ekkenga/Oechsler, WpÜG, § 33 WpÜG, Rn. 59.

2209 *Winter/Harbarth*, ebenda, führen als Beispiel den Fall an, daß die Mitglieder des Vorstands auf Grund eines umfangreichen Aktienbesitzes ein gesteigertes Interesse am Zustandekommen der Übernahme haben. Dem wird man indes entgegnen müssen, daß bereits die Möglichkeit besteht, zur Realisierung der Buchgewinne die Aktien nach Bekanntwerden der Gegenleistung zu veräußern.

2210 Dazu näher oben in Kap. 1, S. 43.

2211 So aber *Winter/Harbarth*, ZIP 2002, 1 (9).

2212 Zu den zu berücksichtigenden Interessen *Hüffer*, AktG, § 76 AktG, Rn. 12 ff.; *Mertens* in KK AktG, § 76 AktG, Rn. 16 ff.

stands während einer Übernahme entgegensteht, stellt sich die Frage, welcher Maßstab an das Verhalten des Vorstands für diesen Fall anzulegen ist. Eine erste Orientierung könnte insofern der allgemeine Grundsatz des Interessenwahrungsgebots nach § 3 Abs. 3 WpÜG bieten, wonach Vorstand und Aufsichtsrat der Zielgesellschaft im Interesse der Zielgesellschaft handeln müssen. Nach dem ausdrücklichen Willen des Gesetzgebers sind die allgemeinen Grundsätze auch bei der Auslegung einzelner Vorschriften des neuen Gesetzes heranzuziehen[2213]. Hinter dem Interessenwahrungsgebot steht der Gedanke, daß auch während eines Übernahmeverfahrens die allgemeinen gesellschaftsrechtlichen Pflichten durch das neue WpÜG nicht suspendiert werden[2214]. Klarstellend heißt es dazu in der Gesetzesbegründung, daß dabei die Interessen der Aktionäre, der Arbeitnehmer und der Gesellschaft insgesamt zu berücksichtigen seien[2215]. An anderer Stelle hebt der Gesetzgeber auch das Interesse des Gemeinwohls hervor[2216]. Vor diesem Hintergrund liefe die Annahme, der Vorstand habe allein die Interessen der Aktionäre zu berücksichtigen[2217], dem ausdrücklichen Willen des Gesetzgebers zuwider. Die ausschließliche Berücksichtigung der Interessen der Aktionäre wäre zudem dem deutschen Recht insoweit fremd, als daß der Vorstand auf das Unternehmensinteresse als ein Geflecht von Interessen verpflichtet wird[2218].

Die Aufarbeitung der unterschiedlichen Interessenlagen im Hinblick auf die Abwehr einer Unternehmensübernahme eingangs dieser Untersuchung hat allerdings gezeigt, daß die genannten Interessen in einer Übernahmesituation nur schwerlich miteinander in Einklang zu bringen sind[2219]. Es stellt sich daher die Frage, wie die unterschiedlichen Interessen bei der Entscheidungsfindung des Vorstands zu gewichten sind. Aus der Gesetzesbegründung geht nicht hervor, inwieweit die dort aufgeführten Interessen in einem bestimmten Rangverhältnis zueinander stehen. Jedenfalls wird man aus der an dieser Stelle anzutreffenden Reihenfolge der Aufzählung der Interessen allein keine Rangordnung ableiten können. Aus der Systematik des Gesetzes folgt jedoch, daß Schutzbestimmungen zugunsten der außenstehenden Aktionäre klar überwiegen. Dies korrespondiert mit der gesetzgeberischen Intention, nach der die Wahrung der Interessen der Aktionäre als vorrangiges Regelungsziel ausgewiesen ist[2220]. Allein im Hin-

---

2213 Vgl. RegE-WpÜG, Begründung, Besonderer Teil, S. 83.
2214 Vgl. RegE-WpÜG, Begründung, Besonderer Teil, S. 83.
2215 Vgl. RegE-WpÜG, Begründung, Besonderer Teil, S. 83.
2216 Vgl. zu § 33 Abs. 1 S. 2 WpÜG, RegE-WpÜG, Begründung, Besonderer Teil, S. 143.
2217 Etwa *Mülbert*, IStR 1999, 83 (84), im Hinblick auf § 76 AktG. Dazu näher oben Kap. 3, S. 152. Auch *Wackerbarth*, WM 2001, 1741 (1744) mit Fn. 33.
2218 Dazu oben Fn. 2212.
2219 Dazu oben Kap. 1, S. 48.
2220 Siehe dazu oben S. 271. Zutreffend weist *Schnorbus*, ZHR 166 (2002), 72 (90), darauf hin, daß der primäre Anlaß für das neue Gesetz „ohne Frage der Schutz der Wertpapierinhaber der Zielgesellschaft" war.

blick auf die Sicherstellung von Information und Transparenz soll eine Gleichstellung der Arbeitnehmer mit den Aktionären erreicht werden. Auch was die Zielgesellschaft als solche betrifft, ergibt sich im Umkehrschluß zu § 3 Abs. 4 S. 2 WpÜG, daß der Gesetzgeber es als zulässig erachtet, wenn die Zielgesellschaft durch das Übernahmeverfahren zumindest für einen gewissen Zeitraum in ihrer Geschäftstätigkeit behindert wird. Im übrigen besteht das übergeordnete Regelungsziel des neuen Gesetzes im Schutz der Minderheitsaktionäre, was auch durch die exponierte Stellung der allgemeinen Grundsätze des § 3 Abs. 1 und 2 WpÜG zum Ausdruck gelangt. Die insgesamt erkennbare deutliche Dominanz solcher Regelungen, die zum Schutz der Aktionäre vorgesehen sind, läßt den Schluß zu, daß den Interessen der Aktionäre im Rahmen der Vorschrift des § 3 Abs. 3 WpÜG eine hervorgehobene Bedeutung zukommt, mit der Folge, daß die übrigen in der Zielgesellschaft zusammentreffenden Interessen hinter den Aktionärsinteressen zurückzutreten haben.

Für die Annahme eines Vorrangs der Interessen der Aktionäre sprechen auch entstehungsgeschichtliche Erwägungen. Der Gesetzgeber hat im Laufe des Gesetzgebungsverfahrens nicht nur davon abgesehen, einzelne im Rahmen des Interessenwahrungsgebots nach § 3 Abs. 3 WpÜG zu berücksichtigende Interessengruppierungen - etwa nach österreichischem Vorbild[2221] - in den Gesetzeswortlaut aufzunehmen, sondern auch auf eine stärkere Gewichtung der von den Interessen der Aktionäre verschiedenen Interessen verzichtet[2222]. Vielmehr hat es der Gesetzgeber bei dem Hinweis in der Gesetzesbegründung belassen, daß die in der Gesellschaft zusammentreffenden Interessen „insgesamt" zu berücksichtigen seien. Einer besonderen Gewichtung der Interessen der Aktionäre im Sinne einer vorrangigen Berücksichtigung stehen diese Ausführungen gerade nicht entgegen. Wie vorstehend ausgeführt, bedeutet dies für die übrigen Interessen keineswegs, daß sie völlig außer Acht gelassen werden können. Vielmehr sind sie den Interessen der Aktionäre nachgeordnet gleichrangig miteinander abzuwägen.

Auf diese Weise wird der besonderen Übernahmesituation angemessen Rechnung getragen: die allgemeinen gesellschaftsrechtlichen Pflichten werden nicht suspendiert, sondern der Übernahmesituation entsprechend modifiziert. Angesichts der Tatsache, daß bereits nach den aktienrechtlichen Vorschriften der §§ 76, 93 AktG ein dem Vorstand der Zielgesellschaft auferlegtes aktienrechtliches „Neutralitätsgebot" von der überwiegenden Auffassung im Schrifttum

2221 § 3 Ziff. 3 öÜbG. Dazu oben Kap. 4, S. 210.

2222 Vgl. *DGB*, Stellungnahme zum DiskE-ÜG vom 11. Oktober 2000, zu § 3 DiskE-ÜG: „Vorstand und Aufsichtsrat der Zielgesellschaft müssen im Interesse der Aktionäre, der Arbeitnehmerinnen und Arbeitnehmer, sowie der Gesellschaft handeln insbesondere auch im Hinblick auf die Sicherung von Arbeitsplätzen und Standorten."

angenommen wurde, erscheint dies sachgerecht. Schließlich geht die Regelung des § 3 Abs. 3 WpÜG ersichtlich inhaltlich nicht über die Vorgaben des allgemeinen Aktienrechts hinaus.

Festzuhalten bleibt somit, daß im Rahmen der Interessenwahrung nach § 3 Abs. 3 WpÜG durch die Verwaltung der Zielgesellschaft vorrangig die Interessen der Aktionäre Berücksichtigung zu finden haben.

(ββ) Folgen für die Abwägung im Rahmen des § 33 Abs. 1 S. 2 Alt. 3 WpÜG

Unter Heranziehung der vorstehend im Rahmen des Interessenwahrungsgebots nach § 3 Abs. 3 WpÜG entwickelten Grundsätze auf den Fall des § 33 Abs. 1 S. 2 Alt. 3 WpÜG gelangt man zu dem Ergebnis, daß der Vorstand der Zielgesellschaft bei seiner Entscheidung zur Ergreifung einer Abwehrmaßnahme unter den insgesamt zu berücksichtigenden Interessen denen der Aktionäre besonderes Gewicht beizumessen hat[2223]. Gerade für den Ausnahmetatbestand des § 33 Abs. 1 S. 2 Alt. 3 WpÜG gilt dies in erhöhtem Maße, da die Durchführung von Verteidigungshandlungen in diesem Fall vollständig der Mitwirkung durch die Hauptversammlung entzogen ist. Insoweit besteht ein gesteigertes Bedürfnis, die schützenswerten Interessen der Aktionäre bei der Entscheidung zu berücksichtigen. Es ist daher in diesen Fällen ein erkennbar höherer Maßstab anzulegen als bei der Ausübung eines Vorratsbeschlusses[2224], wo dem Umstand Rechnung getragen werden muß, daß eine Einbindung der Aktionäre in die Entscheidungsfindung - wenngleich in nur unzureichendem Maße - erfolgt ist. Daher kann im Rahmen des § 33 Abs. 1 S. 2 Alt. 3 WpÜG keineswegs jedes Unternehmensinteresse zur Rechtfertigung der Entscheidung über die Ergreifung einer Abwehrmaßnahme ausreichen; schon gar nicht allein die Abwehr eines Übernahmeversuchs[2225]. Vielmehr muß am Ende einer sorgfältigen Abwägung der Interessen der Aktionäre einerseits und der nachrangig vorzunehmenden Abwägung der übrigen in der Zielgesellschaft zusammentreffenden Interessen andererseits fest-

---

2223 Zu diesem Ergebnis scheint auch die *Regierungskommission „Deutscher Corporate Governance-Kodex"* zu tendieren, was seinen Ausdruck in Ziff. 3.7 Abs. 2 S. 2 DCG-Kodex findet, wonach die Verwaltung bei ihren Entscheidungen nach Bekanntgabe eines Übernahmeangebots an das „beste Interesse der Aktionäre und des Unternehmens" gebunden sei. Kritisch dazu *DAV-Handelsrechtsausschuß*, Stellungnahme zum Entwurf eines DCG-Kodex, zu III.7. Dagegen soll sich nach *Schwennicke* in Geibel/Süßmann, § 3 WpÜG, Rn. 22, dem Gesetz ein Vorrang des Interesses der Aktionäre im Rahmen des § 33 WpÜG nicht entnehmen lassen, was jedoch nicht näher begründet wird.

2224 Näher dazu unten S. 459.

2225 *Schwennicke* in Geibel/Süßmann, WpÜG, § 33 WpÜG, Rn. 49, hingegen stellt allein darauf ab, ob Handlungen im Unternehmensinteresse erforderlich und geeignet sind.

stehen, daß die Interessen der Aktionäre geringer zu gewichten sind[2226]. Nur für diesen Fall ist es dem Vorstand der Zielgesellschaft gestattet, eine erfolgsverhindernde Handlung nach § 33 Abs. 1 S. 2 Alt. 3 WpÜG vorzunehmen, wobei er den Nachweis zu erbringen hat, daß die Durchführung der Abwehrmaßnahme in diesem Sinne zulässig war.

(bb) Handlungsmaßstab des Aufsichtsrats

(α) Keine Heranziehung des aktienrechtlichen „Neutralitätsgebots"

Da der Aufsichtsrat der Zielgesellschaft nicht dem Anwendungsbereich des übernahmerechtlichen Erfolgsverhinderungsverbots des § 33 Abs. 1 S. 1 WpÜG unterliegt[2227], ist fraglich, an welchem Maßstab sich das Handeln des Aufsichtsrats im Rahmen des § 33 Abs. 1 S. 2 Alt. 3 WpÜG auszurichten hat. Zu denken wäre dabei an die Heranziehung des aktienrechtlichen „Neutralitätsgebots". Auch wenn sich die Diskussion um die Verhaltenspflichten der Verwaltung der Zielgesellschaft vor Inkrafttreten der spezialgesetzlichen Regelungen vornehmlich auf die Pflichten des Vorstands konzentrierte, wurde mitunter seitens der Befürworter des aktienrechtlichen „Neutralitätsgebots" zu Recht die Auffassung vertreten, der Aufsichtsrat unterliege während eines Übernahmeverfahrens gleichfalls derartigen besonderen Verhaltensanforderungen[2228]. So sah etwa *Hopt* den Aufsichtsrat ebenso wie den Vorstand auf Grund seiner Funktion als Fremdinteressenwahrer als vom „Neutralitätsgebot" erfaßt an[2229]. Auch für den Aufsichtsrat gelte daher ein Verbot, nicht auf die Zusammensetzung des Aktionärskreises einzuwirken. Vor dem Hintergrund, daß der Aufsichtsrat gemäß § 116 AktG im Hinblick auf die Sorgfaltspflichten und bezüglich der Verantwortlichkeit den gleichen Anforderungen wie der Vorstand nach § 93 AktG unterliegt, kann für die Mitglieder des Kontrollorgans nichts anderes gelten als für diejenigen des Vorstands. Daran vermag auch der Umstand, daß sich die Mitglieder des Aufsichtsrats unter dem Regime der Mitbestimmung aus unterschiedlichen Gruppierungen rekrutieren, nichts zu ändern. Denn die Aufsichts-

---

2226 Ähnlich *Winter/Harbarth*, ZIP 2002, 1 (10), die, sofern man im konkreten Fall zu dem Ergebnis gelangt, daß der Anwendung der *ARAG*-Grundsätze ein Interessenkonflikt entgegensteht, ein qualifiziertes Unternehmensinteresse fordern.

2227 Siehe oben S. 415. Nach *Winter/Harbarth*, ZIP 2002, 1 (11), die entgegen der hier vertretenen Auffassung weiterhin von einer Geltung des Erfolgsverhinderungsverbots für den Aufsichtsrat ausgehen, soll die Zustimmung des Aufsichtsrats nach § 33 Abs. 1 S. 2 Alt. 3 WpÜG in Durchbrechung dieses Grundsatzes erfolgen.

2228 Von dessen Einbeziehung ausgehend, jedoch Begründung offenlassend *Mülbert*, IStR 1999, 83 (89); siehe auch RegE-WpÜG, Begründung, Besonderer Teil, S. 141.

2229 Vgl. *Hopt*, ZGR 1993, 534 (565). Zum ganzen bereits oben Kap. 3, S. 148.

ratsmitglieder repräsentieren keine Partikularinteressen, sondern unterliegen einer ungeteilten Treupflicht gegenüber der Gesellschaft[2230].

Wollte man nunmehr auch nach Inkrafttreten des WpÜG das aktienrechtliche „Neutralitätsgebot" auf die Mitglieder des Aufsichtsrats heranziehen, hätte dies letzten Endes zur Folge, daß die im Endstadium des Gesetzgebungsverfahrens aus dem Adressatenkreis des übernahmerechtlichen Erfolgsverhinderungsverbots „entlassenen" Aufsichtsratsmitglieder nunmehr dennoch jenen strengen Verhaltensanforderungen unterliegen. Eine solche Annahme würde dem in der Herausnahme des Aufsichtsrats aus dem Anwendungsbereich der Regelung manifestierten Willen des Gesetzgebers zuwiderlaufen. Es muß daher davon ausgegangen werden, daß die spezialgesetzliche Normierung des übernahmerechtlichen Erfolgsverhinderungsverbots als abschließende Regelung der Verhaltenspflichten der Verwaltung der Zielgesellschaft während der Dauer eines Übernahmeverfahrens anzusehen ist. Für die Fortgeltung des aktienrechtlichen „Neutralitätsgebots" neben der Vorschrift des § 33 Abs. 1, 2 WpÜG besteht daher in dieser Zeitspanne kein Raum.

Dafür spricht insbesondere die Entstehung der Regelung. So gingen die Verfasser des Referentenentwurfs davon aus, daß es sich bei § 33 Abs. 1 S. 1 WpÜG um eine gesetzliche Ausformulierung der bereits nach der Rechtslage vor Inkrafttreten des WpÜG gesellschaftsrechtlich geltenden Verhaltenspflicht handelt[2231]. Trotz der grundlegenden Änderungen knüpft auch die Gesetzesbegründung unverändert an das nach überwiegender Auffassung geltende aktienrechtliche „Neutralitätsgebot" an[2232].

Die Annahme einer Fortgeltung des aktienrechtlichen „Neutralitätsgebots" neben der Regelung des § 33 Abs. 1, 2 WpÜG während eines Übernahmeverfahrens hätte zudem zur Folge, daß sich der Vorstand wegen eines Verstoßes gegen das aktienrechtliche „Neutralitätsgebot" schadensersatzpflichtig nach § 93 Abs. 2 AktG machen könnte, obwohl die Vornahme der Handlung von einem der Ausnahmefälle des § 33 Abs. 1, 2 WpÜG gedeckt war. Es steht außer Frage, daß dieses Ergebnis nicht dem Willen des Gesetzgebers entspricht. Das übernahmerechtliche Erfolgsverhinderungsverbot stellt insoweit nach der gesetzgeberischen Intention die abschließende Beantwortung der Frage nach den Verhaltenspflichten der Verwaltung der Zielgesellschaft während eines Übernahme-

2230 Vgl. *Hüffer*, AktG, § 116 AktG, Rn. 4; *Mertens* in KK AktG, § 116 AktG, Rn. 22, 27.

2231 Vgl. RefE-WÜG, Begründung, Besonderer Teil, S. 142. Gleiches gilt angesichts des kapitalmarktrechtlichen Schwerpunkts des neuen WpÜG, wenn man das vor Inkrafttreten des Gesetzes bestehende „Neutralitätsgebot" - wie zuletzt des öfteren der Fall - kapitalmarktrechtlich begründet wissen will. Dazu die Nachweise oben Kap. 3, Fn. 808.

2232 Vgl. RegE-WpÜG, Begründung, Besonderer Teil, S. 141.

verfahrens dar[2233]. Es handelt sich insoweit bei dem übernahmerechtlichen Erfolgsverhinderungsverbot - wie auch bei den Regelungen des § 33 Abs. 2 WpÜG - um aktienrechtliches Sonderrecht. Demzufolge ging der Gesetzgeber gerade nicht davon aus, daß die Eingrenzung des Anwendungsbereichs des § 33 Abs. 1 S. 1 WpÜG auf den Vorstand der Zielgesellschaft zur Folge haben würde, daß sich das Verhalten des Aufsichtsrats an dem aktienrechtlichen „Neutralitätsgebot" auszurichten hat. Die für die Herausnahme ursächliche, gleichzeitig eingeführte Regelung des § 33 Abs. 1 S. 2 Alt. 3 WpÜG liefe nämlich bei einer solchen Sichtweise leer[2234]. Die Wertungsentscheidung des Gesetzgebers, den Aufsichtsrat nicht dem Verbot erfolgsverhindernder Maßnahmen zu unterwerfen, muß insoweit hingenommen werden.

(β) Anwendung der für den Vorstand entwickelten Kriterien

Es gilt daher für den Handlungsmaßstab des Aufsichtsrats der Zielgesellschaft nichts anderes als für deren Vorstand. Insoweit kann auf die vorstehenden Ausführungen verwiesen werden[2235]. Der Heranziehung der *ARAG*-Grundsätze steht gleichfalls der auch in der Person eines Aufsichtsratsmitglieds auftretende Interessenkonflikt entgegen[2236]. Auch in diesem Zusammenhang erscheint eine einzelfallabhängige Beurteilung dahingehend, ob tatsächlich ein Interessenkonflikt besteht, aus den gleichen Gründen wie bereits bei den Vorstandsmitgliedern nicht geboten[2237]. Auch im Hinblick auf den der Entscheidung des Aufsichtsrats zugrundeliegenden Abwägungsprozeß gelten die für den Vorstand entwickelten Kriterien entsprechend. Im Hinblick auf den allgemeinen Grundsatz des § 3 Abs. 3 WpÜG folgt dies bereits aus dem Gesetzeswortlaut, wonach der Aufsichtsrat ausdrücklich in den Adressatenkreis des Interessenwahrungsgebots einbezogen wird. Zwar könnte man zu der Annahme tendieren, dem Aufsichtsrat der Zielgesellschaft müsse bei der Zustimmung zu einer Abwehrmaßnahme ein weiterer Handlungsfreiraum als dem Vorstand zustehen, da der Aufsichtsrat gerade nicht dem übernahmerechtlichen Erfolgsverhinderungsverbot unterliege. Doch würde eine solche Sichtweise verkennen, daß der für den Vorstand im Fall des § 33 Abs. 1 S. 2 Alt. 3 WpÜG entwickelte Handlungsmaßstab erst dann eingreift, nachdem die Zustimmung des Aufsichtsrats erfolgt und damit der Vorstand von der Verpflichtung des § 33 Abs. 1 S. 1 WpÜG entbunden ist. Es gilt daher auch für den Aufsichtsrat, daß dieser nach einer Interessenabwägung zu

2233 Wohl auch *Krause*, AG 2002, 133 (136); *Bayer*, ZGR 2002, 588 (605).

2234 Dazu bereits oben S. 415.

2235 Siehe oben S. 444.

2236 Darauf abstellend auch RefE-WÜG, Begründung, Besonderer Teil, S. 142.

2237 Anders freilich *Winter/Harbarth*, ZIP 2002, 1 (11), die auch hier einzelfallbezogen Ausnahmen zulassen wollen.

dem Ergebnis gelangen muß, daß die übrigen in der Zielgesellschaft zusammentreffenden Interessen diejenigen der Aktionäre eindeutig überwiegen.

(cc) Ergebnis

Der Handlungsmaßstab des Vorstands der Zielgesellschaft bestimmt sich bei der Vornahme von Handlungen, denen der Aufsichtsrat zuvor zugestimmt hat, nicht nach den Grundsätzen der *ARAG*-Entscheidung. Anders als im Rahmen des § 33 Abs. 1 S. 1 Alt. 1 WpÜG ist vorliegend auf die konkrete Übernahmesituation abzustellen, mit der Folge, daß auch der Interessenkonflikt des Vorstands Berücksichtigung zu finden hat. Da ein ausschließlich am Wohl des Unternehmens orientiertes, uneigennütziges Handeln des Vorstands in dieser Situation nicht zu gewährleisten ist, wird der Vorstand durch die generelle Versagung der Heranziehung der *ARAG*-Grundsätze dem Interessenkonflikt von vornherein enthoben. Maßstab für das Handeln des Vorstands bildet statt dessen der allgemeine Grundsatz des § 3 Abs. 3 WpÜG, dessen Auslegung zu dem Ergebnis führt, daß die Interessen der Aktionäre vorrangig gegenüber weiteren im Geflecht des Unternehmensinteresses zusammengefaßten Interessen zu berücksichtigen sind. Auf die Situation des § 33 Abs. 1 S. 2 Alt. 3 WpÜG übertragen bedeutet dies, daß keineswegs jedes Unternehmensinteresse die Ergreifung von Abwehrmaßnahmen zu rechtfertigen vermag. Vielmehr muß sich im Rahmen einer sorgfältigen Interessenabwägung ergeben, daß die Interessen der Aktionäre gegenüber den übrigen in der Zielgesellschaft zusammentreffenden Interessen deutlich geringer zu gewichten sind.

Für den Aufsichtsrat gelten die für den Vorstand heranzuziehenden Kriterien entsprechend. Auch die Mitglieder des Aufsichtsrats unterliegen in einer Übernahmesituation einem Interessenkonflikt, der es verbietet, die Grundsätze der *ARAG*-Entscheidung anzuwenden. Insbesondere besteht nach Inkrafttreten des neuen Gesetzes kein Raum für die Heranziehung des aktienrechtlichen „Neutralitätsgebots“, da der Gesetzgeber insoweit mit § 33 Abs. 1, 2 WpÜG eine abschließende Regelung geschaffen hat[2238].

(4) Zeitlicher Anwendungsbereich der Ausnahmetatbestände

Was den zeitlichen Anwendungsbereich der Ausnahmetatbestände des § 33 Abs. 1 S. 2 WpÜG betrifft, wurde in einer ersten Stellungnahme die Auffassung vertreten, daß eine unterschiedliche Behandlung der einzelnen Ausnahmetatbestände angezeigt sei[2239]. Dieser Auffassung kann nicht gefolgt werden.

2238 Zur Kritik an dieser Regelung unten S. 498.
2239 *Winter/Harbarth*, ZIP 2002, 1 (14).

Einer solchen differenzierenden Betrachtungsweise steht bereits der insoweit eindeutige Wortlaut der Vorschrift des § 33 Abs. 1 WpÜG entgegen. Die Bezugnahme in § 33 Abs. 1 S. 2 WpÜG auf die Regelung des § 33 Abs. 1 S. 1 WpÜG[2240] bringt zum Ausdruck, daß das in § 33 Abs. 1 S. 1 WpÜG statuierte Erfolgsverhinderungsverbot in den in § 33 Abs. 1 S. 2 WpÜG aufgeführten Fällen ausnahmsweise nicht gelten soll. Damit wird jedoch gerade auch auf die in § 33 Abs. 1 S. 1 WpÜG festgelegte zeitliche Geltungsdauer des Erfolgsverhinderungsverbots Bezug genommen.

Insoweit folgerichtig gehen auch *Winter/Harbarth* davon aus, daß sowohl Handlungen infolge des § 33 Abs. 1 S. 2 Alt. 1 WpÜG als auch die Suche nach einem konkurrierenden Angebot über den gesamten kritischen Zeitraum hinweg möglich sein müßten[2241]. Für § 33 Abs. 1 S. 1 Alt. 1 WpÜG folgt dies bereits aus dem hinter der Vorschrift stehenden Zweck, durch diesen Ausnahmetatbestand der Zielgesellschaft gerade auch die Fortführung ihres Geschäftsbetriebs zu ermöglichen. Für Handlungen mit Zustimmung des Aufsichtsrats soll dies indes nicht gelten. Vielmehr seien solche auf den Zeitraum nach Veröffentlichung der Angebotsunterlage zu beschränken. Begründet wird dies damit, daß die berechtigten Interessen der Aktionäre in dem Zeitraum zwischen der Bekanntgabe der Übernahmeabsicht und der Veröffentlichung des Übernahmeangebots noch nicht in den Abwägungsprozeß des Vorstands der Zielgesellschaft miteinfließen könnten. Dies sei vielmehr erst dann der Fall, nachdem die Angebotsunterlage veröffentlicht ist[2242].

Die Begründung für die vorgenommene Differenzierung vermag nicht zu überzeugen - wenngleich der Versuch einer Begrenzung des Anwendungsbereichs des weitreichenden Ausnahmetatbestands des § 33 Abs. 1 S. 2 Alt. 3 WpÜG rechtspolitisch wünschenswert erscheint. Zum einen ist bereits die unterschiedliche Behandlung der Handlungen mit Zustimmung des Aufsichtsrats und der Suche nach einem konkurrierenden Angebot inkonsequent. Wenn der Vorstand der Zielgesellschaft vor Veröffentlichung der Angebotsunterlage einerseits nicht in der Lage sein soll, die Interessen der Aktionäre angemessen zu berücksichtigen, stellt sich andererseits die Frage, wie er zu diesem Zeitpunkt in der Lage sein kann, Ausschau nach einem konkurrierenden Bieter zu halten, ohne Kenntnis von dem Angebot selbst, folglich auch nicht von der Höhe der Gegenleistung zu haben. Schließlich liegt die Abgabe eines konkurrierenden Angebots nur dann

2240 In § 33 Abs. 1 S. 2 WpÜG heißt es zu Beginn: „*Dies* gilt nicht für Handlungen (...)." (Hervorhebung durch den Verfasser).

2241 Vgl. *Winter/Harbarth*, ZIP 2002, 1 (14), allerdings in der Annahme, daß der Anwendungsbereich des § 33 Abs. 1 S. 2 Alt. 1 WpÜG auf die beiden in der Gesetzesbegründung genannten Fälle reduziert sei.

2242 *Winter/Harbarth*, ZIP 2002, 1 (14).

auch im Interesse der Aktionäre, wenn damit attraktivere Angebotskonditionen gegenüber dem Angebot des Erstbieters verbunden sind. Denn in der Praxis reduziert sich die erhöhte Attraktivität eines weiteren Angebots regelmäßig auf ein rein finanzielles Interesse an einer höheren Gegenleistung als der vom Erstbieter offerierten.

Zum anderen muß insofern der Entscheidung des Gesetzgebers Rechnung getragen werden, als daß die Interessen der Aktionäre, jedenfalls was den Inhalt der Angebotsunterlage betrifft, im Rahmen der Regelung des § 33 Abs. 1 S. 2 Alt. 3 WpÜG bewußt in den Hintergrund gestellt wurden. Die Besonderheit dieser Regelung - wie auch der übrigen Ausnahmetatbestände des § 33 Abs. 1 S. 2 WpÜG - besteht gerade darin, dem Vorstand erfolgsverhindernde Handlungen zu gestatten, ohne daß es einer Ermächtigung der Hauptversammlung bedarf[2243]. Eine differenzierende Betrachtung liefe somit dem ausdrücklichen Willen des Gesetzgebers zuwider. Daß im übrigen die Interessen der Aktionäre zu wahren sind, ergibt sich ausdrücklich aus § 3 Abs. 3 WpÜG. Dazu wird man vorrangig das Interesse der Aktionäre wenigstens an einer durch Ermächtigungsbeschluß herbeigeführten Entscheidung über die Ergreifung von Abwehrmaßnahmen zählen müssen, was insofern seitens des Vorstands, aber auch bei der Zustimmung durch den Aufsichtsrat zu berücksichtigen ist[2244].

Schließlich steht einer vom Wortlaut abweichenden Differenzierung des zeitlichen Anwendungsbereichs der einzelnen Ausnahmetatbestände auch die Entstehung der Vorschrift entgegen. Bereits nach der Konzeption des Referentenentwurfs war vorgesehen, daß die in § 33 Abs. 3 Ziff. 1, 4 bis 6 RefE-WÜG aufgeführten zulässigen Maßnahmen während der gesamten Dauer des für das Erfolgsverhinderungsverbot nach § 33 Abs. 1 RefE-WÜG maßgeblichen Zeitraums, d.h. ab dem Zeitpunkt der Bekanntgabe der Übernahmeabsicht zur Anwendung gelangen durften. Infolge der grundlegenden Überarbeitung mit Vorlage des Regierungsentwurfs hätte sich insofern die Möglichkeit geboten, einen abweichenden Regelungsmechanismus vorzusehen, was indes unterblieben ist.

Festzuhalten bleibt somit, daß sich der zeitliche Anwendungsbereich sämtlicher Ausnahmetatbestände des § 33 Abs. 1 S. 2 WpÜG auf den gesamten kritischen Zeitraum nach § 33 Abs. 1 S. 1 WpÜG erstreckt. Dies bedeutet, daß der Vorstand alle von den Ausnahmetatbeständen gedeckten Abwehrmaßnahmen bereits ab dem Zeitpunkt der Veröffentlichung der Bekanntgabe der Übernahmeabsicht bis zum Ende der Angebotslaufzeit ergreifen darf.

2243 Anders stellt sich freilich die Situation bei der Frage nach dem Zeitpunkt der Ausübung eines Vorratsbeschlusses nach § 33 Abs. 2 WpÜG dar. Dazu unten S. 461.

2244 Siehe oben S. 447, sowie S. 450.

bb) Handlungen auf Grund eines Ermächtigungsbeschlusses der Hauptversammlung

Handlungen des Vorstands, durch die der Erfolg eines Übernahmeangebots verhindert werden könnte und die nicht bereits nach den vorstehend erörterten Ausnahmetatbeständen des § 33 Abs. 1 S. 2 WpÜG gestattet sind, bedürfen zu ihrer Zulässigkeit einer Ermächtigung durch die Hauptversammlung der Zielgesellschaft.

Dabei ist - dem Regelungsmechanismus des § 33 Abs. 1 und 2 WpÜG folgend - zu unterscheiden zwischen Ermächtigungsbeschlüssen vor Veröffentlichung der Entscheidung zur Abgabe eines Angebots einerseits und solchen, die nach diesem Zeitpunkt gefaßt werden. Nur im ersteren Fall, für die sog. Vorratsbeschlüsse, hält die Regelung des § 33 Abs. 1, 2 WpÜG in Abs. 2 besondere Vorgaben bereit.

Beiden Fällen ist jedoch gemein, daß die Handlungen des Vorstands jeweils auf eine Entscheidung der Aktionäre zurückzuführen ist, die einer Beschränkung ihrer Entscheidungsmöglichkeiten im Fall eines Übernahmeangebots zugunsten eines erweiterten Handlungsspielraums des Vorstands zugestimmt haben[2245]. Zur Aufrechterhaltung dieser - wenngleich in beiden Konstellationen unterschiedlich stark ausgeprägten - Legitimationskette muß die Ermächtigung unabhängig von dem Zeitpunkt der Beschlußfassung bei Vornahme der Handlung, d.h. bei Ergreifen der Abwehrmaßnahme, bereits vorliegen. Nach dem ausdrücklichen Willen des Gesetzgebers soll eine nachträglich erteilte Zustimmung der Hauptversammlung nicht ausreichen[2246].

(1) Ermächtigung vor Veröffentlichung der Entscheidung zur Abgabe eines Angebots

(a) Vorratsbeschluß nach § 33 Abs. 2 WpÜG

Als Alternative zu den Hauptversammlungsbeschlüssen nach Bekanntgabe eines Übernahmeangebots bietet sich dem Vorstand der Zielgesellschaft nach dem neuen Gesetz die Möglichkeit, bereits im Vorfeld eines Übernahmeverfahrens einen Ermächtigungsbeschluß der Hauptversammlung zur Ergreifung von Verteidigungsmaßnahmen einzuholen[2247]. Dazu sieht § 33 Abs. 2 WpÜG vor, daß

2245 Vgl. RegE-WpÜG, Begründung, Besonderer Teil, S. 142.

2246 Vgl. RegE-WpÜG, Begründung, Besonderer Teil, S. 143.

2247 Gefordert wurden solche Vorratsbeschlüsse bereits seitens der *Spitzenverbände der deutschen Wirtschaft*, Stellungnahme zum DiskE-ÜG vom 24. Juli 2000, S. 14 ff. Befürwortend aufgegriffen wurde dieser Vorschlag von *Witte*, BB 2000, 2161 (2165).

die Hauptversammlung den Vorstand in dem Zeitraum vor der Veröffentlichung der Entscheidung zur Abgabe eines Angebots zur Vornahme von in die Zuständigkeit der Hauptversammlung fallenden Handlungen ermächtigen kann, um den Erfolg von Übernahmeangeboten zu verhindern. Die Einführung solcher Vorratsbeschlüsse stellte eine der beiden wesentlichen Neuerungen in der veränderten Konzeption des Regierungsentwurfs gegenüber seinen Vorgängerentwürfen dar[2248]. Die Besonderheit solcher Beschlüsse besteht darin, daß zum Zeitpunkt der Beschlußfassung noch kein an die Aktionäre der Zielgesellschaft adressiertes öffentliches Übernahmeangebot vorliegt. Folglich sind den Aktionären der Zielgesellschaft bei der Abstimmung über einen „auf Vorrat" erteilten Ermächtigungsbeschluß weder die Person des Bieters noch der Inhalt des Übernahmeangebots bekannt. Diese Situation ist für die Aktionäre insofern problematisch, als sie sich infolge eines derartigen Beschlusses ihrer Entscheidungsfreiheit über die Annahme bzw. Ablehnung eines künftigen Übernahmeangebots entledigen[2249]. Daher soll es nach dem Willen des Gesetzgebers für „auf Vorrat" erteilte Ermächtigungen gesteigerter Anforderungen bedürfen gegenüber solchen Ermächtigungsbeschlüssen, die während der Laufzeit des Übernahmeangebots eingeholt werden[2250]. Auf jene besonderen Erfordernisse, die neben die allgemeinen aktienrechtlichen Grundsätze treten, ist nachfolgend im einzelnen einzugehen.

(aa) Voraussetzungen eines Vorratsbeschlusses

(α) Bestimmtheit der Ermächtigung

Gemäß § 33 Abs. 2 S. 1 WpÜG setzt ein Vorratsbeschluß zunächst voraus, daß Handlungen, zu denen der Vorstand ermächtigt werden soll, „der Art nach" bestimmt sein müssen. Erst infolge der parlamentarischen Beratungen wurde diese Formulierung in das Gesetz eingeführt. Sie erhielt damit den Vorzug gegenüber der Regelung des Regierungsentwurfs, wonach ein höherer Maßstab an den Grad der Bestimmtheit angelegt werden sollte, indem eine Ermächtigung „im einzelnen" zu konkretisieren war[2251]. Ausweislich der Gesetzesbegründung des

2248 Zu der weiteren mit der Vorlage des Regierungsentwurfs eingeführten Neuerung des § 33 Abs. 1 S. 2 Alt. 1 WpÜG ausführlich bereits oben S. 424 ff.

2249 Kritisch dazu unten S. 508 ff.

2250 Vgl. RegE-WpÜG, Begründung, Besonderer Teil, S. 144.

2251 Im Gesetzgebungsverfahren wurde die Änderung in der Stellungnahme des Bundesrates zum RegE-WpÜG angeregt, der eine Klarstellung gegenüber der nach dessen Ansicht unklaren Formulierung des Regierungsentwurfs für notwendig hielt, vgl. BT-Drs. 14/7034 vom 5. Oktober 2001, S. 85. Siehe auch BT-Drs. 14/7477 vom 14. November 2001, Einzelbegründung, S. 53. Aufgegriffen wurde damit eine Anregung des *DAV-Handelsrechtsausschusses*, vgl. *ders.*, Stellungnahme zum RegE-WpÜG, ZIP 2001,

Finanzausschusses soll es nunmehr ausreichend sein, daß die im Fall einer Übernahme zu ergreifenden Verteidigungsmaßnahmen allgemein umschrieben werden[2252]. Danach soll es erforderlich und ausreichend sein, wenn die von der Hauptversammlung gebilligten Abwehrmaßnahmen beispielsweise als „Durchführung einer Kapitalerhöhung" oder „Veräußerung von Beteiligungen" bezeichnet werden[2253].

Die ursprünglich vorgesehene Regelung stieß nicht nur auf Grund ihrer Unbestimmtheit vielfach auf Kritik[2254], sondern vielmehr vorrangig unter dem Aspekt, daß der Zielgesellschaft damit kein effektives Mittel zur Abwehr eines unfreundlichen Übernahmeversuchs an die Hand gegeben werde[2255]. Denn infolge der Bestimmung einer Ermächtigung „im einzelnen" werde es einem übernahmewilligen Interessenten ermöglicht, die Abwehrstrategie der Zielgesellschaft gegen eine unerwünschte Übernahmeofferte vorauszusehen. Dadurch erhalte der Bieter Gelegenheit, im Zusammenwirken mit seinen Beratern detaillierte Planungen über alternative Übernahmekonzepte anzustellen, um auf diese Weise die publik gewordenen Verteidigungsinstrumente der Zielgesellschaft zu umgehen bzw. unter Einsatz möglichst geringen Aufwands zu überwinden.

Die Bundesregierung sah sich daraufhin veranlaßt, die entsprechenden Änderungen vorzunehmen, hatte sie doch bereits mit der vergleichsweise späten Einführung des Instruments der Vorratsbeschlüsse in dem Regierungsentwurf die Zielsetzung verbunden, die Stellung der deutschen Unternehmen im europäischen Vergleich zu stärken, indem sie diesen ein zusätzliches Mittel zur Abwehr von Unternehmensübernahmen an die Seite stellte. Gleichzeitig erkannte die Regierung aber auch die mit der Einführung der Vorratsbeschlüsse einhergehende Mißbrauchsgefahr. Gerade aus diesem Grund wurden an einen solchen Beschluß zunächst erhöhte Anforderungen geknüpft. Zu diesen Erfordernissen zählte eben auch, daß derartige Ermächtigungen hinreichend bestimmt sein müssen. Daher wurde im Regierungsentwurf festgelegt, daß die Ermächtigung „im einzelnen" zu bestimmen ist. Dahinter stand vor allem die Überlegung, daß es

---

1736 (1739). Ebenso *Krieger* in Henze/Hoffmann-Becking, Gesellschaftsrecht 2001, S. 289 (315 f.), der darüber hinaus auf Festlegungen zur Art der Maßnahme gänzlich verzichten wollte.

2252 Vgl. BT-Drs. 14/7477 vom 14. November 2001, Einzelbegründung, S. 53.

2253 Auch die seitens des Finanzausschusses aufgeführten Beispiele gehen zurück auf *DAV-Handelsrechtsausschuß*, Stellungnahme zum RegE-WpÜG, ZIP 2001, 1736 (1739), der darüber hinaus noch die „Abgabe eines Gegenangebots" anführte.

2254 Vgl. etwa *DAV-Handelsrechtsausschuß*, Stellungnahme zum RegE-WpÜG, ZIP 2001, 1736 (1739).

2255 Vgl. Stellungnahme der Volkswagen AG zum RegE-WpÜG, FAZ vom 24. Oktober 2001, S. 31.

reine „Blankettermächtigungen“ zu verhindern gelte, um auf diese Weise jeglichem Mißbrauch von vornherein weitestgehend begegnen zu können[2256].

Vor dem Hintergrund der Entstehung der Vorschrift wird man nach der jetzigen Gesetzesfassung nicht mehr davon ausgehen können, daß an der Zielsetzung, inhaltlich nur in geringem Maße präzisierte Ermächtigungsbeschlüsse zu unterbinden, festgehalten wurde[2257]. Vielmehr sollte durch die Neufassung die Effektivität der Vorratsbeschlüsse als Instrument zur Abwehr eines unfreundlichen Übernahmeversuchs quasi durch die „Hintertür“ weiter erhöht werden. Dies wird durch die Stellungnahme des Bundesrates belegt, auf dessen Initiative die Abänderung im parlamentarischen Verfahren letztlich beruhte. Der Bundesrat versprach sich nämlich mit der Änderung der Vorschrift den Vorteil, daß Abwehrmaßnahmen für den Bieter weniger berechenbar werden sollten[2258].

Hinfällig erscheint demzufolge der in einer ersten Stellungnahme im Schrifttum zu den Vorratsbeschlüssen unterbreitete Vorschlag, den Grad der Bestimmtheit in Abhängigkeit von der jeweiligen Maßnahme im Einzelfall festzulegen[2259]. Danach sollte beispielsweise für die Ermächtigung zur Veräußerung wesentlicher Vermögensteile gelten, daß es nicht ausreichen könne, wenn die Hauptversammlung in dem Ermächtigungsbeschluß lediglich die Maßnahme als solche bezeichnen würde. Vielmehr müßten in einem solchen Fall strengere Anforderungen gestellt werden, mit der Folge, daß die zu ergreifenden Handlungen genau festgelegt werden sollten. Insbesondere die Entscheidung darüber, welche Vermögensteile an wen und unter welchen Konditionen veräußert werden, müsse den Aktionären überlassen bleiben. Dies könne indes nicht für die Bezeichnung des Bieters gelten. Diesen namentlich zu benennen, hätte zur Folge, daß die Ermächtigung im vorhinein zum Scheitern verurteilt wäre, da der Bieter in den meisten Fällen nicht im voraus zu bestimmen sein wird.

Hingegen bleibt nach wie vor die bereits nach dem Regierungsentwurf vorgesehene Möglichkeit gestattet, die Bestimmung der Ermächtigung durch die Auf-

2256 Vgl. RegE-WpÜG, Begründung, Besonderer Teil, S. 144.

2257 A.A. offenbar *Schwennicke* in Geibel/Süßmann, WpÜG, § 33 WpÜG, Rn. 76. Auch nach dem *DAV-Handelsrechtsausschuß*, Stellungnahme zum RegE-WpÜG, ZIP 2001, 1736 (1739), sollten bereits nach der Fassung des Regierungsentwurfs keine hohen Anforderungen an die Bestimmtheit eines Vorratsbeschlusses zu stellen sein, da es „nur um eine Befreiung von dem Verhinderungsverbot“ ginge. Kritisch zur Unbestimmtheit der jetzigen Regelung unten S. 508.

2258 Vgl. Stellungnahme des Bundesrates zum RegE-WpÜG, BT-Drs. 14/7034 vom 5. Oktober 2001, S. 85.

2259 Vgl. *Thaeter*, NZG 2001, 789 (790). Siehe auch *Lutter/Leinekugel*, ZIP 1998, 805 (817).

stellung eines Maßnahmenkatalogs vorzunehmen[2260]. Den Anforderungen des § 33 Abs. 2 S. 1 WpÜG wird es allerdings nicht genügen, wenn die Hauptversammlung den Vorstand dazu ermächtigt, ihm geeignet erscheinende Handlungen zur Verteidigung der Zielgesellschaft zu ergreifen. In dieser Form würde ein Ermächtigungsbeschluß selbst den deutlich gelockerten Anforderungen an die Bestimmtheit nicht mehr nachkommen. Dies erklärt sich vor dem Hintergrund, daß sich der Gesetzgeber bei der Entstehung der Regelung ersichtlich an den von der Rechtsprechung für die Ermächtigung zum Ausschluß des Bezugsrechts bei der Ausübung eines genehmigten Kapitals entwickelten Grundsätzen angelehnt hat[2261]. Auch hiernach sind einerseits keine all zu hohen Anforderungen (mehr) an die Substantiierung der Maßnahme zu stellen, zu deren Durchführung der Vorstand ermächtigt werden soll, aber andererseits auch keine Beschlüsse zulässig, nach denen der Vorstand sich bei der Realisierung des Vorhabens ihm geeignet erscheinender Maßnahmen bedienen kann[2262].

(β) Dauer der Ermächtigung

Weiterhin legt § 33 Abs. 2 S. 2 WpÜG fest, daß eine Ermächtigung „auf Vorrat" nur für höchstens 18 Monate im voraus erteilt werden kann[2263]. Ursprünglichen Plänen der Bundesregierung, den Vorstand für fünf Jahre im voraus zu ermächtigen[2264], aber auch im Anschluß an die Vorlage des Regierungsentwurfs unterbreiteten Vorschlägen des Bundesrates[2265] sowie der CDU/CSU-Bundestagsfraktion, die Geltungsdauer auf 36 Monate auszudehnen[2266], wurde damit eine Absage erteilt[2267].

(γ) Mehrheitserfordernis der Ermächtigung

Ferner bedarf ein im voraus erteilter Ermächtigungsbeschluß gemäß § 33 Abs. 2 S. 3 WpÜG einer Mehrheit von drei Vierteln des bei der Beschlußfassung ver-

---

2260 Siehe bereits RegE-WpÜG, Begründung, Besonderer Teil, S. 144.

2261 Siehe dazu die Anregungen von *Krieger* in Henze/Hoffmann-Becking, Gesellschaftsrecht 2001, S. 289 (315); *DAV-Handelsrechtsausschuß*, Stellungnahme zum RegE-WpÜG, ZIP 2001, 1736 (1739).

2262 BGHZ 136, 133 (139 ff.), Urt. vom 23. Juni 1997, II ZR 132/93 (*Siemens/Nold*).

2263 Dies entspricht der Ermächtigungsfrist für den Erwerb eigener Aktien gemäß § 71 Abs. 1 Ziff. 8 AktG. In Anlehnung an diese Regelung wird man auch hier die Fristsetzung vornehmen müssen. Vgl. dazu *Hüffer*, AktG, § 71 AktG, Rn. 19e.

2264 Vgl. FTD vom 22. Mai 2001, S. 11; FAZ vom 7. Juni 2001, S. 23; vom 3. Juli 2001, S. 15.

2265 Vgl. Stellungnahme des Bundesrates zum RegE-WpÜG, BT-Drs. 14/7034 vom 5. Oktober 2001, S. 85.

2266 Nachweise dazu oben Fn. 2047.

2267 Dazu auch unten S. 510.

tretenen Grundkapitals. Es bleibt der Gesellschaft unbenommen, in ihrer Satzung eine größere Kapitalmehrheit und weitere Erfordernisse vorzusehen, § 33 Abs. 2 S. 3 a.E. WpÜG[2268]. Hingegen ist die Aufnahme einer niedrigeren Kapitalmehrheit in die Satzung unzulässig. Dieses Mehrheitserfordernis gilt insbesondere auch dann, wenn für die konkrete Maßnahme nach den „allgemeinen" aktienrechtlichen Vorschriften bereits eine geringere Mehrheit ausreichend sein sollte[2269].

(bb) Ausübung der Ermächtigung durch den Vorstand

(α) Ermessensentscheidung des Vorstands

Die Entscheidung über das „Ob" und innerhalb des zeitlich vorgegebenen Rahmens[2270] auch über das „Wann" des Gebrauchmachens von einer solchen „der Art nach" bestimmten Ermächtigung steht nicht im freien Ermessen des Vorstands. Vielmehr entscheidet der Vorstand über die Ausübung der durch Vorratsbeschluß erteilten Ermächtigung nach pflichtgemäßem Ermessen gemäß §§ 76, 93 AktG[2271]. Dabei hat der Vorstand sein Handeln am Interesse der Zielgesellschaft auszurichten, was sich ausdrücklich aus § 3 Abs. 3 WpÜG ergibt[2272]. Es gelten daher auch für die Entscheidung des Vorstands über die Ausübung eines Vorratsbeschlusses die zum Interessenwahrungsgebot entwickelten Grundsätze, wonach das Interesse der Aktionäre der Zielgesellschaft vorrangig zu berücksichtigen ist[2273]. Jedoch sind in diesem Fall geringere Anforderungen an die Berücksichtigung der Aktionärsinteressen zu stellen, da - anders als im Rahmen des § 33 Abs. 1 S. 2 Alt. 3 WpÜG - die Aktionäre bei der Beschlußfassung über die Vorratsermächtigung bereits in die Entscheidungsfindung im weitesten Sinne einbezogen waren. Allerdings wird man die Beteiligung in diesem frühen Stadium auch nicht übergewichten dürfen, da den Aktionären weder die Person des Bieters noch der Inhalt des Angebots vorlag[2274]. Es wird daher auf den jeweiligen Einzelfall abzustellen sein. Von einer ausreichenden Wahrung

2268 Diese Vorschrift entspricht dem Wortlaut der §§ 202 Abs. 2 S. 2, 3 sowie 221 Abs. 1 S. 2, 3; ähnlich § 186 Abs. 3 S. 2, 3 AktG.

2269 Zutreffend *Winter/Harbarth*, ZIP 2002, 1 (13).

2270 Dazu sogleich S. 461.

2271 Vgl. *DAV-Handelsrechtsausschuß*, Stellungnahme zum RegE-WpÜG, ZIP 2001, 1736 (1739). Insbesondere im Fall der Anfechtung des Ermächtigungsbeschlusses hat der Vorstand sein pflichtgemäßes Ermessen auszuüben, ob er dennoch von der Umsetzung der Maßnahmen Gebrauch machen soll oder nicht. Zur Anfechtung siehe auch unten S. 521.

2272 Den Vorstand für diesen Fall von einer Prüfung entbindend *Schwennicke* in Geibel/Süßmann, WpÜG, § 33 WpÜG, Rn. 75.

2273 Dazu eingehend oben S. 444.

2274 Kritisch insgesamt zu den Vorratsbeschlüssen unten S. 508 ff.

der Interessen der Aktionäre zum Zeitpunkt der Durchführung der Abwehrmaßnahme wird insbesondere dann auszugehen sein, wenn die wirtschaftlichen Rahmenbedingungen des Unternehmens gegenüber dem Zeitpunkt der Beschlußfassung unverändert geblieben sind. Dies wird vor allem dann der Fall sein, wenn der Vorratsbeschluß keine all zu lange Zeit zurückliegt[2275]. Im übrigen steht es der Hauptversammlung frei, dem Vorstand nähere Vorgaben zur Ermessensausübung vorzuschreiben[2276].

(β) Zustimmung des Aufsichtsrats

Schließlich bestimmt § 33 Abs. 2 S. 4 WpÜG als weitere Schranke des Vorstandshandelns, daß der Vorstand bei der Ergreifung von Abwehrmaßnahmen, die auf einem „auf Vorrat" erteilten Ermächtigungsbeschluß beruhen, stets der Zustimmung des Aufsichtsrats bedarf. Der Gesetzgeber erblickt in dem Zustimmungserfordernis des Aufsichtsrats das erforderliche Korrelat für den Umstand, daß der dem Handeln des Vorstands zugrundeliegende Beschluß der Hauptversammlung nicht in Kenntnis des konkreten Angebots gefaßt wurde[2277]. Dadurch werde eine Kontrolle des Vorstandshandelns in der konkreten Übernahmesituation ermöglicht. Die Zustimmung müsse „in aller Regel" vor der Durchführung der Maßnahme erteilt werden. Dies folge aus dem Charakter der Zustimmung als vorbeugender Überwachungsmaßnahme[2278]. Insoweit sollen nach dem Willen des Gesetzgebers die gleichen Grundsätze wie zu der Vorschrift des § 111 Abs. 4 S. 2 AktG gelten. Auch hiernach stellt die vorherige Zustimmung den Regelfall dar[2279]. Lediglich in Fällen besonderer Eilbedürftigkeit soll davon abgewichen werden können, sofern der Vorstand nach pflichtgemäßem Ermessen annehmen durfte, daß sich die Mehrheit des Aufsichtsrats mit der Vornahme des Geschäfts einverstanden erklären wird[2280].

Es erscheint indes zweifelhaft, inwieweit sich der Grundsatz, Ausnahmen auf Grund besonders eilbedürftiger Fälle zuzulassen, auf die Übernahmesituation übertragen läßt. Übernahmeverfahren sind angesichts der damit einhergehenden Belastungen für die Geschäftstätigkeit der Zielgesellschaft, aber auch für die des

2275 In der Praxis wird sich der Vorstand insbesondere durch das Einholen einer *fairness opinion* einer Investmentbank absichern. Vgl. *Land*, DB 2001, 1707 (1712).

2276 Vgl. RegE-WpÜG, Begründung, Besonderer Teil, S. 144.

2277 Vgl. RegE-WpÜG, Begründung, Besonderer Teil, S. 144.

2278 Vgl. RegE-WpÜG, Begründung, Besonderer Teil, S. 144.

2279 Vgl. *Hüffer*, AktG, § 111 AktG, Rn. 19; *Hoffmann-Becking* in MünHdb/GesR/AG, § 29, Rn. 41.

2280 Vgl. *Geßler* in Geßler/Hefermehl, AktG, § 111 AktG, Rn. 71; *Hoffmann-Becking* in MünHdb/GesR/AG, § 29, Rn. 37; *Mertens* in KK AktG, § 111 AktG, Rn. 80: „bei einem keinen Aufschub duldenden Geschäft". Zweifelnd hingegen *Hüffer*, AktG, § 111 AktG, Rn. 19.

Bieters, gerade dadurch gekennzeichnet, daß allen Seiten an einer zügigen Durchführung gelegen ist[2281]. Zeit stellt insoweit stets ein knappes Gut während einer Übernahme dar. Vor diesem Hintergrund sind Ausnahmefälle, gestützt auf die besondere Eilbedürftigkeit, abzulehnen. Ließe man eine derartige Auslegung des Zustimmungserfordernisses nach § 33 Abs. 2 S. 4 WpÜG zu, liefe man Gefahr, das Regel-Ausnahme-Verhältnis umzukehren. Dies würde der vom Gesetzgeber mit dieser Regelung verfolgten Zielsetzung, namentlich der präventiven Kontrollfunktion, zuwiderlaufen[2282] und zu einer ausufernden Umgehung dieses Korrektivs für ein eigenmächtiges Vorstandshandeln führen. Aus diesen Gründen ist das Zustimmungserfordernis des § 33 Abs. 2 S. 4 WpÜG ausnahmslos im Sinne eines Einwilligungsvorbehalts zu verstehen[2283].

Die Zustimmung des Aufsichtsrats hat unabhängig davon zu erfolgen, ob sich ein solches Zustimmungserfordernis bereits aus den aktienrechtlichen Bestimmungen oder aus der Satzung der Zielgesellschaft ableiten läßt[2284]. In Anlehnung an die Regelung des § 111 Abs. 4 S. 2 AktG steht es dem Aufsichtsrat nicht zu, den Vorstand zur Durchführung einer Maßnahme anzuweisen, da die Zuständigkeit zur Vornahme unverändert beim Vorstand verbleibt. Im Ergebnis kann der Aufsichtsrat somit lediglich die Durchführung einzelner Maßnahmen verhindern, nicht jedoch erzwingen[2285].

(γ) Zeitpunkt der Ausübung

Abschließend soll der Frage nachgegangen werden, zu welchem Zeitpunkt der Vorstand der Zielgesellschaft berechtigt ist, von der Durchführung einer Abwehrmaßnahme, die auf einem Vorratsbeschluß beruht, Gebrauch zu machen. Aus dem Wortlaut der Regelung des § 33 Abs. 2 WpÜG geht nicht ausdrücklich hervor, wann genau der Vorstand jene Handlungen, mit denen der Erfolg von Übernahmeangeboten verhindert werden soll, ergreifen darf. In Betracht kommen einerseits der Zeitraum nach Veröffentlichung der Angebotsunterlage und andererseits darüber hinausgehend bereits der Zeitraum ab Bekanntgabe der Übernahmeabsicht bis zur Veröffentlichung des Ergebnisses über den Ausgang

2281 Siehe auch § 3 Abs. 4 WpÜG. Dazu oben S. 290.

2282 So auch *Schwennicke* in Geibel/Süßmann, WpÜG, § 33 WpÜG, Rn. 80.

2283 Wenngleich die Zustimmung des Aufsichtsrats anders als bei der Sollvorschrift des § 202 Abs. 3 S. 2 AktG obligatorisch ist, soll nach *Thaeter*, NZG 2001, 789 (791), das Fehlen einer ordnungsgemäßen Zustimmung gleichwohl nicht die Nichtigkeit der Maßnahme des Vorstands zur Folge haben, da dies zu einer faktischen und insoweit nach § 82 Abs. 1 AktG unzulässigen Einschränkung der Vertretungsmacht des Vorstands führe.

2284 So auch *Winter/Harbarth*, ZIP 2002, 1 (13).

2285 Vgl. *Hoffmann-Becking* in MünHdb/GesR/AG, § 29, Rn. 37.

des Übernahmeverfahrens, was dem nach § 33 Abs. 1 S. 1 WpÜG für das Erfolgsverhinderungsverbot maßgeblichen Zeitraum entspräche.

Für die Zulässigkeit der Ausübung einer Vorratsermächtigung bereits in der Phase zwischen der Veröffentlichung der Entscheidung zur Abgabe eines Übernahmeangebots und der Veröffentlichung des Angebots könnte zunächst sprechen, daß Vorratsbeschlüsse nach § 33 Abs. 2 WpÜG ebenso wie die in § 33 Abs. 1 S. 2 WpÜG aufgeführten Fälle als Ausnahmefälle von dem Erfolgsverhinderungsverbot einzustufen sind. Weiterhin ließe sich argumentieren, die Aktionäre seien sich zum Zeitpunkt der Beschlußfassung darüber im klaren, daß sie sich ungeachtet des konkreten Inhalts eines zu erwartenden Angebots mit der Abwehr der Übernahme einverstanden zeigten. Schließlich ließe sich für das Gebrauchmachen von Vorratsbeschlüssen in diesem Stadium der entstehungsgeschichtliche Hintergrund der Regelung anführen. Nicht nur sollte die Zielgesellschaft vor einer Lähmung ihrer Geschäftstätigkeit bewahrt werden, vielmehr war mit der Einführung der Vorratsbeschlüsse in erster Linie eine Aufwertung der Verteidigungsmöglichkeiten der Zielgesellschaft beabsichtigt.

Dem muß jedoch entgegengehalten werden, daß Vorratsbeschlüsse wertungsmäßig gerade nicht auf einer Stufe mit den in § 33 Abs. 1 S. 2 WpÜG genannten Ausnahmen stehen. Trotz der in Unkenntnis des konkreten Angebots erfolgenden Beschlußfassung kommt einem Vorratsbeschluß eine höhere Legitimationswirkung zu als jenen „echten" Ausnahmefällen. Während im Fall der Ausnahmetatbestände des § 33 Abs. 1 S. 2 WpÜG eine Beteiligung der Hauptversammlung zur Gänze umgangen wird, muß die Übernahmeproblematik im Rahmen eines Vorratsbeschlusses wenigstens zum Beschlußgegenstand der Hauptversammlung erhoben werden. Somit bezieht sich das in dem Vorratsbeschluß zum Ausdruck kommende Einverständnis der Aktionäre zur Ergreifung von Abwehrmaßnahmen wenigstens auf ein - wenn auch unbekanntes sowie ungewisses - künftiges Übernahmeangebot.

Auch der hinter den Vorratsbeschlüssen stehende Grundgedanke vermag ein anderes Ergebnis nicht zu begründen. Als ursprünglich einzigen Vorratsbeschluß sah noch der Referentenentwurf die Umsetzung einer in ihrem Anwendungsbereich eng begrenzten Mitgliedstaatenoption des Gemeinsamen Standpunkts einer EU-Übernahmerichtlinie vor. Sowohl nach der Übernahmerichtlinie als auch nach dem Gesetzentwurf konnte die Hauptversammlung die Verwaltung zur Ergreifung von Abwehrmaßnahmen im voraus ermächtigen, die während der Laufzeit des Übernahmeangebots zur Durchführung gelangen sollten. Hingegen war der Einsatz von auf einem Vorratsbeschluß beruhenden Verteidigungsmaßnahmen nicht bereits in dem Zeitraum vor Veröffentlichung des Angebots vorgesehen. Es entspricht folglich der hinter den Vorratsbeschlüssen stehenden Intention, daß die Hauptversammlung den Vorstand der Zielgesellschaft zur Ergreifung von Abwehrmaßnahmen für denjenigen Zeitraum ermächtigt, in dem der Vorstand bei fehlender Möglichkeit zur Erteilung eines Ermächtigungsbeschlusses „auf Vorrat" ansonsten die Hauptversammlung zur Durchführung von Maßnahmen befragen müßte. Es wird folglich im Wege eines Vorratsbeschlusses „lediglich" die Zuständigkeit der Hauptversammlung für die Entscheidung über die Ergreifung von Abwehrmaßnahmen bei Vorliegen einer konkreten Übernahmesituation im voraus auf den Vorstand übertragen. Da sich die Hauptversammlung allerdings erst im Anschluß an die Vorlage des Übernahmeangebots sinnvollerweise in die Lage versetzt sieht, eine solche Entscheidung zu treffen[2286], kann folglich auch nur die für diesen Zeitraum bestehende Zuständigkeit auf den Vorstand übertragen werden. Vereinfacht ausgedrückt handelt es sich somit bei dem Instrument des Vorratsbeschlusses um nichts anderes als einen während der Laufzeit des Angebots erteilten Ermächtigungsbeschluß - einzig mit dem Unterschied der zeitlichen Vorverlagerung, die zur Folge hat, daß der Beschluß in Unkenntnis von dem Bieter und den Angebotskonditionen erfolgt. Auch der Gesetzgeber teilt diese Einschätzung, indem er das Zustimmungserfordernis des Aufsichtsrats nach § 33 Abs. 2 S. 4 WpÜG als notwendiges Korrelat für genau diesen Umstand, daß nämlich die Beschlußfassung in Unkenntnis des konkreten Angebots erfolgt, ansieht[2287].

Ein derartiges Verständnis der Regelung steht auch der vom Gesetzgeber verfolgten Zielsetzung nicht entgegen. In erster Linie sollte mit der Einführung von Vorratsermächtigungen der Kritik an der faktischen Unmöglichkeit der Durchführung von *Ad-hoc*-Abwehrmaßnahmen begegnet werden, nach der eine zügige Reaktion der Zielgesellschaft nach Veröffentlichung der Angebotsunterlage als bloß theoretische Option betrachtet wurde[2288]. Diese Möglichkeit indes bleibt gewahrt, da der Vorstand unmittelbar nach Veröffentlichung der Angebotsunterlage von einer Vorratsermächtigung Gebrauch machen kann, ein Zuwarten auf einen Beschluß einer noch einzuberufenden Hauptversammlung sich insoweit erübrigt. Die Verhinderung der Lähmung der Zielgesellschaft sollte gerade nicht vorrangig durch die Vorratsbeschlüsse erreicht werden, sondern in erster Linie durch die Einfügung des § 33 Abs. 1 S. 2 Alt. 1 WpÜG[2289].

Für diese Sichtweise läßt sich schließlich auch der Wortlaut der Regelung heranziehen. Da Vorratsbeschlüsse mit der Intention gefaßt werden, „den Erfolg von Übernahme*angeboten* zu verhindern,"[2290] scheidet deren Ausübung vor der Veröffentlichung der Angebotsunterlage als der Abgabe des eigentlichen Übernahmeangebots bereits begriffsnotwendig aus. Denn mit Bekanntgabe der Über-

2286 Dazu näher unten S. 476.
2287 Dazu oben S. 460.
2288 Dazu unten S. 501.
2289 Dazu eingehend oben S. 424 ff.
2290 Hervorhebung durch den Verfasser.

nahmeabsicht wird der Bieter nicht zugleich dazu verpflichtet, die *essentialia negotii* des angekündigten Angebots zu unterbreiten[2291], so daß in dem Zeitraum vor Veröffentlichung des Angebots noch kein Übernahmeangebot vorliegt, dessen Erfolg verhindert werden kann.

Festzuhalten bleibt somit, daß der Vorstand der Zielgesellschaft Handlungen in Ausübung eines „auf Vorrat" erteilten Ermächtigungsbeschlusses in zeitlicher Hinsicht erst im Anschluß an die Veröffentlichung der Angebotsunterlage vornehmen darf[2292].

(cc) Rückgängigmachung eines Vorratsbeschlusses

Keiner expliziten Regelung hat der Gesetzgeber die Frage zugeführt, ob und bejahendenfalls unter welchen Voraussetzungen die Möglichkeit besteht, einen einmal erteilten Vorratsbeschluß rückgängig zu machen. Zwar steht es dem Vorstand frei, trotz eines bereits vorhandenen Vorratsbeschlusses nach § 33 Abs. 2 WpÜG zusätzlich während der Laufzeit des Angebots eine Entscheidung der Aktionäre über die Ergreifung von Abwehrmaßnahmen herbeizuführen. Im Rahmen einer solchen Hauptversammlung bestünde dann für die Aktionäre die Gelegenheit, die bereits erteilte Ermächtigung zu überdenken und den vorhandenen Vorratsbeschluß entweder zu bestätigen oder aber zu verwerfen. Es steht jedoch zu erwarten, daß die praktische Bedeutung einer derartigen Konstellation gering bleiben wird. Allenfalls um sich der Legitimation der Aktionäre zweifelsfrei zu versichern, dürfte der Vorstand ein Interesse an einer erneuten Befragung der Hauptversammlung haben. Es stellt sich insoweit die Frage, ob es auch den Aktionären offensteht, aus eigener Initiative die Revision bzw. vollständige Rückgängigmachung eines Vorratsbeschlusses herbeizuführen[2293]. Zu denken wäre hierbei an die im Anschluß an die Erteilung eines Vorratsbeschlusses be-

---

2291 Dazu oben S. 305.

2292 Im Ergebnis ebenso *Winter/Harbarth*, ZIP 2002, 1 (14 f.), die sich vorrangig darauf stützen, daß in dem Zeitraum zwischen der Bekanntgabe der Übernahmeabsicht und der Veröffentlichung des Angebots regelmäßig die berechtigten Interessen der Aktionäre - mangels Vorliegen der Angebotsunterlage - nicht in den Abwägungsprozeß miteinfließen könnten und ein gegenläufiges Interesse an der Aufrechterhaltung der Handlungsfähigkeit der Zielgesellschaft keine abweichende Bewertung zulasse. Dies habe sowohl für irreversible Abwehrmaßnahmen zu gelten, aber auch für reversible Handlungen, da angesichts des mit der Rückgängigmachung verbundenen Aufwands die Entscheidung über die Rückgängigmachung faktisch vorweggenommen würde.

2293 Verneinend offenbar *Drygala*, ZIP 2001, 1861 (1865), nach dem die Aktionäre mit der Beschlußfassung die Entscheidung endgültig aus der Hand gegeben haben.

stehende Möglichkeit, eine Hauptversammlung auf Verlangen eines Minderheitsquorums gemäß § 122 Abs. 1 AktG einzuberufen[2294].

Der Heranziehung dieser Vorschrift könnte jedoch entgegenstehen, daß der Gesetzgeber bewußt davon abgesehen hat, eine solche Option in § 33 WpÜG zu integrieren. Aus der Entstehungsgeschichte der Regelung lassen sich für eine solche Annahme allerdings keinerlei Anhaltspunkte entnehmen. Vielmehr ging der Gesetzgeber davon aus, mit den besonderen Anforderungen an Vorratsbeschlüsse nach § 33 Abs. 2 WpÜG ein aktienrechtliches Sonderrecht zu schaffen. Im übrigen sollte ein „auf Vorrat" erteilter Ermächtigungsbeschluß - ebenso wie ein während der Laufzeit des Angebots gefaßter - den Anforderungen des Aktienrechts unterliegen[2295]. Aus dem vom Gesetzgeber intendierten Verhältnis der übernahme- zu den aktienrechtlichen Bestimmungen folgt somit, daß einer Anwendung des § 122 Abs. 1 AktG die Regelung des § 33 Abs. 2 WpÜG nicht im Wege steht.

Erfolgt die Einberufung auf Grund eines Minderheitsverlangens mit dem Begehren der Rücknahme einer zuvor erteilten Ermächtigung nach Veröffentlichung der Angebotsunterlage, steht einer Anwendung der Erleichterungen des § 16 Abs. 3, 4 WpÜG nichts entgegen[2296]. Für diese Annahme sprechen auch die Ausführungen in der Gesetzesbegründung, wo es heißt, daß die Annahmefrist auch dann stets zehn Wochen betrage, wenn die Einberufung von anderen nach den gesellschaftsrechtlichen Regelungen dazu Berechtigten als dem Vorstand erfolge[2297]. Dadurch läßt sich eine zügige Entscheidung über die Aufrechterhaltung des bestehenden Vorratsbeschlusses herbeiführen.

Freilich unterliegt der Vorstand der Zielgesellschaft in dem Zeitraum vor der Abhaltung der Hauptversammlung - in den Grenzen der Ausübung seines pflichtgemäßen Ermessens - keinerlei Beschränkungen im Hinblick auf bereits existente Vorratsbeschlüsse. Dies könnte unter Umständen dazu führen, daß der Vorstand bereits von der Durchführung von Abwehrmaßnahmen Gebrauch gemacht hat, bevor es zur erneuten Befassung der Hauptversammlung gekommen ist. Die Tauglichkeit dieser Vorgehensweise erweist sich demzufolge als äußerst beschränkt.

2294 Die darüber hinaus bestehende Möglichkeit, den einmal erteilten Vorratsbeschluß auf der auf die Beschlußfassung folgenden ordentlichen Hauptversammlung rückgängig zu machen, soll hier ausgeklammert bleiben.

2295 Vgl. RegE-WpÜG, Begründung, Besonderer Teil, S. 144.

2296 In § 16 Abs. 3 S. 1 WpÜG heißt es: „Wird im Zusammenhang mit dem Angebot nach der Veröffentlichung der Angebotsunterlage eine Hauptversammlung einberufen, (...)".

2297 Vgl. RegE-WpÜG, Begründung, Besonderer Teil, S. 112.

(b) Ermächtigungsbeschluß außerhalb des § 33 Abs. 2 WpÜG

Wie sich im Laufe der Untersuchung herausgestellt hat, ist der Vorstand der Zielgesellschaft während des Übernahmeverfahrens berechtigt, Maßnahmen zur Abwehr einer unerwünschten Übernahmeofferte durchzuführen, zu deren Vornahme er von der Hauptversammlung im Vorfeld einer Übernahme „außerhalb" der Vorratsbeschlüsse des § 33 Abs. 2 WpÜG ermächtigt wurde[2298]. Zwar steht der Ausübung eines solchen „normalen" aktienrechtlichen Ermächtigungsbeschlusses grundsätzlich das Erfolgsverhinderungsverbot nach § 33 Abs. 1 S. 1 WpÜG entgegen. Auch ließe sich anführen, aus dem Umkehrschluß zu der Regelung des § 33 Abs. 2 WpÜG folge gerade, daß der Gesetzgeber außerhalb des neuen Gesetzes gefaßten „unechten" Vorratsbeschlüssen eine Absage erteilen wollte. Doch lassen die Ausführungen in der Gesetzesbegründung des Finanzausschusses keinen anderen Schluß zu, als daß es der gesetzgeberischen Absicht entspricht, solche Beschlüsse auch im Rahmen eines Übernahmeverfahrens als Abwehrinstrument zum Einsatz gelangen zu lassen[2299]. Klarstellend heißt es dort nämlich, daß das Recht des Vorstands zur Durchführung von Maßnahmen im Rahmen des § 33 Abs. 1 S. 2 WpÜG nicht durch die Möglichkeit zur Ermächtigung von Abwehrmaßnahmen durch die Hauptversammlung nach § 33 Abs. 2 WpÜG eingeschränkt werden soll[2300]. Vielmehr können Maßnahmen des Vorstands, die auf anderen Ermächtigungen als nach § 33 Abs. 2 WpÜG beruhen, auch während des gesamten Übernahmeverfahrens ungehindert durchgeführt werden, soweit der Vorstand den Anforderungen des § 33 Abs. 1 S. 2 WpÜG genügt[2301]. Einer erneuten Beteiligung der Hauptversammlung soll es danach gerade nicht mehr bedürfen. Dahinter steht der Gedanke, daß sich der Gesetzgeber der nur bedingten Tauglichkeit[2302] der Vorratsbeschlüsse schließlich bewußt

---

2298 Siehe dazu etwa oben S. 441.

2299 Ebenso *Krause*, AG 2002, 133 (137); *ders.*, BB 2002, 1053 (1055); *Marsch-Barner* in Zschocke/Schuster, Bad Homburger Handbuch, S. 215; *Röh* in Haarmann/Riehmer/Schüppen, WpÜG, § 33 WpÜG, Rn. 112 f.; *Bürgers/Holzborn*, ZIP 2003, 2273 (2276); sowie *Schwennicke* in Geibel/Süßmann, WpÜG, § 33 WpÜG, Rn. 51; *Noack* in Schwark, KMRK, § 33 WpÜG, Rn. 20, beide mit Blick auf § 33 Abs. 1 S. 2 Alt. 3 WpÜG. Im Ergebnis auch *Ekkenga/Hofschroer*, DStR 2002, 724 (734). Anderer Auffassung *Ekkenga* in Ehricke/Ekkenga/Oechsler, WpÜG, § 33 WpÜG, Rn. 51; *ders.* in FS Kümpel, S. 95 (107); *Steinmeyer/Häger*, WpÜG, § 33 WpÜG, Rn. 40; *Haouache* in Heidel, Aktienrecht, § 33 WpÜG, Rn. 9; *Bayer*, ZGR 2002, 588 (612 ff.); *Hirte* in KK WpÜG, § 33 WpÜG, Rn. 92; *ders.*, ZGR 2002, 623 (647 f.). Siehe dazu auch *Heinrich*, Bericht über die Diskussion, ZGR 2002, 659 ff.

2300 Vgl. BT-Drs. 14/7477 vom 14. November 2001, Einzelbegründung, S. 53.

2301 Beispielhaft genannt werden ebenda die „klassischen" Instrumente der Ausnutzung eines genehmigten Kapitals nach § 202 AktG und der Rückkauf eigener Aktien nach § 71 Abs. 1 Ziff. 8 AktG.

2302 Dazu näher unten S. 515.

war[2303], und er daher dem Vorstand die Möglichkeit an die Hand geben wollte, auch von solchen Ermächtigungsbeschlüssen Gebrauch zu machen, die gerade nicht den Voraussetzungen des § 33 Abs. 2 WpÜG unterliegen. Folglich würde die Annahme, daß auch „normale" Ermächtigungsbeschlüsse, sofern sie während der Laufzeit des Angebots zum Einsatz gelangen sollen, den Anforderungen des § 33 Abs. 2 WpÜG genügen müssen[2304], dazu führen, daß diese Intention leerliefe. Diese Sichtweise würde sich jedoch nicht nur über den ausdrücklich geäußerten gesetzgeberischen Willen hinwegsetzen, sondern stünde zudem in Widerspruch zu dem Verhältnis der „echten" Ausnahmetatbestände zu den Vorratsbeschlüssen, das gerade nicht von einem Vorrang des § 33 Abs. 2 WpÜG ausgeht[2305]. Die Frage, inwiefern auch dann die nochmalige Zustimmung der Hauptversammlung zwingend einzuholen ist, wenn der Vorstand etwa von einer „normalen" Ermächtigung zum Rückerwerb eigener Aktien nach § 71 Abs. 1 Ziff. 8 AktG zwecks Abwehr einer Übernahme Gebrauch machen will, hat sich damit erübrigt[2306].

Es muß daher davon ausgegangen werden, daß die bislang im Schrifttum kontrovers diskutierte Frage, inwieweit einzelne Maßnahmen unmittelbar zum Zweck der Abwehr eines Übernahmeangebots eingesetzt werden können[2307], infolge der spezialgesetzlichen Regelung dahingehend zu beantworten ist, daß § 33 Abs. 2 WpÜG insoweit eine abschließende Regelung enthält[2308]. Wenn der Gesetzgeber davon ausgeht, daß beispielsweise eine Ermächtigung zum Erwerb eigener Aktien nach § 71 Abs. 1 Ziff. 8 AktG oder zur Erhöhung des Grundkapitals gemäß § 202 AktG zur Abwehr eingesetzt werden kann, so handelt es sich dabei um eine Ermächtigung, die dem Vorstand der Zielgesellschaft im Vorfeld einer Übernahme durch die Hauptversammlung zur Ergreifung einer Maßnahme erteilt wurde und die in keinem Zusammenhang mit einer Übernahme stand. Aus diesem Grund unterliegt ein solcher Beschluß auch nicht den besonderen Anforderungen für Vorratsbeschlüsse gemäß § 33 Abs. 2 WpÜG. Erst durch den

---

2303 Vgl. BT-Drs. 14/7477 vom 14. November 2001, Einzelbegründung, S. 51.

2304 So *Hirte* in Hirte, WpÜG-Materialien, S. 1 (20), noch ohne nähere Begründung.

2305 Näher zum Rangverhältnis der einzelnen Ausnahmefälle unten S. 484.

2306 Wohl auch im Hinblick auf die Ausnutzung eines genehmigten Kapitals *Schneider*, AG 2002, 125 (131).

2307 In der Literatur wurde etwa darauf hingewiesen, daß eine Kapitalerhöhung nicht dazu dienen könne, es dem Vorstand zu ermöglichen, einen Wechsel der Anteilseigner zu behindern und auf diesem Wege die Zusammensetzung der Mitgliederversammlung der Gesellschaft zu beeinflussen, es sich insofern um „sachfremde Erwägungen" handele. Vgl. *Altmeppen*, ZIP 2001, 1073 (1080). Vgl. dazu auch *Assmann/Bozenhardt* in Assmann/Basaldua/Bozenhardt/Peltzer, Übernahmeangebote, S. 1 (128); *Otto*, DB 1988, Beilage 12, 8 f., einerseits (ablehnend) sowie *Mülbert*, IStR 1999, 83 (90 f.); *Wolf*, AG 1998, 212 (215 f.), andererseits.

2308 Wohl auch *Schwennicke* in Geibel/Süßmann, WpÜG, § 33 WpÜG, Rn. 51.

Einsatz während eines konkreten Übernahmeverfahrens nach der Zustimmung durch den Aufsichtsrat oder aber über die Regelung des § 33 Abs. 1 S. 2 Alt. 1 WpÜG wird eine solche „unechte" Vorratsermächtigung sozusagen zu einer Abwehrmaßnahme „umgewidmet". Man wird also in Zukunft danach differenzieren müssen, zu welchem Zweck die Ermächtigung der Hauptversammlung erfolgt ist. War damit etwa beabsichtigt, den Vorstand in die Lage zu versetzen, eine bestimmte Unternehmenspolitik zu betreiben und ihm dazu die notwendigen Mittel an die Hand zu geben, ist die Durchführung der Maßnahme sowohl unter der Ausnahmebestimmung des § 33 Abs. 1 S. 2 Alt. 1 WpÜG als auch mit Zustimmung des Aufsichtsrats zulässig. Sofern es sich dabei um eine Maßnahme des Tagesgeschäfts handelt, die lediglich mittelbar - aber nicht unerwünscht - dazu führt, daß der Erfolg des Übernahmeangebots verhindert werden könnte, ist diese bereits ohne weiteres über die Regelung des § 33 Abs. 1 S. 2 Alt. 1 WpÜG gestattet. Sofern sich die Durchführung final auf die Verhinderung der Übernahme richtet, steht es im Ermessen des Vorstands, diese im Rahmen der ihm gebotenen weiten Handlungsfreiräume durchzuführen oder aber zuvor die Zustimmung des Aufsichtsrats einzuholen[2309]. Erfolgt die Ermächtigung allerdings allein zum Zweck der Abwehr einer künftigen Übernahme, stellt ein solcher Beschluß eine unzulässige Umgehung des § 33 Abs. 2 WpÜG dar.

(2) Ermächtigung nach Veröffentlichung der Entscheidung zur Abgabe eines Angebots

(a) Einberufung der Hauptversammlung nach Veröffentlichung der Angebotsunterlage

Für den Fall, daß die Hauptversammlung, die mit der Beschlußfassung zur Ergreifung von Abwehrmaßnahmen befaßt werden soll, nach Veröffentlichung der Angebotsunterlage einberufen wird, sieht § 16 Abs. 3 WpÜG eine automatische Verlängerung der Annahmefrist auf zehn Wochen[2310] und § 16 Abs. 4 WpÜG einige Erleichterungen zur Einberufung der Hauptversammlung in Abweichung zu §§ 121 ff. AktG[2311] vor[2312]. Auf diese Weise soll sichergestellt werden, daß

2309 Enger offenbar *Schneider*, AG 2002, 125 (129), der für diesen Fall nur auf die Zustimmung des Aufsichtsrats abstellt.

2310 Jedoch unbeschadet der Möglichkeit einer weiteren Verlängerung infolge einer Angebotsänderung gemäß § 21 Abs. 5 WpÜG oder eines konkurrierenden Angebots nach § 23 Abs. 2 WpÜG. Vgl. zu beidem oben S. 316.

2311 *Hopt* in FS Lutter, S. 1361 (1387), sieht in der Regelung den „Auftakt zu einer allgemeineren Reform" der in diesem Zusammenhang maßgeblichen aktienrechtlichen Vorschriften.

eine sofortige Reaktion der Zielgesellschaft auf das Übernahmeangebot möglich bleibt[2313].

(aa) Die Abweichungen von §§ 121 ff. AktG im einzelnen

Nach der Veröffentlichung der Angebotsunterlage kann die Hauptversammlung mit einer verkürzten Frist von zwei Wochen[2314] einberufen werden, § 16 Abs. 4 S. 1 WpÜG[2315]. Außerdem ist die Gesellschaft gemäß § 16 Abs. 4 S. 2 WpÜG bei der Wahl des Ortes zur Abhaltung der Hauptversammlung im Rahmen des für die Aktionäre Zumutbaren frei[2316]. Ferner werden gemäß § 16 Abs. 4 S. 3 WpÜG die Hinterlegungsfrist bei Inhaberaktien[2317] und die Anmeldefrist bei Namensaktien[2318] sowie die Frist zur Mitteilung an die Kreditinstitute[2319] zwingend auf vier Tage verkürzt[2320]. Zudem hat der Gesetzgeber in § 16 Abs. 4 S. 4 WpÜG die infolge des NaStraG neu geschaffenen Möglichkeiten nicht-schriftlicher Vollmachtserteilung etwa im Wege eines Fax oder einer E-Mail aufgegriffen[2321], um die Erteilung einer Vollmacht soweit wie möglich zu erleichtern. Darüber hinaus besteht gemäß § 16 Abs. 4 S. 5 WpÜG die Möglichkeit, Mitteilungen an die Aktionäre, Berichte nach § 186 Abs. 4 S. 2 AktG sowie fristgerecht eingereichte Anträge in angemessen verkürzter Form bekannt zu machen, sofern der vollständige Text in den Geschäftsräumen ausgelegt wird und die Be-

2312 Unzutreffend insoweit *Winter/Harbarth*, ZIP 2002, 1 (14), die auf den Zeitpunkt des Bekanntwerdens abstellen. Kritisch zur Erstreckung dieser Norm auch auf einfache Erwerbsangebote *Oechsler*, NZG 2001, 817 (824).

2313 Vgl. RegE-WpÜG, Begründung, Besonderer Teil, S. 143.

2314 Demgegenüber sieht § 123 Abs. 1 AktG eine Einberufungsfrist von einem Monat vor.

2315 In der Literatur findet sich die Bezeichnung der „Eil-Hauptversammlung", vgl. *Krause*, NJW 2002, 705 (713). Auch der Gemeinsame Entwurf sah erstmals die Möglichkeit einer verkürzten Einberufungsfrist vor, Art. 9 Abs. 1 lit. c.

2316 Entgegen § 121 Abs. 5 AktG, wonach als Ort der Hauptversammlung der Sitz der Gesellschaft bestimmt wird, soweit die Satzung nichts anderes vorsieht. Von solchen etwaigen anderslautenden Satzungsbestimmungen wird die Gesellschaft ebenfalls ausdrücklich freigestellt. Der Ort der Hauptversammlung wird in aller Regel in Deutschland und ein verkehrstechnisch günstiger sein, unter Umständen auch ein nicht überdachter. Vgl. RegE-WpÜG, Begründung, Besonderer Teil, S. 114.

2317 § 123 Abs. 2 S. 1, Abs. 3 AktG.

2318 § 123 Abs. 2 S. 1, Abs. 4 AktG.

2319 § 125 Abs. 1 S. 1 AktG.

2320 Erst durch das NaStraG wurden sowohl die Hinterlegungs- als auch die Anmeldefristen auf einheitlich sieben Tage einander angeglichen.

2321 Vgl. RegE-NaStraG, Begründung zu § 135 AktG, BT-Drs. 14/4051 vom 8. September 2000, S. 15 f. Zu den sich nunmehr ergebenden Anwendungsmöglichkeiten im Hinblick auf die Abhaltung einer Hauptversammlung *Hemeling* in Henze/Hoffmann-Becking, Gesellschaftsrecht 2001, S. 79 ff.; *Noack*, ZIP 2001, 57 ff.; *Zetzsche*, ZIP 2001, 682 ff.

kanntmachung einen Hinweis auf den Ort der Hinterlegung des Textes in Langform auf der Website der Gesellschaft enthält[2322]. In diesem Zusammenhang soll nach § 16 Abs. 4 S. 6 WpÜG auf eine Zustellung an die Aktionäre ganz verzichtet werden, wenn unwahrscheinlich ist, daß die Unterlagen noch vor Abhaltung der Hauptversammlung eingehen[2323]. Insoweit stünde dem Vorstand eine Einschätzungsprärogative zu[2324].

(bb) Mehrheitserfordernis

Das WpÜG führt im Gegensatz zu den Vorratsbeschlüssen gemäß § 33 Abs. 2 WpÜG für Ermächtigungsbeschlüsse nach Veröffentlichung eines Übernahmeangebots keine besonderen Mehrheitserfordernisse auf. Folglich gilt für aktuelle Ermächtigungsbeschlüsse nicht stets das Erfordernis einer Drei-Viertel-Mehrheit des bei der Beschlußfassung vertretenen Grundkapitals. Maßgeblich ist vielmehr das allgemeine Mehrheitserfordernis nach § 133 Abs. 1 AktG, wonach grundsätzlich die Mehrheit der abgegebenen Stimmen erforderlich ist[2325]. Abweichend hiervon sind diejenigen Mehrheitserfordernisse einschlägig, die das Aktienrecht bzw. die Satzung für Maßnahmen, zu denen ermächtigt werden soll, vorsehen[2326].

Die Annahme, auch für während der Laufzeit eines Angebots herbeigeführte Hauptversammlungsbeschlüsse stets das Erfordernis einer qualifizierten Mehrheit von drei Vierteln des vertretenen Grundkapitals infolge einer Übertragung der *Holzmüller*-Kriterien[2327] heranzuziehen, scheidet von vornherein aus[2328]. Denn der Anwendung der Grundsätze der *Holzmüller*-Entscheidung bedarf es vorliegend bereits deshalb nicht, weil eine gesetzliche Kompetenz der Hauptversammlung durch die Vorschrift des § 33 Abs. 1, 2 WpÜG begründet wird[2329].

2322 So die Erläuterung der Formulierung „zugänglich machen" in der Gesetzesbegründung, vgl. RegE-WpÜG, Begründung, Besonderer Teil, S. 113.

2323 Ausreichend soll bereits sein, wenn zu erwarten steht, daß der rechtzeitige Zugang bei einem nicht unerheblichen Teil der Aktionäre nicht gewährleistet werden kann. Vgl. RegE-WpÜG, Begründung, Besonderer Teil, S. 114. Kritisch dazu unten S. 503.

2324 Vgl. RegE-WpÜG, Begründung, Besonderer Teil, S. 113 f.

2325 So auch *Winter/Harbarth*, ZIP 2002, 1 (14); noch in Bezug auf den DiskE-ÜG *Kiem*, ZIP 2000, 1509 (1514).

2326 So bedarf etwa die Ermächtigung zu einer Kapitalerhöhung unter Bezugsrechtsausschluß wenigstens einer qualifizierten Mehrheit von drei Vierteln des vertretenen Grundkapitals, § 186 Abs. 3 S. 2, 3 AktG.

2327 BGHZ 83, 122, Urt. vom 25. Februar 1982, II ZR 174/80.

2328 Nach derzeit überwiegender Auffassung soll die Beschlußfassung nach den *Holzmüller*-Kriterien einer solchen qualifizierten Mehrheit bedürfen. Vgl. *Kiem*, ZIP 2000, 1509 (1513) m.w.N. in Fn. 26; *Semler* in MünHdb/GesR/AG, § 34, Rn. 42.

2329 Siehe dazu oben S. 421. Siehe dazu auch *Kiem*, ZIP 2000, 1509 (1513).

(cc) Kein Stimmrechtsausschluß des Bieters

Soweit der Bieter bereits Aktien an der Zielgesellschaft erworben hat, steht der Ausübung seines Stimmrechts bei der Abstimmung über die Ergreifung von *Ad-hoc*-Abwehrmaßnahmen kein Stimmverbot entgegen[2330]. Ein Stimmrechtsausschluß für den Bieter läßt sich aus dem geltenden Recht nicht ableiten[2331]. Zum einen liegen weder die Voraussetzungen des gesetzlichen Stimmrechtsausschlusses nach § 136 Abs. 1 AktG vor[2332] noch läßt sich diese Regelung nach nahezu einhelliger Auffassung auf andere Interessenkollisionen übertragen[2333]. Zum anderen kann in dem gegen die Ergreifung jeglicher Abwehrmaßnahmen gerichteten Abstimmungsverhalten des Bieters kein Verstoß gegen die einen Aktionär treffende Treupflicht erblickt werden[2334]. Denn Ausfluß der Treupflicht ist jedenfalls nicht das Absehen von dem Erwerb einer Kontrollbeteiligung[2335]. Insoweit läßt sich diese Konstellation mit der Zustimmung zur Übertragung vinkulierter Namensaktien vergleichen[2336]. Auch diesbezüglich entspricht es der ganz herrschenden Auffassung, daß der Veräußerer nicht vom Stimmrecht ausgeschlossen ist[2337].

Für dieses Ergebnis spricht zudem, daß der Gesetzgeber rechtspolitischen Vorschlägen, die Entscheidung über die Ergreifung von Verteidigungsmaßnahmen von einem „Sonderbeschluß der außenstehenden Aktionäre" abhängig zu ma-

---

2330 Ebenso *Kiem*, ZIP 2000, 1509 (1512), der jedoch in besonders gelagerten Ausnahmefällen hiervon abweichen will, ohne solche zu benennen.

2331 Im Ergebnis ebenso *Winter/Harbarth*, ZIP 2002, 1 (14), die darauf abstellen, daß der Bieter durch den Erwerb von Aktien „vollwertiges" Mitglied der Aktiengesellschaft geworden sei, er infolgedessen berechtigt sei, „bei der für das weitere Schicksal der Gesellschaft grundlegenden Entscheidung, ob sein Übernahmeangebot mit Mitteln der Zielgesellschaft abgewehrt werden soll", mitzuentscheiden.

2332 So auch *Maier-Reimer*, ZHR 165 (2001), 258 (276).

2333 Vgl. *Hüffer*, AktG, § 136 AktG, Rn. 18; *Semler* in MünHdb/GesR/AG, § 38, Rn. 30.

2334 Nach höchstrichterlicher Rechtsprechung ist eine Treupflicht der Aktionäre sowohl im Verhältnis zur Gesellschaft als auch untereinander anerkannt, BGHZ 103, 184 (194), Urt. vom 1. Februar 1988, II ZR 75/87 (*Linotype*). Dies gilt auch für eine nur in geringem Umfang bestehende Beteiligung, BGHZ 129, 136 (142), Urt. vom 20. März 1995, II ZR 205/94 (*Girmes*). Die Treubindung gebietet dem Aktionär, seine mitgliedschaftlichen Rechte möglichst derart auszuüben, wie dies im Interesse der Gesellschaft liegt und die mitgliedschaftlichen Interessen der übrigen Aktionäre nicht unverhältnismäßig beeinträchtigt. Vgl. *Hüffer*, AktG, § 53a AktG, Rn. 16.

2335 Zutreffend *Kiem*, ZIP 2000, 1509 (1512). Zur Nutzbarmachung der gesellschafterlichen Treupflicht zur Begründung von Bieterpflichten im Rahmen einer Übernahme bereits *Otto*, AG 1994, 167 (169).

2336 Vgl. *Kiem*, ZIP 2000, 1509 (1512).

2337 Vgl. statt aller *Hüffer*, AktG, § 68 AktG, Rn. 14 m.w.N.

chen, eine Absage erteilt hat[2338]. Danach sollte dem Bieter in einem derartigen Sonderbeschluß, in dem über Erfolg oder Mißerfolg des Übernahmeangebots abzustimmen ist, in Anlehnung an den Rechtsgedanken des § 243 Abs. 2 AktG die Ausübung des Stimmrechts versagt werden[2339]. Gleiches galt für den von *Maier-Reimer* unterbreiteten Vorschlag, die Entscheidung über Abwehrmaßnahmen von einem Sonderbeschluß einer „Adressatenversammlung" abhängig zu machen. Auch hiernach sollte dem Bieter das Stimmrecht versagt bleiben, da diese Versammlung nicht als Organ der Zielgesellschaft, sondern als Forum der Adressaten des Übernahmeangebots fungiere[2340].

(b) Ermächtigung vor Veröffentlichung der Angebotsunterlage

(aa) Einleitende Überlegungen

Keiner ausdrücklichen Regelung durch das neue Gesetz wird hingegen der Fall unterworfen, daß ein Ermächtigungsbeschluß durch die Hauptversammlung der Zielgesellschaft vor Veröffentlichung der Angebotsunterlage, jedoch nach Bekanntgabe der Übernahmeabsicht herbeigeführt werden soll. Ausweislich des insoweit eindeutigen Wortlauts des § 16 Abs. 3 S. 1 WpÜG finden die in § 16 Abs. 4 WpÜG vorgesehenen Erleichterungen keine Anwendung, soweit die Einberufung der Hauptversammlung bereits vor Veröffentlichung der Angebotsunterlage erfolgt. Da auch der Anwendungsbereich des § 33 Abs. 2 WpÜG seine zeitliche Grenze mit dem Zeitpunkt der Bekanntgabe der Übernahmeabsicht findet, hat dies zur Folge, daß in dem bereits dem Erfolgsverhinderungsverbot nach § 33 Abs. 1 S. 1 WpÜG unterliegenden Zeitraum zwischen der Veröffentlichung der Übernahmeabsicht und der Veröffentlichung der Angebotsunterlage weder die Regelung des § 16 Abs. 4 WpÜG noch die besonderen Anforderungen des § 33 Abs. 2 WpÜG zur Anwendung gelangen.

Praktische Bedeutung erlangt die Frage insbesondere für solche Fallgestaltungen, in denen der Vorstand der Zielgesellschaft darum bemüht ist, noch vor der

2338 So bereits der *Baums*-Entwurf sowie die beiden SPD-Entwürfe, dazu oben S. 251 ff. Siehe auch *Baums* in von Rosen/Seifert, Übernahme börsennotierter Unternehmen, S. 165 (174 f.). Erneut aufgegriffen von *Schneider/Burgard*, DB 2001, 963 (968), die angesichts der bei 30 Prozent festgelegten Kontrollschwelle einen „faktischen *squeeze-out*" der übrigen Aktionäre befürchten; dazu die Erwiderung von *Drygala*, ZIP 2001, 1861 (1864). Im Anschluß an *Schneider/Burgard* auch Bundesrat, Stellungnahme zum RegE-WpÜG, BT-Drs. 14/7034 vom 5. Oktober 2001, S. 85; ähnlich auch *Kallmeyer*, AG 2000, 553 (554).

2339 Kritisch dazu unten S. 504.

2340 Vgl. *Maier-Reimer*, ZHR 165 (2001), 258 (275 ff.), der, sollte dieser Vorschlag kein Gehör finden, dem Bieter das Stimmrecht in der Hauptversammlung durch ausdrückliche Regelung verwehrt wissen will. Dazu bereits oben Kap. 3, Fn. 909.

Veröffentlichung der Angebotsunterlage durch den Bieter einen Ermächtigungsbeschluß der Hauptversammlung herbeizuführen. Vor dem Hintergrund der nunmehr in zwei Fällen vorgesehenen Möglichkeit zur Verlängerung der im Grundsatz vierwöchigen Übermittlungsfrist der Angebotsunterlage an die BaFin[2341] läge hierin jedenfalls kein von vornherein zum Scheitern verurteiltes Vorhaben.

(bb) Analoge Anwendung des § 16 Abs. 4 WpÜG

Daher könnte es geboten sein, § 16 Abs. 4 WpÜG entsprechend für diese Fallkonstellationen heranzuziehen.

(α) Bestehen einer planwidrigen Regelungslücke

Die Annahme einer Analogie setzt zunächst das Vorliegen einer planwidrigen Regelungslücke voraus[2342]. Wie die Entstehungsgeschichte gezeigt hat, kam der Entscheidung der Hauptversammlung in den beiden ersten Gesetzentwürfen eine weitaus größere Bedeutung als nach der jetzigen Fassung zu. Maßgeblicher Zeitraum für die Beschlußfassung der Hauptversammlung zur Ergreifung von Abwehrmaßnahmen war nach § 33 Abs. 3 Ziff. 2 RefE-WÜG allein der Zeitpunkt nach der Veröffentlichung der Angebotsunterlage. Korrespondierend hierzu sah bereits damals § 16 Abs. 3, 4 RefE-WÜG unter Bezugnahme auf diesen Zeitpunkt bestimmte Erleichterungen für die Abhaltung einer solchen Hauptversammlung vor. Im Vorfeld zu der Herauslegung der Angebotsunterlage gefaßte Hauptversammlungsbeschlüsse mit dem Ziel der Ermächtigung des Vorstands zur Ergreifung von Abwehrmaßnahmen gegen ein künftiges Übernahmeangebot waren in dem anfänglichen Stadium des Gesetzgebungsverfahrens noch grundsätzlich untersagt. Als einzige Ausnahme ließ § 33 Abs. 3 Ziff. 3 RefE-WÜG unter Beachtung besonderer Kriterien einen Vorratsbeschluß zu[2343]. Eine dieser gesteigerten Voraussetzungen bestand darin, daß derartige „auf Vorrat" erteilte Beschlüsse nicht länger als 18 Monate vor Veröffentlichung der Angebotsunterlage zurückliegen durften[2344].

Folglich gelangt man auf Grund einer historischen Gesamtschau der im Zusammenspiel wirkenden Vorschriften des § 33 und des § 16 Abs. 3, 4 WpÜG zu

2341 § 14 Abs. 1 S. 1 WpÜG. Zusätzlich der maximal zehn Werktage betragenden Frist bis zum Eintritt der Genehmigungsfiktion, § 14 Abs. 2 S. 1 Alt. 2 WpÜG.

2342 Näher zu den Voraussetzungen der Analogie *Larenz*, Methodenlehre der Rechtswissenschaft, S. 381 ff.

2343 Dazu oben S. 406.

2344 Dies entsprach den Vorgaben des Art. 9 Abs. 2 des Gemeinsamen Standpunkts, der auf den Beginn der Annahmefrist Bezug nahm.

dem Ergebnis, daß der Gesetzgeber anfänglich eine klare zeitliche Trennung der während der Laufzeit eines Angebots einzuholenden Ermächtigungsbeschlüsse einerseits und der im Ausnahmefall zulässigen Vorratsbeschlüsse andererseits vorgenommen hatte. Danach war nämlich allein derjenige Zeitpunkt für die Abgrenzung maßgeblich, zu dem das Übernahmeangebot veröffentlicht wurde. Der Konzeption des Referentenentwurfs lag folglich der Gedanke zugrunde, daß ein Ermächtigungsbeschluß entweder ein *Ad-hoc*-Beschluß sein konnte, sofern er nach Veröffentlichung des Angebots eingeholt wird, oder in Ausnahmefällen auch als ein Vorratsbeschluß gefaßt werden konnte, sofern er vor diesem Zeitpunkt gefaßt wird. Weitere Arten von Ermächtigungsbeschlüssen waren dem Regelungskonzept des Referentenentwurfs fremd. Es bestand somit zwischen den *Ad-hoc*-Beschlüssen und den Vorratsermächtigungen ein Exklusivitätsverhältnis.

Für den Zeitraum nach der Veröffentlichung der Entscheidung zur Abgabe eines Angebots bis zur Veröffentlichung der Angebotsunterlage hatte dies zur Folge, daß diese Zeitspanne nicht den während der Laufzeit des Angebots zu ergreifenden Beschlüssen zuzuordnen war, sondern vielmehr den Ausnahmefällen der Vorratsbeschlüsse. Dafür spricht der insoweit eindeutige Wortlaut des § 33 Abs. 3 Ziff. 2 RefE-WÜG, der die bewußte Entscheidung des Gesetzgebers widerspiegelt, für den legitimierenden Ermächtigungsbeschluß auf die Veröffentlichung der Angebotsunterlage abzustellen[2345]. Untermauert wird diese Sichtweise schließlich dadurch, daß es der Gesetzgeber - im übrigen während des gesamten Gesetzgebungsverfahrens[2346] - unterlassen hat, den zeitlichen Anknüpfungszeitpunkt der Regelung des § 16 Abs. 3, 4 RefE-WÜG derart zu verlagern, daß eine Anwendung bereits ab der Bekanntgabe der Übernahmeabsicht möglich gewesen wäre.

Mit Vorlage des Regierungsentwurfs kam es zu einer veränderten Situation. Bedingt durch die generelle Zulassung von Vorratsbeschlüssen erfuhr die für die Verhaltenspflichten maßgebliche Vorschrift eine grundlegende Überarbeitung. Infolgedessen waren fortan Vorratsbeschlüsse in zeitlicher Hinsicht nicht mehr an die Veröffentlichung der Angebotsunterlage gebunden, sondern an den Beginn des Eingreifens des Verbots erfolgsverhindernder Maßnahmen nach § 33 Abs. 1 S. 1 RegE-WpÜG, folglich an den Zeitpunkt der Bekanntgabe der Übernahmeabsicht.

2345 Vgl. *Pötzsch/Möller*, WM 2000, Sonderbeilage 2, 26.

2346 Gerade in dem zunächst bis zur Fassung des Regierungsentwurfs vergleichsweise knappen Zeitraum von der Bekanntgabe der Übernahmeabsicht bis zur Veröffentlichung der Angebotsunterlage wäre eine Verkürzung der einmonatigen Einberufungsfrist indes vonnöten gewesen, da anderenfalls die Abhaltung einer Hauptversammlung faktisch ausgeschlossen gewesen wäre.

Unverändert bestehen blieb indes § 16 Abs. 3 S. 1 RegE-WpÜG. Die Möglichkeit zur Einholung eines *Ad-hoc*-Beschlusses war nicht mehr als zulässiger Ausnahmefall innerhalb eines Katalogs ausgestaltet, sondern fand sich in § 33 Abs. 1 S. 1 RegE-WpÜG wieder. Da sich jedoch dieser Ermächtigungsvorbehalt auf den gesamten kritischen Zeitraum bezog, bildete sich die hier in Rede stehende Konstellation heraus, daß für den Zeitraum zwischen der Bekanntgabe der Übernahmeabsicht und der Veröffentlichung der Angebotsunterlage weder § 16 Abs. 3, 4 RegE-WpÜG noch § 33 Abs. 2 RegE-WpÜG zur Anwendung gelangten.

Die fehlende Zuordnung dieses, angesichts des Eingreifens des Erfolgsverhinderungsverbots so bedeutsamen Zeitraums weder zu der einen noch zu der anderen Sonderregelung läßt den Schluß zu, daß dem Gesetzgeber durch die grundlegende Überarbeitung der Vorschrift versehentlich eine Regelungslücke entstanden ist. Hätte der Gesetzgeber nämlich beabsichtigt, diesen Zeitraum entgegen der bisherigen Konzeption des Referentenentwurfs nicht mehr den Vorratsbeschlüssen zuzuordnen, sondern nunmehr den *Ad-hoc*-Ermächtigungsbeschlüssen, hätte er dies wie auch für die während der Laufzeit des Angebots einzuholenden Ermächtigungsbeschlüsse durch die Anwendung des § 16 Abs. 3, 4 RegE-WpÜG zum Ausdruck bringen können. Angesichts der noch nach der Fassung des Regierungsentwurfs bestehenden Zeitknappheit in diesem Stadium des Verfahrens - § 14 Abs. 1 S. 3 WpÜG wurde erst gegen Ende des parlamentarischen Verfahrens eingefügt - wäre dies um so mehr geboten gewesen. Es kann insoweit nicht davon ausgegangen werden, daß der Gesetzgeber beabsichtigt hatte, im Hinblick auf Ermächtigungsbeschlüsse für den Zeitraum nach Bekanntgabe der Übernahmeabsicht bis zur Veröffentlichung der Angebotsunterlage allein auf die „allgemeinen" aktienrechtlichen Bestimmungen abzustellen.

Gestützt wird diese Sichtweise auf die Ausführungen in der Gesetzesbegründung. Dort heißt es zunächst ganz allgemein, ein Ermächtigungsbeschluß könne sowohl vor als auch nach Veröffentlichung der Entscheidung zur Abgabe eines Angebots durch den Bieter erfolgen[2347]. Präzisierend führt der Gesetzgeber sodann zu der Vorschrift des § 33 Abs. 2 WpÜG aus, daß Beschlüsse, in denen die Hauptversammlung den Vorstand zu Abwehrmaßnahmen ermächtigt, einerseits anläßlich eines aktuellen Angebots erfolgen könnten, wofür § 16 Abs. 4 WpÜG wesentliche Erleichterungen vorsehe. Möglich seien jedoch andererseits auch Vorratsbeschlüsse, durch die der Vorstand ermächtigt werde, ohne daß ein öffentliches Angebot vorliege[2348]. Der Gesetzgeber unterscheidet folglich bloß zwischen zwei unterschiedlichen Arten der Ermächtigung, den Vorratsbeschlüssen einerseits und den *Ad-hoc*-Beschlüssen andererseits. Offen bleibt auch hier-

2347 Vgl. RegE-WpÜG, Begründung, Besonderer Teil, S. 143.
2348 Vgl. RegE-WpÜG, Begründung, Besonderer Teil, S. 143 f.

nach, wie für den Zeitraum vor der Veröffentlichung der Angebotsunterlage zu verfahren ist. Es entsprach demnach nicht der gesetzgeberischen Intention, neben diesen beiden Möglichkeiten der Einholung eines Ermächtigungsbeschlusses eine weitere Form eines solchen Beschlusses zu etablieren. Weiterhin läßt sich hierfür anführen, daß der Gesetzgeber in den beiden jeweils geregelten Fällen die ausschließliche Heranziehung der aktienrechtlichen Vorschriften als ungenügend angesehen hat. Während einerseits das Bedürfnis bestand, besondere Anforderungen an die Einholung der Vorratsermächtigungen aufzustellen, erblickte der Gesetzgeber andererseits Regelungsbedarf hinsichtlich der Reaktionsmöglichkeit der Zielgesellschaft.

Es spricht somit viel für die Annahme, auch unter Berücksichtigung des Umstands, daß, wie bereits erwähnt, die Verlängerungsmöglichkeit der Übermittlungsfrist an die BaFin erst „in allerletzter Minute“ in das Gesetz eingefügt wurde, daß der Gesetzgeber den Zeitraum zwischen der Bekanntgabe der Übernahmeabsicht und der Veröffentlichung des Angebots bei der Frage nach der Einholung eines Ermächtigungsbeschlusses nicht in seine Überlegungen einbezogen hat. Es ist demnach von dem Vorliegen einer planwidrigen Regelungslücke auszugehen.

(β) Vergleichbare Interessenlage

Die analoge Anwendung des § 16 Abs. 4 WpÜG setzt zudem eine vergleichbare Interessenlage voraus. Noch in den ersten beiden Gesetzentwürfen sah der Gesetzgeber den Zeitpunkt der Veröffentlichung der Angebotsunterlage als maßgeblich an für die Abgrenzung der im Vorfeld einer Übernahme gefaßten Vorratsbeschlüsse und den während der Laufzeit des Angebots einzuholenden Ermächtigungsbeschlüssen. Dahinter stand der Gedanke, daß den Aktionären erst mit der Veröffentlichung des Übernahmeangebots der ungehinderte Zugang zu dem vollständigen Inhalt des Angebots ermöglicht wird. Mit Kenntniserlangung der genauen Angebotskonditionen sehen sich die Aktionäre in der Lage, wohlinformiert über die mögliche Ergreifung von Verteidigungsmaßnahmen Beschluß zu fassen. Um in diesem Stadium des Übernahmeverfahrens möglichst rasch eine solche Entscheidung herbeiführen zu können, wurden mit der Regelung des § 16 Abs. 4 WpÜG einige Erleichterungen in das Gesetz aufgenommen.

Zutreffend ging der Gesetzgeber davon aus, daß die Aktionäre regelmäßig erst mit der Veröffentlichung der Angebotsunterlage über ausreichende Kenntnis der Sachlage verfügen, die sie in die Lage versetzt, eine wohlüberlegte Entscheidung hinsichtlich der Ermächtigung des Vorstands zur Ergreifung von Abwehrmaßnahmen zu treffen. Zwar steht es dem Bieter im Rahmen der Veröffentlichung der Entscheidung zur Abgabe eines Angebots gemäß § 10 WpÜG frei, bereits zu diesem Zeitpunkt über die zwingend vorzunehmenden Angaben hinausgehend weitere Inhalte der Angebotskonditionen offenzulegen[2349]. Dennoch läßt sich im Hinblick auf den Informationsstand der Aktionäre eine Vergleichbarkeit mit der nach Veröffentlichung des Angebots bestehenden Situation nicht annehmen. Dies liegt bereits zum einen daran, daß den Bieter in diesem Stadium noch keine Verpflichtung zur Preisgabe sämtlicher Informationen trifft. Selbst wenn man zum anderen davon ausgehen mag, daß ein Bieter geneigt sein wird - entgegen den Gepflogenheiten der Praxis - von dieser Möglichkeit umfassend Gebrauch zu machen, läßt dies keineswegs den Schluß zu, daß bereits sämtliche Mindestangaben der Angebotsunterlage präsentiert werden, sondern lediglich einige wenige zentrale Bestandteile. Zwar ließe sich argumentieren, daß die Aktionäre in Kenntnis dieser wenigen Informationen auch bereits vor Veröffentlichung der Angebotsunterlage in der Lage seien, eine wohlinformierte Entscheidung über die Ergreifung von Abwehrmaßnahmen zu treffen. Dem muß jedoch entgegengehalten werden, daß der Bieter bis zur Übermittlung der Angebotsunterlage an die BaFin nicht an die zuvor veröffentlichten Angaben gebunden ist, eine zwischenzeitliche Änderung somit anders als während der Angebotslaufzeit ohne weiteres möglich bleibt. Endgültige Gewißheit über den Inhalt der Angebotsunterlage besteht demnach erst nachdem die BaFin die Angebotsunterlage gesichtet hat und allfällige Korrekturen erfolgt sind, folglich mit Veröffentlichung der Angebotsunterlage.

Angesichts dessen läßt sich die Situation zwischen der Bekanntgabe der Übernahmeabsicht und der Veröffentlichung der Angebotsunterlage nicht mit der während der Laufzeit des Angebots bestehenden Lage vergleichen. In Ermangelung einer vergleichbaren Interessenlage kann daher eine Analogie des § 16 Abs. 4 WpÜG nicht angenommen werden.

(cc) Analoge Anwendung des § 33 Abs. 2 WpÜG

In Betracht zu ziehen bleibt nunmehr allerdings die analoge Anwendung der für Vorratsbeschlüsse geltenden besonderen Voraussetzungen des § 33 Abs. 2 WpÜG. Für die Annahme einer Analogie zu § 33 Abs. 2 WpÜG könnte zunächst die Heranziehung des den Regelungen der §§ 33, 16 Abs. 3, 4 RefE-WÜG immanenten „Ausschließlichkeits-Prinzips" sprechen. Legt man nämlich jenen Maßstab der jetzigen Gesetzesfassung zugrunde, lassen sich solche Ermächtigungsbeschlüsse, die zwar nach Veröffentlichung der Übernahmeabsicht erfolgen, jedoch nicht auf Grund einer nach Veröffentlichung der Angebotsunterlage einberufenen Hauptversammlung, nur den Vorratsbeschlüssen nach § 33 Abs. 2 WpÜG zuordnen.

2349 Vgl. dazu oben S. 305.

Gestützt wird dieses Ergebnis auf die aus den vorstehenden Überlegungen zu § 16 Abs. 4 WpÜG resultierende besondere Sachnähe der Vorratsbeschlüsse zu solchen Ermächtigungsbeschlüssen, die zwar nach Bekanntgabe der Übernahmeabsicht, aber in Unkenntnis der Angebotsunterlage gefaßt werden. In beiden Fällen laufen die Aktionäre Gefahr, sich durch die Beschlußfassung der endgültigen Entscheidungsfreiheit über die Annahme oder Ablehnung des Übernahmeangebots unwiederbringlich zu begeben. So geht auch der Gesetzgeber davon aus, daß Ermächtigungsbeschlüsse, welche die Besonderheit aufweisen, daß zum Zeitpunkt der Beschlußfassung der Inhalt des Angebots nicht bekannt ist, besonderer Erfordernisse bedürfen[2350]. Allein der Umstand, daß nach Veröffentlichung der Entscheidung zur Abgabe eines Angebots die Person des Bieters feststeht, vermag an dieser Einschätzung nichts zu ändern. Sowohl den Vorratsbeschlüssen im Sinne des § 33 Abs. 2 WpÜG als auch Ermächtigungsbeschlüssen vor Veröffentlichung der Angebotsunterlage ist daher gemein, daß es eines besonderen Instrumentariums bedarf, das diesem Schutzgedanken in angemessener Weise Rechnung trägt. Insoweit besteht für diese beiden Konstellationen die für die Annahme einer Analogie erforderliche vergleichbare Interessenlage.

Als Ergebnis bleibt somit festzuhalten, daß auch nach Veröffentlichung der Entscheidung zur Abgabe eines Angebots gefaßte Ermächtigungsbeschlüsse der Hauptversammlung, die nicht im Anschluß an die Veröffentlichung der Angebotsunterlage mit der Folge der Anwendung des § 16 Abs. 3, 4 WpÜG einberufen wurde, im Wege der Analogie den besonderen Anforderungen des § 33 Abs. 2 WpÜG für Vorratsbeschlüsse unterliegen. Auf diese Weise wird sichergestellt, daß auf sämtliche Konstellationen, in denen die Aktionäre in Unkenntnis über die Angebotskonditionen Beschluß fassen sollen, die besonderen Voraussetzungen des § 33 Abs. 2 WpÜG zur Anwendung gelangen[2351]. Damit werden diese Fälle einer einheitlichen Regelung zugeführt, was zudem der Übersichtlichkeit dient und somit zur Rechtssicherheit beiträgt[2352]. Maßgeblicher Abgrenzungszeitpunkt ist folglich allein derjenige der Veröffentlichung der Angebotsunterlage.

2350 Vgl. RegE-WpÜG, Begründung, Besonderer Teil, S. 144.

2351 Zur Frage des Zeitpunkts der Ausübung des Ermächtigungsbeschlusses gelten die Ausführungen zu den Vorratsbeschlüssen entsprechend. Dazu oben S. 461.

2352 *Winter/Harbarth*, ZIP 2002, 1 (15), hingegen wollen offenbar für diese Konstellation danach differenzieren, „ob der Vorstand zur Abwehr „um jeden Preis“ ermächtigt wird oder ihm lediglich eine zusätzliche Option an die Hand gegeben werden soll“. Nur im letzteren Fall könne von der Ermächtigung erst Gebrauch gemacht werden, wenn der Inhalt der Angebotsunterlage bekannt sei.

(c) Ergebnis

Was die Anforderungen an Ermächtigungsbeschlüsse der Hauptversammlung der Zielgesellschaft nach Veröffentlichung der Entscheidung zur Abgabe eines Übernahmeangebots anbelangt, ist nach dem Zeitpunkt der Einberufung der Hauptversammlung zu differenzieren. Erfolgt die Einberufung nach Veröffentlichung der Angebotsunterlage gelten - abgesehen von den in § 16 Abs. 4 WpÜG festgelegten Abweichungen zu §§ 121 ff. AktG - die „allgemeinen" aktienrechtlichen Bestimmungen, insbesondere § 133 Abs. 1 AktG hinsichtlich des Mehrheitserfordernisses. Sofern der Bieter bereits Aktien der Zielgesellschaft erworben hat, besteht für diesen kein Stimmverbot.

Soll der Ermächtigungsbeschluß hingegen bereits in der Zeit vor Veröffentlichung der Angebotsunterlage herbeigeführt werden, sind die für Vorratsbeschlüsse geltenden besonderen Anforderungen des § 33 Abs. 2 WpÜG entsprechend heranzuziehen. Dies ist vor dem Hintergrund geboten, daß für diesen Fall eine ausdrückliche Regelung unterblieben ist und weder die Vorschrift des § 16 Abs. 3, 4 WpÜG noch die des § 33 Abs. 2 WpÜG unmittelbar Anwendung finden. Die entsprechende Anwendung des § 33 Abs. 2 WpÜG ist dadurch gerechtfertigt, daß sich die Aktionäre in diesem Zeitraum in einer vergleichbaren Situation befinden wie zum Zeitpunkt der Beschlußfassung über eine Vorratsermächtigung.

cc) Verhältnis zu den „allgemeinen" aktienrechtlichen Bestimmungen

Unabhängig davon, ob sich der Vorstand der Zielgesellschaft bei der Vornahme erfolgsverhindernder Handlungen auf einen der Ausnahmetatbestände des § 33 Abs. 1 S. 2 WpÜG beruft, oder aber einen Ermächtigungsbeschluß der Hauptversammlung, sei es „auf Vorrat", sei es *ad-hoc*, eingeholt hat, bleibt der Umfang der Befreiung in sämtlichen Fällen gleich. Die Befreiungswirkung erstreckt sich allein auf das übernahmerechtliche Erfolgsverhinderungsverbot des § 33 Abs. 1 S. 1 WpÜG. Hingegen umfaßt die Befreiung nicht die sonstigen organschaftlichen Pflichten des Vorstands. Dies bedeutet, daß der Vorstand nach wie vor die „allgemeinen" aktienrechtlichen Erfordernisse zu beachten hat[2353]. Daraus folgt zunächst, daß sich der Vorstand bei der Durchführung einzelner Abwehrmaßnahmen nicht über die aktienrechtlich vorgezeichneten Grenzen hinwegsetzen darf. So bleibt er etwa für den Fall des Erwerbs eigener Aktien nach

2353 Vgl. *DAV-Handelsrechtsausschuß*, Stellungnahme zum RegE-WpÜG, ZIP 2001, 1736 (1739). Dies wird auch seitens des Gesetzgebers an mehreren Stellen der Gesetzesbegründung ausdrücklich hervorgehoben. Etwa RegE-WpÜG, Begründung, Besonderer Teil, S. 144.

§ 71 Abs. 1 Ziff. 8 AktG an die zehnprozentige Obergrenze gebunden[2354]. Gleiches gilt für den Fall des genehmigten Kapitals, dessen Höchstnennbetrag nach § 202 Abs. 3 S. 1 AktG die Hälfte des Grundkapitals nicht überschreiten darf[2355].

(1) Zuständigkeit der Hauptversammlung

Weiterhin ergibt sich aus der Bindung an die aktienrechtlichen Grundsätze, daß der Vorstand der Zielgesellschaft in der Übernahmesituation keine Abwehrmaßnahmen ergreifen darf, die auch außerhalb eines Übernahmeverfahrens der Mitwirkung der Hauptversammlung bedurft hätten. Dies gilt sowohl im Hinblick auf die Erteilung eines Vorratsbeschlusses[2356] als auch hinsichtlich der Ausnahmetatbestände des § 33 Abs. 1 S. 2 WpÜG[2357]. Anderenfalls käme man zu dem Ergebnis, daß der Hauptversammlung der Zielgesellschaft während eines Übernahmeverfahrens weniger Einflußmöglichkeiten zustünden als außerhalb einer Übernahmesituation[2358]. Dies hätte zur Folge, daß die Abgabe eines Übernahmeangebots zu einer Erweiterung der Kompetenzen des Vorstands führen würde. Dies entspricht, wie gezeigt, trotz der partiellen „Entrechtung" der Hauptversammlung während eines Übernahmeverfahrens, insbesondere durch die Regelungen des § 33 Abs. 1 S. 2 Alt. 1, 3 WpÜG, nicht der Intention des Gesetzgebers.

Zu denken wäre in diesem Zusammenhang zum einen an die durch die *Holzmüller*-Entscheidung[2359] vorgezeichneten Grenzen, die insbesondere bei der Veräußerung von Unternehmensteilen zum Tragen kommen[2360]. So kann beispielsweise ein Vorratsbeschluß nach § 33 Abs. 2 WpÜG keinesfalls von dem Erfordernis einer nochmaligen Befassung der Hauptversammlung mit der beabsichtigten Abwehrmaßnahme suspendieren, sofern es sich im konkreten Fall um

2354 Kritisch zu dieser Beschränkung *Schander*, ZIP 1998, 2087 (2089); auch bereits *Klein*, NJW 1997, 2085 (2087), Fn. 31.

2355 Zur jüngsten Diskussion um die Beibehaltung der Schwelle siehe die befürwortende Stellungnahme der *Regierungskommission „Corporate Governance"*, Abschlußbericht, S. D4.31, Rn. 228.

2356 Im Fall einer *Ad-hoc*-Ermächtigung besteht die Möglichkeit, zugleich auch einer möglicherweise bestehenden Zuständigkeit der Hauptversammlung Rechnung zu tragen.

2357 Für § 33 Abs. 1 S. 2 Alt. 1 WpÜG folgt dies bereits aus dem der Regelung zugrundeliegenden „Ausblendungsmodell". Jedenfalls dann, wenn auch bei Ausblendung der Übernahmesituation eine Hauptversammlungszuständigkeit vorliegt, führt kein Weg an der nochmaligen Befassung der Hauptversammlung vorbei.

2358 Zutreffend *Thaeter*, NZG 2001, 789 (790), im Hinblick auf Vorratsbeschlüsse.

2359 BGHZ 83, 122, Urt. vom 25. Februar 1982, II ZR 174/80.

2360 Vgl. dazu *Krieger* in MünHdb/GesR/AG, § 69, Rn. 6 ff. Zur Frage, inwieweit bereits in allgemeiner Form zu der beabsichtigten Maßnahme ermächtigt werden kann, siehe *ebenda*, Rn. 9 m.w.N.; *Lutter/Leinekugel*, ZIP 1998, 805 (811 ff.).

eine strukturverändernde Maßnahme handeln sollte[2361]. Ebenfalls in Betracht zu ziehen sind die Fälle des § 179a Abs. 1 AktG, wenn sich die Gesellschaft zur Übertragung des ganzen Gesellschaftsvermögens verpflichtet.

(2) Unternehmensgegenstand

Weiterhin ergibt sich aus dem Verhältnis der übernahmerechtlichen Regelung des § 33 WpÜG zu den „allgemeinen" aktienrechtlichen Bestimmungen, daß der Vorstand der Zielgesellschaft bei der Ergreifung von Abwehrmaßnahmen an den in der Satzung festgelegten Unternehmensgegenstand gebunden ist. Dies gilt uneingeschränkt im Hinblick auf sämtliche Ausnahmefälle des § 33 Abs. 1, 2 WpÜG. Auch in einer Übernahmesituation darf der Vorstand den Unternehmensgegenstand nicht überschreiten, ist aber zugleich auch verpflichtet, diesen auszufüllen[2362]. Die sich hieraus ergebenden Grenzen bei dem Erwerb eines Unternehmens(-teils) oder aber der Veräußerung eines Unternehmensbereichs können sich unmittelbar bei der Ergreifung von erfolgsverhindernden Handlungen des Vorstands auswirken.

(3) Schädigungsverbot

Schließlich ist es dem Vorstand der Zielgesellschaft auch nicht gestattet, Abwehrmaßnahmen zu ergreifen, mit denen er die Zielgesellschaft über die bloße Verhinderung des Erfolgs des Angebots hinaus schädigen[2363] würde[2364]. Ein solches Verbot der Vornahme vermögensmindernder Maßnahmen läßt sich aus der Pflicht zur sorgfältigen Wahrnehmung der Organfunktionen ableiten.

Auch wenn es sich hierbei um eine Selbstverständlichkeit handeln mag, die an sich keiner gesonderten Erwähnung bedarf, wurde diese Auffassung offensichtlich seitens des Bundesrates nicht geteilt. In dessen Stellungnahme fand sich die Anregung, unmißverständlich klarzustellen, daß sich zu Abwehrmaßnahmen ermächtigende Vorratsbeschlüsse der Hauptversammlung nicht auf vermögens-

---

2361 Aus diesen Gründen beschränkt sich der Anwendungsbereich der Vorratsbeschlüsse unter Effektivitätserwägungen auf den Erwerb eigener Aktien, die Ausgabe neuer Aktien aus genehmigtem Kapital sowie die Veräußerung von Unternehmensteilen unterhalb der *Holzmüller*-Kriterien. So mit Recht *Thaeter*, NZG 2001, 789 (790).

2362 Vgl. dazu *Krieger* in MünHdb/GesR/AG, § 69, Rn. 3.

2363 Zur „Schadensabwendungspflicht" des Vorstands siehe BGHZ 21, 354 (357), Urt. vom 27. September 1956, II ZR 144/55; *Mertens* in KK AktG, § 93 AktG, Rn. 29; *Hopt* in GroßKomm AktG, § 93 AktG, Rn. 72. Dazu auch *Altmeppen*, ZIP 2001, 1073 (1078).

2364 Auch diese Einschränkung bezieht sich wiederum sowohl auf die Ausnahmetatbestände des § 33 Abs. 1 S. 2 WpÜG als auch auf die Möglichkeiten der Ermächtigung durch die Hauptversammlung.

mindernde Maßnahmen beziehen dürften[2365]. Danach sei es als problematisch einzustufen, wenn der Vorstand durch die Möglichkeit zur Einholung eines Vorratsbeschlusses in die Lage versetzt werde, im Übernahmefall auch wertmindernde Aktivitäten, etwa den Verkauf einer für den Bieter besonders interessanten Unternehmenssparte oder den Erwerb eines weder zur strategischen Ausrichtung der Zielgesellschaft noch des Bieters passenden Unternehmens vorzunehmen. Daher sei ein „Wertminderungsverbot" in dem Gesetz zu verankern[2366]. Zu Recht wurde dieses Ansinnen seitens der Bundesregierung in ihrer Gegenäußerung zu der Stellungnahme des Bundesrates als „nicht angezeigt" zurückgewiesen[2367]. Da neben der Vorschrift des § 33 Abs. 1, 2 WpÜG weiterhin die „allgemeinen" aktienrechtlichen Bestimmungen gelten, richtet sich die inhaltliche Zulässigkeit der Ermächtigungsbeschlüsse nach „allgemeinen" aktienrechtlichen Grundsätzen. Dies wird auch seitens der Bundesregierung nochmals ausdrücklich hervorgehoben[2368]. Der Umfang der Befreiung erstreckt sich daher gerade nicht auch auf jene Grundsätze, zu denen auch das Schädigungsverbot zu zählen ist. Der Vorstand der Zielgesellschaft bleibt daher verpflichtet, etwa bei Ausschluß des Bezugsrechts, den bestmöglichen Preis für die auszugebenden Aktien aus einem genehmigten Kapital zu erzielen[2369] oder die Veräußerung wesentlicher Unternehmensteile nur zu einem angemessenen Kaufpreis vorzunehmen.

(4) Ausnahmefälle vom aktienrechtlichen „Neutralitätsgebot"

Bislang ungeklärt ist schließlich auch die Frage, ob der Vorstand der Zielgesellschaft nach der jetzigen Rechtslage über die normierten Ausnahmetatbestände hinaus Abwehrmaßnahmen auch ohne Zustimmung der Hauptversammlung ergreifen darf, sofern sich hinreichende Anhaltspunkte für schwerwiegende Beeinträchtigungen der Zielgesellschaft durch den Bieter abzeichnen. Bereits vor Inkrafttreten des neuen WpÜG wurde von Teilen der Befürworter des aktienrechtlichen „Neutralitätsgebots" die Auffassung vertreten, in besonders gelagerten Ausnahmefällen sei es zulässig, wenn der Vorstand zur Vermeidung einer schweren, irreversiblen Schädigung der Gesellschaft eigenmächtig Verteidigungshandlungen vornehme, da anderenfalls nicht zuletzt auf Grund der Vor-

2365 BT-Drs. 14/7034 vom 5. Oktober 2001, S. 85.

2366 BT-Drs. 14/7034 vom 5. Oktober 2001, S. 86.

2367 Vgl. Gegenäußerung der Bundesregierung zu der Stellungnahme des Bundesrates, BT-Drs. 14/7090 vom 10. Oktober 2001, S. 1.

2368 Vgl. Gegenäußerung der Bundesregierung zu der Stellungnahme des Bundesrates, BT-Drs. 14/7090 vom 10. Oktober 2001, S. 1.

2369 Vgl. *Hüffer*, AktG, § 204 AktG, Rn. 5; *Lutter* in KK AktG, § 204, AktG, Rn. 14.

laufzeiten einer Hauptversammlung die drohende Gefahr nicht abgewendet werden könne[2370].

Konnte man bereits nach der Konzeption des Referentenentwurfs davon ausgehen, daß infolge der spezialgesetzlichen Regelung auch die Frage nach der Zulässigkeit solcher Abwehrmaßnahmen abschließend beantwortet werden sollte, nämlich dahingehend, daß der Vorstand ohne oder sogar gegen die Entscheidung der Hauptversammlung in besonderen Ausnahmefällen gerade keine eigenmächtigen Handlungen vornehmen darf[2371], gilt dies erst recht für die jetzige Fassung der Vorschrift des § 33 Abs. 1, 2 WpÜG[2372]. Gegen die Zulassung weiterer Ausnahmefälle spricht überdies der insoweit eindeutige Wortlaut der Regelung. Sämtliche Ausnahmetatbestände werden abschließend in § 33 Abs. 1 S. 2 WpÜG normiert, im übrigen bedarf es der Beteiligung der Hauptversammlung. Die Ausgestaltung der Vorschrift als Kompetenznorm steht der Annahme ungeschriebener Ausnahmefälle entgegen, da deren Vornahme nicht in den Zuständigkeitsbereich des Vorstands fällt. Untermauert wird diese Sichtweise ferner durch die maximale Bußgeldandrohung[2373] für den Fall eines Verstoßes gegen das übernahmerechtliche Erfolgsverhinderungsverbot. Der Gesetzgeber hat damit klar zu erkennen gegeben, daß Handlungen entgegen § 33 Abs. 1 S. 1 WpÜG unzulässig sind. Für dieses Ergebnis spricht schließlich auch, daß sich die bislang angenommenen Ausnahmefälle größtenteils unter den zuletzt eingefügten Ausnahmetatbestand des § 33 Abs. 1 S. 2 Alt. 3 WpÜG fassen lassen[2374]. Denn in den beschriebenen Konstellationen werden regelmäßig die Interessen der Aktionäre trotz der für diesen Fall gesteigerten Anforderungen nach einer Abwägung mit dem nachrangigen Unternehmensinteresse zurücktreten müssen. Für eine noch weitergehende Annahme ungeschriebener Ausnahmetatbestände bestand daher auch kein praktisches Bedürfnis mehr.

2370 Dazu näher oben Kap. 3, S. 148 ff.

2371 Anders *Liebscher*, ZIP 2001, 853 (867), Fn. 68; *Altmeppen*, ZIP 2001, 1073 (1077), nach dem die Vornahme von noch nach § 33 Abs. 2 RefE-WÜG unzulässigen Maßnahmen für diesen Fall keinen Verstoß gegen die „Neutralitätspflicht" begründen sollte. Siehe dazu auch bereits den Vorschlag bei *BSK*, Standpunkte, S. 24 (dazu oben S. 255). Kritisch hierzu bereits *Baums* in von Rosen/Seifert, Übernahme börsennotierter Unternehmen, S. 165 (176 f.).

2372 Ebenso *Hirte* in KK WpÜG, § 33 WpÜG, Rn. 28. Im Ergebnis auch *Land*, DB 2001, 1707 (1712), Fn. 70, noch mit Blick auf den Regierungsentwurf. Anders *Ekkenga/ Hofschroer*, DStR 2002, 724 (733).

2373 Dazu unten S. 485.

2374 Ebenso *Winter/Harbarth*, ZIP 2002, 1 (10).

d) Rangverhältnis der einzelnen Ausnahmefälle

Nach der Konzeption des § 33 Abs. 1 und 2 WpÜG stehen dem Vorstand der Zielgesellschaft insgesamt fünf unterschiedliche Wege offen, trotz des im Grundsatz bestehenden übernahmerechtlichen Erfolgsverhinderungsverbots Verteidigungsmaßnahmen gegen eine aus seiner Sicht unerwünschte Übernahmeofferte zu ergreifen. Eine erste Möglichkeit bietet sich durch die Einholung eines *Ad-hoc*-Beschlusses, dem naturgemäß die höchste Legitimationswirkung innewohnt. Im übrigen läßt sich zwischen den einzelnen Ausnahmefällen zunächst dahingehend differenzieren, ob eine Ermächtigung der Hauptversammlung eingeholt wurde. Den Ausnahmetatbeständen des § 33 Abs. 1 S. 2 WpÜG ist gemein, daß in diesen Fällen die Vornahme der Abwehrmaßnahme gerade nicht auf einer Ermächtigung der Hauptversammlung beruht. Es handelt sich daher - die Suche nach einem konkurrierenden Angebot ausgenommen[2375] - um „echte" Ausnahmen von dem Erfolgsverhinderungsverbot, bei denen der Entscheidung des Vorstands über die Durchführung einer Abwehrmaßnahme insoweit die geringste Vermutung der Richtigkeit zukommt. Eine Zwischenstellung nehmen die Vorratsbeschlüsse nach § 33 Abs. 2 WpÜG ein, die wenigstens auf eine Entschließung der Hauptversammlung zurückzuführen sind, wenngleich angesichts der bestehenden Unkenntnis über die Person des Bieters sowie den Inhalt des Angebots zum Zeitpunkt der Beschlußfassung die Richtigkeitsgewähr in diesem Fall von geringem Maß ist[2376]. Auch wenn eine derart vorgenommene Abstufung nach der Legitimationswirkung der einzelnen Ausnahmefälle des § 33 Abs. 1, 2 WpÜG Einfluß auf die Entscheidung des Vorstands auszuüben vermag, welchen Weg er letzten Endes bei der Abwehr einer unerwünschten Übernahmeofferte beschreitet, lassen sich indes dem Gesetz keinerlei Vorgaben im Sinne einer zwingend zu befolgenden Reihenfolge entnehmen. Auch die Entstehung der Vorschrift liefert für eine solche Annahme keinerlei Anhaltspunkte. Die Ausnahmefälle stehen somit insgesamt in keinem streng formalen Rangverhältnis zueinander[2377]. Es steht daher letztlich im Ermessen des Vorstands, sich einzelfallabhängig für die eine oder andere Alternative zu entscheiden.

e) Rechtsfolgen eines Verstoßes gegen das übernahmerechtliche Erfolgsverhinderungsverbot

Zum Abschluß der Untersuchung der zentralen Vorschrift des § 33 Abs. 1, 2 WpÜG soll der Vollständigkeit halber noch ein Blick auf die Rechtsfolgenseite

---

2375 Zur systematisch mißglückten Einbeziehung der Suche nach einem konkurrierenden Angebot siehe bereits oben S. 437.

2376 Kritisch dazu insgesamt unten S. 508 ff.

2377 Wohl auch *Winter/Harbarth*, ZIP 2002, 1 (12); ebenso *Hirte* in KK WpÜG, § 33 WpÜG, Rn. 65.

geworfen werden. Von besonderem Interesse ist dabei die praktisch bedeutsame Frage, ob dem einzelnen Aktionär der Zielgesellschaft die Möglichkeit offensteht, die Unterlassung rechtswidriger Abwehrmaßnahmen des Vorstands klageweise durchzusetzen.

aa) Ordnungswidrigkeit

Nimmt ein Mitglied des Vorstands vorsätzlich oder leichtfertig entgegen der aus § 33 Abs. 1 S. 1 WpÜG resultierenden Verpflichtung eine den Erfolg eines Angebots verhindernde Handlung vor, begeht es eine Ordnungswidrigkeit gemäß § 60 Abs. 1 Ziff. 8 WpÜG. Nach § 60 Abs. 3 WpÜG kann diese mit der höchstmöglichen Geldbuße von bis zu 1.000.000 Euro versehen werden[2378].

bb) Unterlassungsansprüche einzelner Aktionäre

Erst auf der Rechtsfolgenseite erlangt die Einordnung des übernahmerechtlichen Erfolgsverhinderungsverbots gemäß § 33 Abs. 1 S. 1 WpÜG als Organpflicht oder Kompetenznorm ihre eigentliche Brisanz. So wird man einen Anspruch der einzelnen Aktionäre der Zielgesellschaft auf Unterlassung von rechtwidrigen Abwehrmaßnahmen des Vorstands nur dann annehmen können, wenn es sich bei der Vorschrift um eine Kompetenznorm handelt. Anderenfalls, d.h. bei Annahme einer allgemeinen Organpflicht, käme im Fall einer Verletzung nur ein nachträglicher Schadensersatzanspruch der Gesellschaft in Betracht[2379]. Denn nach ganz herrschender Auffassung ist die allgemeine Aktionärsklage in Form der organschaftlichen Mitgliedschaftsklage[2380] seit der *Holzmüller*-Entscheidung des BGH für den Fall der Kompetenzüberschreitung der Verwaltungsorgane zu Lasten der Hauptversammlung anerkannt[2381]. Unter Zugrundelegung der hier vertretenen Auffassung, wonach es sich bei § 33 Abs. 1, 2 WpÜG auch nach der nunmehr Gesetz gewordenen Fassung um eine Kompetenznorm handelt[2382], bedeutet dies, daß in der Ergreifung von rechtswidrigen Abwehrmaßnahmen durch den Vorstand zugleich eine „unzulässige Ausschaltung“[2383] der Hauptversamm-

2378 Zur Kritik an der Höhe siehe bereits oben S. 329.

2379 Den Aktionären steht in diesem Fall allein unter den Voraussetzungen des § 147 AktG die Möglichkeit einer Geltendmachung zu.

2380 Während ein Aktionär mit der organschaftlichen Mitgliedschaftsklage das Verhalten der Gesellschaftsorgane auf Gesetzes- bzw. Satzungskonformität überprüfen läßt, dient in Abgrenzung hierzu die individuelle Mitgliedschaftsklage zur Geltendmachung von Ansprüchen, die Ausfluß seiner Mitgliedschaft sind, wie etwa Dividendenansprüche. Zum ganzen *Wiesner* in MünHdb/GesR/AG, § 18, Rn. 7 ff.

2381 BGHZ 83, 122 (133 ff.), Urt. vom 25. Februar 1982, II ZR 174/80. Vgl. *Wiesner* in MünHdb/GesR/AG, § 18, Rn. 11.

2382 Näher dazu oben S. 421.

2383 BGHZ 83, 122 (135).

lung liegt[2384]. Folglich steht den einzelnen Aktionären[2385] - einschließlich des Bieters, soweit dieser bereits an der Zielgesellschaft beteiligt ist - ein Unterlassungsanspruch gegen die Zielgesellschaft[2386] zu[2387].

cc) Schadensersatzansprüche

Da der Gesetzgeber davon abgesehen hat, in das neue Gesetz eine gesonderte Anspruchsgrundlage auf Schadensersatz aufzunehmen[2388], muß insoweit auf die allgemeinen Bestimmungen abgestellt werden. Verletzt der Vorstand der Zielgesellschaft[2389] schuldhaft die aus § 33 Abs. 1 S. 1 WpÜG resultierende Verpflichtung, macht sich dieser gegenüber der Gesellschaft gemäß § 93 Abs. 2 S. 1

2384 Bereits nach der Konzeption des Referentenentwurfs wurde teilweise ein Unterlassungsanspruch gegen rechtswidrige Abwehrmaßnahmen des Vorstands, gestützt auf § 33 Abs. 3 Ziff. 2 RefE-WÜG, bejaht. Vgl. *Krieger* in Henze/Hoffmann-Becking, Gesellschaftsrecht 2001, S. 289 (319 f.); wohl auch *Kiem*, ZIP 2000, 1509 (1513). Bejahend auch bereits nach der vor Inkrafttreten des WpÜG - dem aktienrechtlichen „Neutralitätsgebot" folgend - bestehenden Rechtslage *Bayer*, NJW 2000, 2609 (2611); *Krieger* in Henze/Hoffmann-Becking, Gesellschaftsrecht 2001, S. 289 (319 f.); *ders.*, ZHR 163 (1999), 343 (357 f.). Verneinend indes LG Düsseldorf, AG 2000, 233 (234), (weitere Nachweise oben Kap. 3, Fn. 715 a. E.), sofern das Handeln des Vorstands nicht derart schwerwiegend in die Mitgliedschaftsrechte der Aktionäre und deren im Anteilseigentum verkörperte Vermögensinteressen eingreift, daß eine Zuständigkeit der Hauptversammlung nach den *Holzmüller*-Kriterien nach § 119 Abs. 2 AktG entsprechend begründet wird. Siehe zum ganzen auch *Merkt*, ZHR 165 (2001), 224 (246).

2385 Ob der Anspruch letztlich dem einzelnen Aktionär zusteht oder aber mit *Krieger*, ZHR 163 (1999), 343 (356, 358), der Minderheit des § 122 Abs. 2 AktG, kann an dieser Stelle nicht weiter vertieft werden.

2386 Vgl. BGHZ 83, 122 (134); *Bayer*, NJW 2000, 2609 (2610); *Wiesner* in MünHdb/GesR/AG, § 18, Rn. 11 m.w.N. in Fn. 17. Für eine unmittelbare Heranziehung der Mitglieder des Vorstands indes *Habersack* in Emmerich/Habersack, Aktien und GmbH-Konzernrecht, Vor § 311 AktG, Rn. 28.

2387 So auch *Winter/Harbarth*, ZIP 2002, 1 (17); nach der ähnlichen Fassung des Regierungsentwurfs schon *Drygala*, ZIP 2001, 1861 (1870 f.), der sich angesichts der dem Vorstand offenstehenden Möglichkeit der Berufung auf § 33 Abs. 1 S. 2 Alt. 1 WpÜG allerdings skeptisch im Hinblick auf dessen Effektivität zeigt. A.A. *Schwennicke* in Geibel/Süßmann, WpÜG, § 33 WpÜG, Rn. 86.

2388 Im Gegensatz dazu ist im Rahmen des Vierten Finanzmarktförderungsgesetzes ein eigenständiger Schadensersatzanspruch bei unterlassener oder verspäteter Veröffentlichung sowie unrichtiger Behauptung potentiell kurserheblicher Tatsachen durch den Emittenten in das WpHG neu aufgenommen worden. Siehe §§ 37b, 37c WpHG.

2389 Die folgenden Ausführungen gelten für den Aufsichtsrat entsprechend, §§ 116, 93 Abs. 2 AktG. Da der Aufsichtsrat aus dem Anwendungsbereich des § 33 Abs. 1, 2 WpÜG herausgenommen wurde, beschränkt sich das ihm vorwerfbare Handeln auf die fehlerhafte Ausübung der Überwachungstätigkeit. Vgl. dazu *Hoffmann-Becking* in MünHdb/GesR/AG, § 33, 47.

AktG schadensersatzpflichtig[2390]. Hingegen wird man gegenüber den Aktionären das Bestehen einer unmittelbaren Schadensersatzpflicht verneinen müssen[2391]. Eine unmittelbare Haftung gemäß § 93 Abs. 2 AktG gegenüber den Aktionären besteht nach ganz herrschender Auffassung nicht[2392]. Gleiches gilt für die deliktische Haftung nach § 823 Abs. 1 BGB[2393]. Schließlich scheidet auch eine Schadensersatzpflicht gegenüber den einzelnen Aktionären nach § 823 Abs. 2 BGB aus. Zutreffend wurde bereits ausgeführt, daß es dem Bußgeldtatbestand des § 60 Abs. 1 Ziff. 8 WpÜG an der Qualität eines Schutzgesetzes fehlt[2394]. Gleiches wird man darüber hinaus auch für das übernahmerechtliche Erfolgsverhinderungsverbot selbst annehmen müssen. Zwar könnte man mit dem Normzweck argumentieren[2395], die Vorschrift ziele darauf ab, den Aktionären die Möglichkeit zu bewahren, in Kenntnis der Sachlage eigenständig über ein Übernahmeangebot zu entscheiden. Schutzgut müsse daher die Entscheidungsfreiheit der Aktionäre sein, mit der Folge, daß die von § 823 Abs. 2 BGB geforderte Schutzwirkung zu deren Gunsten anzunehmen sei. Allerdings darf man nicht verkennen, daß die Gesetzesbegründung insoweit durch die erst gegen Ende des Gesetzgebungsverfahrens vorgenommenen Änderungen überholt wurde[2396]. Vor diesem Hintergrund erscheint äußerst zweifelhaft, inwieweit die gesetzgeberische Begründung zum Regierungsentwurf noch aufrechterhalten werden kann. Denn nach der jetzigen Rechtslage besteht, verstärkt durch die zuletzt eingefügte Regelung des § 33 Abs. 1 S. 2 Alt. 3 WpÜG, auch die Möglichkeit, daß der Vorstand ohne Befassung der Hauptversammlung erfolgsverhindernde Handlungen vornimmt[2397]. Gerade hierdurch wird jedoch - wie der Gesetzgeber zutreffend erkannt hatte[2398] - massiv in die Entscheidungsfreiheit der Aktionäre eingegriffen. Aus diesem Grund muß der Regelung eine individu-

2390 Zur Feststellung des Schadens siehe *Thümmel*, DB 2000, 461 (462).

2391 Im Ergebnis auch *Winter/Harbarth*, ZIP 2002, 1 (16).

2392 § 93 Abs. 2 AktG ist auch nicht Schutzgesetz i.S.d. § 823 Abs. 2 BGB, da diese Regelung dem Schutz der Gesellschaft vor unsorgfältiger Geschäftsführung durch den Vorstand dient. Vgl. *Hüffer*, AktG, § 93 AktG, Rn. 19; *Mertens* in KK AktG, § 93 AktG, Rn. 169; *Wiesner* in MünHdb/GesR/AG, § 26, Rn. 28.

2393 Die Mitgliedschaft an einer Gesellschaft wird nach überwiegender Auffassung nur gegen Maßnahmen geschützt, die sich gegen ihren rechtlichen Bestand richten. Vgl. *Hopt* in GroßKomm AktG, § 93 AktG, 471 m.w.N.

2394 Vgl. *Winter/Harbarth*, ZIP 2002, 1 (16).

2395 Dazu oben S. 411.

2396 In der Fassung des Regierungsentwurfs noch zur Annahme individualschützenden Charakters tendierend *Thaeter*, NZG 2001, 789 (791).

2397 Eingehend dazu oben S. 439 ff.

2398 Vgl. RegE-WpÜG, Begründung, Besonderer Teil, S. 141.

alschützende Wirkung zugunsten der Aktionäre abgesprochen werden[2399], so daß auch diese kein Schutzgesetz i.S.d. § 823 Abs. 2 BGB darstellt[2400].

3. Umsetzung der Vorgaben der EU-Übernahmerichtlinie

Wie bereits aufgezeigt[2401], hat der deutsche Gesetzgeber nun bis zum 20. Mai 2006 Zeit, die Vorgaben der EU-Übernahmerichtlinie[2402] in deutsches Recht umzusetzen[2403]. Auch wenn nicht zu erwarten steht, daß sich die Bundesregierung gegen die Ausnutzung der von ihr lange und hart erkämpften Möglichkeit zum Opt-Out entscheidet[2404], sollen nachfolgend die Konsequenzen beider Alternativen für die Umsetzung in deutsches Recht skizziert werden.

a) Entscheidung gegen ein Opt-Out

Für den insofern unwahrscheinlicheren Fall, daß der deutsche Gesetzgeber nicht von dem nach Art. 12 Abs. 1 EU-Übernahmerichtlinie gewährten Recht zum Opt-Out Gebrauch macht, bedarf es der eingehenden Überprüfung, inwieweit die jetzige Regelung des § 33 Abs. 1, 2 WpÜG mit den Vorgaben der Richtlinie zu vereinbaren ist. Zwar besteht dem Grundsatz nach auch hierzulande ein dem Vereitelungsverbot der Richtlinie weitestgehend entsprechendes Erfolgsverhinderungsverbot gemäß § 33 Abs. 1 S. 1 WpÜG. Doch stellt sich zuvorderst die Frage, inwieweit die zahlreichen Ausnahmen nach deutschem Recht in Einklang mit dem weitaus strengeren Art. 9 EU-Übernahmerichtlinie zu bringen sind.

2399 Dies muß erst recht zugunsten des Bieters anzunehmen sein, so daß auf Grund des Ausscheidens dieser praktisch einzigen in Betracht kommenden Möglichkeit eine Haftung der Zielgesellschaft diesem gegenüber regelmäßig ausscheiden wird. Zur Außenhaftung gegenüber dem Bieter in diesem Kontext auch *Thümmel*, DB 2000, 461 (464).

2400 Im Ergebnis ebenso *Schwennicke* in Geibel/Süßmann, WpÜG, § 33 WpÜG, Rn. 88. In Betracht zu ziehen ist möglicherweise ein Anspruch aus § 826 BGB, wenn die Schadenszufügung vorsätzlich in einer gegen die guten Sitten verstoßenden Weise erfolgte.

2401 Siehe oben Kap. 2, S. 128.

2402 Zu den Vorgaben im einzelnen bereits oben Kap. 2, S. 128 ff.

2403 Vgl. zur Umsetzung bereits *Krause*, BB 2004, 113 ff.; *ders.*, FAZ vom 7. Januar 2004, S. 19; *Wiesner*, ZIP 2004, 343 (349). Zwar entfalten Richtlinien grundsätzlich gemäß Art. 249 Abs. 3 EGV erst nach Umsetzung durch die Mitgliedstaaten ihre Wirkung, doch gilt dies nicht für den Fall, daß die Umsetzung zum Zeitpunkt des Ablaufs der Umsetzungsfrist nicht erfolgt ist und die Richtlinie derart formuliert ist, daß daraus unmittelbar, d.h. ohne Umsetzungsspielraum für den Gesetzgeber, Rechte des Bürgers abgeleitet werden können. Vgl. grundlegend EuGH vom 4. Dezember 1974 - Rs. 41/74 (*Yvonne van Duyn/HomeOffice*), Slg. 1974, 1337. Vgl. dazu *Ruffert* in Callies/Ruffert, EUV/EGV, 2. Aufl., Art. 249 EGV, Rn. 70.

2404 So auch die Einschätzung von *Krause*, FAZ vom 7. Januar 2004, S. 19; *ders.*, BB 2004, 113 (114); *Bayer*, BB 2004, 1 (11).

Dies läßt sich am einfachsten für § 33 Abs. 2 WpÜG beantworten, der mit der Konzeption der Übernahmerichtlinie nicht zu vereinbaren ist und infolgedessen ersatzlos zu streichen wäre. Eine Erwägung dahingehend, die Zulässigkeit von Vorratsbeschlüssen auch im Fall eines Opt-In aus Art. 9 Abs. 2 EU-Übernahmerichtlinie herleiten zu wollen, würde die gesamte Entstehungsgeschichte der Richtlinie außer acht lassen und ist daher abzulehnen. Hinsichtlich des Regelungskomplexes des § 33 Abs. 1 WpÜG müßte das Verhältnis des in Satz 1 verankerten Grundsatzes des Erfolgsverhinderungsverbots zu den in Satz 2 normierten Ausnahmetatbeständen grundlegend überarbeitet werden. Während derzeit die Ausnahmefälle klar dominieren, ließe die Umsetzung der Richtlinienvorgaben nur noch Raum für die Suche nach einem konkurrierenden Angebot nach § 33 Abs. 1 S. 2 Alt. 2 WpÜG. Der zuletzt hinzugetretene Ausnahmetatbestand des § 33 Abs. 1 S. 2 Alt. 3 WpÜG hingegen wäre ebenfalls ersatzlos zu streichen. Verknüpft hiermit wäre die den Vorgaben der Richtlinie entsprechende Ausweitung des personellen Anwendungsbereichs der Vorschrift auf den Aufsichtsrat. Weniger eindeutig läßt sich die Frage für die Regelung des § 33 Abs. 1 S. 2 Alt. 1 WpÜG beantworten. Versteht man diesen Ausnahmetatbestand in dem hier aufgezeigten Sinn, so bleibt zwar zu konstatieren, daß die nach Art. 9 Abs. 3 EU-Übernahmerichtlinie zulässige Ausnahme in dieser Regelung aufgeht[2405]. Jedoch stellt die nach der Richtlinie zulässige Ausnahme lediglich einen Unterfall des viel weiterreichenden Ausnahmetatbestandes nach dem WpÜG dar. In Konsequenz dessen wäre auch § 33 Abs. 1 S. 2 Alt. 1 WpÜG zu streichen[2406], um sodann an dessen Stelle die Ausnahme des Art. 9 Abs. 3 EU-Übernahmerichtlinie aufzunehmen. Ein gewisser Spielraum verbleibt dem nationalen Gesetzgeber schließlich mit Blick auf die Festlegung des Zeitpunktes, ab wann seitens der Verwaltung der Zielgesellschaft bereits eine Ermächtigung der Hauptversammlung einzuholen ist.

Was die Neuerung der Durchgriffsregel betrifft, so muß eine Vorschrift zur Durchsetzung der Durchgriffsregel geschaffen werden[2407]. Darin sind alle strukturellen Hindernisse nach Maßgabe des Art. 11 EU-Übernahmerichtlinie für die Dauer des Übernahmeangebots außer Kraft zu setzen. Da Höchst- und Mehrfachstimmrechte hierzulande kein Thema mehr sind, verbleiben aus Art. 11 EU-Übernahmerichtlinie etwaige vertragliche oder satzungsrechtliche Übertra-

---

2405 So mit Recht auch *Krause*, BB 2004, 114 (114). Ähnlich wohl auch *Drinkuth*, Syndikus, Januar/Februar 2003, 24 (25). Anders aber *Wiesner*, ZIP 2004, 343 (347, Fn. 33), der Art. 9 Abs. 3 in Einklang mit § 33 Abs. 1 S. 2 Alt. 1 WpÜG sieht.

2406 Weniger weitreichend, jedoch in die gleiche Richtung, *Seibt/Heiser*, ZIP 2002, 2193 (2196), die eine richtlinienkonforme Auslegung genügen lassen wollen. Zur richtlinienkonformen Auslegung *Kahl* in Callies/Ruffert, EUV/EGV, 2. Aufl., Art. 10 EGV, Rn. 40 m.w.N.

2407 Systematisch wäre diese Vorschrift in Abschnitt 4 des WpÜG zu verankern (vgl. Art. 2 Abs. 1 lit. a EU-Übernahmerichtlinie).

gungsbeschränkungen sowie nach Inkrafttreten der Richtlinie vereinbarte vertragliche Stimmrechtsbeschränkungen.

b) Entscheidung für ein Opt-Out

Für den Fall, daß sich Deutschland für ein Opt-Out entschließen sollte, das sich sodann sowohl auf die Verhaltenspflichten des Art. 9 EU-Übernahmerichtlinie als auch auf die Durchgriffsregel des Art. 11 EU-Übernahmerichtlinie beziehen dürfte, muß den hierzulande ansässigen Zielgesellschaften die Möglichkeit eröffnet werden, ihrerseits für das Opt-In zu votieren. Dazu bedarf es eines eigens für diesen Fall zu schaffenden Regelungsregimes, das die Vorgaben des Vereitelungsverbots der Übernahmerichtlinie in der bereits aufgezeigten Weise für jene Gesellschaften bereithält. Dazu bietet es sich an, einen neuen § 33a WpÜG[2408] zu schaffen. Die Unternehmen könnten somit zwischen dem unveränderten Erfolgsverhinderungsverbot des § 33 WpÜG und der das Vereitelungsverbot der Übernahmerichtlinie übernehmenden neuen Vorschrift des § 33a WpÜG wählen. Vor dem Hintergrund des bisherigen „Schattendaseins" der Vorratsbeschlüsse und der praktischen Bedeutungslosigkeit der Ausnahme des § 33 Abs. 1 S. 2 Alt. 3 WpÜG liegt die wesentliche Abweichung der beiden Modelle insoweit in dem Ausnahmetatbestand des § 33 Abs. 1 S. 2 Alt. 1 WpÜG begründet, der nach der hier vertretenen Auffassung erheblich über die Vorgaben der EU-Übernahmerichtlinie hinausgeht. Mit der Etablierung eines solchen Wahlmodells im WpÜG ginge ein erhebliches Maß an Transparenz einher, da je nach Entscheidung des Unternehmens klar ersichtlich wäre, ob das Erfolgsverhinderungsverbot im bisherigen Sinn oder aber das den Vorgaben der Richtlinie entsprechende Vereitelungsverbot Anwendung findet[2409]. Hinzu kommt, daß dem Wortlaut der Regelung des Art. 12 EU-Übernahmerichtlinie nach viel dafür spricht, daß mit Blick auf die Verhaltenspflichten nur im Ganzen von der Optionsmöglichkeit Gebrauch gemacht werden kann, was ebenfalls in dem vorstehend beschriebenen Modell berücksichtigt wäre. Demzufolge wäre es nicht zulässig, sich mittels eines Hauptversammlungsbeschlusses entweder nur gegen die Anwendung der Regelung des § 33 Abs. 2 WpÜG oder aber nur des § 33 Abs. 1 S. 2 WpÜG bzw. einzelnen Ausnahmetatbeständen des § 33 Abs. 1 S. 2 WpÜG zu entschließen.

2408 Ähnlich auch der Vorschlag von *Krause*, BB 2004, 113 (115).

2409 Freilich müßte der Gesetzgeber durch geeignete Verfahrensvorschriften dafür Sorge tragen, daß die Aktionäre über die jeweils anwendbare Vorschrift angemessen unterrichtet werden - etwa im Wege einer schriftlichen Berichterstattung, in der die Gründe für die Wahl sowie die Folgen für die Beteiligung der Aktionäre erläutert werden.

4. Bewertung

a) Das übernahmerechtliche Erfolgsverhinderungsverbot

aa) Nichteinbeziehung des Aufsichtsrats der Zielgesellschaft

Äußerst kritisch zu beurteilen ist die letztlich unterbliebene Einbeziehung des Aufsichtsrats der Zielgesellschaft in den Anwendungsbereich der Vorschrift des § 33 Abs. 1, 2 WpÜG. Der Gesetzgeber hat sich damit über den seit Beginn des Gesetzgebungsverfahrens bestehenden und auf die Empfehlungen der Expertenkommission[2410] zurückreichenden Konsens hinweggesetzt, daß auch der Aufsichtsrat während eines Übernahmeverfahrens den gleichen Verhaltensanforderungen zu genügen hat wie der Vorstand der Zielgesellschaft. Auch wenn damit den Anforderungen des Gemeinsamen Entwurfs entsprochen würde, steht die jetzige Rechtslage insoweit in Widerspruch sowohl zu der Regelung des Übernahmekodex als auch zu der Rechtslage vor Inkrafttreten des WpÜG[2411].

Zu Recht ging die Bundesregierung ursprünglich davon aus, daß auch der Aufsichtsrat dem übernahmerechtlichen Erfolgsverhinderungsverbot zu unterliegen habe[2412]. In erster Linie rechtfertigt sich dessen Einbeziehung vor dem Hintergrund, daß sich die Mitglieder des Aufsichtsrats in einer Übernahmesituation der gleichen Konfliktsituation ausgesetzt sehen wie der Vorstand der Zielgesellschaft[2413]. Ferner spricht für die Bindung des Aufsichtsrats an das Erfolgsverhinderungsverbot, daß dieser über seine Überwachungsfunktion[2414] hinaus auch an der Organisation der Gesellschaft mitwirkt[2415], in deren Rahmen er in unzulässiger Weise Einfluß auf die Erfolgsaussichten eines Übernahmeangebots nehmen könnte. Denkbare Gestaltungen wären etwa die Staffelung der Amtszeiten der Vorstandsmitglieder (*staggered board*) sowie die Erhöhung der Bezüge bzw. die Vereinbarung von erhöhten Abfindungszahlungen im Fall einer Übernahme (*golden parachutes*) innerhalb der Grenzen des § 87 AktG[2416]. Schließlich kann der Aufsichtsrat auch in Ausübung seiner Kontrollfunktion in das Übernahmeverfahren zu Lasten der Entscheidungsfreiheit der Aktionäre eingreifen. So bedürfen zahlreiche Verteidigungsmaßnahmen vor der Durchfüh-

2410 Dazu näher oben S. 258.
2411 Siehe dazu oben Kap. 3, S. 175, sowie S. 448.
2412 Die Einbeziehung entsprach deren ausdrücklichem Wunsch. Vgl. *Hopt* in FS Lutter, S. 1361 (1367).
2413 Dazu oben in Kap. 1, S. 49.
2414 Zur Überwachungspflicht des Aufsichtsrats *Henze*, BB 2000, 209 (213); eingehend *Mertens* in KK AktG, § 111 AktG, Rn. 11 ff.
2415 Etwa §§ 84 Abs. 1, 2; 87 Abs. 1, 2; 112 AktG.
2416 Dazu näher bereits oben Fn. 1978.

rung durch den Vorstand der Zustimmung des Aufsichtsrats, wie etwa nach § 202 Abs. 3 S. 2 AktG die Ausnutzung eines genehmigten Kapitals. Aus diesen Gründen ist es geboten, den Aufsichtsrat in den Anwendungsbereich des Erfolgsverhinderungsverbots einzubeziehen[2417]. Es bleibt zu hoffen, daß eine künftige EU-Übernahmerichtlinie den Adressatenkreis des Vereitelungsverbots präziser faßt als noch der Gemeinsame Entwurf[2418]. Dabei sollte den Besonderheiten des *two-tier-board*-Systems Rechnung getragen und auch der Aufsichtsrat ausdrücklich in den Adressatenkreis der Regelung einbezogen werden.

bb) Fehlende Koordinierung gegenüber einfachen Erwerbsangeboten

Als mißglückt ist die Begrenzung des sachlichen Anwendungsbereichs der Vorschrift des § 33 Abs. 1, 2 WpÜG auf Übernahmeangebote zu bezeichnen. *De lege lata* fehlt es an einer Koordinierung mit den Verhaltenspflichten des Vorstands der Zielgesellschaft bei Vorliegen eines einfachen freiwilligen Erwerbsangebots, das nicht auf die Erlangung der Kontrolle gerichtet ist[2419]. Zu Recht hatte der Gesetzgeber trotz der Erweiterung des sachlichen Anwendungsbereichs des Gesetzes mit Vorlage des Referentenentwurfs auf eine Ausdehnung der besonderen Verhaltenspflichten der Verwaltung der Zielgesellschaft auf einfache Erwerbsangebote verzichtet. Doch die grundlegenden Änderungen der maßgeblichen Vorschrift des § 33 WpÜG im weiteren Gesetzgebungsverfahren haben dazu geführt, daß sich der Vorstand der Zielgesellschaft nunmehr an unterschiedlichen Verhaltensmaßstäben messen lassen muß. Während im Fall eines Übernahmeangebots weitreichende Handlungsfreiheit besteht, unterliegt der Vorstand[2420] im Fall eines einfachen Erwerbsangebots dem nach überwiegender Auffassung geltenden aktienrechtlichen „Neutralitätsgebot“[2421], das für den Fall solcher Angebote gerade nicht in den neuen gesetzlichen Vorschriften aufgegangen ist[2422]. Aus Sicht des Gesetzgebers wäre es insoweit konsequent, zur Vermeidung dieses Wertungswiderspruchs den Anwendungsbereich des § 33 WpÜG auch auf solche Angebote zu erstrecken, die nicht auf die Erlangung der

2417 Zur Ungeeignetheit der „Aufsichtsratslösung“ des § 33 Abs. 1 S. 2 Alt. 3 WpÜG siehe unten S. 498.

2418 Siehe dazu oben Kap. 2, S. 105. Siehe jetzt zur ausdrücklichen partiellen Einbeziehung des Aufsichtsrats nach der verabschiedeten EU-Übernahmerichtlinie Kap. 2, S. 136. Vor dem Hintergrund des Optionsmodells dürfte dieser Versuch der Präzisierung jedoch weitgehend ins Leere gehen.

2419 Zur Abgrenzung der einzelnen Angebotsformen nach dem WpÜG oben S. 276.

2420 Darüber hinaus wohl zu Recht auch der Aufsichtsrat. Siehe dazu oben S. 448.

2421 Die Neutralitätspflicht des Art. 19 Übernahmekodex greift hingegen nicht mehr ein, da die Regelungen des Kodex, der auch für einfache Erwerbsangebote Anwendung fand, „außer Kraft“ gesetzt wurden. Dazu bereits oben S. 301.

2422 Anders hingegen nach hier vertretener Auffassung bei Übernahmeangeboten. Siehe oben S. 448.

Kontrolle gerichtet sind[2423]. Auf diese Weise ließe sich der ursprünglich angedachte Gleichlauf für sämtliche Angebotsformen wiederherstellen, der in einem nebeneinander des aktienrechtlichen „Neutralitätsgebots“ für einfache Erwerbsangebote und dem weitgehend ausnahmslosen übernahmerechtlichen Erfolgsverhinderungsverbot für Übernahmeangebote bestanden hätte[2424].

So sehr die Praxis nach der jetzigen Rechtslage einerseits mit erheblichen Unsicherheiten konfrontiert wird, welchen Verhaltensanforderungen der Vorstand der Zielgesellschaft aktuell unterliegt, eröffnen sich andererseits durch das gesetzgeberische Versäumnis Möglichkeiten, den weiten Handlungsspielraum des Vorstands der Zielgesellschaft bei der Abwehr eines Übernahmeversuchs zu umgehen. Sollte es gelingen, eine beachtliche Beteiligung unterhalb der Kontrollschwelle im Wege eines öffentlichen Angebots zu erlangen, böte sich im Anschluß hieran nach Ablauf der für die Bemessung der Gegenleistung maßgeblichen Frist der Aufkauf eines geringen Aktienpakets an, um auf diese Weise die Kontrolle über die Zielgesellschaft zu erlangen. Zwar hätte dies die Verpflichtung zur Abgabe eines obligatorischen Angebots zur Folge, würde indes das Risiko einer langwierigen und kostenintensiven Übernahmeauseinandersetzung um die Zielgesellschaft vermeiden.

cc) Zeitlicher Anwendungsbereich

Zu begrüßen ist indessen, daß das Verbot der Vornahme erfolgsverhindernder Maßnahmen in zeitlicher Hinsicht erst mit der Veröffentlichung der Entscheidung zur Abgabe eines Übernahmeangebots einsetzt. Der Gesetzgeber hat damit den auf das britische Regelungsmodell gestützten Vorschlägen, in bestimmten Fällen eine zeitliche Vorverlagerung zuzulassen, eine Absage erteilt[2425]. Danach sollen die besonderen Verhaltensanforderungen auch schon dann eingreifen, wenn Grund zu der Annahme besteht, daß ein Angebot unmittelbar bevorsteht[2426]. Zwar besteht nach der jetzigen Rechtslage die Gefahr, daß seitens der Zielgesellschaft bereits vor dem Zeitpunkt der Bekanntgabe der Übernahmeabsicht Maßnahmen zur Abwehr der erwarteten Übernahme ergriffen werden, sei

2423 Für eine analoge Anwendung plädierend *Hirte* in KK WpÜG, § 33 WpÜG, Rn. 31; *ders.*, ZGR 2002, 623 (626);.

2424 In der ähnlich gelagerten Frage, inwieweit außerhalb der Übernahmephase das verbandsrechtlich begründete „Neutralitätsgebot“ heranzuziehen sei, mit der Folge, daß es dadurch gleichfalls zu einem Wertungswiderspruch zu § 33 Abs. 1 S. 1 WpÜG käme, plädiert *Krause*, AG 2002, 133 (136), für eine analoge Anwendung der Ausnahmetatbestände des § 33 Abs. 1 S. 2 WpÜG. Dagegen *Ekkenga* in FS Kümpel, S. 95 (102).

2425 Befürwortend dagegen *Hopt* in FS Koppensteiner, S. 61 (68), Fn. 21, (85), Fn. 79; zurückhaltender *Merkt*, ZHR 165 (2001), 224 (256). Siehe dazu auch *BSK*, Standpunkte, S. 24. Dazu oben S. 255.

2426 Siehe City Code, General Principle 7.

es infolge aufkommender Gerüchte, sei es, weil die Zielgesellschaft auf Grund einer „undichten Stelle“ auf Seiten des Bieters von dessen Absicht Kenntnis erlangt hat. Auch mag es im Einzelfall befremdend anmuten, wenn sich die Verhaltenspflichten des Vorstands in unmittelbarem zeitlichen Zusammenhang mit der Bekanntgabe der Übernahmeabsicht trotz einer weitgehend gleichen Ausgangslage unterschiedlich definieren, je nachdem, ob die Veröffentlichung der Entscheidung bereits erfolgt ist oder nicht. Dennoch erscheint es vorzugswürdig, hinsichtlich des Eintritts der besonderen Verhaltenspflichten des Erfolgsverhinderungsverbots auf einen fest umrissenen Zeitpunkt abzustellen. Würde man hingegen den Beginn des Verbots erfolgsverhindernder Maßnahmen von unbestimmten Rechtsbegriffen, wie etwa dem des „hinreichenden Anlasses“, abhängig machen, ginge dadurch ein erhebliches Maß an Rechtssicherheit verloren. Insbesondere die Frage, inwieweit sich aufkommende Gerüchte hinreichend verfestigt haben müßten, würde erhebliche Abgrenzungsprobleme mit sich bringen. Angesichts der wirtschaftlichen Bedeutung für die Geschäftstätigkeit der Zielgesellschaft, die mit dem Eingreifen der besonderen Verhaltenspflichten einhergeht, wären derartige Unsicherheiten nur schwerlich zu rechtfertigen. In Anbetracht der weitreichenden Durchbrechungen des Erfolgsverhinderungsverbots nach der jetzigen Rechtslage kommt der Frage nach der Vorverlagerung des zeitlichen Anwendungsbereichs freilich eine deutlich geringere Bedeutung zu als noch nach der Konzeption des Referentenentwurfs.

b) Ausnahmen vom übernahmerechtlichen Erfolgsverhinderungsverbot

aa) „Echte“ Ausnahmetatbestände des § 33 Abs. 1 S. 2 WpÜG

(1) Handlungen eines ordentlichen und gewissenhaften Geschäftsleiters einer nicht von einem Übernahmeangebot betroffenen Gesellschaft

Mit Recht wurde bereits festgestellt, daß dem Ausnahmetatbestand des § 33 Abs. 1 S. 2 Alt. 1 WpÜG zu wenig Aufmerksamkeit zuteil werde[2427]. Während zunächst das Gesetzgebungsverfahren lange Zeit von der Diskussion um die Zulassung von Vorratsbeschlüssen beherrscht wurde, stand an dessen Ende sowie nach Inkrafttreten des Gesetzes der neu hinzugekommene Ausnahmetatbestand des § 33 Abs. 1 S. 2 Alt. 3 WpÜG im Mittelpunkt des Interesses. Doch steht zu erwarten, daß der Regelung, wonach die Vornahme solcher Handlungen gestattet ist, die auch ein ordentlicher und gewissenhafter Geschäftsleiter einer nicht von einem Übernahmeangebot betroffenen Gesellschaft durchgeführt hätte, in der Praxis trotz der weiteren Auflockerung des Erfolgsverhinderungs-

2427 *Winter/Harbarth*, ZIP 2002, 1 (5).

verbots die weitaus größte Bedeutung unter den Ausnahmefällen zukommen wird[2428]. Folgt man nämlich der hier vertretenen Auffassung, wonach sich der Handlungsmaßstab des Vorstands der Zielgesellschaft im Rahmen des § 33 Abs. 1 S. 2 Alt. 1 WpÜG an der unmodifizierten *business judgement rule* auszurichten hat, dürfte diese als Ausnahmetatbestand daherkommende Vorschrift das ursprünglich angedachte Regel-Ausnahmeverhältnis gänzlich „auf den Kopf" stellen. Die „Aufsichtsratslösung" dürfte daneben vor allem in solchen Fällen Bedeutung erlangen, in denen sich der Vorstand durch die Einholung der Zustimmung des Aufsichtsrats letzter Zweifel hinsichtlich der Zulässigkeit der Vornahme einzelner Abwehrmaßnahmen entledigen will.

Die Regelung beruht auf der Fehlannahme, daß die bestehende Konfliktlage[2429], der sich der Vorstand während eines Übernahmeverfahrens ausgesetzt sieht, durch die Zulassung solcher Handlungen aufzulösen sei, die auch ein ordentlicher und gewissenhafter Geschäftsleiter einer nicht von einem Übernahmeangebot betroffenen Gesellschaft vorgenommen hätte. Dadurch soll sichergestellt werden, daß die Zielgesellschaft während eines Übernahmeverfahrens nicht unangemessen in ihrer Geschäftstätigkeit behindert wird. Dem ist zum einen entgegen zu halten, daß schon der Referentenentwurf mit § 33 Abs. 3 Ziff. 4 RefE-WÜG eine Regelung enthielt, die ausweislich der Begründung gerade diesem Konflikt entgegenwirken sollte. Zum anderen darf nicht verkannt werden, daß das neue Gesetz an anderer Stelle durchaus davon ausgeht, daß eine Behinderung der Zielgesellschaft in ihrer Geschäftstätigkeit als Folge des Übernahmeverfahrens hinzunehmen ist. Denn aus dem Umkehrschluß zu § 3 Abs. 4 S. 2 WpÜG folgt, daß eine solche Behinderung für einen „angemessenen" Zeitraum zulässig ist[2430].

Auch wenn § 33 Abs. 3 Ziff. 4 RefE-WÜG zu Recht Kritik entgegengebracht wurde, schießt die nach der jetzigen Rechtslage anzutreffende Regelung weit über das Ziel hinaus. Läßt sich die Gestattung solcher Handlungen, die auch ein ordentlicher und gewissenhafter Geschäftsleiter einer Gesellschaft im gewöhnlichen Geschäftsbetrieb vorgenommen hätte, noch mit guten Gründen vertreten[2431], wird die uneingeschränkte Zulassung der Vornahme außergewöhnlicher Handlungen der Übernahmesituation nicht mehr gerecht. Dadurch wird dem Vorstand ermöglicht, durch eigenmächtiges Handeln unmittelbar in die Rechte der Aktionäre der Zielgesellschaft einzugreifen, wodurch deren Entscheidungs-

2428 Ähnlich *Winter/Harbarth*, ZIP 2002, 1 (5) mit Fn. 47. Anders hingegen *Krause*, NJW 2002, 705 (712), der - wohl von einer einschränkenden Auslegung ausgehend - die Regelung gegenüber § 33 Abs. 1 S. 2 Alt. 3 WpÜG als weniger relevant einstuft.

2429 § 3 Abs. 2 WpÜG versus § 33 Abs. 1 S. 1 WpÜG. Zum ganzen näher oben S. 424.

2430 So auch Erwägungsgrund 18 des Gemeinsamen Standpunkts.

2431 Siehe dazu den Vorschlag unten S. 544.

freiheit, von der Annahme des Übernahmeangebots Gebrauch zu machen, erheblich beeinträchtigt wird. Erschwerend hinzu kommt, daß sich angesichts des dem Wortlaut der Regelung immanenten „Ausblendungsmodells" eine restriktive Auslegung nicht nur gegen den Willen des Gesetzgebers, sondern auch gegen den Wortlaut als der Grenze jeder Auslegung[2432] stellen würde. Dies hat zur Folge, daß der Vorstand der Zielgesellschaft die ihm nach § 33 Abs. 1 S. 1 WpÜG entzogene Kompetenz in vollem Umfang zurückgewinnt. Dieses Ergebnis ist weder vor dem Hintergrund des allgemeinen Grundsatzes aus § 3 Abs. 4 S. 2 WpÜG geboten noch auf Grund der besonderen Situation, der sich der Vorstand in einem Übernahmeverfahren ausgesetzt sieht, akzeptabel. Was bleibt, ist ein regelungstechnischer Grundsatz, der zwar in dem „Gewand" des ursprünglich verfolgten Erfolgsverhinderungsverbots daherkommt, inhaltlich jedoch bereits infolge des ersten Ausnahmetatbestands bis zur Unkenntlichkeit verzerrt wird[2433].

(2) Suche nach einem konkurrierenden Angebot

Uneingeschränkt zu begrüßen ist die Beibehaltung der bereits nach der Konzeption des Referentenentwurfs vorgesehenen Möglichkeit der Suche nach einem konkurrierenden Angebot[2434]. Verfehlt ist indessen die systematische Stellung dieser Abwehrmaßnahme unter den „echten" Ausnahmetatbeständen des § 33 Abs. 1 S. 2 WpÜG, da die Suche nach dem *white knight* gerade nicht in einem Ausnahmeverhältnis zu dem Erfolgsverhinderungsverbot steht[2435]. Während - nicht zuletzt auf Grund dieses widerspruchsfreien Verhältnisses - in der Gestattung der Suche nach einem konkurrierenden Bieter in der ursprünglichen Konzeption noch ein Entgegenkommen an die Befürworter weitergehender Handlungsfreiräume der Verwaltung der Zielgesellschaft zu sehen war, dürfte diese Maßnahme im „Arsenal" der der Zielgesellschaft zur Verfügung stehenden Abwehrmaßnahmen vor dem Hintergrund der zahlreichen Durchbrechungen des

2432 Der sprachlich mögliche Wortsinn ist als Grenze der Auslegung allgemein anerkannt. Vgl. *Larenz*, Methodenlehre der Rechtswissenschaft, S. 320 ff. (322 f.) m.w.N. in Fn. 22.

2433 Der Frage, inwieweit sich an dieser Beurteilung aufgrund der nunmehr erfolgten Verabschiedung der EU-Übernahmerichtlinie etwas geändert haben mag, braucht angesichts des Optionsmodells nicht weiter nachgegangen zu werden. Im Kern ginge es darum, ob man bereits vor Umsetzung einer Richtlinie im Wege richtlinienkonformer Auslegung, nach der Gerichte das nationale Recht im Lichte des Wortlauts und des Zwecks einer Richtlinie zu deuten haben, zu einer anderen Auffassung gelangen könnte. Vgl. dazu *Ruffert* in Callies/Ruffert, EUV/EGV, 2. Aufl., Art. 249 EGV, Rn. 110. Dazu auch bereits oben Fn. 1371.

2434 Als „Salz des Übernahmeverfahrens" bezeichnete diese Maßnahme schon *Beß*, AG 1976, 169 (174).

2435 Dazu oben S. 437.

Grundsatzes des § 33 Abs. 1 S. 1 WpÜG erheblich an Bedeutung verloren haben.

Zum Teil wurden Bedenken hinsichtlich der praktischen Durchführbarkeit dieser Verteidigungsmaßnahme geäußert[2436]. Bei der Suche nach einem konkurrierenden Bieter entstünde ein enormer zeitlicher Druck, da nach der Bekanntgabe der Übernahmeabsicht nur wenig Zeit zur Verfügung stehen würde. Aus diesem Grund seien die Erfolgsaussichten insgesamt als eher gering einzuschätzen, sofern nicht bereits umsetzungstaugliche Pläne „in der Schublade“[2437] parat liegen würden. Dem ist jedoch zu entgegnen, daß dem Vorstand der Zielgesellschaft unter Berücksichtigung der nunmehr bestehenden Verlängerungsmöglichkeit der Übermittlungsfrist für die Angebotsunterlage ein Zeitraum von mehr als vier Monaten zum Auffinden eines weiteren Bieters zur Verfügung steht[2438]. In dieser Zeit sollte es selbst bei nur unzulänglicher Vorbereitung - was heutzutage in der Praxis kaum mehr anzunehmen sein wird - ohne weiteres möglich sein, einen Interessenten ausfindig zu machen.

Insgesamt vermag die Suche nach einem konkurrierenden Angebot trotz der aus ökonomischer Sicht geäußerten Bedenken[2439] als einziger der drei Ausnahmetatbestände des § 33 Abs. 1 S. 2 WpÜG zu überzeugen und sollte in jedem Fall - nicht zuletzt, um eine „strikte Neutralitätspflicht“ zu vermeiden - beibehalten werden. Allerdings sollte zur Beschleunigung des gesamten Übernahmeverfahrens in Erwägung gezogen werden, in Anlehnung an die französische Regelung den konkurrierenden Bieter zu verpflichten, den Aktionären der Zielgesell-

---

2436 Vgl. *Krieger* in Henze/Hoffmann-Becking, Gesellschaftsrecht 2001, S. 289 (313 f.); *Winter/Harbarth*, ZIP 2002, 1 (5).

2437 So die Formulierung von *Winter/Harbarth*, ZIP 2002, 1 (5).

2438 Im einzelnen handelt es sich hierbei um die maximal achtwöchige Übermittlungsfrist nach § 14 Abs. 1 S. 1, 3 WpÜG, den maximal zehntägigen Prüfungszeitraum der BaFin nach § 14 Abs. 2 WpÜG sowie die maximal zehn Wochen betragende Annahmefrist nach § 16 Abs. 1 S. 1 WpÜG.

2439 Vor allem im US-amerikanischen Schrifttum wurde die Suche nach einem konkurrierenden Angebot intensiv aus ökonomischer Sicht diskutiert. *Easterbrook/ Fischel*, 94 Harv. L. Rev. 1981, 1161 (1171), wenden dagegen ein, daß sich auf lange Sicht kein potentieller Übernehmer mehr finden lassen würde, der bereit sei, lohnenswerte Zielgesellschaften ausfindig zu machen, wenn stets der Zielgesellschaft ein wohlgesonnener Dritter zur Hilfe eilen und an Stelle des Bieters die Zielgesellschaft übernehmen könnte. Dies hätte zur Folge, daß zum Schaden aller der Markt für Unternehmenskontrolle funktionsuntüchtig werden würde. Vgl. dazu die Replik von *Gilson*, 35 Stan. L. Rev. 1982, 51 ff. (60, 62 ff.). Kritisch zur Zulassung in Anlehnung hieran im deutschen juristischen Schrifttum zuletzt auch *Dimke/Heiser*, NZG 2001, 241 (258).

schaft eine prozentual bemessen höhere Gegenleistung als der Erstbieter zu offerieren[2440].

(3) Handlungen mit Zustimmung des Aufsichtsrats

Auch die Gestattung solcher Handlungen, denen der Aufsichtsrat zuvor seine Zustimmung erteilt hat, ist - wie schon der Ausnahmetatbestand des § 33 Abs. 1 S. 2 Alt. 1 WpÜG - als einer Übernahmesituation nicht gerecht werdend abzulehnen. Die Regelung ist Ausdruck einer gesetzgeberischen Überreaktion auf Forderungen nach einer stärkeren Einbindung des Aufsichtsrats in die Entscheidung über die Ergreifung von Abwehrmaßnahmen. Der Gesetzgeber ging damit erheblich über alternative Gesetzgebungsvorschläge hinaus. Im Gegensatz zu der jetzigen Gesetzesfassung sollte danach wenigstens das Handeln des Vorstands mittelbar durch die Hauptversammlung legitimiert werden, indem der Aufsichtsrat zur Entscheidung über das Ergreifen von Abwehrmaßnahmen durch die Hauptversammlung ermächtigt wird[2441]. Nach der jetzigen Rechtslage steht es indessen der Verwaltung der Zielgesellschaft frei, ohne die Beteiligung der Hauptversammlung eigenmächtig über den Einsatz von Verteidigungshandlungen zu befinden. Damit bleiben auch in diesem Fall die Aktionäre als die eigentlichen Adressaten des Übernahmeangebots bei der zentralen Frage nach der Vereitelung der Offerte außen vor[2442].

Zwar ließe sich argumentieren, die Ausschaltung der Hauptversammlung werde durch die Einbeziehung des Aufsichtsrats in die Entscheidungsfindung kompensiert[2443]. Doch geht eine solche Annahme fehl. Zum ersten erweist sich der Auf-

2440 Dazu oben Fn. 1486.

2441 So hatte etwa der Zentrale Kreditausschuß (ZKA) in seiner Stellungnahme zum RefE-WÜG vom 27. März 2001, S. 5, den Vorschlag unterbreitet, daß die Hauptversammlung über die nach § 33 Abs. 3 RefE-WÜG zulässigen Maßnahmen hinausgehend den Aufsichtsrat mit einer Mehrheit von drei Vierteln des bei der Beschlußfassung vertretenen Grundkapitals ermächtigen kann, über das Ergreifen von Verteidigungsmaßnahmen zu entscheiden. Weitere Einzelfragen, etwa nach dem Mehrheitserfordernis im Aufsichtsrat sowie nach der Dauer der erteilten Ermächtigung, die sich zwischen 18 Monaten und 5 Jahren bewegen konnte, sollten danach der Entscheidung der Hauptversammlung vorbehalten bleiben.

2442 Daher wurden bereits verfassungsrechtliche Bedenken wegen eines möglichen Verstoßes gegen Art. 14 GG gegen die Regelung erhoben. Vgl. *Baums* nach FAZ vom 10. November 2001, S. 11; *Lutter* in HB vom 20. Dezember 2001, S. 10; *Ekkenga/Hofschroer*, DStR 2002, 724 (734); *Winter/Harbarth*, ZIP 2002, 1 (8); *Zschocke*, DB 2002, 79 (82 f.). Als unbegründet weist hingegen *Schneider*, AG 2002, 125 (129), derartige Bedenken zurück, da die Mitglieder der Verwaltung nicht verpflichtet seien, die Kursinteressen der Aktionäre zu wahren.

2443 Diesen Versuch unternimmt die Gesetzesbegründung des Finanzausschusses indessen erst gar nicht, sondern beruft sich ganz offen auf die Stärkung der Interessen der Arsichtsrat in einer Übernahmesituation als nicht minder ungeeignet, über die Ergreifung von Abwehrmaßnahmen zu entscheiden, als der Vorstand. Denn auch die Mitglieder des Aufsichtsrats unterliegen während eines Übernahmeverfahrens einem grundlegenden Interessenwiderstreit, der eine unabhängige, an dem Unternehmensinteresse orientierte Entscheidung nicht zu gewährleisten vermag.

Zum zweiten bietet die Funktion des Aufsichtsrats im allgemeinen sowie dessen Zusammensetzung im besonderen keine Gewähr für einen umfassenden Minderheitsaktionärsschutz. Denn zum einen repräsentieren die Aufsichtsratsmitglieder keine Partikularinteressen, insbesondere auch nicht die der Aktionäre, sondern unterliegen einer ungeteilten Treupflicht gegenüber der Gesellschaft[2444]. Zum anderen bestehen nichtsdestotrotz insbesondere vor dem Hintergrund der Unternehmensmitbestimmung starke Bedenken, dem Aufsichtsrat die Entscheidungskompetenz der Hauptversammlung zu übertragen. Stellvertretend für die Orientierung der Arbeitnehmervertreter im Aufsichtsrat an den Interessen der Beschäftigten steht der Vortrag der Gewerkschaftsvertreter in der Anhörung zum Diskussionsentwurf, die ausführten, daß man von den Arbeitnehmervertretern keine Neutralität verlangen könne[2445]. Aber auch die Zusammensetzung des Aufsichtsrats auf Seiten der Anteilseigner aus *„peers"*[2446] des Vorstands, zumeist ehemaligen Vorstandsmitgliedern[2447], ist - zumal vor dem Hintergrund der unverändert starken Verflechtung der „Deutschland AG" - in aller Regel weit entfernt von den Interessen der Minderheitsaktionäre[2448]. Insoweit kann man den Aufsichtsrat trotz des der Hauptversammlung zustehenden Rechts zur Bestellung der Aufsichtsratsmitglieder nach § 101 Abs. 1 S. 1 AktG und dem „leichten Übergewicht" zugunsten der Vertreter der Anteilseigner[2449] gerade nicht als eine „verkleinerte Hauptversammlung"[2450] betrachten. Hinzu kommt, daß allgemein anerkannt ist, daß die Unabhängigkeit des Aufsichtsrats derzeit in Deutschland immer noch nicht gewährleistet werden kann, die Mitglieder des Vorstands und

beitnehmer. Vgl. BT-Drs. 14/7477 vom 14. November 2001, S. 50 (oben Fn. 2193). Im Kontext der Übernahmerichtlinie zuletzt in die gleiche Richtung zielend auch BR-Ausschußempfehlungen, BR-Drs. 800/1/02 vom 9. Dezember 2003, Ziff. 10, S. 4.

2444 Vgl. *Hüffer*, AktG, § 116 AktG, Rn. 4; *Mertens* in KK AktG, § 116 AktG, Rn. 22 ff.

2445 Vgl. *Hopt* in FS Koppensteiner, S. 61 (86).

2446 So *Hopt* in FS Lutter, S. 1361 (1378).

2447 Siehe dazu auch Ziff. 5.4.2 DCG-Kodex, der die Empfehlung enthält, daß dem Aufsichtsrat nicht mehr als zwei ehemalige Mitglieder des Vorstands angehören sollen.

2448 So auch *Zschocke*, DB 2002, 79 (82).

2449 So BVerfGE 50, 290 (323 f.), Urt. vom 1. März 1979 - 1 BvR 532, 533/77, 419/78 und 1 BvL 21/78, vor dem Hintergrund des § 27 Abs. 2 MitbestG sowie der §§ 29 Abs. 2, 31 Abs. 4 MitbestG.

2450 So aber *DGB*, Stellungnahme zum RegE-WpÜG vom 3. September 2001, S. 3.

des Aufsichtsrats quasi „in einem Boot“[2451] sitzen[2452]. Im Ergebnis hat dies zur Folge, daß bei im Regelfall bestehender Einigkeit zwischen dem Vorstand und dem Aufsichtsrat[2453], ein möglicherweise im Interesse der Aktionäre liegendes Übernahmeangebot ohne deren Beteiligung verhindert werden kann[2454].

Selbst wenn man sich über die vorstehend geäußerten Bedenken hinwegsetzen und den Aufsichtsrat für diesen Fall als „Aktionärsausschuß“ ansehen will, darf weiterhin nicht verkannt werden, daß es letztlich gerade nicht um die Rechte der Aktionäre in ihrer Gesamtheit geht, sondern vielmehr um das Recht jedes einzelnen Aktionärs, von der Annahme des Übernahmeangebots Gebrauch zu machen. Dem Aufsichtsrat fehlt es daher an der grundsätzlichen Berechtigung, sich an die Stelle der Aktionäre zu begeben und die Entscheidung über die Annahme vorwegzunehmen, indem er dem Vorstand seine Zustimmung zu Abwehrmaßnahmen erteilt.

Schließlich sieht sich die vom Gesetzgeber bevorzugte „Aufsichtsratslösung“ dem grundlegenden Einwand ausgesetzt, daß sie international nicht vermittelbar sein wird und somit auf dem Weg zu einer einheitlichen europäischen Lösung kontraproduktiv ist[2455].

Aus diesen Gründen ist die Zustimmung des Aufsichtsrats nicht dazu geeignet, den Verdacht des von Eigeninteressen motivierten Vorstandshandelns zu beseitigen. Dem Ausnahmetatbestand des § 33 Abs. 1 S. 2 Alt. 3 WpÜG kommt daher auch bei der hier vorgeschlagenen restriktiven Auslegung nur eine geringe Legitimationswirkung zu. Zudem führt die Regelung aus systematischer Sicht zu einer - dem Gesellschaftsrecht insoweit fremden - funktionalen Äquivalenz der Zuständigkeit des Aufsichtsrats einerseits und der Hauptversammlung andererseits, nach der es im Ermessen des Vorstands liegt, ob er den Aufsichtsrat oder die Hauptversammlung mit einer beabsichtigten Abwehrmaßnahme befaßt. Angesichts dieser Wahlmöglichkeit steht zu erwarten, daß der Vorschrift in der Praxis erhebliche Bedeutung zukommen wird[2456].

2451 So *Hopt* in FS Lutter, S. 1361 (1382) mit Fn. 89, der darauf hinweist, daß in der Anhörung zum Diskussionsentwurf gar von „Nibelungentreue“ die Rede gewesen sei.

2452 Auch die *Regierungskommission „Corporate Governance“* sieht die Unabhängigkeit des Aufsichtsrats derzeit nicht gewährleistet. Vgl. *dies.*, Abschlußbericht, D2.32, Rn. 55.

2453 Zutreffend wies schon *Adams*, AG 1989, 333 (335), auf die weitgehende „Interessengleichheit der die Kontrollgremien besetzenden Personengruppen gegen die außenstehenden Aktionäre“ hin.

2454 *Zschocke*, DB 2002, 79 (80), bezeichnet dies als „Instrument zur Wertvernichtung für die Aktionäre“.

2455 Näher dazu unten S. 532 ff.

2456 *Krause*, NJW 2002, 705 (712), mißt der Regelung die größte Bedeutung bei.

bb) Handlungen auf Grund eines Ermächtigungsbeschlusses der Hauptversammlung

(1) Ermächtigung nach Veröffentlichung der Entscheidung zur Abgabe eines Angebots

(a) Einberufung der Hauptversammlung nach Veröffentlichung der Angebotsunterlage

(aa) Ungerechtfertigte Kritik an der praktischen Durchführbarkeit

Im Zentrum der Kritik an der ursprünglich verfolgten Konzeption des Referentenentwurfs stand die Ermächtigung des Vorstands durch die Hauptversammlung während der Laufzeit eines Übernahmeangebots. Wiederholt wurde in Frage gestellt, ob es sich bei der Regelung des § 33 Abs. 3 Ziff. 2 RefE-WÜG tatsächlich um eine ernstzunehmende Abwehrmaßnahme handelt, die in der Lage ist, der Zielgesellschaft ausreichenden Schutz vor einem unfreundlichen Übernahmeversuch zu gewähren[2457]. Es sei vielmehr zu befürchten, daß die Einholung eines *Ad-hoc*-Beschlusses eine rein theoretische Möglichkeit bleibe, da sie auf „unüberwindbare praktische Schwierigkeiten"[2458] stoße.

Stellt man auf die Rechtslage vor Inkrafttreten des WpÜG ab, so ließ sich in der Tat mit guten Gründen die Auffassung vertreten, daß die Einholung einer Ermächtigung der Hauptversammlung nach Veröffentlichung des Übernahmeangebots nur schwerlich durchführbar sei. Dies lag in erster Linie in der einmonatigen Einberufungsfrist des § 123 Abs. 1 AktG begründet[2459]. Folgerichtig hatten sich bereits die Verfasser des Diskussionsentwurfs - im Anschluß an die Empfehlungen der BSK[2460] - dazu entschlossen, im Zusammenhang mit einer Übernahmeauseinandersetzung von der im internationalen Vergleich ungewöhnlich

2457 Vgl. *Kirchner*, WISU 2001, 1037 (1037); *ders.* in HB vom 9. Oktober 2000, S. 7; *ders.* in HB vom 29. November 2000, S. 2; *Körner*, DB 2001, 367 (370); *Krieger* in Henze/Hoffmann-Becking, S. 289 (315); *Schneider/Burgard*, DB 2001, 963 (968); *Witte*, BB 2000, 2161 (2165). Siehe auch *Krause*, IFLR 7/2001, 18 (19), der einwendet, insbesondere Unternehmen mit Inhaberaktien bekämen Zeitprobleme. Dem ist indes mit *Wackerbarth*, WM 2001, 1741 (1750), entgegenzuhalten, daß jedem Unternehmen die Einführung von Namensaktien freisteht. Meine der Vorstand jedoch, er brauche die Gesellschafter nicht zu kennen, dann könne er sich erst recht nicht darüber beklagen, daß diese ihre Anteile veräußerten.

2458 So die *Spitzenverbände der deutschen Wirtschaft*, Stellungnahme zum DiskE-ÜG vom 24. Juli 2000, S. 16.

2459 Siehe auch *Diekmann*, WM 1997, 897 (903).

2460 Dazu oben S. 255.

langen Einberufungsfrist abzusehen. Als ausreichend wurde eine deutlich verkürzte Einberufungsfrist von zwei Wochen erachtet, die zusammen mit weiteren Erleichterungen in Abweichung der §§ 121 ff. AktG für Übernahmeverfahren Anwendung finden sollte[2461].

Ungeachtet dieser erheblichen Erleichterungen wurde die Effektivität der Einholung einer Ermächtigung im Wege einer solchen „Eil-Hauptversammlung" nach wie vor vehement angezweifelt. Es sei in der Praxis kaum möglich, binnen eines derart kurzen Zeitraums eine außerordentliche Hauptversammlung vorzubereiten und abzuhalten[2462]. Insbesondere sei es nahezu unmöglich, in der Kürze der Zeit eine geeignete Örtlichkeit zur Abhaltung der Hauptversammlung ausfindig zu machen. Es müsse nämlich berücksichtigt werden, daß angesichts der besonderen Übernahmesituation ein gesteigertes Interesse der Belegschaftsaktionäre an einer Teilnahme an der Hauptversammlung bestünde, da deren Interessen in ihrer Eigenschaft als Arbeitnehmer stark betroffen seien. Auf Kritik stieß auch der Umstand, daß die Zielgesellschaft keine Möglichkeit habe, auf eine Änderung der Angebotskonditionen durch den Bieter kurz vor Ablauf der Annahmefrist angemessen reagieren zu können[2463]. Zwar verlängere sich die Annahmefrist um zwei weitere Wochen, doch sei es ausgeschlossen, in dieser kurzen Zeit eine weitere Entscheidung der Hauptversammlung herbeizuführen.

Zu überzeugen vermögen diese Einwände jedoch keineswegs[2464]. Zunächst muß bereits daran gezweifelt werden, daß es unmöglich sein soll, in der Kürze der Zeit eine angemessene Örtlichkeit aufzufinden. Es darf nämlich nicht übersehen werden, daß in Reaktion auf die vorgebrachte Kritik schließlich auch von dem Erfordernis abgelassen wurde, die Hauptversammlung am Sitz der Zielgesellschaft oder einem in der Satzung festgelegten Ort abzuhalten[2465]. Zutreffend weist die Gesetzesbegründung zudem darauf hin, daß durchaus auch ein nicht überdachter Ort, wie beispielsweise ein Stadion, in Betracht zu ziehen sei[2466].

2461 § 19 Abs. 4 DiskE-ÜG. Die Regelung entspricht im Kern dem heutigen § 16 Abs. 4 WpÜG. Dazu näher oben S. 469.

2462 *Spitzenverbände der deutschen Wirtschaft*, Stellungnahme zum DiskE-ÜG, S.16. Als wenig hilfreich erachtete solche Erleichterungen bereits *Kirchner*, BB 2000, 105 (111).

2463 So auch *Schneider/Burgard*, DB 2001, 963 (968).

2464 Im Ergebnis ebenso *Drygala*, ZIP 2001, 1861 (1865), Fn. 52; *Hopt* in FS Koppensteiner, S. 61 (86): „ohne weiteres praktikabel"; *Wackerbarth*, WM 2001, 1741 (1750).

2465 Siehe § 16 Abs. 4 S. 2 WpÜG.

2466 Vgl. RegE-WpÜG, Begründung, Besonderer Teil, S. 114. Im übrigen muß auch daran gezweifelt werden, ob es tatsächlich unmöglich sein soll, eine geeignete Halle aufzufinden. Denkt man etwa an große Konzertveranstaltungen, bei denen binnen weniger Tage Zusatzveranstaltungen angesetzt werden, wirkt auch dieser Einwand vorgeschoben.

Damit dürfte auch für den Fall, daß mit einem erhöhten Interesse an einer Teilnahme an der Hauptversammlung zu rechnen ist, für ausreichende Kapazitäten gesorgt sein[2467].

Weiterhin darf nicht verkannt werden, daß zusätzlich mit Vorlage des Referentenentwurfs die maximale Annahmefrist deutlich auf zehn Wochen ausgeweitet wurde, so daß selbst bei großzügig kalkulierenden Berechnungen noch ausreichend Zeit zur Durchführung einer Hauptversammlung verbleibt[2468]. Zumal in der Praxis selbst unter Berücksichtigung der einmonatigen Frist des § 123 Abs. 1 AktG für die Einberufung der Hauptversammlung einer Publikumsgesellschaft üblicherweise insgesamt sechs Wochen veranschlagt werden, um den notwendigen organisatorischen Vorlauf bewältigen zu können[2469].

Ferner kann auch der Einwand, eine Reaktion auf eine Angebotsänderung könne nicht mehr rechtzeitig herbeigeführt werden, nicht überzeugen. Der Gesetzgeber hat nachträgliche Modifikationen eines Angebots nach § 23 Abs. 1 WpÜG nur für solche Fälle zugelassen, die aus Sicht der Aktionäre entweder zu einer Verbesserung des Angebots führen, ihnen weitergehende Handlungsmöglichkeiten eröffnen oder zu einer stärkeren rechtlichen Bindung des Bieters führen. Haben sich die Aktionäre demnach bereits einmal gegen die Ergreifung von Abwehrmaßnahmen ausgesprochen, besteht in der Folge nicht die Gefahr, daß sie auf Grund einer Angebotsänderung Nachteile in Kauf nehmen müssen; zumal die Einräumung eines gesetzlichen Rücktrittsrechts sicherstellt, daß sie von den günstigeren Konditionen Gebrauch machen können[2470].

Festzuhalten bleibt somit, daß sämtliche vorgetragenen Einwände gegen die praktische Umsetzbarkeit der Möglichkeit zur Einholung aktueller Ermächtigungsbeschlüsse nicht überzeugen können. Gegen die Abhaltung einer „Eil-Hauptversammlung" ließe sich allenfalls einwenden, daß die Erleichterungen des § 16 Abs. 4 S. 3, 4 WpÜG zu einer wesentlichen Beeinträchtigung der Informationsrechte der Aktionäre führen könnten. Bereits die Gesetzesbegründung läßt anklingen, daß es dem Regelfall entsprechen dürfte, daß weder Gegenanträge noch Abstimmungsvorschläge der Aktionärsvereinigungen und der Kreditinstitute binnen der zweiwöchigen Frist übermittelt werden. Es wäre aller-

2467 Überzogen das Szenario bei *Schneider*, AG 2002, 125 (131): „(...), die Hauptversammlung ist in aller Eile einberufen, die Aktionäre sitzen an einem kalten regnerischen Novembertag, weil keine Halle gefunden wurde, in einem offenen Fußballstadion."

2468 Unübertroffen bislang *Kirchner*, BB 2000, 105 (110); *ders.*, AG 1999, 481 (486), Fn. 34, der vorrechnet, daß sich nach vorsichtiger Schätzung die Fristen zur Beschlußfassung während der Übernahme nach deutschem Recht auf über zwei Monate summierten, weshalb diese Möglichkeit leerlaufe.

2469 Vgl. *Kiem*, ZIP 2000, 1509 (1511).

2470 Dazu im einzelnen bereits oben S. 320.

dings ein Trugschluß, wollte man aus diesem Umstand eine Rechtfertigung für die Schaffung effektiverer Möglichkeiten zur Abwehr einer Übernahme herleiten. Wie die Entstehung des § 33 WpÜG gezeigt hat, läuft jedes Konzept, das von der Ermächtigung des Vorstands durch die Hauptversammlung während der Laufzeit einer Übernahme abweicht, auf eine Stärkung der Stellung des Vorstands und damit zugleich auf eine Entrechtung der Aktionäre hinaus. Insofern stellt das möglicherweise im Rahmen einer nach Veröffentlichung des Angebots einberufenen Hauptversammlung eintretende Informationsdefizit aus Sicht der Aktionäre das weitaus kleinere Übel dar. Zur Umgehung der zeitlichen Probleme bei der Übermittlung der besagten Informationen sollte man statt dessen in Erwägung ziehen, die Veröffentlichung in überregionalen Tageszeitungen, die als Börsenpflichtblatt zugelassen sind, zwingend vorzuschreiben, sobald absehbar ist, daß eine Übermittlung auf herkömmliche Weise nicht rechtzeitig erfolgen kann.

Abschließend sei aus rechtsvergleichender Perspektive darauf hingewiesen, daß auch die Erfahrungen anderer europäischer Staaten zeigen, daß sich im Zusammenhang mit der Abhaltung einer Hauptversammlung innerhalb kürzester Zeit während eines Übernahmeverfahrens nicht von nennenswerten Störungen berichten läßt[2471]. Nicht zuletzt auf Grund der Tatsache, daß die Kritik seit der Vorlage des Regierungsentwurfs verstummt ist, drängt sich der Verdacht auf, daß es weniger um die tatsächliche Möglichkeit zur Einholung einer *Ad-hoc*-Ermächtigung als vielmehr um die Handlungsfreiheit des Vorstands zu selbständiger Verteidigung ging, die in diesem Stadium des Gesetzgebungsverfahrens durch die Einführung der Vorratsermächtigungen erzielt werden sollte[2472].

(bb) Kein Stimmrechtsausschluß des Bieters

Wie eingangs dieser Untersuchung dargestellt, bietet sich aus Sicht des Übernahmeinteressenten ein kombiniertes Vorgehen an, bestehend aus dem „stillen" Zukauf von Aktien der Zielgesellschaft über die Börse bzw. als Paket im Vorfeld der Übernahme einerseits und einem sich anschließenden öffentlichen Übernahmeangebot andererseits[2473]. Es dürfte dem Bieter daher nicht selten gelingen, begünstigt durch die Gestattung weiterer Zukäufe außerhalb des Übernahmeverfahrens, noch vor Abhaltung der Hauptversammlung eine Sperrmino-

2471 Vgl. *Hopt* in FS Koppensteiner, S. 61 (86); sowie speziell für Italien *Hommelhoff/Witt*, RIW 2001, 561 (566); für England der stellvertretende Generaldirektor des Takeover Panel *Noel Hinton* nach FAZ vom 7. Juni 2001, S. 22. Siehe auch schon *Hopt*, ZGR 1993, 534 (549).

2472 Ähnlich *Hopt* in FS Lutter, S. 1361 (1387 f.).

2473 Siehe dazu oben Kap. 1, S. 37.

rität zu erlangen[2474]. Anders jedoch als im Fall der Vorratsbeschlüsse bedarf ein *Ad-hoc*-Ermächtigungsbeschluß nicht zwingend einer Mehrheit, die drei Viertel des bei der Beschlußfassung vertretenen Grundkapitals umfaßt. Sollte es dem Bieter daher im Einzelfall möglich sein, auf Grund besonders niedriger Hauptversammlungspräsenzen mit einer über der 25-Prozent-Schwelle liegenden Beteiligung die Kontrolle über die Gesellschaft auszuüben, muß dies angesichts der gesetzgeberischen Entscheidung für eine grundsätzlich starr bemessene Kontrollschwelle in Höhe von 30 Prozent hingenommen werden. Sollte jedoch für die zur Beschlußfassung gestellte Maßnahme eine Mehrheit von drei Vierteln erforderlich sein, dürften angesichts der zunehmend sinkenden Hauptversammlungspräsenzen bei einem unterstellten Wert von 40 Prozent des stimmberechtigten Grundkapitals bereits mehr als 10 Prozent aller ausgegebenen Stammaktien ausreichen, um eine solche Beschlußfassung zu verhindern[2475].

Der Umstand, daß es dem Bieter möglich sei, die Beschlußfassung zu blockieren, sofern er bereits über eine ausreichende Anzahl von Anteilen an der Zielgesellschaft verfügt, war bereits nach der Konzeption des Referentenentwurfs Gegenstand der Kritik[2476]. Aus diesem Grund wurde gefordert, dem Bieter bei der Beschlußfassung der Zielgesellschaft über die Ergreifung von Abwehrmaßnahmen ein Stimmverbot aufzuerlegen[2477]. Dies hätte sich jedoch als rechtspolitisch nicht vertretbar erwiesen[2478].

Es ist daher zu begrüßen, daß die im Gesetzgebungsverfahren seitens des Bundesrates vorgebrachte Anregung, zwingend eine Entscheidung der Hauptversammlung über den Kontrollerwerb durch ein anderes Unternehmen herbeizuführen, nicht weiter verfolgt wurde[2479]. Aufgegriffen wurde damit eine bereits in den Gesetzesvorschlägen der SPD-Fraktion aus den Jahren 1995 und 1997 ent-

2474 So verfügte im Fall der Übernahme INA Holding/FAG Kugelfischer die INA Holding bereits vor Ablauf der Annahmefrist des öffentlichen Übernahmeangebots über mehr als 28 Prozent der Anteile der Zielgesellschaft, obwohl sie bis unmittelbar vor Ankündigung des Angebots noch keine einzige Aktie der zu übernehmenden Gesellschaft hielt. Vgl. FAZ vom 24. Oktober 2001, S. 22. In der Vergangenheit soll es jedoch regelmäßig der Fall gewesen sein, daß der Bieter nur eine geringe oder gar keine Beteiligung an der Zielgesellschaft hielt. Vgl. *Seibert* in Henze/Hoffmann-Becking, Gesellschaftsrecht 2001, S. 361 (373).

2475 Ähnlich auch die Einschätzung von *Kiem*, ZIP 2000, 1509 (1512): „10-15%".

2476 *Schneider/Burgard*, DB 2001, 963 (968), sprechen insoweit von einem *„blocking investment"*.

2477 *Schneider/Burgard*, DB 2001, 963 (968).

2478 Zu diesem Ergebnis gelangte auch die *Winter*-Kommission, Report, S. 28.

2479 Vgl. Bundesrat, Stellungnahme zum RegE-WpÜG, BT-Drs. 14/7034 vom 5. Oktober 2001, S. 85. Für eine solche Regelung auch *Schneider/Burgard*, DB 2001, 963 (968). Einen „sinnvollen Ansatz" sah darin bereits *Schander*, NZG 1998, 799 (805); *ders.*, M&A 1998, 365 (370).

haltene Bestimmung[2480], die nunmehr in die Regelung des § 33 Abs. 1, 2 WpÜG integriert werden sollte. Diesem Ansinnen lag der Gedanke zugrunde, den Bieter von der Beschlußfassung entsprechend dem Rechtsgedanken des § 243 Abs. 2 AktG auszuschließen. Die Umsetzung dieser Anregung hätte dazu geführt, daß eine weitere schwerwiegende Regelung zur Verhinderung von Unternehmensübernahmen in das Gesetz eingeflossen wäre, die auch im europäischen Vergleich ihresgleichen sucht[2481]. Der Ausschluß des Bieters von der Abstimmung über das Übernahmeangebot würde nämlich zu einer unsachgemäßen Begünstigung der Abwehr eines Übernahmeversuchs führen[2482]. Denn angesichts der niedrigeren Hauptversammlungspräsenzen und der Aktionärsstruktur inländischer börsennotierter Unternehmen dürfte es für den verbleibenden *free float* schwierig werden, die Abstimmung zugunsten des Übernahmeangebots zu gestalten. Zudem bestünde aus Sicht des Bieters die Gefahr, daß die an sich erwünschte frühzeitige und zahlreiche Annahme des Übernahmeangebots zu dem für diesen Fall nachteiligen Ergebnis führen könnte, daß der Bieter im Zeitpunkt der Abhaltung der Hauptversammlung bereits über einen derart großen Anteil verfügt, daß es ein leichtes sein wird, das Übernahmeangebot zu Fall zu bringen[2483]. Denn diejenigen Aktionäre, die dem Übernahmeangebot positiv gegenüberstehen, wären letztlich von der Mitwirkung an der Entscheidung, ob das von ihnen als positiv bewertete Angebot angenommen wird, ausgeschlossen, da gerade sie das Angebot bereits zu einem frühen Zeitpunkt annehmen würden. Mit einem vergleichsweise geringen Aktienbesitz wären somit die ablehnend eingestellten Aktionäre in der Lage, ihrer Ablehnung mittels des Hauptversammlungsbeschlusses Ausdruck zu verleihen und den Vorstand dadurch zu Abwehrmaßnahmen zu ermächtigen. Auch unter verfassungsrechtlichen Gesichtspunkten unterliegt der Ausschluß des Bieters von der Abstimmung Bedenken im Hinblick auf die Einschränkung seiner Eigentumsrechte, da insoweit die Überstimmung des Bieters durch eine Minderheit von Aktionären faktisch einer Enteignung gleichkommt.

2480 Siehe § 40 WpHG i.d.F. des Entwurfs. Dazu näher oben S. 254. Siehe auch *Baums* in von Rosen/Seifert, Übernahme börsennotierter Unternehmen, S. 165 (174 f.).

2481 Die Umsetzung des Stimmverbots unterliegt zudem praktischen Bedenken. Da es nicht ausreichen wird, das Stimmverbot allein auf den Bieter zu beschränken, stellt sich die Frage der Grenzziehung, wer darüber hinaus davon erfaßt werden soll. So dürfte es ebenfalls nicht genügen, das Stimmverbot auf mit dem Bieter gemeinsam handelnde Personen zu erstrecken. So aber der Vorschlag von *Schneider/Burgard*, DB 2001, 963 (968). Vielmehr wird man auch die Mitglieder des Vorstands des Bieters und dessen Aufsichtsrat einbeziehen müssen, sofern sie Anteile an der Zielgesellschaft halten.

2482 Ebenso *Schiessl*, AG 1999, 442 (451), der befürchtet, daß dadurch „der perfekte Übernahmeschutz" geschaffen werde; *Hopt* in FS Koppensteiner, S. 61 (67): „hypertroph". Kritisch auch *Übernahmekommission*, Drei Jahre Übernahmekodex, S. 19.

2483 Ebenso *Drygala*, ZIP 2001, 1861 (1862).

Nicht zu überzeugen vermag weiterhin die seitens des Bundesrates in Anlehnung an *Baums*[2484] vorgetragene Argumentation, die Einführung einer solchen Bestimmung rechtfertige sich vor dem Hintergrund der fehlenden Möglichkeit eines koordinierten Verhaltens der Aktionäre in einer Übernahmesituation (*prisonner's dilemma*)[2485]. Wie die bisherige Untersuchung gezeigt hat, stellen die neuen gesetzlichen Bestimmungen in ausreichendem Maße sicher, daß die Problematik der Unmöglichkeit eines koordinierten Vorgehens durch eine strenge Reglementierung des Bieterverhaltens nahezu ausgeräumt wird[2486].

Schließlich lassen sich auch aus rechtsvergleichender Perspektive keine Argumente für die Herbeiführung eines derartigen Sonderbeschlusses gewinnen. Eine solche Regelung ist nicht nur wenig erprobt[2487], sondern insbesondere nur dann anzutreffen, wenn in den übernahmerechtlichen Vorschriften keine Pflichtangebotsregelung verankert ist[2488].

(b) Ermächtigung vor Veröffentlichung der Angebotsunterlage

Da nach hier vertretener Auffassung für Ermächtigungsbeschlüsse, die in dem Zeitraum nach der Veröffentlichung der Entscheidung zur Abgabe eines Angebots bis zur Veröffentlichung der Angebotsunterlage eingeholt werden, die für Vorratsbeschlüsse geltenden Regelungen entsprechend heranzuziehen sind, kann insoweit auf die nachstehenden Ausführungen zu den Vorratsermächtigungen verwiesen werden. Sofern der Gesetzgeber weiterhin beabsichtigt, an der Zulassung von Vorratsbeschlüssen festzuhalten, sollte er in § 33 Abs. 2 S. 1 WpÜG nunmehr ausdrücklich klarstellen, daß sich die besonderen Anforderungen des § 33 Abs. 2 WpÜG auch auf den Zeitraum bis zur Veröffentlichung der Angebotsunterlage erstrecken.

§ 33 Abs. 2 S. 1 WpÜG **neu** könnte demnach etwa wie folgt lauten:

2484 Vgl. *Baums* in von Rosen/Seifert, Übernahme börsennotierter Unternehmen, S. 165 (174 f.).

2485 So auch *Drygala*, ZIP 2001, 1861 (1864), Fn. 49.

2486 Siehe dazu oben S. 338. Anders hingegen *Schneider/Burgard*, DB 2001, 963 (965).

2487 Mit Blick auf verschiedene US-amerikanische Bundesstaaten, allerdings „mit ganz erheblichen Unterschieden, Problemen, Kontroversen und Ausnahmetatbeständen", bereits *Hopt* in FS Zöllner, 253 (269 f.). *Ders.* in FS Koppensteiner, S. 61 (67): „nicht begründbar".

2488 So in Neuseeland, wo seit kurzem eine solche Bestimmung existiert, vgl. neuseeländischer Takeovers Code, Rules 7 (c), 17.1. Nachweis oben Kap. 4, Fn. 1120.

„Ermächtigt die Hauptversammlung den Vorstand ***vor Veröffentlichung der Angebotsunterlage*** *zur Vornahme von Handlungen, die in die Zuständigkeit der Hauptversammlung fallen, um den Erfolg von Übernahmeangeboten zu verhindern, (...).“*

(2) Ermächtigung vor Veröffentlichung der Entscheidung zur Abgabe eines Angebots

(a) Die Voraussetzungen im einzelnen

(aa) Bestimmtheit der Ermächtigung

Abzulehnen ist das in der Endphase des Gesetzgebungsverfahrens in § 33 Abs. 2 S. 1 WpÜG eingefügte Kriterium, daß Handlungen, zu denen der Vorstand der Zielgesellschaft „auf Vorrat“ ermächtigt werden soll, nicht mehr „im einzelnen“ zu bestimmen sind, sondern eine Umschreibung „der Art nach“ bereits ausreichen soll. Der Klarstellungsbedarf, den der Bundesrat im Hinblick auf die dem Regierungsentwurf zugrundeliegende Formulierung erblickt hatte - nicht zuletzt, um dem Vorstand der Zielgesellschaft ein effektiveres Abwehrmittel zur Verfügung zu stellen[2489] - erklärt sich vor dem Hintergrund, daß sich die Zielgesellschaft hiernach bei der Einholung eines Vorratsbeschlusses in einem „Formulierungs-Dilemma“ befunden hätte. Je unpräziser die Zielgesellschaft einerseits die Verteidigungshandlungen umschrieben hätte, desto geringer wäre die Wahrscheinlichkeit einer Zustimmung durch die Hauptversammlung ausgefallen und desto höher wäre die Gefahr von Anfechtungsklagen gewesen, die sich für diesen Fall geradezu aufgedrängt hätten. Andererseits hätte die detaillierte Beschreibung der Abwehrmaßnahmen zur Folge gehabt, daß sich potentielle Bieter bei der strategischen Vorfeldplanung ihres Übernahmevorhabens langfristig auf derartige Hürden hätten einstellen können[2490]. Als Rechtfertigung für die weitere Aufweichung des Bestimmtheitskriteriums vermag dies indes nicht zu überzeugen[2491].

Da bereits die generelle Zulassung des Instruments der Vorratsbeschlüsse einen erheblichen Eingriff in die Rechte der Aktionäre der Zielgesellschaft bedeutet, ist es Aufgabe des Gesetzgebers dafür Sorge zu tragen, diesem Umstand durch die Etablierung enger Voraussetzungen ausreichend Rechnung zu tragen. Sofern

---

2489 Vgl. Stellungnahme des Bundesrates zum RegE-WpÜG, BT-Drs. 14/7034 vom 5. Oktober 2001, S. 85.

2490 Entsprechend war dies auch einer der Hauptkritikpunkte an der Regelung des § 33 Abs. 2 RegE-WpÜG.

2491 Krit. dazu auch *Ekkenga/Hofschroer*, DStR 2002, 768 (768).

seitens der Befürworter einer weiteren Auflockerung dieser Voraussetzungen angeführt wurde, nach der Fassung des Regierungsentwurfs sei eine effektive Abwehr mittels der Vorratsbeschlüsse nicht gewährleistet, scheinen diese völlig zu übersehen, daß bereits deren generelle Gestattung nicht bedenkensfrei ist. Überdies steht die jetzige Regelung in Widerspruch zu den Vorgaben des Transparenzgebots nach § 3 Abs. 2 WpÜG. Die gewollte Unbestimmtheit der gewählten Formulierung zieht nämlich als Nebenfolge nach sich, daß es nicht nur dem Bieter, sondern auch den (übrigen) Aktionären der Zielgesellschaft unmöglich wird, die Konsequenzen des Einsatzes eines auf einem Vorratsbeschluß beruhenden Verteidigungsinstruments abzusehen. Wollte man dem entgegnen, daß die Vorratsermächtigung schließlich auf die Entscheidung der Aktionäre zurückzuführen sei, würde man dem Umstand nicht gerecht werden, daß zum Zeitpunkt des Übernahmeangebots auf Grund hoher Fluktuationen eine grundverschiedene Aktionärsstruktur als zum Zeitpunkt der Beschlußfassung bestehen kann. Die Notwendigkeit der Inkenntnissetzung der Aktionäre über die möglichen Auswirkungen der Vorratsbeschlüsse wird auch aus rechtsvergleichender Sicht bestätigt. So findet sich auch in der Schweiz, dem insoweit einzigen bedeutenden europäischen Staat, der in seiner Übernahmeregelung die generelle Gestattung von - allerdings hinreichend bestimmten - Vorratsermächtigungen vorsieht[2492], eine Vorschrift, die gewährleistet, daß die Aktionäre Kenntnis von allfällig gefaßten Vorratsbeschlüssen erlangen[2493]. Danach gehört deren Offenlegung zum zwingenden Inhalt des Bericht des Verwaltungsrates.

Dem Bundesrat folgend gestattet der Gesetzgeber dennoch nunmehr dem Vorstand der Zielgesellschaft, im Vorfeld einer Übernahme nach dem Grundsatz zu verfahren: „Wir wissen noch nicht, was wir tun, sorgen aber bereits jetzt dafür, daß wir es dürfen“[2494]. Damit wandte sich der Gesetzgeber ersichtlich von der ursprünglichen Erkenntnis ab, wonach er zutreffend davon ausging, daß derartige Vorratsbeschlüsse auf Grund der sehr weitgehenden Folgen für die Aktionäre besonderer Erfordernisse bedürfen. Angesichts dieser Änderungen dürften die noch in der Gesetzesbegründung anzutreffenden Ausführungen, wonach reine „Blankettermächtigungen“ unzulässig sein sollen, nicht mehr aufrechtzuerhalten sein[2495]. Denn die nunmehr seitens des Finanzausschusses angeführten Beispiele belegen, daß Vorratsbeschlüsse faktisch einer Art Generalermächtigung gleichkommen[2496]. Letzten Endes hat der Gesetzgeber damit für Vorratsbeschlüsse nach § 33 Abs. 2 WpÜG eine Hinwendung zu den vom BGH in der

2492 Dazu oben Kap. 4, S. 215.
2493 Siehe Art. 30 Abs. 2 UEV-UEK.
2494 In Anlehnung an *Lutter/Leinekugel*, ZIP 1998, 805 (815).
2495 Vgl. RegE-WpÜG, Begründung, Besonderer Teil, S. 144.
2496 Vgl. BT-Drs. 14/7477 vom 14. November 2001, Einzelbegründung, S. 53.

Siemens/Nold-Entscheidung[2497] aufstellten Kriterien vollzogen[2498]. Damit verfehlt der Vorratsbeschluß von vornherein sein ursprünglich zumindest im Ansatz beabsichtigtes Ziel, nämlich die Legitimation des Handelns des Vorstands[2499]. Sofern der Gesetzgeber an der Notwendigkeit der Vorratsbeschlüsse weiterhin festhält, sollte die Vorschrift daher auf die in der Ausgangsfassung des Regierungsentwurfs verwandte Formulierung zurückgeführt werden. Um sicherzustellen, daß die Aktionäre sich zugleich die möglichen Folgen der Ausübung eines Vorratsbeschlusses vergegenwärtigen können, sollte zudem, in Anlehnung an die schweizerische Regelung, § 33 Abs. 2 dahingehend erweitert werden, daß der Inhalt der Beschlüsse offenzulegen ist[2500]. Die Regelung könnte demnach wie folgt lauten:

§ 33 Abs. 2 **S. 4** WpÜG:

„Ermächtigungen nach Satz 1 sind in der Stellungnahme des Vorstands der Zielgesellschaft nach § 27 Abs. 1 Satz 1 offenzulegen."

(bb) Dauer der Ermächtigung

Angesichts der ohnehin schon erheblichen Bedenken gegenüber der generellen Zulassung von Vorratsbeschlüssen ist es zu begrüßen, daß trotz der vehementen Forderungen von einer weiteren Ausdehnung der Dauer der Ermächtigung letztlich abgesehen wurde. Die Verlängerung der zeitlichen Geltungsdauer würde in unzureichendem Maße dem Umstand Rechnung tragen, daß in einem auf drei oder mehrere Jahre ausgedehnten Zeitraum zwischen der Beschlußfassung und der Durchführung der Abwehrmaßnahme zwischenzeitlich erhebliche Veränderungen auftreten können. Gerade in Zeiten sich immer schneller wandelnder wirtschaftlicher Rahmenbedingungen wären solche Änderungen zum Zeitpunkt der Beschlußfassung für die Aktionäre in keiner Weise mehr absehbar, so daß nicht davon ausgegangen werden kann, daß die Vornahme der entsprechenden Handlung noch im Einklang mit dem bei der Einholung der Ermächtigung zum Ausdruck kommenden Willen der Aktionäre steht[2501]. Diese Gefahr besteht zudem bereits nach der jetzigen Rechtslage, da in dem derzeitigen weltwirtschaft-

---

2497 BGHZ 136, 133 (139 ff.), Urt. vom 23. Juni 1997, II ZR 132/93 (*Siemens/Nold*).

2498 Dazu bereits oben S. 458.

2499 Bereits *Lutter/Leinekugel*, ZIP 1998, 805 (815), kamen zu dem Ergebnis, daß in solchen Fällen, in denen das unternehmerische Konzept noch derart unausgereift sei, um den notwendigen Inhalt näher festzulegen, es noch nicht als Entscheidungsgrundlage für einen Ermächtigungsbeschluß geeignet sei. Vielmehr müsse die jeweilige Maßnahme, zu der die Verwaltung ermächtigt werden soll, näher konkretisiert sein.

2500 Alternativ ließe sich diese Offenlegungspflicht auch in § 27 Abs. 1 S. 2 WpÜG unterbringen.

2501 Dazu auch *Lutter/Leinekugel*, ZIP 1998, 805 (816).

lichen Umfeld auch ein Zeitraum von 18 Monaten nicht in ausreichendem Maße Raum für eine hinreichende Würdigung der Situation durch die Aktionäre läßt. Erschwerend hinzu kommt schließlich, daß sich nur unzureichende Möglichkeiten bieten, einen einmal erteilten Vorratsbeschluß wieder rückgängig zu machen[2502].

Im Hinblick auf die in den offiziellen Verlautbarungen angeführte Zielsetzung, die mit der Einführung der Vorratsbeschlüsse verbunden war, bestehen allerdings Zweifel, ob sich die gewählte Geltungsdauer von 18 Monaten tatsächlich als zweckdienlich erweisen wird. Will der Vorstand der Zielgesellschaft nämlich von der Möglichkeit einer im voraus erteilten Ermächtigung Gebrauch machen, müssen die Vorratsbeschlüsse faktisch zum Gegenstand der Tagesordnung jeder ordentlichen Hauptversammlung erhoben werden. Anderenfalls bestünde nämlich die Gefahr, daß die potentielle Zielgesellschaft im zweiten Halbjahr des zweiten auf die Beschlußfassung folgenden Jahres schutzlos bleibt. Ein auf Vorratsermächtigungen basierender lückenloser Schutz läßt sich folglich nur durch die routinemäßige Aufnahme solcher Beschlüsse in die Tagesordnung sämtlicher ordentlicher Hauptversammlungen erreichen. Damit einher gehen dann aber auch die aus Sicht der Gesellschaft unerwünschten Begleiterscheinungen der Vorratsbeschlüsse in Gestalt umfangreicher Diskussionen und Anfechtungsrisiken, die jedes Jahr erneut ein zu überwindendes Hindernis für den Vorstand der Zielgesellschaft darstellen. Vor diesem Hintergrund bleibt die jetzige Regelung - jedenfalls aus Sicht der gesetzgeberischen Intention - auf halbem Wege stehen und dürfte sich letztlich sogar als kontraproduktiv erweisen[2503]. Insgesamt dürfte dadurch die Möglichkeit der Inanspruchnahme der Vorratsbeschlüsse bereits ungeachtet der überragenden Bedeutung der Ausnahmetatbestände des § 33 Abs. 1 S. 2 Alt. 1, 3 WpÜG eher begrenzt bleiben.

Das Absehen von einer zeitlichen Ausdehnung der Geltungsdauer der Vorratsbeschlüsse läßt sich nur damit erklären, daß der Gesetzgeber auf Grund der schließlich vorgenommenen Einfügung des § 33 Abs. 1 S. 2 Alt. 3 WpÜG dies als entbehrlich erachtete. An weitergehenden rechtspolitischen Forderungen fehlte es jedenfalls nicht, da die kurze Geltungsdauer der Vorratsermächtigungen zuvor noch im Mittelpunkt der Kritik stand. Dabei reichten die Vorschläge von einer Mindestlaufzeit der Vorratsbeschlüsse von 36 Monaten[2504] bzw. - da die Hauptversammlungen nicht immer im gleichen Monat stattfänden -

---

2502 Dazu oben S. 464.

2503 Dies zu verkennen scheint *Thaeter*, NZG 2001, 789 (789), der in dieser Regelung kein besonderes Erschwernis sieht.

2504 Vgl. Antrag der CDU/CSU-Fraktion im Finanzausschuß. Vgl. BT-Drs. 14/7477 vom 14. November 2001, S. 50 f. Vgl. auch Bundesrat, Stellungnahme zum RegE-WpÜG, BT-Drs. 14/7034 vom 4. Oktober 2001, S. 85, der sich allgemein für eine Verlängerung aussprach.

40 Monaten bis zu 5 Jahren[2505] wie im Fall des § 202 Abs. 2 S. 1 AktG, was auch ursprünglichen Plänen der Bundesregierung entsprach[2506]. Ein rechtlicher Zwang zur Bemessung der 18monatigen Geltungsdauer bestand anders als beim Rückerwerb eigener Aktien, der auf Grund europarechtlicher Vorgaben eine Ermächtigungsschranke von 18 Monaten vorsieht[2507], nicht. Für die aus Sicht des Gesetzgebers fehlende Notwendigkeit der Verlängerung der Geltungsdauer sprechen insbesondere die Ausführungen im Bericht des Finanzausschusses, wonach die Koalitionsfraktionen zu dem Ergebnis gelangt sind, daß die Wirkung von Vorratsbeschlüssen nicht überschätzt werden dürfe[2508].

(cc) Mehrheitserfordernis der Ermächtigung

Zu Recht hat der Gesetzgeber auch den Forderungen nach einer Herabsetzung der für Vorratsbeschlüsse erforderlichen Drei-Viertel-Mehrheit eine Absage erteilt[2509]. Angesichts der grundverschiedenen Ausgangssituation, der sich die Aktionäre der Zielgesellschaft zum Zeitpunkt der Beschlußfassung über eine Vorratsermächtigung ausgesetzt sehen, gegenüber solchen Ermächtigungen, die nach Veröffentlichung der Angebotsunterlage eingeholt werden, ist diese Differenzierung sachlich gerechtfertigt[2510]. Schließlich erfolgt die Beschlußfassung bei einer Vorratsermächtigung „ins Blaue" hinein, ohne daß die Aktionäre über hinreichende Kenntnis der entscheidungsrelevanten Faktoren verfügen, was im Gegensatz dazu bei der Beschlußfassung über eine *Ad-hoc*-Abwehrmaßnahme gewährleistet wird. Zudem gilt es zu berücksichtigen, daß es sich bei Vorratsbeschlüssen nach der jetzigen Rechtslage faktisch um „Blankettermächtigungen" handelt, so daß wenigstens durch ein qualifiziertes Mehrheitserfordernis dem Mißbrauch Einhalt zu gebieten ist.

2505 So die Forderungen der Volkswagen AG in ihrer Stellungnahme zur öffentlichen Anhörung des Finanzausschusses. Vgl. FAZ vom 24. Oktober 2001, S. 31.

2506 Vgl. FTD vom 22. Mai 2001, S. 11; FAZ vom 7. Juni 2001, S. 23; vom 3. Juli 2001, S. 15.

2507 Art. 19 Abs. 1 lit. a der 2. Richtlinie auf dem Gebiet des Gesellschaftsrechts vom 13. Dezember 1976 - 77/91/EWG (Kapitalrichtlinie), ABl. EG Nr. L 26 vom 31. Januar 1977, S. 1.

2508 Vgl. BT-Drs. 14/7477 vom 14. November 2001, S. 51. Siehe auch *DAV-Handelsrechtsausschuß*, Stellungnahme zum RegE-WpÜG, ZIP 2001, 1736 (1739).

2509 Vgl. dazu den Antrag der CDU/CSU-Fraktion, BT-Drs. 14/7477 vom 14. November 2001, S. 51; auch Bundesrat, Stellungnahme zum RegE-WpÜG, BT-Drs. 14/7034 vom 4. Oktober 2001, S. 85.

2510 Ebenfalls für die Beibehaltung der Drei-Viertel-Mehrheit - bei grundsätzlicher Ablehnung der Vorratsbeschlüsse - *Zschocke*, DB 2002, 79 (84). Eine Mehrheit von drei Vierteln verlangten für Ermächtigungsbeschlüsse bereits *Lutter/Leinekugel*, ZIP 1998, 805 (816).

(dd) Zustimmung des Aufsichtsrats

Auch die gesetzlich zwingend vorgeschriebene Mitwirkung des Aufsichtsrats - insoweit ein aktienrechtliches Novum - vermag die fehlende Legitimation der Vorratsbeschlüsse nicht zu überwinden, gleichwohl der Gesetzgeber hierin das „erforderliche Korrelat“ für den Umstand erblicken will, daß die Ermächtigung in Unkenntnis über die Person des Bieter und die Angebotskonditionen erteilt wird[2511]. Insoweit kann auf die bereits im Rahmen des § 33 Abs. 1 S. 2 Alt. 3 WpÜG getroffenen Ausführungen verwiesen werden[2512].

(b) Kritische Würdigung

(aa) Schwächung der Minderheitsaktionäre durch Vorratsbeschlüsse

In der rechtspolitischen Diskussion um die Gestattung von Vorratsbeschlüssen geht es letztlich um die grundsätzliche Frage, welches Konzept den Aktionären der Zielgesellschaft den besseren Schutz gewährleisten kann. Einerseits das Erfordernis, die Hauptversammlung jeweils nur in Kenntnis eines konkreten Angebots entscheiden zu lassen oder aber andererseits die Erteilung einer „Quasi-Blankettermächtigung“ an die Verwaltung der Zielgesellschaft für mögliche künftige Übernahmeversuche[2513]. Mit der generellen Zulassung von Vorratsbeschlüssen hat sich der Gesetzgeber schließlich für die letztere Alternative entschieden, obwohl er gleichzeitig dafür Sorge getragen hat, daß die Möglichkeit zur Einholung eines *Ad-hoc*-Ermächtigungsbeschlusses keine theoretische bleibt. Damit ging der deutsche Gesetzgeber erheblich über den Spielraum hinaus, der sich ihm im Fall des Zustandekommens der EU-Übernahmerichtlinie in Gestalt des Gemeinsamen Entwurfs eröffnet hätte - und sich noch in der Regelung des § 33 Abs. 3 Ziff. 3 RefE-WÜG widerspiegelte -, wonach nur dann eine „auf Vorrat“ erteilte Ermächtigung zulässig sein sollte, wenn es sich um eine Kapitalerhöhung unter Wahrung des Bezugsrechts der Aktionäre handelt und der entsprechende Hauptversammlungsbeschluß nicht länger als achtzehn Monate zurückliegt[2514].

2511 Vgl. RegE-WpÜG, Begründung, Besonderer Teil, S. 144.

2512 Dazu oben S. 498.

2513 So bereits *Niessen* in Kreuzer, Öffentliche Übernahmeangebote, S. 35 (51).

2514 Die jetzige Regelung zu den Vorratsbeschlüssen als bloße Erweiterung der Vorschrift des § 33 Abs. 3 Ziff. 3 RefE-WÜG anzusehen, würde nicht nur der Entstehungsgeschichte der Vorschrift widersprechen, sondern käme angesichts der weitreichenden Folgen einer Verharmlosung gleich. So aber *Pluskat*, WM 2001, 1937 (1940). Mit Recht weist *Land*, DB 2001, 1707 (1712), darauf hin, daß eine Vorratsermächtigung nun auch präventiv zu den noch im Referentenentwurf im Katalog der unzulässigen Maßnahmen enthaltenen Abwehrhandlungen ergehen kann.

Die Einführung der Vorratsbeschlüsse in der Fassung des Regierungsentwurfs war Ausdruck des seitens der Bundesregierung vollzogenen Sinneswandels, der letztlich zum Scheitern der EU-Übernahmerichtlinie im Juli 2001 führte. Dieser bedeutete eine völlige Abkehr von dem zunächst verfolgten und auf den Empfehlungen der Expertenkommission beruhenden Konzept, Vorratsbeschlüsse zu unterbinden, sofern sie über die Mitgliedstaatenoption des Gemeinsamen Entwurfs hinausgehen. Zugleich setzte sich die Bundesregierung damit nicht nur über die Empfehlungen der BSK hinweg, die sich - was bereits im Übernahmekodex zum Ausdruck kam - generell gegen Vorratsbeschlüsse ausgesprochen hatte. Vielmehr ignorierte sie auch die Auffassung der Verfasser des Referentenentwurfs, die noch völlig zutreffend davon ausgingen, daß nur für den Fall Abwehrhandlungen zulässig sein sollten, daß das Handeln der Verwaltung der Zielgesellschaft auf einer Entscheidung der Aktionäre beruht, die nach Veröffentlichung der Angebotsunterlage getroffen wurde. Denn allein in dieser Situation werde gewährleistet, daß die Entscheidungsfreiheit der Aktionäre sichergestellt bleibe und die Gefahr eines Interessenkonflikts der Mitglieder der Verwaltung angemessen berücksichtigt werde[2515].

Die generelle Zulassung der Vorratsbeschlüsse führt zu einer Schwächung der rechtlichen Stellung der Minderheitsaktionäre[2516]. Zum Zeitpunkt der Beschlußfassung verfügen die Aktionäre weder über irgendwelche Anhaltspunkte hinsichtlich der Person des Bieters sowie der Angebotskonditionen noch können sie erst im Anschluß an die erteilte Ermächtigung auftretende Interessenkonflikte bereits absehen[2517]. Die Aktionäre als wirtschaftlich Berechtigte begeben sich daher ihrer Entscheidungsfreiheit über die Annahme eines künftigen Angebots, ohne daß zugleich eine effektive Möglichkeit besteht, einen einmal gefaßten Beschluß rückgängig zu machen. Insbesondere aus Sicht der Minderheitsaktionäre bedeutet dies eine erhebliche Schlechterstellung gegenüber einem Inhaber eines Aktienpakets. Während die Kleinaktionäre faktisch an eine einmal erteilte Ermächtigung gebunden sind, besteht für den Inhaber eines Aktienpakets keine Bindung an die einmal getroffene Erklärung, künftige Übernahmeangebote abzulehnen. Vielmehr kann dieser für den Fall der Unterbreitung

---

2515 Vgl. RefE-WÜG, Begründung, Besonderer Teil, S. 144.

2516 Kritisch ebenfalls *Archner*, ZfgK 2001, 999 (1002 f.); *Drygala*, ZIP 2001, 1861 (1865); *Mülbert/Birke*, WM 2001, 705 (718), noch im Hinblick auf § 33 Abs. 3 Ziff. 3 RefE-WÜG; *Winter/Harbarth*, ZIP 2002, 1 (12): „ Element der Selbstentmündigung"; *Zschocke*, DB 2002, 79 (84). Auch bereits *Immenga* in Kreuzer, Öffentliche Übernahmeangebote, S. 11 (31). Zur im Vorfeld geäußerten Kritik aus Anlegerkreisen, seitens der BSK und der Übernahmekommission FAZ vom 15. Mai 2001, S. 33; vom 22. Mai 2001, S. 17; BZ vom 15. Mai 2001, S. 13; vom 17. Mai 2001, S. 3.

2517 Aus diesem Grund gelangt auch die *Winter*-Kommission, Report, S. 27 f., zu dem Schluß, daß Vorratsbeschlüsse in einer künftigen europäischen Übernahmeregelung untersagt sein sollten. Dazu auch oben Kap. 2, S. 110.

eines besonders attraktiven Angebots jederzeit von der Möglichkeit zur Annahme Gebrauch machen[2518]. Angesichts dessen scheint es nur folgerichtig, den Minderheitsaktionären wenigstens den aktienrechtlich vorgesehenen Weg zur Rückgängigmachung der einmal getroffenen Entscheidung offen zu halten[2519]. Damit die Hauptversammlung jedoch nicht vor vollendete Tatsachen gestellt wird, sollte für diesen Fall dem Vorstand der Zielgesellschaft ab Antragsstellung die Durchführung jeglicher Verteidigungsmaßnahmen untersagt bleiben.

Vor diesem Hintergrund geht die Annahme, daß die Aktionäre nicht in ihrer Entscheidungsfreiheit beeinträchtigt würden, da sie solchen Vorratsermächtigungen zustimmen müßten[2520], sie „selber die „Herrscher“ über eine Maßnahme“ seien[2521], ebenso fehl wie der Hinweis auf die den Aktionären verbleibende Möglichkeit, schlußendlich selbst über die Annahme des Angebots zu entscheiden. Vielmehr stehen Vorratsermächtigungen in Widerspruch zu dem allgemeinen Grundsatz des § 3 Abs. 2 WpÜG, wonach die Aktionäre der Zielgesellschaft über ausreichende Informationen verfügen müssen, um in Kenntnis der Sachlage über ein Angebot entscheiden zu können. In diesem Bewußtsein wird daher in der Gesetzesbegründung ausgeführt, daß es auf Grund der weitreichenden Folgen für die Aktionäre besonderer Erfordernisse für solche Ermächtigungen bedürfe[2522]. Doch statt wenigstens an den nach der Fassung des Regierungsentwurfs bestehenden Anforderungen festzuhalten, wurden diese „in letzter Minute“ ebenfalls weiter aufgelockert. Nach der jetzigen Rechtslage stellen Vorratsbeschlüsse das dar, was ausweislich der Gesetzesbegründung gerade nicht beabsichtigt war, nämlich Generalermächtigungen für den Vorstand der Zielgesellschaft. Unter diesen Voraussetzungen stellt die Ausübung eines Vorratsbeschlusses einen erheblichen Eingriff in die Entscheidungsfreiheit der Aktionäre dar, da ihnen bei einer erfolgreich durchgeführten Abwehr die Möglichkeit zur Entscheidung über die Veräußerung ihrer Anteile vorenthalten wird.

(bb) Geringe Bedeutung in der Praxis

Es steht jedoch zu erwarten, daß sich die praktische Bedeutung der Vorratsbeschlüsse bei der Abwehr von unfreundlichen Übernahmen im Vergleich zu der kontrovers geführten Debatte um deren Einführung gering halten wird. Dies liegt zuvorderst darin begründet, daß sich dem Vorstand der Zielgesellschaft durch die Berufung auf die Ausnahmetatbestände des § 33 Abs. 1 S. 2 Alt. 1, 3

2518 Vgl. dazu auch *Mülbert/Birke*, WM 2001, 705 (718).

2519 Dazu oben S. 464.

2520 Vgl. *Zinser*, WM 2002, 15 (20). Bereits auch *Mülbert*, IStR 1999, 83 (93); *Weisner*, ZRP 2000, 520 (522).

2521 So *Zinser*, ZRP 2001, 363 (367).

2522 Vgl. RegE-WpÜG, Begründung, Besonderer Teil, S. 144.

WpÜG weitreichende Handlungsfreiräume eröffnen, ohne daß es der Beteiligung der Hauptversammlung bedarf[2523]. Doch auch ungeachtet dieses Umstands dürfte Vorratsbeschlüssen weitgehend das Schicksal der Bedeutungslosigkeit drohen. Dies resultiert in erster Linie daraus, daß ein Vorratsbeschluß voraussetzt, daß in der Ermächtigung als deren Zweck die Abwehr von möglichen Übernahmeversuchen genannt werden muß. Damit geht das öffentliche Eingeständnis einher, daß der Vorstand die von ihm geführte Zielgesellschaft als ein potentielles Ziel einer Übernahme ansieht. Sollte das Unternehmen bis dato noch nicht auf einer jener vielzitierten Listen potentieller Übernahmekandidaten geführt sein, fokussiert eine solche Maßnahme erstmals die Aufmerksamkeit möglicher Übernahmeinteressenten auf diesen Marktteilnehmer[2524]. Zugleich signalisiert das mit einem Vorratsbeschluß ausgestattete Unternehmen, daß es beabsichtigt, sich im Fall eines unfreundlichen Übernahmeversuchs gegen den Bieter zur Wehr zu setzen. Dies hat zur Folge, daß die Kapitalmärkte mit nicht unerheblichen Kursabschlägen in der Bewertung des Unternehmens reagieren werden[2525]. Mit der zur Schau gestellten Verteidigungsbereitschaft „um jeden Preis" geht aber nicht nur die Übernahmephantasie in den Kursen dieses Unternehmens verloren, vielmehr wird dem einzelnen Aktionär der potentiellen Zielgesellschaft die Möglichkeit vorenthalten, zum Zeitpunkt des anstehenden Übernahmeversuchs von einem regelmäßig deutlich über der aktuellen Notierung liegenden Angebotspreis zu profitieren. Ein Vorratsbeschluß führt somit zur Verhinderung zukünftiger Wertsteigerungspotentiale. Letzten Endes könnte sich die Einholung von Vorratsbeschlüssen zur Abwehr einer Übernahme sogar kontraproduktiv auswirken. Denn infolge der Bewertungsabschläge am Kapitalmarkt kommt es zu einer merklichen Verringerung der Marktkapitalisierung des Unternehmens, wodurch sich die Übernahmeanfälligkeit der nunmehr zu besonders günstigen Konditionen erhältlichen potentiellen Zielgesellschaft weiter erhöhen könnte.

Nicht zuletzt aus diesen Gründen haben große Investmentfonds bereits unmittelbar nach Bekanntwerden der Absicht der Bundesregierung, Vorratsermächti-

---

2523 Daher prognostizieren *Winter/Harbarth*, ZIP 2002, 1 (12), der Regelung ein „Schattendasein". Ähnlich bereits zum Regierungsentwurf *DAV-Handelsrechtsausschuß*, Stellungnahme zum RegE-WpÜG, NZG 2001, 1736 (1739). Gegenteiliger Auffassung noch *Krause*, FAZ vom 14. Juli 2001, S. 21; siehe jetzt aber *ders.*, NJW 2002, 705 (712); *ders.*, AG 2002, 133 (144).

2524 In diese Richtung bereits *Weisgerber*, ZHR 161 (1997), 421, (429), im Hinblick auf die Zulässigkeit von Vorratsbeschlüssen nach dem Kodex.

2525 So auch *DAV-Handelsrechtsausschuß*, Stellungnahme zum RegE-WpÜG, ZIP 2001, 1736 (1739); *Geibel/Süßmann*, BKR 2002, 52 (66). Dies scheint trotz mancher Zweifel an der Funktionstüchtigkeit des Marktes für Unternehmenskontrolle allgemein für jegliche Art von präventiven Schutzmaßnahmen weitgehend unbestritten zu sein. Vgl. *Teichmann*, ZGR 2001, 645 (661).

gungen generell zuzulassen, angekündigt, gegen entsprechende Ermächtigungsbeschlüsse zu stimmen[2526]. Sollten sich diese Ankündigungen bewahrheiten und dieses Beispiel unter den Kapitalmarktteilnehmern - ähnlich dem Konsens in der Londoner City hinsichtlich der Einhaltung der Vorschriften des City Code - Schule machen, droht § 33 Abs. 2 WpÜG bereits aus diesem Grund leerzulaufen, und den Vorratsbeschlüssen ein Schattendasein. Denn bei zahlreichen deutschen börsennotierten Unternehmen liegt der Anteilsbesitz der institutionellen Investoren nahe der Sperrminorität, in manchen Fällen auch darüber, so daß deren Stimmausübung erhebliche Bedeutung zukommt. Allenfalls im Wege der Einflußnahme auf das Stimmverhalten der großen Kreditinstitute könnte es dem Vorstand einer potentiellen Zielgesellschaft angesichts der noch immer immensen Bedeutung des Depotstimmrechts gelingen[2527], diese zu bewegen, den Vorschlägen der Verwaltung - wie in der Vergangenheit regelmäßig der Fall - und damit den Vorratsbeschlüssen Folge zu leisten. Über diesen Umweg könnte sich die Verwaltung der Zielgesellschaft quasi selbst zu Abwehrmaßnahmen ermächtigen[2528]. Auf diese Weise würde sich der Vorstand an die Stelle der Aktionäre begeben und sich faktisch deren Befugnis zur Veräußerung der Anteile anmaßen.

Ferner bestehen erhebliche Zweifel, inwieweit es einem Unternehmen mit einem breit gestreuten Aktionärskreis überhaupt gelingen wird, die Aktionäre zur Zustimmung zu einem Ermächtigungsbeschluß zu bewegen, ohne daß ein konkretes Angebot vorliegt. Vor dem Hintergrund der bereits eingangs der vorliegenden Untersuchung beschriebenen Interessenlage und den vorstehend erörterten Auswirkungen der Vorratsermächtigungen besteht für einen rational handelnden Aktionär kein Anreiz, für einen Vorratsbeschluß zu votieren[2529]. Zumal die Interessen der Eigentümer zum Zeitpunkt der Entscheidung über die Vorratsermächtigung andere sein können als bei der Veröffentlichung des Übernahmeangebots.

Weiterhin dürfte die Beschlußfassung über eine Vorratsermächtigung auch daran scheitern, daß der Übernahmeinteressent oftmals bereits eine Beteiligung an der Gesellschaft erworben hat, die es ihm gestattet, auf der nächsten ordentlichen Hauptversammlung die erstmalige bzw. erneute Einholung einer Vorrats-

2526 Vgl. HB vom 1. August 2001, S. 1, 9.

2527 Zu den geringen Hauptversammlungspräsenzen siehe oben Fn. 1906. Zu den Mehrheitsverhältnissen deutscher börsennotierter Unternehmen insgesamt bereits oben in Kap. 1, S. 25.

2528 So auch *Mülbert/Birke*, WM 2001, 705 (718).

2529 Siehe dazu den Alternativvorschlag von *Kirchner/Painter*, sogleich unter (cc), S. 519.

ermächtigung zu unterbinden[2530]. Mit dieser Vorgehensweise bietet sich dem potentiellen Übernehmer zudem die Möglichkeit, wenigstens das auf Vorratsbeschlüssen basierende Abwehrinstrumentarium eines Unternehmens zu umgehen[2531]. Denn sollte es ihm gelingen, nach dem Auslaufen einer existenten Vorratsermächtigung die erneute Beschlußfassung zu verhindern, besteht im Anschluß die Gelegenheit, die Gesellschaft zu übernehmen. Angesichts der weitreichenden Handlungsfreiräume, die sich dem Vorstand der Zielgesellschaft im Rahmen der Ausnahmetatbestände des § 33 Abs. 1 S. 2 WpÜG bieten, freilich eine eher theoretische Variante.

Somit bleibt festzuhalten, daß weder für den Vorstand der Zielgesellschaft noch für die Anteilseigner hinreichende Anreize bestehen, eine Vorratsermächtigung zur Abwehr eines künftigen Übernahmeversuchs herbeizuführen[2532]. Insbesondere aus Sicht des Vorstands bietet der im Rahmen der Ausnahmetatbestände des § 33 Abs. 1 S. 2 Alt. 1, 3 WpÜG zulässige Einsatz eines „normalen" Ermächtigungsbeschlusses, etwa zur Ausübung eines genehmigten Kapitals, zur Abwehr einer Übernahme angesichts der erheblich geringeren Anforderungen die vorzugswürdige Alternative. Die ohnehin in der praktischen Bedeutung auf die Fälle der Schaffung eines genehmigten Kapitals, der Ermächtigung zum Erwerb eigener Aktien und erfolgsverhindernder Geschäftsführungsmaßnahmen unterhalb der „*Holzmüller*-Schwelle", die der Vorstand nicht ohne Zustimmung der Hauptversammlung durchführen darf, beschränkten Vorratsermächtigungen nach § 33 Abs. 2 WpÜG drohen aus diesen Gründen in Gänze leerzulaufen[2533].

2530 Aus diesem Grund betrachtet auch der Bundesrat die Vorratsbeschlüsse eher als „theoretische Möglichkeit". Vgl. Bundesrat, Stellungnahme zum RegE-WpÜG, BT-Drs. 14/7034 vom 5. Oktober 2001, S. 85.

2531 Siehe dazu bereits oben S. 371.

2532 Zu diesem Ergebnis gelangte bereits *Kirchner*, AG 1999, 481 (488), in einer ökonomischen Wirkungsanalyse „antizipierter Verteidigungsmaßnahmen".

2533 Zum Zeitpunkt der Überarbeitung des Manuskripts gab es - soweit ersichtlich - einen einzigen Fall, in dem sich ein Unternehmen Vorratsbeschlüsse eingeholt hat. Es handelt sich dabei um die IM Internationalmedia AG, die erstmals auf der Hauptversammlung im Jahr 2003 solche Beschlüsse zur Abstimmung stellte (vgl. Ziff. 11 bzw. 9 der Tagesordnungen 2003 bzw. 2004, abrufbar auf deren Website unter http://www.internationalmedia.de). Dies offenbar übersehend *Seibt/Heiser*, ZIP 2002, 2193 (2196); *Schmidt/Prigge/Suckel*, ZBB 2003, 460 (465). Um so unverständlicher ist es vor diesem Hintergrund, daß die Bundesregierung bei den Verhandlungen zur EU-Übernahmerichtlinie stets auf der Beibehaltung der Vorratsbeschlüsse beharrt hat. Vgl. dazu oben S. 121 ff.

(cc) Alternativmodell Kirchner/Painter

Gestützt auf die Erkenntnis, daß rational handelnde Aktionäre nicht bereit sein werden, dem Vorstand im Wege einer Vorratsermächtigung derart weitreichende Vollmachten einzuräumen[2534], haben *Kirchner/Painter* einen Vorschlag unterbreitet[2535], der den Aktionären bei der konkreten Entscheidung über die Durchführung einer Verteidigungsmaßnahme Mitentscheidungsrechte einräumt. Dazu soll auf das Instrument einer Internet-Abstimmung[2536] zurückgegriffen werden[2537]. Sobald der Vorstand beabsichtigt, von einer auf einem bereits existierenden Vorratsbeschluß[2538] beruhenden Abwehrmaßnahme Gebrauch zu machen, hat er via Internet eine Entscheidung der Aktionäre über die geplante Maßnahme herbeizuführen. Entscheidet sich in einer solchen Internet-Abstimmung die Mehrheit des stimmberechtigten Kapitals gegen die in Frage stehende Verteidigungsmaßnahme, so hat der Vorstand die Maßnahme zu unterlassen. Alternativ soll dem Vorstand die Möglichkeit offenstehen, eine Hauptversammlung einzuberufen, die mit der Mehrheit des vertretenen Grundkapitals - ungeachtet des ablehnenden Ausgangs der Internet-Abstimmung - die Durchführung der Maßnahme beschließen kann[2539].

Gegenüber der jetzigen Regelung biete dieser Alternativvorschlag den Vorteil, daß das Entscheidungsrecht in den Händen der Aktionäre verbleibe, indem diese auch nach Erteilung einer Vorratsermächtigung in der Lage seien, das Handeln des Vorstands zu steuern. Dadurch komme es gerade nicht zwangsläufig zu einer Befassung der Gerichte, wie es im Rahmen der unmodifizierten *business judgement rule* in den USA der Fall sei[2540]. Vor allem aber liege der Vorteil der Regelung darin, daß sowohl das Problem der Kollektiventscheidung gelöst

---

2534 Dazu bereits vorstehend unter (bb), S. 517.

2535 Vgl. *Kirchner/Painter*, EBOR 2000, 353 (382 ff., speziell für Deutschland 397 ff.); *Kirchner*, WM 2000, 1821 (1830); *ders.* WISU 2001, 1037 (1038); *ders.* in FAZ vom 11. Juli 2001, S. 15. Prof. *Richard W. Painter* lehrt Rechtswissenschaft an der University of Illinois, Urbana (USA).

2536 Zu Nachweisen aus den USA hinsichtlich der Nutzbarmachung von Internet-Abstimmungen *Kirchner/Painter*, EBOR 2000, 353 (382), Fn. 110 f.

2537 Befürwortend *Thaeter/Barth*, NZG 2001, 545 (548 f.). Aufgeschlossen für eine Internet-Abstimmung nach Veröffentlichung des Angebots auch *DGB*, Stellungnahme zum RegE-WpÜG vom 3. September 2001, S. 2.

2538 In Abweichung zu § 33 Abs. 2 S. 2 WpÜG sieht der Alternativvorschlag vor, daß eine Vorratsermächtigung für drei Jahre im voraus erteilt werden kann.

2539 Dadurch soll zum Ausdruck gelangen, daß der Letztentscheid bei der Hauptversammlung liegt, der Internet-Abstimmung insoweit lediglich vorläufiger Charakter zukommt.

2540 In Abgrenzung zu dem US-amerikanischen Modell trägt der Vorschlag von *Kirchner/Painter* daher die Bezeichnung der (europäischen) modifizierten *business judgement rule*; vgl. *dies.*, EBOR 2000, 353 (394).

werde (*prisonner's dilemma*) als auch europäische bzw. deutsche Unternehmen mit vergleichbaren Waffen wie ihre US-amerikanischen Wettbewerber ausgestattet seien[2541].

So sehr der Ausgangspunkt des Vorschlags von *Kirchner/Painter* zu begrüßen ist, namentlich der Tatsache entgegenzuwirken, daß die Aktionäre mit einem Vorratsbeschluß ihre Entscheidungsbefugnis aus der Hand geben - was sich freilich leichter durch die generelle Untersagung von Vorratsermächtigungen erzielen ließe -, vermag der Vorschlag indes insgesamt nicht zu überzeugen. Zunächst beruht das Alternativmodell auf der Fehlannahme, daß die Herbeiführung eines Hauptversammlungsbeschlusses nach Veröffentlichung des Übernahmeangebots faktisch ausgeschlossen sei[2542]. Hinzu kommt, daß das WpÜG zahlreiche Vorkehrungen vorsieht, die dem *prisonner's dilemma* bereits in ausreichendem Maße begegnen[2543]. Vor allem aber geht der Vorschlag, in dessen Zentrum die Internet-Abstimmung steht, an den hierzulande (noch) existierenden Realitäten vorbei[2544]. Zum einen verfügen längst nicht sämtliche Haushalte über einen eigenen Zugang zum Internet[2545], weshalb bereits ein Großteil der Privataktionäre von der Abstimmung ausgeschlossen wäre[2546]. Zum anderen darf nicht verkannt werden, daß weiten Teilen der Bevölkerung schlicht die notwendigen Kenntnisse im Umgang mit dem noch recht jungen Medium fehlen, was um so mehr für die älteren Jahrgänge gilt. Aus diesen Gründen erweist sich der alternative Regelungsvorschlag zumindest nach derzeitigen Erkenntnissen als ungeeignet.

2541 *Kirchner/Painter*, EBOR 2000, 353 (399 f.). Zur Waffengleichheit europäischer und US-amerikanischer Gesellschaften bereits eingehend oben Kap. 4, S. 237.

2542 Dazu bereits oben S. 501.

2543 Dazu näher oben S. 338.

2544 Abgesehen von dem generell zu erhebenden Einwand technischer Schwierigkeiten bei der Abhaltung einer solchen Internet-Abstimmung.

2545 Nach neuesten Angaben des Bundesverbandes Informationswirtschaft, Telekommunikation und neue Medien e.V. (BITKOM) nutzten im Jahr 2001 erst 37 Prozent der Bundesbürger das Internet regelmäßig, womit Deutschland im internationalen Vergleich im Mittelfeld liegt. Vgl. dazu die Angaben in der Studie „Wege in die Informationsgesellschaft", S. 14, abrufbar im Internet unter http://www.bitkom.org. Selbst im Jahr 2003 konnten erst 53 Prozent ermittelt werden. Vgl. dazu die Ergebnisse der Allensbach-Studie, FAZ vom 12. Mai 2003, S. 20.

2546 Darauf hinweisend auch RegE-TransPuG, Begründung zu Nr. 13 Buchstabe a (§ 126 Abs. 1 AktG). Soweit dort jedoch ausgeführt wird, daß sich gerade der besonders interessierte Aktionär über die Website aktiv informieren könne, läßt sich dieser Gedanke gerade nicht auf den vorliegenden Vorschlag übertragen. Denn das Übernahmeangebot richtet sich gerade an jeden einzelnen Aktionär, so daß auch jedem - und nicht bloß dem interessierten - Aktionär die Möglichkeit offenstehen muß, an einer solchen Abstimmung teilzuhaben.

(3) Anfechtung eines Ermächtigungsbeschlusses

Schließlich wurde beklagt, daß Ermächtigungen der Hauptversammlung, sei es auf Grund eines Vorratsbeschlusses, sei es auf Grund eines *Ad-hoc*-Beschlusses, gerichtlich angreifbar seien und sich somit das Problem von Anfechtungen stelle[2547]. Der Bundesrat wies darauf hin, daß die Anfechtung von Ermächtigungsbeschlüssen, die zur Abwehr einer unfreundlichen Übernahme gefaßt werden, zu „problematischen Konsequenzen" führen könne[2548]. Durch rechtskräftiges Urteil für nichtig erklärte Beschlüsse ließen die von der Hauptversammlung gewollten Rechtswirkungen entfallen, und zwar mit Wirkung für und gegen jedermann und grundsätzlich auch rückwirkend, § 248 Abs. 1 AktG. Dies würde beispielsweise - in Anlehnung an die in der Gesetzesbegründung aufgeführten Fälle - gelten für die Ausgabe eines nicht unerheblichen Anteils von Aktien durch die Zielgesellschaft, die Veräußerung wesentlicher für den Bieter bedeutsamer Bestandteile des Gesellschaftsvermögens oder den Erwerb eines Unternehmens, mit dem der Bieter in direktem Wettbewerb steht.

Zwar wird man in der Tat annehmen müssen, daß in der Praxis Ermächtigungsbeschlüsse zum Ziel von Anfechtungsklagen werden[2549]. Was Ermächtigungen nach Veröffentlichung des Angebots anbelangt, dürfte das Anfechtungsrisiko weitgehend berechenbar bleiben. Zwar stellt die begrenzte zur Verfügung stehende Vorbereitungszeit erhöhte Anforderungen an die Beteiligten im Hinblick auf die Vermeidung formaler Fehler. Dennoch dürfte dies keine unlösbare Aufgabe darstellen[2550]. Gänzlich ausschließen läßt sich ein solches Risiko freilich nie[2551]. Hingegen steht zu erwarten, daß das Anfechtungsrisiko bei Vorratsbeschlüssen angesichts deren Unbestimmtheit ungleich höher sein wird. Aus Sicht des Bieters drängt es sich geradezu auf, die Abwehrmöglichkeiten der Zielgesellschaft durch die Ausübung seines Anfechtungsrechts zu verzögern[2552]. Den-

---

2547 Vgl. *Spitzenverbände der deutschen Wirtschaft*, Stellungnahme zum DiskE-ÜG vom 24. Juli 2000, S. 16.

2548 Vgl. Bundesrat, Stellungnahme zum RegE-WpÜG, BT-Drs. 14/7034 vom 5. Oktober 2001, S. 85.

2549 In einer solchen Situation stellt sich für den Vorstand die Frage, ob er dennoch den Hauptversammlungsbeschluß durchführen, d.h. Abwehrmaßnahmen ergreifen soll, die er letztlich im Rahmen seines unternehmerischen Ermessens zu entscheiden hat.

2550 *Krause*, NJW 2002, 705 (713), weist indes darauf hin, daß gerade im Fall von *Ad-hoc*-Ermächtigungen angesichts der neuen und infolgedessen gerichtlich noch nicht getesteten Regelung des § 16 Abs. 4 WpÜG eine erhöhte Gefahr von Anfechtungsklagen bestünde.

2551 Auch die BSK gelangte zu dem Schluß, daß mittels der Steuerung der Angebotsfrist die durch eine mögliche Anfechtung entstehenden Probleme nicht zu lösen sind. Dazu oben S. 256 f.

2552 So auch die Einschätzung von *Winter/Harbarth*, ZIP 2002, 1 (13).

noch handelt es sich hierbei nicht um eine übernahmespezifische Problematik, sondern um eine Frage, die sich allgemein im Rahmen von Anfechtungsklagen gegen strukturändernde Beschlüsse stellt[2553]. Es geht insoweit, wie auch in allen anderen Fällen, um die grundlegende Befugnis eines jeden Aktionärs, einen rechtswidrigen Hauptversammlungsbeschluß nicht untätig hinnehmen zu müssen[2554]. Daher ist es zu begrüßen, daß der Vorschlag des Bundesrates nicht weiter verfolgt wurde, Ermächtigungsbeschlüsse im Sinne des § 33 Abs. 1, 2 WpÜG mit einem stärkeren Bestandsschutz zu versehen als andere Hauptversammlungsbeschlüsse[2555].

c) Abschließende Würdigung

Bestand bis zur Vorlage des Referentenentwurfs noch ein breiter Konsens hinsichtlich der Gestaltung der Vorschriften zum Verhalten der Verwaltung der Zielgesellschaft, der auf dem nicht weniger einverständlich erzielten Ergebnis der Beratungen der - von Vertretern der Wirtschaft dominierten - Expertenkommission beruhte[2556] und eine Festschreibung der bislang nach herrschender Meinung geltenden Rechtslage bedeutet hätte[2557], so brachte die Bundesregierung mit Vorlage des Kabinettsentwurfs einen dramatischen Wechsel ihrer Position zum Ausdruck. War zuvor noch die „positive, aufgeschlossene Haltung gegenüber Unternehmensübernahmen" hervorgetreten[2558], die insoweit einen „Paradigmenwechsel" bedeutete[2559], konnte davon fortan keine Rede mehr sein.

2553 Siehe dazu auch den Vorschlag der *Regierungskommission „Corporate Governance"* zur Ausdehnung des Anwendungsbereichs des Freigabeverfahrens auf strukturändernde Beschlüsse entsprechend § 16 Abs. 3 UmwG. Vgl. *dies.*, Abschlußbericht, S. D3.56, Rn. 153.

2554 BGHZ 107, 296 (308) m.w.N., Urt. vom 22. Mai 1989, II ZR 206/88; *Schmidt* in GroßKomm AktG, § 245 AktG, Rn. 4; *Lutter/Leinekugel*, ZIP 1998, 805 (807).

2555 Ebenfalls ablehnend *Winter/Harbarth*, ZIP 2002, 1 (13).

2556 Dazu oben S. 258.

2557 Dazu oben Kap. 3, S. 146 ff.

2558 So bekräftigte die Bundesregierung, daß sie Unternehmensübernahmen unter dem Vorbehalt ihrer wettbewerbsrechtlichen Zulässigkeit als Ausdruck freier unternehmerischer Entscheidungen respektiere. Dabei seien sowohl in- als auch ausländische Investoren gleichermaßen willkommen. Sie unterstrich, daß viele Zusammenschlüsse positive Auswirkungen auf die Innovationsfähigkeit der betroffenen Unternehmen und die Wettbewerbsfähigkeit ihrer Arbeitsplätze hätten. Vgl. Pressemitteilung Nr. 97/00 des Bundespresseamtes vom 10. März 2000; Antwort der Bundesregierung, BT-Drs. 14/3895 vom 13. Juli 2000, S. 4.

2559 So zutreffend *Liebscher*, ZIP 2001, 853 (854). Dieser spielt damit offenbar auf die noch in den Äußerungen hochrangiger Regierungsmitglieder unter dem Eindruck der Übernahme Vodafone/Mannesmann zum Ausdruck kommende ablehnende Haltung der Bundesregierung gegen jegliche Art von unfreundlichen Unternehmensübernahmen an. Dazu oben Kap. 1, Fn. 87.

Auf Drängen der Gewerkschaften, der Wirtschaftsverbände[2560] und eines Großteils der deutschen Industrie[2561] brach nach und nach das Gebäude der „Neutralität" durch die Wegnahme einzelner Säulen letztlich gänzlich in sich zusammen[2562].

Die Aufgabe des Vorstands der Zielgesellschaft wurde fortan nicht mehr einzig in der Information der Aktionäre gesehen, während er sich daneben „neutral" zu verhalten habe, um den Erfolg des Übernahmeangebots nicht schon im Ansatz in Frage zu stellen[2563]. Dies führte schließlich dazu, daß die jetzige Regelung in krassem Widerspruch zu der nichtgesetzlichen Vorgängerregelung des WpÜG steht, nach der bereits, wie gezeigt, jegliche Art von Vorratsermächtigungen unzulässig waren[2564]. Ebenso wie die Vorschläge der Expertenkommission fanden diesbezüglich auch die Empfehlungen der BSK, in denen sich die gesammelten Erfahrungen aus der Anwendung des Übernahmekodex widerspiegelten, keine Berücksichtigung. Auch hiernach erfuhren bereits Vorratsbeschlüsse ausdrückliche Ablehnung[2565]. Der Gesetzgeber setzte sich damit nicht nur über die Vorarbeiten der in der BSK und der Expertenkommission versammelten Sachver-

---

2560 Anfänglich schien die Sorge der Wirtschaftsverbände zumindest nicht von den Vorständen ihrer Mitgliedsunternehmen geteilt zu werden. Einer Umfrage im Rahmen des Handelsblatt Business-Monitors zufolge hatten deutsche Manager keine Angst vor Übernahmen durch ausländische Bieter. Auch lehnten immerhin 82 Prozent der deutschen Manager gesetzliche Schritte ab, die Übernahmen erschweren. Vgl. HB vom 17./18. März 2000, S. 8. Erst vor dem Hintergrund der dramatischen Kursverluste an den heimischen Börsen scheint sich diese Zuversicht ins Gegenteil verkehrt zu haben. Unmittelbar vor Verabschiedung des WpÜG im Deutschen Bundestag lehnte eine Zwei-Drittel-Mehrheit der im DAX-100 notierten deutschen Unternehmen eine „Neutralitätspflicht" ab. Dies ergab eines Umfrage des DAI, Pressemitteilung des DAI vom 9. November 2001. Abrufbar unter http://www.dai.de. Dazu aus der Tagespresse vom 10. November 2001 FAZ, S. 11; BZ, S. 6.

2561 In Anbetracht der fortschreitenden Internationalisierung der Kapitalmärkte wirkt die Kritik aus den Reihen der Industrie an dem ursprünglichen Konzept geradezu grotesk. Während einerseits auf weltumspannenden *Road-Shows* um die Gunst internationaler Investoren geworben wird, sind es andererseits gerade dieselben, die durch § 33 Abs. 1, 2 WpÜG ausgeschlossen werden.

2562 Insoweit verwundert es doch sehr, als in den ersten Stellungnahmen zu dem neuen Gesetz nach wie vor an dem Begriff der „Neutralität" unter Verweis auf den allgemeinen Sprachgebrauch festgehalten wird. Vgl. *Geibel/Süßmann*, BKR 2002, 52 (64), Fn. 83; *Krause*, AG 2002, 133 (136), Fn. 42. Geradezu verharmlosend *Schneider*, AG 2002, 125 (128): „Konzept der eingeschränkten Stillhaltepflicht". Treffend vielmehr *Ekkenga/Hofschroer*, DStR 2002, 724 (731), die im Hinblick auf das Erfolgsverhinderungsverbot von einer Art „normativer Residualgröße" sprechen.

2563 So aber noch Antwort der Bundesregierung, BT-Drs. 14/3895 vom 13. Juli 2000, S. 4.

2564 Siehe oben Kap. 3, S. 178.

2565 Dazu oben S. 256 f.

ständigen zu einer gesetzlichen Regelung hinweg, sondern vielmehr auch über die bislang im Schrifttum vorherrschende Auffassung zu dieser Frage[2566].

Wie die Analyse der Regelung des § 33 Abs. 1, 2 WpÜG gezeigt hat, wurden alles andere als klare Vorgaben für das Management der Zielgesellschaft geschaffen, was freilich nicht zur gewünschten Rechtssicherheit beiträgt[2567]. Mit Recht erfuhren daher sowohl die Vorgehensweise, die die Bundesregierung zum Ende des Gesetzgebungsverfahrens an den Tag legte[2568], als auch die Vorschrift selbst in den ersten Monaten nach Inkrafttreten harsche Kritik seitens der Praxis[2569].

In der jetzigen Fassung konterkariert das WpÜG die mit dem Gesetzesvorhaben anvisierten Hauptziele, die Attraktivität des Wirtschaftsstandorts und Finanzplatzes Deutschland international deutlich aufzuwerten sowie die Rechte der Minderheitsaktionäre bei Unternehmensübernahmen besser zu schützen als dies noch zuvor der Fall war[2570]. Die Regelung des § 33 Abs. 1, 2 WpÜG behindert die dringend notwendige strukturelle Anpassung der Unternehmungen an die

---

2566 Zweifelsohne stand die erneute Auflockerung der Norm in unmittelbarem Zusammenhang mit dem bevorstehenden Wahljahr, in dem sich eine der Übernahme von Mannesmann vergleichbare Auseinandersetzung, insbesondere vor dem Hintergrund der sich stetig verschlechternden Prognosen zur Konjunkturentwicklung sowie zu den Arbeitslosenzahlen, als weitere schwere Hypothek für die Bundesregierung hätte erweisen können.

2567 So aber BT-Drs. 14/7477 vom 14. November 2001, S. 2.

2568 Statt die fundamentalen Veränderungen im Hinblick auf die Verhaltenspflichten der Verwaltung der Zielgesellschaft im öffentlichen Diskurs zu erörtern, ließ die Regierung bis zur Vorlage des Kabinettsentwurfs die Öffentlichkeit weitgehend im Unklaren, um sie sodann vor vollendete Tatsachen zu stellen. Harsche Kritik hieran üben *Hommelhoff/Witt*, RIW 2001, 561 (567): „Verschwiegene Gespräche in der Düsseldorfer Anwaltskanzlei eines Europaabgeordneten können den öffentlichen Diskurs ebenso wenig ersetzen wie Lobbyisten-Arbeit im Bundeskanzleramt." Dies galt um so mehr für die weiteren schwerwiegenden Änderungen der maßgeblichen Vorschrift des § 33 WpÜG, die „in allerletzter Minute" beinahe gänzlich unbemerkt von der Öffentlichkeit im Schatten der mit der Abstimmung im Deutschen Bundestag zum Afghanistan-Einsatz der Bundeswehr kombinierten Vertrauensfrage vollzogen wurden. In dem im „Schnelldurchlauf" betriebenen parlamentarischen Verfahren, das ohnehin kaum Gelegenheit zu einem begleitenden öffentlichen Diskurs bot, wurde mit Vorlage des Änderungsvorschlags der Koalitionsfraktionen gerade mal eine Woche vor der abschließenden Lesung im Deutschen Bundestag jegliche Diskussion in der Öffentlichkeit von vornherein unterbunden.

2569 Etwa *Binz/Sorg*, BB 3/2002, Die erste Seite; *Hölters/van Kann*, Finance 1/2002, 17 ff.; *Prelle*, Finance 1/2002, 16 f. *Winter/Harbarth*, ZIP 2002, 1 (3): „mißlungen". Siehe auch FAZ vom 10. November 2001, S. 11.

2570 Kritisch diesbezüglich auch *Lutter*, HB vom 20. Dezember 2001, S. 10: „Die Bundesregierung aber hinterläßt einen Scherbenhaufen."

Veränderungen der Märkte und Umweltbedingungen und steht insoweit in krassem Widerspruch zu der Aussage, daß Übernahmen mit dem Gesetz nicht verhindert werden sollen[2571]. Das WpÜG erweist sich damit letztlich als „Übernahmeverhinderungsgesetz“[2572]. Vor diesem Hintergrund muß auch die eng mit dem Gesetzgebungsvorhaben des WpÜG, das im Hinblick auf die Modernisierung des Standorts Deutschland lediglich einen „Baustein“ darstellt, verknüpfte Steuerbefreiung bei der Veräußerung von Beteiligungen an Kapitalgesellschaften einer Neubewertung unterzogen werden. Das ursprünglich verfolgte Ziel, die Restrukturierung der deutschen Wirtschaft zu Ende zu führen, die Beteiligungsstrukturen der vielzitierten „Deutschland AG“ aufzubrechen, und dadurch die Dynamik der Kapitalmärkte nachhaltig zu fördern, kann angesichts der in den öffentlichen Verlautbarungen vorgebrachten Argumente für den plötzlichen Sinneswandel - trotz der in den Gesetzesmaterialien beibehaltenen Plädoyers für den Strukturwandel in Deutschland[2573] - nicht aufrechterhalten werden.

d) Vorzugswürdigkeit der Konzeption des Referentenentwurfs

Festgehalten werden kann an dieser Stelle, daß die ursprünglich anvisierte Einführung eines - dieser Bezeichnung gerecht werdenden - Erfolgsverhinderungsverbots der jetzigen Regelung vorzuziehen ist[2574]. Wünschenswert wäre insoweit die Wiederherstellung des noch nach der Konzeption des Referentenentwurfs bestehenden Regel-Ausnahme-Verhältnisses, das durch § 33 WpÜG letztlich „auf den Kopf“ gestellt wurde. Hierfür sprechen insbesondere die nachstehenden Erwägungen.

aa) Gründe

(1) Ökonomische Gesichtspunkte

Für die Vorzugswürdigkeit der Konzeption des Referentenentwurfs lassen sich zunächst ökonomische Gesichtspunkte anführen. Hierbei geht es vor allem um die negativen Auswirkungen der Vorschrift des § 33 Abs. 1, 2 WpÜG auf den Markt für Unternehmenskontrolle, dessen Existenz, wie gezeigt, als gesichert gilt[2575]. Die dem Vorstand der Zielgesellschaft an die Hand gegebenen Möglich-

2571 So jedoch BT-Drs. 14/7477 vom 14. November 2001, S. 50.

2572 In Anlehnung an die US-amerikanischen *anti-takeover-statutes* bezeichnet *Gordon*, AG 2002, 670, das WpÜG als „Anti“-Übernahmegesetz.

2573 Vgl. etwa RegE-WpÜG, Begründung, Allgemeiner Teil, S. 61.

2574 So auch *Drygala*, ZIP 2001, 1861 (1865), im Hinblick auf die Regelung des RegE-WpÜG. Im Ergebnis auch *Grunewald*, AG 2001, 288 (291).

2575 Dazu oben Kap. 1, S. 45.

keiten zur eigenmächtigen bzw. mit dem Aufsichtsrat abgestimmten Ergreifung von Verteidigungshandlungen sind dazu geeignet, daß sich das im Amt befindliche Management einer übernahmegefährdeten Gesellschaft dem Markt für Unternehmenskontrolle entzieht. Derartige Abschottung führt im Ergebnis dazu, daß selbst dann, wenn ein Übernehmer das Unternehmen mit größerem Erfolg führen könnte, er an diesem Vorhaben gehindert wird. Es kommt damit zum Versagen des insoweit einzig effektiven externen Kontrollinstrumentariums des Managements[2576] zum Schaden der Aktionäre, die sich einem in ihrer Position ungefährdeten Management gegenübersehen[2577]. Zugleich entfällt die bereits der bloßen Möglichkeit einer Übernahme zugeschriebene disziplinierende Wirkung. Aus diesen Gründen wäre es daher unter ökonomischen Gesichtspunkten verfehlt, dem Vorstand ein eigenmächtiges Eingreifen in diesen Markt zu gestatten[2578]. Allein aus einer nicht belegten gesamtwirtschaftlichen Nachteiligkeit Abwehrmaßnahmen rechtfertigen zu wollen, greift daher zu kurz[2579]. Durch die Regelung des Referentenentwurfs wäre indes sichergestellt, daß die Marktkräfte von Fremdeinflüssen ungestört wirken könnten. Hinzu kommt, daß dem Aktionär der Zielgesellschaft bei einer erfolgreich durchgeführten Verteidigung in einer Übernahmeauseinandersetzung schließlich nichts außer den immensen Kosten der Abwehr verbleibt[2580].

(2) Berücksichtigung des Interessenkonflikts

Bei der Vorzugswürdigkeit der Konzeption des Referentenentwurfs handelt es sich weder um eine „kapitalmarktideologische Position" noch um eine reine „Shareholder-Veranstaltung"[2581]. Sie beruht vielmehr auf der Erkenntnis, daß auf Grund der persönlichen Betroffenheit Abwehrmaßnahmen nicht allein dem Vorstand überlassen bleiben können. Die nunmehr Gesetz gewordene Regelung des § 33 Abs. 1, 2 WpÜG hingegen setzt sich sehenden Auges über den in einer

2576 Der mitunter angeführten Kontrolle durch die Kreditgeber der Gesellschaft, etwa *Michalski*, AG 1997, 152 (152), dürfte gerade hierzulande und vor dem Hintergrund der abnehmenden Bedeutung der „Hausbanken" eine vergleichbare Wirkung versagt bleiben.

2577 Schon *Roth*, ZRP 1975, 204 (206), gelangte in seiner ablehnenden Stellungnahme zu der Einführung von Höchststimmrechten angesichts der vermeintlichen Bedrohung durch die anlagesuchenden „Petrodollars" Mitte der siebziger Jahre zu der Erkenntnis, daß die externe Kontrolle des Managements „das eigentliche unternehmensverfassungsrechtliche Problem der modernen Publikums-Aktiengesellschaft" sei, da die interne Kontrolle durch den Aufsichtsrat weitgehend „abgeschrieben" sei.

2578 So mit Recht schon *Hopt*, ZGR 1993, 534 (544 f.) mit Fn. 35.

2579 Ebenso *Drygala*, ZIP 2001, 1861 (1868).

2580 Beleg dafür war jüngst der Abwehrkampf der FAG Kugelfischer gegen die INA Holding. Dazu bereits oben Fn. 1964.

2581 So aber *Putzhammer/Köstler*, Mitbestimmung 5/2000, 22 (23).

Übernahmesituation typischerweise bestehenden Interessenkonflikt hinweg, dem sowohl der Vorstand als auch der Aufsichtsrat der Zielgesellschaft ausgesetzt sind[2582]. Obwohl sich der Gesetzgeber sehr wohl dieses Umstands bewußt war[2583], sah er sich schließlich dennoch nicht veranlaßt, bei der Ausgestaltung der Verhaltenspflichten der Verwaltung der Zielgesellschaft diesem Interessenkonflikt Rechnung zu tragen. Anders als im Rahmen der Vorschrift des § 33 Abs. 3 WpÜG, die ausweislich der Gesetzesbegründung Zweifel an der Unabhängigkeit der Entscheidungen der Verwaltung der Zielgesellschaft vermeiden soll[2584], die von einem Interessenkonflikt, ausgelöst durch die Gewährung ungerechtfertigter Vorteile durch den Bieter, herrühren, hielt der Gesetzgeber den Konflikt der widerstreitenden Interessen in der Person der Mitglieder der Verwaltung seit der Vorlage des Regierungsentwurfs offenbar für vernachlässigenswert. Dies gelangte zunächst sowohl in der Zulassung der Vorratsbeschlüsse als auch in der massiven Aufwertung der Position der Verwaltung durch den Ausnahmetatbestand des § 33 Abs. 1 S. 2 Alt. 1 WpÜG zum Ausdruck. Sozusagen den Höhepunkt der Mißachtung jenes Interessenkonflikts bildete schließlich die Einführung der „Aufsichtsratslösung", die zugleich die Herausnahme des Aufsichtsrats aus dem Anwendungsbereich des Erfolgsverhinderungsverbots bedingte. Der Gesetzgeber hat damit einen Ausnahmefall geschaffen, der es ausgerechnet denjenigen, die am stärksten in ihren ureigensten Interessen von der Übernahme getroffen werden, ermöglicht, im gegenseitigen Einvernehmen unter Ausschluß der Aktionäre über die Ergreifung von Abwehrmaßnahmen und damit über Erfolg oder Mißerfolg eines Übernahmeangebots zu entscheiden. Ein Ergebnis, das in keiner Weise einer Übernahmesituation gerecht wird.

Zwar ließe sich dem entgegenhalten, daß es möglich sei, die bestehende Konfliktlage abzumildern, so daß deren Existenz nicht mehr derart ins Gewicht falle. In Betracht ziehen könnte man insbesondere Abfindungszahlungen an das Management für den Fall einer Übernahme. Diese Sichtweise verengt allerdings den Blick zu sehr auf rein finanzielle Interessen und verkennt dabei, daß darüber hinaus zahlreiche weitere Faktoren maßgeblich sein können für das Bestreben des amtierenden Vorstands, seine Position nicht aufgeben zu müssen[2585]. Doch selbst wenn man sich ausschließlich auf finanzielle Interessen beschränken will, steht dem entgegen, daß nach jetziger Rechtslage nicht nur ungerechtfertigte Zahlungen durch den Bieter nach § 33 Abs. 3 WpÜG untersagt sind, sondern

2582 Zur Vermeidung von Wiederholungen sei insoweit auf die Ausführungen in Kap. 1, S. 49, verwiesen.

2583 Vgl. RegE-WpÜG, Begründung, Besonderer Teil, S. 141.

2584 Vgl. RegE-WpÜG, Begründung, Besonderer Teil, S. 145. Dazu ausführlich oben S. 387 ff.

2585 Dazu bereits oben S. 444.

bereits nach den aktienrechtlichen Vorschriften die Gewährung solcher *golden parachutes* durch die Zielgesellschaft unzulässig ist[2586].

(3) Letztentscheidung der Aktionäre

Notwendige Konsequenz aus dem Bestehen eines solchen Interessenkonflikts kann daher nur sein, die Entscheidung über Erfolg oder Mißerfolg eines Übernahmeangebots in die Hände der Aktionäre zu legen[2587]. Sie allein sind die Adressaten der Offerte des Bieters, nicht hingegen die Verwaltung der Zielgesellschaft. In dieser geradezu urdemokratischen Situation der individuellen Ansprache jedes einzelnen Aktionärs der Zielgesellschaft laufen Regelungen, die die Entscheidung dem Management der Zielgesellschaft vorbehalten, auf eine Entrechtung der Anteilseigner hinaus. Gleiches gilt auch für die Möglichkeit, die Verwaltung bereits im Vorfeld zur Ergreifung von Abwehrmaßnahmen zu ermächtigen, weshalb aus hiesiger Sicht auch das Instrument des Vorratsbeschlusses abzulehnen ist[2588]. Nur die Sicherstellung der Letztentscheidung der Aktionäre wird dem Umstand gerecht, daß es sich bei einem öffentlichen Übernahmeangebot um einen Veräußerungsvorgang auf der Ebene der Aktionäre handelt.

Insoweit bleibt zu bedauern, daß es auch die *Regierungskommission „Deutscher Corporate Governance-Kodex"* versäumt hat, nach Inkrafttreten des WpÜG die Chance zu nutzen, der Entrechtung der Hauptversammlung entschieden entgegenzuwirken und die in ihrer Bedeutung nach der jetzigen Rechtslage völlig zurückgedrängte Möglichkeit der Einholung eines *Ad-hoc*-Beschlusses in aller Deutlichkeit aufzuwerten[2589]. Zwar erwies sich bei den parallel zum parla-

---

2586 Siehe dazu oben Fn. 1978.

2587 Zu dieser Einschätzung gelangte auch die *Winter*-Kommission, Report, S. 21. Dazu oben Kap. 2, S. 110.

2588 Dazu näher bereits oben S. 508 ff.

2589 Die am 6. September 2001 von der Bundesjustizministerin *Däubler-Gmelin* (SPD) - auf Empfehlung der *Regierungskommission „Corporate Governance"* - eingesetzte *Regierungskommission „Deutscher Corporate Governance-Kodex"* unter Leitung von *Gerhard Cromme* (Thyssen-Krupp-Aufsichtsratsvorsitzender) hat die endgültige Version des Deutschen Corporate Governance-Kodex am 26. Februar 2002 der Öffentlichkeit vorgestellt. Vgl. dazu FAZ vom 27. Februar 2002, S. 15. Dieser auf freiwilliger Selbstregulierung beruhende Kodex ist vom Bundesministerium der Justiz amtlich bekannt gemacht und durch die im Zuge des TransPuG neu geschaffene „*Comply-or-Explain*-Regelung" des § 161 AktG i.d.F. des TransPuG gesetzlich flankiert worden. Die vollständige Fassung des DCG-Kodex sowie weitere Informationen sind abrufbar auf der Homepage der *Regierungskommission „Deutscher Corporate Governance-Kodex"* unter http://www.corporate-governance-code.de. Abgedruckt in ZIP 2002, 452 ff. Dazu einführend *Seibert*, BB 2002, 581 ff.; *von Werder*, DB 2002, 801 ff., sowie *DAV-Handelsrechtsausschuß*, Stellungnahme zum Entwurf eines DCG-Kodex. Siehe auch *Strenger*, DStR 2001, 2225 ff.

mentarischen Gesetzgebungsverfahren zum WpÜG verlaufenden Beratungen ebenfalls die Frage nach einer Regelung zum Verhalten der Verwaltung im Übernahmefall als die umstrittenste Thematik[2590]. Doch hat sich infolgedessen die Regierungskommission diesbezüglich auf die bloße Beschreibung der Gesetzeslage zurückgezogen[2591]. Einzig in Ziff. 3.7 Abs. 3 DCG-Kodex hat sie sich darüber hinaus auf eine sog. „Anregung" einigen können, daß der Vorstand „in angezeigten Fällen" eine außerordentliche Hauptversammlung einberufen sollte. Auf dieser könnten die Aktionäre über das Übernahmeangebot beraten und gegebenenfalls über gesellschaftsrechtliche Maßnahmen beschließen. Offen bleibt allerdings, was unter „angezeigten" Fällen zu verstehen ist. Der Vorsitzende *Cromme* führte dazu aus, daß die Kommission damit zum Ausdruck bringen wolle, daß die Hauptversammlung nicht nur in den gesetzlich vorgeschriebenen Fällen zu befragen sei, sondern auch dann angerufen werden sollte, wenn es nicht gesetzlich notwendig sei[2592]. Die verbleibende Unsicherheit hinsichtlich der gewählten Formulierung dürfte sich freilich in Grenzen halten. Denn dem Regelungsmodell des DCG-Kodex entsprechend sind solche „Anregungen" völlig unverbindlich, da Abweichungen hiervon - anders als bei sog. „Empfehlungen" - nicht offengelegt werden müssen[2593]. Es besteht somit nur wenig Anlaß zur Hoffnung, daß sich nach „Inkrafttreten" des DCG-Kodex Veränderungen zugunsten der Aktionäre ergeben werden[2594].

(4) Keine Wehrlosigkeit der Zielgesellschaft

Ausdrücklich hervorzuheben ist an dieser Stelle schließlich, daß die Verwaltung der Zielgesellschaft nach der Konzeption des Referentenentwurfs gerade nicht wehrlos dem Übernahmeangebot des Bieters ausgesetzt gewesen wäre[2595]. Sofern mitunter der gemeinhin verwandte, jedoch schon als solcher - wie sich sogleich zeigen wird - unpräzise und mißverständliche Begriff der „Neutralitäts-

---

2590 Vgl. *Seibert*, BB 2002, 581 (582); FAZ vom 27. Februar 2002, S. 15; FTD vom 22. Januar 2002, S. 7.

2591 Siehe Ziff. 3.7 DCG-Kodex. Unzutreffend ist jedoch die Wiedergabe des Inhalts des § 33 Abs. 1 S. 2 Alt. 1 WpÜG. Dazu bereits oben Fn. 2131.

2592 *Cromme*, Ausführungen anläßlich der PK nach Übergabe des DCG-Kodex an die Bundesjustizministerin am 26. Februar 2002. Abrufbar im Internet über die in Fn. 2589 angegebene Adresse.

2593 Siehe dazu die Präambel des DCG-Kodex.

2594 Kritisch diesbezüglich auch *Peltzer*, FAZ vom 2. März 2002, S. 23: „nicht einmal ein Feigenblatt".

2595 Diese Auffassung wurde ursprünglich offensichtlich auch von der Bundesregierung geteilt. Vgl. dazu die Antwort der Bundesregierung auf eine Große Anfrage der FDP-Fraktion, BT-Drs. 14/2826 vom 23. Februar 2000, in BT-Drs. 14/3895 vom 13. Juli 2000, S. 12.

pflicht“[2596] mit dem der Stillhalteverpflichtung gleichgesetzt wurde, stellt dies eine verzerrte Wiedergabe der nach dem Referentenentwurf bestehenden „Rechtslage“ dar[2597]. Auch ohne die generelle Gestattung von Vorratsermächtigungen verblieben der Verwaltung der Zielgesellschaft zahlreiche Möglichkeiten, sich gegen unerwünschte Übernahmeversuche zur Wehr zu setzen[2598]. Es ging gerade nicht darum, sich nach Veröffentlichung der Entscheidung zur Abgabe eines Angebots neutral zu verhalten, sondern allein um die Frage, ob die Verwaltung aktiv durch die eigenmächtige Vornahme von Verteidigungsmaßnahmen in die Übernahmeauseinandersetzung eingreifen darf[2599]. So war der Verwaltung der Zielgesellschaft insbesondere die Ausschau nach einem konkurrierenden Angebot gestattet. Durch die bereits nach der inhaltsgleichen Vorläuferregelung des § 16 Abs. 1 S. 1 WpÜG[2600] festgelegte Mindestdauer für die Annahmefrist von vier bis maximal zehn Wochen wäre insoweit bereits sichergestellt gewesen, daß die Möglichkeit zur Suche nach einem konkurrierenden Bieter nicht lediglich eine theoretische bleibt[2601]. Daneben blieb es dem Vorstand der Zielgesellschaft unbenommen, mit dem Bieter über bessere Angebotskonditionen zu verhandeln. Darüber hinaus bestand die Möglichkeit der Einberufung einer außerordentlichen Hauptversammlung, auf der gegebenenfalls Beschlüsse zur Abwehr eines unfreundlichen Übernahmeangebots gefaßt werden konnten. Durch zahlreiche Vorkehrungen, wie etwa den Erleichterungen bei der Einberu-

2596 So mit Recht *Kiem*, ZIP 2000, 1509 (1510); auch *Schüppen*, WPg 2001, 958 (970), stuft den Begriff als „irreführend“ ein. Krit. auch *Grunewald*, AG 2001, 288 (289), die auf das Moment der Vereitelung abstellt. *Hommelhoff*, BB 20/2001, Die erste Seite, sowie *ders./Witt*, RIW 2001, 561 (565), ziehen den Begriff der „Passivitätspflicht“ bzw. den des „Behinderungsverbots“ vor. Von einem „übernahmerechtlichen Behinderungsverbot“ sprechen gleichfalls *Mülbert/Birke*, WM 2001, 705 ff. Ähnlich *Habersack* in Emmerich/Sonnenschein/Habersack, Konzernrecht, S. 16, der neuerdings von einem „Obstruktionsverbot“ spricht.

2597 Etwa *Witte*, BB 2000, 2161 (2164): „blutleere Statistenrolle“. Auch *Schneider*, AG 2002, 125 (128): „Grundsatz der gefesselten Hände“.

2598 So sah das Deutsche Institut für Wirtschaftsforschung (DIW) bereits in den Regelungen des Referentenentwurfs den Garanten dafür, daß deutsche Unternehmen ihren US-amerikanischen Konkurrenten nicht wehrlos gegenüberstehen und bezeichnete daher diesbezügliche Befürchtungen von Gewerkschaftsseite als gegenstandslos. Vgl. DIW-Wochenbericht, 35/2000, Fn. 25. Abrufbar im Internet über die Homepage des DIW unter http://www.diw.de. Ebenso die Einschätzung von *Krause*, FAZ vom 12. Juli 2000, S. 27.

2599 Derart differenzierend schon *Immenga*, SAG 1975, 89 (101).

2600 Siehe § 16 Abs. 1 S. 1 RefE-WÜG.

2601 Es kann insofern nichts anderes gelten als nach der jetzigen Rechtslage. Dazu oben S. 437. Dies gilt auch für das Verhältnis dieser Maßnahme zu der Verpflichtung nach § 33 Abs. 1 RefE-WÜG. So stellt die nur scheinbare Ausnahme der Suche nach einem konkurrierenden Angebot keinen Verstoß gegen die „Neutralitätspflicht“ dar.

fung einer solchen Hauptversammlung[2602] und der im Vergleich zu dem Diskussionsentwurf deutlich ausgeweiteten Annahmefrist war bereits hinreichend dafür Sorge getragen, daß seitens der Zielgesellschaft auch von der Möglichkeit der Abhaltung einer solchen Hauptversammlung Gebrauch gemacht werden konnte[2603]. Weiterhin waren sowohl sämtliche Maßnahmen, die der sorgfältigen Führung der laufenden Geschäfte im Interesse der Gesellschaft dienen, als auch die Erfüllung von vertraglichen oder sonstigen Rechtspflichten, die vor der Bekanntgabe der Übernahmeabsicht begründet wurden, zulässig[2604]. Schließlich nicht zu vergessen sind die daneben weiterhin zulässigen präventiven Verteidigungsmaßnahmen, die von dem Anwendungsbereich der Regelung nicht erfaßt waren[2605].

Nicht verkannt werden darf zudem, daß bei der Betrachtung der der Verwaltung der Zielgesellschaft zur Verfügung stehenden Abwehrmaßnahmen der Blick nicht auf die Regelung des § 33 Abs. 1 bis 3 RefE-WÜG beschränkt werden darf. So bestand bereits nach der Konzeption des Referentenentwurfs die - allein an den Vorstand adressierte - Verpflichtung zur Abgabe einer Stellungnahme, die sich ebenfalls als Abwehrmittel instrumentalisieren läßt. Ebenfalls gegenüber der jetzigen Rechtslage unverändert stand es der Verwaltung der Zielgesellschaft frei, darüber hinaus für ihr Geschäftsmodell in den Grenzen des § 28 RefE-WÜG Werbung zu betreiben. Beide Vorschriften standen gerade nicht im Widerspruch zu § 33 Abs. 1 bis 3 RefE-WÜG[2606], insbesondere im Verhältnis zu § 27 RefE-WÜG ging es gerade nicht um eine Trennung zwischen „Wort“ und „Tat“[2607]. Folgt man der hier praktizierten Auslegung der Vorschrift des § 3 Abs. 3 WpÜG ließ sich ebensowenig ein „unauflöslicher Widerspruch“ des § 33 Abs. 1 RefE-WÜG zu § 3 Abs. 3 RefE-WÜG ausmachen[2608].

2602 Dazu oben S. 469. Einzig § 16 Abs. 4 S. 2 WpÜG fand sich noch nicht in der Fassung des Referentenentwurfs.

2603 Näher dazu bereits oben S. 501.

2604 Was die Gestattung eines Vorratsbeschlusses zu einer Kapitalerhöhung unter Wahrung des Bezugsrechts angeht, wurde bereits darauf hingewiesen, daß dieser Maßnahme in der Tat nur eine sehr eingeschränkte Abwehrfunktion zukommt. Dazu oben Kap. 2, S. 97.

2605 Auch insoweit kann auf die jetzige Rechtslage verwiesen werden. Dazu oben S. 418.

2606 Insoweit kann auf die obigen Ausführungen zu § 33 WpÜG verwiesen werden. Siehe oben S. 422. Wohl zweifelnd und daher eine Klarstellung fordernd *DAV-Handelsrechtsausschuß*, Stellungnahme zum RefE-WÜG, NZG 2002, 420 (429).

2607 So aber *Thümmel*, DB 2000, 461 (462), noch mit Blick auf den Übernahmekodex.

2608 So mit Blick auf den Diskussionsentwurf noch *Krause*, NZG 2000, 905 (911); *Witte*, BB 2000, 2161 (2164). Moderater *Grunewald*, AG 2001, 288 (289), die von einem „gewissen Gegensatz“ spricht. Selbst wenn man die hier vertretene Auffassung nicht teilt, ließ sich der vermeintliche Widerspruch im Wege der Spezialität auflösen, wor-

Angesichts dieses Befundes läßt sich festhalten, daß schon nach der Konzeption des Referentenentwurfs kein Ungleichgewicht zwischen dem Bieter und der Zielgesellschaft zu Lasten letzterer bestand, wie gelegentlich geltend gemacht wurde[2609]. Vielmehr korrelierte die eingeschränkte Zulassung von Verteidigungsmaßnahmen während eines Übernahmeverfahrens mit der rigiden Regulierung des Bieterverhaltens. Auf diese Weise wurde gewährleistet, daß die außenstehenden Aktionäre sowohl gegenüber dem Bieterverhalten als auch gegenüber der Verwaltung der Zielgesellschaft hinreichend geschützt sind. Die schließlich erfolgte Auflockerung der Verhaltenspflichten der Verwaltung der Zielgesellschaft, die zu einem Wegfall des Schutzes im Verhältnis der Aktionäre zu derselben führte, vermag der Verweis auf ein derart vermeintlich bestehendes Ungleichgewicht daher nicht zu rechtfertigen, und hat im Gegenteil dazu geführt, daß sich *de lege lata* die noch zuvor bestehende „Waffengleichheit" deutlich zugunsten der Zielgesellschaft verschoben hat. Allein auf der Grundlage des Referentenentwurfs wäre somit sichergestellt, daß eine Übernahmeauseinandersetzung nach der international üblichen Praxis des „Wettbewerbs der Konzepte" ausgetragen werden könnte[2610], die den Aktionären bis zum Abschluß der Annahmefrist die Wahl zwischen den jeweiligen Positionen überläßt.

(5) Europäische Perspektive

(a) Die deutsche Regelung im europäischen Kontext

Schließlich ist aus rechtsvergleichender Perspektive die Beibehaltung der noch dem Referentenentwurf zugrundeliegenden Konzeption zu bevorzugen.

(aa) Vergleich mit einzelstaatlichen Regelungen

Die jetzige Regelung des § 33 Abs. 1, 2 WpÜG sucht unter den europäischen Übernahmeregelungen ihres Gleichen[2611]. Kein anderes der untersuchten Regelwerke weist dem Vorstand der Zielgesellschaft derart weitreichende Handlungsfreiräume zu wie es die deutsche Regelung nunmehr exerziert. Der zunächst noch als Ausgangspunkt dienende Grundsatz des Verbots der *frustrating actions* aus dem britischen Recht wurde während des Gesetzgebungsverfahrens schließlich bis zur Unkenntlichkeit verzerrt. Geblieben ist lediglich ein regelungstechnischer Grundsatz, der inhaltlich jedoch weit von der bewährten Regelung des

auf auch die Ausführungen der Verfasser des Diskussionsentwurfs hindeuten. Vgl. DiskE-ÜG, Begründung, Besonderer Teil, S. 86.

2609 Siehe oben S. 342.

2610 Dazu näher *Becker*, ZHR 165 (2000), 280 (281).

2611 Zu den Übernahmeregelungen der EU-Staaten ausführlich die rechtsvergleichenden Ausführungen in Kap. 4, S. 191 ff.

City Code entfernt ist. Kam die Abkehr von dem britischen Regelungsmodell bereits in der Diskussion um die generelle Gestattung von Vorratsbeschlüssen zum Ausdruck, wurde spätestens mit der Vorlage des Regierungsentwurfs und der damit zugleich einhergehenden Einführung des Ausnahmetatbestands des § 33 Abs. 1 S. 2 Alt. 1 WpÜG deutlich, daß gerade nicht die Aktionäre der Zielgesellschaft in einer Übernahmesituation das letzte Wort haben sollten, sondern vielmehr deren Vorstand. Ihre unmißverständliche Bestätigung fand diese Haltung schließlich durch den zusätzlich eingeführten Ausnahmefall des § 33 Abs. 1 S. 2 Alt. 3 WpÜG. Insbesondere jene beiden Ausnahmetatbestände stehen dem Grundgedanken des City Code, daß die Letztentscheidung bei den Aktionären verbleiben sollte, diametral entgegen[2612].

Aber auch unter den Übernahmeregelungen der übrigen Mitgliedstaaten der EU finden sich keine derart weitreichenden Handlungsfreiräume des Managements für den Fall einer unfreundlichen Übernahme im Wege eines öffentlichen Angebots. Bereits die generelle Zulassung der Vorratsbeschlüsse geht über die bislang bekannten Vorschriften hinaus, wie sie das französische und belgische Übernahmerecht kennen[2613]. Doch selbst im Vergleich zu den ebenfalls sehr weit gefaßten Vorschriften des schweizerischen Übernahmerechts, die unter den europäischen Übernahmeregelungen bislang durch die generelle Gestattung von Vorratsermächtigungen den größten Spielraum gewährten[2614], reicht die deutsche Regelung bereits wegen der geringen Anforderungen an die Bestimmtheit der Vorratsbeschlüsse und nicht zuletzt auf Grund der beiden Ausnahmetatbestände des § 33 Abs. 1 S. 2 WpÜG erheblich darüber hinaus. Sogar gegenüber den US-amerikanischen Regelungen fällt der Vergleich derart aus, daß den Vorständen deutscher Unternehmen künftig weitreichendere Handlungsfreiräume verbleiben. Weder sind diese wie ihre US-amerikanischen Kollegen bei der Ausübung ihres Ermessens (vorrangig) dem *shareholder value* verpflichtet[2615] noch müssen sie befürchten, in gleichem Ausmaß auf dem Rechtsweg für ihr Handeln zur Verantwortung gezogen zu werden[2616].

Die Besonderheit der Vorschrift des § 33 Abs. 1, 2 WpÜG im europäischen Kontext liegt darin, daß der Vorstand der Zielgesellschaft in eigener Regie bzw. im Einvernehmen mit dem Aufsichtsrat und ohne die Beteiligung der Aktionäre durch die Ergreifung von Abwehrmaßnahmen den Erfolg eines Übernahmean-

---

2612 Selbst wenn man geneigt sein sollte, den Ausnahmetatbestand des § 33 Abs. 1 S. 2 Alt. 1 WpÜG restriktiver auszulegen, ändert sich angesichts der „Aufsichtsratslösung" des § 33 Abs. 1 S. 2 Alt. 3 WpÜG an diesem Befund nichts.

2613 Dazu oben Kap. 4, S. 232.

2614 Dazu oben Kap. 4, S. 235.

2615 Zur Berücksichtigung des *Shareholder-Value*-Gedankens im Rahmen des § 76 AktG siehe *Hüffer*, AktG, § 76 AktG, Rn. 12 m.w.N.

2616 Dazu bereits oben Kap. 4, S. 241.

gebots endgültig verhindern kann. Das deutsche Modell schert damit in bis dato ungekanntem Ausmaß aus dem bislang unter den bedeutenden Mitgliedstaaten der EU anzutreffenden Konsens aus, daß grundsätzlich den Aktionären in Kenntnis der Angebotsunterlage die Letztentscheidung über die Durchführung von Verteidigungshandlungen zukommen soll[2617]. Im Hinblick auf die Verhaltensanforderungen an die Verwaltung der Zielgesellschaft findet sich somit erstmals in einem bedeutenden Mitgliedstaat der EU mit der neuen gesetzlichen Regelung des § 33 Abs. 1, 2 WpÜG ein Gegenpol zu dem britischen Regelungsmodell. Die mit der Verabschiedung des Gesetzes verbundene Zielsetzung, eine Anpassung an international übliche Standards vorzunehmen, hat der Gesetzgeber freilich nicht erreicht und insoweit der „besorgniserregenden Tendenz", „Regelungen in allererster Linie zum Vorzeigen bei ausländischen Investoren zu schaffen", ein Ende gesetzt[2618].

(bb) Vergleich mit dem Gemeinsamen Entwurf

Ein ähnliches Bild ergibt sich auch bei der Gegenüberstellung der neuen deutschen Regelung mit dem im Juli 2001 erreichten Stand der EU-Übernahmerichtlinie in Gestalt des Gemeinsamen Entwurfs[2619]. Stand bereits die Kontroverse um die generelle Zulassung der Vorratsbeschlüsse einer abschließenden Einigung auf europäischer Ebene letztlich im Wege, so sind die nunmehr hierzulande Gesetz gewordenen Ausnahmetatbestände des § 33 Abs. 1 S. 2 Alt. 1, 3 WpÜG in keiner Weise mehr mit der Konzeption des Gemeinsamen Entwurfs in Einklang zu bringen. Denn bis zuletzt bestand auf Gemeinschaftsebene im Grundsatz darüber Einigkeit, daß allein die Hauptversammlung berechtigt sein sollte, die Verwaltung der Zielgesellschaft von den durch das Vereitelungsverbot festgelegten besonderen Verhaltensanforderungen zu befreien[2620], was nur durch eine ausdrücklich erteilte vorherige Zustimmung erfolgen konnte[2621]. Selbst die gegenüber dem Gemeinsamen Standpunkt deutlich aufgelockerte Regelung des im Vermittlungsverfahren erzielten Kompromißpakets in Gestalt des Gemeinsamen Entwurfs, die ersichtlich von dem Ringen nach einem gemeinsa-

2617 Dazu oben Kap. 4, S. 232.

2618 So *Kallmeyer*, ZHR 161 (1997), 435 (442), nach dem vielmehr die Prioritäten danach zu setzen seien, „ob eine Regelung den deutschen Unternehmen zuträglich ist".

2619 Dazu ausführlich oben Kap. 2, S. 91 ff.

2620 So führte die Kommission bereits in Bezug auf die Änderungen des Art. 9 des Gemeinsamen Standpunkts durch das Europäische Parlament unmißverständlich aus, daß diese „nicht dem Geist der Bestimmung" entsprächen, nach dem ausschließlich die Aktionäre über das Schicksal der Gesellschaft zu bestimmen haben. Vgl. Stellungnahme vom 12. Februar 2001, KOM(2001)77 endg., 3.1.5. Dazu näher oben Kap. 2, S. 90.

2621 Abgesehen von dem - wenig bedeutsamen - Ausnahmefall des Art. 9 Abs. 2 Gemeinsamer Entwurf.

men Nenner gezeichnet war, hielt unverändert an diesem Grundsatz fest. Auch die Empfehlungen der *Winter*-Kommission, die seitens der EU-Kommission zur Gestaltung eines neuen Richtlinienvorschlags zu Rate gezogen wurde, räumen diesem Grundsatz oberste Priorität ein[2622]. Die bisherigen Erfahrungen aus den vorläufig gescheiterten Bemühungen um die Verabschiedung einer EU-Übernahmerichtlinie lassen insoweit den Schluß zu, daß der von dem noch im Gemeinsamen Standpunkt zum Ausdruck kommenden - unter deutscher Mitwirkung herbeigeführten - Konsens abweichende deutsche Sonderweg für eine künftige europäische Lösung nicht geeignet ist[2623]. Dieser Befund gilt für die uneingeschränkte Gestattung der Vorratsbeschlüsse nach § 33 Abs. 2 WpÜG. Er gilt aber vor allem für die Zulassung außerhalb des § 33 Abs. 2 WpÜG gefaßter „normaler" Ermächtigungsbeschlüsse, die über die Ausnahmetatbestände des § 33 Abs. 1 S. 2 Alt. 1, 3 WpÜG zum Einsatz gelangen. Ebensowenig „richtlinienkonform" zeigen sich eben jene beiden Ausnahmetatbestände. Zum einen geht das § 33 Abs. 1 S. 2 Alt. 1 WpÜG zugrundeliegende „Ausblendungsmodell" weit über all das hinaus, was im Laufe der langjährigen Beratungen als konsensfähig angesehen wurde. Selbst die erhebliche Unsicherheiten mit sich bringende Neuerung der Kompromißlösung des Art. 9 Abs. 1 lit. b des Gemeinsamen Entwurfs bleibt weit hinter der deutschen Regelung zurück. Zum anderen erweist sich auch die „Aufsichtsratslösung" des § 33 Abs. 1 S. 2 Alt. 3 WpÜG als mit dem Grundgedanken des Gemeinsamen Entwurfs nicht vereinbar. Zudem haftet dieser Regelung das Makel an, international nicht vermittelbar zu sein[2624]. Der Deutsche Gesetzgeber hat damit die Chance verpaßt, trotz einer im übrigen in weiten Teilen vorbildlichen Regelung, mit dem WpÜG ein international wettbewerbsfähiges Gesetzgebungsmodell zu kreieren, daß für eine künftige europäische Lösung Modell stehen kann[2625]. Spätestens mit Inkrafttreten der auf dem zuletzt erreichten Stand in Gestalt des Gemeinsamen Entwurfs aufbauenden EU-

---

2622 Dazu oben Kap. 2, S. 110.

2623 Anders offenbar - mit Blick auf den Regierungsentwurf - die Einschätzung von *Zinser*, ZRP 2001, 363 (368).

2624 Beispiele aus der jüngsten Vergangenheit gibt es genug, die belegen, daß das deutsche System des mitbestimmten Aufsichtsrats in den übrigen Mitgliedstaaten auf Ablehnung stößt und infolgedessen Gesetzesvorhaben auf EU-Ebene ins Stocken geraten. So etwa bei der 5. Richtlinie auf dem Gebiet des Gesellschaftsrechts (Strukturrichtlinie) (dazu die Nachweise oben Kap. 2, Fn. 545), der 14. Richtlinie (Sitzverlegungsrichtlinie), Vorentwurf vom 20. April 1997 (KOM XV/6002/97), oder zuletzt bei der Verordnung über das Statut der Europäischen Aktiengesellschaft (dazu die Nachweise oben Kap. 2, Fn. 586).

2625 Nicht nachvollziehbar ist daher der Gedanke, daß das WpÜG als Anstoß für eine Angleichung des europäischen Rechts auf diesem Gebiet dienen soll. Vgl. insoweit die Empfehlung der Regierungskoalitionsfraktionen, BT-Drs. 14/7477 vom 14. November 2001, S. 50.

Übernahmerichtlinie wird somit erheblicher Änderungsbedarf für den deutschen Gesetzgeber anstehen[2626].

(b) Einwand des fehlenden europäischen level playing field

Als Rechtfertigung für die erhebliche Auflockerung der Verhaltenspflichten der Verwaltung der Zielgesellschaft gegenüber dem ursprünglich verfolgten Konzept wurde seitens der Bundesregierung geltend gemacht, daß anderenfalls ein nicht hinnehmbares Ungleichgewicht im innereuropäischen Vergleich zu Lasten deutscher Unternehmen entstanden wäre[2627]. Selbst für den Fall des Zustandekommens der EU-Übernahmerichtlinie in Gestalt des Gemeinsamen Entwurfs hätte das an dieser Stelle verankerte Vereitelungsverbot grundsätzlich erst nach dem Erhalt der Information, daß die Abgabe eines Übernahmeangebots beabsichtigt ist, seine Wirkungen entfaltet[2628]. Präventive Verteidigungsmaßnahmen wären indes nicht erfaßt gewesen. Da der deutsche Gesetzgeber im Jahr 1998 mit der Verabschiedung des KonTraG auf dem Weg zu einem europaweiten Abbau der Übernahmehemmnisse „in Vorleistung" getreten sei, lasse das deutsche Gesellschaftsrecht nach gegenwärtiger Rechtslage im Gegensatz zu anderen europäischen Staaten für präventive Abwehrmaßnahmen kaum mehr Raum. Denn die hierzulande vorgenommene Abschaffung der Stimmrechtsbeschränkungen in Gestalt der Höchst-[2629] und Mehrstimmrechte[2630] für börsennotierte Unternehmen[2631] fand keine Nachahmer unter den EU-Mitgliedstaaten.

2626 Wie sich zwischenzeitlich gezeigt hat, gilt dies auf Grund des in der verabschiedeten EU-Übernahmerichtlinie angelegten Optionsmodells nur noch eingeschränkt. Dazu bereits oben S. 488.

2627 Zustimmend *von Rosen*, ZfgK 2001, 734 (734); *Schneider*, EWS 9/2001, Die erste Seite. Weitere Nachweise oben Kap. 2, S. 69 f.

2628 Art. 9 Abs. 1 lit. a S. 2 Gemeinsamer Entwurf. Dazu ausführlich oben Kap. 2, S. 91 ff.

2629 Siehe § 134 Abs. 1 S. 2 AktG.

2630 Siehe § 12 Abs. 2 AktG. Der Erlaubnisvorbehalt durch behördliche Entscheidung des § 12 Abs. 2 S. 2 AktG a.F. fiel ersatzlos weg. Danach konnte die für Wirtschaft oberste Landesbehörde Ausnahmen zulassen, soweit es „zur Wahrung überwiegender gesamtwirtschaftlicher Belange" erforderlich war. Die Zahl der Gesellschaften mit Mehrstimmrechtsaktien wurde zuletzt auf 26 geschätzt, darunter zwei Unternehmen aus dem DAX-30. Vgl. *Peltzer*, AG 1997, Sonderheft Aktienrechtsreform, 90 (93).

2631 Dazu heißt es in der Gesetzesbegründung (KonTraG), daß wie bei Mehrstimmrechten auch gegen die Höchststimmrechte einzuwenden sei, „daß sie der Vorstellung widersprechen, in der Aktiengesellschaft, und insbesondere in der börsennotierten Gesellschaft sollten Stimmrechte und Eigentum grundsätzlich korrelieren. Sie beeinträchtigen den Kapitalmarkt, weil Übernahmen behindert werden und damit Übernahmephantasie fehlt. Sie dienen tendenziell den Interessen der Verwaltung, die dadurch den Einfluß von Großaktionären abwehren kann. Dadurch wird die Kontrolle der Verwaltung durch die Eigentümer verschlechtert". Vgl. RegE-KonTraG, Begründung zu § 134 Abs. 1 AktG (zu Nr. 18), BT-Drs. 13/9712 vom 28. Januar 1998, S. 20, abge-

Während somit einerseits bei deutschen börsennotierten Unternehmen weder eine Beschränkung der Stimmrechtsmacht durch Höchststimmrechte[2632] noch die Einführung von Mehrstimmrechten[2633] in Betracht komme[2634], habe andererseits gerade in jüngster Vergangenheit die Abschottung gegen unerwünschte Übernahmen in den übrigen Mitgliedstaaten durch die zusätzliche Einführung von *golden shares* weiter zugenommen. Die Bundesregierung griff damit einen der beiden speziell aus deutscher Perspektive vorgetragenen Hauptkritikpunkte an dem für die EU-Übernahmerichtlinie vorgesehenen Vereitelungsverbot auf[2635], der im folgenden Gegenstand einiger kritischer Anmerkungen sein soll.

(aa) Stimmrechtsbeschränkungen

Was die Berufung auf derzeit in den übrigen EU-Mitgliedstaaten immer noch anzutreffende Stimmrechtsbeschränkungen betrifft, ist zwar zutreffend, daß derartige Instrumente, insbesondere Höchststimmrechte nach wie vor in zahlreichen Mitgliedstaaten gestattet sind[2636]. Dennoch vermag es nicht zu überzeugen, allein aus diesem Grund eine Abkehr von dem zuvor bestehenden Konsens sowohl auf europäischer wie auch auf nationaler Ebene vorzunehmen, die in einer Umkehr des Regel-Ausnahme-Verhältnisses in Sachen Erfolgsverhinderungsverbot mündet[2637]. Zum einen ist bereits höchst zweifelhaft, ob solche Instrumente überhaupt geeignet sein können, Unternehmensübernahmen tatsächlich zu verhin-

---

druckt in ZIP 1997, 2059 (2064). Dazu auch *Marsch-Barner* in Dörner/Menold/Pfitzer, Reform des Aktienrechts, S. 283 ff.; *Peltzer*, AG 1997, Sonderheft Aktienrechtsreform, 90 (92 ff.).

2632 Vor dem 1. Mai 1998 begründete Höchststimmrechte bei börsennotierten Unternehmen sind bereits zum 1. Juni 2000 erloschen, § 5 Abs. 7 EGAktG.

2633 Bestehende Mehrstimmrechte sind nach der Übergangsregelung des § 5 Abs. 1 EGAktG zum 1. Juni 2003 erloschen, sofern nicht die Hauptversammlung mit qualifizierter Mehrheit die Fortgeltung der Mehrstimmrechtsaktien beschlossen hat, wobei die Inhaber der Mehrstimmrechtsaktien kein Stimmrecht haben. Unabhängig davon kann die Hauptversammlung jederzeit mit einfacher Mehrheit die Abschaffung beschließen.

2634 Siehe auch Ziff. 2.1.2 DCG-Kodex.

2635 Ein weiterer maßgeblicher Einwand bestand in der Forderung, es müsse ein transatlantisches *level playing field* geschaffen werden, um ein drohendes Ungleichgewicht im Verhältnis zu US-amerikanischen Unternehmen abzuwenden. Dazu näher oben Kap. 4, S. 237.

2636 Vgl. dazu die Hinweise im Rahmen der rechtsvergleichenden Untersuchung in Kap. 4, S. 191 ff.

2637 Im Ergebnis auch *Drygala*, ZIP 2001, 1861 (1868), der zu Recht ausführt, daß die Zustimmung Deutschlands zu dem Gemeinsamen Entwurf bereits einen Teil der Übernahmehemmnisse abgebaut hätte.

dern[2638]. Diese Diskussion wurde bereits in Deutschland ausgiebig geführt[2639] bis schließlich ein Federstrich des Gesetzgebers in Gestalt des KonTraG sämtliche Veröffentlichungen „zu Makulatur"[2640] hat werden lassen. Sie findet derzeit in den übrigen Mitgliedstaaten der EU intensiv statt[2641]. Auch dort setzt sich zunehmend die Erkenntnis durch, daß Höchststimmrechte in hohem Maße rechtspolitisch bedenklich sind. Dies nicht nur, weil sie die Interessen des Vorstands überbetonen, sondern weil dadurch jegliche Kursphantasie abhanden kommt. Zudem belegen zahlreiche Beispiele aus der Vergangenheit, daß ihnen die Wirkung als „Allheilmittel" gegen unerwünschte Übernahmen auch hierzulande versagt blieb. Erinnert sei etwa an die Übernahmen Veba/Feldmühle und Krupp/Hoesch, die trotz bestehender Höchststimmrechte (5 bzw. 15 Prozent) erfolgreich vollzogen wurden[2642].

Zum anderen stehen diese Instrumente bereits seit langem auf der „Abschaffungsliste" der EU-Kommission[2643]. Mit ihrer Ankündigung Anfang der neunziger Jahre des letzten Jahrhunderts, Höchst- und Mehrfachstimmrechte weitgehend abzuschaffen, löste sie hierzulande einen Sturm der Entrüstung aus, der zu einer mit ähnlicher Schärfe geführten Diskussion wie die jüngste Kontroverse um die Verhaltenspflichten der Verwaltung der Zielgesellschaft führte[2644]. Eines der zentralen Argumente gegen die geplante Abschaffung der Höchststimmrechte bestand bemerkenswerterweise darin, daß die Abschaffung der Höchststimmrechte zur Schaffung gleicher Marktbedingungen „weder nötig noch geeignet" sei[2645]. Von der Umsetzung dieses Angleichungsziels sei daher abzulas-

2638 Gegen deren Wirksamkeit aus Sicht der Praxis etwa *Sünner* in FS Quack, 457 (461 ff.); auch *Kort* in FS Lutter, S. 1421 (1427). Siehe auch *Endell*, NZG 2000, 1160 (1161 f.).

2639 Vgl. aus dem umfangreichen Schrifttum zu Höchststimmrechten nur *Adams*, AG 1990, 63 ff.; *Baums*, AG 1990, 221 ff., einerseits (ablehnend) und *Zöllner/Noack*, AG 1991, 117 ff.; *Schneider*, AG 1990, 56 ff., andererseits (befürwortend). Siehe bereits aus der Zeit der Einführung der Höchststimmrechte unter dem Eindruck der anlagesuchenden „Petrodollars" *Roth*, ZRP 1975, 204 ff.

2640 In Anlehnung an die berühmt gewordenen Worte des *Julius Hermann von Kirchmann* aus dem Jahr 1848. Das vollständige Zitat lautet: „(...); drei berichtigende Worte des Gesetzgebers und ganze Bibliotheken werden zu Makulatur". Vgl. *ders.*, Die Wertlosigkeit der Jurisprudenz als Wissenschaft, S. 29.

2641 Für Österreich etwa jüngst *Nowotny*, RdW 2001, 130 ff.

2642 Vgl. dazu *Schneider*, AG 1990, 56 (58), der den ehemaligen Vorstandsvorsitzenden der Veba AG, *von Bennigsen-Foerder*, zitiert, wonach dieser nach dem Erwerb der Mehrheit an Feldmühle durch Veba Höchststimmrechte ob ihrer geringen Effektivität als „Pappschwert" bezeichnete. Siehe auch *Franks/Mayer*, 22 J.B.F. (1998), 1385 (1389, 1391, 1400).

2643 Zur sog. „*Bangemann*-Initiative" oben Kap. 2, Fn. 545.

2644 Dazu die Nachweise oben in Fn. 2639.

2645 *Zöllner/Noack*, AG 1991, 117 (126).

sen, da die Marktbedingungen für Aktien durch Höchststimmrechte nicht wesentlich beeinflußt würden. Es scheint, als ob diesem Gesichtspunkt, da nunmehr die Stimmrechtsbeschränkungen der übrigen EU-Staaten auf dem Prüfstand stehen, keinerlei Bedeutung mehr beigemessen wird.

Zwar ist inzwischen auch die EU-Strukturrichtlinie im Streit um nationale Eigeninteressen steckengeblieben und dürfte mittlerweile als gescheitert anzusehen sein[2646]. Doch setzte sich unter dem Eindruck der kontrovers geführten Verhandlungen im Rahmen der EU-Übernahmerichtlinie die Erkenntnis durch, daß ein erneuter Anlauf auf diesem Gebiet zu unternehmen sei. Daher wurde die im Herbst 2001 eingesetzte Expertenkommission unter anderem auch mit der Aufgabe betraut, Vorschläge zur Lösung dieses Problemkreises zu unterbreiten[2647]. In die Diskussion ist demnach wieder Bewegung gekommen[2648].

(bb) Golden shares

Gleiches gilt auch im Hinblick auf die Bemühungen um die Abschaffung der *golden shares*. Zwar vermögen diese durchaus, Übernahmen zu verhindern; als Argument für den deutschen Sonderweg können diese indes ebenfalls nicht dienen[2649]. Die derart geschützten Unternehmen sind identifiziert und auf Grund der zahlreichen Publikationen mittlerweile hinlänglich bekannt[2650]. Die Kommission ist um eine gerichtliche Klärung dieser Problematik bemüht[2651]. Auch wenn zum Zeitpunkt des Scheiterns der Übernahmerichtlinie im Juli 2001 ein Erfolg vor dem EuGH noch zweifelhaft schien, da der Generalanwalt *Colomer* der Auffassung der Kommission, wonach *golden shares* grundsätzlich unzulässig seien, in seinem Schlußantrag nicht gefolgt ist[2652], war offenkundig, daß der politische

---

2646 Dazu oben Kap. 2, Fn. 545.

2647 Dazu eingehend oben Kap. 2, S. 108 ff.

2648 An dem Erfolg der *Winter*-Kommission indes zweifelnd *von Rosen*, ZfgK 2001, 734 (735).

2649 So auch *Wackerbarth*, WM 2001, 1741 (1748): „Ausflüchte".

2650 In Italien bestehen etwa *golden-share*-Rechte der italienischen Regierung an der Telecom Italia S.p.A., vgl. *Schmid*, AG 1999, 402 (403). In Frankreich hat sich der Staat bei Elf Aquitaine vorab eine Zustimmungspflicht für den bestimmte Schwellen überschreitenden Beteiligungserwerb vorbehalten. Weitere Nachweise bei *Lehne* in Hirte, WpÜG-Materialien, S. 33 (42); *Wackerbarth*, WM 1741 (1747), Fn. 72. Siehe auch die Zusammenstellung in FAZ vom 7. Juni 2001, S. 22.

2651 Dazu bereits oben Kap. 2, Fn. 368 sowie zu den zwischenzeitlich ergangenen Urteilen Fn. 611 m.w.N. Weitere Verfahren gegen Unternehmen in den Niederlanden, Italien und Dänemark wurden eingeleitet. Vgl. FAZ vom 6. Februar 2003, S. 11; FAZ vom 18. Dezember 2003, S. 12.

2652 Dazu eingehend *Wackerbarth*, WM 2001, 1741 (1747 f.).

Druck weiter zunehmen würde[2653]. Die Kommission äußerte sich außerdem zuversichtlich, daß sich der Gerichtshof angesichts der Bedeutung für die künftige Entwicklung des Binnenmarktes entgegen der ungeschriebenen Regel, wonach üblicherweise dem Antrag des Generalanwalts Folge geleistet wird, der Auffassung der Kommission anschließen wird[2654].

In der Diskussion um die *golden shares* darf nicht übersehen werden, daß sich diese Form der Übernahmehemmnisse lediglich auf eine beschränkte Anzahl von Unternehmen - insbesondere privatisierte ehemalige Staatbetriebe - bezieht[2655]. Angesichts der in der jüngsten Vergangenheit mit zunehmender Schärfe geführten Auseinandersetzung, die in der Einleitung eines Vertragsverletzungsverfahrens mündete,[2656] um die hierzulande bestehenden Sonderrechte des Landes Niedersachsen an der Volkswagen AG[2657], die von höchster Stelle seitens der Bundesregierung mit dem Hinweis auf den Schutz vor unfreundlichen Übernahmen vehement verteidigt werden[2658], drängt sich der Verdacht auf,

---

2653 Vgl. *Wiesner*, ZIP 2002, 208 (209 f.). Siehe auch die Empfehlungen der *Winter*-Kommission oben Kap. 2, S. 110. So hat etwa Frankreich bereits angekündigt, auf sein Vetorecht bei Elf Aquitaine zu verzichten. Vgl. FAZ vom 13. Juli 2002, S. 15.

2654 Vgl. FAZ vom 28. Februar 2002, S. 18. Genährt wurden derartige Hoffnungen vor allem durch die mehrfache Verschiebung des Urteils durch den EuGH. Vgl. FAZ vom 8. Mai 2002, S. 18.

2655 Dies ebenfalls hervorhebend *Wackerbarth*, WM 2001, 1741 (1747), der pointiert die Frage aufwirft, warum einerseits ein französischer Schuhhersteller einen deutschen nur deshalb unter erschwerten Bedingungen übernehmen dürfen soll, weil sich Frankreich andererseits bei Elf Aquitaine Mitspracherechte vorbehalten hat.

2656 Vgl. zur Entwicklung FTD vom 30. März 2004, S. 14; FTD vom 28. Januar 2004, S. 12; FTD vom 15. Januar 2004, S. 1, 13; FAZ vom 29. November 2003, S. 10; FAZ vom 24. Juni 2003, S. 11; FAZ vom 20. März 2003, S. 13; FTD vom 5. November 2002, S. 17; FTD vom 4. Oktober 2002, S. 13; FAZ vom 26. Februar 2002, S. 17; FTD vom 25. Februar 2002, S. 13; vom 16. Februar 2002, S. 12. Sowie bereits FTD vom 14. Mai 2001, S. 1, 31; vom 15. Mai 2001, S. 11; FAZ vom 17. Mai 2001, S. 23.

2657 Nach § 2 Abs. 1 VW-Gesetz (Gesetz über die Überführung der Anteilsrechte an der Volkswagenwerk Gesellschaft mit beschränkter Haftung in private Hand vom 21. Juli 1960 (BGBl. I 1960 S. 585 vom 27. Juli 1960)) wird das Stimmrecht eines Aktionärs auch dann auf 20 Prozent des Grundkapitals beschränkt, wenn dieser Aktien im Gesamtnennbetrag von mehr als 20 Prozent des Grundkapitals besitzt. Das Land Niedersachsen hält eine Beteiligung in Höhe von 18,64 Prozent über die Hannoversche Beteiligungsgesellschaft mbH, Hannover, die dem Land bei einer durchschnittlichen Hauptversammlungspräsenz bei der Volkswagen AG in den letzten drei Jahren von 36,33 Prozent (unveröffentlichte Angaben der DSW) die beherrschende Stellung sichert. Zum ganzen auch *Endell*, NZG 2000, 1160 ff. Dazu jüngst auch *Kilian*, NJW 2002, 3599 ff.; *Krause*, NJW 2002, 2747 ff.; *Wellige*, EuZW 2003, 427 ff.

2658 Vgl. zu den Äußerungen des Bundeskanzlers *Schröder* (SPD) FAZ vom 27. Februar 2002, S. 16; FTD vom 27. Februar 2002, S. 9. Zuletzt wurde gar eigens zu dem Anlaß eines Treffens mit dem Kommissionspräsidenten *Romano Prodi* und dem Kommissar

daß es aus Sicht der Bundesregierung letztlich nicht um eine EU-weite Angleichung der Übernahmehemmnisse geht, sondern vielmehr um die Abschottung deutscher Unternehmen[2659]. Insbesondere vor dem Hintergrund der seitens der EU-Kommission in Anlehnung an die Vorschläge der *Winter*-Kommission beabsichtigten europaweiten Einschränkung der Sonderstimmrechte tritt die nunmehr ablehnende Haltung der Bundesregierung in Widerspruch zu dem noch im Rahmen der Verhandlungen um die im Juli 2001 gescheiterte EU-Übernahmerichtlinie und in der Endphase des nationalen Gesetzgebungsverfahrens eingenommenen Standpunkt, ohne eine derartige Angleichung sei eine Beschränkung des Vorstandshandelns während einer Übernahme nicht hinnehmbar.

(cc) Resümee

Wenn aus Sicht der Bundesregierung die Forderung erhoben wird, bei der Herstellung eines europäischen *level playing field* dürfe die Betrachtung nicht allein auf die jeweiligen Übernahmeregelungen fokussiert werden, muß sie sich auch den Einwand gefallen lassen, daß dann über die gesellschaftsrechtlichen Instrumentarien hinaus der Blick konsequenterweise auf die gesamten rechtlichen und strukturellen Rahmenbedingungen der einzelnen EU-Mitgliedstaaten gerichtet werden muß. Ohne im einzelnen an dieser Stelle auf die nach wie vor bestehenden „deutschen Besonderheiten" näher eingehen zu wollen - in rechtlicher Hinsicht exemplarisch[2660] genannt seien nur die dualistische Führungsstruktur der Aktiengesellschaft, die unternehmerische Mitbestimmung im Aufsichtsrat, der Minderheitenschutz im Konzernrecht und allgemein das Arbeitsrecht[2661] -, bleibt als Ergebnis einer derartigen Gesamtschau festzuhalten, daß deutsche Unter-

---

Frits Bolkestein ein - nicht veröffentlichtes - Gutachten der Unternehmensberatung McKinsey eingeholt, das zur Unterstützung der Argumentation des Bundeskanzlers dienen sollte. Dazu FAZ vom 29. April 2002, S. 13.

2659 In diese Richtung zielt auch der jüngst unterbreitete Entwurf eines „Elften Gesetzes zur Änderung des Außenwirtschaftsgesetzes und der Außenwirtschaftsverordnung" (BT-Drs. 15/2537 vom 18. Februar 2004), wonach der Erwerb deutscher Rüstungsunternehmen durch einen ausländischen Investor der Genehmigung durch das Bundesministerium für Wirtschaft und Arbeit unterworfen werden soll, wenn der Erwerber nach dem Erwerb mindestens 25 Prozent der Anteile hält (vgl. § 52 neu Außenwirtschaftsverordnung). Dazu auch FAZ vom 4. Februar 2004, S. 23. Da dies auch für den Erwerb einer unmittelbaren oder mittelbaren Beteiligung an einem solchen Unternehmen gelten soll, bestünde für deutsche Unternehmen künftig die Möglichkeit, ihr „Arsenal" durch den Erwerb einer solchen Beteiligung um eine weitere *poison pill* zu erweitern.

2660 Insofern wird auf die Ausführungen in Kap. 1, S. 11, verwiesen.

2661 Die Effektivität der „sozialen Netze, die in unserem Gesellschaftsrecht gespannt sind," zur Abwehr unerwünschter Übernahmen wurde schon seitens der Gegner des aktienrechtlichen „Neutralitätsgebots" anerkannt. Vgl. *Werner*, Probleme „feindlicher" Übernahmeangebote, S. 19.

nehmen auch in Umsetzung des Vereitelungsverbots des Gemeinsamen Entwurfs nach wie vor wenigstens genauso wirksam vor Übernahmen geschützt wären wie ihre europäischen Wettbewerber. Insofern stellt die alleinige Berufung auf den Verzicht auf Höchst- und Mehrfachstimmrechte und die dadurch vermeintlich entstandene Wehrlosigkeit deutscher Unternehmen eine verzerrte Darstellung der Wirklichkeit dar. Eine solche Sichtweise versucht den Blick zu verklären, um was es wirklich geht, nämlich um den Schutz des jeweiligen Managements und der betroffenen Arbeitsplätze der heimischen Unternehmen[2662]. Der erst durch das Scheitern der EU-Übernahmerichtlinie im Juli 2001 rechtlich möglich gewordene „nationale Sonderweg" läßt sich insoweit nicht mit dem Verweis auf die in den übrigen EU-Mitgliedstaaten bestehenden Stimmrechtsbeschränkungen rechtfertigen[2663]. Das Übernahmerecht bildet nach alldem nicht den geeigneten Ort, um Abwehrmöglichkeiten weiter zu forcieren. Vielmehr wird dadurch die Gefahr heraufbeschworen, daß es statt der angestrebten Angleichung zu einem von gegenseitigen Aufrechnungen geprägten sowie von na-

2662 Diese auf unfreundliche Übernahmen kaprizierte Sichtweise verkennt indes, daß die Sorge um den Erhalt des Arbeitsplatzes in gleicher Weise auch bei freundlichen Übernahmen regelmäßig besteht.

2663 Ebenfalls nicht zu überzeugen vermag in diesem Kontext das Argument, daß es gelte, der Verlegung von Konzernzentralen der aus grenzüberschreitenden Übernahmen entstandenen Unternehmen entgegenzuwirken. Vgl. etwa *Schneider/Burgard*, DB 2001, 963 (965). Dazu kann als taugliches Mittel nicht das Übernahmerecht angesehen werden. Für die Standortwahl eines Unternehmens sind eine Vielzahl von Faktoren ausschlaggebend, die gemeinhin unter dem Schlagwort der „Rahmenbedingungen" zusammengefaßt werden. Vgl. dazu *Wöhe*, Einführung in die allgemeine Betriebswirtschaftslehre, S. 338 ff. Vorrangig beurteilt sich die Wahl des Standorts nach steuerlichen Gesichtspunkten. Langfristig wird sich eine Standortflucht nicht mit Mitteln des Übernahmerechts, sondern nur durch eine optimierte Steuergesetzgebung lösen lassen, die zur Attraktivität des Standorts Deutschland für in- und ausländische Investoren ihren Beitrag zu leisten in der Lage ist. Überdies ist es ein offenes Geheimnis, daß auch das deutsche System der Mitbestimmung und das deutsche Arbeitsrecht nicht gerade zur Belebung dieser Attraktivität beitragen. Insofern beruht es auf gänzlich sachfremden Erwägungen, wenn versucht wird, durch die Stärkung der Position des Vorstands der Zielgesellschaft, heimische Unternehmen vor einer Übernahme und einer dadurch bedingten Abwanderung der Konzernzentralen zu bewahren. Ganz im Gegenteil gilt es, durch nationale Übernahmeregelungen, die sowohl eine Überregulierung als auch eine Verlangsamung des Strukturwandels durch eine übermäßige Erschwerung von Unternehmensübernahmen vermeiden, positive Impulse für die Standortbeurteilung zu liefern. So mit Recht noch die Bundesregierung, Antwort der Bundesregierung, BT-Drs. 14/3895 vom 13. Juli 2000, S. 10. Daher bestand gerade eine Zielsetzung des Gesetzes in der Anpassung an internationale Standards, was zu einer Stärkung im Standortwettbewerb führen sollte, „auch wenn das für die deutschen Unternehmen, zumal wenn sie mögliche Übernahmekandidaten sind, eine unangenehme Wahrheit ist". So *Hopt* in FS Koppensteiner, S. 61 (71).

tionalem Prestigedenken und Eigeninteressen bestimmten „Rüstungswettlauf" im Hinblick auf den Aufbau von Übernahmehemmnissen kommt[2664].

Selbst wenn man sich der Argumentation der Bundesregierung anschließen wollte, ließe sich daraus keineswegs auf die Einräumung weitreichender Handlungsfreiheiten der Vorstände deutscher Unternehmen in Übernahmeauseinandersetzungen schließen. Vielmehr wäre es Aufgabe der Bundesregierung gewesen, auf die Abschaffung der Höchst- und Mehrfachstimmrechte und *golden shares* in den übrigen Mitgliedstaaten hinzuwirken[2665]. Erst wenn dies nicht gelingen sollte, wäre es nach dieser Sichtweise nur folgerichtig, wenn man sich auf der Ebene des Gesellschafsrechts für die Wiedereinführung der durch das KonTraG[2666] abgeschafften Instrumentarien entscheiden würde[2667]. Auf diese Weise wäre wenigstens sicherstellt, daß ein europäisches *level playing field* bestehen würde, das durch den in den Übernahmeregelungen der einzelnen Mitgliedstaaten zum Ausdruck kommenden Konsens im Hinblick auf die Implementierung des Vereitelungsverbots für den Zeitraum nach Bekanntgabe der Entscheidung zur Abgabe eines Übernahmeangebots gewährleistet wird[2668]. Insoweit wäre eine Vergleichbarkeit hergestellt und es bliebe dem Kapitalmarkt überlassen, über die in den Händen der jeweiligen Unternehmen liegende Einführung von Stimmrechtsbeschränkungen zu urteilen.

2664 Darauf zu Recht hinweisend *Drygala*, ZIP 2001, 1861 (1869). Siehe auch *Merkt*, ZHR 165 (2001), 224 (236 f.).

2665 Insoweit vergleichbar die Situation Großbritanniens Ende der 80er Jahre des vorigen Jahrhunderts, als britische Unternehmen befürchteten, „Opfer" von Übernahmen durch ihre niederländischen und französischen Wettbewerber zu werden, während es ihnen umgekehrt auf Grund der bestehenden Barrieren unmöglich war, es diesen gleich zu tun. Statt das Verbot der *frustrating actions* im City Code aufzulockern, drängte das DTI indessen - und hierin liegt der bemerkenswerte Unterschied zur Position der deutschen Bundesregierung - darauf, im Wege des Erlasses einer Richtlinie, einen einheitlichen europäischen Standard, das vielzitierte *level playing field* zu schaffen. Vgl. *Wymeersch*, The Regulation of Takeover Bids in a Comparative Perspective, S. 3 f.

2666 Es sei darauf hingewiesen, daß das KonTraG mit den Stimmen der damaligen CDU/CSU-FDP-Regierungskoalition gegen die Stimmen des Deutschen Bundestags im übrigen angenommen wurde. Vgl. BT-Plenarprotokoll 13/222 vom 5. März 1998, S. 20367 (C).

2667 In diese Richtung ebenfalls *Schneider*, EWS 9/2001, Die erste Seite; *ders./Burgard*, DB 2001, 963 (968). Ebenso *Drygala*, ZIP 2001, 1861 (1868); *Hopt* nach FAZ vom 7. Juni 2001, S. 23. Als insoweit „milderes Mittel" wurde in der öffentlichen Anhörung im Deutschen Bundestag von *Strenger* der Vorschlag unterbreitet, die seinerzeit stark umstrittenen Vorratsbeschlüsse zeitlich zu beschränken, bis auf EU-Ebene eine endgültige Lösung herbeigeführt worden wäre.

2668 Seitens der Bundesregierung wurde diese Möglichkeit geprüft, letztlich indes verworfen. Vgl. BZ vom 7. Juni 2001, S. 1. Siehe auch *Seibert* in Henze/Hoffmann-Becking, Gesellschaftsrecht 2001, S. 361 (372).

bb) Zulässige Ausnahmefälle

Ausgehend von der grundsätzlichen Vorzugswürdigkeit der Konzeption des Referentenentwurfs soll abschließend näher auf die Frage der ausnahmsweise zulässigen Maßnahmen während eines Übernahmeverfahrens eingegangen werden. Als unproblematisch erweisen sich insoweit die Fälle des § 33 Abs. 3 Ziff. 1 bis 3, 5 RefE-WÜG. Dies gilt zuvorderst für die Entscheidung der Hauptversammlung nach Veröffentlichung der Angebotsunterlage, aber auch auf die Unbedenklichkeit der Suche nach einem konkurrierenden Angebot wurde bereits mehrfach hingewiesen[2669]. Weiterhin sollte die - ohnehin wenig bedeutsame - Regelung des § 33 Abs. 3 Ziff. 3 RefE-WÜG keine Berücksichtigung mehr finden, da nach hiesiger Auffassung Vorratsbeschlüsse in jedweder Hinsicht abzulehnen sind. Gleiches gilt für § 33 Abs. 3 Ziff. 5 RefE-WÜG, da die Vorschrift in Anbetracht der zuletzt erfolgten Ausdehnung des § 20 Abs. 2 WpÜG über Wertpapierdienstleistungsunternehmen hinaus hinfällig geworden ist auf Grund des Ausschlusses des Handels in eigenen Aktien nach § 71 Abs. 1 Ziff. 8 S. 2 AktG[2670], und sie ohnehin in Widerspruch zu dem Grundgedanken des § 33 Abs. 2 Ziff. 2 RefE-WÜG gestanden hätte, damit auch eine Sonderbehandlung der Wertpapierdienstleistungsunternehmen in einer Übernahmesituation insoweit nicht angezeigt erscheint.

Was das Anliegen des Gesetzgebers betrifft, eine Ausnahmeregelung zu schaffen, die dem Umstand Rechnung trägt, daß der Vorstand auch für die Dauer des Übernahmeverfahrens zur Wahrnehmung der in der Gesellschaft zusammentreffenden Interessen verpflichtet bleibt, so wurde bereits darauf hingewiesen, daß schon § 33 Abs. 3 Ziff. 4 RefE-WÜG diesem Ansinnen gerecht wurde und daß der unter diesem Vorwand eingeführte § 33 Abs. 1 S. 2 Alt. 1 WpÜG letztlich eine erheblich darüber hinausreichende Ermächtigung des Vorstands zum Alleinhandeln darstellt[2671]. Um unmißverständlich klarzustellen, daß die Durchführung außergewöhnlicher Maßnahmen als mit der konsequenten Durchsetzung des Erfolgsverhinderungsverbots unvereinbar gilt, soweit sie nicht auf einer Entscheidung der Hauptversammlung beruht[2672], sollte in Anlehnung an den City Code statt auf die sorgfältige Führung der „laufenden Geschäfte" auf den „gewöhnlichen Geschäftsbetrieb" (*ordinary course of business*)[2673] abgestellt werden[2674].

2669 Siehe dazu oben S. 437.

2670 Vgl. dazu *Hüffer*, AktG, § 71 AktG, Rn. 19i.

2671 Dazu oben S. 494.

2672 Bzw. nach der sogleich zu erörternden Ausnahmeregelung zulässig ist.

2673 City Code, Rule 21.1 (e).

2674 Dadurch würde zudem die problematische Abgrenzungsfrage zwischen „laufenden" Geschäften einerseits sowie „normalen" Geschäften andererseits vermieden. Vgl. dazu

Kritik gilt schließlich dem Ausnahmefall des § 33 Abs. 3 Ziff. 6 RefE-WÜG. Zwar liegt der Regelung zu Recht die Annahme zugrunde, daß dem Grundsatz „*pacta sunt servanda*“ trotz einer bereits bekanntgegebenen Übernahmeabsicht Vorrang vor dem Erfolgsverhinderungsverbot einzuräumen ist. Indem die Vorschrift nicht die aus bestehenden Rechtsverhältnissen resultierenden Rechtspflichten suspendiert, dient sie dem Verkehrsschutz und trägt zur Rechtssicherheit für alle Beteiligten bei[2675]. Doch erscheint der Anwendungsbereich der Regelung insofern zu eng, als daß sie lediglich auf bereits vor Veröffentlichung der Entscheidung zur Abgabe eines Angebots „begründete“ Rechtspflichten abstellt. Dies hat zur Konsequenz, daß von dieser Ausnahmeregelung solche Fälle nicht erfaßt werden, bei denen sich die Verhandlungen zum maßgeblichen Zeitpunkt bereits in einem fortgeschrittenen Stadium befanden, jedoch noch keine Rechtspflichten begründet wurden. Als häufiger Anwendungsfall in der Praxis dürfte es sich hierbei um die Situation handeln, daß auf der Grundlage bereits erzielter Verhandlungsergebnisse von den am Geschäft beteiligten Parteien in einem sog. *letter of intent* die Absicht bekundet wurde, einen Vertrag hinsichtlich des Hauptgeschäfts abzuschließen. Da die Intention einer solchen Absichtserklärung darin besteht, gegenüber der Gegenseite die Ernsthaftigkeit der eigenen Verhandlungsabsichten zu dokumentieren und hervorzuheben, gehen mit der Unterzeichnung eines *letter of intent* regelmäßig keine rechtlichen Bindungen hinsichtlich des Hauptgeschäfts einher[2676].

In dieser Form würde § 33 Abs. 3 Ziff. 6 RefE-WÜG daher Zielgesellschaften über Gebühr belasten, da es letztlich dem Zufall überlassen wäre, ob zum Zeitpunkt der Bekanntgabe der Übernahmeabsicht bereits vertragliche Pflichten begründet worden sind oder sich die Verhandlungen noch im Vorbereitungsstadium befanden. Da insoweit von einer potentiellen Zielgesellschaft bereits in Angriff genommene, jedoch noch nicht vertraglich fixierte Maßnahmen, wie etwa Unternehmenskäufe oder -verkäufe, nach Bekanntgabe der Entscheidung zur Abgabe eines Übernahmeangebots nicht fortgeführt werden können, bestünde zudem die Gefahr, daß ein direkter Wettbewerber versucht sein könnte, durch die Abgabe eines Übernahmeangebots an die Aktionäre der Zielgesellschaft derartige Transaktionen der Zielgesellschaft gänzlich zu unterbinden. Im

---

die ähnliche Problematik im Rahmen des Gemeinsamen Entwurfs oben Kap. 2, S. 99; auch *DAV-Handelsrechtsausschuß*, NZG 2001, 420 (429).

2675 Dies gilt hingegen nicht für die Erstreckung auf „sonstige Rechtspflichten“, weshalb diese Ausweitung keine Berücksichtigung mehr findet. Vgl. dazu *Hopt* in FS Koppensteiner, S. 61 (87).

2676 Vgl. Palandt/*Heinrichs*, BGB, Vor § 145 BGB, Rn. 18; *Kramer* in MüKo/BGB, Vor § 145 BGB, Rn. 41. In der Praxis findet sich regelmäßig eine Klausel, die ausdrücklich besagt, daß sich die Vertragsparteien mit der Unterzeichnung weder zur Erfüllung noch zum Leisten von Schadensersatz verpflichten (sog. *no binding clause*).

Ergebnis liefe dies auf einen sachwidrigen Eingriff in laufende Vertragsverhandlungen mit Mitteln des Übernahmerechts hinaus.

Nicht zuletzt um einer solchen Mißbrauchsgefahr vorzubeugen, sollte über § 33 Abs. 3 Ziff. 6 RefE-WÜG hinaus ausdrücklich auch die Erfüllung von nach dem Zeitpunkt der Bekanntgabe der Übernahmeabsicht vertraglich begründeten Rechtspflichten gestattet werden, wenn diese das Ergebnis bereits zuvor begonnener Verhandlungen darstellen. Auch wenn mitunter die Auffassung geäußert wurde, man könne im Wege der Auslegung der Vorschrift zum gleichen Ergebnis gelangen[2677], erscheint dies angesichts des insoweit eindeutigen Wortlauts zweifelhaft und mit zu großen Unsicherheiten behaftet. Nicht zuletzt vor dem Hintergrund der maximalen Bußgeldandrohung bei einem Verstoß gegen das Erfolgsverhinderungsverbot sollte daher eine ausdrückliche Regelung erfolgen.

Um der Gefahr zu begegnen, daß die zulässigen Maßnahmen dazu mißbraucht werden, die unzulässigen Fälle des § 33 Abs. 2 RefE-WÜG, insbesondere Ziff. 1, 3 zu unterlaufen, sind strenge Anforderungen an die Gestattung der Erfüllung von vertraglichen Rechtspflichten zu stellen, die nach Veröffentlichung der Entscheidung zur Abgabe eines Angebots begründet worden sind. Es bedarf daher des Nachweises, daß vor diesem Zeitpunkt bereits Verhandlungen in fortgeschrittenem Stadium mit ernsthaften Absichten stattgefunden haben. Führt die Erfüllung solcher Pflichten zu erheblichen Veränderungen im Sinne des § 33 Abs. 2 Ziff. 3 RefE-WÜG oder zur Ausgabe eines nicht unerheblichen Teils von Wertpapieren, hat die Zielgesellschaft zudem darzulegen und zu beweisen, daß dies nicht durch die Übernahme veranlaßt ist.

Damit würde die Regelung einerseits gewährleisten, daß in Einklang mit dem Grundsatz nach § 3 Abs. 4 S. 2 WpÜG und in Ergänzung zu dem Ausnahmefall des § 33 Abs. 3 Ziff. 4 RefE-WÜG die Zielgesellschaft nicht unangemessen in ihrer Geschäftstätigkeit beeinträchtigt wird. Ihr bliebe es etwa weiterhin möglich, nachweislich bereits vor der Bekanntgabe der Absicht eines Angebots eingeleitete Transaktionen zum Abschluß zu bringen. Andererseits wäre zugleich der Gefahr vorgebeugt, daß der Vorstand der Zielgesellschaft den neu gewonnenen Spielraum nutzt, die Erfolgsaussichten einer anstehenden Übernahme zu trüben.

Auf der Grundlage der vorstehenden Ausführungen wird somit nachfolgender Vorschlag zur Neufassung der Regelung des § 33 Abs. 1, 2 WpÜG unterbreitet:

2677 So *Hopt* in FS Koppensteiner, S. 61 (87), der es genügen lassen will, solche faktischen Bindungen gegebenenfalls im Wege der teleologischen Auslegung unter den Begriff der Rechtspflichten zu subsumieren. Wohl auch *Krause*, NZG 2000, 905 (911 f.) mit Fn. 107.

§ 33 Abs. 1 WpÜG **neu**:

„*Nach Veröffentlichung der Entscheidung zur Abgabe eines Angebots bis zur Veröffentlichung des Ergebnisses nach § 23 Abs. 1 Satz 1 Nr. 2* ***haben*** *der Vorstand* ***und der Aufsichtsrat***[2678] *der Zielgesellschaft* ***alle Handlungen zu unterlassen, die geeignet sind, den Erfolg des Angebots zu verhindern***[2679]*.*"

§ 33 Abs. 2 WpÜG **neu**[2680]:

„*Ein Verstoß gegen die Pflicht nach Absatz 1 liegt vorbehaltlich Absatz 3 insbesondere bei folgenden Maßnahmen vor*[2681]*:*

1. *die Ausgabe von* ***Wertpapieren***[2682]*,*

2. *der Erwerb eigener Aktien durch die Zielgesellschaft,*

3. *der Abschluß von Rechtsgeschäften, die zur Folge hätten, daß der Aktiv- oder Passivbestand der Zielgesellschaft in bedeutender Weise geändert würde.*"

§ 33 **Abs. 2a** WpÜG[2683]:

„*Als Verstoß gegen die Pflicht nach Absatz 1 gelten nicht*

1. *die Suche nach einem konkurrierenden Angebot,*

2. *Handlungen auf Grund eines Beschlusses der Hauptversammlung der Zielgesellschaft, der nach Veröffentlichung der Angebotsunterlage getroffen wurde,*

2678 Zur gebotenen Einbeziehung des Aufsichtsrats näher oben S. 491.

2679 Auch wenn - wie schon im Referentenentwurf - ausdrücklich auf die objektive Geeignetheit zur Erfolgsverhinderung abgestellt wird, ergibt sich hieraus gegenüber der jetzigen Rechtslage keine qualitative Änderung. Dazu oben S. 420.

2680 Da § 33 Abs. 2 des Vorschlags inhaltlich weitgehend § 33 Abs. 2 RefE-WÜG entspricht, werden - abweichend von der bisherigen Vorgehensweise - die Änderungen gegenüber dieser Vorschrift hervorgehoben.

2681 Zu den Wirkungsmechanismen der einzelnen untersagten Maßnahmen siehe oben S. 402.

2682 Das Abstellen auf den Begriff der Wertpapiere begegnet von vornherein möglichen Unklarheiten, die noch im Zusammenhang mit § 33 Abs. 2 Ziff. 1 RefE-WÜG aufgetreten waren. Dazu oben S. 403.

2683 Da § 33 Abs. 2a des Vorschlags inhaltlich weitgehend § 33 Abs. 3 RefE-WÜG entspricht, werden auch hier die Änderungen gegenüber dieser Vorschrift hervorgehoben.

3. *Maßnahmen, die der sorgfältigen Führung* ***des gewöhnlichen Geschäftsbetriebs*** *im Interesse der Gesellschaft dienen,*

4. *die Erfüllung von vertraglichen Rechtspflichten, die vor der Veröffentlichung der Entscheidung zur Abgabe eines Angebots* ***oder, soweit sie auf hinreichend konkretisierten Vorbereitungshandlungen vor diesem Zeitpunkt beruhen, danach*** *begründet worden sind."*

VI. DIE PFLICHTEN DER ZIELGESELLSCHAFT - ZUSAMMENFASSUNG

Wie die vorstehenden Untersuchungen gezeigt haben, räumt die gesetzliche Neuregelung des WpÜG den Verwaltungen inländischer börsennotierter Zielgesellschaften weitreichende Handlungsfreiräume während eines Übernahmeverfahrens ein. Künftig bieten sich daher im internationalen Vergleich bislang ungekannte Möglichkeiten bei der Ergreifung von Abwehrmaßnahmen gegen unerwünschte Übernahmeversuche. Dabei kann sich der Vorstand in erster Linie der Ausnahmetatbestände des § 33 Abs. 1 S. 2 Alt. 1, 3 WpÜG bedienen, die in Durchbrechung des grundsätzlich geltenden Verbots nach § 33 Abs. 1 S. 1 WpÜG, während der Dauer des Übernahmeverfahrens keine Handlungen vorzunehmen, durch die der Erfolg eines Angebots verhindert werden könnte, die Durchführung von Verteidigungshandlungen gestatten, ohne daß es dazu einer Beteiligung der Hauptversammlung bedarf. Dabei führt insbesondere die Auslegung des § 33 Abs. 1 S. 2 Alt. 1 WpÜG zu dem Ergebnis, daß sich das Verhalten an der weit gefaßten unmodifizierten *business judgement rule* auszurichten hat, wie sie in der *ARAG*-Entscheidung des BGH zum Ausdruck gelangt. Aber auch im Rahmen des § 33 Abs. 1 S. 2 Alt. 3 WpÜG, der angesichts des Abstellens auf die konkrete Übernahmesituation eine restriktivere Auslegung gebietet, verbleiben dem Vorstand der Zielgesellschaft im Zusammenspiel mit dem Aufsichtsrat noch erhebliche Freiräume zur Einleitung von erfolgsverhindernden Maßnahmen. In Anbetracht der dominanten Stellung dieser Ausnahmetatbestände bleibt für die im übrigen bestehenden Möglichkeiten der Suche nach einem konkurrierenden Angebot wie auch für die Einholung von Vorratsbeschlüssen vermutlich wenig Raum. Dies gilt erst recht für die dem eigentlichen Grundfall entsprechende Einholung eines *Ad-hoc*-Beschlusses.

Über die speziellen Verhaltensanforderungen hinaus steht es der Zielgesellschaft frei, während des gesamten Übernahmeverfahrens für ihren Standpunkt in den weit gefaßten Grenzen des § 28 WpÜG zu werben. Hingegen sind sowohl der Vorstand als auch der Aufsichtsrat der Zielgesellschaft nach § 27 WpÜG verpflichtet, zu dem Übernahmeangebot eine begründete Stellungnahme anzufertigen. Aus Sicht der Zielgesellschaft dürfte dies jedoch keine größeren Schwierigkeiten bereiten, da insbesondere die Stellungnahme keiner obligatorischen Prüfung durch einen unabhängigen Dritten zu unterziehen ist. Insoweit läßt sich selbst die zwingend vorzunehmende Abgabe einer Stellungnahme bei unfreundlichen Übernahmen als Abwehrmittel instrumentalisieren.

Kapitel 6: Zusammenfassung der wesentlichen Ergebnisse

Zu Kapitel 1:

1) Während einerseits die Bedeutung unfreundlicher Übernahmeangebote in Deutschland in der Vergangenheit in der Praxis deutlich hinter dem hohen Stellenwert, der dieser Angebotsform im juristischen Schrifttum eingeräumt wurde, zurückblieb, sprechen andererseits zahlreichen Faktoren dafür, daß es in Zukunft zu einem Anstieg dieser, entscheidend von den jeweils anzutreffenden Rahmenbedingungen abhängigen Technik zur Kontrollerlangung kommen wird[2684].

2) Hinsichtlich des ökonomischen Hintergrunds unfreundlicher Übernahmeangebote bleibt festzuhalten, daß Unternehmensübernahmen in der Regel nicht nur auf Grund eines einzigen Motivs betrieben werden, sondern aus einer Kombination mehrerer nebeneinander auftretender, teilweise unternehmensspezifischer Beweggründe resultieren, die sich nur schwer voneinander isolieren lassen. Zudem besteht Einigkeit darüber, daß in Deutschland vorgenommene Übernahmen bislang immer strategisch motiviert waren. Die Auswirkungen unfreundlicher Übernahmeangebote werden vor allem mit Blick auf den Markt für Unternehmenskontrolle, dessen Existenz als gesichert gilt, als positiv bewertet. Demgegenüber steht der Einwand, die Bedrohung durch unfreundliche Übernahmen veranlasse das Management zu einer an kurzfristigem Handeln ausgerichteten Unternehmenspolitik[2685].

3) Die Interessenlage auf Seiten der Zielgesellschaft hinsichtlich der Verhinderung eines unfreundlichen Übernahmeversuchs stellt sich dergestalt dar, daß die Interessen der Verwaltung und die der Aktionäre in einen grundlegenden Widerstreit geraten. Da sich die Verwaltung regelmäßig der Gefahr ausgesetzt sieht, nach einer erfolgreichen Übernahme aus ihren Ämtern verdrängt zu werden, steht zu erwarten, daß seitens der Verwaltung Maßnahmen zur Wahrung ihrer persönlichen Interessen getroffen werden, unabhängig davon, ob diese Maßnahmen zugleich im Interesse der von dem Übernahmeangebot direkt angesprochenen Aktionäre liegen. Unterstützung bei der Einleitung von Abwehrmaßnahmen erfährt die Verwaltung regelmäßig durch die Arbeitnehmerschaft[2686].

2684 Siehe dazu Kap. 1, S. 8 ff.
2685 Siehe dazu Kap. 1, S. 39 ff.
2686 Siehe dazu Kap. 1, S. 48 ff.

Zu Kapitel 2:

4) Der Blick auf die bis in das Jahr 1974 zurückreichenden Bemühungen der EU-Kommission um die Verabschiedung einer EU-Übernahmerichtlinie zeigt, daß bis zu der Intervention des Europäischen Parlaments im Dezember 2000 ein breiter Konsens hinsichtlich der Frage nach der Ausgestaltung der Pflichten der Zielgesellschaft bestand, der erkennbar eng an den Regelungen des City Code angelehnt war[2687] und der seitens der *Winter*-Kommission wieder aufgegriffen wurde[2688].

5) Das in Art. 9 des Gemeinsamen Entwurfs verankerte - und sich nach deutschem Recht ausschließlich an den Vorstand richtende[2689] - Vereitelungsverbot steht zu dem allgemeinen Grundsatz nach Art. 3 Abs. 1 lit. c des Gemeinsamen Entwurfs nicht im Widerspruch, sondern konkretisiert vielmehr das dem allgemeinen Grundsatz immanente Gebot der vorrangigen Berücksichtigung der Interessen der Aktionäre und insbesondere das Verbot, diesen nicht die Möglichkeit zur eigenständigen Beurteilung vorzuenthalten[2690].

5a) Trotz einer kleinen sprachlichen Änderung ergeben sich für das Verhältnis des Art. 9 zu Art. 3 Abs. 1 lit. c der EU-Übernahmerichtlinie im Ergebnis keinerlei abweichende Beurteilungen gegenüber dem Gemeinsamen Entwurf. Die Klarstellung des Art. 9 Abs. 6 der EU-Übernahmerichtlinie, wonach sich das Vereitelungsverbot an Vorstand und Aufsichtsrat richtet, läßt zugleich den Umkehrschluß zu, daß sich die Verpflichtung zur Abgabe einer Stellungnahme allein an den Vorstand richtet[2691].

6) Die Auslegung des Art. 9 Abs. 1 lit. a des Gemeinsamen Entwurfs führt zu der Erkenntnis, daß die Regelung gegenüber dem Gemeinsamen Standpunkt eine erhebliche Veränderung erfahren hat, die eine Zustimmung der Hauptversammlung zu Abwehrmaßnahmen nunmehr wenigstens ab der Bekanntgabe der Übernahmeabsicht und optional bereits vor diesem Zeitpunkt ermöglicht[2692]. Aus dem Umkehrschluß zu Art. 9 Abs. 2 des Gemeinsamen Entwurfs folgt, daß die generelle Gestattung von Vorratsbeschlüssen, insbesondere eine Kapitalerhöhung auf Vorrat unter Ausschluß des Bezugsrechts, unzulässig ist[2693]. Vor dem Hintergrund des Vereitelungsver-

2687 Siehe dazu Kap. 2, S. 82 ff.
2688 Siehe dazu Kap. 2, S. 108 ff.
2689 Siehe dazu Kap. 2, S. 105.
2690 Siehe dazu Kap. 2, S. 100 ff.
2691 Siehe jeweils dazu Kap. 2, S. 136 ff.
2692 Siehe dazu Kap. 2, S. 92 ff.
2693 Siehe dazu Kap. 2, S. 97.

bots und dem in Art. 3 lit. c des Gemeinsamen Entwurfs zum Ausdruck kommenden Bekenntnis zur Aufrechterhaltung der Entscheidungsfreiheit der Aktionäre ist eine restriktive Auslegung des neu hinzugefügten Ausnahmetatbestands des Art. 9 Abs. 1 lit. b des Gemeinsamen Entwurfs geboten[2694].

6a) Mit Blick auf das neu hinzugetretene Optionsmodell des Art. 12 der EU-Übernahmerichtlinie bleibt zu konstatieren, daß die Entscheidung über das Opting-In und über dessen Widerruf beliebig oft von den Unternehmen gefällt werden können[2695]. Was die Reziprozitätsklausel angeht, so ist ein Einschreiten des jeweiligen Mitgliedstaates nach Art. 12 Abs. 3 der EU-Übernahmerichtlinie allein dann möglich, wenn die Verpflichtung zur Befolgung des Vereitelungsverbots und/oder der Durchgriffsregel auf einer freiwilligen Entscheidung des Unternehmens zum Opting-In beruht[2696].

Zu Kapitel 3:

7) Vor Inkrafttreten des WpÜG bestand in Deutschland keine einheitliche Regelung öffentlicher Übernahmeangebote. Nach den allgemeinen aktienrechtlichen Grundsätzen bestand lange Zeit die nahezu einhellige Auffassung, daß der Vorstand der Zielgesellschaft während eines Übernahmeverfahrens dem Grundsatz nach einem „Neutralitätsgebot" unterliege. Während darin Einigkeit bestand, daß er daneben zur Abgabe einer Stellungnahme zu dem Angebot verpflichtet und ihm die Suche nach einem konkurrierenden Angebot gestattet sei, war die Frage, inwieweit von dem Grundsatz in Einzelfällen Ausnahmen zuzulassen seien, gestützt auf die Interessen des Unternehmens, äußerst umstritten. Demgegenüber stand eine zuletzt im Vordringen befindliche Auffassung, wonach die Verwaltung der Zielgesellschaft auch während einer Übernahme weitreichende Handlungsfreiräume genieße und sie geradezu verpflichtet sei, gegen unerwünschte Übernahmeversuche aktiv vorzugehen[2697].

8) Erstmals in Deutschland erfuhren die Pflichten der Zielgesellschaft im Zusammenhang mit einem öffentlichen Übernahmeangebot eine ausdrückliche Regelung im Übernahmekodex, der auf freiwilliger Selbstregulierung beruhenden Vorgängerregelung des WpÜG. Allerdings unterlag die Zielgesellschaft diesen Pflichten nur bei ausdrücklicher Anerkennung der Rege-

2694 Siehe dazu Kap. 2, S. 98.
2695 Siehe dazu Kap. 2, S. 138 ff.
2696 Siehe dazu Kap. 2, S. 140 ff.
2697 Siehe dazu Kap. 3, S. 146 ff.

lungen des Übernahmekodex[2698]. Danach traf die Zielgesellschaft nach Art. 18 Übernahmekodex die Verpflichtung zur Abgabe einer begründeten Stellungnahme unverzüglich nach der Veröffentlichung des Angebots zu demselben und in entsprechender Anwendung der Vorschrift auch zu nachfolgenden Änderungen des Angebots. Art. 19 Übernahmekodex legte die an Vorstand und Aufsichtsrat gerichteten Verhaltenspflichten während eines Übernahmeverfahrens fest. Mit Ausnahme von laufenden Kapitalmaßnahmen und der Erfüllung von vor der Bekanntgabe des Angebots geschlossenen Verträgen war es der Hauptversammlung vorbehalten, über Maßnahmen zu befinden, die dem Interesse der Wertpapierinhaber, von dem Angebot Gebrauch zu machen, zuwiderlaufen. Gestützt auf den Wortlaut und die Entstehung der Regelung konnte eine solche Entscheidung nur in Kenntnis der Angebotskonditionen gefaßt werden. Über Art. 19 Übernahmekodex hinausgehende ungeschriebene Ausnahmefälle bestanden nach dem Übernahmekodex nicht. Insoweit bedeutete Art. 19 Übernahmekodex die Ausformulierung des ausnahmslos verstandenen aktienrechtlichen „Neutralitätsgebots" und stand in Einklang mit den erwarteten europarechtlichen Vorgaben.

Zu Kapitel 4:

9) Nicht zuletzt auf Grund der langjährigen Bestrebungen der EU-Kommission um die Verabschiedung einer EU-Übernahmerichtlinie verfügten zum Zeitpunkt des Scheiterns der Richtlinie im Juli 2001 lediglich vier der insgesamt fünfzehn EU-Mitgliedstaaten, einschließlich Großbritannien, nicht über eine gesetzliche Regelung öffentlicher Übernahmeangebote; allein Luxemburg verfügt bislang über keine Regelung. Durch die Orientierung beim Erlaß der jeweiligen Regelwerke entweder unmittelbar an den Vorschriften des britischen City Code oder an den Regelungen der Richtlinienentwürfe, die sich wiederum eng an den britischen Grundsätzen anlehnten, hat sich im Laufe der Zeit ein europäischer Standard im Hinblick auf die wesentlichen Regelungselemente herausgebildet. Einen solchen verkörpern insbesondere die Übernahmeregelungen Großbritanniens, Frankreichs, Italiens, Belgiens, Irlands, Österreichs, Portugals, Schwedens und Spaniens[2699].

10) Ebenso wie die einzelnen Regelwerke der überwiegenden Anzahl der EU-Mitgliedstaaten steht auch die Ausgestaltung der Pflichten der Zielgesellschaft im Zeichen des britischen City Code. Somit haben die beiden nach

2698 Siehe dazu Kap. 3, S. 172 ff.
2699 Siehe dazu Kap. 4, S. 230.

dem City Code zentralen Pflichten der Verwaltung der Zielgesellschaft, namentlich die Verpflichtung zur Abgabe einer Stellungnahme sowie das Verbot der *frustrating actions* Eingang in beinahe sämtliche Übernahmeregelungen der einzelnen Staaten gefunden. Im Hinblick auf die bedeutendste Informationspflicht der Zielgesellschaft gilt dies uneingeschränkt selbst für diejenigen Staaten, die nach wie vor nur über rudimentäre Regelungen verfügen. Hinsichtlich der Verhaltenspflichten der Verwaltung existieren in den einzelnen Mitgliedstaaten marginale Abstufungen im Verhältnis zu der britischen Regelung, die allesamt jedoch mit dem im Juli 2001 erreichten Stand auf Gemeinschaftsebene zu vereinbaren gewesen wären[2700], so daß sich auch diesbezüglich bereits von einem ungeschriebenen europäischen Standard sprechen läßt.

11) Da die Schweiz nicht dem faktischen Zwang der Vorwegnahme der vermeintlichen europarechtlichen Vorgaben unterworfen war, nimmt diese insoweit eine Sonderrolle ein. Auch wenn sich die schweizerischen Regelungen ebenfalls an dem City Code orientieren, findet man dort die weitreichendsten Abweichungen vor. Insbesondere mit der generellen Gestattung von Vorratsermächtigungen durch die Generalversammlung gehen die Regelungen über die Vorgaben der EU-Übernahmerichtlinie in Gestalt des Gemeinsamen Entwurfs hinaus[2701].

12) Der gegen die Implementierung des Vereitelungsverbots in der EU-Übernahmerichtlinie vorgebrachte Einwand, es müsse durch die Ausweitung der Handlungsfreiräume der Verwaltungen europäischer Unternehmen ein transatlantisches *level playing field* im Verhältnis der EU zu den USA hergestellt werden, vermag nicht zu überzeugen. Dagegen sprechen vor allem die in der Historie bedingten unterschiedlichen Ansätze des Übernahmerechts sowie unterschiedlich ausgeprägte „Klagekulturen“[2702].

Zu Kapitel 5:

13) Als Wegbereiter der nationalen gesetzlichen Lösung erwies sich die Übernahme Vodafone/Mannesmann. Sie führte zu einem breiten Konsens in der Frage nach der generellen Notwendigkeit einer gesetzlichen Regelung von Unternehmensübernahmen. Ausschlaggebend für den trotz des Scheiterns der EU-Übernahmerichtlinie im Juli 2001 zügigen Fortgang des Gesetzge-

2700 Siehe dazu Kap. 4, S. 232.
2701 Siehe dazu Kap. 4, S. 235.
2702 Siehe dazu Kap. 4, S. 237 ff.

bungsverfahrens war in erster Linie die Reform der Unternehmensbesteuerung[2703].

14) Die von der BSK vorgenommene „Außerkraftsetzung“ des Übernahmekodex ist trotz der Unterschiede im sachlichen Anwendungsbereich zu begrüßen. Die Koexistenz der freiwilligen Bestimmungen des Übernahmekodex und der gesetzlichen Vorschriften des WpÜG hätte zahlreiche ungelöste Regelungsprobleme mit sich gebracht. Insoweit wiegt die Vermeidung der durch derartige Kollisionen hervorgerufenen Unsicherheiten schwerer als das Bedürfnis, auch Gesellschaften, deren Aktien in den Freiverkehr einbezogen sind, einer Regelung zu unterwerfen[2704].

15) Die neuen Vorschriften des WpÜG können für sich in Anspruch nehmen, durch eine strikte Regulierung des Bieterverhaltens hinreichenden Schutz der außenstehenden Aktionäre vor einer Übervorteilung und Druckausübung durch den Bieter zu gewährleisten. Durch einzelne Regelungsmechanismen wird insbesondere die Gefahr der Unmöglichkeit eines koordinierten Verhaltens der Aktionäre der Zielgesellschaft (*prisonner's dilemma*) weitgehend ausgeräumt. Aus diesem Grund geht die Argumentation, nach der die Zulassung eines weiten Handlungsfreiraums der Verwaltung der Zielgesellschaft angesichts der Notwendigkeit regulierender Eingriffe zur Sicherstellung des Schutzes der Aktionäre gerechtfertigt sei, ins Leere[2705].

Zu § 27 WpÜG:

16) Die spezialgesetzliche Festschreibung der Verpflichtung des Vorstands zur Abgabe einer Stellungnahme zu einem Übernahmeangebot ist zu begrüßen. Sie ließ sich bereits aus den allgemeinen aktienrechtlichen Vorschriften herleiten, findet ihre Entsprechung in den Entwürfen zu einer EU-Übernahmerichtlinie und gilt als Ausdruck eines europaweiten Standards. Insbesondere bei unfreundlichen Übernahmeversuchen bildet sie eine nicht zu unterschätzende Hilfestellung für die Entscheidungsfindung der Wertpapierinhaber der Zielgesellschaft[2706]. Abzulehnen ist indes die Einbeziehung des Aufsichtsrats in den Adressatenkreis der Verpflichtung zur Abgabe einer Stellungnahme, da eine solche als ungeeignet zur Verbreiterung der Informationsbasis für die Beteiligten eines Angebotsverfahrens angesehen

2703 Siehe dazu Kap. 5, S. 268.
2704 Siehe dazu Kap. 5, S. 301.
2705 Siehe dazu Kap. 5, S. 338.
2706 Siehe dazu Kap. 5, S. 365.

wird[2707]. An der jetzigen Regelung bleibt zu kritisieren, daß eine Verpflichtung zur unmittelbaren Unterrichtung des Aufsichtsrats durch den Bieter unterblieben ist[2708].

17) Sofern man mit der bislang überwiegenden Auffassung davon ausgeht, daß öffentliche Angebote einer Gesellschaft zum Rückerwerb eigener Aktien nach § 71 Abs. 1 Ziff. 8 AktG als einfache Erwerbsangebote in den Anwendungsbereich des WpÜG fallen, entfällt für diese Fälle auf Grund einer teleologischen Reduktion des § 27 Abs. 1 S. 1 WpÜG die Verpflichtung zur Abgabe einer Stellungnahme[2709].

18) Sowohl aus systematischen als auch aus historischen Überlegungen folgt, daß trotz einer fehlenden ausdrücklichen Festlegung die Anfertigung zweier getrennter Stellungnahmen durch den Vorstand und den Aufsichtsrat der Zielgesellschaft dem gesetzlich vorgesehenen Regelfall entspricht. Indessen steht der Verwaltung der Zielgesellschaft bei einer übereinstimmenden Bewertung auch die Anfertigung einer gemeinsamen Stellungnahme offen. Eine Verpflichtung zur Veröffentlichung der abweichenden Meinungen einzelner überstimmter Mitglieder der Verwaltungsorgane läßt sich dem Gesetz indes nicht entnehmen[2710].

19) § 27 Abs. 1 S. 2 beinhaltet keine abschließende Aufzählung, sondern bestimmt den Mindestinhalt der Stellungnahme. Vor dem Hintergrund, daß es sich bei der Verpflichtung zur Abgabe einer Stellungnahme um eine der bedeutendsten Ausprägungen des Transparenzgebots handelt, ist die Vorschrift dahingehend auszulegen, daß wenigstens eine Auseinandersetzung mit sämtlichen vom Bieter in der Angebotsunterlage zwingend zu treffenden Angaben in der Stellungnahme vorzunehmen ist[2711].

20) Die Bestimmung der für den Zeitpunkt der Veröffentlichung der Stellungnahme(n) der Verwaltung der Zielgesellschaft maßgeblichen Unverzüglichkeit richtet sich in Anlehnung an § 121 Abs. 1 S. 1 BGB entscheidend nach den Umständen des Einzelfalls. Bei Vorliegen eines Übernahmeangebots folgt aus einer Abwägung aller Gesichtspunkte unter besonderer Berücksichtigung des § 3 Abs. 4 S. 1 WpÜG, daß eine Zeitspanne von drei Wochen nicht überschritten werden sollte[2712].

2707 Siehe dazu Kap. 5, S. 367.
2708 Siehe dazu Kap. 5, S. 369.
2709 Siehe dazu Kap. 5, S. 351.
2710 Siehe dazu Kap. 5, S. 354.
2711 Siehe dazu Kap. 5, S. 352.
2712 Siehe dazu Kap. 5, S. 360.

21) Ebenso wie die Konstellation der unfreundlichen Übernahme birgt auch die der abgestimmten Übernahme Risiken im Hinblick auf das Vertrauen auf den Inhalt der Stellungnahme(n) der Verwaltung der Zielgesellschaft. Um sowohl einer unkritischen Reflexion der Angebotskonditionen in der/den Stellungnahme(n) im Fall einer freundlichen Übernahme als auch einer überspitzten Form der Darstellung bei unfreundlichen Übernahmen entgegenzuwirken, sollte § 27 WpÜG dahingehend nachgebessert werden, daß die Stellungnahme(n) einer schriftlichen Beurteilung durch einen unabhängigen Sachverständigen unterzogen wird/werden, die zusammen mit der Stellungnahme zu veröffentlichen ist[2713].

22) Um die Verbindlichkeit der Stellungnahme(n) zu erhöhen und den hinter § 27 Abs. 1 S. 2 Ziff. 4 WpÜG stehenden Gedanken effektiv durchzusetzen, sollten Änderungen der Verkaufsabsicht der Mitglieder der Verwaltung ebenfalls der Veröffentlichungspflicht unterworfen werden, was bislang nicht der Fall ist. Zudem sollten die Mitglieder der Verwaltung ihren jeweiligen Anteilsbesitz an der Zielgesellschaft in der/den Stellungnahme(n) offenlegen[2714].

23) Ausschließlich den Vorstand der Zielgesellschaft trifft eine Pflicht zur Beifügung der ihm von dem zuständigen Betriebsrat bzw. bei Nichtbestehen eines Betriebsrats von den Arbeitnehmern übermittelten Stellungnahme zu seiner eigenen als selbständiger Teil. Einschränkungen der Beifügungspflicht unter Heranziehung des Rechtsgedankens des § 126 Abs. 2 AktG sind, abgesehen von dem praktisch unbedeutsamen Fall, daß sich der Vorstand evident der Gefahr aussetzen würde, sich durch die Veröffentlichung strafbar zu machen, abzulehnen[2715].

24) Erfolgt die Übermittlung der Stellungnahme des zuständigen Betriebsrats bzw. bei Nichtbestehen eines Betriebsrats der Arbeitnehmer verspätet, besteht keine Verpflichtung zur nachträglichen Veröffentlichung der verspätet eingegangenen Stellungnahme durch den Vorstand. Für den Fall der gleichzeitigen Veröffentlichung der Stellungnahme(n) des Vorstands und des Aufsichtsrats der Zielgesellschaft zusammen mit der Angebotsunterlage des Bieters, die trotz unterbliebener ausdrücklicher Regelung zulässig ist, trifft den Vorstand, soweit er die Arbeitnehmerschaft nicht bereits in den Prozeß einbezogen hat, die Verpflichtung, die Stellungnahme des zuständigen Betriebsrats bzw. bei Nichtbestehen eines Betriebsrats der Ar-

2713 Siehe dazu Kap. 5, S. 372.
2714 Siehe dazu Kap. 5, S. 375.
2715 Siehe dazu Kap. 5, S. 356.

beitnehmer auf dem gesetzlich vorgeschriebenen Weg zu veröffentlichen[2716].

25) Die informationelle Gleichstellung der Arbeitnehmer der Zielgesellschaft als deren wichtigste Gruppe der *stakeholder* mit den Wertpapierinhabern ist vor dem Hintergrund, daß die frühzeitige Einbeziehung der Arbeitnehmer in das Übernahmeverfahren einen nicht zu unterschätzenden Erfolgsfaktor für das Gelingen einer Unternehmensübernahme bildet, ausdrücklich zu begrüßen und vermeidet, daß die Belegschaft in dieser Hinsicht vom Entgegenkommen des Vorstands der Zielgesellschaft abhängig ist. Die Einräumung darüber hinausgehender Mitwirkungsrechte, wie im Fall des § 27 Abs. 2 WpÜG ist indes, nicht zuletzt als der Zielrichtung des WpÜG als Teil des Kapitalmarktrechts widersprechend, abzulehnen[2717].

Zu § 28 WpÜG:

26) Der bedeutsamste Schluß, der sich aus § 28 WpÜG ziehen läßt, besteht darin, daß das WpÜG der aus Sicht der Praxis immens wichtigen Durchführung von Werbekampagnen nicht entgegensteht, soweit kein Mißstand zu befürchten ist[2718]. Ein solcher liegt vor, wenn bestimmte Werbemaßnahmen die ordnungsmäßige Durchführung des Angebotsverfahrens beeinträchtigen oder erhebliche Nachteile für den Wertpapiermarkt bewirken können[2719]. Den Mittelweg, den das Gesetz damit eingeschlagen hat, zwischen einem strikten Werbeverbot einerseits und dem Absehen von einer solchen Vorschrift andererseits, ist zu begrüßen; nicht hingegen die insoweit überflüssige Ausdehnung auf sämtliche Angebotsformen[2720].

Zu § 33 Abs. 3 WpÜG:

27) Von dem Verbot des § 33 Abs. 3 WpÜG nicht erfaßt werden solche Vorteile, die sich nicht unmittelbar an die Mitglieder der Verwaltung der Zielgesellschaft, sondern an nahe Angehörige richten[2721]. Probleme bereitet die Präzisierung des Merkmals „ungerechtfertigter" Vorteile. Hierunter fallen jedenfalls solche Vorteile, die aus sachfremden Erwägungen zugesagt werden[2722]. In zeitlicher Hinsicht greift das Verbot „im Zusammenhang mit

2716 Siehe dazu Kap. 5, S. 358, sowie Fn. 1878.
2717 Siehe dazu Kap. 5, S. 378.
2718 Siehe dazu Kap. 5, S. 383.
2719 Siehe dazu Kap. 5, S. 384.
2720 Siehe dazu Kap. 5, S. 386 f.
2721 Siehe dazu Kap. 5, S. 391.
2722 Siehe dazu Kap. 5, S. 392.

dem Angebot". Systematische und teleologische Erwägungen gebieten diesbezüglich eine extensive Auslegung der Regelung. Als Anhaltspunkte dienen insoweit die von den Vorschriften des WpÜG insgesamt erfaßten zeitlichen Grenzen[2723]. Kritisch zu beurteilen ist die fehlende Sanktionierung eines Verstoßes gegen das Verbot, der mit der maximalen Bußgeldandrohung belegt werden sollte[2724].

Zu § 33 Abs. 1, 2 WpÜG:

28) Die Regelung des § 33 Abs. 1, 2 WpÜG beruht auf dem Grundsatz des Erfolgsverhinderungsverbots, der durch mehrere Ausnahmefälle durchbrochen wird, die zueinander in keinem Rangverhältnis stehen[2725]. Neben den drei „echten" Ausnahmetatbeständen des § 33 Abs. 1 S. 2 WpÜG und der Möglichkeit zur Einholung eines Vorratsbeschlusses nach § 33 Abs. 2 WpÜG besteht zudem die Möglichkeit - auch wenn sich dies der Regelung des § 33 Abs. 1, 2 WpÜG nicht mehr ausdrücklich entnehmen läßt - zur Einholung eines *Ad-hoc*-Beschlusses[2726].

29) § 33 Abs. 1, 2 WpÜG normiert die grundsätzliche Zuständigkeit der Hauptversammlung zur Entscheidung über die Ergreifung von erfolgsverhindernden Handlungen während eines Übernahmeverfahrens. In Durchbrechung dieses Grundsatzes wird dem Vorstand durch die Ausnahmetatbestände des § 33 Abs. 1 S. 2 WpÜG diese Zuständigkeit zugewiesen[2727]. Es handelt sich bei der Vorschrift insoweit um eine Kompetenznorm[2728].

30) Adressat des Verbots der Vornahme erfolgsverhindernder Maßnahmen ist der Vorstand der Zielgesellschaft, nicht hingegen der Aufsichtsrat. Die Herausnahme des Aufsichtsrats aus dem Anwendungsbereich der Vorschrift ist jedoch insbesondere deshalb abzulehnen, da sich die Mitglieder des Aufsichtsrats in einer Übernahmesituation der gleichen Konfliktsituation ausgesetzt sehen wie der Vorstand der Zielgesellschaft[2729].

31) Da sich der sachliche Anwendungsbereich des Erfolgsverhinderungsverbots nicht auf einfache Erwerbsangebote erstreckt, fehlt es *de lege lata* an einer Koordinierung der Verhaltenspflichten des Vorstands der Zielgesell-

---

2723 Siehe dazu Kap. 5, S. 392.
2724 Siehe dazu Kap. 5, S. 395.
2725 Siehe dazu Kap. 5, S. 484.
2726 Siehe dazu Kap. 5, S. 423 ff.
2727 Siehe dazu Kap. 5, S. 413.
2728 Siehe dazu Kap. 5, S. 421.
2729 Siehe dazu Kap. 5, S. 415, sowie S. 491.

schaft bei Vorliegen der unterschiedlichen Angebotsformen. Während im Fall eines Übernahmeangebots weitreichende Handlungsfreiheiten bestehen, unterliegt der Vorstand im Fall eines einfachen Erwerbsangebots dem nach überwiegender Auffassung geltenden aktienrechtlichen „Neutralitätsgebot“[2730].

32) Unabhängig von der Einordnung eines Angebots als freundlich oder unfreundlich setzt das Erfolgsverhinderungsverbot zu Recht erst mit dem Zeitpunkt der Veröffentlichung der Entscheidung zur Abgabe eines Übernahmeangebots ein. Insbesondere angesichts des insoweit eindeutigen Wortlauts läßt sich eine zeitliche Vorverlagerung auf einen vor der Bekanntgabe der Übernahmeabsicht liegenden Zeitpunkt nicht begründen. Aus der Eingrenzung des zeitlichen Anwendungsbereichs folgt, daß solche Maßnahmen, die seitens der Zielgesellschaft bereits im Vorfeld eines Übernahmeversuchs, d.h. ohne daß bereits die Absicht zur Übernahme kundgetan wurde, zur Prophylaxe ergriffen werden, rechtlich nicht nach dem neuen WpÜG zu beurteilen sind[2731].

33) Das Erfolgsverhinderungsverbot einerseits sowie die Verpflichtung zur Abgabe einer Stellungnahme und das Untersagungsrecht der BaFin im Hinblick auf bestimme Arten der Werbung andererseits stehen zueinander in einem widerspruchsfreien Verhältnis, da weder durch die Stellungnahme noch durch zulässige Werbemaßnahmen die Entscheidungsfreiheit der Adressaten des Angebots beeinträchtigt wird[2732].

34) Die Auslegung des Ausnahmetatbestands des § 33 Abs. 1 S. 2 Alt. 1 WpÜG führt zu der Annahme, daß der Vorstand der Zielgesellschaft während eines Übernahmeverfahrens im Ergebnis all jene Handlungen ergreifen darf, die ihm auch bei Nichtvorliegen eines Übernahmeangebots gestattet sind. Es gilt insoweit die unmodifizierte *business judgement rule*. Als Vergleichsmaßstab ist darauf abzustellen, ob auch ein ordentlicher und gewissenhafter Geschäftsleiter einer nicht von einem Übernahmeangebot betroffenen Gesellschaft die Handlung zulässigerweise hätte vornehmen dürfen, was sich insbesondere durch die Parallele zu der Vorschrift des § 317 Abs. 2 AktG begründet. Der Heranziehung der *ARAG*-Grundsätze stehen auf Grund des der Regelung immanenten „Ausblendungsmodells“ weder der regelmäßig in einer Übernahmesituation bestehende Interessenkonflikt in der Person des Vorstands der Zielgesellschaft noch das aktien-

---

2730 Siehe dazu Kap. 5, S. 417, sowie S. 492.
2731 Siehe dazu Kap. 5, S. 418, sowie S. 493.
2732 Siehe dazu Kap. 5, S. 422.

rechtliche „Neutralitätsgebot“ entgegen[2733]. Angesichts der Ausblendung des Übernahmeangebots wird dieser Ausnahmetatbestand einer Übernahmesituation in keiner Weise gerecht[2734].

35) Entgegen ihrer systematischen Einreihung in die „echten“ Ausnahmetatbestände des § 33 Abs. 1 S. 2 WpÜG steht die Ausnahmeregelung des § 33 Abs. 1 S. 2 Alt. 2 WpÜG im Einklang mit dem Grundsatz des § 33 Abs. 1 S. 1 WpÜG, da durch die Suche nach einem konkurrierenden Bieter gerade nicht in die Entscheidungsfreiheit der Aktionäre eingegriffen wird. Nicht von der Gestattung der Suche nach einem konkurrierenden Angebot umfaßt sind solche Maßnahmen, die über eine bloße Anbahnung hinausgehen. In Anlehnung an die französische Regelung sollte der konkurrierende Bieter verpflichtet werden, den Aktionären der Zielgesellschaft eine prozentual bemessen höhere Gegenleistung als der Erstbieter zu offerieren[2735].

36) Bei der Vornahme von Handlungen, zu denen der Vorstand durch den Aufsichtsrat nach § 33 Abs. 1 S. 2 Alt. 3 WpÜG ermächtigt wird, bestimmt sich der Handlungsmaßstab des Vorstands nicht nach den Grundsätzen der *ARAG*-Entscheidung, da in dieser Situation auf die konkrete Übernahmesituation abzustellen ist, mit der Folge, daß auch der Interessenkonflikt des Vorstands Berücksichtigung zu finden hat. Der Vorstand hat sich daher an § 3 Abs. 3 WpÜG zu orientieren, dessen Auslegung zu dem Ergebnis führt, daß die Interessen der Aktionäre vorrangig gegenüber weiteren im Geflecht des Unternehmensinteresses zusammengefaßten Interessen zu berücksichtigen sind. Für § 33 Abs. 1 S. 2 Alt. 3 WpÜG bedeutet dies, daß sich im Rahmen einer sorgfältigen Interessenabwägung ergeben muß, daß die Interessen der Aktionäre gegenüber den übrigen in der Zielgesellschaft zusammentreffenden Interessen deutlich geringer zu gewichten sind. Diese Grundsätze gelten auch für den Aufsichtsrat. Die Heranziehung des aktienrechtlichen „Neutralitätsgebots“ ist abzulehnen, da der Gesetzgeber insoweit mit § 33 Abs. 1, 2 WpÜG eine abschließende Regelung geschaffen hat[2736]. Die Vorschrift ist in dieser Form als einer Übernahmesituation nicht gerecht werdend gänzlich abzulehnen. Sie ist Ausdruck einer gesetzgeberischen Überreaktion auf Forderungen nach einer stärkeren Einbindung des Aufsichtsrats in die Entscheidung über die Ergreifung von Abwehrmaßnahmen und bedeutet letztlich eine Ermächtigung zum Alleinhandeln der

2733 Siehe dazu Kap. 5, S. 424 ff.
2734 Siehe dazu Kap. 5, S. 494.
2735 Siehe dazu Kap. 5, S. 437, sowie S. 496.
2736 Siehe dazu Kap. 5, S. 439 ff.

auf Grund der bestehenden Konfliktlage zur Entscheidung am denkbar ungeeignetsten Verwaltung der Zielgesellschaft[2737].

37) Der zeitliche Anwendungsbereich der Ausnahmetatbestände des § 33 Abs. 1 S. 2 WpÜG erstreckt sich auf den gesamten kritischen Zeitraum nach § 33 Abs. 1 S. 1 WpÜG. Einer Differenzierung nach den einzelnen Ausnahmefällen stehen sowohl der Wortlaut der Vorschrift als auch der Wille des Gesetzgebers entgegen[2738].

38) Will sich der Vorstand bei der Vornahme von Verteidigungshandlungen auf einen Ermächtigungsbeschluß der Hauptversammlung stützen, so besteht zum einen die Möglichkeit der Einholung eines solchen Beschlusses nach Veröffentlichung der Entscheidung zur Abgabe eines Übernahmeangebots[2739]. Zum anderen kann der Vorstand zum Zweck der Abwehr eines künftigen Übernahmeversuchs bereits vor diesem Zeitpunkt einen „auf Vorrat" erteilten Ermächtigungsbeschluß nach § 33 Abs. 2 WpÜG einholen[2740]. Schließlich kann sich der Vorstand auch auf einen nicht den Voraussetzungen des § 33 Abs. 2 WpÜG unterliegenden „normalen" Ermächtigungsbeschluß stützen, der zwar nicht zum Zweck der Abwehr erteilt wurde, dessen Einsatz mit dieser Intention jedoch über die Ausnahmetatbestände des § 33 Abs. 1 S. 2 Alt. 1, 3 WpÜG entweder in Ausübung des dem Vorstand zustehenden weiten Handlungsspielraums oder durch die Ermächtigung des Aufsichtsrats ermöglicht wird[2741].

39) Was die Anforderungen an Ermächtigungsbeschlüsse der Hauptversammlung der Zielgesellschaft nach Veröffentlichung der Entscheidung zur Abgabe eines Übernahmeangebots betrifft, ist nach dem Zeitpunkt der Einberufung der Hauptversammlung zu differenzieren. Erfolgt die Einberufung nach Veröffentlichung der Angebotsunterlage gelten - abgesehen von den in § 16 Abs. 4 WpÜG festgelegten Abweichungen zu §§ 121 ff. AktG - die „allgemeinen" aktienrechtlichen Bestimmungen, insbesondere § 133 Abs. 1 AktG hinsichtlich des Mehrheitserfordernisses. Sofern der Bieter bereits Aktien der Zielgesellschaft erworben hat, besteht für diesen - zu Recht - kein Stimmverbot[2742]. Soll der Ermächtigungsbeschluß hingegen bereits in der Zeit vor Veröffentlichung der Angebotsunterlage herbeigeführt werden, sind die für Vorratsbeschlüsse geltenden besonderen Anforderungen des § 33 Abs. 2 WpÜG analog heranzuziehen. Für diesen Fall besteht eine aus-

2737 Siehe dazu Kap. 5, S. 498.
2738 Siehe dazu Kap. 5, S. 451.
2739 Siehe dazu Kap. 5, S. 468 ff.
2740 Siehe dazu Kap. 5, S. 454 ff.
2741 Siehe dazu Kap. 5, S. 466.
2742 Siehe dazu Kap. 5, S. 468, sowie S. 501.

füllungsbedürftige Regelungslücke, die auf Grund der vergleichbaren Interessenlage, in der sich die Aktionäre zum Zeitpunkt der Beschlußfassung über einen Vorratsbeschluß befinden, durch die entsprechende Anwendung des § 33 Abs. 2 WpÜG zu schließen ist[2743].

40) Auch wenn auf Grund der zuletzt vorgenommenen Änderungen an das Bestimmtheitserfordernis eines Vorratsbeschlusses nur geringe Anforderungen zu stellen sind, reicht es dennoch nicht aus, wenn die Hauptversammlung den Vorstand dazu ermächtigt, ihm geeignet erscheinende Handlungen zur Verteidigung der Zielgesellschaft zu ergreifen[2744]. Insgesamt ist das Instrumentarium der Vorratsbeschlüsse abzulehnen, da es zu einer Schwächung der rechtlichen Stellung der Minderheitsaktionäre führt[2745].

41) Das von *Kirchner/Painter* unterbreitete Alternativmodell, wonach dem Umstand, daß die Aktionäre mit einem Vorratsbeschluß ihre Entscheidungsbefugnis aus der Hand geben, mittels einer Internet-Abstimmung entgegenzuwirken sei, läßt sich nicht auf das WpÜG übertragen. Durch einzelne Regelungsmechanismen des neuen Gesetzes wird diesem Vorschlag bereits die gedankliche Grundlage entzogen, da nach jetziger Rechtslage weder die Herbeiführung eines Hauptversammlungsbeschlusses nach Veröffentlichung des Übernahmeangebots faktisch ausgeschlossen ist noch es an Vorkehrungen mangelt, die dem *prisonner's dilemma* in ausreichendem Maße begegnen. Vor allem aber geht der in der Internet-Abstimmung liegende zentrale Gesichtspunkt dieses Vorschlags an den hierzulande existierenden Realitäten vorbei[2746].

42) Bei der Ausübung eines Ermächtigungsbeschlusses nach § 33 Abs. 2 WpÜG unterliegt der Vorstand ebenfalls der Bindung an die Interessen der Gesellschaft nach § 3 Abs. 3 WpÜG, wobei für diesen Fall geringere Anforderungen an die vorrangige Berücksichtigung der Interessen der Aktionäre zu stellen sind. Die Zustimmung durch den Aufsichtsrat hat ausnahmslos vor Ergreifung einer Maßnahme zu erfolgen. Aus dem hinter dem Instrument eines Vorratsbeschlusses stehenden Grundgedanken, die Zuständigkeit der Hauptversammlung in der konkreten Übernahmesituation im voraus auf den Vorstand zu übertragen, folgt, daß die Ausübung der Vorratsbeschlüsse allein auf den Zeitraum nach Veröffentlichung der Angebotsunterlage beschränkt ist[2747]. Im Anschluß an die Erteilung eines Vorratsbeschlusses besteht die Möglichkeit, auf Grund eines Minderheits-

2743 Siehe dazu Kap. 5, S. 472, sowie S. 507.
2744 Siehe dazu Kap. 5, S. 455, sowie S. 508.
2745 Siehe dazu Kap. 5, S. 513 ff.
2746 Siehe dazu Kap. 5, S. 519.
2747 Siehe dazu Kap. 5, S. 459 ff.

verlangens mit dem Begehren der Rücknahme einer zuvor erteilten Ermächtigung eine Hauptversammlung einzuberufen[2748].

43) Gleich, ob sich der Vorstand der Zielgesellschaft bei der Vornahme erfolgsverhindernder Handlungen auf einen der Ausnahmetatbestände des § 33 Abs. 1 S. 2 WpÜG beruft, oder aber einen Ermächtigungsbeschluß der Hauptversammlung, sei es „auf Vorrat" nach § 33 Abs. 2 oder als „außerhalb" dessen liegender Beschluß, sei es *ad-hoc*, eingeholt hat, erstreckt sich die Befreiungswirkung allein auf das übernahmerechtliche Erfolgsverhinderungsverbot des § 33 Abs. 1 S. 1 WpÜG. Hingegen umfaßt die Befreiung nicht die sonstigen organschaftlichen Pflichten des Vorstands. Dies bedeutet, daß der Vorstand nach wie vor die „allgemeinen" aktienrechtlichen Erfordernisse zu beachten hat[2749].

44) Ohne Beteiligung der Hauptversammlung ist dem Vorstand der Zielgesellschaft die Ergreifung von Abwehrmaßnahmen über die in § 33 Abs. 1 S. 2 WpÜG aufgeführten Ausnahmetatbestände hinaus nicht gestattet, da es sich insoweit um eine abschließende Aufzählung handelt und Abwehrmaßnahmen im übrigen der Zuständigkeit des Vorstands entzogen sind. Daraus folgt, daß die im Schrifttum noch vor Inkrafttreten des WpÜG diskutierten Ausnahmefälle eines aktienrechtlichen „Neutralitätsgebots" nur innerhalb der Grenzen des § 33 Abs. 1, 2 WpÜG zulässig sind[2750].

45) In der Ergreifung von rechtswidrigen Abwehrmaßnahmen durch den Vorstand liegt zugleich eine „unzulässige Ausschaltung" der Hauptversammlung, weshalb dem einzelnen Aktionär ein Unterlassungsanspruch nach den Grundsätzen der *Holzmüller*-Entscheidung gegen die Zielgesellschaft zusteht[2751].

45a) Hinsichtlich der Umsetzung der Vorgaben der EU-Übernahmerichtlinie stehen dem nationalen Gesetzgeber mit Blick auf die Verhaltenspflichten der Verwaltung der Zielgesellschaft zwei Möglichkeiten zur Verfügung[2752]: Für den unwahrscheinlicheren Fall, daß der deutsche Gesetzgeber nicht von dem nach Art. 12 Abs. 1 EU-Übernahmerichtlinie gewährten Recht zum Opt-Out Gebrauch macht, wäre § 33 Abs. 2 WpÜG ebenso ersatzlos zu streichen wie § 33 Abs. 1 S. 2 Alt. 3. Versteht man zudem den Ausnahmetatbestand des § 33 Abs. 1 S. 2 Alt. 1 WpÜG in dem hier aufgezeigten Sinn, wäre auch dieser zu streichen, um sodann an dessen Stelle die Aus-

2748 Siehe dazu Kap. 5, S. 464.
2749 Siehe dazu Kap. 5, S. 479.
2750 Siehe dazu Kap. 5, S. 482.
2751 Siehe dazu Kap. 5, S. 485.
2752 Siehe dazu Kap. 5, S. 488 ff.

nahme des Art. 9 Abs. 3 EU-Übernahmerichtlinie aufzunehmen. Bei einem Opt-Out hingegen müßte ein eigens für diesen Fall zu schaffendes Regelungsregime her, das neben § 33 WpÜG die Vorgaben des Vereitelungsverbots der Übernahmerichtlinie für jene Gesellschaften bereithält, die sich für ein Opt-In entscheiden möchten. Dazu bietet es sich an, einen neuen § 33a WpÜG zu schaffen.

46) Mit der erheblichen Ausweitung der Handlungsfreiräume des Vorstands der Zielgesellschaft während eines Übernahmeverfahrens hat der deutsche Gesetzgeber eine im Vergleich der europäischen Übernahmeregelungen einzigartige Vorschrift geschaffen, die das WpÜG letztlich zu einem „Übernahmeverhinderungsgesetz" werden läßt. Auch den Vorgaben des im Juli 2001 erreichten Stands der Bemühungen um die Verabschiedung einer EU-Übernahmerichtlinie in Gestalt des Gemeinsamen Entwurfs kann die Ausgestaltung der Verhaltenspflichten des Vorstands nicht standhalten[2753]. Das insoweit zur Rechtfertigung seitens der Bundesregierung herangezogene Argument, es bestünde ein Ungleichgewicht im innereuropäischen Vergleich, vermag nicht zu überzeugen. Die Regelung des § 33 Abs. 1, 2 WpÜG konterkariert die mit dem neuen Gesetz anvisierten Hauptziele, die Attraktivität des Finanzplatzes Deutschland international deutlich aufzuwerten sowie die Rechte der Minderheitsaktionäre bei Unternehmensübernahmen besser zu schützen. Vor diesem Hintergrund und unter Berücksichtigung des Interessenkonflikts, in dem sich die Mitglieder der Verwaltung während einer Übernahme befinden, sowie ökonomischer Gesichtspunkte erweist sich daher die Konzeption des Referentenentwurfs grundsätzlich als vorzugswürdig[2754].

2753 Siehe dazu Kap. 5, S. 532 ff.

2754 Siehe dazu Kap. 5, S. 522 ff., S. 544 ff.

Anhang - Abbildungen

Abbildung 1: Chronologie der Bemühungen zur Verabschiedung einer 13. Richtlinie auf dem Gebiet des Gesellschaftsrechts betreffend Übernahmeangebote

1974 Komm.-Dok. XI/56/74-DE	Vorlage eines Vorentwurfs einer Richtlinie durch die Kommission, basierend auf dem *Pennington*-Bericht über „Übernahmeangebote und andere Angebote“
25. Juli 1977 ABl. EG Nr. L 212 vom 22.08.1977, S. 37	Empfehlung der Kommission betreffend europäische Wohlverhaltensregeln für Wertpapiertransaktionen
1985 KOM (85) 310 endg.	Ankündigung der Kommission im „Weißbuch über die Vollendung des Binnenmarktes bis 1992“, einen Richtlinienvorschlag vorzulegen
1987 Komm.-Dok XV/63/87-DE	Vorlage eines Vorentwurfs einer Richtlinie durch die Kommission
19. Januar 1989 ABl. EG Nr. C 64 vom 14.03.1989, S. 8	**Vorlage eines ersten Richtlinienvorschlags** durch die Kommission
27. September 1989 ABl. EG Nr. C 298 vom 27.11.1989, S. 56	Stellungnahme des Wirtschafts- und Sozialausschusses zum Vorschlag vom Januar 1989
17. Januar 1990 ABl. EG Nr. C 38 vom 19.02.1990, S. 41	Stellungnahme des Europäischen Parlaments in erster Lesung zum Vorschlag vom Januar 1989
14. September 1990 ABl. EG Nr. C 240 vom 26.09.1990, S. 7	**Vorlage eines Geänderten Richtlinienvorschlags** durch die Kommission

13. Juli 1993 Komm.-Dok. XV/6019/93	Konsultationen der Mitgliedsstaaten durch die Kommission in einer Fragebogenaktion
7. Februar 1996 ABl. EG Nr. C 162 vom 6.06.1996, S. 5	**Vorlage eines zweiten Richtlinienvorschlags** durch die Kommission
11. Juli 1996 ABl. EG Nr. C 295 vom 7.10.1996, S. 1	Stellungnahme des Wirtschafts- und Sozialausschusses zum Vorschlag vom Februar 1996
26. Juni 1997 ABl. EG Nr. C 222 vom 21.07.1997, S. 20	Legislative Entschließung des Europäischen Parlaments in erster Lesung zum Vorschlag vom Februar 1996
11. November 1997 ABl. EG Nr. C 378 vom 13.12.1997, S. 10	**Vorlage eines Geänderten Richtlinienvorschlags** durch die Kommission
19. Juni 2000 ABl. EG Nr. C 23 vom 24.01.2001, S. 1	**Gemeinsamer Standpunkt** des Rates
26. Juli 2000 SEK (2000) 1300 endg.	Mitteilung der Kommission an das Europäische Parlament: Kommission akzeptiert Gemeinsamen Standpunkt
13. Dezember 2000 Abl. EG Nr. C 232 vom 17.08.2001, S. 168	Legislative Entschließung des Europäischen Parlaments in zweiter Lesung zum Vorschlag vom Februar 1996
12. Februar 2001 KOM (2001) 77 endg.	Stellungnahme der Kommission zu den Abänderungen des Gemeinsamen Standpunkts durch das Europäische Parlament

10. April 2001	Eröffnung des Vermittlungsverfahrens zwischen Rat und Europäischem Parlament
6. Juni 2001 CSL 3629/1/2001	Einigung auf einen **Gemeinsamen Entwurf**
4. Juli 2001 PE R5-0378/2001	Ablehnung des Gemeinsamen Entwurfs in dritter Lesung im Europäischen Parlament
10. Juli 2001	Ankündigung der Kommission zu einer neuen Initiative
11. September 2001	Einsetzung einer Expertenkommission („*Winter*-Kommission“)
10. Januar 2002	Vorlage eines Vorberichts der *Winter*-Kommission

Quelle: Eigene Darstellung

Abbildung 2: Gang der Übernahmerichtlinie gemäß Art. 251 EGV: Revidierter Vorschlag aus dem Jahr 1996

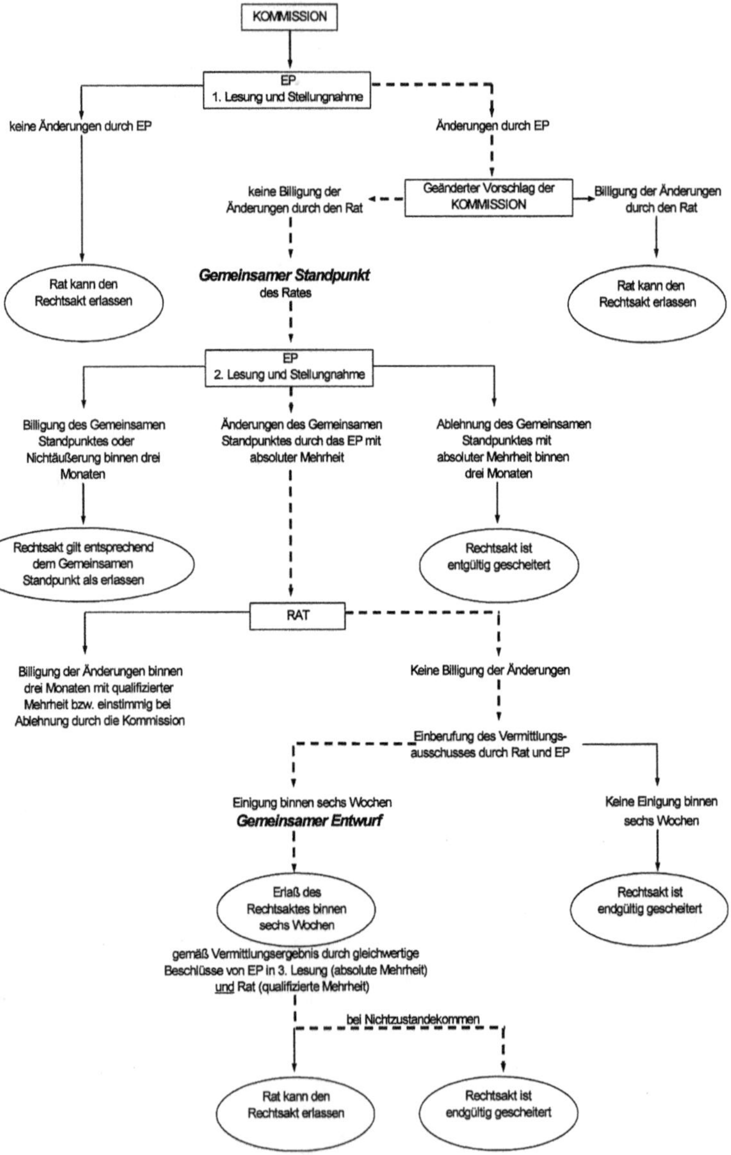

Quelle: Eigene Darstellung

Abbildung 3: Übernahmeregelungen in Deutschland

1. Januar 2002	Inkrafttreten des „Wertpapiererwerbs- und Übernahmegesetzes (WpÜG)“ als Art. 1 des „Gesetzes zur Regelung von öffentlichen Angeboten zum Erwerb von Wertpapieren und von Unternehmensübernahmen“ nebst der dazugehörigen Rechtsverordnungen.
11. Juli 2001	Beschluß eines Regierungsentwurfs eines „Gesetzes zur Regelung von öffentlichen Angeboten zum Erwerb von Wertpapieren und von Unternehmensübernahmen“.
12. März 2001	Vorlage eines Referentenentwurfs eines „Gesetzes zur Regelung von öffentlichen Angeboten zum Erwerb von Wertpapieren und von Unternehmensübernahmen“ durch das Bundesministerium der Finanzen.
29. Juni 2000	Vorlage eines Diskussionsentwurfs eines „Gesetzes für Unternehmensübernahmen“ durch das Bundesministerium der Finanzen.
17. Mai 2000	Vorlage der Empfehlungen der Expertenkommission „Unternehmensübernahmen“.
April 1999	Deutsche Börse AG erhebt Anerkennung des Übernahmekodex zur Voraussetzung für die Aufnahme in das neue Börsensegment SMAX.
Februar 1999	Börsensachverständigenkommission empfiehlt in ihren „Standpunkten“, die allgemeine Verbindlichkeit von Übernahmeregeln durch ein Gesetz herzustellen.

Januar 1998	Deutsche Börse AG erhebt Anerkennung des Übernahmekodex zur Voraussetzung für die Aufnahme in den DAX und den M-DAX.
1. Januar 1998	„Inkrafttreten" der revidierten Fassung des Übernahmekodex.
2. Juli 1997	Vorlage des Entwurfs eines „Gesetzes zur Regelung von Unternehmensübernahmen" durch die SPD-Fraktion im Deutschen Bundestag.
März 1997	Deutsche Börse AG erhebt Anerkennung des Übernahmekodex zur Voraussetzung für die Aufnahme in das neue Börsensegment Neuer Markt.
1. Oktober 1995	„Inkrafttreten" des Übernahmekodex der Börsensachverständigenkommission und Gründung der Übernahmekommission.
30. Januar 1995	Vorlage des Entwurfs eines „Transparenz- und Wettbewerbsgesetzes" durch die SPD-Fraktion im Deutschen Bundestag, dessen Art. 3 Regelungen zu Übernahmeangeboten enthält, die in das WpHG integriert werden sollen.
Januar 1979	Veröffentlichung der „Leitsätze für öffentliche freiwillige Kauf- und Umtauschangebote bzw. Aufforderungen zur Abgabe derartiger Angebote in amtlich notierten oder im geregelten Freiverkehr gehandelten Aktien bzw. Erwerbsrechten" durch die Börsensachverständigenkommission.

Quelle: Eigene Darstellung, Fortführung von *Übernahmekommission*, Drei Jahre Übernahmekodex, S. 16.

Abbildung 4: Übernahmeangebote nach dem Übernahmekodex 1995 bis 2001

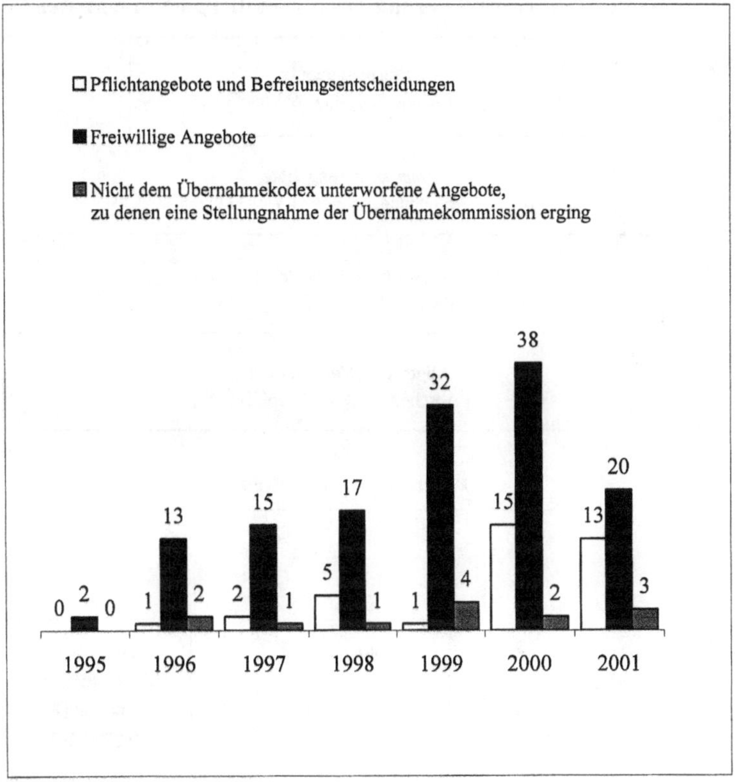

Quelle: Finance, Februar 2002, S. 98; eigene Berechnungen.

Abbildung 5: Aufbau des WpÜG

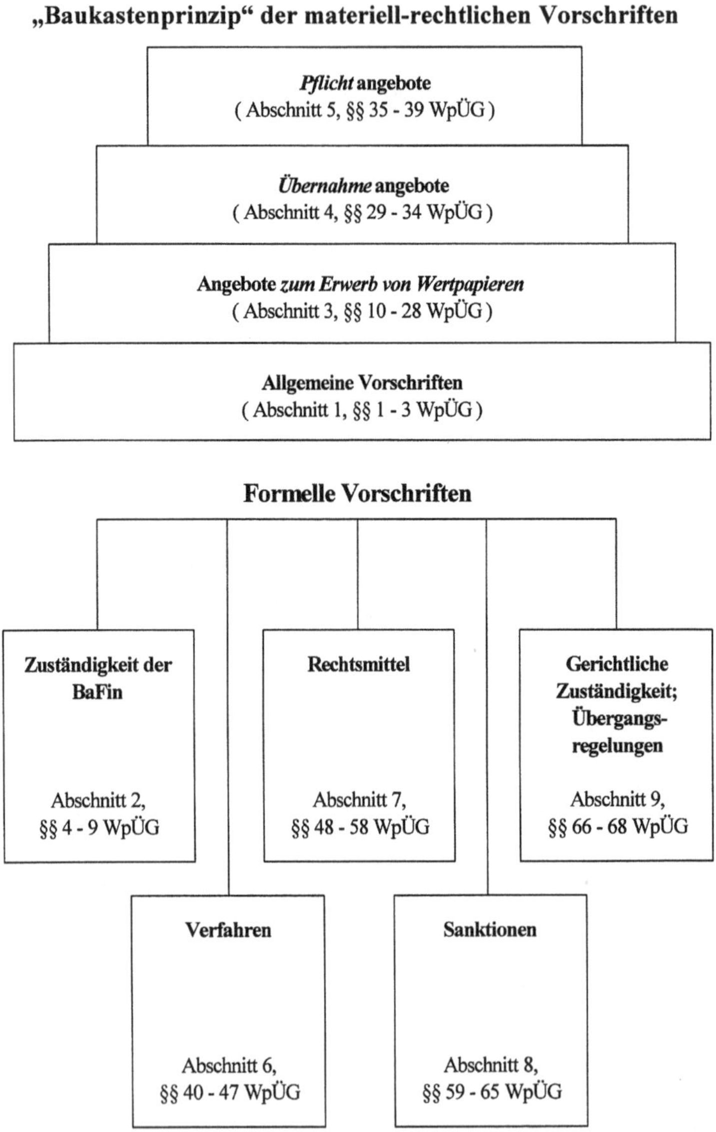

Quelle: Eigene Darstellung

Abbildung 6: Pflichten der Zielgesellschaft nach dem WpÜG

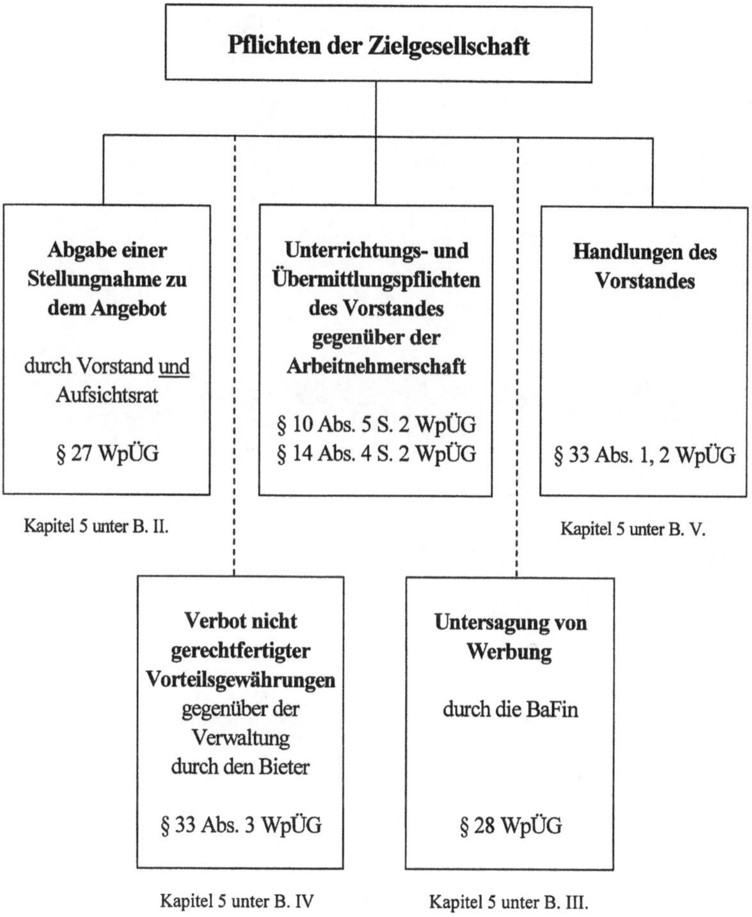

Quelle: Eigene Darstellung

Literaturverzeichnis

Sofern die in der vorliegenden Untersuchung verwandte Zitierweise von dem vollständigen Titel einer der nachstehend aufgeführten Publikationen abweichen sollte, wird dies durch Kursivdruck kenntlich gemacht.

Adams, Michael, Was spricht gegen eine unbehinderte Übertragbarkeit der in Unternehmen gebundenen Ressourcen durch ihre Eigentümer?, in: AG 1990, 243-252.

– Höchststimmrechte, Mehrfachstimmrechte und sonstige wundersame Hindernisse auf dem Markt für Unternehmenskontrolle, in: AG 1990, 63-78.

– Der Markt für Unternehmenskontrolle und sein Mißbrauch, in: AG 1989, 333-338.

Adolff, Johannes/Meister, Burkhardt/Randell, Charles/Stephan, Klaus-Dieter, Public Company *Takeovers* in Germany, München 2002.

Aha, Christof, Rechtsschutz der Zielgesellschaft bei mangelhaften Übernahmeangeboten, in: AG 2002, 160-169.

Alstine, Michael P. van, Die EG-Übernahme-Richtlinie im Lichte der Erfahrungen in den USA, in: EWS 1993, 8-16.

Altmeppen, Holger, Neutralitätspflicht und Pflichtangebot nach dem neuen Übernahmerecht, in: ZIP 2001, 1073-1084.

– Gutes und Schlechtes im neuen Übernahmerecht, in: BB 2001, Heft 25, Die erste Seite.

Apfelbacher, Gabriele/Barthelmess, Stephan/Buhl, Thomas/Dryander, Christof von, German *Takeover Law*: A Commentary, München 2002.

Archner, Gernot, Das Wertpapiererwerbs- und Übernahmegesetz (WpÜG) aus Sicht der Investmentbranche, in: ZfgK 2001, 999-1003.

Armbrüster, Christian, „Golden Shares" und die Grundfreiheiten des EG-Vertrags - EuGH, NJW 2002, 2303, 2305, 2306, in: JuS 2003, 224-227.

Arnold, Arnd, Entschädigung von Mehrstimmrechten bei Übernahmen, in: BB 2003, 267-270.

– Mehrstimmrechte und stimmrechtslose Vorzugsaktien in der Übernahmerichtlinie, in: Konzern 2003, 173-178.

Arnold, Wolfgang/Boos, Karl-Heinz, Basel II - Einzel- und gesamtwirtschaftliche Aspekte, in: Bank 2001, 712-715.

Assmann, Heinz-Dieter, Übernahmeangebote im Gefüge des Kapitalmarktrechts, insbesondere im Lichte des Insiderrechts, der Ad hoc-Publizität und des Manipulationsverbots, in: ZGR 2002, 697-727.

– Die Haftung für die Richtigkeit und Vollständigkeit der Angebotsunterlage nach § 12 WpÜG, in: AG 2002, 114-125.

– Erwerbs-, Übernahme- und Pflichtangebote nach dem Wertpapiererwerbs- und Übernahmegesetz aus der Sicht der Bietergesellschaft, in: AG 2002, 114-125.

– Verhaltensregeln für freiwillige öffentliche Übernahmeangebote, in: AG 1995, 563-572.

– Directors' Duties and Liabilities in Transfers of Control under the Continental Legal Systems, in: European Takeovers, hrsg. von Klaus J. Hopt, Eddy Wymeersch, London 1992, S. 268-294.

Ders./Basaldua, Nathalie/Bozenhardt, Friedrich/Peltzer, Martin (Hrsg.), Übernahmeangebote, ZGR Sonderheft 9, Berlin, New York 1990.

Ders./Bozenhardt, Friedrich, Übernahmeangebote als Regelungsproblem zwischen gesellschaftsrechtlichen Normen und zivilrechtlich begründeten Verhaltensgeboten, in: Übernahmeangebote, ZGR Sonderheft 9, hrsg. von Heinz-Dieter Assmann, Nathalie Basaldua, Friedrich Bozenhardt, Martin Peltzer, Berlin, New York 1990, S. 1-156.

Ders./Buck, Petra, Europäisches Kapitalmarktrecht, in: EWS 1990, 110-123, 190-193, 220-226.

Ders./Schneider, Uwe H., Wertpapierhandelsgesetz (Kommentar), 2. Aufl., Köln 1999, (zit.: Bearbeiter in Assmann/Schneider, WpHG).

Aubel, Thomas van, *Vorstandspflichten* bei Übernahmeangeboten, Diss., München 1996.

BaFin, Jahresbericht der Bundesanstalt für Finanzdienstleistungsaufsicht 2002, Bonn und Frankfurt am Main, Juni 2003, (zit.: BaFin-Jahresbericht 2002).

Bandte, Jürgen, Der Erwerb eigener Aktien - eine Waffe der Aktiengesellschaften gegen Übernahmeattacken?, in: Jura 1987, 465-469.

Bärmann, Johannes, Take-overs in „freiwilliger Selbstkontrolle?“, in: FS für Horst Bartholomeyczik, hrsg. von Wolfgang Harms, Dieter Heckelmann, Robert Knöpfle, Arndt Teichmann, Berlin 1973, S. 1-20.

Basaldua, Nathalie, Der Vorschlag für eine dreizehnte Richtlinie des Rates auf dem Gebiet des Gesellschaftsrechts über öffentliche Übernahmeangebote, in: Übernahmeangebote, ZGR Sonderheft 9, hrsg. von Heinz-Dieter Assmann, Nathalie Basaldua, Friedrich Bozenhardt, Martin Peltzer, Berlin, New York 1990, S. 157-177.

Baudisch, Matthias, Nochmals: Neutralitätspflicht des Vorstands und Entscheidungsbefugnis der Hauptversammlung im Übernahmerecht, in: AG 2001, 251-254.

Bauer, Jobst-Hubertus/Steinau-Steinrück, Robert von, Neuregelung des Betriebsübergangs: Erhebliche Risiken und viel mehr Bürokratie!, in: ZIP 2002, 457-466.

Baum, Harald, Rückerwerbsangebote für eigene Aktien: übernahmerechtlicher Handlungsbedarf?, in: ZHR 167 (2003), 580-610.

– Der Markt für Unternehmen und die Regelung von öffentlichen Übernahmeangeboten in Japan, in: AG 1996, 399-416.

Baumann, Günter, Neue Spielregeln für den Unternehmenserwerb in Frankreich, in: Bank 1990, 41-46.

Baumann, Karl-Hermann, Übernahmegesetz schafft Wettbewerbsgleichheit, in: WM 1999, 1968.

– Der neue Verhaltenskodex für Unternehmensübernahmen sorgt für größere Transparenz am Kapitalmarkt, in: WM 1996, 901-902.

Baumbach, Adolf/Hopt, Klaus J., Handelsgesetzbuch (Kommentar), 30. Aufl., München 2000.

– Handelsgesetzbuch (Kommentar), 29. Aufl., München 1995.

Baumeister, Alexander/Werkmeister, Clemens, Das neue Übernahmegesetz und seine Konsequenzen, in: Sparkasse 3/2001, 128-133.

– Die Wirkung spezieller Börsenstandards am Beispiel des SMAX, in: DBW 2001, 121-141.

Baums, Philipp A., Der Ausschluss von Minderheitsaktionären nach §§ 327 a ff. AktG n.F., in: WM 2001, 1843-1850.

Baums, Theodor (Hrsg.), Bericht der Regierungskommission „Corporate Governance", Unternehmensführung - Unternehmenskontrolle - Modernisierung des Aktienrechts, 2001, (zit.: Regierungskommission „Corporate Governance", Abschlußbericht). Abgedruckt in BT-Drs. 14/7515 vom 14. August 2001.

– Empfiehlt sich eine Neuregelung des aktienrechtlichen Anfechtungs- und Organhaftungsrechts, insbesondere der Klagemöglichkeiten von Aktionären?, *Gutachten F für den 63. DJT*, München 2000.

– Notwendigkeit und Grundzüge einer gesetzlichen Übernahmeregelung, in: Die Übernahme börsennotierter Unternehmen, hrsg. von Rüdiger von Rosen, Werner G. Seifert, Frankfurt am Main 1999, S. 165-186, kurz vorher Arbeitspapier* Univ. Osnabrück, Institut für Handels- und Wirtschaftsrecht Nr. 79.

– Vorschlag eines Gesetzes zu öffentlichen Übernahmeangeboten, in: ZIP 1997, 1310-1315, kurz vorher Arbeitspapier* Univ. Osnabrück, Institut für Handels- und Wirtschaftsrecht Nr. 49 (7/97).

– Stellungnahme zur Aktienrechtsreform 1997 von Prof. Dr. Theodor Baums, in: AG 1997, Sonderheft „Die Aktienrechtsreform 1997", 26-38.

– The New Draft Proposal for a Directive on Takeovers - the German Perspective, *Arbeitspapier** Univ. Osnabrück, Institut für Handels- und Wirtschaftsrecht Nr. 36 (*10/96*).

– Hostile Takeovers in Germany. A Case Study on Pirelli vs. Continental AG, Arbeitspapier* Univ. Osnabrück, Institut für Handels- und Wirtschaftsrecht Nr. 6 (3/93).

– Zur Harmonisierung des Rechts der Unternehmensübernahmen in der EG, in: Europäisierung des Rechts, hrsg. von Hans-Werner Rengeling, Köln, Berlin u.a. 1996, S. 91-112, kurz vorher Arbeitspapier* Univ. Osnabrück, Institut für Handels- und Wirtschaftsrecht Nr. 24 (3/95).

– Höchststimmrechte, in: AG 1990, 221-242.

– Übernahmeregeln in der Europäischen Gemeinschaft, in: ZIP 1989, 1376-1381.

Ders./Fraune, Christian, Institutionelle Anleger und Publikumsgesellschaft: Eine empirische Untersuchung, in: AG 1995, 97-112, kurz vorher Arbeitspapier* Univ. Osnabrück, Institut für Handels- und Wirtschaftsrecht Nr. 20 (6/94).

Ders./Stöcker, Mathias, Rückerwerb eigener Aktien und WpÜG, in: FS für Herbert Wiedemann, hrsg. von Rolf Wank, Heribert Hirte, Kaspar Frey, Holger Fleischer, Gregor Thüsing, München 2002, S. 703-754, kurz vorher Arbeitspapier* Univ. Frankfurt am Main, Institut für Bankrecht Nr. 90, 2002.

Ders./Thoma, Georg F. (Hrsg.), Takeover Laws in Europe, Köln, Loseblatt Ausgabe, Stand: 2. Lfg. Juli 2003.

BAWe, Das neue Übernahmerecht seit dem 1.1.2002 - Überblick, in: NZG 2002, 165-166.

BAWe/Deutsche Börse, Insiderhandelsverbote und Ad hoc-Publizität nach dem Wertpapierhandelsgesetz, 2. Aufl., Mai 1998, Frankfurt am Main, (zit.: BAWe/Deutsche Börse, Leitfaden Ad hoc-Publizität).

Bayer, Walter, Aktuelle Entwicklungen im Europäischen Gesellschaftsrecht, in: BB 2004, 1-11.

– Zulässige und unzulässige Einschränkungen der europäischen Grundfreiheiten im Gesellschaftsrecht, in: BB 2002, 2289-2291.

– Vorsorge- und präventive Abwehrmaßnahmen gegen feindliche Übernahmen, in: ZGR 2002, 588-622.

– Aktionärsklagen de lege lata und de lege feranda, in: NJW 2000, 2609-2619.

Becht, Marco, Reciprocity in Takeovers, in: ecgi Law Working Paper No. 14/2003.

Becker, Dietrich, Verhaltenspflichten des Vorstands der Zielgesellschaft bei feindlichen Übernahmen, in: ZHR 165 (2001), 280-287.

Becker, Patricia, Übernahmerichtlinie: Baldige Absegnung durch den Europäischen Rat, in: GmbHR 2004, R77-R79.

Becker, Reimund/Memminger, Peter, Anmerkungen zum Entwurf eines Übernahmegesetzes, in: M&A 1999, 432-438.

Beckmann, Ralph, *Übernahmeangebote* in Europa, Diss., Münster 1995.

– Der Richtlinienvorschlag betreffend Übernahmeangebote auf dem Weg zu einer europäischen Rechtsangleichung, in: DB 1995, 2407-2411.

Ders./Kersting, Mark Oliver/Mielke, Werner, Das neue Übernahmerecht, München 2003.

Beelitz, Frank F./Bruder, Henning, Raiders in Deutschland?, in: WuW 1989, 700-704.

Behrens, Peter, Rechtspolitische Grundsatzfragen zu einer Europäischen Regelung für Übernahmeangebote, in: ZGR 1975, 433-458.

Benner-Heinacher, Jella S., Mindeststandards für Übernahmeregeln in Deutschland, in: DB 1997, 2521-2524.

Berger, Klaus Peter, Unternehmensübernahmen in Europa, in: ZIP 1991, 1644-1660.

Berger, Matthias, Das deutsche Übernahmegesetz nimmt Formen an, in: Bank 2000, 558-563.

Berglöf, Erik/Burkart, Mike, European takeover regulation, in: Economic Policy 2003 (Volume 18), S. 173-213.

Berle, Adolf A./Means, Gardiner C., The Modern Corporation and Private Property, New York 1968 revised edition.

Beß, Jürgen, Eine europäische Regelung für Übernahmeangebote, Teil I in: AG 1976, 169-176, Teil II und Schluß in: AG 1976, 206-210.

Bihr, Dietrich, SMAX: Neues Qualitätssegment der Frankfurter Börse, in: FB 1999, 45-46.

Bilstein, Jürgen, Die Bewertung eines Unternehmens, in: Die Übernahme börsennotierter Unternehmen, hrsg. von Rüdiger von Rosen, Werner G. Seifert, Frankfurt am Main 1999, S. 223-251.

Binz, Mark/Sorg, Martin, Das neue Übernahmegesetz: Enteignung der Aktionäre?, in: BB 2002, Heft 3, Die erste Seite.

Bittner, Claudia, Die EG-Übernahme-Richtlinie aus englischer Sicht, in: RIW 1992, 182-189.

Blättchen, Wolfgang/Götz, Alexander, Übernahme börsennotierter Unternehmen in Deutschland, in: FB 2003, 573-579.

– Übernahmen börsennotierter Unternehmen in Deutschland, in: FB 2003, 184-188.

– Übernahmen börsennotierter Unternehmen in Deutschland im ersten Halbjahr 2002, in: FB 2002, 660-666.

Böckenhoff, Johannes/Ross, Malcolm I., „American Depositary Receipts" (ADR) - Struktur und rechtliche Aspekte, Teil I in: WM 1993, 1781-1787, Teil II in: WM 1993, 1825-1829.

Bogenschütz, Eugen, Abwehrmaßnahmen bei unfreundlichen Übernahmeversuchen, in: ZfgK 1990, 1024-1025.

Böhm, Jürgen, Der Rückkauf eigener Aktien und Übernahmetransaktionen, in: Die Übernahme börsennotierter Unternehmen, hrsg. von Rüdiger von Rosen, Werner G. Seifert, Frankfurt am Main 1999, S. 327-340.

Böhmer, Ekkehart, Business Groups, Bank Control and Large Shareholders: An Analysis of German Takeovers, in: Journal of Financial Intermediation 2000, 117-148.

Bolte, Christian, Squeeze-out: Eröffnung neuer Umgehungstatbestände durch die §§ 327a ff. AktG, in: DB 2001, 2587-2591.

Boos, Karl-Heinz/Fischer, Reinfried/Schulte-Mattler, Hermann (Hrsg.), Kreditwesengesetz (Kommentar), München 2000, (zit.: Bearbeiter in Boos/Fischer/Schulte-Mattler, KWG).

Booz Allen Acquisitions Services (Hrsg.), Study on Obstacles to Takeover Bids in the European Community, Paris 1989.

Bozenhardt, Friedrich, Freiwillige *Übernahmeangebote* im deutschen Recht, Diss., Tübingen 1990.

Braschler, Christoph, *Abwehrmaßnahmen* gegenüber Unfriendly Takeover Bids in den USA und in der Schweiz, Diss., Appenzell 1992.

Breiding, Wolf-Dieter, Übernahmeangebote (Take-Over-Bids) im amerikanischen Börsen und Gesellschaftsrecht, Diss., Kiel 1975.

Bremer, Heinz, Die Börsensachverständigenkommission, Berlin, New York 1976.

Bröcker, Norbert/Weisner, Arnd, Übernahmeangebote, Köln 2003.

Brüls, Christine, Minderheitenschutz nach der Take-Over-Richtlinie, in: RIW 2000, 889-892.

BSK, Stellungnahme zum Diskussionsentwurf des Übernahmegesetzes vom 29.6.2000, 19. Juli 2000, (zit.: BSK, Stellungnahme zum DiskE-ÜG vom 19. Juli 2000).

– (Hrsg.), *Standpunkte* der Börsensachverständigenkommission zur künftigen Regelung von Unternehmensübernahmen, Frankfurt am Main, Februar 1999.

Buck, Petra, Übernahmeangebote - Probleme des aktuellen Richtlinienvorschlags der EG, in: JbJZivW 1997, Europäisierung des Privatrechts - Zwischenbilanz und Perspektiven, hrsg. von Christoph Weber, Anja Steinbeck u.a., Stuttgart u.a. 1998, S. 157-176.

Budde, Wolfgang Dieter/Lawall, Lars, Übernahmerecht - Schützenswerte Interessen in der Zielgesellschaft, in: FS für Welf Müller, hrsg. von Peter Hommelhoff, Roger Zätzsch, Bernd Erle, München 2001, S. 27-65.

Buddenbrock, Andreas von, Abwehrstrategien gegen feindliche Übernahmen, in: Die Übernahme börsennotierter Unternehmen, hrsg. von Rüdiger von Rosen, Werner G. Seifert, Frankfurt am Main 1999, S. 277-287.

Bülow, Christoph von, Anmerkungen zum Übernahmekodex, in: M&A 1996, 429-432.

– Neue Regeln für Unternehmensübernahmen in der Bundesrepublik Deutschland, in: M&A 1996, 383-388.

Bündnis 90/Die Grünen, Eckpunkte für ein Übernahmegesetz aus Sicht von Bündnis 90/Die Grünen vom 11. Februar 2000. Abrufbar im Internet über die Website von Margareta Wolf, MdB (Bündnis 90/Die Grünen), unter http://www.margareta-wolf.de.

Bungert, Hartwin, Die Liberalisierung des Bezugsrechtsausschlusses im Aktienrecht, in: NJW 1998, 488-492.

– Rezension, in: ZHR 159 (1995), 261-273.

– Pflichten des Managements bei der Abwehr von Übernahmeangeboten nach US-amerikanischem Gesellschaftsrecht, in: AG 1994, 297-311.

Burgard, Ulrich, Kapitalmarktrechtliche Lehren aus der Übernahme Vodafone - Mannesmann, in: WM 2000, 611-616.

– Die Offenlegung von Beteiligungspflichten bei der Aktiengesellschaft, in: AG 1992, 41-55.

Bürgers, Tobias/Holzborn, Timo, Haftungsrisiken der Organe einer Zielgesellschaft im Übernahmefall, insbesondere am Beispiel einer Abwehrkapitalerhöhung, in: ZIP 2003, 2273-2280.

Bury, Hans Martin, Finanzplatz und Steuerreform, in: WM 1999, 1362-1363.

Busch, Hans Wilhelm, Die *Notwendigkeit der spezialgesetzlichen Regelung* von öffentlichen Übernahmeangeboten in Deutschland, Diss., Sinzheim 1996.

Busch, Torsten, Bedingungen in Übernahmeangeboten, in: AG 2002, 145-152.

Buxbaum, Richard M., Defenses against takeover bids: United States Law, in: Öffentliche Übernahmeangebote, hrsg. von Karl Kreuzer, Baden-Baden 1992, S. 55-84.

Bydlinski, Sonja/Winner, Martin, Das neue Übernahmegesetz, ÖBA 1998, 913-924.

Cahn, Andreas/Senger, Michael, Das Gesetz zur Regelung von öffentlichen Angeboten zum Erwerb von Wertpapieren und von Unternehmensübernahmen, in: FB 2002, 277-295.

Callies, Christian/Ruffert, Matthias (Hrsg.), Kommentar des Vertrages über die Europäische Union und des Vertrages zur Gründung der Europäischen Gemeinschaft, Neuwied, Kriftel 1999, (zit.: Bearbeiter in Callies/Ruffert, EUV/EGV).

– Kommentar des Vertrages über die Europäische Union und des Vertrages zur Gründung der Europäischen Gemeinschaft, 2. Aufl., Neuwied, Kriftel 2002, (zit.: Bearbeiter in Callies/Ruffert, EUV/EGV, 2. Aufl.).

Carl, Dieter/Klos, Joachim, Die Stärkung des Finanzplatzes Deutschland durch das neue Insiderrecht im Wertpapierhandelsgesetz, in: ÖBA 1995, 187-198.

Caussain, Jean-Jacques, Akquisitionen und Übernahmen in Frankreich, in: ZVglRWiss 1992, 383-404.

Caytas Ivo G./Mahari, Julian I., Im Banne des Investment Banking, Stuttgart 1988.

Clarke, Blanaid, European Takeover Regulation - The Latest Draft of the 13th Company Law Directive, in: EBLR 1999, 482-491.

Claussen, Carsten Peter, Dem Neuen Markt eine zweite Chance, in: BB 2002, 105-112.

– Wie ändert das KonTraG das Aktiengesetz?, in: DB 1998, 177-186.

Coates, John C. IV, Ownership, Takeovers and EU Law: How Contestable Should EU Corporations Be?, in: ecgi Law Working Paper No. 11/2003.

Cooper, Richard D. B., In search of flexibility - a British view of the proposed Takeover Directive, in: EuZW 1991, 289 (Editorial).

Craven, John A., Ad-hoc Takeover Defenses: Some Practical Examples, in: Unternehmensakquisitionen: Strategien und Abwehrstrategien, hrsg. von Günter Sieben, Heinz-Gerd Stein, Stuttgart 1992, S. 57-66.

Czernich, Dietmar/Guggenberger, Bernd, Österreich: Entwicklung des Wirtschaftsrechts seit dem EU-Beitritt, in: RIW 2000, 265-273.

DAI, Stabilisierung der Aktionärszahlen setzt sich fort, in: Kurzstudie 1/2004, abrufbar unter http://www.dai.de.

– 2001: Jahr der Reife für Aktionäre und Fondsbesitzer, in: Kurzstudie 1/2002, abrufbar unter http://www.dai.de.

– Zahl der Aktionäre und Besitzer von Aktienfondsanteilen steigt weiter an, in: Kurzstudie 3/2001, abrufbar unter http://www.dai.de.

– Jahresbericht 1999/2000, Frankfurt am Main, September 2000.

Dauner-Lieb, Barbara, Das Tauziehen um die Übernahmerichtlinie - eine Momentaufnahme, in: DStR 2003, 555-556.

Dies./Lamandini, Marco, Der neue Kommissionsvorschlag einer EU-Übernahmerichtlinie - Stellungnahme der Gutachter des EU-Parlaments, in: BB 2003, 265-267.

– Der neue Kommissionsvorschlag einer Übernahmerichtlinie und das Europäische Parlament, in: Konzern 2003, 168-172.

– Der neue Vorschlag für eine Richtlinie auf dem Gebiet des Gesellschaftsrechts betreffend Übernahmeangebote und die Erreichung von gleichen Ausgangsbedingungen, Luxemburg, Dezember 2003, (zit.: *Dauner-Lieb/Lamandini*-Studie).

Dautel, Ralph, Steueroptimierte M&A nach der Unternehmenssteuerreform, in: M&A 2001, 312-315.

DAV, Stellungnahme des Deutschen Anwaltvereins zum Referentenentwurf eines Transparenz- und Publizitätsgesetzes, in: NZG 2002, 115-119.

– DAV-Stellungnahme zum revidierten Vorschlag einer 13. Richtlinie der EG über Übernahmeangebote, in: WiB 1996, 1023.

DAV-Handelsrechtsausschuß, Stellungnahme des Deutschen Anwaltvereins durch den Handelsrechtsausschuß zum Entwurf eines Deutschen Corporate Governance-Kodex, Berlin, Januar 2002, abrufbar unter http://www.anwaltverein.de.

– Stellungnahme des Handelsrechtsausschusses des Deutschen Anwaltsvereins e.V. zum RegE für ein Gesetz zur Regelung von öffentlichen Angeboten zum Erwerb von Wertpapieren und von Unternehmensübernahmen (WpÜG), in: NZG 2001, 1003-1008, (zit.: DAV- Handelsrechtsausschuß, Stellungnahme zum RegE-WpÜG).

– DAV-Handelsrechtsausschuss zum RegE Wertpapiererwerbs- und Übernahmegesetz, in: ZIP 2001, 1736-1740, (zit.: DAV- Handelsrechtsausschuß, Stellungnahme zum RegE-WpÜG).

– Stellungnahme des Handelsrechtsausschusses des DAV e. V. vom April 2001, in: NZG 2001, 420-432, (zit.: DAV-Handelsrechtsausschuß, Stellungnahme zum RefE-WÜG).

– Stellungnahme des Handelsrechtsausschusses des Deutschen Anwaltsvereins e.V. zur Ergänzung des AktG durch einen Titel „Aktienerwerb durch den Hauptaktionär", in: NZG 1999, 850-852.

– Anwendung des § 15 WpHG bei mehrstufigen Entscheidungsprozessen, in: AG 1997, 559-567.

Dědič, Jan/Bučková, Ivana, Übernahmerecht und Meldepflicht in Tschechien, in: RIW 193-205.

Defriez, Alistair, Takeover regulation in the United Kingdom, in: Die Übernahme börsennotierter Unternehmen, hrsg. von Rüdiger von Rosen, Werner G. Seifert, Frankfurt am Main 1999, S. 29-39.

Department of Trade and Industry (Hrsg.), Barriers to Takeovers in the European Community, Volumes 1-3, London 1989.

Depser, Ingrid, Der Vorschlag der EG-Kommission zur Takeover-Richtlinie im Spiegel der amerikanischen Takeover-Erfahrung, in: RIW 1992, 351-361.

Deutsche Bundesbank, Ergebnisse der gesamtwirtschaftlichen Finanzierungsrechnung für Deutschland 1990 bis 2000, Statistische Sonderveröffentlichung 4, September 2001.

DGB, Stellungnahme zum Entwurf eines Gesetzes zur Regelung von öffentlichen Angeboten und zum Erwerb von Wertpapieren und von Unternehmensübernahmen (Wertpapiererwerbs- und Übernahmegesetz - WpÜG) vom 3. September 2001, (zit.: DGB, Stellungnahme zum RegE-WpÜG vom 3. September 2001).

– Stellungnahme zum Entwurf eines Gesetzes zur Regelung von Unternehmensübernahmen (Übernahmegesetz - ÜG) vom 11. Oktober 2000, (zit.: DGB, Stellungnahme zum DiskE-ÜG vom 11. Oktober 2000). Abrufbar auf der Homepage des DGB unter http://www.dgb.de/idaten/st-uebernges.doc.

Diekmann, Hans, Hinweise zur Anwendung des Übernahmekodexes der Börsensachverständigenkommission, in: WM 1997, 897-904.

Diemer, Frank/Hasselbach, Kai, Mergers & Acquisitions in Italien, in: M&A 2001, 18-22.

– Öffentliche Übernahmeangebote in Italien, in: NZG 2000, 824-830.

Dieterlen, Joachim/Schaden, Michael, Einige Bemerkungen zu den Regelungen des Steuersenkungsgesetzes zur Besteuerung von Anteilsveräußerungen, in: BB 2000, 2492-2498.

Dietrich, Hartmut, Die Tender Offer im Bundesrecht der USA, in: AWD 1973, 304-312.

– Die Tender Offer im Bundesrecht der Vereinigten Staaten, Diss., Frankfurt am Main 1975.

Dimke, Andreas W./Heiser, Kristian J., Neutralitätspflicht, Übernahmegesetz und Richtlinienvorschlag 2000, in: NZG 2001, 241-259.

Dolde, Klaus-Peter, Rechtsschutz im Übernahmerecht - Öffentlich-rechtliche Grundsätze, in: Gesellschaftsrecht 2003, RWS-Forum 25, hrsg. von Hartwig Henze, Michael Hoffmann-Becking, Köln 2003, S. 377-399.

Dörner, Dietrich/Menold, Dieter/Pfitzer, Norbert (Hrsg.), *Reform des Aktienrechts*, der Rechnungslegung und Prüfung, Stuttgart 1999.

Doralt, Peter, Überlegungen zur Gestaltung der Vorschriften über das Recht des öffentlichen Übernahmeangebots in Österreich, in: FS für Bruno Kropff, hrsg. von Karl-Heinz Forster, Barbara Grunewald, Marcus Lutter, Johannes Semler, Düsseldorf 1997, S. 53-70.

– Ökonomischer Hintergrund und Interessengegensätze, in: Takeover - Recht, hrsg. von Peter Doralt, Christian Nowotny, Martin Schauer, Wien 1997, S. 1-10.

Ders./Nowotny, Christian/Schauer, Martin (Hrsg.), Takeover - Recht, Wien 1997.

Drinkuth, Henrik, Der neue Vorschlag für eine EU-Übernahmerichtlinie, in: Syndikus Januar/Februar 2003, 24-26.

– Das neue Übernahmerecht, in: Syndikus, Januar/Februar 2002, 19-22.

Drüke, Heiner, Anmerkung zu OLG Stuttgart, Beschluß vom 4. Februar 2000 - 4 W 15/98, in: DB 2000, 713-716.

Drygala, Tim, Die neue deutsche Übernahmeskepsis und ihre Auswirkungen auf die Vorstandspflichten nach § 33 WpÜG, in: ZIP 2001, 1861-1871.

– Die Vorschläge der SLIM-Arbeitsgruppe zur Vereinfachung des Europäischen Gesellschaftsrechts, in: AG 2001, 291-299.

Dürig, Markus, Kollisionsrechtliche Anknüpfung bei öffentlichen Übernahmeangeboten, in: RIW 1999, 746-750.

Easterbrook, Frank H./Fischel, Daniel R., The Proper Role of a Target's Management in Responding to a Tender Offer, 94 Harv. L. Rev. 1981, 1161-1204.

Ebenroth, Carsten Thomas/Daum, Thomas, Die Kompetenzen des Vorstands einer Aktiengesellschaft bei der Durchführung und Abwehr unkoordinierter Übernahmen, Teil I in: DB 1991, 1105-1111, Teil II in: DB 1991, 1157-1161.

Ebenroth, Carsten Thomas/Eyles, Uwe, Die Beschränkung von Hostile Takeovers in Delaware, in: RIW 1988, 413-427.

Ebenroth, Carsten Thomas/Rapp, Angela, Abwehr von Unternehmensübernahmen, in: DZWiR 1991, 2-10.

Ebenroth, Carsten Thomas/Wilken, Oliver, Entwicklungstendenzen im deutschen Internationalen Gesellschaftsrecht - Teil 2, in: JZ 1991, 1061-1070.

Ehricke, Ulrich, Vorwirkungen von EU-Richtlinien auf nationale Gesetzgebungsvorhaben, in: ZIP 2001, 1311-1317.

Ders./Ekkenga, Jens/Oechsler, Jürgen, Wertpapiererwerbs- und Übernahmegesetz: Kommentar, München 2003, (zit.: Bearbeiter in Ehricke/Ekkenga/Oechsler, WpÜG).

Ders./Roth, Markus, Squeeze-out im geplanten deutschen Übernahmerecht, in: DStR 2001, 1120-1127.

Ekkenga, Jens, § 33 WpÜG: Neutralitätsgebot oder Grundsatz der Abwehrbereitschaft?, in: FS für Siegfried Kümpel, hrsg. von Jens Ekkenga, Walther Hadding, Horst Hammen, Berlin 2003, S. 95-110.

– Die Ad-hoc-Publizität im System der Marktordnungen, in: ZGR 1999, 165-201.

Ders./Hofschroer, Josef, Das Wertpapiererwerbs- und Übernahmegesetz, Teil I in: DStR 2002, 724-734, Teil II in: DStR 2002, 768-777.

Elschen, Rainer, Gegenstand und Anwendungsmöglichkeiten der Agency-Theorie, in: Zfbf 43 (1991), 1002-1012.

Emmerich, Volker/Habersack, Mathias, Aktien- und GmbH-Konzernrecht, 2. Aufl., München 2001, (zit.: Bearbeiter in Emmerich/Habersack, Aktien- und GmbH-Konzernrecht).

Emmerich, Volker/Sonnenschein, Jürgen/Habersack, Mathias, Konzernrecht, 7. Aufl., München 2001.

Endell, Antje, Volkswagen im Angebot, VW-Gesetz bietet keinen dauerhaften Schutz vor feindlicher Übernahme, in: NZG 2000, 1160-1162.

Endres, Dieter/Eckstein, Hans-Martin, Die steuerliche Gestaltung von Übernahmen, in: Die Übernahme börsennotierter Unternehmen, hrsg. von Rüdiger von Rosen, Werner G. Seifert, Frankfurt am Main 1999, S. 289-311.

European Counsel, M&A Handbook, London 2000, (zit.: Bearbeiter in M&A Handbook).

Eymann, Angelika/Menichetti, Marco J., Die Regelung von Übernahmeangeboten und deren Umsetzung für den europäischen Binnenmarkt, Konstanz 1990.

Fahrholz, Bernd, Neue Formen der *Unternehmensfinanzierung*, München 1998.

Falkenhausen, Bernhard Freiherr von, Das „Takeover-Game", in: FS für Ernst C. Stiefel, hrsg. von Marcus Lutter, Walter Oppenhoff, Otto Sandrock, Hanns Winkhaus, München 1987, S. 163-195.

Fischer, Klaus B./Fischer, Ana K., Das neue Aktiengesetz in Spanien, RIW 1991, 18-27.

Fleischer, Holger, Die „Business Judgement Rule": Vom Richterrecht zur Kodifizierung, in: ZIP 2004, 685-692.

– Das Vierte Finanzmarktförderungsgesetz, in: NJW 2002, 2977-2983.

– Konkurrenzangebote und Due Diligence, in: ZIP 2002, 651-656.

– Zum Begriff des öffentlichen Angebots im Wertpapiererwerbs- und Übernahmegesetz, in: ZIP 2001, 1653-1660.

Ders./Kalss, Susanne, Das neue Wertpapiererwerbs- und Übernahmegesetz, Einführende Gesamtdarstellung und Materialien, München 2002, (zit.: Fleischer/Kalss, WpÜG).

Ders./Körber, Torsten, Der Rückerwerb eigener Aktien und das Wertpapiererwerbs- und Übernahmegesetz, in: BB 2001, 2589-2595.

Fleischmann, Michael, Der Merger der Allianz AG und Dresdner Bank AG aus gesellschaftsrechtlicher, wirtschaftlicher und ertragsteuerlicher Sicht, in: DB 2001, 1528-1533.

– Der Zusammenschluß der Daimler Benz AG und der Chrysler Corp. Zur DaimlerChrysler AG aus steuerlicher Sicht, in: DB 1998, 1883-1886.

Foerster, Alexander/Dejmek, Paulina, Die neuesten Entwicklungen des schwedischen Aktien- und Übernahmerechts in einer nationalen und europäischen Perspektive, in: ZVglRWiss 2002, 309-327.

Forsthoff, Ulrich, Rechts- und Parteifähigkeit ausländischer Gesellschaften mit Verwaltungssitz in Deutschland? - Die Sitztheorie vor dem EuGH, in: DB 2000, 1109-1114.

Forum Europaeum Konzernrecht, Konzernrecht für Europa, in: ZGR 1998, 672-772.

Francioni, Reto, Der Betreuer im Neuen Markt, in: Bank 1997, 68-71.

Frank, Gert-M., *Rahmenbedingungen von Unternehmensübernahmen* in Deutschland, Stuttgart, Berlin, Köln 1993.

Frank, William P./Moreland, Allen, Unternehmerisches Ermessen des Vorstands bei feindlichen Übernahmeversuchen in den USA: die Time-Entscheidung, in: RIW 1989, 761-769.

Frankenberger, Sebastian, Das M&A-Jahr 2003 in Deutschland, in: M&A 2004, 46-50.

Franks, Julian/Mayer, Colin, Bank control, takeovers and corporate governance in Germany, in: Journal of Banking & Finance 1998, 1385-1403.

Frei, Stephan Niklaus, *Öffentliche Übernahmeangebote* in der Schweiz, 1. Aufl., Bern, Stuttgart, Wien 1995.

Freshfields Bruckhaus Deringer (Hrsg.), The Takeover Directive, June 2001, London.

Frohn, Rainer, Babylon liegt in Brüssel: Das europäische Sprachengewirr, in: EWS 2001, Heft 7, Die erste Seite.

Gabel, Harald, Jetzt auf Übernahmekandidaten setzen, in: Optionsscheine & Zertifikate, November 2001, hrsg. von BNP Paribas, S. 12-14, abrufbar unter http://warrants.bnpparibas.com

Geens, Koen, Stand und Entwicklung des Konzernrechts in Belgien, in: ZGR 1992, 142-172.

Geibel, Stephan/Süßmann, Rainer (Hrsg.), Wertpapiererwerbs- und Übernahmegesetz (WpÜG) Kommentar, München 2002, (zit.: Bearbeiter in Geibel/Süßmann, WpÜG).

– Erwerbsangebote nach dem Wertpapiererwerbs- und Übernahmegesetz, in: BKR 2002, 52-76.

Geßler, Ernst, Die Haftung des Vorstandes für wirtschaftliche Fehlentscheidungen, in: NB 2/1972, 13-20.

Ders./Hefermehl, Wolfgang/Eckardt, Ulrich/Kropff, Bruno, Aktiengesetz Kommentar, Band II, §§ 76-147, München 1974, (zit.: Bearbeiter in Geßler/Hefermehl, AktG).

Gilson, Ronald J., Seeking Competitive Bids Versus Pure Passivity in Tender Offer Defense, in: 35 Stan. L. Rev. 1982, 51-67.

Gordon, Jeffrey N., Das neue deutsche „Anti"-Übernahmegesetz aus amerikanischer Perspektive, in: AG 2002, 670-674, zugleich ecgi Law Working Paper No. 02/2002 (in englischer Sprache).

Götz, Alexander, Nochmals: Neutralitätspflicht des Vorstands und Entscheidungsbefugnis der Hauptversammlung im Übernahmerecht, in: AG 2001, 254-256.

Grablowitz, Martin, Öffentliche Übernahmeangebote nach niederländischem Recht, in: RIW 2003, 272-278.

Grobys, Marcel, Arbeitsrechtliche Aspekte des Wertpapiererwerbs- und Übernahmegesetzes, in: NZA 2002, 1-7.

– Arbeitsrechtliche Aspekte des geplanten Übernahmegesetzes, in: GmbHR 2000, R 389-390.

Groos, Thomas, Öffentliche Übernahmeangebote in Frankreich, in: AWD 1973, 592-600.

Gropper, Florian von, Darstellung einer feindlichen Übernahme in England durch ein deutsches Unternehmen am Beispiel der Übernahme von CENTURY OILS GROUP PLC durch die FUCHS-Gruppe, in: Zfbf 46 (1994), 361-389.

Groß, Wolfgang, Kapitalmarktrecht: Kommentar zum Börsengesetz, zur Börsenzulassungs-Verordnung, zum Verkaufsprospektgesetz und zur Verkaufsprospekt-Verordnung, 2. Aufl., München 2002.

– Übernahmekodex für öffentliche Übernahmeangebote: Anerkennung und Rolle des begleitenden Wertpapierdienstleistungsunternehmens, in: DB 1996, 1909-1914.

Grundmann, Stefan/Möslein, Florian, Die Goldene Aktie und der Markt für Unternehmenskontrolle im Rechtsvergleich - insbesondere Staatskontrollrechte, Höchst- und Mehrfachstimmrechte sowie Übernahmeabwehrmaßnahmen, in: ZVglRWiss 2003, 289-345.

– Die Goldene Aktie, in: ZGR 2003, 317-366.

– Die Golden Shares Grundsatzentscheidungen des Europäischen Gerichtshofs, in: BKR 2002, 758-765.

Grunewald, Barbara, Die neue Squeeze-out-Regelung, in: ZIP 2002, 18-22.

– Europäisierung des Übernahmerechts, in: AG 2001, 288-291.

– Der geänderte Vorschlag einer 13. EG-Richtlinie betreffend Übernahmeangebote, in: WM 1991, 1361-1366.

– Was bringt der Vorschlag einer 13. EG-Richtlinie über Übernahmeangebote für das deutsche Recht?, in: WM 1989, 1233-1239.

Grupp, Thomas M., Europäische Übernahmerichtlinie, in: Syndikus Januar/Februar 2001, S. 22-24.

Haarmann, Wilhelm/Riehmer, Klaus/Schüppen, Matthias (Hrsg.), Öffentliche Übernahmeangebote: Kommentar zum Wertpapiererwerbs- und Übernahmegesetz, Heidelberg 2002, (zit.: Bearbeiter in Haarmann/Riehmer/Schüppen, WpÜG).

Haberlandt, Helmut, Aktienrechtliche Maßnahmen zur Abwehr unerwünschter Beteiligungen, in: BB 1975, 353-354.

Habersack, Mathias, Der Finanzplatz Deutschland und die Rechte der Aktionäre, in: ZIP 2001, 1230-1239.

– Europäisches Gesellschaftsrecht, München 1999.

Habersack, Mathias/Mayer, Christian, Der neue Vorschlag 1997 einer Takeover-Richtlinie - Überlegungen zur Umsetzung in das nationale Recht, in: ZIP 1997, 2141-2146.

Hahn, Dieter, Die Regulierung von Übernahmen in der Europäischen Gemeinschaft, in: ZBB 1990, 10-21.

Halm, Dirk, „Squeeze-Out" heute und morgen: Eine Bestandsaufnahme nach dem künftigen Übernahmerecht, in: NZG 2000, 1162-1165.

Hamann, Uwe, Die Angebotsunterlage nach dem WpÜG - ein praxisorientierter Überblick, in: ZIP 2001, 2249-2257.

Hammen, Horst, Börsenorganisationsrecht im Wandel, in: AG 2001, 549-567.

Hammes, Nicole, Die Vorschläge der Europäischen Kommission zur Überarbeitung der Wertpapierdienstleistungsrichtlinie, in: ZBB 2001, 498-507.

Hanft, Stephan/Kretschmer, Thomas, Quartalspublizität am Neuen Markt, in: AG 2001, 84-87.

Harbarth, Stephan, Die Stellungnahme des Vorstands und des Aufsichtsrats zur Gegenleistung bei Übernahmeangeboten, in: ZIP 2004, 3-12.

– Kontrollerlangung und Pflichtangebot, in: ZIP 2002, 321-332.

– Abwehr feindlicher Übernahmen in den USA, in: ZVglRWiss 2001, 275-303.

Harrer, Herbert/Erbacher, Peter, Die Bedeutung der Due Diligence-Prüfung im Rahmen einer Unternehmensübernahme oder eines Unternehmenskaufs, in: Die Übernahme börsennotierter Unternehmen, hrsg. von Rüdiger von Rosen, Werner G. Seifert, Frankfurt am Main 1999, S. 253-267.

Harrer, Herbert/Grabowski, Olaf, Abwehrtechniken bei feindlichen Übernahmeversuchen, in: DStR 1992, 1326-1330.

Hasselbach, Kai, Aktuelle Entwicklungen im Europäischen Gesellschaftsrecht, in: NZG 1999, 291-292.

Hatzis-Schoch, Brent, Die Bedeutung von Delaware für das US-amerikanische Gesellschaftsrecht, in: RIW 1992, 539-543.

Hauschka, Christoph E./Roth, Thomas, Übernahmeangebote und deren Abwehr im deutschen Recht, in: AG 1988, 181-196.

Hausmaninger, Christian, Die öffentliche Übernahme im US-amerikanischen Recht, in: Takeover - Recht, hrsg. von Peter Doralt, Christian Nowotny, Martin Schauer, Wien 1997, S. 177-203.

Ders./Herbst, Christoph, Überlegungen zum Entwurf eines Übernahmegesetzes, in: ÖBA 1997, 911-919.

Heermann, Peter W., Interessenkonflikte von Bankvertretern in Aufsichtsräten bei (geplanten) Unternehmensübernahmen, in: WM 1997, 1689-1696.

Heidel, Thomas (Hrsg.), Anwaltskommentar Aktienrecht, Bonn 2003, (zit.: *Bearbeiter* in Heidel, Aktienrecht).

Ders./Lochner, Daniel, Squeeze-out ohne hinreichenden Eigentumsschutz, in: DB 2001, 2031-2034.

Heider, Karsten, Neutralitätspflicht des Vorstands bei Unternehmensübernahmen, in: Syndikus, Mai/Juni 2000, 21-24.

Hein, Jan von, Grundfragen des europäischen Übernahmekollisionsrechts, in: AG 2001, 213-232.

Heinrich, Tobias A., Bericht über die Diskussion, in: ZGR 2002, 659-663.

Heinsius, Theodor, Abfindung außenstehender Aktionäre und Übernahmeangebote im deutschen Aktien- und Konzernrecht, in: *Übernahmeangebote* im Aktienrecht, hrsg. von Clive M. Schmitthoff, François Goré, Theodor Heinsius, Frankfurt am Main 1976, S. 35-61.

Heintzeler, Frank, Unfreundliche Übernahmen - bald auch in Deutschland?, in: ÖBA 1989, 839-847.

Heiss, Manuela M., Keine unfreundlichen Unternehmensübernahmen in der Schweiz, in: RIW 1995, 888-894.

Helmis, Sven, Regulierung von Unternehmensübernahmen in den USA, in: RIW 2001, 825-834.

– Erwerb eigener Aktien als strategisches Instrument zur Übernahmeabwehr, in: M&A 2001, 7-12.

Hemeling, Peter, Stimmrechtsausübung in der Hauptversammlung im Lichte des Namensaktiengesetzes (NaStraG), in: Gesellschaftsrecht 2001, RWS-Forum 20, hrsg. von Hartwig Henze, Michael Hoffmann-Becking, Köln 2001, S. 79-93.

Henze, Hartwig, Leitungsverantwortung des Vorstands - Überwachungspflicht des Aufsichtsrats, in: BB 2000, 209-216.

– Prüfungs- und Kontrollaufgaben des Aufsichtsrates in der Aktiengesellschaft, in: NJW 1998, 3309-3312.

Henze, Hartwig/Hoffmann-Becking, Michael (Hrsg.), Gesellschaftsrecht 2003, RWS Forum 25, 2003.

– Gesellschaftsrecht 2001, RWS Forum 20, 2001.

Herden, Raimund W./Aumann, Stefan, Feindliche Übernahmen erleben sprunghaften Anstieg, in: M&A 1999, 219-223.

Herden, Raimund W./Beermann, Marcel, M&A Markt stabilisiert sich, in: M&A 2001, 396-399.

Herden, Raimund W./Ficke, Reiner, Im Jahr 2000 erneut Rekordvolumen bei den Unternehmenstransaktionen, in: M&A 2001, 59-62.

Herden, Raimund W./Mueller, Bertolt, M&A-Markt - Licht am Ende des Tunnels?, in: M&A 2004, 63-67.

Hering, Thomas/Olbrich, Michael, Wert, Preis und Entschädigung der Mehrstimmrechte, in: BB 2003, 1519-1520.

Herkenroth, Klaus E., Bankenvertreter als Aufsichtsratsmitglieder von Zielgesellschaften: Zur beschränkten Leistungsfähigkeit des Rechts bei der Lösung von Interessenkonflikten anläßlich der Finanzierung von Übernahmen, in: AG 2001, 33-40.

– *Konzernierungsprozesse* im Schnittfeld von Konzernrecht und Übernahmerecht: rechtsvergleichende Untersuchungen der Allokationseffizienz unterschiedlicher Spielregeln von Unternehmensübernahmen, Diss., Berlin 1994.

Herrmann, Marcus, Zivilrechtliche *Abwehrmaßnahmen* gegen unfreundliche Übernahmeversuche in Deutschland und Großbritannien, Diss., Heidelberg 1993.

Hertig, Gerard/McCahery, Joseph A., Company and Takeover Law Reforms in Europe: Misguided Harmonization Efforts or Regulatory Competiton? in: ecgi Law Working Paper No. 12/2003.

Hirsch, Alain, Einführung: Schweiz, in: Übernahmerecht/Takeover Law, Hauptband, 1. Aufl., hrsg. von Stephan Schuster, Christian O. Zschocke, Frankfurt am Main 1998, S. 230-233

Hirte, Heribert, Verteidigung gegen Übernahmeangebote und Rechtsschutz des Aktionärs gegen die Verteidigung, in: ZGR 2002, 623-658.

– Eckpunkte des neuen deutschen Wertpapiererwerbs- und Übernahmegesetzes, in: Wertpapiererwerbs- und Übernahmegesetz (WpÜG) - Gesetzestexte, Quellen, Materialien, hrsg. von Heribert Hirte, Köln, Berlin u.a. 2002, S. 33-44, (zit.: *Hirte* in Hirte, WpÜG-Materialien).

– Der Kampf um Belgien - Zur Abwehr feindlicher Übernahmen, in: ZIP 1989, 1233-1246.

Ders./Bülow, Christoph von (Hrsg.), Kölner Kommentar zum WpÜG, Köln 2003, (zit.: *Bearbeiter* in KK WpÜG).

Ders./Schander, Albert A., Organpflichten bei Unternehmensübernahmen, in: Die Übernahme börsennotierter Unternehmen, hrsg. von Rüdiger von Rosen, Werner G. Seifert, Frankfurt am Main 1999, S. 341-375.

Hlawati, Edith/Birkner, Albert/Graf, Wolfgang, Abwehrmaßnahmen gegen Hostile Takeovers, in: ecolex 2000, 84-91.

Hoffmann, Jochen, Die Bildung der Aventis S.A. - ein Lehrstück des europäischen Gesellschaftsrechts, in: NZG 1999, 1077-1085.

Hoffmann-Becking, Michael (Hrsg.), Münchener Handbuch des Gesellschaftsrechts, Band 4: Aktiengesellschaft, 2. Aufl., München 1999, (zit.: Bearbeiter in MünHdb/GesR/AG).

Holzapfel, Hans-Joachim/Pöllath, Reinhard, Unternehmenskauf in Recht und Praxis, 10. Aufl., Köln 2001.

Holzborn, Timo, Ausschluss ausländischer Aktionäre nach § 24 WpÜG, in: BKR 2002, 67-76.

Ders./Friedhoff, Martin, Die Befreiung vom Pflichtangebot bei Sanierung der Zielgesellschaft nach § 37 WpÜG; § 9 Satz 1 Nr. 3 RVWpÜG, in: BKR 2001, 114-116.

Hommelhoff, Peter, Ein neues Kapitel im Konzernrecht: Übernahmegesetz auf dem Weg, in: BB 2001, Heft 20, Die erste Seite.

– Konzerneingangs-Schutz durch Takeover-Recht?, in: FS für Johannes Semler, hrsg. von Marcus Bierich, Peter Hommelhoff, Bruno Kropff, Berlin, New York 1993, S. 455-471.

Ders./Hopt, Klaus J./Lutter, Marcus (Hrsg.), Konzernrecht in Europa, Band 1: Konzernrecht und Kapitalmarktrecht, München 2001, (zit.: Bearbeiter in Hommelhoff/Hopt/Lutter, Konzernrecht für Europa).

Ders./Kleindiek, Detlef, Takeover-Richtlinie und europäisches Konzernrecht, in: AG 1990, 106-111.

Ders./Witt, Carl-Heinz, Bemerkungen zum deutschen Übernahmegesetz nach dem Scheitern der Richtlinie, in: RIW 2001, 561-569.

Hopt, Klaus J., Grundsatz- und Praxisprobleme nach dem Wertpapiererwerbs- und Übernahmegesetz, in: ZHR 166 (2002), 383-432.

– Takeover regulation in Europe - The battle for the 13th directive on takeovers, in: 15 Australian Journal of Corporate Law (2002), S. 1-18.

– Auf dem Weg zum deutschen Übernahmegesetz, in: FS für Hans-Georg Koppensteiner, hrsg. von Ernst A. Kramer, Wolfgang Schumacher, Wien 2001, S. 61-89.

– Verhaltenspflichten des Vorstands der Zielgesellschaft bei feindlichen Übernahmen, in: FS für Marcus Lutter, hrsg. von Uwe H. Schneider, Peter Hommelhoff, Karsten Schmidt, Wolfram Timm, Barbara Grunewald, Tim Drygala, Köln 2000, S. 1361-1400.

– Auf dem Weg zum deutschen Übernahmegesetz, in: FS für Wolfgang Zöllner, hrsg. von Manfred Lieb, Ulrich Noack, Harm Peter Westermann, Band I Handels-, Gesellschafts- und Wirtschaftsrecht, Köln 1998, S. 253-274.

– Das Dritte Finanzmarktförderungsgesetz, in: FS für Ulrich Drobnig, hrsg. von Jürgen Basedow, Klaus J. Hopt, Hein Kötz, Tübingen 1998, S. 525-548.

– Europäisches Übernahmerecht, in: EuZW 1997, Heft 16, S. 481 (Editorial).

– Europäisches und deutsches Übernahmerecht, in: ZHR 161 (1997), 368-420.

– (Hrsg.), *Vertrags- und Formularhandbuch* zum Handels-, Gesellschafts-, Bank- und Transportrecht, 1. Aufl., München 1995.

– Aktionärskreis und Vorstandsneutralität, in: ZGR 1993, 534-566.

– European Takeover Regulation: Barriers to and Problems of Harmonizing Takeover Law in the European Community, in: European Takeovers, hrsg. von Klaus J. Hopt, Eddy Wymeersch, London 1992, S. 165-194.

– Übernahmeangebote im europäischen Recht, in: FS für Fritz Rittner, hrsg. von Manfred Löwisch, Christian Schmidt-Leithoff, Burkhard Schmiedel, München 1991, S. 187-209.

– Präventivmaßnahmen zur Abwehr von Übernahme- und Beteiligungsversuchen, in: *WM-Festgabe für* Theodor *Heinsius* zum 65. Geburtstag, WM-Sonderheft vom 25.09.91, S. 22-30, zugleich in: Unternehmensakquisitionen: Strategien und Abwehrstrategien, hrsg. von Günter Sieben, Heinz-Gerd Stein, Stuttgart 1992, S. 39-56.

– Die Regelung der Übernahmeangebote im europäischen Recht, in: Der europäische *Binnenmarkt* 1992, hrsg. von Hans E. Büschgen, Uwe H. Schneider, Frankfurt am Main 1990, S. 297-313.

Ders./Rudolph, Bernd/Baum, Harald (Hrsg.), Börsenreform, Stuttgart 1997, (zit.: Bearbeiter in Hopt/Rudolph/Baum, Börsenreform).

Ders./Wiedemann, Herbert (Hrsg.), AktG - Großkommentar, 4. Aufl., 1. Lfg.: Einl. A-D, Berlin 1992, 11. Lfg.: §§ 92-94, Berlin 1999, 4. Lfg.: §§ 121-130, Berlin 1993, &: Lfg.: §§ 241-255, Berlin 1996, (zit.: Bearbeiter in GroßKomm AktG).

Ders./Wymeersch, Eddy (Hrsg.), *European Takeovers* - Law and Practice, London 1992.

Horn, Norbert, Internationale Unternehmenszusammenschlüsse, in: ZIP 2000, 473-485.

– Die Haftung des Vorstands der AG nach § 93 AktG und die Pflichten des Aufsichtsrats, in: ZIP 1997, 1129-1139.

Horsmans, Guy, La réglementation belge des offres publiques d'acquisition, in: Öffentliche Übernahmeangebote, hrsg. von Karl Kreuzer, Baden-Baden 1992, S. 99-131.

Houben, Eike, Die Gestaltung des Pflichtangebots unter dem Aspekt des Minderheitenschutzes und der effizienten Allokation der Unternehmenskontrolle, in: WM 2000, 1873-1883.

Hucke, Anja/Ammann, Michael, Der Entwurf des Transparenz- und Publizitätsgesetzes - ein weiterer Schritt zur Modernisierung des Unternehmensrechts, in: DStR 2002, 689-696.

– Mergers and Acquisitions - bald gesetzlich geregelt?, in: FB 2001, 1-8.

Hüffer, Uwe, Aktiengesetz (Kommentar), 4. Aufl., München 1999.

Hulle, Karel van, Aktuelle Entwicklungen im europäischen Gesellschaftsrecht, in: EWS 2000, 521-526.

Hurstel, Daniel/Süß, Gisela, Reformansätze des französischen Übernahmerechts, in: EuZW 1998, 203-209.

Hutter, Stephan/Lawrence, W. Jeffrey, Übernahmerecht in den USA, in: Die Übernahme börsennotierter Unternehmen, hrsg. von Rüdiger von Rosen, Werner G. Seifert, Frankfurt am Main 1999, S. 95-145.

IDW, Stellungnahme zu dem Vorschlag für eine 13. EG-Richtlinie auf dem Gebiet des Gesellschaftsrechts über Übernahmeangebote, in: FN-IDW 1989, 222-223.

IDW-Steuerfachausschuß, Die Unternehmenssteuerreform: Hinweise für die Beratungspraxis, erarbeitet vom Arbeitskreis „Unternehmenssteuerreform“, in: FN-IDW 2000, Sonderbeilage zu Heft 11.

Ihrig, Hans-Christoph/Wagner, Jens, Die Reform geht weiter: Das Transparenz- und Publizitätsgesetz kommt, in: BB 2002, 789-797.

Immenga, Ulrich, Öffentliche Übernahmeangebote, in: Öffentliche Übernahmeangebote, hrsg. von Karl Kreuzer, Baden-Baden 1992, S. 11-34.

– Öffentliche Übernahmeangebote (Take over bids), in: SAG 1975, 89-103.

Ders./Noll, Bernd, *Feindliche Übernahmeangebote* aus wettbewerbspolitischer Sicht, Göttingen 1990.

Isensee, Josef/Kirchhof, Paul (Hrsg.), Handbuch des Staatsrechts, Band III - Das Handeln des Staates, 2. Aufl., Heidelberg 1996, (zit.: Bearbeiter in Isensee/Kirchhof, Hdb. des Staatsrechts).

Jaag, Tobias, Die Beziehungen zwischen der Schweiz und der Europäischen Union, in: ZSR 2000, 223-252.

Jaletzke, Matthias, Legal Due Diligence, in: FS für Wulf H. Döser, hrsg. von Friedrich Kübler, Joachim Scherer, Joachim Treeck, Baden-Baden 1999, S. 199-223.

Jansen, Stephan A., Mergers & Acquisitions, 3. Aufl., Wiesbaden 2000.

Jensen, Michael C., Agency Costs of Free Cash Flow, Corporate Finance, and Takeovers, in: 76 Am. Econ. Rev. 1986 No. 2, 323-329.

Ders./Meckling, William H., Theory of the Firm: Managerial Behaviour, Agency Costs and Ownership Structure, in: 3 J. Fin. Econ. 1976, 305-360.

Ders./Ruback, Richard S., The market for corporate control: The scientific evidence, in: 11 J. Fin. Econ. 1983, 5-50.

Jesch, Dietrich, Auslegung gegen den Wortlaut und Verordnungsgebung contra legem, in: JZ 1963, 241-245.

Joussen, Edgar, Die Treuepflicht des Aktionärs bei feindlichen Übernahmen, in: BB 1992, 1075-1081.

Jud, Waldemar/Terlitza, Bernd/Zollner, Johannes, Der Rückerwerb eigener Aktien als Instrument der Abwehr von Übernahmeangeboten, in: ecolex 2000, 91-96.

Jungmichel, Tim, Basel II und die möglichen Folgen, in: WM 2003, 1201-1209.

Kallmeyer, Harald (Hrsg.), Zum neuen Kommissionsvorschlag für eine Übernahmerichtlinie, in: DB 2002, 2695.

– Tragweite des Überseering-Urteils des EuGH vom 5.11.2002 zur grenzüberschreitenden Sitzverlegung, in: DB 2002, 2521-2522.

– Umwandlungsgesetz Kommentar, 2. Aufl., Köln 2001, (zit.: Bearbeiter in Kallmeyer, UmwG).

– Verkehrte Fronten im Übernahmerecht, in: DB 2001, Heft 26, Gastkommentar.

– Neutralitätspflicht des Vorstands und Entscheidungsbefugnis der Hauptversammlung im Übernahmerecht, in: AG 2000, 553-554.

– Ausschluß von Minderheitsaktionären, in: AG 2000, 59-61.

– Pflichtangebote nach dem Übernahmekodex und dem neuen Vorschlag 1997 einer Takeover-Richtlinie, in: ZIP 1997, 2147-2148.

– Die Mängel des Übernahmekodex der Börsensachverständigenkommission, in: ZHR 161 (1997), 435-454.

– Der Übernahmekodex der Börsensachverständigenkommission, in: AG 1996, 169-171.

Kalss, Susanne, Gesellschaftsrecht in den Ländern Mittel- und Osteuropas, in: ZGR 2000, 819-869.

– Das neue Übernahmegesetz als Teil des Kapitalmarktrechts in Österreich, in: NZG 1999, 421-430.

– Das Bundesaufsichtsamt für Wertpapierhandel in Frankfurt, in: ÖBA 1995, 756-765.

Karollus, Martin/Geist, Reinhard, Anmerkung zur Entscheidung der österreichischen Übernahmekommission in der Sache HVB/Bank Austria, in: NZG 2001, 288.

– Das österreichische Übernahmegesetz - (k)ein Papiertiger?! - eine Fallstudie, in: NZG 2000, 1145-1150.

Kasche, Maria, Übernahme börsennotierter Gesellschaften in Schweden, in : RIW 2002, 87-94.

Kerber, Markus C., Die Übernahme und Veräußerung börsennotierter Unternehmen in Frankreich, in: WM 1988, Sonderbeilage Nr. 3, 1-22.

Kersting, Mark Oliver, Der Neue Markt der Deutsche Börse AG, in: AG 1997, 222-228.

Kessler, Manfred H., Die Leitungsmacht des Vorstandes einer Aktiengesellschaft (II), in: AG 1995, 120-132.

Kiem, Roger, Das neue Übernahmegesetz: „Squeeze-Out“, in: Gesellschaftsrecht 2001, RWS-Forum 20, hrsg. von Hartwig Henze, Michael Hoffmann-Becking, Köln 2001, S. 329-351.

– Der Hauptversammlungsentscheid zur Legitimation von Abwehrmaßnahmen nach dem neuen Übernahmegesetz, in: ZIP 2000, 1509-1517.

Ders./Kotthoff, Jost, Ad-hoc-Publizität bei mehrstufigen Entscheidungsprozessen, in: DB 1995, 1999-2004.

Kilian, Wolfgang, VW-Gesetz und Wissenschaftsförderung, in: NJW 2002, 3599-3601.

Kindler, Peter, Der Aktionär in der Informationsgesellschaft, in: NJW 2001, 1678-1691.

– Hauptfragen des Konzernrechts in der internationalen Diskussion, in: ZGR 1997, 449-46.

– Die Aktiengesellschaft für den Mittelstand, in: NJW 1994, 3041-3054.

Kirchmann, Julius Hermann von, Die Wertlosigkeit der Jurisprudenz als Wissenschaft, Neuausgabe, 2. Aufl., Heidelberg 2000.

Kirchner, Christian, Neue Regeln für Unternehmensübernahmen, in: WISU 2001, 1037-1038.

– Managementpflichten bei „feindlichen" Übernahmeangeboten, in: WM 2000, 1821-1830.

– Szenarien einer „feindlichen" Unternehmensübernahme: Alternative rechtliche Regelungen im Anwendungstest, in: BB 2000, 105-113.

– Neutralitäts- und Stillhaltepflicht des Vorstands der Zielgesellschaft im Übernahmerecht, in: AG 1999, 481-492.

Ders./Ehricke, Ulrich, Funktionsdefizite des Übernahmekodex der Börsensachverständigenkommission, in: AG 1998, 105-116.

Ders./Painter, Richard W., European Takeover Law - Towards a European Modified Business Judgement Rule for Takeover Law, in: EBOR 2000, 353-400.

Klein, Albrecht, Abwehrmaßnahmen gegen feindliche Übernahmen in Deutschland, in: NJW 1997, 2085-2089.

Klein, Christian/Stucki, Dominique, Öffentliche Übernahmeangebote (OPA/OPE) in Frankreich, in: RIW 2001, 488-493.

Kley, Karl-Ludwig, Strategische Allianzen als Alternative zu Übernahmen, in: Die Übernahme börsennotierter Unternehmen, hrsg. von Rüdiger von Rosen, Werner G. Seifert, Frankfurt am Main 1999, S. 395-414.

Knigge, Dagmar, Änderungen des Aktienrechts durch das Transparenz- und Publizitätsgesetz, in: WM 2002, 1729-1737.

Koch, Jens, Der Erwerb eigener Aktien - kein Fall des WpÜG, in: NZG 2003, 61-70.

Köke, Jens, Mergers & Acquisitions: Deutsches Übernahmegesetz greift zu kurz, in: ZEW-news, Juli/August 2001, S. 4. Abrufbar im Internet über die Website der ZEW unter http://www.zew.de/de/publikationen/zewnews.php3.

– Sonderfrage: Unternehmensübernahmen in Deutschland, in: ZEW Finanzmarktreport Nr. 7, Juli 2001, S. 3. Abrufbar unter http://www.zew.de/de/publikationen/finanzmarktreport.php3.

König, Detlef, Diskussionsbericht, in: *Übernahmeangebote* im Aktienrecht, hrsg. von Clive M. Schmitthoff, François Goré, Theodor Heinsius, Frankfurt am Main 1976, S. 63-74.

Körner, Marita, Die Neuregelung der Übernahmekontrolle nach deutschem und europäischem Recht - insbesondere zur Neutralitätspflicht des Vorstands, in: DB 2001, 367-371.

Kort, Michael, Rechte und Pflichten des Vorstands der Zielgesellschaft bei Übernahmeversuchen, in: FS für Marcus Lutter, hrsg. von Uwe H. Schneider, Peter Hommelhoff, Karsten Schmidt, Wolfram Timm, Barbara Grunewald, Tim Drygala, Köln 2000, S. 1421-1447.

Kossmann, Alfred, Ausschluß („Freeze-out") von Aktionären gegen Barabfindung, in: NZG 1999, 1198-1203.

Krause, Hartmut, Die EU-Übernahmerichtlinie - Anpassungsbedarf im Wertpapiererwerbs- und Übernahmegesetz, in: BB 2004, 113-119.

– Der Kommissionsvorschlag für die Revitalisierung der EU-Übernahmerichtlinie, in: BB 2002, 2341-2347.

– Das deutsche Übernahmegesetz vor dem Hintergrund der EU-Richtlinie, in: ZGR 2002, 500-519.

– Von „goldenen Aktien", dem VW-Gesetz und der Übernahmerichtlinie, in: NJW 2002, 2747-2751.

– Die Abwehr feindlicher Übernahmeangebote auf der Grundlage von Ermächtigungsbeschlüssen der Hauptversammlung, in: BB 2002, 1053-1061.

– Prophylaxe gegen feindliche Übernahmeangebote, in: AG 2002, 133-144.

– Das neue Übernahmerecht, in: NJW 2002, 705-716.

– Germany wins compromise on EU Takeover rules, in: IFLR 7/2001, 18-20.

– Germany reacts to Vodafone challenge with new takeover law, in: IFLR 9/2000, 36-40.

– Die geplante Takeover-Richtlinie der Europäischen Union mit Ausblick auf das geplante deutsche Übernahmegesetz, in: NZG 2000, 905-913.

– Zur „Pool- und Frontenbildung" im Übernahmekampf und zur Organzuständigkeit für Abwehrmaßnahmen gegen „feindliche" Übernahmeangebote, in: AG 2000, 217-222.

– *Das obligatorische Übernahmeangebot*: eine juristische und ökonomische Analyse, Diss., Baden-Baden 1996.

– Der revidierte Vorschlag einer Takeover-Richtlinie (1996), in: AG 1996, 209-217.

– Zur Gleichbehandlung der Aktionäre bei Übernahmeangeboten und Beteiligungserwerb, Teil I in: WM 1996, 845-851, Teil II in: WM 1996, 893-900.

Kremer, Matthias-Gabriel, Der Diskussionsentwurf eines Gesetzes zur Regelung von Unternehmensübernahmen, in: M&A 2000, 461-463.

Kreuzer, Karl (Hrsg.), Öffentliche Übernahmeangebote, Baden-Baden 1992.

Krieger, Gerd, Squeeze-Out nach neuem Recht: Überblick und Zweifelsfragen, in: BB 2002, 53-62.

– Das neue Übernahmegesetz: Preisfindung beim Übernahmeangebot und Neutralitätspflicht des Vorstands der Zielgesellschaft, in: Gesellschaftsrecht 2001, RWS-Forum 20, hrsg. von Hartwig Henze, Michael Hoffmann-Becking, Köln 2001, S. 289-322.

– Aktionärsklage zur Kontrolle des Vorstandshandelns und Aufsichtsratshandelns, in: ZHR 163 (1999), 343-363.

Kropff, Bruno (Hrsg.), Aktiengesetz, Düsseldorf 1965.

Ders./Semler, Johannes (Hrsg.), Münchener Kommentar zum Aktiengesetz, Band 1 §§ 1-53, 2. Aufl., München 2000; Band 8 §§ 278-328, 2. Aufl., München 2000, (zit.: Bearbeiter in MüKo/AktG).

Kuhner, Christoph/Schilling, Dirk, Maßnahmen der Unternehmensleitung zur Abwehr von Unternehmensübernahmen in der rechts- und wirtschaftspolitischen Diskussion, in: BFuP 2002, 445-477.

Kuhr, Hans-Peter, Der *Minderheitenschutz* bei Übernahmeangeboten in Deutschland und Frankreich unter dem Einfluß der 13. EG-Richtlinie: eine rechtsvergleichende Untersuchung des europäischen, deutschen und französischen Rechts, Diss., Kostanz 1992.

Kümpel, Siegfried, Die neuen Sonderbedingungen für Wertpapiergeschäfte, in: WM 1995, 137-147.

Kurth, Thomas, Aktionärsschutz und öffentliche Kaufangebote, Diss., Köln 1987.

Kuthe, Thorsten, Die Fortsetzung der Aktienrechtsreform durch den Entwurf eines Gesetzes zur Unternehmensintegrität und Modernisierung des Anfechtungsrechts, in: BB 2004, 449-451.

Küting, Karlheinz, Das Übernahmeangebot als alternative Form des Beteiligungserwerbs, in: BB 1978, 1751-1755.

Kütter, Georg/Loch, Friedemann/Thelen-Pischke, Hiltrud, Das zweite Konsultationspapier zur Überarbeitung der Basler Eigenkapitalübereinkunft, in: ZfgK 2001, 183-186.

Lammers, Brigitte, *Verhaltenspflichten* von Verwaltungsorganen in Übernahmeauseinandersetzungen, Diss., Berlin, Bern u. a. 1994.

Land, Volker, Das neue deutsche Wertpapiererwerbs- und Übernahmegesetz, in: DB 2001, 1707-1713.

Ders./Hasselbach, Kai, Das neue deutsche Übernahmegesetz, in: DB 2000, 1747-1755.

– „Going Private" und „Squeeze-out" nach deutschem Aktien-, Börsen- und Übernahmerecht, in: DB 2000, 557-562.

Langevoort, Donald C., The Law's Influence on Managers' Behavior in Control Transactions: An American Perspective, in: European Takeovers, hrsg. von Klaus J. Hopt, Eddy Wymeersch, London 1992, S. 255-267.

Larenz, Karl, Methodenlehre der Rechtswissenschaft, 6. Aufl., Berlin, Heidelberg u.a. 1991.

Lee, Peter, Takeover Regulation in the United Kingdom, in: European Takeovers, hrsg. von Klaus J. Hopt, Eddy Wymeersch, London 1992, S. 133-142.

– Takeover Regulation in the United Kingdom, in: EWS 1990, 241-246.

Lehne, Klaus-Heiner, Die 13. Richtlinie auf dem Gebiet des Gesellschaftsrechts betreffend Übernahmeangebote - gescheitert, aber dennoch richtungsweisend für das künftige europäische Übernahmerecht, in: Wertpapiererwerbs- und Übernahmegesetz (WpÜG) - Gesetzestexte, Quellen, Materialien, hrsg. von Heribert Hirte, Köln, Berlin u.a. 2002, S. 33-44, (zit.: *Lehne* in Hirte, WpÜG-Materialien).

– Forum Institut für Management GmbH, Heidelberg, Fachkonferenz „Europäisches Übernahmerecht" am 2. Februar 2001, Frankfurt am Main, S. 71-80 (zit.: Forum Seminarunterlagen vom 2. Februar 2001).

Ders./Haak, Andreas Max, Das Ringen um die Übernahmerichtlinie aus der Sicht des Europäischen Parlaments, in: Konzern 2003, 163-167.

Leible, Stefan/Hoffmann, Jochen, „Überseering" und das (vermeintliche) Ende der Sitztheorie, in: RIW 2002, 925-936.

Leibner, Wolfgang, Das neue Übernahmerecht, NWB 2002, Fach 18, S. 3873-3876.

Leis, Josef/Nowak, Eric, *Ad-hoc-Publizität* nach § 15 WpHG, Stuttgart 2001.

Lendner, Holger, American Depositary Receipt - eine Zugangsmöglichkeit deutscher Unternehmen zum US-amerikanischen Eigenkapitalmarkt, in: WPg 1997, 596-608.

Lenz, Tobias, Neuerungen im Übernahmerecht, in: INF 2000, 655-658.

Lenz, Jürgen/Linke, Ulf, Rückkauf eigener Aktien nach dem Wertpapiererwerbs- und Übernahmegesetz, in: AG 2002, 420-424.

Letzel, Hans-Joachim, Das Pflichtangebot nach dem WpÜG, in: BKR 2002, 293-304.

– Das Pflichtangebot nach dem Übernahmekodex - mit Vorausschau auf das Pflichtangebot nach dem ÜbG, in: NZG 2001, 260-268.

Liebscher, Thomas, Das Übernahmeverfahren nach dem neuen Übernahmegesetz, in: ZIP 2001, 853-869.

Lipton, Martin, Takeover Bids in the Target's Boardroom, in: 35 Bus. Lawyer 1979, 101-134.

Loehr, Helmut, Der Freiwillige Übernahmekodex, in: Die Übernahme börsennotierter Unternehmen, hrsg. von Rüdiger von Rosen, Werner G. Seifert, Frankfurt am Main 1999, S. 149-163.

– Der neue Verhaltenskodex für Unternehmensübernahmen in der praktischen Umsetzung - Eine Zwischenbilanz, in: WM 1997, 1374-1375.

Loritz, Karl-Georg/Wagner, Klaus-R., Das „Zwangsübernahmeangebot" der EG-Takeover-Richtlinie aus verfassungsrechtlicher Sicht, in: WM 1991, 709-722.

Lutter, Marcus, Europäische Aktiengesellschaft - Rechtsfigur mit Zukunft, in: BB 2002, 1-7.

– Grenzen zulässiger Einflußnahme im faktischen Konzern, in: FS für Martin Peltzer, hrsg. von Marcus Lutter, Manfred Scholz, Walter Sigle, Köln 2001, S. 241-259.

– (Hrsg.), Umwandlungsgesetz Kommentar, Köln 1996, (zit.: Bearbeiter in Lutter, UmwG).

– Europäisches Unternehmensrecht, ZGR-Sonderheft 1, 4. Aufl., Berlin 1996.

– Europäisches Unternehmensrecht, ZGR-Sonderheft 1, 3. Aufl., Berlin 1991.

Ders./Leinekugel, Rolf, Der Ermächtigungsbeschluß der Hauptversammlung zu grundlegenden Strukturmaßnahmen - zulässige Kompetenzübertragung oder unzulässige Selbstentmachtung?, in: ZIP 1998, 805-817.

Mackey, Alec/Geiser, Alexander, Die wachsende Bedeutung effektiver Kommunikationsstrategien bei feindlichen Übernahmen, in: M&A 2000, 262-265.

Maeijer, J.M.M./Geens, Koen (Hrsg.), Defensive measures against hostile takeovers in the Common Market, Dordrecht, Boston, London 1990.

Maier-Reimer, Georg, Verhaltenspflichten des Vorstands der Zielgesellschaft bei feindlichen Übernahmen, in: ZHR 165 (2001), 258-279.

Manne, Henry G., Mergers and the Market for Corporate Control, in: 73 J. Pol. Econ. 1965, 110-120.

Marquardt, Michael, Gesellschafts- und steuerrechtliche Instrumente zur Abwehr feindlicher Übernahmen von Aktiengesellschaften, in: WiB 1994, 537-543.

Marsch-Barner, Reinhard, Die Abschaffung von Mehrstimmrechten und Stimmrechtsbeschränkungen, in: *Reform des Aktienrechts*, der Rechnungslegung und Prüfung, hrsg. von Dietrich Dörner, Dieter Menold, Norbert Pfitzer, Stuttgart 1999, S. 283-296.

Martens, Klaus-Peter, Der Einfluß von Vorstand und Aufsichtsrat auf Kompetenzen und Struktur der Aktionäre - Unternehmensverantwortung contra Neutralitätspflicht, in: FS für Karl Beusch, hrsg. von Heinrich Beisse, Marcus Lutter, Heribald Närger, Berlin, New York 1993, S. 529-556.

– Der Ausschluß des Bezugsrechts: BGHZ 33, S. 175, in: FS für Robert Fischer, hrsg. von Marcus Lutter, Walter Stimpel, Herbert Wiedemann, Berlin, New York 1979, S. 437-460.

Maul, Silja/Kouloridas, Athanasios, The Takeover bids Directive, in: German Law Journal, 2004 (Volume 5), S. 355-366.

Mayer, Thomas, Der Übernahmekodex der Börsensachverständigenkommission beim (deutschen) Bundesministerium der Finanzen, in: Takeover-Recht, hrsg. von Peter Doralt, Christian Nowotny, Martin Schauer, Wien 1997, 27-49.

Ders./Zschocke, Christian, Der deutsche Übernahmekodex, in: ÖBA 1996, 711-716.

Meier-Schatz, Christian J., Die neue Börsenrechtsordnung der Schweiz - ein Überblick, in: ZBB 1997, 325-345.

– Managermacht und Marktkontrolle, in: ZHR 149 (1985), 76-108.

Meitner, Matthias/Sofka, Wolfgang, „Barbarians at the Brandenburger Gate“, in: M&A 2003, 360-366.

Meixner, Rüdiger, Das Dritte Finanzmarktförderungsgesetz, in: NJW 1998, 1896-1902.

Menold, Dieter/Schröder, Matthias, Stückaktiengesetz, in: *Reform des Aktienrechts*, der Rechnungslegung und Prüfung, hrsg. von Dietrich Dörner, Dieter Menold, Norbert Pfitzer, Stuttgart 1999, S. 27-55.

Merkt, Hanno, Verhaltenspflichten des Vorstands der Zielgesellschaft bei feindlichen Übernahmen, in: ZHR 165 (2001), 224-257.

– *US*-amerikanisches *Gesellschaftsrecht*, Heidelberg 1991.

Merten, Detlef (Hrsg.), Die Subsidiarität Europas, Berlin 1993.

Mertens, Hans-Joachim, Förderung von, Schutz vor, Zwang zu Übernahmeangeboten?, in: AG 1990, 252-259.

Mestmäcker, Ernst-Joachim, Zur aktienrechtlichen Stellung der Verwaltung bei Kapitalerhöhungen, in: BB 1961, 945-952.

Meyer, Wilhelm, Ratspräsidentschaft Schwedens im 1. Halbjahr 2001, WM 2001, 276.

Michalski, Lutz, Abwehrmechanismen gegen Übernahmeangebote („unfriendly takeovers“) nach deutschem Aktienrecht, in: AG 1997, 152-163.

Möller, Andreas, Rechtsmittel und Sanktionen nach dem Wertpapiererwerbs- und Übernahmegesetz, in: AG 2002, 170-176.

– Das Vierte Finanzmarktförderungsgesetz - Der Regierungsentwurf, in: WM 2001, 2405-2415.

Ders./Pötzsch, Thorsten, Das neue Übernahmerecht - Der Regierungsentwurf vom 11. Juli 2001, in: ZIP 2001, 1256-1262.

Monti, Mario, Vorschlag für eine Richtlinie über Übernahmeangebote, in: Die Übernahme börsennotierter Unternehmen, hrsg. von Rüdiger von Rosen, Werner G. Seifert, Frankfurt am Main 1999, S. 15-28.

Morgan Grenfell (Hrsg.), Global Mergers and Acquisitions Handbook - *Handbuch für den internationalen Unternehmenskauf*, London 1989.

Möschel, Wernhard, Aktienrechtliche Aspekte des Zusammenschlusses Thyssen/Rheinstahl, in: ZRP 1973, 162-164.

Mülbert, Peter O., Make It or Break It: The Break-Through Rule as a Break-Through for the European Takeover Directive?, in: ecgi Law Working Paper No. 13/2003.

– Übernahmerecht zwischen Kapitalmarktrecht und Aktien(konzern)recht - die konzeptionelle Schwachstelle des RegE WpÜG, in: ZIP 2001, 1221-1229.

– Die Zielgesellschaft im Vorschlag 1997 einer Takeover-Richtlinie, in: IStR 1999, 83-94.

– Shareholder Value aus rechtlicher Sicht, in: ZGR 1997, 129-172.

– Empfehlen sich gesetzliche Regelungen zur Einschränkung des Einflusses der Kreditinstitute auf Aktiengesellschaften?, *Gutachten E für den 61. DJT*, München 1996.

Ders./Birke, Max, Das übernahmerechtliche Behinderungsverbot, in: WM 2001, 705-718.

Müller, Klaus J., Gesellschaftsrechtliche Aspekte des geplanten Übernahmegesetzes, in: GmbHR 2000, R 373-374.

Müller, Welf, Die Entscheidungsspielräume der Verwaltung einer Aktiengesellschaft im Verhältnis zu ihren Aktionären, in: FS für Johannes Semler, hrsg. von Marcus Bierich, Peter Hommelhoff, Bruno Kropff, Berlin, New York 1993, 195-215.

Münch, Ingo von/Kunig, Philip (Hrsg.), Grundgesetz-Kommentar, Band 1 (Präambel bis Art. 19), 5. Aufl., München 2000, (zit.: Bearbeiter in von Münch/Kunig, GG).

Münchener Kommentar zum Bürgerlichen Gesetzbuch, Band 1, Allgemeiner Teil, Redakteur Franz Jürgen Säcker, 4. Aufl., München 2001, (zit.: Bearbeiter in MüKo/BGB).

Munscheck, Karsten, Der Vorschlag zur EG-Übernahmerichtlinie, in: RIW 1995, 388-395.

Neye, Hans-Werner, Der Vorschlag 2002 einer Takeover-Richtlinie, in: ZIP 1144-1145.

– Die EU-Übernahmerichtlinie auf der Zielgeraden, in: ZIP 2001, 1120-1128.

– Der gemeinsame Standpunkt des Rates zur 13. Richtlinie - ein entscheidender Schritt auf dem Weg zu einem europäischen Übernahmerecht, in: AG 2000, 289-301.

– Der Vorschlag 1997 einer Takeover-Richtlinie, in: ZIP 1997, 2172-2176.

– Der neue Vorschlag der Kommission für eine dreizehnte Richtlinie über Übernahmeangebote, in: DB 1996, 1121-1125.

– Der neue Übernahmekodex der Börsensachverständigenkommission, in: ZIP 1995, 1464-1467.

Nick, Andreas, Die Regelung öffentlicher Übernahmeangebote, in: ZfB 1991, 859-882.

Niessen, Hermann, Zur Regelung der öffentlichen Übernahmeangebote durch die Europäische Gemeinschaft, in: Öffentliche Übernahmeangebote, hrsg. von Karl Kreuzer, Baden-Baden 1992, S. 35-54.

Nitsch, Marianna, Die öffentliche Übernahme in Frankreich, in: Takeover - Recht, hrsg. von Peter Doralt, Christian Nowotny, Martin Schauer, Wien 1997, S. 87-123.

Noack, Ulrich, Stimmrechtsvertretung in der Hauptversammlung nach NaStraG, in: ZIP 2001, 57-63.

– Die Umstellung von Inhaber- auf Namensaktien, in: FS für Gerold Bezzenberger, hrsg. von Harm Peter Westermann, Klaus Mock, Berlin, New York 2000, S. 291-308.

– Entwicklungen im *Aktienrecht 1999/2000*, hrsg. vom DAI, Frankfurt am Main 1999.

Nobel, Peter, Das Schweizerische Bundesgesetz über die Börsen und den Effektenhandel (BEHG), in: WM 1996, 100-103.

Nolte, Cornelius/Leber, Hendrik, Feindliche Unternehmensübernahmen - eine Gefahr für deutsche Unternehmen, in: DBW 1990, 573-585.

Notz, Richard L., Bericht über die Diskussion, in: Gesellschaftsrecht 2001, RWS-Forum 20, hrsg. von Hartwig Henze, Michael Hoffmann-Becking, Köln 2001, S. 389-392.

Nowak, Eric, Ad hoc-Publizität bei M&A-Transaktionen, in: DB 1999, 601-604.

Nowotny, Christian, Höchststimmrecht als Abwehrmechanismus gegen Übernahmen?, in: RdW 2001, 130-133.

o.V., Meinungsspiegel Unternehmensübernahmen, in: BFuP 2002, 489-509.

Oechsler, Jürgen, Der ReE zum Wertpapiererwerbs- und Übernahmegesetz - Regelungsbedarf auf der Zielgeraden!, in: NZG 2001, 817-826.

Oppermann, Thomas, Reform der EU-Sprachenregelung, in: NJW 2001, 2663-2668.

Ossadnik, Wolfgang/Dorenkamp, Axel, Sperrminorität: Auswirkungen auf das Volumen von Unternehmensübernahmen, BB 2000, 1615-1616.

Otto, Hans-Jochen, Die Verteilung der Kontrollprämie bei Übernahme von Aktiengesellschaften und die Funktion des Höchststimmrechts, in: AG 1994, 167-175.

– Übernahmeversuche bei Aktiengesellschaften und Strategien der Abwehr, in: DB 1988, Beilage Nr. 12, 1-12.

Paefgen, Thomas Christian, Alle Macht dem Management, in: AG 1991, 41-63.

Palandt, Otto, Bürgerliches Gesetzbuch (Kommentar), 61. Aufl., München 2002, (zit.: Palandt/Bearbeiter, BGB).

Papathanassiou, Chryssafoula, Die grenzüberschreitende Übernahme einer Aktiengesellschaft im deutschen und griechischen Recht, Diss., Frankfurt am Main, Berlin, Bern u.a. 1996.

Peltzer, Martin, Die Abschaffung von Mehrstimmrechten und Stimmrechtsbeschränkungen im KonTraG-Entwurf, in: AG 1997, Sonderheft „Die Aktienrechtsreform 1997", 90-99.

– Der Kommissionsentwurf für eine 13. Richtlinie über Übernahmeangebote vom 7.2.1996, in: AG 1997, 145-151.

– Die neue Insiderregelung im Entwurf des Zweiten Finanzmarktförderungsgesetzes, in: ZIP 1994, 746-752.

– Die Rolle der Banken bei Unternehmensübernahmen, in: ZIP 1991, 485-493.

– Übernahmeangebote nach künftigem Europa-Recht und dessen Umsetzung in deutsches Recht, in: Übernahmeangebote, hrsg. von Heinz-Dieter Assmann, Nathalie Basaldua, Friedrich Bozenhardt, Martin Peltzer, ZGR Sonderheft 9, Berlin, New York 1990, S. 179-233.

– Hostile Takeovers in der Bundesrepublik Deutschland?, in: ZIP 1989, 69-79.

– Prophylaktische Verteidigungsstrategien gegen unerwünschte Übernahmeversuche, in: ZfgK 1988, 577-584.

– Von Räubern, weißen Rittern und Jungfrauen - die Taktiken der amerikanischen takeovers, in: ZfgK 1986, 291-298.

– Takeovers in den Vereinigten Staaten - können ihre Spielregeln übertragen werden?, in: FS für Carl Zimmerer, Frankfurt am Main 1986, S. 271-286.

Pennington, Robert R., The City Code on Takeovers and Mergers, in: FS für Konrad Duden, hrsg. von Hans-Joachim Pawlowski, Günther Wiese, Günther Wüst, München 1977, S. 379-398.

Peters, Hans Peter, Die Rolle der Investmentbank bei Übernahmen, in: Die Übernahme börsennotierter Unternehmen, hrsg. von Rüdiger von Rosen, Werner G. Seifert, Frankfurt am Main 1999, S. 269-275.

– Übertragung von Gesellschaftsvermögen und „Freezeout" - Konfliktpotential im Minderheitenschutz, in: BB 1999, 801-805.

Picot, Gerhard, Neuregelungen für Unternehmensübernahmen - Übernahmegesetz (WpÜG) und Squeeze-Out (AktG), in: BFuP 2002, 433-444.

– Die Deutschland AG vor der Umstrukturierung - neuer Schub für den deutschen M&A-Markt, in: M&A 2001, 441 (Standpunkt).

– Handbuch Mergers & Acquisitions, Stuttgart 2000, (zit.: Bearbeiter in Picot, Handbuch M&A).

– Die Aktie als Akquisitionswährung, in: M&A 2000, 265-270.

Pietzke, Rudolf, Das zwingende Übernahmeangebot bei Erwerb einer Kontrollmehrheit, in: FS für Wolfgang Fikentscher, hrsg. von Bernhard Großfeld, Rolf Sack, Thomas M. J. Möllers, Josef Drexl, Andreas Heinemann, Tübingen 1998, S. 601-621.

Pluskat, Sorika, Das Scheitern der europäischen Übernahmerichtlinie, in: WM 2001, 1937-1942.

– Das geplante neue Übernahmerecht nach dem Referentenentwurf des BMF, in: DStR 2001, 897-901.

Potthoff, Volker/Stuhlfauth, Jutta, Der Neue Markt: Ein Handelssegment für innovative und wachstumsorientierte Unternehmen - kapitalmarktrechtliche Überlegungen und Darstellung des Regelwerks, in: WM 1997, Sonderbeilage 3.

Pötzsch, Thorsten, Das neue Übernahmerecht: Texte, Materialien, Erläuterungen, Köln 2002.

– Das Dritte Finanzmarktförderungsgesetz, in: WM 1998, 949-966.

Ders./Möller, Andreas, Das künftige Übernahmerecht, in: WM 2000, Sonderbeilage Nr. 2, 1-38.

Prentice, D.D., Regulation of Takeover Bids in the United Kingdom, in: Öffentliche Übernahmeangebote, hrsg. von Karl Kreuzer, Baden-Baden 1992, S. 133-162.

Primary Markets Arbitration Panel, Schiedsspruch vom 10. 9. 2001, in: BKR 2001, 153-161.

Pulver, Urs, Zur Regelung öffentlicher Übernahmeangebote, in: FS für Peter Forstmoser, Zürich 1993, S. 239-261.

Putzhammer, Heinz/Köstler, Roland, Eckpunkte für ein Übernahmegesetz, in: Mitbestimmung 5/2000, 22-23.

Rappaport, Alfred, Creating Shareholder Value - The New Standard for Business Performance, New York, London 1986.

Raschke, Thorsten, Diskussionsbericht, in: ZHR 161 (1997), 455-456.

Rau-Bredow, Hans, Ökonomische Analyse obligatorischer Übernahmeangebote, in: DBW 1999, 763-777.

Reidlinger, Axel, Übernahmeangebote und Kontrollwechsel in Belgien, in: Takeover - Recht, hrsg. von Peter Doralt, Christian Nowotny, Martin Schauer, Wien 1997, S. 11-24.

Reischauer, Friedrich/Kleinhans, Joachim, Kreditwesengesetz (Loseblatt-Kommentar), Band I, Ergänzungs-Lfg. 3/2000, Berlin 1963.

Reul, Jürgen, Übernahmeangebote in der ökonomischen Analyse, in: JbJZivW 1990, Kapitalmarktrecht - Schadensrecht - Privatrecht und Deutsche Einheit, hrsg. von Harald Baum, Christoph Engel, Oliver Remien, Manfred Wenckstern, Stuttgart u.a. 1991, S. 11-30.

Richter, Eberhard Maria, *Chancen für eine Übernahmeregelung* in Europa: Das künftige Gemeinschaftsrecht im Vergleich mit dem britischen „City Code on Takeovers and Mergers", Diss., Aachen 1998.

Riehmer, Klaus/Schröder, Oliver, Praktische Aspekte bei der Planung, Durchführung und Abwicklung eines Übernahmeangebots, in: BB 2001, Beilage 5, 1-16.

– Der Entwurf des Übernahmegesetzes im Lichte von Vodafone/Mannesmann, in: NZG 2000, 820-824.

Riepe, Stefan, Das Zweite Finanzmarktförderungsgesetz, in: DStR 1994, 1236-1240.

Ring, Gerhard, Feindliche Übernahmeangebote nach deutschem und europäischem Recht, in: BuW 1997, 430-434.

Rittner, Fritz, Zur Verantwortung des Vorstands nach § 76 Abs. 1 AktG 1965, in: FS für Ernst Geßler, hrsg. von Kurt Ballerstedt, Wolfgang Hefermehl, München 1971, S. 139-158.

Röhrich, Martina, Gleichbehandlungspflicht bei Kontrollakquisitionen: Eine Analyse der dreizehnten EG-Richtlinie aus ökonomischer Sicht, in: RIW 1993, 93-98.

Rojo, Angel, Das öffentliche Übernahmeangebot im spanischen Recht, in: AG 1994, 16-23.

Roll, Richard, The Hubris Hypothesis of Corporate Takeovers, in: 59 Journal of Business 1986, 197-216.

Romano, Roberta, A Guide to Takeovers: Theory, Evidence and Regulation, in: European Takeovers, hrsg. von Klaus J. Hopt, Eddy Wymeersch, London 1992, S. 3-48.

Roos, Michael, Der neue Vorschlag für eine EG-Übernahme-Richtlinie, in: WM 1996, 2177-2188.

Rosen, Rüdiger von, Unternehmensübernahmen - Gesamteuropäische Regelungen statt nationaler Alleingänge, in: Bank 2001, 850-853.

– Berlin versus Brüssel - Europa in der Übernahmefalle?, in: ZfgK 2001, 734-735.

– (Hrsg.), Die Bedeutung von Aktienindizes für deutsche börsennotierte Unternehmen - Ergebnisse einer Umfrage, *Studien des Deutschen Aktieninstituts, Heft 14*, Frankfurt am Main 2001.

Ders./Seifert, Werner G. (Hrsg.), Die Übernahme börsennotierter Unternehmen, Frankfurt am Main 1999.

Roßkopf, Gabriele, *Selbstregulierung von Übernahmeangeboten in Großbritannien*: der City Code on Takeovers and Mergers und die dreizehnte gesellschaftsrechtliche EG-Richtlinie, Diss., Berlin 1999.

Roth, Marianne/Zinser, Alexander, Österreichisches Übernahmegesetz vom 1.1.1999: Musterregelung für das deutsche Recht?, in: EWS 2000, 233-240.

Rudolf, Claudia, Slowenisches Übernahmerecht, in: ROW 1998, 99-104.

Ruge, Reinhard, Goldene Aktien und EG-Recht, in: EuZW 2002, 421-424.

Rühland, Philipp, Das „Level Playing Field" im europäischen Übernahmerecht - eine ökonomische Analyse der Durchbruchsregel (Art. 11 ÜRL-E), in: NZG 2003, 1150-1153.

– Der squeezeout nach dem RefE zum Wertpapiererwerbs- und Übernahmegesetz vom 12.3.2001, in: NZG 2001, 448-455.

– Die Abfindung von aus der Aktiengesellschaft ausgeschlossenen Minderheitsaktionären, in: WM 2000, 1884-1888.

Rümker, Dietrich, Übernahmeangebote - Verhaltenspflichten des Vorstandes der Zielgesellschaft und Abwehrmöglichkeiten, in: FS für Theodor Heinsius, hrsg. von Friedrich Kübler, Hans-Joachim Mertens, Winfried Werner, Berlin, New York 1991, S. 683-704.

– Übernahmeangebote und deren Abwehr nach deutschem Recht, in: *Bankbetrieb* und Eigenkapitalfinanzierung, hrsg. von Bernd Lüthje, Bonn 1990.

Rüstmann, Marco, Die Rolle der Gewerkschaften bei Unternehmensübernahmen, Teil I in: M&A 1996, 116-119, Teil II in: M&A 1996, 157-160.

Salje, Peter, „Feindliche Übernahmen" - Gegenstrategien und Regulierung im zukünftigen europäischen Binnenmarkt, in: JA 1990, 321-327.

Sandberger, Georg, Teilübernahmeangebote und Zwangsübernahmeangebote im Europäischen Take-over-Recht, DZWiR 1993, 319-326.

Schaaf, Petra, Möglichkeiten der Abwehr von Takeover Bids in Großbritannien und USA, in: RIW 1985, 273-280.

Schaefer, Franz W./Eichner, Christian, Abwehrmöglichkeiten des Vorstands von börsennotierten Aktiengesellschaften bei feindlichen Übernahmeversuchen - ein Rechtsvergleich zwischen Deutschland und den USA, in: NZG 2003, 150-155.

Schäfer, Frank A., Wertpapierhandelsgesetz, Börsengesetz mit BörsZulV, Verkaufsprospektgesetz mit VerkProspV (Kommentar), Stuttgart, Berlin, Köln 1999, (zit.: Bearbeiter in Schäfer, WpHG/BörsG/VerkProspG).

Schander, Albert A., Braucht Deutschland ein Übernahmegesetz?, in: M&A 1998, 365-371.

– Aktienrückkauf und Abwehrmaßnahmen von Übernahmeversuchen, in: M&A 1998, 314-316.

– Selbstregulierung versus Kodifizierung - Versuch einer Standortbestimmung des deutschen Übernahmerechts, in: NZG 1998, 799-807.

– Der Rückkauf eigener Aktien nach KonTraG und Einsatzpotenziale bei Übernahmetransaktionen, ZIP 1998, 2087-2090.

– Abwehrstrategien gegen feindliche Übernahmen und ihre Zulässigkeit im Lichte der Aktienrechtsreform, in: BB 1997, 1801-1804.

Ders./Lucas, Johannes B., Vorstandspflichten bei Unternehmensübernahmen, in: M&A 1997, 553-557.

– Die Ad-hoc-Publizität im Rahmen von Übernahmevorhaben, in: DB 1997, 2109-2112.

Ders./Posten Olaf H., Zu den Organpflichten bei Unternehmensübernahmen, in: ZIP 1997, 1534-1538.

Schanz, Kay-Michael, Feindliche Übernahmen und Strategien der Verteidigung, in: NZG 2000, 337-347.

– Börseneinführung, 1. Aufl., München 2000.

Schärf, Wolf-Georg, Zur Stellung von Vorstand und Aufsichtsrat im Entwurf des Übernahmegesetzes, in: ecolex 1997, 770-773.

– Das Verhältnis zwischen Vorstand und Aufsichtsrat zu den Aktionären während eines Takeovers, in: GesRZ 1993, 156-164.

Schiessl, Maximilian, Fairness Opinions im Übernahme- und Gesellschaftsrecht, in: ZGR 2003, 814-852.

– Ist das deutsche Aktienrecht kapitalmarkttauglich?, in: AG 1999, 442-452.

Schilling, Wolf Ulrich, Shareholder Value und Aktiengesetz, in: BB 1997, 373-381.

– Takeover, Treuepflicht & Shareholder Value, in: BB 1997, 1909-1913.

Schlitt, Michael, Die neuen Marktsegmente der Frankfurter Wertpapierbörse, in: AG 2003, 57-69.

Schmid, Tobias, Öffentliche Übernahmeangebote in Italien, in: AG 1999, 402-411.

Schmidt, Dominique, Das obligatorische Übernahmeangebot von Unternehmensteilen im französischen Recht, in: AG 1994, 12-15.

Schmidt, Karsten (Hrsg.), Münchener Kommentar zum Handelsgesetzbuch, Band 4. Drittes Buch - Handelsbücher: §§ 238-342a HGB, Redakteur Werner F. Ebke, München 2001, (zit.: Bearbeiter in MüKo/HGB).

Schmidt, Hartmut/Prigge, Stefan, Übernahmekonzeption und Übernahmegesetz, in: DBW 2002, 225-241.

Schmidt, Hartmut/Prigge, Stefan/Suckel, Robert, Erste Erfahrungen mit dem Übernahmegesetz, in: ZBB 2003, 460-472.

Schmitthoff, Clive M., Die Regelung von Take-over-bids im englischen Recht, in: *Übernahmeangebote* im Aktienrecht, hrsg. von Clive M. Schmitthoff, François Goré, Theodor Heinsius, Frankfurt am Main 1976.

Ders./Goré, François/Heinsius, Theodor (Hrsg.), *Übernahmeangebote* im Aktienrecht, Frankfurt am Main 1976.

Schmitz, Daniel, Aktien als Akquisitionswährung, in: Die Übernahme börsennotierter Unternehmen, hrsg. von Rüdiger von Rosen, Werner G. Seifert, Frankfurt am Main 1999, S. 313-326.

Schneider, Uwe H., Die Zielgesellschaft nach Abgabe eines Übernahme- oder Pflichtangebots, in: AG 2002, 125-133.

– Plädoyer für aktienrechtliche Gestaltungsfreiheit zur Sicherung des Streubesitzes, in: EWS 2001, Heft 9, Die erste Seite.

– Internationales Kapitalmarktrecht, in: AG 2001, 269-278.

– Stimmrechtsbeschränkungen im amerikanischen Aktien- und Kapitalmarktrecht in: FS für Fritz Rittner, hrsg. von Manfred Löwisch, Christian Schmidt-Leithoff, Burkhard Schmiedel, München 1991, S. 613-627.

– Gesetzliches Verbot für Stimmrechtsbeschränkungen bei der Aktiengesellschaft?, in: AG 1990, 56-63.

Ders./Burgard, Ulrich, Übernahmeangebote und Konzerngründung - Zum Verhältnis von Übernahmerecht, Gesellschaftsrecht und Konzernrecht, in: DB 2001, 963-969.

Schnorbus, York, Drittklagen im Übernahmeverfahren, in: ZHR 166 (2002), 72-118.

Scholz, Peter, Das Abkommen über den Europäischen Wirtschaftsraum, in: DAngVers 1994, 63-67.

Schön, Wolfgang, Mindestharmonisierung im europäischen Gesellschaftsrecht, in: ZHR 160 (1996), 221-249.

– Gesellschaftsrecht nach Maastricht, in: ZGR 1995, 1-38.

Schopper, Alexander, Die „creeping-in“ Verordnung - Neuigkeiten aus dem Übernahmerecht, RdW 2000, 130-132.

Schumacher, Jörg/Sanders, Anne, Die Ausdehnung der Durchbruchsregel auf Mehrfachstimmrechte - ein verfassungsrechtliches Problem?, in: Konzern 2003, 178-185.

Schüppen, Matthias, To comply or not to comply - that's the question! „Existenzfragen“ des Transparenz- und Publizitätsgesetzes im magischen Dreieck kapitalmarktorientierter Unternehmensführung, in: ZIP 2002, 1269-1279.

– Übernahmegesetz ante portas! - Zum Regierungsentwurf eines „Gesetzes zur Regelung von öffentlichen Angeboten zum Erwerb von Wertpapieren und von Unternehmensübernahmen“, in: WPg 2001, 958-976.

Schuster, Gunnar, Der neue Vorschlag für eine EG-Takeover-Richtlinie und seine Auswirkungen auf den Übernahmekodex, in: EuZW 1997, 237-241.

Schuster, Stephan, Neue Regeln für Übernahmen, in: Bank 1995, 609-614.

Ders./Rudolf, Stefan, Übernahmerecht in der Schweiz, in: Die Übernahme börsennotierter Unternehmen, hrsg. von Rüdiger von Rosen, Werner G. Seifert, Frankfurt am Main 1999, S. 41-76.

Ders./Zschocke, Christian, *Übernahmerecht*/Takeover Law, Hauptband, 1. Aufl., Frankfurt am Main 1997.

– *Übernahmerecht*/Takeover Law, Nachtragsband, Frankfurt am Main 1998.

Schwark, Eberhard (Hrsg.), Kapitalmarktrechts-Kommentar, 3. Aufl., München 2004, (zit.: Bearbeiter in Schwark, KMRK).

– Börsengesetz, 2. Aufl., München 1997.

– Gesellschaftsrecht und Kapitalmarktrecht, in: FS für Walter Stimpel, hrsg. von Marcus Lutter, Hans-Joachim Mertens, Peter Ulmer, Berlin, New York 1985, S. 1087-1111.

Schwarz, Günter Christian, Europäisches Gesellschaftsrecht, Baden-Baden 2000.

Schwegmann, Vinzenz/Pfaffenberger, Werner C., Möglichkeiten und Grenzen von Abwehrmaßnahmen der Verwaltung gegen feindliche Übernahmeangebote, in: DBW 1991, 561-580.

Schwenzer, Ingeborg, Öffentliche Übernahmeangebote nach schweizerischem Recht, in: Öffentliche Übernahmeangebote, hrsg. von Karl Kreuzer, Baden-Baden 1992, S. 163-181.

Seibert, Ulrich, Das 10-Punkte-Programm „Unternehmensintegrität und Anlegerschutz“, in: BB 2003, 693-698.

– Im Blickpunkt: Der Deutsche Corporate Governance Kodex ist da, in: BB 2002, 581-584.

– Reformvorhaben im Gesellschaftsrecht, in: Gesellschaftsrecht 2001, RWS-Forum 20, hrsg. von Hartwig Henze, Michael Hoffmann-Becking, Köln 2001, S. 361-388.

– Aktienrechtsnovelle NaStraG tritt in Kraft - Übersicht über das Gesetz und Auszüge aus dem Bericht des Rechtsausschusses, in: ZIP 2001, 53-56.

– OECD Principles of Corporate Governance - Grundsätze der Unternehmensführung und -kontrolle für die Welt, in: AG 1999, 337-339.

– Das Gesetz zur Kontrolle und Transparenz im Unternehmensbereich (KonTraG) - Die aktienrechtlichen Regelungen im Überblick, in: *Reform des Aktienrechts*, der Rechnungslegung und Prüfung, hrsg. von Dietrich Dörner, Dieter Menold, Norbert Pfitzer, Stuttgart 1999, S. 1-26.

Seibt, Christoph H., Rechtsschutz im Übernahmerecht - Gesellschaftsrechtliche und öffentlich-rechtliche Grundsätze in: Gesellschaftsrecht 2003, RWS-Forum 25, hrsg. von Hartwig Henze, Michael Hoffmann-Becking, Köln 2003, S. 337-376.

– Arbeitsrechtliche Aspekte des Wertpapiererwerbs- und Übernahmegesetzes, in: DB 2002, 529-536.

– Kapitalmarktrechtliche Überlagerungen im Aktienrecht, in: Gesellschaftsrecht in der Diskussion 2000, VGR-Jahrestagung, Köln 2001, S. 37-75.

– Unternehmenskauf- und verkauf nach dem Steuersenkungsgesetz, in: DStR 2000, 2061-2076.

Ders./Heiser, Kristian J., Der neue Vorschlag einer EU-Übernahmerichtlinie und das deutsche Übernahmerecht, in: ZIP 2002, 2193-2203.

– Regelungskonkurrenz zwischen neuem Übernahmerecht und Umwandlungsrecht, in: ZHR 165 (2001), 466-494.

Seifert, Werner G./Voth, Hans-Joachim, Marktdisziplin statt Konsens: Übernahmen und die Nachteile des deutschen Corporate Governance-Modells, in: Die Übernahme börsennotierter Unternehmen, hrsg. von Rüdiger von Rosen, Werner G. Seifert, Frankfurt am Main 1999, S. 187-219.

Semler, Franz-Jörg, Die zweite Runde ist eröffnet: Neuer Kommissionsvorschlag für eine EU-Übernahmerichtlinie, in: BB 46/2002, Die erste Seite.

Semler, Johannes/Volhard, Rüdiger (Hrsg.), Arbeitshandbuch für Unternehmensübernahmen, Band 1, München 2001, Band 2, München 2003, (zit.: Bearbeiter in Semler/Volhard, Hdb. Unternehmensübernahmen).

Sieben, Günter/Stein, Heinz-Gerd (Hrsg.), *Unternehmensakquisitionen*: Strategien und Abwehrstrategien, Stuttgart 1992.

Sieger, Jürgen J./Hasselbach, Kai, Der Ausschluss von Minderheitsaktionären nach den neuen §§ 327a ff AktG, in: ZGR 2002, 120-162.

– Ausschluss von Minderheitsaktionären (Squeeze-out) im ausländischen Recht, in: NZG 2001, 926-930.

Skog, Rolf, Corporate Governance und die Rolle des Gesetzgebers - Betrachtungen aus schwedischer Perspektive, in: FS für Marcus Lutter, hrsg. von Uwe H. Schneider, Peter Hommelhoff, Karsten Schmidt, Wolfram Timm, Barbara Grunewald, Tim Drygala, Köln 2000, S. 1551-1560.

– Does Sweden Need a Mandatory Bid Rule? A critical Analysis, Stockholm 1995.

Spindler, Gerald, Deutsches Gesellschaftsrecht in der Zange zwischen Inspire Art und Golden Shares?, in: RIW 2003, 850-858.

Ders./Berner, Olaf, Inspire Art - Der europäische Wettbewerb um das Gesellschaftsrecht ist endgültig eröffnet, in: RIW 2003, 949-957.

Spitzenverbände der deutschen Wirtschaft (BDI, DIHT, BDA, GDV), Stellungnahme zum Kommissionsvorschlag für eine neue Übernahmerichtlinie, (zit.: Spitzenverbände der deutschen Wirtschaft, Stellungnahme zum Vorschlag 2002 vom 26. November 2002)**.

– Stellungnahme zum Regierungsentwurf eines Wertpapiererwerbs- und Übernahmegesetzes (WpÜG) vom 27. September 2001, (zit.: Spitzenverbände der deutschen Wirtschaft, Stellungnahme zum RegE-WpÜG vom 27. September 2001)**.

– Vorläufige Stellungnahme zum Diskussionsentwurf für ein deutsches Übernahmegesetz, 24. Juli 2000, (zit.: Spitzenverbände der deutschen Wirtschaft, Stellungnahme zum DiskE-ÜG vom 24. Juli 2000)**.

Spitzenverbände der deutschen Wirtschaft (BDI, DIHT, BDA), Stellungnahme zum Referentenentwurf für ein Wertpapiererwerbs- und Übernahmegesetz - WÜG vom 30. März 2001, (zit.: Spitzenverbände der deutschen Wirtschaft, Stellungnahme zum RefE-WÜG vom 30. März 2001)**.

Staudinger, Julius von, Kommentar zum Bürgerlichen Gesetzbuch mit Einführungsgesetz und Nebengesetzen, Erstes Buch, Allgemeiner Teil, §§ 134-163, 13. Bearbeitung, Berlin 1996, (zit.: Bearbeiter in Staudinger, BGB).

Steding, Rolf, Take-over: Eine neue Art des Unternehmenserwerbs auch in Deutschland?, in: BuW 2001, 381-385.

– Das Take-over und Strategien zu seiner Abwehr im Aktienrecht, in: Jura 1999, 181-185.

Steinmeyer, Roland/Häger, Michael, Kommentar zum Wertpapiererwerbs- und Übernahmegesetz mit Erläuterungen zum Minderheitenschutz nach §§ 327a ff. AktG, Berlin 2002, (zit.: Steinmeyer/Häger, WpÜG).

Stephan, Ulrich, Traders & Mergers: Der Übernahmekodex der Börsensachverständigenkommission, in: WISU 1998, 1416-1418.

Stern, Elisabeth, Übernahmeangebote im englischen Recht - The City Code on Takeovers and Mergers, in: Takeover - Recht, hrsg. von Peter Doralt, Christian Nowotny, Martin Schauer, Wien 1997, S. 51-86.

Stingl, Harald, Zur Zulässigkeit von Abwehrmaßnahmen im Aktien- und Übernahmerecht, in: GesRZ 1999, 113-120.

Stockenhuber, Peter, Take-Overs nach österreichischem Übernahmerecht, in: RIW 1999, 752-760.

Stoll, Jutta, Zum Vorschlag der EG-Kommission für die 13. Richtlinie auf dem Gebiet des Gesellschaftsrechts über Übernahmeangebote, in: BB 1989, 1489-1491.

Streinz, Rudolf (Hrsg.), EUV/EGV (Kurzkommentar), München 2003 (zit. Bearbeiter in Streinz, EUV/EGV).

– Europarecht, 5. Aufl., Heidelberg 2001.

Strenger, Christian, Corporate Governance: Entwicklung in Deutschland und internationale Konvergenz, in: DStR 2001, 2225-2228.

– Das deutsche Übernahmegesetz, in: WM 2000, 952-953.

Sünner, Eckart, Zur Abwehr feindlicher Unternehmensübernahmen in Deutschland, in: FS für Karlheinz Quack, hrsg. von Harm Peter Westermann, Wolfgang Rosener, Berlin, New York 1991, S. 457-475.

– Take-overs, made in USA, in: AG 1987, 276-284.

Szagunn, Volkhard/Haug, Ulrich/Ergenzinger, Wilhelm, Gesetz über das Kreditwesen (Kommentar), 6. Aufl., Stuttgart, Berlin, Köln 1997.

Technau, Konstantin, Übernahmerechtliche Austrittsrechte in Verschmelzungsfällen, in: AG 2002, 260-266.

Teichmann, Christoph, ECLR Corporate Governance in Europa, in: ZGR 2001, 645-679.

Terlitza, Bernd, Neutralitätspflicht des Leitungs- oder Verwaltungsorgans der Zielgesellschaft bei „feindlichen" Übernahmen, in: JbJZivW 2000, Prinzipien des Privatrechts und Rechtsvereinheitlichung, hrsg. von Brigitta Jud, Thomas Bachner, Raimund Bollenberger u.a., Stuttgart u.a. 2001, S. 217-246.

Thaeter, Ralf, Zur Abwehr feindlicher Übernahmeversuche im RegE eines Gesetzes zur Regelung von öffentlichen Angeboten zum Erwerb von Wertpapieren und Unternehmensübernahmen (WÜG-RegE), in: NZG 2001, 789-791.

Ders./Barth, Daniel, RefE eines Wertpapiererwerbs- und Übernahmegesetzes, in: NZG 2001, 545-550.

Ders./Brandi, Tim Oliver, Öffentliche Übernahmen, München 2003, (zit.: Thaeter/Brandi, Übernahmen).

Than, Jürgen, Zwangsweises Ausscheiden von Minderheitsaktionären nach Übernahmeangebot?, in: FS für Carsten Peter Clausen, hrsg. von Klaus-Peter Martens, Harm Peter Westermann, Wolfgang Zöllner, Köln 1997, S. 405-422.

The High Level Group of Company Law Experts, Report on Issues Related to Takeover Bids (engl. Originalfassung), Brüssel, Januar 2002, (zit.: *Winter*-Kommission, Report).

Thoma, Georg F., Das Wertpapiererwerbs- und Übernahmegesetz im Überblick, in: NZG 2002, 105-112.

– Eckpunkte eines neuen Übernahmegesetzes, in: Syndikus, Juli/August 2000, 38-40.

– Der neue Übernahmekodex der Börsensachverständigenkommission, in: ZIP 1996, 1725-1734, kurz vorher Arbeitspapier* Univ. Osnabrück, Institut für Handels- und Wirtschaftsrecht Nr. 38 (9/96).

Ders./Reuter Till, „Shrinking the Atlantic" - Der Zusammenschluß von Daimler-Benz und Chrysler, in: M&A 1999, 314-321.

Thommen, Jean-Paul/Achleitner, Ann-Kristin, Allgemeine Betriebswirtschaftslehre, 2. Aufl., Wiesbaden 1998.

Thümmel, Roderich C., Haftungsrisiken von Vorständen und Aufsichtsräten bei der Abwehr von Übernahmeversuchen, in: DB 2000, 461-465.

– Zu den Pflichten des Aufsichtsrats bei der Verfolgung von Haftungsansprüchen gegenüber dem Vorstand der AG, in: DB 1997, 1117-1120.

Trockels, Friedrich, Verteidigungsmaßnahmen gegen „Corporate Takeovers" in den USA, in: ZVglRWiss 1990, 56-96.

Tröger, Tobias, Unternehmensübernahmen im deutschen Recht (I), in: DZWiR 2002, 353-363, (II), in: DZWiR 2002, 397-407.

Tuczka, Andreas H., Das öffentliche Übernahmeangebot im Kapitalmarktrecht der Schweiz, in: Takeover - Recht, hrsg. von Peter Doralt, Christian Nowotny, Martin Schauer, Wien 1997, S. 125-144.

Übernahmekommission, Der Übernahmekodex - Aktuelle Situation und Ausblick, Pressekonferenz am 13. Juni 2000 von Helmut Loehr, (zit.: Übernahmekommission, Handout zur PK vom 13. Juni 2000).

– Bemerkungen der Geschäftsstelle der Übernahmekommission an die Aktionäre der Mannesmann AG zum Übernahmeangebot der Vodafone AirTouch plc vom 23. Dezember 1999.

– (Hrsg.), Drei Jahre Übernahmekodex, Frankfurt am Main 1999.

– Anmerkungen zu den Änderungen des Übernahmekodex ab 1. Januar 1998, Frankfurt am Main 1998.

– *Anmerkungen* zum Übernahmekodex Börsensachverständigenkommission, Frankfurt am Main, Juni 1996.

Ulmer, Peter, Die Aktionärsklage als Instrument zur Kontrolle des Vorstands- und Aufsichtsratshandelns, in: ZHR 163 (1999), 290-342.

Utzig, Siegfried, Feindliche Übernahmen - der Acker wandert zum besseren Wirt, in: Bank 1997, 430-433.

Vater, Hendrik, Die Abwehr feindlicher Übernahmen, in: M&A 2002, 9-16.

Vetter, Eberhard, Squeeze-out - Der Ausschluß der Minderheitsaktionäre aus der Aktiengesellschaft nach den §§ 327 a-327 f AktG, in: AG 2002, 176-190.

– Squeeze-out nur durch Hauptversammlungsbeschluß?, in: DB 2001, 743-747.

– Squeeze-out in Deutschland, in: ZIP 2000, 1817-1824.

Wackerbarth, Ulrich, Von golden shares und poison pills: Waffengleichheit bei internationalen Übernahmeangeboten, in: WM 2001, 1741-1753.

Wagner, Oliver, Harmonisierung des europäischen Übernahmerechts?, in: Bank 2004, 108-113.

– Das neue Wertpapiererwerbs- und Übernahmegesetz (WpÜG), in: Bank 2002, 66-70.

Walden, Daniel, Niederlassungsfreiheit, Sitztheorie und der Vorlagebeschluß des VII. Zivilsenats des BGH vom 30.3.2000, in: EWS 2001, 256-263.

Walter, Andreas, Wellenbrecher Übernahmegesetz, in: FB 2001, Heft 4, Editorial.

Wastl, Ulrich, Der Handel mit größeren Aktienpaketen börsennotierter Unternehmen, in: NZG 2000, 505-514.

Watter, Rolf, Unternehmensübernahmen, Zürich 1990.

Weber, Martin, Der Geänderte Vorschlag der Kommission für eine Takeover-Richtlinie vom 10.11.1997, in: EuZW 1998, 464-469.

– Deutsches Kapitalmarktrecht im Umbruch, in: NJW 1994, 2849-2860.

Weber-Rey, Daniela/Schütz, Bernhard G., Zum Verhältnis von Übernahmerecht und Umwandlungsrecht, in: AG 2001, 325-330.

Weimar, Robert/Breuer, Jürgen H., International verwendete Strategien der Abwehr feindlicher Übernahmeversuche im Spiegel des deutschen Aktienrechts, in: BB 1991, 2309-2321.

Weisgerber, Thomas, Der Übernahmekodex in der Praxis, in: ZHR 161 (1997), 421-434.

Weisner, Arnd, *Verteidigungsmaßnahmen* gegen unfreundliche Übernahmeversuche in den USA, Deutschland und nach europäischem Recht, Diss., Hamburg 2000.

– Abwehrmaßnahmen gegen feindliche Unternehmensübernahmen, in: ZRP 2000, 520-525.

Weiß, Wolfgang, Zur Wirkung von Richtlinien vor Ablauf der Umsetzungsfrist, in: DVBl 1998, 568-575.

Weisser, Ralf Dieter, *Feindliche Übernahmeangebote* und Verhaltenspflichten der Leitungsorgane, Diss., Konstanz 1994.

Wellige, Kristian, Weg mit dem VW-Gesetz, in: EuZW 2003, 427-433.

Wenger, Ekkehard/Kaserer, Christoph/Hecker, Renate, Konzernierung und Ausschluss von Minderheiten im neuen Übernahmerecht: Eine verpaßte Chance für einen marktorientierten Minderheitenschutz, in: ZBB 2001, 317-334.

Werder, Axel von, Der Deutsche Corporate Governance Kodex - Grundlagen und Einzelbestimmungen, in: DB 2002, 801-810.

Werner, Winfried, *Probleme „feindlicher" Übernahmeangebote* im Aktienrecht, Berlin, New York 1989.

Wertenbruch, Johannes, Der Abschluss des „Überseering"-Verfahrens durch den BGH - Folgerungen, in: NZG 2003, 618-620.

Westermann, Harm Peter, Unternehmensrechtspolitik in Selbstregulierung? Rechtsvergleichende Bemerkungen zu den niederländischen Fusionsverhaltensregeln, in: FS für Philipp Möhring, hrsg. von Wolfgang Hefermehl, Rudolf Nirk, Harry Westermann, München 1975.

Wieneke, Laurenz, Die Stellung des Inhabers von ADRs in der Hauptversammlung der Gesellschaft, in: AG 2001, 504-513.

Wiese, Götz Tobias/Demisch, Dominik, Unternehmensführung bei feindlichen Übernahmeangeboten, in: DB 2001, 849-852.

Wiesner, Peter M., Die neue Übernahmerichtlinie und die Folgen, in: ZIP 2004, 343-350.

– Binnenmarkt und Wettbewerb bleiben auf der Strecke - Zum Kommissionsvorschlag für eine neue Übernahmerichtlinie, in: ZIP 2002, 1967.

– Protektionismus oder Marktöffnung? - Zur Übernahmerichtlinie zeichnet sich ein Paradigmenwechsel ab, in: ZIP 2002, 208-210.

– Aktuelle Entwicklungen im Europäischen Unternehmensrecht, in: BB 2001, Beilage 8, 1-24.

– Europäisches Unternehmensrecht, in: ZIP 2000, 1792-1812.

– EG-Kommission plant Verbot des Höchststimmrechts, in: AG 1991, R 55-60.

– Kein EG-weites Harmonisierungsbedürfnis für das Recht der Übernahmeangebote, in: GmbHR 1987, R81.

Winner, Martin, Die 1. Übernahmeverordnung, in: RdW 1999, 509-512.

– Die spanische Regelung der Übernahmeangebote, in: Takeover - Recht, hrsg. von Peter Doralt, Christian Nowotny, Martin Schauer, Wien 1997, S. 147-173.

Winter, Martin/Harbarth, Stephan, Verhaltenpflichten von Vorstand und Aufsichtsrat der Zielgesellschaft bei feindlichen Übernahmeangeboten nach dem WpÜG, in: ZIP 2002, 1-18.

Wirth, Gerhard, Vinkulierte Namensaktien: Ermessen des Vorstandes bei der Zustimmung zur Übertragung, in: DB 1992, 617-621.

Ders./Weiler, Lothar, Änderung des Übernahmekodex ab 1.1.1998: Das erweiterte Pflichtangebot, in: DB 1998, 117-120.

Witt, Carl-Heinz, Die Änderungen der Mitteilungs- und Veröffentlichungspflichten nach §§ 21 ff. WpHG durch das geplante Wertpapiererwerbs- und Übernahmegesetz, in: AG 2001, 233-241.

– Regelmäßige „Wasserstandsmeldungen" - unverzichtbarer Bestandteil eines künftigen Übernahmegesetzes, in: NZG 2000, 809-819.

– Der neue Vorschlag für eine EG-Richtlinie über Übernahmeangebote, in: EWS 1998, 318-323.

– Die Änderungen der Mitteilungs- und Veröffentlichungspflichten nach §§ 21 ff. WpHG und §§ 20 f. AktG durch das Dritte Finanzmarktförderungsgesetz und das „KonTraG", in: WM 1998, 1153-1161.

Witte, Jürgen, Diskussionsentwurf zur Regelung von Unternehmensübernahmen: Abwehrmöglichkeiten des Vorstands der Zielgesellschaft, in: BB 2000, 2161-2165.

Wittich, Georg, Übernahmen und die Regelungen des Wertpapierhandelsgesetzes, in: Die Übernahme börsennotierter Unternehmen, hrsg. von Rüdiger von Rosen, Werner G. Seifert, Frankfurt am Main 1999, S. 377-394.

Wöhe, Günter, Einführung in die allgemeine Betriebswirtschaftslehre, 20. Aufl., München 2000.

Wolf, Manfred, Der Ausschluss vom Neuen Markt und die Aufnahme von Ausschlussgründen in das Regelwerk Neuer Markt, in: WM 2001, 1785-1792.

Wolf, Martin, Konzerneingangsschutz bei Übernahmeangeboten, in: AG 1998, 212-221.

Wymeersch, Eddy, Unternehmensführung in Westeuropa, in: AG 1995, 299-316.

– The regulation of takeover bids in a comparative perspective, Bonn 1992.

Zentraler Kreditausschuß, Stellungnahme zum RefE-WÜG vom 27. März 2001.

Zetzsche, Dirk, NaStraG - ein erster Schritt in Richtung virtuelle Hauptversammlung für Namens- und Inhaberaktien, in: ZIP 2001, 682-691.

Ziemons, Hildegard, Freie Bahn für den Umzug von Gesellschaften nach Inspire Art?!, in: ZIP 2003, 1913-1920.

Zietsch, Udo A./Holzborn, Timo, Freibrief für pflichtangebotsfreie Unternehmensübernahmen?, in: WM 2001, 1753-1755.

Zimmer, Daniel, Das Gesetz zur Kontrolle und Transparenz im Unternehmensbereich, in: NJW 1998, 3521-3534.

Zimmerer, Carl, Raiders in Deutschland?, in: WuW 1989, 697-700.

Zinser, Alexander, Entwicklungen zu einem europäischen Übernahmerecht, in: ZRP 2003, 78-82.

– Ein neuer Anlauf: der jüngste Vorschlag für eine Übernahmerichtlinie vom 2.10.2002, in: EuZW 2003, 10-13.

– Der Ausschluss von Minderheitsaktionären („squeeze out") nach dem neuen deutschen Übernahmegesetz, in: M&A 2002, 17-20.

– Das neue Gesetz zur Regelung von öffentlichen Angeboten zum Erwerb von Wertpapieren und von Unternehmensübernahmen vom 1. Januar 2002, in: WM 2002, 15-22.

– Der Entwurf eines Übernahmegesetzes, in: ZRP 2001, 363-368.

– Der britische City Code on Takeovers and Mergers in der Fassung vom 9.3.2001, in: RIW 2001, 481-488.

– Der RefE eines „Gesetzes zur Regelung von öffentlichen Angeboten zum Erwerb von Wertpapieren und von Unternehmensübernahmen" vom 12.3.2001, in: NZG 2001, 391-397.

– Pflichtangebotsregelungen in europäischen Staaten, in: NZG 2000, 573-578.

– *Übernahmeangebote* („takeover bids“) im englischen und im deutschen Recht - eine rechtsvergleichende Untersuchung mit Blick auf eine künftige Regelung in Deutschland, Diss., Frankfurt am Main, Berlin u.a. 2000.

– Der geänderte Vorschlag einer Takeover-Richtlinie vom 10.11.1997, in: EWS 1999, 133-136.

– Unternehmensübernahmen in Europa und den USA, in: RIW 1999, 844-850.

Zöllner, Wolfgang (Hrsg.), Kölner Kommentar zum Aktiengesetz, Einl.-Band, 1. Aufl., Köln 1984; Band 2 (§§ 76-117 AktG und Mitbestimmung im Aufsichtsrat), 2. Aufl., Köln 1996; Band 5/1 (§§ 179-240), 2. Aufl., Köln 1995; Band 6 (§§ 291-328), 2. Aufl., Köln 1987, (zit.: Bearbeiter in KK AktG).

Ders./Noack, Ulrich, One share - one vote?, in: AG 1991, 117-131.

Zschocke, Christian, Europapolitische Mission: Das neue Wertpapiererwerbs- und Übernahmegesetz, in: DB 2002, 79-85.

– Das neue Übernahmerecht in Österreich im Vergleich zum Übernahmerecht in Frankreich, Belgien und den Niederlanden, in: Die Übernahme börsennotierter Unternehmen, hrsg. von Rüdiger von Rosen, Werner G. Seifert, Frankfurt am Main 1999, S. 77-94.

Ders./Schuster, Stephan (Hrsg.), Bad Homburger Handbuch zum Übernahmerecht, Heidelberg 2003, (zit.: *Bearbeiter* in Zschocke/Schuster, Bad Homburger Handbuch).

Zwissler, Thomas, Übernahmerecht in Österreich, in: AG 1998, 411-417.

* *Sämtliche Arbeitspapiere von Prof. Dr. Theodor Baums sind im Internet über dessen Website unter http://www.jura.uni-frankfurt.de/ifawz1/baums/Arbeitspapiere.html abrufbar.*

** *Die Stellungnahmen der Spitzenverbände der deutschen Wirtschaft sind im Internet abrufbar über die Website des BDI unter http://www.bdi-online.de.*

Schriftenreihe zum Gesellschafts- und Kapitalmarktrecht

Herausgegeben von Lutz Michalski,
Axel Jäger und Klaus-Rudolf Wagner

Band 1 Volker Schulenburg: Bankenhaftung bei geschlossenen Immobilienfonds. Zugleich eine Untersuchung der Wissenszurechnung im Konzern. 2002.

Band 2 Jan Wittenberg: Der Bestandsschutz von Arbeitsverhältnissen im Umwandlungsrecht. 2002.

Band 3 Christian A. Eichner: Management-Buy-Out-Gestaltungen beim Konzern-Spin-Off. Unter besonderer Berücksichtigung der Unternehmenssteuerreform. 2002.

Band 4 Thomas Wunsch: Tracking Stocks - Geschäftsbereichsbezogene Gewinnbeteiligungen bei Aktiengesellschaften. Eine systematische gesellschafts- und steuerrechtliche Betrachtung. 2002.

Band 5 Jan Blumentritt: Die privatrechtlich organisierte Börse. Ein Beitrag zur Diskussion um die Neuordnung des Börsenwesens. 2003.

Band 6 Michael Grüner: Die Beendigung von Gewinnabführungs- und Beherrschungsverträgen. 2003.

Band 7 Holger Pittroff: Die Zurechnung von Stimmrechten gemäß § 30 WpÜG. 2004.

Band 8 Wolfgang Höhn: Ausgewählte Probleme bei Lock-up Agreements. 2004.

Band 9 Gunter Reiff: Gesellschaftsrechtliche Aspekte des regulären Delistings. 2004.

Band 10 Christoph Radke: Die Entsprechenserklärung zum Deutschen Corporate Governance Kodex nach § 161 AktG. Grundlagen und Haftungsfragen. 2004.

Band 11 Gordon Geiser: Gesellschaftsorganisation und Gesellschaftsinnenrecht virtueller Unternehmen. 2004.

Band 12 Gero F. Pfeiffer: Die Kommanditgesellschaft auf Aktien als Beteiligte eines Beherrschungsvertrags und einer Eingliederung. Ein Beitrag zum Konzernrecht einer hybriden Rechtsform. 2005.

Band 13 Markus Rasner: Die Pflichten der Zielgesellschaft bei unfreundlichen Übernahmeangeboten nach dem neuen deutschen WpÜG. Unter besonderer Berücksichtigung europäischer und US-amerikanischer Übernahmeregelungen sowie der Konzeption des Gemeinsamen Entwurfs einer EU-Übernahmerichtlinie. 2005.

www.peterlang.de

Kolibri 360 GmbH
Ferdinand-Jühlke-Straße 7
99095 Erfurt, Deutschland
produktsicherheit@kolibri360.de

Druck:
CPI Druckdienstleistungen GmbH
im Auftrag der
Kolibri 360 GmbH
Ferdinand-Jühlke-Str. 7
99095 Erfurt